Kursbuch 11 – 15 1968

Herausgegeben von
Hans Magnus Enzensberger

Suhrkamp Verlag

Einmalige Sonderausgabe 2008

Umschlag: Hermann Michels und Regina Göllner
Druck und Bindung: CPI – Ebner & Spiegel, Ulm
Printed in Germany

ISBN 978-3-518-41990-8

Kursbuch 11 1968

Revolution in Lateinamerika

Kursbuch
Herausgegeben von Hans Magnus Enzensberger

Kursbuch 11 Januar 1968

Peter Weiss
Che Guevara!

Als wir vom Tode Ches erfuhren, war unser erster Gedanke: Mußte er sterben, gerade jetzt, wo er unentbehrlicher geworden war denn je? War da keine Hilfe und kein Entsatz? Er war ein kranker Mann, er litt an Asthma und Rheumatismus. Hätte man ihn nicht in Sicherheit bringen können? Gab es nirgends einen Platz für ihn, an dem er als der planende Kopf, der Führer der Revolution hätte arbeiten können? Es erhob sich die Frage: hat er sich geopfert? Hat er das Los eines Märtyrers gewählt?

Wir können keine Heiligen brauchen. Wir lehnen die mystische Verehrung ab, die den Opfertod mit einem Glorienschein umgibt. Wir weisen das Christusbild zurück, die Kreuzesabnahme, das Warten auf die Auferstehung. Was bleibt, ist Ches Tod, der Verrat an ihm, der Hinterhalt, ein zerfetzter Leichnam.
Sind wir mitschuldig an diesem Tod? Sind wir die Verräter? Oder waren wir nur in unserm Alltag Befangene, Gleichgültige, getrost und unbekümmert um jene ferne Revolution? Haben wir es vermieden, Stellung zu nehmen? Und warum haben wir es vermieden? Vielleicht, weil das Feld, auf dem er sich schlug, so weit entfernt liegt?
Wenn das so ist, dann haben wir an seinem Tod etwas zu lernen. Er, der unentbehrlicher war als jeder andere, zeigt uns, was er für das einzig Richtige hielt. Er zeigte mit seinem eigenen Leib: Wenn ihr andern es nicht tut, dann tue ich es. Er hielt nicht viel von seiner eigenen Unentbehrlichkeit. Ein bolivianischer Grubenarbeiter, der sich der Guerilla anschloß, schien ihm nicht weniger zu bedeuten. Er zeigte: Das einzig Richtige ist, ein Gewehr zu nehmen und zu kämpfen.
Wie wir die Frage nach seinem Tod auch wenden, die Antwort bleibt, und sie ist einfach. Es ist eine Antwort, die auf unsere Niederlage und unsere Feigheit deutet.

Wir wissen, es geht ein großer Streit über die Frage, wie der revolutionäre Kampf in Lateinamerika geführt werden soll. Wir wissen, die Zentralkomitees vieler kommunistischer Parteien dort sind gegen den Guerilla-Kampf. Sie sind der Ansicht, die Zeit sei noch nicht reif dafür. Sie fordern eine vorsichtige, diplomatische Taktik; sie kalkulieren, daß es möglich sei, durch geduldige Arbeit die Bevölkerung auf dem Lande von den Städten aus zu politisieren. Sie geben sich einer Illusion hin: der Illusion der friedlichen Koexistenz. Als wäre es möglich, mit dem bis an die Zähne bewaffneten Ausbeuter zu koexistieren!
Auf der OLAS-Konferenz in Havana sind wir zu Zeugen dieser bitteren Auseinandersetzung geworden. Aber wir haben auch gesehen, daß über die absolute Forderung des Proletariats Einigkeit herrscht: die Forderung nach der endlichen Befreiung. Ungeachtet der verschiedenen Auffassungen über die richtige Strategie sprach die Deklaration von Havana ein klares Ja zur Revolution aus.

Che Guevara und mit ihm die Guerillaführer Lateinamerikas halten die direkte und unverzügliche Aktion für den einzig gangbaren Weg. Sie wissen, daß ihrem Feind gegenüber nichts anderes verschlägt als der bewaffnete Kampf. Nur die Gewalt kann helfen. Und sie wissen, daß es nötig ist, zu ihr zu greifen, auch wenn dies zu Niederlagen und schweren Verlusten führt. Sie wissen: jede Atempause, die dem Feind gewährt wird, macht ihn stärker. Sie wissen auch: wenn sie selber niedergekämpft werden, so werden andere ihnen folgen und den Kampf weiterführen.
Für diese Leute ist das nicht Heroismus; es ist für sie eine kühle Tatsache, das tägliche Brot der Hungernden. Die Parteiführer mögen planen, was sie wollen; in den Bergen sammeln sich immer wieder von neuem die Guerilleros, um die Revolution in der Revolution fortzusetzen. Die sogenannte Sprache der Vernunft vermag gegen diese Handlungen nichts. Es gibt nur eine einzige Möglichkeit: zu kämpfen statt zu hungern, statt wie ein Sklave zu leben.
Cuba, Vietnam, Nordkorea: drei armen unterentwickelten Ländern ist es gelungen, aufzubauen, was jenem Feind am verhaßtesten ist: eine sozialistische Gesellschaft. Jener Feind sieht sich nun, von seinem eigenen System her, einem Zwang ausgesetzt. Er muß die Grundlagen jeder Revolution zerstören, er muß demonstrieren, daß sein eigenes System das stärkere ist, er muß beweisen, daß es in seiner Macht liegt, diese vermes-

senen Befreiungsversuche auszuradieren. Das einzige Mittel hierzu ist der Krieg.
Aber selbst, wenn es ihm gelänge, Vietnam in Asche zu legen (und er würde diesen Sieg unserer Trägheit, unserer Feigheit, unserem Unvermögen zu handeln verdanken), so hätte der Befreiungskrieg dennoch kein Ende. Denn wenn jener Feind vom Frieden spricht, so ist das in jedem Fall ein leeres Wort. Wir wissen, kein Frieden kann die Ursachen aus der Welt schaffen, aus denen er angreift, angreifen muß.
Wir, die wir das selbstverständliche Recht in Anspruch nehmen, in jener der drei Welten zu leben, die wir die erste nennen; die wir es hinnehmen, daß unsere Politiker, unsere Geschäftsleute und unsere Soziologen zwischen unserer und jener fernen, armen Dritten Welt eine ebenso selbstverständliche Grenze ziehen, wir werden es erleben, daß der Krieg weitergeht. Wir werden kleine und vielleicht größere Kriege erleben, isolierte Kampfhandlungen zuerst, im Busch, im Gebirge, im Dschungel. Immer wieder wird man uns hinweisen auf die Sinnlosigkeit, die tödliche Vergeblichkeit dessen, was diese fernen aufständischen Gruppen tun; immer wieder werden wir in unseren Zeitungen von Übergriffen und Terroraktionen lesen, von verzweifelten Sabotageakten, in Lateinamerika, Afrika und Asien; und immer wieder werden wir uns sagen: das ist für uns nicht unmittelbar aktuell, und uns sicher fühlen in unserer, dieser Ersten der Welten.
Und eben hierin liegt unser Verrat. Solange wir dieser scheinheiligen Aufteilung der Welt kein Ende machen, solange wir an dem, was wir haben, festhalten, als verstünde sich das von selbst, und es denen dort draußen verweigern, solange sind wir mitschuldig an jedem Mord, der in der Ferne begangen wird an denen, die den Kampf gegen das Unrecht führen.

Nennen wir die Welt, für deren Zukunft Che Guevara gefallen ist, bei ihrem richten Namen, nennen wir sie die Erste Welt, denn sie ist größer als jede andere. Oder nennen wir sie die revolutionäre Welt, denn sie ist es, die heute die Revolution trägt. Was hat die unsere dagegen zu bieten? Technische Überlegenheit, ökonomische Macht, Massenmedien zur Manipulation. Unsere erste Welt ist eine Welt Erster Klasse, und klassenbewußt, wie wir sind, teilen wir Almosen aus und nennen sie Entwicklungshilfe. Das einzige, was hilft, das einzige, was unsere Zivilisation wirklich zu geben hat, den Gedanken der Freiheit, exportieren wir weniger gerne;

und dennoch entfaltet sich dieser Gedanke gewaltig und gewaltsam in der armen Welt.
Unterentwickelte Länder, so nennen wir sie. Das ist die Terminologie von Unterdrückern. Diese Länder sind höher entwickelt als wir. Ausgeplündert von Kolonialismus und Imperialismus, haben diese Länder einen Gedanken weiter entwickelt, den die meisten von uns nicht zu Ende zu denken wagen: den Gedanken der Revolution. Diese Länder sind weiter als wir; denn sie haben beschlossen, die Klassenherrschaft zu stürzen und die Ausbeutung des Menschen abzuschaffen.

Ich habe in Vietnam gesehen, wie die Bauern nach einem Luftangriff Dämme und Straßen mit Lehm und Steinen flickten, ich habe sie gesehen, bis zu den Knien im Schlamm, in schlammdurchtränkten Kleidern, mit großen Lehmklumpen in der Hand; und die Frage, wer da der höher Entwickelte, der Überlegene, der Würdige war, diese Frage war für mich entschieden – der da unten im Dreck, oder der da oben in seinem millionenschweren Waffensystem.
Denen, die den bewaffneten Kampf Vietnams heute an anderen Fronten weiterführen, wird nachgesagt, sie seien romantische Verschwörer, ihr Aufstand sei weltfremd, es fehle an objektiven Voraussetzungen für jeden Erfolg. Diese Nachrede ist niedrig und erniedrigend für den Arbeiterstaat der Oktober-Revolution, in dem sie laut wird. Neu ist sie nicht. Schon in der Mitte der zwanziger Jahre zwang die Kommunistische Internationale die chinesischen Revolutionäre, vor Chiang Kai-Shek die Waffen zu strecken. Die Revolutionäre wurden zu Zehntausenden umgebracht, Chiang Kai-Shek wurde Ehrenmitglied der Komintern. Auch damals hieß es, die Zeit sei noch nicht reif, und niemand wollte an die These glauben, daß die Revolution vom Land in die Städte getragen werden müsse.

Eben weil Vietnam allein kämpft; weil keine Freiwilligen aus den sozialistischen Bruderländern ihm beistehen; weil die Arbeiter in den sogenannten hochentwickelten Ländern stillschweigend zusehen, wie die Arbeiter und Bauern von Vietnam getötet werden; weil keine Arbeiterpartei der westlichen Welt ihnen zu Hilfe kommt mit der stärksten Waffe, die sie hat, dem Generalstreik – nicht zuletzt aus diesen Gründen ging Che Guevara nach Bolivien und schloß sich der Guerilla an. Seine These, es gelte, zwei, drei, viele Vietnam zu schaffen, war nicht der Einfall eines Romantikers, sondern die Einsicht eines Realpolitikers in die strategischen Notwendigkeiten des Kampfes gegen den amerikanischen Imperialismus. Indem er die lateinamerikanische Revolution unterstützte, drückte er seine Solidarität mit Vietnam aus. Und wenn es wahr ist, daß er als ein enttäuschter Mann unter den Kugeln bezahlter Mörder starb, so galt seine Enttäuschung nicht der Revolution in Lateinamerika, die er nie verloren gab; sie galt einer gleichgültigen Welt. Die Revolution ist verlassen, und verlassen ist Vietnam, nämlich von uns. Auch das ist eine Lehre seines Todes.

Was können wir tun? Unsere Aktionen gegen den Angriffskrieg der USA in Vietnam, unser Widerspruch gegen die gewaltsamen Eingriffe der USA in Lateinamerika und überall auf der Welt, wo das amerikanische Kapital seine Positionen verteidigt, haben nun die Grenzen des friedlichen Protestes erreicht. Dieser Protest hat zugenommen, aber mit ihm die Vernichtung. Hunderttausende sind durch die Straßen der Metropolen gezogen und haben ihre Verurteilung der Barbarei kundgetan. Sie haben die Barbarei nicht aufgehalten. Wir müssen zu anderen Mitteln greifen. Die internationale Opposition muß sich politisieren. Es hat keinen Zweck, den Krieg zu verurteilen, weil er unschuldige Menschen verbrennt und vergast; es hat keinen Zweck, gegen völkerrechtswidrige Waffen, gegen die Folter, gegen den Bruch internationaler Abkommen zu protestieren. Wir wissen längst, daß der ganze Krieg gegen das vietnamesische Volk von Anfang an ein einziges Verbrechen gegen die Menschlichkeit gewesen ist. Jetzt kommt es darauf an, diesen Krieg und alle seine Nachkommen in Lateinamerika, in Afrika und im Nahen Osten genauer zu kennzeichnen und zu brandmarken als das, was sie sind: moderne Plünderungs- und Eroberungskriege mit den gigantischen Mitteln der Technologie.

Was können wir tun? Wir müssen diejenigen auf unsere Seite bringen, auf die es in allen Klassenkämpfen ankommt. Das sind die Arbeiter. Der Krieg in Vietnam, im übrigen Asien, in Lateinamerika und Afrika ist ein Krieg der Klassen. Er ist der Krieg der Satten gegen die Hungernden. Er ist der Kampf der Schwerbewaffneten gegen die, deren Waffen die bloßen Hände sind.

Vor seinem Tod sagte Che Guevara: »Das Land, das ich mit meinem Blut tränke, ist das einzige Stück Erde, das mir gehört.« Was wollte er damit sagen? Er wußte: die Erde gehört dir nicht mehr, wenn du tot bist. Aber

er wußte auch: die Erde gehört dir nicht, wenn du dein Leben nicht aufs Spiel setzt. Die Gefahr, auf die er sich einließ, das Risiko, das er einging – auch dies sind Zeichen für alle, die ihm nachfolgen werden.
Welche Risiken gehen wir ein? Was kann uns geschehen, wenn wir uns weigern, auf die Verdrehungen, Fälschungen und Lügen zu hören, welche die Medien der herrschenden Klasse täglich über uns ausgießen? Was riskieren Publizisten, Schriftsteller, Gewerkschaftler, Beamte, wenn sie fordern, daß die Wahrheit gesagt werde, und wenn sie die Wahrheit verbreiten?
Wir sind Optimisten. Wir glauben an die eingeborene Kraft, die den Menschen dazu befähigt, seine Unterdrücker zu stürzen. Der Tag, an dem wir uns Kenntnisse genug verschafft haben, um zu begreifen, daß der Kampf auch uns betrifft, daß er nicht nur in fernen Gegenden, sondern auch in unserer eigenen Gesellschaft geführt wird; der Tag, an dem Millionen Arbeiter die Fabriken und Werkstätten verlassen und fordern werden: Schluß mit der Schlächterei – dieser Tag wird der Anfang vom Ende sein, vom Ende des Imperialismus.

Aus dem Schwedischen von Andreas Thalmayr

Imperialismus und kapitalistische Entwicklung in Lateinamerika

1. Lateinamerika in der Geschichte des Imperialismus der USA

In Lateinamerika ist der US-Imperialismus seit langer Zeit besonders aktiv. Es ist deshalb als Studienobjekt besonders ergiebig, die imperialistische Politik kann dort in ihren verschiedenen geschichtlichen Phasen analysiert werden. Uns interessieren hauptsächlich die jüngsten: Die Phasen des »reifen« amerikanischen Kapitalismus, der gelernt hat, im eigenen Land das wirtschaftliche Wachstum zu planen und eine ganze Reihe von Reibungs- und Krisenfaktoren unter Kontrolle zu halten.
Wir wollen uns nicht bei den anfänglichen politischen und militärischen Ereignissen aufhalten, die das Eindringen der USA in Lateinamerika markieren. Es genügt, darauf hinzuweisen, daß Lateinamerika vor und zwischen den beiden Weltkriegen politisch und wirtschaftlich fest unter der Kontrolle der USA stand. Das wichtigste Mittel dazu war die geradezu räuberische Ausbeutung der bodenständigen Rohstoffproduktion (in Landwirtschaft und Bergbau) durch die US-Monopole. Erst in den Jahren der Depression nach der Krise von 1929 versuchte eine Reihe von lateinamerikanischen Ländern eine nationale wirtschaftliche Entwicklungspolitik einzuleiten. In der Regel handelte es sich dabei um erste Schritte zur Industrialisierung, wobei staatliche Interventionen in Richtung auf eine Politik der »Autarkie« mit Hilfe von Schutzzöllen die entscheidende Rolle spielten. Ihre Bedeutung blieb für die Gesamtheit des Kontinents gering; die Erfahrungen aber, die man gemacht hatte, wurden nach dem Zweiten Weltkrieg zur Ausgangsbasis für ähnliche Versuche, die manchmal sogar von den gleichen politischen Kräften ausgingen.

Probleme des US-Imperialismus nach dem zweiten Weltkrieg

Aus beiden Weltkriegen ging der US-Imperialismus gestärkt und mit einem größeren Aktionsradius hervor. Die Erweiterung seiner Macht brachte aber aus verschiedenen Gründen eine Menge neuer Probleme mit sich. Überdies hatte sich die innere Struktur des US-Kapitalismus geändert: Der Kapitalismus, der siegreich aus dem Zweiten Weltkrieg hervorgegangen war, war von Rooseveltscher Prägung; er hatte seine Lehren aus der Krise von 1929 gezogen, hatte sich reformiert und war in gewissen Grenzen der Planung zugänglich geworden. Andererseits waren die älteren imperialistischen Mächte, wie etwa Großbritannien, nach dem Kriege in jeder Hinsicht geschwächt und stellten keine Rivalen mehr dar. Die Bildung eines gegensätzlichen, konkurrierenden »sozialistischen Lagers« verschärfte nun die Frage nach den Möglichkeiten zu weltpolitischen Initiativen.

In den ersten Nachkriegsjahren richteten die USA ihre politischen und wirtschaftlichen Anstrengungen vor allem auf Westeuropa: sie leiteten eine Reihe von »Hilfsmaßnahmen« ein, die im »Marshall-Plan« kulminierten. Denn gerade in Westeuropa war nach dem Kriege der Wiederaufbau der kapitalistischen Wirtschaft dringend nötig: Hier boten sich enorme Absatzmärkte für die Produktion der USA, da im Gegensatz zu Lateinamerika bereits eine starke kapitalistische Klasse etabliert war; überdies erschien hier die »kommunistische Gefahr« am unmittelbarsten bedrohlich.

Als jedoch um 1950 die politische und wirtschaftliche Lage Westeuropas verhältnismäßig stabil geworden war und der Wiederaufbau der europäischen Industrie den Markt für die amerikanischen Erzeugnisse eingeengt hatte, wendete sich der imperialistische Expansionsdrang wieder intensiv Lateinamerika zu.

Zur Ausbeutung der bodenständigen Rohstoffe kam eine ausgedehnte private Investitionstätigkeit von US-Firmen, deren Ziel es war, die lokale Nachfrage nach Industrieerzeugnissen auszunutzen, zu lenken und – wenn auch nicht systematisch – zu steigern. Es stellte sich jedoch noch nicht das Problem einer Entwicklungspolitik, um die Gesamtnachfrage auf lange Sicht aufrechtzuerhalten und zu erhöhen; die Politik des »New Deal« wurde nicht angewendet. Es kam, wie schon oft in der Entwicklung des Kapitalismus, zu einer »Phasenverschiebung«: der imperialistische Kapitalismus etablierte sich in seinem Herrschaftsbereich in Formen, die teilweise früheren Phasen in der Metropole entsprachen.

Nach einem Jahrzehnt solchen Vorgehens sieht sich jedoch der US-Imperialismus – um 1960 – zu einer umfassenderen und organischeren Intervention gezwungen. Die Krisenzeichen mehren sich, die wirtschaftlichen Schwierigkeiten, die die ganze Zeit über latent vorhanden waren, treten offener zu Tage, die cubanische Revolution und ihre sozialistischen Errungenschaften beginnen sich auszuwirken, die sozialen Spannungen in verschiedenen lateinamerikanischen Staaten verschärfen sich. Als der zur Lösung der Probleme geschlossenen »Allianz für den Fortschritt« der Erfolg versagt bleibt, gehen die USA allmählich zu direkteren politischen und militärischen Interventionen in lateinamerikanischen Staaten über.

Im Folgenden soll diese Entwicklung kurz untersucht werden. Dazu ist es jedoch erforderlich, zunächst die Interpretationsmittel dieser Untersuchung zu prüfen. Die verschiedenen Phasen der imperialistischen Intervention können nicht einfach als »Erscheinung der fortschreitenden kapitalistischen Initiative« oder »allmähliches Klarwerden des unvermeidlichen Scheiterns aller Reformversuche des Imperialismus« abgetan werden. Um brauchbare Kriterien zu gewinnen, müssen die Kräfte der verschiedenen Klassen, die in dieser Entwicklung eine Rolle spielen, untersucht werden: sowohl diejenigen innerhalb des kapitalistischen Landes, als auch die in den beherrschten Ländern.

Welche Kräfte fördern und welche hemmen die Reformbestrebungen des Kapitalismus?

Die kapitalistischen Reformbestrebungen können als Antwort auf zwei grundlegende Probleme gesehen werden: auf der wirtschaftlichen Ebene das Problem, die Gesamtnachfrage zu steigern, um ein kapitalistisches Wachstum ohne »explosive« Krisen zu gewährleisten; auf der politischen Ebene das Problem der Integration, der politischen Kontrolle der proletarischen Klassen. Die beiden Probleme sind eng miteinander verflochten, ja man kann sie sogar als zwei Seiten eines einzigen Problems sehen, und das schränkt die Reformmöglichkeiten der Kapitalisten ein: eine wirksame Lösung des Problems der Nachfragesteigerung ist unvereinbar mit der politischen Kontrolle des Proletariats.

So allgemein formuliert, sind die Probleme in den kapitalistischen Industrieländern und in den Ländern ihres Einflußbereichs gleich. Der Unterschied besteht im verschiedenen »Kräfteverhältnis« auf den beiden Seiten des Problems und in der verschiedenen Dringlichkeit, mit der die beiden Grunderfordernisse des Reformismus sich geltend machen. In den hochentwickelten kapitalistischen Ländern ist die Stützung der Gesamtnachfrage seit der Krise von 1929 zur Lebensfrage geworden. Der Reformismus hat sich weitgehend durchgesetzt, die errungenen Positionen haben sich gefestigt.

Auf der Ebene des gesamten imperialistischen Einflußbereichs in der Welt sieht das Problem einer gestützten Nachfragesteigerung weitaus differenzierter aus. Insbesondere ist die Front zwischen Reformisten und Antireformisten weitaus weniger klar.

Die verschiedene Akzentuierung der Probleme und die verschiedenen Kräfteverhältnisse erlauben die Erklärung der angedeuteten »Phasenverschiebungen« zwischen dem Grad des Reformismus und der »Rationalisierung« in der Politik der kapitalistischen Länder und in der Politik auf imperialistischer Ebene.

Es ist daher zweckmäßig, die wichtigsten Klassen und sozialen Gruppen des unterentwickelten und des imperialistischen Landes, deren Kräfteverhältnis und deren Positionen den »Grad des Reformismus« in der imperialistischen Politik bestimmen, in großen Zügen zu skizzieren.

Als Kräfte, die den Reformismus fördern, kann man die Monopole bezeichnen, die direkten Vorteil aus ihm ziehen, Monopole etwa, die Industrieprodukte exportieren und sich eine Erweiterung ihres Marktes versprechen; des weiteren einheimische Klassen, die ihre Gewinne erhöhen, ihre Machtpositionen stärken wollen, so z. B. die aufsteigenden bürgerlichen Unternehmer oder andere Finanz- und Handelszweige sowie Techniker, denen der Industrialisierungsprozeß neue Entwicklungsmöglichkeiten bietet.

Als dem Reformismus entgegenstehenden Kräfte können parallel diejenigen Monopole bezeichnet werden, die Nachteile fürchten müssen, die unter besonders günstigen Bedingungen die Bodenschätze oder die landwirtschaftliche Produktion ausbeuten, sowie die einheimischen Klassen, die ihre Macht und ihre Privilegien schwinden sehen, etwa die Großgrundbesitzer und die bürgerlichen Schichten, die sich in ihrem Schatten entwickelt haben und deren Basis der Großgrundbesitz ist. In diesem Kräftespiel nehmen die Massen, vom Standpunkt der imperialistischen politischen Führung aus, eine ambivalente Haltung ein, die den entscheidenden Ausschlag für oder gegen die reformistische Politik geben kann: Einerseits kann der Reformismus ein Mittel sein, sie zu integrieren und revolutionäre Risiken auszuschalten, andererseits könnte er sich als unwirksam zur Kontrolle der Massen erweisen und die Risiken einer revolutionären Initiative durch Schaffung einer instabilen Situation mit starken

sozialen Konflikten geradezu erhöhen; die Reaktion der alten privilegierten Schichten könnte die Gegenreaktion der Massen herausfordern.
Dieses Schema mag zur ersten Orientierung dienen; es ist aber selbstverständlich, daß die Klassengegensätze, unter denen sich eine reformistische Politik formulieren muß, weitaus komplexer sind und reicher an Variationsmöglichkeiten.
Auf der einen Seite brauchen die Positionen der verschiedenen Klassen nicht so eindeutig gegeneinander abgegrenzt zu sein. In einem unterentwickelten Land muß nicht unbedingt eine scharfe Trennung zwischen der alten Agrarschicht und der aufkommenden bürgerlich-industriellen Schicht bestehen: Bindungen und gemeinsame Interessen sind durchaus denkbar. Es müssen auch nicht alle ausländischen Industriemonopole das gleiche Interesse an einer reformistischen Politik haben: sie würde zwar zweifellos den Binnenmarkt erweitern, könnte aber gleichzeitig das Entstehen heimischer Industrien fördern und so den internationalen Monopolen eine unerwünschte Konkurrenz aufbauen. Und schließlich ist die Sozialstruktur der Massen – der Anteil der Kleinbauern, Pächter, Tagelöhner, Landarbeiter einerseits und der Arbeiter, Unterbeschäftigten, Arbeitslosen in den Städten andererseits – sowie der Grad und die Art ihrer Organisation ausschlaggebend: sie werden entweder zur »manipulierbaren Masse« einer reformistischen Veränderung oder zu einer Revolutionsdrohung.
Auf der anderen Seite kann sich eine reformistische Politik, was ihren Inhalt, ihren Zeitpunkt, ihre Ausprägung betrifft, ebenfalls unterschiedlich formulieren: sie kann »national« ausgerichtet sein oder eher ausländisches Kapital anziehen wollen. Ebenso unterschiedlich sind die Konflikte, die sie auslösen kann. Den führenden Politikern des imperialistischen Landes stellt sich nun das delikate Problem der »Dosierung« der reformistischen Politik: sie muß gemäßigt genug sein, um eine zu heftige Reaktion der privilegierten Klassen zu vermeiden, und doch auf dem Minimum an Schärfe bestehen, ohne das es nicht möglich ist, die Massen zu »integrieren«.
Im Folgenden soll gezeigt werden, welches Gewicht diesen verschiedenen Kräften in gewissen Augenblicken zukam, und in welchem Maße ihnen die imperialistische politische Führung, eben die der USA, Rechnung trug.

2. Die wirtschaftliche Entwicklung der fünfziger Jahre

Kurz nach dem Ende des Zweiten Weltkrieges beginnt in fast allen lateinamerikanischen Staaten eine Periode des starken wirtschaftlichen Aufschwungs, und zwar im Vergleich zur früheren eigenen Entwicklung wie auch zur Entwicklung in anderen Gebieten zur gleichen Zeit. In fast all diesen Staaten steigt das Sozialprodukt um vier bis fünf Prozent im Jahr, und in einigen (oder in kürzeren Zeiträumen) liegt die Steigerungsrate noch erheblich höher. Die bedeutendste Rolle in dieser Entwicklung spielt das Wachstum der Industrieproduktion, die in diesen Jahren die Agrarproduktion weit hinter sich läßt. Die beiden entscheidenden Faktoren für den »Höhenflug« in dieser Entwicklungsphase sind die erheblichen Forderungen gegenüber dem Ausland, die infolge der hohen Preise für Rohstoffe und landwirtschaftliche Produkte während der Kriegszeit aufgelaufen sind, und der massive Zufluß von US-Kapital, privaten Investitionen, die nun nicht mehr auf den traditionellen Sektor der Rohstoffproduktion beschränkt bleiben. Es lohnt, die Charakteristika dieses »Entwicklungsjahrzehnts« ein wenig detaillierter zu betrachten und die Faktoren aufzuspüren, die gegen Ende der fünfziger und zu Anfang der sechziger Jahre fast in allen Staaten zur Krise führen.

Die industrielle Entwicklung

Das außerordentliche Wachstum der Industrieproduktion ist sehr ungleichmäßig auf die verschiedenen Staaten, die verschiedenen Industriezweige, die verschiedenen industriellen Initiativen, ausländische und inländische, öffentliche oder private, verteilt. Neben Staaten, die im Laufe des »Entwicklungsjahrzehnts«, oder auch schon früher, eine beachtliche industrielle Struktur erreichen (Brasilien, Argentinien), gibt es solche, die substantiell auf ihre Monokultur (viele zentralamerikanische Republiken) oder auf die Förderung eines einzigen Minerals (Bolivien) angewiesen bleiben.

Dies ist ausreichend bekannt. Interessanter sind die Unterschiede zwischen den Industriezweigen und ihre Zusammenhänge mit der inländischen oder ausländischen Herkunft der industriellen Initiative.

Es ist offensichtlich, daß der Bergbau am stärksten gefördert wird; und da mit wenigen Ausnahmen eine Verstaatlichung nicht gelang, dominiert das ausländische Kapital. Desgleichen wird das Transportwesen und die Energieproduktion ausgebaut, wenn auch oft nur genau in dem Maße,

in dem es für den Bergbau und den Absatz seiner Produktion notwendig ist.
Ansehnlich ist die Produktionssteigerung in der landwirtschaftliche Produkte verarbeitenden Industrie, etwa in der Papier- und Gummireifenindustrie. Diese Produktion wird im allgemeinen von den großen internationalen Monopolen beherrscht.[1]
Wesentlich bescheidener ist hingegen das Wachstum der Grundstoff- und Investitionsgüter-Industrie, das fast ausschließlich auf inländische, meist staatliche Initiativen zurückgeht. Dies betrifft z. B. die Eisen- und Stahlindustrie in Brasilien und zum Teil auch in Argentinien und in Mexiko. In diesen Ländern erreicht die Eisen- und Stahlproduktion zwar eine nennenswerte Höhe, doch reicht sie nicht aus, den Inlandsbedarf zu dekken. Besonders zurückgeblieben ist die Maschinenindustrie, so daß die Industrialisierung des Kontinents dem Export der USA und Westeuropas große Chancen bietet, nicht zuletzt durch den Verkauf verhältnismäßig veralteter Erzeugnisse.[2] Einen bemerkenswerten Auftrieb hat die Zementindustrie durch den Boom in der Bauwirtschaft, die Ausweitung der Städte, erfahren.
Schließlich ist auch das Wachstum der Konsumgüterindustrie bedeutend. Einerseits steigt die Produktion von Gebrauchsgütern, die, wie etwa das Auto, typisch für hochentwickelte Volkswirtschaften sind und ihren – allerdings deutlich expansiven – Absatzmarkt ausschließlich in den großen Städten haben; und dies geht im allgemeinen auf direkte Initiativen ausländischer Monopole zurück, etwa der FIAT in Argentinien. Andererseits werden auch mehr Verbrauchsgüter, z. B. Textilien, erzeugt, woran verschiedene Gruppen interessiert sein können: inländische Gruppen, die mit dieser Produktion am leichtesten Importe substituieren zu können glauben, und internationale Finanzgruppen, die in einem internationalen Arbeitsteilungsprozeß die Möglichkeit sehen, arbeitsintensive Güter in Ländern mit niedrigem Lohnniveau zu produzieren.
Mit dem Industrialisierungsprozeß verbinden sich Veränderungen in der Beschäftigungsstruktur, die zu schwerwiegenden Problemen führen. Es entsteht ein Mißverhältnis zwischen dem Arbeitsangebot, das durch Landflucht und Bevölkerungszunahme steigt, und der begrenzten Aufnahmefähigkeit der Industrie. Diese Kluft wird noch verbreitert durch die Produktionssteigerung in der Industrie, die mit arbeitsparenden technischen Verbesserungen, wie sie in den kapitalkräftigen, unter Arbeitsman-

gel leidenden Industrieländern erprobt wurden, Hand in Hand geht; in den lateinamerikanischen Staaten werden dadurch, wie in den anderen unterentwickelten Ländern, die Bedingungen verschlechtert.[3]
Woher kommt nun das Kapital für den Industrialisierungsprozeß? In jenem Entwicklungsjahrzehnt bleibt das Problem der inländischen Kapitalbildung ohne echte Lösung. Der hauptsächliche Kapitalzufluß zur industriellen Entwicklung stammt aus ausländischen, privaten Investitionen, vor allem aus den USA.[2] Filialen der Großmonopole werden gegründet und Beteiligungen an inländischen Gesellschaften erworben. Außerdem tätigt der Staat beträchtliche Investitionen: das Kapital dazu wird eher aus ausländischen Krediten bezogen als im Inland aufgebracht. Diese Gelder fließen in verstaatlichte Unternehmen, als Beteiligungen in private Gesellschaften und in die für die Industrialisierung notwendige Infrastruktur. Das private Kapital, das im Inland aufgebracht werden kann, ist begrenzt und im allgemeinen unzureichend: die Beteiligung des Staates oder von ausländischem Kapital wird oft als unumgängliche »Garantie« angesehen, und es bestehen starke Tendenzen, Gewinne ins Ausland zu transferieren, anstatt sie für weitere Investitionen zu verwenden.

Das Problem der Landwirtschaft

Die Verteilung und Nutzung von Grund und Boden in den fünfziger Jahren in Lateinamerika ist bekannt und hat sich seither nicht viel geändert: einerseits eine Massierung des Grundbesitzes mit einem sehr niedrigen Prozentsatz kultivierten Landes; andererseits eine ungeheure Vielzahl von Kleinstbesitzern, die einen geringen Prozentsatz des kultivierbaren Landes mit großer Intensität nutzen, ohne aber die Nachteile der Landaufsplitterung und des Kapitalmangels wettmachen zu können. Die Monokultur herrscht in der Produktion vor.[4]
Die extensive Bodennutzung der Großgrundbesitzer und die dabei mühelos erzielten Gewinne reizen nicht zur Einführung moderner produktionsfördernder Methoden. So werden die Gewinne nicht in die Landwirtschaft investiert, sondern dienen der Spekulation oder dem Luxuskonsum oder werden im Ausland angelegt. Die Landwirtschaft kann auch indirekt, über produktiv verwendbare Steuererträge, kaum zur Kapitalbildung beitragen, denn die Steuersysteme räumen dem Großgrundbesitz erhebliche Privilegien ein.[1] Dazu kommt, daß eine solche Agrarstruktur einer Steigerung des Gesamtangebots und der Gesamtnachfrage enge Grenzen setzt.

Die Massen von armen Kleinbauern, von denen viele nicht einmal über das Stadium der Selbstversorgung hinauskommen, lassen ein starkes Anwachsen der inländischen Nachfrage unmöglich erscheinen. Die gesamtwirtschaftliche Bedeutung der Landwirtschaft führt somit dazu, daß die Produktion von Konsumgütern unzureichend ist und ihr Bedarf durch die Einfuhr gedeckt werden muß. Auch verhindert die niedrige Produktivität der Landwirtschaft eine Erhöhung des Ausstoßes von gewissen industriellen Gütern. Ein typisches Beispiel hierfür ist die Autoreifenproduktion, bei der wegen der niedrigen Produktivität der Gummiplantagen ständig Engpässe zu überwinden sind.
Eine aufstrebende wirtschaftliche Entwicklung kann also in Südamerika nur erreicht werden, wenn die Agrarstruktur durch wirkungsvolle Reformen verändert wird. Abgesehen von Mexiko, wo man schon vor Jahrzehnten dieses Problem in Angriff genommen hat, gehen die wichtigsten Versuche von Agrarreformen auf den Anfang der 50er Jahre zurück: Venezuela 1948, Guatemala 1952, Bolivien 1953. Betrachtet man die zur Enteignung vorgesehenen Flächen, die Entschädigungen und die Gutsformen, die geplant sind, so handelt es sich dabei meist um ziemlich radikale Versuche bzw. Entwürfe. Deutlich sieht man in diesen Ländern den Einfluß neuer nationaler Führungseliten, während in den anderen Ländern des Kontinents weiterhin die traditionellen Oligarchien und internationalen Monopole durchgreifende Reformversuche verhindern. Es ist sicher kein Zufall, daß zwei dieser drei Versuche im Ansatz stecken blieben und mehr oder weniger unmittelbar zum Sturz der verantwortlichen Regierung führten: der von Arbenz in Guatemala und der der ersten Regierung Betancourt in Venezuela. Der dritte Versuch, in Bolivien, stieß seinerzeit bald auf enge Grenzen und war in sich widersprüchlich.
Überall, außer auf Cuba, wird im Laufe der 50er Jahre das Konzept einer Agrarreform mehr und mehr verwässert: Verteilt werden vor allem staatliche oder brachliegende Ländereien, für die die Eigentümer sehr hohe Entschädigungen erhalten, wie etwa Anfang der 60er Jahre in Venezuela unter der zweiten Regierung Betancourt, in Peru und Columbien.
Abgesehen von den manchmal bedeutsamen Unterschieden von Land zu Land waren die wichtigsten Folgen der Agrarreformen:
1. Die angestrebte Flurbereinigung blieb aus, die Landaufsplitterung nahm sogar zu. Damit verstärkte sich die Landflucht, eine weitere Urbanisierung trat ein, die zumal durch den industriellen Aufbau gefördert wurde.

2. Die landwirtschaftliche Produktion stieg in geringem Maße, zum einen weil mehr Land bearbeitet wurde, zum anderen aber auch, weil die Großgrundbesitzer Teile der Entschädigungssummen zur Modernisierung ihrer Anlagen benutzten. Doch der Engpaß, den die zu schwach entwickelte Landwirtschaft für jede Wachstumsanstrengung darstellt, wurde dadurch keineswegs beseitigt.

3. Weit öfter wurden die Enteignungsentschädigungen jedoch konsumiert oder flossen in den Industriesektor ab. Damit entstand eine Brücke zwischen den Großgrundbesitzern und den modernen, aufstrebenden Unternehmern.

4. Die Kosten der Reformen belasteten schwer den bereits strapazierten Staatshaushalt.

Wenn wir feststellten, daß die primitive Landwirtschaft in Lateinamerika ein Hindernis für ein angemessenes wirtschaftliches Wachstum ist, heißt das nicht, daß jedes Wachstum von vornherein wegen dieses Engpasses unterbleiben muß. Bis zu einem gewissen Grade treibt sich die Industrialisierung »von selbst« in die Höhe. Ihr Markt – der Markt der Großstädte – ist zwar auf lange Sicht gesehen zu eng, bietet aber kurzfristig vielerlei Anregungen. Überdies können die noch wenig gefestigten Unternehmen eine bequeme Politik des niedrigen Lohnniveaus betreiben, da sie auf die Arbeitskräfte der industriellen »Reservearmee« – das Unterproletariat in den Elendsquartieren am Stadtrand – zurückgreifen können.

Trotzdem wirkt sich der Rückstand der Landwirtschaft spürbar aus. Er verstärkt die Reibungen und die Krisenelemente, betont die Klassen- und Gruppengegensätze und trägt zur allgemeinen politischen Instabilität bei.

Der Außenhandel

Wie schon erwähnt, sind die während des Krieges dem Ausland gewährten Kredite bei der Lieferung von Rohstoffen die wichtigsten Wachstumsfaktoren. Diese Forderungen beeinflussen in den 50er Jahren die wirtschaftliche Entwicklung entscheidend und führen zu zahlreichen Konzentrationserscheinungen:

1. Eine außerordentliche Abhängigkeit vom Außenhandel. Der Außenhandelsbeitrag stellt 1960 ein Viertel des gesamten Bruttosozialprodukts Lateinamerikas, aber nur ein Fünfzehntel jenes der USA dar.[5]

2. Eine außerordentlich starke Konzentration des Außenhandels auf

einige Länder. Etwa 50 % der Exporte gehen in die USA, etwa 50 % der Importe kommen aus den USA. Der Handel *zwischen* den lateinamerikanischen Ländern erreicht nicht einmal 10 %.

3. Ein Export-Übergewicht von ein oder zwei Produkten. Von zwanzig Ländern haben vierzehn ein »Hauptprodukt« mit einem Anteil von über 50 % an den Exporten; bei sieben Ländern beträgt der Anteil sogar mehr als 60 %.[6]

Deutlich ist zu erkennen, wie wichtig und wie störungsanfällig der Außenhandel in der wirtschaftlichen Entwicklung der lateinamerikanischen Länder ist. Das wird noch klarer, wenn man den langfristigen Trend und die kurzfristigen Schwankungen der Terms of Trade betrachtet. Der allmählichen Verschlechterung des Verhältnisses zwischen exportierten Rohstoffen und importierten Industriegütern einerseits und den häufigen Preisausschlägen für Rohstoffe auf dem Weltmarkt andererseits sind fast alle lateinamerikanischen Volkswirtschaften ausgesetzt.[7]

Wenn auch die günstige Ausgangsposition gegenüber dem Ausland den Wachstumsprozeß erst ins Rollen brachte, so bedeuteten die nach und nach sich verschlechternden Bedingungen im Außenhandel zugleich die Schaffung erster Krisenherde. Nehmen wir 1953 als Basisjahr, so lag der Index der Durchschnittswerte der Ausfuhr im Jahre 1957 bei 95 und 1961 bei 83, für die Einfuhr dagegen 1957 bei 104 und 1961 bei 98.[1]

Durch den Industrialisierungsprozeß trat ein weiteres Problem auf. Der steigende Bedarf an bestimmten Importgütern hatte zur Folge, daß die Wirtschaft diese Importgüter durch eigene Produkte zu ersetzen versuchte. Der dadurch entstandene zusätzliche Bedarf an Importgütern brachte jedoch zunächst eine weitere Gleichgewichtsstörung der Gesamtwirtschaft mit sich.

Der Außenhandel hat also entscheidend zur Entstehung erster Krisenelemente, insbesondere inflationistischer Tendenzen, beigetragen. Zum einen durch die wachsende Verschlechterung der Zahlungsbilanz; zum anderen durch die vielen Staatseingriffe, wie Preissubventionen und Begünstigungen bzw. Benachteiligungen einzelner Importe.

Wachstumskrisen und Inflation

In den 50er Jahren ging die wirtschaftliche Entwicklung und insbesondere die Kapitalbildung ständig mit Inflationsvorgängen Hand in Hand. Darauf haben wir schon bei unseren Ausführungen zur Entwicklung der Industrie und des Außenhandels hingewiesen. Wir können jetzt die beiden Hauptursachen für die entstandenen Schwierigkeiten nennen:

1. Die hohen öffentlichen Ausgaben für dringende Industrie- und Infrastrukturinvestitionen, für die Sozialversicherung, für Ausfuhrsubventionen, Agrarkredite und Enteignungen; aber auch »politische« Ausgaben, die sich aus der anomalen politischen Lage ergaben.
2. Die Zahlungsbilanz: Die fortschreitende Verschlechterung der Terms of Trade macht die Zahlungsbilanz chronisch passiv. Deren Defizit wird in immer geringerem Umfang vom Netto-Kapitalzufluß kompensiert, weil dieser auch die steigenden Zins- und Dividendenzahlungen für das akkumulierte Auslandskapital decken muß.[1]

Inflation und Wachstumsfinanzierung sind eng miteinander verbunden. Die erste ist oft die Folge einer Wirtschaftspolitik, die die zweite garantieren will. Eine so eingeleitete Inflation regt ihrerseits wieder das Wachstum an, weil sie wenigstens bis zu einem gewissen Grade die Schuldner gegenüber den Gläubigern entlastet und zugleich gestattet, die Reallöhne konstant zu halten oder sogar zu senken – trotz nomineller Erhöhungen. Daß Inflationsvorgänge wachstumsfördernd wirken, gilt natürlich nur mit Einschränkungen. Wenn die Inflation stürmisch wird und sich nicht mehr kontrollieren läßt, wie es in vielen Ländern Ende der 50er Jahre geschah[8], dann sind ihre Auswirkungen äußerst schädlich:

1. Die Investitionsneigung sinkt, weil die Zukunft unsicher erscheint. Der Kapitalzufluß aus dem Ausland hört auf, es setzt eine Kapitalflucht ein, die sogar zu Desinvestitionen führt. Davon wird besonders die sich erst allmählich etablierende Unternehmerschicht betroffen.
2. Die Währungssituation der lateinamerikanischen Länder wird international gesehen sehr prekär, wenn nicht katastrophal.
3. Wachsende Unzufriedenheit macht sich in der Bevölkerung breit. Denn die für den politischen Consensus wichtigen kleinbürgerlichen Schichten, die Arbeiter und Bauern, bekommen die Teuerung schmerzlich zu spüren.

Internationale Ereignisse kamen Ende der 50er bis Anfang der 60er Jahre hinzu und verschlimmerten die interne Lage. Die Rezession in den USA 1957 wirkte sich international aus. Die cubanische Revolution löste unter den nord- und südamerikanischen Kapitalisten eine Welle der Angst und der Unsicherheit über das Schicksal Lateinamerikas und der dortigen Investitionen aus. Die Unruhen in Panama, die Verstaatlichung der Erdölgesellschaften in Argentinien und Brasilien steigerten die Angst weiter. All diese Momente behinderten die wirtschaftliche Entwicklung oder brachten sie zum Stillstand. Zwischen 1957 und 1962 sanken fast überall die Investitionen, es wurde sogar desinvestiert. Die lokalen Kapitalisten brachten einen Großteil ihres Geldes ins Ausland. Die Amerikaner interessierten sich wieder mehr für Europa, wo sie in den 60er Jahren ihre größten Investitionen tätigten.

Aktive Kräfte und Interessen in dieser Periode

Die Ereignisse dieses Jahrzehntes waren ein Beweis für die Schwäche jener Kräfte, die für eine Politik der Reformen und des Fortschritts eintraten. Ihre Schwäche war hauptsächlich die der lokalen kapitalistischen Schicht. Sie erwies sich als unsicher und ohne eigenes Profil. Als Gegenspieler der Großgrundbesitzer, der Rohstoffmonopole und der internationalen Monopole, für die sie die potentielle Konkurrenz darstellte, war sie völlig außerstande, den gewünschten Entwicklungsprozeß in Gang zu setzen. Die lokale kapitalistische Schicht wählte daher den Weg des geringsten Widerstandes. Sie gab sich mit den städtischen Märkten zufrieden und beteiligte den Staat oder die ausländischen Monopole an ihren Geschäften. Ihr unternehmerischer Geist wich einer »Rentier-Haltung«: kriselte es, so wurde das Kapital im Ausland angelegt. Nach und nach enger werdende Beziehungen und Verflechtungen mit den Großgrundbesitzern ließen ihre Eigenart innerhalb der Schicht der bürgerlichen Privilegierten schwinden.

Die Gruppen, die an ihren gewagten Plänen eines Reform-Kapitalismus festhielten, befanden sich somit in einer prekären Lage, in der sie immer abhängiger von der jeweiligen politischen Situation wurden.

Die kapitalistisch-reformistischen Kräfte wurden auch von der Unentschlossenheit der amerikanischen Export-Monopole geschwächt. Diese besaßen zwar ein Interesse, ihren Absatzmarkt in Lateinamerika auszubauen, doch war dieser Markt für sie nicht von erstrangiger Bedeutung, da seine Vorteile nicht sicher genug erschienen.

Oft mag eine Umstellung auf andere Märkte für den Imperialismus vorteilhaft sein, wenn er damit politischen Risiken ausweichen kann und wenn die Umstellungskosten sich in Grenzen halten. Der vollkommene Sieg des reformistischen Kapitalismus in Lateinamerika würde überdies einige Nachteile für die amerikanische Industrie mit sich bringen. Der Reformismus fördert die Errichtung eigenständiger konkurrenzfähiger Unternehmen. Die Entscheidung für oder gegen einen reformistischen Kapitalismus trifft also die Exporteure der USA mit unterschiedlicher Wirkung. Die Investitionsgüterindustrie wird eine zustimmende Haltung einnehmen, da der Industrialisierungsprozeß ihr die größten Chancen bietet. Eine ablehnende Haltung dem Reformismus gegenüber werden jedoch alle jene Industrien einnehmen, für die die Gefahr besteht, daß die von ihnen importierten Erzeugnisse allmählich durch heimische Produkte ersetzt werden.

Außerdem kommt es auf die Nuancen einer Industrialisierungspolitik an. In der ersten Phase der Industrialisierung gibt es kaum Länder, die bei ihren wirtschaftlichen Anstrengungen den US-Unternehmen völlig freie Hand lassen. Denn meist sind solche Anstrengungen von stark nationalistischen Vorstellungen in der Politik gekennzeichnet. Deshalb ist es verständlich, wenn die US-Monopole sich oft mit den bereits expandierenden Märkten der Großstädte zufrieden geben oder nur die ersten lokalen Unternehmen mit (möglichst veralteten) Ausrüstungen beliefern. Den Einfluß der jeweiligen politischen Führung versuchen die Monopole durch Kapitalabzug oder verlangsamte Investitionen auszugleichen.

Die Auswirkungen der Entscheidung für oder gegen den Reformismus treffen jedoch nicht nur die US-Exporteure. Auch die traditionellen Kräfte der Großgrundbesitzer und der Rohstoff-Monopole sind betroffen. Ihre ablehnende Haltung resultiert aus ihren reaktionären Vorstellungen, die diese Gruppen zu einem homogenen Faktor machen.

Den Massen gelang es dagegen noch nicht, einen eigenen politischen Weg zu formulieren. Sie stehen weder hinter den Konservativen noch hinter den Reformisten. Ihre Position ist unklar. Der großen Zahl von Kleinbauern, Pächtern und Tagelöhnern fehlt eine stabile politische Organisation und Führung. Wo dieser Mangel behoben wurde – in Mexiko, in Cuba –, ist der Wandel einschneidend. In Mexiko entstand ein Kapitalismus auf fester Grundlage; in Cuba etablierte sich der Sozialismus. In den anderen Ländern Südamerikas gibt es bisher nur in den großen Städten Ansätze für politisch bedeutsame Artikulationen der Massen. Hier entstehen auch die spontanen, nicht organisierten und zufälligen Formen der Revolte.

Die Macht und die Schwäche der Massen in Südamerika besteht immer noch darin, daß die Politiker, die auf sie setzen, ihnen nicht dienen wollen, sondern sich ihrer bedienen wollen. Die Schlagkraft der Massen kann reaktionäre oder reformistische Neuerungen verhindern, sie kann aber keine positive Alternative hervorbringen.

In entscheidenden Momenten fällt deshalb immer wieder kleinen Gruppen mit Sonderstellungen, z. B. der Armee, die Schlüsselposition für politische Entscheidungen zu. Militärregime »neuen Typs«, auf die wir später zu sprechen kommen, lösten auf diese Weise die liberal-demokratischen Regierungen ab, die ihrerseits zwischen 1958 und 1960 in Wirtschaftskrisen mit gleichen Mitteln ihre Vorgänger beseitigt hatten.

Für den Imperialismus sind solche politischen Verhältnisse äußerst günstig. Da er über eine militärische und wirtschaftliche Übermacht verfügt und seine Ziele genau kennt, kann er kurzfristig die eine oder andere politische Gruppe unterstützen und sie für den eigenen Vorteil nutzen.

Es ist sicher kein Zufall, daß die »Allianz für den Fortschritt« von der amerikanischen Regierung genau in dem Moment vorgeschlagen wurde, in dem der Kapitalismus in Südamerika ernste Rückschläge erlitt.

3. Die Allianz für den Fortschritt und die heutige Lage

Die amerikanische Entscheidung, einen neuen reformistischen Weg einzuschlagen, ist nicht nur aus der krisenhaften Lage in Lateinamerika zu erklären. Vielmehr war sie mit Kennedys »Politik der New Frontier« verbunden, die eine fortschrittlichere Gestaltung des Kapitalismus und Imperialismus der USA anstrebte.

Die Hauptmerkmale dieser Politik sind:

1. Die Expansion der Gesamtnachfrage und die Planung des Wachstums wird für weit größere Gebiete und weit längere Zeitspannen angestrebt, als dies früher der Fall war. Die unterentwickelten Länder sollen die ergiebigen Absatzmärkte der Zukunft werden. Ihre Entwicklung darf nicht mehr dem Zufall überlassen bleiben.

2. Das Vertrauen auf die friedliche Koexistenz mit der Sowjetunion und auf gewisse Tendenzen der Wandlung innerhalb der sowjetischen Gesellschaft, mit deren Hilfe man die kapitalistische Herrschaft über weite Teile der Welt festigen und noch auf Länder ausdehnen will, die bisher am Rande der Ost-West-Auseinandersetzungen standen.

Das Programm der Allianz

Die Grundlage für die Konzeption der Allianz bilden Analysen der mittel- und südamerikanischen Lage, die verschiedene reformistische Nationalökonomen schonungslos aufgestellt haben. Der bekannteste dieser Ökonomen ist Raoul Prebisch.[9] Die Analysen heben zwei große Schwierigkeiten hervor: Das niedrige Einkommen läßt nur geringe Ersparnisse, d. h. eine geringe Kapitalbildung zu; die unelastische Nachfrage nach Rohstoffen beeinflußt immer wieder ungünstig die Terms of Trade und verhindert jeden Außenhandelsgewinn. Sie sperrt also die zweite mögliche Kapitalquelle. Dementsprechend werden zwei Forderungen aufgestellt: Es sollen die Voraussetzungen dafür geschaffen werden, daß die inländischen Ersparnisse steigen. Das Sozialprodukt soll »diversifiziert« werden, damit man nicht von den unsicheren Rohstoffexporten abhängt. Dabei soll natürlich auf eine rationale Arbeitsteilung auf internationaler Ebene Rücksicht genommen werden, ganz im Sinne der klassischen Lehre der komperativen Kosten.

Welches sind nun die Mittel, diese Forderungen zu realisieren? Für das erste Ziel ist jede Hoffnung auf ein Steigen der Ersparnisse von sich aus oder auf Außenhandelsgewinne trügerisch. Zwangssparen scheidet im Hinblick auf das niedrige Pro-Kopfeinkommen aus. Die einzige Lösung ist das Auslandskapital. Damit es aber Früchte tragen kann, sind sowohl eine Agrar- als auch eine Fiskalreform unentbehrlich, um die interne Akkumulation zu erleichtern und der Verschwendung einen Riegel vorzuschieben. Zur Erreichung des zweiten Ziels sollen die ausländischen Anlagen nicht mehr auf den Sektor der Rohstoffproduktion konzentriert bleiben. Der Staat seinerseits soll die inländischen Unternehmungen entsprechend der Auslandsnachfrage fördern. Impulse aus dem Außenhandel könnten außerdem auch durch die Schaffung eines südamerikanischen gemeinsamen Marktes gewonnen werden. Von den Problemen, die eine solche Politik zu meistern hätte, sind zu nennen:

1. Währungsprobleme: da im Laufe der Umstellung die Zahlungsbilanz noch stärker defizitär wird und da jeder Stimulus auf der Geldseite Inflationsgefahren in sich birgt.

2. Beschäftigungsprobleme: weil sehr viele Arbeitskräfte aus der Landwirtschaft entlassen werden und in Industrie und Handel zu einer Zeit unterkommen müssen, in der technische Ausrüstungen die Produktivität erhöhen und ungelernte Arbeitskräfte in großem Ausmaße freisetzen.

Angesichts solcher Schwierigkeiten halten nun die genannten Nationalökonomen eine staatliche Planung für eine absolute Notwendigkeit.[10] Ihre Ansichten finden ihren Niederschlag – mit der entsprechenden Dosis Demagogie – im Vertrag von Punta del Este. In ihm sind folgende Ziele angegeben: Steigerung des Pro-Kopfeinkommens um 2,5 % jährlich; Diversifizierung der Wirtschaft; Stabilisierung der Preise; Industrialisierung; Erhöhung der Produktivität im Agrarsektor; Agrarreform; Beseitigung des Analphabetentums; Erhöhung der mittleren Lebenserwartung; Bau von billigen Wohnungen; lateinamerikanischer gemeinsamer Markt; Kontrolle des Geldtransfers.

Die USA verpflichten sich, für diese Ziele innerhalb von zehn Jahren 10 Milliarden Dollar zur Verfügung zu stellen. Man rechnet außerdem mit weiteren Kapitalzuflüssen in gleicher Höhe aus privaten US-Quellen. Die USA sagen zu, daß politische Entscheidungen, die das gesamte Programm betreffen, gemeinsam und nicht einseitig von ihnen oder bilateral mit einem einzigen Land getroffen werden sollen. Die Hilfe wird von tatsächlichen Schritten zur Aktion abhängig gemacht.

Der Mißerfolg der Allianz und seine Ursachen

Die Allianz war ein im kapitalistischen Rahmen ernsthaftes Vorhaben. Die politischen Hürden, die sie nehmen mußte, verurteilten sie aber von vornherein zum Scheitern.

Obwohl sie grundsätzlich und auf lange Sicht auch praktisch mit den Interessen des Imperialismus und des lokalen Kapitalismus in Einklang stand, hatte sie keine tragfähige Klassengrundlage: Es gelang ihr deshalb nicht, die imperialistischen und kapitalistischen Gruppen für sich zu gewinnen. So wurde sie schon kurz nach ihrem Start zu einer kapitalistischen Utopie. Praktisch verlor sie jede Brisanz und sank auf das übliche Niveau von imperialistischen »Hilfsmaßnahmen« herab.

Die Faktoren ihres Mißerfolgs sind folgende:

1. Der erhoffte Zufluß von privaten US-Kapitalien unterblieb. Die Amerikaner investierten weniger als in den 50er Jahren. Die optimistische Investitionswelle gleich nach Vertragsunterzeichnung verebbte bald. Die Höhe von 300 Millionen Dollar US-Investitionen jährlich – die Mindestschätzung – wurde nicht erreicht. (Die instabilen lateinamerikanischen Verhältnisse ließen Europa trotz niedrigerer Zinssätze für amerikanische Anleger wieder attraktiv werden.)[11]

2. Zum Ausgleich dieser Nachteile wären verstärkte öffentliche Investitionen notwendig gewesen, insbesondere über staatliche US-Kredite. Der Kongreß kürzte aber die zugesagten Kreditbeträge und verschlechterte die Kreditbedingungen. Das Weltraumprogramm und der Krieg in Vietnam verengen spürbar den Spielraum im amerikanischen Staatshaushalt. Zahlungsbilanzschwierigkeiten der USA ließen die Kreditklauseln erstarren: die Verpflichtung, in den USA zu kaufen und US-Schiffe für den Transport zu benutzen.
3. Die Schwäche der embryonalen kapitalistischen Schicht in Lateinamerika paarte sich mit einem gewissen Mißtrauen den Vereinigten Staaten gegenüber. Ihrer Reaktion auf den Appell der Allianz fehlte jeder Schwung. Sie war außerstande, die Reformen einzuleiten und damit die Bedingungen für die Kreditgewährung zu erfüllen. Die konzentrierte jähe Kraftanstrengung, auf die die Initiatoren der Allianz hofften, unterblieb.
4. Die traditionell Privilegierten operierten gegen die Allianz. Ihre Ziele und das geplante Tempo ihrer Realisierung waren ihnen überaus unangenehm.
Die »Lawine« kam also nicht ins Rollen. Die Allianz änderte an der vorgefundenen Lage nichts Wesentliches. Auch die ihr zur Verfügung stehenden Geldmittel erreichten nicht den Ansatz.[12] Ein allgemeiner wirtschaftlicher Fortschritt ist nicht erkennbar, außer dort, wo die USA außerhalb des Rahmens der Allianz intervenierten. Die Reformen wurden zu Scheinreformen – wie die Agrarreform in Venezuela, Kolumbien und Peru – und nahmen auf das gemeinsame Programm keinen Bezug. Das politische Schaukelspiel der vielen Gruppen und Grüppchen hörte nicht auf, um der Herrschaft eines neuen, stabileren Kapitalismus Platz zu machen. Die Unzufriedenheit, die Proteste, die bewaffneten Aufstände nahmen nicht ab, sondern eher zu.

Andere Pläne imperialistischer Färbung

Der Mißerfolg der »Allianz für den Fortschritt« bedeutet freilich nicht, daß der US-Imperialismus in Lateinamerika gescheitert wäre. Die Allianz stellt nur eines seiner Mittel dar. Noch wichtiger ist die »Organisation amerikanischer Staaten«[13], die die natürliche Ergänzung zur Allianz darstellt. Ihre Aufgabe besteht in der militärischen Intervention überall dort, wo die Stabilität des Systems gefährdet ist (siehe Kennedys Politik gegenüber Cuba).

Die generelle Unterstützung von Militärregimen in Südamerika hindert die USA nicht, sich mit Reformplänen zu beschäftigen, denn der Reformismus bleibt weiterhin ein Mittel zum Zweck: Revolutionen im Keim zu ersticken und die Herrschaft über Lateinamerika zu behalten.
Dabei sind zwei Aspekte zu berücksichtigen:
1. Die durch den Reformismus beseitigten und die neu hervorgerufenen Spannungen. Die letzteren können so stark sein, daß man von Reformversuchen ganz absieht. Aber ebenso sind Entwicklungen denkbar, in denen die USA die Kontrolle nicht verlieren oder die nur geringe Eingriffe von außen erforderlich machen.
2. Die Risiken, die eine reformistische Politik eingeht, hängen nicht nur von der politischen Lage in dem betroffenen Land, sondern auch von der Weltlage ab. Die verschiedenen imperialistischen Richtungen unterscheiden sich dabei durch ihre Risikobereitschaft.
Was Südamerika angeht, so haben sich die verschiedenen imperialistischen Positionen ganz scharf abgezeichnet. Einerseits vertritt Senator Fulbright die Meinung, so tiefe soziale Veränderungen, wie sie die Allianz anstrebt, könnten nicht ohne Konflikte bewältigt werden. Andererseits gibt es die Meinung, solche Konflikte dürfe man nicht aufkommen lassen. Die »Stabilität« müsse in jedem Fall durch das Militär gewährleistet werden, weil die Polizei dazu nicht ausreiche.[14] Diese Vorstellung war offenbar in den letzten Jahren für die Politik der USA ausschlaggebend. Die Situation in Lateinamerika ist eben derart, daß die Amerikaner nicht hoffen können, einschneidende Reformen würden einen kontrollierbaren Prozeß in Gang setzen. Die lokale kapitalistische Schicht, die in jedem Reformplan die zentrale Rolle spielt, ist zu schwach, um die Reformen auch nur auslösen, geschweige denn später unter Kontrolle halten zu können. Ein Druck der Vereinigten Staaten würde nur den Verlust der traditionellen Sympathien der Großgrundbesitzer und der Rohstoffmonopole bedeuten.
Die derzeitige Weltlage erhöht zudem das Risiko, das jede neue imperialistische Initiative in sich birgt. Cuba und Vietnam waren sehr lehrreich: Sie legen den USA nahe, unter keinen Umständen Freiheitsbewegungen zu fördern, die am Ende antiimperialistische Bewegungen werden können. Deswegen die immer härter werdende Kontrolle, deswegen die bewaffnete Intervention in San Domingo.
Das enorme militärische Potential der USA mag ihre Entscheidung für die

Politik der Stärke begünstigt haben. In anderen Situationen hat sich der Kapitalismus für Reformen entschieden, aber immer nur dann, wenn keine andere Alternative bestand. Darin sind also die Gründe zu suchen, die die USA von dem »Radikalreformismus« von Punta del Este weg und zur Unterstützung von Regimen wie dem der »Gorillas« in Brasilien oder dem von Barrientos in Bolivien führten.

Die heute von den USA unterstützten Regierungen

Die Macht der USA ermöglichte in Brasilien den Sturz von Goulart und den Erfolg der Gorillas, in San Domingo stoppte sie Bosch, in Venezuela hält sie Leoni auf dem Regierungssitz. Anderswo begünstigte sie den Übergang zu »halbdemokratischen« Regierungsformen (um die Bezeichnung Withers' zu gebrauchen): in Peru mit Belaunde Terry, in Guatemala mit Mendez Montenegro, ebenso in Columbien. Auch in San Domingo wurde das alte Militärregime nicht beibehalten.

Man mache sich über diese »Halbdemokratien« freilich keine Illusionen. Der Name will sie bloß von den traditionellen Militäroligarchien, wie sie in Haiti und Paraguay bestehen, unterscheiden. Sie sind nicht mehr der schroffe Ausdruck der lokalen Privilegien, sie sind eher ein auf langfristige Stabilisierung bedachtes Organ der imperialistischen Politik. Darauf weist alles hin: die repressiven Methoden in wichtigen Fragen, die nur scheinbar demokratische Auseinandersetzung, die Mitarbeit von ausländischen, modern ausgebildeten Volks- und Betriebswirten in leitenden Positionen.

Das Ziel, eine starke lokale kapitalistische Schicht entstehen zu lassen, hat man dabei nicht aus den Augen verloren. William Withers sagt auch ausdrücklich, nach dem Sturz einer bürgerlich liberalen Regierung garantiere nur ein Militärregime die Fortsetzung der bürgerlichen Politik. Darin bestehe die einzige wünschenswerte Alternative. Halte man die Löhne niedrig und ermutige man den Unternehmer, seine Profite im Inland zu investieren, so werde der *take-off* schnell erfolgen. Dazu sei eine stabile Periode von mindestens fünf Jahren notwendig, in der die Regierungen – egal ob bürgerlich oder militärisch – die private Initiative begünstigen müßten.

Die Halbdemokratien entsprechen durchweg diesen Erfordernissen. Die Gewalt erlaubt ihnen eine mit den vorhergehenden Zuständen nicht vergleichbare wirtschaftliche Stabilisierung; die Löhne werden direkt und nicht über deflationäre Maßnahmen gedrückt. Zur Deflation greift man trotzdem gelegentlich. Erscheint das Regime genügend zuverlässig, so steigern die USA ihre Kapitalhilfe, um zu vermeiden, daß die straffe wirtschaftliche Kontrolle Wachstumseinbußen zeitigt.[15] Die repressive Gewalt wird also nicht zugunsten der privilegierten Schichten etabliert, sondern sie ist klar auf das Ziel gerichtet, einen lebensfähigen lokalen Kapitalismus zu entwickeln.

Dazu dienen vorsichtige Reformen: Agrarreformen in Venezuela und Peru, die Brachland oder staatliches Land verteilen; Steuerreformen in Peru; steuerliche Beeinflussung der Investitionen in Brasilien (geplant); höhere Besteuerung der Erdölgesellschaften in Venezuela. Ihr unmittelbarer Effekt ist jedoch gleich null. Ihre Funktion besteht darin, eine »neue Tendenz« anzuzeigen, damit die Massen beruhigt und die alten Klassen zur Anpassung an den neuen Kapitalismus ermuntert werden können. Von den Gegenpolen Stabilität und Fortschritt bevorzugen die Reformer die Stabilität, während es nach dem Programm der Allianz gerade umgekehrt sein sollte. Dies gilt übrigens auch für die Länder Chile und Uruguay, die formal demokratisch regiert werden. Chile verfolgt mit härtesten repressiven Mitteln und mit Hilfe strengster Lohnkontrollen eine drastische Politik der wirtschaftlichen Stabilisierung. Seine Reformen (Landwirtschaft, Kupferbergwerke) sind schärfer als in anderen Ländern. Im Vergleich zum Programm der Allianz jedoch sind sie wie üblich verwässert.

Unter dem mehr oder weniger direkten imperialistischen Druck der USA vereinheitlicht sich in ganz Lateinamerika die Politik, und die Regierungstypen gleichen sich einander an.[16] »Demokratische« Länder (Chile, Uruguay), »halbdemokratische« Länder und Diktaturen (Brasilien, Peru, Columbien, Venezuela, Guatemala) konzentrieren ihre Anstrengungen darauf, gleiche Verhältnisse herzustellen: einen im Gleichtakt mit den ausländischen Interessen funktionierenden Kapitalismus, d. h. die Bildung einer lokalen kapitalistischen Schicht, die ohne Konflikte in der alten Struktur ihren Platz findet.

Auf kurze Sicht hat diese Politik eine trügerische Stabilität hervorgebracht. Offen bleiben aber die Grundfragen:

1. Schnelleres Wachstum und gesellschaftliche Entwicklung;
2. Der Balanceakt der Regierung zwischen den Interessen der alten großbürgerlichen und der neu entstehenden unternehmerischen Schicht;
3. Die Eindämmung der Massen.

Die Politik der Stabilisierung geschieht ganz auf Kosten der Massen. Werden die langsam eingeleiteten Reformen und die Androhung von Gewalt den Aufstand der Massen verhindern können? Werden die bereits agierenden Guerilleros Anhänger finden? Die USA jedenfalls haben sich auf militärische Interventionen eingestellt: entweder auf kurzfristige wie in San Domingo oder auf langfristige wie in Vietnam. Aber das Beispiel Vietnam zeigt, daß die technisch-militärische Überlegenheit heute nicht mehr den Ausschlag geben muß. Sehen wir zu, ob Lateinamerika die Vereinigten Staaten zu einem solchen Kampf zwingen kann.

Anmerkungen

1 Vgl. William Withers, *The Economic Crisis in Latin America*, Glencoe 1964.
2 Vgl. Franco Coni, I monopoli USA e l'economia latino americano, *Quaderni Piacentini*, Nr. 31, 1967.
3 Vgl. Celso Furtado, Les Etats-Unis et l'avenir de l'Amérique Latine, *Esprit*, 8/1966.
4 Vgl. Anhang, S. 29.
5 Da in Lateinamerika neben der Geldwirtschaft auch die Haus- und Tauschwirtschaft eine wichtige Rolle spielen, muß der Anteil niedriger geschätzt werden.
6 Vgl. Bo Gustafsson, Versuch über den Kolonialismus, *Kursbuch 6*.
7 Ein anschauliches Beispiel hierzu gibt Josué de Castro (*Le Monde*, 8. 3. 67): 1954 waren 14, 1962 aber 39 Kaffeesäcke erforderlich, um einen Jeep zu kaufen.
8 Der Index der Einzelhandelspreise, Basis 1953, steigt bis 1959 auf

3005	in Bolivien
1043	in Chile
464	in Argentinien
326	in Brasilien
244	in Uruguay

Vgl. *UN Statistical Yearbook 1960*.
9 Als die Allianz lanciert wurde, war Prebisch der Leiter der »UN Economic Commission for Latin America«. Danach übernahm er zusätzlich die Leitung der »Kommission der neun Weisen«, die die Wirtschaftspolitik der Allianz entwerfen sollte.
10 Vgl. Raul Prebisch, *The Alliance for Progress: Problems and Perspectives*, Baltimore 1963.
11 Vgl. Harry Magdoff, Les aspects économiques de l'impérialisme américaine, *Les Temps Modernes*, 3/67.
12 Vgl. A. P. Lentin, Des Experts de Punta del Este aux »bérets verts« de Santa Cruz, *Partisans*, 2/67.
13 Die Organisation Amerikanischer Staaten wurde 1948 gegründet. Ihr Motto: Panamerikanismus, d. h. Solidarität zwischen allen Staaten des amerikanischen Kon-

tinents. Die OAS sollte als Basis für die zwischenstaatlichen Beziehungen innerhalb Amerikas dienen. Bedeutender jedoch war die Abmachung, daß die Streitkräfte der Organisation in all den Fällen eingreifen müssen, in denen eine nicht-amerikanische Macht die territoriale Integrität bzw. die politische Unabhängigkeit eines amerikanischen Staates bedroht. Nicht zufällig ist die OAS auf starken US-Druck hin gegründet worden. Sie hat ihren Sitz in Washington. Die USA versuchten von Anfang an eine Umfunktionalisierung der Organisation zu erreichen, damit ihre imperialistischen Eingriffe den Schein internationaler Übereinstimmung bekämen. So haben sie *nach* ihrer Intervention in San Domingo deren Sanktionierung durch die OAS verlangt. Mehrmals drängten die USA auf ein militärisches Einschreiten der OAS gegen Cuba. Doch hatten sie damit keinen Erfolg. Der Mangel an Solidarität verhinderte auf die Dauer den Ausbau der OAS-Streitkräfte. Die vorsichtig gewordenen USA rüsten jetzt nur noch zuverlässige Staaten auf.

14 Vgl. John S. Pustay, *Counter Insurgence Warfare*, New York 1965.

15 Ein typisches Beispiel ist Brasilien nach dem Putsch von Castelo Branco. Vgl. Ruy Mauro Marini, Brazilian »Interdependence« and Imperialist Integration, *Monthly Review*, 12/65.

16 Nicht alle lateinamerikanischen Staaten sind von dieser konvergierenden Bewegung erfaßt. Einige Diktaturen alten Stils, wie z. B. Paraguay, werden davon nicht berührt, und die USA denken nicht daran, sie aus ihrer Stagnation zu reißen. Ebensolche Ausnahmen bilden Bolivien und Argentinien, wo die politischen Schwankungen so groß sind, daß keine Tendenz erkennbar wird.

Anhang

Einige Daten über die Landwirtschaft Lateinamerikas

Landwirtschaftliche Betriebe Lateinamerikas nach Größenklassen, 1950

Fläche in ha	Anteil an der Gesamtzahl der Betriebe	Anteil an der gesamten Betriebsfläche
0–20	72,6	3,7
20–100	18,0	8,4
100–1000	7,9	23,0
über 1000	1,5	64,9

Quelle: Oscar Delgado, »Estructura y reforma agraria en Latinoamerico«, in: *Problemi dell'America Latina*, hrsg. v. A. O. Hirschmann, Bologna 1962.

Der Anteil der landwirtschaftlich genützten Fläche beträgt

in Lateinamerika	5%
in den USA	18%
im Weltdurchschnitt	7%

Vgl. W. Withers, a.a.O., S. 101.

Von der landwirtschaftlich genutzten Fläche entfallen auf Betriebe mit mehr als 1000 ha folgende Anteile (1954):

Argentinien 74,8	Cuba 36,1	Nicaragua 32,8
Bolivien 61,4	Ecuador 45,0	Panama 12,6
Brasilien 50,8	El Salvador 19,9	Paraguay 93,8
Chile 73,2	Guatemala 40,8	Peru 66,5
Columbien 34,0	Honduras 20,6	Dominik. Rep. 53,3
Costa Rica 29,6	Mexico 55,6	Uruguay 55,8

Quelle: De Sanctis, »Cenni panoramici sul problema agrerio in America Latina«, *Problemi del socialismo* 10/63.

In diesem Artikel unterscheidet De Sanctis:

1. Latifundien aus der Kolonialzeit mit halbfeudaler Struktur.
2. Latifundien aus der Zeit der Unabhängigkeit, die patriarchalisch geführt werden.
3. Latifundien im Besitz von Unternehmern aus imperialistischen Ländern.

Die erste Gruppe ist hauptsächlich an der Küste des Pazifik verbreitet. Der Anteil der genutzten Fläche ist bei dieser Form der Latifundien minimal. Ihre Besitzer kümmern sich um nichts. Sie verteilen winzige Stücke ihres Bodens an die Indios gegen einige unbezahlte Arbeitstage pro Woche oder gegen einen Teil der Ernte. Die Bodennutzung ist primitiv und extensiv. Die Bauern einer solchen Latifundie sind noch nicht einmal zur Phase des Tauschhandels gelangt. Sie versorgen sich weitgehend selbst.
Zur zweiten Gruppe gehören die Latifundien der Burguesia terrateniente (der ländlichen Bourgeoisie). Dort wird Viehzucht betrieben und Personal beschäftigt. Diese Form ist besonders in Argentinien verbreitet.
Die dritte Gruppe ist typisch für Mittelamerika. Hier herrscht die Monokultur mit frühkapitalistischen Verhältnissen vor (intensive Ausbeutung der Arbeitskräfte). Dazu kommen die Bemühungen der ausländischen Unternehmer, die Industrialisierung zu verhindern. Ein gutes Beispiel für diese Taktik ist die United Fruit Company, die außer in den sechs mittelamerikanischen Republiken auch noch in Ecuador und Columbien tätig ist. Sie kümmert sich nicht nur unmittelbar um ihre Latifundien, sondern verpachtet auch Kleinstbetriebe und kauft dann die Ernten auf Grund ihrer monopolistischen Stellung auf.
Welche Bedeutung die Monokultur für Lateinamerika hat, geht deutlich aus folgenden Daten hervor (Withers, S. 147):
Anteil der lateinamerikanischen Ausfuhr am Weltverbrauch, 1959:

73%	des Weltkonsums an Kaffee
57%	des Weltkonsums an Zucker
78%	des Weltkonsums an Bananen
8%	des Weltkonsums an Kakao

Anteil eines Produkts an der Gesamtausfuhr, 1959:

Brasilien, Kaffee	58%	Kaffee und Kakao	64%
Columbien, Kaffee	77%		
Guatemala, Kaffee	72%	Kaffee und Bananen	85%

Der bewaffnete Aufstand

1. Die bürgerliche Revolution und der Kampf gegen den Imperialismus

Welches Verhältnis besteht in Lateinamerika zwischen der bürgerlichen Revolution und den revolutionären Bewegungen gegen den Imperialismus? Ist es möglich oder sogar unvermeidbar, daß der Weg zum Sozialismus über eine »bürgerlich demokratische Phase« führt?

Ehe wir uns mit diesen Fragen beschäftigen, müssen wir darstellen, was unter »bürgerlicher Revolution« zu verstehen ist. Hierzu gibt es drei mögliche Interpretationen:

1. Ein von der Bourgeoisie unterstützter Reformismus, der sich gegen lokales Proletariat, vorkapitalistische Klassen und imperialistische Macht scharf als eigene Interessengruppierung absetzt. Ein Regime dieser Art fällt nicht aus dem Rahmen der imperialistischen Politik; es entzieht der Revolution ihre Prämissen, statt sie herbeizuführen.
2. Eine Entwicklungsphase, in der bestimmte ökonomische und soziale Veränderungen vollzogen werden müssen, sei es unter bürgerlicher Führung, sei es unter einer Diktatur des Proletariats.
3. Der Aufstieg der lokalen kapitalistischen Schicht zur Macht, nach gewonnenem Kampf gegen die vorkapitalistische Agrarschicht und die jeweils vorherrschenden ausländischen Monopole.

Uns interessiert hier besonders die letzte Interpretation. Ist ein solcher Fall für Lateinamerika denkbar?

Die Ereignisse der letzten 20 Jahre zeigen deutlich, daß eine hierzu fähige kapitalistische Schicht nicht vorhanden ist. Die bürgerlichen Gruppen sind zahlenmäßig schwach und besitzen kein ausgeprägtes Klassenbewußtsein. Ihre Beziehungen zu den Großgrundbesitzern und den Imperialisten sind eng, so daß sie sich eigentlich nur vom Proletariat deutlich als eigene Gruppe abgrenzen. Die Folge davon ist, daß die bürgerlichen Gruppen kaum in politische Führungspositionen aufrücken. Wenn sie es dennoch schaffen, war die Unterstützung seitens der Großgrundbesitzer, der Militärs oder der Imperialisten entscheidend. Entsprechend beschränkt ist deshalb ihre politische Wirkungsmöglichkeit. Ein Aufstieg als Vertreter der Massen ruft bald die Reaktion der Privilegierten und des Auslandes hervor. Die Auswirkungen dieser Reaktion führen schließlich zum Sieg der Konterrevolution: Siehe Santo Domingo.

Aber auch wenn die »bürgerliche Revolution« die erste Reaktionswelle überstehen sollte, gelingt es ihr nicht, ihre Macht zu konsolidieren und auf längere Zeit zu behalten. Um die für das wirtschaftliche Wachstum notwendige Kapitalbildung einzuleiten, kann sie weder mit den Mitteln der alten Privilegierten noch mit denen des Auslandes rechnen. Ihre Alternative ist: Inflation oder Zwangssparen. Beide Formen der Kapitalbildung bringen enorme Entbehrungen für die Bevölkerung mit sich.

Der Widerspruch ist eklatant: Je mehr sich die bürgerlichen Gruppen von den alten Reaktionären entfernen, desto mehr müssen sie sich auch mit den Massen verfeinden. Das klassische Beispiel dafür bietet Goularts Brasilien.

Die Formel, eine Phase der bürgerlichen Revolution sei als Übergangsstadium notwendig, wird nach all dem zu einem Schlagwort, das den Mangel an oppositioneller Schärfe gegenüber reaktionären Regierungen rechtfertigen soll (Frei in Chile, die Liberalen in Columbien).

Manche nehmen diese Regierungen nicht ernst, d. h. sie sehen sie nicht als »bürgerlich revolutionär«, sondern als pseudorevolutionär an. Sie glauben deshalb an eine mögliche Umfunktionalisierung: der freie Spielraum, den die bürgerlichen Pseudorevolutionäre lassen, soll systematisch ausgenutzt werden. Diese Konzeption geht in erster Linie von der Berücksichtigung praktischer Schwierigkeiten aus. In einigen Ländern (Argentinien, Uruguay) sind heute die Aussichten für einen Guerilla-Kampf denkbar ungünstig. Anderswo ist das Risiko, daß er vom amerikanischen Imperialismus sofort niedergeschlagen wird, sehr groß. Man hofft deswegen, ein bürgerliches Regime, das hinreichend gemäßigt ist, um keine US-Intervention herauszufordern, werde den revolutionären Kräften Entfaltungsmöglichkeiten bieten. Die Atempause könnte für die Aufklärung der Massen, für den Auf- und Ausbau einer Organisation und für die Verstärkung der eigenen militärischen Kraft genützt werden. Diese Hoffnungen sind allerdings vollkommen illusorisch. Ein Regime wird von den USA nur dann akzeptiert werden, wenn es ausreichend Kontrolle und Repression ausübt, d. h. wenn es sich nicht umfunktionalisieren läßt, also genau den Spielraum eliminiert, den man auszunutzen hofft.

2. *Die kommunistischen Parteien*

Außer in Argentinien, Mexico, Uruguay und Chile sind die kommunistischen Parteien in Lateinamerika von kleinbürgerlichen Intellektuellen gegründet worden. Sie analysierten die Lage ihres Landes nicht unmittelbar, sondern richteten sich automatisch nach den Beschlüssen der Komintern oder nach den Programmen der Schwesterparteien in Europa. Auch dort, wo sich die kommunistischen Parteien als extremer Flügel von den Sozialisten abspalteten oder zunächst anarchistische Gruppen darstellten, hatte die ideologische Bindung an die noch im Umbruch befindliche Sowjetunion Vorrang. Die einzige Ausnahme war Brasilien.

Wir können die kommunistischen Parteien Lateinamerikas vereinfachend in drei Gruppen einteilen, nämlich nach dem Zeitpunkt ihrer Gründung: a) 1923-1928, b) 1928-1935, c) 1935 bis heute. Die Parteien der ersten Gruppe wurden von Intellektuellen und von Eliten der Arbeiter und Handwerker gegründet, unter denen politische Emigranten häufig eine bedeutende Rolle spielten. Bemerkenswert ist hier die Geschichte der cubanischen KP. Ihr prominentester Intellektueller, Julio Antonio Mella, mußte nach Mexico flüchten und wurde dort 1929 von Machados Agenten ermordet. Von 1934 an kollaborierte die Partei mit Fulgencio Batista und wurde sein verlängerter Arm bei den Gewerkschaften. Aus ihren Reihen wurden Martinello und Rodriguez in die Regierung der ersten Diktatur Batista aufgenommen.

In anderen Ländern wurde dagegen von 1928 bis 1935 der Beschluß des 6. Kongresses der Komintern befolgt, jegliche Zusammenarbeit mit bürgerlichen Politikern einzustellen und das Wort »kommunistisch« offen zu führen.

In Peru und Venezuela setzte der linke Flügel der sozialistischen Parteien die Umbenennung durch. Die Kommunisten in Panama, Ecuador, Venezuela, Costa Rica und Haiti schlossen sich zusammen: lauter kleine Parteien, die kaum politischen Einfluß besaßen.

Die Befürwortung der Volksfront durch den 7. Kongreß der Komintern ließ dann in Nicaragua und Bolivien kommunistische Parteien entstehen, die allerdings an einer ziemlich diffusen politischen Konzeption litten. Die KP in Santo Domingo wurde 1942 von spanischen Emigranten gegründet.

Wie es auch immer zur Entstehung der lateinamerikanischen kommunistischen Parteien kam, sie blieben im allgemeinen nichts anderes als eine Sektion der kommunistischen Internationale, deren Denkmodelle sie unkritisch und ohne Rücksicht auf die Realität ihrer eigenen Umwelt übernahmen. Typisch dafür ist ihre Überschätzung der zahlenmäßig schwachen Arbeiterklasse, ihre Unterschätzung der Bauern und ihre völlige Ignorierung der Millionen Ureinwohner. Der einzige, der diese Gesichtspunkte berücksichtigte, der peruanische KP-Führer Carlos José Mariategui, starb 1932 im Verdacht der Häresie.

Diese allgemeine politische Linie der kommunistischen Parteien wurde nur in Ausnahmefällen in Frage gestellt; sie ist bis heute unverändert geblieben. Man lese folgende Ausführungen eines führenden Kommunisten aus dem Jahre 1964, der in einem Andenland einen bewaffneten Aufstand vorbereitete:[1]

»Unser Ziel ist die Stärkung der nationalen Demokratien wie Bolivien, Chile, Mexico, Brasilien, damit sie eines Tages Anziehungspunkte für die Nachbarstaaten werden. Die nationalen Demokratien können sich nur auf Kosten des US-Imperialismus konsolidieren, weil dieser bestrebt ist, eine wirtschaftliche Unabhängigkeit, die seine Monopole beeinträchtigt, mit allen Mitteln zu verhindern. Der amerikanische Imperialismus ist so der natürliche Feind der nationalen Bourgeoisien. Für diese besteht nur die Chance, eine unabhängige Wirtschaft aufzubauen, wenn sie die Kapitalbildung durch eine ohne politische Auflagen gewährte Hilfe des sozialistischen Blocks in Gang bringen. Deshalb ist es die erste Aufgabe des sozialistischen Blocks, die eigene wirtschaftliche Macht ständig zu erhöhen. Es wird ihm dann möglich sein, den lateinamerikanischen Ländern technische Hilfe und langfristige Kredite zu gewähren. Seine Erfolge werden richtungweisend wirken und die nationalen Demokratien für den Sozialismus gewinnen.

»Wir müssen also das Heranreifen der nationalen Bourgeoisien abwarten, was nicht von einem Tag auf den anderen geschehen kann. Dieser Reifeprozeß bringt zwei Konflikte mit sich: den ersten mit dem Imperialismus, der nicht mehr wie früher als Ausbeuter auftreten kann; den zweiten mit dem Proletariat, das weiterhin von den bürgerlichen Unternehmern ausgebeutet werden wird. Gegen ein starkes Bürgertum ein starkes Proletariat. Wir müssen auf beide Konflikte setzen. Die nationalen Unternehmer sind noch sehr schwach, aber das soll uns nicht zur Isolierung und zum Alleingang veranlassen, wozu viele wenig erfahrene Kommunisten neigen. Wir müssen nach allen Seiten hin Bündnisse schließen, ohne zu fürchten, der Mittelstand könne die Führung übernehmen. Viele aus den Reihen des kleineren und mittleren Bürgertums haben eine sehr realistische politische Einstellung. Andererseits entscheidet die internationale Politik in immer größerem Maße über Erfolg bzw. Mißerfolg von revolutionären Bewegungen. Es ist besser, nicht so hastig zu sein. Jedes Jahr, das vergeht, ändert die internationale Lage zugunsten des Sozialismus: Cubas Wirtschaft stabilisiert sich, in Osteuropa geht es aufwärts, neue sozialistische Länder entstehen.

»Würden wir heute gegen die nationale Bourgeoisie den Kampf beginnen, so würden wir nur das Heranreifen der gewünschten Voraussetzungen beeinträchtigen, vielleicht sogar erheblich verzögern. Die fortschrittlichen bürgerlichen Gruppen würden gleich wieder in die Arme der Amerikaner getrieben. Die Niederlage der Aufständischen wäre der Sieg der Reaktionäre. Vielleicht würden sogar die Scheinreformen in der Landwirtschaft und die Verstaatlichung von Bergwerken rückgängig gemacht; die USA würden die Schließung der sowjetischen Botschaft und der östlichen Handelsmissionen durchsetzen. Die größte Gefahr für Lateinamerika ist die Ungeduld, der Jakobinergeist: Man achtet nicht auf die ungünstigen Aktionsbedingungen und opfert seinen Illusionen eine sichere Zukunft.«

Diese allgemeine Konzeption nimmt in den verschiedenen Ländern verschiedene Gestalt an:

1. Im südlichen Dreieck, wo die Entwicklung ein relativ hohes Niveau erreicht hat, vertritt die KP theoretisch den »friedlichen Weg« als den einzig möglichen, sobald der Reformismus einmal Aussicht auf Erfolg hat: so in Chile. Öfter aber bekennt sie sich zur gemischten Taktik, die den Guerilla-Kampf nicht ausschließt.

2. In Brasilien, Venezuela und Columbien lehnt die KP den bewaffneten Aufstand ab, obwohl sie sich in der Illegalität befindet.

3. Nur in explosiven Situationen (Bolivien), in denen sich der Kampf von allein aufdrängt, akzeptiert ihn die KP, allerdings immer als Bestandteil einer gemischten Strategie.

4. Manche kommunistischen Gruppen endlich weichen offen von der Parteilinie ab und sehen im bewaffneten Kampf das einzige Mittel zur Er-

reichung ihres Ziels. Aber nur in Guatemala kontrollieren diese Gruppen die Partei, anderswo werden sie ausgeschlossen wie die Gruppe Bravo in Venezuela.
Schauen wir uns einige dieser Fälle näher an.

In *Chile* kam es anläßlich der Wahlen von 1964 zur Bildung einer Volksfront (Acción Popular), die sich für Allende und gegen Frei einsetzte. Die damalige Taktik der KP zeigt, daß eine Öffnung zum Reformismus hin fast bis zur Aufgabe jeglicher Opposition gehen kann. Wir wollen der Analyse folgen, die Régis Debray von dieser Situation gab:[2]
In den Monaten vor den Wahlen verstummte die KP als Verfechterin sozialer Ansprüche: ein sicheres Zeichen für ihre Bereitschaft, die von ihr zu vertretenden Interessen zu vergessen. Ihre kritischen Kommentare und Reaktionen zum politischen Geschehen wurden zahm. Die chilenische Regierung brach kurz vor den Wahlen die diplomatischen Beziehungen zu Cuba ab, und die KP Chiles wußte dagegen keine konkrete Aktion einzuleiten.
Sie versuchte ohne jegliches Auswahlkriterium, Wahlbündnisse zu schließen, und stellte ihre Anträge nacheinander den Liberalen, den Konservativen, den Freimaurern und anderen Gruppen. Das politische Programm des von der KP unterstützten Allende unterschied sich in der Substanz nicht von dem Freis. Der einzige Unterschied lag in den Wahlparolen.
Dieses strategische Konzept war nicht nur vorläufig, im Hinblick auf die Wahlen, formuliert worden. Vielmehr stand es so schon seit langem fest. Auf dem 12. Parteitag der chilenischen KP im März 1962 wurde nämlich beschlossen: Die These des friedlichen Weges ist keine taktische Verstellung, sondern ein wichtiger Bestandteil des kommunistischen Programms. Sie entspricht vollkommen dem Streben nach einer sozialistischen Gesellschaft und dem humanistischen Charakter des Marxismus-Leninismus. Die gegenwärtige Kräftekonstellation im In- und Ausland hat die Möglichkeit geschaffen, die Ziele der Revolution ohne Waffengewalt zu verwirklichen.
Viele andere kommunistische Parteien Lateinamerikas gehen in ihrer Theorie des friedlichen Weges nicht so weit wie die chilenische, schon deswegen nicht, weil sie in ihrem Land verboten sind. Faktisch haben aber auch sie auf den militärischen Kampf verzichtet und sorgen gelegentlich

sogar dafür, daß sich von revolutionären Feuerstätten aus kein Brand entwickelt.
In *Brasilien* zollte die KP Goulart eine treue und blinde Gefolgschaft. Als er mit seinem Reformismus 1964 seine eigentlichen Mandanten erschreckte und daraufhin gestürzt wurde, stand die KP völlig ahnungslos da. Noch wenige Tage vor dem Putsch erklärte der Parteivorsitzende, die Lage gebe keinen Anlaß zur Beunruhigung und man sei schließlich selbst in der Regierung. Kein Wunder, daß die Partei danach gar nicht fähig war, den Militärs durch Mobilisierung des Volkes zu begegnen oder in den Untergrund zu tauchen. Noch schlimmer: Sie wußte aus den Ereignissen keine Lehren zu ziehen, sie suchte nicht nach selbständigen Denk- und Organisationsformen. Sie sah sich im Gegenteil schamlos nach neuen Allianzen um. Mit Lacerda, dem ersten Mann der Reaktion, der sich mit den Militärs überworfen hat, steht sie heute in Kontakt. Eine Nationale Demokratische Front wird erwogen, ein riesiger Eintopf von zur Zeit stellenlosen Politikern, deren Opposition gegen das Regime meist nicht auf politischen Überzeugungen, sondern auf persönlichen Ressentiments und Ambitionen gründet.

In *Columbien* kennzeichnet Dienstbereitschaft gegenüber dem »liberalen« Bürgertum die ganze Geschichte der KP. 1945 unterstützte sie den bürgerlichen Präsidentschaftskandidaten Turbay gegen den Volkskandidaten Gaitan. Als dieser 1948 ermordet und die Bevölkerung terrorisiert wurde, reagierte sie überhaupt nicht und stand wieder einmal der »Front der Nationalen Union« zur Verfügung. Für dic Wahlen von 1966 liierte sie sich mit der reaktionären Gruppe um Alvaro Gomez Hurtado und dem Exdiktator Rojas Pinilla. Denen, die nicht zu den Urnen gehen wollten, weil sie nur die Alternative zwischen Reaktion und Reaktion sahen, warf die KP vor: Es seien die Freunde einer reaktionären Diktatur, die auf diese Weise das Parlament diskreditieren und seine Initiativen im Interesse des Volkes ignorieren wollten; die Abgeordneten der Liberalen Revolutionären Bewegung seien die fortschrittlichste politische Kraft, ihnen seien die Hoffnungen von Tausenden von Columbianern anvertraut.
Die Einstellung der columbianischen KP zu den Guerillas, die seit Jahren hier und dort sporadisch in Aktion treten, ist perfider, als ihre Ablehnung es wäre. Sie hält die Beziehung zu ihnen aufrecht, um die Guerillas zu beeinflussen und dem politischen Kompromiß zu opfern. Die Folge davon

ist, daß auch größere Guerilla-Einheiten nichts anderes tun können als zu warten, wobei sie von den repressiven Maßnahmen der Regierung ständig bedrängt werden, wie es die Vertreibung der Guerilla-Kämpfer aus Marquetalia beweist.
Die KP glaubt, aus dem Partisanenkampf sei auch propagandistisch nichts mehr herauszuholen. Deshalb geht sie soweit, Abweichler zu neutralisieren, indem sie sie nach altem stalinistischen Muster denunziert.
Die columbianische KP ist etwas mehr als ein »extremer Fall«. Sie ist ein Symptom für die kommunistische Neigung, »halbdemokratische« bzw. »halbmilitärische« Regime zu unterstützen. Das ist die Art von Regimen, die dem US-Imperialismus am meisten gelegen sind. Ein Land mit einer verschleierten Diktatur, mit einer legalen und wohlwollenden kommunistischen Opposition, mit intensiver werdenden wirtschaftlichen und kulturellen Beziehungen zur UdSSR: dieses Land, Columbien, könnte das erste Beispiel für die Zusammenarbeit zwischen dem Imperialismus und dem Kommunismus Moskauer Prägung werden. Damit würde ein Modell der Koexistenz auf dem lateinamerikanischen Kontinent geschaffen.

Auch in *Venezuela* wenden die Kommunisten sich gegen den Guerilla-Krieg. 1959 von Betancourt nach vergeblichen Anbiederungen in die Illegalität gezwungen, organisierte die KP den bewaffneten Widerstand. Aber schon 1964 und dann 1966/67 intervenierte die Partei bei den Aktionseinheiten, um sie zurückzuhalten und zu schwächen. Die Begründung ist: Die gelegentlichen Angriffe wiederholen sich mechanisch, ohne jedoch eine deutliche Zielsetzung erkennen zu lassen. Sie erschweren die politische Arbeit und die Frontbildung gegen Betancourt. Sie erhalten ihm seine Alliierten. Sie ersticken im Keim die Auseinandersetzung innerhalb der Regierung. Sie schaden dem Ansehen und dem Vertrauen der revolutionären Bewegung. Die Partei müsse deswegen auf der Einstellung der militärischen Tätigkeiten bestehen. Es sei eine umgreifende Reorganisation nötig, damit die eigenen Kräfte auf einer neuen und höheren revolutionären Ebene agieren könnten. Gleichzeitig müsse eine politische Offensive die Feuereinstellung kompensieren, die Repression abschwächen und der Partei wieder die Initiative in die Hand geben.

3. Die Trotzkistischen Bewegungen

Trotzkistische Bewegungen finden in Lateinamerika stärkeren Anklang als sonstwo, wenn sie sich auch nicht mit den kommunistischen Parteien messen können. Sie interessieren uns, weil sie im Gegensatz zu den Kommunisten eine Kollaboration mit den bürgerlichen Kräften ablehnen[3] und weil sie oft effektivere Organisationsformen der Arbeiter und Bauern verwirklicht haben (siehe Bolivien und Peru). Allerdings orientieren auch sie sich an »importierten« Denkmodellen, nämlich denjenigen Trotzkis, und versuchen, diese der lateinamerikanischen Wirklichkeit anzupassen. Zwei Beispiele mögen dies erläutern: das der Beziehung zwischen Gewerkschaftsorganisation und bewaffnetem Kampf, und das der Beziehung zwischen Widerstand und »Doppelherrschaft«.

1. Die Organisation und die Politisierung der Massen ist das Grundproblem jeder revolutionären Bewegung. Früher oder später muß es gelöst werden. Der natürliche Anfang ist die gewerkschaftliche Organisierung, denn sie kann von eng umgrenzten unmittelbaren Interessen ausgehen und daran die Aufklärungsarbeit für fernere Ziele anschließen. Im Modell folgen der Aufklärungsarbeit bewaffnete Einsätze, damit man sich der unvermeidbaren Repression wehren kann. Die bewaffneten Einsätze weiten sich dann in irgendeiner Form zum offenen revolutionären Aufstand aus.

In Lateinamerika fehlen aber schon die Bedingungen für den theoretischen Anfang. Eine gewerkschaftliche Aktion wie die postulierte ist meist nicht möglich. Es kann sie nur geben, wenn dic angesprochenen Arbeiterschichten bereits einigermaßen in einem System integriert sind. Wenn die Aktion trotzdem Erfolge aufweist, wie in Peru unter der Führung von Hugo Blanco, wird sie rechtzeitig verboten: Das theoretische Schema ist gesprengt.

2. Es kommt vor, daß sich in schwierigen Krisenzeiten hier und dort isolierte Widerstandszentren bilden: Auf dem Lande, wo die Bauern einen gewissen organisatorischen Zusammenhalt bilden; in den Fabriken, wo die Arbeiter Formen der Mitbestimmung durchsetzen. Solche Erscheinungen nennen die Trotzkisten Doppelherrschaft. Sie übersehen dabei, wie kurzfristig und in welch geringem Maße die Macht dabei tatsächlich geteilt ist. Schon die nächste Repressionswelle fegt leicht alle Widerstandszentren hinweg, ohne daß sich aus ihnen die erhoffte Revolution entwickeln

könnte. Einen Monat vor dem Barrientos-Putsch waren die bolivianischen Trotzkisten noch voller Illusionen über die Resistenz in den Bergwerken und phantasierten eifrig über die Ausdehnung der »Doppelherrschaft« auf dem gesamten Kontinent. Ein paar Monate danach waren alle Widerstandsorganisationen der Kumpel vernichtet, obwohl der Generalstreik ausgerufen worden war.

Es scheint, daß alle Aktionsversuche der Trotzkisten in einer Sackgasse endeten. Ihre Strategie ist nur auf dem Papier erfolgreich. Sie verweisen zwar auf Cuba als Beispiel eines Erfolges, aber weder Fidel Castro noch irgendeine lateinamerikanische KP ist bereit, eine trotzkistische Interpretation der cubanischen Entwicklung zu akzeptieren. Ihre Äußerungen über die Trotzkisten schöpfen aus dem alten stalinistischen Wortschatz. Sie sehen in ihnen die Verräter der Revolution und das Instrument des Imperialismus.

Eine solche Einstellung verhindert natürlich eine fruchtbare Analyse der trotzkistischen Agitation, aus der sichere Erkenntnisse zu gewinnen wären, die auch unter anderen ideologischen Vorzeichen fruchtbar werden könnten.

4. Cuba 1959–1966

Der Sieg der Revolution in Cuba überraschte alle: den US-Imperialismus, seine Gegner, die von ihm Unterdrückten. Cuba wird zum Attraktionspol, zum Modell für die revolutionäre Bewegung. Die neuen Impulse werden aus den Worten Che Guevaras verständlich: »Die cubanische Revolution hat Lateinamerika dreierlei gezeigt. Erstens, Guerilla-Kämpfe können ein reguläres Heer besiegen. Zweitens, man braucht nicht abzuwarten, bis alle Vorbedingungen für eine Revolution gegeben sind: der Anfang der Revolution kann sie schaffen. Drittens, im unterentwickelten Amerika muß der Kampf seine Schwerpunkte auf dem Land haben.«[4]

Allerdings sind alle revolutionären Versuche nach dem cubanischen Muster, die in Südamerika seit 1959 eingeleitet wurden, fehlgeschlagen. In Santo Domingo, Ecuador, Peru, Argentinien kamen sie über den ersten Ansatz nicht hinaus. Ihre Träger waren vom Legalismus und Opportunismus der Linken enttäuschte Studenten und Intellektuelle, auf die die

schnelle und von einer kleinen Schar eingeleitete Revolution in Cuba wie ein Mythos wirkte. Aber auch der Imperialismus zog aus dem Fall Cuba seine Lehren. Die repressive Kontrolle wird verschärft, sowohl direkt als auch mittels der lokalen Oligarchien: Jede revolutionäre Brutstätte soll ohne Zögern ausgehoben werden. Gleichzeitig geht man gegen Cuba vor, doch militärische Angriffe und wirtschaftliche und militärische Blockade bringen keinen Erfolg. Dagegen gelingt es den USA nach der »Raketenkrise« von 1962, über die cubanischen Kommunisten hinweg sich mit der UdSSR zu verständigen. Die beiden Kontrahenten einigen sich über die Erhaltung des Status quo in Lateinamerika. Cuba ist nun dem Druck von zwei Seiten ausgesetzt. Die cubanische Führung scheut sich nicht, dieses politische Manöver zu analysieren und anzuprangern, doch sie kann nicht verhindern, daß ihr Einfluß und Ansehen in Lateinamerika schwindet, zumal alle revolutionären Ansätze steckenbleiben. In den Jahren 1964–1965 gibt es in Südamerika keine größeren revolutionären Ereignisse.[5] Cuba wird politisch isoliert und damit immer abhängiger von der Sowjetunion, immer stärker ihrer politischen Erpressung unterworfen. Das bleibt natürlich nicht ohne Folgen. Die ökonomische Konzeption Che Guevaras wird aufgegeben, die alte cubanische KP in die neue Einheitspartei aufgenommen, in der sie bremsend wirkt.
Was die Außenpolitik betrifft, so mußte sich Cuba auf der Konferenz der Drei Kontinente im Januar 1966 in Havanna zur friedlichen Koexistenz bekennen.[6] Auf dieser Konferenz waren nur die kommunistischen Parteien vertreten, die dem bewaffneten Kampf ablehnend gegenüber stehen; sie wurden zu den einzig legitimen Repräsentanten der Revolution erklärt. Die Cubaner waren bemüht, den Bruch mit der Sowjetunion zu vermeiden und trotzdem eine gewisse Handlungsfreiheit zu gewinnen. Sie sollte es ihnen ermöglichen, auf Weltebene eine Rolle im Kampf gegen den Imperialismus zu spielen und auf die lateinamerikanischen kommunistischen Parteien einen gewissen Einfluß auszuüben. Dabei ist die cubanische Strategie in sich widersprüchlich. Cubanische Initiativen in Lateinamerika oder gar auf Weltebene können nie mit einem sowjetischen Placet rechnen. Hinzu kommt, daß Cuba, eben mit Rücksicht auf die UdSSR, die von der Konferenz gebotenen Möglichkeiten zum Kontakt mit Parteien aus anderen Kontinenten nicht wahrnahm. Mehr noch, die Cubaner ließen sich kurz nach der Konferenz zu einer wilden Polemik gegen China hinreißen. Und das nicht etwa wegen Grundsatzfragen oder wegen bestimmter As-

pekte der chinesischen Politik, sondern wegen Unstimmigkeiten im Handelsverkehr bzw. wegen der Tätigkeit der chinesischen Botschaft in Havanna.
Glücklicherweise gibt es auch Faktoren, die für die Revolution wirken und sich schon 1966 bemerkbar machten. Der Vietnam-Krieg zeigt deutlich, welchen antirevolutionären Charakter die Koexistenzpolitik hat. Die Aufrechterhaltung des Gleichgewichts der Macht bedeutet nichts anderes, als daß auf die Dauer jeder revolutionäre Sieg verhindert wird. Der Krieg zeigt aber auch, daß der Befreiungskampf unmittelbar gegen die intervenierenden USA geführt werden muß und daß eine entschlossene Unterstützung durch die Bevölkerung selbst die amerikanische Militärmacht in Schach halten kann.
Die Politik der UdSSR im Hinblick auf die kommunistischen Parteien Lateinamerikas wird immer offener gegenrevolutionär. Es liegt also nahe, sich von diesen Parteien zu lösen und die unabhängigen Linksbewegungen zu unterstützen. Zunächst freilich ist die Verwirrung auf der Linken groß und beeinträchtigt jede Aktion. Aber langsam bilden sich Gruppen heraus, die als Gesprächspartner der Cubaner auftreten können und vor revolutionären Initiativen nicht zurückschrecken. Dies bedingt eine gewisse internationale Aufwertung Cubas, woraus wiederum eine Ermutigung für die Aufständischen folgt. Dieser Aufschaukelungsprozeß ist bereits im Gange.

5. Einige Fakten über die Kampfgruppen

Zur Zeit sind Guerilleros in Venezuela, Columbien, Guatemala, Bolivien aktiv. In Peru bilden sich jetzt neue Gruppen, nachdem die Rückschläge von 1960-1962 überwunden sind.
Abgesehen von Venezuela, einem Land mit verhältnismäßig hohem industriellen Niveau und starker Bevölkerungskonzentration in den Städten, sind sich diese Länder in vielfacher Hinsicht ähnlich. Ihre Wirtschaft beruht hauptsächlich auf einer rückständigen Landwirtschaft und auf dem Bergbau; halbfeudale Elemente bestehen weiter; die Indios stellen den Hauptteil der Bevölkerung; die Armut, das Analphabetentum, die Kindersterblichkeit sind extrem hoch. Außerdem ist die geographische Struktur der Andenländer fast gleich.

Das bedeutet aber, daß die revolutionäre Taktik in diesen Ländern mit ihrem Schwergewicht auf dem Lande nicht ohne weiteres auf die übrigen, höher entwickelten lateinamerikanischen Staaten (Brasilien, Argentinien, Chile) übertragbar ist. Hier wird man eine neue und eigene Konzeption entwickeln müssen. Gemeinsam bleiben nur die Grundbedingungen: die Unmöglichkeit einer friedlichen Lösung und die Notwendigkeit eines langen gewaltsamen Kampfes.
Im Folgenden wollen wir zeigen, welche Aktivitäten die Kampfgruppen in den oben genannten Ländern entfaltet haben.

Venezuela

1958

Der Diktator Pérez Jimenez wird vom Volk und einigen fortschrittlichen Offizieren gestürzt.

1959

Betancourt, Führer der Acción Democrática, gewinnt die Wahlen. Er schneidet auf dem Lande glänzend, in Caracas jedoch miserabel ab. Sein Reformismus entpuppt sich als der US-Politik vollkommen hörig. Dem Unmut der Bevölkerung, besonders in den Städten, begegnet er mit repressiven Maßnahmen. Die KP, zunächst zur Kollaboration mit Betancourt geneigt, ist gezwungen, bewaffnete Widerstandseinheiten in den Städten zu organisieren.

1961-1962

Erste Kampfgruppen nisten sich in den Bergen ein. Daran beteiligt sind die KP und die MIR (Bewegung der revolutionären Linken). Fortschrittliche Offiziere in Puerto Cabello und Carupano versuchen einen Aufstand zu organisieren. Sie scheitern sofort. Einige fliehen in die Berge und schließen sich den dortigen Gruppen an. Die Hoffnung auf eine plötzliche erfolgreiche Revolution schwindet.

1963

Im Februar wird die Abmachung über die FALN (Bewaffnete Kräfte für die nationale Befreiung) und kurze Zeit später die FLN (Front für die nationale Befreiung) unterzeichnet. Letztere Gruppe ist das politische Gremium der Revolution. Es operiert in den Städten und besteht aus Mitgliedern der KP, der MIR und einer Minderheit der URD (Republikanische Demokratische Union) und der AD (Demokratische Aktion). Betancourt reagiert mit brutaler Gewalt. In dieser Atmosphäre finden die

Dezemberwahlen statt. Die FLN ruft zum Wahlboykott auf. Eine Niederlage der Acción Democrática oder ein Aufstand scheinen bevorzustehen. Aber stattdessen gelingt es Leoni, einer Marionette Betancourts, die Wahlen zu gewinnen.

1964

Das Wahlergebnis und sein negativer Einfluß auf den Kampfgeist veranlassen die KP, sich wieder um die legale Zulassung zu bemühen. Wegen ihrer schwachen Verhandlungsposition akzepiert sie Leonis Bedingungen für den »nationalen Frieden«. Die Widerstandseinheiten in den Städten werden aufgelöst, die Kampfgruppen in den Bergen halten sich zurück und bleiben als Druckmittel gegenüber der Regierung bestehen. Diese geht aber zur Offensive über und vernichtet den größten Teil der Gruppen. Die MIR spaltet sich: Der Parteivorsitzende Rangel sieht keine Aussichten mehr für einen Kampf mit Rückhalt bei den Bauern und scheidet aus.

1965

Der Kampf auf dem Lande flackert wieder auf. Die Kommunisten unter Douglas Bravo in den Bergen revidieren ihre Einstellung und sind nun wieder zur Aktion bereit. Dasselbe gilt für die MIR.

1966

Die Leute um Bravo und um Fabrizio Ojeda (MIR) veröffentlichen in Iracara ihr Manifest. Bravo verliert seinen Sitz im KP-Vorstand. Er begibt sich mit Ojeda nach Caracas, um sich vor der FLN zu rechtfertigen. Ojeda wird ermordet. Bravo kann in die Falcon-Berge zurückkehren und bringt die Fusion von FALN und FLN zustande, deren Führung er übernimmt. Die Operation »Embudo«, die die Rebellen einkreisen soll, wird ein Mißerfolg.

1967

Douglas Bravo wird aus der KP ausgeschlossen. Eine Rede Fidel Castros vom 13. März verschärft die Auseinandersetzungen innerhalb der Partei. Ihre Beziehungen zu Cuba sind schwer belastet. Im April gibt die Partei öffentlich bekannt, sie »wünsche« 1968 an den Wahlen teilzunehmen. Zur Zeit kämpft man an drei Fronten im Osten und an drei Fronten im Westen Venezuelas. Die meisten der Kombattanten sind Bauern.

Columbien

1948

Der Konflikt zwischen liberaler und konservativer Partei führt zu einem fünfjährigen Bürgerkrieg, genannt »la violencia«, die Gewalt. Die Bauern organisieren Gruppen zur Selbstverteidigung, die sich von der Zentralregierung lossagen und sich nach syndikalistischen Grundsätzen regieren. Sie erhalten den Namen »unabhängige Republiken«. Die KP, die seit 1945 ununterbrochen mit den Bürgerlichen Kompromisse geschlossen hat, tritt der von den Liberalen gegründeten und von Washington inspirierten Front der nationalen Union bei. Sie ist heute noch ihr Mitglied.

1952
Staatsstreich des Generals Rojas Pinilla, der mit seiner Diktatur den Bürgerkrieg beendet.

1953
Rojas Pinilla schlägt den »unabhängigen Republiken« zum Schein Friedensverhandlungen vor. Sie gehen auf das Angebot ein und werden restlos vernichtet.

1957
Die Bürgerlichen sind über die sozialen Konflikte beunruhigt, die das Regime hervorgerufen hat. Sie stürzen Rojas Pinilla und führen das Zwei-Parteien-System (Liberale, Konservative) ein.

1958
Liberale und Konservative beschließen, sich alle vier Jahre an der Macht abzulösen. Einige bäuerliche Selbstverteidigungszentren (Marquetalia, El Peto, Rio Chiquito, Guaybero, Villa-Rica) konsolidieren sich. Im Januar beginnt die ELN (Nationale Befreiungsarmee) ihre Aktivität.

1965
Camilo Torres gründet im Juli die FUPC (Vereinigte Front des columbianischen Volkes). Im September wird die bedeutendste der unabhängigen Republiken, Marquetalia, vernichtet. Ihr Führer, Manuel Marulanda Vélez, kann sich retten und gründet die FARC (Bewaffnete revolutionäre Kräfte Kolumbiens).

1966
Im Januar vereinigen sich FARC, ELN und FUPC. Bei einer Aktion im Februar fällt Camilo Torres. Bei den Wahlen unterstützt die KP zusammen mit Rojas Pinilla den Kandidaten der Rechten. Es wird aber Lleras Restrepo zum Präsidenten gewählt.

1967
Die Guerilla ist heute in zwei Regionen aktiv. Im Süden von Tolima, wo schon der Bürgerkrieg schwerste Verwüstungen angerichtet hatte, wird

an sechs Fronten unter der Leitung des legendären Marulanda, genannt Tirofijo, gekämpft. Im Norden bei Santander ist an zwei Fronten – eine davon trägt den Namen von Camilo Torres – die ELN unter der Führung von Fabio Vasquez tätig. Sie hat die Regierung gezwungen, über dieses Gebiet den Belagerungszustand zu verhängen.
Im März treffen hohe sowjetische Funktionäre ein, um ein Wirtschaftsabkommen mit der Regierung der Oligarchien zu unterzeichnen. Zur gleichen Zeit werden von den 18 Vorstandsmitgliedern der KP 17 festgenommen. Der 18. ist Marulanda, der vorsichtshalber die Städte meidet.
Die Tätigkeit der Guerilleros ist sehr rege. Es scheint sogar, daß im Norden die Aktionen nicht, wie es häufig geschieht, von schwachen, sondern von zahlenmäßig sehr starken Gruppen durchgeführt werden.

Bolivien

1952

Die MNR (Nationale revolutionäre Bewegung) stellt sich am 9. April in La Paz gegen putschende Offiziere, die unter der Führung von Mamerto Urriologoitia stehen. Der Widerstand wird unversehens zum revolutionären Volksaufstand. Die Kumpel der Kupferminen ziehen in die Stadt, bewaffnen sich mit Dynamit und Schußwaffen, die sie von einem Militärzug erbeutet haben, und schlagen das Militär in die Flucht.
Der MNR-Führer Paz Estenssoro übernimmt die Regierungsgewalt mit der Absicht, eine bürgerlich demokratische Revolution durchzuführen. Er verspricht die Verstaatlichung der Bergwerke und die Agrarreform. Gleichzeitig fordert er die Aufständischen auf, die Waffen abzuliefern.
Die Kumpel gründen die COB (Arbeiterzentrale Boliviens) unter der Leitung von Juan Lechín und beschließen, sich an die Thesen von Pulacayo (1947) zu halten, wonach bewaffnete Arbeitsmilizen gebildet und die Mitbestimmung mit Vetorecht realisiert werden sollen. Die Bergwerke werden bald darauf verstaatlicht.
Die tatsächliche Macht der COB ist enorm. In den Bergwerksbezirken haben ihre Vertreter einen weitaus größeren Einfluß als die Vertreter der Zentralregierung.
Die Bauern, die sich bei den Aprilereignissen abwartend verhalten hatten, stürmen bald danach die Latifundien, nehmen sie mit Gewalt in Besitz und organisieren sich gewerkschaftlich. Auch sie bauen eine bewaffnete Miliz auf. Schon bald besitzen sie in diesem Gebiet größere Macht als der

Zentralstaat. Der staatlichen Agrarreform bleibt nichts anderes übrig, als die neuen Verhältnisse zu legalisieren.

1953

Die Gewerkschaften haben eine so starke Position erlangt, daß die auf Kosten der Bergleute geplanten Rationalisierungen nicht durchgeführt werden können. Sie verhindern auch, daß das neue, mit modernen amerikanischen Waffen ausgerüstete Heer die Kontrolle über die Bergwerke erlangt. Dies sind große Erfolge. Doch gelingt es den Gewerkschaften nicht, ihre Revolution weiterzutragen und zu einem Ende zu führen.

1960

Außer in Huanuni werden die Minen noch von den Gewerkschaften kontrolliert. In Huanuni rebellieren im Januar die Kumpel, sie können die Mine mit Hilfe der Miliz der Catavi-Mine wieder unter ihre Kontrolle bringen.

1961

Auf dem Lande streiken eine halbe Million Bauern. Sie lassen sich jedoch bald durch Versprechungen der Zentralregierung wieder zur Ordnung rufen.

1963

Die Catavi-Kumpel nehmen vier amerikanische Funktionäre gefangen und tauschen sie gegen vier verhaftete Gewerkschaftler aus. Das Heer interveniert nicht.

Die fortbestehende Doppelherrschaft nährt die Illusion, die imperialistischen Kräfte würden keine militärische Intervention wagen, der Weg zum Sozialismus sei frei.

1964

Paz Estenssoro wird mit Unterstützung der Führer der bäuerlichen Gewerkschaften wiedergewählt. Diese sind im Laufe der Zeit zu ausgesprochenen Feudalherren mit eigenen bewaffneten Banden geworden.

Die MNR schließt Lechín aus. Er gründet die PRIN (Revolutionäre Partei der nationalistischen Linken). Gleichzeitig entsteht die FLN (Front für die nationale Befreiung) unter der Führung von Nunflo Chávez.

Am 4. November gelingt General René Barrientos, dem ehemaligen Vizepräsidenten der Republik, durch die Unterstützung der USA ein Staatsstreich.

1965

Die Militärjunta verhaftet Juan Lechín. Die PRIN erklärt den unbefristeten Generalstreik. Das Heer belagert die Minen. Die Luftwaffe bombadiert die Bergwerke. Der Widerstand wird gebrochen; die selbständigen Arbeiterorganisationen werden vernichtet.

1967

Im Süden des Landes bereitet sich eine Gruppe auf den Guerilla-Kampf vor. Sie wird zufällig entdeckt, doch ist sie schon so gut trainiert und organisiert, daß sie nicht vernichtet werden kann.

»Die Operationszone der Guerilla-Kämpfer ist nach Ansicht der bolivianischen Militärs äußerst günstig. Der Tropenwald ist so dicht, daß Bombenangriffe und Ausspähen durch Hubschrauber zwecklos, Bodenangriffe sehr riskant sind. Eine Einkreisung der Kämpfer ist kaum möglich. Die guten Verbindungen zum Hochland, wo die wichtigsten Bergwerke sind, führen die Kumpel der Aktion zu. Die Region ist dank ihrer Erdöllager eine der reichsten Lateinamerikas. Die US-Investitionen belaufen sich hier auf über 100 Millionen Dollar. In der Bevölkerung scheint eine gewisse Unruhe zu herrschen. Die Tageszeitung *El Pueblo* berichtet von rebellierenden Truppen und wachsenden Sympathien der Bauern für die Guerilleros. Die Erdölarbeiter sind über die seit 1965 verschlechterten Arbeitsbedingungen sehr unzufrieden. – Argentinien und Paraguay grenzen unmittelbar an dieses Gebiet an. Wenn also hier das Pulverfaß explodiert, werden auch die Nachbarländer in die Luft gehen.«[7]

Eine hysterische Propaganda versucht im ganzen Land, eine Solidarisierung der Bevölkerung mit den Partisanen zu verhindern. Auch der Fall Debray ist zu diesem Zweck künstlich aufgebauscht worden. Aber auch Sympathieerklärungen werden abgegeben: Von der KP, von Juan Lechín aus seinem chilenischen Asyl und von Paz Estenssoro aus Lima.

Vorläufig sind von den Guerilleros weder ein Programm noch die Zusammensetzung bekannt. Es dürften sich viele linksintellektuelle Gruppen darunter befinden, aber auch den Zulauf von Bauern sollte man nicht unterschätzen. Diese entziehen sich immer mehr dem Militärdienst, der hauptsächlich die Funktion hat, potentielle Guerilleros aus der Gegend zu entfernen.

Die Regierung hat bisher mit Verhaftungen der Führungsspitzen der Linken und der Gewerkschaften reagiert. Die Gegenreaktion war im Juni ein Streik in den Minen von Huanuni und Catavi, in dem die Bergleute die Minen zu unabhängigen Exklaven erklärten.

Auch an den Universitäten gärt es. Die Universität von La Paz soll zur unabhängigen Exklave erklärt worden sein.

Peru

1959

Die APRA[8], die mit der Regierung Manuel Prado kollaboriert, spaltet sich. Die Sezession nennt sich zunächst »APRA-Komitee für die Verteidigung der Grundlagen und Prinzipien der innerparteilichen Demokratie«, später »APRA-Rebellen«. 1962 verwandelt sich die Sezession in eine Partei: Die MIR. Ihr erster Mann ist Luis de la Puente.

1962

Nach langer gewerkschaftlicher Arbeit von Hugo Blanco finden im Convencion-Tal, Bezirk Cuzco, mehrere Streiks statt. Die Bauern vertreiben die Großgrundbesitzer von ihren Latifundien und halten diese besetzt. Die Aktion nimmt ein so großes Ausmaß an, daß sich die Regierung vor repressiven Maßnahmen hütet.

Die FIR (Front der revolutionären Linken), eine trotzkistische Organisation, die enge Verbindung zu den bäuerlichen Gewerkschaften unterhält, beginnt in Lima mit bewaffneten Aktionen. Die Regierung ist nicht in der Lage, auch nur die Hauptstadt vollkommen unter ihre Kontrolle zu bringen.

Im Mai wird die MIR ins Leben gerufen. Ihr erklärtes Ziel ist der offene Kampf.

Im gleichen Monat schließt sich ein Mitglied einer trotzkistischen Gruppe in Jauja, einer Stadt in der Nähe von Lima, mit zwölf Leuten der bäuerlichen Gewerkschaft zusammen. Sie mobilisieren eine Reihe von Gymnasiasten und greifen das Stadtgefängnis an. Dabei werden zahlreiche Waffen erbeutet, mit denen zwei Banken überfallen werden. Acht der Gewerkschaftler setzen sich gleich ab, die anderen gehen in die Berge. Da sie keinerlei Erfahrung im Guerilla-Kampf haben, werden sie im Laufe von 24 Stunden gefangengenommen.

1963

Im April treten innerhalb der FIR Differenzen offen zutage. Die Vorsicht nach außen hin läßt nach, und die Regierung kann in Lima und Cuzco verschiedene führende Männer der FIR verhaften. Die Bauern des Cuzco-Bezirks, nunmehr unbewaffnet und ohne Führung, werden hingemetzelt.

Im Mai überqueren etwa 35 in Bolivien trainierte Guerilleros die Grenze. Ihr Ziel ist die 300 km entfernte Region um Cuzco, wo sie den Bauern Hugo Blancos zu Hilfe kommen wollen. An einer Grenzortschaft, Puerto Maldonado, versuchen sechs von ihnen den Kontakt mit der FIR aufzu-

nehmen, werden jedoch entdeckt und vernichtet. Die anderen Guerilleros müssen sich zerstreuen, um der Verfolgung zu entgehen. Einige kehren nach Bolivien zurück und gründen die ELN (Armee für die nationale Befreiung), um einen erneuten Einmarsch in Peru vorzubereiten.
Gegen Jahresende wird Hugo Blanco verhaftet. Der starke Druck der Regierung auf die Bauern hat ihm ihre Unterstützung entzogen.

1964

Belaunde Terry übernimmt die Regierung. Er ist aus den Wahlen siegreich hervorgegangen, nachdem er versprochen hatte, die Agrarreform durchzuführen und die Industrialisierung einzuleiten.
Trotz der von ihm geweckten Hoffnungen und trotz der blutigen Niederlagen im vorigen Jahr setzen sich die Unruhen auf dem Lande fort.
Die MIR und die ELN bilden auf den Bergen Guerilleros aus.

1965

Die Regierung hält ihre Versprechungen nicht. Eine Scheinreform stärkt die Stellung der Großgrundbesitzer, die Privilegien der Standard Oil Company von New Jersey werden nicht angetastet, die Repressionen gegen die Bauern werden verschärft.
Luis de la Puente, Guillermo Lobaton, Ricardo Gadea und Ricardo Fernandez Gasco redigieren in den Bergen von Pachacutec ein Manifest, das im April von der MIR veröffentlicht wird. Ein Teil der Presse in Lima druckt es ab. Seine Bedeutung wird von allen Seiten unterschätzt. Regierung, Gewerkschaften, linke und bürgerliche Parteien verstehen nicht, daß es den offenen Waffenkampf verkündet.
Im Juli schlägt die MIR im südlichen und mittleren Peru zu. Ihre Erfolge verblüffen nicht nur die Konservativen, sondern auch die Linke. Zur gleichen Zeit erhebt sich in den Städten, aber ohne Koordinierung mit den Guerilleros, eine Welle des Terrorismus.
Im August wird die Todesstrafe für jegliche Zusammenarbeit mit den Guerilleros eingeführt und die militärische Repression systematisch organisiert. Zu ihrer Finanzierung wird eine 8 Millionen Dollar-Anleihe aufgenommen.
Ende September eröffnen im Norden die ELN-Kräfte unter Hector Béjar die dritte Front. Sie ist sehr mobil, so daß die Regierungskräfte ihr kaum schaden können. Im Oktober fällt an der südlichen Front de la Puente. Seine Gruppe wird in wenigen Tagen eingekreist und vernichtet.

Der Terrorismus in den Städten flackert sporadisch auf. Die Stadt Juliaca im Süden Perus erhebt sich und wird nach dreitägigen Kämpfen unterworfen. Auch im Zentrum des Landes werden die Guerilleros besiegt. Die ELN, die sich im Norden isoliert sieht, stellt im Januar 1966 den Kampf ein, obwohl sie mit einem starken Rückhalt bei den Bauern rechnen kann.

1966

Am 14. November veröffentlicht die ELN ein von Hector Béjar unterschriebenes Manifest, das eine Bilanz der bisherigen Aktivität zieht. »Die peruanische Guerilla-Bewegung geht aus dieser Phase mit wertvollen Erfahrungen hervor, die ihr für die Zukunft manche Fehler zu vermeiden helfen werden. Die Wiederaufnahme des Kampfes wird auf sich warten lassen ... Die Guerilla-Gruppen werden für einige Zeit nur anwesend sein und ihre Umgebung, Land und Leute studieren.«[9] Weiterhin legt das Manifest die Vorgeschichte der Guerilla und die marxistisch-leninistische Überzeugung der Kämpfer dar. Das Ziel ist die Machtergreifung. Das politische Programm, 1965 festgelegt, wird offiziell bekanntgegeben; die revolutionären Kräfte werden aufgeführt. Nach einer Darlegung der eigenen Beziehungen zur übrigen Linken wird Selbstkritik geübt. Die Guerilla sei gescheitert, weil sie zu oft improvisiert hat, weil der Feind unterschätzt wurde, weil das Selbstvertrauen zu groß war, weil im Umgang mit den Bauern Fehler begangen wurden. Nötig sei es, die positiven Faktoren für den Kampf besser auszunutzen: die unüberbrückbare Kluft zwischen Bauern und Oligarchien, das Image der Guerilla als Form der politischen Betätigung, das von den bewegten Ereignissen der jüngsten Vergangenheit geweckte politische Bewußtsein der Landbevölkerung.

Guatemala

1944

Im Juni wird nach einem Generalstreik die seit 1931 währende Diktatur von Jorge Ubico beseitigt. Eine Militärjunta übernimmt die Macht. Schon im Oktober wird sie von jüngeren Offizieren gestürzt, die eine bis 1954 andauernde bürgerlich-demokratische Phase einleiten.

1945

Eine neue Verfassung wird verkündet. Juan José Arévalo, bis 1951 Präsident der Republik, führt im Inland zahlreiche Reformen durch (Agrarreform, Arbeitsgesetze, Schutz der nationalen Industrie) und bekämpft den monopolistischen Einfluß der United Fruit Company auf die Landwirtschaft Guatemalas. Dabei zeigt er sich jedoch ausgesprochen antikommunistisch und folgt außenpolitisch den USA, besonders in der neugegründeten »Organisation Amerikanischer Staaten«.

1951

Jacobo Arbenz wird im März zum Präsidenten gewählt. Er setzt im Inland die Politik Arévalos fort. Gewerkschaften bilden und verstärken sich. Die Kommunistische Partei der Arbeit (PGT) wird anerkannt. Es entsteht die »Demokratische Nationale Front«, in der hauptsächlich die bürgerlichen Parteien vertreten sind, aber auch die Gewerkschaft CNCG und die PGT.

1954

Arbenz wird von den USA gestürzt. Er hatte sich mit seiner antiimperialistischen Außenpolitik verdächtig gemacht. Die Impulse, die er in der Bevölkerung geweckt hatte, zeigten Ansätze zur Revolution. Die United Fruit Company wurde ungeduldig, weil sie ihre Herrschaft über das Land in Gefahr sah. Auf der zehnten Tagung der OAS warf man Arbenz vor, er arbeite den Kommunisten in die Hände.[10]

Oberst Carlos Castillo Armas inszenierte deshalb mit Unterstützung der USA einen Staatsstreich. Seine Diktatur zeigte die üblichen Merkmale: Terror, Massaker von politischen Gegnern, insbesondere von Kommunisten, willkürliche Inhaftierungen (bis zu 13 000 Personen), Aufbau von Polizeicorps, Auflösung der Parteien »mit kommunistischer oder arévaloarbenzscher Färbung«, strikte Anpassung an die US-Politik, Rückgabe der alten Privilegien an die United Fruit Company, Stützung und Erweiterung des Einflusses der amerikanischen Monopole. Das Erdölgesetz wurde von Fachleuten der Standard Oil of California, der Standard Oil of Texas, der Union Oil Company, der Richmon Oil Company, der Tecaco und der Coronado Oil Company verfaßt und in englischer Sprache verkündet.

Die PGT ruft aus der Illegalität zum Widerstand auf. Kämpfe in den Städten folgen. Die Studenten spielen dabei eine wichtige Rolle. Ihre Zeitung *El Estudiante* ist jahrelang ein Mittel zur Information und politischen Bildung.

1956

Eine neue Verfassung tritt in Kraft, die der Diktatur einen demokratischen Mantel umhängen soll. Gleichzeitig ergeht das Gesetz über die öffentliche

Ordnung – ein Notstandsgesetz, das die Londoner *Times* »Ersatzverfassung« nannte – und das Gesetz zur Verteidigung gegen den Kommunismus. Die Agrarreform wird rückgängig gemacht.
Eine illegale Veröffentlichung (»Chronik von Guatemala«) gibt eine Übersicht über die Brutalitäten des Regimes.

1957

Der dominikanische Diktator Trujillo läßt Castillo Armas ermorden. »Wahlen« finden statt, doch der gewählte Präsident kann sein Amt nicht antreten. Deshalb wird Ydigoras Fuentes Präsident aufgrund einer Abmachung zwischen verschiedenen oligarchischen Gruppen, die in der US-Botschaft beschlossen wird. Ydigoras verspricht die politischen Verfolgungen einzustellen und die Freundschaft zu den USA aufrechtzuerhalten. Nur das zweite Versprechen wird eingelöst. Sein Regime unterscheidet sich durch nichts von dem seines Vorgängers.

1960

Die PGT und andere Linksparteien reorganisieren sich; ebenso die Gewerkschaften. Demonstrationen werden häufiger, ohne jedoch der Diktatur schaden zu können. Im November rebellieren in Zacapa, Puerto Barrios und in der Hauptstadt große Teile der Streitkräfte. Seit langem sind sie mit dem Regime unzufrieden. Der aktuelle Anlaß zur Rebellion ist die Ausbildung von cubanischen Konterrevolutionären in Guatemala und die Benutzung des Landes als Ausgangsbasis für Angriffe gegen Cuba. Durch die umfangreiche Hilfe der Vereinigten Staaten bleibt die Regierung Herr der Lage. Eine Gruppe der Aufständischen gründet die »Bewegung des 13. November«, die künftig den Guerilla-Krieg führen wird.

1962

Am 2. Februar tritt die »Bewegung des 13. November« unter der Führung von Marco Antonio Yon Sosa zum erstenmal in Aktion. Im Bezirk von Izabal wird eine Kaserne gestürmt, ein Betrieb der United Fruit Company besetzt und eine von den Amerikanern ausgebildete Anti-Guerilla-Sondertruppe geschlagen.
Bald darauf gibt die Bewegung ein 13-Punkte-Programm bekannt und fordert Bauern, Arbeiter, Studenten, Freischaffende und Offiziere zur Mitarbeit auf.
Im März folgt Oberst Carlo Paz Tejaeda dem Aufruf. Er kämpft in der Sierra de Concuá unweit der Hauptstadt, wird aber bald außer Gefecht

gesetzt wegen taktischer Fehler und mangelnder Disziplin seiner Gruppe. Im selben Monat wendet sich der Studentenverband öffentlich an die Bevölkerung und fordert den Rücktritt von Ydigoras Fuentes. Die Repression läßt nicht lange auf sich warten. Die Studenten besetzen die Universität der Hauptstadt und rufen zum Generalstreik auf, der auch tatsächlich durchgeführt wird. Daraufhin räumt die Armee am 12. April die Universität. Vier Studenten werden getötet. Die Unruhe auf dem Lande ist groß. Täglich werden Sabotageakte verübt, die Bauern besetzen Grundstücke amerikanischer Gesellschaften. Am 26. April wird eine Militärjunta ernannt, die zusammen mit der Zivilregierung regieren soll. Bis zum Jahresende reißen Streiks und Demonstrationen trotz aller Unterdrükkungen nicht ab.
Die PGT und die »Bewegung des 13. November« schließen ein Bündnis und gründen die FAR (die Streitkräfte der Aufständischen). Zur politischen Koordinierung wird die FUR (Einheitsfront des Widerstandes) errichtet, in der paradoxerweise alle Linksgruppen außer der »Bewegung des 13. November« vertreten sind.
1963
Für die Dezemberwahlen setzt der Wahlfeldzug schon früh ein. Arévalo wird wieder politisch aktiv und kandidiert mit Unterstützung der Linken gegen den Kandidaten von Ydigoras Fuentes. Dabei übersieht die Linke, wie konservativ die Einstellung Arévalos ist.
Kennedy hält von beiden Kandidaten nichts und begünstigt einen neuen Putsch. Der frühere Verteidigungsminister Enrique Peralta Azurdia übernimmt am 31. März die politische Führung. Die Bevölkerung reagiert nicht. Arévalo, der die Armee schon in seinen Reden als treue Hüterin der Ordnung gepriesen hatte, verhält sich passiv. Im Nord-Osten des Landes gehen die Guerilleros der FAR, geführt von Sosa, an drei Fronten zum Angriff über.
Im November veröffentlicht die FAR ein Manifest, das marxistisch ausgerichtet ist und den Krieg für Guatemala unvermeidbar nennt. Aber die FUR und insbesondere die PGT beginnen die Guerilla zu bremsen, weil Kompromisse mit der Regierung locken.
1964
Im Mai werden Wahlen abgehalten, damit der demokratische Schein gewahrt bleibt. Es »siegt« Mendez Montenegro. Gleichzeitig wird die Operation »Limpieza Final« (endgültiges Großreinemachen) durchgeführt, um

sämtliche Guerilleros zu liquidieren. Die Operation scheitert. Die Regierung richtet ihre Wut gegen die Bauern. Diese, ohnehin kaum politisiert, verweigern den Guerilleros jede weitere Hilfe.

1965

Yon Sosa läßt die Infiltration mexikanischer Trotzkisten in die FAR zu. Daraufhin spaltet sich von der FAR eine Gruppe unter Turcios Lima ab und kämpft selbständig weiter. Das von ihr gegründete »Direktionszentrum der Revolution« kritisiert Yon Sosa und wird von Fidel Castro unterstützt.

1966

Der Parteitag der PGT bringt eine Wende ihrer politischen Richtung. Da der Opportunismus und Konservatismus des rechten Parteiflügels nicht nur die PGT sondern die gesamte Linke geteilt und geschwächt hat, wird beschlossen, daß die politische Führung der Guerilla künftig nicht mehr auf die Städte beschränkt bleiben soll.

1967

Das Land befindet sich im Belagerungszustand. Turcios Lima ist tot, César Montes ist an seine Stelle getreten. Eine Annäherung an Yon Sosa ist nicht absehbar, obwohl dieser wegen seiner trotzkistischen Sünden Selbstkritik geübt haben soll. Es bilden sich faschistische Banden, die den linken Revolutionären den Kampf auf Leben und Tod ankündigen.

6. Cuba und die Guerilla

Die Vorstellungen über den Weltkampf gegen Kapitalismus und Imperialismus, die den lateinamerikanischen Linken eigen sind, lassen sich in cubanischen Dokumenten und Reden klar erkennen. Man kann sie wie folgt zusammenfassen:

1. Nur der offene Kampf kann den Unterdrückten die Befreiung sichern.
2. Der Imperialismus ist heute ein Weltherrschaftssystem. Seine konterrevolutionären Aktionen werden international unter der Führung der USA koordiniert. Seine Repression wird dort massiv, wo eine unmittelbare Gefahr entsteht.
3. Die friedliche Koexistenz ist folglich kein Weg zur Freiheit. Nur der Kampf kann einem unterdrückten Volk, einer unterdrückten Klasse die Freiheit sichern.

4. Das bedeutet für die heutige Situation: Es müssen möglichst viele Fronten geschaffen werden, damit der Imperialismus nicht seine ganze Kraft auf ein einziges Gebiet konzentrieren kann, wie das in Vietnam geschieht. Für Lateinamerika gilt deshalb: Der Kampf muß »kontinentalisiert« werden, nicht in dem Sinne, daß er gleichzeitig überall aufflammen soll, sondern so, daß die revolutionären Gruppen über die Grenzen hinweg enge Kontakte haben und immer bereit sind, sich gegenseitig zu helfen.
5. Nicht das ideologische Aushängeschild oder die marxistische Partei zeichnet den Aufständischen aus, sondern seine Fähigkeit, mit den Problemen fertig zu werden, die der Einleitung und Aufrechterhaltung des Kampfes im Wege stehen.
6. Staaten, die konservativen und reaktionären Regierungen helfen, sind gegen die Revolution. Dies gilt insbesondere für die Sowjetunion in ihrer Beziehung zu mehreren südamerikanischen Staaten.
7. Politische Gruppen, die den bewaffneten Kampf ablehnen und/oder behindern und mit den derzeitigen Regierungen kollaborieren wollen, sind ebenfalls gegen die Revolution. Das gilt für mehrere lateinamerikanische kommunistische Parteien.
Politische Gruppen, die den Opportunismus und Pazifismus kritisieren, selbst aber nichts unternehmen, bestehen aus schädlichen Scheinrevolutionären.

Die Vorbedingungen für die Revolution

Die gesellschaftliche Struktur Lateinamerikas ist neokolonialistisch. Sie zeigt formale politische Unabhängigkeit, wird aber tatsächlich von den imperialistischen Interessen beherrscht. Auf dem Lande herrscht vorkapitalistische Ausbeutung, in den Städten moderner Kapitalismus.

Die soziale Schichtung kennt folgende Klassen: die Großgrundbesitzer; ein »nationales Bürgertum« (schwach und teilweise dem Großgrundbesitz und dem Auslandskapital durch gemeinsame Interessen verbunden); ein industrielles Proletariat, das sich in Gefahr befindet, eine Aristokratie der Unterdrückten zu werden; die Bauern, Pächter, Tagelöhner, die am meisten unter dem System zu leiden haben und die Arbeitslosen und Unterbeschäftigten in den Städten stellen; die Kleinbürger, die ewig zwischen der Hoffnung auf Teilhabe an bürgerlichen Privilegien und der Notwendigkeit der Verbindung mit dem Proletariat schwanken. Aus der letzten Gruppe stammen die meisten Intellektuellen Lateinamerikas.

Ausgehend von dieser Situation ziehen Cuba und die Guerilla-Bewegungen die Folgerungen:

1. Stellung und Stärke der Bourgeoisie machen die Hypothese einer bürgerlich demokratischen Revolution absurd.
2. Die Revolution muß von der am meisten ausgebeuteten Klasse, den Bauern, ausgehen. Wichtig sind auch die Intellektuellen, die die revolutionäre Avantgarde bilden, und die Arbeiterklasse. Beide Gruppen sind jedoch nichts ohne die Bauern, weil sie zum einen zahlenmäßig zu schwach sind und zum anderen erst durch die Verbindung mit den Bauern ihren Klassenkampfgeist erhalten und ausprägen können.
3. Im Kampf um die Freiheit ist mit direkten imperialistischen Interventionen zu rechnen. Diese werden die Unterstützung der Bürgerlichen finden.
4. Die revolutionäre Bewegung muß sozialistisch und gewaltsam sein. Nur der Kampf kann wegen der imperialistischen Interventionen auf lange Sicht gesehen den Sieg bringen. Cuba war eine Ausnahme; Vietnam wird die Regel werden.

Die Organisation des Guerilla-Kampfes

1. Der Erfolg der Revolution wird auf dem Lande entschieden. Es ist ein Fehler, Aktionen auf die Städte zu konzentrieren. Venezuela zeigt dies sehr deutlich: Die Regierungspartei Acción Democrática übt stärksten Einfluß auf die Bauern aus. So kann sie auch die Unruhen in den Städten unter Kontrolle halten.
2. Die Revolution beginnt nicht von selbst, vielmehr muß eine Avantgarde dafür sorgen, daß die verschiedenen Konflikte schließlich zu einer bewaffneten Auseinandersetzung führen.
3. Diese Avantgarde hat zweierlei zu beachten. Erstens muß sie eine Verbindung mit den Massen herstellen, zweitens muß sie vermeiden, von der Repression vernichtet zu werden. Außerdem muß sie verhindern, daß sich die Repressionen gegen die Massen richten. Es ist eine Illusion, die Revolution durch stetige Gewerkschaftsarbeit erreichen zu wollen. Gewerkschaften sind jederzeit der vernichtenden Gewalt ausgesetzt. (Siehe die Beispiele von Lechín in Bolivien und Blancon in Peru).
4. Den Beginn einer Revolution sollte ein mobiles Aktionszentrum in den Bergen bilden. Dadurch können Kräfte konzentriert und Gegenschläge aufgefangen werden. Nach einer gewissen Konsolidierung des Zentrums

müssen weitere Zentren geschaffen werden, die nach und nach ihre Kontrolle auf immer größere Gebiete ausdehnen und die Hauptstadt in eine Zange nehmen.
5. Die Autorität der Guerilleros wird durch Erfolge über die Regierungstruppen und durch die Einführung von Reformen in den kontrollierten Gebieten ständig wachsen. Auch die Interventionen der USA werden ihre Autorität stärken, da sie nationale Gefühle wecken.

Abweichungen von den offiziellen kommunistischen Vorstellungen
1. Der Guerilla-Kampf ist nicht ein Mittel neben anderen, auf das man unter dem Zwang der Diktatur zurückgreifen oder zugunsten von Kompromissen verzichten könnte.
2. Deshalb läßt sich die Guerilla nicht von den Städten aus führen.
3. Die gewerkschaftliche Aufklärungsarbeit ist als Vorbedingung der Revolution nicht unabdingbar.
4. Eine Doppelherrschaft der Art, daß Agrargebiete, Bergwerke und Fabriken eine gewisse Selbständigkeit von der Zentralgewalt erlangen, kann nicht die Ausgangsbasis einer Revolution sein; dies haben Bolivien und Columbien bewiesen.

Schlußwort
Die Labilität der Lage in Lateinamerika erlaubt keine langfristigen Prognosen. Aber die Daten und die Analysen, die uns zur Verfügung stehen, lassen erkennen, daß nur die cubanische Politik und der Guerilla-Kampf die antiimperialistischen Kräfte aus der Sackgasse herausführen können, in die die traditionelle Linke geraten ist. Die Ablehnung jeden Kompromisses mit dem Imperialismus ist dabei oberstes Gebot. Cuba und die Guerilla bilden die Avantgarde, die demnächst in Lateinamerika die führende Rolle spielen wird.

Aus dem Italienischen von Gianfranco Accardo und Gerald Bisinger

Anmerkungen

1 Vgl. Régis Debray: »America Latina: algunos problemas de estrategia revolucionaria«, *Casa de las Americas*, Nr. 31.
2 Siehe unter 1.
3 Eine Ausnahme ist die Unterstützung von Paz Estenssoro in Bolivien.
4 Ernesto Che Guevara: *Der Partisanenkrieg*, Köln – München 1966.
5 Eine Ausnahme ist Peru, wo 1965 die MIR aktiv wird.
6 Dieses Bekenntnis war etwas widersprüchlich. Die offizielle Zeitung *Gramma* schrieb z. B.: »Ein Journalist aus Belgrad beschuldigte uns zu Unrecht, den Beschluß der Konferenz der Drei Kontinente über die friedliche Koexistenz unterschlagen zu haben. Wir erinnern gern daran, daß dieser Beschluß auf Initiative der cubanischen Delegation zustande gekommen ist. Er entsprach unserem politischen Konzept, und wir haben keinen Anlaß, von ihm Abstand zu nehmen. Deutlich geht daraus hervor, daß die friedliche Koexistenz das zentrale Problem des Zusammenlebens kleiner und großer Staaten mit unterschiedlichen Gesellschaftsformen ist. Friedliche Koexistenz bedeutet aber nicht, wie der jugoslawische Journalist meint, Verzicht auf den Kampf der Ausgebeuteten gegen die Ausbeuter, der Unterdrückten gegen die Imperialisten. Wir sind deswegen über den Beschluß einen Schritt hinausgegangen und haben erklärt: Fortschrittliche und revolutionäre Staaten, die diesen Kampf unterstützen, verteidigen so das Prinzip der friedlichen Koexistenz.« (Zitiert nach D. Alexander: »Cuba: un nouvel internationalisme révolutionnaire«, *Les Temps Modernes*, März 1967).
Bemerkenswert ist, daß einige kommunistische Parteien Lateinamerikas (z. B. die chilenische) ihren Mitgliedern die Verbreitung der Beschlüsse von Havanna unter Ausschlußandrohung verboten hat.
7 Vgl. M. Piazza: »Stato d'assedio in Bolivia«, *Mondo Nuovo*, 10. 6. 67.
8 Revolutionäre Volksaktion Amerikas, gegründet 1924, 1929 in eine Partei umgewandelt –»erinnert in allem an Tschiang Kai-scheks Verrat der Kuomintang« (R. Debray, *Les Temps Modernes*, Januar 1965).
9 H. Béjaz: »Bilan d'une Guérilla au Pérou«, *Partisans* Nr. 37.
10 Es ist lehrreich, die Männer zu nennen, die damals in verschiedenen Ländern an der Macht waren: Batista in Kuba; Pérez Jeménez in Venezuela; Rojas Pinilla in Columbien; Odría in Peru; Gálvez in Honduras; Somoza in Nicaragua; Trujillo in Santo Domingo; Stroessner in Paraguay; Ibanez in Chile.
11 Vgl. Régis Debray: *Revolution in der Revolution*, München 1967.

Internationaler Kontext: China, Cuba, Vietnam

Um die Bedeutung klarzumachen, die der Stellung der lateinamerikanischen Revolutionäre innerhalb des antiimperialistischen Kampfes auf der ganzen Welt zukommt, ist es nötig auf die Kampfweisen einzugehen, die gegenwärtig gegen den Imperialismus angewandt werden. Schließlich bilden die antikapitalistischen Kräfte oder die, die sich als solche bezeichnen, schon seit Jahren keinen einheitlichen Block, sondern agieren von verschiedenen, ja gegensätzlichen Positionen aus.

Einerseits gibt es die durch jahrelange gemeinsame Politik bereits gefestigte, wenn auch nuancierte Gruppierung von Parteien und Staaten, die eng mit der Politik der UdSSR verbunden sind; andererseits ist eine Anzahl von Kräften entstanden (Staaten, Parteien, revolutionäre Bewegungen, Gruppen, die sich noch in frühesten Anfangsstadien befinden), die aus verschiedenen Gründen die sowjetische Linie nicht als verbindlich anerkennen und die Linie eines »harten« Kampfes, eines offenen Angriffes gegen den Weltkapitalismus zu formulieren und zu verwirklichen suchen.

Beginnen wir mit der Untersuchung der ersten Gruppierung und stellen wir im Anschluß daran fest, inwieweit die zweite Art von Kräften homogen ist, und ob man von ihnen auf Weltebene eher eine Alternative im Kampf gegen den Imperialismus erwarten kann oder nicht.

1. Die Politik der UdSSR

Die sowjetische Weltpolitik ist seit nun schon langer Zeit (seit mehr als zehn Jahren ausdrücklich, praktisch aber sehr viel länger) durch die *Politik der friedlichen Koexistenz* charakterisiert.

Die Ideologie, die im Zusammenhang mit dieser Politik entwickelt wurde, stellt sie einerseits als ein Mittel zur Schaffung eines *stabilen Friedens* hin, ein Mittel, die Katastrophe eines Atom-Weltkrieges zu verhindern, andererseits sieht sie in ihr die Möglichkeit, den *Sozialismus* so weit zu verwirklichen, daß zum gegenwärtigen Zeitpunkt die günstigsten Bedingungen erreicht würden, ihn in möglichst vielen Teilen der Welt durchzusetzen.[1]

Die wichtigsten Gründe, die dafür angeführt werden, daß diese Politik die Position des Sozialismus in der Welt stärkt, sollen kurz skizziert werden:

a) Durch die Koexistenz ist dem sozialistischen Lager die Möglichkeit gegeben, seine Kräfte auf die wirtschaftlich-gesellschaftliche Entwicklung zu konzentrieren und so seine Überlegenheit zu zeigen.

b) Die sozialistische Ideologie werde nicht geschwächt, sondern im Gegenteil Schritt für Schritt gestärkt werden, und sie werde dank der wirtschaftlich-gesellschaftlichen Erfolge des sozialistischen Lagers immer größere Verbreitung finden.

c) Der Gegensatz zwischen der Politik der friedlichen Koexistenz und der kriegstreiberischen Politik einer kleinen aber mächtigen Minderheit von Monopolen, militärischen Führungskreisen etc. (die in den kapitalistischen Ländern eine beherrschende Rolle spielen) werde das Lager der Kräfte, die der Politik des sozialistischen Lagers zustimmen, ungeheuer vergrößern und zunehmende Möglichkeiten bewirken, den Sozialismus auf friedliche Weise allmählich in immer mehr Ländern einzuführen.

Die Merkmale des wirtschaftlich-gesellschaftlichen Systems, das dieser Politik und der darauf basierenden sozialistischen Ideologie als »Modell« dient, werden jetzt zum entscheidenden Ansatzpunkt für ein erstes Urteil über dessen konkrete Funktionsfähigkeit. Dieses System, es ist das sowjetische System, macht heute eine schwere Krise durch, da es im Begriff ist, sich grundlegend zu wandeln: es stellt zweifellos eine Alternative zum wirtschaftlich-gesellschaftlichen System des Kapitalismus dar und ist diesem eindeutig überlegen, doch bezieht es jetzt eine Reihe typischer Merkmale des kapitalistischen Systems ein, und die wirtschaftliche Verflechtung mit diesem System wird immer enger. Die bedeutsamsten *inneren* Aspekte der Wandlung sind die wachsende Autonomie der Fabriken, was die Art der Erzeugnisse, die Finanzierung der Investitionen, die Preispolitik usw. betrifft, das daraus folgende Entstehen einer Managerschicht, deren Selbständigkeit und Einfluß zunehmen, die Bedeutung, die in diesem Zusammenhang der Gewinn als Maßstab des »sozialistischen Erfolges« annimmt, die Lohnpolitik, die immer mehr auf Wettbewerb und Ungleichheit ausgerichtet wird, sowie die Vordringlichkeit, die der Erzeugung von Gebrauchsgütern zugestanden wird. Die deutlichsten *internationalen* Aspekte sind die Zunahme der kapitalistischen Unternehmerinitiative innerhalb des sozialistischen Lagers, die Schlüsselstellung, die sie in der Entwicklung der Produktionstypen und -techniken und in der Organisation der Arbeit einnimmt, Bereiche, in denen die kapitalistischen Länder infolge jahrzehntelanger Erfahrung unbedingt überlegen sind. Auf der *ideologischen Ebene* kommt es durch die Schaffung von »Wertmodellen«, die besonders auf Konsumgüter ausgerichtet sind, durch die Entwicklung von Sozialprestige und wirtschaftlicher Relevanz zu immer stärkeren Verwischungen der Unterschiede zwischen sozialistischer und kapitalistischer Ideologie.

Die Entwicklungsansprüche des sowjetischen Systems, die der von der Führungsschicht gewählten Linie entsprechen, sind die reale Basis für die »Unumkehrbarkeit« der Koexistenzpolitik, wie sie mehrmals von ihren Fürsprechern bekräftigt wurde; sie zeigen aber gleichzeitig, daß diese Politik zu anderen Konsequenzen führt als denen, die ihre Ideologen verkünden. Auf dem Gebiet des friedlichen wirtschaftlichen Wettbewerbs ist das sowjetische System schwach und in einer Krisensituation; es braucht die Koexistenz, um diejenigen Wandlungen zu schaffen, die allein es ermöglichen, den Wettbewerb *fortzusetzen.* Aber genau diese Wandlungen binden das sowjetische System immer enger an das kapitalistische, das keinen Zweifel an seiner Kampfbereitschaft läßt, und demonstrieren letzten Endes die *politische* Schwäche des sowjetischen Systems.

Wenn sich aus der sowjetischen Koexistenzpolitik »im Inneren«, also innerhalb der Struktur des wirtschaftlich-gesellschaftlichen Systems der Sowjetunion und seiner Entwicklungsbestrebungen, diese Probleme ergeben, so entstehen noch gravierendere Probleme und Widersprüchlichkeiten *nach außen* hin.

Die imperialistische Politik zeigt immer deutlicher ihre Entschlossenheit zur militärischen Intervention, wenn es darum geht, eine Revolution niederzuschlagen, die die Einheit und Stabilität ihres Einflußgebietes ernsthaft bedroht. Wenn die Koexistenzpolitik unter diesen Bedingungen aufrechterhalten werden soll, führt sie zu einer stillschweigenden Duldung der konterrevolutionären lokalen Kriege des Imperialismus.

Daraus geht eindeutig die grundsätzliche Widersprüchlichkeit der Politik der friedlichen Koexistenz hervor. Der Weltkapitalismus legt dort seine

kriegsbereite Haltung ab, wo eine sozialistische Alternative unmöglich ist, hält sie aber aufrecht oder nimmt sie sofort wieder an, wenn sich eine solche Alternative abzeichnet. Die beiden Seiten der Koexistenzpolitik – der Wunsch, den Frieden zu erhalten, und der Wunsch, den Sozialismus zu verbreiten – erweisen sich so als prinzipiell unvereinbar. Und als ebenso unhaltbar erweist sich die Behauptung, daß der Verzicht des Kapitalismus auf Kriegspolitik in dem oder jenem Gebiet einen Sieg der sozialistischen Kräfte darstellt: Denn dieser Verzicht erfolgt stets nach einer Niederlage der sozialistischen Kräfte, durch die eine militärische Intervention (zumindest für längere Zeit) unnötig geworden ist.
Diese Situation stellt die Sowjetunion vor ein schweres Problem. Die stillschweigende Duldung einer bewaffneten imperialistischen Intervention schwächt die UdSSR auf dem einzigen Gebiet, auf dem sie sich dem Imperialismus gegenüber politische Stärke bewahrt hat: und das ist ihr politisches Prestige, das aus ihrer »sozialistischen Vergangenheit« herrührt, aus den verbliebenen Resten sozialistischer Ideologie und aus ihrer – zumindest scheinbaren – Integrität dem imperialistischen Ausbeutungssystem gegenüber. Jeder Widerstand gegen solche Interventionen aber bringt die Koexistenz in Gefahr.
Wo immer die revolutionäre Bewegung an die sowjetische Linie gebunden ist, stellt sich dieses Problem nicht, weil es nicht bis zu jenem Bruch mit dem Imperialismus kommt, der die gewaltsame Reaktion herausfordert. In Ländern wie Cuba oder Vietnam aber, wo die revolutionäre Bewegung ihren antikapitalistischen Kampf bis zur letzten Konsequenz führt, tritt das Problem drastisch auf. Die wechselnden Ereignisse in Cuba und Vietnam brachten die UdSSR dazu – nach nicht immer gelungenen und zielstrebigen Versuchen –, eine Politik zu entwickeln, die aus der Sackgasse herausführen soll. Sie besteht in einem direkteren Eingreifen in den Konflikt, wobei das damit verbundene Risiko bewußt akzeptiert wird, und *läuft darauf hinaus, durch direkte Verhandlungen mit den Großmächten eine Lösung* zu erreichen. So war es in der Cuba-Krise, und es ist sehr wahrscheinlich, daß hinter der gegenwärtigen Intensivierung des sowjetischen Engagements in Vietnam ähnliche Absichten stehen. Ganz deutlich wird diese Politik in dem diplomatischen Spiel, das die UdSSR im jüngsten Nahost-Konflikt betreibt: als Bedingung für Viermächte-Verhandlungen über den Nahen Osten stellt sie die Einbeziehung aller Probleme, einschließlich Vietnams. Der kürzlich von der *Prawda* veröffentlichte all-

gemeine und undifferenzierte Aufruf an »alle« revolutionären Bewegungen Lateinamerikas, die zivilen und die militanten, weist ebenso wie das Unterlassen jeder Reaktion auf die immer schärfer werdenden Polemiken aus Cuba darauf hin, daß die Sowjetunion mit diesen revolutionären Situationen irgendeine Verbindung halten will, um zum gegebenen Zeitpunkt zu intervenieren und Verhandlungen zustande zu bringen, bei denen die Großmächte ohne Berücksichtigung des politischen Willens der revolutionären Bewegungen über das Schicksal der verschiedenen Länder entscheiden.

Wenn diese Taktik Erfolg hat, gestattet sie der UdSSR, ihr »sozialistisches Prestige« hinter der Maske einer direkten Intervention, die das Risiko eines frontalen Zusammenstoßes mit den USA birgt, zu bewahren, ohne die grundsätzliche Linie der Koexistenzpolitik aufzugeben. Die »revolutionären Krisen« würden im Hinblick auf die Erhaltung des Gleichgewichts der beiden großen Machtblöcke unter Kontrolle gehalten.

Der Erfolg dieser Manöver hängt aber auch von der Politik der revolutionären Bewegungen und von ihrem Verhalten in den verschiedensten Situationen ab: es läßt sich oft beobachten, daß gerade angesichts derartiger Manöver die revolutionären Bewegungen eine gegenläufige Strategie entwickeln, um ihre Autonomie im Kampf zu betonen.

Ehe diese gegenläufigen Strategien untersucht werden sollen, ist es angemessen, *nach den spezifischen Konsequenzen* zu fragen, *die die sowjetische Strategie für den revolutionären Kampf in den lateinamerikanischen Staaten mit sich bringt.*

Die internationale prinzipielle Strategie der friedlichen Koexistenz bewirkt eine Reihe anderer strategischer Elemente, die gleichzeitig die sie bestimmenden Faktoren und ihre Konsequenzen sind: der *demokratische Weg zum Sozialismus* bedeutet einen Kampf für den Sozialismus, der sich auf eine extrem breite Basis von gesellschaftlichen Kräften stützt, einschließlich kapitalistischer Kräfte, die durch den gemeinsamen »Willen zum Frieden« und die Tatsache geeint sind, daß sie alle dem Imperialismus gegenüber »irgendeinen Grund zur Unzufriedenheit« haben; eine besondere *Wahl von Kampfmethoden,* bei der die friedlichen meist bevorzugt werden, bewaffnete Auseinandersetzungen zwar nicht ausgeschlossen bleiben, aber schließlich nur als Druckmittel bei Verhandlungen zwischen den Großmächten über die Lösung des Konflikts dienen sollen; ein besonderes *»Modell«* einer *sozialistischen Gesellschaft,* die vor allem durch den

wirtschaftlichen Erfolg gekennzeichnet ist – es wird also der gleiche Maßstab wie in den kapitalistischen Gesellschaftssystemen angelegt –, und in der die Machtverteilung extrem wenig festgelegt ist, um im Dienste des wirtschaftlichen Erfolges umstrukturiert werden zu können.
Diese Strategie führt in der spezifisch lateinamerikanischen Situation zu einer Reihe sehr bedeutender Konsequenzen, die sie in zunehmend radikalen Gegensatz zu den Zielen der revolutionären Kräfte in den einzelnen Ländern bringen.
a) Das allgemeinste Merkmal ist der bereits angedeutete Konflikt zwischen der von der Sowjetunion verfolgten *Politik des internationalen Gleichgewichts* und dem Anspruch des revolutionären Kampfes in den lateinamerikanischen Ländern, *dieses Gleichgewicht zu durchbrechen*, und zwar nicht bloß im Hinblick auf die eigene Lage, sondern auf Weltebene; denn jede »Herstellung des Gleichgewichts«, die für den Imperialismus annehmbar ist, schnürt die revolutionäre Entwicklung ab, und nur eine systematische Vervielfachung von »Durchbrüchen« kann die repressive Macht des Imperialismus in einzelnen Gebieten schwächen.
b) Die gegenwärtige Art der *Wirtschaftsbeziehungen zwischen dem sowjetischen und dem kapitalistischen Block* trägt dazu bei, die Schwierigkeiten zu mildern, die dem Imperialismus aus seiner derzeitigen Politik den lateinamerikanischen, allgemeiner: den unterentwickelten Ländern gegenüber erwachsen. Die gegenwärtige Linie der repressiven Politik und das, wenngleich noch nicht endgültige, Scheitern reformistischer Versuche nach Art der »Allianz für den Fortschritt« bringt einige schwerwiegende wirtschaftliche Folgen für den Kapitalismus mit sich: Die Expansionsmöglichkeiten durch Erschließung neuer Absatzmärkte für seine Erzeugnisse werden eingeschränkt oder sind überhaupt nicht mehr gegeben. Die Expansion ist aber auf lange Sicht gesehen ein entscheidendes Problem für den Bestand und die Weiterentwicklung des Systems. Die zunehmende Öffnung »sozialistischer« Märkte stellt heute für den Kapitalismus eine willkommene Alternativlösung dar: sie bieten der kapitalistischen Initiative ein wesentlich bereiteres und bequemeres Expansionsgebiet; einerseits ist das Einkommensniveau höher, so daß eine starke Aufnahmebereitschaft für Gebrauchsgüter etc. besteht, andererseits ist die politische Lage stabil.[2] So schwächt die gegenwärtige sowjetische Politik die negativen wirtschaftlichen Konsequenzen ab, die die gegenwärtige imperialistische Politik für die Entwicklung des Kapitalismus mit sich brächte.

c) Das Bemühen, das sozialistische Lager nicht durch ein revolutionäres Durchbrechen des internationalen Gleichgewichts zu stärken, sondern auf internationaler Ebene durch *schrittweise zunehmende Einflußnahmen und eine Erweiterung des Bündnissystems*, im Inneren der einzelnen Länder durch eine *allmähliche reformistische Entwicklung*, bringt die UdSSR dazu, mit Regierungen, die alles andere als anti-imperialistisch, oft sogar offen reaktionär und repressiv sind, Bündnisse zu suchen und ihnen gegenüber eine Politik der Hilfeleistung zu betreiben. In Lateinamerika zeigt sich dies an den Hilfsprogrammen und Wirtschaftsverträgen, die mit Ländern wie Brasilien und Columbien oder auch Chile vereinbart wurden oder in Kürze vereinbart werden. Auf diese Weise trägt die UdSSR direkt zur Stärkung von Regimen bei, die von den lateinamerikanischen Revolutionären bekämpft werden.

d) Im Hinblick auf die klassenmäßige Zusammensetzung der revolutionären Kräfte haben die ideologischen Überbleibsel der bolschewistischen Tradition zusammen mit verwirrenden Elementen, die von der neuen Strategie des »demokratischen Weges zum Sozialismus« herrühren, eine Reihe negativer Auswirkungen, in erster Linie die *Unterbewertung und das Außerachtlassen des revolutionären Potentials der Landbevölkerung*. Die »Politik der Bündnissysteme« überläßt den Kampf einer äußerst ambivalenten und überwiegend städtischen Gruppierung von Klassen, die den Bauern und ihren revolutionären Aktionen nur eine untergeordnete Hilfsfunktion zugesteht; die Führungsrolle, die bisher stets der Arbeiterklasse zukam, wird mehr und mehr zum ideologischen Deckmantel einer Verbindung von Klassen, welche die ambivalenten und verhältnismäßig privilegierten Kreise der Arbeiterschaft zuungunsten der Revolutionäre mit Machtvollkommenheiten ausstattet. Nicht zufällig nimmt die sowjetische Propaganda gegenwärtig gewisse ideologische Reste wieder auf, um gegen die Linie von Mao Tse-Tung zu polemisieren, dem seit jeher Irrtümer und Abweichungen vorgeworfen werden, weil er den Massen der Landbevölkerung eine wesentliche Rolle zuschreibt.

e) Was die *Taktik des Kampfes* betrifft, so ist die Bevorzugung der friedlichen Mittel dem Guerilla-Kampf gegenüber, der nur eine untergeordnete Hilfsfunktion erfüllen soll, in Lateinamerika besonders schwerwiegend; die politische Vorherrschaft der städtischen über die ländliche Führung bewirkt eine Abschnürung des Guerilla-Kampfes zugunsten von mehr oder weniger einschneidenden Kompromißlösungen, wie sie auf der

Basis der »demokratischen Bündnispolitik« von den Parteien in den Hauptstädten angestrebt werden.
f) Schließlich führt das sowjetische Modell, im Hinblick auf die *Verwirklichung des Sozialismus* nach Erlangung der Regierungsgewalt, immer eindeutiger dazu, daß sich soziale Unterschiede analog zur Gesellschaftsstruktur und zum Wertmaßstab des Kapitalismus herauskristallisieren. Das bedeutet, daß sich die von der kommunistischen Bewegung angestrebte Gesellschaftsordnung immer weniger deutlich von derjenigen unterscheidet, die die kapitalistischen Kräfte – wenn heute auch bloß propagandistisch wie in der »Charta von Punta del Este« – als Zukunftsziel setzen. Daraus ergeben sich nicht nur auf lange Sicht hin theoretische, sondern sofort praktische Probleme: wie sollen die Ziele der Revolution in der Propagandaarbeit und bei der politischen Erziehung der Massen klar herausgestellt werden? Zum mindesten wird die Propaganda Gefahr laufen, der neo-kolonialistischen Aktivität machtlos gegenüberzustehen und deren Versuchen, die bessere Position zu gewinnen, nichts entgegensetzen zu können.

2. *Ansätze zu einer Alternative*

Die genaue Betrachtung von Elementen, die in der Strategie einer Reihe von revolutionären Bewegungen eine Gegenposition zur sowjetischen Linie markieren, läßt bereits einige gemeinsame Merkmale erkennen. Es ist wichtig, sie nicht bloß »negativ« als gemeinsame Abweichungen von der sowjetischen Linie zu sehen, sondern »positiv« als Anzeichen einer gemeinsamen Strategie: Eine solche Perspektive ist umso bedeutsamer, als jene Bewegungen im Gegensatz zum sowjetischen Lager zur Zeit keinen festen und koordinierten Block bilden, in welchem eine politische Linie auf Jahre hinaus gemeinsam festgelegt worden wäre. Die eigene Strategie dieser Bewegungen, besser gesagt: eine weltweite einheitliche, eigene Strategie, ist erst im Begriff sich zu bilden; erst seit verhältnismäßig kurzer Zeit haben sie sich autonom mit den Problemen einer *internationalen Strategie* beschäftigt, *die direkt aus ihrem Aktionsgebiet hervorgehen müßte.* Der Prozeß ist reich an Gegensätzen und an ungelösten Problemen. Es handelt sich darum, ob sie grundsätzliche Übereinstimmungen erzielen können, denen gegenüber die Gegensätze an Bedeutung verlieren.

Bei der Prüfung dieser Frage wird es günstig sein, sich die drei bisherigen grundlegenden Erfahrungen ins Gedächtnis zu rufen:
1. *China*, das als erstes Land mit Hilfe einer eigenen autonomen Strategie eine Revolution vollzogen, das als erstes Land mit der weltweiten sowjetischen Strategie gebrochen und sich die Aufgabe gestellt hatte, eine Alternative dazu zu entwickeln; 2. *Vietnam*, das gegenwärtig durch den direkten Zusammenstoß mit dem Kapitalismus am schwersten belastet ist; 3. *Cuba und die lateinamerikanischen Bewegungen*, von denen die unmittelbare Möglichkeit einer Ausbreitung des revolutionären anti-imperialistischen Kampfes abhängen.

Die deutlichsten gemeinsamen Elemente, die von den drei revolutionären Kräften zu verschiedenen Zeiten und in verschiedenem Maße herausgestellt wurden, sind diese:

a) Die *Vervielfachung der Revolutionen*, also das fortwährende Durchbrechen des internationalen imperialistischen Gleichgewichts, wird als einzige echte Möglichkeit angesehen, nicht nur den Sozialismus in der Welt zu verbreiten, sondern auch einer einzelnen Revolution auf nationaler Ebene zum Erfolg zu verhelfen. Diese Linie setzt China den sowjetischen Auffassungen entgegen; nur sie bietet den Vietnamesen Aussicht auf Erfolg; und es ist die Linie des »Schafft weitere Vietnam«, die kürzlich von Cuba aus verkündet wurde.[3]

b) Auf Grund unterschiedlicher Erfahrungen sind diese drei Kräfte zu einer *politischen Theorie des Guerilla-Kampfes* gekommen, die viele gemeinsame Aspekte hat: I) Auf Weltebene: die Gegenposition des Guerilla-Kampfes – als eines Gebietes, auf dem sich die politische Überlegenheit der anti-imperialistischen Kräfte und ihre Unbesiegbarkeit durch den Imperialismus manifestiert – dem Krieg von Großmächten gegenüber. II) Auf der innenpolitischen Ebene der verschiedenen Länder: die Intensivierung des Guerilla-Kampfes als die *einzig mögliche Taktik*, der imperialistischen Führung dieser Länder entgegenzutreten. III) Im Hinblick auf die innere Organisation des Guerilla-Kampfes: die Guerilla-Gruppen nicht bloß als militärisches, sondern im weitesten Sinne als *politisches Instrument* anzusehen, woraus sich die Notwendigkeit einer politischen Diskussion aller Probleme des Verhältnisses zwischen den Guerilla-Kämpfern und den Massen etc. ergibt, eine Diskussion, die, den unterschiedlichen Situationen entsprechend, auch im einzelnen unterschiedlich geführt werden wird.

c) Diese politische Theorie des Guerilla-Kampfes erfordert aber ihrerseits eine gemeinsame *Analyse der revolutionären Klassen*, der möglichen Verbündeten und Gegenrevolutionäre und der Beziehungen zwischen den verschiedenen Klassen innerhalb des revolutionären Prozesses. Die umfassendste und schärfste derartige Analyse bleibt die von Mao Tse-Tung; allen drei Kräften aber ist die deutliche Abgrenzung des revolutionären Potentials, das durch die Massen der Landbevölkerung gestellt wird, und die Ablehnung gewisser ambivalenter Bündnisse gemeinsam.

d) Zu dieser gemeinsamen Analyse der Klassen kommt eine im wesentlichen gemeinsame Konzeption des Verhältnisses zwischen anti-imperialistischem Kampf und sozialistischer Revolution. Von allen drei Positionen aus wird die Phase der »bürgerlich-demokratischen Revolution« abgelehnt, eine Phase, in der unter der Führung eines nationalen, von der sozialistischen Bewegung unterstützten Bürgertums eine Reihe kapitalistischer Strukturen abgebaut und die wirtschaftliche Entwicklung vorangetrieben wird. Das bedeutet nicht, daß man einen unmittelbaren Übergang zum Sozialismus fordert: aber das Fehlen einer geschlossenen nationalen bürgerlichen Schicht muß zur Folge haben, daß der anti-imperialistische Kampf durch eine *ununterbrochene Revolution* charakterisiert wird, deren verschiedene Stufen, von der Abschaffung feudalistischer und vor-kapitalistischer Strukturen bis zur Entwicklung wirklicher sozialistischer Wesenszüge, fortwährend unter der Führung der sozialistischen Kräfte bewältigt werden müssen. In diesem Sinne ist es möglich, daß die revolutionäre Bewegung auf Grund ihres anfänglichen Aspekts einer »nationalen Befreiung« mit verschiedenen nicht-proletarischen Schichten Bündnisse eingeht; die sozialistische Führung der Bewegung bleibt aber ein Garant dafür, daß der revolutionäre Prozeß nicht gestoppt wird, auch wenn seine weitere Entwicklung zum Bruch mit den nicht-proletarischen Verbündeten führt.

e) Mit der Analyse der Klassensituation, der Kritik der Strategie, die auf einer »bürgerlich-demokratischen Phase« der Revolution besteht und mit der entscheidenden Rolle, die dem Guerilla-Kampf eingeräumt wird, stehen einige gemeinsame Auffassungen über die *Erneuerung in der Konzeption der Partei* in engem Zusammenhang: Die konkrete Schaffung einer Kern-Gruppe innerhalb des Klassenkampfes eines Landes wird als entscheidendes Kriterium dafür angesehen, daß ihr die revolutionäre Führungsrolle gebührt, nicht aber die offizielle Anerkennung und Bevollmächtigung einer Organisation, die sich formell durch ihre Geschichte legitimiert. Diese Merkmale der Erneuerung zeigt die chinesische ebenso wie die cubanische Position, wenn auch die ideologischen Formulierungen und die »Phasen« der Revolution, in denen sie entstanden sind, divergieren[4]; weniger deutlich scheinen sie sich in der vietnamesischen Position abzuzeichnen, doch läßt sich kaum sagen, ob es sich um einen praktischen Unterschied auf Grund anderer historischer Bedingungen handelt oder um eine wirklich unterschiedliche Konzeption; schließlich könnten auch die unzureichenden Informationen über die Diskussionen und Strömungen innerhalb der vietnamesischen revolutionären Bewegung das Bild beeinträchtigen.[5]

f) Jedenfalls haben alle drei Kräfte Elemente einer Konzeption des Sozialismus gemeinsam, die in radikalem Gegensatz zur sowjetischen Konzeption stehen. In erster Linie stellen sie – und das bezeugen die Tatsachen – die radikalste Opposition gegen die Konzeption des »Sozialismus in *einem* Land« und deren aktuelle Folgen dar[6]; die Entwicklung des Sozialismus wird nicht an den Modellen der Länder gemessen, in denen er schon die Macht errungen hat, sondern an den Erfolgen der revolutionären Kräfte in der ganzen Welt. Der Beitrag aber, der zu diesen Erfolgen geleistet werden kann, wird auch zum Prüfstein *für diejenigen Länder, in denen der Sozialismus bereits die Macht errungen hat.* In zweiter Linie haben sie eine Reihe von Gleichheitsprinzipien und eine antibürokratische Haltung im Hinblick auf die innere Sozialstruktur der sozialistischen Staaten gemeinsam. China ist bis heute am weitesten in dieser Richtung vorgestoßen: auf internationaler Ebene stimmt es mit der Kritik am Bürokratismus, an den Mißständen und Ungerechtigkeiten überein, und bei der praktischen Analyse der eigenen sozialistischen Gesellschaft scheut es nicht davor zurück, die Massen zu mobilisieren und direkte Gegenpositionen zwischen Teilen der Massen und Teilen der Partei entstehen zu lassen. Es ist auch kein Zufall, daß Cubas »Wiederaufnahme der revolutionären Initiative« auf internationaler Ebene mit heftiger Kritik im Inneren an Bürokratismus, materiellen Anreizen etc. zusammentrifft; hier werden Gedankengänge, die bereits in Schriften und Reden »Che« Guevaras vorkommen, wieder aufgenommen und propagiert.[7] Andererseits ist es aber klar, daß in der gegenwärtigen Situation Vietnams solche Probleme nicht die gleiche entscheidende Stellung wie anderswo einnehmen und nicht ebenso in ihrer ganzen Komplexität aufgerollt werden können; nichtsdestoweniger ist auch für Vietnam z. B. eine dem Gleichheitsprinzip folgende Politik im wirtschaftlichen und ideologischen Bereich charakteristisch. Es soll hier nicht zu sehr verallgemeinert und aus der zunehmenden Initiative und Mitarbeit der kämpfenden Massen in der Guerilla-Bewegung eine gemeinsame Vorstellung von einem nicht-bürokratischen Verhältnis zwischen den Massen und der Partei abgeleitet werden; sicher aber stellt dieses Phänomen einen weiteren bedeutsamen Aspekt der »Übereinstimmung« dar.

3. Offene Probleme bei der Schaffung einer Alternative

Wie bereits erwähnt, haben sich die Kräfte, für die die genannten Gemeinsamkeiten charakteristisch sind, im Laufe verschiedener geschichtlicher Erfahrungen gebildet, und es gibt zwischen ihnen gegenwärtig keine Form ausdrücklicher und organischer politischer Koordination.

Die internationale Strategie, die auf ihren politischen Linien beruht, ist weder umfassend noch konsolidiert: *Eine Ausweitung der Fronten des revolutionären Kampfes* in der Welt ist die entscheidende Bedingung dafür, daß »der Sprung nach vorn« gelingt und diese Strategie klarer und einheitlicher wird.

Auf die ungenügende Ausdehnung der Front des revolutionären Kampfes läßt sich ein guter Teil der Irrtümer und Widersprüche zurückführen, die von Mal zu Mal für diese oder jene Kraft bezeichnend waren: etwa die Akzentverlagerung in der chinesischen Politik der letzten Jahre von konsequent revolutionären Aspekten auf »konservative«, ja auf solche einer »diplomatischen Staatspolitik« verschiedenen Ländern und ihren revolutionären Bewegungen gegenüber; oder, zur Zeit der Konferenz der Drei Kontinente, die Bereitschaft Cubas zu ambivalenten politischen Manövern, hinter denen der sowjetische Druck nicht zu verkennen war. Für den Fall, daß sich die Front des revolutionären Kampfes künftig nicht ausdehnt, steht zu befürchten, daß die vietnamesischen Revolutionäre eines Tages gezwungen sein könnten, zum Nachteil ihrer eigenen wie der internationalen Revolution Lösungen anzunehmen, die unter den Großmächten ausgehandelt werden.

Diese Irrtümer und Widersprüche erschweren aber ihrerseits oft die Erweiterung der revolutionären Front. Die Politik diplomatischer Bündnisse, die China Ländern wie Pakistan oder Indonesien gegenüber betreibt, und die daraus folgende Haltung der lokalen pro-chinesischen Kommunisten, wird von der revolutionären Bewegung in diesen Ländern teuer bezahlt und hat negative Rückwirkungen auf die gesamte internationale revolutionäre Bewegung.[8] Gewiß übt die Kulturrevolution und die kritische Prüfung der bisherigen chinesischen Politik (besonders durch Liu Shao-Chi) auch einen Einfluß auf die Außenpolitik aus; doch ist es bisher noch nicht gelungen, eine Reihe von Engstirnigkeiten und Ambivalenzen in dieser Politik zu überwinden, wie das etwa die chinesische Haltung im Nahost-Konflikt zeigt.[9]

Analog dazu haben die Zeiten, in denen sich Cuba den sowjetischen Forderungen beugte, die Ausdehnung des revolutionären Kampfes in Lateinamerika verlangsamt und erschwert. Bedenkt man die »delikate« Position Cubas in seinem Verhältnis zur UdSSR, so wird das ständige Risiko einer sowjetischen Einflußnahme deutlich.

Wenn man sich auch keinen Illusionen über die Möglichkeiten hingeben darf, diese Engstirnigkeiten und Irrtümer von einer Einzelposition aus völlig zu überwinden, da sie – wie bereits erwähnt – auch von praktischen Schwächen des revolutionären Lagers herrühren, ist es doch notwendig, sich ständig vor Augen zu halten, daß ihre Feststellung und die Anstrengung, sie zu überwinden, entscheidend sind für die Ausdehnung des revolutionären Kampfes.

Wir müssen uns aber die Frage stellen, ob unter den revolutionären Kräften, jenseits der bestehenden Unterschiede, Widersprüche und abweichenden Interessen, die grundsätzliche Tendenz zu einer Übereinstimmung besteht, und das heißt auch zu einer zunehmenden Differenzierung gegenüber anderen Kräften, und ob eine solche Übereinstimmung für die sozialistische Weltrevolution günstig wäre.

Eine Übereinstimmung im Entwicklungsgang scheint uns eindeutig gegeben zu sein: einerseits nehmen die revolutionären Kräfte zu grundsätzlichen Problemen die gleiche Stellung ein, andererseits eint sie das Bestreben, die bisherigen Widersprüchlichkeiten zu kritisieren und zu überwinden (dies zeigt sich am Beispiel Cubas ebenso wie an dem Chinas), und schließlich gibt es heute – auch ohne formelle Koordinierung – bereits eine *praktische Solidarität*, die diese Kräfte eng aneinander bindet. Die Existenz Chinas und seiner politischen Linie gewährleistet das Überdauern der vietnamesischen Revolution: ohne die harte, kompromißlos unduldsame Linie der Chinesen hätte sich die UdSSR leichter »aus der Affäre ziehen können«, und der Aggression des US-Imperialismus wären keine Schranken gesetzt worden. Die Existenz Vietnams wiederum ist die Bedingung, ohne welche die Entwicklungsmöglichkeiten der lateinamerikanischen Guerilla-Bewegungen unendlich reduziert wären: auf der einen Seite wirkt das vietnamesische Beispiel bestärkend, da es beweist, daß es möglich ist, dem US-Imperialismus die Stirn zu bieten, auf der anderen Seite bindet Vietnam das repressive Potential der USA, das sonst sehr viel leichter irgendwo anders konzentriert eingesetzt werden könnte. Ähnlich erleichtert die Existenz Cubas die Entwicklung revolutionärer Bewegungen in ganz Lateinamerika.

All dies aber bedeutet nicht, daß der Prozeß zunehmender Homogenität und Übereinstimmung irreversibel sei; politische Entscheidungen der einen oder der anderen Kraft können die Tendenz verändern: doch würde das heute einen objektiven Rückschritt für die internationale revolutionäre Bewegung darstellen.

Es handelt sich nun darum festzustellen, welche Spaltungen es im antikapitalistischen Lager gibt, ob sie zu überwinden sind, und ob der Versuch, sie zu überwinden, lohnt.

Die Untersuchung der tiefgreifenden Differenzen zwischen der UdSSR und den revolutionären Kräften, von denen die Rede war, sowie die weitgehende Übereinstimmung unter diesen Kräften legen die Antwort nahe. Es ist sinnlos, die Differenzen zwischen der UdSSR und China unterzubewerten, um eine unrealisierbare »Einheit des sozialistischen Lagers« zu verfechten, gleichzeitig aber Differenzen, etwa zwischen der cubanischen und der chinesischen Position, künstlich zu steigern (wie es z. B. die Trotzkisten tun): Das Resultat ist die irreführende Tendenz, die Haltung Cubas als »dritten Weg« zu sehen, vor allem aber die *Verwischung der Grenzen zwischen zwei Lagern, deren unterschiedliche Auffassungen nur dann unter einen Hut gebracht werden könnten, wenn das eine oder das andere seine bisherige politische Linie völlig aufgäbe.*

Es wird dabei von der irrigen Annahme ausgegangen, die UdSSR und die revolutionären Kräfte (China, Vietnam, Cuba) hätten grundsätzliche strategische Ziele gemeinsam, während die Abweichungen nur taktischer Art, also nur *verschiedene Aspekte der gleichen Strategie seien.* Wir müssen uns ganz klar die dramatische Tatsache zu Bewußtsein bringen, daß es keine gemeinsamen strategischen Elemente mehr gibt, zumindest nicht, solange die politische Linie der Sowjetunion und die gesell-

schaftlichen Kräfte, auf denen sie basiert, unverändert bleiben; im Gegenteil: es könnte allenfalls zu partiellen *taktischen* Übereinstimmungen mit politischen Linien kommen, die einen verschärften Kampf fordern. Dazu könnte die Sowjetunion durch die Notwendigkeit gebracht werden, ihre »Wettbewerbssituation« den USA gegenüber zu verbessern: es wären aber stets Übereinstimmungen voller Ambivalenzen und Gefahren, da es das ständige Ziel der UdSSR bliebe, sie bloß als Mittel dazu zu benützen, die Koexistenzpolitik auf einer neuen Ebene wiederherzustellen.
Unter diesen Umständen gilt es, diejenige Linie vorbehaltlos zu verteidigen, die den unversöhnlichen Charakter der gegenseitigen Abweichungen klar gezeigt und ebenso klar Stellung bezogen hat: die chinesische Linie. Es ist bereits zu einem Gemeinplatz geworden, zu versichern, daß die »Auswüchse« der »internen Polemik« im sozialistischen Lager den revolutionären Kämpfen, besonders dem Kampf in Vietnam, schaden.[10] Eine genauere Betrachtung der Lage ist nötig: So muß etwa der bürgerlichen und philo-sowjetischen Propaganda, die das chinesische Transit-Verbot für die Vietnam-Hilfen der UdSSR ausschlachtet, energisch entgegengetreten werden, einer Propaganda, die auch von den Vietnamesen und sogar von bürgerlichen Kreisen immer wieder Lügen gestraft wird. Dieses Verbot hat eine Antinomie klar ans Licht gebracht; denn *es hat dem Kampf in Vietnam politisch genützt.* Es hatte den direkten Nutzen, der UdSSR gegenüber als »Stachel« und den USA gegenüber als »Schranke« zu dienen; und es ist für die Zukunft nützlich, weil es Fronten klärt, mit denen sich früher oder später auch die anderen revolutionären Bewegungen werden auseinandersetzen müssen. In dem Augenblick, in dem die Verschärfung der internationalen Lage die Sowjetunion zwingt oder – je nach der Konstellation – ihr den Versuch gestattet, mit größerem Nachdruck in die vietnamesische Revolution einzugreifen, um auf einer Gipfelkonferenz der Großmächte »ein Bündel schöner Verträge« auszuhandeln, werden die revolutionären Kämpfer vor schwerwiegende Entscheidungen gestellt; dies könnte etwa der Fall sein, wenn bei einer Verschlechterung der Lage die Sowjetunion oder China oder beide Mächte nicht bloß formell die Entsendung von Freiwilligen anbieten. Vor analoge Entscheidungen können eines Tages auch die lateinamerikanischen Revolutionäre gestellt werden.
Da für die revolutionären Kämpfer solche Entscheidungen in immer stärkerem Maße praktisch gegenstandslos werden, darf man ihrer gelegentlich

ambivalenten theoretischen Untersuchung nur relatives Gewicht beimessen: Dies gilt vor allem für die reservierte Haltung, die die Vietnamesen mit bewundernswerter revolutionärer Kraft und Würde den chinesisch-sowjetischen Meinungsverschiedenheiten gegenüber an den Tag legen, und es kann ebenso für die Äußerungen »Che« Guevaras in seiner Erklärung über die internen Beziehungen des sozialistischen Lagers gelten.[11]

Darin, wie die revolutionären Kämpfer auf das vitale Erfordernis einer zunehmenden Einheit der revolutionären Kräfte reagieren und daß sie sich immer nüchterner von der sowjetischen Linie absetzen, zeigt sich ihr *praktisches* Verwachsensein mit den Grundsätzen, die wir als die bedeutendsten Komponenten ihrer Strategie herauszustellen versuchten und die sie zur sowjetischen Strategie wesentlich in Gegensatz bringen. Dabei ist es von geringerer Bedeutung, wann und in welchem Maße dieser Tatsache in Erklärungen der einzelnen revolutionären Bewegungen Rechnung getragen wird.

Für uns, die wir in hochentwickelten kapitalistischen Ländern noch als schwache Minderheiten agieren, sieht die Lage anders aus. Unsere konkreten Aufgaben können nur vorbereitenden Charakter haben; wir können Kern-Organisationen bilden und das revolutionäre Bewußtsein der Massen wecken. *Praktisch* ist unsere Wirkung auf das weltweite kapitalistische System zur Zeit gleich null. Unsere Verbundenheit mit den Kräften, die schon heute in hartem Kampf gegen dieses System stehen, zeigt sich daher vor allem auf dem Gebiet der Analyse und in der Planung einer organisatorischen Zusammenarbeit auf lange Sicht.

Auf lange Sicht sind wir zweifellos in der Lage, *hier* eine revolutionäre Bewegung zu schaffen und unsere politische Position praktisch zu rechtfertigen. Wir müssen aber gerade in dieser schwierigen Anfangsphase mit aller Klarheit feststellen, *auf welcher Seite* wir innerhalb des gespaltenen sozialistischen Lagers stehen, dürfen uns keinen Mystifikationen über »dritte Wege« hingeben, um einer Entscheidung zu entkommen: aus diesem Grund hat die Entscheidung, »auf seiten Chinas zu stehen«, in diesem Augenblick einen präzisen politischen Wert.[12]

Aus dem Italienischen von Gianfranco Accardo und Gerald Bisinger

Anmerkungen

1 Benutzte Literatur: Ursula Schmiederer und Rüdiger Griepenburg, »Die Koexistenzstrategie in der sowjetischen Theorie und Praxis«, in: *Historische Zeitschrift des Sozialismus*, Nr. 29.

2 Dieses Vordringen erfolgt natürlich zum Teil in anderer Form als in Gebieten mit Privatwirtschaft. Es handelt sich oft um Lieferung von Einrichtungen, um Erteilung von Lizenzen, um Beratungen und um Planungen von Fabrikanlagen, die staatliches Eigentum bleiben. Aber auch das bietet erhebliche wirtschaftliche Vorteile, die noch zu denen des direkten Warenexports auf diese neuen Märkte hinzukommen.

3 Die »Vervielfachung der Revolutionen« ist nicht nur ein allgemeines Erfordernis: einfach die Anzahl der Kämpfenden zu erhöhen; sie hängt eng mit der besonderen Einschätzung der durch sie verursachten Widersprüchlichkeiten des kapitalistischen amerikanischen Systems auf militärischer und wirtschaftlicher Ebene zusammen. Auf militärischer Ebene ist die Wirklichkeit des amerikanischen Engagements in gegenrevolutionären Kriegen von Spezialtruppen und einem raschen Austausch des Menschenmaterials abhängig: im Falle einer Vervielfachung der Revolutionen könnten diese Bedingungen nicht mehr erfüllt werden. Auf wirtschaftlicher Ebene verwandelt sich das »Stimulans«, das die Kriegsproduktion darstellt, nach einem gewissen Punkt zu einer inflationistischen Tendenz, wie sie zum Teil schon in letzter Zeit aufgetreten ist. Eine Vervielfachung der Interventionen müßte diese Tendenz verstärken.

4 Es muß festgestellt werden, daß die chinesische Position *von Anfang an* wesentliche und interessante Elemente dieser Art umfaßte. Schon im Laufe des revolutionären Kampfes in China zeigte sich ein Dualismus der Organisationsformen auf dem Lande und in den orthodoxen leninistischen Organisationen in den Städten. Diese Unterschiedlichkeit blieb bestehen und ist in der Kulturrevolution wieder deutlich geworden.

5 Es wären dafür etwa die Merkmale der Nationalen Befreiungsfront, die in Süd-Vietnam operiert, zu studieren; sie hängt nicht direkt und allein von der kommunistischen Führung ab und ist ein Beispiel für eine fortschrittliche politische Entwicklung.

6 Es ist durchaus zu bejahen, daß die Revolution in einem einzelnen Land begonnen und auch dann weitergeführt wird, wenn sie sich auf internationaler Ebene isoliert weiß. Dies heißt aber nicht, daß die staatliche Wirtschaftskraft eines sozialistischen Landes die internationale revolutionäre Bewegung befördert. Die internationale sozialistische Revolution muß das entscheidende Kriterium für die Richtung jeder sozialistischen Linie bleiben.

7 Hier muß festgestellt werden, daß es einen politischen Zusammenhang zwischen einer »wirtschaftlich orientierten« Position im Inneren eines sozialistischen Landes und der Position der »friedlichen Koexistenz« auf internationaler Ebene gibt.

8 Hier ist festzuhalten, daß »philochinesische« Bewegungen verschiedener Länder bloß oberflächlich mit der Strategie der Kommunistischen Partei gebrochen und dabei einige grundsätzlich reformistische und stalinistische Merkmale beibehalten haben.

In einigen lateinamerikanischen Ländern scheint dies der Fall zu sein, so daß die Haltung vieler lateinamerikanischer Revolutionäre China gegenüber negativ belastet ist.

9 Siehe dazu »Anmerkungen zu einer Diskussion über die Lage im Nahen Osten und die Probleme des antiimperialistischen Kampfes« in der Reihe *Quaderni rossi*, Turin, Juli 1967.

10 Diese Position vertreten auch die cubanischen Führer, besonders »Che« Guevara.

11 Vergleiche z. B.: »... Aber auch diejenigen sind schuldig, die einen Krieg der Beleidigungen und Sticheleien aufrechterhalten, wie er schon seit langem von den beiden Großmächten des sozialistischen Lagers geführt wird«; und weiter: »Im Hinblick auf die Erbitterung und Unduldsamkeit, mit denen jede Seite den eigenen Standpunkt verteidigt, können wir, die Enterbten, für keine der unterschiedlichen Erscheinungsformen Partei ergreifen, wenngleich wir manchmal einige Ansichten der einen oder der anderen Seite, oder eher die der einen als der anderen Seite teilen.«

12 Aus dem Vorhergehenden muß deutlich genug geworden sein, daß diese Entscheidung keinerlei dogmatische Illusionen umfaßt: wir unterstellen nicht, daß die chinesische Politik in all ihren Aspekten den revolutionären Grundsätzen entspricht, die von der Kulturrevolution klar entwickelt und vertreten werden, und ebensowenig, daß die cubanische Politik eindeutig und konsequent auf eine revolutionäre Aktivität, frei von sowjetischem Einfluß, hinzielt. Nie darf die klare Entscheidung für eine Seite die kritische Analyse trüben.

Interview mit Douglas Bravo

Frage: Was sind die Streitkräfte der Nationalen Befreiung (FALN)? Warum sind sie entstanden? Von wem werden sie gebildet?

Antwort: Wie jedermann weiß, befinden sich alle Völker der Erde in einem permanenten Kampf um eine Welt, in der sie ein normales Leben führen können. Wenn diese Völker ihren Kampf mit legalen, friedlichen Mitteln (öffentlichen Versammlungen, Demonstrationen, studentischen und gewerkschaftlichen Forderungen) beginnen, kommen die repressiven Organe der herrschenden Mächte und zerstören diese Bewegungen. Darum ist es notwendig, sich einer anderen Form des Kampfes zu bedienen, die Waffen zu ergreifen und bewaffnete Streitkräfte zu organisieren, die denen des Feindes entgegentreten können. Im 19. Jahrhundert begannen die venezolanischen Patrioten, eine Reihe von Forderungen aufzustellen, ohne aber Gebrauch von bewaffneten Streitkräften zu machen; bis dann eine Handvoll Leute, geführt von Bolívar, eine bewaffnete Truppe bildete: mit diesem entscheidenden Instrument konnten sie sich der Armee der Spanier entgegenstellen und sie aus dem Land verjagen.
Für die um ihre Freiheit kämpfenden Völker ist die Bildung einer bewaffneten Macht unabdingbar. Zur Verdeutlichung hier zwei Beispiele. Am 23. Januar 1958 strömten 800 000 Menschen in die Straßen von Caracas und forderten Freiheit, das Volk bemächtigte sich der Presse und des Rundfunks; aber der nordamerikanische Imperialismus und die Oligarchie behielten die Armee unter Kontrolle und konnten so nach und nach ein Terrain, das sie an eine rein zivile Bewegung, die »Patriotische Junta« verloren hatten, zurückgewinnen, um die Macht Betancourt zu übergeben. Und zwar deshalb, weil jene Bewegung keine Streitmacht gebildet hatte. In Cuba ging das anders: am 1. Januar 1959 kam Fidel Castro mit der revolutionären Armee an die Macht und vernichtete die feindliche Armee, während Vertreter der kubanischen Oligarchie und des US-Im-

perialismus Regierungsämter übernahmen; in der Folgezeit war es möglich, mit Unterstützung der revolutionären Armee diese Reaktionäre ihrer Posten zu entheben.

Die FALN entstehen nicht von heute auf morgen: sie sind das Ergebnis schwerer Kämpfe, die das venezolanische Volk in den letzten Jahren geführt hat. Die FALN sind die als Instrument des Volkes organisierte Antwort, die die Volksmassen dem US-Imperialismus und der Oligarchie von Venezuela erteilen. In der Tat, in dem Augenblick, in dem Betancourt an die Macht kam, wurden die Volksversammlungen und Demonstrationen von der Armee mit der Waffe in der Hand angegriffen, und zahlreich waren die Toten unter den Arbeitern, Studenten, Bauern: Unter diesen Umständen hat sich langsam der ursprüngliche Kern der FALN herausgebildet; auch als sie diesen Namen noch nicht trugen, gaben die Gruppen, die sich der Waffen bedienten, um sich gegen die bewaffneten Angriffe der Regierung zu verteidigen, in der Praxis zum ersten Mal eine gewaltsame, revolutionäre Antwort auf die repressive Gewalt der feindlichen Kräfte. Aber die FALN haben sich nicht nur deshalb gebildet: Sie sind aus der Notwendigkeit entstanden, unser Volk vom nordamerikanischen Imperialismus zu befreien; die FALN entstehen in dem Augenblick, in dem eine bewußte und entschlossene Avantgarde es für notwendig erachtet, die Bewegungen zu strukturieren, die sich auf verschiedenen Ebenen innerhalb der Bevölkerung zeigen.

Das Jahr 1962 war das Jahr einer tiefen Krise (einer politischen, ökonomischen, moralischen und sozialen Krise): die Ersetzung der Regierung durch eine patriotische und revolutionäre Regierung erschien unausweichlich; bei dieser Gelegenheit ereigneten sich in Venezuela bewaffnete Zusammenstöße (Carúpano, Puerto Abello); aber das Ziel dieser Bewegungen war der kurzfristige Sturz der Regierung; deshalb hatte man nicht die Bedingungen für einen Widerstand im ganzen Land geschaffen und die Waffen ans Volk verteilt. So wurden dann diese Bewegungen von der Armee vernichtet.

Man kann sagen, daß die FALN vier Hauptstützen haben: die Guerillas auf dem Land und in den Bergen (die das Zentrum der gesamten bewaffneten Bewegung in Venezuela bilden); die Guerillas in der Stadt; die UTC, taktische Sabotageeinheiten; die Vorstadtguerrillas und die revolutionären Posten in den Kasernen (tatsächlich können die FALN mit der Unterstützung breiter Schichten der Armee rechnen: zum Beispiel gibt es zwei hohe Offiziere, die Mitglieder des nationalen Kommandos der FALN sind). Was die Zusammensetzung betrifft: in den FLN und den FALN sind alle Gesellschaftsschichten vertreten und vereint, von der Arbeiterklasse und den Bauern bis zum Kleinbürgertum und zur nationalen Bourgeoisie. Denn die Grundlage für die Bildung der FALN ist die Notwendigkeit, diejenigen sozialen Klassen zusammenzufassen, die sich gegen die traditionellen Regierungen und den Imperialismus auflehnen; kurz, sie stellen die Einigkeit der revolutionären Klassen gegenüber der Einigkeit der reaktionären Klassen dar. Die FALN besteht aus Anhängern der KP, der MIR (Bewegung der revolutionären Linken), der URD (demokratisch-republikanische Union) und auch der »demokratischen Aktion« und der COPEI (Christlich-Soziale): eine breite Befreiungsbewegung, die von allen um die Freiheit kämpfenden Schichten getragen wird. Die FALN werden aus Elementen verschiedener Herkunft gebildet, aber der hauptsächliche Führungskern ist eine Theorie radikaler Veränderung, wie man sie in anderen revolutionären Bewegungen erlebt hat, zum Beispiel in Cuba.

Frage: Welches ist das Programm der FALN?

Antwort: Die FALN sind die revolutionäre militärische Organisation des venezolanischen Volkes, das folgende Ziele hat: die nationale Unabhängigkeit, die Freiheit und die Demokratie für das Land zu gewinnen; das nationale Erbe, die Unversehrtheit und die Reichtümer des Landes zu bewahren; eine revolutionäre, nationalistische und volkstümliche Regierung zu errichten; die Interessen, Besitztümer und Einrichtungen des Volkes zu beschützen. Von daher ergeben sich für die FLN-FALN folgende Ziele: eine Regierung zu erkämpfen, die souverän und unabhängig ist, die alle Klassen und fortschrittlichen Kräfte des Volkes repräsentiert und alle Werkzeuge der Oligarchie und des Imperialismus von der Macht fernhält. Konkret ergeben sich folgende Punkte:

1. Eine Industrialisierung, die dem notwendigen Grad der Entwicklung unserer Gesellschaft entspricht und den Venezolanern die natürlichen Reichtümer des Landes zugute kommen läßt (Erdöl und Eisenerze); Diversifizierung der Erzeugnisse statt Monoproduktion (gegenüber der Erdöl- und Stahlproduktion sind die übrigen Produktionsbereiche bemerkenswert zurückgefallen, insbesondere die Landwirtschaft).

2. Die Bodenreform ist unerläßlich. Alle sprechen davon, aber die FLN-FALN sehen eine Reform vor, die wirklich die feudale Struktur des Landes zerbrechen kann, die das Land den Bauern gibt, sie mit ausreichenden Krediten, medizinischer Pflege und mit Maschinen versorgt; die ein Potential entwickelt, das die Industrialisierung und die Erweiterung der Märkte ermöglicht. Jetzt nämlich sind 70 % des Landes in der Hand einer Minderheit, während die große Mehrheit des Volkes nur 2,5 % besitzt. In Venezuela gibt es ungefähr 900.000 Bauern; von diesen bearbeiten 500.000 das Land in Stücken von durchschnittlich drei Hektar, während 3.500 Großgrundbesitzer für sich allein 17.430.120 Hektar besitzen.
3. Die internationale Politik: die Regierungen, die unablässig das Volk angreifen und alle Freiheiten beseitigt haben, führen auf internationalem Gebiet eine Politik im Dienste des US-Imperialismus. Die Regierung von Venezuela hat zum Beispiel lange Zeit eine ungerechte, unangemessene Haltung gegenüber der algerischen Revolution eingenommen; im Fall der vietnamesischen Revolution unterstützt sie offen die US-Regierung; im Fall Britisch-Guayanas nimmt sie eine trügerische und doppeldeutige Haltung gegenüber den nordamerikanischen Monopolen ein; Freiheit des Urteils in der Außenpolitik gibt es weder für den Ministerpräsidenten noch für den Präsidenten der Republik. Das beredteste Zeugnis all dessen ist der Abbruch der Beziehungen zu der Schwesterrepublik Cuba durch die venezolanische Regierung unter Betancourt: bei dieser Gelegenheit zeigte sich das völlige Auseinandergehen von Volk und Regierung, denn je mehr sich die venezolanischen Bauern, Studenten, Arbeiter, Intellektuellen und alle Patrioten mit der cubanischen Revolution solidarisierten, desto weiter distanzierte sich die Regierung Betancourt von ihr. Der Abbruch der Beziehungen wurde von Washington aus befohlen, wurde Venezuela von der US-Regierung aufgezwungen.

Frage: Weshalb haben Sie, um die Freiheit Venezuelas zu erreichen, den Weg des bewaffneten Kampfes gewählt?

Antwort: Ich habe nie das Unrecht ertragen können, habe stets versucht, mich gegen das Böse und die Gewalt aufzulehnen. Aber im konkreten Fall unseres Landes gründet sich die Antwort auf die Wirklichkeit von Venezuela, auf die Lebensbedingungen der Arbeiter, Studenten, der fortschrittlichen Intellektuellen, der Bauern; die Antwort wird, alles in allem ge-

nommen, durch die Leiden und Bitternisse der Volksmassen gegeben. So daß wir, als wir den bewaffneten Aufstand begannen, dies deshalb taten, weil wir vor der Alternative standen, den Weg der Sklaverei zu gehen oder den der Befreiung, der erforderte, daß wir zu den Waffen griffen.
Wenn ich sage, daß sich ein Revolutionär vor allem dadurch auszeichnet, daß er zu den Waffen greift, so will ich damit nicht sagen, daß die Revolutionäre unter allen Umständen zu den Waffen greifen mußten, um die Forderungen des Volkes zu verwirklichen und die großen Veränderungen zu bewirken, die die Gesellschaft erheischt. Ich sage nicht, daß die Revolutionäre Kriegstreiber sind; im Gegenteil, sie sind Menschen, die einen wahren Frieden für die ganze Welt zu erreichen suchen; sie wollen eine Welt der Ruhe erkämpfen, wo es weder Unterdrückte noch Unterdrücker gibt, und aus der man schließlich den Krieg verbannen kann. Aber um eine solche Welt zu erreichen, ist es unabdingbar, Krieg zu führen. Und nicht etwa, weil die Revolutionäre es so beschlossen hätten: der Krieg muß geführt werden, weil die Reaktionäre, die Besitzenden, die Reichen, alle jene, die vom US-Imperialismus unterstützt werden, die Völker und die Revolutionäre dahin bringen, diesen Krieg zu führen, sie dazu zwingen, zu den Waffen zu greifen.
Der Kampf eines Revolutionärs hat verschiedene Phasen: die taktische Phase, die den Gebrauch der Waffen erfordert und in der die Bedingungen für die großen Veränderungen geschaffen werden, welche die spätere Phase hervorbringt, diejenige des Friedens. Aber es muß klar sein, daß unter den Bedingungen, in denen die kolonialen und halbkolonialen Völker leben (die von der Oligarchie und vom US-Imperialismus beherrscht werden), materiell keine Möglichkeit besteht, diese Veränderungen auf friedlichem Wege, durch Wahlen zu erreichen; es ist unmöglich, auf die Straße zu gehen und für Brot, Land und Obdach zu demonstrieren, ohne die Waffe in der Hand zu tragen. Diese Demonstrationen sind nur Vorspiele zu den großen, revolutionären Kriegen. Deshalb habe ich, und zwar ausgehend von der Tatsache, daß Venezuela ein halbkoloniales Land ist, beschlossen – zusammen mit einer Gruppe von Patrioten – in Venezuela zu den Waffen zu greifen, um die Nordamerikaner zu verjagen und sämtliche Machtinstrumente in die Hände des Volkes übergehen zu lassen.
Venezuela ist dasjenige Land Lateinamerikas, aus dem der US-Imperialismus die meisten Schätze holt; die Mehrzahl unserer acht Millionen Einwohner lebt unter Elendsbedingungen. Es genügt, sich die Monatsein-

kommen der venezolanischen Familien vor Augen zu führen, um die Beweggründe zu begreifen, aus denen heraus wir zu den Waffen gegriffen haben und deretwegen hunderte von Menschen uns folgen werden. In Venezuela gibt es anderthalb Millionen Familien (acht Millionen Einwohner), deren Einkommen sich wie folgt verteilt:

27 % (gleich 410 000 Familien) verdienen weniger als 300 Bolívares monatlich
17 % (gleich 257 000 Familien) verdienen zwischen 300 und 499 Bolívares monatlich
29 % (gleich 440 000 Familien) verdienen zwischen 500 und 999 Bolívares monatlich
12 % (gleich 188 000 Familien) verdienen zwischen 1000 und 1499 Bolívares monatlich
5 % (gleich 77 000 Familien) verdienen zwischen 1500 und 1999 Bolívares monatlich
5 % (gleich 75 000 Familien) verdienen zwischen 2000 und 2999 Bolívares monatlich
55 000 Familien verdienen mehr als 3000 Bolívares monatlich.

Das heißt konkret: vier Millionen der Einwohner ernähren sich von Löhnen unterhalb von 500 oder sogar 300 Bolívares monatlich; aber erst mit einem Monatseinkommen von 3000 Bolívares aufwärts läßt sich vernünftig leben. Diese Bedingungen reichen aus, um jeden Patrioten zu den Waffen greifen zu lassen. Wir müssen hinzufügen, daß das schärfste und schwierigste Problem, dem sich die venezolanische Gesellschaft konfrontiert sieht, das Wohnungsproblem ist: 800 000 Familien sind obdachlos.
Diese Elendsbedingungen, unter denen die venezolanische Bevölkerung lebt, erzeugt unweigerlich eine Macht der Auflehnung gegen die Unterdrücker, gegen die Regierungen, gegen die Oligarchie, gegen den US-Imperialismus. Unlängst haben wir am Radio gehört, daß in dem Gebiet, wo das Eisen gefördert wird, die Gesellschaft »Orinoco Mines« die Bewohner aus den Wohnungen in der Umgebung der Förderanlagen vertrieben hat und sich sogar einer von der Gesellschaft selbst unterhaltenen Spezialtruppe bediente, um sie aus ihren Wohnungen zu treiben und ihre Häuser zerstören zu lassen. Die Sache wird noch schlimmer, wenn man bedenkt, daß in diesem Gebiet die »Guardia Nacional«, die DIGEPOL (allgemeine

Polizeidirektion) und andere Unterdrückungsorgane der Regierung tätig sind und daß die »Orinoco Mines« sich ein eigenes Korps geschaffen hat, ein Werkzeug innerhalb der Werkzeuge der venezolanischen Regierung. Daraus folgt, daß die Regierung ohnmächtig ist, unfähig, dieser Gesellschaft Disziplin und Ordnung aufzuzwingen. Notwendig ist eine Volksregierung, die jede Situation meistern kann, die sich den Volksmassen stellt.

Die Erdölgesellschaften haben die venezolanische Wirtschaft ausgeplündert; und von dem Augenblick an, in dem sie sich festsetzten, bis zum Jahre 1960 (ohne also die restlichen sechs Jahre zu rechnen, in denen die Produktion erheblich gestiegen ist), haben sie dem Land 20 Milliarden Dollar gestohlen. Dies erklärt unter anderem, warum die Befreiungsbewegung einen antiimperialistischen Charakter trägt; die Gesellschaften beschränken in dem Maße, wie sie unsere Bodenschätze ausplündern, die Zahl der Beschäftigten. 1947 gab es 60.000 beschäftigte Arbeiter, und es wurden anderthalb Millionen Tonnen Erdöl gefördert; 1964 ist die Produktion auf dreieinhalb Millionen Tonnen Erdöl gestiegen und die Zahl der beschäftigten Arbeiter auf 32.000 gesunken. Außerdem amortisieren die Erdölgesellschaften innerhalb von zwei Jahren das ursprünglich investierte Kapital: alle zwei Jahre ein Gewinn, der ein beträchtliches Direkteinkommen ermöglicht, und darüber hinaus die Vergütung der anfänglichen Ausgaben.

Ein anderes aufschlußreiches Beispiel: Die Regierung deckt infolge eines Vertrages mit der US-Regierung die Kosten der nordamerikanischen Militärmission in Venezuela, einer Militärmission, die die venezolanischen Offiziere dafür ausbildet, gegen ihr eigenes Volk zu kämpfen – sie deckt deren Kosten in Höhe von einer Million Bolívares im Jahr.

In meiner ersten Antwort habe ich gesagt, daß der Aufbau einer Volksarmee, der Aufbau eines bewaffneten Instruments unerläßlich sei als Grundlage für den Widerstand gegen den Unterdrückungsapparat des Feindes. Und nun sage ich, daß wir zu den Waffen greifen, um dieses bewaffnete Instrument zu bilden, um dieses Mittel der Erlösung der Volksmassen aufzubauen, das wirksam dazu beitragen wird, die nationale Befreiung zu erzwingen.

Frage: Was bedeutet die venezolanische Revolution im historischen, politischen, wirtschaftlichen und sozialen Gesamtbild Lateinamerikas?

Antwort: Die venezolanische Revolution ist in erster Linie ein Glied in der Kette von nationalen Befreiungsbewegungen, die in dieser Epoche in der ganzen Welt kämpfen, um sich von der imperialistischen Herrschaft zu befreien; sie ist ein wesentlicher Bestandteil der Unabhängigkeit Lateinamerikas, weil wir auch nicht einen Augenblick lang die Revolution in irgendeinem der lateinamerikanischen Länder vom allgemeinen Kontext des Kampfes der Völker gegen den nordamerikanischen Imperialismus trennen können.

Unsere Revolution hat einen eindeutig kontinentalen Charakter, trotz aller ihrer Besonderheiten; der Weg, den sie einschlägt, wird von diesen Besonderheiten bestimmt, wobei aber die Charakteristika des allgemeinen Zusammenhangs der Republiken Lateinamerikas gebührend berücksichtigt werden. Die venezolanische Revolution – dies sei ohne einen Anflug von Chauvinismus gesagt – bildet eine Lanzenspitze gegen den nordamerikanischen Imperialismus. Wenn sie erst im Begriff ist zu siegen, wird die Befreiung der anderen Völker Lateinamerikas beginnen. Das hat nichts mit meinem Chauvinismus oder Patriotismus zu tun, sondern folgt aus dem Kräfteverhältnis zwischen Lateinamerika in seiner Gesamtheit und dem nordamerikanischen Imperialismus.

In Venezuela haben die Vereinigten Staaten die größten Investitionen in ganz Lateinamerika: nehmen wir an, von Washington oder von der Fifth Avenue aus würde ein Dollar auf Südamerika geworfen; von diesem Dollar fielen 66 Cents auf Venezuela; 66 % der Investitionen des Imperialismus in Lateinamerika befinden sich in Venezuela. Das vermittelt eine Vorstellung von der großen Unterdrückung, der Erpressung, die die Nordamerikaner in unserem Land begehen; und umgekehrt vermittelt es eine Vorstellung davon, warum Venezuela der Angelpunkt des nationalen Befreiungskampfes der Völker Lateinamerikas ist.

Die Kriege, die die Nordamerikaner in den anderen Ländern der Welt führen, die Existenz ihrer Kriegsmaschinerie, ihrer Industrie, ihrer Wirtschaft hängen zum großen Teil von der Ausbeutung unseres Landes ab. Hier holen sie sich in der Tat das Eisen und das Erdöl, Schlüsselprodukte der Strategie in der heutigen Welt. Deshalb werden die Imperialisten versuchen, mit aller Gewalt in Venezuela zu bleiben, weil gerade die natürlichen Reichtümer unseres Landes ihnen erlauben, die Kriegsmaschine in Bewegung zu halten, die sie aufgestellt haben; und deshalb ist die venezolanische Revolution entscheidend: sie soll eine gigantische Befreiungsbewegung auslösen, die in den anderen Schwesternrepubliken eine größere Stoßkraft annehmen wird.

Außerdem nimmt Venezuela den nördlichen Teil Lateinamerikas ein; es liegt zwischen den Ländern, die man die karibischen nennen kann. Eine solche Lage macht es den Nordamerikanern leicht, im Falle internationaler oder kontinentaler Konflikte (wie derjenigen, die sich in Lateinamerika gegen den Imperialismus entwickeln) ihre Kräfte gegen andere Länder zu richten. Darüber hinaus ist Venezuela ein wichtiger Absatzmarkt für die USA; es besitzt auch große Flüsse, durch die unermeßliche Mengen an elektrischer Energie erzeugt werden könnten. Aus all diesen Gründen wird Venezuela von den Nordamerikanern als ein Schlüsselpunkt im internationalen Rahmen ihrer Angriffspolitik angesehen.

Aber unser Land erfreut sich wegen dieser seiner Position, und auch, weil es den Befreiungskampf gegen die Spanier angeführt hat, in Lateinamerika einer privilegierten Stellung.

Die Spanier setzten ihre Armeen in Venezuela, in Columbien, in Peru, in Argentinien ein; die gleiche Armee konnte vom Norden in den Süden Amerikas ziehen, und sie wurde in irgendeinem Land beliebig eingesetzt. Simón Bolívar erarbeitete eine globale Kampfstrategie gegen den spanischen Imperialismus, als er begriff, daß es nicht möglich war, einen so mächtigen Mechanismus in einem einzigen Land zu zerstören und die Spanier in einem einzigen Land zu schlagen. Darüber hinaus wies Bolívar auf eine Tatsache von enormer Wichtigkeit hin: daß mit einer siegreichen militärischen Aktion, mit einem außergewöhnlichen Sieg, mit einer Bewegung, die fähig ist, die Unzufriedenheit der Massen auszunutzen, eine neue Kampfkraft in allen revolutionären Bereichen erwachen konnte.

Das zeigt, daß die Befreiungsbewegungen in der Vergangenheit allmählich ineinander verschmelzen mußten, weil die von der spanischen Krone angewandte globale Strategie nicht erlaubte, vereinzelte Kämpfe zu führen. Das bedeutet auch, daß, wenn wir heutigen venezolanischen Revolutionäre den Kampf für jedes Land gesondert zu führen gedächten, es für die globale Strategie des nordamerikanischen Imperialismus ein leichtes wäre, uns einzeln in unserem jeweiligen Land zu schlagen.

Der Imperialismus hat ein ganzes Bündel von Militärpakten geschaffen, um sämtlichen Befreiungsarmeen Lateinamerikas entgegentreten zu können. Es gibt den Interamerikanischen Verteidigungsbund, eine Organisation, die die Oligarchien mit dem US-Imperialismus verbindet, um die

Befreiungsbewegungen zurückzudrängen und ihnen entgegenzutreten; es bestehen gesonderte Bündnisse zwischen den einzelnen Ländern, mit dem Ziel, Streitkräfte zu organisieren, die jede der Befreiungsbewegungen anzugreifen erlauben; kürzlich sind in Peru die Verteidigungsminister zusammengekommen, um eine klarere und konkretere Strategie gegen die Guerilla-Bewegung auszuarbeiten. Die von der nordamerikanischen Armee in Gemeinschaft mit den Armeen Lateinamerikas durchgeführten Manöveroperationen haben keinen anderen Zweck als den, den lateinamerikanischen Armeen globale, taktische und strategische Pläne einzuüben, so daß sie den Guerilla-Bewegungen entgegentreten können. An Beispielen dafür mangelt es nicht: columbianische und venezolanische Truppen haben sich entlang der venezolanischen Grenze bewegt, um die columbianische Guerilla-Bewegung zu bekämpfen. Zweitausend Söldner, cubanische Konterrevolutionäre, griffen mit der Unterstützung der US-Marine, der US-Luftwaffe und ausgerüstet mit nordamerikanischen Waffen die cubanische Schwesterrepublik an. 40 000 nordamerikanische Soldaten landeten in der Dominikanischen Republik (wo es nur eine konstitutionalistische Bewegung gab, und keine Bewegung für die Errichtung einer kommunistischen Regierung: die Volksmassen unterstützten in der Tat einen Kandidaten, der nicht als Feind des Imperialismus bezeichnet werden kann, den Professor Juan Bosch) und fanden einen Teil der lokalen Truppen auf der Seite des Volkes, das von diesen Waffen bekommen hatte.

Aus alledem lassen sich wichtige Hinweise entnehmen. Der erste ist, daß jedwede Bewegung, so klein sie auch sein mag, auch wenn sie nicht etwa eine kommunistische oder sozialistische Regierung, sondern eine patriotische, nationalistische Regierung einsetzen will, unvermeidlich eine Invasion der Nordamerikaner heraufbeschwören wird; der zweite ist, daß die Volksarmee sich in den Händen einer entschieden volkstümlichen Bewegung befinden muß, daß sie auf eine einzige, revolutionäre Führung rechnen können muß, damit nicht die Möglichkeit entsteht, sie durch Manöver zu zerstören.

Aber die Freiheit, von der Johnson spricht, ist die, die man in ganz Lateinamerika einzuführen vermochte, mit diktatorischen Regierungen wie der von Juan Vicente Gómez, Ubico, Machado, Castelo Branco, Pérez Jiménez; und jedesmal, wenn diese Regierungen (das heißt die monopolistischen Interessen der Nordamerikaner) in Gefahr sind, werden die um ihre Unabhängigkeit kämpfenden Länder von einer US-Invasion heimgesucht. Die Johnson-Doktrin ist ein klarer Beweis dafür, daß der friedliche Weg unmöglich ist, daß es unmöglich ist, auf Wahlen zu hoffen, um die Forderungen des Volkes zu verwirklichen: das Kriegspotential der Vereinigten Staaten wird bis ins letzte eingesetzt, um die Befreiung unserer Völker zu verhindern. Wenn das also die Pläne der imperialistischen Kräfte sind, wenn dies die globale Strategie des mit den verräterischen Armeen Lateinamerikas verbündeten Pentagons ist, dann ist es klar, daß die Befreiungsbewegungen vor der Notwendigkeit stehen, ihrerseits eine globale Strategie zu entwickeln: der reaktionären und angriffslustigen OAS (Organisation amerikanischer Staaten), den Oligarchien muß man eine revolutionäre Organisation entgegenstellen, die die Befreiungsbewegungen Lateinamerikas vertritt und deren Kräfte koordiniert. Auf diese Weise wird es für die Guerilla-Bewegung Guatemalas, Venezuelas, Columbiens leichter sein, die Befreiung zu erreichen; und für die bereits befreiten Länder (wie Cuba) wird es leichter sein, sich zu verteidigen und zu gleicher Zeit die Entwicklung der Befreiungsbewegung stärker zu fördern.

Im vorigen Jahrhundert gab es einen historischen Vorläufer von großer Bedeutung, entworfen von demjenigen, der als erster die globale Strategie gegen den Imperialismus ausarbeitete: die von Simón Bolívar angekündigte Förderation von Panama, die von den Nordamerikanern sabotiert wurde; schon damals hatte Bolívar die Notwendigkeit erkannt, alle Länder Lateinamerikas zu vereinen und eine einzige Republik zu schaffen.

Frage: Besteht die Möglichkeit für eine einzige Republik von Südamerika?

Antwort: Lateinamerika hat 220 Millionen Einwohner: sie alle haben eine gemeinsame Vergangenheit, fast alle haben die gleiche Sprache – mit zwei Ausnahmen; sie haben ähnliche Sitten und Gebräuche. Die ethnologische Zusammensetzung ist in fast ganz Lateinamerika die gleiche: Indios, Weiße und Schwarze. Wirtschaftlich leiden sie unter den gleichen Problemen, und sie haben einen gemeinsamen Feind: den Imperialismus und die Oligarchien; sie leiden unter der gleichen kulturellen, der gleichen ökonomischen Krise.

Bolívar hatte zu seiner Zeit die Idee von einem Groß-Columbien, bestehend aus verschiedenen lateinamerikanischen Republiken, wozu auch

Venezuela gehören sollte. Noch hat die Befreiungsbewegung, die sich auf alle Länder auszudehnen beginnt, sich nicht genügend entfalten können, unter anderem deshalb, weil die revolutionären Führungen der Parteien, die die Befreiungsbewegungen hätten anführen müssen, sich nicht entschieden genug an die Spitze der Massen stellten, mit der Waffe in der Hand, sondern im Gegenteil in einigen Fällen Schwierigkeiten machten. Glücklicherweise sind sich die Befreiungsbewegungen in allen unseren Schwesterrepubliken der Notwendigkeit bewußt geworden, das Zögern aufzugeben und zu den Waffen zu greifen, um der nordamerikanischen Macht entgegenzutreten.

Es entstehen jedoch falsche Vorstellungen in dieser Hinsicht. Man sagt zum Beispiel, Cuba habe nichts zu tun mit den übrigen Republiken Lateinamerikas. Im Gegenteil, das befreite Cuba ist nichts anderes als die Vorhut einer Armee, die sich von Mexico bis Patagonien hinzieht, und die gegen die Armee der Reichen, der großen monopolistischen Konzerne kämpft; die cubanische Regierung ist ein Vorposten der revolutionären Armee, und als solcher muß sie (für ihre Festigung und ihre weitere Entwicklung) Gleichschritt halten mit der Befreiungsbewegung im restlichen Lateinamerika.

Cuba in der Vorhut, danach Venezuela, Columbien und Guatemala, dann die anderen Republiken: eine Armee, die sich immer weiter entwickeln wird, eine Armee mit einer einzigen Aufgabe: die andere Armee zu schlagen, die Armee der Reichen.

Ausgehend von der Wirklichkeit, von den historischen Erfahrungen, formuliert das politisch-militärische Einheitskommando der FLN-FALN Venezuelas öffentlich den Vorschlag, eine kontinentale Versammlung für Lateinamerika abzuhalten, aus der ein kontinentales Organ der nationalen Befreiungsbewegungen hervorgehen muß. An dieser Versammlung müssen die Vertreter der FALN von Guatemala unter der Führung des Kommandeurs Turcios teilnehmen, die nationale Befreiungsbewegung von Columbien unter der Führung von Kommandeur Marulanda und vom Kommandeur Fabio Vázquez, der zur Zeit der oberste Befehlshaber der nationalen Befreiungsarmee Columbiens ist, darüber hinaus auch die Bewegungen, die ihren bewaffneten Kampf noch nicht begonnen haben, ihn aber in ihren Ländern vorbereiten.

Das Programm, das aus dieser Versammlung hervorgehen wird, muß klar die Unabhängigkeit der Völker vom Imperialismus ausdrücken; außer-

dem muß eine globale Strategie, müssen einheitliche politische und militärische Pläne erarbeitet werden, die den Angriffsplänen der OAS, der Interamerikanischen Verteidigungsgemeinschaft und der geplanten Interamerikanischen Friedensmacht entgegentreten; außerdem muß ein ständiges Organ geschaffen werden, das die Aufgabe hat, sowohl die taktischen wie die strategischen Pläne für ganz Lateinamerika zu koordinieren. Man muß voraussetzen, daß die Organisation der FLN nicht ein Organ sein wird, das von oben herab die revolutionäre Orientierung für jedes Land diktiert; auch wenn eine gemeinsame Grundlage gleicher Charakteristika existiert, so bestehen doch Unterschiede zwischen dem einen und dem anderen Land, denen größte Aufmerksamkeit geschenkt werden sollte. Ein Land wie Guatemala zum Beispiel, dessen Bevölkerung zu 80 % aus Bauern besteht, muß einen anderen inneren Kampf führen als Chile, wo die ländliche Bevölkerung nicht diesen Prozentsatz erreicht.
In Lateinamerika wird die Entwicklung des revolutionären Krieges ihre Achse, ihren entscheidenden Motor in der Armee der Bauern und Landarbeiter finden, unabhängig davon, ob in dem einen oder anderen Gebiet auch städtische Armeen Bedeutung erlangen. Außerdem bedeutet zum jetzigen Zeitpunkt die venezolanische Revolution einen Anstoß neuer Art, den Bruch der Stabilität des nordamerikanischen Kriegsmonopols. Ein Blick ringsum auf die Befreiungsbewegungen Asiens und Afrikas bestätigt dieses Urteil, und es ist notwendig, daß jedes Land in Lateinamerika sich darauf vorbereitet, gegen Pläne zu kämpfen, die die Imperialisten im voraus gefaßt haben: nämlich die verschiedenen Republiken voneinander zu trennen, um sie desto besser schlagen zu können. Das Beispiel des Kongo kann uns viel lehren: solange wir uneins sind, können sie unsere Wirtschaft besser ausbeuten und ausplündern. Die Imperialisten verbreiten in jedem Land den Regionalismus, um einen fruchtbaren Boden zu haben, wenn es sich darum handelt, eine Nation in zwei oder drei Teile zu spalten: sie tun das mit ihren Zeitungen und Zeitschriften, ihren Sprachrohren. In Venezuela zum Beispiel versuchen die Zeitschriften der großen Konzerne, aus der Jugend eine formlose Masse zu machen und die Arbeiterklasse von ihrem Kampfgeist abzubringen. Auf die nordamerikanische Intervention in irgendeinem Land Lateinamerikas müssen wir alle in gleicher Form antworten, indem wir in jedem Land die Interessen der Nordamerikaner und der in ihrem Dienst stehenden Regierungen angreifen: als sie in Santo Domingo eingriffen, wäre es richtig gewesen, nicht nur

Straßendemonstrationen zu veranstalten und vor den US-Botschaftshäusern zu protestieren, sondern auch in jedem Land Lateinamerikas das Herz der nordamerikanischen Industrie zu treffen.
Ein anderer wichtiger Aspekt ist der der kontinentalen Solidarität und gegenseitigen Hilfe. In der Tat reagieren die Völker alle in der gleichen Weise, mit einer unschätzbaren und außergewöhnlichen Solidarität. Was mit den Argentiniern geschieht, erregt die Mexikaner, die Guatemalteken, die Chilenen, die Venezolaner. Das ist der Ausdruck der Solidarität der Völker, die gemeinsame Probleme und Leiden haben. Aber diese Solidarität wird, wenn sie rein moralisch bleibt, nicht der Gewalt der Armeen widerstehen, die darauf ausgerichtet sind, die Guerilla-Bewegungen zu schlagen: sie muß die materielle physische Solidarität zur Grundlage haben. Die Solidarität der Völker umfaßt heute, da wir alle um die Freiheit kämpfen, die Völker Asiens, Afrikas und Amerikas, und sie betrifft nicht nur die kämpfenden Völker, sondern auch jene Länder, die sich bereits befreit haben: Cuba, die Sowjetunion, China und die anderen sozialistischen Länder und die, die in Amerika die Unabhängigkeit errungen haben. Jede Niederlage der asiatischen, afrikanischen oder lateinamerikanischen Länder wird auch eine Niederlage sein für die Länder, die bereits frei sind. Deshalb haben Niederlagen oder Fortschritte der nationalen Befreiungsbewegungen in Venezuela, in Columbien, Guatemala und den anderen Ländern stärkste Rückwirkungen auf die Festigkeit des revolutionären Regimes in Cuba. Umgekehrt ist jeder Erfolg auf wissenschaftlichem, literarischem oder industriellem Gebiet, den das cubanische Volk zu erringen versteht, ein Erfolg, ein Sieg, ein Triumph für die Völker, die in Lateinamerika um ihre Befreiung kämpfen.

Frage: Innerhalb der revolutionären politischen Opposition in Venezuela gibt es eine Richtung, die heute nicht mit dem Weg des bewaffneten Kampfes einverstanden ist. Was denken Sie darüber? Auf der anderen Seite fanden die FALN zu Beginn eine beträchtliche Unterstützung im Volk. Danach kam eine Krise und ein daraus folgender Abstieg der revolutionären Bewegung, und jetzt ist der Kampfgeist der venezolanischen Patrioten, wie man sehen kann, wieder beträchtlich im Aufstieg begriffen. Können Sie mir diese Etappen erklären, die Faktoren, die da hineingespielt haben oder hineinspielen? Was hat es verhindert, daß die Guerilla ganz verschwand?

Antwort: Das ist nicht neu – in Venezuela ebensowenig wie sonstwo auf der Welt. Selbst in der Russischen Revolution von 1917 traten mit aller Deutlichkeit Strömungen auf, die sich dem revolutionären Lager entgegenstellten. Die revolutionären Bewegungen schleppen immer Ideologien mit, die ihnen fremd sind.
Seit einiger Zeit wird in der Welt, besonders unter den marxistisch-leninistischen Revolutionären, über das Problem der Methode des bewaffneten Kampfes diskutiert. Hier in Venezuela hat die Diskussion das Problem des bereits existierenden bewaffneten Kampfes zum Mittelpunkt, und an erster Stelle wird diskutiert, ob der bewaffnete Kampf mehr oder weniger entscheidend ist als Mittel für die Befreiung des Landes. Unter denen, die für den bewaffneten Kampf im allgemeinen eintreten, gibt es dann einige Differenzen: klassische Guerilla oder bewaffneter Aufstand?
Aber es ist klar, daß der Unterschied zwischen denen, die an den bewaffneten Kampf glauben, und denen, die es nicht tun, eine größere Bedeutung hat. Als 1960 oder vielleicht 1959 Rómulo Betancourt eine Unterdrükkungswelle auslöste, um die Volksbewegung zu liquidieren und somit den Ausbeutungsplänen der Imperialisten Vorschub zu leisten, zeigten sich die ersten Meinungsverschiedenheiten. Einige vertraten die Auffassung, daß man der bewaffneten Aggression, der Gewalt, dem Mord und der Folterung nicht bloß mit friedlichen Demonstrationen, sondern auch mit politischen und ökonomischen Forderungen und dem bewaffneten Kampf entgegentreten müsse. Von daher nimmt die Diskussion über dieses Problem ihren Ausgang. In dieser Zeit gab es nur wenige Vertreter des friedlichen Weges, sie waren eine Minderheitsgruppe innerhalb der revolutionären Bewegung; und gerade 1960-61 begann der bewaffnete Kampf, der nicht freiwillig gewählt wurde, sondern der einzige Weg war, den die imperialistische Regierung Betancourts offenließ. Damals wurden die dem bewaffneten Kampf feindlichen Strömungen auf theoretischem Gebiet nicht ausreichend geschlagen, man hat ihnen erlaubt, mit den revolutionären Thesen zu koexistieren: sie wurden nicht öffentlich als der Befreiungsbewegung entgegengesetzt und fremd entlarvt. Das heißt, eine falsche Auffassung von der Einheit der verschiedenen Positionen war schuld daran, daß man dem Volk und den Vertretern jener Thesen nicht erklärte, daß diese der venezolanischen Wirklichkeit nicht entsprechen. In der Stadt jedoch vermehrten sich die bewaffneten Kämpfe, in den Kasernen erlebte man Desertionen, die bäuerlichen Guerillas entwickelten sich, und den-

noch besaßen wir nicht genug Klarheit, um eine genauere und eindeutigere Linie in bezug auf den bewaffneten Kampf zu entwickeln, und einige Fehler, die begangen wurden – die wir heute bezahlen müssen – riefen in der revolutionären Bewegung eine scharfe Krise hervor. Die erste große Niederlage war die des Wahlkampfs von 1963: es war ein Fehler, die revolutionären Parteien, die demokratischen Parteien der Opposition, kurz die Massen nicht rechtzeitig genug vorbereitet zu haben auf das Problem der Wahlen, um sie politisch zu wappnen gegen den von der Regierung inszenierten Betrug. Einen weiteren Fehler machten wir mit der »putschistischen« Politik, die wir bei jener Gelegenheit verfolgten: wir erkannten die Militäraufstände nicht als Glieder einer Kette von Angriffen auf den Feind, als kleine, einander folgende Kämpfe, die dazu dienen, die Kräfte zu sammeln und – in einem entscheidenden Augenblick und Stadium – ein starkes Truppenkontingent zusammenzubringen, wodurch erst die Voraussetzungen geschaffen werden, dem Feind entgegenzutreten. Wir bereiteten uns nicht strategisch vor, sondern hatten ein zu unmittelbares Ziel, nämlich die Regierung zu stürzen. Deshalb hatte die Bewegung im Augenblick des Angriffs keine ausreichende Rückzugslinie, und sie verstand es nicht, sich auf die Militärs, die Patrioten in der Armee zu stützen. So kamen wir zum Tag der Wahlen, des Betrugs, für den Betancourt unter dem Namen »Plan República« eine gigantische Macht entfaltete: Die Armee, die Marine, die Luftwaffe, die Nationalgarden (einschließlich der DIGEPOL und der Unterdrückungskorps) gingen gegen das Volk vor und kontrollierten die Straßen, die Plätze und sogar die Wahlurnen, um jegliche Volksbewegung zu verhindern. Und die Wahlen kamen auf uns zu, als sich unsere größeren Militäreinheiten aufgerieben hatten. Der Fehler bestand darin, daß wir die Hauptkräfte (die studentische Bewegung, die Jugendbewegung, die Guerillas selbst) vorzeitig mobilisiert hatten, so daß wir uns im Augenblick der Wahlen in einer Situation befanden, in der wir die Unzufriedenheit des Volkes nicht ausnutzen konnten. Alle imperialistischen Parteien (der Regierung und der Opposition), die an den Wahlen teilnahmen, machten mit den Interessen der Oligarchie und der Nordamerikaner gemeinsame Sache. Einige protestierten zwar zu Anfang gegen den mit der »Acción Democrática« inszenierten Betrug und verlangten die Annullierung der Wahlen. Da aber ein Klima der Unruhe im Volk herrschte und die bewaffnete Bewegung militärische Operationen vornahm, zogen sie es vor, den Be-

trug hingehen zu lassen, denn die Illegalität der Wahlen einzugestehen hätte geheißen, die Volksbewegung zu verstärken, sie auf die Straßen zu treiben.
Dann gewann Dr. Leoni die Wahl, und die revolutionäre Bewegung erlebte eine tiefe moralische Krise: auch in den Reihen der Kämpfer gab es Desertionen. Mit dem Jahre 1964 begann eine lange Krisenperiode für die bewaffnete Bewegung: in diesem Augenblick trennte sich von dem MIR sein Generalsekretär, Dr. Domingo Albert Rangel (einer der großen Initiatoren des bewaffneten Kampfes) und trug seine Thesen vor, die unter anderem besagten, daß die Guerilla in Venezuela keine historische Rechtfertigung finde, daß die bewaffnete Bewegung überstürzt eingeleitet worden sei, daß die Bauernklasse ein strategisches Reservat des Imperialismus darstelle. Diesen Thesen konnten wir kein anderes Dokument entgegensetzen, weil wir einer irrtümlichen Auffassung von der Einheit der Volksbewegung anhingen. Die Thesen Rangels wurden von einer Gruppe von Kämpfern angenommen, die sich von der revolutionären Bewegung entfernte.
Die »liquidationistische These« gründet sich auf folgendes. Die ländliche Bevölkerung Venezuelas, die 1941 70 % ausmachte, verringerte sich bis 1961 auf 32 %, die anderen waren in die Stadt gezogen. Mit einer solch einfältigen Betrachtungsweise kam Rangel zu dem Schluß, daß man auf dem Land den Widerstand nicht organisieren könne, daß die Bauernklasse ein Reservat des Imperialismus und nicht der revolutionären Bewegung sei. Er meinte auch, daß die Landflucht anhalten werde. Ökonomisch vertritt Rangel die Auffassung, daß die venezolanische Produktionsweise nicht feudalistisch, sondern kapitalistisch sei, weshalb es nicht den Guerilla-Kampf, sondern den bewaffneten Aufstand in der Stadt zu führen gelte.
Betrachten wir einige statistische Daten von 1961. Man sagt, daß heute 32 % der Bevölkerung Landbevölkerung darstelle, der Rest wird dann der Stadt zugerechnet. Aber das läßt sich nicht aufrechterhalten: erstens ist die fluktuierende Bevölkerung von Caracas nicht städtisch (300.000 Menschen, die in den Ranchos von Caracas leben, haben ihre bäuerlichen Lebensgewohnheiten mitgebracht und ihre fast ausschließlich ländlichen Eigentümlichkeiten in eine Stadt von nahezu zwei Millionen Einwohnern hineingetragen); zweitens ist diese Bevölkerung nicht in die Industrie gegangen, sie arbeitet nicht, man kann sie nicht als Arbeiterschaft bezeichnen.

Drittens, und das ist das wichtigste, sind die offiziellen Schätzungen für die Klassifizierung von ländlichen, städtischen und kleinstädtischen Einwohnern sehr ungenau: als ländliche Wohnbezirke gelten solche mit weniger als tausend Einwohnern, als kleinstädtische solche mit einer Einwohnerzahl zwischen 1000 und 2499, als städtische Bezirke solche mit mehr als 2500 Einwohnern. Aufgrund dieser Klassifizierung fallen die Bezirke der Umgebung (Cagure, San Luis, Curimagua, Churuguara, La Cruz) nicht unter die ländliche Kategorie. Oder zum Beispiel der Staat Yaracuy: von seinen 175.291 Einwohnern sollen 77.840 Landbevölkerung, 8.980 Kleinstädter, 88.471 Stadtbewohner sein; aber fast der ganze Staat hat eine ländliche Bevölkerung, sei es in bezug auf die Produktionsweise, sei es in bezug auf die geographische Lage selbst.
Nach der Theorie, die vom ökonomischen Standpunkt her dem Städter die entscheidende Rolle zuerkennt, ergibt sich aus der Tatsache, daß die größten Ansiedlungen, wo sich die wichtigsten Industrien konzentrieren, einen hohen Anteil an Arbeiterbevölkerung haben (die den wichtigsten Teil des Nationaleinkommens produziert), die Notwendigkeit, alle Anstrengungen auf die Stadt zu richten und das Land als Kampffeld zu verlassen.
Man sagt, daß 41 % der aktiven Bevölkerung Venezuelas Bauern sind, 17 % Arbeiter und der Rest in Dienstleistungsberufen tätig. Davon leiten einige – nicht die Gefolgsleute von Rangel – die These ab, das wichtigste sei ausschließlich und immer die Guerilla. Dieser Theorie schließen sich jene an, die nicht den Krieg, aber die sogenannten Guerillafronten für den Sozialismus unterstützen: es ist die Theorie für das, was wir Linksabweichlertum, linken Radikalismus nennen.
Um diese Thesen zu stützen, sagt man, daß zwar 17 % der aktiven Bevölkerung Arbeiter und 41 % Bauern sind, daß aber die 17 % mehr als 80 % des Nationaleinkommens produzieren. Diese Tatsachen, die objektiv richtig sind, reichen jedoch nicht aus, die sich darauf stützenden Theorien zu rechtfertigen, sei es diejenige, die die Tauglichkeit der Guerilla nicht anerkennen will, oder diejenige, die die Zeit für gekommen hält, ein sozialistisches Programm für die sogenannten roten oder kommunistischen Gebiete auszugeben.
Die Art, wie der bewaffnete Kampf in Venezuela geführt wurde, hat im ganzen einige Niederlagen erlitten. 1964, als Leoni seine Soldaten gegen die Guerilla-Bewegung der Berge vorschickte, erlebte man in den Städten

Gewalttaten gegen die Studenten, und auch im folgenden Jahr erlitten wir harte Schläge, mit vielen Toten und sehr vielen Verwundeten. Das heißt, die ganze kombinierte Strategie des Feindes fand keine gleichwertige Antwort von unserer Seite, und zwar wegen der Meinungsverschiedenheiten über das Problem der Revolution. 1965 wuchs die Zahl derer, die die Auffassung der Rechten teilten. Es erschienen Artikel und Erklärungen, in denen die Meinung vertreten wurde, daß die Volksbewegung des bewaffneten Kampfes wegen nicht auf der Straße sei. In Wirklichkeit hat eine Massenaktion, der Streik zum Beispiel, seine eigenen Gesetze, und der bewaffnete Kampf gegen die Armee ist der höchste Ausdruck des Kampfes der Volksmassen.

Anfang 1965 sagte man, daß die Fronten auf dem Land, in der Stadt, in den Kasernen und in den Vorstädten, vereint mit den legalen Bewegungen, sich miteinander verbinden und ihre Taktik koordinieren müßten, um den Angriffen der Regierung begegnen zu können.

Ende 1965 machte die revolutionäre Bewegung eine schwere Krise durch (politisch, organisatorisch und militärisch). Die Bauern flohen von einem Ort zum anderen, die UTC wurden schwer getroffen, außerdem war der aktivste und bekannteste Teil der demokratischen Kader seit 1963 im Gefängnis. In diesem an günstigen Zukunftsaussichten armen Klima faßte die Theorie des »Rückzugs« Fuß.

Für die venezolanische Guerillabewegung – die vorher einige recht bedeutende Erfolge erzielt hatte – ergab sich jetzt tatsächlich das Problem einiger neuer Überlegungen: an erster Stelle die politisch-militärische Orientierung, ausgehend davon die Strukturierung der Einheiten, schließlich das Problem, wie man den Plänen des Feindes gegenüberzutreten habe.

Der Rückzug ist gelegentlich notwendig, nämlich als ein Manöver, durch das man zu verhindern sucht, daß man überraschend angegriffen wird. Aber der Rückzug, so, wie er sich uns darstellte, bestand im Aufgeben jeglicher Militäroperationen.

Die Guerillabewegung ist gekennzeichnet durch ihre verschiedenen Stufen. Die Anfangsstufe, in der kleine Aktionen gegen die Armee unternommen werden, und politische Aktionen in Verbindung mit dem Volk, ist ein Moment der strategischen Defensive und taktischen Offensive. Stattdessen hatte diese erste Stufe, aufgrund der fehlerhaften Führung der revolutionären Politik, die revolutionäre Guerillabewegung von ihren zwei wichtigsten Unterstützungsquellen abgeschnitten: der Verbindung mit den Massen und dem permanenten Kampf gegen die feindliche Armee. Einen Rückzug Kräften aufzuerlegen, die von sich aus schon im Rückzug begriffen sind, stellt eine sinnlose Aktion dar: Die völlige Unterbrechung der Kämpfe wäre mit einem beängstigenden Sinken der Moral im revolutionären Lager zusammengefallen. Tatsächlich hat der Feind keinen Augenblick lang seine Offensive gegen die Guerilleros eingestellt. In dieser Periode also, die wir die Periode einer zeitweiligen Schwäche der Guerilla nennen können, lebt diese weiter mit ihren ihr eigentümlichen Entwicklungsgesetzen, und sobald sie aufhört, schwach zu sein, und auf dem Lande den Kräften des Feindes entgegentreten kann, hört sie auf, Guerilla zu sein.

Die Situation in Vietnam ist in dieser Hinsicht sehr klar: Es gibt eine mächtige Armee, die sich gelegentlich in Form kleiner Guerilla-Einheiten darstellt, aber auch große Truppen-Konzentrationen einer regulären Armee bilden kann.

In diesem Augenblick hatten sich drei Auffassungen miteinander verbunden und waren mit der Theorie des Rückzugs zusammengetroffen. Eine davon war die von Rangel vertretene, die sich gegen den bewaffneten Kampf in seiner Gesamtheit wendet. Die zweite war die Theorie derjenigen, die meinen, daß in Venezuela der richtige Weg der des bewaffneten Aufstands sei, und um zu diesem zu kommen, sei es notwendig, Kräfte zu sammeln, aber nicht durch den Gebrauch der Waffen (diese Theorie spielt offensichtlich der Theorie Rangels in die Hände). Die dritte Theorie verlangte hingegen eine völlige Unterbrechung der Feindseligkeiten, um eine Periode der Vorbereitungen in den Bergen zu schaffen, nach der ein mächtiger Angriff möglich sein soll. Diese Theorie wurde von Revolutionären übernommen, die mit der Waffe in der Hand gekämpft hatten, und von Leuten, die gegen den friedlichen Weg sind, aber in Wirklichkeit die Theorie Rangels unterstützen.

Sicher, die Volksmassen, die Arbeiter, die Studenten haben das verloren, was man politische Initiative nennen kann, da sie nicht mehr auf die Straße gehen, um für ihre Forderungen zu kämpfen: die Massen verharren in politischer Defensive. Es gibt Fälle, in denen sich eine revolutionäre Bewegung in solchen Umständen befindet (organisatorische Gründe, Lebensbedingungen, militärische Ursachen), daß für sie eine Unterbrechung der Kämpfe notwendig wird, damit sie ihre Kräfte wieder sammeln kann. Aber im Falle Venezuelas liegt das Problem in der Führung der revolutionären Bewegung, die in eine schwere Krise geraten ist, sich in zahlreiche Teile aufgesplittert hat, und in der Tatsache, daß die legalen demokratischen Parteien sich ihrerseits in weitere Splittergruppen aufgelöst haben.

Heute jedoch läßt sich beweisen, daß die größten Lücken von 1964 und 1965 wieder aufgefüllt worden sind, und an erster Stelle sei genannt, daß im politischen Lager eine positive Tendenz zur Vereinigung aller linken Kräfte besteht. An der gewerkschaftlichen, studentischen und bäuerlichen Front gibt es eine starke Tendenz, wieder auf die Straße zu gehen. Und in militärischer Hinsicht kann man sagen, daß die Guerilla-Front noch nie eine solche Festigkeit hatte wie jetzt, trotz großer Schwierigkeiten, denen sie sich gegenübersieht.

All dem ist hinzuzufügen, daß das wichtigste Element an der Guerilla-Front heute die große moralische Festigkeit der Kämpfer ist. Es existiert nunmehr eine klarere Perspektive für die Zukunft, sowohl für den, der in der Stadt lebt, wie für denjenigen in den Bergen. Das drückt sich auch in dem hohen Prozentsatz von Bauern (etwa 70%, was ihrem Anteil an der Gesamtbevölkerung entspricht) in den Reihen der Befreiungskorps aus. Die Waffenausrüstung ist trotz aller Schwierigkeiten gut, und zwar deshalb, weil der Feind eine recht gute Ausrüstung hat und unsere Waffen ihm im Kampf entrissen wurden. Jeden Augenblick vergrößern sich die Reihen der Kämpfer. Vor zwei Monaten hat sich uns der Kommandeur Luben Petkoff angeschlossen, an der Spitze einer Truppe von Kämpfern, die schon seinen ersten Zusammenstoß mit dem Feind unterstützt hatte. In Caracas haben die Einheiten des Distrikts Nr. 1 Strafexpeditionen ausgeführt gegen Handlanger der Polizei, die in schwere Verbrechen verwickelt waren (wie der Chef der DIGEPOL, Páez). Ebenfalls in Caracas gab es während einer Rede von Leoni eine Unterbrechung, und ein Kämpfer hat den ersten militärischen Feldzug gegen die ›Operación Embudo‹ angekündigt.

Zum Schluß möchte ich noch sagen, daß Bewegungen auf internationaler Ebene immer von Abirrungen bedroht sind, nach links und nach rechts. Augenblicklich stellt die rechte Abweichung eine größere Gefahr dar; die linke Abweichung ist, da sie nicht die Mittel besitzt, den richtigen Standpunkt zu bedrohen, nur potentiell gefährlich. Eine kleine Gruppe hat bei uns tatsächlich den Weg gewählt, der in Guatemala eingeschlagen wurde (wo man davon sprach, ins offene Feld zu gehen und für eine sozialistische

oder kommunistische Regierung zu kämpfen). Es ist eine Minderheitengruppe, die ihren Hauptkern in den Universitäten hat, aber an keiner Guerillafront vertreten ist. Mit diesen Genossen diskutieren wir ihre Auffassung, die in der Geschichte der revolutionären Bewegung der Welt als trotzkistisch bezeichnet wird. Wir können allerdings offen sagen, daß diese trotzkistische Abweichung in unserem Lande keine Entwicklungsmöglichkeit hat und deshalb zur Zeit keine Gefahr darstellt.
Aber heute können wir dem Land, Amerika und der Welt verkünden, daß der Grundkern der Führung der FLN-FALN, die Guerillas der Stadt, der Berge, die Genossen in der Armee, daß alle von einer richtigen Auffassung durchdrungen sind und fähig, die rechten Theorien ebenso zurückzuweisen wie die linken, wo sie (als trotzkistische Abweichung) auftreten.

Frage: Welches sind, Kommandeur Bravo, die augenblicklichen Stellungen der FALN? In welchen Gebieten operieren sie? Wieviele Venezolaner stehen augenblicklich unter Waffen? Welche Perspektiven hat die revolutionäre Bewegung in Venezuela?

Antwort: Diese Frage berührt einige Punkte, die nicht aufgedeckt werden können, da sie militärische Geheimnisse darstellen: die Namen derjenigen von uns, die noch in der Stadt leben, die genaue Zahl der Kämpfer usw.
Die Regierung hat wiederholt durch den Mund des Verteidigungsministers und des Innenministers gesagt, die Guerilla sei bezwungen worden; damit hat sich die Regierung vor dem venezolanischen Volk und vor der Welt lächerlich gemacht. Man kann viele Bauern, Fuhrleute und Arbeiter über die Erklärungen der Minister spotten hören.
Das Jahr 1966 wurde von der FLN-FALN als das Jahr des Neuaufbaus der bewaffneten Bewegung bezeichnet. Bei der Versammlung am 10. Dezember 1965 wurden in Anwesenheit des Kommandeurs Fabricio Ojeda die Grundlagen geschaffen für einen endgültigen neuen Start des bewaffneten Kampfes. Es ist kein Zufall, daß die Regierung und die Armee einen großen Offensivplan gegen die Guerilla-Bewegung vorbereitet und im März auszuführen begonnen haben. Das zeigt, daß sie sich vom Wachstum und der Ausweitung unserer Volksbewegung überzeugen konnten.
Im ganzen Land hat man mit der Neuausrichtung der Fronten begonnen, ausgehend von einer territorialen Aufteilung, die es erlaubt, die menschlichen und militärischen Ressourcen besser zu kontrollieren und zu ver-

walten, das Ganze zu zentralisieren und zugleich den Kampfeinheiten eine größere Unabhängigkeit zuzugestehen. Die Aufteilung des Landes entspricht in der Tat einer ökonomischen, militärischen, politischen und geographischen Analyse. Jeder Bereich heißt FLN-FALN-Distrikt, und für jeden Distrikt gibt es einen Präsidenten oder ersten Kommandeur.
Kürzlich fand eine Versammlung statt, um den Zentralrat der FLN zu organisieren; als Präsident wurde Elías Manuit Camero gewählt, der Hauptmann der Regierungsarmee war und sich 1962 von ihr entfernte, um sich der Guerilla-Bewegung in der Sierra Falcón anzuschließen. Weitere Mitglieder sind (neben anderen, deren Namen ich aus Sicherheitsgründen nicht nennen kann) Edgar Gabaldón Márquez und Nicolás Hurtado. Freddy Carqués ist Jugendsekretär der FLN-FALN, Leonardo Quintana repräsentiert die Front in Havanna. Auch Frauen gibt es unter uns: die Genossin Yajaira Contreras und die Genossin Eglé Pulido zum Beispiel. Der zweite Kommandeur der FALN heißt Luben Petkoff, Francisco Prado ist politischer Sekretär des nationalen Kommandos der FLN-FALN.
Der Zentralrat und das nationale Kommando bilden ein höheres Exekutivorgan mit nationalem Charakter, das sich aus neun Personen zusammensetzt, darunter Camero, Petkoff, Lunar Márquez, Prado und ich als oberster Befehlshaber der FALN, die anderen vier Personen sind noch in legalen Aktivitäten tätig. Dieser Organismus operiert von den Bergen aus, weil wir gesehen haben, daß dies die einzige Möglichkeit ist, uns eine wirksame und auf lange Sicht aktionsfähige Führung der Revolution zu erhalten, und auch, weil so eine bessere Kontrolle über alle Organe ausgeübt werden kann, die aus ihrem Funktionieren ebenfalls ihren Vorteil ziehen.
Die Guerilla-Fronten sind die folgenden: Guerillafront José Antonio Paéz, G. F. Simón Bolívar, G. F. José Leonardo Chirinos, G. F. Ezequiel Zamora, G. F. Manuel Aponte Rodríguez und Marschall Sucre.
Es gibt keinen Zweifel, daß die venezolanische Revolution triumphiert, daß die pro-imperialistischen Regierungen besiegt werden. Wir stehen vor der dritten großen Umwälzung der venezolanischen Gesellschaft, derjenigen, die die endgültige Entfernung der Macht der Oligarchie aus diesem Land zur Folge haben wird.

Frage: Man kann leicht sehen, wie die Armee und die Luftwaffe unaufhörlich und unerbittlich die ganze Gebirgsregion Venezuelas angreifen und bombardieren, gemäß den Plänen der ›Operación Embudo‹. Können Sie uns erklären, worin diese Offensive besteht und wer daran teilnimmt?

Antwort: Vom Ende des letzten Jahres an hat die nordamerikanische Militärmission die Marionettenregierung Leoni gezwungen, eine Militäraktion gegen die bewaffnete Bewegung einzuleiten. Deshalb versammelte sich das militärische Oberkommando, um die Befehle Washingtons auszuführen. Die Yankees selbst nannten diese Operation »Embudo« (= Trichter), weil es sich ihrer Ansicht nach darum handelt, alle Guerrilleros in einen Trichter zu führen, das heißt, sie durch ein einengendes Manöver so einzukreisen, daß sich jeden Tag die Rückzugsmöglichkeiten verringern, bis ihnen nur noch ein kleiner Ausgang bleibt, wo sie von den feindlichen Truppen zu ihrer völligen Vernichtung erwartet werden. Die wichtigsten Elemente des Plans waren: Kriegsrecht in allen Guerrilla-Gebieten und einheitliche Militärregierungen für diese Staaten; außerdem sah der Plan ein scheinbares Verlassen einiger Gebiete durch die Truppen vor, so daß sich diese in der Stadt verteilen und die Nachschubkette abschneiden könnten. Das erste Opfer dieser Operation war Fabricio Ojeda, Präsident der FLN, gefangen genommen in Caracas und von der Armee ermordet.
Die Pläne O. E. stützten sich auf die bestehende Uneinigkeit in der Guerrilla-Bewegung (in der KP und in der MIR), die auch für die Einheit der Fronten ihre Folgen haben mußte. Die Theoretiker des Pentagon, die sich darauf beschränkten, diese für sie günstigen Aspekte in Betracht zu ziehen, rechneten nicht damit, daß die bewaffnete Bewegung einen raschen Genesungsprozeß durchgemacht hatte, in organisatorischer, politischer und militärischer Hinsicht, daß die Oppositionsparteien auf dem Wege waren, unter sich Beziehungen einheitlicher Zusammenarbeit herzustellen, und daß die Krise der venezolanischen Gesellschaft in dieser Periode sich ihrem Höhepunkt näherte.
Die nordamerikanischen Techniker fühlten sich verpflichtet, der Regierung Venezuelas Hilfe zu schicken. So leiteten sie die »Operación Americana« ein, eine Konzentration der Marine und anderer Militäreinheiten, die in ein Land eindringen unter dem Vorwand, »teilzunehmen an gemeinsamen Vorbereitungsmanövern gegen einen eventuellen fremden Eindringling«; in Wirklichkeit handelt es sich darum, die O. E., die prak-

tisch die fünfte Offensive gegen die Volksbewegung darstellt, zu verstärken. Den politischen Technikern des Pentagons zufolge ist es notwendig, ein guerrilla-freies Jahr 1970 zu erreichen, damit dann der gigantische Wahlbetrug, der jetzt schon vorbereitet wird, ohne Zwischenfälle durchgeführt werden kann.
Wir glauben, daß die Wahlen die Volksmassen mobilisieren werden; aber diese Mobilisierung darf nicht ausgerichtet sein und sich beschränken auf einen bloßen Wechsel der »camarillas«. Deshalb haben sich die FLN-FALN an das ganze Volk gewandt, um es vor dem Betrug zu warnen, der gegen es vorbereitet wird: die Oligarchie und der nordamerikanische Imperialismus sind daran interessiert, daß man von den Wahlen spricht, damit die schwerwiegenden Probleme vergessen werden. Die politisch-militärische Führung der FLN-FALN sieht voraus, daß der Augenblick der Wahlen günstige Umstände nicht für den Wechsel der »camarilla« (Ersetzung Leonis durch einen anderen Präsidenten), sondern für die Mobilisierung der Massen für eine radikale Änderung bietet. Wir Revolutionäre sind sicher, daß die Guerrilla siegen wird; aber wir können nicht die Worte Johnsons vergessen, die er zur Verteidigung der »Freiheit« der Länder Südamerikas sprach. Wenn die Amerikaner auch bei uns hier intervenieren sollten, dann werden sich das Volk von Venezuela und die Völker der ganzen Welt mit größerer Macht vereinen, sie werden einen einzigen Arm bilden, um den Feind zu schlagen. Wir sind sicher, daß die internationale Solidarität in unmittelbarer Form da sein wird, daß die Völker und Befreiungsbewegungen Lateinamerikas uns in konkreter Form helfen werden und daß unsere Solidarität mit einem anderen bedrohten Land die gleiche sein wird.

Deutsch von Peter Anton von Arnim

Fidel Castro
Rede vom 13. März 1967

...Praktisch geschieht auf diesem Kontinent nichts, wofür nicht Cuba verantwortlich gemacht würde. Aber Cuba ist einzig und allein dafür verantwortlich: eine Revolution gemacht zu haben und fähig zu sein, sie bis zu ihren äußersten Konsequenzen voranzutreiben. Was bedeuten nun die Anklagen der Oligarchien, – besonders der venezolanischen Oligarchie –, die Cuba die Schuld an den revolutionären Aktionen in ihren Ländern zuschreiben? Wie sind sie zu erklären? Und was bedeuten die Anklagen, die die rechtsgerichtete Führung der Kommunistischen Partei Venezuelas gegen uns richtet? Um das zu verstehen, muß man eine kurze Zusammenfassung der Geschichte des revolutionären Kampfes in Venezuela geben.

Vor allem darf man nicht vergessen, daß wenige Monate vor dem Sieg der cubanischen Revolution in Venezuela eine große Volksbewegung stattfand, die zum Sturz des Regimes von Pérez Jimenez führte: an ihr nahmen viele Kräfte des Volkes teil (darunter die Kommunistische Partei), und ausgezeichnet hat sich darin besonders der junge Journalist Fabricio Ojeda, Präsident des patriotischen Ausschusses, der das Volk gegen Pérez Jimenez führte. Nichtsdestoweniger erwies sich der Sieg des Volkes als unnütz; denn die Partei der »Acción democratica« begann sofort die Intensivierung und Weiterentwicklung der revolutionären Bewegung zu stoppen: diese Partei, die vorher eine revolutionäre und antiimperialistische Rolle gespielt hatte, genoß die Zustimmung der Massen – nicht in der Hauptstadt, wo die fortschrittlicheren Strömungen in der Mehrheit waren, aber in den weiten Gebieten des Landesinneren. So gewann Betancourt mit einer lächerlichen Minderheit in der Hauptstadt, aber mit der Mehrheit im Inneren des Landes, die Wahlen. Vom ersten Tag an betrieb die Regierung eine eindeutige Versöhnungspolitik, eine Politik der Nachgiebigkeit gegenüber dem Imperialismus und der Verteidigung der imperialistischen Interessen in Venezuela: Sie verwandelte sich in ein Instru-

ment der Politik der USA. Die Unterdrückung der revolutionären Bewegung begann, die Unterdrückung der Arbeiter, der Studenten, der Revolutionäre; sie nahm einen immer blutigeren Charakter an, und es kam zu den ersten schweren Zusammenstößen mit den Studenten und der Bevölkerung von Caracas. Betancourt hegte einen tiefen Groll gegen die Bevölkerung der Hauptstadt, wahrscheinlich wegen des Affronts, den er erfahren hatte, als man ihm die Stimme verweigerte ...
Kurz nachdem die Unterdrückung blutig und unerträglich geworden war, entstanden die ersten Bewegungen, die einen bewaffneten Kampf bejahten. Eine der ersten davon war die Bewegung der Revolutionären Linken (MIR), die von einer Gruppe fortschrittlicher Führungskräfte, die sich von der Regierungspartei, der »Acción democratica«, getrennt hatten, ins Leben gerufen wurde, um mit Hilfe dieser neuen Bewegung den bewaffneten Kampf vorzubereiten. Auch die Kommunistische Partei bereitete sich auf den bewaffneten Kampf vor. Zu Anfang glaubten alle, daß die rechtsgerichteten Kreise der Armee unbedingt versuchen würden, Betancourt zu stürzen, und sie bereiteten sich auf einen möglichen Kampf gegen eine reaktionäre Militärregierung vor. Die Verschärfung der Unterdrückung aber, die die Politik Betancourts immer mehr charakterisierte, brachte all diese Organisationen dazu, den Kampf nicht auf einen potentiellen Militärputsch hin zu orientieren, sondern direkt gegen das Regime Betancourts zu richten, das immer blutigere Unterdrückung übte. Es kam zu den ersten Aktionen, und der III. Kongreß der Kommunistischen Partei stimmte der Strategie des bewaffneten Kampfes zu, um der Revolution in Venezuela zum Sieg zu verhelfen. Weitere Unzufriedene anderer Parteien begannen ihrerseits mit den Vorbereitungen zum bewaffneten Kampf; unter diesen Kräften befand sich ein Teil der Politischen Partei, der Fabricio Ojeda angehörte. Und Fabricio Ojeda, ein Freund Cubas, ein Freund unserer Revolution – wie viele andere Venezolaner – verließ eines Tages die Hauptstadt, verzichtete auf seinen Parlamentssitz und ging in die Berge, um eine Guerilla-Bewegung zu organisieren.
Seither sind einige Jahre vergangen. Gewiß haben die venezolanischen Revolutionäre, wie alle Revolutionäre in allen Teilen der Welt, verschiedene Fehler begangen: Fehler in der Konzeption des Kampfes, strategische Fehler, taktische Fehler. Sie wurden durch das Zusammenspiel verschiedener Faktoren bewirkt: einer davon bestand darin, daß die revolutionäre Bewegung in der Hauptstadt sehr stark, auf dem Lande hin-

gegen äußerst schwach war – wie dies übrigens aus Verschulden der Kommunistischen Parteien in vielen anderen Ländern Lateinamerikas der Fall gewesen ist. Warum? Die marxistischen Parteien haben ihre Aufmerksamkeit vor allem auf die Städte konzentriert, auf die Arbeiterbewegung, und dies war zweifellos richtig; weil aber alle Regeln ihre Ausnahmen haben, unterschätzten sie in vielen Fällen die Bedeutung der Bauern als revolutionäre Kraft ...

Noch etwas anderes kommt hinzu. Venezuela war in der letzten Zeit eines der Länder, oder das Land überhaupt, in dem es der revolutionären Bewegung gelungen ist, stärker in die Reihen der Armee einzudringen; viele junge Offiziere haben ihre Sympathien für die revolutionäre Bewegung offen gezeigt, auch in radikalster Art ... Dies hat einen weiteren Fehler in der Konzeption des Kampfes mit sich gebracht: die Unterschätzung der Guerilla-Bewegung einerseits und andrerseits eine disproportionierte Erwartung vom Aufruhr innerhalb des Militärs ...

Abgesehen von der falschen Strategie, waren diese Fehlkonzeptionen die Ursache schwerwiegender praktischer Fehler: die Guerilla-Kämpfer waren auf sich gestellt, der elementarsten Mittel beraubt, während man versuchte – oder besser: die Parteiführung versuchte –, die Kämpfe auf dem Lande von der Hauptstadt aus zu dirigieren. Es wurde das unterlassen, was nötig gewesen wäre, das, was eine mutige und wirklich revolutionäre Führung getan hätte, was die Führungsgruppen, die in den großen historischen Bewegungen der Gegenwart den Sieg errangen, getan haben, und das ist: mit den Guerilla-Kämpfern in die Berge zu gehen, den Kampf vom Kampfplatz aus, von den Bergen aus, zu leiten. Es ist absurd und nahezu kriminell – wir sagen nicht, daß es hundertprozentig kriminell ist, weil es eher der Unwissenheit als der Böswilligkeit entspringt – zu denken, man könne von der Stadt aus die Gruppen der Guerilla-Kämpfer dirigieren. Dies sind zwei so verschiedene Dinge, zwei so unähnliche Situationen, daß es der größte Wahnsinn ist, den man begehen kann – ein Wahnsinn, der leider sehr viel Blut kostet –, wenn man die Guerilla-Kämpfe von der Stadt aus dirigieren will. Zudem sah man die Guerilla-Gruppen nicht als eine Kraft an, die so sehr zunehmen könnte, daß sie in der Lage wäre, die revolutionäre Macht in Ländern wie dem unsrigen zu erringen, sondern als ein Instrument der Agitation, als ein Instrument des politischen Manövers, als ein Instrument für Verhandlungen. So befahl man den Guerilla-Kämpfern, die Kämpfe einzustellen. Es ist ein

Wahnsinn: Guerilla-Gruppen, die nicht kämpfen, entwickeln sich nicht; Guerilla-Gruppen, die nicht kämpfen, verzehren sich in der Inaktivität; Guerilla-Gruppen, die im Waffenstillstand verharren, sind zur Niederlage verurteilt...

Die Konsequenz einer falschen Führung sind natürlich unzählige Rückschläge und Niederlagen. Nichtsdestoweniger ist es der Regierung trotz der Fehler der Führung, trotz der Irrtümer in der Konzeption des Kampfes, nicht gelungen, den Guerilla-Kampf zunichte zu machen. Was aber den Kräften der Unterdrückung und des Philoimperialismus eines Betancourt und eines Leoni nicht gelang, drohte infolge der Unfähigkeit der revolutionären Führung zu geschehen. Die Führung der Kommunistischen Partei begann von demokratischem Frieden zu sprechen. Was ist dieser demokratische Frieden? fragten sich viele; ja, was ist dieser demokratische Frieden? fragten auch wir uns, wir Anführer der cubanischen Revolution. Wir verstanden es nicht. Wir verstanden es nicht, aber wir wollten es verstehen. Was bedeutet das? fragten wir einige venezolanische Führungskräfte. Sie antworteten uns, daß diese Taktik, diese Manöver, keineswegs eine Abkehr vom Krieg bedeuten sollten, nein, nein, sie seien ein Manöver, um die Basis zu verbreitern, um das Regime zu stürzen, es zunächst zu schwächen, zu untergraben.

Uns blieb das alles unklar. Dennoch hatten wir weiterhin Vertrauen und Hoffnung, wenngleich uns die Theorie des demokratischen Friedens absurd, ja lächerlich erschien; denn von demokratischem Frieden kann eine revolutionäre Bewegung sprechen, die den Kampf siegreich beendet hat und die öffentliche Meinung zugunsten eines Friedens mobilisieren muß, der nur durch den Sieg der Revolution zu erreichen ist: erst dann kann man die Gemüter, die öffentliche Meinung, das Volk mobilisieren, den Friedenswillen wecken. Die einzig mögliche Grundlage für den Frieden ist der Sturz der Tyrannei und das Ende der Ausbeutung. Aber von Frieden zu sprechen, wenn man dabei ist, den Krieg zu verlieren, heißt nichts anderes, als den Frieden aufgrund einer Niederlage zu akzeptieren.

In der Geschichte der revolutionären Bewegung hat man nach der siegreichen bolschewistischen Revolution von 1917 zum ersten Male von demokratischem Frieden sprechen hören. Zu diesem Zeitpunkt gab man die Losung aus: »demokratischer Frieden«, und das bedeutete einen Frieden im Weltkrieg, ohne Annektionen oder Eroberungen irgendwelcher Art. Die neue Sowjetmacht prägte diesen Slogan und kämpfte für einen Frieden

ohne Annektionen und Eroberungen: das war eine siegreiche revolutionäre Macht, die nicht weiterhin an dem imperialistischen Schlachten teilhaben wollte. Wir aber fragen uns: welche Entsprechung gibt es zwischen dieser historischen Situation, zwischen diesem siegreichen Proletariat der ersten sozialistischen Revolution, und der Lage einer revolutionären Führung, die unfähig war, den bewaffneten Kampf siegreich zuende zu führen?
Hinter all diesen Erklärungen aber verbarg sich nichts als Täuschung! Man sagte uns, daß der demokratische Frieden ein Manöver sei, um den Guerilla-Kampf zu stärken; es war aber eine Lüge: man hatte schon die Absicht, den bewaffneten Kampf zu verraten, und man traf bloß die Vorbereitungen dazu. Wie sind wir darauf gekommen, wie können wir den Wahrheitsbeweis antreten? Wir wollten diese Frage nicht öffentlich klären, umso mehr als wir seit vielen Wochen, seit Monaten eine Diffamierungskampagne ertragen haben, von der rechtsgerichteten Führungsgruppe der venezolanischen Kommunistischen Partei gegen uns veranstaltet, in deren Verlauf wir bei verschiedenen Kongressen der Kommunistischen Parteien angeklagt wurden, in deren Verlauf an verschiedene Kommunistische Parteien Lateinamerikas Dokumente gesandt wurden, in denen Cuba angeklagt wird, sich in ihre inneren Angelegenheiten zu mischen und die Fraktionsbildung zu begünstigen. Wir wollten nicht polemisieren, aber leider: es wurde unvermeidlich...
Wir haben das unbestreitbare Recht, das zum Ausdruck zu bringen, was wir denken und fühlen. Wir stehen nicht auf seiten der Unschlüssigen, sondern auf seiten der Kämpfenden... Im Namen welcher Prinzipien, welcher Vernunftsgründe, welcher revolutionären Theorien sollten wir verpflichtet sein, den Defaitisten vom rechten Flügel zuzustimmen? Im Namen des Marxismus-Leninismus? Nein! Im Namen des Marxismus-Leninismus könnten wir ihnen niemals Recht geben. Im Namen der internationalen kommunistischen Bewegung? Zwingt uns vielleicht die Tatsache dazu, daß es sich um die Führung einer Kommunistischen Partei handelt? Ist vielleicht das die Vorstellung, die wir von der internationalen kommunistischen Bewegung haben müssen? Für uns ist die internationale kommunistische Bewegung in erster Linie die Bewegung von Kommunisten, von revolutionären Kämpfern. Und diejenigen, die keine revolutionären Kämpfer sind, dürfen sich nicht Kommunisten nennen!
Wir begreifen den Marxismus als revolutionären Gedanken, als revolutionäre Tat. Wer keinen echten revolutionären Geist besitzt, darf sich nicht

Kommunist nennen. Jedermann kann sich »Adler« nennen, ohne eine einzige Feder am Rücken zu haben: genau so sind die, die sich Kommunisten nennen und nichts von einem Kommunisten an sich haben. Die internationale kommunistische Bewegung, so wie wir sie begreifen, ist keine Kirche, keine religiöse Sekte oder Freimaurerloge, die uns verpflichten kann, jede Schwäche, jeden wie immer gearteten Irrtum für heilig zu halten, eine Politik des Komplizentums mit allen Arten von Reformisten und Pseudo-Revolutionären zu verfolgen. Unsere Haltung den kommunistischen Parteien gegenüber wird stets auf strengen revolutionären Grundsätzen beruhen. Wir bejahen eindeutig alle Parteien, die eine Linie ohne Schwächen oder Unsicherheiten verfolgen, eine konsequent revolutionäre Linie; die Parteien aber, die sich hinter dem Schild des Kommunismus oder Marxismus verschanzen und ein Monopol auf die Revolution zu haben glauben, tatsächlich aber dem Reformismus zu einer Monopolstellung verhelfen, betrachten wir nicht als revolutionäre Parteien. Und wenn in irgendeinem Land diejenigen, die sich Kommunisten nennen, ihre Pflicht nicht zu erfüllen wissen, dann stehen wir zu jenen, die auch ohne sich Kommunisten zu nennen in der Aktion, im Kampf wie echte Kommunisten handeln ...

Nur die Revolutionäre sind von Bedeutung, die in der Lage sind, eine Revolution auszuführen und in die revolutionäre Theorie einzudringen. Oft geht die Praxis der Theorie voraus, und unser Volk gibt ein Beispiel dafür ab; denn viele, die überwiegende Majorität derer, die sich heute mit Stolz Marxisten-Leninisten nennen, kamen durch den revolutionären Kampf zum Marxismus-Leninismus. A priori jeden auszuschließen und abzulehnen, der sich nicht sofort theoretisch als Kommunist qualifiziert, ist ein Akt des Dogmatismus und des Sektierertums. Wer bestreitet, daß gerade der Weg der Revolution die Völker zum Marxismus führt, ist kein Marxist, auch wenn er sich als Kommunist ausgibt.

Das ist die Richtlinie, die unser Verhältnis zu revolutionären Bewegungen bestimmt hat und bestimmt. An der Konferenz der drei Kontinente in Havanna haben Vertreter der revolutionären Organisationen der drei Kontinente teilgenommen; ein Teil davon Kommunisten, der andere nicht. Das zeigt deutlich die Haltung der Kommunisten gegenüber der Oligarchie, der Ausbeutung, dem Imperialismus und – auf diesem Kontinent – gegenüber den bewaffneten revolutionären Bewegungen, gegenüber den Guerilla-Bewegungen in Guatemala, Kolumbien und Venezuela. Niemand, der mit Recht von sich behauptet, Kommunist zu sein, kann die Haltung der offiziellen rechtsgerichteten Führung gegen Douglas Bravo gutheißen. Die Kommunistischen Parteien müssen Stellung beziehen und wählen zwischen den Guerilla-Kämpfern in Venezuela und den Defaitisten, die aufgeben und die Guerrilla-Bewegung praktisch dem Feind ausliefern wollen. Das ist ein neuralgischer Punkt: wir sind in einer Zeit angelangt, die klare Stellungnahmen erfordert, und dies nicht, weil irgendwer aus einer Laune heraus es wünscht, sondern infolge der historischen Ereignisse. Man muß auch die revolutionären Kämpfer Columbiens oder Guatemalas fragen, wer ihrer Meinung nach die Revolutionäre sind, die ihnen Solidarität bezeugen: die venezolanischen Guerillas oder die Defaitisten. Tatsächlich helfen diejenigen, die in Venezuela kämpfen, denen, die in Columbien oder Guatemala kämpfen, und zwar schon allein dadurch, daß sie sich in den imperialistischen Angriff teilen, daß sie die imperialistischen Bombenrationen in gleiche Teile aufspalten. Diejenigen, die in den venezolanischen Bergen kämpfen, sind die einzigen echten und möglichen Verbündeten derer, die in den Bergen Columbiens und Guatemalas kämpfen.

Welche Stellung hat die offizielle Führung der Kommunistischen Partei zum Tod von Iribarren Borges bezogen? Was können wir zu diesem Tod äußern? Wie sollen wir ihn sehen? Wir müssen entweder vom Standpunkt der Regierung ausgehen oder von dem der reaktionären, rechtsgerichteten kommunistischen Führung. Denn wir wissen von Iribarren Borges nur, was die Presseagenturen berichteten; wir wissen auch nicht, wer Iribarren Borges getötet hat. Die Delegation der Nationalen Befreiungsarmee Venezuelas auf Cuba hat ein Communiquée herausgegeben, dem man deutlich entnehmen kann, daß die Delegation in Havanna keine anderen als die Agenturnachrichten hatte, die sagen, daß bei der Leiche Iribarrens Flugblätter der Nationalen Befreiungsarmee gefunden worden sind. Diese Tatsache muß betont werden.

Welche Haltung sollen wir Revolutionäre gegenüber einem solchen Vorkommnis im Lauf der Revolution einnehmen? Auch wir können nicht einverstanden sein, auch wir können es nicht für richtig halten, auch wir können die Ermordung dieses ehemaligen Funktionärs der Regierung nicht gutheißen. Über ihn wissen wir nichts: ob er verhaßt war, wie Associated Press behauptet, oder nicht; ob er für Maßnahmen gegen die Revolutionäre verantwortlich war, oder nicht.

Wir wollen aber festhalten, daß die Revolutionäre Aktionen vermeiden müssen, die der Feind gegen sie ausspielen kann: z. B. einen Mann zu töten, nachdem sie ihn gefangengenommen hatten. Wir haben derlei nie getan, wie empört wir auch über die Grausamkeit des Feindes waren; und in der Zeit der Kämpfe gelang es uns, die Gefangenen nüchtern zu behandeln. Der Revolutionär muß jede Aktion vermeiden, die an die Polizei der Unterdrücker erinnert. Wir wissen heute nicht, wie dieser Mord zustande kam, wir wissen nicht, wer getötet hat, wir wissen nicht, ob der Zufall eine Rolle spielte, und wir wissen nicht, ob es die Revolutionäre waren oder nicht. Unsere ehrliche Meinung, die zu sagen zum Recht jedes Revolutionärs gehört, ist die: wenn es die Revolutionäre waren, so haben sie einen Fehler begangen, denn es ist ein Fehler, sich der Methoden zu bedienen, die die öffentliche Meinung dem Feind zuschreibt ...

Aber weder moralisch noch revolutionär ist es, eine vollzogene Tatsache dazu zu benützen, sich dem hysterischen Chor der Reaktionäre und Imperialisten zuzugesellen, die die Revolutionäre verdammen. Wenn sich die Revolutionäre als für den Mord verantwortlich erweisen sollten, so können wir unsere Meinung kundtun, uns aber nie dem Chor der Schlächter anschließen, die Venezuela regieren, und mit ihnen gemeinsam die Revolutionäre verdammen. Wie hat sich die offizielle Führung der Kommunistischen Partei verhalten? Sie hat erklärt: »Die Kommunistische Partei Venezuelas zeiht Elias Manuit der Lüge, wenn er im Namen der sogenannten bewaffneten Nationalen Befreiungsarmee den Mord an Dr. Julio Iribarren Borges bestreitet.« Am Ende dieser Erklärung klagt sie praktisch die Guerilla-Führer Douglas Bravo, Gregorio Lunar Marquez, Freddy Carquez, Francisco Prado und andere heldenhafte Guerilla-Kämpfer an, die in den venezolanischen Bergen gegen Tausende von Soldaten kämpfen, gegen Söldner die die übelsten Interessen verteidigen und sie zu vernichten suchen.

Was tut die offizielle Führung der Kommunistischen Partei? Sie hat den widerwärtigsten Opportunismus auf ihre Fahnen geschrieben, spielt insgeheim das Spiel der philoimperialistischen, von Leoni verkauften Regierung, klagt die Guerilla-Kämpfer an, und es fehlt nicht viel, daß sie den Kopf von Douglas Bravo mit der Unterstellung fordert, er sei verantwortlich für den Tod von Iribarren. Mit dieser Haltung gegenüber den Männern, die hartnäckig für die venezolanische Revolution kämpfen, hat sie praktisch deren Köpfe gefordert. Von da ist es nur noch ein Schritt,

von Leoni ein Gewehr zu erbitten, um hinzugehen und Douglas Bravo niederzumachen ...
Solche Erklärungen geben Feiglinge und Opportunisten ab und nicht Revolutionäre; denn der Revolutionär kann Kritik üben, kann eine Aktion ablehnen, er kann sich aber nie so verhalten, daß man glauben muß, die Revolutionäre seien die eigentlichen Mörder, das Regime Leonis dagegen die »Friedenstaube« schlechthin, die grausame blutige Clique, die hunderte von Kämpfern ermordet hat, sei eine zahme Schafherde. Es ist feige, nicht die richtigen Anklagen zu erheben, und es ist feige, die Situation nicht zu nützen, um die Bestrafung der Schergen zu verlangen, die so viele Venezolaner ermordet haben. Es ist gut, Kritik zu üben, die man für nötig hält. Diese Kritik muß aber mit revolutionärem Bewußtsein geübt werden, sie muß gegen und nicht mit dem Feind geübt werden, wenn dieser Feind hunderte von Kämpfern und eine Menge kämpferischer Kommunisten ermordet hat. Wenn es in Lateinamerika eine Regierung gab, die in der letzten Zeit Kommunisten ermordet hat, so war es gerade die venezolanische Regierung, zuerst unter Romulo Betancourt und dann unter Leoni. Und dennoch fällt kein einziges Wort, die Schergen zu verurteilen, das Regime zu verurteilen, das Unterdrückung und Gewalt in Venezuela entfesselt hat, das Studenten und Revolutionäre gezwungen hat, zu den Waffen zu greifen, um das Volk, um das Land aus den Fängen der Oligarchie und des Imperialismus zu befreien.
Es ist ganz logisch, daß die cubanische Revolution angegriffen wird. Das läßt uns gleichgültig. Seit Beginn unserer Revolution, und schon vorher, mußte sie sich stets gegen Verleumdungen und Lügen verteidigen. Man braucht nur daran zu denken, was nach unserem Angriff auf die Kaserne Moncada in den Zeitungen stand: sie schrieben, wir hätten alle Kranken aus dem Spital über die Klinge springen lassen! Wir kennen heute diese Tricks des Imperialismus nur zu gut: der Revolution sollen die übelsten Schändlichkeiten in die Schuhe geschoben werden. Sie werden nicht leicht von ihrer Verleumdungskampagne ablassen. Und deshalb lassen uns ihre Anklagen, die Anklagen der Imperialisten und ihrer Helfershelfer gleichgültig: sie werden uns nicht dazu bringen, unsere Sympathie und unsere Solidarität mit den revolutionären Kämpfern zu verleugnen.
Mitten in dieser hysterischen Kampagne, mitten unter diesen Drohungen, Verleumdungen und sogar versteckten Ankündigungen einer Aggression auf unser Land, bleiben wir zuversichtlich; mitten in dieser üblen Kam-

pagne, in der sich Verrat am Land und an der Revolution vereinen, in der Defaitisten, die sich noch Kommunisten nennen, gemeinsam mit der philoimperialistischen Oligarchie die venezolanischen Revolutionäre und Cuba angreifen, verkünden wir nochmals eindeutig unsere Solidarität mit den Guerilla-Kämpfern, die in den Bergen des Westens kämpfen oder in den Bergen von El Bachiller, und mit den Kämpfern in den Städten, die der Grausamkeit der Tyrannei und der Unterdrückung trotzen.
Unsere Politik ist klar. Wir anerkennen nur die Revolutionäre als Vertreter des Volkes, nicht aber irgendwelche Angehörigen einer dieser oligarchischen, verräterischen Regierungen, die die Beziehungen mit Kuba auf Anordnung der Yankee-Gesandtschaft abgebrochen haben. Wir anerkennen nur eine dieser nicht-sozialistischen Regierungen, deren internationale Haltung Hochachtung verdient: es ist die Regierung von Mexico. Welche diplomatische Stellung beziehen wir zu den anderen Regierungen? Wir werden mit keiner dieser Regierungen, die die Anordnungen des Imperialismus befolgt haben, die diplomatischen Beziehungen wieder aufnehmen; wir haben kein Interesse daran und wollen es auch nicht. Wir werden nur mit den Revolutionsregierungen dieser Länder diplomatische Beziehungen aufnehmen, mit Regierungen also, die unabhängig sind. Sollen wir vielleicht diplomatische Beziehungen aufnehmen, die einen Tag später auf Anordnung des State Department wieder abgebrochen werden? Nein. Wir wollen mit solchen Dummheiten keine Zeit verlieren. Sollen wir vielleicht wieder wirtschaftliche Beziehungen mit den Ländren aufnehmen, die sie selbst abgebrochen haben? Eine solche Wiederaufnahme interessiert uns solange nicht, wie diese Länder nicht Revolutionsregierungen haben.
Wir werden keiner Oligarchie finanziell helfen, die revolutionäre Bewegung in Blut zu ersticken. Wer immer die Oligarchien unterstützt, in deren Ländern Guerilla-Gruppen kämpfen, der hilft die Revolution zu unterdrücken; denn die Unterdrückungskriege werden nicht nur mit Waffen geführt, sondern auch mit den Millionen Pesos, mit denen diese Waffen und die Söldnerheere bezahlt werden. Ein schlagendes Beispiel für die mangelnde Unabhängigkeit dieser Regierungen lieferte uns kürzlich Columbien: Wegen eines Attentats von Guerilla-Kämpfern auf einen Eisenbahn-Zug wurden um sechs Uhr morgens der Generalsekretär der columbianischen kommunistischen Partei und die Mitglieder des Zentralkommitees, die sich alle zu Hause befanden, verhaftet. Man sah durchaus nichts

Ungewöhnliches darin, daß sich gerade zu jener Zeit in Columbien eine Delegation hoher sowjetischer Funktionäre aufhielt, die mit der Regierung Lleras Restrepo einen Vertrag über wirtschaftliche, kulturelle und finanzielle Beziehungen abschließen sollte. Und am gleichen Tag sollte ein Gespräch zwischen den hohen sowjetischen Funktionären und Lleras Restrepo stattfinden.
An diesem Tag aber beschränkte man sich nicht darauf, die gesamte kommunistische Führung zu verhaften, man durchsuchte – nach Agenturberichten – auch die Räume der TASS. Ein schönes Freundschaftsgefühl dieser Oligarchien! Ein schönes Unabhängigkeitsgefühl! Ein schönes Zusammentreffen! Das ist nur ein weiterer Beweis für den Mangel an Unabhängigkeit, für die Heuchelei in der Außenpolitik dieser dienernden Regierungen. Man sieht denn auch nicht ein, wie eine Regierung wie die venezolanische dazu kommt, zu behaupten, daß sich die VAR von der Konferenz der drei Kontinente zurückzieht, daß die UdSSR mit Cuba, diesem »blinden Huhn« bricht, um durch die große, weit und freundschaftlich geöffnete Tür der venezolanischen Regierung einzutreten, dieser Regierung, die die meisten Kommunisten auf dem Kontinent ermordet hat.
Wir Marxisten-Leninisten werden nie Beziehungen mit solch einer Regierung aufnehmen; die anderen mögen tun, was sie wollen. Nicht wir haben die Beziehungen mit anderen Staaten abgebrochen, immer haben andere Staaten die Beziehungen mit uns abgebrochen. Sogar die Bundesrepublik Deutschland hat die Beziehungen mit uns abgebrochen, und zwar weil wir die Deutsche Demokratische Republik anerkannt haben. Wir aber sind nicht wankend geworden, auch wenn unsere wirtschaftlichen Interessen geschädigt wurden: wir haben die Deutsche Demokratische Republik aus prinzipiellen Gründen anerkannt.
In der revolutionären Welt sieht nicht alles rosig aus. Widersprüchliche Haltungen erzeugen nichts als Proteste und Klagen. Da wird einer verurteilt, weil er die Beziehungen mit Westdeutschland wieder aufnimmt, und gleichzeitig bemüht man sich um Beziehungen mit Oligarchien vom Typ Leoni und Konsorten. Grundsätzliche Haltung allen gegenüber! Grundsätzliche Haltung in Europa, aber auch in Lateinamerika; grundsätzliche Haltung in Asien und grundsätzliche Haltung in Lateinamerika. Wir verurteilen die imperialistische Aggression in Vietnam; wir verurteilen das Verbrechen, das die Yankee-Imperialisten heute in Vietnam begehen!

Aber wir verurteilen auch schon heute jedes zukünftige Vietnam in Lateinamerika! Was würden die vietnamesischen Revolutionäre denken, wenn wir eine Delegation nach Südvietnam schickten, um mit dieser Regierung von Strohmännern in Saigon zu verhandeln? Was sollten die, die in den Bergen Amerikas kämpfen, davon halten, wenn wir heute Beziehungen zu den Regierungen von Strohmännern des Imperialismus auf diesem Teil des Kontinents suchten, zu den Strohmännern der zukünftigen Aggressionen und Interventionen der Yankees? Der Leoni von heute, der Lleras Restrepo von heute, das sind die Ngo Dinh-Dien und die Cao Ky von morgen; sie sind die Fortsetzung der Regierungen, die in Süd-Vietnam nichts anderes getan haben, als die imperialistischen Aggressionen zu rechtfertigen, die Interventionen der Yankee-Marineinfanterie zu legalisieren. Sie alle, die Imperialisten und ihre Helfershelfer, haben sich gegen unser revolutionäres, sozialistisches Land verschworen, das besteht, weil wir es so wollten, und nicht, weil wir irgendeinem Einfluß unterlagen.
Einige sprechen von Fatalismus, aber es gibt keinen Fatalismus, der eine Bresche in diese Revolution schlagen könnte; nicht der Fatalismus der 90 Tausend, und auch kein anderer! Die Revolution, die hier entstanden ist, hat ihre Existenzberechtigung; nichts und niemand kann sie niederschlagen: das mögen alle Strohmänner, alle Dienstbeflissenen, alle Unschlüssigen und alle Pseudo-Revolutionäre sich hinter die Ohren schreiben! Diese Revolution wird sich ihre unabhängige Stellung bewahren, ihre Unabhängigkeit, auf die alle Völker, die mit Würde zu kämpfen wissen, ein Recht haben. Wir geben es vor aller Welt bekannt: Diese Revolution wird ihren Weg, wird ihre Linie fortsetzen, sie wird sich zu niemandes Satelliten machen lassen und wird sich niemandem anpassen, und sie wird im Inneren wie nach außen hin ihre ideologische Position halten, ohne je irgendwen um Erlaubnis zu fragen. Mit erhobenem Kopf kann dieses Volk der Zukunft entgegensehen, wie immer diese auch sein möge.
Wir arbeiten heute fieberhaft und begeistert an der Entwicklung unseres Landes und unserer Wirtschaft: wir arbeiten mit größerer Begeisterung denn je, und wir kommen rascher vorwärts als in den acht Jahren zuvor. Wir gewinnen große ideologische Schlachten an allen Fronten. Wir verfolgen daher unseren Weg mit unbedingtem Vertrauen, mit dem Vertrauen echter Revolutionäre, einem Vertrauen, das aus unserem Volk kommt, aus unseren Massen. Wenn es nicht notwendig gewesen sein sollte, auf das Thema einzugehen, mit dem wir uns heute beschäftigt haben, so

mußten wir doch von dieser tiefgreifenden unglaublichen Revolution sprechen, die sich im Bewußtsein unseres Volkes vollzieht. Sie ist auch der Grund, weshalb wir gelassen und vertrauensvoll der Zukunft entgegensehen. Wir wissen, daß der Kampf nicht leicht sein wird, nicht leicht sein kann; wir wissen, daß sich unser Kontinent in revolutionärer Gärung befindet, daß wir inmitten von etwa zwanzig Völkern leben, die heute erwachen und die Wirklichkeit zu begreifen beginnen, die bereits kämpfen oder sich auf den Kampf vorbereiten; wir wissen, daß wir bedroht werden, daß es Verschwörungen und vielleicht auch Aggressionen gegen uns geben wird. Dennoch erklären wir uns schon heute für unbesiegbar. Eine Invasion in dieses Land zu unternehmen: das ist es, was Herr Leoni praktisch fordert; angesichts der internationalen Lage spricht er sich heute gegen Sanktionen aus, doch rechnet er damit, daß nach Beendigung des Vietnam-Krieges der Zeitpunkt gekommen sein wird, Sanktionen und Krieg gegen Cuba zu verlangen. Nicht zufällig war der erste, mit dem er gesprochen hat, sein »Berater«, der Yankee-Gesandte in Caracas. Da haben wir aber noch ein Wort mitzureden: Wir sind überzeugt, daß die Aggression in Vietnam zurückgeschlagen wird, daß die Imperialisten von den heldenhaften Völkern Nordvietnams und Südvietnams geschlagen werden, daß die Nationale Befreiungsfront Südvietnams, deren Haltung und Politik von unserem Volk voll unterstützt werden, schließlich siegreich sein wird. Wenn die Imperialisten glauben, ein leichtes Spiel zu haben, so sollen sie wissen, daß sie ihr Stalingrad finden werden und viele Vietnam, ein gutes halbes Dutzend davon auf unserem Kontinent. Das wissen wir schon heute!

Und wir können uns auf einfache Rechnungen berufen, auf die Zahl der Menschen und auf das Feuervolumen. Wir besitzen ein Feuer, das stärker ist, als das der Waffen: das Feuer unserer Begeisterung! Es hat den Wert eines ganzen Volkes! Uns erschrecken weder die Verschwörungen noch die Drohungen, und wir haben keine Angst vor den Schlägen, die man uns versetzen will. Es ist lächerlich, Cuba für die Aktivitäten der Revolutionäre, für ihre Strategie, ihre Taktik verantwortlich zu machen. Wir wissen, wie die Revolutionäre und die revolutionären Organisationen agieren; wir wissen, daß in jedem revolutionären Vorgang verschiedene Kräfte wirksam sind und daß es in jeder revolutionären Bewegung verschiedene Führungszentren gibt. Unsere eigene Erfahrung hat uns das gelehrt: Als wir die Moncada angriffen, war keine andere Organisation da-

von unterrichtet; als eine Gruppe von Revolutionären die Goicuria angriff, wußte keine andere Organisation davon; als die Genossen von der Revolutionären Führung am 13. März den Regierungspalast angriffen, hörten wir die Nachricht im Rundfunk. In unserer eigenen Organisation wußten die Männer auf dem flachen Land nicht, was jene taten, die in den Bergen kämpften, und umgekehrt; es ist doch einleuchtend, daß sich die Revolutionäre nicht per Telefon oder Funk verständigen können. In der Revolution gibt es unterschiedliche Organisationen, und in jeder Organisation mehrere Führungsschichten; die Organisationen, die im geheimen arbeiten, sind ziemlich autonom und von Dorf zu Dorf verschieden. Man kann auch die Verantwortung für eine bestimmte Aktion nicht der Gesamtorganisation aufbürden; wie kann es also möglich sein, sie Cuba zuzuschieben? Hier zeigt sich die ganze Lächerlichkeit und Dummheit der Anklage, die gegen die revolutionäre Regierung Cubas erhoben wird.
Wer aber hat diese Kampagne ausgelöst? Was für eine Regierung? Eine der brutalsten Regierungen auf diesem Kontinent, deren blutige Unterdrückungsmethoden sie allein für die Bluttaten in Venezuela verantwortlich machen. Es ist die Regierung von Raul Leoni, dem Hauptschuldigen am Tode von Iribarren Borges: Er hat Unterdrückung und Gewalt eingeführt; er hat hunderte von Venezolanern getötet, um seinen imperialistischen Herren zu dienen, die ihm die Krumen der Reichtümer Venezuelas zukommen lassen. Er und seine Regierung müssen sich für diese Verbrechen verantworten: wenn sie dies vor der UNO tun wollen, umso besser! Sie sollen dort nur hingehen und über ihre Vergehen und Verbrechen, ihren Verrat an Venezuela, über die Tausende von Millionen Pesos, die sie dem Imperialismus verschaffen, und über die Ströme von Blut sprechen, die sie vergossen haben. Sie sind es, die sich auf die Anklagebank setzen müssen. Dabei sind die brutalen Unterdrückungsmaßnahmen noch gar nicht mitgerechnet, die Ausbeutung des venezolanischen Volkes, die Außerkraftsetzung der verfassungsmäßigen Grundrechte, die Verletzung der akademischen Freiheit. Wenn sie diesen blutdurchtränkten Misthaufen noch Demokratie nennen wollen, so frage ich: Wieso können sie sich mit den Studenten an den Universitäten nie einig werden? Wir sind heute mit ihnen einig, einig im Gedenken an den ruhmvollen Tag, da gerade die Studenten sich der Tyrannei entgegengestellt haben. Wir versammeln uns, um unserer Kämpfer zu gedenken, so wie eines Tages – vielleicht morgen – Venezuela seiner Märtyrer und seiner Helden gedenken wird. Eines

Tages werden auch in Venezuela viele Straßen und Plätze, viele Fabriken und Industrieanlagen die Namen der Gefallenen tragen, derjenigen, die von den Schergen der Tyrannei ermordet wurden.
Wir trauen es dem »demokratischen« Leoni, dem Verräter des Volkes, der sein Land verkauft hat, dem Unterdrücker und Schergen im Dienste des Yankee-Imperialismus, wir trauen es ihm nicht zu, daß er sich an die Universitäten von Venezuela begibt. Denn es ist heute längst allgemein bekannt, daß die Jugend die richtigsten, reinsten und idealistischsten Empfindungen hegt. Unter den Studenten Venezuelas befindet sich, wie unter den Studenten vieler anderer Länder, die wesentlichste Kraft des Volkes: die Jugend. Wie aber behandelt Leoni diesen rebellischen, heldenhaften, würdevoll kämpferischen Teil des venezolanischen Volkes? Wie ein Stück Vieh! Wer kommt in die Universitäten? Panzerwagen, Militär, Polizei. Die Verräter des Landes, die Schergen und Mörder können mit der Jugend nicht einig werden. Herr Leoni kann nicht an die Universitäten gehen, mit dem Volk zusammenkommen und seine Politik erklären. Denn nur dort, wo es keinen Gegensatz zwischen Volk und Regierung gibt, nur inmitten eines revolutionären Prozesses, in dem die Einheit des ganzen Volkes erreicht wird, seiner Arbeitermassen und seiner Bauernmassen, seiner Jugend und seiner Intellektuellen – und zwar nicht im Heulen der Sirenen an jenem ruhmreichen 13. März, oder im Feuer der Gewehre, sondern in optimistischem Geist, voll Vertrauen in die Zukunft und mit revolutionärem Bewußtsein und Vaterlandsliebe – nur hier ist es möglich, daß wir Regierenden mit diesem Volk zusammenkommen, mit den Studenten und mit den Bauern in den Bergen und mit den Arbeitern in den Fabriken der Städte.
Das ist die Revolution. Auch wir kennen eine schändliche Vergangenheit voller Mord und Gewalttat; auch unsere Universität kannte diese heldenhaften Kundgebungen gegen die Panzerwagen, die Maschinengewehre und Pistolen, aber sie war beharrlich, hat gekämpft und den Sieg errungen; sie hat nun das Recht, die eigene Zukunft selbst zu schaffen, einen würdigen Platz in der Welt einzunehmen, wirklich frei und unabhängig zu sein. Wir sind überzeugt, daß dies eines Tages auch Venezuela erreichen wird, daß der Aufruf dann gerechtfertigt ist: Das Land befreien, oder sterben für Venezuela!

Deutsch von Gerald Bisinger

Antwort der Kommunistischen Partei Venezuelas

1. Fidel Castro, Generalsekretär der Kommunistischen Partei Cubas, die an der Macht ist, und Premierminister der sozialistischen Regierung Cubas, hat die Vorteile seiner Position genützt, um die Kommunistische Partei Venezuelas anzugreifen, eine Partei, die im geheimen arbeitet, die hunderte ihrer Kämpfer im Gefängnis weiß, unzählige Gefallene in den Bergen und in den Städten zu beklagen hat und einer unerbittlichen Verfolgung ausgesetzt ist, welche täglich – auch wenn Fidel Castro spricht – neue Opfer fordert. Der Mann, dessen unbeherrschtes Reden geduldet wird, weil Cuba im Kampf gegen den Imperialismus mit an erster Stelle steht, möge seine Worte zügeln, wenn er von dieser Kommunistischen Partei spricht, die schließlich in dem lateinamerikanischen Land kämpft, in dem die Yankee-Intervention am stärksten ist und der Kampf unter den schwierigsten Bedingungen geführt werden muß. Fidel Castro hat von einer Tribüne aus, die ihm weltweites Echo sichert, und im Bewußtsein der Stärke seiner Position bedenkenlos eine Kommunistische Partei beleidigt, die dermaßen unter Druck steht, daß es ihr kaum möglich ist, zu antworten. Die Handlungsweise Fidel Castros ist also unfair und opportunistisch und entbehrt jener Aufrichtigkeit und anständigen Haltung, die die cubanische Revolution stets ausgezeichnet haben.

2. Fidel Castro hat sich das Recht genommen, zum Mord an Iribarren Borges Stellung zu nehmen, und hat ein negatives Urteil darüber abgegeben. Mit erstaunlicher Unverschämtheit hat er aber der KPV das gleiche Recht abgesprochen: wie es scheint, wünscht er, daß die Kommunistische Partei Venezuelas kein Urteil über ein venezolanisches politisches Ereignis abgibt, ein Ereignis auf venezolanischem Boden, das die KPV aus nächster Nähe betrifft. Er aber darf von Cuba aus urteilen. Seiner höchst eigenartigen Meinung nach spielen wir das Spiel der Regierung, wenn wir Stellung beziehen; wenn er es tut, will er als die Stimme eines unantastbaren

revolutionären Orakels angesehen werden. Diese sonderbare Argumentationsweise zeugt von unverantwortlichem Hochmut, unverantwortlicher Selbstüberschätzung, die eines Staatsoberhauptes unwürdig sind. Was die Fakten an sich betrifft, so hat die KPV genau dasselbe geäußert wie Castro, nicht mehr und nicht weniger. Reden aber wie die Fidel Castros, Verleumdungen unserer Partei, wie er sie in Umlauf bringt, seine Absicht, diese Partei zu spalten, und Vorkommnisse wie der Mord an Iribarren Borges – sie begünstigen das Spiel der Reaktion und des Imperialismus.

3. Die KPV beansprucht das Recht, ohne irgendwelche Einmischung ihre eigene Politik zu betreiben. Cuba hat ehrenvoll einen harten revolutionären Weg verfolgt, es ist uns ein ermutigendes Beispiel; wir wollen aber festhalten, daß wir niemals *Agenten* Cubas in Venezuela waren, noch es sein werden, wie wir es auch für keine andere Kommunistische Partei auf der ganzen Welt sind. Wir sind venezolanische Kommunisten und akzeptieren niemandes Bevormundung, wie groß seine revolutionären Verdienste auch sein mögen. Wenn es in Venezuela irgendwelche revolutionäre Gruppen gibt, die solch eine Bevormundung akzeptieren, so ist das ihre Sache. Die KPV wird es nie tun; und wenn das Fidel Castro nicht zusagt, so ist es sein eigener Schaden. Warum aber hat Fidel Castro gerade zu diesem Zeitpunkt die KPV attackiert? Weil die KPV bereits beginnt, über die aufrührerische Anti-Partei-Gruppe Douglas Bravos nicht nur ideologisch, sondern auch praktisch die Oberhand zu gewinnen, weil die Partei und die Kommunistische Jugend große politische und organisatorische Erfolge erzielt haben, weil die kürzlich gelungene Flucht der Genossen Pompeyo, Guillermo und Teodoro aus dem Gefängnis alle militanten Kommunisten mit Begeisterung erfüllt und ihnen neue Energien verliehen hat, und schließlich, weil die anarchisch-abenteuerliche Politik der Anti-Partei-Gruppe unwiderruflich versagt hat und es dadurch wesentlich erleichtert wurde, die umstrittenen Probleme zu klären. Genau deshalb hat Fidel Castro die KPV mit dem vollen Gewicht seines Prestiges attackiert; er unternahm den verzweifelten Versuch, der anarchisch-abenteuerlichen Gruppe »beizustehen«, die ja er selbst zu ihrer Abspaltung von der KPV angeregt und ermutigt hat. Unsere politische Linie und unsere Aktionen demonstrieren jedoch den tatsächlichen Wert von Adjektiven wie »unschlüssig«, »lahm« und »opportunistisch«, mit denen Fidel

Castro die Führung der KPV auszuzeichnen beliebte. Wir demonstrieren es hier in Venezuela, trotz der Angriffe, die Fidel Castro gegen uns gestartet hat und weiterhin starten wird. Was aber ihm ebenso klar sein möge wie der gesamten KPV: Die Souveränität der KPV kann nicht in Frage gestellt werden.

4. Fidel Castro hat der Führung der KPV »Feigheit« vorgeworfen und wieder einmal die ärgerliche Tendenz gezeigt, sich für den einzigen Mutigen und Begeisterten zu halten. Wir venezolanischen Kommunisten sind nicht so pubertär exhibitionistisch, unsere Eigenschaften vor aller Welt zur Schau zu stellen; immerhin hat Gustavo Machado, dieser Vater des venezolanischen Kommunismus, als Fidel Castro noch ein Kind war, Curazao erstürmt, ist mit Waffengewalt in Venezuela eingedrungen. Seither ist die politische Geschichte der KPV gleichzeitig die Geschichte der Männer, die dem Terror von Gomez und von Pérez Jiménez entgegentraten, die den Aufstand vom 23. Januar 1958 dirigierten, die Fidel Castro in die Sierra Maestra ein Flugzeug voller Waffen schickten, und die in diesen acht Jahren immer wieder ihr Leben aufs Spiel gesetzt haben.
Diese Antwort selbst ist bezeichnend für die Führung der KPV. Fidel Castro hat in dem gewohnten Glauben an seine Macht als großer Papst der Revolution gewiß angenommen, daß er uns durch seine Rede verwirren und entzweien wird. Er hat sich grundlegend geirrt, und er wird verstehen müssen, warum der Yankee-Imperialismus und dessen Agenten sich so sehr bemühen, die Kommunistische Partei Venezuelas zu vernichten.

5. Fidel Castro gefällt sich in seiner Rede wieder einmal in der Rolle des Richters über die revolutionären Aktivitäten in Lateinamerika, in der Rolle des Super-Revolutionärs, der an Stelle der lateinamerikanischen Kommunisten die Revolution bereits durchgeführt hätte. Bei anderer Gelegenheit haben wir uns schon über die Merkmale der cubanischen Revolution geäußert; heute wollen wir uns bloß dagegen aussprechen, daß sich Fidel Castro die Rolle eines »Papstes« der Revolution anmaßt. Wir lehnen kategorisch seinen Anspruch ab, der Einzige zu sein, der entscheidet, was in Lateinamerika revolutionär ist und was nicht.
In Venezuela wird dies von der KPV entschieden, die dafür dem Volk verantwortlich ist und niemandem sonst. Fidel Castro aber, dem großen

Verteiler revolutionärer Ehrentitel, der sich fragt, was man in Nord-Vietnam denken würde, wenn Cuba mit Süd-Vietnam Handel triebe, wollen wir die Frage stellen, ob er daran denkt, was das spanische Volk zu seinen Handelsbeziehungen mit Franco und der spanischen Oligarchie sagt oder die Negerbevölkerung von Zimbabwe (Rhodesien) und die Patrioten von Aden zu seinen Handelsbeziehungen mit dem imperialistischen Großbritannien. Oder nennt Fidel Castro vielleicht genau das bei anderen Opportunismus, was er, wenn er selbst es tut, aus der eigenen Überheblichkeit heraus rechtfertigt?

6. Über diese unangenehme Polemik wird sich der Feind sehr freuen. Sie ist aber unvermeidlich. Und Fidel Castro ist es, der uns zu diesen Feststellungen zwingt. Wir müssen diskutieren. Wir erheben Anspruch auf die Herkunft von Bolivar und der Väter unseres Landes, und deshalb müssen wir Fidel Castro darauf hinweisen, daß die Nachkommen Simon Bolivars und Ezequiel Zamoras von keiner Seite eine solch unverschämte und provokante Sprache wie die seiner Rede vom 13. März dulden werden. Die Venezolaner glauben nicht besser zu sein als irgendwer sonst, Beleidigungen aber zwingen sie, sich stolz zu verteidigen. Fidel Castro muß sich jetzt über die Qualität der venezolanischen Kommunisten klar werden.

7. Wir stellen fest, daß uns eine Haltung wie die Fidel Castros schadet; dennoch verzweifeln wir nicht. Wir danken unsere Ruhe und Überzeugung der Vernunft. Und wir besitzen die nötige revolutionäre Leidenschaft, für diese Vernunft einzustehen.

13. März 1967
Politbüro des Zentralkommitees der Kommunistischen Partei Venezuelas.
Pompeyo Marquez – Guillermo García Ponce – Alonso Ojeda Olaechea – Pedro Ortega Diaz – Eduardo Gallegos – Mancera – Teodoro Petkoff – German Lairet.

Deutsch von Gerald Bisinger

Dossier:
Lateinamerikanische Annalen

1804 Beginn des haitianischen Unabhängigkeitskrieges gegen die Franzosen. Proklamation der Republik Haiti [1806].

1806–1813 Die lateinamerikanischen Kolonien erheben sich gegen die spanische Herrschaft. Entstehung der Junten von Chusquisaca und La Paz (heute Bolivien), Quito (Ecuador), Caracas (Venezuela), Bogotà (Columbien) und Chile. Belagerung von Montevideo (Uruguay). Unabhängigkeitserklärung von Paraguay, Venezuela, Columbien und Mexico. Der dominikanische Teil der Insel Haiti trennt sich von Frankreich und schließt sich an das spanische Imperium an.

1809 Präsident Jefferson profitiert von dem Krieg zwischen Napoleon I. und Spanien und schickt den Agenten Wilkinson mit dem Auftrag nach Cuba, der spanischen Regierung die Abtretung der Insel an die USA vorzuschlagen. Der Vorschlag wird abgelehnt.

1811 Zweiter Versuch der USA, Cuba zu annektieren: der eigens auf die Insel geschickte Agent Shaler knüpft ohne Erfolg geheime Verbindungen zu den USA-freundlichen Führungskreisen an.

1811–1816 Königlich-spanischer Gegenangriff: nacheinander fallen Venezuela, Chile, Mexico, Columbien.

1813 Die USA beginnen die Kolonisierung des nördlichen Teils von Mexico (heute Texas).

1816–1828 Intensivierung der Befreiungskriege gegen Spanien. Die Unabhängigkeit erringen: Argentinien, Uruguay, Chile, Columbien, Venezuela, die Dominikanische Republik (anschließend Invasion durch Haiti), Peru, Bolivien, Ecuador, die zentralamerikanische Föderation und Mexico. – Kaiser Dom Pedro I. erklärt die Unabhängigkeit Brasiliens von Portugal.

1822 Militärische Operation der USA zur Eroberung der damals spanischen Kolonie Puerto Rico.

1823 Monroe-Doktrin: die USA wenden sich gegen jede weitere europäische Intervention auf dem amerikanischen Kontinent und in seine Hoheitsgewässer; im Falle der Bedrohung eines amerikanischen Staates durch das Ausland würden die USA zu seiner Verteidigung eingreifen. – Brief Jeffersons an Monroe: »Cuba wäre für unser Staatensystem die günstigste Erwerbung.« Seestreitkräfte der USA landen auf Cuba unter dem Vorwand, das Piratenwesen zu bekämpfen.

1824 Argentinien schlägt eine Zusatzklausel zur Monroe-Doktrin vor: »Kein amerikanischer Staat darf die zur Zeit der Unabhängigkeit von Europa bestehenden Grenzen mit Gewalt ändern«, die von den USA abgelehnt wird. – Neubildung der zentralamerikanischen Föderation, die bis 1838 besteht. – Großbritannien leitet Operationen ein, die es in den Besitz der Malwinen-Inseln (Argentinien) bringen.

1825 Die USA torpedieren die Realisierung des holländischen Projekts, in Nicaragua einen interozeanischen Kanal zu bauen.

1826 Einschüchterungsmanöver der USA auf dem Kongreß von Panama, der im Zeichen der panamerikanischen Ideen Bolivars abgehalten wird: »Über Cuba darf nicht gesprochen werden.« – Portugiesische Besetzung des La Plata-Gebiets; Krieg Argentiniens gegen Brasilien, das Portugal unterstützt. Argentinien verlangt die Anwendung der Monroe-Doktrin; der amerikanische Außenminister Clay antwortet: »Diese Doktrin bedeutet keine Garantie und ist für nicht-amerikanische Staaten nicht verbindlich.«

1829 Bolivar schreibt an Oberst Campbell: »Die Vereinigten Staaten scheinen von der Vorsehung dazu ausersehen, Amerika im Namen der Freiheit ins Elend zu stürzen.«

1831 Die US-Flotte zerstört Puerto Soledad (Malwinen-Inseln). Wegen der Herrschaft über die Insel Konflikt zwischen England und Argentinien (vgl. 1824).

1833 Seeblockade Argentiniens durch die USA (vgl. 1824).

1834 US-Truppen unterstützen Texas im Krieg gegen den mexicanischen Gouverneur Santana.

1836 Ende des Krieges zwischen den USA und Mexico. Texas wird selbständig.

1840 England besetzt das guatemaltekische Gebiet von Belice. Guatemala bittet die USA im Namen der Monroe-Doktrin um Hilfe, die nicht gewährt wird.

1841 Beendigung der Auseinandersetzung um die Malwinen-Inseln (Argentinien), die unter dem Namen Falkland-Inseln an die Engländer abgetreten werden [1845].

1842 England besetzt die Stadt San Juan del Norte (Nicaragua).

1844 Die USA versuchen einige Regierungsmitglieder der gerade von Haiti befreiten Dominikanischen Republik zu bestechen, um die Republik zu annektieren.

1845 Annexion von Texas durch die USA. Der amerikanische Agent Walker beginnt in Mittelamerika einzudringen. Der peruanische Präsident Castilla (der die Abschaffung der Sklaverei verkündet hatte) beschuldigt die USA der Unterstützung der Operation Walker. – Während der Kämpfe um die Unabhängigkeit der Ostprovinz von Uruguay schicken die USA Kriegsschiffe an die Küste von Uruguay: als Grund nennen sie die Existenz von »Verträgen des Friedens, der Freundschaft, des Handels und der Seefahrt« zwischen den USA und den Nachbarstaaten von Uruguay (Argentinien und Brasilien). – England, das seit 1737 an der Costa de los Mosquitos (Honduras und Nicaragua) sitzt, krönt in Nicaragua einen Eingeborenen zum »König des britischen Reiches der Mosquito-Indianer«.

1846 Die USA verschaffen sich das Durchfahrtsrecht durch den Isthmus von Panama (Vertrag mit Columbien). – Vertrag über den eventuellen Bau eines interozeanischen Kanals auf dem Gebiet Nicaraguas (Bidlack-Vertrag). – Der Abenteurer Walker provoziert einen Zusammenstoß zwischen den columbianischen und nordamerikanischen Anwohnern des Isthmus: Columbien wird zu einer Buße von 584 603 Golddollar für die nordamerikanschen Bürgern zugefügten Schäden gezwungen. – Erneuter Krieg zwischen den USA und Mexico.

1847 Invasion der USA in San Juan del Norte (Nicaragua). – US-Truppen besetzen den Hafen Veracruz (Mexico). – Fünf lateinamerikanische Staaten treffen sich in Lima, um die durch die Interventionen der USA geschaffenen Probleme zu erörtern. – Manöver der USA zur Errichtung von Flottenbasen auf dem

Territorium der Dominikanischen Republik und Haiti. – Der Föderationsversuch der mittelamerikanischen Staaten scheitert.

1848 Erneute Invasion Englands in San Juan del Norte (Nicaragua), das zur Zahlung eines Lösegeldes gezwungen wird. – Der amerikanisch-mexicanische Krieg wird durch den Vertrag von Guadalupe-Hidalgo beendet: Annexion der Hälfte des mexicanischen Gebiets, insgesamt 2 Mill. km^2 (Neumexico, Niederkalifornien usw.). – Die USA bieten Spanien 100 Mill. Dollar für Cuba: die Verhandlungen scheitern.

1852 Mit Unterstützung der USA erobern die Engländer venezolanisches Gebiet, das sie an ihre Kolonie Guayana anschließen. – England besetzt die Bahia-Inseln (Honduras). – Frankreich schickt Maximilian von Habsburg nach Mexico.

1853 Erneutes Angebot der USA für Cuba an Spanien: ohne Erfolg. – Erneuter Versuch, die Dominikanische Republik durch den Vorbestraften Cazneau in ein Protektorat der USA zu verwandeln und die Bay von Samana zu kaufen, um dort einen Flottenstützpunkt zu errichten. Die Operation wird gesteuert von dem (nordamerikanischen) Präsidenten Pierce: die Verhandlungen scheitern.

1855 Militärische Unterstützung der uruguayanischen Oligarchien durch die USA unter dem Vorwand, »das Konsulat, Leben und Eigentum nordamerikanischer Bürger zu schützen«. – Landung des Abenteurers William Walker in Nicaragua mit 58 US-Amerikanern. Die nordamerikanischen Obersten Faben und Kinney proklamieren die Unabhängigkeit der Stadt San Juan del Norte von Nicaragua; Kinney ernennt sich zum Präsidenten. Mit Billigung von Präsident Pierce ernennt sich Walker zum Präsidenten von Nicaragua und führt die Sklaverei wieder ein.

1856 Guatemala bittet England und Frankreich um Hilfe gegen die Invasion Walkers. – Die USA (Dallas-Claredon-Vertrag) verleihen England das Recht auf das guatemaltekische Gebiet von Belice, das von jetzt ab Britisch-Honduras heißt.

1857 Walker ernennt sich zum Präsidenten von Salvador und Costarica und wird von den USA anerkannt; er wird von einer Koalition der mittelamerikanischen Staaten besiegt. Ein Kriegsschiff der USA bombardiert San Juan del Norte (Nicaragua). Der amerikanische Präsident Buchanan fordert von Nicaragua 20 000 Dollar Entschädigung für die Verletzungen, die ein Nicaraguaner einem nordamerikanischen Staatsbürger zugefügt hat. Da Nicaragua diese Summe nicht bezahlen kann, bombardieren die USA San Juan und stecken die Stadt in Brand.

1858 Militärische Unterstützung der uruguayanischen Oligarchien durch die USA unter dem Vorwand, Leben und Besitz der ausländischen Staatsbürger zu schützen. – Die USA sichern sich das Durchgangsrecht durch Nicaragua (ohne Gegenleistung) sowie das Interventionsrecht.

1859 Projekt (Abraham Lincoln, Außenministerium, Privatunternehmen), Mittelamerika mit den freigelassenen afrikanischen Sklaven zu kolonisieren. – England weigert sich, gemäß dem Versailler Vertrag von 1783 seine Truppen von der Costa de los Mosquitos (Honduras) abzuziehen.

1860 Invasion der USA in die »neutrale Zone« am Isthmus von Panama unter dem Vorwand, »die gestörte Ordnung wiederherzustellen«. – Rückkehr des Abenteurers Walker nach Nicaragua; er wird auf Beschluß der koalierten mittelamerikanischen Staaten erschossen.

1861 Konflikt zwischen den USA und Peru, weil zwei nordamerikanische Schiffe Weizen geraubt haben; der diplomatische Vertreter der USA wird zum Verlassen Limas gezwungen. – Die Dominikanische Republik kehrt aufgrund einer unpopulären Entscheidung des Präsidenten Santana wieder unter spanische Oberhoheit zurück. – Niederlage der mexikanischen Konservativen durch Benito Juarez, den Führer der von den USA unterstützten liberalen Bewegung (La Reforma). – Landung englischer, spanischer und französischer Truppen in Veracruz (Mexico) und Ultimatum wegen Zahlung der mexicanischen Staatsschulden, die von Juarez suspendiert worden waren.

1863 Einzug der Franzosen in Mexico City.

1864 Die Franzosen machen Maximilian von Habsburg zum Kaiser von Mexico. – Spanien besetzt die Claridad-Inseln und bombardiert Callao und Valparaiso.

1865 Erneuter Versuch der USA, die Dominikanische Republik nach den blutigen Kriegen, die zu der Unabhängigkeit von Spanien geführt hatten, zu annektieren. – Spanische Flottenexpedition nach Peru, die den Krieg von Peru, Bolivien, Chile und Ecuador gegen Spanien zur Folge hat [Waffenstillstand 1871].

1866 Der chilenische Hafen Valparaiso wird von spanischen Truppen bombardiert.

1867 Juarez (Mexico) befiehlt die Erschießung Maximilians und der konservativen Führer Miramon und Mejia. – Washington sichert sich mit dem Dickinson-Ayon-Vertrag mit Nicaragua die Rechte auf einen eventuellen interozeanischen Kanal.

1868 Nordamerikanische Kriegsschiffe und Truppen vor den Küsten von Uruguay unter dem Vorwand, »auf Ersuchen der lokalen Behörden die Interessen der nordamerikanischen Staatsbürger zu schützen«. – Unterstützung des Tyrannen Baez in der Dominikanischen Republik; Gegenleistung: Vertrag über den Anschluß der Republik an die USA und Abtretung der Bay von Samana für die Errichtung des geplanten Flottenstützpunktes.

1869 Nach Ablehnung der Ratifizierung der Verträge von 1868 gewährt Präsident Grant über nordamerikanische Banken Baez ein durch Zolleinnahmen garantiertes Darlehen. – Gründung der »Samana Bay Company«. – Französische Invasion in Haiti.

1870 Spanische Invasion in Haiti.

1875 Die USA erbitten das Plazet von sechs europäischen Staaten (England, Frankreich, Deutschland, Italien, Rußland, Österreich-Ungarn) für die Intervention in den Unabhängigkeitskrieg Cubas gegen Spanien.

1876 Staatsstreich von Porfirio Diaz in Mexico, der de facto bis 1911 an der Macht bleibt.

1877 Englische Invasion in Haiti.

1878 Deutschland bedroht den Hafen Corint (Nicaragua). – Schiedsspruch des US-Präsidenten Hayes in einer Gebietsstreitigkeit zwischen Paraguay und Argentinien. – Diplomatische Intervention der USA als Vermittler in dem jahrelangen Streit zwischen Chile und Bolivien um die Frage der Salpetergebiete. – Everts-Doktrin (nordamerikanischer Außenminister) in Mexico: Der nordamerikanische Gesandte in Mexico, Foster, erklärt in diesem Sinne: »Wenn ihr Leben und Besitz unserer Bürger nicht schützen könnt, werden wir das selber tun, gleichgültig mit welchen Mitteln.«

1879 Pazifischer Krieg (von den englischen Kapitalisten provoziert) zwischen Chile einerseits und Peru und Bolivien andererseits; Bolivien verliert den Zugang zum Meer.

1880 Intervention der USA in die Innenpolitik Columbiens wegen des interozeanischen Kanals.

1881 Ferdinand von Lesseps plant und beginnt den Bau des Panama-Kanals.

1885 Der amerikanische Senat verhindert durch Druck auf die einzelnen Regierungen einen erneuten Föderationsversuch der mittelamerikanischen Länder. Er befürchtet, die Union könne die Seerechte der USA gefährden.

1888 Invasion der USA in Haiti.

1891 Unter dem Vorwand, »das Konsulat von Valparaiso zu schützen«, in Wirklichkeit aber, um in die innere Krise des Landes einzugreifen, entsenden die USA den Kreuzer *Baltimore* nach Chile; die chilenische Bevölkerung greift die Besatzung an; Unruhen; Chile wird zu einer Buße von 75 000 Dollar verurteilt. – Mißglückter Versuch der USA, die Abtretung des Hafens San Nicholas (Haiti) zu erreichen.

1894 England verspricht Nicaragua, sich an den Versailler Vertrag von 1783 zu halten und die Costa de los Mosquitos (vgl. 1859) zu verlassen.

1895 Die USA zwingen England einen Schiedsspruch im Gebietskonflikt um Guayana mit Venezuela auf. – Neue Intervention der USA in Nicaragua.

1897 Die USA bringen einen neuen Föderationsversuch der mittelamerikanischen Staaten zum Scheitern.

1898 Bombardierung und Landung der USA in San Juan (Puerto Rico). – Washington erklärt Spanien den Krieg und läßt außer Puerto Rico die Kolonien Cuba, Guam und die Philippinen besetzen. – Der Vertrag von Paris zwingt Spanien zur Abtretung dieser Kolonien an die USA und gibt Cuba die Unabhängigkeit. Die USA setzen in Cuba eine Militärregierung unter dem Kommando von Wood ein. – Mißglückte militärische Intervention in die Dominikanische Republik wegen der Bay von Samana (vgl. 1853 und 1868).

1899 Auf Bitten der durch einen Volksaufstand beunruhigten Kaufleute schicken die USA Schiffe und Truppen nach Nicaragua. Vorwand: »Schutz von Leben und Besitz nordamerikanischer Bürger.«

1900 Die USA zwingen Nicaragua zum Hay-Correa-Vertrag. Ziel: endgültige Vorherrschaft über die interozeanische Route in Mittelamerika. Aus dem gleichen Grund schließen sie den Hay-Calvo-Vertrag mit Costa Rica.

1901 Beginn der »Big Stick«-Politik des Präsidenten Theodore Roosevelt. Die Verfassung der Republik Cuba wird durch das »Platt-Amendment« ergänzt, das den Vereinigten Staaten das Interventionsrecht für die Insel garantiert: Cuba wird de facto nordamerikanisches Protektorat. – Blockade des Hafens La Guayara (Venezuela) durch die Engländer, Deutschen und Italiener, die die Zahlung der Handelsschuld fordern.

1902 »Befriedungs«intervention Washingtons in den Konflikt zwischen Venezuela und den europäischen Gläubigerländern. – Landung der amerikanischen Marineinfanterie in Haiti auf Ersuchen des Botschafters Powell. Widerstand Haitis, den die Marines brutal unterdrücken. Die Plantagen gehen in den Besitz nordamerikanischer Bürger über, die neue Anbaumethoden mit katastrophalen Auswirkungen für die lokale Landwirtschaft einführen.

1903 Cuba wird zur Unterzeichnung eines Vertrages gezwungen, mit dem den USA bestimmte Gebiete für die Errichtung von Flottenstützpunkten abgetreten werden (Guantanamo usw.). – Neue Intervention der USA in die Dominikanische Republik zum Schutze einer amerikanischen Zuckerrohrplantage und »zur Verhinderung eventueller Unruhen«; Zollintervention. – Die USA führen den unterbrochenen Bau des Panama-Kanals fort und stiften die columbianische Provinz Panama an, sich von Columbien zu trennen und für unabhängig zu erklären. Gründung der »Republik Panama« und sofortiger Vertrag, der den USA den Bau, die Kontrolle und die Nutzung des Kanals garantiert. – Cuba muß mit den USA einen Vertrag schließen, demzufolge es nur mit vorheriger Genehmigung Handelsabkommen mit dritten Ländern abschließen darf.

1904 Landung von US-Truppen in der Dominikanischen Republik zur Unterstützung der einheimischen, USA-freundlichen Gruppen. –

Durch ihre Gesandtschaft lösen die USA die Armee von Panama auf. – Die USA ergreifen Besitz von Ländereien und den wichtigsten Verkehrsverbindungen in Guatemala.

1905 Die USA unterstützen eine Zweigniederlassung der United Fruit Company, die von den costaricanischen Eisenbahnen Besitz ergreift. – Durch ihren Botschafter protestieren die USA in Cuba gegen die Ratifizierung eines Abkommens, das England Priorität im Seehandel mit der Insel gibt. – Gescheiterter Versuch der USA, die cubanische Pinieninsel zu annektieren.

1906 Die USA erreichen für die United Fruit Company bedeutende Zugeständnisse beim Erwerb von Ländereien an der atlantischen Küste von Guatemala. – Anwendung des »Platt-Amendments« auf Cuba anläßlich (vgl. 1901) eines liberalen Aufstandes: Invasion von 2000 Marines »um Leben und Interessen nordamerikanischer Bürger zu schützen«. – Schiedsspruch Washingtons (mit Mexico) in den Gebietsstreitigkeiten zwischen Guatemala und Salvador; der Vertrag wird auf dem Kreuzer *Marblehead* unterzeichnet. Der nordamerikanische Verteidigungsminister Taft ernennt sich *auf der Durchreise* durch Cuba zum »Generalgouverneur der Republik Cuba«. – Theodore Roosevelt bekommt den Friedensnobelpreis.

1907 Friedensvertrag mit den mittelamerikanischen Staaten, der das Prinzip sanktioniert, aus inneren Unruhen hervorgegangene Regierungen nicht anzuerkennen. – Vermittlung der USA (mit Mexico) im Konflikt zwischen Nicaragua und Honduras; der Vertrag wird an Bord des Kreuzers *Chicago* unterzeichnet. – Unter den Kanonen der amerikanischen Flotte berät und ratifiziert der Kongreß der Dominikanischen Republik einen Vertrag, der den USA die Kontrolle über die Steuern und die Finanzpolitik des Landes überträgt.

1908 Der amerikanische Außenminister Root sagt unter expliziter Bezugnahme auf Mittelamerika: »Wann immer das investierte amerikanische Kapital in Gefahr ist«, sei eine militärische Intervention vollauf gerechtfertigt. – Juan V. Gomez errichtet seine Herrschaft in Venezuela (er bleibt bis 1935 an der Macht). Das Erdöl verschenkt der Diktator an ausländische Monopole.

1909 Militärische Intervention der USA in Nicaragua, das die diplomatischen Beziehungen abgebrochen hat: Revolte gegen den liberalen Präsidenten Zelaya, der die letzten Überreste der englischen Herrschaft an der Costa de los Mosquitos beseitigt hatte (vgl. 1845). Der nordamerikanische Gesandte in Costa Rica, Merry, bietet Waffen und Geld, um Nicaragua in einen Krieg gegen Costa Rica, Guatemala und Salvador zu treiben.

1910 Mexicanische Revolution: Plan von San Luis: Madero gegen Porfirio Diaz (vgl. 1876). – Landung der USA in Honduras (neutrale Zone von La Ceiba). Washington übernimmt die vertraglichen Schulden des Landes an England. Gegenleistung: wirtschaftliche Kontrolle über das Land durch die Verwaltung der Zölle. – Intervention der USA in Nicaragua unter dem Vorwand »eine Bombardierung des Hafens von Bluefields (neutrale Zone) zu verhindern und Leben und Besitz amerikanischer Bürger zu schützen«.

1911 Die United Fruit Company, die sich in den Besitz der Zollrechte bringt, verlangt von Costarica die Zahlung einer Auslandsschuld. – Der Bananentrust Cuyamel (Konkurrenz der United Fruit) läßt sich in Honduras nieder; der Präsident des Landes tritt zurück und erhält Konzessionen für Gebiet, Molen, Zölle, Eisenbahn, Telefon und Telegraf; der neue Präsident von Honduras wird auf einer Konferenz an Bord des US-Kreuzers *Tacorna* designiert. – Nicaragua erhält ein Darlehen von den USA. – Verbot Washingtons, eine für den internen Verkehr wichtige Eisenbahnlinie zwischen Panama und Costarica zu bauen.

1912 Außenminister Root erklärt: »Es ist nur eine Frage der Zeit, wann sich Mexico, Mittelamerika und die Karibischen Inseln, die wir nicht besitzen, unserer Fahne anschließen werden.« Root erhält den Friedensnobelpreis. – Die USA bombardieren und besetzen Nicaragua (die Besetzung dauert bis 1925). – Während der mexicanischen Revolution konzentrieren sich die amerikanischen Truppen entlang der Grenze. Einschüchterung des mexicanischen Präsidenten Madero: er würde im Falle von »Schäden an Leben und Gut nordamerikanischer Bürger« zur Verantwortung gezogen werden. – Intervention der USA in Honduras zugunsten der nordamerikanischen Bananentrusts: das sogenannte »Bananenreich« wird gegründet. – Präsident A. Diaz erbittet die Unterstützung amerikanischer Truppen, um in Nicaragua an der Macht zu bleiben. – Intervention der USA in die Dominikanische Republik zum Schutz der Zölle; unter Berufung auf den 1907 geschlossenen Vertrag. – Dritte, von den nordamerikanischen Plantagenbesitzern provozierte, Besetzung Cubas durch die USA. Ziel: die Annexion Cubas. – Landung der USA in Nicaragua zur Unterdrückung des Volksaufstandes gegen das USA-freundliche Regime von Diaz; Auflösung der nationalen Armee.

1913 Präsident Wilson schlägt einen Plan zur Kontrolle der Wahlen in der Dominikanischen Republik vor; im Falle des Scheiterns würde er selbst die Wahl des geeigneten Präsidenten übernehmen. – Der Botschafter in Mexico, H. B. Wilson, mischt sich in die inneren Angelegenheiten des Landes ein; er ist in das Attentat auf Präsident Madero verwickelt. – Intervention der USA in Haiti, Einsetzung des Präsidenten Dartiguenave und Umwandlung des Landes in ein Protektorat.

1914 Eröffnung des Panama-Kanals. – Bryan-Chamorro-Vertrag der USA mit Nicaragua, der den USA »auf immer und ewig« die Rechte auf den geplanten interozeanischen Kanal verleiht. – Der Plan Präsident Wilsons zur Kontrolle der Wahlen wird unter der Androhung einer militärischen Intervention von der Dominikanischen Republik akzeptiert (vgl. 1913). – Bombardierung und Besetzung des mexicanischen Hafens Veracruz durch die USA (300 Tote): wegen dem von den USA gewählten Präsidenten Huerta, der von den Revolutionären abgesetzt wurde. – Entsendung von Truppen in die Dominikanische Republik zur Einschüchterung des Finanzministers, der die Kontrolle durch die Nordamerikaner ablehnte.

1915 Landung von US-Marineinfanterie in Haiti, um die französischen und englischen Gläubiger »abzuschrecken«. Gegenleistung: Einfluß auf die lokalen Zölle. (Die Besetzung hält bis 1934 an.) – Die Regierung Panamas beschuldigt die USA, den Bau von von Eisenbahnen zu boykottieren und nur militärische Stützpunkte bauen zu wollen. – Der Bananentrust Cuyamel läßt sich in Guatemala nieder.

1916 »Strafexpedition« des Generals Pershing gegen Villa (Mexico); das antiamerikanische Ressentiment wird stärker. – Die USA setzen mit Waffengewalt eine »dominikanische Regierung« ein, die aus Offizieren ihrer Marine gebildet ist; der nordamerikanische Offizier Knapp löst das Heer der Dominikanischen Republik auf.

1917 Verfassung von Queretaro (Mexico): Agrarreform, Nutzung und Nationalisierung der ausländischen Unternehmen und Recht der Arbeiter auf gewerkschaftliche Organisation. – Landung der USA in Cuba zur Stärkung der Macht von Menocal (1913–21), die durch die Opposition der Liberalen gefährdet ist. – Die USA setzen den costaricanischen Präsidenten Gonzales Flores ab, weil er sich weiteren Ölkonzessionen zu ihren Gunsten widersetzt hatte. – Die USA setzen E. Chamorro in Nicaragua als Präsidenten ein, im Hintergrund die Kreuzer *Chattanooga* und *San Diego*. – Finanzielle Intervention der USA in Nicaragua unter dem Vorwand, »die öffentlichen Finanzen zu stabilisieren«: Entsendung einer »Kommission«, deren Herrschaft bis 1924 dauert. – In Nicaragua beginnt der bewaffnete Widerstand. – Die Portoricaner erhalten die amerikanische Staatsbürgerschaft. – Puerto Rico wird amerikanisch.

1918 In Haiti brutale Unterdrückung der von Peralte angeführten Revolte durch die amerikanischen Besatzungstruppen. – Die USA besetzen die Städte Panama und Colon und die Provinz Chiriqui (wo sie bis 1920 bleiben) unter dem Vorwand, »die Rechte der amerikanischen Bürger zu schützen«. – Landung der USA in Cuba und Einsetzung des Generals Crowder zum »persönlichen Botschafter« von Präsident Wilson gegen den Willen Cubas. – Landung der USA in Honduras. Neue Landung der USA in Honduras, um in die Wahlen einzugreifen und J. Acosta zum Präsidenten zu machen. Weitere Landung der USA in Honduras zur Unterdrückung des liberalen Aufstandes, der von Lopez Gutierrez angeführt wird. – Reformbewegung an der Universität Cordoba (Argentinien), die sich bald auf die anderen Länder ausdehnt: gefordert wird die Autonomie der Universität, die Wahl der Rektoren, Dekane und Professoren durch einen paritätischen Rat aus Studenten und Professoren und Doktoren.

1919 Der guamaltekische Diktator Estrada Cabrera stiftet der Demokratischen Partei (USA) 1 Mill. Dollar, um ihr Wohlwollen zu erringen.

1920 10 000 Marines, die in Cuba stationiert sind, marschieren in Guatemala ein, um das Land zu »befreien«. Volksaufstand in Guatemala, der den Diktator Cabrera stürzt: der neue Präsident Herrera hebt die Konzessionen an nordamerikanische Unternehmen auf. – Washington entsendet den Offizier Knapp nach Haiti zur Lösung des Konflikts, der nach der Weigerung der Zentralregierung, die Kontrolle der USA über die Nationalbank anzuerkennen, entstanden ist. – Durch ihren Botschafter Crowder erreichen die USA in Cuba die Revision des Wahlgesetzes, um den Sieg der nationalen Kräfte zu verhindern: auf diese Weise wird Zayas gewählt.

1921 Crowder erwirkt von seiner Regierung die Sperrung aller Darlehen an Cuba, bis die amerikanische Finanzkontrolle akzeptiert ist. – Invasion der USA in Nicaragua: das Gebäude der Zeitung *La Marina* von Managua wird in Brand gesteckt und die Zeitung zugrundegerichtet, ebenso die Zeitung *La Tribuna*. – Auf Veranlassung von Honduras erneuter Förderationsversuch der mittelamerikanischen Länder. – Guatemala lehnt das Ultimatum der Bananentrusts ab: es will keine weiteren Konzessionen geben. – Scheitern des Förderationsprojekts durch diplomatische Intervention des amerikanischen Außenministers Hughes. – In Haiti ernennen die USA Russell zum Hohen Kommissar mit absoluter Gewalt. – Die USA intervenieren in der Gebietsstreitigkeit zwischen Costarica und Panama: Panama muß kapitulieren.

1923 Invasion der USA in Cuba. – Die Bananentrusts United Fruit und Cuyamel provozieren Bürgerkriege in Honduras: Intervention der USA. – Die mittelamerikanischen Länder werden zu »Friedens- und Freundschaftsverträgen« gezwungen, die das »Platt-Amendment« auf Mittelamerika ausdehnen (vgl. 1901). – Costa Rica verzichtet zugunsten der USA auf die Rechte an dem eventuellen Kanal in dem Fluß San Juan.

1924 Landung der USA in Honduras zum »Schutz von Leben und Besitz nordamerikanischer Staatsbürger«. – Die Übergriffe der United Fruit Company provozieren zahlreiche Aufstände in Costa

Rica (die Unruhen dauern bis 1927). – Abkommen zwischen den USA und der Dominikanischen Republik über die Evakuierung der Besatzungstruppen und die Einsetzung von Trujillo (die Evakuierung findet 1927 statt, Trujillo bleibt bis 1961 an der Macht): de facto ist die Dominikanische Republik nordamerikanisches Protektorat. – Gründung der Revolutionären Volksallianz Lateinamerikas (APRA) – für die Agrarreform, gegen Kirche und Oligarchie, Armee und Imperialismus – unter Führung von Haya de la Torre; die Partei wird zu einem Protagonisten für die anderen Länder.

1925 Militärische Intervention der USA in Panama wegen der »anormalen Situation«. – Intervention der USA während der Wahlen in Honduras, um die Opposition an der Stimmabgabe zu hindern; damit erreichen sie die Wahl des USA-freundlichen Kandidaten Paz Baraona. – Militärische Aktion gegen die Bevölkerung von Panama, die gegen die hohen Pachtzinsen protestiert (12 Tote und zahlreiche Verletzte). – Unterstützung der Indios von San Blas (Panama), die von einem nordamerikanischen Diplomaten aufgehetzt sind: sie gründen die »Republik Tule« und gewähren den USA bedeutende Bergbau-Konzessionen.

1926 Landung von Marines in Nicaragua (die bis 1933 bleiben), um P. Diaz, den Kandidaten der USA, ein zweites Mal an die Macht zu bringen.

1927 Die Everts-Doktrin (vgl. 1878) wird von Präsident Coolidge während der Revolte der »cristeros« in Mexico angewandt; die Revolte mußte nach der Konfiszierung der Kirchengüter abgebrochen werden. – Kopfprämie für den Nicaraguaer Widerstandsführer Sandino. – Bombardierung von El Ocetal, wo Sandino nach Ansicht der Besatzungstruppen versteckt ist. Tauschgeschäft zwischen nordamerikanischen Bankiers und dem von den USA eingesetzten Präsidenten Nicaraguas: Heereslieferungen für 1 Mill. Dollar an die Konservativen.

1928 Der Aufstand der venezolanischen Studenten gegen Gomez unter der Führung von Betancourt und Villalba scheitert. – Die United Fruit Company unterdrückt mit Hilfe des nordamerikanischen Botschafters Caffery den Streik der columbianischen Arbeiter: 1500 Arbeiter getötet, 3000 verwundet und Hunderte zu langen

Gefängnisstrafen verurteilt. – Die United Fruit Company kauft die Cuyamel, unterstützt den Diktator Carias in Honduras und fördert den Krieg von Honduras gegen Guatemala (Grenzstreitigkeiten).

1929 Landung der USA in Haiti; die Bevölkerung greift die Marines an: die USA sehen sich zur Senkung des Truppenkontingents gezwungen. – Die Marines zerstören 70 Orte in Nicaragua. – Bombardierung von Las Limas (Honduras) durch die nordamerikanische Luftwaffe.

1930 Von den nordamerikanischen Erdölgesellschaften hervorgerufene Kampagne gegen den mexicanischen Präsidenten Elias Calles, der beschuldigt wird, Kommunist zu sein. – Weigerung der USA, den Bryan-Chamorro-Vertrag mit Nicaragua zu revidieren (vgl. 1914). – Der Dominikaner Trujillo kommt mit Hilfe der Amerikaner an die Macht. – Die United Fruit Company setzt den guatemaltekischen Präsidenten Chacon ab und ersetzt ihn durch Ubico, der sofort von den USA anerkannt wird (die Unterstützung für den Diktator dauert bis 1945).

1931 Die United Fruit Company kauft *El Diario*, das costaricanische Oppositionsorgan, ebenso den *Excelsior* in Guatemala.

1932 Mit »machetes« bewaffnete Bauernerhebung in Salvador; der nordamerikanische Botschafter bittet um die Entsendung amerikanischer und kanadischer Kriegsschiffe. Kommuniqué der lokalen Behörden: ›Nur 12 000 Tote, alles Bolschewiken‹. Automatische Machtergreifung durch Martinez, der sich in dem Blutbad hervorgetan hatte. – Der Volksaufstand gegen den Diktator Carias (Honduras) wird mit Hilfe der nordamerikanischen Luftwaffe unterdrückt. Chacokrieg zwischen Paraguay und Bolivien (von der Standard Oil und Royal Dutch wegen Erdölinteressen veranlaßt). Dabei werden 60 000 Paraguayaner und 80 000 Bolivianer getötet (der Chacokrieg wird 1935 durch Intervention des Völkerbundes beendet und das Gebiet zu gleichen Teilen auf beide Länder aufgeteilt; die Erdölfelder werden versiegelt).

1933 Beginn der Politik der »guten Nachbarschaft« des Präsidenten Franklin D. Roosevelt. – In Nicaragua kommt A. Somoza mit Hilfe der amerikanischen Besatzungstruppen an die Macht: die Truppen ziehen sich zurück, der Diktator bleibt bis 1956 an der

Macht (Terrorregime mit Folterungen und unzähligen Todesopfern). – Nach drei Jahren des Kampfes gegen den Diktator Machado Militärputsch in Cuba: die Operation wird von Oberst Batista geleitet, der von dem amerikanischen Gesandten Caffery zum Oberbefehlshaber ernannt wird; seine absolute Herrschaft dauert bis 1959.

1934 Attentat auf den Revolutionär Sandino in Nicaragua auf Befehl von Somoza und im Auftrage des nordamerikanischen Botschafters Bliss. – Massaker unter den Partisanen von Wiwili und Jinotega. – Beruhigt durch das eiserne Regiment Trujillos beschließen die USA den Abzug ihrer Truppen aus der Dominikanischen Republik.

1935 Die in Puerto Rico stationierte nordamerikanische Polizei verübt ein Attentat auf die Führer der nationalistischen Partei.

1936 Der guatemaltekische Diktator Ubico erweitert die Konzessionen für die United Fruit Company.

1937 Massaker von Ponce (Puerto Rico): Hunderte von Nationalisten, die Demonstrationserlaubnis hatten, werden zusammen mit ihren Familien von der nordamerikanischen Polizei ermordet. – Trujillo beschließt die »Dominikanisierung der Grenze«: in wenigen Stunden werden 20 000 Haitianer erschossen. – Offizielle Anerkennung des Präsidenten Somoza von Nicaragua durch die USA.

1938 In Mexico verstaatlicht Präsident Cardenas die Erdölindustrien trotz amerikanischer Pressionen.

1940 Über ihren Botschafter verlangen die USA neue Gebiete und Hoheitsgewässer in Panama; sie schlagen eine Pacht für 999 Jahre zum Marktpreis vor.

1941 Von den USA unterstützter Staatsstreich gegen den Präsidenten von Panama, Arnulfo Arias, der der Kollaboration mit der Achse beschuldigt wird.

1942 Die USA sichern sich das Nutzungsrecht zu den Galapagos-Inseln (Ecuador) für die »Verteidigung des Kontinents« gegen die Achsenmächte. – Offizielle Ernennung eines nordamerikanischen Militärberaters, der mit dem panamesischen Außenministerium zusammenarbeitet.

1944 In Honduras mit Hilfe der United Fruit Company Massaker von Hunderten demonstrierender Arbeiter. – Ebenfalls mit Hilfe der

United Fruit Massaker von San Pedro Sula (Salvador), bei dem Hunderte von Personen, darunter Kinder, getötet werden. – In Guatemala wird Ubico durch einen Aufstand gestürzt.

1945 Kampagne gegen den Präsidenten von Guatemala, Arevalo, weil er den Einfluß der United Fruit Company beschränkt hatte; er wird beschuldigt, Kommunist zu sein.

1946 Beginn der von Senator McCarthy vertretenen erbitterten antikommunistischen Politik. – In Argentinien kommt Peron an die Macht: antiamerikanische Außenpolitik. Kampagne gegen Peron. – Volkssammlung in Haiti zur Begleichung der vertraglichen Staatsschulden bei der National City Bank, New York.

1947 Militärvertrag von Rio: Garantie wechselseitiger Militärhilfe zwischen den USA und allen mittelamerikanischen Staaten. – Der Diktator Carias (Honduras) erklärt den Erlaß der von der United Fruit Company eingezogenen Steuern (92 Mill. Dollar). – Von Cuba aus startet eine Expedition gegen Trujillo, unter den Teilnehmern sind Juan Bosch und der 20 jährige Fidel Castro: sie scheitert.

1948 Intervention der USA in Guatemala, um die Anwendung der »Charta der Arbeit« auf das Bananenreich« zu verhindern. – IX. amerikanische Konferenz in Bogotà; Unterzeichnung der OAS-Charta (Organization of American States, auch »Ministerium für die lateinamerikanischen Kolonien« genannt); automatische Anerkennung und Unterstützung aller, auch der autoritären, Regime, sofern sie USA-freundlich sind. – Erschießung des liberalen Führers Gaitan: Beginn des columbianischen Bürgerkriegs »La Violenza«. – Sofortige Anerkennung Odrias, des Urhebers des peruanischen Staatsstreiches, durch die USA; er bleibt bis 1956 an der Macht. – Anerkennung der venezolanischen Militärjunta durch die USA, die den gewählten Präsidenten Gallegos gestürzt hat. Gegenleistung: Beteiligung am Erdölertrag.

1949 Anerkennung des paraguayanischen Generals Rolon, der die verfassungsmäßige Regierung stürzt. – Erneute Expedition gegen Trujillo, die an der Intervention der USA und des von Trujillo bezahlten cubanischen Präsidenten Grau scheitert.

1950 Die USA unterstützen den Columbianer L. Lopez, der als Gegenleistung ein Bataillon für den Koreakrieg stellt.

1951 Anerkennung der bolivianischen Militärjunta durch die USA. In Guatemala übergibt Arevalo die Regierung seinem legalen Nachfolger Arbenz und erklärt in seiner Abschiedsrede, die United Fruit Company habe während seiner Regierungszeit 32 Verschwörungen angezettelt.

1952 Staatsstreich von Perez Jimenez in Venezuela. – Staatsstreich des Cubaners Batista (2. Regierungsperiode): Washington erkennt ihn sofort an und verspricht ökonomische und militärische Hilfe. Bolivianische Revolution, die Paz Estenssoro an die Macht bringt: Verstaatlichung der Bergwerke, allgemeines Wahlrecht, Beginn der Bodenreform und Erziehungskampagne. – In Uruguay tritt ein Nationaler Rat mit 9 Mitgliedern (Kollegialprinzip) an die Stelle des verfassungsmäßigen Präsidialsystems. Zweck: Verhinderung einer Diktatur. – Puerto Rico wird zum »freien assoziierten Bundesstaat« der USA erklärt.

1953 Die USA anerkennen die Militärregierung Rojas Pintilla in Columbien. Beginn der »Operation Guatemala«, eines von dem Diktator Somoza initiierten antikommunistischen Kreuzzugs, dem sich die Militärregimes Mittelamerikas anschließen, und der voll von den nordamerikanischen Monopolen, dem CIA und dem State Department unterstützt wird. – Fidel Castro greift mit 200 jungen Leuten die Kaserne von Moncada (Santiago di Cuba) an; das Unternehmen scheitert, 70 Jugendliche werden gefoltert und hingerichtet; Fidel Castro verkündet im Gefängnis das Prinzip des bewaffneten Widerstandes, aus dem das Programm der revolutionären Bewegung »26. Juli« hervorgeht.

1954 In Paraguay kommt General Stroessner mit Hilfe der USA an die Macht; Polizeiterror. – Ende der »Operation Guatemala«. US-Flugzeuge beschießen und bombardieren verschiedene Städte in Guatemala; Tausende von Opfern; die von Foster und Allan Dulles (United Fruit und CIA) sorgfältig vorbereitete Aktion endet mit der Machtergreifung von Castillo Armas. Präsident Eisenhower zeichnet die Generäle Castillo Armas (Guatemala), Odria (Peru) und Perez Jimenez (Venezuela) mit hohen Orden aus.

1955 In Argentinien Absetzung Perons; Entstehung des Ausdrucks »Gorilla« zur Bezeichnung der reaktionären Generäle. – In Bolivien üben die USA wegen der Erweiterung der Bergwerkskonzessionen Druck auf den Präsidenten Paz Estenssoro aus. Die Revolution von 1952 ist denaturiert. – Fidel Castro und seine Anhänger gehen nach Mexico; Batista wird zum dritten Male Präsident.

1956 Der Nicaraguaer Student Rigoberto Lopez ermordet Somoza; dessen Nachfolger wird sein Sohn Luis Somoza; blutige Repressionsmaßnahmen. – Staatsstreich in Salvador: Präsident Lemus wird abgesetzt. – Eine Militärjunta ergreift die Macht in Honduras. – Castro verläßt Mexico mit 82 Männern auf der Yacht *Granma* und landet an der cubanischen Ostküste, in der Nähe der Sierra Maestra; das Heer Batistas zerschlägt die Expedition und tötet fast alle Teilnehmer; mit 12 Männern bildet Castro in der Sierra Maestra die erste Partisanengruppe.

1957 In Columbien bilden sich Partisanengruppen in Huila, Vichada und Tolima. – In Haiti Machtergreifung Duvaliers, mit voller Unterstützung der USA; blutiges Feudalregime. – Erste Erfolge der Partisanen der Sierra Maestra, zugleich Sabotageakte der Revolutionäre in den Städten.

1958 Entsendung amerikanischer Instrukteure zur Ausbildung von 15 000 Soldaten (»tontons macoutes«) des Diktators Duvalier. – Volkserhebung gegen Perez Jimenez in Venezuela, Rückkehr des Präsidenten Betancourt. In Cuba von Batista organisierte »Wahlen«; Massenhinrichtungen, 14 Bataillone werden zu Wasser, zu Lande und in der Luft gegen die Partisanen geschickt; trotz schwerster Verluste wird Cuba von Camilo Cienfuegos, Che Guevara, Fidel Castro und Raul Castro und Juan Almeida befreit. Am 31. Dezember flieht Batista nach Santo Domingo; mit Unterstützung des nordamerikanischen Botschafters in Havanna sofortiges Militärkomplott, um die Macht zurückzugewinnen.

1959 Cubanische Revolution. Castros Rede in Columbia, in der er die Entfernung der nordamerikanischen Militärmission ankündigt. – Zwei nordamerikanische Staatsbürger werden wegen einens Attentats auf Castro und konterrevolutionärer Sabotage verhaftet. – Für die Konterrevolution bestimmte Waffen werden mit Fallschirmen von amerikanischen Verkehrsmaschinen abgeworfen; aus Florida stammende Flugzeuge werfen Brandbomben auf

Zuckerrohrplantagen; US-Flugzeuge beschießen Passanten in Havanna und die Reisenden eines Zuges in der Provinz Las Limas. – In der Dominikanischen Republik treffen 6000 Marines zu einem »nicht-offiziellen Besuch« ein. – Entstehung von Partisanengruppen in Paraguay, der Dominikanischen Republik, Columbien, Mittelamerika und Brasilien (im Nordosten Juliao, im Süden Brizola). – Castro hält sich zum ersten Mal im südlichen Teil des Kontinents auf: bei Präsident Betancourt berichtet er auf dem »Platz des Schweigens« in Caracas von den Ergebnissen der cubanischen Revolution und betont den Anachronismus von Regimen des Typs Trujillo.

1960 Verkehrsflugzeuge der USA setzen über 10 cubanische Plantagen in Brand; die USA brechen die diplomatischen Beziehungen mit Cuba ab; organisierte Sabotage des CIA gegen das Schiff *La Coubre*, das mit in Europa gekauften Waffen nach Cuba fährt; (100 Tote und 200 Verwundete). Der CIA unterstützt ein amerikanisches Unternehmen, das auf der Schwaneninsel (Honduras) einen Sender (Radio Swan) für anticubanische Propaganda in 12 Staaten Lateinamerikas errichtet.

1961 Kennedys »Allianz für den Fortschritt«. Der ehemalige Marxist Betancourt befiehlt scharfe Repressionsmaßnahmen gegen die venezolanischen Studenten, die für Cuba demonstrieren; die neue Parole heißt: »Ausrottung des Castro-Kommunismus«. – In Peru attackiert der ehemalige Marxist Haya de la Torre (vgl. 1924) die cubanische Revolution, denn »der Imperialismus hat sich geändert«. Die revolutionäre Linkspartei APRA spaltet sich, unter Luis de la Puente wird die »APRA ribelle« gegründet. – Bauernverbände besetzen unter der Führung von Hugo Blanc die Plantagen. – In Salvador ruft die Militärmission der USA einen Staatsstreich hervor. – Fidel Castro verkündet den sozialistischen Charakter der cubanischen Revolution. – Vom CIA organisierte Expedition gegen Cuba in der Schweinebucht: 1500 exilierte Konterrevolutionäre verlassen Nicaragua mit nordamerikanischen Flugzeugen und Schiffen und werden von den cubanischen Volksmilizen in 72 Stunden geschlagen. – Der CIA beschließt die Ermordung von Trujillo, der sich durch seine blutige Politik allzusehr kompromittiert hat. (Von den »sieben Henkern« überleben nur Imbert und Amiana.) Vor der dominikanischen Küste kontrollieren 40 nordamerikanische Kriegsschiffe den Ausgang der Operation. – OAS-Konferenz in Uruguay: Lancierung der »Allianz für den Fortschritt«; schwarze Liste der Schiffe, die mit Cuba Handel treiben, Abbruch der diplomatischen Beziehungen zu Cuba von Seiten aller Staaten mit Ausnahme Mexicos; mit 20 Mrd. Dollar erkaufen sich die USA ihre Mehrheit. – Unter der Ägide des CIA Gründung eines »Amerikanischen Institutes für die Entwicklung der freien Gewerkschaftsbewegung«; reichliche Stipendien. – In Brasilien wird J. Quadros Präsident; »von dunklen Mächten gezwungen« tritt er schon nach 6 Monaten zurück; an die Macht kommt der aus der Volksrepublik China zurückgekehrte Vizepräsident Goulart nach bewaffneten Zusammenstößen seiner Partisanen mit den »Gorillas« und nachdem das Präsidialsystem durch Dekret in ein parlamentarisches System umgewandelt worden ist.

1962 Zweite Erklärung von Havanna: Anklage der imperialistischen Manöver der USA in Lateinamerika, Unterstützung der Revolutionen in anderen lateinamerikanischen Staaten. – In Peru wird die Bewegung der revolutionären Linken (MIR) – vormals »APRA ribelle« – gegründet. – In Argentinien wird nach einem überwältigenden Wahlerfolg des Peronismus bei den Provinzialwahlen, die der Präsident auf Druck der Armee annulliert, Präsident Frondizi abgesetzt und durch den Senatspräsidenten Guido ersetzt. – In Salvador wird J. Rivera mit Hilfe der USA Präsident. – Auf Befehl Kennedys militärische und wirtschaftliche Blockade gegen Cuba. – Oktoberkrise im Karibischen Meer: Bei einem Erkundungsflug der Nordamerikaner über Cuba werden Raketenbasen sowjetischer Herkunft entdeckt; nach Rückgabe der Raketen wird der Konflikt beigelegt. – In den peruanischen Präsidentschaftswahlen siegt Haya de la Torre; die Armee hindert ihn an der Amtsübernahme und stürzt den amtierenden Präsidenten Prado; heftige Repressionsmaßnahmen; Ausschreibung von Neuwahlen. – In Columbien sind acht »unabhängige Republiken« (die Bezeichnung stammt von der Regierung) unter der Kontrolle von 5000 Partisanen. – In Venezuela werden die ersten Partisanengruppen von Yaracuy und Lara von der Armee vernichtet; Neugründung der Gruppe Lara und Entstehung der Gruppen Portuguesa und Falcon; Aktionen der Bewaffneten Streitkräfte der Nationalen Befreiung (FALN) und der Nationalen Befreiungsfront (FLN). – Folterungen und Erschießungen von Studenten, militanten Kommunisten und Partisanen. – Niederlage der ersten Partisanenbewegung in Ecuador (40 Tote).

1963 In Guatemala stürzt der »Gorilla« Peralta den »Gorilla« Ydigoras. – In Peru bringen die Wahlen Belaunde an die Macht, in Argentinien Illia, in der Dominikanischen Republik Bosch: an der Zeremonie nimmt Vizepräsident Johnson teil. – Nach einem halben Jahr setzt die Armee Bosch ab. Der amerikanische Senator Morse erklärt: »Viele nordamerikanische Unternehmungen haben den Staatsstreich bezahlt.« – In Ecuador stürzt Castro Jijion (Absolvent einer amerikanischen Militärschule) den Präsidenten Arosemena. – In Honduras bringt ein Staatsstreich Lopez Arelano (der bei der nordamerikanischen Luftwaffe gedient hatte) an die Macht: die Washingtoner Presse bringt die Nachricht einen Tag zu früh. – In Salvador inspiziert der amerikanische Major Alger die nationale Armee. – In Venezuela Verbot der KP: zahlreiche Verhaftungen; Entstehung der Partisanengruppen von Miranda, Managas und Sucre. – In Peru wird Hugo Blanc von der Polizei gefaßt: die Gewerkschaften versuchen vergeblich ihn zu befreien. In Haiti massakriert Duvalier seine Gegner (mehr als 1000 Tote); er ernennt sich selbst zum »Präsidenten auf Lebenszeit«. – Entstehung der Vereinigten Demokratischen Nationalen Befreiungsfront (FDULN), die zum Sturz des Regimes entschlossen ist.

1964 Amerikanische Kreise stiften panamaische Studenten dazu an, die Nationalflagge in der Kanalzone zu hissen (30 Tote, 300 Verletzte). Präsident Chiari bricht die diplomatischen Beziehungen zu Washington ab. – Revision des Panama-Washington-Vertrages über die Benutzung des Panama-Kanals. – Johnson erklärt, die USA hätten beschlossen, einen zweiten Kanal (in Columbien) zu eröffnen: der Panama-Kanal genüge den Anforderungen nicht mehr und sei im Falle von Bombardierungen zu verletzlich. – Im Columbien Antiguerilla-Plan »Lazo«, der von einer militärischen Mission der USA ausgearbeitet ist; Operation mit 16000 Soldaten gegen die »unabhängige Republik« von Marquetalia: Flugzeuge, Hubschrauber, Bomben, Chemikalien (Entlaubungsmittel); die Partisanen ziehen sich in die Berge zurück; der Partisanenführer Marulanda erklärt: »Da uns der friedliche Weg verschlossen ist, bleibt nur der bewaffnete Kampf zur Eroberung der Macht.« – In Brasilien Staatsstreich des vom CIA favorisierten Marschalls Castelo Branco, der die progressive Regierung Goulart stürzt; die neue Regierung wird von Washington anerkannt, bevor Goulart Brasilien verlassen hat und ins uruguayanische Exil geht. – Scheinwahlen in Venezuela: 1500 politische Verhaftungen, Folterungen, Erschießungen. Präsident wird Leoni, der die Politik Betancourts fortsetzt. Entstehung der Partisanengruppe Los Llanos. – Erstmalig in Lateinamerika wird in Chile mit Frei ein Kandidat der christlichen Demokraten zum Präsidenten gewählt; die nordamerikanische Flotte kreuzt vor der Küste. – In Bolivien wird der zum dritten Male gewählte Präsident Paz Estenssoro durch einen Putsch des Generals Barrientos gestürzt (Barrientos ist Absolvent der Luftwaffenschule der USA); Estenssoro geht nach Paraguay ins Exil. – Die peruanischen Bauern, die wiederholt das Land besetzt und sich in Gewerkschaften (Cuzco) organisiert hatten, werden in das Amazonasgebiet deportiert.

1965 Eine Sonderkommission der OAS berät die Errichtung einer Polizeitruppe »gegen den internationalen Kommunismus«. – April-Mai: Landung von 42000 Marines in der Dominikanischen Republik, um den von konstitutionalistischen Militärs (die für die Rückkehr des gewählten Präsidenten Bosch sind) unterstützten Volksaufstand niederzuschlagen (über 400 Opfer); an dem Gemetzel beteiligt sind die »Gorillis« Imbert und Wessin. – Demonstrationen in ganz Lateinamerika. – In Argentinien übt Staatsoberhaupt Generalmajor Ongania Druck auf die eigene Regierung aus, den US-Truppen argentinische Kontingente zu Hilfe zu schicken; der Vorschlag wird wegen leidenschaftlicher Studentenproteste abgelehnt. – Rede Johnsons in Mexico: »Die Außenpolitik der USA beruht auf den Prinzipien der Selbstbestimmung, der Nichteinmischung, der friedlichen Lösung von Konflikten«. – Im House of Representatives wird die Resolution Nr. 560 mit 312 gegen 52 Stimmen angenommen: das Recht der

USA, mit Waffengewalt in jedes lateinamerikanische Land einzudringen, »um subversive Aktivitäten zu verhindern«. – In der Dominikanischen Republik Bildung der marxistisch-leninistischen Organisation »Dominikanische Volksbewegung« (MPD): im Dezember legen die Partisanen Feuer an die Panzerwagen der Marines und verbarrikadieren sich im nördlichen Stadtteil von Santo Domingo. – Protestkundgebungen gegen Rusk und Robert Kennedy auf ihrer Reise durch Lateinamerika. – In Mexico von Trotzkisten (Revolutionäre Arbeiterpartei POR) organisierter Anschlag auf die Kaserne von Madera; heftige Repressionsmaßnahmen der Regierung. – Streiks der bolivianischen Bergarbeiter; die Armee besetzt die Bergwerke Siglo XX; 7000 Entlassungen, 150 Erschießungen; die Gewerkschaftsführer werden deportiert. – Streik in den chilenischen Bergwerken: der Streik wird für »illegal und rein politisch« erklärt und die Anführer verhaftet. – Schwere Spannungen in Uruguay im Anschluß an die Streiks, die das Land lähmen: 350 Bankangestellte und 100 Gewerkschaftsführer werden verhaftet; die Regierung beschuldigt die UdSSR der Einmischung; Innenminister und Polizeipräsident treten zurück; Panzerwagen patroullieren auf den Straßen; heftige Zusammenstöße zwischen den Arbeitern und der Polizei. – Die guatemaltekischen Partisanen entführen reiche Industrielle und verlangen Lösegelder in Höhe von 30-250 Mill. Dollar. 70 Mitglieder des »Friedenskorps«, die in Venezuela eintreffen, sind CIA-Agenten. In Nicaragua wird auf Vorschlag der USA und mit Unterstützung von Nicaragua, Guatemala, Honduras und Salvador eine »zentralamerikanische Armee« gegründet: jedes dieser Länder verpflichtet sich, 500 im Guerillakrieg erfahrene Männer zu stellen, die in jedes beliebige Land am Isthmus geschickt werden können. – In Peru werden 4 Professoren des »Friedenskorps« wegen Spionage von dem Rat der Physikalischen Fakultät Lima ausgestoßen. – Aktionen gegen die Partisanen in den Zentralanden, unter der Führung bewaffneter nordamerikanischer Berater. – Napalmbomben und Razzien auf die Partisanengruppe Mesa Pelada und Cucuta: in zwei Monaten sterben 120 Partisanen, darunter der Gründer der Bewegung der Revolutionären Linken (MIR), Puente, und Paul Escobar; Verhaftung von Velando, dem anderen Führer der MIR: »Selbstmord« im Gefängnis; Lobaton verschwindet; Bejar und Gadea werden gefangengenommen: für die Führung der peruanischen Guerillabewegung bleibt Portocarrero. – In Chile wird der »Camelot-Plan« als amerikanischer Spionageplan entlarvt; Johnson zieht ihn zurück. – In Columbien wird ein amerikanischer Spionageplan unter dem Namen »Simpatico« entdeckt: 690 amerikanische Agenten werden angezeigt. – In Uruguay Veröffentlichung der amerikanischen Spionagepläne für Lateinamerika. – Der amerikanische General Porter erklärt in Lima: »Unser Kampf gegen den Kommunismus kennt keine Grenzen.« – OAS-Konferenz in Rio (Brasilien): der Vorschlag der USA, ein ständiges interamerikanisches Heer zu gründen, wird abgelehnt; Rusk verläßt die Konferenz vorzeitig.

1966 Konferenz der drei Kontinente in Havanna: Begegnung der Revolutionäre Afrikas, Asiens und Lateinamerikas; es wird das Recht der Völker proklamiert, mit revolutionärer Gewalt auf die imperialistische Gewalt zu reagieren; Gründung der Solidaritätsorganisation der Völker Afrikas, Asiens und Lateinamerikas (OSPAAAL). – Innere Kämpfe in der KP zwischen Anhängern der »harten Linie« (Cuba) und Anhängern der Politik der legalen politischen Opposition. – In Venezuela Entdeckung der gefolterten Leiche des KP-Führers Lovera, eines Opfers der venezolanischen Geheimpolizei; »Selbstmord« des Partisanenführers Fabricio Ojeda im Gefängnis; die Regierung hebt die Immunität des Universitätsgeländes und verfassungsmäßige Garantien auf: 700 Studenten werden verhaftet. – In Mexico Verhaftung von 22 Funktionären der Revolutionären Arbeiterpartei (POR). In Guatemala ruft die Regierung »wegen der subversiven Aktivitäten bewaffneter Gruppen« den Belagerungszustand aus; bei einem »Verkehrsunfall« stirbt Turcios Lima, der Führer der Bewaffneten Revolutionären Front (FAR). – In Columbien beschließt die Kommunistische Partei, in die »Klassische« Opposition unter Verzicht auf bewaffneten Kampf zu gehen; Einspruch der Studentischen Arbeiterbewegung (MOEO). Bei der Eröffnung eines Landwirtschaftskurses der Rockefeller-Stiftung an der Universität Bogotà werfen die Studenten Steine auf den kolumbianischen

Präsidenten und Rockefeller selbst. Repressalien der Militärpolizei, die die Universität besetzt und 30 Studenten vor ein Militärgericht stellt. – In Nicaragua erklärt sich Präsident Shick bereit, den USA Abschußbasen gegen Cuba zur Verfügung zu stellen. – Während eine Amphibienflotte der USA »die Sicherheit der nordamerikanischen Staatsbürger« kontrolliert, werden in Haiti 70 Gegner des Regimes erschossen. – Staatsstreich in Argentinien (20. Juni): die Generäle Pistarini und Onganía setzen Illia ab; Onganía, der in dem Antiguerillacamp der USA in Panama ausgebildet wurde, übernimmt das Amt des Präsidenten und rächt sich einen Monat nach dem Staatsstreich für die 1965 erlittene Niederlage durch Auflösung der Universitätsräte und die Abschaffung der Universitätsautonomie (vgl. 1918) wegen »subversiver marxistischer Gruppierungen«: heftige Proteste der Studenten, doch die Polizei eröffnet eine antisemitische und antikommunistische Kampagne und dringt in die Universitäten ein: zahlreiche Verhaftungen; 5 Rektoren, 6 Präsidenten und 60 % der Professoren treten zurück; Massenexil. Pressekonferenz des neuen Präsidenten (August), auf der er die Grundsätze des neuen Regierungsprogramms bekanntgibt: »Solidarität mit der westlichen und christlichen Welt«, Unterstützung der OAS, Abschaffung des Kommunismus, Verschärfung des Strafrechts, Überlassung des staatlichen Rundfunks und von Fernsehkanälen an Privatunternehmen, Unterdrückung aller Parteien und Verbot von 23 Publikationsorganen. – Große Demonstrationen der brasilianischen Studenten gegen die Diktatur: Hunderte von Verletzten und Verhaftungen unter der Anklage »kommunistischer Unterwanderung«. – Wahlen in der Dominikanischen Republik (Juni), bei denen Bosch unter Hausarrest steht; Balaguer, »die Witwe Trujillos«, wird Präsident; Ausbreitung des Terrorismus.

1967 Januar In Montevideo (Uruguay) Demonstration einer Gruppe von »Rotgardisten«, eine Rotgardistin wird bei einem Zusammenstoß mit der Polizei erschossen. – In Brasilien schafft der Kongreß per Dekret die Pressefreiheit ab. – In Santo Domingo Zusammenstoß zwischen Polizei und Studenten, die für die Freiheit der Universität demonstrieren (die Regierung hatte die Kontrolle der Hochschulen beschlossen); 200 Personen werden unter dem

Verdacht regierungsfeindlicher Aktivitäten verhaftet. – In Chile verbietet der Senat dem Präsidenten Frei eine Reise in die USA. –

1967 Februar

In Vijagual (Columbien) organisieren die Bewaffneten Streitkräfte der Nationalen Befreiung (ALN) einen Überfall auf Regierungstruppen. – In Guatemala verkünden offizielle Kommuniqués, daß die Kräfte der Bewaffneten Revolutionären Front (FAR) den Oberbefehlshaber der guatemaltekischen Luftwaffe getötet haben. – In Venezuela gescheitertes Attentat auf Paez, den Präsidenten der Geheimpolizei; zahlreiche Verhaftungen; Schließung der zentralen Universität von Caracas. – Außerordentliche Konferenz der Außenminister der OAS in Buenos Aires (nach der OAS-Charta muß das Sitzungsland der Konferenz eine repräsentative Demokratie sein): die USA schlagen erneut die Errichtung eines ständigen interamerikanischen Heeres vor, das der OAS unterstellt ist und im Falle interner »Umstürze« sofort in die verschiedenen Mitgliedsstaaten einrücken kann. Das Projekt wird von Mexico, Uruguay, Peru und Chile scharf abgelehnt; die Diskussion führt zu keinem konkreten Ergebnis. – In Brasilien Partisanengruppen in der Südzone, entlang der argentinischen Grenze, die vermutlich von exilierten Argentiniern gebildet sind.

1967 März

Fidel Castros Rede vom 13. März: er beschuldigt die Pseudomarxisten und -kommunisten (besonders die venezolanische KP), das Prinzip des bewaffneten Kampfes, des einzigen Weges zur Revolution, nicht zu unterstützen. Nach der Ermordung von Iribarren Borges werden in Venezuela 200 Leute verhaftet; die konstitutionellen Garantien werden aufgehoben; Verhaftungen des kommunistischen Führers P. Duno bei seiner Rückkehr aus dem Exil. – Die lateinamerikanische Konferenz der christlichen Gewerkschaften in Caracas deckt die Einmischung des CIA und anderer US-Organisationen auf: sie beschuldigen sie, »jede Gewerkschaftsbewegung zu bekämpfen«. – In Brasilien wird Marschall Costa e Silva Präsident; geheimer Studentenkongreß in Rio, der das Eindringen des US-Imperialismus in den Campus behandelt; 600 Verhaftungen. – In Salvador übernimmt nach einer von den USA finanzierten Wahlkampagne der 39 jährige Oberst Fidel Sanchez das Amt des Präsidenten. – In Nicaragua Amnestie für die politischen Gefangenen der Wahlkampagne; während einer Fernseh-Pressekonferenz verlangt Somoza, daß die OAS etwas gegen Cuba unternehme, »weil Castro ein Krebsgeschwür ist, das die OAS zerstört, und die Kommunisten müssen vom Kontinent verjagt werden«; Staatsbesuch von Somoza in den USA. – In Cartago (Columbien) Zusammenstoß zwischen 400 Regierungseinheiten und 250 Partisanen; Arrestierung des Generalsekretärs der Kommunistischen Partei, G. Viera, und von 200 Gewerkschaftsführern. – In Guatemala folgt auf den Belagerungszustand der Ausnahmezustand; die Zivilisten erringen die Macht; die Verfassungsmäßigen Garantien sind aufgehoben, politische Aktivitäten verboten, Presse, Rundfunk und Fernsehen stehen unter Zensur; Zusammenstöße im Gebiet von Zacapa (20 Partisanen getötet); offizielle Kommuniqués geben die Hinrichtung zweier Studenten wegen »kommunistischer Aufwiegelei« bekannt; Erklärungen der guatemaltekischen Arbeiterpartei und der Bewaffneten Revolutionären Front (FAR) nach der Rede Castros: »Die Voraussetzungen für eine Revolution in Lateinamerika sind gegeben.« – In Bolivien gibt die Regierung erstmalig die Existenz von Partisanengruppen zu (Sierra Nancahuazu); Napalm-Bomben (40 Partisanen getötet, 40 verhaftet); Ausnahmezustand in diesem Gebiet; in einer Rundfunkansprache erklärt Präsident Barrientos, daß kommunistische Gruppen existieren, die systematisch den ganzen Kontinent erobern wollen.

1967 April Zusammenstöße in Bolivien zwischen Regierungstruppen und Partisanen: Régis Debray wird verhaftet. In Argentinien verhaftet die Grenzpolizei fünf Partisanen, die aus Bolivien kommen; 250 000 Mitglieder der argentinischen Eisenbahnergewerkschaft unter Regierungskontrolle wegen Teilnahme an einem Streik. – In Brasilien verkündet Präsident Costa e Silva das Regierungsprogramm zur Verteidigung der »nationalen Interessen«. Nogheira, der Partisanenführer von Mina Gerais, wird mit 11 Genossen gefaßt; antiamerikanische Studentendemonstrationen; über 70 Verhaftungen. – OAS-Gipfelkonferenz in Punta del Este; außergewöhnliche Sicherheitsmaßnahmen in Uruguay wegen der Anwesenheit von Johnson (über 800 FBI-Agenten), während die uruguayanische Bevölkerung aus Protest einen »langen Marsch«

(128 km) von Montevideo nach Punta del Este organisiert, die Studenten die Universität besetzen und die CGT und der Studentenverband den Generalstreik ausrufen. Rede Fidel Castros vom 18. 4.; Botschaft Che Guevaras, die der Presse vom Sekretär der Tricontinentale (OSPAAAL) übergeben wird. In Venezuela verurteilt die Kommunistische Partei am 20. April offiziell den bewaffneten Kampf und spricht sich für den »demokratischen Frieden« aus; gleichzeitig gibt sie ihre Teilnahme an den Wahlen von 1968 bekannt; Douglas Bravo, der zusammen mit Americo Martin den Guerillakrieg fortsetzt, wird aus der Partei ausgeschlossen.

Zusammengestellt von Meri Franco Lao. Aus dem Italienischen von Karin Monte.

Hans Magnus Enzensberger
Berliner Gemeinplätze

1. Wiedergänger. Ein Gespenst geht um in Europa: das Gespenst der Revolution. Der Revenant wird begrüßt wie sein großer Vorläufer: mit Hohn und Panik, Skepsis und Hysterie, und wie jenem, nur in feinerer Dosierung, wird ihm begegnet: mit Beschwichtigung und Unterdrückung. Die Totbeter sind am Werk, die Totschläger warten auf ihre Stunde.

Wovon hier gesprochen wird, noch ist es bloß ein Schatten. Die Revolution in Europa ist keine materielle Gewalt. Weil ihr eine starke Klassenbasis fehlt, wirkt sie körperlos. Viele halten sie für eine Marotte, die Sache der Minderheit einer Minderheit, nämlich der Intelligenz. Wahr daran bleibt, daß es der herrschenden Klasse in den Metropolen gelungen ist, das politische Bewußtsein der Mehrheit einzuschmelzen und zu liquidieren. Es ist ein Indiz der Unterdrückung, die in unseren Gesellschaften herrscht, daß politisches Bewußtsein zum Privileg einer Minderheit geworden ist, und daß nur eine Minderheit dieser Minderheit jenes Privileg gebraucht.

Aber kein Schatten ohne einen Körper, der ihn wirft; ohne Leiche kein Gespenst. Der Schatten der Revolution ist der Schatten einer andern, größeren, der hungernden, ausgeplünderten und von Bomben zerfetzten Welt. Ihre Toten suchen uns heim. Die Revolution in Europa ist bis heute nur ein Schatten jener Revolutionen, die Europa vergebens niederzuschlagen versucht hat. Heute überläßt es diese Arbeit, aus Schwäche, nicht aus Einsicht, den Vereinigten Staaten von Amerika. Jeder Sieg und jede Niederlage in diesem Kampf taucht uns tiefer in den Schatten der Revolution. Was da wiederkehrt, die Ruhe stört, sich nicht abweisen lassen will, ist die Zukunft. Sofern das Wort noch einen Sinn hat, in Europa.

2. Lippenlesen. Das kann doch nicht Ihr Ernst sein. Schon das bloße Wort! *Revolution:* ein Ausdruck, mit dem nur noch die Werbebranche arbeitet. Revolution auf dem Waschmittelmarkt, Revolution im Investment-Geschäft. Was darüber geht, ist vom Übel. Wirrköpfe. Amokläufer. Krawallmacher. Knalltüten. Radaubrüder. Sektierer. Nützliche Idioten. Mottenkiste. Verstaubte Parolen. Also an der Oberfläche achselzuckende Ironie, beim ersten Kratzer beleidigtes Vogelzeigen, und wenn der Lack abblättert: Furcht und Zittern, Schreikrampf, Knüppel aus dem Sack, Ernstfall. Zeitlupe: Die Kamera erfaßt, hinter der Absperrung, den Passanten, der stehenbleibt, sich umwendet, Überraschung zeigt, langsam den Mund öffnet, der Ton ist weg, die Gummilinse holt den Kopf näher heran, der Mund ist jetzt weit offen, wer keine Übung hat, denkt an ein Fußballspiel und hört *Tor*, andere, die sich aufs Lippenlesen verstehen, hören den Ruf nach der Gaskammer.

3. Fremdwort. Die Revolution, plur. die -en, eine gänzliche Veränderung in dem Laufe oder der Verbindung der Dinge. So nennt man ungewöhnlich große Überschwemmungen, Erdbeben, welche große Erdstriche verändern, Revolutionen in der Natur, die Reformation eine Revolution in dem menschlichen Verstande. Besonders die gänzliche Veränderung in der Verfassung eines Reiches, wenn z. B. eine Monarchie in eine Republik, diese in eine Monarchie verwandelt, die Erbfolge auf eine gewalttätige Art verändert wird. Die Englische, die Französische Revolution. Man hat dieses fremde Wort in den neuesten Zeiten mit einem deutschen zu vertauschen gesucht. Das unglücklichste, worauf man fallen konnte, war wohl Umwälzung und Staatsumwälzung, weil es nicht den Begriff der Sache ausdrückt, sondern eine buchstäbliche Übersetzung des fremden Wortes ist, und einen harten und unserer Sprache fremden Tropus enthält.

Adelung 1807

4. Versäumnisurteil. Überall, selbst in den Vereinigten Staaten, erinnert das Wort Revolution an die besseren Möglichkeiten der Nation. In Deutschland ist es ein Fremdwort geblieben. Die einzige siegreiche Revolution, die wir zu verzeichnen haben, ist mit Waffengewalt importiert worden. Deutsche haben sie nicht gemacht, nur verwaltet oder über sich ergehen lassen; davon hat diese Revolution ihre Narben, und es spricht nichts dafür, daß sie verschwinden werden. Im übrigen bezeichnet das Fremdwort eine lange Kette von historischen Versäumnissen. Spätestens seit 1789 wissen Reisende, die Mitteleuropa betreten haben, von einem Land zu berichten, dessen politische Zustände von chronischer Unterentwicklung zeugen.

»Ist es so schwer zu erkennen, daß die deutsche Nation bisher keine Lebensgeschichte, sondern nur eine Krankheitsgeschichte vorzuweisen hat?«

Hebbel

5. *Ausländisches Erzeugnis.* Ich begreife euch nicht. (Mein Freund Z. ist neununddreißig, früher Rechtsanwalt, heute Professor; soviel ich verstanden habe, zeigt er Landarbeitern, wie man eine große Farm leitet. Bei uns würde das Betriebswirtschaft heißen, dort heißt es ganz gewiß nicht so. Z. ist Cubaner.)
Wenn ich bloß sage, wo ich herkomme, rufe ich Reflexbewegungen hervor, so als liefe ich mit einem offenen Messer herum. Wovor habt ihr eigentlich soviel Angst? Vor euch selber? Oder habt ihr wirklich soviel zu verlieren?
Die Revolution, denkt ihr, nimmt euch eure Schuhlöffel und eure Stewardessen weg, macht die Beatschuppen zu, kürzt die Romane von Günter Grass. Sie vergewaltigt Nonnen, hängt Traktorenbilder an die Wand und verbietet die NPD. Mit einem Wort: sie ist der reine Terror. So etwas mag für Cuba angehen, in Deutschland ist es undenkbar. Ihr seid nun einmal für die Menschlichkeit, wer wüßte das nicht. Die Revolution ist das schlechthin Andere. Unterwanderung, Zersetzung, Wühlarbeit, Verschwörung, Dolchstoß. Etwas derartig Lichtscheues kann nur von außen oder von unten kommen, aus dem Osten oder aus niedrigen Instinkten.
Und wenn ich euch sage, daß sie von den Menschen selber gemacht wird, die Revolution, am hellichten Tage, und daß ihr es seid, die im Dunkeln sitzen? Ja, antwortete mir einer in Kassel oder Gießen, bei uns geht es aber demokratisch zu. Er erwähnte auch die Vergangenheit, die wolle er bewältigen, sagte er. Ohne Revolution? Das soll mir mal einer vormachen.

6. *Zur Schönen Einkehr.* Statt das einzige zu machen, was es hätte retten können, die Revolution, entschloß das westliche Deutschland sich im Jahre 1945, zu konvertieren. Moralische Wandlung statt politischer Umwälzung, Umkehr statt Umsturz, Stabilisierung der gesellschaftlichen Verhältnisse von oben statt ihrer Revolutionierung von unten, Bewältigung der Vergangenheit statt Klassenkampf um die Zukunft. Wiederaufbau des Alten als Realität, Neubeginn als Rhetorik.

Die Gründe lassen sich finden. Zwar der historische Augenblick war einmalig: die Chance für eine unblutige Revolution, die damals gegeben war, wird nicht wiederkehren. Die herrschende Klasse war diskreditiert, der alte Staatsapparat vernichtet, das Militär geschlagen. Doch Deutschland war todmüde. Eine handlungsfähige Arbeiterbewegung gab es nicht. Die Massen waren politisch gelähmt durch zwölf Jahre der Diktatur. Die besten Köpfe des Landes waren dem Regime zum Opfer gefallen oder emigriert; die politisch bewußtesten unter denen, die wiederkehrten, wählten den östlichen Teil des Landes.
Der internationale Klassenkampf war, in den Jahren nach dem Krieg, für die Deutschen unsichtbar. Die internationale Perspektive war durch die Vorgänge im eigenen Land, durch die Auseinandersetzungen der Siegermächte, definiert. Die Kolonialkriege lagen außerhalb des deutschen Gesichtsfeldes. China war eine unbekannte Größe. Die Welt war auf einen Horizont von Trümmern geschrumpft; wer weiter als drei Meilen sich bewegen wollte, brauchte einen Passierschein der Militärregierung. Was in Afrika, Asien und Lateinamerika vorging, lag jenseits des Wahrnehm- und Vorstellbaren. Gebannt in die überwältigende Realität ihrer Niederlage, schien es den Deutschen, als stünde die Geschichte still.

7. *Kopfgeld.* Unterdessen hatte die Konterrevolution das Spiel bereits gewonnen. Der entscheidende Schritt, die Währungsreform, wurde von den Massen zu Recht als ein historischer Wendepunkt verstanden. (Daher die gängige Zeitrechnung der Nachkriegs-Periode, welche die Ereignisse nicht auf die Jahre vor und nach der Niederlage, sondern vor und nach »der Währung« zu datieren pflegte.) Die ökonomischen Konsequenzen des Eingriffs waren klar; die politischen Vorentscheidungen, die mit ihm gefallen waren, blieben unbegriffen.
Der Kalte Krieg brachte die Rückkehr des westlichen Deutschland in die Weltpolitik, und zwar in das Lager der Konterrevolution. Der Stalinismus in der Sowjetunion, der Prager Staatsstreich, die Berliner Blockade, die Politik der SED lähmten jede revolutionäre Alternative. Der totale Ideologieverdacht wurde zur totalen Ideologie: Monopolmacht gab sich als soziale Marktwirtschaft, Massenkonsum als Reich der Freiheit, der von der Arbeiterklasse bezahlte Aufbau der Wirtschaft als Wunder aus, das die Heiligsprechung des Privateigentums rechtfertigen mußte. Ein einziges Mal erhob sich Widerstand: gegen die Aufrüstung, die auf lange

Sicht nicht allein dem äußern, sondern auch dem innern Feinde galt und sich gegen eben jene Massen richtete, denen sie Sicherheit versprach. Doch der Protest gegen die Bewaffnung der Bundesrepublik sah diese Logik nicht. Er war zutiefst unpolitisch motiviert: mit emotionalem Widerwillen und moralischen Bedenken.

Am Ende dieser Entwicklung fragte sich die oppositionelle Intelligenz Westdeutschlands allen Ernstes: Gibt es noch ein Proletariat? Gibt es noch eine herrschende Klasse? Mit größerem Recht hätte sie sich fragen können: Gibt es noch eine oppositionelle Intelligenz?

8. Kontrastprogramm. Die herrschende Klasse hat, als einzige, das deutsche Desaster, für das sie verantwortlich ist, ungebrochen überstanden. Ihr Kern ist unversehrt: Finanz- und Industriekapital, Ministerial- und Justiz-Bürokratie, Kirche und Generalität haben die Kontinuität ihres Personals gesichert und ihre alten Machtpositionen neu gefestigt. (Größere Einbußen hatte, aus geographischen Gründen, der alte Großgrundbesitz zu verzeichnen.) Durch die Zuwahl von Managern, die in den Wirren der Nachkriegszeit zum Zuge kamen, und von Spitzenfunktionären der Sozialdemokratischen Partei und der Gewerkschaftsbürokratie hat sie sich nicht geschwächt, sondern gefestigt. Ihr Klassenbewußtsein ist völlig ungebrochen.

Der Preis für ihr Überleben war das Grundgesetz. Unter dem Druck der Alliierten hat das deutsche Kapital die Spielregeln der formalen Demokratie akzeptieren müssen. Innerlich hat es sich mit dieser Auflage niemals abgefunden. Wer die Verlautbarungen der Industrieverbände und die Äußerungen der hohen Ministerialbürokratie mit Verwunderung hört, der hat nicht begriffen, daß die herrschende Klasse in Deutschland die Verfassung immer nur als ein lästiges Provisorium betrachtet hat. Ihre plötzliche Bekehrung zur Demokratie war nie ernst gemeint. Nur die abhängigen Klassen und die Intelligenz haben sie für bare Münze genommen. Für ihre Langmut, ihre grenzenlose Naivität und ihr blindes Vertrauen gibt es kaum ein historisches Vorbild.

Der Sieg der Konterrevolution in Westdeutschland kommt nicht von ungefähr. Eine herrschende Klasse, die fähig ist, eine Nation zu ruinieren, ohne daß ihr das auch nur übelgenommen worden wäre, und die diese Nation so gut wie unangefochten weiterregieren kann, verdient es, daß man sie ernst nimmt; sie verdient die Bewunderung aller Zyniker.

Sie verdankt ihren Erfolg: ihrer Entschlossenheit, ihrer Kohärenz, ihrem Weitblick, ihrer überlegenen Strategie, ihrem weltweiten Horizont, ihrer Kooperation mit dem internationalen Kapital, ihrem Selbstvertrauen und ihrer Skrupellosigkeit.
Ihre Gegner verdanken ihre Niederlage: ihrem Mangel an Kühnheit, ihrer Zersplitterung, ihrer Kurzsichtigkeit, ihrer hilflosen Taktik, ihrem provinziellen Horizont, ihrer Isolation von den revolutionären Bewegungen in der Welt, ihrer Resignation und ihrem Idealismus.

9. Wegen Inventur geschlossen. Nach zwanzig Jahren der Opposition und der »Opposition«, der Gesellschaftskritik und der »Gesellschaftskritik«, ist es an der Zeit, Inventur zu machen. Die Hoffnungen, mit denen ein großer Teil der westdeutschen Intelligenz den Versuch der Alliierten begrüßt hat, in diesem Teil Deutschlands eine funktionsfähige parlamentarische Demokratie zu errichten, haben getrogen. Gutmütig, friedfertig und geduldig haben diese von rechts so genannten Linksintellektuellen versucht, die Verfassung beim Wort zu nehmen und die Gesellschaft der Bundesrepublik von ihren eigenen Prämissen her durch rationale Vorschläge und moralischen Zuspruch zu reformieren. Sie wollten die herrschende Klasse zur Vernunft bringen; sie hofften, der Leviathan des Spätkapitalismus werde mit den Deutschen ein Einsehen haben, wenn man ihn nur gehörig aufkläre.
Die Große Koalition hat diesen Illusionen ein Ende gemacht. Seither steht in Westdeutschland von der parlamentarischen Demokratie nur noch die Fassade. Eine organisierte Opposition existiert nicht mehr. Der konstitutionelle Souverän, das Volk, ist nicht mehr in der Lage, das regierende Parteienkartell zu beseitigen. Die Abstimmungen im Bundestag ratifizieren nur noch die Beschlüsse des Kartells. Debatten sind überflüssig geworden. Die Jagd auf die außerparlamentarische Opposition hat begonnen. Verfassungsänderungen, Manipulationen am Wahlrecht und Notstandsgesetze dienen der Konsolidierung dieses Zustandes. Die Probe aufs Exempel einer Regierung ohne das Volk und gegen das Volk ist bereits vollzogen: vom Fallex-Bunker aus hat der Ausschuß der herrschenden Klasse die Herrschaft über das Grundgesetz eingeübt. Mit den Bürgerkriegsmanövern der Bundeswehr hat die Aufrüstung gegen den inneren Feind einen vorläufigen Höhepunkt erreicht.
Diese Tatsachen zeigen, daß das politische System der Bundesrepublik

nicht mehr reparabel ist. Man muß ihm zustimmen, oder man muß es durch ein neues System ersetzen. Eine dritte Möglichkeit ist nicht abzusehen.

10. Stadtrundfahrt. Nicht die oppositionellen Intellektuellen haben diese Alternative gestellt und in aller Deutlichkeit entwickelt. Im Gegenteil, sie haben sich zwanzig Jahre lang bemüht, ihr auszuweichen. Die Staatsmacht selber hat die Frage der Revolution auf die Tagesordnung gesetzt. Und es waren nicht die etablierten Schriftsteller, Wissenschaftler und Publizisten, die diese Herausforderung annahmen; es waren die Studenten. Der erste Kern einer revolutionär gesinnten Opposition bildete sich in den Berliner Polizei-Pogromen dieses Sommers. Ihre Bedeutung läßt sich vorerst nicht abschätzen. Ihre Strategie ist unsicher. Ihr Programm ist vage. Ihre zahlenmäßige Stärke ist gering. Ihre Zukunftschancen sind unbestimmt. Aber sie haben schon jetzt einem jeden, der es sehen will, gezeigt, worauf dieses Gemeinwesen gründet: auf gewaltsamer Repression; sie haben gezeigt, daß der Staatsapparat zum Knüppel und zur Pistole greift, sobald der Souverän sich anschickt, von seinem Recht Besitz zu ergreifen. Und sie haben, nach zwanzig Jahren Gruppe 47, Manifesten, Anthologien und Wahlkontoren, die oppositionelle Intelligenz zum ersten Kassensturz genötigt.

11. Offenbarungseid. Die Kasse war leer. Diese linke Intelligenz war literarisch fleißig und fruchtbar, doch politisch im tiefsten Sinn unproduktiv. Sie bestand in der Hauptsache aus gebrannten Kindern, aus Alt-Sozialdemokraten, Neo-Liberalen und Spät-Jakobinern. Die einzige theoretische Basis, die sie verband, war eine unbestimmte Negation, nämlich der Antifaschismus. An das historische Trauma von 1945 blieb diese Intelligenz gebunden, fixiert an spezifisch deutsche Komplexe und Erscheinungen, von der Kollektivschuld bis zur Mauer, unfähig zu einem Internationalismus, der über die Rhetorik der Völkerverständigung hinausgegangen wäre. Moral ging ihr vor Politik. Der Sozialismus, dem sie anhing, blieb nebulös, schon aus Mangel an Kenntnissen; ihre soziologische Bildung war gering, ihre Auseinandersetzung mit dem Kommunismus neurotisch und vordergründig. Pazifismus und Philosemitismus waren vorherrschende Tendenzen; mit wissenschaftlichen, technologischen und ökonomischen Fragen hat sich diese Intelligenz wenig und spät beschäftigt. In politischen Dingen hat sie sich eher reagierend als agierend geltend gemacht. Zu Erfolgen hat sie es, nicht von ungefähr, nur auf einem einzigen Gebiet gebracht: bei der Verteidigung der Meinungsfreiheit, also bei der Vertretung ihrer eigenen Interessen und der Behauptung ihrer eigenen Privilegien – einer sicherlich legitimen, aber schwerlich hinreichenden politischen Aktivität.

Anständig, bescheiden und sentimental, immer darauf bedacht, das Schlimmste zu verhüten oder doch zu verzögern, haben diese Musterschüler des Reformismus zwanzig Jahre lang systemimmanente Verbesserungsvorschläge, aber keine radikalen Gegenentwürfe geliefert. Vielleicht hätten sie dem Namen, auf den ihre Gegner sie tauften, weniger Glauben schenken sollen; denn mit der Linken anderer europäischer Länder hatten die »Linksintellektuellen« in Deutschland bis vor kurzem kaum etwas gemein; ja sie konnten nicht einmal für den nötigen Austausch internationaler Informationen und Erfahrungen sorgen. Eine politische Theorie, die diesen Namen verdienen würde, haben sie nicht hervorgebracht. Die Niederlage der reformistischen Intelligenz in Deutschland ist vollkommen. Die Große Koalition von 1966 hat sie besiegelt, der Berliner Sommer von 1967 hat sie vor aller Augen demonstriert. Mit ihrem Narrenparadies ist es vorbei, die Zeit der schönen Selbsttäuschungen hat ein Ende.

12. Vor Nachahmung wird gewarnt. Gibt es, für technisch hochentwikkelte Industriegesellschaften, überhaupt eine revolutionäre Zukunft? Die Geschichte kann auf diese Frage keine Antwort geben. Die proletarischen Revolutionen der Alten Welt, ihre Siege und ihre Niederlagen, gehören einer früheren Phase der Industrialisierung an. Eine pauperisierte Arbeiterklasse hat sie getragen, geführt von einer straff organisierten Klassenpartei. Eine zentral gesteuerte Massenagitation, die Bildung konspirativer Kader und die klassische militärische Taktik der Barrikade und des Straßenkampfes entschieden über den Ausgang des Kampfes. Dieses Muster ist noch kein einziges Mal auf eine voll entwickelte Industriegesellschaft angewandt worden. Ausnahmefälle wie die Tschechoslowakei und das östliche Deutschland sind ohne Beweiskraft: was dort zum Sieg kam, war eine gewaltsam importierte Revolution, bis ins letzte Detail geprägt von einem fremden Vorbild und einer früheren Stufe der Industrialisierung verhaftet; ein Schema, das Ländern wie Bulgarien und Rumänien rasche Fortschritte brachte, führte, wo die Produktivkräfte weiter entfal-

tet waren, zu langanhaltender wirtschaftlicher Stagnation, politischer Unterdrückung und kultureller Regression.
Für die westlichen Metropolen sind die alten Voraussetzungen hinfällig, die alten Strategien der Revolution unbrauchbar geworden. Wenn es für sie eine revolutionäre Zukunft gibt, so wird diese Zukunft kaum Vorbilder in der Vergangenheit finden. In Europa, in den Vereinigten Staaten und in Japan geht es nicht mehr um die Befreiung von gesellschaftlicher Armut, sondern um die Freisetzung eines gesellschaftlichen Reichtums, der bereits vorhanden ist. Mit dem Mangel in den Metropolen ist das herrschende Gesellschaftssystem fertig geworden, mit dem Reichtum nicht: er explodiert und vergeht in Verschwendung, Zerstörung und Unterdrükkung.

13. Friedensware. Eine Revolution in Deutschland, die nichts weiter wäre als eine deutsche Revolution, ist nicht bloß unwahrscheinlich, sie ist undenkbar. Eine Handvoll von Guerillas, die im Hochland von Bolivien operieren, sind heute ein Phänomen, das die ganze Welt angeht. Die Strategen der Konterrevolution haben dafür gesorgt, daß die These vom Sozialismus in einem Land endgültig verdorben ist. Alles politische Handeln steht und fällt jetzt im Kontext der internationalen revolutionären Bewegung, von der kleinsten Demonstration bis zu den großen Entscheidungen, vor denen das amerikanische Volk steht. Deshalb, und nicht aus humanitären Gründen, ist der Krieg in Vietnam zu dem politischen Ereignis geworden, das dieses Jahrzehnt beherrscht.
Es ist abzusehen, daß die Gewalt im internationalen Maßstab zunehmen wird. Der Frieden ist, unter den herrschenden gesellschaftlichen Verhältnissen, eine Fiktion der Metropolen. In Wirklichkeit leben wir in einem permanenten Kriegszustand. Die Rückwirkungen auf unsere politischen Zustände werden von Jahr zu Jahr sichtbarer werden. Die gewaltsame Konterrevolution in Asien, Afrika und Lateinamerika wird auf die reichen Länder zurückschlagen. Wer mit Hungerkatastrophen dort und einem ruhigen Leben hier, mit Genozid in der Ferne und liberaler Toleranz zu Hause, mit blinder Gewalt nach außen und demokratischen Verhältnissen im Innern seine Rechnung macht, der ist ein Esel.

14. Rock und Hemd. Jede Identifikation mit den Befreiungsbewegungen in der Dritten Welt, die sich eine Überprüfung ihrer eigenen historischen

Lage erspart, ist voreilig und unfruchtbar. Es gibt in den reichen Ländern keine Bauern, die ihr Recht, als Menschen zu leben, im Kampf um eine Handvoll Reis verwirklichen. Auch die Solidarität der Intelligenz bleibt bloße Rhetorik, sofern sie sich nicht in politischen Handlungen äußert, deren Nutzen sich beweisen läßt.

Die kurzfristigen Interessen der Arbeiterklasse in den USA und in Europa sind den Interessen der Guerillas entgegengesetzt. Die Konterrevolution hat die Arbeiterklasse, wie schäbig auch immer, am Gewinn ihrer Operationen beteiligt, und sie läßt keinen Zweifel an ihrer Methode: »Vergeßt das eine nicht: Wir sind ganze zweihundert Millionen. Fast drei Milliarden stehen uns gegenüber. Sie wollen das haben, was wir haben. Aber sie werden es nicht kriegen – nicht von uns!« (Lyndon B. Johnson Anfang 1967 vor amerikanischen Soldaten in Camp Stanley, Südkorea. Zitiert nach *The New York Review*, 23. Februar 1967.) Jedesmal, wenn in den USA ein Rüstungsbetrieb oder eine Militärbasis geschlossen werden soll, kommt es zu gewerkschaftlichen Protesten und zu spontanen Streiks. Während Zehntausende von Studenten im November 1967 gegen die Anwesenheit von Werbern der Dow Chemical Company auf dem Gelände ihrer Universitäten demonstrierten, traten die Arbeiter dieses Unternehmens, das Napalm für den Vietnamkrieg produziert, in den Ausstand: sie forderten bessere Arbeitsbedingungen.

Der Interessengegensatz, der sich hier auftut, läßt sich durch Solidaritätsparolen nicht zudecken. Er zeigt das Ausmaß der vorherrschenden Manipulation. Wer das nicht sieht, verfällt einer gefährlichen Täuschung. Die Arbeiterklasse betrachtet die Äußerungen der Intellektuellen mit einem Mißtrauen, das historisch wohl begründet ist. Aufklärung ist nötig, aber nicht genug; die Bewußtseinsindustrie ist in festen Händen. Erst wenn sich die Verhältnisse im Innern der Metropole zuspitzen, werden die abhängigen Klassen anfangen, ihre Verstrickung zu durchschauen und ihre langfristigen Interessen zu erkennen. Unter denen, die zu solchen Einsichten heute schon fähig und verpflichtet sind, zeichnet sich eine Romantisierung der Dritten Welt ab, die unnütz und lächerlich ist. Wer die Erfahrungen der Guerillas ignoriert, ist ein Reaktionär; wer sie unbesehen kopieren möchte, ist ein Illusionist. Die nüchterne Vermittlung zwischen den Befreiungsbewegungen in der Dritten Welt und der politischen Aktion in den Metropolen ist eine Aufgabe, deren Schwierigkeiten bisher kaum erkannt, geschweige denn gelöst sind.

15. Leibwächter der Wirklichkeit. Die Stabilität unseres gesellschaftlichen Systems ist offensichtlich von außen her bedroht; von innen her betrachtet, scheint sie unbegrenzt. Solange seine technische Produktivität wächst, und so lange ein Teil dieses Zuwachses als gesteigerter Konsumstandard ausgeschüttet wird, scheint der totale Konsensus gesichert; die Entpolitisierung der Massen schreitet fort; in einem Milieu der allgemeinen Zustimmung erscheint revolutionäre Opposition als Schrulle. Ein hochdotiertes Korps von *reality teachers* begegnet ihr mit dem auftrumpfenden Hinweis auf die »Wirklichkeit«, das heißt, den movens quo, von dem vorausgesetzt wird, daß alle seine Parameter bekannt sind. Dieser Realitätsbegriff geht von der Fiktion aus, als sei der historische Prozeß prinzipiell vorherseh- und kontrollierbar. Dem entspricht eine systemimmanente Zukunftsplanung, die mit quasi-wissenschaftlichen Mitteln einen störungsfreien Ablauf der Geschichte garantieren, das heißt, letzten Endes, die Geschichte als solche abschaffen soll.
Wie wenig die Strategen des Systems an ihre eigenen Fiktionen glauben, ist an ihrem Flußdiagramm selbst abzulesen. Die zentralen Funktionen ihrer Entwürfe sind die der Überwachung, der Manipulation und der Unterdrückung. Die Mittel, derer sich das System bedient, um sich unangreifbar zu machen, zeigen seine Anfälligkeit.

16. Physikstunde. Krisen-Management. Ein Jongleur ist erfolgreich in dem Maß, in dem er sich gegen die Schwerkraft und die Gesetze der Mechanik behaupten kann. Er hat es mit einem äußerst labilen System von Bällen zu tun. Seine Kunst besteht darin, dieses System als ein stabiles erscheinen zu lassen. Training und Geschicklichkeit befähigen ihn dazu. Ein ehrgeiziger Jongleur neigt dazu, mit immer größeren und komplizierteren Systemen zu arbeiten. Die Zahl der Bälle und ihr Gewicht nimmt zu; Scheiben und Ringe, unregelmäßig geformte, unhandliche Objekte, riesige und winzige Gegenstände kommen ins Spiel. Die Erfolge des Jongleurs berauschen das Publikum, er ist der Größte, ein Manipulator ohnegleichen. Die Gravitation scheint abgeschafft, die Stabilität seines Systems gesichert. Ein Fehlgriff genügt, und es bricht zusammen. Der Jongleur ist ruiniert.
Schwingkreis. Zwanzig Personen betreten eine stählerne Brücke, die zweitausend Personen tragen kann; sie richten ihre Gangart so ein, daß sie die Resonanzfrequenz der Brücke treffen. Ihre mechanischen Kräfte sind ge-

ringfügig, gemessen an der Festigkeit der Konstruktion; doch die Schwingungen, die sie der Brücke mitteilen, verstärken sich selbst durch Rückkopplung; der Punkt ist absehbar, an dem die Brücke einstürzt.
Reaktor. Bei jedem Schritt einer Kettenreaktion erzeugt ein Neutron weitere Neutronen, dergestalt, daß der durchschnittliche Multiplikator k größer als eins ist; eine gewisse Zahl von Neutronen entkommt oder geht verloren; dadurch vermindert sich der Faktor k; um diese Verluste auszugleichen, ist eine kritische Mindestgröße erforderlich; wenn k den Wert eins überschreitet, nimmt die Anzahl der Reaktionen exponentiell zu; an gewissen Stellen des Reaktors werden deshalb Regelstäbe eingebracht, um überschüssige Neutronen zu absorbieren. Auf diese Weise kann der Faktor k unter Kontrolle gehalten werden. Wer diese Stellen kennt und sich Zugang zu ihnen verschaffen kann, entscheidet über die Stabilität des Systems. Wer dagegen den Reaktor mit Schmiedehämmern angreift, ruft allenfalls Blechschäden hervor.

17. Rabattmarken. Die Fähigkeit des gesellschaftlichen Systems der Metropolen, seine äußeren und inneren Gegner zu integrieren, ist begrenzt.
Die Konflikte mit der armen Außenwelt sind manifest und mörderisch. Alle Integrationsversuche mit den Mitteln der sogenannten Entwicklungshilfe, vom Point Four Program bis zur Allianz für den Fortschritt, sind gescheitert.
Auch nach innen nimmt der Spielraum ab, innerhalb dessen das System ohne offene Gewaltanwendung operieren kann. Und zwar ist es gerade die bewundernswerte Lernfähigkeit der herrschenden Klasse, die diesen Spielraum kontinuierlich einschränkt. Der Plankapitalismus kann nur überleben, wenn es ihm gelingt, tiefe ökonomische und innenpolitische Krisen zu verhindern. Das ist nur möglich durch immer größere materielle und immaterielle Zugeständnisse an die abhängigen Massen. Diese Zugeständnisse sind jedoch irreversibel. Sie können nicht zurückgenommen werden, ohne daß es zu gewaltsamen Konflikten im Innern der Metropolen kommt. Auf diese Weise setzt der irrationale »Fortschritt« wachsende Risiken frei.

18. Schlange am Busen. Ein solches Risiko liegt beispielsweise in der zunehmenden Intellektualisierung der industriellen Arbeitsprozesse. Auch dieser Vorgang ist irreversibel. Er führt zu einer Bildungspolitik, die

einen zunehmenden Anteil der Bevölkerung unter Dreißig jahrelang vom Produktionsprozeß freisetzen muß. Diese wachsende Population muß also einerseits privilegiert, andererseits unter Kontrolle gehalten werden. Die Schwierigkeiten liegen auf der Hand.
Mehr und mehr sind es diese Privilegierten, Studenten und Intellektuelle, die das System direkt angreifen, eine Ironie, die der Plankapitalismus nicht vorhergesehen hat und die deshalb besondere Wut hervorruft. Die Logik des Prozesses ist jedoch leicht einzusehen. Je mehr die Repression verfeinert und verinnerlicht wird, je mehr Selbstzensur und Selbststeuerung an die Stelle von äußerem Zwang und direkter Indoktrination treten, je mehr also die Unterdrückten ihre eigene Unterdrückung akzeptieren, ja verteidigen, desto mehr wird Systemopposition selber zu einem Privileg, zu einer Sache, die sich nur derjenige leisten kann, der die Chance hat, ein Bewußtsein zu entwickeln, das nicht gänzlich an den Konsumzwang und an die Muster der Massenmanipulation gebunden ist. Die Gefahr der Ansteckung ist absehbar, und zwar ganz gleichgültig, welche Strategie eingeschlagen wird. Man kann versuchen, die Opposition dieser überwiegend jungen Privilegierten zusammenzuschlagen. Diese Methode führt zu innerpolitischen Krisen; sie schlägt überdies, ebenso wie eine Verminderung der studierenden Bevölkerung, auf den technologischen Prozeß und damit, auf längere Sicht, auf das ökonomische Wachstum zurück. Überläßt man hingegen diesen Gruppen die Initiative, so ist es nicht ausgeschlossen, daß sie an irgendeinem Punkt Resonanzschwingungen erzeugen.

19. Randerscheinungen. Selbstverständlich sind weder die Studenten noch die Intellektuellen »das revolutionäre Subjekt«. Die Entscheidung wird letzten Endes, wie in allen früheren Revolutionen, bei den abhängigen Massen liegen. Ebenso klar lehrt die Geschichte jedoch, daß es stets Minderheiten sind, die den revolutionären Prozeß in Gang setzen. Wer sich heute auf die Suche nach jenem »Subjekt« schicken läßt, erliegt einer Mystifikation. Unter den gegenwärtigen Verhältnissen hat dieser Singular keinen Sinn. Vielmehr sieht sich die herrschende Klasse einem Konglomerat von wirklichen und potentiellen Gegnern konfrontiert, das keine eindeutige Definition mehr zuläßt. Diese Randgruppen sind disparat bis zur Groteske: Schüler, Deserteure, Arbeitslose, Philosophen, Hippies, Studenten, Neger, Automationsrentner, Altkommunisten, Gastarbeiter, unzufriedene Frauen, Bergarbeiter, Ostermarschierer – eine Liste, die sich verlängern und je nach den lokalen Umständen variieren ließe. Sie macht indessen klar, daß die Klassenbasis der Systemopposition schwach und uneinheitlich ist. Das System sieht sich nicht einer homogenen, festgefügten Organisation gegenüber, die stetig wächst und über eine klare Strategie verfügt. Es befindet sich vielmehr in der Lage eines Jongleurs, der mit einer wachsenden Zahl von disparaten Bällen operieren muß. Die Schwächen einer solchen Opposition liegen auf der Hand; andererseits ist sie schwer zu kontrollieren, gerade weil sie extrem dezentralisiert ist. Starke, plötzliche Fluktuationen, große Spontaneität, unvorhersehbare Vorstöße und Rückzüge, Wechsel von Konzentration und Dispersion erschweren ihre Unterdrückung. Die Möglichkeit von Kettenreaktionen ist nicht auszuschließen.

Unter den Bedingungen zunehmender äußerer Instabilität läßt sich eine Situation denken, an der jene Randgruppen erkennen, daß es in Wirklichkeit das System selber ist, das an der politischen Weltperipherie, mit dem Rücken zur Wand, kämpft. Wenn eine solche Lage eintritt, kann ihm die Passivität der Massen, die es herangezüchtet hat, zum Verhängnis werden. Dann wendet sich die Frage um: die herrschende Klasse sucht vergeblich nach einem konterrevolutionären Subjekt, das sich für ihre Zwecke mobilisieren ließe.

20. *Freund und Helfer.* Theorie ohne Praxis ist Attentismus. Jeder analytisch einigermaßen geschulte Kopf ist in der Lage, eine unendliche Menge von Gründen auszuwerfen, die fürs Abwarten sprechen, dafür, daß es jeweils zu früh oder zu spät sei. Schon deshalb ist jede Theorie, die nicht durch Aktionen gedeckt, korrigiert und vorangetrieben wird, wertlos. Zu mißtrauen ist ferner jeder Analyse, die vorgibt, präzise Aussagen über die gegenwärtig gegebenen Möglichkeiten machen zu können. Eine Theorie, die dazu in der Lage wäre, existiert nicht, und die Frage ist berechtigt, ob sie überhaupt denkbar wäre.

Die winzigste politische Handlung kann unter den Verhältnissen, mit denen wir es zu tun haben, zu neuen Erkenntnissen führen. Selbst scheinbar zweideutige, blinde, ja unsinnige Aktionen kleinster Gruppen haben in der letzten Zeit Ereignisse ausgelöst, deren Signalcharakter unbestreitbar ist.

Keine abstrakte Einsicht in den repressiven Charakter des Systems kann die physische Erfahrung der Unterdrückung ersetzen. Polizei, Justiz und Geheimdienst sind die wichtigsten Freunde und Helfer der Systemopposition. Die Todesangst des Systems kann nur in der eigenen Angst begriffen werden. Zerstörung der bürgerlichen Respektabilität, wirtschaftlicher Druck, Überwachung, Geldstrafen, Verhaftung, Gefängnis, unmittelbare physische Bedrohung: mit diesen Mitteln hat der staatliche Gewaltapparat bereits einen harten Kern von Oppositionellen ausgebildet. In den kommenden Jahren werden Tausende diese Hochschule der Revolution durchlaufen. Damit schafft sich das System Feinde auf Lebenszeit. Die Erfahrungen, die heute auf Polizeiwachen, Amtsgerichten, Verfassungsschutz-Ämtern und in Untersuchungsgefängnissen gesammelt werden, sind die einzig wahre Staatsbürgerkunde, welche diese Republik zu bieten hat.

21. Lebenslüge. Sie bezeichnen zugleich die Verfassungswirklichkeit des Landes.
Die Liberalen aller Spielarten geben vor, die Verfassung zu verteidigen, doch die Heiligkeit, die sie ihr zuschreiben möchten, ist die einer Heiligen Kuh. Was die Liberalen schützen, ist das Recht der Verfassung, ungehindert zu verhungern.
Gegen diese Liberalen ist zu sagen: Die Verfassung ist die Lebenslüge des Systems. Zwischen ihren Garantien und den Interessen der herrschenden Klasse klafft ein Widerspruch, der sich nicht länger zudecken läßt. Das Grundgesetz garantiert das Recht auf die Unverletzlichkeit der Person, das Koalitionsrecht, das Recht auf freie Meinungsäußerung, das Streikrecht und das Recht auf Widerstand. Diese Bestimmungen bedrohen den Bestand des Systems. Die Verfassung selber ist staatsgefährdend.
Deshalb hat der Ausschuß, der in Bonn regiert, innerhalb von achtzehn Jahren am Grundgesetz der Bundesrepublik fünfzehn Änderungen vorgenommen. Deshalb haben führende Mitglieder dieses Ausschusses ihre Verachtung für die Verfassung bereits in den fünfziger Jahren öffentlich erklärt. Deshalb hat dieser Ausschuß Gesetze beschlossen, die verfassungswidrig sind. Deshalb hat dieser Ausschuß schon geprobt, wie es sich gegen das Grundgesetz regiert. Deshalb ist dieser Ausschuß entschlossen, das Grundgesetz durch eine Notstandsverfassung außer Kraft zu setzen.
Die Verfassung ist ein Versprechen, das die herrschende Klasse weder halten kann noch halten will. Nur die Revolution kann es einlösen.

22. Alle Rechte vorbehalten. Jeder Streit darüber, ob die Systemopposition sich direkter oder indirekter, legaler oder illegaler, gewaltloser oder gewaltsamer Methoden zu bedienen habe, ist überflüssig. Sie ist verloren, wenn sie sich aufs eine oder aufs andere von vornherein festlegt und Grenzen anerkennt, die ihr der Gegner vorzeichnet. Ihre Taktik muß gerade darin bestehen, diese Spielregeln in Frage zu stellen, ihre Mittel der Situation anzupassen, immer neue Mittel zu erfinden, zu erproben, fallenzulassen und wieder aufzugreifen. Sie muß die Initiative behalten und das Überraschungsmoment ausnutzen. Sie muß an den Grenzen der Legalität operieren und diese Grenzen ständig nach beiden Richtungen überschreiten. Was die Gewalt betrifft, so geht sie nicht vom Volke, sondern vom Staatsapparat aus. Sie ist immer schon da. Man kann ihr ausweichen, man kann sie überspielen, aber man kann sie nicht aus moralischen Gründen abschaffen. Ein moralisches Problem ist sie für die Revolution nur in einer Hinsicht. Alle bisherigen Revolutionen haben sich durch die Inhumanität ihrer Gegner infizieren lassen. Dieses Problem ist ernst; aber es kann nur von denen gelöst werden, die die Revolution machen. Sie werden sich dabei nicht von ihren Gegnern beraten lassen.

23. Waldesstille. Radikalität ist in Deutschland ein Schimpfwort. Wir haben, so schallt es aus dem liberalen Wäldchen, Verständnis für euer Anliegen, aber ihr isoliert euch selber, ihr geht zu weit, ihr verscherzt euch unsere Sympathien. Vor allem aber denkt an die Faschisten. Ihr müßt immer an die Faschisten denken. Denen helft ihr, denen treibt ihr die Leute in die Arme. Deshalb raten wir euch: laßt eure Faxen sein, kommt zu uns, da sieht euch niemand, da findet ihr Verständnis, da erzeugt ihr keinen *backlash,* da richtet ihr keinen Schaden an, in unserem Wäldchen ist immer noch Platz.

Nur schade, daß sich an dieses Raisonnement der Faschismus nicht halten will. Oder glaubt ihr, Hitler und seine Auftraggeber hätten seufzend resigniert, wenn die Kommunistische Partei sich 1929 freiwillig aufgelöst hätte? War Tucholsky schuld an Goebbels? Hätte er nur den Mund zu halten brauchen, und die Geschichte wäre still gestanden?

Darauf läuft das Argument hinaus: auf die Sehnsucht nach der absoluten Stasis, dem allgemeinen Stillhalteabkommen. Ein bißchen Rücksicht auf die Liberalen, und Ho Chi Minh fiele dem General Westmoreland um den Hals, statt sich einer des andern Sympathien zu verscherzen.

24. Parteiabzeichen. Der schwächste Punkt der Systemopposition ist ihre Unfähigkeit, neue Organisationsformen zu entwickeln. Daß die alten Formen der Kaderpartei nicht mehr brauchbar sind, liegt auf der Hand. Die kommunistischen Parteien in den westlichen Metropolen sind stalinistisch degeneriert; sie haben keine Demokratie nach innen und kein brauchbares Programm nach außen. Ihre Einheit ist mit dem Preis des Opportunismus teuer erkauft. Eine revolutionäre Perspektive bieten sie nicht.
Da der Systemopposition in den Metropolen eine starke Klassenbasis fehlt, ist an eine Parteigründung nicht zu denken. Der parlamentarische Weg zum Sozialismus ist ohnehin, wie zuletzt das griechische Beispiel gezeigt hat, eine Chimäre. Aber auch aus inneren Gründen taugen die alten Muster nicht mehr. Reale Demokratie, Dezentralisierung der Entscheidungen, Kooperation statt Subordination: diese elementaren Forderungen, die sie an jede künftige Gesellschaft stellt, muß die Opposition allererst in den Formen ihrer eigenen Organisation zu verwirklichen suchen.

25. Rückfrage. Eine revolutionäre Wissenschaft für die Gegenwart und für die Zukunft der Metropolen gibt es nicht. Wir haben die Klassiker aus dem letzten Jahrhundert, Lenin und Trotzki, Nachrichten aus dem Fernen Osten und aus Lateinamerika. Aus Kalifornien importierten wir Marcuse. Aus eigenen Beständen verfügen wir über Interpretationen von Becketts *Endspiel,* Abhandlungen über die Psychoanalyse des Nationalsozialismus, Schriften zur Hegel-Exegese und andere Klavierauszüge.
Wir brauchen eine Forschung, die revolutionäre Alternativen zur Lösung aller wichtigen politischen und gesellschaftlichen Fragen entwickelt; eine Forschung, die unsere Bedürfnisse erkennt und unsere Wünsche ernstnimmt, deren Einbildungskraft sich von den vorgegebenen Mustern befreit, die den Mut zur konkreten Utopie aufbringt.
Je früher dabei drei naheliegende Mißverständnisse aufgeklärt werden, desto besser.
Es handelt sich hier nicht um die beliebte Frage nach dem Positiven. Diese Frage wird hierzulande stets von den Voraussetzungen des Systems her gestellt; an ihm soll gemessen werden, was »negativ« und was »positiv« ist, und nicht an den Möglichkeiten, die das System bedrohen. So verstanden, ist die Frage nach dem Positiven ein durchsichtiger Schwindel. Sie enthält jedoch auch einen richtigen Kern. Wer sich weigert, seine Vorstel-

lungen von einer anderen Gesellschaft zu präzisieren, sei es auf Grund von methodischen Skrupeln, sei es mit dem Argument, nur die siegreiche Revolution könne Aussagen über ihre eigene Zukunft machen, der begibt sich nicht nur jeder Überzeugungskraft: er bekennt seine Unfruchtbarkeit.

Es handelt sich nicht um das kurrente faktengläubige Prognosenwesen, das letzten Endes immer nur die bloße Verlängerung des Gegebenen postuliert; und es handelt sich schließlich nicht darum, dem herrschenden Expertenkult beizutreten; wer den Milchpfennig in Schleswig-Holstein nicht studiert habe, sei nicht berechtigt, in der Politik mitzureden, und wer nicht einen Monat auf das Studium der Vietnam-Hearings verwendet und sich außerdem an Ort und Stelle vom Hubschrauber aus informiert habe, der solle lieber den Mund halten: das ist positivistische Bauernfängerei. In Sachen der Revolution ist jeder Mensch ein Experte, der sich von den historisch längst hinfälligen »Sachzwängen« eines repressiven Gesellschaftssystems nicht einschüchtern läßt.

Die Optionen aber, die einem jeden Menschen in der Zukunft offenstehen, müssen erst freigelegt und erforscht werden. Das geschieht nicht. Unkenntnis und Dilettantismus beherrschen das Feld.

Welche Möglichkeiten der Selbstverwaltung bestehen in technisch hochentwickelten Industriegesellschaften? Wieweit und auf welche Weise lassen sich große und komplizierte Produktions- und Distributionssysteme dezentralisieren? Wie kann die ständige Teilnahme aller an den politischen und ökonomischen Entscheidungen, die sie selbst betreffen, technisch ermöglicht und institutionell gesichert werden? Wie läßt sich die gesellschaftliche Arbeit mit einem Minimum an Reglementierung teilen? Wie kann der technologische Prozeß derart unter Kontrolle gehalten werden, daß die Aussicht besteht, psychologisch und biologisch erträgliche Umweltsbedingungen wiederherzustellen? Welche Möglichkeiten zur Regelung gesellschaftlicher Konflikte lassen sich entwickeln? Welche Teile des alten Staatsapparates lassen sich unverzüglich auflösen, welche müssen umfunktioniert werden? Auf welche Weise können Schulen und Hochschulen in der Gesellschaft aufgehen, so daß der Arbeitsprozeß in einen Lernprozeß mündet?

Das wissen wir nicht.

26. Horror-Film. Das Gespenst der Revolution flößt Millionen unserer Mitbürger sinnlose Angst ein. Die Revolution, das ist die blutige Hand, die Zensur, die GPU, das Lager, der Stacheldraht, die Brotkarte, die Beschlagnahmung. Es ist nicht der Faschismus, den wir erlebt haben, der diese Ängste einjagt; es ist die Revolution, die ausgeblieben ist. Solange es der Systemopposition nur darum geht, ihren eigenen Protest, nicht aber die gesellschaftlichen Möglichkeiten zu demonstrieren; solange sie es nicht versteht, die tiefsten Wünsche und Bedürfnisse der Massen zu wecken; solange sie die Massen jener Angst überläßt, die ihr die Bewußtseinsindustrie jeden Tag neu suggeriert, und das ist die Angst vor ihren eigenen Wünschen und Bedürfnissen – so lange wird die Revolution in Deutschland ein Gespenst bleiben.

27. Büchmann für Fortgeschrittene. »Der Imperialismus und alle Reaktionäre sind Papiertiger: das ist ihr Wesen. Darauf beruht unser strategisches Denken. Andererseits sind sie aber auch lebendige Tiger, eiserne Tiger, wirkliche Tiger: sie fressen Menschen. Darauf beruht unser taktisches Denken.«
Kurzfristige Hoffnungen sind eitel. Langfristige Resignation ist selbstmörderisch.

Postskriptum. Diese Notizen heißen Gemeinplätze, weil sie keinem Einzelnen gehören; Berliner Gemeinplätze, weil sie auf den Plätzen dieser Stadt demonstriert worden sind. Ich zeichne sie auf in der Hoffnung, daß sie zu deutschen Gemeinplätzen werden.
Sofern in ihnen Kritik geübt wird, betrifft sie mich selbst so gut wie andere. Lesern, die den Wunsch hegen, mich auf Widersprüchen zu ertappen, kann mit einigen *loci personales* geholfen werden. Beispielsweise: zur Frage des Revisionismus vgl. *Einzelheiten*, S. 355; für systemimmanente Verbesserungsvorschläge, siehe *Kursbuch* 4, S. 1–54; zur Frage des *reality teaching* vgl. *Kursbuch* 6, S. 176.

Anmerkung der Redaktion

Der Artikel von Peter Weiß am Anfang dieses Heftes erschien zuerst, in schwedischer Sprache, in der Stockholmer Zeitung *Dagens Nyheter* vom 14. November 1967. Der Chefredakteur des Blattes schrieb eine Erwiderung, aus der wir die folgenden Sätze zitieren:

»Was wir in unserer Welt nach altem Herkommen *Arbeiter* nennen, das sind Leute, die so wenig wie irgendeine andere Gruppe in der Geschichte gesonnen sind, ihre privilegierte Stellung aufzugeben. Wir genießen unseren Wohlstand alle miteinander, wenn auch auf verschiedenem Niveau. In manchen Ländern sind die Gewerkschaften in ihrem außenpolitischen Urteil ausgesprochen konservativ. Bei meinem letzten Besuch in New York weigerte sich die Gewerkschaft der Autobuschauffeure, Demonstranten gegen den Krieg in Vietnam nach Washington zu fahren. Das ist kein Einzelfall ... Der Optimismus, den Peter Weiss zur Schau trägt, rührt daher, daß er in seine weltpolitische Gleichung einen Luftposten einführt: eine revolutionäre Arbeiterklasse ... Die reiche Welt besteht aus uns allen und nicht nur aus einer Anzahl von Millionären, die schließlich nicht allzu schwer zu zähmen wären. Die Realität der Gegenwart ist die Übermacht dieser reichen Welt im Zeichen einer überlegenen Technik. Peter Weissens Optimismus gründet auf einer Illusion ... Unsere Aufgabe ist es, auf dem Weg der Empiriker, der Revisionisten, dem Weg des unermüdlichen Experiments, der Aufklärung und des Raisonnements weiter fortzuschreiten.«

Dagens Nyheter ist eine liberale Zeitung.

Imperialismus und Revolution in Lateinamerika ist eine redaktionelle Kollektivarbeit der italienischen Zeitschriften *Quaderni rossi, Quaderni piacentini* und *Classe e Stato,* die als Sonderheft der *Quaderni piacentini* 31 publiziert worden ist. Als Mitarbeiter, Rechercheure und Übersetzer sind zu nennen: Silvio Bova, Cesare Capellino, Mario Carrara, Francesco Ciafaloni, Maria Coletti, Franco Coni, Giovanni Dettori, Glauco Felici, Meri Franco Lao, Franco Gelasso, Pinzi Giampiccoli, Laura Gonsalez, Lillana Lanzardo, Dario Lanzardo, Gabriella Lapasini, Edoarda Masi, Marina Piazza, Manuel Pujadas, Vittorio Rieser, Silveria Russo, Salvatore Sechi, Maria Grazia Serafini, Renato Solmi und Cesare Vitton. Wir danken der Redaktion für die Erlaubnis, wesentliche Teile des Sonderheftes zu übernehmen. *Imperialismus und kapitalistische Entwicklung. Der bewaffnete Aufstand. Internationaler Kontext: China, Cuba, Vietnam. Interview mit Douglas Bravo. Lateinamerikanische Annalen.*

Ein Gedanke für die Zukunft

Für ein künftiges *Kursbuch* zu dem Thema *Kritik der Zukunft* schreibt die Redaktion einen Preis von DM 1000 aus. Prämiiert wird der beste Gedanke für die Zukunft. Gemeint ist damit keine bloße Extrapolation erkennbarer Trends, und erst recht nicht irgendeine technologische Neuerung, sondern eine konkrete utopische Konzeption, beispielsweise auf dem Gebiet der gesellschaftlichen Kontrolle von Produktions- und Publikationsmitteln, der Schule oder des Städtebaus. Die politischen und gesellschaftlichen Voraussetzungen, die dabei gemacht, und die gewählten zeitlichen und räumlichen Grenzen des Entwurfs brauchen nicht exakt begründet, sie müssen aber ausgewiesen werden. Der prämiierte Beitrag wird im *Kursbuch* veröffentlicht, die übrigen Einsendungen werden ausgewertet. Sollte dieses Ausschreiben ohne Ergebnis bleiben, so wäre auch dieser Fehlschlag ein Indiz.

Maximaler Manuskriptumfang: 10 Schreibmaschinenseiten. Adresse: Redaktion *Kursbuch*, Suhrkamp Verlag, Postfach 2446, 6 Frankfurt/Main. Einsendeschluß: 31. März 1968.

Kursbuch 12 1968

Der nicht erklärte Notstand

Kursbuch
Herausgegeben von Hans Magnus Enzensberger

Kursbuch 12 April 1968

Der nicht erklärte Notstand
Dokumentation und Analyse eines Berliner Sommers
von Peter Damerow, Peter Furth, Odo von Greiff, Maria Jordan und Eberhard Schulz

Präambel
Brief eines Berliners an den AStA der Freien Universität

... Derartige Straßenkrawalle sind keine Protestdemonstrationen, das ist offene Auflehnung gegen die bestehende Ordnung unserer Gesellschaft. Das was hier geboten wurde, ist ein elementarer Verstoß gegen die Höflichkeitsformen unseres Volkes. Man verunglimpft nicht das eigene Staatsoberhaupt, wie man auch zu ihm steht, oder einen Staatsgast in der Weise, wie es durch steckbriefartige Flugblätter wie ›Mord‹ u. a. getan wurde. Das ist kriminell. Es zeigt, daß ihre Schöpfer politische Wirrköpfe, unreif oder bewußt undemokratisch sind und erst recht kein Nationalgefühl haben. In den letzteren drei Fällen haben diese Leute nichts auf einer Universität zu suchen und schon gar nicht bei uns in Westberlin. (...)
Wir Berliner haben genug Sorgen, gewiß, doch Sie machen uns auch welche! Man bekommt Angst vor der Zukunft, weil man sich fragt, soll das einmal unsere führende Schicht werden? Heute stellen sie sich gegen Sicherheit und Ordnung mit Eiern und Tomaten, sie randalieren gegen jeden und alles. Was werden sie erst tun, wenn sie in den führenden Positionen stehen? Man fühlt sich an die Zeit vor den 30er Jahren erinnert, den Straßenkämpfen vor der Machtübernahme durch das NS-Regime. Und Pankow und Moskau applaudieren. Merken sie nicht, wie sie von denen mißbraucht werden? (...) Sie werden langsam zum roten Tuch! Der Pöbel in der Bismarckstraße ist den polizeilichen Aufforderungen nicht gefolgt. Das ging bis zum Landfriedensbruch. (...)
Es gibt keinen Polizeiterror, wenn man ihn nicht herausfordert. Die Mehrheit der Berliner gibt nicht der Polizei oder dem Staatsbesuch die Schuld, sondern eindeutig den an diesen Vorfällen nach Provomanier auftretenden Jugendlichen und Studenten.
Man kann der Polizei den Vorwurf nicht ersparen, früher nicht hart und schnell durchgegriffen zu haben, z. B. Samstag vor Heiligabend 1966. Wir Berliner lassen uns nicht schlechthin gegen Studenten aufhetzen. Es gibt viele vernünftige Studenten. Es ist auch die Mehrzahl (...) Das läßt uns hoffen, daß sie wieder vernünftig werden, wie es sich für reife und strebsame Schüler gehört. Nämlich höflich, bescheiden, strebsam, Achtung vor dem Alter, dem Arbeiter und dem anderen Geschlecht gegenüber. Wenn sie diese Normen erfüllen, können sie auf die Sympathie der Berliner rechnen. Doch zur Zeit sollten sie leise treten und sich zurückhalten, sie haben viel gutzumachen. Wie kleine ungezogene Kinder haben sie sich benommen, deshalb wurden sie gezüchtigt. (...)
Was heißt Friedhofsruhe? Die haben wir im Osten ...

Polizei I: An der Bürgerkriegsfront oder: Die permanente Notwehr

Am 2. Juni 1967 wurden die ungelösten Spannungen in der Gesellschaft West-Berlins in vielfacher Vergrößerung sichtbar. Sie deutlich gemacht zu haben, war vor allem das Werk der Polizei, deren massiertes Hervortreten ihrer Funktion nach immer eine ultima ratio der Herrschaft ist. Es ist kennzeichnend für den Zustand einer Gesellschaft, wie früh oder wie spät diese ultima ratio angewandt wird. Und in ihr rächt oder bewährt sich die Vergangenheit dieser Gesellschaft, die Verhaltensweisen geprägt hat, längst bevor diese sich entfalten konnten. Nach dem Verhalten der Polizei am 2. Juni 1967 zu fragen – eine der Aufgaben des Untersuchungsausschusses des Abgeordnetenhauses von Berlin –, mußte heißen, nach ihrer Geschichte, ihrer Ausbildung, ihrer Ideologie zu fragen. Der Zustand West-Berlins erwies sich darin, daß nicht danach gefragt wurde.

Im Kalten Krieg, als einem latenten Bürgerkrieg, kam der Polizei von Anfang an eine besondere Rolle zu. Einer der ersten Konflikte im Berlin der Nachkriegszeit entzündete sich an der Frage nach der Kontrolle über die Polizei, die denn auch schon 1948, unmittelbar nach Beginn der Blokkade, gespalten wurde. Fortan gab es getrennte Polizeiverwaltungen im Ostsektor und in den Westsektoren.

Im westlichen Deutschland war der erste Schritt zur Aufrüstung bekanntlich die Bildung einer besonderen Polizeitruppe, des Bundesgrenzschutzes. Die Polizei wurde jahrelang für militärische Einsätze im Sinne alter Heeresdienstvorschriften ausgebildet. Nach dem Willen der Bundesregierung sollte sie im Kriege Kombattantenstatus erhalten – und offensichtlich auch militärische Aufgaben. Werner *Kuhlmann,* Vorsitzender der Gewerkschaft der Polizei, zitiert aus einer auf Betreiben seiner Organisation inzwischen abgeschafften Polizei-Dienstvorschrift:

»Stoßtrupps sind die Träger des Kampfes, der oft durch Nahkampf mit Handgranaten, Pistolen und Maschinenpistolen gekennzeichnet ist.«

»Mit Angriffsbeginn setzen zunächst die Angriffsgruppen der ersten Welle in breitester Front mit kleinen, möglichst schnellen Übersetzmitteln über den Fluß. Während des ersten Übersetzens halten die eigenen Sonderwaffen auf dem diesseitigen Ufer die unmittelbar am jenseitigen Ufer erkannten Stellungen des Störers mit einem starken Feuerschlag nieder.«

Der Vorsitzende der Polizeigewerkschaft knüpft an eine Ausbildung dieser Art die Frage: »Wer wollte sich aber noch ernstlich darüber wundern, daß eine auf militärische Einsätze gedrillte Polizei sich eines Tages nicht mehr so zivil gibt, wie die Öffentlichkeit es von ihr erwartet?«[1] Noch der jüngste Entwurf der Bundesregierung für eine Notstandsgesetzgebung will den Streitkräften im Falle des »äußeren« und des »inneren« Notstandes Polizeifunktionen übertragen.[2] Damit würde die Polizei wiederum ins Schlepptau der Armee genommen. Aber auch die in allen Bundesländern schon heute geltenden Vorschriften für den »Außergewöhnlichen Sicherheits- und Ordnungsdienst« (VfdP 100) sind auf die Bekämpfung »innerer Unruhen« und bewaffneter »Störer«, die Abwehr von »Terroraktionen und Sabotageversuchen« ausgerichtet; die allgemeine Polizeiausbildung erstreckt sich unter anderem auf den Umgang mit Maschinenpistolen, Maschinengewehren und Handgranaten. Vorbereitungen für den Fall des Bürgerkriegs gehören also zum Programm.
Die Ausrüstung der Polizei ist dieser Aufgabe angepaßt. Die Bereitschaftspolizei der Länder wird aufgrund eines Verwaltungsabkommens zwischen Bund und Ländern von der Bundesregierung ausgerüstet, und zwar – laut *Zeit* vom 20. Oktober 1967 – unter anderem mit 162 Granatwerfern Kaliber 55 mm, 36 Granatwerfern Kaliber 81 mm (beide sind spanische Modelle), Maschinengewehren, Maschinenpistolen, Handgranaten sowie 44 gepanzerten Fahrzeugen vom Typ SW (»Sonderwagen«) II mit Mehrzweckturm, die mit Lizenz der Schweizer Firma »Mowag« von Büssing hergestellt werden. Die Zeitschrift der Polizeigewerkschaft *Deutsche Polizei* ermittelte, daß in letzter Zeit etwa 20 dieser Fahrzeuge mit Mehrzweckturm – es kann sowohl ein Maschinengewehr als auch eine Kanone eingebaut werden – an die Polizei geliefert wurden, aber nur in Hamburg wurde offiziell zugegeben, daß zwei »Sonderwagen« dieses Typs vorhanden sind. Das Blatt schrieb in seiner Ausgabe vom Oktober 1967:

»Seit beim Bundesgrenzschutz Panzerwagen mit einem Zwei-Zentimeter-Geschütz aufgetaucht sind, hält sich hartnäckig das Gerücht, daß auch Deutschlands Polizei künftig schwerbewaffnet in den Einsatz rollen kann.«

Nicht genug damit. Die Bewaffnung der Polizei liegt im Ermessen der Behörden. »Auf dem Erlaßwege können von der Exekutive praktisch über Nacht ohne parlamentarische Kontrolle neue Waffen und Explosivmittel ›dienstlich zugelassen‹ werden. Theoretischer Extremfall: ABC-Waffen für die Bereitschaftspolizei«, schrieb die *Zeit* am 20. Oktober 1967.

Über die Ausstattung der Polizei in West-Berlin war im *Spiegel* vom 17. Juli 1967 nachzulesen: 10 000 Schutzpolizisten, 3000 Bereitschaftspolizisten, 1400 Kriminalbeamte und 5000 freiwillige Polizei-Reservisten dienen in der Stadt, ihre Feuerkraft ist größer als die einer deutschen Infanterie-Division im Zweiten Weltkrieg. Über die organisatorische Entwicklung schrieb der *Spiegel:*

»Heinrich Albertz (...) gab nach, als bald nach seinem Amtsantritt [als Senator für Inneres, Dezember 1961] die Gelernten den Umbau der Polizeiführung nach Heeresprinzip forderten:

* Jede Polizeiabteilung – Kripo, Schupo und Bereitschaftspolizei – bekam einen eigenen ›Führungsstab‹.
* Der Polizeipräsident legte sich einen persönlichen, allen anderen Stäben übergeordneten Führungsstab zu (Planspiel: Durchbruch nach Westen bei sowjetischem Angriff).
* Auch die Abteilung III des Innensenators (Polizeiaufsicht) bekam ihren Führungsstab, einen ›Hauptführungsstab‹.

Außerdem ließ sich diese Senatsabteilung im Keller der Innenverwaltung am Fehrbelliner Platz einen bombensicheren Befehlsbunker bauen.«

Die »besondere Situation« West-Berlins bedeutet juristisch einen permanenten Ausnahmezustand unter dem Zeichen der von Militärs ausgeübten Souveränität der drei Schutzmächte. Ihre Rechtsvorbehalte erstrecken sich auf Fragen der äußeren und inneren Sicherheit – so auf Post- und Telephonkontrolle, auf die Besetzung der obersten Polizeiämter, die Tätigkeit der Sicherheitspolizei, Ausbildung und Einsatz der Bereitschaftspolizei. Der Notstand wird in regelmäßigen Abständen geprobt. Die Berliner Ausgabe der *Welt* berichtete darüber am 1. Juni 1967:

»Zum bereits verwirklichten Teil des Sicherheitssystems gehören ›rote Telefone‹ für die zwölf Bezirksbürgermeister. In den letzten 18 Monaten sind diese Apparate in den Bürgermeisterbüros aller zwölf Bezirke installiert worden. Dieser Schritt wurde bisher streng geheimgehalten.

Als erste Sicherheitsbeauftragte ihrer Bezirke haben die Bürgermeister über dieses ›rote Telefon‹ in einer ungewissen ›Stunde X‹ die Order entgegenzunehmen, nach der sich dann im ›Schneeballsystem‹ alle weiteren Kräfte innerhalb des Bezirks

in Bewegung setzen. Der Bürgermeister hat vier Personen anzurufen, die ebenfalls wieder vier Personen benachrichtigen usw., bis alle im Plan vorgesehenen Einsatzkräfte informiert und an den vorgesehenen Posten sind.
Das alles spielt sich unter recht geheimnisvollen Umständen ab – denn von wem die Bürgermeister über ihr ›rotes Telefon‹ angerufen werden, das wissen sie nicht. Alle 14 Tage wird der direkte Draht zu den Bürgermeistern überprüft. Wenn sie sich mit ihrem Namen melden, nehmen sie die Bitte entgegen, einen Gegenanruf an eine vereinbarte und ebenfalls geheimgehaltene Nummer zu tätigen. Aber weder bei dem ersten Anruf noch beim Rückruf meldet sich die Einsatzstelle mit einem Namen.«

Die »besondere Situation« West-Berlins bedeutet zwar auch, daß die Stadt nicht von Bonn regiert wird, keine Bundeswehr, keine Wehrpflicht, kein KP-Verbot kennt. Die Chance in diesen Eigentümlichkeiten des Berlin-Status wird jedoch blockiert durch die ideologische Disziplinierung, die z. B. den Streik praktisch abgeschafft und den 1. Mai zum Feiertag einer antikommunistischen Arbeitsfront gemacht hat, durch die materielle Abhängigkeit vom guten Einvernehmen mit Bonn und durch die besondere psychische Situation, in der die Frontstadt lebt und Politik macht.
Die Geschichte der Polizei seit der Spaltung der Stadt gibt darüber Aufschluß. Im November 1951 verletzte der Polizeiinspektor *Zunker* bei einer Kontrolle auf dem Potsdamer Güterbahnhof den Eisenbahner Ernst *Kamieth* durch Faustschläge so schwer, daß dieser wenige Stunden später an einer Gehirnblutung starb. Zunker hatte sich schon früher als Schläger hervorgetan und war deshalb in ein Revier an der Sektorengrenze versetzt worden – gewissermaßen zur Frontbewährung. Nachdem er in Untersuchungshaft genommen worden war, entspann sich eine heftige Diskussion im Abgeordnetenhaus und in der Öffentlichkeit. Gustav *Klingelhöfer*, 1947–1951 Stadtrat für Wirtschaft im Magistrat unter Ernst Reuter, schrieb im März 1952 an den *Telegraf:*

»Westberliner Staatsanwaltschaft und Gericht schritten gegen den Polizeimann ein. Der Polizeimann ist seit über acht Wochen in Haft. (...) Ist das im Zustand des Kalten Krieges erlaubt? (...) Müssen ein Staatsanwalt und ein Richter nicht, wenn das Gesetz zu den Erfordernissen des Kalten Krieges nicht paßt, so handeln, als wenn das Recht schon bestünde, das zum Kalten Kriege paßt? (...) In diesem neuen Recht des Kalten Krieges dürfte kein Teilnehmer am Kalten Krieg als Krimineller wie bisher behandelt werden, schon gar kein Polizeimann im Dienst, es sei denn, er sei Verräter im Kalten Krieg.
Die Straftat eines demokratischen Teilnehmers am Kalten Krieg muß in einem Ehrenstrafprozeß behandelt und in einer Ehrenhaft gesühnt werden können, wenn das Gesetz Strafe vorsieht.«

Der Fall Zunker ließ die beiden Möglichkeiten des Verhaltens in der Frontstadt deutlich werden: Die eine ist in der Forderung des früheren Stadtrats Klingelhöfer nach dem neuen Recht des Kalten Krieges dargestellt, die andere beruft sich zwar ebenfalls auf die Konkurrenz mit dem kommunistischen System, ist jedoch nicht bereit, totalitär zu antworten, sondern glaubt an das Gegenbeispiel und die Überzeugungskraft liberaler Rechtsstaatlichkeit. Gerade im Kalten Krieg dürfe man dem Gegner im »Schaufenster des Westens« keine Blößen zeigen. In diesem Sinne etwa fiel ein Jahr nach der Tat das Urteil des Schwurgerichts aus. Es ging über den Antrag des Staatsanwalts hinaus, der Verständnis für den Angeklagten gepredigt hatte, und verurteilte Zunker wegen Körperverletzung im Amt in sechs Fällen, in einem Fall mit tödlichem Ausgang, zu einer Gesamtstrafe von zwei Jahren und drei Monaten Gefängnis.

»Das Gericht erkannte an, daß er als Vorsteher eines Sektorengrenzreviers unter besonders schwierigen Umständen Dienst tun müsse. Andererseits aber sei zu berücksichtigen gewesen, daß sein Vorgehen der östlichen Propaganda ungeheure Möglichkeiten in die Hand gespielt habe. Es komme hinzu, so sagte der Vorsitzende, daß Zunker nicht zu seinen Taten gestanden, seine Vorgesetzten durch falsche Berichte in eine schiefe Situation gebracht und seine Untergebenen zu falschen, ihn begünstigenden Angaben veranlaßt habe.« (*Die Neue Zeitung*, 18. November 1952)

Abermals ein Jahr später kam der Bundesgerichtshof dem Verurteilten mit rückwirkender Rechtsprechung zu Hilfe: Nach den am 1. Oktober 1953 in Kraft getretenen Strafbestimmungen sei der Täter nur dann für eine im Gesetz mit höherer Strafe bedrohte Folge seiner Tat verantwortlich zu machen, wenn er die Folge wenigstens fahrlässig herbeigeführt habe. Im Fall Kamieth sei lediglich einfache Körperverletzung im Amt anzunehmen. Als das Urteil gegen Zunker schließlich, dreieinhalb Jahre nach der Tat, rechtskräftig war, wurde es durch einen Gnadenerweis aus der Welt geschafft, gemäß den Worten des Berliner SPD-Vorsitzenden Franz *Neumann* nach dem Schuldspruch der ersten Instanz:

»Berlin hat kein Interesse, daß durch Urteile wie im Fall Zunker die Einsatzfreudigkeit der Westberliner Polizei gehemmt wird.« (*Telegraf*, 22. 11. 1952)

Die Ausrichtung blieb stets die gleiche: Der Feind steht links. In den Planspielen der Polizei wie in den Erwägungen der Politiker geht es um den »eingeschleusten Bürgerkrieg«, um »kommunistische Störaktionen«; ja, selbst Demonstrationen für »große Schritte« und andere legitime Äußerungen werden in Übungen zum Anlaß für Polizeiaktionen. Dem entsprach der Vorrang, den der Polizeipräsident *Duensing*, selbst ehemaliger Generalstabsoffizier, »militärischer Vergangenheit, Bewährung und Betätigung« gegenüber fachlicher Empfehlung in der Personalpolitik einräumte – so der Sprecher der Fachabteilung Polizei in der Gewerkschaft ÖTV, Berlin, auf einer Pressekonferenz im September 1967. »Wir sind der Meinung«, erklärte er, »daß ständige Übungen, die uns aus der Zeit der Wehrmachtsausbildung bekannt sind, nicht geeignet erscheinen, tüchtige Polizeibeamte heranzubilden, die sich mit dem Bürger auseinanderzusetzen haben.« (Vgl. dazu auch *Der Tagesspiegel*, 28. 9. 1967.) Das hörte man freilich erst, als die Ära Duensing bereits zu Ende war.

Aber es geht eben nicht um eine Auseinandersetzung mit dem »Bürger«. Es geht um einen Feind, einen äußeren Feind, und wo Kritik am herrschenden System im Innern auftaucht, wird sie wiederum mit den Machenschaften des äußeren Feindes in Verbindung gebracht. Dieser rote Faden zieht sich auch durch die Ausbildung der Freiwilligen Polizei-Reserve, im Mai 1961 geschaffen für den Objektschutz unter Leitung der Schutzpolizei. Ihre Übungen erweisen, daß der Schutz der Objekte gegen feindliche Subjekte keineswegs eine defensive Haltung verlangt.

»Herr Polizeirat Süss, an Sie zuerst die Frage, warum eigentlich Freiwillige Polizei-Reserve?

(Polizeirat Süss:) Herr Deutschendorf, das ist ein ganz einfaches Rechenexempel. Wir müssen uns für den Fall – wir, die Polizei, müssen uns für den Fall rüsten, der durchaus eintreten kann. Ich darf an das Jahr 1948 erinnern, die Spaltung unserer Stadt. Auch etwas derartiges ist heute möglich, das heißt, daß von außen herein Störer eingeschleust werden, die nunmehr versuchen, als ›Westberliner Bevölkerung‹ – in Anführungsstrichen – Unruhe zu schaffen und, wenn möglich, einen politischen Wechsel hier in Berlin herbeizuführen. Für diesen Fall reichen Schutz- und Bereitschaftspolizei nicht aus, so daß 1961 die Freiwillige Polizei-Reserve aufgestellt wurde. (...) Sie hat die Aufgabe, im Falle innerer Unruhen, die durch kommunistische Aktionen in unsere Stadt hereingetragen werden könnten, die Schutzpolizei zu unterstützen, und zwar mit einem ganz speziellen Auftrag, nur dem Auftrag des Objektschutzes. (...)

(Reporter Deutschendorf:) Ja, eben haben die angenommenen Demonstranten, ich muß sagen: in einer beklemmenden Echtheit, hier versucht, das Rathaus zu stürmen. Mit Transparenten – ›Weg mit dem Spalter-Senat‹, ›Raus mit den US-Söldnern‹, ›Wir wollen keinen Frontstadt-Senat‹ und ›Mit einem einigen Berlin gibt es keine Mauer mehr‹, ›Verhandelt mit den Organen der DDR‹ – und ähnlichen Dingen und dem Absingen kommunistischer Kampflieder haben sich hier etwa 100 Demonstranten, natürlich immer wieder nur angenommene Demon-

stranten, sie gehören der Bereitschaftspolizei an, hier dem Rathaus genähert. Sie sind aufgefordert worden, die Straße zu räumen. Sie haben dann mit Steinen geworfen, Steine, die hier dargestellt worden sind in Form von Papierkügelchen. Daraufhin griff ein Einsatzkommando der Freiwilligen Polizei-Reserve ein. Und als das nicht ausreichte, ein Wasserwerfer der Polizei. Inzwischen sind die Demonstranten abgedrängt worden, und immer noch stehen die Kräfte der Freiwilligen Polizei-Reserve im Drillichzeug hier auf der Rathausstraße.
Im Augenblick kommt gerade der Wagen des Einsatzkommandos an, um die Männer wieder aufzunehmen. Die Übung ist also, das kann man sagen, soweit bisher programmgemäß abgelaufen und gelungen. Die Demonstranten werden jetzt in wenigen Minuten noch einmal hier ankommen, werden einen zweiten und dritten Versuch machen, um das Rathaus zu besetzen. Und im Laufe dieser Übung, die immer natürlich unter den gegebenen Vorzeichen abläuft, wird hier auch sogar von der Schußwaffe Gebrauch gemacht. (...) in zwei oder drei Minuten wird sich dann die Lage hier verschärfen. Da werden also ein paar Demonstranten mit Schußwaffen auftauchen. (...) Natürlich wird am Schluß die Meldung kommen: Alles in Ordnung. Die Situation ist geklärt. Und man kann nur abschließend sagen, daß hoffentlich in Westberlin eine solche Situation nie eintreten möge, daß diese Übung immer nur eine Übung bleibt.«
(Reportage vom Polizei-Übungsgelände in Berlin-Spandau, Sender Freies Berlin, 21. September 1966. Vgl. Abb. 1 und 2)

Die Polizei-Ideologie lebt aus und von der Angst – der Angst vor Subversion und Kommunismus, vor Beschmutzung des eigenen Nestes und ferngesteuerter Agitation. Mit dieser Angst und mit dem Hinweis, daß sie bei Laune gehalten zu werden wünscht, etabliert sich die Polizei als Pressure group, der die Politiker in ständigem Ritual ihre Unterstützung versichern. Als 1962 ein Richter nachlässige Arbeit der Kriminalpolizei zu kritisieren wagte, erhob der Polizeipräsident Dienstaufsichtsbeschwerde, und der Kammergerichtspräsident schickte einen Entschuldigungsbrief. Auf die Forderung, Berlins Polizisten mit Dienstnummern auf der Uniform zu versehen, wird entgegnet, damit würde den »sowjetzonalen« Sicherheitsorganen die Identifizierung West-Berliner Polizeibeamter erleichtert – und dem Republikanischen Club für seine »Schlägerkartei« (*Deutsche Polizei*, September 1967). Dem Vorsitzenden des Untersuchungsausschusses, der das Verhalten der Polizei am 2. Juni 1967 zu prüfen hat, sagt sie Befangenheit nach, weil er die Polizei in Aktion gesehen habe. Das Gericht, das über die Anklage fahrlässiger Tötung eines Demonstranten gegen den Kriminalbeamten Kurras zu urteilen hat, erhält Briefe des Inhalts, nach einem Schuldspruch werde kein Polizeibeamter mehr den Mut zum Gebrauch seiner Dienstwaffe aufbringen. Und die

Politiker wissen, welch kostbares Gut eine einsatzfreudige Polizei für sie ist. Sie wissen, daß man ihr gegenüber nicht wankelmütig erscheinen darf. So verlangt Bürgermeister *Albertz*, Dienstherr der Polizei, eine eindeutige Haltung vom Parlament, als er nach den Zwischenfällen am Amerika-Haus im Februar 1966 eine »harte Welle« ankündigt:

»Ich wäre dann allerdings auch für die Unterstützung dieses Hohen Hauses dankbar, wenn es zu solchen harten Einsätzen der Polizei kommt und kommen muß. Bisher hat fast jeder Gebrauch des Gummiknüppels oder unmittelbaren staatlichen Zwanges in solchen Situationen zu kritischen Anfragen im Parlament geführt. Ich kritisiere das nicht von mir aus, ich stelle es nur fest, und wir müssen ja gemeinsam wissen, was wir wollen.« (PLB, 17. Februar 1966)

Der Polizeipräsident in Berlin hat, nach preußischem Vorbild, weitreichende Befugnisse. Er kann Ausländer ausweisen, ist zuständig für die Genehmigung von Sammlungen, die Aufsicht über Vereine und Versammlungen sowie Demonstrationen, die – anders als in der Bundesrepublik – der Genehmigung bedürfen. Die Konstruktion der Polizeibehörde wird, wie so vieles andere in Berlin, mit der »besonderen Situation« der Stadt begründet:

»Auf Grund der besonderen Situation aus der Entwicklung der Polizei in Berlin nach 1959 war es sicherlich notwendig, eine Polizei-Abteilung hier aufzubauen, die es ja bis dahin in diesem Umfang nicht gab. Es war sicherlich notwendig – und ganz besonders hier in Berlin – Dinge zu koordinieren, die gesetzlich gar nicht geregelt sind auf Grund bestimmter Voraussetzungen; und daß das natürlich vom Polizeipräsidium gerade bei der Tradition des Polizeipräsidenten in Berlin – Sie wissen, er hatte früher die Stellung des Regierungspräsidenten – natürlich zu großen Schwierigkeiten gekommen ist lange vor meiner Zeit, ist völlig klar ...« (Senator Büsch, U 10/75)

Die Zwitterstellung der Berliner Polizei zwischen zivilen und paramilitärischen Aufgaben wird von keinem Sachkenner bestritten. Die politisch bedingte Zurückhaltung der alliierten Garnisonen an den Grenzen West-Berlins trägt zur Verwischung der Grenzen des polizeilichen Auftrags bei. Laut Dienstanweisung befindet sich jeder Polizist bei Zwischenfällen an der Grenze in permanenter Notwehr – eine Bestimmung, deren materielle, rechtliche und psychologische Problematik den Widerspruch der Polizei selbst hervorrief. Der Erlaß über den Schußwaffengebrauch an der Demarkationslinie vom Januar 1967 hat nach einer offiziellen Verlautbarung folgenden Inhalt:

»Durch den Erlaß werden die Polizeibeamten verpflichtet, von der Schußwaffe Gebrauch zu machen, wenn und solange die Notwehrvoraussetzungen gegeben

sind. Im Bereich der Demarkationslinie ist für die Beamten der Berliner Polizei eine Notwehrsituation nach deutschem Recht immer dann gegeben, wenn sowjetzonale Grenzsoldaten von der Schußwaffe Gebrauch machen und dadurch Leib oder Leben von Personen auf West-Berliner Gebiet gefährden. Die Polizeibeamten sind aber selbst in einem solchen Falle verpflichtet, grundsätzlich zunächst nur Warnschüsse abzugeben, sofern die Lage das noch zuläßt. Gezielt zu schießen ist erst, wenn sowjetzonale Grenzsoldaten nach Abgabe der Warnschüsse weiter auf Beamte der Berliner Polizei oder auf andere Personen schießen, die sich auf West-Berliner Gebiet befinden. Die Polizeibeamten müssen hierbei den Grundsatz, nicht zu töten, beachten.
Mit dem Schußwaffengebrauch beim Dienst an der Demarkationslinie soll im Einzelfall erreicht werden, daß es die sowjetzonalen Grenzsoldaten unterlassen, weiteres Feuer auf West-Berliner Gebiet zu richten. Der Gebrauch der Schußwaffe ist daher einzustellen, wenn dieser Zweck erreicht ist. Vergeltungsfeuer ist, wie es in dem Erlaß ausdrücklich heißt, unzulässig.« (PLB, 18. Januar 1967)

Die beiden folgenden Äußerungen zu diesem Erlaß – die eine ideologisch logisch wie der Begriff »Vorwärtsverteidigung« in der Nato-Strategie, die andere eine »Anerkennung von Realitäten« – lassen wiederum zwei Formen von Berliner Frustration erkennen.

»Die Schußwaffengebrauchs-Bestimmungen der West-Berliner Polizei an der Sektoren- und Zonengrenze schränken nach Meinung der CDU das Notwehrrecht entgegen deutschem Recht und internationalem Recht auf West-Berliner Gebiet ein. Diese Bestimmungen könnten aber das Notwehrrecht des Strafgesetzbuches nicht außer Kraft setzen, betonte in diesem Zusammenhang der Rechtsexperte der CDU-Fraktion und stellvertretende Fraktionsvorsitzende Riesebrodt gestern in einer Presseerklärung. (...) meinte Riesebrodt: ›Es ist unerträglich, daß das Notwehrrecht an einer Demarkationslinie endet. Auch einen Meter hinter der Mauer und Stacheldraht haben an Leib und Leben gefährdete Menschen einen Anspruch auf Schutz ...‹« (*Der Tagesspiegel*, 19. Januar 1967)
»Angesichts der Berliner Wirklichkeit stellt (...) die zur Zeit getroffene Entscheidung keine befriedigende Lösung der Problematik dar. Zunächst einmal muß festgehalten werden, daß der neue Erlaß erstmalig und bisher einmalig im Gebiet der Bundesrepublik für die Polizei eine pauschale Verpflichtung zur Anwendung der Schußwaffe für den Fall der Notwehr enthält. (...) Es kann (...) auch in der heutigen Situation Lagen geben, in denen es selbst bei Vorliegen einer Notwehrvoraussetzung dem Polizeibeamten kaum zugemutet werden kann, von der Schußwaffe Gebrauch zu machen. Ganz abgesehen davon, daß es völlig nutzlos ist, mit einer Maschinenpistole auf einen Bunker zu schießen. (...) Es erhebt sich die Frage, ob die Sicherheit an der Demarkationslinie überhaupt noch mit polizeilichen Mitteln gewährleistet werden kann. Wir meinen, daß den ›NVA‹-Grenzeinheiten an der Demarkationslinie eine entsprechende militärische Präsenz der Schutzmächte gegenübergestellt werden müßte.« (*Deutsche Polizei*, Ausgabe Berlin, Februar 1967)

Der West-Berliner Polizist an der Grenze, wie immer er auf den Gegner eingestellt sein mag, darf jedenfalls schon aus Gründen der höheren Politik seinen Gefühlen keinen freien Lauf lassen. Bisweilen gerät er sogar in eine verkehrte Frontstellung, etwa wenn es gilt, West-Berliner daran zu hindern, Zwischenfälle an der Grenze herauszufordern. Die Polizei läßt es sich aber nicht nehmen, moralisch zwischen ihren Gegnern zu differenzieren, wie sich etwa aus dem Bericht des *Telegraf* (1. Mai 1964) über ein Seminar mit Polizeibeamten aus der Bundesrepublik und West-Berlin ergibt:

»Über ›Probleme der Berliner Polizei angesichts der kommunistischen Herausforderung‹ sprachen Regierungsdirektor Hans-Joachim Prill, Abteilungsleiter beim Senator für Sicherheit und Ordnung, und der Kommandeur der Berliner Schutzpolizei, Hans-Ulrich Werner.

Die Lehrgangsteilnehmer erfuhren, daß in einem Umkreis von 50 km um unsere Stadt rund 25 000 Rotarmisten in Garnison liegen (...)

Die besondere Lage Berlins, die der West-Berliner Polizei auch die Funktionen des Bundesgrenzschutzes auferlegt, bringen der Polizei besondere und zusätzliche Belastungen. Hinzu kommt, daß in West-Berlin die SED und die FDJ zugelassen sind, die kommunistische Zeitung *Die Wahrheit* in West-Berlin gedruckt wird und die ›Reichsbahn‹ auf Anordnung der Alliierten unter kommunistischer ›Betriebsbefugnis‹ steht und eine eigene Bahnpolizei unterhalten darf.

Diese Fakten bringen es mit sich, daß West-Berliner Polizeibeamte oft Einsätze mit ›verkehrter Front‹ ausführen müssen. Sei es, um die zu schützen, die die freiheitliche Ordnung beseitigen wollen, oder angesichts der Mordtaten an der Mauer erregte West-Berliner zurückhalten zu müssen. Die West-Berliner Polizei muß oft als ›Blitzableiter‹ dienen, um den berechtigten Unmut aufzufangen. Daß die Polizisten dabei innerlich die gleiche persönliche Einstellung haben wie die erregten Menschen, fordert von den Beamten besondere psychologische Stärke.«

Die erzwungene Zurückhaltung der eigenen Sympathien kann nur – die Belehrung durch die Polizeiführer läßt es erkennen – die Feindschaft gegen die Kommunisten stärken. Eines Tages wird der viele Male geprobte Einsatz gegen »kommunistische« Störer, auch wenn sie nicht eingeschleust sind, Wirklichkeit. Der Druck der Frontstadtatmosphäre wendet sich nach innen, gegen diejenigen, die sie auslüften wollen. Die Presse, die Politiker lassen keinen Zweifel daran, wie man die Außenseiter der Frontstadt-Volksgemeinschaft zu beurteilen hat. Der Ausnahmezustand, die Justiz, ausgerüstet mit dem Strafgesetzbuch des Obrigkeitsstaates von 1871, das »gesunde Volksempfinden« sind auf ihrer Seite. Und der Polizist erinnert sich daran, daß er angesichts des Feindes von links immer in Notwehr ist.

Politik in der Freien Universität

»Es muß Schluß gemacht werden mit der Vorstellung, daß der Professor keine andere Verpflichtung hat, als Kenntnisse zu vermitteln, und der Student genug getan hat, wenn er seine Vorlesungen und Übungen ›regelmäßig und mit Erfolg‹ besucht und zum frühest-möglichen Termin das bestmögliche Examen ablegt. Der Dozent soll genau so der Kritik seiner Studenten unterworfen sein wie der Student dem Urteil seiner Lehrer. Autorität muß täglich verdient werden und liegt allein in der Person, nicht in der Stellung. Die deutschen Universitäten wurden bisher autoritär vom Senat und den Ordinarien regiert. Das Monopol der Ordinarien auf das Recht zur Berufung von Dozenten stammt aus einem nicht mehr gültigen Autoritätsbegriff.«
(Otto H. Hess: »Freie Universität Berlin«, *colloquium*, Nr. 7/1948)

»Die Misere der Universität ist die Misere derer, die an ihr studieren müssen. Unerträglich sind die Zustände an der Freien Universität für uns Studenten. Wir müssen uns herumschlagen mit schlechten Arbeitsbedingungen, mit miserablen Vorlesungen, stumpfsinnigen Seminaren und absurden Prüfungsbestimmungen. Wenn wir uns weigern, uns von professoralen Fachidioten zu Fachidioten ausbilden zu lassen, bezahlen wir mit dem Risiko, das Studium ohne Abschluß beenden zu müssen.«
(Flugblatt eines Provisorischen Komitees zur Vorbereitung einer studentischen Selbstorganisation, 26. November 1966)

»Jeder Student ist verpflichtet, seinem Studium mit Eifer nachzugehen und sich in Haltung und Gesinnung des hohen Zieles der Universität würdig zu erweisen. (...) Der Student hat den akademischen Lehrern die schuldige Achtung zu erweisen, die Anordnungen und Weisungen der Universitätsstellen zu befolgen, die in der Universität geltenden Bestimmungen zu beachten und in seinem Verhalten innerhalb und außerhalb der Hochschule das Ansehen der Universität zu wahren.«
(Universitätsordnung der Freien Universität Berlin, bis 1966 gültige Fassung)

Der Konflikt zwischen Studenten und Gesellschaft im Berliner Modellfall entwickelte sich vom Innern der Universität nach außen, weitete sich vom Kampf um die Hochschulreform zur Auseinandersetzung um den Zustand der Gesellschaft und des westlichen politischen Systems. Die Studenten, als eine nicht vollständig abhängige und integrierte Gruppe der Gesellschaft, ergriffen das politische Mandat und erweiterten es von der ständischen Interessenvertretung zu einer das gesamte System umfassenden Kritik. Das ergab sich zwangsläufig: Hochschulreform erwies sich als unmöglich ohne Gesellschaftsreform. Im gleichen Maße, wie diese Kritik nach dem Ende der Wiederaufbau- und Restaurationszeit die Grundlagen des Systems zu erfassen begann, wurde von diesem das politische Mandat der Studentenschaft angefochten. Die Frage nach dem politischen Mandat darf freilich als eine bloß formale getrost außer Betracht gelassen werden. Würde sie doch im Sinne der Fragesteller nur von der Sache, nämlich der Auseinandersetzung mit bestimmten gesellschaftlichen Phänomenen, ablenken. In dieser Tendenz ist sie in Berlin wiederholt gestellt worden und hat sich zugleich selbst beantwortet.

Die Freie Universität Berlin verdankt ihr Dasein als Gegengründung zur Politisierung von Forschung und Lehre unter kommunistischem Vorzeichen an der Friedrich Wilhelms-Universität einem selbst erteilten politischen Mandat. Sie verstand sich so lange als ein Forum politischen Engagements, solange dieses Antikommunismus hieß. Sie war eine freie Universität zunächst und vor allem für jene Studenten, die als Flüchtlinge über die Front des Kalten Krieges gewechselt waren (Sommersemester 1950: 2000 von insgesamt 5200, Sommersemester 1958: 3000 von 11 000 Immatrikulierten). Die Institution begann sich zu entpolitisieren mit dem Ende des Kalten Krieges, in der Defensive gegen ein anders sich orientierendes Engagement des aktiven Teiles ihrer Studenten. Zugleich versperrte sie sich einer Einlösung jenes Versprechens auf Demokratisierung der akademischen Hierarchie, das diese maßgeblich von Studenten vollzogene Neugründung vor den älteren Universitäten auszeichnete.

Das politische Engagement war willkommen, solange es mit dem herrschenden System konform ging, solange es zum Beispiel eine Unterstützung der Wiederaufrüstung bedeutete. 1950 konnten unangefochten in einer Befragung, die 53,3 Prozent der 5500 Immatrikulierten der Freien Universität erfaßte, folgende Suggestivfragen gestellt werden:

	Ja	Nein
»1. Haben die Prinzipien, die dem einzelnen das Recht zur Verteidigung von Freiheit und Leben einräumen, nach Ihrer Meinung dieselbe uneingeschränkte Geltung bei einem echten Notstand eines ganzen Volkes?	88,6%	8,4%
2. Halten Sie einen solchen Notstand durch das Vorgehen des Bolschewismus für gegeben?	92,2%	4,7%

3. Erscheint Ihnen ein deutscher Verteidigungsbeitrag als das geeignete Mittel, diesem Notstand zu begegnen?« 78,6% 16,4%
(*colloquium*, Nr. 2/1951)

Notstand 1950. Im Januar 1967 erklärten 16 Vertreter der damals aktiven Gründergeneration der FU-Studenten:

»In den satzungsgemäßen Aufgabenbereich der Studentenschaft und damit in das Mandat der Studentenvertretung fallen (...) weder Verpflichtungen noch Rechte, zu Fragen oder Ereignissen Stellung zu nehmen, die die Universität politisch oder sozial unmittelbar nicht berühren.« (*Die Welt*, 9. Januar 1967)

Zu den Unterzeichnern dieses Satzes gehörten der Bundestagsabgeordnete Ernst Benda, der Verleger Otto H. Hess[3], die Mitglieder des Abgeordnetenhauses Gerhard Schwarz, Peter Lorenz, Prof. Georg Kotowski und Wiegand Hennicke sowie Senatsdirektor Dietrich Spangenberg. Zwischen den Gründungsstudenten und den Studenten von 1967 liegt die Entwicklung eines gegenüber der eigenen Gesellschaft nonkonformen Bewußtseins. Seine Manifestationen wurden mit publizistischen und administrativen Mitteln bekämpft, als es sich gegen die herrschenden Interessen zu wenden begann: gegen die atomare Rüstung, gegen die gesellschaftliche Restauration, gegen den Antikommunismus, der, wie sich nachträglich zeigte, nur zum geringeren Teil einmal mit Stalins Politik etwas zu tun hatte, gegen Frankreichs Krieg in Algerien und Amerikas Krieg in Vietnam. Überhaupt wurden die von den Studenten vorgetragenen Argumente von Hochschule und Behörden fast nur mit administrativen und juristischen Maßnahmen, also autoritär, beantwortet: mit Anordnungen, Verboten, Hausrecht, Polizei und Gerichtsurteilen. Die monopolisierte Presse – rund 70 Prozent der in West-Berlin verkauften Tageszeitungen kommen aus dem Springer-Verlag – kommentierte und berichtete in einem Freund-Feind-Schematismus, in dem die nonkonformistische akademische Jugend als »trojanischer Esel« des Kommunismus, als der Feind im Rücken der auf Geschlossenheit angewiesenen Volksgemeinschaft in der Frontstadt erscheint.

Ein Musterbeispiel dafür war die publizistische Behandlung des »Studentenkongresses gegen Atomrüstung« an der Freien Universität Anfang Januar 1959. Durch das sowjetische Berlin-Ultimatum vom 27. November 1958, das in seine Vorbereitungszeit fiel, erhielt er besondere, aktuelle Bedeutung. Die Berliner CDU erklärte das Vorhaben von vornherein zu einer »politischen Instinktlosigkeit«:

»Es ist eine abenteuerliche Einfalt, den Westmächten und der Bundesregierung, die den Schutz Berlins garantiert und bestätigt haben, vorschreiben zu wollen, mit welchen Mitteln sie die Freiheit und Unantastbarkeit Berlins gewährleisten sollen.« (*Die Welt*, 20. Dezember 1958)

Die SPD, noch in planmäßiger Absetzbewegung aus der Kampagne »Kampf dem Atomtod« begriffen, distanzierte sich dann nachträglich von dem Kongreß. Die Gründe konnte man in der *BZ* (5. Januar 1959) nachlesen:

»Wieviel politische Phantasten bei diesem Kongreß anwesend waren, beweist eine Entschließung, die mit *eindeutiger* Mehrheit angenommen wurde. Diese Entschließung fordert praktisch:
Gespräche mit Pankow.
Gespräche zwischen Bonn und Pankow über die ›Konföderation‹ beider deutscher Staaten.
Genau das, was Walter Ulbricht seit Jahren fordert!«

Der Hinweis auf Ulbricht genügt, um ohne weitere Begründung alle Abwehrinstinkte zu mobilisieren.

Auch der 13. August 1961 und seine Folgen – eine davon war das Engagement West-Berliner Studenten als Fluchthelfer – vermochten die Vertiefung der Kluft zwischen akademischem und politischem Establishment einerseits und Studenten andererseits nur vorübergehend aufzuhalten. Selbst in der Episode der »kleinen Schritte« war jede Spontaneität im Sinne größerer Schritte unerwünscht (in der Polizeitheorie wurde sie sogar Anlaß für Notstandsübungen), sollte die Treue zur wichtigsten Schutzmacht hervorgekehrt, sollte das Bild völliger Übereinstimmung zwischen Berliner Initiativen und dem unwandelbaren Grundstrom westdeutscher Nachkriegspolitik gewahrt bleiben. Von vornherein darauf bedacht, sich dem herrschenden Bewußtsein anzupassen, anstatt es zu ändern, hat die Politik der kleinen Schritte ihr eigenes Scheitern geradezu eingeplant. Nach dem Zwischenfall vor dem Amerika-Haus am 5. Februar 1966 – nach einem Vietnam-Protestmarsch setzten Demonstranten die US-Flagge auf Halbmast – sieht sich der Regierende Bürgermeister von Berlin, Willy *Brandt*, zu dieser Erklärung veranlaßt:

»Erstens erscheint mir der Friedenswille der amerikanischen Demokratie unbezweifelbar. Zweitens halte ich es für sicher, daß die umfassenden Verpflichtungen und die begrenzten Ziele der amerikanischen Politik in Südostasien dem gedeihlichen Zusammenleben der Völker dienen. Und drittens kann ich nur nachdrücklich davor warnen, daß wir Deutschen uns in der Weltpolitik als Lehrmeister aufspielen.« (PLB, 7. Februar 1966)

Weder die abenteuerliche Einfalt, die West-Berlin ohne Kernwaffen verteidigt sehen will, noch das Mißtrauen, die amerikanische Politik in Südostasien diene nicht allein dem gedeihlichen Zusammenleben der Völker, werden zugelassen. Das autoritäre Syndrom der Regierenden und der Regierten aber wendet sich, da der äußere Feind, in seiner Kontur verwischt, inzwischen zwangsläufig zum Verhandlungspartner geworden ist, gegen jene, die Freiheit im eigenen Lager vorüben.

Die permanente Krise der Freien Universität war seit dem Frühjahr 1965 offenbar. Damals hatte es der Rektor, Professor *Lüers*, abgelehnt, für eine Podiumdiskussion zum 20. Jahrestag der Befreiung vom Nationalsozialismus einen Hörsaal zur Verfügung zu stellen. Denn als Teilnehmer war Erich *Kuby* vorgesehen, der früher einmal bemerkt hatte, in dem Namen Freie Universität komme ein äußerstes Maß an Unfreiheit zum Ausdruck, weil in ihm eine mit ihren wissenschaftlichen und pädagogischen Aufgaben unvereinbare antithetische Bindung an die unfreie Universität jenseits des Brandenburger Tores fixiert sei. Die Studenten antworteten auf die Zensur des Rektors mit Protesten, Demonstrationen und einem Vorlesungsstreik am Otto Suhr-Institut. Wenige Wochen später setzt der Rektor die Kündigung eines Assistenten an diesem Institut, Dr. Ekkehart *Krippendorff*, durch. Er hatte im *Spandauer Volksblatt*, damals Organ der linken Opposition, eine Fehlinformation verbreitet, die er anschließend selbst berichtigte. Nach Vermittlungsbemühungen wird Krippendorff ein Habilitationsstipendium angeboten. Der Politologe Professor Otto Heinrich *von der Gablentz* beurteilt die Maßregelung des Assistenten so:

»Der Rektor und die Professoren, die sich in diesem Fall vor ihn stellen, handeln aus einer Staatsideologie heraus, die schon im politischen Bereich sehr bedenklich ist. Niemandem der hier Beteiligten kann der Vorwurf nationalsozialistischer Vergangenheit oder Gesinnung gemacht werden. Aber ihre Denkweise ist charakteristisch für jenes ›Staatsbewußtsein‹, mit dem die Deutschen sich den Nationalsozialismus gefallen ließen, weil er angeblich legitim war und ›Ordnung schaffte‹. (...)

Hinter dem falschen autoritären Staats- und Rechtsbewußtsein steht nämlich auch noch die Solidarität eines akademischen Standesbewußtseins, für das alle Voraussetzungen in der modernen Gesellschaft längst weggefallen sind. Diese Fiktion einer ›Akademikerschaft‹, die sich zum Beispiel auch in den wunderlichen Bestimmungen über Aberkennung akademischer Grade bei ›Unwürdigkeit‹ äußert, ist die stärkste Stütze für die Klassengesellschaft in Deutschland. Der Respekt vor der Elite des Blutes und des Geldes ist nicht mehr groß. Der Respekt vor der

Bildung wird mit gutem Grund gepflegt. Aber nun maßt sich eine Schicht, die das Glück gehabt hat, eine akademische Ausbildung zu genießen, Privilegien an und verhindert damit nicht nur jede vernünftige Vereinheitlichung des Schulwesens, sondern, soweit die Vertreter dieser Haltung in Behörden und – was mindestens so wichtig ist – in großen Unternehmungen den Ton angeben, überhaupt die Überwindung von Klassengegensätzen.« (*Die Zeit*, 23. Juli 1965)

Der Akademische Senat erweist sich bei dieser und weiteren Gelegenheiten als der eigentliche ständisch-autoritäre Kern der Institution, als die um ihre Privilegien kämpfende Gruppe, die Rechtsmittel, staatliche Eingriffe, ja selbst den Einsatz der Polizei in der autonomen Universität nicht scheut, wohl aber die Diskussion auf dem Boden gleicher Chancen. Die Universitätsobrigkeit setzt sich damit zwar dem Vorwurf der Öffentlichkeit aus, sie werde mit ihren Aufgaben nicht fertig, aber politisch befindet sie sich im schönen Einklang mit der herrschenden Meinung. Und selbst die Drohung eines staatlichen Eingriffs in die Autonomie der Hochschule scheint manchen Professoren weniger unwillkommen zu sein als die Anstrengung einer Reform. Der Politologe Professor Kurt *Sontheimer* sagt im Mai 1966 in einem *Spiegel*-Gespräch:

»Ich habe auch den Eindruck, daß die Schwierigkeiten in dem Augenblick zutage traten, als die Studentenschaft eine politische Meinung vertrat, die nicht mit der eines Großteils der Professoren im Akademischen Senat harmonierte.
Spiegel: Mithin wären der Ruf nach reiner Wissenschaftlichkeit und der vorgebliche Widerwille gegen jegliche Politik an der Universität nichts als ein Vorwand für Ausfälle gegen den wahren Feind, der links steht?
Sontheimer: Ich würde das unterschreiben.«

Anfang 1966 verbietet der Nachfolger von Rektor Lüers, Professor *Lieber*, ein innerhalb der Freien Universität vorgesehenes Vietnam-Forum. Die Unfähigkeit der Universität, Konflikte auszutragen oder auch nur zu ertragen, treibt die Konflikte auf die Straßen der Stadt. Am 5. Februar findet eine Demonstration gegen die amerikanische Vietnam-Politik in der West-Berliner City statt.

»Viele Berliner lachten vom Straßenrand her die Demonstranten aus oder tippten sich bezeichnend an die Stirn. Andere riefen den Demonstranten zu: ›Macht, daß ihr nach Ost-Berlin kommt. Ab nach Rußland mit euch.‹« (*Der Tagesspiegel*, 6. Februar 1966)

Nach der »polizeilich genehmigten« Veranstaltung ziehen etwa 200 Teilnehmer vor das Amerika-Haus, einige werfen Eier gegen das Gebäude und setzen die Flagge der Vereinigten Staaten auf Halbmast. Die *Berliner Morgenpost* beklagt die Zurückhaltung der Polizei. Und »Inspektor sagt«

in der *BZ* (7. Februar 1966): »Eine Schande für Berlin!« Die Überschrift »200 SED-Leute als Drahtzieher beim Studenten-Krawall« im *Abend* vom gleichen Tag schließlich rückt die Fronten wieder zum gewohnten Bild zurecht. Die Behörden hatten der Presse Photos übergeben, auf denen Teilnehmer der Demonstration, die der SED oder der FDJ – in West-Berlin zugelassenen Organisationen – angehörten, oder auch der soeben aus der SPD ausgeschlossene Kabarettist Wolfgang Neuß namentlich kenntlich gemacht waren. Die CDU veranstaltet vor dem Amerika-Haus eine Sympathiekundgebung für die Vereinigten Staaten, auf der Ernst *Lemmer* gegen die »Totengräber der Freiheit« und Franz *Amrehn* gegen die »politischen Drahtzieher« der Vietnam-Demonstration zu Felde ziehen, während ihre Anhänger Andersdenkende auf den Bahnhof Zoo prügeln, auf daß sie »nach dem Osten« verschwinden. Das Abgeordnetenhaus debattiert vier Stunden lang über die Vorfälle vom 5. Februar. Bürgermeister *Albertz:*

»Ich habe der Polizeiführung eindringlich deutlich gemacht, daß jede in einem Rechtsstaat wie dem Land Berlin selbstverständlich zu gewährende Kundgabe politischer Meinungsäußerungen den Keim der rechtswidrigen und aufrührerischen Ausnutzung durch die Kommunisten in sich trägt (...) Der Senat steht für die Freiheit dieser Meinungsäußerung in diesem Teil der Stadt ein. Ich habe jedoch nach den Erfahrungen des 5. Februar gegenüber der Polizeiführung keinen Zweifel daran gelassen, daß die Polizei Exzesse und Auswüchse, politisches Rowdytum und strafbare Handlungen bei öffentlichen Veranstaltungen aller Art schnell und nötigenfalls auch unter Anwendung harten polizeilichen Zwanges zu bekämpfen und bereits in den Anfängen zu verhindern hat.« (PLB, 17. 2. 66)

Die Studenten werden, wenn sie sich in nonkonformer Weise politisch aktivieren, aus der Universität in den Raum der »öffentlichen Ordnung« verwiesen, wo die Hüter dieser Ordnung bereits ihrer harren. Die Freie Universität leitet Disziplinarverfahren gegen sechs von Bürgermeister Albertz benannte Studenten ein, die an den Vorfällen vor dem Amerika-Haus beteiligt waren oder Plakate gegen den Vietnam-Krieg geklebt hatten. Der Akademische Senat beschließt, daß in den Räumen der Universität keine »politischen« Veranstaltungen mehr stattfinden dürfen. Der Allgemeine Studentenausschuß tritt unter Protest zurück. Der Senatsbeauftragte für die politische Bildungsarbeit, Professor *Sontheimer,* wird nach seinem Widerspruch gegen den Senatsbeschluß abgesetzt.
Im Bundestag macht der CDU-Abgeordnete *Biechele* die Berliner Vorgänge zum Gegenstand einer parlamentarischen Anfrage. Er beruft sich

dabei auf ein Zitat aus der *Neuen Zürcher Zeitung* vom 24. Februar 1966:

»So wie die Dinge stehen, ist damit zu rechnen, daß die revolutionär Gesinnten im nächsten Semester drei- bis viertausend Studenten auf die Straße bringen werden und daß die Neigung zum Umsturz wächst.«

Im Frühjahr 1966 beginnt an der Freien Universität auch die Auseinandersetzung um Begrenzung der Studienzeit und Zwangsexmatrikulation, mit denen administrativ ein Problem der Hochschulkrise gelöst werden soll, und die von den Studenten als Eingriff in ihre Rechte und als Maßnahme der politischen Disziplinierung verstanden werden. Im Mai beschließt der Studentenkonvent die Abhaltung einer Urabstimmung hierüber. Der Rektor verbietet sie; das Verwaltungsgericht gibt ihm Recht. Nach einer Vollversammlung aller Fakultäten kommen am 22. Juni 3000 Studenten unter freiem Himmel zusammen und verlangen eine Aussprache mit Rektor und Senat, die ihnen zunächst verweigert wird. An diesem Tag hebt der Akademische Senat das Verbot politischer Veranstaltungen offiziell auf. Die Studenten lassen sich zu einer Sitzdemonstration im Henry Ford-Bau nieder. Nach Mitternacht fassen die Versammelten ihre Forderungen in einer Resolution zusammen:

»Was hier in Berlin vor sich geht, ist ebenso wie in der Gesellschaft ein Konflikt, dessen Zentralgegenstand weder längeres Studium noch mehr Urlaub ist, sondern der Abbau oligarchischer Herrschaft und die Verwirklichung demokratischer Freiheit in allen gesellschaftlichen Bereichen. (...)
Es gilt, die Freiheit in der Universität als Problem zu sehen, das über den Rahmen der Universität hinausweist. Aus diesem Grunde sieht die Studentenschaft die Notwendigkeit, mit allen demokratischen Organisationen in der Gesellschaft zusammenzuarbeiten, um ihre Forderungen durchzusetzen.« (*Kritische Universität,* Programm und Verzeichnis ..., Berlin 1967)

Die Leser der *Berliner Morgenpost* aus dem Hause Springer erfahren wenig über den Gegenstand, dafür umso mehr über die Form des studentischen Protestes. Der Kommentar des Blattes erinnert daran, daß das »gute Benehmen« der bürgerlichen Anstandslehre den Polizeibegriffen von »Ruhe und Ordnung« sehr nahe steht, daß »schlechtes Benehmen« nicht konformer Glieder der Gesellschaft auch polizei- und gesetzwidrig ist:

»Protestieren geht über studieren
(...) Die Straße regiert in Dahlem (...) Das ist politisches Rowdytum (...) Der Fall FU gehört endlich in die Hände der politischen Führung dieser Stadt, wenn die Universität nicht zugrunde gerichtet werden soll.« (23. Juni 1966)

Einige Monate später beschwört die gleiche Zeitung die gelbe Gefahr an der Universität:

»Jetzt gibt es auch in Berlin eine ›Rote Garde‹ nach chinesischem Muster. Der ›Mao-Flügel‹, eine extrem linksgerichtete Minderheit des Sozialistischen Deutschen Studentenbundes (SDS), sprengte gestern in der Freien Universität eine Diskussion zwischen Rektor Lieber und Studenten.« (27. November 1966)

Eine vom AStA anberaumte Debatte mit dem Rektor über Studienreform und Zwangsexmatrikulation war abgebrochen worden, nachdem sich einige Studenten an das Mikrophon gedrängt hatten, um das Flugblatt eines »Provisorischen Komitees zur Vorbereitung einer studentischen Selbstorganisation« zu verlesen (siehe Zitat am Anfang dieses Kapitels). Der Rektor antwortet mit Disziplinarverfahren. In einem Brief an den Sozialistischen Deutschen Studentenbund, Gruppe an der FU, schreibt er unter anderem:

»Mir liegen Informationen vor, wonach die Provokateure Mitglieder des SDS sind. Ich bitte daher um Äußerung binnen einer Woche, welche ihrer Mitglieder an dem Vorfall beteiligt waren und dem provisorischen Komitee zur Vorbereitung einer studentischen Selbstorganisation angehören. Ferner bitte ich um eine Stellungnahme des Vorstandes des SDS, Gruppe an der Freien Universität, zu den Vorgängen am 26. 11. 1966.«

Aus der Antwort des SDS:

»Würde der SDS in dieser Situation auf abweichende Vorstellungen zur Hochschulpolitik, wie sie sich am Samstag, dem 26. 11. d. J. manifestierten, administrativ reagieren, so leistete er nicht allein seiner eigenen Fähigkeit zur rationalen Auseinandersetzung, eine Voraussetzung seiner demokratischen Struktur, einen schlechten Dienst, sondern darüber hinaus den Diskussionsmöglichkeiten an der FU überhaupt.
Wie wir erfahren haben, beabsichtigt das Rektorat, die am Vorfall vom Samstag beteiligten Studenten zu relegieren. Mit dieser Maßnahme würde das Rektorat die Feststellung des Flugblattes mit ›strafbarem Inhalt‹ bestätigen: ›Administration und Senat erklären die Misere der Universität zur Misere des *einzelnen* Studenten, nicht um sie zu lösen, sondern um sie los zu sein.‹«

Polizei und demonstrierende Minderheit
Zur Vorgeschichte des 2. Juni

»Die Stimmung der Berliner Wachtmeister«

»Die einzige Sprache, die sie verstehen, ist die Gewalt.«
(Polizeipräsident Duensing über die Afrikaner, nach Ansehung des Filmes »Africa addio«, gegen dessen rassistische Tendenz Studenten in Berlin demonstrierten. Mitgeteilt von Corinna Adam, *New Statesman*, 14. Juli 1967)

So, wie sich der Charakter und die Schauplätze der Auseinandersetzung wandeln, ändern sich auch ihre Mittel. Die Verlagerung des Konflikts aus der Universität in die Stadt, vom Diskutieren ins Demonstrieren, bringt neue Erfahrungen der Isolierung. Wie zuvor die Diskussionen, bleiben auch Demonstrationen wirkungslos, solange sie in konventionellen Formen verlaufen. Demonstrationen, von der Polizei genehmigt, begleitet und beschützt, kommen einem Alibi für die »pluralistische« Gesellschaft näher als dem Ziel ihrer Veränderung. Offenbar vermag nur noch die bewußte Provokation die Gummiwände der verordneten Konfliktlosigkeit zu durchbrechen; die Provokation, deren erste Folge es ist, daß hinter den Gummiwänden die Gummiknüppel sichtbar werden. So entwickelt sich eine auf geringeren Verschleiß bedachte Taktik partisanenhafter Demonstration, die die Gummiknüppel lächerlich machen soll, statt ihnen Schädeldecken darzubieten, deren Dicke bekanntlich bei verschiedenen Menschen außerordentlich verschieden ist[4]. So entsteht die »Spaziergangdemonstration«, die in belebter Stadtgegend als Bewegung kleiner Gruppen, welche sich ebenso schnell auflösen wie sie sich wieder treffen, für dic übliche Form polizeilichen Einschreitens nicht greifbar ist.
Alsbald versucht die Polizei zwar die Aufgabe des Greifens auf angepaßte Art zu lösen, doch fühlt sie sich mit dem grundsätzlichen Problem der studentischen Aktionen, für das sie nicht in einer ihrem Selbstbewußtsein angemessenen Weise gewappnet ist, mehr und mehr allein gelassen. Sie versucht es mit Härte und mit Flexibilität, mit voreiligem Zugriff und mit

Zurückhaltung, und kann nicht verstehen, daß nichts fruchtet, weil es ja gar nicht um die Polizei geht. Sie kämpft am Ende um ihr eigenes Prestige. Ein halbes Jahr lang werden Methoden erprobt und verworfen. Übrig bleibt am 2. Juni 1967 als der Weisheit letzter Schluß der konventionelle Angriff.

Das experimentelle Stadium wurde eingeleitet am »Tag der Menschenrechte« 1966 auf dem Kurfürstendamm.

»Zu schweren Zusammenstößen zwischen Polizei und Demonstranten kam es am Wochenende bei einer Demonstration von 2000 Studenten und Jugendlichen gegen den Vietnam-Krieg in West-Berlin. Als die Demonstranten von dem ihnen vorgeschriebenen Marschweg abwichen, schlugen Polizisten wahllos mit Gummiknüppeln auf sie ein, beschlagnahmten Plakate und zerrissen einige an Ort und Stelle. 74 Studenten und Jugendliche wurden von der Polizei festgenommen und 55 Plakate beschlagnahmt.« (*Frankfurter Rundschau,* 12. Dezember 1966)

»Später veranstalteten jugendliche Demonstranten auf dem Kurfürstendamm eine Art ›weihnachtspolitisches Happening‹. Sie errichteten einen Weihnachtsbaum, der die amerikanische Fahne und das Transparent ›Spießer aller Länder, vereinigt euch‹ trug. Pappmaché-Köpfe von Ulbricht und Johnson wurden mit benzingetränkten Strohhüten verziert und angezündet. Dazu erklangen Weihnachtslieder. (...)

Zu den Vorfällen bei der Demonstration erklärte ein Sprecher des Senats: Berlin verurteilt das Treiben der politischen Rowdies, die sich Studenten nennen. Die Berliner sind sicher, daß sich auch die Mehrzahl der Studenten von den Rowdies distanziert. Im übrigen handelt es sich dabei um eine verschwindende Minderheit.« (*Der Tagesspiegel,* 11. Dezember 1966)

Das Senatspresseamt gibt die Stichworte für die veröffentlichte Meinung, aus der eine öffentliche Meinung wird. Nur die Minderheit verschwindet nicht, obgleich sich die Behörden mit der Hoffnung darauf gleichsam selbst Mut machen, obgleich die *Bild*-Zeitung (14. Dezember) sogar ein konkretes Rezept dafür nennt: »Polizeihiebe auf Krawallköpfe, um den möglicherweise doch vorhandenen Grips locker zu machen ...« Die Polizei hatte sich bereits danach verhalten. Als Protest gegen ihre Praktiken findet am 17. Dezember eine Spaziergangdemonstration auf dem Kurfürstendamm statt. Die Polizei nimmt 86 Personen fest, darunter auch die Journalisten Kai *Hermann* und Walter *Barthel.* Auf eine Beschwerde hin entschuldigt sich der Regierende Bürgermeister schriftlich bei einem der beiden Korrespondenten. Der Redaktion der *Berliner Morgenpost* ist selbst das zuviel Federlesens.

»Wenn die Polizei den Auftrag hat, unerlaubte Demonstrationen aufzulösen, kann sie sich auf der Straße nicht in Diskussionen einlassen. Wer der Aufforde-

rung, bitte weiterzugehen, nicht Folge leistet, muß mit Konsequenzen rechnen. Das ist überall in der Welt so. Bestimmt auch in Nordvietnam.
Und vielleicht berücksichtigen die Herren Kollegen auch ein bißchen die Stimmung der Berliner Wachtmeister, die am Sonnabendnachmittag eine nicht nur in ihren Augen sinnlose Verkehrsbehinderung zu beseitigen hatten. Deren Initiatioren außerdem von vornherein erklärt hatten, sie wollten die Polizei an der Nase herumführen und lächerlich machen.« (21. Dezember 1966)

Gerade das kann die Polizei – und mit ihr die Frontstadtpresse – am wenigsten ertragen. Der Versuch der taktischen Anpassung an einen Gegner, der sich der offenen Feldschlacht der Polizeiknüppel nicht stellen will, führt nur zum Rückgriff auf eine polizeistaatliche Methode, den Einsatz ziviler Häscher. Der Polizeichef zeigt, daß er sich in die Abneigung von Demonstranten gegen Polizeiuniformen und in die Farbenpsychologie einzufühlen vermag, und findet den Ansatz zu einer fruchtbaren Zusammenarbeit mit dem Rector Magnificus der Freien Universität.

»Meine Folgerungen waren: Überprüfung des eigenen Standortes – eigener Standort: Der Standort der Berliner Polizei – hinsichtlich
a) der freien Meinungsäußerung: man muß liberalisieren. Wir wollten unseren Beamten nahebringen, es ist jetzt eine Entwicklung im Gange, wo man die Meinungsäußerung, die von uns aus ein bißchen eng ausgelegt wird, weitestgehend auslegt, um das, was auf uns zukommt, damit aufzufangen.
b) In einem Gespräch mit Professor Lieber sagte er mir: Ja – auf ein Gespräch: Was können Sie eigentlich machen, wenn wir Ihnen Zwangsgestellte bringen? – da sagte er mir, er kann gar nichts machen. Ich ließ mich von ihm orientieren, wie unendlich schwierig dieses ganze innere Universitätsgefüge ist, und er sagte mir: Nur wenn ich exakte strafrechtliche Ermittlungsverfahren habe, kann ich in meiner Eigenschaft als Rektor vorgehen. Meine Schlußfolgerung also: Qualität vor Quantität. Wörtlich sagte er: Bringen Sie mir drei, vier, dann bin ich in der Lage, etwas zu tun.
c) Die psychologische Einschätzung dieser Demonstranten: Ich kam zu dem Entschluß, den sogenannten Blaukoller abzubauen. Vorwiegend versuchen, Polizeieinsätze mit Verkehrspolizisten zu machen, und wir erörterten, vermehrt den Zivileinsatz von Beamten der Schutzpolizei in Zivil und K und eine völlig neue Taktik zu entwickeln, neu insoweit, daß wir – nach unserer Polizeidienstvorschrift gibt es den Begriff des ›Greiftrupps‹ –, daß wir diese Dinge im Detail etwas auswalzen. Meine Weisung lautete: Wo immer es geht, die uniformierte Polizei nicht in das vordere Glied, sondern in das zweite Glied; zivile Einsatzkräfte nach vorne!« (Polizeipräsident Duensing, U 4/4)

Innerhalb der Polizei war die Taktik der »Greiftrupps« offenbar umstritten. Zumindest der Chef der Kriminalpolizei hatte Bedenken; seine Beamten blieben zunächst von solchen Einsätzen verschont. Später wurden

auch sie neben denen der Sicherheitspolizei (auch Politische Polizei oder Abteilung I genannt) dafür vorgesehen. Der Ausschuß für Sicherheit und Ordnung des Berliner Abgeordnetenhauses wurde von der Absicht der Polizeiführung informiert. Senatsrat *Prill*, Chef der Polizeiabteilung der Senatsverwaltung für Inneres, unterrichtete die Polizei von der Zustimmung des Ausschusses. Erst die Untersuchungen nach dem 2. Juni 1967 förderten zutage, daß der Parlamentsausschuß für Sicherheit und Ordnung einen solchen Beschluß nie gefaßt hatte. Das Plenum des Abgeordnetenhauses erwies seine Selbsteinschätzung, als es die Empfehlung des Untersuchungsausschusses auf Ablösung des Senatsrates Prill ablehnte. Er ist inzwischen zum amtierenden Polizei-Vizepräsidenten avanciert.
Am Jahresende 1966 kündigte der neue Regierende Bürgermeister *Albertz* an, er wolle aktiv zur Schlichtung der Unruhe an der Freien Universität eingreifen. In seiner Eigenschaft als Vorsitzender des Kuratoriums der FU setzte er kurz darauf die Sperrung der im Haushaltsplan der Universität vorgesehenen Mittel für die Studentenschaft durch.
Am 26. Januar 1967 ließ die Staatsanwaltschaft im Büro des Landesverbandes Berlin des SDS Haussuchung halten und die Mitgliederkartei beschlagnahmen. Als Grund galt eine Beleidigungsklage vier vormaliger Rektoren der Freien Universität, die sich als Adressaten des Flugblatt-Schlagworts von den »professoralen Fachidioten« empfanden. Ihre Klage war freilich schon zwei Monate vor der Beschlagnahme der SDS-Kartei eingereicht worden. Der Vorgang weckt Erinnerungen an die *Spiegel*-Affäre und nötigt den Regierenden Bürgermeister – unmittelbar vor den Wahlen zum Abgeordnetenhaus – vorübergehend zum Einlenken.
Einen Tag nach der Haussuchung beim SDS wird das John F. Kennedy-Institut der Freien Universität eingeweiht. Studenten bereiten den Ehrengästen einen wenig freundlichen Empfang, den sich der Polizeipräsident besonders zu Herzen nimmt:

»Der Regierende Bürgermeister, diese amerikanischen Professoren, die Mrs. Dulles wurden ausgebuht und ausgepfiffen. Ich habe mich dafür geschämt, daß ich als Polizeichef dastand und zusehen mußte, wie der oberste Vertreter dieses Landes ausgemärt wurde.« (U 4/4)

Am folgenden Tag findet eine auf Empfehlung des Regierenden Bürgermeisters genehmigte Demonstration gegen die SDS-Haussuchung statt.

»... ich habe das damals so glossiert, daß ich gesagt habe, ich werde samstags/sonntags immer noch das Dienstsiegel in der Tasche haben, damit ich diese ad hoc-Demonstrationen als Genehmigungsbehörde genehmigen kann. (...) Ich habe damals meinen nächsten Mitarbeitern gesagt: Diese Ereignisse des 28. Januars sind der Übergang von der ›harten Welle‹ zur ›weichen Welle‹. Das Legalitätsprinzip kennt kein hartes Einschreiten und es kennt kein weiches Einschreiten, es schreitet ein, so wie das Gesetz es befiehlt. Ich habe gesagt, es ist ein schwarzer Tag für die Polizei. Und provozierend vereinfacht muß ich sagen: Die Polizei wurde für etwas, was rechtens war, gerügt, und sie wurde für etwas, was nicht rechtens war, gelobt. Meine Sorge: der Polizist weiß bald nicht mehr, wie er einschreiten soll. Die politische Devise war: Dampf ablassen!« (Duensing, U 4/5)

Das gleiche Unbehagen über eine vermeintliche »weiche« Welle drückt sich in einem Teil der Leserbriefe der *Berliner Morgenpost* vom 1. Februar 1967 aus, die überschrieben ist: »Mehr Rückgrat Herr Albertz! Unruhestifter unter Studenten ausmerzen.« Dieses Verbum allerdings taucht in keiner der veröffentlichten Zuschriften auf, es ist geistiges Eigentum der Redaktion.
Die SDS-Kartei wurde nach kurzer Zeit – angeblich ungeöffnet – zurückgegeben. 113 Professoren, Dozenten und Assistenten forderten in einem Brief an den Präsidenten des Abgeordnetenhauses die Einsetzung eines parlamentarischen Untersuchungsausschusses zur Überprüfung der Vorgänge bei der Durchsuchung der SDS-Räume und des Vorgehens der Polizei gegen Demonstranten. Um den Zusammenhang zu beleuchten, bedurfte es indes keiner besonderen Untersuchung.
Auf eine Anfrage des CDU-Abgeordneten *Pohle,* in der es u. a. um den »kommunistischen Einschlag« im Sozialistischen Deutschen Studentenbund ging, antwortete der Staatssekretär im Bundesministerium des Inneren, Professor Werner *Ernst,* vor dem Bundestag:

»Der Bundesregierung ist bekannt, daß im Sozialistischen Deutschen Studentenbund prokommunistische Kräfte in letzter Zeit stark an Einfluß gewonnen haben. Mein Herr Minister hat Auftrag gegeben, daß darüber ein detaillierter Bericht vorgelegt wird. Die Einzelheiten werden wir gern dem Innenausschuß vorlegen, wenn das gewünscht wird.« (*Das Parlament,* 8. Februar 1967)

Welche Methoden als diesem Zwecke dienlich erachtet werden, hat sich inzwischen dank einiger mißlungener Versuche zur Werbung studentischer Verfassungsschutz-Agenten öffentlich erwiesen. Und die Begründungen, die vom Innenministerium für diese Bespitzelung gegeben werden, kommen einer Verurteilung ohne Gericht gleich, die die Überwachten a priori zu Verfassungsfeinden erklärt. Die Verfassungshüter wirken so in Wirklichkeit als Staat im Staate.

Anfang 1967 löst der Plan einer Studiengeld-Pauschale von 150 DM pro Student und Semester anstelle des bisherigen Kolleggeld-Systems an den Berliner Hochschulen – an der Pädagogischen Hochschule herrschte bis dahin sogar Lehrgeldfreiheit – Unruhe unter der Studentenschaft aus. Der Verband Deutscher Studentenschaften in Berlin beantragt die Genehmigung für einen Demonstrationszug vom Steinplatz zum Wittenbergplatz. Einer Weisung des Senats folgend, wonach in der City keine Demonstrationen mehr stattfinden sollen, untersagt der Polizeipräsident den Protestmarsch der Studenten. Senatsrat *Prill* bedeutet Studentenvertretern, wer die Möglichkeiten der gegebenen Rechtsordnung nicht hinnehmen wolle, müsse mit der staatlichen Gewalt Bekanntschaft machen oder dieses Land verlassen. Gegen den Bildungsnotstand hilft der Polizeinotstand:

»Die Schutzpolizei ist angewiesen, die Durchführung der Veranstaltung mit allen Mitteln zu verhindern. Außerdem weise ich darauf hin, daß die Durchführung eines Aufzuges oder einer Versammlung ohne Genehmigung nach § 15 Abs. 2 VVfG strafbar ist (Gefängnis oder Geldstrafe). (...) Ich (...) bezeichne die Verhinderung der Veranstaltung als eine im öffentlichen Interesse liegende Notstandsmaßnahme im Sinne des § 80 Abs. 3 VwGO«, schrieb der Polizeipräsident (zitiert nach Flugblatt des VDS, Landesverband Berlin).

Sein Vorschlag einer Demonstration am Rande der Innenstadt wird vom VDS abgelehnt. Am 24. Januar findet eine Protestversammlung gegen das Demonstrationsverbot in der Technischen Universität statt. Die Polizei probt unterdessen die Provokation; zu einem Großeinsatz bekommt sie jedoch keine Gelegenheit.

»Bei einer vierstündigen, teilweise leidenschaftlich erregten Demonstration von Studenten aller Berliner Hochschulen in einem Hörsaal der Technischen Universität konnte gestern im letzten Augenblick verhindert werden, daß die Mehrheit der anwesenden, etwa tausend Studenten ihr Votum einer spontanen und wilden weiteren Demonstration gab. (...)
Zu den explosiv aufgebrochenen Auseinandersetzungen unter den versammelten Studenten war es gekommen, als ein Student Bericht von jenen Vorfällen gab, die sich zum selben Augenblick auf dem Kurfürstendamm abspielten. Mehrere jugendliche Demonstranten hatten sich, mit Schildern ausgerüstet, gegen das Vorhaben von Bundeskanzler Kiesinger gewandt, an dem Denkmal der Opfer des Nationalsozialismus einen Kranz niederzulegen. Mit Rücksicht auf die Tatsache, daß Kiesinger Mitglied der NSDAP gewesen war, hielten sie es für unwürdig und politisch taktlos, daß der Bundeskanzler jetzt die Opfer des Nationalsozialismus ehre. Die Demonstranten waren vereinzelt aufgetreten und hatten auch keine größeren Gruppen gebildet. Dennoch gingen Polizeibeamte gegen sie vor,

beschlagnahmten die Schilder und nahmen fünf Personen in Polizeigewahrsam.« (*Die Welt*, 25. Januar 1967)

Das Verhältnis zwischen Polizei und Studenten ist längst zum Maßstab für den inneren Zustand West-Berlins geworden. Der Polizeipräsident versucht es noch einmal mit gutem Zureden; die Polizei soll Freund und Helfer auch den Demonstranten sein.

»Ich habe mit den drei Vorstandsmitgliedern vom VDS persönliche Gespräche geführt (...); wir haben uns angeboten, wir werden Sie belehren, wie man das richtig macht, wir werden Ihnen Hilfen geben, Sie sollen ja demonstrieren, aber machen Sie es gemeinsam mit der Polizei, wir werden Ihnen das schon richtig sagen.« (Polizeipräsident Duensing, U 4/13)

Eine besondere und konkrete Form polizeilicher »Hilfen« bietet Senatsrat *Prill* noch einmal während einer Podiumsdiskussion an, zu der er vom Berliner ÖTV-Vorsitzenden eingeladen war.

»Einiges Aufsehen machte es unter den Zuhörern, als sich Senatsrat Prill ausdrücklich zu früheren auf ›wilde Demonstranten‹ bezogenen Äußerungen bekannte, ›die sollen nur kommen, dann kriegen sie eins mit dem Knüppel auf den Kopf, das ist dann ein gutes Übungsfeld für unsere Polizeibeamten.‹« (*Die Welt*, 2. Februar 1967; vgl. auch *Tagesspiegel* vom 3., *Berliner Stimme* vom 4. Februar)

Die Übungen auf diesem Felde sollten fortan immer häufiger werden.

»Eine Steigerung der polizeilichen Maßnahmen«

»So wie die Berliner – mit der Hilfe von Verbündeten – die Freiheit ihrer Stadt bewahrt haben, so kämpft heute das Volk von Südvietnam – mit der Hilfe von Verbündeten –, um die Freiheit seines Landes zu bewahren.«
(US-Vizepräsident Humphrey vor dem Abgeordnetenhaus von Berlin, 6. 4. 67)

»Die westliche Welt, die frei genug zu sein scheint, sich in ihrem mit allen Mitteln verteidigten Status quo zu ersticken, hört das Wort Revolution nicht ohne Beklommenheit. Wer in seinem Selbstverständnis und zu seiner Selbsterhaltung auf die Einmauerung des einmal Geschaffenen angewiesen ist, erkennt in dem heute überall sich ankündigenden Willen zur Veränderung das Merkmal der Unmündigkeit und zugleich damit das Rauchzeichen einer erst unklar sich abzeichnenden Bedrohung. Dem Willen zum Status quo kam die Paralyse der Weltpolitik unter dem Gleichgewicht des Schreckens entgegen. Aber das Eis, mit dem der Kalte Krieg die jüngste Geschichte überzogen hatte und in dem der größere Teil der Menschheit erfrieren mußte, damit sich einige Akteure darauf einrichten konnten, beginnt zu tauen.«
(Bahman Nirumand: *Persien, Modell eines Entwicklungslandes*. Reinbek 1967)

Am 6. April 1967 besuchte der Vizepräsident der Vereinigten Staaten West-Berlin. An diesem Tage erschien der *Abend* mit der Schlagzeile: »Maos Botschaft in Ost-Berlin lieferte die Bomben gegen Vizepräsident Humphrey«, und die *Berliner Morgenpost* wußte zu berichten:

»In einer Blitzaktion nahm die Politische Polizei gestern abend in Berlin elf Rädelsführer fest, die für heute einen Anschlag gegen US-Vizepräsident Humphrey geplant hatten. Den Verschwörern wird ›Verabredung zum Mord oder zu schwerer Körperverletzung‹ vorgeworfen. Die Polizei überraschte mehrere kommunistisch orientierte Westberliner Studenten beim Abwiegen von Sprengstoff in behelfsmäßige kleine Granathülsen und beim Einfüllen einer ätzenden Säure in Plastikbeutel. (...) Die kleine Gruppe der Westberliner Anhänger des rotchinesischen Parteichefs Mao Tse-tung verkehrt regelmäßig in der Pekinger Botschaft im Sowjetsektor.«

Die internationale Ausgabe der *New York Times* vom gleichen Tage drückte sich wesentlich vorsichtiger aus, als sie »unconfirmed reports« über die Lieferung chinesischer Tränengasbomben als Grund der Polizeiaktion nannte. Als die angeblichen Verschwörer dann am Morgen nach dem Besuch Humphreys schon wieder freigelassen werden – bei ihrem »Anschlag« hatten sie Rauchkerzen, Farbe und Pudding werfen wollen –, tritt auch Springers *BZ* mit der Frage »Waren die Bomben noch nicht fertig?« den Rückzug an. Eine offizielle Mitteilung über die Sitzung des Senats am 11. April verhehlt denn auch kaum mehr, daß hier vielmehr potentielle »Störer« vorbeugend in »Schutzhaft« genommen worden waren; die Verantwortung dafür schreibt der Senat im übrigen den strengen Vorschriften für die Leibwache des amerikanischen Gastes zu:

»Die Öffentlichkeit muß wissen, daß es, hätte die Polizei nicht rechtzeitig zugegriffen und eine bestimmte Gruppe von Studenten an der Ausführung ihres Vorhabens gehindert, zu schweren Zwischenfällen gekommen wäre. Die Sicherheitsbeamten, die den Vizepräsidenten der Vereinigten Staaten begleiten, sind durch Auftrag verpflichtet, Gefahren vom Vizepräsidenten durch Anwendung der Waffe abzuwenden.« (PLB, 11. April 1967)5

Der *Abend*, Hauptgeschädigter einer Falschmeldung, die er bereitwillig übernommen hatte, revanchiert sich wenig später, indem er Schwarz auf Weiß das Senatspresseamt als Quelle nennt (11. Mai 1967). Die auflagenstärksten Zeitungen West-Berlins sehen freilich auch in der Folge keinen Grund, aus dieser Panne der Informationsmanipulation Konsequenzen zu ziehen. Sie tragen dazu bei, die Auseinandersetzung zwischen Studenten und Gesellschaft mehr und mehr auf das Niveau einer bloßen Kraftprobe zwischen Waffenlosen und Bewaffneten herunterzudrücken. Dabei fühlt sich die Polizei noch immer nicht eigentlich zuständig für diesen ungewohnten Gegner. Sie glaubt, die Kastanien für andere aus dem Feuer holen zu müssen. Der Polizeipräsident weist den nach den Wahlen vom 12. März 1967 neugebildeten Senat der Stadt darauf hin, daß es für ihn zur Zeit nur eine Sorge gebe – die Studenten.

»In allen Sachgesprächen mit den leitenden Herren der Polizeiführung konnte nicht überhört werden, daß der ›Studentenkrieg‹ gegen die Polizei von uns mit Besorgnis betrachtet und nicht gewünscht wird, da diese Formen der Auseinandersetzung letztlich auch dem Ansehen der Polizei schaden. Besorgnisse entbinden uns aber nicht von der Pflicht, Ordnungsstörungen mit den rechtlich zulässigen Mitteln zu verhindern. Die Ursachen der studentischen Unzufriedenheit müssen erforscht und beseitigt werden. Solange das nicht geschieht, weichen die Studenten auf Zusammenstöße mit der Polizei aus. Polizeiliche Maßnahmen allein werden das Problem der Studentenkrawalle nicht lösen. Hierzu bedarf es eines echten Engagements aller anderen zuständigen Verwaltungen, der Staatsanwaltschaft und der Gerichte.« (Polizeipräsident Duensing an Senator Büsch, 13. April 1967, U 4/7)

Nach diesem Grundsatz von der geteilten Verantwortung verhält sich der Polizeichef wenige Tage später angesichts der Sitzdemonstration in der Freien Universität am 19. April 1967 – sehr zur Enttäuschung des Rektors, der seine Autorität an die der Polizeiuniform zu ketten hoffte. Die Studenten protestieren – mit »faschistischen Methoden«, wie Rektor *Lieber* meint. Gegenstand ihres Protests: die Einleitung von Disziplinarverfahren gegen die sogenannten Humphrey-Attentäter auf Veranlassung des Regierenden Bürgermeisters, die Sperrung der Zuschüsse für die Studentenschaft, Bemühungen, dem SDS die »Förderungswürdigkeit«, das heißt das Recht auf Betätigung innerhalb der Universität, abzusprechen, und der Versuch, Vorlesungsrezensionen im *FU-Spiegel* des AStA zu unterdrücken. Der Schriftsteller Reinhard *Lettau*, Bürger der Vereinigten Staaten, setzt sich in unverblümten Formulierungen mit der Berichterstattung der Berliner Presse auseinander. Für die Polizei ist das Grund zu einem Ausweisungsbescheid gegen Lettau. Kollektivmaßnahmen aber erscheinen ihr in der Universität, wo sie nicht Zeit und Ort der Auseinandersetzung bestimmen kann, inopportun. *Duensing* berichtet später über ein denkwürdiges Ereignis in der Geschichte der Berliner Polizei. Die Umstände erklären, warum es nicht Präzedenzfall werden konnte: Der Polizeichef war einmal klüger als die politischen und akademischen Autoritäten.

»In der Vorhalle vom Audimax war also (...) eine neue Versammlung mit einem ordentlichen Versammlungsleiter entstanden, und die Magnifizenz Lieber entschloß sich um 23 Uhr 55, diese Studenten aus der Vorhalle rauszudrängen. Die Studenten haben sofort sich auf die Erde gelegt, haben bekanntgegeben, keinen Widerstand gegen die Polizisten, wir treiben passiven Widerstand, der nicht strafbar ist nach dem Strafrecht. (...) Es waren etwa 12- bis 1400 Studenten in der Vorhalle, es waren etwa 30 Studenten rausgetragen worden, zu zweit, zu dritt, sie haben sich immer mehr gruppiert, auf die Erde gelegt, die Ellenbogen untergeschränkt, es wurde mir sehr instruktiv geschildert. Ich habe gesagt: ›Aktion einstellen, am Ort nur Verkehrspolizei, ich komme sofort hin.‹
Habe dann den Senator angerufen, zwei, drei Minuten nach 24 Uhr, habe gesagt: ›Herr Senator, das und das entstanden. Ich habe den Gegenbefehl gegeben zum Räumenlassen. Ich will meine Polizisten hier nicht in eine Situation hineinbringen, wo in der polizeilichen Eskalation Unglaubliches möglicherweise geschehen kann.‹ Der Senator war nicht sehr fröhlich. Er sagte: ›Morgen früh wird in der Zeitung stehen: Polizeipräsident kapituliert vor den Studenten.‹ Sage ich: ›Nein. Ich habe – in dieser Nacht werde ich den Studenten die Schau stehlen, denn wenn die jetzt sehen, daß die Polizei ihnen nicht den Gefallen tut, den sie offensichtlich provozieren, dann werden die schon nach einer Stunde nachhause gehen.‹ Er sagte: ›Dann werde ich sofort hinfahren.‹ Sage ich: ›Nein, tun Sie das nicht, schlafen Sie mal weiter. Das ist mein Bier[6], da muß ich hin‹, und bin losgefahren. Als ich hinkam, sind so die letzten fünfzig bis sechzig Studenten rausgegangen, und es waren einige Studenten dabei, einen Wust von Papier zusammenzukehren.
Es hatte sich also bestätigt, nachdem der Rabatz mit der Polizei ausblieb, daß sie eben weggegangen sind, freundlich lächelnd an meinen Polizisten vorbei – es waren noch drei, vier Polizisten, die am Ausgang standen –, und ich bin rauf zu der Magnifizenz. Dort war also der Große Akademische Senat versammelt, zwanzig oder mehr Herren, und der Professor Lieber sagte zu mir: ›Jetzt haben Sie mich aber ganz schön im Stich gelassen. Zum ersten Mal hatte ich den Akademischen Senat hinter mir, die Universität durch Polizei räumen zu lassen, da geben Sie einen Gegenbefehl.‹« (Polizeipräsident Duensing, U 4/12 f.)

Die Universität leitet nach der Sitzdemonstration vom 19. April Disziplinarverfahren gegen fünf Studierende ein – darunter vier gewählte Studentenvertreter, die gemäß Universitätsordnung, außer im Falle des Verstoßes gegen geltendes Recht, wegen Äußerungen in Ausübung ihres Amtes weder benachteiligt noch disziplinarrechtlich verfolgt werden dürfen. Dreien dieser »Rädelsführer« – den AStA- und Konventsvorsitzenden – werden außerdem die mit ihren Ämtern verbundenen Hilfsassistenten-Verträge gekündigt. Zugleich wird ein sogenannter Stufenplan der staatlichen und akademischen Behörden bekannt, der Repressionsmaßnahmen von der Relegierung mißliebiger Studenten bis hin zur

Schließung der Universität vorsieht. *Bild* (27. 4. 1967) ruft den »Randalierern« an der »Radau-Universität« in Dahlem zu: »Das Faß ist jetzt voll!« und zitiert den Pressereferenten des Rektors: »Jetzt wird aufgeräumt!«

Der Studentenkonvent protestiert gegen die Disziplinarverfahren und legt diesen Beschluß der Studentenschaft zur Urabstimmung vor. Die Universität verteilt aus diesem Anlaß an die Studenten einen »Bericht des Rektors Professor Dr. Lieber« vom 2. Mai 1967, in dem der Autor die »Unterlassung jeder plebiszitär-demokratischen Organisierung von Veranstaltungen« fordert. Der Rektor bedient sich nun im Umgang mit der Studentenschaft des Mittels der Erpressung.

»Es gibt weder einen Eskalationsplan des Senats von Berlin noch des Akademischen Senats. (...) Allerdings haben Erörterungen darüber stattgefunden, ob, und wenn ja, mit welchen Entwicklungen gerechnet werden müsse und wie diesen zu begegnen sei. (...) Erst wenn sich die Universität außerstande erweisen sollte, mit eigenen Mitteln ihre Ordnung aufrechtzuerhalten, wozu auch das reibungsfreie und störungsfreie Arbeiten der Organe gehört, werde und müsse die Möglichkeit staatsaufsichtlichen Eingriffs erwogen werden. (...)

Wenn die Studentenschaft den Konventsbeschluß verwirft, (...) und wenn die Studentenschaft so den verantwortlichen AStA-Funktionären deutlich macht, daß sie von ihnen erwartet, ebenfalls auf den Boden der Universitätsordnung und der Satzung der Studentenschaft zurückzukehren, dann – aber auch nur dann – wäre der Weg frei, von Disziplinarmaßnahmen, die allen Mitgliedern unserer Universität gleichermaßen widerstreben, abzusehen.«

Die Urabstimmung der Studentenschaft erbrachte eine Mehrheit für den Beschluß des Konvents.

Daß die Sache der Studenten bereits zu einer öffentlichen geworden war, bestätigten die Aufrufe von Senat und Parteien zum 1. Mai 1967, in denen die Maikundgebung zu einer »deutlichen Antwort« an »Randalierer«, »Radaubrüder und Anarchisten« gestempelt werden sollte. Wenige Tage später, am 8. Mai, antwortete Innensenator *Büsch* auf den Brief des Polizeipräsidenten vom 13. April. Er ermunterte ihn, auch in Zukunft eine Antwort an die »Radaubrüder« bereitzuhalten:

»Ich bin mit Ihnen ganz allgemein der Meinung, daß eine Steigerung der polizeilichen Maßnahmen notwendig werden kann. (...) Ich bitte daher, derartigen Auswüchsen antisozialen Verhaltens in Zukunft mit allen rechtlich zu Gebote stehenden Mitteln entschlossen entgegenzutreten und bemüht zu sein, derartige Störungen der öffentlichen Sicherheit und Ordnung schon bei Beginn zu verhindern. Ich verkenne auch keineswegs die besonderen Schwierigkeiten, die für die Polizei bei Krawalleinsätzen, insbesondere bei Auseinandersetzungen mit Studenten, entstehen. (...) Diesen Anforderungen werden die eingesetzten Polizeibeamten nur dann genügen können, wenn sie stets die Gewißheit haben, daß ihre Vorgesetzten auch dann für sie eintreten, wenn sich bei der nachträglichen taktischen und rechtlichen Prüfung Fehler herausstellen sollten. Das setzt allerdings voraus, daß diese Fehler nicht als Dienstpflichtverletzungen angesehen werden müssen.« (U 4/12)

In seinem Brief stimmte der Senator auch einer vorbeugenden Haft für polizeinotorische »Störer« vor ihrem möglichen Auftreten bei Demonstrationen zu (U 10/62). Als diese Zeilen geschrieben wurden, saßen Vertreter des Senators für Inneres und des Polizeipräsidenten in einer »Großen Sicherheitsbesprechung« beim Bundesministerium des Innern in Bonn. Sie berieten über Vorkehrungen anläßlich des bevorstehenden Besuches des Schahs von Persien in der Bundesrepublik und West-Berlin.

Das Bundesministerium des Innern wünschte höchste Alarmstufe für die Sicherheitsorgane und das Verbot von Demonstrationen oder, falls ein Verbot nicht zulässig wäre, Demonstrationen möglichst fern von den Schauplätzen des Staatsbesuches. In Berlin lebende Perser, die als »potentielle Störer« galten, wurden von der Polizei vorgeladen und auf die Grenzen ihrer Rechte hingewiesen (BU, S. 3). In zwei Einsatzbefehlen für die Polizei wurden die Möglichkeiten »wilder« Demonstrationen gegen den Schah, des Gebrauchs von Wurfinstrumenten wie Farbbeutel, Eier und Rauchkörper und eines Attentats bewaffneter Perser vor der Deutschen Oper Berlin vorausgesehen. Aber ebensowenig wie über die oppositionellen Perser waren über die deutschen Gegner des persischen Herrschers und seines Regimes konkrete »Erkenntnisse« verfügbar, die der Polizei vorbeugende Maßnahmen wie anläßlich des Humphrey-Besuches erlaubt hätten. Der Polizeipräsident konnte die »zuständigen Stellen« nicht einmal davon überzeugen, daß die 576 Opern-Abonnenten, die am 2. Juni zusammen mit dem persischen Kaiserpaar und rund 1400 offiziellen Gästen und Sicherheitsbeamten eine Aufführung der *Zauberflöte* erleben würden, alle »sortiert und überprüft« werden müßten. Sie blieben für ihn »ungeklärte Männer«. (U 4/18)
Die ganze Aufmerksamkeit bei diesen Vorbereitungen war auf mögliche Aktionen gegen den Schah gerichtet. Daß er Anhänger haben könnte, die sich zu spontanen Handlungen hinreißen lassen würden, war wohl selbst den Gastgebern zu unwahrscheinlich – daß gedungene Provokateure auf-

treten könnten, ist zu keiner Zeit bedacht worden, obwohl die persische Vertretung in Berlin nach anfänglicher Bemühung um einen besonderen Platz für die Untertanen des Kaisers bei seinem Empfang erstaunlicherweise auf eine konkrete Absprache darüber verzichtet hatte. Und obwohl gute Verbindungen zwischen bestimmten persischen und deutschen Dienststellen zu bestehen scheinen:

»Kurz nach den Zwischenfällen während des Schahbesuchs im vergangenen Sommer war von zuständigen Bonner Stellen nicht bestritten worden, daß Kontakte zwischen Mitgliedern der Savak (persischer Geheimdienst, d. Verfasser) und dem Bundesamt für Verfassungsschutz bestehen. (...) Das Unbehagen war noch größer geworden, als vor dem Schahbesuch persische Geheimdienstagenten in Kompaniestärke in die Bundesrepublik einreisten und mehrfach als ›Jubelperser‹ im Gegensatz zu opponierenden Studenten beim Besuch des persischen Kaisers Aufsehen erregt hatten.« (*Frankfurter Allgemeine Zeitung*, 9. Januar 1968)

Der Senat von Berlin war auf jede Weise bemüht, den Besuch des Herrschers auf dem Pfauenthron zu einem Erfolg zu machen. Die Senatskanzlei versuchte, eine vom AStA der Freien Universität anberaumte Persien-Diskussion mit Bahman Nirumand zu verhindern, weil sie den Besuch des Schahs in Frage stellen könne.

»Wenn es in dieser Stadt unmöglich werden sollte, Gäste aus Westdeutschland und aus dem Ausland zu empfangen, wie es unter zivilisierten Menschen selbstverständlich ist, dann können wir uns in Berlin selbst aufgeben.« (Der Regierende Bürgermeister *Albertz*, AH, 8. Juni 1967)

Die Exkursionen von Staatsbesuchern der Bundesrepublik nach Berlin und möglichst bis an die Mauer sind zu einem Teil jener Liturgie geworden, die durch ständige Wiederholung die Hauptstadtfunktion und die Integration der Stadt auch in die internationale Politik der Bundesrepublik beweisen, die einer politischen Fiktion den Anschein der Realität geben und gegen die Einsicht in die Realität immunisieren soll. Das Drängen auf einen Berlin-Besuch des Schahs ist denn auch weniger sein eigenes – Persien hat auch Interessen in Osteuropa zu wahren – als das seiner Gastgeber. Und das, obgleich schon am Beginn seiner Rundreise Verkehrsbehinderungen, Haussuchungen, das außerordentliche Polizeiaufgebot und Gegendemonstrationen mannigfach geäußertes Unbehagen entstehen ließen.

Noch unmittelbar vor der Reise des Schahs nach Berlin kommen auch dem Protokollchef der Bundesregierung Bedenken. Er läßt sich überzeugen, daß der geregelte Ablauf der Staatsvisite gewährleistet ist. Die Polizei hat alles vorbereitet, von der Ehren-Eskorte bis zu Gefangenensammelstellen, von Verkehrs-Umleitungen bis zu Greiftrupps und zur Vorwarnung an Krankenhäuser. Nur die Gala-Uniformen für Ehrenformationen der Berliner Polizei, die anläßlich des kaiserlichen Besuches Premiere haben sollten, sind noch nicht vollständig geliefert worden. Die Polizisten müssen in ihrem Alltags-Kleid antreten.

Berlin, 30. Mai

Die *BZ* schrieb an diesem Tag:

Titelseite: *»Unerträglicher Polizei-Rummel um den Schah-Besuch«*

»›Sogenannte‹ FU

Man könne nur noch von einer ›sogenannten‹ Freien Universität sprechen, sagte gestern Ernst Lemmer . . .«

»Studenten sammelten ›wild‹

Während einer nicht genehmigten Geldsammlung in Dahlem stellte die Polizei gestern mittag die Personalien von insgesamt fünf Studentinnen und Studenten fest. Vier Sammelbüchsen mit der Aufschrift ›Geld für die FNL‹ wurden sichergestellt . . .«

»›Waldmeister‹ auf Verbrecherjagd

Großübung der Bepo

Unter dem Stichwort ›Waldmeister‹ begann gestern vormittag die größte Übung der Berliner Bereitschaftspolizei seit ihrem Bestehen . . .«

»Lettau zu den Akten

Im Einvernehmen mit dem Innensenator hat Berlins Polizeipräsident gestern die gegen den amerikanischen Schriftsteller Reinhard Lettau erlassene Beschränkung der Aufenthaltsgenehmigung wieder aufgehoben . . .«

»Panzerglas dämpft die Begeisterung

Der Staatsbesuch des persischen Kaiserpaares beginnt problematisch zu werden. Das Publikumsinteresse blieb auch am dritten Tag gering, der Jubel gedämpft, die Polizei unerbittlich. Der Schah wird mit deutscher Gründlichkeit geschützt. Der Besuch des Kaisers droht so zum ›Kaisermanöver‹ zu werden – die Polizei probt den Notstand. (. . .)

Zwischen dem persischen Kaiserpaar und den Bewunderern (. . .) klafft eine tote Zone: hundert Meter breit, gesichert mit Eisengittern, Polizeikordons, stellenweise sogar mit Stacheldraht und Spürhunden . . .«

Rekonstruktion einer Räumung

Die taktische Situation

»Der Bevölkerung sind Hinweise oder Anordnungen für ihr Verhalten zu geben.« (Außergewöhnlicher Sicherheits- und Ordnungsdienst, VfdP 100, Ziffer 250)

»Helft der Polizei, die Störer zu finden und auszuschalten! Diesen Aufruf richtete gestern Polizeipräsident Erich Duensing an die Bevölkerung. (...)
Polizeipräsident Duensing bezeichnete gestern die bekanntgewordenen Pläne über Störaktionen als wesentlich härter und konkreter als bei dem Besuch des amerikanischen Vizepräsidenten Humphrey.«
(*BZ*, 2. Juni 1967)

Eine Reihe von Voraussetzungen und Motiven mußte sich zusammenfügen, um den 2. Juni zu einer Gelegenheit für die Abrechnung der Polizei mit den Studenten zu machen. Die Studenten erschienen als die Spatzen, gegen die nur noch großes Geschütz zu helfen vermag. Der Augenblick schien gekommen, an dem die Demütigung der »weichen Welle« vergolten, die »Moral der Truppe« wieder aufgerichtet, die Schlappe beim Humphrey-Besuch wieder gutgemacht werden konnten. An diesem Tag war es die Polizei, die Zeit und Ort der Konfrontation bestimmen würde, und an diesem Tag gab es einen außergewöhnlichen Anlaß, außergewöhnliche Mittel einzusetzen: die vermutete Gefährdung des Lebens des Kaisers aus dem Morgenland. An diesem Tag mußte sich zudem die Polizei mehr noch als sonst als Exekutive der um den Schah gescharten gesellschaftlichen Repräsentanz Berlins fühlen – als Leibgarde nicht nur des Gastes, sondern jener Akteure in Frack und Abendkleid, die im Schloß und in der Oper in der Tat das Establishment verkörperten. Sie durfte, wo sie selbst rückhaltlose Einsatzbereitschaft zeigte, mit der vollen Solidarität der von ihr Beschützten rechnen.
In den Akten mag man nachlesen, daß »allein die Sicherheit der kaiserlichen Gäste (...) Auftrag und Ziel aller polizeilichen Maßnahmen« sein sollte, daß Sprechchöre, Plakataktionen u. ä. grundsätzlich unbeachtet

bleiben sollten, solange sie nicht zu schwerwiegenden Ordnungsstörungen führten, und daß durch polizeiliche Maßnahmen »unter keinen Umständen größere Störungen für die öffentliche Sicherheit und Ordnung eintreten« durften »als durch den eigentlichen Anlaß für das Einschreiten« (BU, S. 3). Aber aus der Objektivität des Befehls wird erst durch die Subjektivität der Anwendung Praxis: die Duldung selbst schwerwiegender »Ordnungsstörungen«, wenn sie, wie vor dem Rathaus Schöneberg, von den Agenten des Schahs ausgehen, und die Störung der öffentlichen Sicherheit und Ordnung durch die Polizei vor der Oper, die unter allen Umständen größer ist als die Störung durch die Demonstration gegen den Schah.

Ein Berliner Journalist berichtet über die Stimmung der Verantwortlichen:

»Am Mittag des 2. Juni, kurz vor Eintreffen des Schahs am Rathaus Schöneberg, unterhielt sich der Leiter des Presse- und Informationsamtes des Senats, Peter Herz, mit Journalisten, die dort auf der Freitreppe die Ankunft der Autokolonne erwarteten. Herz befand sich angesichts der Demonstranten in einer offenkundig gereizten Stimmung. Auf Frozzeleien von Journalisten, wie er sich wohl am heutigen ›Tag der deutschen Illustrierten‹ in Berlin fühle, reagierte er mit der wütenden Bemerkung: ›Na, heute können diese Burschen sich ja auf etwas gefaßt machen, heute gibt es Dresche!‹« (EK 0502)

Der Polizeioberrat Heribert *Iwicki* bestätigte später vor dem parlamentarischen Untersuchungsausschuß, daß er die gleiche Erwartung hatte, als er am 2. Juni gegen 19.15 Uhr vor der Deutschen Oper eintraf:

»Zu mir trat der Polizeihauptkommissar Behrens, der an der Oper mir als z.b.V., also zur besonderen Verfügung, stand, und er sprach das aus, was ich, auf dem Mittelstreifen stehend, empfand, daß wir heute ohne Frage noch polizeiliche Arbeit bekommen.« (U 4/41)

Die Polizei hatte für die Demonstranten den 100 Meter langen Gehweg gegenüber dem Operngebäude reserviert. Gemessen an dem Auftrag, den Schah zu schützen, und an der Annahme im Einsatzbefehl, daß es zu Demonstrationen und zu einem Attentat kommen könne, erscheint diese Vorkehrung der Polizei zunächst als nicht sehr durchdacht. In der Absicht, die Gegner des Schahs zu dessen Schutz vor das Opernhaus zu locken, liegt ein Widersinn. Nicht für die Polizei: zwar stehen die Demonstranten vor der Oper gerade dort, wo sie am meisten stören, aber eben deshalb kann die Polizei gegen sie all das anwenden, was sie für die Auseinandersetzung mit gefährlichen politischen Gegnern gelernt hat (vgl. Abb. 7).

So ließ es die Polizeiführung auf eine Situation ankommen, die zwar nicht ungefährlich war, aber einen taktisch günstigen Ausgangspunkt bot. Innensenator *Büsch* erklärt diesen Zusammenhang später dem Berliner Abgeordnetenhaus:

»Die Überlegungen der Polizeiführung waren: Die Sperrung des Gehweges für die Bevölkerung hätte den Vorteil gehabt, absolute Sicherheit im Bereich vor dem Opernhaus zu gewährleisten. Diesem Vorteil standen folgende Nachteile gegenüber: Die Störer hätten dann Gelegenheit gehabt, unmittelbar an der Fahrtstrecke zum Opernhaus tätig zu werden, wo eine wirksame polizeiliche Kontrolle und durchgreifende polizeiliche Maßnahmen kaum möglich gewesen wären, ohne die Staatsgäste zu behindern. Ferner wären die gutwilligen Zuschauer vor dem Opernhaus weit entfernt gehalten worden. Die Freigabe des Gehweges ermöglichte zwar den potentiellen Störern einen Standort, von dem sie das Ein- und Aussteigen vor dem Opernhaus gut beobachten und auf diesen Vorgang Einfluß zu nehmen versuchen konnten. Wegen dieses günstigen Standortes war aber gleichzeitig auch zu erwarten, daß sich dort die Störer einfinden würden und daher gut überwacht werden könnten an dieser Stelle. Ferner boten die Fahrbahnen vor dem Opernhaus und der Mittelstreifen der Bismarckstraße genügend Raum, um ein freies Bewegen auch starker Einsatzkräfte ohne Beeinträchtigung der Staatsgäste zu ermöglichen. Die Freigabe des Gehweges gegenüber dem Opernhaus für die Bevölkerung beruhte auf der taktischen Einschätzung der zu erwartenden Lage vor dem Opernhaus durch den Polizeipräsidenten und den Kommandeur der Schutzpolizei.« (AH, 8. Juni 1967, S. 129)

Wenn man nur taktische Gesichtspunkte berücksichtigt, war der Plan der Polizei vortrefflich. Der vermutete Gegner wird in eine scheinbar günstige Stellung gelockt und von beweglichen Einsatzkräften umgeben. Bei Bedarf kann er aufgerieben werden. Vor dem Untersuchungsausschuß erklärt *Büsch* die Anordnung des Polizeipräsidenten so:

»Er hielt auch aus Sicherheitsgründen diesen Standort für den wichtigsten und besten, auch bei den Nachteilen, weil man da alle Störer auf einem Haufen hatte.« (U 10/80)

Die Polizei wußte, sie würde mit den »Störern« fertig, wenn sie sie erst einmal »alle auf einem Haufen« hätte. Für die Demonstranten sollte es kein Spaziergang werden. Sie war sich ihrer Überlegenheit so sicher, daß selbst die Gefahr eines Attentats vor der Oper in ihrer Kalkulation aufging. Meldung des Bundeskriminalamts am 30. 5. 67:

»10 bis 20 mit Gewehren, Pistolen und Messern bewaffnete Iraner sollen sich zu einem Attentat vor der Oper verabredet haben.« (Verlaufsbericht der Schutzpolizei vom 3. 7. 67)

Mußte es da nicht angeraten erscheinen, den Gehweg vor der Oper zu sperren? Die Polizeiführung änderte ihre Vorkehrungen nicht und unterrichtete im Einsatzbefehl ihre Beamten von der Gefahr eines Attentats. »Aber bei der Überprüfung durch meine Abteilung hat sich herausgestellt, daß ein solches Attentat nicht geplant war«, konnte später Kriminalrat Eitner von der Politischen Polizei vor dem parlamentarischen Untersuchungsausschuß berichten (U 6/46). Der Einsatzbefehl wurde nicht mehr geändert, die Polizeibeamten mußten, als sie den Demonstranten gegenüberstanden, unter ihnen Attentäter wittern.

Der Untersuchungsausschuß stellt zur Freigabe des Gehwegs fest:

»Da die Deutsche Oper als besonderer Gefährdungspunkt angesehen (...) wurde, war es verfehlt, den südlichen Gehweg der Bismarckstraße gegenüber der Oper für Schaulustige und Demonstranten allgemein zugänglich zu machen.
(...) durch die Änderung der Fahrtstrecke vom Charlottenburger Schloß zur Deutschen Oper Berlin (hätte) die von der Polizeiführung vermutete Gefahr entscheidend (...) vermindert werden können.« (BU, S. 7)

Die Fahrtstrecke wurde nicht geändert, die Gefahr nicht vermindert. Gemäß ihrer Ausbildung weiß die Polizei mit solchen Gefahren umzugehen und sie in ihre taktischen Überlegungen einzubeziehen.

»Trotz vorliegender Meldungen über geplante Störaktionen ist das Programm nicht geändert worden, weil die berechtigte Auffassung vorherrschte, daß die in ausreichender Zahl zur Verfügung stehenden Polizeikräfte in der Lage sein würden, die gestellten Aufgaben zu erfüllen.« (Verlaufsbericht der Schutzpolizei vom 3. 7. 67)

In seiner Kritik unterschätzt der Untersuchungsausschuß die überlegene Stärke einer Polizei, die in Dutzenden von Planspielen und Manövern die Zerschlagung bewaffneter Gegner geübt hat. Dennoch trifft die Kritik des Ausschusses ungewollt den Kern der Sache: Am 2. Juni hatte es die Polizei nicht mit bewaffneten Gegnern zu tun, sondern mit demonstrierenden Bürgern.

Den Plan der Polizei konnte auch Senatsprotokollchef *Rauch* nicht erschüttern, der nach einem Gespräch mit dem Bundespräsidenten, dem Bundesminister des Innern und dem Regierenden Bürgermeister die Sperrung des Opern-Vorplatzes empfohlen hatte. Der Polizeipräsident kommentiert Rauchs Empfehlung vor dem Untersuchungsausschuß mit den Worten:

»Herr Rauch ist ja gar keine kompetente Stelle, in dieser taktischen Situation mir gute Ratschläge zu geben.« (U 4/23)

Die Situation war eben eine taktische. Und da verbittet sich die Polizeiführung gute Ratschläge von Zivilisten. Doch Rauch, mit zivilem Protokoll, nicht aber militärischer Planung vertraut, wandte sich bei der Ankunft des Schahs voller Sorge an den Regierenden Bürgermeister:

»Ich habe dann den Regierenden sofort noch auf dem Flugplatz davon informiert, weil es meines Erachtens eine brisante Situation war. (...) Und das hat dann dazu geführt, daß der Regierende Bürgermeister sich mit dem Polizeipräsidenten auf dem Flugplatz (...) in Verbindung gesetzt hat.« (U 4/65)

Auch nach diesem Gespräch wurden die Vorbereitungen für den Abend nicht geändert. Die Herren hatten sich nämlich nicht über Absperrmaßnahmen, sondern über das Wetter unterhalten:

»... der Regierende Bürgermeister, mit dem habe ich ein paar Worte gesprochen: ›Guten Tag‹ und ›Na, heißer Tag‹, und ›Wird schon werden‹, und ›Haben Sie Sorgen?‹, ›Jawohl, wir haben alle Sorgen, wir sind froh, wenn er wieder weg ist‹, wie man das eben so sagt, aber eine gezielte Besorgnis und ein gezielter Auftrag an mich daraufhin, kann ich mich nicht entsinnen.« (Duensing, U 4/70)

Der Regierende Bürgermeister mischt sich in die Planung nicht ein. Die Polizei hat freie Hand. Mit ihrem Plan will sie den enttäuschenden Erfahrungen der »Spaziergangdemonstration« vom Dezember 1966 entgehen. Damals hatte sie keine Möglichkeit, Demonstranten von Nicht-Demonstranten zu unterscheiden und ihre Schlagkraft in erlernter Weise einzusetzen. Nun sah sie einer Situation entgegen, in der sie nach ihren eigenen Regeln mit den Demonstranten umgehen konnte. Dazu brauchte sie »alle Störer auf einem Haufen«. Vor der Öffentlichkeit jedoch wird später – als die Vorbereitungen der Polizei ins Zwielicht geraten sind – behauptet, es sei Duensings ständige Sorge gewesen, die Freigabe des Gehweges vor der Oper zu verhindern. Die *Berliner Morgenpost* schreibt am 9. Juni 1967:

»Es ist schließlich kein Staatsgeheimnis, daß Duensing vor dem Staatsbesuch dafür plädiert hat, die südliche Seite der Bismarckstraße vor der Deutschen Oper aus Sicherheitsgründen zu sperren, womit wohl das Schlimmste verhindert worden wäre.«

Und Duensing selbst erklärt vor dem Untersuchungsausschuß:

»Um 18 Uhr 30 habe ich mir noch einmal vor dem Hilton-Hotel aus irgendeiner Besorgnis heraus gesagt: Kann man nicht doch noch drüben räumen? Da wurde mir gesagt, das würde zeitlich nicht mehr gehen.« (U 4/22)

Der Schah wurde erst eineinhalb Stunden später erwartet. Duensing hätte sagen müssen: es ging »noch nicht«. Nach 20 Uhr klappte die Räumung in sechs Minuten. Denn nun erst hatte man »alle Störer auf einem Haufen«.

Zur Zeit des Schahbesuchs befand sich gegenüber der Deutschen Oper ein Baugelände. Sechs Meter vor dem Zaun dieses Baugeländes errichtete die Polizei eine etwa hundert Meter lange Barriere aus sogenannten »Hamburger Gittern«. Die Gitter sind so konstruiert, daß sie nicht geöffnet werden können, wenn sich hinter ihnen eine dichtgedrängte Menschenmenge befindet.
Diesen langen, schmalen Streifen zwischen Bauzaun und Barriere hatte die Polizei für die Demonstranten vorgesehen. Hinter dem Streifen (auf dem Baugelände) standen Polizisten mit Diensthunden. Vor dem Streifen (vor der Barriere) wurde eine im Laufe des Abends sich immer mehr verstärkende Polizeikette aufgestellt.
Der so entstandene, von der Polizei umstellte »Schlauch« von sechs mal hundert Metern, kaum zu betreten oder zu verlassen, wenn er einmal mit Menschen gefüllt war – das war der Ort, auf dem die Polizei aus der »taktischen Einschätzung der zu erwartenden Lage« »alle Störer auf einem Haufen« haben wollte (vgl. Abb. 7 u. 8).
Ab 18.30 Uhr begann der präparierte Raum sich langsam mit Menschen zu füllen. Um 20.00 Uhr waren es etwa 3000. In dem Schlauch vor der Oper standen sie da, wo sie am störendsten waren. Die Polizei hatte so a priori keine Schwierigkeiten, die Gekommenen mit »Störern« gleichzusetzen. Indem sie ihnen die Möglichkeit zu stören gab, gab die Polizei selbst sich die Möglichkeit zu harten vorbeugenden Maßnahmen.
Die einzelnen Maßnahmen der Polizei machten die Zeitspanne bis zur Räumung zu einer Phase ständig sich steigernder Erregung. Studienassessor *Hönig* berichtet vor dem Untersuchungsausschuß:

»Ich war nicht als Demonstrant anwesend, sondern ich wollte zuschauen. Ich bin gegen (...) 18.30 Uhr (...) zur Oper gegangen. Zu diesem Zeitpunkt waren gegenüber der Oper noch ziemlich wenig Menschen anwesend, so daß man sich also einen günstigen Platz aussuchen konnte. Ich habe mich mit Herrn Schaeffner und seiner Frau an die Barriere gestellt, und zwar an der Stelle, die genau dem Eingang der Oper gegenüber liegt. Im Laufe der Zeit sammelten sich natürlich mehrere Menschen an und gegen 19 Uhr war es schon ziemlich voll. Es wurde dann immer voller.
Die Atmosphäre war zunächst recht entspannt (...) Beinahe könnte man diese Atmosphäre mit der eines Volksfestes vergleichen: Man unterhielt sich, man plauderte, und zunächst war also nichts Spannendes zu erwarten. (...)

Während also die Menschen sich immer mehr ansammelten (...), unterhielt man sich natürlich; und da habe ich zum erstenmal gehört, daß am Nachmittag – oder am Mittag – vor dem Rathaus schlimme Vorfälle sich zugetragen haben sollen, so daß also die, die darüber Bescheid wußten, schon mit einiger Erregung da waren. Sie waren besonders darüber erregt (...), daß sich die Polizei vor dem Rathaus hier nicht korrekt verhalten hat, daß sie nur gegen Demonstranten vorgegangen sei usw. Ich bin dafür nicht Zeuge, weil ich es nicht gesehen habe. Nur so viel zu der Stimmung derer, die in meiner Nähe standen.
Dann kamen gegen 19.20 Uhr (...) BVG-Busse (Berliner Verkehrsbetriebe, Anm. d. Verf.) mit den inzwischen bekannten ›Jubelpersern‹; und erst da habe ich nach den vorhergehenden Gesprächen verstanden, weshalb die gegenüberstehenden Leute teilweise erregt waren und teilweise ironisch ihnen rüberriefen: Bravo! – und: Hallo! – und dergleichen. Man hatte also das Gefühl, daß sehr viele schon wußten, um welche Menschen es sich handelt; ich selbst habe es nicht gewußt, ich habe es erst dadurch erfahren. Aber so viel etwa zur Steigerung der erregten Stimmung. Aber es war immer noch nicht so, daß man etwa von einer fanatischen oder sehr erregten Stimmung hätte sprechen können.
Das wurde dann allerdings etwas anders, als – ich glaube nach 1/28 Uhr (...) einige junge Leute, die auf dem Bauzaun saßen und in einigen dieser Bäume sich niedergelassen hatten, so ähnlich wie es bei anderen Besuchen üblich ist – also etwa als Kennedy die Stadt besuchte –, als sie also da oben saßen, wurden sie von der Polizei heruntergeholt; und zwar auf eine sehr unsanfte Art, die die Umstehenden, ebenso wie ich, nicht recht begreifen konnten: Es wurde nämlich gleich mit dem Gummiknüppel zugeschlagen. Zunächst wurde gesagt: Runter! – oder in diesem Sinne etwa – und dann wurde sofort zugeschlagen; und ich fand es also doch sehr, sehr hart, als ich sehen mußte, wie einige Leute, die mit den Händen sich an dem Bauzaun festhielten und auf der entgegengesetzten Seite hingen, noch von den Polizisten mit Gummiknüppeln auf diese Hände geschlagen wurden.
Ich habe mir nachher den Zaun angesehen, er besteht, glaube ich, aus Preßspanplatten, die sehr dünn sind, und ich kann mir vorstellen, daß es sehr weh tut, wenn man da auf die Hände geschlagen wird. Und so wurde es auch von den Anwesenden empfunden. Das heißt: Während bisher meiner Beobachtung nach sich die erregte Stimmung gegen den Schah richtete, was man ja auch aus den Transparenten und den zunächst sehr, sehr vereinzelten Sprechchören hören konnte, so begann allmählich sich die Stimmung gegen die Polizei zu richten, und man rief also den Polizisten, die in der Mitte der Bismarckstraße zunächst in Gruppen standen und sich dann zunächst in einer lockeren Reihe vor der Absperrung formiert hatten, man begann also, diesen Polizisten zuzurufen: SA! Gestapo! Warum prügelt Ihr für den Schah? Wenn Ihr könntet, wenn Ihr Bescheid wüßtet über Persien, würdet Ihr dergleichen nicht tun! – Einige Leute, die also auch an der Barriere standen, redeten mit den Polizisten, redeten auf sie ein, und sagten: Warum macht Ihr denn das, was habt Ihr denn nötig, für den Schah uns hier in einer freien Stadt zu prügeln?

So steigerte sich die Erregung, und danach wurden einige Rauchkerzen geworfen zunächst – es handelte sich nicht um die, die dann kurz vor dem Eintreffen des Schahs geworfen wurden –, sondern sehr vereinzelt wurden welche geworfen. Sie fielen ziemlich nah vor der Absperrung nieder, und ich hatte den Eindruck, daß die meisten Polizisten das gar nicht besonders ernst nahmen. Auch Polizisten – ja, man kann beinahe sagen – flachsten etwas darüber; nur einige nahmen diese Rauchkerzen, und zwar sämtliche, auf und warfen sie in die Menge zurück, die Kopf an Kopf stand. – Ich muß sagen, daß ich sehr froh war, nicht eine solche Rauchkerze an den Kopf bekommen zu haben, oder in die Nähe, denn das muß natürlich eine Menge, die so zusammengekeilt ist, wie es da nun der Fall war, außerordentlich in Erregung versetzen, wenn man nun plötzlich diese Rauchkerzen an den Kopf bekommt (...).
In dieser Menge befanden sich nach meinen Beobachtungen und wie ich inzwischen von dem Einsatzleiter in einem Rundfunkgespräch gehört habe, sehr viele Zuschauer. Wenn ich es richtig verstanden habe, hat er wohl die Anwesenden an dieser Stelle auf 2- bis 3000 geschätzt, und höchstens 600 Demonstranten geschätzt. Es wurden also von diesen Rauchkerzen sicherlich nicht nur Demonstranten betroffen, sondern eben auch Anwesende. In meiner Nähe befanden sich z. B. zwei Kinder, die ihr Vater nach vorn geschickt hat, wie man das so macht, damit die auch was sehen können, oder eine Reihe junger Leute, die, wie ich genau gesehen habe, ebenso wenig demonstriert haben, also weder durch Transparente oder Rufe oder dergleichen, wie ich. Die Erregung steigert sich.
Sie steigert sich aber dadurch noch viel mehr, daß nämlich jetzt Polizeitrupps, drei, fünf Mann etwa, mit gezogenem Gummiknüppel in diese Kopf an Kopf stehende Menge, wo man hätte annehmen sollen, da geht keiner mehr rein – die Polizei ging rein, allerdings eben mit Gummiknüppeln, und holte einige heraus. Ich konnte nicht wissen, wen sie herausgeholt hat; man konnte nur sehen, daß es sich um junge Leute handelte. Die wurden über die Barriere gezerrt und nicht, wie ich es für richtig und möglich halten würde, mit Polizeigriff abgeführt, sondern an den Gliedmaßen, die man gerade erwischen konnte, wurden sie über die Straße gezerrt und vor aller Augen geprügelt, und das also schon lange bevor der Schah kam, mindestens schon vor 3/48 (...)
(...) man kann sich vorstellen, daß da die Zuschauer, also z. B. ich oder Herr Schaeffner und dessen Frau, inzwischen Angst bekamen, daß man sich sagte: Um Gottes Willen, was wird hier noch passieren? – Man wollte also weg, ich selbst wollte weg und ganz besonders natürlich Frau Schaeffner, da sie sich als Frau besonders bedroht fühlte, zumal inzwischen eine dichte Polizeikette sich vor der Absperrung in etwa Reichweite formiert hatte. Es war völlig unmöglich, durch die Menge hindurch (...) wegzugehen, weil die Menge eben Kopf an Kopf stand. Das wäre ein aussichtsloses Unternehmen gewesen. (...)
Neben mir, also zwei Leute neben mir, stand ein junger Mann mit einem Filmapparat, der seltsamerweise überhaupt nicht gefilmt hat; ich habe mich noch gewundert, warum er nicht filmte. Dem fiel es nun plötzlich ein, sich ein bißchen zu bücken und aus einer bestimmten Perspektive, wie ich glaube, filmen zu wollen.

Als er das tat, griff ihn einer der vorn stehenden Polizisten, faßte ihn am Kinn, drückte ihm das Kinn zurück, und gleichzeitig versuchte ein anderer Polizist, ihn an den Füßen herauszuziehen. Das war aber technisch nicht möglich: Der junge Mann war gekrümmt wie ein S, und zwischendurch war eine dieser Stangen der Barriere. Ich habe die Polizisten dringend gebeten, von dem Mann abzulassen, und ihnen gesagt: Haben Sie nicht gesehen, daß der dauernd dastand, keinen Ton gesagt hat und nichts weiter jetzt wohl tun wollte, als filmen? – Der junge Mann ist also nicht herausgezerrt worden; das liegt aber wahrscheinlich hauptsächlich daran, daß es die Polizei zu ungeschickt angefangen hat: Er war in die Barriere eingeklemmt. Aber die Stimmung war natürlich auch unter den Umstehenden dadurch, daß sie das wieder sahen, weiterhin erregt.
Und nun wartete man auf den Schah, es ging auf acht Uhr zu. Ich muß gestehen, ich habe ihn nicht gesehen, obwohl ich gekommen war, um ihn zu sehen, weil es anscheinend zu schnell gegangen ist. Ich hörte nur, wie zu diesem Zeitpunkt die Sprechchöre wesentlich lauter wurden und die Rauchkerzen flogen. Ich habe auch einige Gegenstände in Richtung Oper fliegen gesehen. Ich muß allerdings gestehen, daß ich nur die Tomaten habe identifizieren können, weil das nun, weiß Gott, das leichteste ist. Etwas anderes, andere Gegenstände, also, wie man hörte, Eier oder Steine oder dergleichen, habe ich nicht gesehen. Das liegt aber an mir, so daß ich nicht behaupten möchte, die seien nicht geworfen worden. Das muß also ganz kurz vor acht Uhr gewesen sein; (...) ich merkte, daß der Schah in der Oper sein muß, weil es nämlich plötzlich ziemlich ruhig wurde (...)
(...) ich selbst wollte natürlich gerne gehen, und eine Reihe anderer Leute wollten auch gehen (...) Das war wegen der Menge einfach nicht möglich. Wenn man die Leute hätte rauslassen wollen, hätte man sie wohl zunächst am Ausgang der Krummen Straße (...) oder am Ausgang Richtung Seesenheimer Straße herauslassen sollen. Aber genau das ist nicht geschehen. Ich hatte während der ganzen Ereignisse den Eindruck, daß ich mich in einer Falle befinde und nicht herauskomme.« (Christoph Hönig vor dem Untersuchungsausschuß, U 5/66 ff.)

Exkurs: Die Arbeitsweise des Parlamentarischen Untersuchungsausschusses

Die Schilderung des Zeugen Hönig macht deutlich, wie die Maßnahmen der Polizei die Stimmung der im Schlauch Versammelten erregten und bis zur Empörung steigerten. Zugleich bekamen die dort Stehenden Angst; sie wurden sich bewußt, daß sie sich »in einer Falle befinde(n) und nicht herauskomme(n)«.
Wir wollen aus dem Gesamtbericht, den Hönig für die eineinhalb Stunden vor der Räumung gibt, einen Fall herausgreifen, um an ihm die Arbeitsweise des Parlamentarischen Untersuchungsausschusses zu demonstrieren. Das ist notwendig, weil der Ausschuß zu dem Ergebnis kommt,

»... daß die Ursache für die schweren Auseinandersetzungen in den Überschreitungen des Demonstrationsrechts zu suchen ist, und daß das Einschreiten der Polizei die Wirkung auf diese Ursache darstellt.« (AH, 22. 9. 67, S. 352)

Wie ein solches Ergebnis, in dem Ursache als Wirkung erscheint, zustande kommt, zeigt exemplarisch die Vernehmung des Zeugen Bernd *Wittchen*. Wittchen ist einer der Demonstranten, die aus der Menge herausgegriffen und dann vor aller Augen verprügelt wurden. Er berichtet:

»Ich sah, wie ein Polizeibeamter eine Rauchbombe in die dichtgedrängte Menge hinter die Absperrung warf. Da sie dicht vor mir niederfiel und die Rauchentwicklung so stark war, daß mehrere Personen zu husten anfingen, versuchte ich, sie zunächst auszutreten. Als mir das nicht gelang, warf ich sie ungezielt auf die Straße zurück.« (EK, 0056)

Für seine Reaktion – die einzig vernünftige – wird Wittchen verhaftet. Seine Reaktion macht ihn zum Rädelsführer, zum produzierten Rädelsführer. Als solcher wird er hart angefaßt. Wittchen fährt fort:

»Ein Polizist löste sich aus der Gruppe und rannte über die Fahrbahn auf mich zu. Er sprang über die Absperrung und zog mich, unterstützt durch seine Kollegen, über das Gitter auf die Straße. Ich leistete dabei keinen Widerstand und versuchte nicht zu entkommen. Etwa sechs Meter hinter der Absperrung wurde ich zu Boden gerissen und bis auf die andere Straßenseite geschleift, wobei man mit Gummiknüppeln und Fäusten auf mich einschlug.« (s. o.)

Wittchen wird verletzt, seine Kleidung zerrissen. Er weiß, der Grund seiner Verhaftung ist konstruiert. Er verlangt nach den Dienstnummern der ihn Schlagenden. Doch die Polizisten bevorzugen die Anonymität der Uniformen. Ihre Reaktion:

»... ›Am Arsch kannst Du mich lecken.‹ Ein zweiter Polizist antwortete mir auf meine Bitte: ›Nimm die Pfoten weg, sonst bekommst Du ein paar mit dem Gummiknüppel.‹« (s. o.)

In der Häftlingssammelstelle werden Wittchens Personalien festgestellt. Wittchen schließt seinen Bericht:

»Außerdem mußte ich meinen Tascheninhalt entleeren und ich wurde auf Waffen hin untersucht. (...) Mir wurde vorgeworfen, Rauchbomben nach der Polizei geworfen zu haben. (...) Danach wurden mir Fingerabdrücke in doppelter Ausführung abgenommen und ich wurde erkennungsdienstlich photographiert. Meine Verletzungen wurden in keiner Weise zur Kenntnis genommen. (...) Gegen 4.00 Uhr am frühen Morgen wurde ich aus der polizeilichen Festnahme entlassen.« (s. o.)

Mit diesem Erlebnis kommt Wittchen vor den Untersuchungsausschuß. Der Vorsitzende fordert ihn auf, zunächst den großen Zusammenhang herzustellen, und Wittchen beginnt mit der Schilderung der Erregung, die das gewaltsame Räumen des Bauzaunes hervorrief:

»Ich beobachtete zunächst, wie die Demonstranten von den Bauzäunen heruntergeprügelt wurden und wie dann die ersten Gegenstände geworfen wurden; ich sah Tomaten auf die Straße fliegen und ...« (U 17/34)

Wittchen wird unterbrochen. Der Ausschuß ist davon überzeugt, die Polizei habe sich vor der Räumung korrekt verhalten. Ihn ärgern offensichtlich die beharrlich sich wiederholenden Berichte über die provozierenden Polizeiaktionen. Vorsitzender *Löffler* bemängelt:

»Herr Zeuge, ich hätte Sie nicht unterbrochen, wenn Sie sowohl das eine als auch das andere, was Sie beobachtet haben, geschildert hätten. Ich hab nur unterbrochen, weil Sie gleich erzählten, Sie hätten beobachtet, wie mit Schlagstöcken die Polizei die runterprügelte, während wir aus dem Bildmaterial auch andere Phasen kennen.« (U 17/35)

Was für eine Polizei, bei der es der Erwähnung bedarf, sie habe auch *nicht* geschlagen! Und was für ein Untersuchungsausschuß: Zeuge Wittchen erhält für das Nicht-Erwähnen des Selbstverständlichen eine Rüge:

»Hier muß ich Ihnen einen Verweis geben, Herr Zeuge. Dann hätten Sie das, weil es die ganze Wahrheit ist, vorher schildern müssen.« (U 17/35)

Was die Wahrheit, die ganze Wahrheit ist, das weiß der Ausschuß von der Polizei. Polizeioberrat *Iwicki* hatte einige Tage zuvor ausgesagt:

»Hinsichtlich der Räumung des Bauzauns waren ja zum Teil neben den zwei Diensthundeführern auch Polizeibeamte als Verkehrspolizisten eingesetzt.« (U 6/104)

Verkehrspolizisten tragen keinen Gummiknüppel – nach der Dienstvorschrift. Und damit steht, dank Iwickis Fingerzeig, für den Ausschuß fest, daß bei der Räumung des Bauzauns auch nicht geschlagen wurde. Mit etwas weniger Vertrauen in die Polizei hätte der Untersuchungsausschuß die Dienstvorschriften allerdings nicht zum Kriterium der Wahrheit erhoben: Es gibt Photographien und Filmstreifen, die mit Gummiknüppeln bewaffnete Verkehrspolizisten zeigen.

Wittchen darf nun in seinem Bericht fortfahren. Er erzählt von den Ungerechtigkeiten, die ihm widerfahren sind, von der Provokation, die den Grund seiner Verhaftung abgab, von der Brutalität, die er zu spüren bekam. Doch seine Glaubwürdigkeit ist erschüttert: am Ende seines Berichtes steht nicht die Eskalation der Polizei, sondern die Unglaubwürdigkeit eines verprügelten Studenten zur Diskussion:

»Sie gingen mit, und dann wurden Sie trotzdem geschleift? Das ist mir etwas unverständlich an der Geschichte.« (U 17/37)

»Unverständlich« ist dem Ausschuß nicht die Polizei, sondern Wittchen! Die Ausschußmitglieder dringen minutenlang auf ihn ein und versuchen seine Aussage zu verharmlosen:

»Sie sagen, Sie sind hingefallen oder so. Ist es möglich, daß Sie sich haben hinfallen lassen?« (U 17/38)
Anmerkung: Wittchen hatte gesagt: »Etwa 8 Meter nach der Absperrung wurde ich zu Boden gerissen.« (U 17/36)
»Können Sie sich daran erinnern, daß Sie sich also etwas versucht haben, loszureißen, oder Ihre Kleidung wieder gerade zu rücken?« (U 17/38)
Anmerkung: Wittchen hatte gesagt: »Den Rest der Strecke (...) wurde ich dann mehr oder weniger geschleift. Dabei wurden mir die Sachen zerrissen.« (U 17/36)

Für seine Verletzungen interessiert sich keiner; den ärztlichen Befund, den Wittchen mitgebracht hat, will niemand sehen.

»Können Sie (...) nicht deshalb, weil Sie sich unschuldig fühlten, Widerstand geleistet haben Ihrer Festnahme und dem Versuch der Beamten, Sie nun auch zu dem Wagen zu bringen?« (U 17/41)
»Und die Polizisten, die Sie rausgeholt haben – denen gegenüber haben Sie doch sicherlich aus Ihrer Position heraus, da Sie sich unschuldig fühlten, nicht von vornherein zu erkennen gegeben, ich komme freiwillig mit.« (U 17/41)

Zeuge Wittchen bleibt bei seiner Aussage. Er beteuert immer wieder:

»Nein, nein, ich habe wirklich in keiner Weise Widerstand (geleistet).«
»Eben weil ich mich einigermaßen im Recht fühlte, bin ich bereitwillig mitgegangen.«
»Ich war äußerst überrascht von dieser ganzen Festnahme, und ich bin wirklich freiwillig mitgekommen. (Sie) können mir das glauben.« (U 17/38 ff.)

Man versucht, ihm den Widerruf so leicht wie möglich zu machen:

»Ja, Sie waren überrascht; aber wenn man sich unschuldig fühlt, wenn man weiß, man ist unschuldig und soll also irgendwie jetzt aus einer bestimmten Handlung herausgerissen werden, da ist eine ganz natürliche Abwehrreaktion eigentlich das Gegebene. Und mich persönlich wundert nur, daß Sie diese in Abrede stellen.« (U 17/41)

Doch Wittchen bleibt bei seiner Aussage. Da findet das Ausschußmitglied *Tromp* den mutmaßlichen Grund für seine Hartnäckigkeit: Wittchens ganzer Auftritt ist mit irgendeiner suspekten Institution abgesprochen:

Tromp: »Welchen Institutionen haben Sie Ihre Erlebnisse mitgeteilt (...)?
Wittchen: Also dem Untersuchungsausschuß des AStA an der FU und der Studentenvertretung der TU.
Tromp: (...) Darf ich fragen, wie das vorgenommen wurde? Hat man sie nur be-

fragt und dann das Protokoll genommen, oder haben Sie da auch gesprochen, verglichen mit anderen Aussagen, verglichen mit anderen Erlebnissen?« (U 17/42)

Auch dieses Mal bestätigt Wittchen die Vermutung nicht. Doch der Ausschuß hat genug erfahren:

»Noch Fragen an den Herrn Zeugen? Das ist nicht der Fall. Dann danken wir Ihnen für Ihre Aussage.« (U 17/42)

Damit ist Wittchens Vernehmung zu Ende. Mit keiner Silbe hat der Ausschuß nach der Praxis der Polizei, Haftgründe selbst zu produzieren, sich erkundigt. Die Polizei verhaftet nicht ohne Grund. So sagt es die Polizei, so sagt es der Ausschuß. Und damit steht Wittchen vor dem Ausschuß als überführter Rädelsführer, als einer, der den Grund seiner Verhaftung zu vertuschen sucht.

Hätte der Untersuchungsausschuß in gleicher Weise die Aussagen der Polizei in Zweifel gezogen, dann wäre ihm nicht entgangen, warum Wittchen auf seiner Aussage beharrt. Ihm wäre nicht entgangen, daß die Demonstranten ganz andere Erfahrungen mit der Verkehrspolizei machten, als es die Dienstvorschrift vorsieht: einige Verkehrspolizisten fühlten sich ohne Knüppel wie ohne Kleider. *Hans H.* berichtet von der Räumung des Bauzaunes:

»Zu vermerken bei diesem Geschehen ist vielleicht noch, daß sich bei dieser Aktion auch Verkehrspolizisten beteiligten, die in Ermangelung von Gummiknüppeln Holzstöcke benutzten.« (EK, 0129)

Der Ausschuß ist wie eine Polizei in zweiter Instanz. Für ihn steht von Anfang an fest, die Polizei hat nicht angefangen, ihre Maßnahmen waren immer nur Wirkung, nie Ursache. Was nach dieser Voraussetzung als Tadel an der Polizei noch aufkommen kann, gilt der gelegentlichen Übertretung der »Verhältnismäßigkeit der Mittel«. Im Bericht des Ausschusses heißt es:

»... bei der Ausführung der polizeilichen Maßnahmen (wurde) nicht in jeder Phase der Grundsatz der Verhältnismäßigkeit der Mittel eingehalten ...« (BU, S. 7)

Der Ausschußbericht enthält nichts über das Verprügeln von Demonstranten vor den Augen der empörten Zuschauer noch vor der Räumung. Er enthält jedoch ausführliche Passagen über deren Reaktion. Zum Beispiel:

»... in der Bezeichnung der Polizeibeamten als ›Mörder‹ und ›Schweine‹ sowie als Angehörige der ›Gestapo, SA, SS‹ (...) liegen Beleidigungen vor, die (...) als Mißbrauch des Rechts auf freie Meinungsäußerung schärfstens verurteilt werden.« (BU, S. 7)

Der Ausschußbericht enthält nichts über die Willkürlichkeit der Festnahmen, nichts über das Erdichten von Haftgründen, und nichts über bewußt praktizierte Selbstjustiz, die besonders eifrige Beamte einem zweifelhaften Prozeßausgang vorzogen. Der Journalist Walter *Barthel* schreibt im *Kölner Stadtanzeiger:*

»... ein junger Mann (wird) mit Fäusten geschlagen. Als er am Boden liegt, trampeln die Beamten mit Füßen auf seinem Körper herum. Ein uniformierter Polizist stößt ihm immer mit der Schuhspitze gegen die Schädeldecke. Ich traue meinen Augen nicht und protestiere vernehmlich. Statt mir aber seine Dienstnummer auszuhändigen, pöbelt mich der Polizist an. Ich rufe einen Offizier. Der raunt dem Schläger zu: ›Hauen Sie ab hier.‹ Ich verlange die Nummer des Offiziers. Da mischen sich die Zivilbeamten ein. Einer von ihnen: ›Das ist doch die einzige Strafe, die dieser Strolch da zu erwarten hat, die Justiz zieht doch sowieso nicht mit.‹« (5. 6. 67)

Von solcher Praxis schweigt der Bericht des Ausschusses, von solcher Praxis schweigt der Bericht der Polizei. Solche Praxis ist vor dem Ausschuß nie ernsthaft erörtert worden,

»... weil eher ein Rindvieh durch ein Schlüsselloch geht, als daß deutsche Beamte an der Glaubwürdigkeit deutscher Beamten zweifelten.« (Schlußwort von Fritz Teufel in der Hauptverhandlung wegen Landfriedensbruch, vgl. *Süddeutsche Zeitung*, 16. 12. 67, S. 6)

Was von der Aussage des Zeugen Wittchen im Ausschußbericht übrigbleibt, klingt wie eine Parodie. Es klingt wie die ins Groteske verzerrte Beschreibung jener ohnmächtigen Wut und Solidarisierung, die durch den Mißbrauch der Staatsgewalt ausgelöst wurde:

»Wenn also der Einsatz von Greiftrupps bei Massenansammlungen rechtlich zulässig ist, ist er jedoch mit dem Risiko verbunden, daß Festnahmen eine Solidarisierung auslösen oder verstärken, weil die Ursache für das Einschreiten der Beamten von einem Teil der Demonstranten oder Schaulustigen nicht immer erkannt wird.« (BU, S. 10)

Das ist alles. Der Untersuchungsausschuß geht mit Beweisen um wie die Polizei mit Demonstranten. Beide Institutionen ergänzen sich gegenseitig; die eine räumt die Demonstranten weg, die andere die Bedenken. So wird die Polizei am Ende vom Verdacht der Provokation und der bewußten Planung freigesprochen, auch wenn »die Ursache für das Einschreiten (...) nicht immer erkannt wird«. Nur die Polizei kennt die Ursache. Allen denen, die an ihrer Lauterkeit zweifeln, droht der Ausschuß »mit allen rechtlich zu Gebote stehenden Mitteln«:

»Es ist objektiv nicht möglich, aus vermeintlichen Indizien folgern zu wollen, daß die Ordnungsmacht es darauf angelegt habe, an den Demonstranten ein Exempel zu statuieren, daß sie, wie es hieß, eine Falle gestellt habe, um dann ihren Unmut an den Studenten auszulassen (...)
Wer nach der Vorlage dieses Teilberichtes weiterhin solche Behauptungen aufstellt (...), handelt böswillig und verleumdet die Berliner Polizei. Sie hat einen Anspruch darauf, daß in solchen Fällen mit allen rechtlich zu Gebote stehenden Mitteln von zuständiger Seite geantwortet wird.« (Ausschußvorsitzender Löffler, AH 22. 9. 67, S. 351)

Der Angriff

Der Angriffsbefehl

Der Schah ist in der Oper, die Aufführung der »Zauberflöte« beginnt. Unter den Schaulustigen und Demonstranten verbreitet sich Aufbruchsstimmung. *Werner S.* berichtet:

»Der Schah war schnell in der Oper, und nach einigen Minuten legte sich die Erregung zusehends. Ich begann, mich mit den Umstehenden darüber zu unterhalten, ob man gehen solle oder dableiben. Die meisten waren mit mir der Meinung, man solle besser gehen.« (EK, 0606)

Für die Demonstranten ist die Demonstration zu Ende, die Stunde der Polizei beginnt. Mit ihrem Eintreten in die Oper sind der Schah und die Prominenz, die es zu schützen galt, in Sicherheit. Die Hüter von Sicherheit und Ordnung können die ihnen von der politischen Führung zugedachte Rolle verlassen und zum Angriff auf die Demonstranten übergehen. Der offiziell gebilligte Einsatzbefehl, der dem Schutze des Schahs galt und der »unter keinen Umständen« polizeiliche Maßnahmen zuließ, die »größere Störungen für die öffentliche Sicherheit und Ordnung« hervorrufen würden als der »eigentliche Anlaß für das Einschreiten«, ist vergessen. Polizeipräsident *Duensing* gibt Polizeioberrat *Iwicki* den Befehl zum Einsatz gegen die von der Polizei umstellte, eingepferchte, sich im Aufbruch befindende Menge:

»Als das Debakel vorbei war, – die Gäste waren drin, denn es mußte jetzt ja die Oper beginnen – kam Iwicki zu mir. Ich sagte: ›Wenn die Oper begonnen hat, räumen Sie die Südseite, und zwar von der Mitte ab nach rechts, wo vorwiegend Frauen und Kinder stehen, kein Wasserwerfereinsatz, das gibt 'ne Panik (...) und links entsprechend der Lage.‹ Er sagte: ›Jawohl‹. Ich sagte noch: ›Wieviel Züge haben Sie?‹ ›Ja‹, hat er gesagt, zwei rechts will er einsetzen, zwei links, und zwei sind in Reserve, die hat er wohl hinter dem linken Flügel aufgestellt. Das ist ein ganz kurzer knapper Einzelbefehl, ohne daß ich im Einzelnen nun gesagt habe, wie. Iwicki ist ein sehr qualifizierter Mann, den ich als Kommandeur, als Führungshilfe in meinem Stabe hatte.« (U 4/25)

Der Polizeipräsident charakterisierte später die Taktik des Polizeieinsatzes in einer Pressekonferenz:

»Nehmen wir die Demonstranten als Leberwurst, nicht wahr, dann müssen wir in die Mitte hineinstechen, damit sie an den Enden auseinanderplatzt.« (*Der Abend*, 6. 6. 67)

Vor dem Untersuchungsausschuß interpretiert der Polizeipräsident den Einsatz als vorbeugende Maßnahme, die ungestörte Rückfahrt des Schahs in sein Hotel sicherzustellen.

Vorsitzender: »Gaben Sie irgendeine zeitliche Fixierung, aus der Herr Iwicki hätte entnehmen können, welche Intention Sie selbst hätten?
Duensing: Ja, ich habe gesagt, wenn die Oper begonnen hat. Das heißt also, er soll in wenigen Minuten anfangen, ohne daß ich gesagt habe: Fangen Sie in 5 Minuten an! Fangen Sie in 10 Minuten an! Ich sagte: Nach Opernbeginn räumen Sie hier! Habe also zeitlich keine Weisungen gegeben. (. . .)
Schwäbl: Es ist ja bekannt, daß diese Oper mehr als 3 Stunden dauert (. . .) Warum mußte nun unmittelbar nach Beginn der Oper die Räumung erfolgen – auf ihre Weisung?
Duensing: Ja – man soll ein Unheil nicht anstehen lassen. Hier war ein polizeiwidriger Zustand eingetreten, der mußte beseitigt werden. (. . .)
Dr. Reimann: Herr Duensing (. . .): Wäre nicht, wenn dieser Polizeieinsatz hinausgezögert worden wäre, u. U. eine Beruhigung eingetreten (. . .)?
Duensing: Das ist eine sehr akademische Frage: nach einem Einsatz! (. . .)
Vortisch: War nicht konkret zu erwarten, daß nun, nachdem der Schah in der Oper war, (. . .) Ermüdungserscheinungen eingetreten wären, so daß die Annahme des Kollegen Reimann, es hätte sich die Lage dann vielleicht von selbst beruhigt etwas, daß die also durchaus begründeten Anlaß hatte?
Duensing: Ich habe diese Demonstranten gesehen, Herr Abgeordneter Vortisch. Diese Leute hätten sich in dieser Situation nicht beruhigt, sondern sie hätten sich mit neuen Wurfgeschossen aller Art neu munitioniert! Da ist gar kein Zweifel! Die Dinge mußten aus der Situation heraus bereinigt werden, das ist ein alter polizeilicher Grundsatz. (. . .)
Schwäbl: Sie sind also der Meinung, Herr Duensing, daß es nicht zu einer Beruhigung gekommen wäre, nachdem der Schah in der Oper war, und daß die Krawalle – oder wie man das immer bezeichnen mag – angehalten hätten, bis zum Zeitpunkt der Beendigung der Oper, um dann noch einmal gesteigert zu werden?
Duensing: Ich bin nach wie vor der Auffassung, daß das emotionelle Verhalten dieser Störer, die ja optisch einen Erfolg errungen hatten – die hätten zu einem

zweiten Erfolg gedrängt. Und wenn jetzt nun aus irgendeinem Grunde der Regierende Bürgermeister nach irgendeinem Szenenbild um 21 oder um 22 Uhr entschieden hätte, wir brechen den Opernbesuch mit dem Schah ab, dann wäre uns das gleiche Debakel noch einmal passiert. Sie wissen ja, daß ich gegen 1/210 zum Rapport gerufen wurde und ihm gesagt habe: Wenn der Schah nachher abfliegt – z. Zt. ist unten alles sauber; aber auch wenn die Vorstellung um 1/212 oder nach 1/212 zu Ende ist, werden wir an der anderen Stelle auch die Durchfahrt – das hat uns in der Nacht sehr viel Sorgen gemacht, wie wir das machen wollten, denn das sind Überlegungen gewesen, die sehr schwerwiegend sind. Ich muß nach wie vor sagen: Wir müssen – und das ist ein polizeilicher Grundsatz; sicherlich geht der in den Bereich der psychologischen Führung hinein – aber hier mußte doch den polizeilichen Störern deutlich gemacht werden, daß es so nicht geht, daß wir eine Wiederholung nicht zulassen.« (U 4/31 ff.)

Selbst diese Rechtfertigung verrät noch das eigentliche Motiv: die günstige Situation zu nutzen, um den Demonstranten, gegen deren unkonventionelle Methoden die Polizei bis dahin keinen durchschlagenden Erfolg erzielen konnte, durch einen harten Einsatz von einer »Wiederholung« und vielleicht auch von künftigen Demonstrationen abzuschrecken.

Interne Dienstanweisungen

Die Polizei ist nach § 12 des Verwaltungsvollstreckungsgesetzes zum Einsatz von Zwangsmitteln berechtigt. Die Frage, unter welchen Bedingungen welche Mittel eingesetzt werden dürfen, ist im Bundesgebiet durch ein Gesetz über die Anwendung unmittelbaren Zwanges durch Bundesbeamte geregelt. Ähnliche Gesetze gibt es in den meisten Bundesländern für die Länderbeamten. Für die Berliner Polizei gibt es ein solches Gesetz nicht. Sie stützt sich stattdessen auf interne Dienstanweisungen, die nicht der öffentlichen Kontrolle durch das Parlament unterliegen.
Zu diesem Punkt hörte der Untersuchungsausschuß den Staatsrechtler Prof. Roman *Herzog* als Sachverständigen:

»Es gibt derartige Vorschriften als gesetzliche Vorschriften, aber nicht in Berlin, angeblich auf Grund der besonderen Situation und (...) des Vermeidenwollens, daß man sich wegen dieses Einsatzes mit den Alliierten wieder auseinandersetzen möchte. Infolgedessen sind wir hier darauf angewiesen, auf allgemeine Verwaltungsvorschriften, d. h. auf interne Dienstanweisungen, zurückzugreifen, auf Dienstanweisungen, die – das war nun für mich die zweite Überraschung – in einer nahezu unglaublichen Weise rechtsstaatlich sind, in einer nahezu unglaublichen Weise vollständig sind und die mir, da sie nicht gedruckt sind – ich darf das vielleicht auch erwähnen – in einer geradezu aufs äußerste hilfsbereiten Weise von der Senatsverwaltung für Inneres zur Verfügung gestellt worden sind.

Ich möchte Ihnen hier etwas zur Kenntnis geben, was der Erlaß über die Einführung der Vorschrift für den großen und den außergewöhnlichen Sicherheits- und Ordnungsdienst im Lande Berlin von 1965 für die hier behandelte Frage enthält:
›Eine etwaige Auflösung der Veranstaltung ist mit dem Hinweis zu verbinden, daß sich die Teilnehmer unverzüglich zu entfernen haben, daß sie sich strafbar machen, wenn sie dieser Aufforderung nicht nachkommen, und daß Ausgänge sowie Abmarschwege freizumachen sind. Ansammlungen in der Nähe des Veranstaltungsortes sind zu überwachen. Nach der Auflösung ist eine angemessene Frist zum Verlassen des Veranstaltungsortes zu gewähren. Wird die Aufforderung, sich zu entfernen, nicht befolgt, – erst dann – so ist der Veranstaltungsort zu räumen. Für die Räumung von Straßen und Plätzen ist die Räumungsrichtung von besonderer Bedeutung. Sie ist der Menge bekannt zu geben. Abdrängen in bestimmter Richtung usw. ist zu vermeiden.‹ Es besteht hier (...) – und Sie werden das bei den anderen Fragen ebenso sehen – eine nahezu vollständige, mich in ihrer Rechtsstaatlichkeit tatsächlich nahezu umwerfende Regelung durch interne Dienstanweisungen.« (U 10/44)

Herzogs Beurteilung der Vorschrift VfdP 100 mag plausibel erscheinen, solange man nur die von ihm zitierten Passagen kennt. Sie enthalten die rechtsstaatlichen Beschränkungen, die der Polizei für den Umgang mit Demonstranten auferlegt sind. Die Polizei kann jedoch auch nach ganz anderen Prinzipien gegen Demonstranten vorgehen, ohne gegen die Vorschrift zu verstoßen. Denn dieselbe Vorschrift, die Prof. Herzog »unglaublich rechtsstaatlich« nennt, enthält noch einen zweiten Teil – den »Außergewöhnlichen Sicherheits- und Ordnungsdienst« (ASOD) –, den Herzog nicht zitierte. Dieser Teil trifft Vorsorge für die Störerbekämpfung unter außergewöhnlichen Bedingungen, zeigt die Polizei im Bürgerkriegseinsatz. Bereits die Überschriften dieses Teils verraten seinen Charakter:
Allgemeine Vorbereitungen – Aufklärung und Erkundung – Abriegelung – Angriff – Verfolgung – Abwehr – Befriedung.
So militärisch wie die Titel, so militärisch der Inhalt. Einige Beispiele:

Abriegelung:
Ziffer 261 »Durch besondere Absperrmaßnahmen ist zu verhindern, daß der Störer eine bestimmte Linie überschreitet, ein bestimmtes Gebiet verläßt oder Verstärkung von außen erhält. (...)«

Angriff:
Ziffer 272 »Gegen bewaffnete, Widerstand leistende Störer ist zur Wiederherstellung der öffentlichen Sicherheit und Ordnung angriffsweise vorzugehen. (...)
275 Der Angriff kann von einer oder mehreren Seiten erfolgen. Dabei

wird der Störer in der Regel gegen die Abriegelung gedrückt. Bei einschließender Abriegelung können auch Abriegelungskräfte den Angriff führen.

276 Zur Inbesitznahme des Störerzentrums (...) ist der Angriff durch besondere Angriffskräfte zu führen. Dies gilt auch, wenn das Störergebiet aufgespalten werden soll. Aufgespaltene Störergebiete sind erneut abzuriegeln.

277 Beim einengenden Angriff gehen die Kräfte von allen Seiten gleichzeitig gegen das Störerzentrum vor. Der Störer ist auf engstem Raum zusammenzudrängen. (...)

Verfolgung:

Ziffer 290 »Weicht der Störer den polizeilichen Maßnahmen aus, so ist in der Regel zur Verfolgung überzugehen. Hierbei ist der Störer zu überholen und zu umfassen; sein Entweichen ist zu verhindern.«

»Wer diese einschlägigen Vorschriften liest, den wundert gar nichts mehr. Da wird die ganze Polizei von dem Moment an, wo mehr als drei Polizeibeamte zugleich ›verwendet‹ werden, als kämpfende Truppe gesehen. Da geht es um taktische Begriffe, um Angriff und Verteidigung, um Feuerkraft und Knallerei. Der Verstand sträubt sich, wenn sich diese ganze Sandkastenspielerei dann immer wieder gegen ›Störer‹ richten soll. Tausche man diesen gequälten Begriff nur gegen das klare Wort ›Feind‹ aus und die ganze Vorschrift ist logisch verständlich und konsequent. Nur hat sie nichts mit der Polizei zu tun.« (Klaus Hübner, MdB, in: *Deutsche Polizei*, Heft 10, Okt. 67, S. 297)

In der Tat, derartige Anweisungen zur Behandlung von »Störern« sind für die Auflösung von »Störeransammlungen«, die einen Staatsgast als Diktator denunzieren und versuchen, ihn mit Eiern und Tomaten zu bewerfen, weder gedacht noch geeignet. Deshalb ist es nur schwer vorstellbar, daß diese Anweisungen das Vorgehen der Polizei am Abend des 2. Juni bestimmt haben sollten. Die Vorschrift selbst bietet dafür aber keine Sicherheit. Denn wer erwartet, daß die VfdP 100 Klauseln enthält, die die Anwendung des ASOD auf klar definierte Ausnahmesituationen beschränken, wird vergeblich danach suchen. Im Gegenteil, die beiden Teile der Vorschrift gehen bruchlos ineinander über, und die einleitenden Sätze des zweiten Teils ermuntern die Polizei geradezu zur frühzeitigen Anwendung außergewöhnlicher Mittel. Dort heißt es:

Ziffer 248: »Sind innere Unruhen zu befürchten, so muß die Polizei verstärkt vorbeugend tätig sein. Terroraktionen und Sabotageversuchen ist sofort und entschieden zu begegnen. Durch schnelle Bekämpfung kleiner Gruppen in den ersten Anfängen ist die Ausweitung von Unruhen zu verhindern.«

Ebensowenig wie die Vorschrift selbst legen gesetzliche Regelungen fest, wann und wodurch der Zustand »innerer Unruhen« eintritt. Auch in den mannigfachen Gesetzestexten sucht man den Begriff »innere Unruhen« vergebens; er ist kein juristischer Terminus. Die Feststellung »innerer Unruhen« ist nicht Obliegenheit des Parlamentes, sondern liegt im Ermessen von Exekutive und Polizei. Bereits eine nicht näher definierte »Befürchtung« ermächtigt demnach die Polizei zur Anwendung von Vorschriften, die aus dem Hüter des Gesetzes eine angreifende Militäreinheit machen.
Bei »inneren Unruhen« steht jeweils der Bestand der gesellschaftlichen und staatlichen Ordnung auf dem Spiel; dementsprechend total ist der Einsatz polizeilicher Zwangsmittel, dementsprechend aber auch die Einschränkung gesetzlicher Freiheiten. Führte die Polizei die Anweisungen des »Außergewöhnlichen Sicherheits- und Ordnungsdienstes« (ASOD) in allen Konsequenzen – bis hin zum Einsatz ihrer schweren Waffen – aus, würde der Notstand eintreten, zu dessen Legalisierung die geplanten Notstandsgesetze die Mittel erst bereitstellen sollen. Daß diese Vorschrift keine Gesetzeskraft hat, macht ihre scheinbare Harmlosigkeit aus und entzieht sie zugleich der öffentlichen Kritik: sie ist nur für den internen Dienstgebrauch bestimmt. Der Begriff »innere Unruhen« aus der Verwaltungsvorschrift ist latent der Begriff »innerer Notstand« aus den Notstandsgesetzen. Der ASOD ist eine Notstandsvorschrift ohne Notstandsgesetz. Wie leicht es für die Exekutive ist, Aktionen der oppositionellen Minderheit in einem Sinne zu interpretieren, der die Anwendung des ASOD nahelegt, das zeigte *Duensing* bei seiner Beurteilung der Berliner Opposition gegen den amerikanischen Völkermord in Vietnam:

»Einige randalierende hundert Studenten terrorisieren eine Zweimillionenstadt.« (U 4/14)

Wie schnell die politische Führung von West-Berlin bereit ist, nachträglich einen militärischen Einsatz der Polizei durch die Erklärung eines Ausnahmezustandes zu legitimieren, bewies Bürgermeister *Albertz* am 3. Juni:

»Wir lassen uns nicht länger von einer Minderheit terrorisieren.« (Rundfunkansprache im SFB)

Albertz' Erklärung endete mit der Konsequenz: Demonstrationsverbot, Schnellgerichte. Diese Einschätzung hat sich mit dem Bürgermeisterwechsel nicht geändert. Am 28. Januar 1968 erklärte Klaus *Schütz*, neuer Regierender Bürgermeister,

»... die Regierung West-Berlins müsse gegen Unruhen vorgehen, für die in der Stadt kein Platz sei.« (vgl. *Die Welt*, 29. 1. 68)

Kein Wunder, daß auch die Polizeibeamten bei ihren Einsätzen gegen Demonstranten nicht ganz sicher sind, ob sie vom Gesetz geschützten Staatsbürgern gegenüberstehen oder Staatsfeinden, zu deren Bekämpfung die gesetzlichen Verpflichtungen durch Notregelungen etwas gelockert wurden.

»Als ich nach der Dienstnummer des Polizisten fragte, wurde mir geantwortet: ›Bei Notstand nicht‹.« (Studienassessor H. im Prozeß gegen Fritz Teufel, zit. nach *Telegraf*, 14. 12. 67)

Bei einer solchen Vorschrift zur Störerbekämpfung, bei einer solchen Einschätzung der Lage, was bietet da noch Gewähr, daß die Polizei am 2. Juni nicht vorbeugend handelte, um die Ausweitung »innerer Unruhen« zu verhindern? Worin liegt die Gewähr, daß Sinn und taktische Prinzipien des »Außergewöhnlichen Sicherheits- und Ordnungsdienstes«, durch Schulung und ständiges Training in den Habitus der Polizei eingegangen, unbewußt und automatisch den Polizeieinsatz am Abend des zweiten Juni mitbestimmten? Was bietet die Gewähr, daß die Demonstration vor der Oper nicht der Anlaß war, ein Exempel für den Ernstfall zu statuieren? Die Gewähr liegt beim Parlamentarischen Untersuchungsausschuß, in der Strafandrohung, unter die er den nicht zu beschwichtigenden Zweifel stellt:

»Es ist objektiv nicht möglich, aus vermeintlichen Indizien folgern zu wollen, (...) daß das Ganze eine angelegte und geplante Notstandsübung gewesen wäre. Dafür gibt es keine sachlichen Anhaltspunkte. Wer nach der Vorlage dieses Teilberichtes weiterhin solche Behauptungen aufstellt oder aufrechterhält, handelt böswillig und verleumdet die Berliner Polizei. Sie hat einen Anspruch darauf, daß in solchen Fällen mit allen rechtlich zu Gebote stehenden Mitteln von zuständiger Seite geantwortet wird.« (Ausschußvorsitzender Löffler, AH 22. 9. 67, S. 351)

Deshalb sind entstandene Ähnlichkeiten zwischen den taktischen Anweisungen des ASOD und dem tatsächlichen Polizeieinsatz am 2. Juni rein zufällig.

Vorbereitungen und Angriff

Ziffer 272 »Gegen bewaffnete, Widerstand leistende Störer ist zur Wiederherstellung der öffentlichen Sicherheit und Ordnung angriffsweise vorzugehen. Vorhergehende Abriegelung des Einsatzraumes ist anzustreben.

Ziffer 273 Bereitstellung der Kräfte, Angriffsart, Angriffsrichtung und Angriffszeit sind je nach der Lage anzuordnen.«

Während die Demonstranten den Schlauch an seinen Enden zu verlassen begannen, vollzog sich der Aufmarsch der Polizeieinheiten. Nach wie vor bildeten starke Abriegelungskräfte (zu dieser Zeit drei Züge zu je ca. 40 Mann) eine Absperrkette vor der Breitseite des Schlauches, so daß keiner der Demonstranten über die Bismarckstraße entkommen konnte. Jetzt wurde zusätzlich ein Halbzug in zwei zu der Absperrkette senkrechten Reihen – 36 Meter von der Krummen Straße entfernt, also fast in der Mitte des Schlauches – vor den Demonstranten aufgebaut. Ein zweiter Halbzug nahm als Reserve auf dem Mittelstreifen Aufstellung. (Vgl. Abb. 9)
Karin R., die etwa in der Mitte des Schlauches stand, berichtet:

»Eigentlich wollte ich gehen, ich hatte ja mein Mißfallen kundgetan. Als ich aber sah, daß sich die Polizisten in einer Dreierreihe vor den Demonstranten formierten, daß Polizeiverstärkung auffuhr, blieb ich. Ich konnte mir diesen Aufwand nicht erklären.
Wir standen uns gegenüber: Polizisten und Demonstranten, beide Seiten warteten; die Demonstranten nur deshalb, behaupte ich, weil die Polizisten dastanden und warteten. Man wollte wissen, worauf. Ich wartete – je länger, desto seltsamer berührt, daß sich nichts tat – auf die Aufforderung der Polizei, nach Hause zu gehen. Nichts dergleichen.« (EK, 0181)

Im Gegensatz zu den Demonstranten hatten die Polizisten recht klare Vorstellungen von dem, was jetzt kommen sollte. Die Situation ist ihnen vertraut. Wenn sie das Niederschlagen innerer Unruhen üben, tritt der simulierte kommunistische Störer stets als Demonstrant getarnt auf, als ein Demonstrant, der sich den Protest gegen die Verletzung demokratischer Rechte auf sein Transparent geschrieben hat. Der Widerspruch zwischen dem militärischen Aufmarsch und den allmählich abströmenden Demonstranten vermittelte so den Polizisten den Sinn der Polizeiaktion, auch ohne daß sie an den Einsatzbesprechungen ihrer Führer teilgenommen hätten.
Die Journalistin Monika *Nellissen* berichtet dem Ausschuß:

»Neben mir auf dem Mittelstreifen formierte sich in der Zeit eine Kette von Polizisten – etwa drei oder vier Reihen, ich kann das nicht genau sagen. Ein Mann stand neben mir und der fragte die Polizisten: Warum schlagt ihr denn nicht einfach rein, ihr seht doch, was hier passiert. Und da sagte ein Polizist: Wir warten ja nur darauf, auf das Kommando.« (U 8/22)

Ziffer 250 »Der Bevölkerung sind Hinweise oder Anordnungen für ihr Verhalten zu geben.«

Wenige Minuten vor dem Angriff erhielt die »Bevölkerung« Hinweise für ihr Verhalten: diejenigen, die die Polizei zur »Bevölkerung« rechnete, wurden angewiesen, den Schlauch zu verlassen. *Margot W.* berichtet:

»Bei der Absperrung an der Krummen Straße erregte ein Polizist meine Aufmerksamkeit, der ruhig mit älteren Passanten sprach. Ich hörte, wie er sagte: ›Meinen Sie, uns macht das Spaß? Wir wollen das doch auch nicht, wir sind seit 16 Stunden im Dienst.‹ Neben ihm stand ein kleiner Polizist, der leise mehrmals sagte: ›Also ich möchte Sie dringend darum bitten, jetzt wegzugehen, was jetzt kommt wird ganz unangenehm! Bitte gehen Sie jetzt weg, wir müssen Sie dreimal auffordern, also gehen Sie!‹ Er schien ein bißchen in Bedrängnis zu sein; er wollte die Leute dringend schnell weghaben. Die vor ihm Stehenden waren z. B. eine ältere Frau und ein älteres Ehepaar, also erkennbar keine Studenten.« (EK, 0590)

Reinhard H. berichtet:

»Nachdem der Schah das Opernhaus betreten hatte, wandte sich der mir bekannte und neben mir stehende Student Peter H. an einen vor uns in der Kette stehenden Polizeibeamten und fragte ihn, ob wir die Absperrung verlassen dürften. Der Polizeibeamte antwortete mit nein. Auf eine weitere Frage, warum wir bleiben müßten, antwortete der Polizeibeamte sinngemäß: ›Das wirst du gleich noch sehen.‹« (EK, 0130)

Soweit die Selektion nicht gelang, wurden die Schaulustigen nachträglich kurzerhand zu Störern erklärt. Im Verlaufsbericht der Politischen Polizei heißt es:

»Spätestens zu diesem Zeitpunkt konnte die der Oper gegenüber stehende Volksmenge als eine einheitliche Störergruppe angesehen werden.« (U 6/63)

Ziffer 283 ». . . Zur Beeinflussung des Störers kann es zweckmäßig sein, Lautsprecher einzusetzen . . .«

Beim außergewöhnlichen Einsatz wird die vorherige Ankündigung von Polizeiaktionen mit Lautsprechern zu einer Frage der Zweckmäßigkeit. Am 2. Juni wartet die Polizei das Eintreffen des Lautsprecherwagens nicht ab, sondern beginnt ihre Aktion ohne vorherige Warnung.

Ziffer 276 »Zur Inbesitznahme des Störerzentrums, einer Führungsstelle oder eines anderen bedeutenden Objektes ist der Angriff durch besondere Angriffskräfte zu führen. Dies gilt auch, wenn das Störergebiet aufgespalten werden soll. Aufgespaltene Störergebiete sind erneut abzuriegeln.«

Erst jetzt wird den Demonstranten der Zweck des Polizeiaufmarsches klar: um 20.04 Uhr bildet der zum Angriff bestimmte Halbzug einen

Stoßkeil, setzt – 36 Meter von der Krummen Straße entfernt – über die Gitter hinweg und spaltet die dichtgedrängte Menge in zwei Hälften auf. Photographien und Filmstreifen zeigen die ungläubige Überraschung der Demonstranten in dem Moment, als das Räumkommando mit erhobenen Knüppeln in sie eindringt. *Jürgen B.* berichtet:

»Zu diesem Zeitpunkt hatte sich die Polizeikette verdichtet und bildete knapp links von mir eine Doppelreihe (...) vertikal zur Front der Demonstranten. Diese Polizisten bildeten dann den Stoßkeil, der ohne Vorwarnung brutal und mit Knüppelhieben die Demonstranten auf meiner Seite zur Krummen Straße abdrängte. (...) Ein Ausweichen war unmöglich, die Situation war panikartig. Einzelne Demonstranten riefen: ›Das ist doch absurd! Die sind wohl verrückt geworden!‹ und ›Arme hoch, Kopf schützen!‹« (EK, 0526)

Mit Knüppelschlägen treibt die Polizei die eine Hälfte – 36 Meter Menschenmenge – durch den Schlauch zur Krummen Straße (Abb. 10). An der Ecke Krumme Straße entsteht ein Engpaß, den die Polizei vorausgesehen hat. Die Absperrgitter waren um die Ecke herumgezogen und auch während der Aktion nicht geöffnet worden. Zeuge *W.* berichtet:

»Um mich herum standen ältere Leute. Die Polizisten forderten uns auf, schnell zu verschwinden, kurze Zeit später sei hier die Hölle los, denn hier würde es sich stauen. Die Barriere ging hier noch um die Ecke in die Krumme Straße. Auf die Idee, die Barriere dort wegzuräumen, kamen sie nicht; das machte ich, als das Gedränge schon sehr stark war.« (EK, 0393)

Die unmittelbar an der Einstiegstelle des Keils stehenden Demonstranten, die sahen, was geschah, haben sich inzwischen hingesetzt, um ihre Gewaltlosigkeit zu demonstrieren. Abgeriegelt durch eine Polizeikette, die sich zwischen Barriere und Bauzaun aufgestellt hat, ist ihnen der Weg zur Krummen Straße versperrt. Von diesen Sitzdemonstranten und den hinter ihnen Stehenden berichtet Oberkommissar *Burck*, dem die Beamten des ersten Keils unterstellt waren:

»Es mögen 20 m gewesen sein, aber das waren die Hauptstörer, und die hatten wir angeschnitten mit dem 2. Halbzug Neukölln. Ich hatte Ihnen die Sitzdemonstranten gezeigt, die dort waren. Da begann der harte Kern.« (U 8/112)

Mit diesen Demonstranten hatte die Polizei noch etwas besonderes vor.

Die Sonderbehandlung des »harten Kerns«

Ziffer 277 »Beim einengenden Angriff gehen die Kräfte von allen Seiten gleichzeitig gegen das Störerzentrum vor. Der Störer ist auf engstem Raum zusammenzudrängen.«

Beate M. berichtet:

»Als ich begriff, daß die Polizei ohne Vorwarnung härter einzugreifen begann, schrie ich mit anderen: ›Hinsetzen‹. Etwa 75 Demonstranten setzten sich mit viel Mühe auf den Boden; es war furchtbar eng. Wir glaubten, die Polizei vom Prügeln abhalten zu können, wenn wir passiven Widerstand leisteten und unsere Gewaltlosigkeit bewiesen.« (EK, 0310; vgl. Abb. 11 u. 12)

Während die Demonstranten sich niederlassen, wird die Abriegelung, die den Weg in Richtung Krumme Straße versperrt, durch weitere Beamte verstärkt. Dann zieht Polizeirat *Faber* die beiden Züge »3-Schöneberg« und »3-Tempelhof« vor und setzt sie auf den »harten Kern« an. Reichten für die Räumung der ersten 36 Meter zwanzig Beamte aus, so hielt die Polizei für die Sonderbehandlung der nächsten 16 Meter zwei volle Züge für notwendig – das sind achtzig Mann.

UA: »... Als sie auf die Demonstranten zugingen, hatten sie da bereits Kommando: ›Knüppel frei‹?
Polizeihauptwachtmeister Dietze: Ja.« (U 6/23)

Die Polizisten kommen im Laufschritt mit gezogenem Knüppel über die Straße und dringen auf der ganzen Front des »harten Kerns« über die Gitter (Abb. 13). Es ist 20.07 Uhr. 52 Meter von der Krummen Straße entfernt stößt ein Keil bis zum Bauzaun vor. Der »harte Kern« ist eingekesselt. Oberkommissar *Burck* erläutert dieses Vorgehen mit den Worten:

Das ist »ein taktisches Prinzip der Polizei (...): Störer muß man trennen; und je kleiner sie sind, um so eher sind sie zu bedienen und zu behandeln.« (U 8/67)

Das »taktische Prinzip« der »Störerbehandlung« schildert *Walter B.:*

»Ich befand mich (...) auf einem Baum (...) Die Polizisten waren unter mir so intensiv mit Schlagen beschäftigt, daß sie keine Aufmerksamkeit für mich hatten. (...) Nachdem der östliche Teil der Demonstranten abgedrängt war, setzten sich die (...) Übriggebliebenen (...) auf den Boden. Nach einigen Minuten wurde dieser übriggebliebene Teil, darunter die Sitzenden, von drei Seiten her von Polizisten umringt. Die vierte Seite wurde durch den Bauzaun gebildet. Diese zweite Hälfte wurde mit Knüppelschlägen noch mehr zusammengedrängt und -geschlagen und dann ebenfalls in Richtung Krumme Straße abgetrieben, (...) nicht in die andere Richtung.« (EK, 0520; vgl. Abb. 14)

Während die Eingekesselten zur Krummen Straße geprügelt werden, kommt ein weiterer Polizeitrupp im Laufschritt über die Bismarckstraße, setzt über die Gitter und schlägt von der Seite auf die Fliehenden ein. Es beginnt ein Spießrutenlauf. Erst jetzt erscheint der Lautsprecherwagen »Berta 53« und fordert zum Verlassen der Bismarckstraße auf.

Der Rest der Demonstranten wird in die entgegengesetzte Richtung zur Seesenheimer Straße hingetrieben. Während eine Polizeigruppe abdrängt, stoßen noch weitere Gruppen in die Menge und hindern die Demonstranten, den Schlägen zu entkommen (vgl. Abb. 15). *Ilse R.* berichtet:

»Erst als der Druck durch die weiter von der Krummen Straße her zurückweichenden Menschen sich unerträglich verstärkte und Zuschauer, die an diesem Absperrungsende relativ zahlreich waren, in höchster Erregung den absperrenden Polizisten zuriefen, sie seien doch soeben zur Räumung aufgefordert worden, gaben die Polizisten einen Durchlaß frei.« (EK, 0047)

In den Berliner »Bestimmungen über den Waffengebrauch der Polizei« vom 25. Juli 1949 heißt es im Abschnitt I:

»Grundsätzlich darf die Waffe (Polizeiknüppel und Schußwaffe) erst dann angewendet werden, wenn alle anderen Mittel des unmittelbaren Zwanges (...) nicht zum Ziele führen.«
Die »anderen Mittel« sind:
»1. einfache körperliche Gewalt (z. B. Handauflegen, Wegführen am Arm usw.)
2. Hilfsmittel der körperlichen Gewalt (Polizeigriffe, Boxen, die Anwendung von Knebeln und Fesseln, die Benutzung von Wasserspritzen, die Verwendung von Diensthunden usw.)«

Zynisch erläutert der Kommandeur der Schutzpolizei, warum sich die Polizei am 2. Juni so souverän über die Waffengebrauchsbestimmungen hinwegsetzte. Der Ausschuß fragt:

»Ist die Berieselung (...) noch gefährlicher als der Gebrauch des Schlagstocks – wir theoretisieren, Herr Werner?
Werner: Wissen Sie, Herr Vorsitzender, die Menschen reagieren verschieden darauf. (...) das ist eine persönliche Einstellung, ob sich jemand seinen guten Anzug nun durch den Wasserwerfer völlig durchnässen lassen will oder (ob) er einen Schlag auf den Arm oder auf ein Bein vielleicht lieber entgegennehmen würde.« (U15/71f)

In dem Bestreben, den »persönlichen Einstellungen« gerecht zu werden, schlug die Polizei auf die Köpfe der Demonstranten.

Der Bericht eines Augenzeugen

»... als also der Schah schon in der Oper verschwunden war, wurde der Polizeikordon in der Bismarckstraße massiv verstärkt. Die Polizei vollführte nun ein kompliziertes Aufmarschmanöver, dem die meisten Menschen fragend zuschauten. Ich habe nicht gesehen, daß die Polizei während dieses Aufmarsches mit irgendwelchen Gegenständen beworfen worden ist.
Dieser Aufmarsch dauerte ein bis zwei Minuten. Ranghöhere Polizisten gingen

auf und ab und kontrollierten eingehend die Formation. Wie auf ein verabredetes Zeichen überstiegen die Polizisten die Barriere und schlugen wahllos auf die Menschenmenge ein, ohne daß ich vorher irgendeine Aufforderung der Polizei gehört hätte. Es entstand eine Panik, bei der mehrere Menschen zu Boden gerissen wurden.

Um zu vermeiden, daß man sich gegenseitig niedertrampelte, haben andere und ich die Parole ›Hinsetzen!‹ ausgegeben. Bei diesem ersten Ansturm konnte ich beobachten, wie ein Polizist mit besonderer Brutalität vorging. Von einem Kommilitonen nach seiner Dienstmarke befragt, schlug dieser dem Kommilitonen mit dem Gummiknüppel auf die Hand. Als zwei Photographen herankamen, um diesen und noch einen anderen Polizisten zu photographieren, schlugen beide Polizisten auf die Kameramänner ein und versuchten, die Kameras zu entwenden. (. . .)

In der Erregung über diese Vorfälle waren viele Kommilitonen wieder aufgestanden; von anderen Kommilitonen wurde wiederum aufgerufen, sich hinzusetzen, um Unfälle zu vermeiden. Ich hörte, wie ein ranghöherer Polizist zu einem Kommilitonen sagte: ›Ihr sollt aufstehen!‹ Als ich mich daraufhin erhob, schlugen mehrere Polizisten von jenseits der Barriere auf mich ein. Auf sitzende Kommilitonen wurde ebenfalls eingeschlagen, oder sie wurden mit Füßen getreten. Ich habe gesehen, wie ein Polizist einem Sitzenden in den Unterleib trat.

Wieder entstand eine Panik: Die Polizei trieb die Menge mit Gummiknüppeln in Richtung Kaiserdamm, man sah sich gezwungen, über Kommilitonen, die nicht so schnell aufstehen konnten, zu trampeln. Wer sich in Richtung Kaiserdamm bewegte, stieß auf Polizisten, die die Menge in entgegengesetzter Richtung zu treiben suchten, also in Richtung Krumme Straße. Ich war in der letzten Reihe der Menge, die in Richtung Krumme Straße getrieben wurde. Es war mir nicht möglich, schneller voranzukommen, als ich ohnehin schon ging. Ich schrie den Polizisten zu, daß es nicht schneller gehe, trotzdem schlugen sie immer weiter.

Ich habe gesehen, wie ein Polizist einem jungen Mann auf das rechte Auge schlug, so daß die ganze Gesichtshälfte blutüberströmt war. Dieser lief rückwärts und zeigte auf den Polizisten und rief dabei immer wieder: ›Der war es, der war es!‹ Der so bezeichnete Polizist schlug weiter mit unvergleichlicher Brutalität auf den schon ohnehin Blutüberströmten ein.

Ecke Krumme Straße bildete sich ein Engpaß: Wer in die Krumme Straße wollte, mußte sich zwischen einem Laternenpfahl und einem Bauzaun auf der einen Seite und einem Kordon von schlagenden Polizisten auf der anderen Seite drängen. Die Polizisten schlugen auf jeden ein, der in die Krumme Straße wollte; in anderen Worten, die Polizisten, die die Menge in Richtung Krumme Straße trieben, trieben sie einem Polizeikordon zu, der wahllos auf die Ankommenden einschlug.

Ich fasse zusammen: Der Schah war in der Oper verschwunden, alles schien aus zu sein. Dort, wo ich stand, lichtete sich das Gedränge, man schickte sich an, fortzugehen. Ohne daß eine Aufforderung an die Menge ergangen wäre, stürmten die Polizisten wahllos schlagend in die Menge. Aus dem Vorgehen der Polizei war nicht zu ersehen, was von der Menge erwartet wurde. Die Anweisungen für die Polizei schienen sich zu widersprechen. Was der Einsatzleiter befohlen hatte, kommt dem gleich, in einem Kino ein Feuer anzuzünden und die Ausgänge zu verschließen.« (*Frankfurter Allgemeine Zeitung*, 8. 6. 67)

Exkurs: Der Angriff vor dem Untersuchungsausschuß

Die Begründung des Angriffsbefehls

Die Sprache, in der *Duensing* seinen Befehl erläutert, ist deutlich (s. Seite 50 f.). Er beruft sich auf alte polizeiliche Grundsätze und seine Erfahrung im Umgang mit Störern, verschlimmert aber damit eher die Situation der Polizei, als sie zu verbessern. Denn der Polizei werden ja gerade die alten Grundsätze sowie die stereotype Anwendung dessen, was sie für den Umgang mit Störern an Erfahrung bereit hat, zum Vorwurf gemacht. Duensing spricht die Wahrheit, aber diese Wahrheit ist unannehmbar. Die Parlamentarier des Ausschusses, gespalten in ihrer Doppelrolle als Wahrheitsfinder und Politiker zugleich, entscheiden sich für die Politik und nehmen dankbar eine neue Version von Polizeioberrat *Iwicki* entgegen.
Die Version, die Iwicki auftischt, hat den Vorteil, die noch unbegründete Offensive als notwendige Vorwärtsverteidigung erscheinen zu lassen. Er versucht, dem Ausschuß weis zu machen, die Aktivität der Demonstranten habe sich noch gesteigert, als der Schah schon in der Oper war, und die Demonstranten hätten begonnen, massiv mit Steinen zu werfen. Als Beweis legt er dem Ausschuß eine Liste vor, aus der hervorgehen soll, nicht weniger als 11 Polizisten seien vor Beginn des Angriffs verletzt worden, und zwar fast alle erst nach Ankunft des Schahs. Iwicki stellt fest:

»Ich selbst hatte tatsächlich die Absicht, etwas langsamer, das räume ich ein, die Räumung anzusetzen; aber aufgrund der eingetretenen Verletzungen und der weiteren Steinwürfe sah ich mich genötigt, jetzt nun tätig zu werden. Das Gesetz des Handelns, wenn ich mal so formulieren darf, ist uns, mir jedenfalls, aufgezwungen worden.« (U 4/57)

Wie peinlich, als sich bei der Vernehmung der in der Liste genannten Polizisten herausstellt, daß nur drei von ihnen vor dem Angriff verletzt wurden, und zwar lange vor Ankunft des Schahs. Vorsitzender Löffler:

». . . wie ist es möglich, daß der Untersuchungsausschuß hier sechs verletzte Polizeibeamte kriegt mit Zeitangaben, die bei Nachprüfung nicht stimmen (. . .)?
Iwicki: (. . .) Es gibt viele Dinge, die man präzis festhält, es gibt aber viele Dinge,

die man dann nachher nur nach bestem Wissen und Gewissen beantworten kann...« (U 6/99f)

Der Ausschuß faßt zusammen:

»Das Motiv für den schnellen Einsatz kann (...) also nicht die gestiegene Aggressivität der Demonstranten (...) gewesen sein. Denn wir haben die Tatsache zu verzeichnen, daß zwei Beamte (müßte heißen: drei; Anm. d. Verf.) weit vorher verletzt worden sind, in der Zeit bis zum Einsatzbefehl kein einziger Beamter und die anderen Beamten alle erst aufgrund des Einsatzbefehls.« (U 6/101)

Damit ist Iwickis Rettungsversuch fehlgeschlagen – sollte man meinen. Doch bei der Abfassung des Abschlußberichtes werden die Ermittlungen aus den öffentlichen Sitzungen von der parlamentarischen Routine wieder eingeholt. Unvermittelt hat der Angriffsbefehl wieder eine passable Begründung, und zwar genau die, die Iwicki ihm gegeben hatte. Im Ausschußbericht heißt es:

»Der erste Polizist wurde um 19.30 Uhr und der zweite Polizist um 19.45 Uhr verletzt (...) Darüber hinaus wurden noch bis zum Beginn des Räumungseinsatzes – 20.04 Uhr bis 20.07 Uhr – sechs Polizeibeamte zum Teil erheblich verletzt.« (BU, S. 4)

Wie es zu dieser Überraschung kommt, läßt sich relativ einfach rekonstruieren. Die Ausschußsitzungen wurden im Rundfunk übertragen und die Polizeibeamten konnten genau verfolgen, wie die Version ihres Einsatzleiters Stück für Stück zusammenbrach. Daraufhin schauten sie sich ihre Wunden nochmal gründlich an, und plötzlich – fast vier Wochen nach dem 2. Juni – stellen einige von ihnen fest, daß sie schon vor dem Angriff verletzt wurden.

Fünf Tage nach seiner Widerlegung verkündet Iwicki vor dem Ausschuß:

»...ich (werde) Ihnen vorlegen Beamte, die vor Beginn der Räumaktion, nachdem sie das im Rundfunk gehört haben, (...) vor Beginn der Räumaktion verletzt worden sind. Sie stehen gern zur Verfügung, daß Sie sie auch hören können.« (U 8/97)

Iwickis neue Liste hat der Ausschuß öffentlich nicht mehr überprüft. Er macht die Liste zur Grundlage seines Berichtes und läßt in ihm den Angriff als Reaktion erscheinen, als eine begründete und begründbare Maßnahme, an deren Rechtmäßigkeit kein Zweifel mehr besteht:

»Die Demonstranten hatten durch die Begehung zahlreicher Straftaten das Demonstrationsrecht mißbraucht und die öffentliche Sicherheit und Ordnung erheblich gestört. Es besteht kein Zweifel daran, daß die Polizei nach § 14 PVG hiergegen einschreiten durfte.« (BU, S. 7)

»Der Untersuchungsausschuß stellt fest, daß bis zum Beginn der polizeilichen Räumungsaktion (...) mindestens drei Polizeibeamte durch Steinwürfe und weitere fünf auf andere Weise von Demonstranten verletzt worden waren.« (BU, S. 8)

Abgesehen von der fragwürdigen Zeitkorrektur macht an Iwickis nachgereichter Verletztenliste noch ein weiterer Punkt stutzig. Die Liste enthält 28 Namen. Auffallend viele Verletzungen werden als Prellungen bezeichnet. Elf Verletzungen sind Hand- und Fußprellungen, bei denen aus der Liste nicht klar wird, ob sie von eigenen oder fremden Schlägen herrühren. 19 der 28 Namen sind mit dem Vermerk »dienstfähig« versehen. Von dem Rest wurden sieben am Abend des 2. Juni in ein Krankenhaus eingeliefert. Alle sieben wurden nach ambulanter Behandlung noch am selben Abend wieder entlassen. Nur ein Polizist wurde am nächsten Tag nachträglich mit einer Knieverletzung zu stationärer Behandlung in ein Krankenhaus aufgenommen. Seltsamerweise ist gerade dieser Beamte nie vor dem Ausschuß erwähnt worden.

Die verspätete Lautsprecherdurchsage

Werner: »Ich möchte darauf hinweisen, daß wir ja immerhin auch durch Lautsprecherdurchsagen genügend, ausreichend darauf (auf die Räumung; Anm. d. Verf.) hingewiesen haben.« (U 5/7)

Iwicki: »Denn das ist ein elementarer Einsatzgrundsatz, der selbstverständlich beachtet wird.« (U 5/52)

Am 2. Juni spielten »elementare Einsatzgrundsätze« keine Rolle. Der Angriff begann um 20.04 Uhr, und der Ausschuß stellt fest:

»Ab 20.05 Uhr forderte der Lautsprecherwagen B 53 die Demonstranten auf, den südlichen Gehweg der Bismarckstraße (...) zu räumen, da sie sonst in den Bereich polizeilicher Maßnahmen kämen.« (BU, S. 5)

Dieser Satz muß den Ausschußparlamentariern schwer gefallen sein. Denn während sie zugeben, daß der Angriff erst angekündigt wurde, als er schon im Gange war, bemühen sie sich zugleich, ihre eigene Feststellung abzuwerten und zu verharmlosen.

Der Ausschuß behauptet, der Lautsprecherwagen habe ab 20.05 Uhr gesprochen. Aber die Belege für diese Zeit sind fragwürdig. Der Ausschuß stützt sich auf eine Eintragung im Merkbuch des Lautsprecherwagens »B 53«; doch ausgerechnet diese Eintragung ist – wie der Ausschuß selbst feststellt – nachträglich in Schönschrift in die Zeitliste eingefügt worden. Ferner stand dem Ausschuß das Betriebsbuch des Fernmeldeführungswagens »B 59« zur Verfügung; doch da ist der Lautsprechereinsatz unter der Zeit 20.09 Uhr registriert. Der Leiter des Fernmeldeführungswagens, der Polizeibeamte *Koch*, bemerkt dazu:

»Die taktische Uhrzeit *kann* weit vorher sein.« (U 17/61; Hervorh. d. Verf.)

Auf die wiederholte Frage bei einer Podiumsdiskussion[7], wo denn der Lautsprecherwagen um 20.05 Uhr gestanden habe, weiß der Ausschuß keine Antwort. Kein Wunder – denn die Bilder und Filmstreifen, auf denen der Lautsprecherwagen zum erstenmal zu sehen ist, zeigen ihn zu einem Zeitpunkt, als die Räumung bereits ihre letzte Phase erreicht hat. Gleichwohl interpretiert der Ausschuß das Wörtchen »kann« des Polizeibeamten Koch so, als sei 20.05 Uhr die plausibelste Zeitbestimmung, die sich für die Lautsprecherdurchsage finden läßt.

Er tut das, um einen wenn auch holprigen Rettungsversuch starten zu können:

»Der Untersuchungsausschuß stellt fest, daß die Lautsprecherdurchsagen von höchstens zwei Minuten vor dem massiven Einsatz mit Schlagstockgebrauch nicht in vollem Maße den Vorschriften für den Großen und Außergewöhnlichen Sicherheits- und Ordnungsdienst (VfdP 100) entsprachen, da die Frist, die den Demonstranten (...) belassen wurde, in keinem rechten Verhältnis zu den Fluchtmöglichkeiten stand ...« (BU, S. 10)

Obwohl feststeht, daß der Lautsprecher erst *nach* dem Angriff eingesetzt wurde, steht plötzlich »die Frist von höchstens zwei Minuten in keinem rechten Verhältnis zu den Fluchtmöglichkeiten«. Unvermittelt beginnt der Angriff nicht mehr um 20.04 Uhr, sondern drei Minuten später, um 20.07 Uhr. Das heißt, er umfaßt nur noch die Sonderbehandlung des »harten Kerns«; die Keilaktion drei Minuten zuvor ist nun so harmlos, daß der Ausschuß sie nicht mehr zur Räumung zählen mag. Sie wird, dank der Formulierungskünste der Ausschußparlamentarier, geradezu zum Gegensatz des »massiven Einsatzes mit Schlagstockgebrauch«, d. h. zu einem harmlosen Einsatz ohne Schlagstockgebrauch.

Getadelt an der Polizei wird einmal wieder die Unverhältnismäßigkeit ihrer Aktionen. Daß sich hinter der Unverhältnismäßigkeit die Absicht verbirgt, die Flucht der Demonstranten systematisch zu verhindern, bleibt allenfalls für den zu ahnen, der im Umgang mit der mehrdeutigen, vielen Rücksichten verpflichteten Sprache von Parlamentariern schon geübt ist. Der Ausschuß schreibt:

Es wurde »kein ausreichender Versuch unternommen (...), durch den Einsatz der Laukw's[8] schärferes Vorgehen zu vermeiden.« (BU, S. 10)

Der »Versuch«, von dem der Ausschuß berichtet, war nicht nur kein »ausreichender Versuch«; der Lautsprecher wurde erst eingesetzt, als die Gefahr schon vorüber war – die Gefahr nämlich, er könne den Angriff beeinträchtigen. Selbst an dieser Stelle, wo der Ausschuß dem tatsächlichen Grund der Polizeiaktion bereits auf die Spur gekommen ist, zieht er aus seiner eigenen Erkenntnis keine politischen Konsequenzen. Stattdessen empfiehlt er dem Abgeordnetenhaus:

»Lautsprecherwagen sind technisch so auszustatten, daß bei Großeinsätzen der Polizei eine bestmögliche unmittelbare Einwirkung auf den angesprochenen Personenkreis gewährleistet ist.« (BU, S. 11)

Als ob ein stärkerer Lautsprecherwagen für seinen rechtzeitigen Einsatz selbst sorgen könne!

Rehabilitierung der Polizei: Die Abkämmaktion des Oberkommissars Burck

Der Angriff der Polizei richtete sich gegen die Mitte des 100 m langen Schlauches, gegen die Stelle, an der die Polizei das »Störerzentrum«, den »harten Kern« der Demonstration, vermutete. Der »harte Kern« wurde eingekesselt, gegen den Bauzaun gedrückt und zusammenschlagen. Der Kritik an diesem Vorgehen – einer Kritik, die sich noch nicht auf eine genaue Rekonstruktion der Ereignisse stützen konnte – mußte Polizeipräsident *Duensing* begegnen, als Polizei und Senat am 5. Juni in einer Pressekonferenz den Einsatz zu rechtfertigen suchten. Er mußte verständlich machen, daß der massive Einsatz in der Mitte des Schlauches zu vereinbaren war mit dem von der Polizei angegebenen Zweck der Aktion: der Räumung der Bismarckstraße. Dazu verglich er den Polizeieinsatz mit dem Ausquetschen einer Leberwurst. Man muß »in die Mitte hineinstechen, damit sie an den Enden auseinanderplatzt«. Doch damit ist der Polizeieinsatz der Kritik noch nicht enthoben. Der Untersuchungsausschuß ist gerade durch die makabre Anschaulichkeit dieses Bildes beunruhigt. Aber seine Kritik beschränkt sich nur noch auf die Durchführung einer Polizeiaktion, deren Zweck nicht mehr befragt wird. Der Ausschuß erkundigt sich bei Gruppenkommandeur *Wirth:*

»Halten Sie es als Sachverständiger für richtig, daß man – ich will nicht das Beispiel nehmen, das der Polizeipräsident in der Pressekonferenz gewählt hat – eine geschlossene Demonstrationsgruppe 100 x 6 m ungefähr in der Mitte halbiert und von der Mitte dann den Druck nach rechts und links ausübt? Alternative wäre für mich Laien, anzufangen an den Enden (...) Ich würde, um im Bilde zu bleiben, 20 m rechts, 20 m links anfangen, und dann die nächsten 20 m.« (U 6/122 f)

Der Leberwurstvergleich beugt dem Verdacht vor, die Polizei habe mit ihrem massiven Einsatz in der Mitte des Schlauches exemplarisch die Demonstranten des »harten Kernes« treffen wollen. Daß die Leberwurst an zwei Stellen angestochen wurde, daß die Schwerverletzten dieses Einsatzes sich gerade zwischen diesen beiden Stellen befunden haben, kann nicht mehr in den Blick geraten. Damit hat der Vergleich mit der Leberwurst seinen Zweck erfüllt. Er kann als unglückliche Formulierung, als unzulängliche Vereinfachung, als sprachliche Entgleisung eines ungeschickten Polizeipräsidenten aufgegeben werden.

Die Rolle dessen, der vor dem Ausschuß die Darstellung des Polizeipräsidenten widerruft, fällt dem Oberkommissar *Burck* zu. Oberkommissar Burck war vor der Oper als Unterabschnittsleiter für den südlichen Gehweg zuständig. Er spricht in eigener Sache. Routiniert nicht nur als Polizeiführer im Einsatz gegen Demonstrationen, sondern auch als Standardzeuge gegen Demonstranten vor Gericht, erläutert er vor dem Ausschuß seinen Auftrag:

Burck: »Na, der Auftrag lautete ›Räumen!‹ und wie ich räume, das wurde mir überlassen. Aber ich bin mir auch vollkommen im klaren darüber, wie ich einen Platz oder eine Straße zu räumen habe.
Vorsitzender: So daß Sie den Entschluß gefaßt haben, den Räumungsbefehl so auszuführen, daß Sie die Demonstranten zunächst etwa in der Mitte teilten – –
Burck: Das ist völlig falsch!« (U 8/52)

Mit der Versicherung, er werde jedes Wort beeiden, widerspricht Burck dem Polizeipräsidenten und allen anderen Zeugen, die der Ausschuß bis dahin vernommen hat.

Burck: »Es war also unsere Aufgabe, von Anfang an, diesen langen Schlauch, der dort ja vorhanden war, abzukämmen. Und wenn ich hier höre, daß wir einen Keil mitten in eine Gruppe gedrängt haben, so ist das völlig unrichtig; das ist dieses Leberwurstprinzip, das man mal in der Zeitung irgendwo gelesen hat.
Vorsitzender: Das ist in einer Pressekonferenz von einem Polizeibeamten gebraucht worden.
Burck: Das wurde vielleicht bildlich gebraucht, um hier irgend etwas auszudrükken. Die Praxis hat anders ausgesehen.« (U 8/61)

Die Version vom Einsatz vor der Oper, die Oberkommissar Burck zum besten gibt, ist, in der Polizeisprache formuliert, gerade das Vorgehen, das kurz zuvor der Ausschuß dem Gruppenkommandeur Wirth als vernünftige Alternative entgegengehalten hat. Er will mit drei Zügen eine Abkämmaktion in Richtung Krumme Straße durchgeführt haben:

»Ich habe eingesetzt erst die ersten zwei Gruppen, dann die nächsten zwei Gruppen, dann die nächsten zwei Gruppen, (...) da sind wir also jetzt beim 1. Zug Neukölln (...) und bis hierhin keine Schwierigkeiten. Nachdem der erste Halbzug abgeräumt hat – das sieht dann immer so aus, daß sich beide Gruppen hineinbewegen, eine drückt nach links weg, und eine bleibt stehen. (...) Nachdem der 1. Halbzug Neukölln abgeräumt hatte, gab es eine kleine Sitzdemonstration. Es waren wenige Sitzdemonstranten, aber es waren welche. Und ich begab mich auch zu dieser Stelle und sorgte dafür, daß die aufstanden, daß sie einsichtig wurden, wohlgemerkt, von sich aus einsichtig und aufstanden. Es waren drei junge Mädchen, und die eine fing dann an zu sagen ›Es hat keinen Zweck‹, standen auf, und wir konnten mit dem 2. Halbzug Neukölln ebenfalls eindringen und nach links abdrängen. Bis zu diesem Zeitpunkt Ruhe und Frieden. Jetzt kommt das, was hier als Knüppeln bezeichnet wurde. Der 1. Halbzug Wilmersdorf (muß heißen Wedding; Anm. d. Verf.) will in die Menge eindringen, und jetzt ist er am Kern, bei denen nämlich, die demonstrieren und die provozieren wollen. Mit dem Eindringen Transparente, Knüppel, Schuhe, die Beamten nach unten zerren, um sie unter die Füße zu bekommen, das war alles eins. Und aus diesem Grunde – ich weiß es nicht, ich habe mit Herrn Polizeirat Faber kein Wort sprechen können, – aus diesem Grunde wurden jetzt Reserven eingesetzt, und zwar die Züge 3 Schöneberg und 3 Tempelhof. Und zu diesem Zeitpunkt habe ich meine Kräfte zusammengezogen und auf dem Mittelstreifen gesammelt, um eine neue Reserve zu bilden.« (U 8/63)

Um seiner Aussage Glaubwürdigkeit zu verleihen, hat Oberkommissar Burck einen seiner Untergebenen, Zugführer *Dzimkowski*, als Zeugen mitgebracht. Dieser bestätigt, ja, er habe kurz vor dem Einsatz der Reservekräfte des Polizeirats Faber vergeblich versucht, in die Menge einzudringen, und habe auch den Einsatz der Beamten in den vorangehenden Abkämmschritten gesehen. Es ist nicht das erste Mal, daß die beiden gemeinsam als Zeugen auftreten und sich gegenseitig ihre Angaben bestätigen (vgl. Justiz, Seite 158 f.). Sie haben es in diesem Fall aber auch nötig, denn ihre Version widerspricht nicht nur den Aussagen der übrigen Polizeiführer, sondern auch den von der Polizei vorgelegten Einsatzskizzen. Burcks Erklärung:

»Also, Herr Vorsitzender, ich habe das, was Sie als Skizze bekommen haben, nicht gesehen, (...) bin aber auch der Auffassung, daß es wohl sehr schwer fallen wird, das nun zeitmäßig bzw. überhaupt auf Skizzen darzustellen.« (U 8/65)

Die Version widerspricht aber vor allem den Darstellungen der Augenzeugen, etwa der des Abgeordneten *Stobbe:*

Vorsitzender: »Haben Sie beobachtet, wie, bevor der Keil etwa an der Mitte angesetzt wurde, von der Krumme Straße her Demonstranten abgekämmt wurden? Darunter verstehen wir, daß sie aufgefordert wurden durch Sprechmegaphon, und durch Polizeibeamte rausgeführt wurden ohne unmittelbaren polizeilichen Zwang.
Stobbe: Das habe ich nicht beobachten können.
Vorsitzender: Hätten Sie beobachten müssen, wenn von der Krumme Straße her bis zur Mitte, bis zum Zentrum, wo Sie nach Ihrer Aussage standen, 38 bis 50 m – einigen wir uns auf 40 m –, 40 m von der Krumme Straße, also bis zehn Meter vor dem Zentrum die Demonstranten abgekämmt, das heißt rausgelassen wurden, so daß freier Raum entstand?
Stobbe: Ich hätte einen solchen Vorgang unbedingt sehen müssen.
Vorsitzender: Haben Sie gesehen, daß etwa 40 oder 38, vielleicht auch einige Meter weniger Raum entstand durch Auskämmen, bevor der Keil eingesetzt wurde?
Stobbe: Nein.
Vorsitzender: Haben Sie zu irgendeinem Zeitpunkt dieser Aktion den Standort verlassen oder sich abgewendet von der Südseite, so daß Sie das nicht beobachten konnten?
Stobbe: Nein, ich befand mich während der ganzen Zeit auf dem Mittelstreifen.« (U 8/86)

Gerichtsreferendar *Junker*, ein unbeteiligter Zeuge, eher gegen die Demonstranten eingestellt, stand, als die Räumung begann, in der Nähe der Krummen Straße, dort, wo die Abkämmaktion stattgefunden haben soll. Doch auch er hat von einer solchen Aktion nichts bemerkt.

UA: »Herr Junker, es sind mehrere Polizeigruppen dort eingestiegen mit dem Versuch, etwas die Sache aufzulockern. Haben Sie das gesehen? Das müßte also an Ihrer Stelle eigentlich begonnen haben? Vor dem eigentlichen Keileinsatz?
Junker: Wohl, um da mal einen rauszuholen, oder es zu versuchen. Aber das waren allenfalls zwei Schutzleute, die da reingingen mit'm Zivilisten vielleicht noch, aber ich hab nicht massive Einsätze da gesehen.
UA: Ich meine jetzt nicht einen massiven Einsatz. Er ist auch, wie behauptet wird, mit wenig Schlagstockgebrauch vor sich gegangen mit dem Ziel, aufzulockern dort, also willige Zuschauer abzusetzen.
Junker: Das habe ich bei mir in meiner Gegend nicht gesehen. Das meine ich aber auch ist nicht geschehen.
UA: Standen Sie so, daß Sie hätten wahrnehmen können, wenn Polizeibeamte über die Absperrbarrikaden gegangen wären?
Junker: Das hätte ich sehen können.« (U 12/30b)

Das ist die Schwierigkeit, mit der Oberkommissar Burck zu kämpfen hat: niemand hat seine Abkämmaktion gesehen, niemand hat sie photographiert, auf keinem Filmstreifen ist sie zu finden. Aber seine Version hat

unschätzbare Vorteile für die Polizeiführung: Der Angriff ist kein Angriff mehr, sondern Teil einer friedlichen Abkämmaktion, die noch vor dem harten Einsatz stattfindet; die Einkesselung ist keine Einkesselung mehr, sondern eine durch aktiven Widerstand der Demonstranten erzwungene Unterstützung durch Reserven; und die Sonderbehandlung ist keine Sonderbehandlung, sondern Notwehr der vom »harten Kern« angegriffenen Beamten. Dabei wird der massive Polizeieinsatz zum Beweis für die Existenz eines aggressiven harten Kernes, und dieser harte Kern wiederum wird zur Rechtfertigung des massiven Polizeieinsatzes. Freilich bereitet dem Oberkommissar Burck der Sitzstreik, Ausdruck passiven Widerstandes, nicht geringe Schwierigkeiten. Er darf nicht zugeben, daß Polizeirat Fabers Beamte auf sitzende Demonstranten eingeschlagen haben. Es ist dieselbe Schwierigkeit, vor der die Staatsanwaltschaft wenige Wochen später steht, als sie versucht zu beweisen, daß der Student Fritz Teufel ausgerechnet zu der Zeit mit anderen Mitgliedern des »harten Kerns« steinewerfend auf die Oper losstürmt, als der »harte Kern« – durch Foto- und Filmaufnahmen belegt – im passiven Sitzstreik gegen die Brutalität der Polizei protestiert. Oberkommissar Burck behilft sich vor dem Untersuchungsausschuß damit, daß er den Sitzstreik in eine frühere Phase seiner »Abkämmaktion« verlegt, als es noch mit »Ruhe und Frieden« zuging. In seiner Aussage als Belastungszeuge gegen Fritz Teufel, der sich im Sitzstreik befand, wird der Sitzstreik natürlich zu einer Aktion des »harten Kerns«. So läßt seine Aussage nur den absurden Schluß zu: Die Demonstranten haben sich zunächst von ihm persönlich zum Aufstehen überreden lassen, um sich unmittelbar darauf mit Knüppeln und Schuhen bewaffnet auf die Beamten zu stürzen.
Im Untersuchungsausschuß rief die Darstellung des Oberkommissars *Burck* zunächst Erstaunen hervor. Burck wurde mit den Widersprüchen zu anderen Aussagen konfrontiert. Seine Reaktion: Er warf dem Ausschuß Voreingenommenheit vor:

»Ich weiß nicht, ob Sie meine Äußerungen falsch verstanden haben, oder ob Sie an der Keil-Idee zu stark hängen.« (U 8/68)
»Ich muß vorsichtig werden, (...) weil ich das Gefühl habe, daß wir gegeneinander ausgespielt werden.« (U 8/75)

Der Ausschuß ließ keinen Zweifel daran, daß ihm dieses Auftreten die Aussagen nicht glaubwürdiger machte. Dennoch übernimmt er Burcks Bericht in seinen eigenen: Der Bericht des Ausschusses enthält in zum Teil wörtlichen Zitaten die Darstellung von Burck, ohne auch nur den geringsten Zweifel anzumerken. Wie Oberkommissar Burck nachträglich zu seiner Glaubwürdigkeit gekommen ist, verschweigt der Bericht. Ob die Wahrheit den Fraktionskämpfen in den nicht-öffentlichen Sitzungen zum Opfer gefallen ist, kann nur vermutet werden.

Photographien zeigen, daß Oberkommissar Burck persönlich sich unmittelbar vor dem Angriff daran beteiligte, schaulustige ältere Leute über die Gitter aus dem Schlauch zu holen. Soweit sich der Untersuchungsausschuß auf diese Bilder stützt, verkehrt sich ihm die Selektion vor dem Angriff in eine Abkämmaktion in »Ruhe und Frieden«. Die Vorbereitung des Angriffs wird zu dessen Rechtfertigung.

Straßenschlacht

Georg A. berichtet:

»Ein Mädchen hatte (...) versucht, über den Bauzaun zu entkommen. Das war ihr zunächst auch gelungen, sie rannte schräg in Richtung Krumme Straße über den Platz hinter dem Bauzaun. Sie wurde verfolgt von drei Polizisten, die mit Knüppeln auf sie einschlugen. Gleichzeitig diskutierten die Demonstranten in meiner Nähe, ob man nach diesen drei Polizisten mit Steinen werfen sollte.« (EK, 0577)

Demonstranten, Zeugen einer Situation, die offensichtliches Unrecht zeigt, diskutieren, ob sie Steine werfen sollen. Sie fühlen sich zum Handeln aufgefordert, wissen aber zugleich, daß sie der Aufforderung nicht nachgeben dürfen. In dem Zwiespalt, handeln zu müssen, aber nicht handeln zu dürfen, wie ihr spontanes Rechtsgefühl es verlangt, bleiben sie unschlüssig.

Wilhelm E. berichtet:

»... ich (sah), wie ein Demonstrant (...) mit einem Taschenmesser zwei kleine Pflastersteine vom Gehweg löste und dann diese zwei Steine auf die Mitte der Bismarckstraße, auf der Höhe der Krummen Straße warf. Das geschah gegen 20.15 Uhr, kurz vor dem Wasserwerfereinsatz.« (EK, 0115)

Die Empörung darüber, untätig zusehen zu müssen, wie Einzelne vor aller Augen verprügelt werden, treibt die Demonstranten dazu, sich handelnd von der Empörung zu befreien. Indem sie zu Mitteln greifen, die sie mit dem Gesetz in Widerspruch bringen, zahlen sie den Preis, den ihre moralische Identität ihnen abverlangt. Der Konflikt zwischen der unüberhörbaren moralischen Aufforderung, den Geschlagenen helfen zu müssen, und der Unmöglichkeit, ihnen helfen zu können, zwingt zu einer Handlung, die die beschämende Passivität durchbricht und mit den exemplarisch Geschlagenen solidarisch macht.

Helmut L. berichtet:

»Ich hetzte unmittelbar vor den Polizisten her. Kurz vor der Krummen Straße verlor ich einen Schuh, stürzte, wollte mich aufrichten, wurde von Polizisten wieder niedergeworfen. Mehrere Polizisten traten mich in den Rücken und schlugen auf mich ein. Ich schrie vom Boden her, sie sollten mich doch verhaften, um (...) später die Personalien der Schläger zu haben. Das scheint naiv gewesen zu sein, denn sie antworteten mit intensivierter Prügelei. (...) Ich halte die Vokabel ›faschistisch‹ zur Charakterisierung der Polizeitruppe, unter deren Stiefel ich geriet, für angebracht. Ich bedaure, im ›Bereich polizeilicher Maßnahmen‹, in den ich geraten war, von meinem Recht zur Notwehr keinen Gebrauch gemacht zu haben.« (EK, 0169)

Die meisten fliehen, ohne gegen die Schläge sich zu wehren. Doch später haben sie das gebrochene Bewußtsein derer, die Unrecht untätig haben geschehen lassen. Nachträglich bedauern sie, dem moralischen Impuls nicht nachgegeben, der Gewalt den Protest nicht gewaltsam entgegengehalten zu haben. Sie handelten, wie Polizei und Gesetz es erwarteten, und bleiben zurück in Konflikt mit sich selbst.

Mit der Empörung der Demonstranten über die Brutalität der Polizei schuf die Polizei sich den Vorwand, den sie für ihren Einsatz brauchte:

»Daß wir (...) uns genötigt sahen, mit der Räumung zu beginnen, das war uns praktisch aufgezwungen durch die Haltung der Demonstranten.« (Einsatzleiter Iwicki vor dem Untersuchungsausschuß, U 4/53)

Was heißt da »aufgezwungen«! Klaus *Lüben*, Toningenieur beim SFB, stand kurz vor dem Angriff auf dem Mittelstreifen der Bismarckstraße und machte Tonaufnahmen. Er wurde im Prozeß gegen Fritz Teufel als Zeuge gehört (4. Dezember 67). Auf die Frage des Richters, ob er dort nicht befürchten mußte, von Steinen getroffen zu werden, antwortete er:

»Ich habe selbst keine Steine gesehen. Ich war ja auch schon bei anderen Demonstrationen dabei. Im Vergleich war es relativ ruhig.« (Mitschrift d. Verf.)

Als der Richter interessiert nachfragt, welche Demonstration denn gefährlicher gewesen sei, die Humphrey-Demonstration, die Vietnam-Demonstration auf dem Kurfürstendamm oder welche sonst, fährt Lüben fort:

»Nein, ich meine die Mauer-Demonstration 1962, da war es erheblich gefährlicher. Eine unserer Autoscheiben wurde uns eingeschlagen und ich wurde durch einen Stein am Kopf verletzt.« (Mitschrift d. Verf.)

Steine sind eben nur gefährlich, wenn sie von den falschen Leuten geworfen werden. Die Gewalttätigkeiten der Antikommunisten laufen bei der Polizei unter der Kategorie »berechtigter Unmut«. Ihr Einsatz ist, wenn er erfolgt, voll Verständnis für diesen Unmut. Denn es ist ein Einsatz, in dem die Polizei gegen sich selbst vorgeht, oder – wie Senatsrat *Prill* es nennt – ein Einsatz mit »verkehrter Front« (vgl. S. 10). Bei der Mauerdemonstration 1962 gab es keine Knüppelschlacht. *Werner*, Kommandeur der Schutzpolizei, bemerkt dazu lakonisch:

»... hier kamen wir gar nicht so dicht ran, weil wir mit einem Steinhagel bedeckt worden sind.« (U 15/72)

Am 2. Juni dagegen waren die Fronten klar. Die Steine, die von den in die Krumme Straße geprügelten Demonstranten geworfen werden, fallen nicht unter die Kategorie »berechtigter Unmut«. Diese Steine halten die Polizei nicht von der Knüppelschlacht ab, im Gegenteil, sie erleichtern ihr die Identifikation der Situation. Die Demonstranten des 2. Juni werden wie bewaffnete Aufständische behandelt. Gegen die zerschlagene Demonstration wendet die Polizei die vertrauten Regeln einer Straßenschlacht an.

Ziffer 283: »In geschlossenen Ortschaften sind insbesondere folgende Grundsätze zu beachten:

(...) Es sind schmale Angriffsstreifen und nahe Angriffsziele festzulegen. Nach Erreichung von Zwischenzielen sind die Kräfte stets neu zu ordnen. Der Angriff in Straßenzügen ist mit besonders gegliederten und bewaffneten Angriffstrupps zu führen; Überraschungsmöglichkeiten sind dabei auszunutzen. Bewegung und gegenseitige Sicherung sind aufeinander abzustimmen. (...) Zur Sicherung der vorgehenden Kräfte gegen überraschende Überfälle aus Kellern, Fenstern, Dächern und sonstigen Hinterhalten sind besondere Beobachter einzuteilen (...) In Häusern sind zunächst Eingänge, Treppenhäuser, Lichtschächte und andere gefährliche Stellen zu besetzen.« (VfdP 100)

Mit der Räumung der Bismarckstraße ist ein Zwischenziel erreicht, die Kräfte werden neu geordnet. Schmale Angriffsstreifen festzusetzen aber gelingt zunächst nicht. Die Demonstranten flüchten sich auf ein Wiesengrundstück an der Ecke Krumme Straße/Bismarckstraße. Auf der weiträumigen Fläche finden sie einen gewissen Schutz vor der ihnen nachsetzenden Polizei und vor dem jetzt eingesetzten Wasserwerfer. Polizeipräsident *Duensing* skizzierte vor dem Untersuchungsausschuß, wie sich die Polizei zunächst auf den linken Flügel, das ist das Wiesengrundstück, konzentriert und dadurch nur recht langsam vorankommt:

»Wenn das also die Bismarckstraße ist, und hier ist die Krumme Straße, dann ist ja hier das große Feld, da war hier eine größere Traube, und mit starkem linken Flügel ist die Sperrkette sehr langsam (vorgerückt).« (U 4/18)

In den Methoden legt sich die Polizei jetzt keine Beschränkungen mehr auf. So wird die Politische Polizei in einer Form eingesetzt, die Oberkommissar *Kaiser* noch für den Vormittag vor dem Rathaus als zu gefährlich abgelehnt hatte:

»Die Beamten sind ja (...) nur mit Pistolen bewaffnet, und jetzt die Frage, was passiert, wenn die Beamten da zusammengeschlagen werden. Ist der Anlaß gerechtfertigt, dann die Konsequenzen zu ziehen?« (U 15/39; vgl. Polizei III, S. 125)

Der Todesschuß des Beamten der Politischen Polizei *Kurras* ist keine zufällige Entgleisung eines schießwütigen Psychopathen, sondern entstammt dem kalkulierten Risiko, das die Führung der Politischen Polizei eingegangen ist. Oberkommissar Kaiser weiß, daß seine Beamten in ihrer Spezialausbildung gelernt haben, in der Auseinandersetzung mit Ost-Agenten und Rädelsführern innerer Unruhen zur Pistole zu greifen. Deshalb hielt er ihren Einsatz gegen prügelnde Jubelperser für zu gefährlich. In der Krummen Straße aber werden seine Leute als Greiftrupps in die Menge geschickt. Was sie gefährdet, macht ihren Einsatz so gefährlich: sie unterscheiden sich in nichts von Zivilisten – es sei denn, man wolle den Unterschied in ihren korrekten sportlichen Anzügen sehen. (Vgl. Abb. 18) Mit Karateschlägen[9] dringen sie in die Menge ein und greifen »Rädelsführer«, ohne sich auszuweisen. *Eckart B.* schildert eine solche Aktion:

»Auf der Fahrbahn der Krumme Straße standen Demonstranten und riefen ›Freiheit für Persien‹ oder ›Nieder mit dem Schah‹. Einige Demonstranten – etwa 4–5 – standen etwas vor der Masse der Demonstranten und riefen ebenfalls. Plötzlich näherten sich einige Herren in Zivil auf dem Bürgersteig gegenüber den Rufern. Da ich ahnte, jene Herren (2 oder 3) seien ›Polizeigreifer‹, wollte ich den Demonstranten eine Warnung zurufen. Jedoch kam ich nicht mehr dazu, denn blitzschnell griffen die ›Zivilen‹ sich einen Demonstranten – ich nahm dem Aussehen zufolge an, daß er Perser war – und führten ihn in hastigen Schritten an den Armen haltend ab. Widerstand seitens des Demonstranten konnte ich nicht beobachten, auch habe ich vorher den Demonstranten keine Steine werfen sehen. Er hat lediglich in vorderster Front gestanden und die Parolen gerufen.« (EK, 0597)

Das Ziel, der Demonstration den vermeintlichen Kopf zu nehmen, war der Politischen Polizei das Risiko des Schußwaffengebrauchs wert.

Die Furcht vor den Hinterhalten in Hausfluren, Kellern und dunklen

Ecken, vor denen die VfdP 100 warnt, beherrschte Politische Polizei und Schutzpolizei gleichermaßen. Hatten die Steine die Identifikation des Gegners erleichtert, so blieb es doch immer noch schwierig, in dem angesichts des militärischen Aufgebots bewaffneter Polizeieinheiten kläglich erscheinenden Demonstrantenhaufen den bewaffneten und zum Letzten entschlossenen Störer der Polizeiübung wiederzuerkennen. Erst im Dunkel des vermuteten Hinterhalts sind der Fantasie keine Grenzen mehr durch die sinnliche Wahrnehmung gesetzt; in der finsteren Ecke werden die Messer gezückt. Die Gestalten im dunklen Hausflur werden rücksichtslos ans Tageslicht befördert. Ausländer und dunkelhaarige Personen müssen sich besonders in acht nehmen. *Herbert B.* berichtet:

»Später, in der Krummen Straße, drangen die Polizisten in einen Hauseingang und beförderten einen kleinen, etwas rundlichen Herren auf die Straße; mit einem Stoß und einem Gummiknüppel-Schlag wurde er zu uns getrieben. Er erzählte mir, daß er aus seiner Wohnung in den Hausflur getreten war, um zu sehen, was draußen vorging. Sein ›Pech‹ war seine dunkle Gesichtsfarbe und sein gebrochenes Deutsch, man hielt ihn offenbar für einen demonstrierenden Perser. Seine Bemühungen, als Hausbewohner anerkannt zu werden, hatten keinen Erfolg, er durfte nicht mehr ins Haus zurück, ich habe ihn später aus den Augen verloren.« (EK, 0155)

Wer versucht, in einen Hausflur zu gelangen, ist bereits verdächtig. *Rainer L.*, selbständiger Kaufmann, leistet einem solchermaßen Verdächtigten erste Hilfe und fährt ihn in ein Krankenhaus:

»Ich sah einen jungen Mann von etwa 16 Jahren über die geräumte Straße in Richtung Bismarckstraße gehen (...) Der junge Mann ging an den Demonstranten vorbei auf dem Bürgersteig in ordentlicher und friedlicher Weise und strebte einem Haus zu (...) Plötzlich sah ich, wie einige Polizisten aus der Polizeikette vorstürmten und auf den jungen Mann zuliefen, der es allerdings nicht sehen konnte, weil er schon mit dem Rücken zugewandt war, weil er gerade in ein Haus ging und schon mit dem Gesicht zur Haustür war, die er öffnete. Ich sah, wie die Polizisten ohne etwas zu sagen auf den jungen Mann mit Knüppeln einhieben, und der junge Mann vor dem Portal sich zurückschleppte in Richtung der Demonstrantenreihe. Ich wurde dann aus den Demonstrantenreihen gebeten, mit meinem Wagen den jungen Mann in ein Krankenhaus zu fahren. Der junge Mann war noch ziemlich benommen und ich fragte ihn im Laufe der Fahrt, was er denn dort vorne gesucht habe. Da sagte er: ›Ja, ich wohne ja da. Ich wollte nach Hause gehen‹.« (EK, 1042)

Schließlich aber laufen zwei Beamte der Politischen Polizei bei einer ihrer Greifaktionen geradewegs in einen solchen »Hinterhalt« hinein. Einer von ihnen ist Karl Heinz *Kurras*. Die Demonstranten stehen zu diesem

Zeitpunkt in Höhe des Hauses Krumme Straße 66/67. Dieses Haus besitzt zu ebener Erde ein Freigeschoß, einen zum Teil überdachten Parkhof. *Jörg R.* berichtet:

»Die Sperrkette der Polizei stand am Abschluß des Hauses, ich selbst zwischen dieser und der vorderen Reihe Demonstranten, und zwar auf der Straße. Es lösten sich aus einer Gruppe von Kriminalbeamten, die auf der Straße stand, mindestens zwei Mann und gingen schnellen Schrittes auf den östlichen Bürgersteig. Die dort stehenden Demonstranten wichen zur Seite, der, auf den man es abgesehen hatte (es handelt sich um *Hartmut R.*; Anm. d. Verf.), wohl nach hinten zurück in die Menge. So stießen die Kriminalbeamten mitten in die Menge in Richtung auf das Freigeschoß, vielleicht weil dort noch ein freier Raum war, in den die Demonstranten zurückweichen konnten. Als die Beamten in der Menge verschwanden, reckte ein kleiner Kriminalbeamter auf dem Bürgersteig mehrmals die Faust in die Höhe und rief den Polizisten zu: ›Polizeikette, Polizeikette‹. Die Kette rückte auf der gesamten Breite ohne Warnung im Laufschritt vor.« (EK, 0012)

Einige Demonstranten drängen hinter den beiden Beamten der Politischen Polizei in den Garagenhof, zum Teil wohl, um dem bedrängten Demonstranten *Hartmut R.* zu Hilfe zu kommen, zum Teil aus Neugier, zum Teil, um vor dem vorrückenden Wasserwerfer Schutz zu finden. Für die Polizeibeamten auf der Straße ist die Situation klar: Ihre Kollegen von der Politischen Polizei sind in einen Hinterhalt geraten. Die Zeugin *Erika S.* berichtet:

»Neben mir sagte ein Polizist in der Absperrkette: ›Jungs, da werden unsere Kollegen umgebracht‹. (..) Daraufhin sprangen ca. 10 bis 12 uniformierte Beamte teils über die Brüstung, teils liefen sie durch die Einfahrt. Die hatten schon die Schlagstöcke in der Hand.« (EK, 1033)

Die Situation, die nun im Hof entsteht, beschreibt *Uwe D.:*

»In dem Moment also, als die Polizisten mit erhobenen Knüppeln hereinkamen, brach die panikartige Stimmung aus. Alles versuchte rauszukommen. (...) Ich drehte mich dann noch einmal um und sah nur noch Polizisten und etwa drei bis vier Demonstranten an dieser Mauer, die gebückt standen und an die Mauer gedrängt waren und auf (deren) Köpfe Knüppel niedersausten. Ich hörte sogar die Schläge. In Anbetracht dessen, daß die Polizei sich aber hier vermehrte und immer stärker drückte, sah ich mich doch veranlaßt (...) jetzt rauszurennen. Ich kam dann hier gerad noch so über diese Mülltonnen raus, die dabei umfielen. (...) In dem Moment, als ich hier gerade aus diesem Gewölbe rauskam, traf mich ein ziemlich voller Strahl dieses Wasserwerfers. Ich konnte dann trotzdem noch über die angrenzenden Büsche springen. (...) als ich hier gerade um die Ecke bog, hörte ich einen kurzen Knall. Wie gesagt, ich war einer der letzten, (...) die Masse war schon draußen.« (EK, 1014)

Keiner der flüchtenden Demonstranten konnte sich vorstellen, daß die Polizei in dieser Situation von der Schußwaffe Gebrauch machen würde. Einer der Flüchtenden, der Lektor *Sebastian J.*, berichtet:

»Als wir rausflohen aus diesem Raum, lief ich ganz auf der linken Seite der Flüchtenden, hatte links neben mir die Hauswand, rechts waren die anderen Flüchtenden, und ich lief direkt auf eine kleine Mauer zu, die dazu diente, die Mülleimer zu kaschieren. Da ich in den Strom der Flüchtenden nicht mehr reinkonnte, warf ich mich gegen die Mauer, die dadurch umfiel. Ich konnte über die Mauer springen und entwischen, kam um die Hausecke und hörte in diesem Moment einen Schuß fallen (...) Ich fragte andere Demonstranten, was denn da los sei, die könnten doch jetzt nicht anfangen zu schießen, worauf mir gesagt wurde: ›Da hat einer einen Knallkörper angezündet.‹ Das halte ich jedoch für völlig ausgeschlossen, da drinnen herrschte Panik und da hatte man keine Zeit, Streichhölzer zu zücken und Knallkörper anzuzünden.« (EK, 1003)

Die Polizeibeamten schlagen auf die flüchtenden Demonstranten ein. Einigen von ihnen gelingt es nicht mehr, den Hof zu verlassen, da die eindringenden Polizeibeamten ihnen den Weg abschneiden. Spätestens zu diesem Zeitpunkt muß den Polizeibeamten klar geworden sein, daß es keinen »Hinterhalt« gab. Keinem der beiden Zivilbeamten war etwas geschehen. Einer von ihnen hatte den Demonstranten Hartmut R., dem sie hinterhergelaufen waren, festgenommen. Angesichts der flüchtenden Demonstranten mußte die Vorstellung, die »Kollegen« würden »umgebracht«, absurd erscheinen. Doch das hindert die Polizeibeamten nicht, diejenigen, die den Parkhof nicht mehr rechtzeitig verlassen können, zusammenzuschlagen. Einer von ihnen, *Götz F.*, hat die Gefährlichkeit der Situation für die Demonstranten vorausgesehen:

»Ich muß vorausschicken, daß ich (...) diesen überdeckten Hofraum schon einmal betreten hatte, zusammen mit einer Bekannten, (...) und mich da schon etwas bekannt gemacht hatte mit der Örtlichkeit. Jetzt stand ich (...) auf der Mauer und schaute zu, wie sich das da zwischen den beiden Linien abspielte; und jetzt bemerkte ich, (...) daß sich (...) diese Demonstrantenschar auf der Straße in Bewegung setzte in Richtung auf die Schillerstraße, und in dem Moment verlor ich meine Begleiterin, und wußte natürlich nicht genau, wohin sie abgekommen war. Ich befürchtete nun, daß sie auf den Hof gelaufen war, den ich mir vorher angesehen hatte. Befürchten mußte ich das deshalb, weil ich nämlich schon sah, daß da ein Polizeizug (...) über die Einfahrt in diesen Hof einbrach, und zugleich sah ich dann auch, daß sich in der Nähe der Rückwand ein Knäuel gebildet hatte (...) Dieser Polizeistrom riß, soweit ich das beobachtet habe, gar nicht ab. (...) Ich ging zwei oder drei Schritte in Richtung dieser Gruppe (...); ich schaute mich um, um irgendwo meine Bekannte zu erblicken. Und erblickte sie nicht, wußte nicht genau, was ich machen sollte, und schaute mich nochmal kurz um; in diesem Moment erreichte mich ein Polizeibeamter, der von hinter mir irgendwo auftauchte, (...) und schlug mir seinen Gummiknüppel über den Kopf, obwohl ich völlig wehrlos und völlig unbeteiligt dastand. (...) ich wurde dabei verletzt, erhielt eine Platzwunde am Kopf, die sofort anfing, stark zu bluten. Wenige Sekunden danach, während ich mir noch meine Kopfverletzung hielt, weil sie sehr stark blutete, drangen weitere Polizisten auf mich ein, die von allen Seiten kamen. (...) Es kamen zunächst 2 Polizisten auf mich zu, schlugen auf mich ein, mit Gummiknüppeln, so daß ich dort zu Boden ging. Ich war ja sowieso schon ziemlich verletzt (...) In kurzer Zeit waren das schon 4 oder 5 Polizisten, die um mich herumstanden und von oben mit den Knüppeln auf mich einschlugen. (...) Sie schlugen so lange auf mich ein, (...) bis ein Polizeioffizier jetzt von der Straßenseite her (...) hinzukam und zu den Leuten da sagte: ›Hört doch endlich auf‹ (...). Im selben Moment verlor ich offenbar für die Polizisten das Interesse. Sie wandten sich ab, waren völlig uninteressiert an mir. Ich stand auf, und hinkte raus, so gut ich konnte, und erreichte zur gleichen Zeit die Straße, als auch der Wasserwerfer an diesem Platz anlangte.« (EK, 1021; vgl. Abb. 20)

Was die Polizei als einen Hinterhalt ansah, wurde zu einer Falle für die Demonstranten. Der Zeuge Götz F. ist nicht der einzige, der nicht mehr rechtzeitig aus dem Parkhof herauskam und deshalb anschließend in ein Krankenhaus gefahren werden mußte. Der Zeuge Hans-Ulrich L. wurde mit einer Gehirnerschütterung ins Krankenhaus Jungfernheide gebracht. Die Zeugin Jutta B. wurde trotz offensichtlich schwerer Verletzungen im Krankenhaus Moabit zunächst abgewiesen, weil sie aus Furcht vor der Polizei ihren Namen nicht nennen wollte. Sie lag 12 Tage im Albrecht-Achilles-Krankenhaus mit einer Gehirnerschütterung, einer Nierenprellung, einer Kopfplatzwunde sowie Prellungen und Blutergüssen am Körper.

Auch *Benno Ohnesorg* gehört zu denen, die den Hof nicht mehr rechtzeitig verlassen konnten. Er wurde zu einem Zeitpunkt erschossen, als sich bereits Foto- und Filmreporter auf dem Grundstück befanden. Eine Aufnahme des Bild-Journalisten Dannenbaum zeigt ihn als einen der letzten Demonstranten neben dem von den Zivilbeamten festgenommenen und am Boden liegenden Hartmut R. stehend, kurz bevor er sich zur Flucht wandte (vgl. Abb. 17). Landgerichtsdirektor *Geus* schilderte in der mündlichen Urteilsbegründung zum Kurras-Freispruch, was nun geschieht:

»Auch Benno Ohnesorg befand sich offenbar auf der Flucht. In seiner unmittelbaren Nähe befand sich zunächst der Kriminalhauptkommissar Starke, der dann von ihm abließ, weil er ihn in der Obhut von Schutzpolizisten wähnte. Die Schutzpolizisten schlugen auf Benno Ohnesorg mit dem Schlagstock ein. Es besteht leider der dringende Verdacht, daß auf Benno Ohnesorg auch dann noch eingeschlagen wurde, als er schon tödlich getroffen am Boden lag. Was war inzwischen mit dem Angeklagten (Kurras) geschehen? Was hatte er getan? Wir wissen es nicht. Kein Zeuge kann oder will etwas darüber sagen. Der Angeklagte selbst behauptet, er sei, obwohl er eine Schußwaffe in der Hand trug, von Demonstranten nach vorn in die Nähe der Klopfstange gedrängt worden. Diese Einlassung unterliegt jedoch schwerwiegenden Zweifeln, denn es ist uns nicht einleuchtend, daß es noch zu größeren Zusammenballungen von Menschen gekommen sein kann, nachdem etwa 30 Beamte der Schutzpolizei auf dem Hof erschienen waren. Die Beamten hätten doch sicher ihrem Kollegen geholfen, wäre er in Bedrängnis gewesen.« (zitiert nach *Extra-Dienst*, Nr. 55, 25. 11. 67)

In die »Obhut von Schutzpolizei« zu geraten, ist das Schlimmste, was einem Demonstranten an diesem Abend passieren kann. Daß drei Schutzpolizisten auf ihn einschlagen, ist für Benno Ohnesorg nicht einmal mehr Schutz vor dem Erschossenwerden. Die Augenzeugin *Erika S.* berichtet:

»Der Mann im roten Hemd stand mit dem Gesicht zur Krumme Straße im Garagenhof des Hauses Krumme Straße 67 hinter einem Volkswagen. In einer Hand hatte er ein weißes Tuch. Er versuchte offensichtlich, die Straße zu erreichen. Zwei uniformierte Beamte, die rechts und links in Höhe der hinteren Sitzreihe des VW standen, mit Schlagstöcken in den Händen, versuchten, ihn daran zu hindern. (...)
Danach kamen aus dem hinteren Teil des Hofes, der für mich nicht einsichtig war, weil es dunkel dort war, ein Trupp ziviler Personen und Polizisten, die einen jungen Mann an Händen und Füßen trugen (Anm. d. Verf.: Hartmut R.). (...) Zwischen dem ersten Sehen des Mannes mit dem roten Hemd und dem Abtransport des anderen jungen Mannes liegen Bruchteile von Sekunden. Zu dieser Zeit war mein Blickfeld sehr frei. Nach meiner Schätzung war zwischen dem Mann und mir eine Distanz von 6 bis 8 Metern.
Von hinten tauchte plötzlich ein uniformierter Beamter auf aus dem Dunkel und schlug dem Mann im roten Hemd mit dem Schlagstock von hinten auf den Kopf. Der Getroffene sank langsam in sich zusammen und nun kamen die beiden Polizisten, die erst rechts und links des VW's gestanden hatten, hinzu und zu dritt schlugen sie auf ihn ein. (...) Ein Polizist trat auf die rechte Hand und den Arm und beide Polizisten rechts und links in die Beckengegend des Liegenden.
Ich habe zwischen all diesen Geschehnissen einen Knall gehört, den ich aber nicht als Schuß deutete. Deshalb kann ich keine zeitliche Reihenfolge angeben.
Ich lief zu dem am Boden liegenden jungen Mann und bückte mich links von ihm zu ihm herunter. Als ich zu den Beamten hochblickte, sah ich, daß sie immer noch ihre Schlagstöcke in der Hand hatten und bat sie leise: ›Nicht schlagen, bitte holen Sie die Ambulanz‹. Der Polizist, der links neben dem Mann im roten Hemd gestanden hatte, bewegte sich langsam in Richtung Straße. (...)
Ich suchte nach einer Wunde und sah, daß eine Platzwunde bis zum rechten Ohr vorhanden war, aus dem Ohr kam Blut. Ich fühlte seinen Puls, er ging schwach,

ich öffnete ein Auge und sah keine Pupille. Daraus schloß ich: Schädelbruch. Seine Lippen bewegten sich und ich nahm an, er wolle etwas sagen. Ich beugte mich herunter, konnte aber nur ein Röcheln vernehmen ... (EK, 1033)

War die Vorstellung vom Hinterhalt zunächst eine Projektion der Polizeiübungen und Planspiele auf die Situation in der Krummen Straße, bestimmend für das Verhalten der Polizeibeamten im Parkhof, so wird sie nun zur notwendigen Rechtfertigung dieses Verhaltens. Mit Fehlinformationen und unzureichenden Berichten versucht die Polizei so lange wie möglich, die Erkenntnisse über die im Hof zum Teil schwer verletzten Demonstranten zurückzuhalten und den Eindruck zu vermitteln, die Situation sei für die Polizei äußerst gefährlich gewesen. So heißt es im Polizeiverlaufsbericht vom 4. Juni, der also nach der Obduktion Benno Ohnesorgs abgefaßt wurde, zu den Ereignissen im Parkhof:

»Zwei Beamte der Abt. I, die auf dem ostwärtigen Gehweg der Krumme Straße einen Rädelsführer erkannten, wollten diesen festnehmen und wurden dabei von einer Vielzahl Demonstranten umringt und auf einen dort gelegenen Parkplatz abgedrängt. Die Demonstranten trennten die beiden Beamten voneinander, wodurch beide in eine äußerst gefährliche Situation gebracht wurden. Weitere Beamte von I und Greiftrupps der Schutzpolizei kamen ihnen zu Hilfe. Auf diese Weise wurde die Festnahme eines weiteren Rädelsführers möglich.
Bei dieser polizeilichen Maßnahme leisteten die Demonstranten erheblichen Widerstand durch Fußtritte und Faustschläge. Einige Polizeibeamte erlitten hierdurch Verletzungen. Aus einer Notwehrsituation heraus kam es seitens eines Beamten der Abteilung I zu einem Schußwaffengebrauch.« (Ergänzungsbericht über die polizeilichen Maßnahmen am 2. 6. 67 ..., 4. Juni 67)

Das ist alles, was der Bericht über die Ereignisse auf dem Hof zu berichten weiß. Die Beamten »erkannten« einen »Rädelsführer«. *Hartmut R.* ist kein Mitglied irgendeiner politischen Vereinigung. Er hat sich niemals vorher bei politischen Veranstaltungen oder Demonstrationen besonders hervorgetan. Die ad-hoc-Entscheidung der Beamten der Abteilung I macht aus dem Demonstranten einen Schwerverbrecher: Rädelsführer eines Landfriedensbruchs werden mit Zuchthaus bis zu 10 Jahren bestraft. Hartmut R. berichtet über den Umstand, der ihn zum Schwerverbrecher gemacht hat:

»Als das Protokoll aufgenommen wurde, sagte ein Zivilbeamter zum anderen: Das ist ein Rädelsführer, er hat eine Trillerpfeife, er hat die Leute zum Widerstand aufgewiegelt und hat der Aufforderung der Polizei, das Feld zu räumen (...), nicht Folge geleistet. (...) Man drehte mir den Arm auf den Rücken und sagte: ›Erst die Trillerpfeife her‹. Da sagte ich: ›Die befindet sich in meiner linken

Hosentasche‹; ich konnte meine Arme nicht bewegen, die wurden festgehalten. Die haben sie mir dann abgenommen, als Beweis, daß ich Rädelsführer sei.« (EK, 1046)

Mit der größten Selbstverständlichkeit erscheint Hartmut R. im Polizeibericht des Verbrechens bereits überführt. Die Beamten, die ihn festnehmen wollten, werden auf einen »Parkplatz abgedrängt«. Aus der Flucht vor dem Zugriff wird das Abdrängen in den Hinterhalt. Die Situation der Beamten ist »äußerst gefährlich«. Auch dazu bedarf es keines Beweises. Die Demonstranten leisten »erheblichen Widerstand« und die Polizeibeamten erleiden Verletzungen. Kein Wort über verletzte Demonstranten. Merkwürdigerweise ist in der Verletztenliste der Schutzpolizei kein einziger der angeblich auf dem Hof verletzten Beamten enthalten. Aus einer »Notwehrsituation« kam es zu einem Schußwaffengebrauch. Kein Wort über den Erschossenen, dafür eine Verteidigung des Schützen, die zudem noch unwahr ist. Das Ganze ein Vorgang zweitrangiger Bedeutung, gerade noch einen kurzen Absatz im Bericht über den 2. Juni wert.

Ähnlich ist auch die Einschätzung des Vorgangs durch den Polizeipräsidenten *Duensing*. Er ist zufrieden mit der taktischen Situation. Der starke linke Flügel hat die Wiese geräumt und damit die Linien wieder in Bewegung gebracht. Angesichts der Chance, den Gegner endgültig in die Flucht schlagen und dann zur Verfolgung übergehen zu können, erscheint der Vorfall auf dem Hof von untergeordneter Bedeutung:

»Dann, sagt man in dem taktischen Sprachschatz, ›rutschte die Sache durch‹. Das war der Moment, wo der starke linke Flügel sich nun auf das Zentrum auswirkte. Hinter diesen nachrückenden Sperrketten bin ich dann gefolgt. (...) Einer meiner Beamten rief mir zu: ›Nehmen Sie volle Deckung, die werfen immer noch‹. Ich bin dann nach vorne gegangen zu dem Moment, der so symptomatisch ist: Alles japst noch ein bißchen nach Luft, und nun sagt der Einsatzführer: ›Was werden wir nun tun?‹ Man stand also vor der Kreuzung Schillerstraße/Krumme Straße. Ich habe gesagt: ›Was wollen Sie machen?‹ ›Ja‹, sagt er, ›ich hätte gern die Kreuzung noch in Besitz genommen‹. Da standen etwa 250 bis 300 Demonstranten (...) Ich habe gesagt: ›Ich billige Ihren Entschluß, daß Sie hier stehen bleiben, scheiden Sie Reserven aus! Was gab es sonst?‹ Da sagt er: ›Ein Beamter der Kriminalpolizei hat Warnschüsse abgegeben.‹ ›Wo ist er?‹ ›Da steht er.‹ Da habe ich den Obermeister Kurras, der mir vorher nicht bekannt war, (...) gesehen: Ein Beamter – und das habe ich schon oft in meinem Leben gesehen – der noch unter einer gewissen Schockwirkung stand, und wo man auch nach dem Äußeren sehen konnte, nun, der ist also zweimal durch den Dreck gewälzt worden. Ich habe gesagt: ›Vom Dienst abtreten, Meldung erstatten, wie die Vorschrift lautet.‹« (Duensing vor dem Untersuchungsausschuß, U 4/19)

Kriminalobermeister Kurras, gerade noch einem Hinterhalt glimpflich entkommen, steht noch unter Schockwirkung. Ein Blick genügt, um zu sehen, was los ist. »Meldung erstatten wie die Vorschrift lautet.« Damit ist die Sache erledigt. Nachforschungen anzustellen, wer getroffen worden ist, scheint überflüssig zu sein.

Zur selben Zeit unterrichtet ein Polizeibeamter den Abgeordneten *Löffler*, der vor dem Grundstück in der Krummen Straße steht, über die Abgabe des Schusses. Die Anklageschrift gegen Obermeister Kurras berichtet:

»Der Beamte erklärte (nach den späteren Angaben des Zeugen Löffler), daß er dem Schützen Vorhaltungen über den Schußwaffengebrauch gemacht habe, da der Demonstrant bereits durch drei Beamte fest im Griff gehalten worden sei und zum anderen der Schütze die anwesenden Polizeibeamten gefährdet habe.« (zitiert nach *Extra-Dienst*, Nr. 26, 16. 8. 67)

Bereits zu dieser Zeit weiß also die Polizei, daß der Beamte Kurras auf Ohnesorg geschossen hat. Trotzdem erfährt die Öffentlichkeit erst nach der Obduktion, daß Ohnesorg nicht erschlagen, sondern erschossen wurde. Der Schüler *Frank Rainer K.* berichtete noch am Abend des 2. Juni nach seiner Festnahme wegen Verteilens von Flugblättern den Polizeibeamten, er habe gesehen, wie ein Demonstrant erschossen wurde:

»Ich habe es so dargestellt, daß ich den Schuß von der Pistole, das Mündungsfeuer gesehen habe und darauf gesehen habe, wie der Ermordete dann auf der Straße lag.« (EK, 1002)

Aber man hielt seine Aussage keiner näheren Nachforschung für wert. Der Zeuge *Tim P.* hörte, wie in der Weinstube Hardy in der Krummen Straße ein Journalist seine Redaktion informierte:

»Bei meinem Eintreten sagte ein Herr ins Telefon, die Polizei hätte von der Schußwaffe Gebrauch gemacht, ein Student sei zusammengeschossen worden.« (EK, 0605)

Doch auch in den Zeitungen stand am nächsten Morgen nichts von den Vorgängen im Parkhof. Als einzige Zeitung brachte die *Berliner Morgenpost* einen Satz über den Schußwaffengebrauch:

»Ein Kriminalbeamter feuerte im wirren Tumult und in dem unübersehbaren Handgemenge einen Warnschuß ab.« (3. 6. 67)

Die Aussage des Beamten Kurras aber, er sei von Messerstechern bedrängt worden, machte ihre Runde in den Polizeirevieren und sorgte dafür, daß die Version vom Hinterhalt im Parkhof nicht durch unpassende Zeugenaussagen umgestoßen wurde. Der Zeuge *Wilfried B.* berichtet:

»Ich ging zur Polizei, nachdem ich heute nachmittag erfahren hatte, daß dort jemand erschossen worden war, und zwar auf die Polizeiwache Kantstraße Ecke Fasanenstraße und sagte den Leuten, daß ich etwas mitbekommen hätte von den Vorfällen gestern abend, speziell, daß ich diese Schüsse gehört hätte, und fragte dann auch, ob sie meinen Namen und meine Aussage brauchten. Und dann wurde ich konkret gefragt: ›Ja, was haben Sie denn eigentlich gesehen?‹ Da sagte ich: ›Gesehen direkt davon habe ich gar nichts, ich habe lediglich Schüsse gehört und die allgemeinen Vorgänge da. Und die bestanden darin, daß sich die Leute tatsächlich, so wie ich das gesehen habe, nur auf der Flucht vor der Polizei befanden. Was ich wesentlich finde, weil man dann eine Notwehr eines Polizisten doch ziemlich ausschließen kann. Deshalb bin ich gekommen.‹ ›Sie haben aber doch gar nichts gesehen‹, war die Antwort. Ich weiß nicht, ich war irgendwie fassungslos. (...) Ich wurde dann gefragt: ›Aber daß ein Demonstrant auf einen Polizisten mit dem Messer losgegangen ist und einen Polizisten gestochen hat, (...) das haben Sie wohl nicht gesehen?‹ ›Nein, das habe ich nicht gesehen.‹ Und ich wurde auch etwas erregt. Der Mann war es übrigens vor mir. Der ärgerte sich nämlich schon überhaupt, daß ich gekommen war, den Eindruck hatte ich. Es mischte sich dann noch ein anderer ein und meinte: ›Jetzt haben wir uns jahrelang mit der Kommune herumgeschlagen und nun kommen Sie daher.‹ Und ich hatte meinen Ausweis vorgelegt, aus dem hervorgeht, daß ich Westdeutscher bin. Und da wurde mir geraten, ich sollte wieder dahingehen, wo ich herkomme. (...) Ich fragte: ›Brauchen Sie nun meine Aussage oder nicht, sonst gehe ich woanders hin.‹ ›Ja‹, sagte er, ›ich habe das jetzt hier aufgeschrieben, und da ist auch schon eine Kommission gebildet worden, und Sie bekommen dann Nachricht.‹ (...) Ich sagte: ›Ich kann nicht verstehen, wie Sie so reagieren können, da ist doch ein Mord geschehen.‹ Und als ich dann aus der Wache schon raus war, da kam der Beamte hinter mir her und sagte, er würde mich anzeigen, weil ich den Polizisten, der da geschossen hatte, einen Mörder genannt hatte.« (EK, 1009)

Die Polizeiversion vom Hinterhalt auf dem Parkhof Krumme Straße 66/67 hielt sich bis in den Gerichtssaal hinein. Kurras wurde in erster Instanz vom Verdacht der fahrlässigen Tötung freigesprochen, weil ihm nicht nachgewiesen werden konnte,

»daß er in seiner Situation und bei seinen individuellen Fähigkeiten anders hätte handeln und damit die Abgabe des Schusses hätte vermeiden können.« (Mündliche Urteilsbegründung, zitiert nach *Extra-Dienst* Nr. 55; 25. 11. 67)

Verfolgung

Die fliehenden Demonstranten wurden von der Polizei weiter verfolgt, wieder eingeholt und aufs neue geschlagen. Der Hauptzug der Fliehenden bewegte sich von der Krummen Straße über die Schillerstraße in die

Wilmersdorfer Straße und von dort zum Kurfürstendamm. Hier wurden die Fliehenden wieder eingeholt und den Boulevard entlanggetrieben – alles in allem eine Flucht- und Verfolgungsstrecke von ca. drei Kilometern.

Die Praxis der Polizei – die Fliehenden zu verfolgen, zu überholen und erneut zu schlagen – mag grotesk erscheinen. Die Polizei jedoch handelte so, als wende sie buchstabengetreu an, was unter dem Stichwort »Verfolgung« in der VfdP 100 steht. Dort heißt es:

Ziffer 290: »Weicht der Störer den polizeilichen Maßnahmen aus, so ist in der Regel zur Verfolgung überzugehen.
Hierbei ist der Störer zu überholen und zu umfassen; sein Entweichen ist zu verhindern.

Ziffer 291: Natürliche Hindernisse sind auszunutzen, um dem Störer den Fluchtweg abzuschneiden.«

Besser als mit den Worten der VfdP 100 ist die Verfolgungsphase nicht darzustellen. Die Theorie wurde Praxis. Die Polizei zeigte sich zudem erfinderisch, indem sie in den Fliehenden das Grauen und in den Verfolgenden die Wut noch zu steigern wußte: sie ließ über Lautsprecher die Lüge verbreiten, ein Polizist sei von Demonstranten erstochen worden.

Der Ausschuß hat sich mit der Verfolgungsphase nicht beschäftigt. Bei der Rekonstruktion der Verfolgung sind wir daher auf die Aussagen von betroffenen Demonstranten angewiesen.

Hartmut v. L. schildert seine Flucht ab Wilmersdorfer Straße, Ecke Bismarckstraße:

»Dann fuhren an dieser Ecke Krankenwagen auf, gekennzeichnet mit Schildern ›Sondergenehmigung für den 2. und 3. Juni‹, das konnte ich sehr deutlich sehen. Demonstranten entzündeten in der Wilmersdorfer Straße ein Feuer. Nach einiger Zeit begannen die Polizisten eine Hetzjagd. Ich war ganz vorne und habe die Jagd am eigenen Leibe miterlebt, habe aber nicht sehr viel abbekommen. Die Polizisten hatten es darauf angelegt, die Letzten, die es nicht mehr rechtzeitig schaffen konnten, zu erwischen. Es ging durch die Wilmersdorfer Straße den Kurfürstendamm hinauf. Beide Fahrbahnen wurden blockiert, der Verkehr floß nicht mehr. Von dort an hetzten wieder Polizisten mit Knüppeln den Ku-damm hinauf. An der Ecke Uhlandstraße flüchtete ich in eine Würstchenbude und hörte dort aus einem aufgefahrenen Lautsprecherwagen, daß ein Polizist durch Messerstiche getötet worden sei.« (EK, 0390)

Gerd W. berichtet von seiner Flucht auf dem Kurfürstendamm:

»Die letzten 500 m bis zur Uhlandstraße – wo es der Polizei durch Blockade des Bürgersteiges gelang, die Demonstranten in die Uhlandstraße (...) abzudrängen

– habe ich mit den Demonstranten im Laufschritt zurückgelegt. Wir hatten alle große Angst, die hauptsächlich durch die erschütternde Lautsprecherdurchsage bewirkt worden ist ...« (EK, 0662)

Die Demonstranten waren erschüttert und empört zugleich. Mit der Durchsage vom Mord waren sie zu Menschen außerhalb der Gesellschaft geworden. Angst und Empörung machten sie zu einer solidarischen Gruppe, die den Zusammenhalt mit denen suchte, denen Gleiches widerfahren war. Als Geschlagene und Verleumdete wollten sie nicht einzeln in die Nebenstraßen sich abdrängen lassen, sondern blieben auf dem erleuchteten Boulevard, um die Öffentlichkeit zum Zeugen zu machen.

Immer wieder wurden die Demonstranten überholt, so daß sie dort, wohin sie vor den Schlägen entkommen wollten, bereits von neuen Polizeikräften erwartet wurden. *Hans-Werner C.* berichtet:

»... kurz darauf kam aus der gleichen Richtung wie der Lautsprecherwagen ein Mannschaftswagen der Polizei in sehr schneller Fahrt auf die Kreuzung gefahren. Dort bremste er scharf, so daß zwei Polizisten herunterfielen, da die Seitenbretter heruntergeklappt waren. Die Polizisten sprangen mit bereits gezogenen Schlagstöcken vom Wagen und rannten auf die linke Straßenseite.

Dort kam unmittelbar darauf eine größere Menschenmenge offensichtlich in panischer Flucht entlanggelaufen. Die Polizisten gingen von der Seite in diese laufende Menge hinein (...) Dabei wurde von der Polizei aus uns nicht einsehbaren Gründen auf die Menge eingeschlagen.« (EK, 0656)

Die Jagd ging weiter in östlicher Richtung. Die Polizei versuchte, die Demonstranten zu vereinzeln und in die Nebenstraßen zu prügeln. *Michael G.* berichtet aus der Joachimsthaler Straße:

»... plötzlich (stürzte) eine Truppe von ca. 10–20 Polizisten auf die in den hinteren Reihen stehenden Demonstranten, trennte ca. 10–20 Personen ab und jagte sie die Joachimsthaler Straße entlang (...) Die Jugendlichen rannten wie um ihr Leben. (...)

Ich sprach einen jungen Mann an, der aus der Nase und am Hinterkopf blutete und nicht sofort hochkam, und sagte zu ihm, er solle versuchen, die Karte eines der Beamten zu erhalten. Er antwortete, daß er beim Senat arbeite und nicht auch noch seinen Job verlieren wolle. Ich lief der marschierenden Truppe nach und bat einen (...) Polizeibeamten höflich um seine Karte. Er griff zum Gummiknüppel und antwortete: ›Komm her, du Studentenschwein, du kannst noch eins in die Fresse haben, wenn du noch nicht genug hast.‹ Ich hatte genug und machte mich davon.« (EK, 0328)

Die Polizei hatte ganze Arbeit geleistet. Als der Schah eine halbe Stunde vor Mitternacht das Hilton-Hotel erreicht, wird er noch von 50 bis 60 Demonstranten empfangen – das ist der Rest von den 3000 Protestierenden zu Beginn des Abends. Die Polizei hat mit ihnen keine große Mühe mehr. Sie findet Zeit für intensive Einzelbehandlung in der Abgeschlossenheit der Mannschaftswagen – eine Praxis, die während der Angriffs- und Verfolgungsphase flüchtiger ausfallen mußte. *Rudolf B.* berichtet:

»Die Tür des Wagens wurde geöffnet, ich wurde hineingestoßen und wollte mich erheben, wurde auf den Boden heruntergetreten und -gedrückt, die Tür wurde geschlossen. Die beiden Polizisten setzten sich auf die Bank (ein Fahrer war schon im Wagen); der eine stellte seinen Fuß auf meine Brust, und dann droschen sie – ob es beide waren oder einer, vermag ich nicht zu sagen – mit der flachen Hand in mein Gesicht und boxten auf mich ein (meine Brille fand ich später im anderen Teil des Wagens wieder), während ich immer rief: ›Aufhören, bitte, bitte!‹

Nach meiner Schätzung ca. nach 5 Minuten hörte der eine auf, der andere war, ohne daß ich es bemerkte, verschwunden. Ich mußte auf dem Boden sitzenbleiben und sagte mehrmals, daß man mir nichts nachweisen könne, weil ich nichts Strafbares unternommen habe, und bat, mich freizulassen oder meine Frau zu benachrichtigen.

Kurz darauf wurde die Wagentür geöffnet von einem höheren Polizeibeamten, und nach einigen Worten mit dem über mir sitzenden Akteur wurde ich fortgeschickt durch eine Nebenstraße, wobei mich der höhere Beamte auf zwei Personen aufmerksam machte, die, wie er sagte, ›sich Sorgen um mich machen‹. An meinen Personalien waren die Polizeibeamten nicht interessiert, ihre Dienstnummern waren auch nicht erhältlich. Auf der Straße wurde ich von einer Dame und von Herrn Dr. T. aus der Juristischen Fakultät (...) in Empfang genommen, die den Vorfall beobachtet hatten und mir ihre Hilfe anboten und entsetzt mein geschwollenes Gesicht sahen.« (EK, 0202)

Die Polizei zeigt die Haltung des Siegers. Ihr Auftrag ist erfüllt. Politiker und Presse übernehmen den Fall.

Der nicht erklärte Notstand

In der Nacht vom 2. zum 3. Juni, unmittelbar nachdem bekanntgeworden war, daß die Polizei bei ihrem Einsatz gegen die Demonstranten vor der Oper einen Studenten getötet hatte, ließ der Regierende Bürgermeister von Westberlin über den Rundfunk die folgende Erklärung verbreiten:

»Die Geduld der Stadt ist am Ende. Einige Dutzend Demonstranten, unter ihnen auch Studenten, haben sich das traurige Verdienst erworben, nicht nur einen Gast der Bundesrepublik Deutschland in der deutschen Hauptstadt beschimpft und beleidigt zu haben, sondern auf ihr Konto gehen auch ein Toter und zahlreiche Verletzte – Polizeibeamte und Demonstranten. Die Polizei, durch

Rowdies provoziert, war gezwungen, scharf vorzugehen und von ihren Schlagstöcken Gebrauch zu machen. Ich sage ausdrücklich und mit Nachdruck, daß ich das Verhalten der Polizei billige und daß ich mich durch eigenen Augenschein davon überzeugt habe, daß sich die Polizei bis an die Grenzen des Zumutbaren zurückgehalten hat.« (zitiert nach *Dokumente des 2. Juni und der Zeit danach*, Hrsg. AStA der FU)

Der Senat ließ von vornherein keinen Zweifel daran, daß er das Versprechen, auch dann für die Polizei einzutreten, »wenn sich bei der nachträglichen taktischen und rechtlichen Prüfung Fehler herausstellen sollten«, das der Innensenator dem Polizeipräsidenten in seinem Brief am 8. Mai gegeben hatte, einzuhalten gedachte (vgl. S. 31 f.). Am 2. Juni hatte die Polizei es auf einen Einsatz ankommen lassen, der mit den taktischen Mitteln der oft geübten Bekämpfung innerer Unruhen geführt wurde. Das Ergebnis, ein Toter und mehrere Schwerverletzte auf seiten der Demonstranten, konnte die führenden Politiker der Stadt aber nicht beruhigen. Im Gegenteil, die abstrakte Furcht vor dem kommunistischen Umsturz, die sie zum Aufbau einer Polizeitruppe mit den Qualitäten einer Bürgerkriegsarmee geführt hatte, war zur konkreten Angst vor inneren Unruhen geworden. Die Polizei erhielt die Anweisung, das Zustandekommen jeglicher Ansammlung in der Stadt zu verhindern. Der nicht erklärte, vorbeugende Notstand sollte die Erklärung des Notstandes verhindern. Alle Versuche des AStA, für die am Vormittag des 3. Juni auf dem Universitätsgelände zu einer Trauerkundgebung sich versammelnden Studenten eine Demonstrationsgenehmigung zu bekommen, scheiterten. Die Polizei wurde ermächtigt, auf ihre Weise für Ruhe und Ordnung zu sorgen.

»Nach Beendigung der Kundgebung, formierten sich gegen 11 Uhr 30 rund 500 Studenten zu einem Zug, um auf den Bürgersteigen zum Rathaus Schöneberg zu marschieren. Fünf Einsatzkommandos der Polizei, rund 100 Beamte und ein Wasserwerfer, drängten die Demonstranten in eine Nebenstraße und riegelten die Straße zu beiden Seiten ab. Nach eingehender Beratung beschlossen die eingekesselten Studenten die Auflösung des Demonstrationszuges.« (*Tagesspiegel*, 4. 6. 67)

»Erste Ansammlungen von knapp 100 Studenten vor dem Rathaus Schöneberg wurden gegen 13 Uhr von einem Einsatzkommando der Polizei sofort zerstreut.« (*Tagesspiegel*, 4. 6. 67)

»Gegen 15 Uhr gleichen die Straßen rund um das Schöneberger Rathaus einem Heerlager: Ein starkes Polizeiaufgebot riegelt den Kennedy-Platz ab, die etwa 600 Studenten mit schwarzen Fahnen und Armbinden werden abgedrängt und selbst Einzelpersonen des Platzes verwiesen.« (*Telegraf*, 4. 6. 67)

Die eingesetzten Polizeibeamten wurden kaum oder ungenügend über den Charakter ihres Einsatzes informiert. Sie hatten Anweisung, nicht mit den Demonstranten zu diskutieren. *Bernd K.* berichtet über die am Schöneberger Rathaus eingesetzten Beamten:

»Unter diesen Polizeibeamten entdeckte ich einen ehemaligen Klassenkameraden. Er war erstaunt, mich hier zu treffen. Von den Vorfällen des 2. Juni hatte er keine Kenntnis, da er seit dem Vormittag des 2. Juni die Kaserne nicht mehr verlassen durfte und er und seine Kollegen nicht von ihren Vorgesetzten informiert wurden. Seinem Zug wurde nur gesagt, sie hätten das Schöneberger Rathaus vor ›kriminellen Elementen zu schützen‹ (...) Während des Gesprächs wurde er immer ängstlicher, da einige Offiziere uns beobachteten. Er schloß mit der Bemerkung, daß wir später über alles diskutieren könnten. (...) Als ich ihn einige Wochen später zufällig traf, machte er einen informierten Eindruck und lehnte jede Diskussion über die Vorfälle des 2. Juni ab.« (EK, 0503)

Mit grundlosen Inhaftierungen versucht die Polizei der Lage Herr zu werden. *Florian S.* berichtet dem Staatsanwalt (in einer Strafanzeige wegen Freiheitsberaubung im Amt):

»Am Samstag den 3. Juni 1967 beobachtete ich gegen 15 Uhr 15 den Einsatz der Schutzpolizei zur Aufrechterhaltung der öffentlichen Sicherheit und Ordnung auf dem John F. Kennedy-Platz in Schöneberg. Auf Grund kritischer Berichte im RIAS über die schweren Zwischenfälle vor der Deutschen Oper am vorhergehenden Abend, wollte ich mir ein selbständiges Urteil über das Vorgehen der Polizei bilden. Aus diesem Grund hielt ich mich bewußt abseits von allen Ansammlungen.

Um 15 Uhr 36 stand ich seit etwa 15 Minuten in der Belziger Straße Ecke Kennedy-Platz. Weder zu diesem Zeitpunkt noch später wurde die Belziger Straße und der östliche Bürgersteig des Kennedy-Platzes für den Verkehr gesperrt noch irgendwie eingeschränkt. Im Umkreis von mehr als 5 m standen keine Privatpersonen, noch gab es in der Nähe Ansammlungen von 2 oder mehr Personen. Dafür gab es einen lebhaften, ungehinderten Fußgängerverkehr.

Zu diesem Zeitpunkt wurde ich von einem Schutzpolizisten aufgefordert weiterzugehen. Da ich keiner studentischen Gruppe angehöre, normal mit weißem Hemd und Sakko bekleidet war, keinerlei Schilder, Abzeichen oder etwa schwarze Armbinden trug, sondern lediglich schweigend in der Sonne stand, fragte ich nach der Rechtsgrundlage dieses Vorgehens. Daraufhin zog sich dieser Polizist zurück.

Kurz darauf erschien offensichtlich ein Vorgesetzter, der nunmehr klar § 14 I PVG als Rechtsgrundlage umschrieb, ohne die Nummer des Paragraphen zu nennen. Ich fragte daher weiter, worin er in meiner Anwesenheit eine Gefahr erblicke, warum ich Störer sei, und überhalb der Gefahrengrenze mein alleiniges Stehen einzuordnen sei.

Der Beamte erklärte, mein Stehen sei für andere provozierend (auf Vorhalt erklärte er, jedwedes Stehen sei heute provozierend), dies hätte zur Folge, daß auch andere stehen blieben, das ergebe eine Ansammlung und diese seien verboten. Letzteres gab ich zu, betonte aber, daß ich selbst in einem solchen Fall nicht als Störer i. S. § 19 PVG einzustufen sei; dazu müßte ich zumindest Zweckveranlasser für eine Ansammlung sein. Daraufhin erklärte der Beamte sofort, ich sei schon deshalb Zweckveranlasser, weil ich mit ihm eine Diskussion angefangen hätte (daß er mich ansprach und niemand stehengeblieben war, war anscheinend unerheblich).

Daraufhin zog sich auch dieser Beamte zurück, mit dem Hinweis, er werde den Einsatzleiter holen. Dieser (Nr. 71025) erscheint auch sogleich. Meine erneute Frage nach der Rechtsgrundlage blieb bei ihm völlig unerörtert. Er erklärte, mein Verhalten sei polizeiwidrig, wobei er einräumte, daß ich weder durch Kleidung, noch Verhalten, noch Worte irgendwelche Gefahren verursacht hätte. Vielmehr sei heute jedes Stehen, auch im öffentlich zugänglichen Straßengebiet – weil in Rathausnähe – verboten. Mein Verhalten fordere andere auf, auch stehen zu bleiben, und dann könne die Polizei nicht eingreifen, weil diese anderen sich auf den Gleichheitssatz berufen könnten (daß Art. 3 I GG hier nicht paßt, braucht wohl nicht erwähnt zu werden).

Nach erneuter, nichtbefolgter Aufforderung, nicht stehen zu bleiben, erklärte der Beamte Nr. 71025, ich sei ›vorläufig festgenommen‹. Ich wies ihn darauf hin, daß sein Vorgehen rechtswidrig sei, eine Freiheitsberaubung darstelle, insbesondere deswegen, weil ich mich ausweisen könne.

Um 15 Uhr 45 fügte ich mich der Verfügung und wurde von zwei herbeigerufenen Polizeibeamten in den dafür vorgesehenen Raum im Rathaus Schöneberg begleitet.

Dem wachhabenden Beamten Nr. 77070 erklärte ich sofort den gesamten Sachverhalt und wies auch ihn darauf hin, daß er sich durch sein rechtswidriges Verhalten an der Freiheitsberaubung mitschuldig mache. Nr. 77070 meinte hierzu lediglich, dies ›kümmere ihn nicht‹, da sein Befehl sei, alle Leute in diesem Raum festzuhalten. Und ›Befehl sei Befehl‹.

Zusammen mit zwei weiteren Personen wurde ich bis 16 Uhr 35 in diesem Raum festgehalten. Uns wurde bedeutet, wir müßten bis zum Eintreffen der Kriminalpolizei zwecks Vernehmung warten. Dies war jedoch falsch. Um 16 Uhr 35 – auf unser Recht einen Anwalt zu verlangen wurden wir nie hingewiesen – wurden wir, je von zwei Polizisten flankiert, durch einen Hinterausgang des Rathauses in einen wartenden Bereitschaftswagen gebracht, der uns zur Polizeiinspektion Schöneberg fuhr. Hier wurden wir sofort in den Keller geführt und in eine Sammelzelle gesperrt. Den Beamten Nr. 73307, der uns einschloß, wies ich nochmal auf den Sachverhalt sowie die Rechtswidrigkeit und Folgen seines Tuns hin. Hier war nur lautstarkes Lachen die Antwort.

Etwa um 17 Uhr 10 wurden wir jeder einzeln durchsucht, mußten unsere Sachen abliefern und wurden je in eine Einzelzelle gesperrt. Kurz darauf erschien vermutlich der Leiter der Inspektion und veranlaßte sofort (›zur Einsparung von Arbeit‹) die Rückgabe unserer Sachen. Im übrigen war er der Einzige, der eine rasche Freilassung betrieb. Der Einsatzbeamte wurde nun von Hast gepackt und erledigte nunmehr rasch die Formalien, das Nachprüfen der Angaben meines Personalausweises, den Anruf im Strafregister und einen weiteren Anruf (der ausdrücklich von der Wache aus erfolgen mußte, damit wir nicht zuhören konnten). Nach weiteren 30 Minuten in einer dreckigen Einzelzelle wurde ich als erster um 17 Uhr 45 freigelassen ...« (EK, 0300)

Die Maßnahmen der Polizei fanden kaum Widerspruch in der Berliner Öffentlichkeit. Wie sollten sie auch, die Öffentlichkeit war über die Vorgänge am Tag zuvor durch eine Presse informiert worden, die einer Zensur nicht mehr bedurfte. Bereits seit längerer Zeit hatte sie die oppositionelle Minderheit als Terroristen und Kriminelle diffamiert. Litt die Verleumdung der unbequemen Kritiker aber bisher an dem Widerspruch zur Realität, jetzt brachte der an der Bekämpfung innerer Unruhen orientierte Einsatz endlich die Bestätigung. *Bild* schreibt:

»Gestern haben in Berlin Krawallmacher zugeschlagen, die sich für Demonstranten halten. Ihnen genügte der Krach nicht mehr. Sie müssen Blut sehen. Sie schwenken die rote Fahne und sie meinen die rote Fahne.« (*Bild*, 3. 6. 67)

Und *BZ* triumphiert:

»Das ist Terror (...) Wer Terror produziert, muß Härte in Kauf nehmen.« (*BZ*, 3. 6. 67)

Der Reiz, in dem Polizeieinsatz die Bestätigung des vorgefaßten und bisher stets verbreiteten Bildes von der oppositionellen Minderheit zu sehen, ist so stark, daß selbst die wenigen Berliner Zeitungen, die stolz darauf sind, sich gegenüber der Monopolstellung des Springer-Konzerns in Westberlin ein Minimum eigenständiger Berichterstattung bewahrt zu haben, alle journalistischen Verpflichtungen vergessen. Von den Berichten, die die Journalisten Wochen später vor Gericht oder vor dem Parlamentarischen Untersuchungsausschuß geben, ist in den Zeitungen vom 3. Juni nichts zu finden. Vor die Wahl gestellt, Augenzeugenberichte ihrer Journalisten oder die offiziellen Lügen von Polizei und Senat abzudrucken, entscheiden sich alle Redaktionen für letzteres. Die Berichterstattung am 3. Juni ist zensiert, ohne daß es einer Zensur bedurfte. Die heimliche Zensur ließ nur die Verbreitung von Nachrichten zu, die der Polizeiversion von den Demonstrationen gegen den Schah entsprachen.

Eine zensierte Presse kämpft gegen die Zensur an. Die Selbstzensur kennt diesen Widerstand nicht mehr. Im Gegenteil, wo das Verschweigen zur Vermittlung der Lüge nicht mehr ausreichte, wurde die Polizeiversion durch Falschmeldungen aus eigener Werkstatt ergänzt. Die *Bild*-Zeitung vertauschte kurzerhand die Jubelperser vor dem Rathaus Schöneberg mit den Demonstranten. Der *Tagesspiegel* versieht ein Bild, auf dem Jubelperser mit Latten und Totschlägern auf wehrlose Demonstranten einschlagen, mit der Bildunterschrift: »Anhänger des Schahs erwehren sich der provozierenden Demonstranten.« Die krudesten Falschmeldungen aber dienen der Rechtfertigung und der Verschleierung des Polizeiangriffs vor der Oper. Die *Nachtdepesche* läßt einen imaginären Lautsprecherwagen auffahren:

»Nachdem die Polizei eine halbe Stunde lang immer wieder durch Lautsprecher die randalierenden Demonstranten und neugierigen Passanten ermahnt hatte, den Bürgersteig zu räumen, kam es schließlich zu schweren Ausschreitungen. (...) Als das iranische Kaiserpaar und seine Begleitung die Oper betrat, drängten Demonstranten zum Eingang.« (*Nachtdepesche*, 3. 6. 67)

Auch der Tagesspiegel weiß von Durchbruchsversuchen und Lautsprecherdurchsagen zu berichten; weil das aber wohl noch nicht ausreicht, läßt er die Demonstranten einen Bauzaun umreißen und verlegt, um den letzten Zweifel an der Berechtigung des Polizeieinsatzes zu zerstreuen, den Angriff von 20.00 auf 20.40 Uhr.

»Erst nachdem durch Steinwürfe mehrere Polizisten und Zuschauer verletzt worden waren, beorderte die Polizeiführung um 20.40 Uhr zwei Wasserwerfer vor die Oper. Die Polizisten gingen gleichzeitig mit Gummiknüppeln auf die dichtgedrängt stehenden Demonstranten los. Nach kurzer Zeit gelang es, die Menschenmenge in die Krumme Str. bis zur Schillerstraße abzudrängen.« (*Tagesspiegel*, 3. 6. 67)

Bild und *BZ* aber machen sich nicht mehr die Mühe einer chronologischen Berichterstattung, sondern beschränken sich auf die Hetze gegen die Demonstranten.

»Halbstarke Wirrköpfe warfen mit Eiern, prügelten kaisertreue persische Studenten, feuerten Rauchbomben und Mehltüten in die Menge, inszenierten Sitzstreiks auf dem Kudamm, entzündeten Scheiterhaufen und schrien – offensichtlich angetrunken – die groteskesten Parolen.« (*Bild*, 3. 6. 67)

»Dennoch war das keine politische Demonstration. Es war das Werk eines Mobs. Ihm ging es nicht mehr um die politische Aussage in irgendeiner Form. Ihm ging es nur um Krawall, um Unruhe, um Prügelei. Um Terror. (...) Frauen, die gekommen waren, um den Schah zu sehen, brachen von Steinen getroffen blutend auf dem Mittelstreifen der Bismarckstraße zusammen. Polizisten wurden schwerverletzt abtransportiert. Und auch die Demonstranten kamen nicht ungeschoren davon.« (*BZ*, 3. 6. 67)

Den Beweis für einen einzigen schwerverletzten Polizeibeamten ist die *BZ* bis heute schuldig geblieben. Der auf der Titelseite abgebildete Beamte Heilscher wurde noch am gleichen Abend aus dem Krankenhaus entlassen. Als Beleg für die blutenden Frauen bringt die *BZ* auf der Titelseite ein Bild der Frau Haas mit der Unterschrift: »Eine blutüberströmte Frau wird in Sicherheit gebracht.« Doch der Beleg hat einen Fehler: die Verletzungen rühren von den Knüppeln der angreifenden Polizeibeamten her.

Für eine solche Presse ist auch der tote Benno Ohnesorg kein Problem mehr. *Bild* bringt unter der Schlagzeile: »Todesopfer bei den Schahkrawallen. Mann starb im Krankenhaus – Schädelbruch«, auf der Titelseite ein großes Bild des am Kopf verletzten Polizeibeamten Heilscher. Der Text beginnt in großen Lettern mit dem Satz: »Die Krawalle (...) forderten gestern ein Todesopfer.« Daß es sich bei dem Todesopfer nicht um den abgebildeten Polizeibeamten, sondern um einen Demonstranten handelt, geht aus einer einzigen kleingedruckten Zeile mitten im Text hervor. Im Kommentar aber weiß *Bild* von den Demonstranten zu berichten: »Sie müssen Blut sehen.« Kein Wunder, daß nicht die Empörung gegen die Polizei die Berliner Bevölkerung beherrscht, sondern Pogromstimmung gegen die Studenten.

In dieser Situation fiel es dem Berliner Senat nicht schwer, seine Maßnahmen auch öffentlich bekanntzugeben. Die Polizei half allerdings mit einer Falschmeldung ein wenig nach. Ein persischer Ingenieur hatte am Vormittag versucht, mit einem ferngelenkten Auto die Fahrt des Schahs zum Flughafen zu stören. Der *Spiegel* berichtet:

»Eine Falschmeldung der Polizei veranlaßte West-Berlins Senat am Tag nach der Anti-Schah-Demonstration vor der Oper zu harten Maßnahmen gegen Berlins Studenten. Als den Behörden mitgeteilt wurde, daß ein von einem Perser gegen den Schah eingesetztes ferngelenktes Auto (dessen Fernlenkmechanismus versagt hatte) ›bis an den Rand voll mit Sprengstoff‹ beladen gewesen sei, erließ der Senat ein Demonstrierverbot und beschloß die Einrichtung von Schnellgerichten ›zur nachhaltigen Bekämpfung der Kriminalität‹. Nachdem der Beschluß verkündet war, berichtigte sich die Polizei: In dem Auto war kein Sprengstoff gefunden worden.« (*Spiegel*, 24. 7. 67)[10]

Der Senat erließ seine Maßnahmen in einer Sondersitzung am Nachmittag des 3. Juni. Anschließend erläuterte sie der Regierende Bürgermeister in einer Rundfunkansprache der Bevölkerung:

»Sicherheit und Ordnung müssen in dieser Stadt gewährleistet bleiben. Aus diesem Grund hat sich der Senat veranlaßt gesehen, bis auf weiteres jede öffentliche Demonstration zu untersagen. Wer sich dieser Anordnung widersetzt, wird auf den energischen Einsatz der Polizei stoßen und ohne Ansehen der Person strafrechtlich verfolgt werden. Was die Universitäten betrifft, hat der Senat den Rektoren die Zusicherung gegeben, daß er sie bei der Anwendung ihres Hausrechts mit allen Mitteln, bis hin zum Einsatz der Polizei, unterstützen wird. Die Rektoren der Universitäten haben zugesagt, daß gegen alle an den Ausschreitungen beteiligten Studenten Disziplinarverfahren eingeleitet werden. Außerdem wird der Senator für Wissenschaft und Kunst dem Senat ein Universitätsgesetz zur beschleunigten Verabschiedung vorlegen. Dabei wird den Fragen der Disziplinarordnung besondere Beachtung geschenkt werden. Zur zügigen strafrechtlichen Verfolgung und Aburteilung der an den Ausschreitungen Beteiligten, insbesondere ihrer Rädelsführer, wird die Staatsanwaltschaft auf Vorschlag des Senators für Justiz die Vorgänge sofort von der Polizei übernehmen und bearbeiten. Dabei soll insbesondere auch der Vorfall, der zum Tode des Studenten Benno Ohnesorg geführt hat, unverzüglich aufgeklärt werden. Darüberhinaus hat der Senator für Justiz zugesagt, die in unserer Rechtsordnung vorgesehene Möglichkeit zu nutzen, um die Kriminalität nachhaltig bekämpfen zu können, mit der Sicherheit und Ordnung in unserer Stadt untergraben werden sollen. Dazu gehört auch die Einrichtung von Schnellgerichten.« (H. Albertz in der Erklärung am 3. Juni)

Was sich der Senat von Schnellgerichten versprach, erläuterte der Justizsenator am 5. 6. in der *BZ*:

»Die bisherige Praxis, bei der die Beschuldigten rund ein dreiviertel Jahr nach der Tat vor Gericht gestellt werden, ist höchst problematisch. Durch die lange Zeit ist in der Regel dann schon das Strafbewußtsein geschwunden. Es kommt jetzt darauf an, daß der Strafanspruch des Staats unmittelbar nach der Tat, also zu einem Zeitpunkt, wo alle noch wissen, worum es sich handelt, zur Geltung kommt.« (*BZ*, 5. 6. 67)

Nicht um das Strafbewußtsein des Angeklagten geht es, sondern um das Strafbewußtsein der Bevölkerung. Die Diffamierung des Oppositionellen als Kriminellen zu einem Zeitpunkt, »wo alle noch wissen, worum es sich handelt«, ist der Zweck der Schnellverfahren. In der Pogromatmosphäre gegen »politische Rowdies«, »Krawallmacher« und »Kriminelle« sollen sie die Rechtfertigung geben. Wenn sich das Bewußtsein vom Strafanspruch des Staates durchgesetzt hat, lassen sich die Maßnahmen von Polizei und Senat auch leichter als modifizierte Form des Strafvollzugs akzeptieren.

Der Diffamierung der Demonstranten als Kriminelle dient auch der Aufruf zur Selbstjustiz, den die Gewerkschaft der Polizei an alle Berliner Litfaßsäulen heftet:

»Wehren wir den Anfängen! Wir Bürger unserer Stadt, ob Arbeiter, Angestellter, Beamter oder Selbständiger, sind für das Wohl und den guten Ruf der Stadt verantwortlich. Treten wir daher gemeinsam jenen Kräften entgegen, die das Maß der freien Meinungsäußerung und der Demonstrationsfreiheit bei weitem überschreiten und die Rechtsgüter anderer verletzen.« (zitiert nach *Dokumente* . . ., Hrsg. AStA der FU)

Die gemeinsamen Bemühungen von Senat, Polizei und Presse, die Bevölkerung gegen die protestierenden Studenten aufzuhetzen, bleiben nicht ohne Erfolg. Der Student *R.* berichtet:

»›Wer protestiert hat, wird verfolgt und bekommt ein Messer in den Leib. Jeder Student soll verrecken.‹ Einen anonymen Zettel mit diesem Inhalt fand eine Studentin gestern abend, 4. Juni, an ihrem mit einem Trauerflor versehenen Auto.« (EK, 449)

Die Trauer, sonst eine Kundgabe der Ohnmacht vor dem Tode, in der man sich vereinigt, wurde in diesen Tagen zu einem Stigma, das zur Verfolgung preisgab. Der Senat hatte in der Pressekonferenz über die Verhängung des Demonstrationsverbots betont, daß auch eine massive Beteiligung am Begräbnis des erschossenen Studenten Anlaß zum Polizeieinsatz sein würde (*Tagesspiegel*, 4. 6. 67). In der ungewöhnlichen Drohung verriet sich die Furcht, das Bekanntwerden der Umstände, unter denen Benno Ohnesorg erschossen wurde, könnte Zweifel daran aufkommen lassen, daß sich die Polizei am 2. Juni »bis an die Grenzen des Zumutbaren zurückgehalten hat« (Albertz). Noch in der Wut der Aufgehetzten über die Symbole der Trauer äußert sich ja die Verdrängung der Tatsachen, die das Bild von der die Stadt terrorisierenden Minderheit zu zerstören drohen. So taten Senat und Polizei denn auch alles, um diese Verdrängung zu unterstützen. Als sich bei der Obduktion am Vormittag des 3. Juni herausstellt, daß Benno Ohnesorg nicht an den Folgen eines Schädelbruchs starb, sondern erschossen wurde, sind alle überrascht, nur nicht die Polizei. Während die Obduktion noch andauert, das Ergebnis sich aber schon abzeichnet, gibt sie eine Presseerklärung heraus, aus der hervorgeht, daß sie längst weiß, wo, unter welchen Umständen und von wem Benno Ohnesorg erschossen wurde.

»Im Zusammenhang mit gegen Polizeibeamte gerichteten Gewalttätigkeiten und den ihnen geltenden polizeilichen Maßnahmen ist am 2. Juni gegen 20.30 Uhr in der Krumme Straße (. . .) der Student Benno Ohnesorg (. . .) verletzt in das Krankenhaus Moabit eingeliefert worden und dort verstorben. Ebenfalls gegen 20.30 Uhr hat ein Kriminalbeamter etwa an der gleichen Stelle von seiner Schußwaffe

Gebrauch gemacht. Er befand sich zur Zeit dieses Schußwaffengebrauchs in äußerster Bedrängnis, als er bei der Durchführung einer vorläufigen Festnahme von Demonstranten lebensgefährlich angegriffen worden war.« (AH, 8. 6. 67, S. 131)

Bis zu diesem Zeitpunkt hatte die Polizei diesen Zusammenhang der Öffentlichkeit verschwiegen, und noch jetzt klammert sie sich an die Hoffnung, der Zusammenhang könnte zufällig sein. Mit der frei erfundenen »äußersten Bedrängnis« aber sorgt sie zugleich vor, daß die Nachricht von der Polizeikugel im Kopf Benno Ohnesorgs die Vorstellung von der »lebensgefährlichen Minderheit« nicht zerstört. Ein Senatssprecher ergänzt die Erklärung durch eine weitere Falschmeldung:

»Der Kriminalbeamte habe lediglich einen Warnschuß abgegeben. Die Kugel sei irgendwo abgeprallt, der Querschläger habe den Studenten getroffen.« (*Tagesspiegel*, 4. 6. 67)

Das Obduktionsergebnis, dem die Querschläger-Version des Senats widerspricht, wird vom Innensenator erst einen Tag später, am 4. 6., bekanntgegeben. Jetzt ist die Polizei wieder dran. Eine Sonderkommission der Kriminalpolizei gibt die Darstellung des Polizeiobermeisters Kurras bekannt, er sei abgedrängt, angegriffen, geschlagen und mit Messern bedroht worden, und teilt mit, die Vernehmung von neun »außenstehenden« Zeugen habe keine Widersprüche zu dieser Darstellung ergeben. Die Kommission wolle nun beginnen, die in dem Abschnitt eingesetzten Polizeibeamten zu vernehmen. (*Der Abend*, 5. 6. 67)
Die Version von der gefährlichen Bedrohung des Obermeisters Kurras durch messerstechende Demonstranten entspricht am besten dem in der Öffentlichkeit verbreiteten Bild von den die Stadt terrorisierenden Minderheiten. Sie hat sich daher gehalten, obwohl am selben Tage, am 4. 6., Rechtsanwalt *Mahler*, der Anwalt der Witwe Ohnesorgs, in einer Pressekonferenz eine detaillierte Schilderung der Situation auf dem Parkhof gab, eine Schilderung, die in allen wesentlichen Punkten später vor Gericht bestätigt wurde.
Der einzige Ort, an dem die Maßnahmen des Senats nicht widerspruchslos hingenommen werden, ist die Universität. Als sich am Nachmittag des 3. Juni mehrere Tausend Studenten und Jugendliche auf dem Gelände der Freien Universität versammeln, um gegen die Erschießung Benno Ohnesorgs zu protestieren, haben starke Polizeieinheiten das Universitätsgelände bereits umstellt. Der Regierende Bürgermeister verläßt sich auf

seine Absprache mit den Rektoren. Er verläßt sich darauf, daß sie mit den Mitteln des Hausrechts und der Disziplinargewalt seine Maßnahmen unterstützen. Tatsächlich sind die Tore der Universität auch verschlossen, der Rektor den ganzen Tag nicht zu erreichen. Dann rückt die Polizei mit mehreren Mannschaftswagen und zwei Wasserwerfern gegen die Demonstranten vor. Polizeilautsprecher fordern unter Berufung auf das Demonstrationsverbot zum Verlassen des Geländes auf. Den Studenten soll die entscheidende Niederlage bereitet werden, indem ihnen gezeigt wird, daß auch die Universität keinen Schutz vor den Anordnungen des Senats bietet. Die Demonstranten reagieren auf das Vordringen der Polizei mit einer schweigenden Sitzdemonstration auf dem Rasen der Universität. Da geschieht das angesichts der politischen Spannungen zwischen Studenten und Professoren Unerwartete: Der Dekan der Wirtschafts- und Sozialwissenschaftlichen Fakultät öffnet die Tore der Fakultät und gewährt den Demonstranten in den Hörsälen Zuflucht vor der Polizei. Was der Senat hat verhindern wollen, geschieht: Unüberhörbar für die Öffentlichkeit, unterstützt von Professoren, Schriftstellern und Jugendverbänden, machen die Studenten ihre massive Kritik an Senat und Polizei deutlich.

In einer einmütig angenommenen Resolution fordern sie u. a. den Rücktritt des Regierenden Bürgermeisters, des Innensenators und des Polizeipräsidenten sowie eine »Entfaschisierung« der Berliner Polizei. Sie lassen keinen Zweifel daran, daß sie trotz des Demonstrationsverbots am nächsten Tag durch Demonstrationen in der Innenstadt ihren Protest zum Ausdruck bringen werden.

Der Senat versucht zunächst, seine Maßnahmen aufrechtzuerhalten. In den späten Abendstunden erläßt der Polizeipräsident den folgenden Aufruf:

»Es ist bekannt geworden, daß Studenten zu einer Demonstration am Sonntag, dem 4. Juni 1967, 12.00 Uhr in Charlottenburg aufgerufen haben. Es wird darauf aufmerksam gemacht, daß der Senat von Berlin am 3. Juni beschlossen hat, alle Demonstrationen, Aufzüge und Aufmärsche sowie Kundgebungen aller Art zu verbieten. Die Polizei hat Anweisung erhalten, alle derartigen Aufmärsche, Aufzüge sowie Demonstrationen aufzulösen und unter Einsatz aller Mittel zu unterbinden.« (*Morgenpost*, 4. 6. 67)

Der Regierende Bürgermeister, der Innensenator und der Senator für Wissenschaft und Kunst nehmen persönlich an der für den nächsten Vormittag einberufenen Sitzung des Akademischen Senats der FU teil, um die Universität doch noch zur Unterstützung ihrer Maßnahmen zu bewegen.

Bürgermeister *Albertz* nimmt kein Blatt vor den Mund. Er erklärt, er hätte es lieber gesehen, wenn die Tore der Universität verschlossen geblieben wären. Es gäbe Wichtigeres, als Zusammenstöße zwischen Polizei und Demonstranten zu verhindern: Die Universität dürfe nicht Ausgangspunkt von Tendenzen werden, die den Ruf dieser Stadt zerstörten. Doch die gewünschte Unterstützung bleibt aus, der getadelte Dekan droht mit dem demonstrativen Rücktritt, der Senat geht ohne Beschlußfassung auseinander. Am nächsten Tag finden an verschiedenen Orten der Stadt Demonstrationen statt, ohne daß die Polizei eingreift.

»Den ganzen Sonntag über bis in die tiefe Nacht hatten Studentengruppen am Kurfürstendamm sowie an der Bismarckstraße über die Vorfälle vom Freitagabend diskutiert, wobei sie versuchten, der Bevölkerung ihre Haltung zu erläutern, und um Verständnis für ihre Aktionen gegen den Schah-Besuch warben. Trotz des Demonstrationsverbotes sammelten sich am Sonntagvormittag über 1000 Studenten an der Stelle, wo Ohnesorg tödlich verletzt worden war. Da es den Studenten nicht erlaubt wurde, an dieser Stelle ein Gedenkkreuz zu errichten, versammelten sich am Nachmittag etwa 600 von ihnen am Studentenwohnheim Siegmundshof im Bezirk Tiergarten. Auf einer Rasenfläche wurde das Gedenkkreuz aufgestellt.« (*Tagesspiegel*, 6. 6. 67)

Hunderte von Studenten demonstrieren, indem sie sich auf die Straße stellen und diskutieren. Zur selben Zeit schreibt die *Berliner Morgenpost:*

»Der gestrige Beschluß des Berliner Senats, ›bis auf weiteres‹ alle öffentlichen Demonstrationen zu untersagen, muß aufrichtig begrüßt werden (...) Man wünschte sich für Heinrich Albertz und die tragenden politischen Kräfte Berlins, daß sie diesmal hart und konsequent bleiben. Sie stehen nicht allein.« (5. 6. 67)

Während die Presse in dieser Weise dem Establishment ihre Loyalität bekundet, durchbrechen die Demonstranten die Maßnahmen des Senats, indem sie demonstrativ die Falschmeldungen dieser Presse durch Gegeninformation zu berichtigen suchen. Je mehr Diskussionsgruppen sich aber in der Innenstadt bilden, desto offensichtlicher wird es, daß der Notstand, der das Verbot von Demonstrationen und die Auflösung von Ansammlungen jeglicher Art erforderlich macht, um die Sicherheit der Berliner zu schützen, der Notstand, zu dessen Bekämpfung Schnellgerichte und Masseninhaftierungen notwendig sind, solange kein Notstand ist, wie die Polizei nicht mit Räumungs- und Sicherungseinsätzen die Straßen unsicher macht. Die Anordnungen des Senats werden demonstrativ nicht beachtet, und gerade dadurch wird ihre Unverhältnismäßigkeit entlarvt. Das Eingreifen der Polizei würde diese für den Senat fatale Situation nur noch verschlimmern. So greift er zum Mittel der Androhung weiterer Maßnahmen.

»Der Senat betrachtet das generelle Demonstrationsverbot als nicht mehr ausreichend, um die gespannte Lage in der Stadt zu bereinigen. Das teilte heute früh ein Senatssprecher dem Abend mit. Es seien bereits konkrete Maßnahmen im Senat erörtert worden, um die Situation zu klären. Dieser Katalog wird im Moment noch nicht mitgeteilt, selbst der Akademische Senat der Freien Universität wurde vom Regierenden Bürgermeister Albertz in der gestrigen Sitzung darüber nicht unterrichtet.« (*Der Abend*, 5. 6. 67)

Die Lage ist nicht bereinigt, solange nicht die Maßnahmen des Senats der Bevölkerung nachträglich als wirksamer Schutz vor einer radikalen Minderheit hingestellt werden können. Weil die Universität an der Legitimität dieser Maßnahmen zweifelt, muß sie aus dem Kreis der Eingeweihten ausgeschlossen werden, damit sich die Drohung auch gegen sie richten kann.

Doch die Androhung geheimgehaltener Maßnahmen bleibt der letzte, hilflose Versuch des Senats, die Gefährlichkeit der Situation doch noch zu beweisen. Niemand erfährt mehr, welche Steigerung er sich ausgedacht hat. Ihm bleibt ja auch nur noch die Verhängung des Ausnahmezustandes, die offene Erklärung des Notstandes, den er bereits zu praktizieren versucht. Das aber geht nicht ohne das Eingreifen der Alliierten. Um das Ansehen der Stadt zu erhalten, die sich gern als Vorposten der Freiheit versteht, bedarf es der Fiktion, sie besitze eine autonome politische Vertretung. Um dieser Fiktion willen verzichtet man oftmals auf gesetzliche Regelungen, wenn man den Einspruch der Alliierten befürchtet. Diese Fiktion zensiert die politischen Äußerungen der Repräsentanten der Stadt, schon bevor sie gefallen sind. Diese Fiktion ließe sich beim Eingreifen der Alliierten kaum noch aufrecht erhalten. Darum darf der nicht erklärte Notstand nicht erklärt werden. Indem er nun beginnt, sein Gesicht zu zeigen, sich entlarvt als vorbeugend von Polizei und Senat zu dem Zweck praktiziert, den offenen Notstand zu verhindern, muß er verleugnet werden. Am selben Tag, an dem der Senat die weitere Verschärfung der Situation ankündigt, schreibt die *Frankfurter Rundschau:*

»Es hat sich erwiesen, daß Demokratie, daß es demokratischen Geist, wie ihn andere westeuropäische Länder kennen, in Westberlin kaum gibt. Eine so schwerwiegende Behauptung wird nicht leichtfertig aufgestellt; sie beruht auf langen Beobachtungen der Verhältnisse und Entwicklungen in dieser Stadt.« (5. 6. 67)

In dem Moment, in dem die ersten Presseberichte in der Bundesrepublik und im Ausland erscheinen, die auf den wahren Status der Stadt hinweisen, darf es den Notstand in Berlin nicht gegeben haben.

»Innensenator Büsch teilte am Montag mit, daß der Senat kein generelles Demonstrationsverbot für Berlin erlassen habe, sondern nur gegenwärtig angesichts der Umstände keine Genehmigung für Demonstrationen erteilt werde.« (*Frankfurter Allgemeine Zeitung*, 6. 6. 67)

»Justizsenator Hoppe betonte gestern, in Berlin bestehe kein Demonstrationsverbot. Die Formulierung ›Verbot‹ sei von der Presse und von Senatsmitgliedern gebraucht worden. Sie sei ›unglücklich‹ gewählt. Wie Hoppe erläuterte, würden alle Anträge auf Demonstrationen zur Zeit unter Berücksichtigung der besonderen Situation nach dem 2. Juni Fall für Fall geprüft.« (*Die Welt*, 13. 6. 67)

»Ich habe wiederholt deutlich gemacht und sage das hier noch einmal, daß der Senat die Demonstrationsfreiheit rückhaltslos bejaht.« (Innensenator Büsch am 12. 6., nach *Tagesspiegel*, 13. 6. 67)

Wer die Ankündigung verschärfter Disziplinarbestimmungen im neuen Hochschulgesetz ernst genommen hat, muß sich vom Senator für Wissenschaft und Kunst belehren lassen, daß er haltlosen Vermutungen zum Opfer gefallen ist.

»Im Zusammenhang mit dem Entwurf eines Universitätsgesetzes hat in den letzten Tagen verständlicherweise die Frage der Disziplinargewalt der Universität eine große Aufmerksamkeit erregt (. . .) Alle Vermutungen aber, daß die letzten Ereignisse hier zu besonderen Maßnahmen, zu besonderen Formulierungen geführt hätten, sind falsch. Was in diesem Entwurf steht, den ich bald der Öffentlichkeit übergeben werde, ist unberührt von den Ereignissen, die wir mitgemacht haben.« (Senator Stein am 8. 6. 67, AH S. 136)

Einzig von der Justiz erhofft sich der Senat noch die Bereinigung der Lage, und auch hier versucht er den Eindruck zu vermeiden, dieser Justizeinsatz habe irgend etwas Außergewöhnliches an sich. Nicht mehr von der Einrichtung von Schnellgerichten ist die Rede, sondern von der gesetzlich gegebenen Möglichkeit, Verfahren zu beschleunigen. In einer Podiumsdiskussion am 19. 6. in der Technischen Universität versucht der Justizsenator für diese Interpretation Verständnis zu gewinnen:

»Sie müssen (. . .) doch (. . .) akzeptieren, daß diese Abteilungen zur Durchführung der beschleunigten Verfahren möglich und in anderen Gerichten schon vorhanden sind. Mehr wollte ich ja an dieser Stelle gar nicht sagen.« (Tonbandaufzeichnung)

Und auf den Einwand von Rechtsanwalt *Mahler*, daß die Vorgänge bei Großeinsätzen der Polizei gegen Demonstranten viel zu verwickelt sind, um im beschleunigten Verfahren aufgeklärt werden zu können, antwortet der Senator:

»Herr Rechtsanwalt, die sind dabei dann auch nicht gemeint, weil es da schon an der Verfahrensvoraussetzung fehlt, um überhaupt diese Verfahren im beschleunigten Verfahren durchzusetzen.« (Tonbandaufzeichnung)

Aus jedem der Dementis klingt das Bedauern darüber, daß der vorbeugende Notstand nicht nur unter dem Mantel juristischer und pseudojuristischer Rechtfertigung praktiziert, sondern darüber hinaus zum Teil auch offen verkündet wurde. Dem Vorwurf des Schriftstellers Günter *Grass*, der Senat versuche nun nachträglich die Vorgänge zu verschleiern, begegnet der Justizsenator in derselben Diskussion mit dem Versuch, die Politik des Senats als Ungeschicklichkeit verständlich und entschuldbar zu machen.

»Das klingt so nach bewußt zudecken, abdecken. Da liegt so drin: Versuchen wir das gegenseitig zu vertuschen (...) Der Senat hat versucht, schon in seiner Darstellung vor dem Parlament am 8. Juni, darzutun, wie er in den jeweiligen Situationen zu Äußerungen und Erklärungen gekommen ist, kommen mußte, wie er das korrigiert hat, wenn eine Korrektur nach verändertem Sachverhalt notwendig war. Meine Damen und Herren, glauben Sie doch nicht, daß dieser Eindruck, der in der Öffentlichkeit entstehen mußte, mit Absicht erzeugt worden ist, und daß mit Absicht dieses Klima, das damit entstanden ist, vom Senat erzeugt werden sollte. Genau das Gegenteil ist richtig. Sie dürfen ja ruhig skeptisch sein. Sie haben mit Rücksicht auf den tatsächlichen Ablauf der Ereignisse guten Grund dazu. Ich habe nun diesem nur entgegenzusetzen die Hoffnung, daß die Ergebnisse des parlamentarischen Untersuchungsausschusses und der Ermittlungs- und Strafverfahren Sie, auch Sie, trotz Ihrer Kritik, trotz Ihrer Skepsis, noch vom Gegenteil überzeugen können.« (Tonbandaufzeichnung)

Die Arbeit des am 8. Juni eingesetzten Parlamentarischen Untersuchungsausschusses und der Verlauf der Strafverfahren aber verstärken die Skepsis nur und machen hellhörig für die Wahrheit in den unverblümten Erklärungen unmittelbar nach dem 2. Juni.

»Ich habe mir noch einmal die Rede von Herrn Albertz angehört, und er hat gesagt: ›Wir werden Schnellgerichte einrichten‹ – das Schnellverfahren ist ja ein Verfahren bereits bestehender Gerichte – und: ›Wir haben ein generelles Demonstrationsverbot verhängt.‹ Auf dieser Erklärung, so wie sie in dieser Situation verstanden werden mußte, muß sich der Senat wohl oder übel festhalten lassen (...) Wenn man einen Demokraten mitten in der Nacht aufweckt und ihn fragt, ob er nach seinem geläuterten demokratischen Empfinden ein absolutes oder generelles Demonstrationsverbot für rechtens hält, dann wird er wahrscheinlich im Schlaf noch sagen ›Natürlich nicht‹. Und daß sich hier der Senat jetzt darauf hinausreden will, das war ja gar nicht so gemeint, das war ja nur ein Irrtum, vielleicht weil die Juristen gerade in Weekend waren, so ist das eine Posse, die wirklich nicht in den tragischen Hintergrund dieser Ereignisse hineinpaßt. Es wurde hier mit fast beschwörender Geste um Vertrauen geworben. Ich möchte auf folgendes hinweisen. Wenn man sich vergegenwärtigt, in welcher Atmosphäre in dieser Stadt und anderswo Politik gemacht wird, dann darf man nicht in den Fehler verfallen, daß die Herren im Schöneberger Rathaus ihre Entscheidungen in der Stimmung getroffen haben, in der sich vielleicht die Demonstranten befunden haben, nachdem sie verbleut worden waren. Diese Herren kalkulieren politische Situationen möglicher Spannungsfälle im voraus und entscheiden nüchtern, abwägend und waren durchaus in der Lage, hier die rechtlichen Gesichtspunkte, so wie sie sich zwingend aus dem Grundgesetz ergaben, in ihr Kalkül einzubeziehen. Das muß man von einer politischen Führung auch schlechthin erwarten. Wenn man das berücksichtigt, dann muß man zu der Schlußfolgerung kommen, daß die jetzt etwas unsichere und beinahe klägliche Haltung des Senats das Resultat dessen ist, daß hier die Studenten und mit ihnen ein Teil der Presse, insbesondere in Westdeutschland, dem Senat auf die Finger geschlagen hat. Sie fühlen sich hier, und das zu Recht, ertappt. Ihre Rechnung ist nicht aufgegangen, und ich glaube, diejenigen, die das zu verantworten haben, verdienen kein Vertrauen.« (Rechtsanwalt Mahler am 19. 6. 67 in der Technischen Universität, Tonbandaufzeichnung)

Polizei II: Projektion und Provokation

Nach der Rekonstruktion der Ereignisse vom 2. Juni stellt sich die Frage, warum die Polizei gegen die Demonstranten vorging, als seien sie bewaffnete, organisierte Gegner, und an ihnen zur Anwendung brachte, was sie für die Situation des Bürgerkrieges auf dem Spandauer Übungsgelände gelernt hat.

Dieses Vorgehen war nur möglich, weil die Polizei die Spontaneität der Demonstranten verkannte. Nach dem Verständnis, das die Polizei von sich selbst hat, konnte sie sich nicht vorstellen, daß nahezu 3000 Bürger zu spontanem Protest sich versammeln. Sie vermutete hinter der Demonstration eine Organisation, ohne ihre Vermutung auf mehr stützen zu können als auf die Tatsache ihrer eigenen Organisiertheit. Sie behandelte die Demonstranten wie ihresgleichen, wie eine bewaffnete Organisation, denn sie hielt die Spontaneität ihres Protestes für manipuliert.

Manipulation als Ursache der Spontaneität – diese Theorie besagt, daß der individuellen Handlung eine Aufforderung oder ein Befehl vorangeht, daß hinter der Befehlsverweigerung wieder ein Befehl steht, daß eine Versammlung eines Führers bedarf, daß Entscheidungen nicht gefällt werden kraft rationaler Einsicht, sondern ihren Ursprung haben in irrationaler Autorität.

In der Übertragung dieser Theorie auf die Demonstranten »offenbart sich die Unfähigkeit zu begreifen, daß Menschen unmanipuliert aus der verordneten Passivität ausbrechen können, verrät sich der Unverstand derer, die als Zeitungsverleger, Politiker oder Gewerkschaftler in der Tat stets Menschen manipulativ für ihre Zwecke eingesetzt haben. Es offenbart sich das Unvermögen von Bürokraten, mit Menschen, die sich nicht mehr widerspruchslos verwalten lassen, anders umzugehen als vermittels abschreckender Exempel.« (Wolfgang Lefèvre[11])

Die Theorie der gelenkten Massen – die die Polizei aus sich selber gewinnt – war bestimmend für ihren Einsatz und ihre Vorbereitungen. Sie stellte sich strategisch auf einen organisierten Gegner ein, obwohl die intensiven Nachforschungen vor dem Staatsbesuch keine Hinweise für organisierte Aktionen ergaben. Ein befehlsgewohntes Polizeigehirn kann jedoch nicht von der Theorie der gelenkten Massen lassen, und so wurden die »Beweise« am Tatort selbst gesucht und – gefunden.

Aus der eigenen Organisiertheit die der anderen abzuleiten – diese Projektion stellt freilich nur den ersten Schritt dar. Auf dieser Stufe wird eine Demonstration zu einer organisierten Demonstration, werden Studenten zu Demonstranten und Demonstranten zu Störern, werden lautstarke Rufer zu Rädelsführern.

Weit fataler ist jedoch das, was Adorno »falsche Projektion« nennt. Zur Bestätigung der vorgefaßten Urteile »macht falsche Projektion die Umwelt sich ähnlich«[12], produziert die Polizei das Verhalten, das ihre Einstellung und ihren Einsatz rückwirkend rechtfertigt. Provokation ist das Mittel dieser Projektion. Ihre Opfer sind die in Angst sich Solidarisierenden, sind die vor Schlägen sich Schützenden, sind die der Tritte sich Erwehrenden. In der Gewaltsamkeit der Flüchtenden findet die Polizei endlich den Widerstand, den sie mit ihrer organisierten Gewalt brechen kann.

Das ist noch nicht alles. Auf der letzten Stufe der Projektion werden nicht nur die Demonstranten provoziert, damit man sie schlagen kann. Es geschieht auch etwas mit der Polizei, damit sie sich der Gefährlichkeit des selbstgefertigten Gegners auch bei dessen Flucht noch sicher sein, ihn verfolgen und nochmal schlagen kann. Mit Lügen von bewaffneten Demonstranten und einem erstochenen Polizisten macht sie aus der Flucht der Demonstranten ein Weglaufen nach der Mordtat – bis sie endlich auf dem Gipfel ihrer Wut auf alles einschlagen kann, was den Demonstranten ähnelt.

Projektion: die Theorie der gelenkten Massen

Der Untersuchungsausschuß fragt *Werner*, den Kommandeur der Schutzpolizei:

»Sie haben vorhin (...) gesagt, daß Sie den Eindruck hatten, sogar überzeugt sind, daß es sich um eine gelenkte Aktion gehandelt hat. (...) wer wäre denn zuständig für (...) die Beobachtung der Merkmale, ob es sich um eine gelenkte Aktion handelt? (...)

Werner: Den Hintergrund hätte an und für sich (...) die Kriminalpolizei, noch besser die Politische Polizei, noch besser der Verfassungsschutz machen müssen.« (U 5/15)

Verfassungsschutz, Politische Polizei und Kriminalpolizei, das ganze Arsenal, das der Staat für Verbrecherbekämpfung und Spionageabwehr bereithält, wird zur vorbeugenden Aufklärung gegen angeblich organisierte Demonstranten eingesetzt. Die Absurdität des Organisationsgedankens zeigt sich in den Resultaten:

Werner: »Der Leiter des Verfassungsschutzamtes konnte uns über den Störerhintergrund überhaupt nichts sagen.« (U 5/15)
Eitner, Chef der Politischen Polizei: »(...) wir hatten eben (...) nicht solche konkreten Hinweise, daß wir vorher eingreifen konnten, um diese Störer oder die Rädelsführer (...) – Hauptstörer kann man auch dazu sagen – daß man die vorher, vor dem Besuch und vor einer Störung, in polizeiliche Haft nimmt.« (U 6/51)
Sangmeister, Chef der Kriminalpolizei, bedauert: Politische Aufklärungsarbeit »ist nicht in der Zuständigkeit der Abteilung K.« (U 5/41)

Mit den negativen Resultaten drängt sich dem Ausschuß die Frage auf, warum die Polizei gleichwohl am Organisationsgedanken festhielt:

»Herr Eitner, (mir) wird (...) noch nicht klar, wie man zu so präzisen Angaben im Einsatzbefehl kommen kann, was die Demonstranten alles mitführen werden (...)«

Eitner spielt seinen letzten Trumpf aus:

»Wir hatten einen Hinweis, daß bei einer Eiergroßhandlung eine Kiste faule Eier bestellt worden sind.
UA: Warum sagen Sie das nicht gleich, wenn wir hier die präzisen Fragen stellen?
Eitner: Ja aber, Herr Vorsitzender, aber wir haben also auch diesen Fall überprüft und haben uns also in diese Eiergroßhandlung gesetzt, um den Empfänger dieser Eier zu empfangen. Und er ist dann nicht gekommen (...), so daß es also zu einem Kauf von faulen Eiern nicht gekommen ist.« (U 6/46)

Der Eierkäufer kam nicht, und *Duensing* muß vor dem Ausschuß zugeben:

»... wir (hatten) keinerlei Erkenntnisse über Untergrundarbeit von irgendwelchen Demonstrationsgruppen ...« (U 4/17)

Aus der Erkenntnis, keine Erkenntnis zu haben, zieht er aber nicht den Schluß, es gäbe überhaupt keine Untergrundorganisation. Minuten später kommt bei Duensing die Projektion wieder hervor, gegen die alle Beweise machtlos sind:

»Wir haben ja Grund zu der Annahme, daß da ein Führungsapparat bei der Universität ist, der diese Dinge sehr exakt steuert.« (U 4/23)

So blieb die Polizei bei der Theorie der gelenkten Massen, weil sie als Befehlempfänger auch im Demonstranten den Befehlsempfänger sieht und Spontaneität, die sie selbst zu unterdrücken gelernt hat, in manipulierten Affekt umdeutet. Sie bereitete sich strategisch auf einen organisierten Gegner vor und fand die fehlenden Beweise seiner Existenz am Ort des Geschehens selbst. Hier ihre Erkenntnisse:

Oberkommissar Burck: »... ein Kern innerhalb der Demonstranten (...) war erkennbar: sie hatten Signalpfeifen, sie übten Chöre ein – Mo, Mo, Mossadegh – Ho, Ho, Ho Tschi Min, Mörder, pfui; mir fällt weiter nichts ein, aber es waren noch mehrere. Und das ging immer tadellos, das funktionierte einwandfrei: Es ertönten bestimmte Pfiffe, und dann kam auch immer der richtige Sprechchor.« (U 8/54)
»Was noch für die Gruppentheorie spricht: Kurz vor 20.00 Uhr wurden die Beamten, die wir in Zivil dort drin hatten, alle erkannt, alle. Warum? Weil sich die Störer untereinander kannten.
UA: Und wie stark schätzen Sie diesen nach ihrer Meinung organisierten Kern zahlenmäßig?
Burck: Ja, da möchte ich besonders vorsichtig sein: Etwa 30 laufende Meter der Störergruppe. Wobei immer noch hier oder da oder dort ein Zivilist dazwischen war.« (U 8/83)

Erst im Gegensatz zum Zivilisten findet Burck das Wesen aller Organisation. Er vervollständigt seinen Bericht mit der Beobachtung:

»Fast bei jedem Mal, wo etwas geworfen wurde, waren alle Hände oben. Das heißt also, irgendein Zeichen innerhalb der Demonstranten wurde gegeben, alle Hände waren oben, nun stellen Sie mal fest, wer geworfen hat.« (U 8/82)

Im Zweifel, ob man die Arme nicht auch spontan hochreißen kann, fragt der Ausschuß Burcks Vorgesetzten *Iwicki:*

»Halten Sie es für ausgeschlossen, daß diese Aktion des Armehochreißens auch spontan sich ergeben hat? (...)
Iwicki: Wir hatten jedenfalls den Eindruck, daß das für uns ein Zeichen von organisierten Dingen war.« (U 4/44)

Die Politische Polizei folgert die Organisation aus der Art der Bewaffnung:

Eitner: »Daß diese Störungen organisiert waren, ist schon aus der Tatsache zu entnehmen (...), daß eben diese wilden Demonstranten, wie ich sie jetzt nennen will, sich mit Eiern und Tomaten bewaffnet haben, mit Tüten voll Sand.« (U 6/51)

Dem Polizeiphotographen *Boye* kam die Organisationsidee »durch den wunderbar einstudierten Sprechrhythmus«, und als besonders bezeichnend empfand er die Tatsache, daß die Sprechchöre sich nicht nur gegen den Schah richteten, sondern

»auch gegen die Polizeibeamten. Selbst bei der Verstärkung der Polizeiketten wurden sie nicht jubelnd empfangen, sondern mit den Worten: ›SS‹, ›SA‹, ›Mörder‹, ›Schläger‹.
UA: Halten Sie es nicht für denkbar, Herr Zeuge, daß man einen solchen Sprechchor ›Notstandsübung‹, ›SS‹, ›SA‹ auch improvisiert am Ort des Geschehens durch oftmaliges Wiederholen einüben kann? Muß das nach Ihrer persönlichen Überzeugung vorher eingeübt sein, also organisiert?
Boye: Na, da handelt es sich offensichtlich um eine Gruppe, die gewillt war, zu stören, und die haben das schon wahrscheinlich des öfteren an Orten trainiert, immer durchgeführt oder geübt.« (U 17/14)

Kriminaloberkommissar *Kaiser* stützt seine Beobachtungen auf die Erkenntnisse der Massenpsychologie:

»Ich habe mich außer dem Dienstlichen (...) privat mit Le Bon und den jetzt herrschenden Gegenmeinungen befaßt. Und es interessiert mich als Kriminalbeamter natürlich ganz besonders, die Psychologie einer solchen Masse festzustellen ...« (U 15/30)
Kaisers Feststellungen: »Wenn man vor der Menge langgelaufen ist (...), dann konnte man überall die gleichen Gesichter sehen, überall sah man aufgerissene Münder, man sah, und das besonders bei den Frauen, diese starren Blicke, diese entrückten ... (Unruhe unter den Zuhörern) ... so daß man den Eindruck hatte, daß insgesamt hier ein ziemlich einheitlicher polizeifeindlicher Block stand. Es waren jedenfalls keine größeren neutralen Blöcke zu erkennen ...« (U 15/28)

Die Beweise der Polizei trafen beim Untersuchungsausschuß auf offene Ohren; er stellt noch seinerseits zusätzliche Vermutungen an, um die Organisationstheorie zu erhärten. Kaum ein Mitglied des Ausschusses läßt die Gelegenheit zu »diesbezüglichen« Fragen ungenutzt vorübergehen:

Tromp: »Trifft es zu, daß von jedem Ort zu einem anderen, wo es dann auch zu Demonstrationen gekommen ist, jeweils Kraftfahrzeuge pendelten mit Personen, die man vielleicht als Aufwiegler bezeichnen kann ...?
Werner: (...) Es würde zu weit gehen, wenn ich behaupten würde, daß sich hier vielleicht die Rädelsführer drin befanden.« (U 5/12)
Hartnäckig fragt Buckow weiter: »Hat es Überlegungen gegeben, diese motorisierten Demonstrationsleitstellen an der weiteren Teilnahme (...) der Demonstration auszuschließen? (...)
Werner: Nein, uns war eine Demonstrationsleitung nicht bekannt.« (U 5/16)

Auch Prof. *Reif* läßt sich vom Gedanken der Motorisierung leiten. Von Chicago bis Berlin ist bekannt, daß Untergrundorganisationen abgedeckte Lieferwagen als bewegliche Munitionsdepots verwenden. Er fragt:

»Ist der Polizei bekannt, ob in der Nähe dieser Demonstration Lieferwagen gestanden haben mit Vorräten von Tomaten, Eiern usw., oder haben die Demonstranten diese Wurfgeschosse in ihren Taschen mitgebracht?

Duensing: (...) Von Wagen mit diesen Wurfgeschossen ist mir nichts bekannt.« (U 4/33)

Prof. Reif beunruhigt noch eine weitere Vermutung:

»Haben Sie beobachtet, daß vielleicht diese Ausbreitung (der Sprechchöre, Anm. d. Verf.) durch eine Art Relaiskette von Aktivisten besonders gefördert worden ist? Sie sagten vorhin, es seien also wahrscheinlich nur an zwei Stellen Kerne von Aktivisten gewesen. Es ist durchaus möglich. Aber es wäre ja auch möglich, daß noch eine Förderung dieses Prozesses stattgefunden hat (...)
Kaiser: Das habe ich nicht beobachtet, daß da eine Kette dazwischenstand.« (U 15/30)

Dr. *Reimann* schließlich befaßt sich mit der Wurf- und Deckungstechnik der Demonstranten. Demonstranten werfen nicht, nach Bürokratendenkart werden sie zum Werfen eingesetzt. So knüpft Dr. Reimann an die Schilderung des Zeugen Höhne die Frage, ob

»... man diese Dinge soweit geplant hatte, daß man ausgesprochen kleine Personen für diesen Einsatz genommen hat?
Höhne: Das möchte ich nicht unterstellen ...« (U 12/14)

Studienassessor *Hönig*, der sich als Zuschauer inmitten der Demonstranten befand, berichtet vor dem Ausschuß:

»Ich kann sagen, daß ich nicht erkennen konnte, daß sich in meiner Umgebung (...) organisierte Gruppen befunden haben. (...) ich hatte im Gegenteil den Eindruck, daß jedem, dem da irgendein Slogan einfiel, daß da jeder also mal anfing. Es fing auch mal einer an, irgendetwas zu rufen, also mal den ›Mo, Mo, Mossadegh‹, und da hatten die anderen keine Lust zu rufen, und dann schlief das wieder ein. Oder auch etwas unschönere Rufe, die wurden sofort niedergezischt. Und allerdings, der eine oder andere fing an, und der eine oder andere hatte wohl auch eine Trillerpfeife, und da ergab sich dann schon ein Rhythmus. Aber daß es sich in dem von mir beschriebenen Abschnitt um organisierte Gruppen gehandelt hätte, kann ich nicht sagen. Ich habe es jedenfalls nicht so erkennen können. Ja im Gegenteil, ich habe mich gewundert, daß da nicht organisierte Gruppen hingehen.« (U 5/75)

Hönigs Schilderung offenbart den Abgrund zwischen denen, die spontan demonstrieren, und denen, die die Spontaneität nicht begreifen können. Bezeichnenderweise reichen sich hier Untersuchungsausschuß und Polizei die Hände. Beide sind Institutionen, die von den Voraussetzungen einer bestehenden Ordnung ausgehen. Die eine hat den Auftrag, für Ruhe und Ordnung zu sorgen und die Ziele des Staates notfalls mit Gewalt durchzusetzen. Die andere hat als quasi unabhängige Instanz zwischen Staat und Bürger zu vermitteln. Deshalb ihr Auftrag, den wahren Hergang zu ermitteln. Da aber die Wahrheit, die der Ausschuß finden will, zugleich die Funktion haben soll, den Bestand der gefährdeten Ordnung zu sichern, geraten Auftrag von Polizei und Ausschuß in gefährliche Nähe zueinander.

Falsche Planung und übermäßige Härte der Polizei können dem Ausschuß nicht als Staatsgefährdung erscheinen, sondern nur als die Fehler Einzelner, die durch geeignete Organisationstechniken zu beheben sind, z. B. durch die Entlassung des Polizeipräsidenten und stärkere Lautsprecher (vgl. BU, S. 11). Das Verhalten der Demonstranten jedoch ist eine Gefahr anderer Art, denn ihr Protest stellt ja gerade die zu schützende Ordnung in Frage.

Angesichts dieser Gefahr kann es nicht verwundern, daß der Ausschuß sich ebenfalls mit der Theorie der gelenkten Massen befaßt hat. Sie lag seiner Arbeit von Anfang an zugrunde: das Abgeordnetenhaus hatte ihm nicht nur den Auftrag erteilt, »unter Hinzuziehung der staatsanwaltschaftlichen Ermittlungsergebnisse das Verhalten der Demonstranten und der Polizei anläßlich des Besuchs des iranischen Kaiserpaares in Berlin zu untersuchen«. An erster Stelle stand der Auftrag, »festzustellen, inwieweit und in welcher Weise bestimmte Gruppen Zwischenfälle und Unruhe an der Freien Universität Berlin und in der Öffentlichkeit verursacht haben«. (U 4/1)

Provokation: die Methode der vorbeugenden Verfolgung

Nach ihrem eigenen Bild erkennt die Polizei in ihrem Gegenüber das, was sie selber hat: Planung, Taktik, Einsatz und einen Führer. Führung und Gehorsam, diese Merkmale, die die Polizei erst zu einer aktionsfähigen Organisation machen, sind in der Projektion auch die Merkmale der Demonstranten. Um sie zu zerschlagen, müssen ihre Führer frühzeitig dingfest gemacht werden. Dann bricht der Protest zusammen und zurück bleibt ein Haufen hilfloser handlungsunfähiger Individuen, die geduldig den Anordnungen neuer Autoritäten sich fügen.

Polizeirat Eitner: »Wir sind (...) zu dem Entschluß gekommen, daß, wenn wir den Störern den Kopf nehmen, damit möglicherweise dieser Störungsgruppe die Führung nehmen und dadurch eine Ausweitung der Demonstration verhindern ...«

Eitner fährt fort: »Vor der Oper gab es einige wenige, die ganz offensichtlich

die Menge (...) anheizten, und die mußten unbedingt entfernt werden; sonst hätten wir überhaupt keine Ruhe bekommen ...
UA: Würden Sie zu dem Begriff ›anheizen‹ noch eine Präzisierung bringen?
Eitner: Mir ist geschildert worden, davon sind zwei Personen von unserem Beamten festgenommen worden, die im Besitz einer Trillerpfeife waren und immer dann, wenn die Polizei in Richtung Oper zurückwich, daß sie dann durch Trillerpfeifen die zurückgewichenen Störer wieder aufforderten, wieder in Richtung Deutsche Oper vorzustoßen und damit immer wieder gegen die Polizei vorzugehen.« (U 6/60 f.)

Die Logik ist eindeutig. Die Polizei sucht Rädelsführer. Auf sie werden Spezialeinheiten angesetzt, die sogenannten Greiftrupps. Die Gefährlichkeit der Greifer wird auf die übertragen, die gegriffen werden. Der Ausschuß ahnt diesen Zusammenhang und fragt:

»Sind Sie sich bei einer Situation, wie sie am 2. Juni hier vorgefunden worden ist, immer darüber klar (...), daß er wirklich auch ein Rädelsführer ist, und daß da nicht (...) Verwechslungen möglich sind? (...) wenn jemand auf ihn losstürmt und ihn nun also an beiden Händen festhält (...), daß es aus dieser Situation heraus schon zu Widerstand führt?« (U 6/58)
Und weiter: »Halten Sie es für richtig, daß bei einer an sich schon in einer hohen Spannung sich befindlichen Demonstrationsmenge nunmehr Greiftrupps eingesetzt werden, um einzelne Personen (...) zu sistieren, und haben Sie nicht auch das Gefühl (... daß) dadurch unter Umständen die Menge noch aufgeregter wird?« (U 15/23)

Die Polizei weist den Verdacht der Provokation nicht zurück. Die Provokation ist einkalkuliert. Mit einer Sprache voll Brutalität läßt Hauptkommissar *Starke* die Rechnung aufgehen; er war Leiter der Politischen Polizei vor der Oper:

»daß dann (...) bei den Umstehenden die Stimmung angeheizt wird, also das halte ich für möglich. Vorübergehend. Aber wenn man sieht, der Kopf ist weg, dann beruhigt man sie eben, ich meine damit die Masse der Demonstranten.« (U 15/24)

Der Ausdruck »beruhigen« entspricht dem Terminus »befrieden«, der für Eroberungsfeldzüge gebräuchlich ist. »Beruhigen« wird hier zu einem Vorgang, der einem angetan wird. Die Beruhigung ist vollkommen, »wenn man sieht, der Kopf ist weg«. Aber sieht denn der Geköpfte den abgeschlagenen Kopf? In Starkes Satz ist die Polizei Subjekt und Objekt zugleich, die Korrektur im Nachsatz kann der immanenten Logik nichts anhaben. In der Provokation findet die Polizei ihr eigenes Beruhigungsmittel, und der, der beruhigt, offenbart sich als identisch mit dem, der beruhigt wird.

Per Provokation macht die Polizei die Demonstranten zu einer einheitlichen, in ihrer Empörung sich solidarisierenden Gruppe. *Kaiser* von der Politischen Polizei beschreibt diesen Vorgang so:

»Ich persönlich bin der Meinung, daß (...) eine große Anzahl derjenigen (...), die in der Absicht, neutral dorthin zu kommen und sich jetzt dieses dort mal anzuschauen, im Laufe der Ereignisse mit fortgerissen worden (sind) ...« (U 15/28)

In den vorbeugenden Aktionen der Greifer wird die Projektion Wirklichkeit. Die Polizei muß ins Handgemenge, um den fehlenden Gegner zu produzieren. Das Verfahren ist simpel: Vorbeugend schlägt man, bis der Geschlagene sich wehrt, womit dessen Gewaltsamkeit bewiesen und der Gegenschlag gerechtfertigt ist. Der Journalist Walter *Barthel* schildert:

»Die Auseinandersetzungen spitzten sich auch dadurch zu, daß die Demonstranten, die zum Teil vor den Barrieren standen – es war ja zunächst eine sehr gelockerte Haltung überall zu beobachten – von Beamten weggeführt wurden. Zum Teil versuchten die Demonstranten sich loszureißen (...) und da gab es dann schon die ersten wirklich miesen Szenen. Dutzende von uniformierten Polizisten, auch von Zivil tragenden Polizisten, verfolgten diese Fliehenden, stellten ihnen das Bein; und als der eine Fliehende, den ich beobachten konnte aus unmittelbarer Nähe, schon am Boden lag, erhielt er Fußtritte und auch Faustschläge von Polizisten. Das nun sozusagen wie auf einer Bühne vor diesen Demonstranten.« (U 8/38)

Planmäßig baut die Polizei ihren Gegner sich auf. Rauchkerzen werden in die Menge zurückgeworfen, die Getroffenen als Ersatzrädelsführer verhaftet (vgl. S. 44). Die Produktionsmethoden für angegriffene Angreifer sind zahlreich. Horst *Wodke,* der nach dem 2. Juni aus der Freiwilligen Polizeireserve austrat, schreibt in seinem Entlassungsgesuch:

»Weiter war ich Zeuge, wie ein Jugendlicher einem Beamten vorwarf, er habe sich unnötig brutal gegen einen Demonstranten verhalten. Der Beamte schlug dem Jugendlichen statt einer Antwort mit geballter Faust ins Gesicht. Ich wandte mich an den Polizisten, das sei doch Wahnsinn (...). Der Mann wiederholte seine Antwort zweimal: ›Ich habe nur zurückgeschlagen.‹ Da erinnerte ich mich an meine Ausbildung bei der FPR. Man müsse nur einen Fall von Notwehr daraus machen ...«[13]

Im Opfer sieht die Polizei den Verfolger, von dem sie vorbeugend zur Notwehr sich treiben läßt. Die Umkehrung funktioniert automatisch, sie gehört zur Ausbildung. Wodke berichtet in der Illustrierten *Stern:*

»Wir lernten in der Ausbildung den gesetzlich zulässigen passiven Widerstand zu brechen. Wir sollten auf die Demonstranten zugehen und rufen: ›Was, du Schwein, du willst mich schlagen?‹ und dann dem Betreffenden mit dem Knüppel eine drüberziehen. Nachher, so erklärte uns der Ausbilder, könne sowieso niemand mehr etwas feststellen, das Ding wäre prima gelaufen.« (*Stern* Nr. 37, 10. 9. 67, S. 61)

Wirksamkeit und Verlogenheit der Projektion zeigt sich in der Sprache. Durch die ständige Umkehrung verwirrt, macht Polizeihauptwachtmeister *Dietze* eine klassische Fehlleistung:

»... wo ich das überblicken konnte, wurde erst der Knüppel angewandt, als von den Demonstranten her mit Stöcken und kaputten Plakaten teilweise zurückgeschlagen ... (Unruhe und Gelächter unter den Zuhörern) ... d. h. zuerst geschlagen wurde.« (U 6/24)

Die provozierten Demonstranten lassen in *Burck* einen Verdacht aufkommen. Das Bild eines straff organisierten Gegners vor Augen, muß er befürchten, die Demonstranten könnten das tun, was er selbst in ihrer Lage tun würde: einen Ausbruchsversuch unternehmen.

UA: »In welcher Richtung bestand die Gefahr des Ausbrechens?
Burck: Na, in Richtung Oper.
UA: Über die Barriere?
Burck: Über die Barrieren; woanders konnten sie ja kaum hin. (...)
UA: Bis zu welchem Zeitpunkt bestand die Gefahr des Ausbrechens, glauben sie?
Burck: Na, die bestand immer, bis zum Schluß.
UA: Die bestand also nach ihrer Auffassung auch, nachdem der Schah schon in der Oper war?
Burck: Die bestand grundsätzlich, die ganze Zeit(...)«
Der Ausschußvorsitzende insistiert: »Wenn 80 Polizeibeamte etwa eine Front von 100 m zusätzlich zu den Absperrungen sichern, kann man dann von einer Gefahr sprechen, daß die Demonstranten die Absperrung überschreiten können?
Burck: Na, ich will hoffen, daß die 80 Beamten dazu in der Lage sind, diese Demonstranten zu halten. Außerdem hatten wir eine zweite Sicherung auf dem Mittelstreifen aufgebaut.« (U 8/54ff.)

Wie gefährlich sind 3000 Demonstranten, die von 80 oder auch zweimal 80 Polizisten zu halten sind? Burck will die Gefährlichkeit der Demonstranten zeigen und offenbart ihre Harmlosigkeit. In dem strategischen Kalkül wird deutlich, daß die Gefahr des Ausbruchs immer nur die Gefahr der Flucht war.

Die Strategie der Polizei war so vortrefflich, daß die naiven Demonstranten bis zum letzten Augenblick nicht erkannten, daß sie im militärischen Sinne geschlagen, d. h. besiegt werden sollten. Gefangen in der Projektion mußte es der Polizei geradezu absurd erscheinen, dem Gegner den Angriff mit Lautsprechern anzukündigen. Wie jede Streitmacht der Welt versuchte sie, das Überraschungsmoment zu nutzen. Das ist ihr gelungen.

»Ohne Ankündigung des Polizeilautsprechers, ohne Warnung durch die Polizisten, ohne akuten Anlaß prügeln Stoßtrupps auf die Demonstranten ein. In der Mitte entsteht für kurze Zeit ein Kessel. Als die Polizisten über die Barrikaden prügeln, schreit ein Demonstrant ›hinsetzen‹, aber die Polizisten schlagen auf die Sitzenden ein. Einige versuchen hochzukommen, lassen sich wieder fallen. Mädchen bitten: ›Nicht schlagen‹, aber die Polizisten schlagen mit äußerster Kraft, schlagen auf Ohnmächtige, auf Liegende ...« (*Die Zeit*, 9. 6. 67)

Mit der Methode der vorbeugenden Verfolgung hat die Polizei einen Gegner sich geschaffen. Nun wird er zerschlagen. Es ist die notwendige Weiterführung der Projektion, die konsequent ihrer eigenen Logik folgt.

Burck: »Es blieb nur noch die Möglichkeit des Räumens. Und da waren die notwendigen Mittel und die mildesten Mittel eben der Polizeistock. Wenn sie jetzt nicht hinein kommen in die Menge, können sie sie auch nicht abkämmen, bzw. auch nicht räumen. Sie müssen sich also die Gasse schaffen – ich will nicht gerade sagen schlagen, aber sie müssen sie sich schaffen. Es bleibt da gar nichts weiter übrig, als den Knüppel zu gebrauchen, vor allen Dingen, wenn die hier mit Stöcken dazwischenhauen, mit Transparenten, Stiefeln. Ich weiß nicht wieviele Schuhe ich da anschließend gefunden habe, es waren 20, 30 Paar.« (U 8/71)

Unter schweren Verlusten ergreift der geschlagene Gegner die Flucht. Schwere Waffen (Schuhe) muß er zurücklassen. Zur Legalisierung fährt der Lautsprecherwagen auf und droht den Fliehenden Gewalt an. Es ist die Kriegserklärung, die nach modernem Brauch überhaupt nicht oder ex post gegeben wird. Hans E. *Schulz*, einer der Journalisten, die unversehens zu Kriegsberichterstattern werden, erklärt vor dem Ausschuß:

»Das erstemal, daß ich also einen Lautsprecher gehört und gesehen habe, (...) da liefen also bereits die ersten blessierten Demonstranten an mir vorbei, und ich habe gesehen, daß die Polizisten bereits mitten drin waren (...)
UA: Diese ihre Aussage (...), beruht die auf einer ganz klaren Erinnerung?
Schulz: Die beruht auf einer ganz klaren Erinnerung (...), weil ich sagte: ›Also, so geht's ja nicht. Kündigen Schlagstockgebrauch an und die ersten Blessierten kommen hier an mir schon vorbei.‹« (U 8/49)

Auch der Fliehende noch ist Verfolger, auch der Blessierte noch der Schläger, der den Gegenschlag herausfordert. In der Projektion werden den Geschlagenen die eigenen Knüppel in die Hände gespielt, deren die Polizei wider Willen sich erwehren muß:

Dietze: »Als die Teilung vorgenommen war, rückte ich weiter auf bis ran an die Holzwand, eine Reklamewand. Dort wurden hier verschiedene Kollegen von den

Demonstranten mit Knüppeln geschlagen, so daß es dort zu Tätlichkeiten kam.« (U 6/22; vgl. Abb. 14)

Nach der Lautsprecherdurchsage gibt es kein Halten mehr. Unter dem Schutz des Gesetzes findet die Polizei ihr eigenes Gesetz. Sie setzt den Fliehenden nach, um den Sieg vollkommen zu machen.

Resultat: Der Ermordete ist Schuld

Jedoch – die Projektion droht an der Realität zu zerbrechen. Die Realität, das sind Fliehende, Verletzte, Ohnmächtige und ein Toter, sowie eine Polizei, die mit der Mobilisierung ihrer Reserven ihre volle Schlagkraft entfaltet hat. Diese Schlagkraft kann nur eingesetzt werden, wenn die Polizei einen Grund dafür findet. Sie findet einen Grund. Aus dem erschossenen Ohnesorg macht sie einen erstochenen Polizisten, in den in panischer Angst Fliehenden erkennt sie die hinterhältigen Verbrecher, die ungestraft den Tatort verlassen wollen.

Es ist der Triumph der Projektion. Mit der Umkehrung potenziert sich die organisierte Gewalt noch einmal in jedem einzelnen Polizisten, der nun mit der Wut des Rechtschaffenen den feigen Mord an seinem Kollegen sühnt.

Renate R. berichtet:
»Wir riefen den Polizisten zu, daß das, was sie tun würden, wahnsinnig sei, da wir ja gar nicht ausweichen könnten; ein Polizist gab zur Antwort: ›Ihr habt einen von uns erschlagen ... das könnte Euch so passen ... jetzt geben wir es Euch!‹« (EK, 0067)

Monika Q. berichtet:
»... als man uns von einem Polizisten erzählte, dem man mit einer Flaschenscherbe den Hals durchgeschnitten haben sollte, gingen wir.« (EK, 0638)

Klaus J. berichtet:
»... ein Beamter erklärte mir: ›Ja, als wir das gehört haben, haben wir natürlich etwas fester draufgeschlagen als sonst.‹« (EK, 0603)

Klaus R., Logenschließer in der Oper, berichtet (Tonbandaussage):
»... man hat ja schon irgendwie ein Gerücht im Hause gehört, daß da also – es war sogar von zweien die Rede: einer, der Backsteine – und ein anderer mit dem Messer im Hals, ganz üble Dinge – sie wären also zumindest so schwer verletzt, daß also mit ihrem Ableben – Ich ging also auf den Hof runter und da fragte ich also einen leitenden Kommissar da, und der sagte mir: ›Ja, die sind bereits verstorben, bzw. einer ist tot.‹ Na ja, ich meine, das ist eine üble Sache, und ich war auch selber sehr enttäuscht darüber (...). Das hatte ich mir ein bißchen anders vorgestellt; und dann plötzlich war dann über Nacht (...) daraus ein toter

Student geworden. Von der Polizei hörte man überhaupt nichts mehr.« (EK, 0402)

Damit das Unglaubliche glaubhaft werde, schickt Polizeioberrat *Iwicki* Kuriere in die Krankenhäuser. Sie bringen die Meldung: es gibt keinen toten Polizisten (vgl. U 6/109 f.). Doch Iwicki kann nicht glauben, was er weiß. Er ist gegen Tatsachen immun, die seiner Projektion widersprechen. Die Kuriere konnten das Gerücht vom toten Polizisten nicht bestätigen. Der wiederauferstandene Polizist kehrt gleichwohl nicht ins wirkliche Leben zurück; er lebt im Gerücht als Toter weiter.

Mit dieser Logik, die ihr Korrektiv an der Realität verloren hat, kann Iwicki zulassen, was sein Stellvertreter *Faber* bereits getan hat; Faber steigert die Einsatzfreude zur blinden Wut und sichert der Polizei zugleich die Unterstützung der Bevölkerung: er läßt den erfundenen Mord mit Lautsprechern verkünden.

Rückblickend heißt es dazu im Polizeibericht:

»Polizeirat Faber sah sich zu diesem Vorgehen veranlaßt, da (. . .) er eine günstige Wirkung auf Unbeteiligte erwartete.« (Ergänzungsbericht über die polizeilichen Maßnahmen . . .)

Wie lautete die Durchsage, von der Faber eine »Günstige Wirkung« sich versprach? Wohlweislich gibt der Polizeibericht sie nur sinngemäß wieder:

»Da die Unbeteiligten (. . .) in der Mehrzahl waren, entschloß sich der örtliche Einsatzleiter (. . .) zu folgender e i n m a l i g e r Lautsprecherdurchsage:
›Die Polizei b i t t e t die gutwilligen Berliner, ihren Anordnungen Folge zu leisten. Vor der Oper kam es im Laufe der Abendstunden zu erheblichen Störungen, in deren Verlauf es zahlreiche Verletzte zu beklagen gab; a u c h ein Polizeibeamter s o l l durch Messerstiche tödlich verletzt worden sein.‹ (sinngemäße Wiedergabe)« (ebda., Sperrung d. Verf.)

In Wirklichkeit erfolgte die Durchsage nicht »einmalig« sondern oftmals. »Einmalig« sind allenfalls die nachträglichen Lügen der Polizei. Im tatsächlichen Wortlaut der Durchsage wurde nicht höflich »gebeten«, sondern imperativisch befohlen. Von einem »auch«, das den Tod eines Demonstranten hätte andeuten können, war nicht die Rede. Die vorsichtige Formulierung im Konjunktiv war in Wahrheit eine handfeste Feststellung im Indikativ. *Hans Werner C.* hörte den tatsächlichen Wortlaut der Durchsage:

»Die immer wiederholte Durchsage (. . .) lautete: ›Achtung, Achtung, hier spricht die Berliner Polizei. Wir wenden uns an die gutwillige Berliner Bevölkerung. Machen Sie sich nicht mit diesen Subjekten gemein. Räumen Sie sofort den Kur-

fürstendamm (später hieß es dann: die Fahrbahn). Es hat bereits ein Todesopfer gegeben: ein Polizist ist von Demonstranten erstochen worden.‹
Diese Durchsage haben wir 4 mal deutlich hören können, bis der Lautsprecherwagen unseren Standort erreicht hatte.« (EK, 0656)

Polizeirat Faber wollte mit seiner Durchsage eine »günstige Wirkung« erzielen. Das ist ihm gelungen. Zynisch wird das »Günstige« im Polizeibericht erläutert und gerechtfertigt:

»Nach dieser Durchsage entfernten sich die Demonstranten im Laufschritt (...), ohne daß es zu polizeilichen Zwangsmaßnahmen gekommen war.« (Ergänzungsbericht ...)

Die Demonstranten liefen »ohne Zwangsmaßnahmen«, denn sie hatten begriffen, daß die Nachricht vom Mord die Androhung von Rache war. Sie irrten sich nicht. *Günther S.* berichtet:

»Ich (...) hörte, wie ein Polizist fast wörtlich sagte: ›Nachdem jetzt ein Kollege von uns durch Messerstiche von Demonstranten getötet ist, können Sie nicht erwarten, daß wir Sie human behandeln. Sie müssen damit rechnen, daß es eventuell auch zum Schußwaffengebrauch kommen wird.‹« (EK, 0673)

Daß die Projektion von dem, der sich ihrer bedient, nicht durchschaut werden kann, macht ihre Leistung aus. In der Projektion wird der Gegner zu dem, der man selber ist, damit man ihm antun kann, was man von ihm erwartet. Die Lautsprecherdurchsage stempelte die Demonstranten zu Kriminellen – zu »Subjekten« –, die es auf der Flucht zu stellen galt. Die Fliehenden wurden von den Einsatzwagen der Polizei überholt und erneut geschlagen. Es war eine Verbrecherjagd. Einige Passanten beteiligten sich, denn sie hatten begriffen, daß sie mit der Durchsage zur Mithilfe aufgerufen waren. Im Windschatten von Polizei und Gesetz rechneten sie mit Gammlern, Provos, Pazifisten und Studenten ab – das war die »günstigste« aller Wirkungen von Fabers Lüge. *Hanno M.* berichtet:

»... ein Taxifahrer (fuhr) mit mittlerer Geschwindigkeit auf eine Demonstrantengruppe auf dem Kurfürstendamm (...) zu. Einer der Demonstranten konnte sich nur durch einen Sprung aus dem Gefahrenbereich retten. Als die Demonstranten aus Empörung gegen das Taxi klopften, stieg der Fahrer aus und lief mit einem 50 bis 60 cm langen Holzknüppel zweimal um das Taxi Amok. Als er dann in einem Handgemenge seinen Knüppel verlor, fuhr er in Eile wieder ab, ohne behelligt worden zu sein.« (EK, 0613; vgl. Abb. 19)

Die Demonstranten waren Freiwild. Man konnte sie schlagen, wo man sie traf. Die aufgehetzte Bevölkerung half mit. Sie übernahm die Rolle, die ihr zugedacht war, und betätigte sich als Hilfspolizei. Das verschweigt der

Polizeibericht. In ihm ist nur zynisch vermerkt, daß die Brutalität der Polizei ohnehin nicht mehr zu steigern war:

»Eine Beeinflussung der am Ort anwesenden Polizeikräfte erfolgte dadurch nicht, weil das Gerücht über den Tod des Polizeibeamten bereits seit geraumer Zeit in Umlauf war.« (Ergänzungsbericht ...)

Die Polizei hat gesiegt, militärisch wie moralisch. In der manipulierten Empörung der Bevölkerung über die verfolgte Mörderbande hat die Polizei nachträglich die Rechtfertigung ihrer eigenen Brutalität sich geschaffen. Es ist eine Rechtfertigung, in der das Recht im wörtlichen Sinne ›gefertigt‹ wurde und dabei seinen Ursprung enthüllt: Recht kann nur fertigen, wer der Stärkere ist.

Mit diesem Recht wurden die Demonstranten fertig gemacht. Mit diesem Recht schreibt *Bild* einen Tag später:

»Gestern haben in Berlin Krawallmacher zugeschlagen, die sich für Demonstranten halten. Ihnen genügte der Krach nicht mehr. Sie müssen Blut sehen.« (*Bild*, 3. 6. 67)

Mit diesem Recht erscheint *Welt am Sonntag* mit der Überschrift: »Erst Fußtritte, dann zogen sie die Messer.« (4. 6. 67) Und mit dem gleichen Recht schreibt der Untersuchungsausschuß in seinem Bericht:

»Der Untersuchungsausschuß stellt fest, daß das etwa seit 21.00 Uhr umlaufende Gerücht, ein Polizeibeamter sei vor der Deutschen Oper durch Messerstiche verletzt und später seinen Verletzungen erlegen, auf die Ereignisse vor der Deutschen Oper keinen Einfluß gehabt haben kann.

Gleichwohl ist er der Auffassung, daß es unbeschadet der jeweiligen Situation bedenklich ist, daß über Polizeilautsprecher offiziell nicht bestätigte Mitteilungen verbreitet werden.« (BU, S. 11)

Das ganze Bündel aus Projektion, Aufhetzung und Lüge wird mit einer sanften Rüge geahndet – das ist das ganze Ergebnis, zu dem ein parlamentarischer Untersuchungsausschuß sich durchringen kann. Die Rüge gilt nicht dem Lügner, sondern dem Lügner, der sich ertappen läßt. Ein ertappter Lügner im Staatsapparat erschüttert das blinde Vertrauen des Bürgers in die Obrigkeit. So schließt der Ausschuß seinen Bericht mit der Empfehlung an den West-Berliner Senat, »daß die der Öffentlichkeit gegebenen Informationen ausreichend und insbesondere nicht widersprüchlich sind.« (BU, S. 11; Sperrung d. Verf.)

Aber wahr müssen sie nicht sein.

Polizei III: Konforme Kriminalität

Aus einem Bericht des Zeugen Walter *Siepmann*, CDU-Mitglied und Mitglied des Rates der Stadt Schwelm:

»Am 1. Juni kam ich zu einem 8-tägigen Besuch nach Berlin. Am 2. Juni ging ich zum Schöneberger Rathaus, um den Schah von Persien zu sehen. Ich stand unmittelbar hinter der Absperrung und war zunächst erstaunt, daß kurz vor der Ankunft des Gastes zwei Autobusse vor dem Rathaus vorfuhren, denen Demonstranten mit schahfreundlichen Plakaten und Fähnchen entstiegen. Auf die Sprechchöre junger Berliner antworteten diese Leute vor der Absperrung mit Hochrufen auf den Schah.
Plötzlich sah ich zu meinem Schrecken, daß einer der Schahanhänger mit einem Totschläger (Stahlspirale mit Bleikugel) auf einen jungen Mann eindrang, der neben mir stand und lediglich gerufen hat. Ich stellte mich vor den Bedrohten (vermutlich ein oppositioneller Perser) und rief dem Angreifer zu: Tun Sie das Ding weg, hier wird nicht geschlagen!
Daraufhin kamen noch weitere Schläger, die mit Holzlatten auf uns losschlagen wollten. Ich wäre verletzt worden, wenn nicht andere Zuschauer mich zu meinem Schutze zu Boden gerissen hätten. Ich sah, daß es zu diesem Zeitpunkt an mehreren Stellen vor der Barriere zu tätlichen Ausschreitungen seitens der Schahanhänger kam. Die Angreifer schlugen so heftig zu, daß ihre Latten teilweise auf der Barriere zersplitterten. Sie versuchten sogar, einen jungen Mann über die Absperrung zu zerren (vermutlich ein Student, roter Pullover), was ihnen nicht gelang, da wir ihn zu mehreren festhielten.
Zu meinem Erstaunen schaute die Polizei, die hinter uns Aufstellung genommen hatte, diesen Angriffen gegen Unbewaffnete minutenlang tatenlos zu.
Ich erkläre, daß keiner der neben mir stehenden jungen Männer jemanden bedroht hat. Als Stadtverordneter einer westdeutschen Stadt bin ich dringend daran interessiert, daß Übergriffe von seiten der Polizei im freien Teil Deutschlands nicht verschleiert werden.« (EK, 0196; vgl. Abb. 5)

Recht geschieht dort, wo das Gesetz ohne Ansehen der Person gilt, und wo die Polizei dem Gesetz ohne Ansehen der Person Geltung verschafft. Der Mittag des zweiten Juni zeigte eine Polizei, die bei der Ausführung dieses schönen Grundsatzes sehr wohl Unterschiede zu machen weiß. Offensichtlich in der Überzeugung, der Schutz des Staatsbesuches sei zugleich der Schutz des besuchten Staates, wurden ihr die Demonstranten gegen den Staatsbesuch zu Feinden des besuchten Staates. Die als Claqueure des Staatsbesuches Herbeigefahrenen erschienen ihr dagegen, als hätten sie den gleichen Auftrag wie sie. Auf die aus eigenem Antrieb Demonstrierenden als »Störer« eingestellt, nahm sie nicht mehr wahr, wie die gleich ihr zur Begrüßung des Staatsbesuches aufgestellten Freunde des Schahs zu den eigentlichen Störern wurden, indem sie aus Jubelanten in gewalttätige und bewaffnete Angreifer der Demonstranten sich verwandelten. Sie ahndete das Vergehen an denen, denen es angetan worden war, und verlieh so nachträglich der gesetzlosen Gewalttätigkeit der Freunde des Schahs den Schein des Rechtes.

Dieser Verdacht beunruhigte auch den Untersuchungsausschuß des Abgeordnetenhauses. In einer seiner Verhandlungen hielt er der Polizei vor:

»Im Verlaufsbericht steht: Bei Ankunft, 12.17 Uhr, bei Ankunft Störaktion von ca. 400 Schahgegnern, ca. 80 Schahfreunde richten sich gegen die Störer, so daß die Polizei eingreifen muß. Ist das nicht, nun, wollen wir mal sagen, mehr als gefärbte Darstellung der tatsächlichen Vorgänge, daß hier die 400 Schahgegner als Störer betrachtet werden, währenddessen die ca. 80 Schahfreunde sich nun gegen die Störer anscheinend richten und die Polizei praktisch denen zu Hilfe kommen muß. Wird hier nicht grundsätzlich eine Haltung sichtbar, daß – nun – Buh-Rufer Störer sind und Jubler nicht?« (U 6/43f)

Diesen Verdacht, entstanden aus dem Handeln der Polizei, sollen die Aussagen der Polizeioffiziere vor dem Untersuchungsausschuß entkräften. Das gelingt nicht. Vielmehr geraten die Polizeiführer in ihren Aussagen immer wieder an Stellen, wo ihre Worte die vermutete Voreingenommenheit wider Willen preisgeben, wo ihre Worte als die Verlängerung ihres inkriminierten Handelns erscheinen.

Zwar beteuert *Duensing* für die Polizei: »Wir differenzieren nicht nach der Absicht.« Im selben Atemzug aber drängt sich ihm die Fehlleistung auf die Zunge:

». . . Es kommt immer auf den ganz speziellen Auftrag des Schahs an, und da war es doch offensichtlich in Bonn erkennbar gewesen: höchste Sicherheitsstufe.« (U 4/36)

Der Einsatzleiter der Schutzpolizei vor dem Rathaus, *Lohde*, Inspektionsleiter Schöneberg:

»Es ist von mir keine Anordnung gegeben worden, nur gegen eine Seite einzuschreiten (. . .)

UA: Hatten die Beamten vor dem Rathaus Schöneberg einen besonderen Hinweis, diese schahfreundliche Persergruppe wohlwollend zu behandeln?
Lohde: Nicht in bezug auf strafbare Handlungen.« (U 6/33)

Der Einsatzleiter der politischen Polizei vor dem Rathaus, Oberkommissar *Kaiser*, drückt sein Wohlwollen für die Schahfreunde deutlicher aus: er nennt die Nachricht von der bevorzugten Aufstellung der schahfreundlichen Perser: »diese relativ für mich erfreuliche Mitteilung« (U 15/34).

Dieses noch nachträglich unübersehbare »Wohlwollen«, wenn auch nicht »in bezug auf strafbare Handlungen«, führte am 2. Juni vor dem Rathaus zu zwei Tatbeständen:

1. Die schahfreundlichen Perser konnten eine von Freiwilliger Polizeireserve und Schutzpolizisten gesicherte Sperre und einen Raum von ca. 8 m Tiefe ungehindert von der Polizei überwinden, um dann ebenso unbehelligt von der Polizei minutenlang auf die Demonstranten einzuschlagen (vgl. Abb. 4 bis 6).

2. Erst als sich die Menge der Schahfreunde bis auf einige besonders eifrige Nachzügler hinter ihre Barriere zurückgezogen hatte, kam die berittene Polizei, um die »Schlägerei« zu »schlichten«. Sie tat dies, indem sie mit ihren Peitschen auf die Demonstranten einschlug, gerade auch auf die, die nach wie vor hinter der Absperrung standen. Die jetzt einschreitende Polizeikette bereinigte die Lage vollends; sie drängte schlagend die Demonstranten von den Absperrungen weg und verhaftete einige der Demonstranten, die durch das Handgemenge mit den Schahfreunden vor die Barrieren geraten waren. Die mittlerweile wieder zu Jubelanten gewordenen Prügelperser blieben weiterhin von der Polizei unbehelligt; das Rote Kreuz schenkte Tee an sie aus.

Den ersten Tatbestand, daß die Schahfreunde ungehindert von der Polizei zum Angriff auf die Demonstranten gelangen konnten, erklärt der Einsatzleiter der Schutzpolizei, *Lohde*, zunächst mit der Überraschung der Polizei:

»Ich hatte zu der Zeit, als die Perser, also die Pro-Perser hier eintrafen, hatte ich die Kräfte, die ich vorhin nannte, schwerpunktmäßig eingesetzt (...), wo ich mit Störungen rechnen mußte (...), wo sich auch tatsächlich herausstellte, daß dort – zumindest der Akustik nach – sich die meisten Störer befanden. Während ich dem eigentlich abgetrennten Abschnitt für die Perser – davor hatte ich lediglich die Freiwillige Polizeireserve zu stehen – ich hatte da im Moment auch keine anderen Kräfte mehr da – und zu Anfang sich die Perser an dem Gitter aufhielten, das direkt an der Freitreppe war, und zuerst auch gar nicht zu vermuten noch zu erkennen war, daß die Perser sich umdrehen würden, also die Pro-Perser sich umdrehen würden, um dort dann Tätlichkeiten zu begehen.« (U 6/35)

Überrascht war die Polizei, weil sie von vornherein auf die Demonstranten als »Störer« fixiert war; danach hat Lohde seine Kräfte ja auch »schwerpunktmäßig« aufgestellt. Das aber macht die feindliche Voreingenommenheit der Polizei zu deutlich. Zudem wird mit der Überraschung nicht erklärt, warum die Schahfreunde so lange ungestört auf die Demonstranten einschlagen konnten. Deshalb bringt Lohde gleich einen neuen Grund ins Spiel: den Mangel an Einsatzkräften. Aber damit hat es seine eigene Bewandtnis. Als der Untersuchungsausschuß darauf eingeht und den Einsatzleiter Lohde präzise danach fragt, legt er sich nur zögernd und stotternd nach Auswegen suchend fest:

UA: »Sie behaupten also, Herr Lohde, daß es nicht genügend polizeiliche Einsatzkräfte in der unmittelbaren Nähe gab, um unverzüglich eingreifen zu können?
Lohde: Es waren – ich will es so sagen: Sie wären ausreichend gewesen, wenn, wahrscheinlich, das ist meine Lagekenntnis, die ... der Schah, der eine Verzögerung von ungefähr 10 bis 15 Minuten bei der Ankunft hatte, sie dann aber hier wieder bis auf 2 Minuten eingeholt hatte, – daß dann, wahrscheinlich, die Kräfte – diese 10 Minuten es ausmachten, um diese ... bei dieser Schlägerei, bei diesen Tätlichkeiten rechtzeitig einzugreifen.
UA: Nein – Damit wir uns richtig verstehen: Ich meine, Sie hatten sie nicht am Ort in dem Moment des notwendigen Einsatzes?
Lohde: In dem Moment hatte ich sie nicht am Ort.« (U 6/36)

Dieses Zögern mit anschließender Flucht nach vorn hat seinen Grund. Lohde weiß, daß er nun Unglaubliches glaubhaft machen muß: die bisher an den Absperrungen eingesetzten Polizisten sind wie vom Erdboden verschwunden, der Einsatzleiter, allein noch auf Posten, wartet auf anmarschierende Reserven. Diese Version muß zusammenbrechen und bricht auch zusammen, als der Untersuchungsausschuß weiter nachfragt:

UA: »Als sie sich in Bewegung setzten, die Pro-Perser (Ja), mit erhobenen Stökken – was ich vom Fenster aus gesehen habe – mußten sie einen Raum, wie Sie selbst zugeben, von 6 bis 8 m zurücklegen, um an die – an das Publikum heranzukommen. In dieser Zeit – das erfordert ja einige Sekunden mindestens, es ging auch gar nicht so sehr schnell, ich habe das selbst ... – wäre es doch möglich gewesen, sofort abzuriegeln. (In diesem ...) Schon durch den Einmarsch der Polizei wäre ja vielleicht die Aktion der Perser verhindert worden.
Lohde: Ich darf da an meine vorherige Aussage erinnern, daß zu diesem Zeitpunkt diese Kräfte, die ich dafür vorgesehen hatte, noch nicht am Ort waren.

UA: Waren denn andere Kräfte am Ort?
Lohde: Es waren am Ort die Kräfte, die rechts vom Fernsehturm standen gegenüber den sogenannten Anti-De . . ., also den Demonstranten gegen den Schah.
UA: Die waren ja hinter der Sperre.
Lohde: Die waren, also, zwischen Sperre und Rathaus-Freitreppe bzw. Rathaus.
UA: Ja, die hätten aber doch sofort hereingeschoben werden können.
Lohde: Es war mir in diesem Moment noch nicht ersichtlich, daß die Pro-Perser jetzt also tätlich werden würden, und ich habe sie, um dort auch nicht zu entblößen, an dieser Stelle, wo die – rechts des Fernsehturmes, um dort nicht zu entblößen, die 16 Mann dort belassen, denn es war mir – es mußte mir vornehmlich auch darum gehen, daß Demonstrationen gegen den Schah nicht zustande kamen bzw. gefährlich werden konnten.« (U 6/40)

Hier haben wir endlich den wahren Grund. Es waren Kräfte am Ort, nur nicht die »vorgesehenen«, denn vorgesehen waren sie nicht zum Schutz der Demonstranten, sondern zum Schutz gegen die Demonstranten. Unter dem Eindruck dieses Auftrages ließ die Polizei die Perser, die den Schutz des Schahs als Angriff auf die Demonstranten verstanden, gewähren. Als sie einschritt, arbeitete sie mit ihnen zusammen wie Polizei und Hilfspolizei:

»Dicht vor einigen von den Beamten stehend rief ich ihnen zu, sie sollten doch eingreifen, aber niemand von ihnen rührte sich. Bewußt unterließen sie es, Hilfe zu leisten. Erst als einige Demonstranten sich gegen die Schläger zur Wehr setzten, griffen einzelne Beamte ein (. . .) Ich habe beobachtet, wie Demonstranten, von Polizisten festgehalten und von einem Perser mit einem Totschläger, von einem anderen mit einem Knüppel, weiter geschlagen wurden. Den mit Schlagwerkzeugen versehenen Persern geschah nichts.« (Günter W., EK, 0639; vgl. Abb. 6)

Filmaufnahmen, Photographien und Zeugenaussagen belegen den Tatbestand, daß die Polizei den Angriff der Schahfreunde auf die Demonstranten zuließ. Selbst aus den Aussagen der Polizeioffiziere vor dem Untersuchungsausschuß werden die Umrisse des Bildes dieser eigenartigen Zusammenarbeit deutlich. Um so verwunderlicher, wie der Bericht des Untersuchungsausschusses auf diesen Punkt eingeht. Daß die Schahfreunde ohne Eingreifen der Polizei auf die Demonstranten eindringen konnten, stellt sich im Bericht des Untersuchungsausschusses als Ergebnis ungenügender Absperrungen dar (vgl. Abb. 4). Als hätte es die von Polizisten und Freiwilliger Polizeireserve gesicherte Sperre zwischen schahfreundlichen Persern und Demonstranten, als hätte es die die Demonstranten in Schach haltenden Polizisten, an denen die angreifenden Iraner doch vorbeimußten, nie gegeben! Statt vom Zulassen des Angriffs spricht der Bericht vom »Nichterkennen der gefährlichen Situation«:

»Die Erklärung des Polizeiinspektionsleiters Schöneberg, die Absperrungen seien ausreichend gewesen, da man den Abstand zwischen der Front des Rathauses und der vorgenommenen Absperrung vergrößert habe, ist nicht befriedigend. Der Untersuchungsausschuß stellt fest, daß die Schaffung dieses Sonderraumes ohne besondere weitere Sicherung gegenüber den zu erwartenden Schahgegnern als ein Nichterkennen der gefährlichen Situation durch die Polizeiführung gewertet werden muß.« (BU, S. 9)

Welch eigenartige Logik! Wer hat hier wen geschlagen? Weil es keine »besonderen weiteren Sicherungen gegenüber den ... Schahgegnern« gab, haben die Schahfreunde sie geschlagen! Dieser Widersinn macht einen Sinn und zwar den Polizeisinn. Denn warum spricht der Untersuchungsausschuß hier von »Sicherungen gegenüber den zu erwartenden Schahgegnern« und nicht von Sicherungen zwischen den Gruppen? Die Gegner des Schahbesuches waren von vornherein die Gefährlichen und sind es offenbar bis in den Bericht des Untersuchungsausschusses hinein geblieben. Nach Meinung des Ausschusses wäre besserer Schutz *gegen* die Demonstranten zugleich besserer Schutz *für* sie gewesen. Der Einsatzbefehl der Polizei mit dem obersten Auftrag *Schutz des Staatsbesuches* gilt noch für den Untersuchungsausschuß – als Maß und Grenze seiner Kritik an der Polizei.

Zweiter Tatbestand: Die Polizei hat Demonstranten festgenommen, aber nicht einen einzigen Schahfreund. Warum nicht? Ausreden wie Überraschung, fehlende Einsatzkräfte, mangelhafte Absperrungen verfangen hier nicht mehr. Rettung gibt es nur noch im Nichtgesehen-haben oder besser: im Abstreiten.

UA: »Warum ist hier nicht jetzt der Befehl erteilt worden, auch diese vorgehenden Perser beispielsweise festzunehmen, um ihre Personalien festzustellen? Während in Ihrem Polizeibericht ja gleichzeitig hervorgeht, daß soundsoviele Demonstranten wegen Widerstands, versuchter Gefangenenbefreiung und Verdacht des Landfriedensbruchs festgenommen worden sind. Warum nicht auch von dieser Seite?

Lohde: Ich habe selbst nicht gesehen, wer zu schlagen angefangen hat.« (U 6/34)

Dieser Rückzug ist schwach. Damit kann der Vorwurf, die Polizei habe bei ihren Festnahmen die Schahfreunde begünstigt, nicht abgewehrt werden. Der Einsatzleiter der politischen Polizei, *Kaiser*, geht deshalb dreister vor. Seine Behauptung: Selbst für den Beobachter der Vorgänge war nicht zu erkennen, welche Seite mit den Tätlichkeiten anfing. Denn eigentlich haben beide Seiten angefangen, bloß die Demonstranten noch etwas mehr:

Kaiser: »Die Perser haben bis zum Eintreffen des Schahs vorn an der Absperrung gestanden und haben dem Schah ihre Transparente hingehalten, dann haben sie sich – dann haben sie sich umgedreht. Und so, wie ich es jetzt beobachtet habe – solche Beobachtungen können nie ganz präzise sein, wenn hier mehrere hundert Personen im Spiel sind, dann haben die Perser – sind zu den Demonstranten zurückgelaufen, die ja hinter ihrer Absperrung standen, hinter ihrer Hamburger Sperre, und haben denen die Schilder vor die Nase gehalten. Die Demonstranten haben jetzt wiederum – ich weiß nicht, ob es in allen Fällen war – ich habe es in einem, in zwei Fällen beobachtet, den Persern die Schilder von den Stöcken abgerissen. Und dann kam es da zu einem allgemeinen Handgemenge.« (U 15/37)

Die Schahfreunde sind zu den Demonstranten »zurückgelaufen«, als hätten sie da schon immer gestanden. Die Demonstranten rissen ihnen die Transparente von den Stöcken; kein Wunder, daß sie mit denen dann geschlagen wurden. Aber wirklich geschlagen wurden sie gar nicht, denn sie konnten den Schlägen ja ausweichen:

»Und dieses Handgemenge wurde meistens auf eine größere Distanz hin durchgeführt. Die Demonstranten gingen nämlich einfach von der Hamburger Sperre jetzt zurück, und die Perser schlugen in der Luft rum; und . . . bitte? . . .
UA: Konnten denn die Demonstranten . . .
Kaiser: Aber selbstverständlich, die sind blitzartig zurückgewichen – wie ich das da gesehen habe. Nicht, die haben sich recht schnell Raum nach hinten geschaffen. Die Perser konnten nicht weiter, dann ging es wieder abwechselnd, dann kamen die Demonstranten wieder nach vorne, und die Perser liefen zurück.« (U 15/38)

In diesem Hin und Her ließ sich die Schuldfrage nicht klären, und deshalb ließ Kaiser keinen schahfreundlichen Perser verhaften, dafür aber Demonstranten:

»Um jetzt strafbare Handlungen zu beurteilen – bei diesem Sachverhalt – wäre es jetzt präzise wichtig, wer hat angefangen. Es bliebe ja erst mal nur Körperverletzung – Landfriedensbruch ist – ich möchte da – – – Sie bringen mich da in eine unangenehme Situation, ich muß jetzt über ein anhängiges Verfahren sprechen, nicht –
UA: Brauchen Sie nicht!
Kaiser: Um jetzt das alles zu wissen, müßte man wissen, wer hat angefangen, und welche Maßnahmen müssen jetzt getroffen werden. Und hier bei diesem Sachverhalt, wie er sich jetzt darbot, die Perser hin, die Demonstranten haben auch ihren Teil Schuld, sie haben vorher die Perser mit Rauchbomben beworfen, haben auch ihren Teil Schuld an dieser allgemeinen Schlägerei. Da kann man jetzt nicht von einer schuldigen und einer unschuldigen Gruppe sprechen, son-

dern hier kann doch der polizeiliche Schluß nur lauten: die Schlägerei muß getrennt werden. Und es mag sein, daß sich später Anhaltspunkte für strafbare Handlungen ergeben haben. Ich habe auch bis heute keine solchen Anhaltspunkte; denn es hat sich dort am Ort kein einziger verletzter Demonstrant bei uns gemeldet, es hat sich bis heute noch kein einziger verletzter Demonstrant bei uns gemeldet, es hat sich bis heute nicht mal bei uns, sondern auch [nicht] bei der PI Schöneberg ein Demonstrant gemeldet, der angibt, von einem Schlag getroffen worden zu sein. Wenn es hier anders ist, weiß ich nicht, bei uns hat sich keiner gemeldet. Das ist die Beurteilung.
Und wenn sich jetzt – sagen wir 150 Personen mögen es gewesen sein, die sich da geprügelt haben, – wenn die sich prügeln mit Stöcken und mit Totschlägern, dann ist es direkt ein Wunder – bei der Gefährlichkeit dieser Totschläger, die wir auf dem einen Bild gesehen haben – dort am Ort habe ich ihn nicht gesehen, den konnte ich nicht sehen –, daß nicht ein einziger Verletzter da ist. – Und deswegen die Beurteilung der Situation, nun vom Tatort her: Eine Schlägerei, die geschlichtet werden muß. Vordergründig strafbare Handlungen waren hier nicht zu erkennen.« (U 15/38)

Kaisers Schuldfrage ist heuchlerisch, denn um sie überhaupt stellen zu können, muß er seine Zuflucht zu handfesten Lügen nehmen. Die von den Demonstranten »abgerissenen« Schilder zerbrachen, als sie zum Angriff auf die Demonstranten benutzt wurden. Solange die Schahfreunde an ihrem Platz waren, blieben sie von Rauchkerzen unbehelligt. Die Schahanhänger gingen auf die Demonstranten los, das wird bei Kaiser zu einer allgemeinen »Schlägerei mit Stöcken und Totschlägern«; die aber waren nur in der Hand der Schahfreunde. Kaisers Urteil: alle haben angefangen, alle haben Schuld, ist nicht nur heuchlerisch, sondern auch die Anmaßung eines Rechtes; der Polizist greift dem Richter vor. Anstatt die Beweismittel dem Richter für seine Urteilsfindung sicherzustellen, unterschlägt er sie als Richter in eigenem Auftrag, erklärt sie für unerheblich. Zu welch windigen Schlüssen diese Anmaßung führt, zeigt Kaisers Beurteilung der Situation: »Eine Schlägerei ... vordergründig strafbare Handlungen waren hier nicht zu erkennen«. Als ob eine Schlägerei nicht aus strafbaren Handlungen bestünde. Aber eigentlich ist auch gar nichts passiert, denn auch nachträglich haben sich weder verletzte noch geschlagene Demonstranten bei der Polizei gemeldet. Welche Selbstherrlichkeit spricht aus dieser Polizeiaussage: Die Polizei erwartet die von ihr Geschlagenen noch nachträglich zum Rapport! Selbstverständlich für den Polizeiführer Kaiser, daß das Vertrauen in die Polizei ebensowenig zu erschüttern ist wie das Vertrauen, das die Polizei in sich selbst hat. Die Polizei ist sich selbst das Maß ihres Urteils über die Situation; es gibt für sie nur einen wirklichen Grund zum Einschreiten: wenn sie selbst angegriffen wird:

»Wäre jetzt eine Polizeikette hineingegangen, (...) wären die Perser vermutlich auch gegen die Beamten vorgegangen, und dann wäre es zu Sistierungen gekommen.« (U 15/36)

Damit ist klar, warum nicht ein einziger der Schahfreunde verhaftet wurde; sie gingen nur gegen Demonstranten vor. Und damit ist auch klar, warum die Polizei so spät einschritt: sie hätte sonst auch Schahanhänger verhaften müssen. Erst recht mieden die von Kaiser geführten Beamten der politischen Polizei die Konfrontation mit den Schahfreunden. Nicht mit Knüppeln versehen, hätten sie vielleicht von ihrer einzigen Bewaffnung, den Pistolen, Gebrauch machen müssen. Zynisch spielt *Kaiser* die Erinnerung an den erschossenen Benno Ohnesorg als Trumpf für sich aus:

»Jetzt komme ich zu etwas anderem, weil Sie mich direkt gefragt haben, – ›Warum hat die Abteilung I nicht festgenommen‹ – Sie wissen, daß ich mit – insgesamt 22 Beamten waren wir eingesetzt; ich habe bei dem großen Einsatzraum die Beamten aufgeteilt, ich hatte vor Eintreffen des Schahs eine Reserve von 4 oder 5 Beamten noch da, die habe ich dann beim Eintreffen des Schahs verteilt auch, so daß ich ziemlich alleine dagestanden habe; das soll aber keine Begründung sein. Denn meine Begründung ist, in die schlagende und prügelnde Menschengruppe – wo sich zwei große Zivilistengruppen prügeln – kann ich keine Zivilbeamten reinschicken, die nicht einmal mit Schlagstöcken bewaffnet sind; denn ich würde jetzt unter Umständen in eine Situation kommen, die mich hier vor den Ausschuß bringen würde. Die Beamten sind ja, wie bekannt ist, nur mit Pistolen bewaffnet, und jetzt die Frage, was passiert, wenn die Beamten da zusammengeschlagen werden. Ist der Anlaß gerechtfertigt, dann die Konsequenzen zu ziehen?« (U 15/39)

So stellt sich am Ende der Angriff der Schahfreunde auf die Demonstranten als deren bester Schutz vor der Polizei heraus. Als am Abend desselben Tages die politische Polizei die Demonstranten allein vor sich hatte, »zog sie die Konsequenzen«: Benno Ohnesorg starb daran.

Die Zusammenarbeit der Polizei mit den Schahfreunden war nicht das unfreiwillige Ergebnis nachlässiger Führung oder unglücklicher Zufälle. Wie die Polizei sich vor dem Rathaus verhielt, verhielt sie sich überall, wo sie auf Demonstranten traf, und nicht nur am 2. Juni. Staat und Staatsbesuch waren für sie derart in Gefahr, daß sie Selbstjustiz, wenn sie nur mit dem Polizeiverdacht konform ging, duldete und förderte, sie gewissermaßen als zusätzliches Mittel der Einschüchterung in ihren Schutzauftrag einbezog. Bevor die Demonstranten am Abend des 2. Juni vor die Oper kamen, machten sie mit dieser Polizeipraxis ausgiebig Bekanntschaft, gleich ob Teile der Bevölkerung oder schahfreundliche Perser Selbstjustiz an ihnen übten. So war der ausländische Journalist *Oscar Z.* Zeuge folgender Szene (Tonbandaussage):

»Ich konnte nicht mehr bis zur Oper laufen, weil das da abgesperrt war und kurz vor der Ecke, etwa 5 Minuten, nachdem ich dort eintraf, kamen etwa 4–5 junge Demonstranten, ich nehme an, es waren Studenten, die trugen Plakate, die sich gegen den Schah wandten. Sie kamen von der Seite der Oper und liefen in Richtung Theodor-Heuß-Platz (...). Zunächst einmal sah ich etwa 4 Studenten, die verteilten auch Flugblätter. Auf einmal wurden die Studenten von der Bevölkerung angegriffen, es waren 20 bis 30 Leute, wobei sich 3 oder 4 von ihnen hervortaten, dadurch, daß sie ziemlich angriffslustig waren, zunächst einmal mit Worten, dann wurden die Studenten mit Taten angegriffen, die Plakate wurden ihnen abgerissen, sie wurden mißhandelt, einer von ihnen fiel zu Boden. (...) Sie wurden gestoßen und dann getreten. Einer von den Leuten der Bevölkerung, er war sehr angriffslustig und er beschimpfte die Studenten und alle anderen Leute auch, aber er machte sich zunächst einmal dran, die Plakate wegzunehmen und er hat sie dann vernichtet und die anderen Leute haben ihm dabei geholfen, und dabei haben sie den Studenten auch die Flugblätter weggenommen, und die wurden auch vernichtet. Die Studenten haben sich gar nicht gewehrt, sie haben versucht, eine Diskussion anzufangen, die Leute wollten auf keine Diskussion eingehen. (...) Dazu möchte ich sagen, daß in unmittelbarer Nähe sich 10 bis 15 Polizisten befanden, in Uniform, die haben gar nichts getan. Ein junger Mann, der neben mir stand, wohl mit seiner Verlobten, ich glaube nicht, daß er Student war, war empört und ist zu einem Polizisten gelaufen, hat ihn darauf aufmerksam gemacht, er müßte doch etwas dagegen tun, daß die Studenten so mißhandelt werden. Der Polizist hat gar nicht darauf reagiert ...« (EK, 2031)

Auf dem Weg zur Oper wurde die Demonstrantin *Karin F.* von einem Perser, der sich ihres Plakats bemächtigte, angegriffen:

»Ich bat einen Polizisten, der ein paar Schritte abseits stand, die Personalien des Mannes festzustellen. Doch er ließ ihn weitergehen, mit der Bemerkung, daß mir wohl Recht geschehen sei.« (EK, 0158)

Drei Demonstranten, die bei der Auflösung eines Autokorsos der Polizei entgangen waren, wurden anschließend von Persern verfolgt, geschlagen und ihrer Plakate beraubt:

»Wir wandten uns an 2 Polizisten, die die Personalien der Iraner aufnehmen sollten. Der Perser schob uns beiseite und verlangte, uns zu verhaften. Wir protestierten, wollten erklären, aber die Polizisten nahmen Bernhardt F. brutal in den Polizeigriff und uns hielt der andere fest, um den Perser kümmerte sich keiner. Wir wurden über die Bismarckstraße gebracht und sollten in einen Polizeiwagen eingeladen werden. Da aber keiner zur Zeit vorhanden war, berieten die Polizisten kurz. Mit der Bemerkung ›Haut ab, sonst setzt's Hiebe‹ trieb man uns in eine Nebenstraße.« (Sven L., EK, 0170)

Die Deckung polizeigerechter Selbstjustiz läßt sich bis in den Polizeiverlaufsbericht hinein verfolgen. Es gibt einen Fall, in dem die Polizei die von ihr erbetene Hilfe gegen angreifende Schahanhänger geleistet hat. Übrigens nach dem Modell, das wir von Kaiser kennen: Polizei nimmt fest, wenn sie selbst in Mitleidenschaft gezogen wird. *Hermann R.* und *Severin B.* schreiben an die Staatsanwaltschaft:

»Am 2. Juni 1967 standen die Unterzeichnenden inmitten von Zuschauern vor dem Charlottenburger Schloß und erwarteten die Ankunft des Schahs. Um 18.45 Uhr (ca. 3 Minuten vor Eintreffen des Schahs) drangen zwei Personen auf zwei Demonstranten ein, die ein an Schäften befestigtes Spruchband mit der Aufschrift ›Welcome to Berlin! Mr. Dictator‹ hochhielten. Sie näherten sich von hinten den Demonstranten (...), rissen das Spruchband in Stücke und bemächtigten sich unter Gewaltanwendung der Schäfte (Holzbesenstiele). Mit diesen Holzstangen schlugen sie zuerst auf die Demonstranten und, als diese zurückwichen, wahllos auf umstehende Schaulustige und auf die Unterzeichnenden ein. Zwei herbeieilende Polizisten wurden ebenfalls von den wild um sich Schlagenden getroffen, bevor sie diese festnehmen und vor die Absperrung führen konnten. Da zu erwarten war, daß ein Strafverfahren gegen diese beiden Personen eingeleitet würde, stellten sich die Unterzeichnenden den Polizisten zwecks Zeugenaussage zur Verfügung. Die Polizisten winkten jedoch ab mit der Bemerkung: ›Das ist überhaupt nicht nötig‹.
Da die Unterzeichnenden beobachteten, daß keiner der Umstehenden zur Zeugenaussage aufgefordert wurde und sich niemand außer den Unterzeichnenden zur Zeugenaussage freiwillig erbot, ist zu befürchten, daß bisher kein Strafverfahren eingeleitet wurde.« (EK, 0413)

Die beiden Demonstranten, die dies dem Generalstaatsanwalt schreiben, haben Recht mit ihrem Verdacht; die Polizei griff ein, erstattete aber keine Anzeige, und schließlich: im Polizeiverlaufsbericht erscheint dieser Fall als Polizeischutz gegen Demonstranten:

»Gegen 19.00 Uhr mußte eine männliche Person kurzfristig zum eigenen Schutz in polizeiliche Verwahrung genommen werden, weil sie gegen ein Protestplakat Stellung genommen hatte und von Störern bedroht wurde.« (Ergänzungsbericht über die polizeilichen Maßnahmen ..., S. 5; das von den beiden Demonstranten angestrengte Verfahren ist inzwischen vom Staatsanwalt aus Mangel an Beweisen eingestellt worden.)

Die oberste politische Instanz sprach ihr Urteil über die Demonstranten vom 2. Juni: eine »lebensgefährliche Minderheit« (*Albertz* auf der Landesfunktionärskonferenz am 22. 6. 67). Das Ausmaß des Polizeieinsatzes gegen die Demonstranten war der Beweis ihrer Gefährlichkeit. Die unter den Augen der Polizei mögliche Selbstjustiz an den Demonstranten zeigte jedoch noch ein anderes: die Minderheit war weniger gefährlich als gefährdet. Den Schluß daraus zog die Berliner Bevölkerung nach dem 2. Juni. Ihre aus der Situation Berlins herrührende Angst fand ein Objekt, an dessen Ungeschütztheit die Angst sich als Wut betäuben konnte. Wo Studenten nach dem 2. Juni ihre Solidarität mit dem erschossenen Ohnesorg bekundeten oder weiterhin gegen die Politik des antikommunistischen Juste-Milieu demonstrierten, trafen sie auf eine Bevölkerung, die ihnen in Reden und Taten das Pogrom androhte. Besonders drastisch stellte sich dies in einem Fall dar, der sich unter den Fenstern eines Polizeireviers abspielte:

»Am Sonntag, dem 4. Juni 1967 gegen 19.30 Uhr beobachtete ich in der Turmstraße, Moabit, daß ein eine schwarze Fahne tragender Student (Siegfried S.) von einigen anscheinend angetrunkenen Männern belästigt wurde. Die Belästigungen bestanden (...) in tätlichen Angriffen auf Herrn S., der dabei auf die Fahrbahn der Turmstraße gedrängt wurde. Der Vorfall spielte sich unmittelbar vor dem Polizeirevier 25, Turmstraße 28, ab. Obwohl Herr S. laut hörbar die Polizei um Hilfe rief, griffen Polizisten, die den Vorgang von den Fenstern des Reviers aus beobachteten, nicht ein. Ein auf dem Streifengang befindlicher Polizist, der ebenfalls den Vorgang untätig beobachtete, wurde von mir zum Eingreifen aufgefordert. Außerdem forderte noch ein weiterer Passant (Horst W.) den Polizisten auf, einzuschreiten, was dieser jedoch ablehnte. Hierauf betrat ich zusammen mit Herrn W. das Polizeirevier, wo wir vor dem wachhabenden Beamten unsere Forderung auf ein Eingreifen der Polizei zum Schutz Herrn S.'s wiederholten. Auch dieser Beamte wies unser Ansinnen zurück, und wir wurden aus den Räumen des Reviers hinausgedrängt.« (Wolfgang D., EK, 12. 6. 67).[13a]

Gegen Minderheiten ist die beste Polizei noch immer das gesunde Volksempfinden; wo es der Polizei an Gründen zum Einschreiten fehlt, braucht das gesunde Volksempfinden nicht lange zu fackeln. Erst die Kooperation von Polizei und Volksempfinden macht die Stigmatisierung der Minderheit vollständig. Lückenlos wird die Kooperation dort, wo die Polizei zu dem in Rechts- wie in Polizeistaaten probaten Mittel der Schutzhaft greift, wo die Polizei, anstatt die Selbstjustiz des gesunden Volksempfindens zu verfolgen, die Opfer der Selbstjustiz in »Schutzhaft« nimmt. Dann ist die Schutzhaft nur die Fortsetzung der Selbstjustiz mit anderen Mitteln und erscheint den Verfolgern auch so. Selbstjustiz ist legalisiert, und der Schutz des Polizeigewahrsams ist nur mehr das Aufsparen des von Selbstjustiz Bedrohten für weitere Verfolgung.

Am 19. August 1967 paradierten Truppen der amerikanischen Garnison vor der Bevölkerung in Neukölln. Diese Parade mit klingendem Spiel und Panzern sollte nicht ohne Erinnerung an den amerikanischen Krieg in Vietnam vorübergehen. So hatte es sich eine Gruppe junger Sozialdemokraten vorgenommen. Zwei der Demonstranten setzten sich vor die Marschkolonne, andere zeigten Transparente und warfen Flugblätter. Damit kamen sie aber nicht weit. Zuschauer und Polizisten bemächtigten sich ihrer; die Zuschauer warfen sie die Tribünen hinunter, und die Polizei verhaftete sie. Im Polizeibericht heißt es:

»Über zehn Personen wurden in Schutzhaft genommen, als Zuschauer gegen sie tätlich vorgingen.« (*Telegraf*, 22. 8. 67)

Von den Zuschauern, die einige der Demonstranten – auch Mädchen unter ihnen – arztreif schlugen, verhaftete die Polizei niemanden:

»Ich stand auf, sprang hinunter und verlangte, daß die Polizeibeamten die Namen der Schläger feststellen sollten. Die Beamten weigerten sich, und die Schläger gingen sofort auf mich los. (...) Ich verlangte erneut die Feststellung der Personalien. Daraufhin kamen Polizeibeamte und drängten mich nach oben, während ich von Zuschauern geschlagen und nach hinten über die Tribüne gestürzt wurde. Ich wurde dann in das Polizeirevier geführt. Drinnen fragte ich zunächst, was gegen mich vorläge, und verlangte dann, daß die Personalien der Schläger festgestellt würden, da ich Strafanzeige stellen wollte. Das wurde abgelehnt; man sagte mir, ich solle selbst die Personalien beibringen – draußen seien genügend Polizeibeamte. Der (vermutliche) Einsatzleiter wies schließlich – nach einer geraumen Zeit der Weigerung – einen Polizeioffizier an, mit mir mitzugehen und die Personalien festzustellen. Der Betreffende tat das sehr unlustig und wies dann einen anderen Polizisten an, der wiederum einen anderen anwies – ›zufällig‹ denselben, der sich bereits das erste Mal geweigert hatte. Ich zeigte ihm die Schläger, die besonders übel gewesen waren. Als ich die Feststellung der Personalien verlangte, weigerten sich diese sofort, entsprechende Angaben zu machen, und wurden wieder gegen mich tätlich. Daraufhin erschienen zwei andere Polizeibeamte und führten mich im Polizeigriff ab, wieder die lange Front hinunter. Während des ganzen Weges wurde ich weiter geschlagen, getreten und bespuckt.« (Reinhard Strecker im *Telegraf*, 22. 8. 67)

Die Schutzhaft war nur ein sehr prekärer Schutz, weil sie nicht vor weiteren Schlägen schützte, sie war vielmehr ein Pranger. Den eigentlichen Schutz gewährte die Polizei der Selbstjustiz, indem sie ihr den Schutz der Anonymität beließ. Wie sich Polizei und die Wut des gesunden Volksempfindens die Hand reichten, beobachtete ein Zeuge der eben beschriebenen Szene:

»Die Stimmung der Bevölkerung wurde immer bedrohlicher, so daß ich hinter der Tribüne entlang ging, während der Beamte und Herr Strecker vor der Tribüne auf die gesuchte Person zugingen. Vom Tribüneneck konnte ich folgendes beobachten: Herr Strecker wurde im Polizeigriff abgeführt, während ein dritter Beamter der gesuchten Person zuzwinkerte und die Hand drückte.
Aus Furcht, von der Menge tätlich angegriffen zu werden, begab ich mich zurück zur Wache, um mich in Sicherheit zu begeben. Meine Personalien wurden daraufhin überprüft. Die weitere Forderung von Herrn Strecker, die Personalien des braunen Schlägers festzustellen, wurde mit dem Hinweis beantwortet, ihm stehe es frei, die Wache zu verlassen und sie selbst zu ermitteln. Inzwischen hatte sich eine riesige Menschenmenge vor der Wache versammelt.« (Peter R., Zeugenaussage im Verfahren wegen Begünstigung im Amt, Aktenzeichen: 2PJs 1105/67)

Was die Demonstranten vor dem Polizeirevier erwartete, beschreibt *Jürgen R.:*

»Nach ca. 10 Minuten wurde mir von der Polizei erklärt, daß ich nur zu meinem eigenen Schutz auf der Wache sei und jetzt wieder gehen könnte. Dies war eine mehr oder minder direkte Aufforderung, die Wache wieder zu verlassen. Als ich draußen zusammen mit Frau Yael R. vor der Wache stand, drängten uns einige ›Zuschauer‹ an die Mauer. (...) Die immer größer werdende Volksmasse drängte uns immer weiter in die Erkstraße hinein. Dort stand ein Polizeimannschaftswagen, in dessen offene Fahrerkabine wir uns flüchteten. Der im Wagen sitzende Polizeifahrer beschränkte sich zuerst darauf, die Menge verbal zu beruhigen, ohne sich allerdings besonders zu engagieren. Nachdem wir etwa 10 Minuten so gestanden hatten und die Menge uns zu lynchen drohte, wurden wir von zwei Polizisten in den hinteren Teil des Wagens gebracht. Hierbei kam es mir gegenüber wieder zu Tätlichkeiten von seiten der Bevölkerung, ohne daß die Polizei sie daran hinderte. Während wir im Wagen saßen, schrie die Menge: ›Bei Hitler hätten sie euch schon längst vergast‹. Frau B. antwortete darauf: ›Ganz richtig, ich bin nämlich Jüdin.‹ Der Polizist im Wagen hat diese Äußerungen gehört, er versuchte später, Frau B. gegenüber die Bemerkungen der Bevölkerung zu verharmlosen.« (Jürgen R., Zeugenaussage, Aktenzeichen: 2PJs 1105/67)

Diese Haltung des Polizisten hat eine fatale Tradition in Deutschland: Schutz gegen politische Verfolgung wird nur dann gewährt, wenn der Schutz zugleich als Mittel wirkt, der Minderheit innerliche Anerkennung ihrer Verfolger abzugewinnen. Scheinbar neutral zwischen der Minderheit und ihren Verfolgern, übernimmt der Beamte deren Rolle, indem er die Bedrohung hinter beschwichtigenden Erklärungen verschwinden, faktisch jedoch bestehen läßt. Wer angreift und womit gedroht wird, ist eindeutig. Aber anstatt der Drohung entgegenzutreten, macht der Polizeibeamte sie dem Bedrohten »verständlich« und dadurch unentrinnbar.

Allerdings, die Lage des Polizeibeamten ist schwierig, schwierig wie die

Lage Berlins überhaupt. Die bringt es mit sich, daß »Westberliner Polizeibeamte oft Einsätze mit ›verkehrter Front‹ ausführen müssen«, so der *Telegraf* nach Vorträgen von Senatsrat *Prill* und dem Kommandeur der Schutzpolizei *Werner* über »Probleme der Berliner Polizei angesichts der kommunistischen Herausforderung«, 1. Mai 1964 (vgl. S. 10). Weiter heißt es:

»Die Westberliner Polizei muß oft als ›Blitzableiter‹ dienen, um den berechtigten Unmut aufzufangen. Daß die Polizisten dabei innerlich die gleiche persönliche Einstellung haben wie die erregten Menschen, fordert von den Beamten besondere psychologische Stärke.«

In der Tat, die »gleiche persönliche Einstellung« wie in der Selbstjustiz des gesunden Volksempfindens, aber auch die »besondere psychologische Stärke« fehlt den Beamten der obigen Szene nicht, waren sie doch fähig, im Verzicht auf eigene Gewaltanwendung Gewalt auf die Demonstranten einwirken zu lassen.

Schutz gegen eine Polizei der doppelten Buchführung von Front und »verkehrter Front« gibt es, wenn überhaupt, nur durch die Öffentlichkeit. Deshalb versuchten die Demonstranten, ihre Angreifer und die mit ihnen kooperierenden Polizisten zu photographieren. Aber die betroffenen Zuschauer machten solche Versuche, wo sie nur konnten, zunichte, in einem Fall mit direkter Hilfe der Polizei:

»Ich machte Fotoaufnahmen, wie Manfred G. von zwei Polizisten und einem Zivilisten geschlagen wurde. Dieser sprang daraufhin zu mir her, packte mich fest am Arm und forderte heftig die Herausgabe des Films. Ich erklärte mich nicht einverstanden und verlangte von den beiden Polizeibeamten eine Erklärung bzw. im Falle einer Filmherausgabe von meiner Seite eine Bestätigung dafür. Polizei und Zivilisten erklärten mir abwechselnd: ›Geben Sie den Film heraus, aber schnell, sonst können wir es auch anders machen!‹ Nun verlangte ich von den Polizisten eine Dienstnummer oder Namensangabe. Beides wurde mir verweigert. Es wurde mir gesagt, ich solle später zum Revier kommen. Inzwischen habe ich sorgfältig in meinem Fotoapparat den Film zu Ende gespult und aus der Kamera genommen. Ich wollte die Filmspule zukleben, aber sie wurde mir von dem Zivilisten aus der Hand gerissen und sofort von ihm belichtet. Daraufhin wurde mir der Film zurückgegeben und der Zivilist entfernte sich schnell. Anschließend wollte ich einen neuen Film einlegen. Einer der vorherigen Polizisten sah das und schlug mir kräftig auf die Hand, so daß der Film zu Boden fiel.« (Herbert K., Zeugenaussage, Aktenzeichen 2PJs 1105/67)

Die Demonstranten photographierten, um wenigstens in den Bildern unbestechliche Zeugen zu haben. Die Polizisten sahen darin das Mißtrauen gegen sie und handelten, als sei das Widerstand gegen sie. Wütend, weil sie ertappt waren, gaben sie erst Ruhe, als die Bilder unschädlich waren. Die Hoffnung der Demonstranten, mit Hilfe der Bilder doch noch und gegen die Polizei ein gerechtes Urteil finden zu können, war ihnen unerträglich. Die Photos hätten schließlich den Beweis der Polizei für ihr »neutrales« Eingreifen, die Schutzhaft, von der der Polizeibericht so harmlos spricht, in Frage gestellt. Das ist nun verhindert worden; Polizei und Senat konnten auf die Frage des FDP-Abgeordneten *Kaschke*, warum niemand von den angreifenden Zuschauern verhaftet worden sei, bei der Ausrede bleiben, die Polizei habe sich

»... nach dem Grundsatz der Verhältnismäßigkeit der Mittel gerichtet. Nach pflichtmäßigem Ermessen hat sie das die Betroffenen und die Allgemeinheit am wenigsten beeinträchtigende Mittel gewählt ...« (PLB/Abghs. 13. 9. 67, S. 5)

Schutzhaft nach dem Prinzip der Verhältnismäßigkeit der Mittel – das heißt auch Duldung von Kriminalität nach eben demselben Prinzip. Ein ominöses Prinzip, das offenbar selber nur verhältnismäßig begriffen werden kann: Gegenüber der »lebensgefährlichen Minderheit« am 2. Juni war es kein Hindernis für den Polizeieinsatz, gegenüber den Zuschauern der Truppenparade war es ein Hindernis. Seine Identität hat es nicht in sich selbst, sondern in der Einstellung der Polizei. Gleich ob gegen Demonstranten oder für Schläger aus der Bevölkerung, ob als Einsatz der Polizei oder als Einsatz des gesunden Volksempfindens, für die Polizei ist es ein und dasselbe Prinzip, solange es sich gegen dieselbe Minderheit richtet, die dem »Selbstbehauptungswillen« der Berliner gefährlich erscheint. Dieser gegen den Kommunismus gleichgeschaltete Selbstbehauptungswille bestimmt die Verhältnisse, nach denen sich die Verhältnismäßigkeit des Polizeivorgehens richtet; bestimmt die Verhältnisse, in denen die Kriminalität des »berechtigten Unmuts«, als verhältnismäßige oder auch konforme, polizeiliche und politische Duldung gefunden hat:

»Seit langer Zeit haben damit zum ersten Mal Bürger dieser Stadt bewiesen, daß sie nicht mehr gewillt sind, dem Treiben anarchistischer und terroristischer Minderheiten tatenlos zuzusehen.«
(Aus einem offenen Brief des CDU-Abgeordneten und Landesgeschäftsführers der CDU, Schmitz, an den Bezirksbürgermeister von Neukölln; veröffentlicht in der *Berliner Morgenpost* vom 24. 8. 67)

Seit langer Zeit zum ersten Mal: als ob damit den »Bürgern dieser Stadt« bestätigt werden sollte, daß sie den Anschluß an ihre faschistische Vergangenheit wiedergefunden haben ...

Volkes Stimme

»Die Geduld der Stadt ist am Ende.« »Wir lassen uns nicht länger von einer Minderheit terrorisieren.« (Der Reg. Bürgermeister Albertz in Ansprachen am 3. Juni)

Ein paar hundert demonstrierende Studenten, weit entfernt von gesellschaftlicher oder politischer Macht, bewaffnet mit den Waffen des Theaterskandals, Eiern, Tomaten und Trillerpfeifen, Sachbeschädigung an den Schaufenstern der Macht übend, »terrorisieren eine Zweimillionenstadt«. Eine groteske Vorstellung, lächerlich wie aus einer Schildbürgerfarce, nur nicht zum Lachen; denn was hilft Lachen, wenn diese Vorstellung, so grotesk sie sein mag, die Überzeugung fast aller ist, wenn die Farce, von der Wirklichkeit nicht unterscheidbar, die Farce eines totalen Schilda ist!

»99% der Bevölkerung hätte hinter dem Senat gestanden, hätte er sofort drastische Maßnahmen gegen den maßlosen Terror der kommunistischen Studenten ergriffen.« (Leserbrief, *BZ*, 6. 6. 67)

Die Nichtachtung bürgerlicher Reinigungs- und Kleidersitten, die Lästerung akademischer und sonstiger Autoritäten, die Verhöhnung einer Moral, die über die Brandopfer aus nicht eingehaltenen Schutzbestimmungen trauert, aber nach dem Schutz gegen amerikanische Napalmbomben in Vietnam nicht fragt, die Karikatur auf die Gewalt in Pudding- und Rauchbomben erregen Schrecken, als seien sie das Wiederauferstehen des anarchistischen Terrors.

»Was vor der Deutschen Oper passiert ist, war offener Aufstand, Aufruhr, Rebellion gegen jede Ordnung und Sicherheit.« (namentliche Zuschrift an AStA FU, 6. 6. 67)

»Sie haben sogar schon mit Ingredienzien zur Herstellung von Stinkbomben laboriert! Der Schritt von da zur Verfertigung von Sprengkörpern ist nur klein. Das ist der Grund, weshalb ich Ihnen auch nicht meinen Namen mitteilen kann.« (anonyme Zuschrift an AStA FU, 9. 6. 67)

In der Tat, der Schritt, in Protestdemonstrationen Aufstand und Terror zu sehen, ist nur klein für eine Bevölkerung, die Demonstrationen nur dann für zulässig hält, wenn alle gemeinsam demonstrieren:

»Demonstrationen sollte es nur dann geben, wenn alle zusammen es wollen.« (anonym AStA FU, 8. 6. 67)

»Wir demonstrieren zum Beispiel alle zum 1. Mai. Ich könnte mir auch andere Anlässe vorstellen, aber grundsätzlich führe ich tagespolitische Auseinandersetzungen nicht auf der Straße.« (Regierender Bürgermeister Klaus Schütz in einer *Pardon*-Umfrage, Januar 68)

»Darum fordern wir: Schluß mit den vielen Demonstrationen, soweit die Demonstrationen nicht von der ganzen Bevölkerung getragen werden, wie z. B. eine Demonstration, die sich gegen einen Abschuß an der Mauer richtet!« (anonym AStA FU, 20. 6. 67)

Es soll nur das demonstriert werden, was keiner Demonstration mehr zu seiner Durchsetzung bedarf: die Übereinstimmung, die Gleichschaltung. Kein Wunder, daß da Demonstrationen des Widerspruchs, die den Willen einer noch nicht integrierten Minderheit ausdrücken, als gefährlich empfunden werden: Sie könnten die Volksgemeinschaft als verordnete Illusion erscheinen lassen. Und für Volk und Obrigkeit hängt das »Schicksal dieser Stadt« dermaßen an der Lebenslüge unerschütterlicher Einigkeit, daß die wenigen, die sich nicht als Stein in das Bollwerk einfügen lassen, als »lebensgefährliche Minderheit« (Albertz) mit der Aussonderung bedroht werden:

»Dort wo aber Unbelehrbare sind, die nur immer glauben, eine gesellschaftliche Umschichtung durchführen zu müssen, diese Unbelehrbaren sollte man fernhalten, sollte man ausgliedern aus dieser Gemeinschaft und sie zurückgeben an die, von denen sie offenbar Aufträge haben.« (SPD-Abgeordneter Theis, AH, 8. 6. 67, S. 141)

»Abschließend möchte ich sagen: Wenn der Blinddarm schmerzt und wenn die Qualen nicht mehr auszuhalten sind, dann bleibt nichts anderes übrig, als ihn herauszuoperieren, wenn man das eigene Leben nicht riskieren will.« (CDU-Abgeordneter Heinschke, AH, 8. 6. 67, S. 167)

Das »Lebensgefährliche« an dieser Minderheit ist, daß sie ihren Minderheitenstatus demonstriert, anstatt ihn widerspruchslos hinzunehmen, daß sie noch aus ihrer Isolierung politische Kraft gewinnt, anstatt sich mit ihrem Reservat abzufinden. Zu wissen, daß es abweichende einzelne gibt, wäre noch zu ertragen, daß sie aber nicht stillhalten, sondern ihren Widerspruch demonstrieren und die Öffentlichkeit nicht der Mehrheit überlassen, das ist unerträglich:

»Wollt ihr schon protestieren, dann tuts doch stumm!« (Rias-Rückblende, Nr. 152)

»Was jetzt not tut in Berlin, ist nicht, daß der Senat Demonstrationen verbietet, sondern daß sich studentische Demonstrationen für eine Weile von selbst verbieten. (...) So lange, bis die jungen Leute begriffen haben, daß politische Demonstrationen das dümmste und vergeblichste Mittel politischer Betätigung sind.« (*Frankfurter Allgemeine Zeitung*, 5. 6. 67)

Daß die demonstrierende Minderheit solche Erwartungen enttäuscht, das ist Terror, weil die Mehrheit das Übermaß an Vergeltung, das sie der Minderheit zudenkt, vorläufig nicht wagen kann, ihr auch wirklich anzutun; ihr Unrecht stünde sonst nackt und ohne jede wenigstens scheindemokratische Rechtfertigung da. Solange diese »Mehrheit« sich die Mittel der Abwehr, zu denen es sie drängt, versagen muß, fühlt sie sich schutzlos, und Opposition, die das nicht respektiert, ist Terror. Allerdings ist für eine Gesellschaft, die über die Demokratie des Goebbelsschen Volksempfängers nicht hinausgekommen ist, ein anderes ebenso gut denkbar; mit dem Ruf »Das ist Terror« wird nur das Alibi gesucht, in dessen Schutz die unvergessene Tradition des vorbeugenden Gegenterrors wieder aufgenommen werden kann:

»Inspektor sagt: Darüber muß man sich klar sein: mit diesen Leuten kann nicht mehr diskutiert werden! Denn sie haben selber den Boden der Demokratie verlassen! Deshalb bin ich der Ansicht: Wenn diese Leute Staat und Gesellschaft weiter herausfordern, dann muß diese Herausforderung angenommen und der Terror gebrochen werden!« (*BZ*, 5. 6. 67)

»Es wäre an der Zeit, daß sich mal die Mehrzahl der arbeitenden Bevölkerung aufraffen würde, um gegen die randalierenden Studenten vorzugehen. Dann wollen wir mal sehen, wer den kürzeren zieht ...« (Brief an die Evang. Studentengemeinde FU)

»Halten Sie Prügel für ein legitimes Mittel gegenüber Andersdenkenden?
Antwort: Ja, soweit der Bürger ein gesundes Empfinden dafür hat, wie weit er seinerseits gehen darf.
Also Faustrecht zur Abwehr einer Beleidigung?
Antwort: Das kann durchaus angemessen sein; die Demonstranten haben sich ja auch gewehrt.« (Aus einem Interview mit dem Berliner CDU-Abgeordneten Schmitz, *Die Zeit*, 8. 9. 67)

»Bei meinen Kollegen und Verwandten liegen ab sofort Hundepeitschen und Weichmacher bereit. Sollte sich ein Rowdy von Ihrer Sorte nochmals an unsere Türen wagen, dann machen wir Mus aus Euch Mistbande. Die Polizei war nämlich viel zu anständig zu Euch. Wir hätten gleich mit dem MG dazwischen gehalten, damit Euch Halunken ein für allemal die Lust am Radau vergangen wär, denn Euer Platz ist die Schulbank. Wir gehen ohne Waffe nicht mehr aus.« (anonym AStA FU, 13. 6. 67)

»Mir graust, wenn ich daran denke, daß dieser Pöbel später mal die Führerschicht in unserem Vaterlande stellen soll. Die Polizei ist noch viel zu human vorgegangen (...) Unsere Regierung soll sich begraben lassen. Hier fehlt ein Innenmini-

ster wie Herrmann Göring, der mit den Ganoven aus dem Scheunenviertel damals spielend fertig wurde.« (anonym AStA FU, 14. 6. 67)
»Zusammenschlagen und dann für ein Jahr in ein Arbeitslager. Hoffentlich werden sich unsere zu humanen Behörden recht bald einmal dazu entschließen. Dann wird es in Deutschland auch wieder besser.« (namentl. AStA FU, 8. 6. 67)

Was kann das »gesunde Empfinden« dem Bürger darüber sagen, wie weit er in seiner Abwehr gehen darf, wenn für das »gesunde Empfinden« die beste Abwehr schließlich diejenige ist, die Abwehr überflüssig macht, die beseitigt, unschädlich macht, ausmerzt, und das nach Mustern, die in der Vergangenheit des Bürgers nicht weit zurückliegen:

»Ungeziefer muß man mit Benzin begießen und anzünden! Tod der roten Studentenpest! Die rote Studentenpest soll doch rübergehen! Da können sie randalieren, protestieren, demonstrieren mit ihren roten Gesinnungslumpen zusammen. Wir wollen sie nicht sehen, sondern rauswerfen! Am besten in die Spree reinwerfen. Ersäufen!« (Brief an die Evang. Studentengem. FU)
»Euthanasie für studentische politische selbstmörderische Idioten gibt es ja nicht bei uns!« (namentl. AStA FU, 5. 6. 67)
»Nur ein Student erschossen, das ist viel zu wenig. Durch den Ofen jagen, das ganze Pack!« (EK Bericht E. F.)
»Am 23. 6. beobachtete ich die Vietnam-Demonstration der Falken. Drei Männer zwischen 30 und 40 Jahren beschimpften die Demonstranten, die an ihnen vorbeizogen. Am Ende des Zuges fuhren im Schrittempo mehrere Polizeimannschaftswagen. Einer der drei Männer rief den Polizisten zu: ›Zeigts ihnen heute mal richtig, macht sie fertig. Am besten, alle vergasen.‹ Ein Polizist zuckte darauf die Schultern.« (Klaus S., EK, 0356)

Die Wut auf die Demonstranten läßt alle Sicherungen der inzwischen gelernten »demokratischen Selbstkontrolle« durchbrennen. Die Wut schmilzt alle Unterschiede weg, auch die zwischen verfemter Vergangenheit und rechtgläubiger Gegenwart. Für den Augenblick der Gewaltandrohung stellt sich die alte Volksgemeinschaft der Verfolgung wieder her, gegen neue Opfer gerichtet erscheint sie als Schutz der Demokratie. In der Demokratie der Wut aber wird die verdrängte Gewalt befriedet, indem sie freigelassen wird, wird die verfemte Vergangenheit »aufgearbeitet«, indem man sich zu ihr bekennt. Diese »Vergangenheitsbewältigung«, will sie die Wut des Augenblicks überdauern, kommt nicht ohne Rechtfertigung aus. Die Gewalt wird der demonstrierenden Minderheit nicht einfach im zynisch offenen Rückgriff auf faschistische Säuberungsmethoden angedroht. Die Ausmerzung, die man für die Demonstranten herbeiwünscht, hat man zwar unterm Faschismus gelernt, nun aber droht man mit dem Gelernten antifaschistisch. Denn gegen die Demonstranten stellt man sich nur, weil man dem Wiederauferstehen der faschistischen Vergangenheit vorbeugen will. Die oppositionelle Minderheit wird der SA gleichgesetzt, ihre Demonstrationen dem SA-Terror. Indem man auf die Demonstranten als SA-Leute einschlägt, wird man den SA-Mann los, der man einmal war, und kann es doch bleiben.[14]

»Wir haben etwas gegen SA-Methoden. Die Deutschen wollen keine braune und keine rote SA. Sie wollen keine Schlägerkolonnen, sondern Frieden.« (*Bild*, 3. 6. 67)
»Wir hatten schon einmal in diesem Jahrhundert in Berlin derartige Krawalle, auch damals waren Studenten dabei, sie nannten sich s. Zt. ›SA‹. Auch sie hatten ihren Ohnesorge, nur hieß er damals ›Horst Wessel‹, und auch von ihm war nicht viel Gutes zu berichten.« (anonym AStA FU, 6. 6. 67)
»Aber am Fernseher haben wir uns dieser radikalen und möglicherweise von Kommunisten gelenkten Brüller geschämt. Sie wirkten genau wie die HJ-Jungens, die seinerzeit die jüdischen Geschäfte einschlugen und plünderten.« (anonym AStA FU, 8. 6. 67)
»Wer aber ist im Dritten Reich für die vielen Todesurteile verantwortlich und für die Versuche an Juden? Das waren alles ehemalige Studenten.« (an die Evang. Studentengem. FU)
»Als die Juden hier im eigenen Lande vergast wurden, da waren die Studenten still. Jetzt, wo es weit weg ist, verletzt Ihr die eigenen Bürger.« (an AStA Kiho und Evang. Studentengem.)

Läßt man schon die Studenten stellvertretend einstehen für den eigenen Anteil an der unheilvollen deutschen Geschichte, so ist es nur konsequent, die Selbstreinigung nicht nur schlagend an ihnen zu vollziehen, sondern sie zur »Wiedergutmachung« in den Krieg für Israel zu schicken:

»Ihr kämpft an falscher Front. Auf nach Israel! Da könnt Ihr für die Menschenwürde Deutschlands etwas tun.« (anonym AStA FU, 8. 6. 67) »Aber dazu ist zuviel Angst in Euren Hosenböden, wie!« (namentl. AStA FU, 7. 6. 67)

Ob die Protestdemonstrationen als Aufruhr und Meuterei verflucht oder als lächerlicher Studentenrabatz abgetan werden, Vergebung gibt es erst nach einem Einsatz im Bürgerkrieg gegen die DDR oder im Kampf für Israel:

»Zeigt was Ihr könnt an der Mauer! Wenn die Grepos Euch wie Hasen abschießen, habt Ihr, was Ihr braucht, und wir haben wieder Achtung vor Euch. Aber Ihr tut ja nicht einmal was für Israel.« (anonym AStA FU, 8. 6. 67)
»Wer aktiv für Gerechtigkeit und Freiheit eintreten will, in Israel bietet sich eine echte Bewährungschance. Es ist mir nicht bekannt, daß sich jemand von der FU freiwillig gemeldet hätte.« (namentl. AStA FU, 5. 6. 67)

Die antikommunistische Gegenwart bietet keinen Ausweg aus der faschistischen Vergangenheit. Befreiung aus der selbstangetanen Verstrickung gibt es offenbar nur um den Preis des Todes. Das Töten der Juden kann nur wiedergutgemacht werden durch Töten für die Juden – oder für sie Getötetwerden. Aber die auf die oppositionelle Minderheit abgewälzte Anteilnahme am Schicksal Israels zielt kaum auf Wiedergutmachung. Allzu deutlich treibt in dieser Anteilnahme der Wunsch sein Unwesen, die Mahner loszuwerden und das noch mit moralischem Profit:

»... wir alle wünschen nur, daß die Schreihälse nach Israel eingezogen werden, damit sie den Krieg als Kanonenfutter miterleben und dadurch eine große Zahl der Besserwisser eins auf den Pelz gebrannt bekommen, dann werden sie vielleicht normal. Wenn sie dort gleich ihren Geist aufgeben, ist noch besser ...« (namentl. AStA FU, 13. 6. 67)

Der 2. Juni war für die Bevölkerung, die über die demonstrierende Minderheit herfiel, ein Schock; sie nahm die Demonstranten selber gar nicht mehr wahr, sondern sah in ihnen nur die Wiederkehr eines Gleichen. Der Schock rief die Abwehr wieder hervor, die schon einmal versagt hat. Die Erinnerungen, die angesichts der Demonstranten wieder aufbrechen, lesen sich wie Deckerinnerungen mit der Funktion, Vergangenheit umzudeuten, zu verharmlosen, von ihr zu entlasten, um an ihr festhalten zu können.

»Die Weimarer Republik ist letzten Endes daran gescheitert, daß man den demokratischen Gesetzen zu weitgehend folgen zu müssen glaubte. (...) Man ließ demonstrieren, solange bis die Republik zugrunde gerichtet war, und Hitler legal die Macht übernehmen konnte. (...) Die Nazis haben Studenten damals vor ihren Karren gespannt, denken Sie an die Bücherverbrennung! Vielleicht sind Sie auch vor einen Karren gespannt und haben es nur nicht gemerkt. Zwei Flugblätter kamen mir in die Hände. Der Inhalt und die Argumentation erinnert auffallend an DDR-Dialektik! Verstehen Sie jetzt, warum die Grundrechte nicht bis zur äußersten Konsequenz durchgeführt werden können? Das kann einer Selbstaufgabe gleichkommen.« (namentl. AStA FU, 24. 6. 67)

»Besonders ›lehrreich‹ war Ihre Bemerkung, daß Sie auf die Zeit nach 1933 hinweisen, die nach Ihrer Meinung entstanden ist, weil man sich nicht genügend durch Demonstrationen dagegen gewehrt hat. Wir Älteren aber haben leider erlebt, daß die Zustände erst dadurch so auf die Spitze getrieben wurden, weil die Linksradikalen ständig randaliert haben. Das ging schon nach dem Zusammenbruch 1918 damit los und nahm kein Ende, sodaß sich eine ruhige Entwicklung überhaupt nur schwer anbahnen konnte. (...) Schuld an der Entwicklung aber hat auch der schwache Senat, der immer nur beschwichtigt und nicht durchgreift, weil wir an der Spitze eben keinen Mann sondern einen Pfeifenheini haben. Aber hier brauchen wir einen, der die Energie eines Adolf Hitler mitbringen muß, um sich durchsetzen zu können. Nun werden Sie sagen – aha, der

Schreiber ist ein Rechtsradikaler oder ein alter Nazi. Ganz das Gegenteil ist der Fall, denn der Schreiber ist einer der wenigen, die sich nicht von den Nazis einfangen ließen und dafür auch zweimal gratis zur Prinz Albrechtstr. gefahren wurde.« (anonym AStA FU, 8. 6. 67)

Betroffen macht, daß selbst diejenigen, die wegen ihrer politischen Überzeugung von autoritärer Polizei und Nazis verfolgt wurden, für das Menetekel in den Schlägen und Drohungen gegen die demonstrierende Minderheit blind sein können. Sie sehen die gleichen Schläge, die sie einst empfingen, und doch sind es andere, sind nicht des Aufhebens wert oder vielleicht auch rechtens, denn diesmal sind nicht sie die Getroffenen:

»Wieviele Arbeiter sind erschlagen und erschossen worden und kein Hahn hat danach gekräht, und um den toten Studenten wird jetzt so ein Wind gemacht, bloß weil er ein Student ist. Früher sind die Studenten zum Saufen und in Uniform gegangen, jetzt gehen sie demonstrieren, den Ton angeben wollen sie immer.« (Arbeiter bei einer Vietnamdemonstration am 23. 6. 67 in Moabit; EK Bericht E. F.)

»Auf einer Landesfunktionärkonferenz der SPD am 22. 6. 67, die das Verhalten des Senats und das Vorgehen der Polizei anläßlich des 2. Juni diskutierte, berichteten Studentenvertreter über die Brutalität der Polizei und die Pogromstimmung in der Bevölkerung. Der Bericht stieß immer wieder auf Unmut und Unruhe. Ein hoher Funktionär, zugleich Mitglied des Senats, konnte nicht mehr länger an sich halten und tat den Bericht schließlich mit den Worten ab: ›Was regen die sich bloß so auf; wir haben damals viel schlimmere Keile gekriegt.‹« (EK Bericht H. K.)

Schon deshalb brauchen die Unbetroffenen sich nicht aufzuregen, weil es diesmal die Richtigen trifft. Dafür sorgt die ständige Mobilmachung des Antikommunismus; werden die Demonstranten nicht immer als SA Leute verfolgt, so doch immer als Kommunisten, als ihre Verbündeten, als von ihnen Gelenkte:

»Kommunisten und Studenten, ist ja doch alles eines.« »Wenn ich das schon höre – AStA der FU – wird doch alles von den Kommunisten gelenkt.« (EK Bericht 18./25. 7., R. D.) »Bevor die Universität nicht von den Kommunisten gesäubert ist, gibt es keine Ruhe und Sicherheit in dieser Stadt.« (anonym AStA FU) »Sie leben in einer Demokratie und denken kommunistisch. (...) Und wenn Professoren Sie dazu angehalten haben, dann seien Sie nicht feige und geben diese mit Namen und Anschrift den Berliner Bürgern bekannt.« (namentl. AStA FU) »Mit dem Maschinengewehr sollte man sie alle umlegen. Einen nach dem anderen. Anders wird man mit Kommunisten und Sozis nicht fertig. Ich habe Weimar erlebt. Die Freikorps haben es richtig gemacht.« Auf den Versuch hin, eine Einwendung mit den Worten »Verzeihen Sie ...« zu beginnen: »Da gibt es kein Verzeihen, da hilft nur Abknallen.« (EK Bericht 25. 7., R. D.)

Die verdrängte faschistische Vergangenheit kehrt als Antikommunismus wieder. Gegen den erklärten äußeren Feind immer mehr zur Bewegungslosigkeit verurteilt, kann der Antikommunismus gegen die demonstrierenden Studenten endlich tätig werden. An den Demonstranten stellvertretend im Innern exekutiert, erhält er sich nach außen am Leben:

»Wenn wir Ulbricht vielleicht auch nicht kriegen, euch kriegen wir aber!« (EK Bericht E. F.)

Die Verfolgung der Studenten statuiert am inneren Feind das Exempel des verhinderten Kreuzzuges nach außen. Damit aber noch ein anderes: Die vom Antikommunismus nach außen projizierten Klassengegensätze können gegen die Studenten auch im Innern zum Austrag kommen, ohne daß die Bürokratie und die von ihr kontrollierte gesellschaftliche Ordnung dadurch in Gefahr käme. Von Arbeit befreit und doch tätig, ökonomisch abhängig und doch in eigener Verantwortung, aufsteigend aber noch nicht im vollen Schutz der Oberschicht, sind die Studenten ärgerlich und angreifbar zugleich. Erst recht, wenn sie die Freiheiten und Mittel ihrer wissenschaftlichen Ausbildung nutzen, um der kapitalistischen Gesellschaft den Preis ihrer Selbsterhaltung vorzurechnen. Um dieser Anmaßung willen werden die in der Form des Ressentiments gegen »die da oben« verbliebenen Reste des Klassenkampfes gegen die Studenten mobilisiert:

»Wir haben mit vielen Opfern, und die Berliner Arbeiterschaft insbesondere, gearbeitet, um dem Staat die Mittel zur Verfügung zu stellen, die erforderlich sind, um der Freiheit und der Demokratie die notwendige materielle Grundlage zu geben. (...) Wir dürfen deshalb an die gutwilligen Kräfte appellieren, daß sie ihrerseits den Mut aufbringen, die Freunde und Kameraden ihres Studienzweiges daran zu erinnern, welche politische und demokratische Verpflichtung sie auch in dieser Stadt haben, mögen sie aus dem Westen des Reiches kommen, mögen sie aus dem Ausland kommen. Auf dem Boden dieser demokratischen Hauptstadt hat man sich anders zu bewegen als vielleicht anderswo im Lande.
Ich darf auch sagen, daß sich eine große, breite Enttäuschung in den Kreisen der Bevölkerung aufgetan hat, die täglich ihrem Brotverdienst nachzugehen haben. Auch der Arbeiterschaft und, ich darf sagen, den jungen Kräften in allen Gewerkschaftsorganisationen wird das Treiben dieser undemokratischen Kräfte zuviel, wenn sie wissen, daß sie morgens in der Frühe den Dienst antreten müssen, um das schwere Geld zu verdienen, und zusehen müssen, wie heute durch Demonstrationen der Unterricht in den Universitäten nicht durchgeführt werden kann ...« (SPD-Abgeordneter Theis, AH, 8. 6. 67, S. 140)

Eine Menge ungebundener, auflehnungsbereiter Energie aus Versagung und Enttäuschung wird damit gebunden und, gegen den politischen Protest der Studenten als Privileg von Parasiten gerichtet, entpolitisiert. Immer noch herrscht die Sorge, daß die Arbeiter vom politischen Protest der Studenten erfaßt werden könnten. Gelingt es aber, die Demonstrationen als Müßiggang, als Luxus, als Überfluß an freier Zeit erscheinen zu lassen, verliert ihr Protest seinen politischen Sinn. Auflehnung, die der herrschenden Klasse gelten müßte, ohne daß sie noch dingfest gemacht werden könnte, wollte man nicht das ganze System destruktiver Selbsterhaltung treffen, kann an den Studenten als gewalttätiger Konsumneid abgegolten werden. Greift die Bürokratie schließlich schlichtend ein, ist sie als neutrale Ordnungsinstanz einmal mehr ins Recht gesetzt, ohne daß der politische Gehalt der gegeneinander ausgespielten sozialen Gegensätze noch sichtbar werden müßte. Gibt der Antikommunismus die Rechtfertigung ab, können soziale Widersprüche für die Verfolgung der oppositionellen Minderheit ohnehin gefahrlos eingesetzt werden. Die in eine kommunistische Bedrohung verwandelten Widersprüche der eigenen Gesellschaft sind einfach loszuwerden: man schickt sie über die Mauer.

»Kommunistenhure! Ich komme gerade von der Schicht und Du Schwein hast nichts anderes vor, als Eure Flugblätter zu verteilen. Wenn ich schon ›Studenten‹ höre, sehe ich rot und alle ehrlichen Arbeiter auch. Hau bloß ab!« (EK Bericht R. D.)

»Früher hat sich ein Student durch ehrliche Arbeit – nicht durch Bettelei bei der Bevölkerung sein Studium verdient. Ohnesorg aber hatte sogar noch die Frechheit, als Student zu heiraten (...) All diese Parasiten – aus denen ja nie Geistesheroen werden – sollten ins Arbeitshaus gesteckt werden – Auch Sie –, damit sie endlich mal durch ehrliche Arbeit Brot verdienen und die Bevölkerung endlich wieder auf die Straße gehen könnte, ohne befürchten zu müssen, von Studenten angepöbelt und ausgeplündert zu werden.« (anonym AStA FU, 21. 6. 67)

»Jeder Student kostet den Steuerzahler 2000–3000 DM. Für unser Geld wollen wir aber auch etwas sehen! Nicht z. B. wollen wir es haben, daß, während andere für Sie arbeiten, Sie Umzüge veranstalten oder ›diskutieren‹. Wann arbeiten Sie und Ihre Lehrer eigentlich? Gehören Flugblätter Drucken und Versammlungen in der Fordhalle auch zum Studium? Mein Sohn, der auch ein Gymnasium besucht, fragt uns immer, wo Sie nur die viele Freizeit hernehmen? (...) Nur unser Geld und die Freiheit, das gefällt Ihnen.« (anonym AStA FU, 14. 6. 67)

»Ich bin Arbeiter. Auf Grund dessen trage ich dazu bei, daß Sie studieren können! Bitte tun Sie das! Aber weiter auch nichts. (...) Wie soll die Demokratie aussehen, wenn Sie dank Ihres Studiums in leitenden Stellungen der Regierung sitzen? Dann müssen wir als Arbeiter immer noch bezahlen! Uns bleibt dann nichts weiter, als zu sagen – immer dieselben!« (namentl. AStA FU, 7. 6. 67)

»Sie sprechen fürs Wohl des Volkes und hätten gern die Arbeiter auf die Straße gelockt. Der fleißige hiesige Arbeiter war zu klug, sich darauf einzulassen. Nun bleiben die ›Studenten‹ als Unruhestifter übrig.« (anonym AStA FU, 8. 6. 67)
»Hätte er (B. Ohnesorg) seinen Arbeitsplatz, würde er bestimmt noch leben. Wir können auch nicht demonstrieren, weil wir arbeiten müssen. Wir schämen uns für diese Studenten, die scheinbar nichts im Sinn haben als Saufen, Weiber und Demonstrationen.« (anonym AStA FU, 8. 6. 67)
»Die Studenten sollen mal auf unsere Baustelle kommen. Wenn die uns weiter aufhetzen, können sie erleben, wie wir für Ruhe und Ordnung sorgen. Wer dann *immer* noch nicht kuscht, kommt auf den Bagger und nichts wie rüber mit ihm über die Mauer!« (anonym AStA FU, 9. 6. 67)

Alle Äußerungen der Bevölkerung und ihrer Obrigkeit nach dem Schock des 2. Juni sagen eines; ob als Erwartung, als Kommando, als Drohung oder handgreiflich: Ruhe und Ordnung! Das Bedürfnis nach Ruhe und Ordnung ist so unermeßlich, daß man vor der Vorstellung extremer Gewaltsamkeit, um die gestörte Ruhe wieder herzustellen, nicht zurückscheut; daß schon die unbeträchtlichste Störung als Terror erscheint. Verstummen soll der Widerspruch, der an andere Möglichkeiten des Lebens mahnt als die, zu denen man sich verurteilt glaubt. Ruhe und Ordnung, tausendfach zu hören als die Beschwörungsformel der von Angst Gelähmten, die ihre Erstarrung als ihre einzige Sicherheit verteidigen. Und was alles an Veränderung gilt es abzuwehren in einer Gesellschaft, die sich als antikommunistisches Bollwerk in ihre verfehlte Geschichte eingemauert hat! Die Furcht vor dem Kommunismus verliert in dem Maße, wie die faschistische Vergangenheit präsent ist, ihre rationalen Proportionen. Unruhe, Protest, mögliche Veränderung erscheinen im Licht dieser Furcht nur als Vorboten des Kommunismus oder als Vorschub für ihn. Sicherheit dagegen gibt es nur durch Ruhe und Ordnung, sie müssen sein in einer Festung:

»Wir wollen Ruhe und Ordnung in Berlin, das immer noch von den Kommunisten belagert wird. Ulbricht wartet ja nur, daß hier was passiert. Die Studenten gehen dann nach Westdeutschland zurück, und wir müssen ausbaden, was diese Provokateure angerichtet haben.« (anonym AStA FU, 12. 6. 67)
»Die Russen an der Elbe und um Berlin stellen auch für uns (in Westdeutschland; d. Verf.) eine immerwährende Bedrohung dar, und selbst ein Student müßte begreifen, daß es gilt, Geschlossenheit und Gelassenheit an den Tag zu legen. Welche schönen Vorwände bieten sich an, in Westberlin Mißstände gewaltsam zu beseitigen.« (anonym AStA FU, 14. 6. 67)

Geschlossenheit und Gelassenheit, »auf dem Boden dieser demokratischen Hauptstadt« notwendiger »als vielleicht anderswo im Lande«, sollen gegen die kommunistische Bedrohung helfen. Doch den vielen, die im Burgfrieden ihrer Obrigkeit aufgewachsen sind und das Erbe von Ruhe und Ordnung um der Autorität willen heilig halten, ist solche Haltung ohnehin Bedürfnis:

»... es müßte wohl bald mal an der Zeit sein, daß wieder gelehrt, gelernt und gehorcht wird, wozu brauchen wir denn sonst eine Obrigkeit?« (namentl. AStA FU, 14. 6. 67)

»Ich bin ein Arbeiter, aber niemals *Kommunist*. Deutschland war immer ein anständiges und ruhiges Land. Bis 1945 gab es auch Studenten, aber man hat niemals von einem Studentenaufruhr gehört.« (anonym AStA FU, 6. 6. 67)

»Daß Ohnesorg gestorben ist, seid Ihr Bittelsbuben schuld, nicht die Polizei. Pfui Teifi für Euch! Einen Kaiser mit Steinen und Dreck bewerfen, eine Schande für ganz Deutschland.« (anonym AStA FU)

»Wir Bürger wollen Ruhe und Ordnung haben, die uns nur die Polizei und der Senat garantieren können.« (anonym AStA FU, 13. 6. 67)

»Im Randalieren haben Sie Ihr Abitur bestanden. Aufputschen lassen, da fehlt es an Charakterfestigkeit. Das wäre in meiner Dorfschuluniversität nicht vorgekommen, und ich bin stolz darauf. Ein Preuße.« (anonym AStA FU)

»Die öffentlichen Steuergelder in Form von Stipendien und Zuschüssen sowie Vergünstigungen aller Art werden heute den Studenten großzügig zur Verfügung gestellt, damit sie sich nicht nur ein Wissen für ihre zukünftige Existenz erwerben, sondern auch zu verantwortungsbewußten Mitbürgern mit Pflicht-, Ehr- und Anstandsgefühl herausgebildet werden sollen, kurz, daß aus geltungsbedürftigen Triebmenschen d e r M e n s c h werde, der die Ordnung als alleinige Schöpferin und Bewahrerin aller Werte erkennt und anerkennt. (...) Ein altes Sprichwort sagt: Wessen Brot ich esse, dessen Lied ich singe. Es zeugt also auch nicht von einem noblen Charakter, wenn man mit einer Hand einkassiert und mit der anderen gleichzeitig auf den Spender einprügelt oder die kostbare Lernzeit mit Dingen vergeudet, die dem Studium keineswegs förderlich sind. (...) Da unsere Obrigkeit mit Demonstrationsverboten und Strafverfolgungen allein heute wahrscheinlich nicht mehr durchzugreifen vermag, sollte sie kurze Bewährungsfristen setzen und bei neuerlichen gesetzwidrigen Handlungen Ausbürgerungen bzw. Ausweisungen ins ›Mauerparadies‹ vornehmen. (...) Bei (...) gezeigtem guten Willen werden auch die maßgebenden Stellen für berechtigte Wünsche aufgeschlossener sein, was sie ganz selbstverständlich dreisten Forderungen und Randalierern gegenüber nicht sein k ö n n e n .« (anonym AStA FU, 5. 6. 67)

Diejenigen, die das Brot der Ordnung essen, sollen auch ihr Lied singen. Dann wird die Obrigkeit berechtigte Wünsche anerkennen. – Unerschüttert ist das Vertrauen in die Obrigkeit. Denn Unterwerfung macht sich bezahlt, Herrschaft ist nur ein Tausch von Gehorsam und Belohnung; das ist die Rechnung des autoritären Credo, das hier spricht, die Hoffnung, die die Unterworfenen bei der Stange hält. Es ist die einzige, die ihnen bleibt, und deshalb kaum zu enttäuschen, selbst wenn die Belohnung ausbleibt. Zu erschüttern ist sie nur durch das Beispiel einer Auflehnung, die sich bezahlt macht. Aus der Furcht davor speist sich der Haß gegen die protestierenden Studenten. Selbst bei denjenigen, die der Obrigkeit den Heiligenschein der Ordnung nicht mehr glauben, führt die Enttäuschung nicht zur Auflehnung, sondern zur Verfolgung der Auflehnung. Die Autorität, die der Obrigkeit nicht mehr zuerkannt wird, liegt dann im Akt der Verfolgung und in den Händen der Verfolger:

»Sie sollten sich lieber auf den Hosenboden setzen und lernen, statt gegen einen Gast zu demonstrieren, schließlich sind alle Staatsmänner Mörder, ob sie einen westlichen oder einen östlichen Staatsmann nehmen, auch Kaiser und Könige. Ihnen fehlt nur der Gummiknüppel und der Wasserwerfer, damit Sie zur Besinnung kommen.« (AStA FU anonym, 9. 6. 67)

Die enttäuschten Autoritären wissen: Nicht Unterwerfung macht sich bezahlt, sondern erst die Mithilfe der Unterworfenen bei der Zähmung der Aufsässigen. Als beste Garantie dafür wird die Diktatur herbeigewünscht:

»Euch fehlt bloß eine richtige Diktatur, da müßtet Ihr arbeiten wie wir und könntet nicht demonstrieren.« (EK Bericht E. F.)

Die Rache für den enttäuschenden Lohn der Unterwerfung soll als Zwang der Diktatur die noch Aufbegehrenden treffen und die Gleichheit der Unterwerfung herstellen, Zerrbild der vermißten sozialen Gerechtigkeit. Doch in den Aufbegehrenden bedrohen die Verfolger sich selbst; im Protest der Studenten soll die eigene Auflehnung verhindert werden. Die Enttäuschung an einer Ordnung, die auf einem Überfluß an Kräften ruht, sie aber auch wie Überflüssiges verschleißt, ist nicht zu überhören. In den Drohungen gegen die aufbegehrenden Studenten schwingt, wie verzerrt immer, der Protest gegen das System mit, in dem der Lohn die Unterwerfung nicht aufwiegt:

»Lassen Sie uns in Ruhe mit Ihren Demonstrationen und Protesten. Was Sie sagen wollen, wissen wir selber, gerade hier in Deutschland. Wer die Macht hat, hat auch recht. Das war bei den Nazis so, bei den Kommunisten und auch jetzt bei den Amerikanern. Deswegen werden Sie nie recht haben und wenn Sie noch so viel auf die Straße rennen. Aber Ihnen braucht das ja auch nichts auszumachen. Wenn Sie fertig studiert haben, gehören Sie zur führenden Schicht und haben alles vergessen. Die arbeitende Bevölkerung aber kann froh sein, daß sie nicht auf die Studenten gehört hat. (...) Am besten wär vielleicht doch eine Diktatur, dann wäre so ein Studentenaufstand, der nichts wert ist, gar nicht erst möglich.

Jedenfalls unsere Regierung faßt die Studenten viel zu sanft an. Aber was ist von denen auch schon zu erwarten. Die Politiker sind korrupte Verbrecher und die Studenten dumme Jungs. Da hilft nur eins: Selbst für Ordnung sorgen!« (anonym AStA FU, 9. 6. 67)

Eine Gesellschaft, die sich ihren Mitgliedern als Leistungszusammenhang der Produktion einprägt, ist zur Verteidigung von Ruhe und Ordnung nicht auf die Gefühle verletzter Autorität angewiesen. Wo Arbeitsorganisation und berufliche Leistung dem einzelnen seinen Platz und seine Selbsteinschätzung zuweisen, regiert die Vorstellung von der Gesellschaft als Großbetrieb das Verhalten. Protest, der zur spontanen Vereinigung in Demonstrationen führt, ist damit nicht vereinbar; er wird nur mehr als Störung des Produktionsfriedens wahrgenommen, ohne daß nach dem Produzierten und, wem es gehört, noch gefragt würde:

»Ihr Rundschreiben an die ›Berliner Bevölkerung‹ kann die Welle der Empörung gegen unsere Studentenschaft nicht eindämmen und den Studentenausschuß von der Schuld an den Krawallen nicht freisprechen. In jedem großen Betrieb würden ruhestörende Arbeitnehmer von der Betriebsleitung im Einvernehmen mit dem Betriebsrat fristlos entlassen werden.« (namentl. AStA FU, 14. 6. 67)

»Die Westberliner Baufirma Franz Mietsch GmbH entließ im letzten Juli einen zwanzigjährigen kaufmännischen Angestellten fristlos, weil er mit einer Plakette ›Enteignet Springer‹ am Revers zur Arbeit gekommen war und sie trotz Aufforderung des Geschäftsführers nicht abgenommen hatte. Eine Klage des Entlassenen gegen den Arbeitgeber wies die 15. Kammer des Berliner Arbeitsgerichts jetzt ab. Aus der Urteilsbegründung: ›(...) es war zu erwarten, daß der Kläger zur Begründung der auf der Plakette aufgedruckten politischen Forderung weitere politische Thesen innerhalb des Betriebes diskutiert und propagiert hätte, die keineswegs die Zustimmung der gesamten Belegschaft gefunden hätten. Daß es mit großer Wahrscheinlichkeit zu einer ernsten Störung des Betriebsfriedens gekommen wäre, ergibt sich auch daraus, daß der Kläger bereits vor der fristlosen Kündigung bei seinen Arbeitskollegen mit seiner politischen Meinung über die Ereignisse am 2. Juni 1967 auf den Widerstand der Mehrheit stieß und Streitgespräche auslöste (...)‹.« (*Spiegel*, 29. 1. 68, S. 18)

Oder die von Leistungszwang und Betriebsdisziplin Erschöpften wehren den Protest als unerträgliche Zumutung an ihr Erholungsbedürfnis ab; schlimmer: empfehlen ihre eigene Erschöpfung als Kur, die den Studenten die Politik schon austreiben werde:

»Ich bin froh, meinen Beruf geschafft zu haben, und will meine Ruhe haben.« (EK Bericht H. M.)

»Fürs Demonstrieren habt Ihr Zeit, und dann noch für Vietnam und so, solche sinnlosen Völker; arbeiten müßt Ihr, daß Euch vor Müdigkeit die Politik vergeht!« (EK Bericht E. F.)

Ihren Grund hat die Forderung nach Ruhe und Ordnung vielleicht überhaupt in der Mimikry der Erschöpften; und hier in Deutschland in der Mimikry der von der Geschichte Ausgezehrten. Ruhe und Ordnung wären dann das Bedürfnis derer, die nach den Jahrzehnten der totalen Mobilmachung für den Kampf um den Platz an der Sonne erschöpft und enttäuscht der Niederlage des deutschen Imperialismus entrannen und nun mit dem verbliebenen Rest von Kraft den Genuß ihrer Privatheit sichern wollen. Geschichte, die weitergeht ohne das Ziel: Revision der deutschen Niederlage, hat für sie ihren Sinn verloren, kann nur durch Passivität, durch Totstellen ertragen werden, durch die Flucht in die ungestörte Regelhaftigkeit des privaten bürgerlichen Rituals:

»Meine Herren Demonstranten, weshalb fühlen Sie sich gerade verpflichtet, sozusagen als ›Weltverbesserer‹ aufzutreten? Wissen Sie, was Ihnen fehlt? Das Erleben, was uns ungewollt lange Jahre hindurch präsentiert wurde: Den Kampf um das Dasein! Dann hätten Sie sich auch die These zu eigen gemacht: Lerne, lerne, um dein Ziel zu erreichen, trotz allem.
Unser sogenanntes ›Wirtschaftswunder‹ scheint diesen Herren nicht gut bekommen zu sein. Sie haben sich anscheinend noch nie Gedanken darüber gemacht, wie schwer es ihren Eltern – überhaupt der ganzen Generation – gefallen ist, trotz aller Widerwärtigkeiten den Weg weiter, unter Aufopferung aller persönlichen Wünsche und Fähigkeiten zu gehen. Wie dankbar wären wir gewesen, in der Sicherheit und mit Unterstützung unserem Ziel entgegenarbeiten zu dürfen. –
Wir wurden alle rücksichtslos aus unserer Berufsbahn geschleudert. Unsere Studenten wurden damals aus den Hörsälen geholt und an die Front geschickt. Hatten sie nicht das ›Glück‹, auf dem ›Felde der Ehre‹ zu fallen, saßen sie jahrelang in Gefangenschaft oder – kamen schwerverwundet heim. Wie viele von diesen haben trotzdem ihr Studium nachgeholt unter großen Entbehrungen. Aber nicht nur unsere Jugendgefährten, auch wir Frauen und Mädchen wurden dienstverpflichtet ohne Rücksicht auf die Berufsausbildung. In den Nachkriegsjahren mußten wir dann zunächst die Familie durchbringen, weil der Mann ohne seine Schuld nicht in der Lage war, nicht daheim war oder – sogar schwer kriegsverletzt.
Ich bin der Ansicht, daß unsere Generation mittlerweile ein kleines Anrecht auf Ruhe und Frieden hat. Wir, die sich immer bemüht haben, ihrem Leben einen Sinn zu geben, sind bisher noch nie auf die Idee gekommen zu demonstrieren, weil uns auch heute noch einfach die Zeit fehlt! Diese Zeit, die so kostbar ist, und uns dennoch tagtäglich mehr abverlangt, als wir oft schaffen können.
Wir haben heute auch eine Pflicht zu erfüllen, gerade nach dem verlorenen Krieg: der Welt zu zeigen, daß wir uns zumindest benehmen können!« (Leserbrief aus den *Schleswiger Nachrichten*, 24. 6. 67)

Ist der Krieg verloren, soll wenigstens der Friede gewonnen werden. Die

Macht der Waffen ist durch die Macht der Etikette zu ersetzen. Geschichte reduziert sich für die Deutschen zu einer Frage des Benehmens, und das gute Benehmen wird für sie zur neuen »welthistorischen« Aufgabe. Was als Refugium vor der Geschichte gedacht war, ist nur mit solcher Anstrengung gegen die Geschichte zu behaupten, daß die Gewalt der verdrängten Geschichte in ihm wiederkehrt. Der Stellenwert von »Sitte und Anstand« bemißt sich nicht am friedlichen Umgang der Menschen miteinander, sondern an der Staatsraison; gutes Benehmen ist nationale Pflicht, Verletzung der Anstandsregeln ist Staatsverbrechen und nationale Schande:

»Man muß sich schämen, ein Deutscher zu sein. Die primitivsten Anstandsregeln gelten nicht mehr. Die Studenten haben mit ihrem unwürdigen Benehmen gegen einen Gast ihres Staates dem Ansehen Deutschlands schweren Schaden zugefügt. Wir Deutschen sind wie vielleicht niemand sonst auf das Wohlwollen anderer Staaten angewiesen, deshalb gelten für uns bei Staatsbesuchen andere Gesetze als vielleicht sonst in der Politik.« (anonym AStA FU, 14. 6. 67)
»Nehmen wir einmal an, Sie werden von einem Bekannten zu Besuch geladen. Eines oder auch mehrere Mitglieder der Familie Ihres Bekannten aber haben ›etwas gegen Sie‹ und belästigen, bedrohen, ja greifen Sie tätlich an. Was würden Sie von Ihrem Bekannten halten, wenn er seinen Kindern ein solches Benehmen nicht untersagte, und was würden Sie von denen halten, die Sie bis zur Tätlichkeit belästigen? (...) Stellen Sie sich einmal die politischen Folgen für Westberlin und Westdeutschland vor, wäre dem Schah und seiner Gemahlin irgend etwas zugestoßen! Außerdem: Allein die Anwesenheit der Kaiserin hätte die Demonstration von selbst verbieten sollen, wenn Sie noch wüßten, was es heißt, ritterlich zu sein!« (namentl. AStA FU, 28. 6. 67)
»Jeder ordentliche Mensch, abgesehen von seinem Bildungsgrad, weiß, wie man sich Gästen gegenüber zu benehmen hat. Es erscheint mir daher notwendig, an der Freien Universität noch ein Fach für ›Anstandslehre‹ einzuführen. In vergangenen Zeiten wurde dieser Teil der Allgemeinbildung jungen Leuten sogar im Tanzstundenunterricht vermittelt.« (namentl. an *BZ* u. AStA FU, 5. 6. 67)
»Wenn die führenden AStA-Vertreter mit dem ›Schahehepaar‹ gemeinsam die Mozartoper ›Die Zauberflöte‹ besucht und psychisch-geistig durchlebt hätten, stände es um die Universitäten Deutschlands besser.« (namentl. AStA FU, 4. 6. 67)

Adenauers Staats- und Volksbegräbnis, Königinnen- und Kaiserbesuche, Prozessionen in Ornat, Talar, Wichs und Uniform, Großhochzeiten und Weihnachtsmessen in den Gedächtniskirchen, Immatrikulationsfeiern und Mannesmanjubiläen, Demonstrationen am 1. Mai und bei Fußballweltmeisterschaften, Gala in der Zauberflöte und beim Großen Zapfenstreich sind die Höhepunkte einer Gesellschaft, die von der Taufe bis zur Bahre kein Ritual ausläßt, um sich ihre Verankerung im Immer-schon-Gewe-

senen zu bestätigen. Alles kann gesagt werden, solange die Einigkeit in der Form gewahrt bleibt, Widerspruch wird gefördert, wenn man sich an ihm den Adel der Toleranz bescheinigen kann, Opposition ist erlaubt, solange sie sich mit sich selbst beschäftigt, Diskussion wird zum Fernsehspiel, damit sie nie aufhört.
In diesem Ritualismus steckt als Kern der Sinn: Die besten Verbote sind die, die man nicht mehr auszusprechen braucht, weil das Verbotene sich von selbst verbietet; die beste Freiheit ist die, die man, weil man sie hat, nicht mehr braucht. Folie des selbstgenügsamen Genusses der Freiheit ist jeweils das andere Deutschland, bisweilen das faschistische der Vergangenheit, immerzu das kommunistische der Gegenwart; was damals vonnöten war, ist heute überflüssig, was »drüben« verboten ist, ist »hier« unproblematischer Besitz:

»Wir, die wir damals als junge Menschen im Dritten Reich verzweifelt und in den lebensgefährlichen Risiken des Konfliktes mit der absoluten Staatsgewalt lebend, an ein besseres Deutschland dachten, wir haben kaum davon zu träumen gewagt von dem, was heute möglich ist – ich sage es ganz bewußt – wieviel Freiheit möglich ist, aber auch wieviel Mißbrauch der Freiheit.« (Reg. Bürgermeister Albertz in seiner Gedenkrede zum 20. Juli, PLB, 19. 7. 67, Nr. 139, S. 2)
»X-mal bin ich nach 1933 als Student in Breslau, Wuppertal und Halle eingesperrt worden. Der Grund: Beteiligung an illegalen studentischen oder kirchlichen Veranstaltungen oder Vereinigungen. (...) Damals gab es keinen Rechtsstaat.« (Albertz in einem Gespräch mit der *Welt*, 16./17. 6. 67)
»Sie sagen, die ältere Generation hätte mehr gegen die Nazis tun sollen, z. B. in Demonstrationen. Das ist richtig, hat aber gar nichts zu tun mit den Demonstrationen der Studenten heute, denn heute leben wir in einer Demokratie und haben alle Freiheiten, die wir brauchen.« (anonym AStA, FU, 9. 6. 67)
»Rate Ihnen, in den Ostsektor zu gehen. Sollten Sie da eine Demonstration wagen, würden Sie auf zehn Jahre ins Zuchthaus gehen. Genießen Sie Ihre Freiheit und lassen Sie die Bevölkerung zufrieden.« (anonym AStA FU, 7. 6. 67)
»Ihre Vorgänger haben die Humboldt-Universität wegen der Unfreiheit verlassen und die Freie Universität gegründet. Was haben Sie mit der Freiheit gemacht? Anstatt in Ruhe zu studieren, zufrieden mit der gewonnenen Freiheit über den Büchern zu sitzen, gehen Sie auf die Straße.« (namentl. AStA FU, 12. 6. 67)
»Aber warum lehnen Studenten, DGB, DFU usw. nur die Diktatur in Persien ab, liebäugeln aber mit der viel schlimmeren Knechtung der Menschen im gesamten Ostblock. Die Menschen dort haben heute zu essen und Kleidung, aber Freiheit, wie wir sie schätzen, haben sie nicht, immer von roten Bonzen bespitzelt und gegängelt. Die Freiheit bei uns setzt aber Haltung und Disziplin voraus, man stelle sich vor, in Rußland, Polen, überhaupt im Ostblock hätten unreife Studenten gegen einen Staatsgast demonstrieren wollen. Die Geheimpolizei hätte

1000de niedergeschossen oder verhaftet und nach Sibirien verfrachtet.« (anonym AStA FU, 8. 6. 67)
»Laßt uns in Ruhe mit Euren Demonstrationen, drüben könnt Ihr ja auch nicht demonstrieren.« (EK Bericht E. F.)

Hier spricht das Bedauern, mit der noch nicht beschwichtigten Opposition nicht so verfahren zu können, wie man es dem »Drüben« zurechnet. »Bei uns« sind Haltung und Disziplin nötig, weil wir nicht »1000de niederschießen« können, hier muß Freiheit als Disziplin das leisten, was in dem vorgestellten Drüben die Gewalt erledigt. Am besten wäre wohl ein System wie das eigene mit den Zwangsvollmachten des feindlichen, wenn diese sich nur gegen die oppositionelle Minderheit richten würden. Jedenfalls, eines ist sicher: durch Freiheiten, wie sie sich in Demonstrationen des Widerspruchs ausdrücken, braucht sich das eigene System von dem drüben nicht zu unterscheiden, weil es als das eigene von vornherein vom anderen unterschieden ist. Die Freiheit, die unterscheidet, ist die des Kapitals, der Unterschied, der ein für allemal Verwechslung ausschließt, ist der zwischen guter Gesellschaft und Verbrechern. Diese Unterscheidung trifft auch die demonstrierenden Studenten. Für die Ritualisten der Freiheit, die, wenn sie Freiheit sagen, Disziplin und Anstand meinen, haben die demonstrierenden Studenten die Anerkennung als Elite – und auch deren Schutz – verwirkt, sind nur noch Pöbel, Abschaum der Menschheit:

»Früher hatte man Achtung vor Studenten. Die Gebildeten nannten Straßendemonstranten Pöbel. Diesen Namen haben nun die Studenten übernommen.« (namentl. AStA FU, 5. 6. 67)
»Mit akademischem Verhalten und vorbildlichem Benehmen, die man bei angehenden Akademikern schon voraussetzen muß, haben diese sogenannten ›Demonstrationen‹ nichts gemein. Der einfache Bürger Berlins legt ein weitaus besseres, demokratisches Benehmen und mehr menschliche Reife an den Tag als diese sogenannten Studenten. Diese zeigen mit ihrem Verhalten eindeutig, daß sie unwürdig sind zu studieren. (...) Man sollte Ihnen die akademische Reife aberkennen, Sie exmatrikulieren und nach Hause schicken! Sie sind es nicht wert, Akademiker zu werden und diesem Stand Schimpf und Schande zu machen! (...) Der Tod des Studenten Benno Ohnesorg ist sehr bedauerlich! Er ist als Demonstrant ums Leben gekommen, nicht als Student! (...) Wäre er zu Hause geblieben, lebte er heute noch, und Sie hätten keinen Märtyrer!« (namentl. AStA FU, 9. 6. 67)
»Wir einfachen Menschen haben früher immer unter einem Menschen, der die Möglichkeit zum Studieren hat, etwas Auserwähltes gesehen und als Elite der Nation betrachtet. Diese Auffassung hat aber in letzter Zeit derartig gelitten, daß ich Studenten heute von einer ganz entgegengesetzten Seite betrachte.

Abgesehen von den wenigen anständigen Elementen, die sich an diesen Ausschreitungen nicht beteiligen, kann man heute die Berliner Studentenschaft nur gleichwertig mit dem Abschaum der Menschheit betrachten. In der Rangordnung marschieren neuerdings unsere Herren Studenten gleich hinter den dreckigen langhaarigen Gammlern und den weniger appetitlichen Strichjungen vom Bahnhof Zoo . . .« (namentl. AStA FU, 5. 6. 67)

Als Pöbel und als verbrecherisch abartig wird die oppositionelle Minderheit dem Haß der Rechtschaffenen preisgegeben; unter diesem Vorzeichen erscheint Verfolgung nicht mehr als Politik, und Politik kann als Schädlingsbekämpfung betrieben werden.

Wo die demonstrierenden Studenten nicht als Pöbel, als abartig und verbrecherisch inkriminiert werden, werden sie als unreif und schlecht erzogen abgetan. Ein ganzes Volk von Anstandswächtern und gekränkten Erziehern ist durch den 2. Juni auf den Plan gerufen. Fast will es so scheinen, als nähmen sie über Anstandsfrevel und Unbotmäßigkeit den politischen Gehalt der Demonstrationen, die Kritik an der kapitalistischen Gesellschaft, gar nicht oder nur nebensächlich wahr. Selbst die CDU qualifiziert die Demonstrationen am 2. Juni als »organisierte Unhöflichkeit« (vgl. *Tagesspiegel*, 3. 6. 67), ehe sie von Straßenterror und revolutionären Umtrieben spricht. Aber im Rauchkerzenprotest gegen das amerikanische Napalm in Vietnam nur den Beweis für unreife und schlechte Erziehung zu sehen, ist nicht so harmlos wie es unangemessen ist. Im Gegenteil, was an Gewalt in der Politik sich nicht oder doch nur vielfältig gebrochen und ohne unmittelbare sinnliche Befriedigung entladen kann, kann in der Erziehung als Verbot und Strafe angedroht und angetan werden. Sitte und Anstand sind keine Idylle neben der Politik, sondern ihre Fortsetzung mit anderen Mitteln, und zwar mit Mitteln, die im Schutz der Privatheit und der Volksgemeinschaft der Anständigen jedem sinnlich konkret erreichbar machen, was die Mechanismen der politischen Kontrolle ihm verwehren oder nur abstrakt bieten: die Teilnahme an Unterdrückung. Die Erziehung, die als Waffe gegen die studentische Auflehnung gerichtet wird, ist die Einübung der Erzieher an ihren Zöglingen; die Einübung in die gesellschaftliche Ordnung als Zusammenhang der Unterwerfung. Die Ordnung dieser Erziehung meint nicht menschliche Ordnung, sondern ordentliche Menschen. Der Protest dagegen, gegen eine Gesellschaft, die den einzelnen besser erhält und versorgt als je und dafür ihm den Opportunismus abverlangt, der über Leichen geht, weil man sie nicht selbst berühren muß, ist denen unerträglich, deren eigene Domestizierung ein

Übermaß an Opfern gekostet hat. Sie finden erst wieder Ruhe, wenn diejenigen, deren Gehorsamsverweigerung sie so irritiert, als »Fehlentwickler« ausgemerzt und abgebucht sind. Die »gute Kinderstube«, auf die gegen die Studenten zurückgegriffen wird, ist die Stube eines Zucht-hauses, in dem unartig und abartig dicht beieinander im Schuldspruch liegen, in dem Frevel an Art und Anstand mit tödlichen Strafen vergolten werden. Wo aber für angemessen gilt, daß Verstöße gegen Sitte und Anstand zum Tode führen, braucht der Faschismus keine Partei und keine SA; er hat sich in der Kinderstube eingerichtet und überdauert als Faschismus der Gartenlaube:

»Sehr geehrte Frau Ohnesorg! Der Tod Ihres Mannes kann nur noch einen Sinn haben, wenn es Ihnen gelingt, dem Kind, das Sie erwarten, klar zu machen, daß sein Vater ein Fehlentwickler war.« (namentlich AStA FU, 4. 6. 67)
»Solche, die sich an Krawallen beteiligen, riskieren eben geschlagen, getreten und evtl. getötet zu werden, und das ist völlig rechtens! Auf das Familienleben übertragen: Wenn der Vater eines sogenannten Studenten als Hausherr Besuch bekommt, der dem Sohn nicht paßt, kann er da auch demonstrieren? Als anständiger Sohn gewiß nicht, also sollen sie es sich ein für allemal merken, daß sie bei Krawallen nicht nur andere provozieren, sondern selbst auch ihre Person samt Leben riskieren!« (anonym AStA FU, 9. 6. 67)
»Den Tod von Benno Ohnesorg habt Ihr allein verschuldet. Er zahlte den Tribut für Eure schlechte Kinderstube, in der wohl mancher Hieb vorbeiging. Schade –.« (anonym AStA FU, 4. 6. 67)

Wie hier noch durchdringen? Welche Tat, welches Wort vermöchte die Angst, die hier wütet, noch zum Innewerden ihrer selbst zu bringen? Die Demonstrationen, in denen die Opposition von der Illusion Abschied nimmt, Aufklärung und rationale Kritik könnten die Gesellschaft reformieren, werden mit »vorbeugendem Gegenterror« verfolgt. Der 2. Juni war eine Erkennungsszene der bundesrepublikanischen Gesellschaft: Es entsteht eine Opposition, die nicht mehr die eigene des Systems ist; das aber heißt, sie ist zur Jagd freigegeben. Und das Volk leiht dabei als Hetzmeute seine Stimme einer Regierung, die längst in Notstandsübungen und Atommanövern bewiesen hat, daß sie auch ohne Volk auskommt. Wo diese Stimme nicht die des Pogrom ist, ist sie die der Enttäuschung und Resignation. Die Resignierten und die, die sich klein machten, um die Stürme zu überdauern und dabei unversehens klein blieben, wissen aus eigener Erfahrung, was die Demonstranten ihnen sagen wollen. Sie fallen den Verfolgern dennoch nicht in den Arm, bleiben abseits oder dringen schließlich auch auf die oppositionelle Minderheit ein. Denn unerträglich ist ihnen, in der Sprache der Theorie und der Auflehnung noch einmal zu hören, was sie selbst am eigenen Leibe erfuhren, ohne daß ihnen aus ihrer Erfahrung Hilfe wuchs. Enttäuscht von den Revolutionen, die bisher nur als ihre Niederschlagung in die Geschichte eingingen, sehen sie bloß die Kosten an ihnen, und was die Zukunft bereithält, ermessen sie an den Kosten der zurückliegenden Erhebungen. Gleichwohl ahnen und fürchten sie, daß die Geschichte der Revolutionen nicht als die Geschichte ihrer Niederschlagungen endet. Und diese Furcht ist nicht ohne den Beiklang der zustimmenden Hoffnung. So bestreiten diejenigen, die aus der Geschichte den Schluß der Resignation zogen und nun den demonstrierenden Studenten zum Einlenken raten, der oppositionellen Minderheit nicht völlig das Recht ihres Widerspruches. Sie empfinden durchaus die Aufforderung in den Protesten der oppositionellen Minderheit. Doch sie fürchten die Konsequenzen: Isolierung und die Verstrickung in das Miteinander von Einsicht und Ohnmacht – unerträglich bis zum Verrücktwerden. So schließen sie sich lieber den Verfolgern an und sind unerreichbar wie alle anderen. Aber wenn auch sie am verfolgenden Wahn teilhaben, sprechen sie den Wahn doch so unverstellt aus, daß er als unbegriffene Wahrheit erscheinen kann. Sie bräuchten nur noch dessen gewahr zu werden, was sie da aussprechen, und die Verhältnisse, die das Nachdenken mit Wahnsinn bedrohen, kämen ins Wanken.

»Wäre es nicht besser – nach dem Prinzip: der Klügere gibt nach – überhaupt auf Demonstrationen zu verzichten? Denn kein Anführer solcher Massen von Menschen kann geradestehen für das, was die Nachfolger tun. Auch die Regierenden könnten auf den Lamettarummel und ihr Bedürfnis, ›ihr Volk zu sehen‹, verzichten. (...) Ich habe 1910 den ersten blutigen Sonntag in Halle erlebt und bin fürs ganze Leben ›bedient‹ gewesen.« (namentlich AStA FU, 11. 6. 67)
»In Deutschland hat es noch nie eine wirkliche Revolution gegeben, deshalb werden auch Sie keine zustande bringen. Dafür kommen Sie zu spät. Überlegen Sie sich lieber, wie Sie aus Ihrer Kritik etwas für Ihren Beruf machen können. Wenn die Welt sich doch noch revolutionär ändern sollte, geschieht es ohnehin woanders.« (anonym AStA FU)
»Was wollt Ihr eigentlich? Ihr demonstriert andauernd gegen Sachen, gegen die man sowieso nichts machen kann. Wieviel Revolutionen hat es schon gegeben und was haben sie genützt! Die Menschen bleiben wie sie sind und die Politik auch. Ihr als Studenten müßt das doch wissen; ihr seid doch intelligent. Ich will von all dem nichts wissen, wenn man erst anfängt nachzudenken, wird man ja verrückt.« (EK Bericht, E. F.)

Justiz

»Wer wäre nicht betroffen davon, daß die Krawallgier einiger radikaler Halbstarker eine Situation heraufbeschworen hat, in deren Hysterie das Unglück geschah. (...) Die Polizei tat ihre schwere Pflicht. Der unglückliche Schuß, der Ohnesorg tötete, wurde nach menschlichem Ermessen in Notwehr abgegeben. (...)
Einen Augenblick lang neigte man zu der Annahme, das Blutvergießen vor der Deutschen Oper würde bei unseren Krawallbrüdern so etwas wie den Schlag des eigenen Gewissens vernehmbar machen. Weit gefehlt! Auf Flugblättern wurden der Regierende Bürgermeister Albertz und Innensenator Büsch als Mörder und als Verantwortliche für vorbereitete Verbrechen bezeichnet.
Das Maß ist nun voll. Die Geduld der Berliner Bevölkerung ist erschöpft. Wir sind es endgültig leid, uns von einer halberwachsenen Minderheit, die noch meist Gastrecht bei uns genießt, terrorisieren zu lassen.
Man wünschte sich für Heinrich Albertz und die tragenden Kräfte Berlins, daß sie diesmal hart und konsequent bleiben. Sie stehen nicht allein.
Die Rädelsführer der gewalttätigen Unternehmungen gegen den Schahbesuch haben sich des strafrechtlichen Tatbestandes der Zusammenrottung zu aufrührerischen Aktionen und des Landfriedensbruchs schuldig gemacht. An der Art und Weise der Verfolgung dieser kriminellen Vergehen werden wir erkennen, wie ernst es der Senat mit seinen gestrigen Beschlüssen meint.« (Leitartikel der *Berliner Morgenpost* vom 4. Juni 1967)

Wo die »Geduld der Bevölkerung« erschöpft ist, muß auch die dritte Gewalt im Staate Ernst machen. Der Schlagstock hat noch nicht ins Gewissen getroffen, dem Blut soll die bürgerliche Freiheitsstrafe folgen. Die Forderung des Senats nach Schnellgerichten ist zwar grundrechtswidrig[15], bleibt aber folgerichtig auf der Notstandslinie gegen den inneren Feind: Auch die Justiz muß lernen, der besonderen Lage Berlins Rechnung zu tragen. Für die staatlichen Institutionen gilt da das Gleiche, was der SPD-Abgeordnete *Theis* am 8. Juni vor dem Abgeordnetenhaus über Demonstrationen gesagt hat:

»Auf dem Boden dieser demokratischen Hauptstadt hat man sich eben anders zu bewegen als anderswo vielleicht im Lande.« (AH, 8. 6. 67, S. 140)

Also muß die unabhängige Justiz lernen, sich anders zu bewegen, so wie es die Polizei schon gelernt und am 2. Juni gezeigt hat. Daß man mit Demonstranten auch ohne ausdrückliche Notstandsregelungen einschließlich Schnellgerichten kurzen Prozeß machen kann, daran werden wir erkennen, wie ernst es (nicht nur) der Senat meint.
Aufsehen erregte die Justiz mit der Untersuchungshaft des Demonstranten Fritz Teufel, mit der Verhandlung im sogenannten Brandstifterprozeß, und dem Freispruch im Kurrasprozeß. Für sich genommen sind diese Ereignisse abstrakte Sensationen. Den konkreten Zusammenhang bilden erst die Methoden, die man für die Auseinandersetzung mit Demonstranten in einer Vielzahl kleiner Verfahren entwickelt hat. Die »kleinen Fälle«, von der Öffentlichkeit kaum beachtet, zeigen die Methoden, mit denen die Justiz die Demonstranten abräumt, viel deutlicher. Sie bilden die Gebrauchsanweisung für die späteren Sensationsprozesse.

1. Phase: Rädelsführer als Verkehrssünder

Die erste Welle von Verfahren mit politischem Hintergrund hatten die Demonstrationen vom 10. und 17. Dezember 1966 auf dem Ku-Damm gebracht. Das Amtsgericht Tiergarten versandte an Personen, die im Zusammenhang mit diesen Ereignissen festgenommen worden waren, vorzugsweise Strafverfügungen mit einer Geldstrafe zwischen 30 und 50 DM. Der mit Strafe belegte Sachverhalt ist darin so beschrieben:

»Herr X. hat als Teilnehmer einer nicht genehmigten Studentendemonstration die Sicherheit und Leichtigkeit des Straßenverkehrs in erheblicher Weise beeinträchtigt. Es herrschte (...) starker Fußgänger- und Fahrzeugverkehr, der durch das Verhalten des Herrn X. stark behindert wurde.« (vgl. z. B. Aktenz. 299 Str./Es 1248/67)

Es soll der Weg verfolgt werden, auf dem eine so allgemein beschriebene Verkehrsstörung (Plakattragen, Diskutieren, Umhergehen) in ein Gerichtsurteil verwandelt wird.
Im »Verlaufs- und Erfahrungsbericht über den polizeilichen Einsatz anläßlich von Demonstrationen im Zoo-Bereich am 10. 12. 1966« heißt es:

»Es ist festzustellen, daß bei diesem Einsatz eine hohe Zahl von Straftätern durch die Verwendung von Festnahmezetteln eines bestimmten Deliktes überführt werden konnte.«

Der »Erfahrungsbericht« nennt in seinem ersten Teil, »Vorbereitungen«, auch den Grund für diesen Einsatz:

»Der Veranstaltungsleiter ist am 9. 12. 1966 fernmündlich darauf hingewiesen worden (...), daß nach Beendigung der Kundgebung auf dem Wittenbergplatz keinerlei Demonstrationen im Zoo-Bereich geduldet werden können.«

Die Methode, von der Teilnahme an nicht genehmigten Demonstrationen abzuschrecken, ist die Festnahme Einzelner. Doch ihre Festnahme führt nicht zu einer Bestrafung wegen eines politischen Vergehens, sondern wegen einer Verkehrsstörung. Alle daneben eingeleiteten Verfahren wegen Verstoßes gegen das Vereins- und Versammlungsgesetz – wo der Tatbestand wenigstens formal das Verhalten einer Gruppe betrifft – wurden eingestellt. Dieser Widerspruch zwischen Einsatzmotiv und Tatvorwurf zieht sich durch alle Verfahren. Er deutet auf einen Grundwiderspruch in der juristischen Auseinandersetzung mit Demonstranten hin. Der Zusammenhang dieser Widersprüche klärt sich im Weg seiner institutionellen Verarbeitung bis zum Gerichtsurteil.

Der Vorgang auf der Straße

Die Festnahmezettel werden unumstößliche Grundlage der weiteren Ermittlungen. Ihnen gegenüber bleiben selbst Beobachtungen völlig unbeteiligter Personen ohnmächtig. Wie diese weiterverarbeitet werden, zeigt das Schicksal eines offenen Briefes, den der Ordinarius für Religionsphilosophie an der FU, Professor *Taubes*, an den Regierenden Bürgermeister geschrieben hat. Taubes berichtet über die Vorgänge vom 17. Dezember:

»Kurz darauf erschien eine weitere, größere Gruppe von Beamten, geführt von einem Polizeioffizier, auf dem Bürgersteig. Dieser forderte mit lauter Stimme und brüllendem Ton die Passanten auf, weiterzugehen. Dies geschah. Dennoch griffen die Beamten aus der Menge einige junge Leute wahllos und ohne erkennbaren Anlaß – es sei denn, daß man ein studentisches Aussehen als Anlaß bezeichnen kann – heraus und zerrten sie auf brutale Weise zu dem bereitstehenden Einsatzwagen. Ich will präzisieren, was ich mit brutal meine: einer der jungen Leute, den zwei Beamten am Arm hielten und fortführten, fragte, was man von ihm wolle? darauf faßte ihn ein Beamter an den Haaren und zog ihn im Laufschritt zum Wagen. Diese brutale Aktion schien mir nun das Maß dessen zu überschreiten, was auch der Polizei erlaubt ist, und ich ging auf den Einsatzleiter zu, identifizierte mich mit Namen und als Hochschullehrer und bat ihn in höflicher Form (mit Hinweis darauf, daß ich mich eventuell als Zeuge zur Verfügung stellen werde) um seine Dienstnummer. Der Beamte brüllte lediglich ›4711 – Weitergehen‹ und versetzte meiner Begleiterin und mir, während wir weitergingen, mehrere Stöße mit dem Ellenbogen. Er ging, um uns diese Stöße zu versetzen, einige Meter neben uns her.« (Abgedruckt in: *Dokumentation über das Vorgehen der Polizei anläßlich der Demonstrationen vom 10. 12. und 17. 12. 1966;* hrsg. vom AStA der FU)

Dazu der erwähnte Beamte, Polizeihauptkommissar *Mende:*

»Herr Taubes hat bei den geschilderten Vorfällen nicht richtig beobachtet oder er sagt bewußt die Unwahrheit. Es wurde niemand geschlagen, gestoßen oder gar an den Haaren gezogen. Ich hatte die mir unterstellten Beamten ständig im Auge und hätte solche Dinge beobachten müssen.
›Provokativ‹ war lediglich das Verhalten der Demonstranten, die es darauf anlegten, die in rechtmäßiger Dienstausübung befindlichen Beamten von ihren Amtspflichten abzuhalten. Siehe hierzu die seitens der Polizei geschaffenen Vorgänge. Mir hat sich kein Professor Taubes vorgestellt, ich kann ihn daher auch nicht gestoßen haben.« (Aktenz. 2 PJs 58/67)

Die Polizei schafft nicht nur die Vorgänge auf der Straße, sie schafft auch die Vorgänge, die zur Verurteilung ihrer Opfer führen, wenn solche Stellungnahmen als maßgeblich den Dienstweg zum Gericht nehmen.

Station 1: Polizei als Hilfsbeamter der Staatsanwaltschaft

Dem Korrespondenten einer westdeutschen Tageszeitung wird vorgeworfen, er habe sich bei der Demonstration vom 17. 12. 1966 von hinten der Polizeikette genähert »und sie mit Gewalt in die Menschenmenge gestoßen«. (Aktenz. 1 P MS 23/67)

Die Projektion der Gewalt auf Demonstranten und auf solche, die die Polizei dafür hält, befreit von der Notwendigkeit, für die Festnahme einen Grund zu finden. Der »Verlaufs- und Erfahrungsbericht« vom 10. 12. 66 stellt die Bedeutung der Festnahmen klar:

»Nur durch die vorher fest eingeteilten Greif- und Festnahmetrupps konnte ein durchschlagender Erfolg, Zersplitterung von Ansammlungen, Festnahme von Rädelsführern, Beschlagnahme von Transparenten, erzielt werden.«

Der »durchschlagende Erfolg« bemißt sich an der Auflösung der Demonstration und an der Zahl der festgenommenen »Rädelsführer« – nicht an der Flüssigkeit des Verkehrs. Die »Rädelsführer« werden von der Polizei aus der Menge herausgegriffen. Studenten haben die Eigenschaft, »Rädelsführer« zu sein, weil sie als Demonstranten festgenommen werden, bei anderen ermittelt die Polizei später das passende Persönlichkeitsbild. Im Vernehmungsprotokoll der Abteilung I A (Politische Polizei) des festgenommenen Journalisten befindet sich ein Aktenvermerk über die »staatsabträgliche Haltung« dieser Person. Es werden angeführt ein ein-

gestelltes Verfahren und seine »polizeifeindliche Einstellung«, die einer früheren Äußerung entnommen wird: »die Polizei soll lieber das Singen faschistischer Lieder verhindern« (Aktenz. siehe oben).
Der Polizeipräsident schickt das von der Kriminalpolizei gesammelte Material gegen alle Festgenommenen an den Oberstaatsanwalt bei der Amtsanwaltschaft Berlin in Form einer »Sammelanzeige gegen Demonstranten mit der Bitte um weiteres Befinden« (Aktenz. 2 PJs 701/67).

Station 2: Weiterverarbeitung bei der Staatsanwaltschaft

Der Beobachter des AStA der FU, am 10. Dezember grundlos festgenommen und ohne Begründung bis spät in die Nacht gefangengehalten, erstattete gegen die verantwortlichen Polizeibeamten Anzeige. Mitte Februar erhielt er ein Einschreiben vom Generalstaatsanwalt beim Landgericht:

»Betrifft: Ermittlungsverfahren gegen Angehörige der Polizei wegen Verdachts der Freiheitsberaubung im Amt.
Ich habe das Verfahren aus folgenden Gründen eingestellt: Nach meinen Ermittlungen haben Sie am 10. Dezember 1966 an einer nicht genehmigten Demonstration auf dem Joachimsthaler Platz teilgenommen.
Der mehrfachen Aufforderung der Polizei zur Räumung des Platzes sind Sie nicht nachgekommen. Ihr Verhalten war eine Störung der öffentlichen Sicherheit und Ordnung.
Ein strafbares Verhalten der beschuldigten Beamten liegt danach nicht vor.« (Aktenz. 2 PJs 96/67)

Demonstranten können die Polizei nicht beschuldigen – wer Demonstrant ist, bestimmt die Polizei. Jede weitergehende Frage, die sich mit dem Verhalten der Polizei beschäftigen müßte, darf nicht gestellt werden. Dafür sorgt die Staatsanwaltschaft.

Station 3: Bereinigung der Widersprüche bei der gerichtlichen Wahrheitsfindung

Die Vorarbeit der verfolgenden Instanzen wird von der verurteilenden aufgenommen. So berichten Urteile über die Umstände, die schließlich zur gerichtlichen Verhandlung führen:

»Kurze Zeit darauf wurde er (der Angeklagte) durch die Polizeibeamten B. und E., denen er durch einen Kriminalbeamten als Demonstrationsteilnehmer und ›Rädelsführer‹ bezeichnet worden war, vorläufig festgenommen.« (Aktenz. 1 Ss 346/67)

Nur noch die Gänsefüßchen im Urteil verraten den Pferdefuß der Rädels-

führergreiftrupps. Der schlechte Geruch der geheimen Schnüffler wird vertrieben durch eine eingehende juristische Erörterung der »Störung der Sicherheit und Leichtigkeit des Verkehrs« in den folgenden Passagen.
Die Methode, mit der vor Gericht die Darstellung der Polizei als Wahrheit herausgefunden werden kann, ist nach den Ermittlungen der vorgeschalteten Behörden einfach. Besonders deutlich wird dies, wenn die Darstellung der äußeren Umstände der Festnahme große Widersprüche zu Aussagen anderer Zeugen und zu der des Angeklagten enthält. Ein solcher Fall aus den Dezemberverfahren ist der des Studenten *Bergmann.* Der Angeklagte war bei seiner Festnahme in Höhe der Gedächtniskirche getreten und geprügelt worden und hatte gegen Polizisten Anzeige erstattet. In der Hauptverhandlung sagte er aus, daß er nicht – wie die Polizisten behaupteten – vor dem Café Kranzler festgenommen worden war, sondern ein paar hundert Meter weiter vor einem anderen Lokal. Photographien bestätigen seine Aussage. In den Urteilsgründen wird dazu Stellung genommen:

»Diese Einlassung (des Angeklagten) kann nur als bloße Schutzbehauptung angesehen werden. Richtig ist zwar, daß die Festnahme des Angeklagten am ›Schultheiß‹ und nicht am ›Kranzlereck‹ erfolgte (...) Unter Berücksichtigung der damaligen Lage, insbesondere des Durcheinanders auf der Straße, und im Zusammenhang mit dem Abdrängen der Demonstranten durch die Polizei von Rankestraße/Kurfürstendamm – gegenüber der Gedächtniskirche – in Richtung ›Kranzlereck‹ vermag diese ungenaue Ortsbezeichnung den Geschehensablauf nicht in Zweifel zu ziehen. Die unrichtige Ortsangabe erklärt sich, wie der (Polizei-)Zeuge Burck überzeugend ausführte, daraus, daß der ihm unterstellte Zug von der Rankestraße auf das ›Kranzlereck‹ zudrängte und während dieses Einsatzes mehrere vorläufige Festnahmen erfolgten, hiervon die größere Zahl am ›Kranzlereck‹. Wenn sich die Zeugen – was angesichts der damaligen Situation nur zu verständlich ist – an den Angeklagten persönlich heute nicht mehr erinnern, so vermag dies den Wert ihrer Aussage insoweit nicht zu beeinträchtigen, als sie bekundeten, daß nur die wichtigsten Störer festgenommen wurden.
Insbesondere der Zeuge Burck hat bestimmt, überzeugend und in vollem Umfang glaubhaft ausgesagt, daß der von ihm geführte Zug in der Zeit von etwa 17.00 bis 19.30 (...) insgesamt 26 Festnahmen durchgeführt hat, und er wußte sich genau zu erinnern, daß mit Festnahmen nur in besonders krassen Fällen eingeschritten wurde, wo unzweifelhaft vermeidbare und absichtliche Behinderung vorlag.« (Aktenz. 292 Es 5/67)

Damit ist die Wahrheit gefunden: Man muß der Darstellung der Polizei in allen Einzelheiten folgen, auch wenn sich die Polizisten an Einzelheiten nicht erinnern. Auf die Fragen, ob sie sich an Gesicht oder Erscheinung des

Angeklagten, die Umstände, den Ort oder die Art seiner Festnahme, sein Verhalten oder an die Tatzeit erinnern, hatten die drei Polizeizeugen immer mit »nein« antworten müssen.

Die Autorität des Gerichts zwingt Grau raus und Weiß rein: sie bescheinigt dem Einsatzleiter, er habe »überzeugend und in vollem Umfange glaubhaft ausgesagt«, daß nur »in besonders krassen Fällen« eingeschritten wurde. Durch die Aburteilung eines solchen »krassen Falles« wäscht eine Hand die andere. Die Justiz beweist ihre Vertrauenswürdigkeit, indem sie der Polizei pauschal Vertrauen schenkt.

Damit sich der Ring der Wahrheitsfindung schließt, müssen die Aussagen, die von der Darstellung der Polizeizeugen abweichen, zur Lüge gemacht werden. Wie diese Aufgabe in der Gerichtsverhandlung gelöst wird, zeigen »krasse Fälle« wie der *Bergmann*-Fall. Mit studentischen Zeugen kann man es sich einfacher machen als mit Professoren. Der Staatsanwalt bezeichnet sie als Gesinnungsgenossen des Angeklagten, nachdem er vorher dessen Zugehörigkeit zum SDS hervorgehoben hatte. Die mehrfache Beteuerung des Richters, er führe keinen politischen Prozeß, sondern es handele sich um eine reine Verkehrsübertretung, ist kaum zynischer als die schriftliche Urteilsbegründung:

»Gegenüber den übereinstimmenden Bekundungen dieser (Polizei-)Zeugen sind die Aussagen der weiteren Zeugen, bei denen es sich ausnahmslos um Teilnehmer der Demonstration und um Bekannte des Angeklagten handelt, ohne Beweiswert. Diese Zeugen haben teilweise so widersprechende Aussagen gemacht, daß sie sich nicht mehr richtig an die Vorfälle erinnern, oder aber sie haben mindestens teilweise bewußt die Unwahrheit gesagt, um den Angeklagten zu decken.
Bei dieser Sachlage braucht über den Beweiswert der von der Verteidigung gestellten Zeugen kein Wort verloren zu werden.« (Aktenz. siehe oben)

Während den Polizeizeugen ihre pauschale Darstellung abgenommen wird, werden die Demonstrantenzeugen abgetan, weil sie sich an zu viele Einzelheiten erinnern. Also gibt es für das Gericht das a priori richtige Bild der Polizei und ein a priori falsches aller anderen Zeugen. Plastisch hat das der Vorsitzende in der mündlichen Hauptverhandlung im Bergmann-Prozeß gesagt, als er sich darüber wunderte, daß der Angeklagte fünf Zeugen zu seiner Entlastung mitbrachte:

»Herr Rechtsanwalt, darüber sollten wir uns doch klar sein, an § 1 (Straßenverkehrsordnung) kommt er nicht vorbei.« (Mitschrift d. Verf.)

In der Urteilsbegründung werden die Widersprüche im a priori richtigen Bild weginterpretiert, das a priori falsche wird gerade durch seine Widersprüche gekennzeichnet. Wenn dies, wie im Bergmann-Urteil, ohne Bruch, ohne sichtbaren Zweifel, ohne irgendeinen Versuch zu verbergen geschieht, wird klar, worin die Objektivität des Gerichtes besteht.

Die Justiz übernimmt die Projektionen, mit denen der Polizeiapparat arbeitet. Das muß sie tun, denn gestört haben tatsächlich nur die festgenommenen »Rädelsführer«. Wen oder was sie stören, erklärt die Anklageschrift gegen den Studenten *Bergmann:*

»Der Student Uwe Bergmann wird angeklagt, in Berlin-Charlottenburg an der Ecke Kurfürstendamm/Joachimsthaler Straße am 10. Dezember 1966 sich nicht so verhalten zu haben, daß kein anderer mehr, als nach den Umständen unvermeidbar, behindert und belästigt wurde, indem er während einer Demonstration von mehreren hundert Personen, die den zu dieser Zeit sehr starken Fußgängerverkehr völlig zum Erliegen gebracht hatten, den vielfach wiederholten Aufforderungen der Polizeibeamten zum Räumen der Kreuzung keine Folge leistete und trotz persönlicher Ansprache durch den Zeugen Polizeimeister Gabriel auch dann noch stehenblieb, als eine Polizeikette zur Räumung des Kreuzungsbereiches eingesetzt wurde.« (Aktenz. 2 PJs 701/67)

Die Verschleierung des politischen Motivs durch § 1 der Straßenverkehrsordnung findet sich ebenso in der Urteilsbegründung:

»Der Angeklagte war daher als überführt anzusehen, vorsätzlich durch die Weigerung weiterzugehen, obwohl das durchaus möglich war, die Passanten auf dem Kurfürstendamm behindert und belästigt zu haben.« (Aktenz. siehe oben)

Den Verkehr stört, wer sich weigert, weiterzugehen und den Befehlen der zur Räumung eingesetzten Polizeikette nicht gehorcht. Die Polizisten sind damit zu Passanten, ihre Befehle zum Straßenverkehr geworden. Diese Enthüllung der Polizeiaktion zwingt zur Einsicht, daß hinter der Motivattrappe »Verkehr« andere Absichten stecken. Das Schlagen und Festnehmen Einzelner soll die politische Organisation treffen, die öffentlich demonstriert. Deshalb die von Kriminalpolizei und Greiftrupps inszenierte Festnahme von »Rädelsführern«, deshalb Sprache und Methoden aus der Gruselkammer politischer Verfolgungen des letzten Jahrhunderts.

Das getrennte Nebeneinander von Rädelsführerauswahl durch die Polizei und angeblicher Verkehrsstörung ist für die Auseinandersetzung mit Demonstranten in dieser Phase typisch. Der Widerspruch zwischen der Absicht und dem Vorwurf muß vom Gericht irgendwie verarbeitet werden. Denn die Strafe trifft den, der als »Rädelsführer« herausgegriffen wird, aber sie straft für ein Verhalten, das dieser mit allen anderen Demonstranten teilt. Da die Motive und Ausdrucksformen im bürgerlichen Weltbild verdrängt sind, der Schein einer unpolitischen demokratischen Rechtsprechung gewahrt werden soll, weicht man auf angeblich von Einzelnen verletzte unpolitische Normen unserer Rechtsordnung aus. Die Schizophrenie schlägt sich im Bergmann-Prozeß nieder. Auf die Frage des Vorsitzenden nach seinen Vorstrafen berichtet er von einer Geldstrafe in Höhe von DM 100.– wegen eines Verkehrsunfalls nach Paragraph 1 Straßenverkehrsordnung. Darauf der Gerichtsvorsitzende: »das interessiert hier nicht« (Mitschrift d. Verf.). Dieses seltsame Desinteresse wird in den Gründen des Urteils erklärt:

»Strafmildernd mußte Berücksichtigung finden, daß der Angeklagte bisher strafrechtlich nicht in Erscheinung getreten ist.« (Aktenz. siehe oben)

Die Verurteilung auf Grund des gleichen Paragraphen in einem früheren Verfahren muß verdrängt werden, weil hier nur die politische Straftat interessiert. Die Unterscheidung zwischen reinem und politischem Verkehrsdelikt ist dem Strafrecht zwar fremd; ihre praktische Einführung beweist aber, wieviel politische Wertung sich hinter der Objektivität unserer Gerichte verbirgt.

Der Mechanismus vom Herausgreifen bis zum Verurteilen funktioniert so: auf der Straße wird ein Einzelner aus der Menge der Demonstranten herausgegriffen, weil er »Rädelsführer« ist. Vor Gericht drehen sich Ursache und Folge um: er ist »Rädelsführer«, weil er festgenommen wurde. Die ganze Figur ruht in sich selbst. Der Beweis des Gegenteils ist von vornherein logisch unmöglich. Recht wird dabei nicht gebrochen. Einer wird bestraft, weil er eben »Rädelsführer« ist.

Der logische Widersinn dieser Rädelsführerkonstruktion führt zwangsläufig zu den Rädelsführern hinter den Rädelsführern.

»Nach dem Eindruck, den er (der Angeklagte) in der Hauptverhandlung gemacht hat, kann davon ausgegangen werden, daß sein verkehrswidriges Verhalten im vorliegenden Fall auf der Beeinflussung durch andere, nicht auf einen ursprünglich eigenen Entschluß des Angeklagten zurückzuführen ist.« (s. o.)

Die Rädelsführertheorie muß sich, weil sie mit der Realität nicht übereinstimmt, »Rädelsführer« der »Rädelsführer« suchen; sie muß sich in ein unendliches Imaginäres ausweiten. Sie schafft sich ihre Wirklichkeit selbst. Hinter dieser Konstruktion öffnet sich das weite Feld der bürgerlichen Verschwörungstheorie. Scheinbarer Widersinn und Imaginäres löst sich im politischen Zweck des Prozesses auf: Ordnung als Garantie der Unterordnung.

Das System der Manipulation hat seinen Schlußpunkt gefunden. Das Urteil ist das letzte Glied in der Kette von Verdrehungen und Projektionen und darauf aufbauenden Zirkelschlüssen. Die Spirale ist banal aber effektiv, weil die Macht nicht offen als politische sich zeigen muß, sondern als Hüter einer abstrakten Ordnung alle Instanzen für ihre Zwecke einspannen kann.

Wenn politische Protestaktionen als Verkehrsstörung geahndet werden, muß man sich fragen, warum der politische Strafzweck hinter einer bloßen Regelverletzung verborgen wird. Der einzelne wird nach seiner Zugehörigkeit zu einer politischen Organisation ausgewählt, für kollektives Verhalten allein vor Gericht gestellt und verurteilt. Damit soll er von politisch organisiertem Protest abgeschreckt werden.

Die klassische politische Justiz wollte den von ihr Verfolgten als politischen Gegner ausschalten. Dabei wurde ihm nach traditioneller Rechtslehre wegen seiner anderen Überzeugung die Achtung nicht versagt, er wurde in der Verfolgung als politischer Gegner anerkannt. Aus dem Überzeugungstäter ist ein krimineller Ordnungsbrecher geworden. Der Zweck der politischen Justiz besteht darin, zu entpolitisieren. Wo sich Politik auf die Akklamation der bestehenden Ordnungsregeln beschränkt, wo sich Öffentlichkeit der Straße auf fließenden Straßenverkehr reduziert, muß politische Justiz im Sinne des verordneten Konsensus funktionieren. Anpassung heißt, politisch ist alles in Ordnung. Das wird dem am eigenen Leibe nachgewiesen, der den verordneten Konsensus durchbricht.

2. Phase: Der große und außergewöhnliche Justizeinsatz

Im Sog des 2. Juni rückt die Justiz mit politischen Verfahren in eine aufgeschreckte Öffentlichkeit. Das Gebot der Stunde heißt, das Trauma vom Polizeiterror in demokratisches Heil zu verwandeln. Die Mechanismen, mit denen die »unpolitische« dritte Gewalt diese politische Metamorphose leisten soll, sind aus den früheren Verfahren gegen Demonstranten bekannt.

Im Unterschied zu früher werden die neuen Verfahren systematisch in die Öffentlichkeit getragen: von Staat und Springer, um die Verantwortung auf die Oppositionellen abzuwälzen; von diesen, um den verlängerten Polizeiknüppel unter der Robe hervorzuzerren.

Am wichtigsten sind die Verfahren gegen den Kriminalobermeister Karl

Heinz *Kurras*, gegen Fritz *Teufel* wegen schweren Landfriedensbruchs und der sogenannte Brandstifterprozeß.
Die Verfahren gegen den angeblichen Steinewerfer Teufel und den Todesschützen Kurras verarbeiten Polizeischlacht und Demonstration vor der Deutschen Oper auf strafrechtlicher Ebene. Die politische Führung Berlins, die sich mit der Polizeiaktion solidarisch erklärt, braucht die Justiz, um die Demonstranten endgültig zum Schweigen zu bringen.
Da es keine Ausnahmegerichte geben darf – sonst wäre die Kumpanei der Institutionen zu offensichtlich –, muß die Justiz diese Verantwortung anders tragen. Sie kann den Ernst der Lage beweisen, indem sie allein die Vorwürfe zweier Polizisten genügen läßt, um den von ihr festgenommenen Demonstranten Fritz Teufel monatelang in Untersuchungshaft zu halten. Gleichzeitig läßt sie den Polizeischützen Kurras frei herumlaufen.
Der Berliner Justizsenator *Hoppe* hat die unterschiedliche Behandlung in einem Leserbrief an die *Frankfurter Rundschau* vom 8. Juli 1967 damit begründet, daß Kurras nur wegen fahrlässiger Tötung angeklagt werde, worauf, im Gegensatz zum schweren Landfriedensbruch, nicht Zuchthaus steht. Der Unterschied ist selbst konstruiert. Der Todesschuß eines Staatsdieners kann nur auf Fahrlässigkeit beruhen. Damit rechtfertigt die Justiz das in sie gesetzte Vertrauen. Sie bleibt äußerlich unabhängiger Vollzieher des staatlichen Willens: Der Todesschuß des Polizisten wird von Anfang an als Fahrlässigkeit behandelt, der Steinwurf des Demonstranten ist ein Kapitalverbrechen, für das er sofort ins Gefängnis muß.

Landfriedensbruch 1. Teil: der Beweiswert der Untersuchungshaft des Demonstranten Fritz Teufel

Mit den eingeübten Methoden wird das Opfer exemplarisch zum Schuldigen gemacht. Das Stadium der Verkehrsstörung ist verlassen[16]. Die Demonstration vor der Oper ist nach dem Weltbild der Herrschenden »Landfriedensbruch«. Die Untersuchungshaft eines Demonstranten nimmt die Strafe schon vorweg, schuld an der Straßenschlacht hat die Krawallgier der Demonstranten. Wie früher wurden einzelne auf der Straße herausgegriffen, wie früher bestraft die Justiz exemplarisch, weil sie nicht alle bestrafen kann. Die vorweggenommene Strafe erfüllt den faschistoiden Wunsch, die provozierenden Demonstranten auf dem Wege einer umgekehrten Sippenhaft zu Verbrechern zu machen.
Deshalb wird Fritz Teufel vom 2. Juni an systematisch als steinewerfen-

der Rädelsführer aufgebaut. Denn nur, wer die ahnungslose Menge verführt und außerdem selbst Gewalt gebraucht, kann der von den »Anständigen« dieser Stadt gewünschte Sündenbock sein. Deshalb konstruiert man den »Rädelsführer« Teufel, addiert einen Steinwurf dazu und erhält so eine hinreichende Begründung für die Untersuchungshaft.
Im »Vorführungsbericht« der Abt. I A vom 3. 6. 67 heißt es:

»In Steigerung der bewußt provozierenden Tumulte erfolgten kurze Zeit später (während der Anfahrt der Gäste) Steinwürfe, wobei Teufel als Werfer von Zeugen beobachtet und festgenommen wurde. (...) Es kann (...) davon ausgegangen werden, daß Teufel als Rädelsführer anzusehen ist, da er bei anderen Gelegenheiten sich in ähnlicher Weise verhielt.«

»Rädelsführer« eines Landfriedensbruchs ist jemand, weil er eben auch sonst Rädelsführer ist. Ein Nachweis seiner rädelsführerischen Handlung ist überflüssig. Statt dessen werden frühere Strafverfahren als Beweis angeführt. Darunter das sogenannte Attentat auf Humphrey vom April 1967, nicht etwa als unbewiesene Anschuldigung, sondern als Tatsache, obwohl es seit Mitte Mai nach Auskunft des Staatsanwalts einstellungsreif war (und im Oktober eingestellt wurde):

»Der Beschuldigte trat im Mai 67 wegen Verdachts der Geheimbündelei (...) in Erscheinung (Brandstifter-Flugblätter). Er wurde am 5. 4. 67 mit weiteren Studenten gemäß Paragraph 49 b StGb vorläufig festgenommen. Teufel gehörte zu dem Personenkreis, der sich mit der Vorbereitung eines Verbrechens gemäß § 311 StGb (Sprengstoffattentat) befaßte. Darüber hinaus trat er auch als Teilnehmer nicht genehmigter Demonstrationen in Erscheinung.« (Vorführungsbericht, s. o.)

Die Anklageschrift vom 13. Juni konkretisiert zum ersten Mal, welche Handlungen jemanden zum »Rädelsführer« machen.

»Bei Beginn der Räumung des südlichen Gehwegs der Bismarckstr. durch die Polizei rief er (Fritz Teufel, d. Verf.) wiederholt und rhythmisch das Wort ›Notstandsübung‹, was die Demonstranten zu Gewalttätigkeiten (z. B. zu Steinwürfen) gegen die Beamten veranlaßte.« (Aktenz. 2 PJs 758/67)

In der mündlichen Hauptverhandlung vor der 8. Großen Strafkammer des Landgerichts vergewissert sich der Vorsitzende, Landgerichtsdirektor *Pahl:* »Haben Sie Sprechchöre geleitet?« Die Verbindung Chorleiter – disziplinierter Chor – Gewalttätigkeit kann nur der herstellen, dem die Situation in einer Massendemonstration völlig fremd ist. Daß die Opernszene trotz der Aktenberge nicht realitätsgerecht rekonstruiert werden kann, ist das Verdienst der im Sinne der Rädelsführertheorie zusammenarbeitenden staatlichen Instanzen.

Das Gericht hat mit der Aufrechterhaltung der Untersuchungshaft selbst die Konsequenz aus den politischen Verfahren des letzten Jahres gezogen: Wenn ein Demonstrant von der Polizei beschuldigt wird, ist er so gut wie verurteilt. Daher kann der dringende Tatverdacht, ohne den kein Haftbefehl auskommt, gegeben sein, auch wenn man die Entlastungszeugen nicht gehört hat. Die Anklageschrift stellt das lapidar fest:

»Bekundungen der von der Verteidigung benannten Zeugen sind, wie der Erste Strafsenat des Kammergerichts in seinem Beschluß vom 3. Juli 1967 ausführt, nicht geeignet, den dringenden Tatverdacht auszuräumen, so daß es deren Vernehmung nicht bedarf.« (s. o.)

Staatsanwalt und Justiz bis hinauf zum höchsten Berliner Gericht sind sich einig: Sie stellen fest, die Bekundungen seien ungeeignet, ohne diese überhaupt zu kennen. Diesen offenbaren Widersinn muß das Gericht dann im August zurücknehmen. Die außerparlamentarische Opposition hatte die Öffentlichkeit mit Aktionen und Aufklärungskampagnen auf die skandalöse Begründung der Untersuchungshaft hingewiesen. Unter diesem Druck ordnet die 5. Ferienstrafkammer des Landgerichts am 10. August eine fragwürdige Haftentlassung an:

»In der Strafsache gegen den Studenten Fritz Teufel (...) wegen Landfriedensbruchs wird der Angeschuldigte unter Aufrechterhaltung des Haftbefehls (...) gegen folgende Auflagen mit dem weiteren Vollzug der Untersuchungshaft verschont: a) seine Personalpapiere zu den Gerichtsakten einzureichen; b) sich zweimal in der Woche auf dem für seinen Wohnsitz zuständigen Polizeirevier zu melden.
Gründe: Der dringende Tatverdacht eines Verbrechens nach Paragraph 125 StGb und die Fluchtgefahr bestehen aus den Gründen des Beschlusses des Kammergerichts vom 3. Juli 1967 fort und haben keinerlei Veränderung erfahren.
Die Gefahr der Flucht kann jedoch durch die oben angegebenen fluchthindernden Maßnahmen so erheblich vermindert werden, daß der Zweck der Untersuchungshaft für die Zukunft auch durch diese Maßnahmen erreicht werden kann.« (Beschluß vom 10. 8. 67, Aktenz. siehe oben)

Beide »fluchthindernden Maßnahmen« hätte man schon Anfang Juni anordnen können. Wenn das erst jetzt geschieht, zeigt es, daß Fritz Teufel nur freigelassen wird, weil die zu offensichtliche Parteilichkeit der Justiz unerträglich geworden ist. Für den liberalen Teil der Öffentlichkeit ist der dringende Tatverdacht durch das merkwürdige Vorgehen der Justiz bereits in Frage gestellt. Dennoch glaubt das Gericht die Anschuldigung in vollem Umfang aufrechterhalten zu können. Mit den Auflagen soll dies der Öffentlichkeit weiterhin suggeriert werden. Die Auflagen sollen die Freilassung Fritz Teufels ermöglichen, ohne daß die Justiz das Gesicht verliert. Aber Teufel bereitet der Justiz eine unangenehme Überraschung, er nimmt die Auflagen nicht an. Die Justiz wird in die Alternative gezwungen, entweder die Unzulässigkeit der Inhaftierung Teufels offen einzugestehen, oder ihr Spiel vor den Augen einer kritisch gewordenen Öffentlichkeit weiterzutreiben, obwohl sich nach der inzwischen erfolgten Vernehmung der Entlastungszeugen bereits abzeichnet, daß der Prozeß zu einem Fiasko für die Anklage wird.

Das Gericht hat sich für letzteres entschieden. Noch am 18. September begründete die für die inzwischen wieder angeordnete Untersuchungshaft zuständige 8. Strafkammer des Landgerichts die Ablehnung einer erneuten Haftbeschwerde u. a. damit:

»Was den übrigen Geschehensablauf anbelangt, hat das bisherige Ermittlungsergebnis die Bekundungen der den Angeschuldigten belastenden Zeugen Hessler und Mertin weder widerlegt noch in Zweifel gestellt. Dies gilt insbesondere auch für die Bekundung der von der Verteidigung benannten Entlastungszeugen, soweit sie bisher vernommen werden konnten. Sie stellen die Bekundungen der Zeugen Hessler und Mertin schon deshalb nicht in Frage, weil ihnen eine vergleichbare Zeiteinordnung fehlt und ihre Wahrnehmungen bruchstückhaft, d. h. nur Einzelbetrachtungen bzw. Ausschnitte aus der Vielfalt des Geschehensablaufes vor der Oper sind und nicht auf den Angeschuldigten konzentriert waren.« (Beschluß vom 18. Sept. 67, Aktenz. siehe oben)

Exkurs: Die außergewöhnliche Methode der Konzentration auf den angeklagten Demonstranten

Es ist aufschlußreich, die Merkmale zusammenzustellen, die eine Polizeiaussage für das Gericht so wertvoll erscheinen lassen. Die Polizisten sind bei Demonstrationen beruflich anwesend, sie rekonstruieren den »Geschehensablauf« mit einer exakten »Zeiteinordnung«, ihre Wahrnehmungen erfassen einerseits die »Vielfalt des Geschehensablaufes«, sie sind nicht nur »Einzelbetrachtungen bzw. Ausschnitte«, andererseits sind sie kraft des polizeilichen Auftrags »auf den Angeklagten konzentriert«. Alles was zwischen exaktem, dienstlich vermitteltem Rahmen und der Konzentration auf den kriminellen Demonstranten steht, nämlich die entscheidenden Einzelheiten, fehlen, ohne daß das Gericht etwas vermißt. So konnte sich im Kurras- und im Teufel-Prozeß kein Polizeizeuge daran erinnern, wie weit der Gehweg zur Zeit der Festnahme Teufels geräumt war, ob die Polizei im Zeitpunkt des tödlichen Schusses auf dem Grundstück Krumme Straße 66/67 nicht schon Herr der Lage war, oder wo Kurras sich dort befand, geschweige denn an prügelnde oder schlagende Kollegen. Die Brutalität der Polizisten hatten von allen aussagenden Beamten nur die Offiziere gesehen.

Mit der »Wertlosigkeit« von Entlastungszeugen bei Demonstrationen ist die moderne politische Justiz Berlins auf ihre deutsche Tradition gebracht. Der zitierte Beschluß stellt noch einmal klar, daß die »Bekundungen der Entlastungszeugen«, was auch immer diese aussagen, den Vorwurf der Anklage nicht erschüttern können, weil die Zeugen Demonstranten sind. Entsprechend hat schon das Reichsgericht entschieden; die Zeugen, die einen angeklagten Juden entlasten sollten, wurden als untauglich dafür erachtet, weil sie ebenfalls Juden waren.

In der mündlichen Hauptverhandlung wird die Wertlosigkeit von Entlastungszeugen bestätigt. Nachdem alle Zeugen der Staatsanwaltschaft vernommen sind, stellt Landgerichtsdirektor *Pahl* fest:

»Zeugen, die das Gericht für notwendig hält, sind erledigt, es stehen nur noch Zeugen der Verteidigung an.« (Mitschrift P. D.)

Die Äußerung fällt so unkontrolliert, weil es sich um eine scheinbar unwichtige, rein technische Frage der Prozeßführung handelt. Für das Gericht wichtige Zeugen sind demnach die der Anklage, ihnen gegenüber stehen im Grunde überflüssige Zeugen der Verteidigung. Diese simple Zweiteilung hat das Gericht im Verlaufe der Verhandlung aufgeben müssen. Es hat die Entlastungszeugen noch einmal nach wichtigen und unwichtigen unterteilt.

Als die Zeugen der Verteidigung an der Reihe sind, unterbricht der Vorsitzende die Aussage eines Journalisten:

»Ich habe Sie nicht verstanden, können Sie nicht etwas lauter sprechen. Sie sind beruflich dort anwesender Zeuge, wir müssen Ihre Aussage genau verfolgen.«

Zeugen, die einen Beruf haben, Journalisten, Abgeordnete, ein Polizeifotograf, werden ernst genommen. Die berufslosen Demonstranten können laut oder leise sprechen, ihren Aussagen braucht man nicht zu folgen. Das äußert sich auch darin, daß die Demonstrantenzeugen »wegen Verdachts der Tatbeteiligung« bis auf einen nicht vereidigt werden.

Das klassische Abwehrrecht des Einzelnen gegen die unabhängige Gerichtsgewalt, die den Vorwurf der Anklage institutionell (durch Indizien, logische Schlüsse usw.) auf ihre Wahrheit prüft, ist zum Unterdrückungs-

mittel pervertiert. Die Nichtvereidigung sollte den Zeugen vor einem Meineid bewahren; jetzt wird sie systematisch und einseitig eingesetzt, um die Wahrheit zu unterdrücken. Denn die Polizistenzeugen werden im Teufel-Prozeß alle vereidigt, obwohl der Meineid auf der Hand liegt, wenn auf ausdrückliche Fragen keiner von ihnen einen Schläger in Uniform gesehen haben will.
Landgerichtsdirektor Pahl erkärt die außergewöhnliche Methode der doppelbödigen Wahrheitsfindung in der mündlichen Urteilsbegründung: Die besondere Schwierigkeit des Verfahrens bestehe in der »Parteilichkeit« der Zeugen. Damit bekennt er seine eigene Parteinahme.
Die Institution Justiz kann die Wahrheit nur im Sinne des Uhrwerks der Institution Polizei finden. Die pauschalen Polizeianschuldigungen im exakten Einsatzrahmen sind nur die Wiederholungen der Regeln der Polizeiaktion selbst. Diese Regelwiederholung mit der Konzentration auf den Demonstranten als Kriminellen führt zu seiner vorweg festliegenden Bestrafung.
Auf dem Hintergrund dieses von Polizei und Staatsanwaltschaft eingesetzten Fangnetzes ist der Prozeß bis zum Freispruch für Fritz Teufel zu verfolgen. Zwischen der Untersuchungshaft und dem Beginn der Hauptverhandlung liegt zeitlich der Kurras-Prozeß, der die Auseinandersetzung mit der politischen Justiz und damit auch den Fall Teufel entscheidend beeinflußt hat.

Der Freispruch für den Polizeischützen

Die Abhängigkeit der Justiz von der einseitigen Polizeipauschale muß sich im Prozeß gegen den Polizisten Kurras auswirken. Hier führt die Konzentration auf den Demonstranten auf der Straße zu einem tödlichen Schuß, bei der Justiz zu einer Anklage wegen fahrlässiger Tötung, deren Begründung den Prozeßverlauf und das Urteil bereits vorwegnimmt:

»Der Angeschuldigte beurteilte die Lage für sich als gefährlich. Er hatte Angst vor Angriffen. Deshalb zog er zur Abschreckung seine unter der Jacke im Schulterhalfter getragene Dienstpistole, Mod. PPK Nr. 211319 des Kalibers 7,65 mm. Um einen Warnschuß in die Luft abgeben zu können, entsicherte er die Waffe. Obwohl inzwischen durch den Einsatz von Schutzpolizei (...) jede für Polizeibeamte bedrohliche Situation beseitigt war, hielt er weiterhin seinen Finger am Abzug der entsicherten Pistole und wollte einen nicht auf Menschen gerichteten Warnschuß abgeben. Plötzlich wurde aus der Waffe ein Schuß abgefeuert. Der Schuß traf unbeabsichtigt den Studenten Benno Ohnesorg über dem rechten Ohr, als dieser sich zwischen den Betonblenden befand. Die Kugel drang in das Gehirn ein.« (Anklageschrift gegen Kurras, zit. nach *Extra-Dienst* Nr. 26, 16. 8. 67)

Die Handlungen des Polizisten werden genau dargestellt, an der entscheidenden Stelle aber springt die Anklage von der aktiven in die passive Verbform: »Plötzlich wurde aus der Waffe ein Schuß abgefeuert«. Kurras ist plötzlich nicht mehr Subjekt seines Handelns, den Schuß hat gar nicht er abgefeuert. Der Schuß traf, nicht Kurras, der sich rühmt, links genau so sicher zu treffen wie rechts:

»Wenn ich gezielt geschossen hätte, wie es meine Pflicht gewesen wäre, wären mindestens 18 Mann tot gewesen. Ich schieße mit der Linken genausogut wie mit der Rechten. Ich brauche beim Schießen nicht einmal ein Auge zuzukneifen.« (Kurras in einem Interview; *Stern*, Nr. 30, 23. Juli 67, S. 133)

Aber weil von der Treffsicherheit des Kriminalobermeisters Kurras nicht die Rede sein darf, kommt auch der schießende Kurras in der Anklage nicht vor. Und so erkennt er sich in ihrer Darstellung gern wieder. In der Hauptverhandlung berichtet er dem Gericht von »einem Geschehen, das nicht von mir ausgelöst wurde«.

Während des ganzen Prozesses steht die Frage nach dem »Auslöser des Geschehens« hinter der Beweisaufnahme, sie darf aber nicht ausdrücklich gestellt werden. Die Nebenkläger wollten die Verantwortlichen wenigstens moralisch vor Gericht stellen und haben deshalb die Leiter der Polizeiaktion vom 2. Juni vor die Strafkammer geladen. Auf die Frage an den Zeugen *Büsch*, ob er sich als Innensenator persönlich davon unterrichtet habe, wie die Polizisten auf schwierige Situationen, auf die Konfrontation mit demonstrierenden Studenten vorbereitet würden, antwortet er:

»Ich hatte während meiner Amtszeit von April bis Oktober keine Möglichkeit, mir von der Ausbildung ein Bild zu machen, weil wir in dieser Zeit dauernd damit beschäftigt waren, gegen die Demonstrationen polizeiliche Mittel zu finden.« (Mitschrift d. Verf.)

Pannen wie diese Antwort dürfen im Zusammenspiel der Institutionen nicht passieren. Statt dessen muß auf unpolitischer Ebene darüber verhandelt werden, ob der Vollzieher des Staatswillens mit seinem Schuß dem persönlichen Schuldvorwurf ausgesetzt werden soll, oder wie seine Handlung in das bürokratische Regelwerk aufgenommen werden kann.

Auf die Frage eines Nebenklägers nach den Sicherheitsbestimmungen des Senators für Inneres an den Zeugen Büsch greift Generalstaatsanwalt Dr. *Dehnicke* ein:

»Ich protestiere gegen diese Frage. Sie ist unzulässig, da nur präsente Beweismittel für den Tathergang zu verwenden sind.« (Mitschr. d. Verf.)

Ihm schließt sich der Vorsitzende der 14. Strafkammer, Landgerichtsdirektor Dr. *Geus* an:

»Das Gericht kann politische Fragen nicht zulassen, wenn sie keine Beziehung zur Entscheidung haben.« (Mitschr. d. Verf.)

Der Versuch der Nebenkläger, die politische Verantwortung herauszustellen, wird abgeschnitten. Verhandelt wird nur über die Fingerbewegung eines Mannes, die zum Tode eines anderen geführt hat. Kurras selbst stellt genau dar, wie er dazu kam, passiv den Studenten Ohnesorg zu erschießen. Seine Aussage vor Gericht bringt sein »Versagen« auf den entscheidenden Zusammenhang mit seiner Ausbildung als »Freund und Helfer« dieses Systems.

Der Angeklagte Karl Heinz *Kurras*, 39, Karriere bei der Abt. I, spricht vor Gericht langsam, monoton, in aneinandergereihten bürokratischen Redewendungen und ohne jede Emotion. Den Tathergang schildert er ausführlich. Er wird mit 30 bis 40 seiner unauffälligen Kollegen während der Demonstration vor der Oper abgesetzt, um – »wie schon früher« – »Rädelsführer« aufzuspüren. Kurras sieht sich einer »akuten Masse« gegenüber, einer »seelischen Gleichschaltung der Demonstranten«; er hört Gespräche mit, die er wie Flugblätter so versteht, daß die Demonstranten »angreifen« und »bei Widerstand zurückschlagen wollen«. Er begreift Situationen nur in den Kategorien, die ihm auf dem Dienstweg übermittelt werden.

Sein Hauptberuf, »Rädelsführer« zu greifen, bringt ihn dazu, daß er keine individuellen Demonstranten mehr wahrnehmen kann, sondern nur noch Masse oder »Rädelsführer«. Diese werden danach ausgesondert, ob sie sich auffällig verhalten, z. B. winken oder pfeifen.

»Nach der Aussage des Zeugen Kriminalhauptkommissar Starke können wir davon ausgehen, daß der Angeklagte hinter dem Kriminaloberkommissar Werner herlief, um einen auf das Grundstück (Parkhof in der Krummen Straße, Anm. d. Verf.) flüchtenden Demonstranten festzunehmen.« (Landgerichtsdirektor Geus in seiner mündl. Urteilsbegründung, zit. nach *Extra-Dienst* Nr. 55, 25. 11. 67, S. 7)

Der flüchtende Demonstrant war *Hartmut R.* Der Grund seiner Verfolgung: er hatte in der Krummen Straße auf einer Trillerpfeife gepfiffen. (vgl. S. 76) Daran erinnert sich Kurras nicht mehr. Über Gummiknüppel,

Polizeischläger und hilfreiche Bürger kann Kurras nichts sagen; so etwas sieht er nicht. Er berichtet fast nebensächlich von Farbeiern und Steinhageln, denen er durch einen Standortwechsel ausweichen kann. »Schokkiert« ist er erst durch das »Sit-down« der Demonstranten vor der Krummen Straße. Der passive Widerstand eines Sitzstreiks paßt nicht in sein Bild vom Demonstranten, der nur in der Masse schreien und aggressiv sein oder flüchten kann. Zum zweiten Male aus seiner dienstlichen Fassung gerät Kurras etwas später, als er auf der Rädelsführerfährte in der Krummen Straße von Demonstranten umgeben ist und – so seine Aussage – hört: »Das ist der Bulle, schlagt ihn tot! Tretet ihn!« Seine Reaktion: Hinterhalt! Flucht! Auf den Gedanken, von der wenige Meter hinter ihm befindlichen Polizeikette Hilfe zu holen, kommt er nicht: »Ich war zutiefst erschrocken und wollte persönlich dem Geschehen entweichen.« Auf dem Parkhof, inmitten von Demonstranten, sieht er Messer in ihren Händen aufblitzen, nimmt die Polizeibeamten, die das Grundstück inzwischen besetzt haben, gar nicht wahr. Er zieht die Pistole, gibt – nach seiner Darstellung – einen Warnschuß ab (ohne Warnruf, da seine Zunge »wie gelähmt« ist); die Pistole noch in der Hand, will er abermals von Demonstranten angegriffen worden sein; sie zerren an seinem Arm; ein zweiter Schuß geht los: er sieht, wie ein Demonstrant zusammenbricht.

Kurras ist mit seinem normalen Verhalten aus der Bahn geraten, angefangen bei seiner fehlenden Reaktion »zurück zur Truppe«, über die halluzinierten Messer, bis zur völlig realitätsfremden Einschätzung der Situation, zur Fehlhandlung, dem Schuß. Die Situation erscheint ihm als der gefürchtete Hinterhalt, in dem er allein den Demonstranten gegenübersteht. Seine gegen die Demonstranten gerichtete Aggression schlägt als Angst auf ihn selbst zurück. Sie wirft ihn, zusammen mit der Entlarvung, daß das Zivile nur seine Maske ist, von der Ebene des mechanischen Verhaltens herunter. Er kann nicht mehr richtig, d. h. automatisch reagieren. Er weicht der Demaskierung durch den Schuß aus.

Der Schock, den die Berliner Führung durch die Demonstrationen erfahren hat, wird in dieser Situation exemplarisch erlebt und führt hier wie dort zur in Kauf genommenen Fehlleistung. Die Konditionierung durch das intensive Training, mit dem der Staat seine Polizisten ausbildet, hat nicht ausgereicht.

In einem solchen Fall hat der Staat theoretisch die Wahl. Er kann den Beamten wegen seines Versagens fallen lassen und strafrechtlich zur Verantwortung ziehen. Oder er kann die hohen Anforderungen, die er im Berufstraining an ihn stellt, ausgleichen und solche Fehler als systemzugehörig behandeln. Dann muß er ihn von der Schuld freisprechen.

Der Staat läßt sich nur ungern vor die Entscheidung stellen. Um ihr ausweichen zu können, werden Polizisten in der Ausbildung angewiesen, »Notwehr daraus zu machen« (vgl. S. 110). Wenn das aus irgendwelchen Gründen nicht geht, wird Fahrlässigkeit konstruiert. Ernst wird es erst, wenn aus der fahrlässigen Handlung eine Nichthandlung gemacht werden muß. Im Falle Kurras ist die einzige Chance, zum Freispruch zu kommen, ausgerechnet in der Version der Anklage enthalten (s. S. 169). Der später vom Gericht hinzugezogene Gutachter ist sachverständig genug, diese Möglichkeit auch für das Gericht zum Rettungsanker zu machen. Der mündlichen Urteilsbegründung zufolge, wird Kurras freigesprochen, weil die Krisenlage zugunsten des Angeklagten spricht. Dem psychiatrischen Gutachter sei zu folgen, wenn er sagt, daß die Kritik und Urteilsfähigkeit des Angeklagten erheblich beeinträchtigt war.

Die Konstruktion der Ausnahmesituation dient der Entlastung des Angeklagten. Für Kurras war das Auftreten vor Gericht der Preis, den er für sein Versagen zahlen muß. Aber mit dem Freispruch ist sein Versagen abgegolten. Dem Staat hilft der Prozeß dabei, die notwendige Geheimpolizei mit ihren notwendigen Fehlern in das Staatsbild der manipulierten Individuen einzufügen.

Die Frage der Verantwortung für das gezielte Versagen von Kurras ist in einer Leserzuschrift an die *Welt* auf den Begriff gebracht.

»Wenn eine Pistole der Polizei losgeht, dann schießt der Staat und nicht der Polizeibeamte; und es ist Sache des Staates sich mit dem betreffenden Bürger auseinanderzusetzen. Auch im strafrechtlichen Sinne.« (*Die Welt*, 22./23. 11. 67)[17]

Um eine – wenn auch nur symbolische – Verurteilung des Staates zu verhindern, soll dem »hochqualifizierten Polizeibeamten« eine qualifizierte Sonderbeurteilung zuteil werden. Die Besorgnis des Bürgers ist überholt. Heute verraten die freiwillig gleichgeschalteten Institutionen den Staat nicht mehr. Der Bürger muß noch lernen, daß dieser Staat nicht zur Verantwortung gezogen wird, aber die Fehler seiner hochqualifizierten Geheimpolizei deckt. Deshalb muß der Polizist als verantwortliche Privatperson vor Gericht stehen und freigesprochen werden.

Vergleicht man den Kurras-Prozeß und die Verfahren gegen die Dezember-Demonstranten, dann wird die Bedeutung des Freispruchs für die

Situation der politischen Justiz klar: auf der einen Seite stehen die Demonstranten, deren Verhalten von der Justiz als Verkehrsstörung verurteilt wird. Auf der anderen Seite steht der Polizist; seine Handlungen sind höchstens ein Verkehrsunfall. Die Justiz kann hier keinen Verantwortlichen finden, weil sie selbst zu dem Apparat gehört, der gegen die Demonstranten eingesetzt wird. Schießen und Bestrafen sind nur zwei Bewegungen des Staatsapparates in die gleiche Richtung. Das Idealbild der verkehrsgerechten Stadt, wo es Unfälle aber keine Störungen geben darf, triumphiert über die Frage, ob die »Sicherheit und Leichtigkeit des Verkehrs« vernünftiges Existenzprinzip ihrer Einwohner ist.

Landfriedensbruch II. Teil: Die Erschütterung der Autorität und ihr Racheplan

Vom Freispruch für die Staatsaktion vom 2. Juni spannt sich der Bogen zur Hauptverhandlung gegen den wiederverhafteten Fritz *Teufel.* Die Generalprobe für die Hauptverhandlung hatte schon im Juli stattgefunden. Gegen Fritz Teufel und Rainer *Langhans,* beide Mitglieder der Kommune I, war der sogenannte Brandstifterprozeß angestrengt worden. Der Prozeß wurde zu einer Farce. In Flugblättern, die die Erregung über den Brüsseler Warenhausbrand mit dem Schweigen über Vietnam verglichen und satirisch zu einem Brüsseler Vietnam bei uns aufriefen, sah die Anklage die Aufforderung zur »menschengefährdenden Brandstiftung«. Die dafür angedrohte Zuchthausstrafe sollte die Teufel-Haft auch für den letzten Zweifler rechtfertigen. Der Prozeß wurde nach zwei Tagen für unbestimmte Zeit unterbrochen, als die Anklage durch Sachverständigengutachten zusammengebrochen war.

Die Angeklagten hatten es gewagt, das Gericht systematisch lächerlich zu machen, den Richter nach seinen sexuellen Schwierigkeiten zu fragen, den Staatsanwalt einen Sadisten zu nennen. Das Gericht ordnete eine psychiatrische Untersuchung der beiden Angeklagten an. Es verlangte ein Gutachten wegen »nicht unerheblich von der Norm abweichenden Verhaltens«. Dazu Fritz Teufel:

> »Das Gericht erlitt einen Zusammenbruch, und ich wurde zum Psychiater geschickt.«

Mit psychologischen Gutachten versetzt man Polizisten wie Kurras nachträglich in einen »Ausnahmezustand«, damit sie freigesprochen werden können. Für Demonstranten gibt es keinen »Ausnahmezustand«; sie werden auf »abweichendes Verhalten« untersucht, damit man sie zur Not als Verrückte einsperren kann.

»In der Senatsverwaltung für Justiz wird erwogen, alle aktiven Teilnehmer bei Studentenkrawallen, bevor sie vor den Schnellrichter kommen, auf ihren Geisteszustand zu untersuchen.« (*BZ* vom 5. Juni 67, S. 5; nach einem Interview mit Justizsenator Hoppe.)

Die Deformation des politischen Demonstranten in einen kriminellen Ordnungsbrecher wird mit der Wendung zum neurotischen Abweichler konsequent weitergeführt. Die bürgerliche Strafe zielt auf Vereinzelung, die jede Solidarität mit den Opfern verhindern soll. Gleichzeitig wird der Demonstrant an seinen politischen Motiven irre gemacht. Seine seelische Krankheit besteht darin, vom seelischen Normverhalten »politisch ist alles in Ordnung« abzuweichen.

Diese Absicht hat sich bisher nicht in Wirklichkeit umsetzen lassen. Das groß aufgezogene Programm der Justiz nach dem 2. Juni hat sich als zweischneidiges Schwert erwiesen. Teufel-Haft, Brandstifterprozeß und Kurras-Freispruch haben die außerparlamentarische Opposition zu Aktionen gegen den Justizapparat herausgefordert. Ziel dieser Aktionen war es, entweder den politischen Charakter der Justiz von ihr ausdrücklich bestätigt zu erhalten oder ihre Opfer freizubekommen. Genauso wenig wie es der Polizei am 2. Juni gelungen war, Demonstrationen ein für alle mal zu zerschlagen, dürfte die Justiz mit der Isolierung durch Strafe jetzt erreichen, von weiteren Aktionen abzuschrecken.

Der erste Tag der Hauptverhandlung war von einer illegalen Demonstration »Treibt Moabit den Teufel aus!« mehrerer tausend Demonstranten begleitet. Die Strafkammer übersah die Demonstration zwar souverän; aber im Laufe der Verhandlung wurde immer deutlicher, daß die Widersprüche der politischen Justiz unter dem Druck des politisch bewußten Teils der Bevölkerung sich gegen sie selbst zu kehren drohten. Der Prozeß wurde zu einer Verhandlung darüber, ob die Justiz eine politische ist oder nicht.

Landfriedensbruch III. Teil: Die Fata Morgana vom steinewerfenden »Rädelsführer«

Zunächst sah es so aus, als ginge das Märchen vom Steinwurf des Kommunarden Teufel glatt über die Bühne des Kriminalgerichts. Die zwei Kronzeugen der Anklage blieben bei ihrer pauschalen Behauptung, aus einer Entfernung von 10-20 Metern Teufel beim Werfen eines dunklen,

kompakten Gegenstandes in die Richtung beobachtet zu haben, in der unmittelbar darauf der Polizist Heilscher blutend zusammengebrochen war. Die Wurfbewegung konnten sie nicht demonstrieren, das »Wurfgeschoß« nicht genauer beschreiben. Das Gericht beließ es dabei.
Aber als der Verteidiger, Rechtsanwalt *Mahler*, scheinbar Nebensächliches erfragte, wie den Ort, von dem aus Teufel geworfen haben soll, den Zeitraum zwischen Wurf und Sitzdemonstration, gingen die Polizisten auf Einzelheiten ein, und siehe da, sie verwickelten sich in heillose Widersprüche. Diese löste der Staatsanwalt kurzerhand, indem er behauptete, Teufel müsse eben zwei Steine geworfen haben. Kommentar des Angeklagten:

»Nach der Logik des Staatsanwalts habe ich zwei Steine geworfen, die ein und denselben Polizisten zur gleichen Zeit auf die Stirn getroffen haben.« (Mitschr. d. Verf.)

Dieser dummdreiste Versuch des Staatsanwalts, den schweren Landfriedensbruch zu retten, mußte scheitern. Fritz Teufel wurde während der Verhandlung aus der Untersuchungshaft entlassen.

Landfriedensbruch IV. Teil: Rückzugsmanöver der Justiz

Die Lösung der Widersprüche bis hin zum Freispruch war nicht der »Objektivität« des Gerichtes zu verdanken. Denn nicht die Aussagen der Demonstranten haben Fritz Teufel entlastet – sie wurden wegen Verdachts der Tatbeteiligung nicht vereidigt; allein die unlösbaren Widersprüche in den Aussagen der Polizisten haben den Zusammmenbruch der Anklage herbeigeführt. Entscheidend war hierfür, daß sie nicht auf der früheren pauschalen Ebene gehalten werden konnten, obwohl der Vorsitzende die Zeugen immer wieder ermahnte:

»Kein Mensch kann sich in so einer Situation an alle Einzelheiten erinnern. Wenn Sie was nicht wissen, sagen Sie, Sie wissen es nicht.« (Mitschr. d. Verf.)

Die Ermahnung richtet sich genau genommen an das Gericht: Es hält Einzelheiten für unwichtig und fragt daher gar nicht nach ihnen. Erst die Fragen der Verteidigung konnten den »Steinwurf an sich« konkretisieren und Widersprüche in den belastenden Aussagen aufdecken. So mußte die staatliche Konstruktion des kriminellen »Rädelsführers« zusammenbrechen. Für eine unverblümte Unterdrückung der Wahrheit sind die Maschen im Netzwerk der Institutionen noch nicht eng genug geknüpft.

Nach dem Zusammenbruch der Rädelsführeranklage sah es so aus, als würde das Gericht die fünf Monate Untersuchungshaft anders rechtfertigen, und zwar mit einer Verurteilung wegen einfachen Landfriedensbruchs. Dazu lag die Tradition in Gesetz und deutscher Rechtsprechung bereit. Für den einfachen Landfriedensbruch genügt die Teilnahme an einer »Zusammenrottung«, das ist ein

»räumliches Zusammentreten einer Mehrheit von Personen zu einem gemeinschaftlichen bedrohlichen oder gewalttätigen Handeln« (heute noch maßgebliche Entscheidung des Reichsgerichts, abgedruckt in der amtlichen Sammlung Bd. 56, S. 281; das gilt ausdrücklich auch für Journalisten und Krankenschwestern, Reichsgericht Amtl. Sammlung, Bd. 55, S. 249).

Mit dieser Begründung hätte Teufel wegen der bloßen Teilnahme an der nicht genehmigten Demonstration verurteilt werden können.

Für ein Ausweichen auf eine solche Lösung sprach die Nichtvereidigung der Demonstranten. Außerdem war das SDS-Mitglied *Schlotterer* am 28. 11. 1967 (einen Tag nach Beginn des Teufel-Prozesses) in einem gleichgelagerten Fall zu 3 Monaten Gefängnis mit Bewährung wegen einfachen Landfriedensbruchs verurteilt worden[18]. Diese Möglichkeit, für die auch der Staatsanwalt mit einem Strafantrag von 5 Monaten plädiert hatte, stand dem Gericht offen. Den Ausschlag für den vollständigen Rückzug hat schließlich eine Aktion der »Berliner Demonstrantenschaft« gegeben.

Landfriedensbruch V. Teil: Der erzwungene Freispruch für die Demonstranten

Studentenvertretungen und linke Verbände hatten alle illegalen Demonstranten des letzten Jahres aufgefordert, sich als Landfriedensbrecher anzuzeigen. Der AStA der FU sammelte die Selbstanzeigen und überreichte sie nach den Plädoyers dem Gericht. Durch die massenhaft eingereichten Selbstanzeigen wäre das Gericht gezwungen gewesen, mindestens 700 Landfriedensbruch-Verfahren durchzuführen. Das hätte den Zusammenbruch des antiquierten Justizapparates bedeutet. Die politische Justiz funktioniert in ihrer gegenwärtigen Organisationsform nur exemplarisch.

Sie war aus diesen Gründen gezwungen, den Demonstranten Teufel freizusprechen. Juristischen Ausdruck fand dieser Zusammenhang in der mündlichen Urteilsbegründung:

Den Steinwurf habe man dem Angeklagten nicht nachweisen können, »Rädelsführer« sei er nicht, weil sich keine Anhaltspunkte dafür gefunden hätten, daß er sich anders als andere verhalten habe (!). Eine Zusammenrottung im Sinne des einfachen Landfriedensbruchs habe die Demonstration vor der Oper zwar dargestellt, es liege aber kein Beweis vor, daß die Gewalttätigkeiten aufgrund einer »psychischen Grundhaltung« aus der Zusammenrottung heraus begangen worden seien. Das Gericht hat also nicht aus naheliegenden, nur für Teufel geltenden Gründen freigesprochen (Unmöglichkeit, sich aus der Versammlung zu entfernen, Verbotsirrtum), sondern eine Begründung gewählt, die für alle Demonstranten gilt, also auch für die, die sich selbst angezeigt hatten. Damit entfällt die Notwendigkeit, gegen sie zu ermitteln. Außerdem wurde die Behauptung, es habe um Fritz Teufel einen sogenannten harten Kern von Demonstranten gegeben, was während der Verhandlung immer wieder betont worden war, ausdrücklich als unbewiesen zurückgenommen. Denn sonst hätte man mindestens die Selbstanzeigen der gewalttätigen Demonstranten aus dem harten Kern verfolgen müssen.

Man hat das Teufel-Urteil mit dem Kurras-Urteil verglichen und die Freisprüche aus beiden Verfahren als Beweis für die Unabhängigkeit der Gerichte genommen. Damit wird der Freispruch aus dem Zusammenhang gerissen, in den er gehört. Das ganze Verfahren ist bestimmt durch die vorausgehende Untersuchungshaft und kann nur als Reaktion auf die sich daran entzündenden Aktionen begriffen werden. Der Freispruch wäre nur dann ein Alibi für die Justiz als politische, wenn nicht der Druck wegen der Haft ein solches Alibi notwendig gemacht hätte.

Mit dem Freispruch für Teufel wollte sich die Justiz von dem Vorwurf freisprechen, sie sei politische Justiz. Dieser Spruch hat den Wert eines negativen Gottesbeweises. Im Bild ausgedrückt: daß es eine Tür aus dem Käfig der staatlichen Institutionen gibt, beweist nicht die Nichtexistenz dieses Käfigs.

Statt eines Schlusses: Der Verfasser des Kapitels »Justiz« kann über den Fortgang der politischen Prozesse nicht weiter berichten. Er erhielt vom Leiter der Berliner Justizpressestelle einen Brief vom 26. 1. 68, dem folgende Auszüge entnommen sind:

»Von Gerichtsberichterstattern verlangt wird unter anderem korrektes Benehmen und korrekte Kleidung. Herr S. hat beides vermissen lassen. Er ist am 23. 1. 68 in einem Aufzug erschienen, der sich von der Kluft eines Gammlers kaum unterschied. (...) Für einen Studenten, der schon in seinem Äußeren die Nichtachtung des Gerichts bekundet, werde ich keine Pressekarte unterschreiben.«

Nachbemerkung

Ein gutes halbes Jahr nach dem 2. Juni 1967 war in West-Berlin wieder alles beim alten. Die Stadt hatte einen neuen Regierenden Bürgermeister, einen neuen Senator für Inneres, einen neuen Polizeipräsidenten, die Rektoren hatten gewechselt, ein Oberstaatsanwalt war abgelöst worden. Kurz, es hatte sich nichts geändert. Von 92 Verfahren gegen Polizeibeamte wegen ihres Verhaltens beim Einsatz vor der Deutschen Oper waren 82 eingestellt worden.

Einem Regierenden Bürgermeister, der erkannt hatte, daß er am schwächsten gewesen, als er am stärksten war, und der darum gehen mußte, folgte einer, der den Landesparteitag seiner Partei wissen ließ, Teilnehmer verbotener Demonstrationen müsse man »aus dem Wege räumen«, auch wenn unter ihnen Delegierte dieses Parteitages seien. Dieser Stadtvater ist – wie Erich Kuby mitteilt (*Stern* 8/1968) – auch der Meinung, ein »Berlin ohne Universität, aber mit einer Bevölkerung, die in Ordnung zu halten ist«, könne noch leben; aber ein Berlin mit einer radikalisierten Bevölkerung sei eine Gefahr für das Ganze. »Auf die Studenten kann ich notfalls verzichten.«

Die Berufung auf »Zuschriften aus der Bevölkerung« war für den Bundeskanzler ebenso selbstverständlich geworden wie für den Berliner Bürgermeister und Innensenator, der am Beginn des Jahres 1968 die nächste harte Welle ankündigte, die auch vor Schaulustigen nicht mehr Halt machen würde. Mit der Ernennung des bisherigen Polizei-Vizepräsidenten, Mitglieds der CDU, zum Polizeipräsidenten unter einem SPD/FDP-Senat wurde die Große Polizei-Koalition besiegelt. Der Senatsrat Prill, nach eigener Aussage nach dem 2. Juni »klüger geworden«, aber ohne Reue, hatte es zum amtierenden Polizei-Vizepräsidenten gebracht. In den Untersuchungsausschuß waren Inquisitoren nachgerückt, die aus der Erforschung der Vorgeschichte des 2. Juni ein Tribunal über die Konsequenzen dieses Tages zu machen suchten. Parlamentarier, die bereits offiziell

das Verbot des SDS gefordert haben, nehmen an dem Untersuchungsausschuß teil, der vorgibt, objektiv die Rolle dieses Verbandes in Universität und Öffentlichkeit zu erforschen.
Der Regierende Bürgermeister warnt, die Bevölkerung könne sich gegen die Studenten solidarisieren und zur Selbstjustiz greifen – nachdem sich die im Parlament vertretenen Gruppen bereits gegen sie solidarisiert haben, erschreckt, aber nicht belehrt durch die Ausbreitung der Unruhe in viele Städte der Bundesrepublik.
Dort deutet die *Frankfurter Allgemeine Zeitung* zart die Möglichkeiten des Notstandsartikels 91 im geltenden Grundgesetz zur Beseitigung der studentischen Unruhe an (7. 2. 68). Der Bundesminister des Innern gibt allerdings zu, daß er nicht nur die nicht verschwindende Minderheit (und das Fernsehen) für die Schuldigen hält, sondern auch den Widerstand der Gewerkschaften gegen die Notstandsgesetzgebung. So ist es neu, aber nicht mehr überraschend, wenn die Innenminister von Bund und Ländern alle politischen Kräfte und die Bevölkerung aufrufen, der Polizei und dem Verfassungsschutz »Vertrauen und Verständnis entgegenzubringen und ihnen den notwendigen Rückhalt zu geben« (Entschließung vom 8. Februar 1968, *Das Parlament* 7/1968). Der Bundeskanzler erklärt, eine weitere Zurückhaltung gegenüber der militanten Minderheit »würde von der Bevölkerung mit Recht den staatlichen Autoritäten als unverzeihliche Schwäche vorgeworfen werden« (ebd.).
Aber der Staat bekommt einen autoritären Einschlag ohne »Machtergreifung«. Die Macht ist bereits in den Händen einer nationalen Koalition, es gibt keine Opposition mehr, die noch gleichgeschaltet werden müßte. Die Störenfriede werden von vornherein unter Ausnahmerecht gestellt, gleichgültig, ob sie das geschriebene Recht auf ihrer Seite haben oder nicht. Wochenlang haben Politiker und Presse vor dem Internationalen Vietnam-Kongreß in Berlin im Februar 1968 die Wut auf die Minderheit geschürt, Verbot und Härte gepredigt. Heinrich Albertz, der sich gemeinsam mit Bischof Scharf bei der Stadtregierung für eine Rückkehr zur Vernunft verwandte, wird die Äußerung zugeschrieben: »Ich bin in den 2. Juni hineingerutscht. Aber Neubauer ist so verrückt, daß er eine Reproduktion des 2. Juni anstrebt.« (*Der Abend*, 17. 2. 68) Der 2. Juni ist längst kein Menetekel mehr, sondern eine Drohung im Umgang mit Aufsässigen.

»Muß es wieder zu solchen Szenen kommen? Dieses Foto wurde am 2. Juni aufgenommen. Heute oder morgen sucht die radikale Linke erneut die Konfrontation mit der Polizei. Sie will trotz des Demonstrationsverbotes auf die Straße gehen. Dann aber muß die Polizei – zur Durchsetzung von Recht und Gesetz verpflichtet – abermals gegen sie vorgehen.« (Bildunterschrift, *BZ*, 17. 2. 68)

Noch zwei Tage vor der konsequent angestrebten Konfrontation gab ein Verwaltungsgerichtsurteil einen Fingerzeig: Ein für den 3. Juni 1967 ausgesprochenes Demonstrationsverbot wurde, da die bloße Vermutung von Störungen für ein Verbot nicht ausreiche, nachträglich für ungesetzlich erklärt. Die Regierung der Stadt, Gefangene ihrer eigenen Propaganda, mit der sie der NPD zuvorkommen will, glaubte sich über die Rechtsprechung hinwegsetzen zu können. Buchstäblich in letzter Stunde war es eine weitere richterliche Entscheidung, die eine Wiederholung des 2. Juni für diesmal verhinderte: Das Verbot der für den 18. Februar anberaumten Demonstration gegen die amerikanische Kriegführung in Vietnam wurde aufgehoben.

Politiker und Presse sprachen weiter so, als sei die Demonstration gesetzwidrig. Sie forderten freie Bahn für die Polizei und die Isolierung der Demonstranten. Von *BZ* bis *FAZ* bestand Einmütigkeit in der Richterschelte. Vom Rathaus Schöneberg bis zum Springer-Hochhaus war die Enttäuschung groß, daß die Demonstration trotz hartnäckiger Provokationen »unter eiserner Disziplin und Ruhe« (*Vorwärts*, 22. 2. 68) ablief und der Polizei keinen Vorwand bot, sie »aus dem Wege zu räumen«. Der Regierende Bürgermeister folgerte aus seiner Niederlage nicht etwa die Notwendigkeit der Anpassung an die Rechtslage, sondern die Notwendigkeit einer Anpassung des Versammlungsgesetzes an die politischen Erfordernisse.

Durch das Gerichtsurteil bloßgestellt, geht der Senat dazu über, die angedrohte Mobilisierung antistudentischer Ressentiments für seine politischen Zwecke in die Tat umzusetzen. Er ruft die Bevölkerung vor das Schöneberger Rathaus zu einer Großkundgebung »für Freiheit und Frieden«. Am Tag der Großkundgebung kommentiert der *Tagesspiegel*:

»Durch den Wegfall von Arbeitsstunden wird bereits ein gewisser moralischer Druck zur Teilnahme ausgeübt. Schlimmer noch: In einer an vergangene Zeiten erinnernden Form ist in manchen Verwaltungsbereichen zur Kundgebung geradezu befohlen worden ...«

Als die nächste Ausgabe der Zeitung erschien, hatten sich böse Ahnungen bestätigt:

»Einen größeren Zwischenfall gab es kurz nach der Kundgebung (...), als eine immer größer werdende Menschenmenge einen jungen Mann verfolgte, den sie für den SDS-Ideologen Dutschke hielt. (...) Während des Vorfalls ertönten immer wieder Rufe wie ›Lyncht ihn‹ und ›Hängt ihn auf‹.«

Noch drei Tage vorher hatte sich West-Berlin durch den Mund seines Stadtoberhauptes selbst bescheinigt: »Eine Weltstadt hat Disziplin bewiesen!« Die Disziplin hatte im Verzicht auf ein Pogrom an den Vietnam-Demonstranten bestanden. Beobachter der Gegendemonstration lernten nachträglich die Disziplin jener bewundern, die »unsere Städte in Unordnung bringen« wollen.

»Ein Mob übte Lynchjustiz. Eine randlose Brille, ein Bart und eine Cordhose genügten, um als ›nicht dazugehörig‹ eingestuft zu werden und Prügel zu beziehen. Wo es an Argumenten fehlt, ist die Faust zur Stelle. (...) Man hätte sich gestern die Disziplin des Vietnam-Marsches gewünscht.« (*Der Abend*, 22. 2. 68)

So werden unter dem Schock, den die Herausforderung der außerparlamentarischen linken Opposition hinterläßt, die Symptome der Berliner Krankheit immer deutlicher. »Ordnung« erscheint als Schlüsselwort eines politischen Reinlichkeitswahnes, dem alle Tendenzen, die nicht im System destruktiver Selbsterhaltung aufgehen, unter Berührungsverbot stehen. Sie ist Schlüsselwort jener, die sich vor dem Gespenst revolutionärer Zukunft in den Verfolgungswahn flüchten, der Erstarrung als einzige Sicherheit vorspiegelt. Die Zerstörungswut gegen das Störende, gegen die vermeintliche Bedrohung, geht mit Selbstzerstörung einher. Den Massen, die einst mit dem Ruf »Deutschland erwache!« gegen sich selbst mobilisiert wurden, bleibt am Ende aller Destruktionen, die ihnen zugefügt wurden, nur noch die verzweifelte Parole »Lieber tot als rot«.

1 Rede auf dem 17. Delegiertentag der GdP Nordrhein-Westfalen, zitiert nach *Gewerkschafts-Spiegel* 21/1967.

2 Vgl. »Die Polizei im Notstandsfall«, in: *Die Polizei*, 58. Jg., H. 12 (1967)

3 Man vergleiche hierzu das Zitat am Eingang dieses Kapitels aus einem programmatischen Aufsatz unter dem Titel »Freie Universität Berlin«, geschrieben noch vor der offiziellen Gründung der FU, an der der Otto H. Hess maßgeblich beteiligt war. Wären die Unterzeichner der Erklärung vom Januar 1967 im Jahre 1948 schon der gleichen Meinung gewesen, so hätten sie niemals eine neue Universität gründen können.

4 »Ich darf hinzufügen aus meiner strafrechtlichen Ausbildung, daß man bei der Verschiedenheit der Menschen gerade den Schlag auf den Kopf berücksichtigen muß, da die Schädeldecken-Dicke der einzelnen Menschen offenbar ungeheuer differenziert, so daß schon durch relativ leichte Schläge ganz erhebliche Verletzungen hervorgerufen werden können; deswegen diese Vorschrift: ›Es ist darauf Bedacht zu nehmen, nicht auf den Kopf zu schlagen‹.« Gutachter Professor Roman Herzog zur Erläuterung der Waffengebrauchsbestimmungen (U 10/46).

5 Zum Zeitpunkt dieser Erklärung war dem Senat die Harmlosigkeit der vermeintlichen Attentäter längst bekannt. Ein halbes Jahr verstrich, bis der Generalstaatsanwalt beim Landgericht Berlin das Verfahren gegen elf Personen, die der Vorbereitung eines Sprengstoffattentats gegen Humphrey verdächtigt worden waren, einstellte. Der Verdacht, so wurde erklärt, sei durch die Ermittlungen nicht völlig ausgeräumt worden, reiche aber für eine Anklage nicht aus. (*Der Abend*, 31. Oktober 1967)

6 Im Protokoll des Untersuchungsausschusses an dieser Stelle: »mein Revier«, laut Tonbandaufzeichnung des Senders Freies Berlin lautet die Formulierung jedoch »mein Bier«.

7 am 13. Nov. 67 in der Freien Universität Berlin

8 Polizeisprache: Lautsprecherwagen

9 Die Beobachtung von Augenzeugen, daß Beamte der Abteilung I (Politische Polizei) sich beim Eindringen in die Menge mit Handkantenschlägen Platz verschafften, wird durch den Verlaufsbericht bestätigt: Unter den eingesetzten Beamten befand sich auch eine Gruppe Judokämpfer. Als Zweck für den Einsatz der Judokämpfer gibt der Verlaufsbericht unter anderem die Auflösung von Sitzstreiks an. (Verlaufsbericht der Schutzpolizei vom 3. 7. 67, S. 7)

10 Der Täter war ein 29jähriger persischer Ingenieur. Er wurde später wegen Gefährdung des Straßenverkehrs zu 8 Monaten Gefängnis verurteilt. Seine Erklärung, er habe den Schah lächerlich machen wollen, wurde ihm als politisches Motiv anerkannt. Vier Monate Untersuchungshaft wurden ihm auf die Strafe angerechnet, der Rest der Strafe zur Bewährung ausgesetzt.

11 Wolfgang Lefèvre, »Ursachen und Konsequenzen des 2. Juni«, in: *Neue Kritik*, Nr. 42/43, Aug. 1967, S. 8

12 Adorno und Horkheimer, *Dialektik der Aufklärung*, S. 220

13 Horst Wodke, in: *Dokumente des 2. Juni 1967 und der Zeit danach*, hrgs. vom AStA der FU Berlin

13a Siegfried S. erstattete Anzeige wegen Begünstigung im Amt. Das Verfahren endete mit einem Brief des Generalstaatsanwalts Kunze an seinen Rechtsanwalt. Einige Passagen daraus: »Es trifft zu, daß der damalige Wachhabende, PM Erasmus sowie PM Weiß und PHW Mahr, die zur Tatzeit im Revier 25 ihren Dienst ausübten, wegen der sommerlichen Hitze zeitweilig aus den geöffneten Fenstern hinausgesehen haben. Diese zur Sache vernommenen Beamten haben nicht beobachtet, daß Passanten Ihren Mandanten angegriffen oder verletzt haben. Sie haben lediglich bemerkt, daß einige Straßenpassanten im Begriff waren, dem Studenten S. das Demonstrationsschild zu entreißen. (Siegfried S. trug ein Schild mit der Aufschrift: ›Benno Ohnesorg war mein Bruder. Auch deiner?‹ Das Schild war mit einer Schnur um seinen Hals befestigt. Anm. d. Verf.) Zu diesem Zeitpunkt entsandte der Wachhabende sofort einige Polizeibeamte auf die Straße. (...) Es bestand nach dem gegebenen Sachverhalt kein Grund für ein polizeiliches Einschreiten. (...) Tätlichkeiten gegen Ihren Mandanten vor dem Polizeirevier sind nicht festgestellt worden. Ihm wurde lediglich das Schild weggerissen, worauf er ein Kraftfahrzeug bestieg und sich entfernte. (...) Ich habe das Verfahren eingestellt.« (Geschäftsnr.: 2 PJs 1133/67, 27. 12. 67)

14 »Nachdem der Oberndorfer *Schwarzwälder Bote* den Berliner SDS-Ideologen Rudi Dutschke und seine Anhänger in einem Artikel als ›linke SA‹ bezeichnet hatte, protestierte Hugo Gleiter aus Horb (am Neckar) in einem Leserbrief gegen diesen Vergleich. Leser Gleiter: ›Als ehemaliger alter SA-Führer verwahre ich mich schärfstens im Namen meiner Kameraden gegen Ihren Artikel *Linke SA* im *Schwarzwälder Boten*. Wir weisen es zurück, mit den Teufels, Dutschkes und anderen ungewaschenen, verkommenen LSD-Schluckern in einen Topf geworfen zu werden. Die SA war der Aufstand der Anständigen gegen den damals auf allen Gebieten zutage getretenen Zerfall. Während die frommen Bürger zu träge und zu feige waren, hat die SA allein den Kampf gegen Verseuchung und Dekadenz aufgenommen. Diese schlichten Dinge werden total verdreht und vernebelt.‹« (*Spiegel*, 22. 1. 68, S. 114)

15 Zu solchen Plänen schreibt der Vorsitzende des Hessischen Richterbundes: »Das Grundgesetz verbietet jede Art von Ausnahmegerichten. Schon eine solche Ankündigung ist geeignet, das Vertrauen der Bevölkerung in eine wirklich unabhängige Justiz zu erschüttern.« (*Frankfurter Rundschau*, 8. 6. 67)

16 So kann das Kammergericht in einer Revisionsverhandlung im Dezember 1967 gegen eine Flugblattverteilerin es sich leisten, sie vom Vorwurf der Verkehrsstörung freizusprechen, weil besonders an verkaufsoffenen Sonnabenden wie dem 17. 11. 1966 der Verkehrsteilnehmer damit rechnen müsse, »daß man sich drängeln muß; drängeln ist sozial üblich« (*Tagesspiegel*, 9. 12. 67)

17 Karl Kraus beschreibt diese Einstellung in der *Dritten Walpurgisnacht* am Worte Herrmann Görings (1933): »Jeder Schuß eines SA- oder SS-Mannes ist ein Schuß von mir!«

18 Schlotterer hat am 5. 6. 67 in einer Gruppe auf dem Kurfürstendamm gestanden, während einige andere auf dem Mittelstreifen einen getarnten Polizeifunkwagen »heftig geschaukelt« hatten (mündliche Urteilsbegründung).

Das Mißtrauen gegenüber einer Presse, die, anstatt aufzuklären, Pogromstimmung schürte, und das Mißtrauen gegenüber einer Regierung und einer Polizei, die sich gegenseitig rechtfertigten, führte am 3. Juni zur Gründung eines dem AStA der FU angeschlossenen Untersuchungsausschusses. Er sollte von den staatlichen Institutionen die Aufklärung des Polizeieinsatzes am 2. Juni und der Erschießung Ohnesorgs erzwingen und zugleich die Mittel zu einer öffentlichen Kontrolle an die Hand geben. Die mithelfenden Studenten sammelten Augenzeugenberichte und Fotografien, gingen auf die Straßen, befragten Passanten und protokollierten Diskussionen, gingen in die Gerichtssäle, um die Reaktion der Justiz zu beobachten, und verfolgten die öffentlichen Verhandlungen des Parlamentarischen Untersuchungsausschusses. 650 schriftliche Berichte, 100 Tonbandaussagen, ca. 600 Fotografien und dazugehörige Identifizierungslisten, Tonbandaufnahmen und umfangreiches Filmmaterial, Ausbildungs- und Dienstvorschriften sowie Veröffentlichungen der Polizei, Einsatzbefehle und Verlaufsberichte vom 2. Juni, Mitschriften aus den Gerichtsverhandlungen, Urteile und Urteilsbegründungen der Gerichte, eine nahezu vollständige Sammlung von Presseausschnitten und die Protokolle der öffentlichen Sitzungen des Parlamentarischen Untersuchungsausschusses sind auf diese Weise zusammengetragen worden. Diese Materialien liegen der hier vorgelegten Veröffentlichung zugrunde. Der Einsatz der Polizei vor der Oper wurde anhand eines Modells des Opernvorplatzes mithilfe von Foto- und Filmaufnahmen sowie Beobachtungen der Zeugen, deren genauer Standort bekannt war, rekonstruiert. Die Grundlage für das Kapitel »Volkes Stimme« bildeten etwa 500 Zuschriften an Studentenvertretungen und -gruppen sowie die nach dem 2. Juni in den Zeitungen veröffentlichten Leserbriefe. Die Namen von Zeugen und Beteiligten sind im allgemeinen abgekürzt wiedergegeben, die Zitate sind mit der laufenden Nummer aus den Akten des studentischen Ermittlungskomitees versehen. Soweit Aussagen und Zuschriften nicht ausdrücklich als anonym gekennzeichnet wurden, sind der volle Name und die Anschrift den Autoren bekannt. Der volle Name erscheint nur dann, wenn er bereits anderweitig in der Öffentlichkeit bekannt geworden ist. Zur Kennzeichnung der Zitate wurden folgende Abkürzungen benutzt:

AH Abgeordnetenhaus; darauf folgende Seitenzahlen beziehen sich auf den stenografischen Bericht der angegebenen Sitzung.

BU Bericht des Parlamentarischen Untersuchungsausschusses. Drucksache des Abgeordnetenhauses von Berlin. V. Wahlperiode, Nr. 161, »1. Beschlußempfehlung des 1. Untersuchungsausschusses – V. Wahlperiode – vom 18. 9. 1967 zum Antrag der Fraktion der FDP über Einsetzung eines Untersuchungsausschusses – Drucksache 73 –«

U Protokolle des Untersuchungsausschusses. Die folgenden Zahlen geben die Nummer der Sitzung und die Seite im Protokoll an. Zur besseren Lesbarkeit wurde der Name des Sprechers des Untersuchungsausschusses teilweise weggelassen und durch »Untersuchungsausschuß« (Abk. UA) ersetzt, der Name des gerade vernommenen Zeugen oftmals hinzugesetzt.

EK Ermittlungskomitee der Studenten. Es folgt die laufende Nummer in den Akten des Ermittlungskomitees.

PLB Pressedienst des Landes Berlin.

Abb. 1 u. 2: Die Polizei bereitet sich vor. Freiwillige Polizeireserve und Bereitschaftspolizei üben am 21. Sept. 1966 einen Einsatz gegen »starke Kräfte ziviler Störer, die von den Machthabern der SBZ über die S-Bahn nach Westberlin eingeschleust waren«. Aufgabe war es, diese »Demonstranten« mit körperlicher Gewalt, unter Einsatz von Knuppeln und Wasserwerfern abzudrängen und die »Rädelsführer« festzunehmen.

»Wenn es in dieser Stadt unmöglich werden sollte, Gäste aus Westdeutschland und aus dem Ausland zu empfangen, wie es unter zivilisierten Menschen selbstverständlich ist, dann können wir uns in Berlin selbst aufgeben.« (Der Reg. Bürgermeister H. Albertz am 8. 6. 1967 im AH)

linke Seite, Abb. 3: Ankunft auf dem Flugplatz Tempelhof, 2. Juni 1967.
linke Seite, Abb. 4: Mittags vor dem Rathaus Schöneberg (aus einem Fenster des Rathauses aufgenommen), kurz vor Ankunft von Farah Diba. Die Polizei ist Herr der Lage. Die Jubelperser (im Vordergrund an der ersten Barriere) können sich frei bewegen. (vgl. S. 119 ff.)

rechte Seite, Abb. 5: Nach Ankunft des Schahs gehen die kaisertreuen Perser zum Angriff auf Demonstranten und Zuschauer über. Am Boden liegend der Zeuge W. Siepmann, Mitglied des Stadtrates von Schwelm (vgl. S. 117). Der Polizeibericht [über diese Szene]: »Beide Gruppen gerieten dann bald in tätliche Auseinandersetzungen, in deren Verlauf beide Parteien mit Stöcken und Latten aufeinander einschlugen.«
rechte Seite, Abb. 6. Die Schah-Anhänger schlagen und ergreifen Demonstranten, die Polizisten nehmen die von der »persischen Hilfspolizei« Präparierten in Empfang.

Abb. 7: Der Schauplatz, Ort der Demonstration am Abend des 2. Juni.
Abb. 8: Der »harte Kern« um 19.00 Uhr. Auf ihn konzentrierte die Polizei ihren Angriff, weil sie hier das »Störerzentrum« vermutete. »Und zwar wußten wir, es ist ein bestimmter Kern in dieser Menge, und dieser bestimmte Kern, der – wie soll ich es ausdrücken – der würde uns die meisten Schwierigkeiten bereiten. (...) Etwa 30 laufende Meter der Störergruppe. Wobei noch hier oder da oder dort ein Zivilist dazwischen war, (...) das waren aber auch die, die hier fanatisch Widerstand leisteten.« (U 8/61 ff.)

Abb. 9: 20.00 Uhr. Aufstellung der Polizeikräfte für den ersten Keil, der 20.04 Uhr, ohne Vorwarnung, 36 Meter von der Krummen Straße (im Bild links) in die Menschenmenge getrieben wurde (vgl. S. 56). Die Polizei will diese Aufstellung als Vorwarnung verstanden wissen. Gruppenkommandeur Wirth [vor dem Untersuchungsausschuß]: »Jetzt konnte jeder sehen, daß dort sichtbar Polizeikräfte bereit gestellt worden sind, (. . .) und ich möchte die Frage stellen: welcher Erwachsene kann aus dieser Entwicklung der Situation nicht annehmen, was irgendwann notwendig ist?« (U 6/125)
Abb. 10: Die Beamten des ersten Keils in Aktion. 36 Meter Menschenmenge werden in die Krumme Straße getrieben. Die Polizei nennt das »Abkämmen«. Oberkommissar Burck: »Ich bin bereit (. . .) zu beweisen, daß (. . .) das Abkämmen in völliger Ruhe und kaum mit Schlagstockgebrauch durchgeführt wurde.« (U 8/64; vgl. S. 58)

Abb. 11: Ausschnitt aus dem »harten Kern« (zwischen 19.00 und 19.30 Uhr). »Es war aber hier aus dem Grunde besonders gefährlich (...), weil wir ja einem Demonstranten gegenüberstanden, der nicht friedlich war. Ich weiß nicht, welche strafbaren Handlungen des Strafgesetzbuches alle erfüllt worden sind von den Herren (...) Beleidigung ausländischer Staatsoberhäupter, Beleidigung von Politikern, Sachbeschädigung, Diebstahl, Landfriedensbruch, Auflauf, Aufruhr, Widerstand, Körperverletzung ...« (U 8/82; vgl. S. 58 f.)
Abb. 12: Der »harte Kern« 20.05 bis 20.08 Uhr. Im Hintergrund treibt der erste Polizeikeil die Menge zur Krummen Straße. Einen Augenblick später dringt der zweite Keil zusammen mit der abriegelnden Polizeikette von allen Seiten auf die sitzenden Demonstranten ein (vgl. S. 59).

Abb. 13: 20.07 Uhr, 52 Meter Demonstranten; der zweite Keil. Die Polizei stürmt auf den »harten Kern« los (vgl. S. 59).
Abb. 14: Der »harte Kern« wird »geräumt«. – »Beim Gebrauch des Polizeiknüppels ist darauf Bedacht zu nehmen, daß Schläge auf den Kopf, die Nierengegend und den Unterleib vermieden werden« (aus den Bestimmungen über den Waffengebrauch der Polizei). – »Da das polizeiliche Tätigwerden ein Handeln am Menschen ist, muß die Erziehung des Polizeibeamten zu einer Kunst der Menschenbehandlung werden.« (Kommandeur der Berliner Schutzpolizei, Werner, in der Broschüre *Sitte, Moral und Recht)*

linke Seite, Abb. 15: Letzte Phase der Räumung. Am linken Bildrand: Die Beamten des zweiten Keils treiben in Richtung Seesenheimer Straße ab. Es gibt abermals viele Verletzte. Der Untersuchungsausschuß hat dieser Phase keine besondere Aufmerksamkeit geschenkt und sie mit einer beiläufigen Bemerkung in seinem Bericht abgetan.
Auf dem Fahrdamm: Bernd S. wird bewußtlos zum Mittelstreifen geschleppt. – »Ich stand in der ersten Reihe, als die Polizisten über die Barrieren drangen. Ich drehte mich um, um wegzugehen. In dem Moment muß ich einen Schlag mit dem Gummiknüppel bekommen haben. Ich wachte aus meiner Ohnmacht erst im Polizeiwagen wieder auf, als mir ein Bein umgedreht wurde.« (EK 0374) Bernd S. lag bis zum 20. Juni im Grunewald-Krankenhaus.

rechte Seite, Abb. 16: In der Krummen Straße. Dem Zeugen Reinhard B. gelingt es, kurz bevor Kurras schießt, aus dem Parkhof in der Krummen Straße zu entkommen.
rechte Seite, Abb. 17: Krumme Straße Nr. 66/67, ca. 20.30 Uhr. Im Hintergrund am Boden Hartmut R., den Obermeister Kurras und Oberkommissar Werner von der Politischen Polizei in den Parkhof verfolgt hatten (Kurras nicht im Bild, Werner fast verdeckt über Hartmut R. stehend). Wer von den Demonstranten, die Hartmut R. und den beiden Geheimpolizisten gefolgt waren, noch nicht zur Straße zurück entkommen ist, versucht es jetzt. In der Mitte des Bildes Ohnesorg. Auch er versucht einen Augenblick später zu fliehen. Nach ein paar Schritten trifft ihn Kurras in den Hinterkopf (vgl. S. 78)

MGM

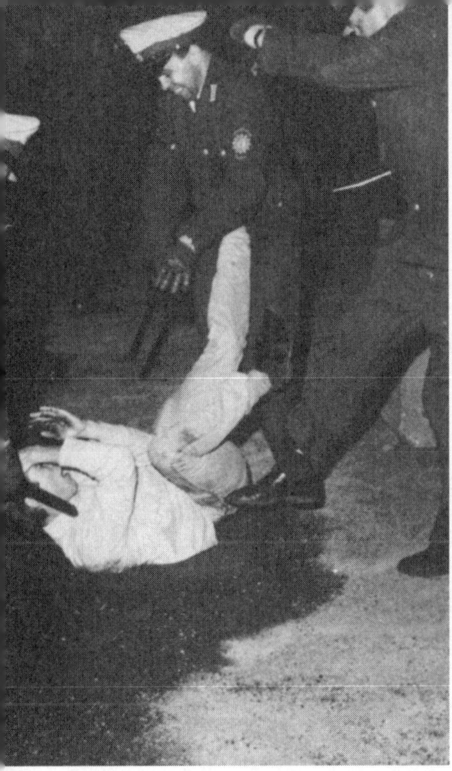

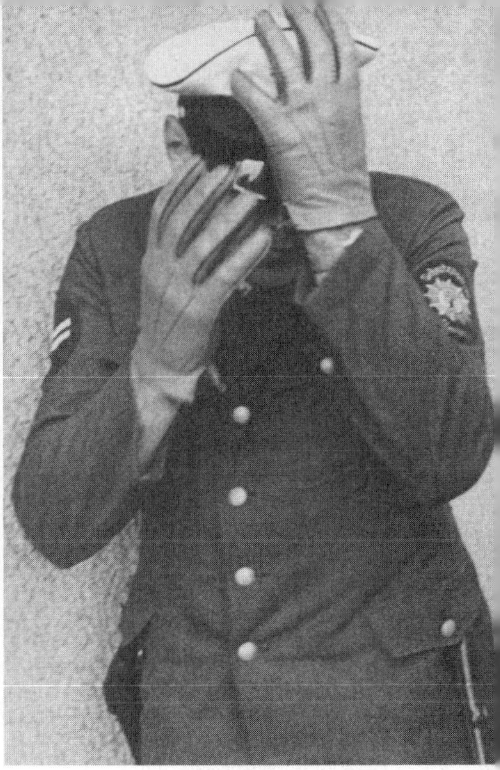

linke Seite, Abb. 18: Festnahme des Zeugen V. (EK 0394) durch Beamte der Politischen Polizei in der Krummen Straße, gegen 20.15 Uhr.
Untersuchungsausschuß: »Ist das auch noch rechtens, wenn Zivilisten (...) auf Demonstranten zugehen, diese festnehmen, ohne in der Lage zu sein, sich auszuweisen als Angehörige der Kriminalpolizei?«
Kriminalrat Eitner: »Es muß rechtens sein (...). Sie können nicht warten, (...) wenn Schutzpolizei nicht unbedingt in der Nähe ist, bis die Schutzpolizei kommt und der Straftäter, der beobachtet worden ist, der verschwindet in der Menge.« (U 6/56 ff.)
linke Seite, Abb. 19: Verfolgung auf dem Kurfürstendamm, ca. 21.40 Uhr. Ein Taxifahrer übt Selbstjustiz.

rechte Seite, Abb. 20: Einer der Demonstranten, die den Parkhof nicht mehr verlassen konnten, ehe die Polizei das Grundstück besetzte, war Götz Friedenberg. Zur gleichen Zeit, als wenige Meter entfernt Benno Ohnesorg erschossen wurde, schlugen drei Polizeibeamte auf ihn ein. Es handelt sich um die Oberwachtmeister Thomas Haase und Ulrich Kremkus und den Hauptwachtmeister Klaus Nickstat. Das gegen sie eingeleitete Verfahren wurde eingestellt: »Die (...) durchgeführte Identifizierungsaktion an Hand des vorhandenen Bildmaterials hat nicht zur Namhaftmachung derjenigen Polizeibeamten geführt, die nach den Ermittlungen als Beschuldigte in Betracht kommen.«
rechte Seite, Abb. 21: Berlin am 3. Juni. Auf der Universität wird einer der Schläger vom Vorabend wiedererkannt. Er verweigert die Dienstkarte und verbirgt sein Gesicht vor der Kamera. Schließlich wird das Hauptgebäude der FU, den Studenten an diesem Tage versperrt, für ihn geöffnet, damit er dem Fotografen entkommen kann. Die Staatsanwaltschaft hat das gegen ihn wegen Körperverletzung angestrengte Verfahren eingestellt, weil das Bildmaterial zu seiner Identifizierung nicht ausreichte. (Aktenz. 2PJS 1009.67)

Nach einer Angabe des Justizsenators Hoppe im Januar 1968 sind im Zusammenhang mit den Demonstrationen am 2. Juni 25 Verfahren gegen Demonstranten und 92 Verfahren gegen Polizeibeamte eingeleitet worden; 82 Verfahren sind inzwischen eingestellt worden – ausschließlich Verfahren gegen Polizisten.

Copyright der Abbildungen:

dpa, Deutsche Presse-Agentur GmbH, Frankfurt/Main: Abb. 1
Foto-Klebbe-Berlin: Abb. 2, 3
Ludwig Binder/Berlin: Abb. 4, 5, 6
Landesbildstelle/Berlin: Abb. 7
Paul G. Herrmann/Berlin: Abb. 8, 11, 14, 18, 19
Henschel/Berlin: Abb. 9, 10
Peter Schommertz/Berlin: Abb. 15
The Associated Press/Frankfurt/Main: Abb. 16
Heinrich Burger/Berlin: Abb. 20

Berliner Rechtshilfe

Über zweihundert Verfahren laufen heute gegen Berliner Bürger.
Deshalb haben wir einen Fonds für Berliner Rechtshilfe eingerichtet. Wer der Opposition zu ihrem Recht verhelfen will, den bitten wir, mit einer Geldspende dazu beizutragen.
Unser Konto lautet: Republikanische Clubgesellschaft mbH, Sonderkonto Rechtshilfe, 1 Berlin 15, Wielandstraße 27, Postscheckkonto Nr. 2035 45 Berlin West.
Ein Kuratorium der unterzeichneten Verbände wird über die Verwendung der Mittel entscheiden und alle sechs Monate öffentlich Bericht erstatten.
AStA der Freien Universität Berlin, Studentenvertretung der Technischen Universität Berlin, AStA der Pädagogischen Hochschule Berlin, AStA der Kirchlichen Hochschule Berlin, AStA der Hochschule für Bildende Künste Berlin, Evangelische Studentengemeinde Berlin, Gewerkschaftliche Studentengemeinschaft Berlin, Humanistische Studenten-Union Berlin, Liberaler Studentenbund Deutschlands Berlin, Sozialdemokratischer Hochschulbund Berlin, Sozialistischer Deutscher Studentenbund Berlin, SJD Die Falken Landesverband Berlin, Internationale Liga für Menschenrechte Sektion Berlin, Kampagne für Abrüstung Regionaler Ausschuß Berlin, Republikanischer Club Berlin.

Das ist Heinrich Lübke. Wo er auftritt, wird gelacht. Das muß anders werden! fordert PARDON

Heinrich Lübke muß es erdulden, daß Minister ihm in den Rücken fallen, Illustrierte ihn verspotten und daß das deutsche Volk, das er verkörpert wie kein anderer, über ihn lacht, kaum daß es ihn in Wochenschau oder Fernsehen sieht.
PARDON sagt: Hört endlich auf mit den Angriffen auf unser Staatsoberhaupt. Laßt endlich das unhöfliche Spottgelächter, wenn ihr ihn seht!

Lange hat niemand die Worte gefunden, ihn zu verteidigen, am wenigsten er selbst. Spät, aber nicht zu spät, ergreift die satirische Monatsschrift PARDON seine Partei. Wir haben eine Schallplatte (30-cm-Langspielplatte) gemacht, auf der nicht nur besänftigende Lieder zu hören sind, sondern auch eine flammende Verteidigung des Bundespräsidenten.
Besser als jeder andere aber widerlegt Heinrich Lübke selbst die absurden Vorwürfe, die von allen Seiten gegen ihn fallen – durch seine eigenen Worte, durch sein Lachen.
Jawohl: auf dieser Platte spricht und lacht Heinrich Lübke in eigener Person. – Glauben Sie Lübkes Kritikern nicht! Hören Sie sich Heinrich Lübke im Original und unverfälscht auf dieser Platte an. Dann wissen Sie, was unser Bundespräsident für ein Mann ist.

Bestellen Sie noch heute. Überweisen Sie 19,– DM unter dem Stichwort »Heinrich Lübke ... redet für Deutschland« an PARDON, 6 Frankfurt, Hebelstraße 11 Postscheckkonto 92241. Dann kommt die Platte portofrei ins Haus.

Name

Vorname

Postleitzahl/Wohnort

Straße

Akz

Kursbuch 13 1968

Die Studenten und die Macht

Kursbuch
Herausgegeben von Hans Magnus Enzensberger

Kursbuch 13 Juni 1968

Bahman Nirumand
Die Avantgarde der Studenten im internationalen Klassenkampf

1914 starben sie bei Langemarck mit dem Deutschlandlied auf den Lippen den Heldentod fürs Vaterland; 1933 sahen sie gebannt und weithin untätig zu, als man, was als entartet galt, den Scheiterhaufen des braunen Hexenwahns überantwortete; noch 1961 fungierten sie als freiwillige Vorhut der gesamtdeutschen Reaktion, bereit, Karriere, Freiheit, gar das Leben auf dem Altar des Antikommunismus zu opfern. Im Jahre 1967 ist die Avantgarde der deutschen Studenten in eine Vorform des Partisanenkampfes gegen das eigene System eingetreten: ein Frontenwechsel ohne Befehlszentrale, ohne Unterhändler; es gibt nicht einmal Rädelsführer, die man ausheben, die man beschwichtigen, derer man habhaft werden könnte; die Kommunikation via Polizeiknüppel, ein Tod und ein Mordanschlag, die zu Signalen für eine Studentengeneration geworden sind. Ausbrechend aus einer ideologisch umfriedeten Gesellschaft sind Deutschlands Studenten im Prozeß der Bewußtwerdung über die heutige Struktur von Herrschaft und Unterdrückung an die Schranken des Liberalismus gelangt, der Aufklärung nur duldet, soweit sie fürs Ganze folgenlos bleibt, und Kritik beschränkt auf einzelne Mißstände und personelle Fehlleistungen innerhalb der bestehenden Machtverhältnisse.

Die gleiche gesellschaftliche Folgenlosigkeit, zu der in der spätbürgerlichen Gesellschaft jedwede Äußerung der Kultur und Kulturkritik verurteilt ist, haftet von vornherein dem Fachwissen aller Disziplinen an, sofern es sich nicht versteht als Instrument der Veränderung der Gesellschaft und der Humanisierung des menschlichen Lebens. Daß in einer konsequent arbeitsteiligen Gesellschaft eine solche politische Fundierung von Wissenschaft und Ausbildung auf den Widerstand all derer stößt, die unter »Freiheit« von Lehre und Forschung eben jene gesellschaftliche Folgenlosigkeit verstehen und im Interesse der Stabilisierung eines auf irrationale Herrschaft gegründeten Systems erhalten wollen, hat die Intellektuellen in zwei antagonistische Lager gespalten, zwischen denen die Möglichkeit der Verständigung abnimmt im gleichen Maße, wie sich ihr verschieden strukturiertes Bewußtsein deutlicher artikuliert: Dem unhistorischen, positivistischen Bewußtsein der reaktionären Intelligenz, das sich die Reflexion auf die Grundlagen des Systems – den Kapitalismus und die Manipulation als notwendige Voraussetzungen der Herrschaft – versagt, steht das dialektische Denken der revolutionären Intelligenz unversöhnlich gegenüber. Nicht *weil* sie Marxisten sind, wurden die Studenten zu Gegnern des bestehenden Systems, sondern weil dieses System sich als unfähig erwiesen hat, auf rationale und humane Weise seine materiellen Möglichkeiten und seine historischen Aufgaben zu verwirklichen, haben sie sich einer Theorie zugewandt, in der dieses System nicht mehr als ultima ratio erscheint und das ihre subjektiven Erfahrungen und Frustrationen in objektive Erkenntnis der gesellschaftlichen Mechanismen der Repression umzusetzen vermag. Sie haben damit eine Ideologie, die mehr der permanenten Verschleierung von Herrschaft dient als deren Rationalisierung, ersetzt durch eine Theorie, die dem »Kriterium der Praxis« (Lenin) standhält, eine Theorie, in der die Welt nicht mehr als festgerammte, mit sich selbst identische Wirklichkeit erscheint, sondern als Ganzes der ihr innewohnenden Möglichkeiten. Indem sie sich dieser Theorie einer veränderlichen Welt und den Anforderungen einer gemeinschaftlichen revolutionären Praxis stellt, löst sich die neue Avantgarde aus der Vereinzelung und Stagnation, die eine individualistische Philosophie der ihr voraufgehenden Generation verordnete.

Mit dem Schritt von der Ablehnung der autoritären Struktur der Universität und einer wertlosen, da prinzipienlosen Wissenschaftlichkeit des Lehrbetriebs zum Kampf gegen die formal-demokratische Ordnung der spätkapitalistischen Gesellschaft ist die Bewegung der deutschen Studenten in den weltweiten Kampf der Avantgarde aller Länder um die Befreiung von Herrschaft und Unterdrückung eingetreten. Studentenunruhen – in den Ländern der Dritten Welt schon längst ein politischer Faktor – sind in den Hochburgen des Spätkapitalismus ein unvorhergesehenes Phänomen, dem die etablierten Mächte mit hilflosen Integrationsversuchen oder aber mit provozierender Gewalt begegnen. Ganz allgemein läßt sich sagen, daß politische Aktionen von Studenten in größerem Ausmaß überall dort stattfinden, wo der Fortschritt einer Gesellschaft willkürlich gehemmt wird, sei es von Oligarchien in der Dritten Welt, die ihre schmale soziale Basis nur reproduzieren können mit Hilfe von Ausbeutung und Unterprivilegierung der Massen, sei es durch eine verselbständigte Bürokratie in den osteuropäischen sozialistischen Staaten, die die Entfremdung des Volkes betreibt und nicht seine Emanzipation, oder schließlich durch die Repräsentanten des Monopolkapitalismus, dem die Menschen nichts sind als Konsumenten von Waren und Ideologie, Objekte einer umfassenden Manipulation ihres Bewußtseins und ihrer Bedürfnisse zum Zwecke der

Anpassung an die Erfordernisse von Herrschaft und Produktion. Ob im Deutschland des Vormärz oder auf Cuba zur Zeit Batistas – studentische Revolten brechen in allen Ländern der Erde aus, die historisch-objektiv an der Schwelle einer Revolution stehen. Während sie früher mehr oder weniger eine zusätzliche Kraft der jeweils fortschrittlichsten, um politische Emanzipation kämpfenden Klasse waren (wie etwa in den bürgerlichen Revolutionen des 19. Jahrhunderts) oder bereits Kaderfunktionen übernahmen (wie etwa in den proletarischen Revolutionen im Rußland zu Beginn des 20. Jahrhunderts), haben Studenten in den Jahrzehnten nach dem Zweiten Weltkrieg eine entscheidende Rolle in den revolutionären Befreiungsbewegungen gespielt und in einigen Fällen sogar selbst die Führung der Revolution übernommen (der Sturm Castros und seiner Freunde auf die Kaserne von Moncada; die Kulturrevolution in China). Sind also Studenten eine revolutionäre Klasse par excellence?
Auch heute noch ist das Proletariat (je nach der ökonomischen Struktur eines Landes die Arbeiter- oder Bauernmassen) objektiv die revolutionäre und, unabhängig von ihrem augenblicklichen Bewußtseinsstand, am Fortschritt des historischen Prozesses interessierte Klasse. Diese Feststellung gründet sich weniger auf eine dogmatische Auslegung der Marxschen Gesellschaftstheorie als auf die tatsächlichen sozialen Gegebenheiten. Wo diese Klasse auf Grund mangelnder Einsicht in ihre eigene Situation am gegenwärtigen politischen Kampf nicht teilnimmt, und das heißt: in den hochindustrialisierten Ländern haben die linke Intelligenz und immer weitere Kreise der studentischen Jugend einen Teil ihrer Funktionen übernommen. In der augenblicklichen Phase sind das vor allem die folgenden Aufgaben: Aufklärung durch Aktion, Politisierung und Mobilisierung derer, die für eine Umwälzung zu gewinnen wären.
Auch in den Ländern der Dritten Welt, wo die Unterdrückung tagtäglich von den Massen erfahren wird, gehören die Studenten zur politischen Avantgarde, allerdings nicht primär wegen ihrer schärferen Analyse der Lage – die bei den Massen durch die sinnliche Erfahrung von Mangel und Ausbeutung ersetzt wird – sondern weil bei ihnen eher die materiellen Voraussetzungen politischer Agitation und Organisation vorhanden sind.
Wie aber ist es möglich, daß Studenten, die ja – zumindest im ökonomischen Sinne – keine Klasse darstellen, zur Vorhut des revolutionären Kampfes werden konnten? Definiert man den sozialen Status der Studenten nach ihrer Herkunft, so gehört die Mehrzahl von ihnen in den kapitalistischen Industriestaaten der bürgerlichen, in den Ländern der Dritten Welt der privilegierten Feudal- und Beamtenschicht an, die kein unmittel-

bares materielles Interesse an einer radikalen Demokratisierung ihrer Gesellschaft haben. Was die Studenten zu einer einigermaßen homogenen sozialen Schicht macht, ist einmal ihre Stellung innerhalb der Universität und weiter die Schlüsselstellung, die die Gesellschaft für die meisten von ihnen nach Beendigung ihrer Ausbildung bereithält. Die besondere Disposition der Studenten für politische Mobilität hat komplexe psychologische und soziale Gründe.

I. Studenten in den Metropolen

Studenten unterliegen weit weniger als Menschen, die in festen Lebens- und Arbeitsverhältnissen stehen, einem Rollenzwang, d. h. sie sind individuell ansprechbar, reagieren spontaner als andere Bevölkerungsgruppen und sind eher bereit, die Notwendigkeit umfassender Veränderungen der Gesellschaft anzuerkennen und sich aktiv für solche Veränderungen einzusetzen. Politische Aktivität von Studenten bricht sich nicht an der Rücksicht auf Familie und Stellung, radikales politisches Engagement kostet sie nicht die »Existenz«, weil sie keine »Existenz« haben. Eine exponierte politische Haltung wird unter Studenten toleriert und in gewisser Weise auch honoriert – das Bewußtsein, Freiheit auf Widerruf praktizieren zu dürfen, macht sie skeptisch gegen Kompromisse und Beschwichtigungen.
Universität und Gesellschaft verhalten sich wie zwei konzentrische Kreise: die Universität wiederholt auf kleinem Raum die Struktur der Gesamtgesellschaft. Der Kampf gegen die autoritäre Verfassung der Universität kehrt sich folgerichtig auch gegen autoritäre Strukturen in der außeruniversitären Gesellschaft. Die Einführung arbeitsteiliger Prinzipien an der Universität, die zu einer immer stärkeren Isolierung eigentlich zusammengehöriger Fächer, zur Trennung von Lehre und Forschung führt und eher zur Ausbildung von Fachidioten als zu der autonomer, universaler Menschen geeignet ist, deutet auf die Verelendung des Menschen durch Arbeitsteilung und stellt die arbeitsteilig angelegte kapitalistische Gesellschaft überhaupt in Frage.
An der Universität gewinnt der Student eine Einstellung zu seinem künftigen Beruf, die an der substantiellen Rationalität von Wissenschaft orientiert ist. Die bloße Zweckrationalität der beruflichen Praxis macht ihm den Verlust von substantieller Rationalität in der Gesamtgesellschaft deutlich: maximale Funktionsfähigkeit als summum bonum einer Gesellschaft und Effizienzsteigerung als Motor ihrer Rationalität reduziert Humanität auf die private Sphäre von »Gesinnung« und karitativem

Verhalten. Bestrebungen, auch die Universität stärker als bisher durch Verkürzung der Studienzeit und Einschränkung der akademischen Freiheiten der Herrschaft des Leistungsprinzips zu unterwerfen, hält die studentische Avantgarde einen Wissenschaftsbegriff entgegen, der »Wissenschaft als Moment der Selbstbefreiung des Menschen von unbegriffenen Mächten« (Rudi Dutschke), als Instrument von Aufklärung und Bewußtwerdung definiert, und leitet daraus die Verpflichtung zu politischer Aktion ab, die Aufgabe, weitere Schichten der Bevölkerung über ihre objektive Lage und ihre Interessen in Gesellschaft und Ökonomie aufzuklären. Nicht die Betroffenen, d. h. die Masse der Werktätigen, wohl aber ein großer Teil der Studentenschaft überblickt die enormen Erleichterungen im Arbeitsprozeß, die nach dem heutigen Stand der Technik möglich wären, und erkennt die Differenz zwischen gesellschaftlich notwendiger und zusätzlicher Arbeit als Produkt eines Systems, das nicht die gesellschaftliche Reproduktion ausrichtet auf die rationale Befriedigung objektiv vorhandener menschlicher Bedürfnisse, sondern das umgekehrt die Bedürfnisse der Produktion anpaßt.

II. Studenten in den Ländern der Dritten Welt

In den unterentwickelt gehaltenen Ländern weiten sich studentische Unruhen zwangsläufig von der Kritik an universitären Zuständen aus auf eine Kritik der bestehenden gesellschaftlichen Verhältnisse, wenn erst einmal der Kausalnexus hergestellt ist: Der Protest gegen Eingriffe des Staates in die Autonomie der Universität wird zum Protest gegen eine Bevormundung des Landes durch neokoloniale Mächte, in der Rebellion gegen die autoritäre Struktur der Universität ist bereits die Revolution angelegt mit dem Ziel der Abschaffung der Herrschaft einheimischer Oligarchien und des ihnen verbündeten ausländischen Monopolkapitalismus.

Im Mai 1967 protestierten Teheraner Studenten innerhalb der Universität gegen die Erhöhung der Studiengebühren. Als daraufhin das Universitätsgelände von Polizeieinheiten besetzt wurde, demonstrierten sie am nächsten Morgen für die Autonomie der Hochschulen. Stunden später beantworteten sie die Verhaftung ihrer Sprecher mit der Forderung nach freien Wahlen. Einen ähnlichen Verlauf haben in den letzten Jahren Studentenunruhen in Äthiopien, Brasilien und Südkorea genommen.

Die Mißstände innerhalb und außerhalb der Universität sind so eklatant, die gesellschaftliche Repression ist so stark, daß es zur Politisierung und

Mobilisierung der Studenten keiner organisierten Agitation bedarf. Wenn Dissertationen und Habilitationen vor dem Druck und bevor die Fakultäten sich dazu äußern eine politische Zensur passieren müssen, wenn aus dem Lehrstoff alles ausgeklammert wird, was auch nur Elemente von politischer Brisanz birgt (darunter fallen Bereiche aus Philosophie, Literatur, Geschichte, Soziologie und Psychologie), dann weitet sich der Kampf gegen die willkürliche Beschränkung der Freiheit von Lehre und Forschung notwendigerweise aus auf die Forderung nach Presse- und Versammlungsfreiheit und dem Recht auf freie Meinungsäußerung. Solche Forderungen enthalten jedoch für Regime, deren einziger Rückhalt eine starke Polizei- und Militärmaschinerie ist, schon eine Bedrohung und eine Herausforderung ihres Herrschaftsanspruchs, Signale, auf die sie mit brutaler Gewalt und administrativen Repressalien reagieren. Die Antwort der aktiv Beteiligten ist der endgültige Bruch mit den staatlichen Institutionen.

Die Entscheidung zwischen Anpassung an das herrschende System und Widerstand fällt unter diesen Umständen sehr früh und unwiderruflich. Die Folgen für den Einzelnen sind weitreichend und absehbar. Wer sich als oppositionell zu erkennen gegeben hat und einer Strafverfolgung entgangen ist, ist damit »deklassiert«: Als Abiturient bekommt er keinen Studienplatz, sondern seine Einberufung zum Militär; wenn er Glück hat, gelangt er ins Ausland, seine Rückkehr ist problematisch. Als Student wird er nach dem Examen nicht auf einen Job hoffen dürfen, bei dessen Vergabe der Staat auch nur das leiseste Wort mitzureden hat, und das ist praktisch in allen akademischen Berufen der Fall.

Eine ähnliche Unwiderruflichkeit verbindet sich mit der Zustimmung zum System. Wer ein Stipendium bekommt, der muß auch jubeln, der muß unterschreiben und Erklärungen abgeben, der muß aussagen und denunzieren: Wer einmal gejubelt hat, der bleibt suspekt für die Geprügelten. Wo permanent Unrecht geschieht, gibt es keine Neutralität, gehört jeder entweder auf die Seite der Räuber oder auf die der Überfallenen.

Doch diese Bedrohung der künftigen bürgerlichen Existenz, die sich in den hochentwickelten Industriestaaten sicher als starkes Hindernis für das politische Engagement der Studenten auswirken würde, vermag in den Ländern der Dritten Welt die Kraft der Resistenz unter den Studenten nicht zu schwächen. Eine der wichtigsten Ursachen für die Solidarisierung der Studenten dort ist nämlich ihre ganz allgemein extrem unsichere Lage: Wer eine Oberschule mit Erfolg absolviert hat, darf sich trotzdem nur eine geringe Chance ausrechnen, nun auch einen Platz an einer Hochschule zu erlangen. Nur ein ganz kleiner Prozentsatz der examinierten Studen-

ten wird einen seiner Ausbildung entsprechenden Arbeitsplatz finden; Akademiker haben nicht etwa deshalb keine Chance, weil es zuviele qualifizierte Fachkräfte gäbe, sondern weil ihre Regierungen unfähig sind, die Voraussetzungen dafür zu schaffen, daß sie sinnvoll eingesetzt werden können. Anders als im Europa des 19. Jahrhunderts schreitet die Industrialisierung in der Dritten Welt nicht so dynamisch fort, daß eine ständig wachsende Zahl von Universitätsabsolventen in Forschung, Produktion und Management unterkommen könnte. Obwohl sie auf dem Land so überaus dringend benötigt würden, bleiben Ärzte und Agronomen arbeitslos, weil die für die Praktizierung ihrer Berufe erforderlichen Einrichtungen nicht vorhanden sind.
Es fehlen die Krankenhäuser, in denen Ärzte praktizieren könnten, es fehlen die Schulen, an denen Lehrer unterrichten könnten, es fehlen die Fabriken, in denen Ingenieure beschäftigt werden könnten.
Kurzfristig hat man vielerorts diesem Problem dadurch zu begegnen versucht, daß Ministerien und Ämter sinnlos erweitert wurden. In den meisten unterentwickelt gehaltenen Ländern hat durch solche Personalpolitik die Verwaltung in wenigen Jahren einen Umfang gewonnen, der in keinem vernünftigen Verhältnis zu den Anforderungen mehr steht. In diesen Ämtern sitzen untätige Akademiker hinter polierten Schreibtischen, begraben alle Wünsche und Vorstellungen, die sie einst mit ihrer Berufsausübung verbanden, resignieren, werden anfällig für Korruption und geraten als Mitwisser in oft fatale Abhängigkeit von ihren Vorgesetzten. Indessen ist diese Methode nur beschränkt praktizierbar und muß vor allem für die Protegés einflußreicher Familien zur Verfügung stehen, deren Prestige auf eine Schreibtischarbeit – und zwar möglichst in Staatsdiensten – und ein hohes Gehalt angewiesen ist. Einen weiteren Teil der unbeschäftigten Akademiker fängt das Militär auf, das in den höheren Chargen ebenso überbesetzt ist wie die Verwaltung.
Im Ganzen gesehen werden auf diese Weise nur wenige zufriedengestellt; die anderen versuchen oft jahrelang vergeblich, in ihrem Fach unterzukommen, und nehmen schließlich doch mit jedem x-beliebigen Job vorlieb. Die Verbitterung, die sich mit diesen Erfahrungen einstellt, läßt sich schwerlich politisch aktualisieren: Da die Umgebung geneigt ist, berufliche Erfolglosigkeit persönlichem Versagen anzulasten, wird sie von den Betroffenen mit Fleiß verdrängt; in Mimik und Habitus stellen sie den Erfolg unübersehbar zur Schau, klammern sich mit allen Zeichen der Selbstverleugnung an die Reüssierten, Einflußreichen, sind schließlich nur noch ihre Karriere oder doch ihr Warten darauf. Ihre politische Haltung: unheilbarer Opportunismus; solange sie draußen vor der Tür sind, mur-

ren sie über »die da oben«, aber so unreflektiert und allgemein, als wärs das Schicksal selber, und werden zu Apologeten des Systems, sobald sie ihr Schäfchen im Trockenen haben. Studenten, die eine solche Entwicklung, die auch ihr eigenes, künftiges Los sein kann, aus einiger Distanz beobachten, erblicken kein großes Risiko darin, sich der Chancen einer akademischen Laufbahn durch politische Aktivität vollends zu begeben. Im Gegenteil, daß ihnen ihr Land möglicherweise nichts zu bieten haben wird außer Gnadenbrot gegen Unzufriedenheit, läßt sie die Notwendigkeit einer Veränderung der Gesellschaft am eigenen Leibe erfahren.

Neben der materiellen Unsicherheit, der sie entgegensehen, besteht für die jungen Akademiker eine noch stärkere Herausforderung in der Tatsache, daß die wenigen leitenden Stellen, die das Land zu vergeben hat, oft mit ausländischen Fachkräften besetzt werden, während gleichzeitig ebenso qualifizierte Einheimische unbeschäftigt bleiben oder untätig auf toten Posten in den Ämtern ausharren müssen.

In Ministerien und Planorganisationen, in Aufbauämtern und in den Aufsichtsräten der Banken sitzen ausländische »Berater«, die zusammen mit Entwicklungshilfe-Geldern importiert werden und bei der Verwendung von Kapital und Materialien, bei der Vergabe von Aufträgen und Lizenzen entscheidend mitzureden haben. Herabsetzung und Demütigung durch die rechtlichen, beruflichen und gesellschaftlichen Privilegien ausländischer Experten und »Berater« vermitteln der jungen Intelligenz in formal unabhängigen Ländern etwas von der subjektiven Erfahrung des Kolonisierten.

Das gegenüber Studentenbewegungen in der westlichen Welt fortgeschrittene Stadium studentischer Opposition in der Dritten Welt – in der politischen Zielsetzung und Bedeutung sowie in der Zahl der Beteiligten – verweist auf verschiedene »Aggregatzustände« der jeweils herrschenden Unterdrückung. In den hochindustrialisierten kapitalistischen Staaten gehört ein entwickeltes politisches Bewußtsein dazu, um inmitten von Wohlstand und mehr sozialer Sicherheit, als es je für so viele Menschen gegeben hat, Ausbeutung und Unterdrückung wahrzunehmen und für den Abbau einer depersonalisierten, mit den demokratischen Institutionen verfilzten Herrschaft zu kämpfen. Die Opposition derjenigen, die nicht mehr systemimmanent argumentieren, blieb denn auch solange eine quantité négligeable, bis sich vor aller Augen die Unvereinbarkeit von Kapitalismus und Demokratie ganz konkret erwies: im Algerienkrieg der Franzosen, in den Bürgerrechtskämpfen in den USA, in der Vorbereitung einer Notstandsverfassung in der BRD und am deutlichsten in dem Versuch des Völkermords, den Amerika zur Zeit in Vietnam begeht. Begehen *muß*.

Wo es ihnen gelang, Zwangsläufigkeiten aufzuzeigen, wo die Gegenseite von Betriebsunfällen spricht oder personalistisch argumentiert, konnten die linken Studentenorganisationen eine Massenbasis an den Universitäten gewinnen.
Sinnlich erfahrene Unterdrückung, deren Botschaften die junge Generation in den spätkapitalistischen Ländern erst durch die Befreiungskriege in der Dritten Welt empfangen hat, gehört zum täglichen politischen Brot der Studenten in der Dritten Welt, in Spanien und Griechenland. Soziale Gerechtigkeit ist in diesen Ländern nicht eine Frage an die Tarifpartner, sondern an die Struktur der Gesellschaft, die Gleichstellung aller vor dem Gesetz nicht die Angelegenheit von Reformen, sondern bedeutet die Notwendigkeit der Abschaffung der herrschenden Klasse. Das Fehlen eines bürgerlichen Mittelstandes, dem die auf Evolution sinnenden Studenten in den parlamentarischen Demokratien sich lange Zeit glaubten verbünden zu können, stellt die Studenten in den unterentwickelt gehaltenen Ländern vor die Alternative, den Weg der konterrevolutionären Gewalt zu wählen oder sich mit den um ihre Menschlichkeit Betrogenen zu solidarisieren. Gleichwohl gründet diese Entscheidung weniger in der Moral des Einzelnen als in seiner Vernunft. Alle diese Regierungen, ob sie nun autokratisch und gestützt auf Waffengewalt ihre Macht ausüben oder eine formal legalisierte Klassenherrschaft repräsentieren, tragen, solange sie nicht willens und nicht fähig sind, die Kluft zwischen arm und reich zu beseitigen, und das heißt, die antagonistischen Klassengegensätze abzuschaffen, den Keim ihres Untergangs schon in sich. Aus der Geschichte Europas im 19. und 20. Jahrhundert hätten sie es lernen können: Es führt kein Weg vom Feudalismus über den Kapitalismus zur realen Demokratie. Da helfen auch keine Halbheiten, ein Mittel zwischen Kapitalismus und Sozialismus liefert keine arbeitsfähige Basis; halbe Bodenreformen und Teile der Industrie im Besitz des Staates – wie etwa in Chile, Mexico, Indien und Iran – heben Ausbeutung und Entfremdung nicht auf, befreien nicht das Bewußtsein von der ihm eingestanzten Kolonisierung. Cuba, Nordvietnam und China liefern der Avantgarde Modelle dessen, was möglich ist an Emanzipation der Massen auch bei einem rückständigen Niveau der Produktivkräfte.

III. Der gemeinsame Kampf der Avantgarde aller Länder

Steht hinter den Worten »gemeinsamer Kampf« eine Realität, eine Theorie, das Selbstverständnis einer intellektuellen Opposition, der der konkrete Eingriff in das politische Geschehen im Lande selbst verwehrt ist?

Deckt ein gemeinsames Ziel so unterschiedliche Stadien wie ein Go-in und den bewaffneten Überfall auf ein Munitionsdepot? Wenn Politiker des Status quo von der Bruderschaft aller Menschen reden, von der Family of Man, dann heißt das, diejenigen, denen die bösen Weltläufte übel mitgespielt haben, mögen ihr Elend in Geduld tragen und, statt sich zu Unbesonnenheiten hinreißen zu lassen, in Demut und Dankbarkeit das Scherflein ihrer glücklicheren Brüder und Schwestern empfangen. Für uns bedeutet Solidarität nicht einen Akt des Mitleids, sondern der Selbsthilfe und Selbstbefreiung. Ist der Internationalismus für die Konterrevolution lediglich ein Mittel zum Zweck, hintangestellt, sobald er mit nationalstaatlichen Interessen kollidiert – für uns ist er Voraussetzung und Ziel der befreiten Gesellschaft. Unsere Solidarität geht über das hinaus, was wir uns zur Zeit an praktischer Hilfe leisten können; sie entspringt nicht der Moral, sondern der Erkenntnis, daß wir aufeinander angewiesen sind. In der Dritten Welt wissen wir, daß jeder Schritt zu wirklicher Demokratie in einem der reichen Länder einen Schritt auf dem Wege unserer Befreiung vom Imperialismus bedeutet. Wenn in Tokio oder in Kopenhagen, in Berlin oder Washington demonstriert wird, wenn streikende Arbeiter an der Ruhr die Aufhebung des Privateigentums an den Produktionsmitteln fordern, dann wissen wir: tua res agitur. Wenn zwei, drei, viele Vietnam entstehen, wenn der Monopolkapitalismus seine überseeischen Dependencen verliert, dann wird die Möglichkeit von Manipulation in der reichen Welt schwinden, dann werden immer mehr Menschen den Zusammenhang von politischer Unterdrückung und scheinbarem Wohlstand begreifen und endlich mündig werden.

Dennoch, angesichts der Tatsache, daß nicht einmal die organisatorische Verbindung der studentischen Linken mit anderen nicht-integrierten Bevölkerungsgruppen bisher in irgendeinem der hochindustrialisierten kapitalistischen Staaten über einzelne gemeinsame Aktionen hinausgelangt ist, mutet einen die proklamierte Solidarität mit den kämpfenden Befreiungsbewegungen der armen Welt oft verfrüht an. Nicht, daß das Bekenntnis nicht echt, das heißt nicht hervorgegangen wäre aus einem Prozeß der Bewußtwerdung über das gemeinsame Ziel und den gemeinsamen Gegner – diese Erkenntnis hat ja weithin die Studenten der Metropolen erst zu einer Analyse der Herrschaftsstrukturen in ihrer eigenen Gesellschaft befähigt und hatte daher schon als Moment der Selbsterkenntnis einen Eigenwert. Unsere Solidarität kann aber nicht länger auf das Bewußtsein beschränkt bleiben, sie muß in tätige Solidarität umgesetzt werden.

In vielen Ländern der armen Welt herrscht noch ein Mangel an qualifizierten Fachkräften, aber wir brauchen dort emanzipatorische Fachkräfte, die mit den Befreiungsbewegungen zusammenarbeiten und nicht der Konterrevolution verbündet sind, indem sie das falsche Bewußtsein verbreiten, es komme in einem System der sozialen Ungleichheit nur darauf an, daß der Einzelne seine Arbeit gut verrichte – dann werde sich schon alles zum besten kehren. Angefangen von Geldsammlungen für die Befreiungsbewegungen (auch für die Opfer dieses Kampfes in den Metropolen), an denen möglichst viele Studenten beteiligt sein sollten, bis zur Schwächung der militärischen und technischen Apparatur, die zur Niederschlagung von Sozialrevolutionen bestimmt ist, stehen der Initiative von Gruppen und Einzelnen zahlreiche Wege aktiver Solidarität offen.

IV. Bedingungen und Chancen der Befreiung

Die Taktik der studentischen Avantgarde ist, in einem bescheidenen Grade, eine modifizierte Anwendung der Guerilla-Strategie. Sie variiert, bei gleicher Ausgangssituation, an den verschiedenen Fronten entsprechend den gesellschaftlichen Verhältnissen ihrer Umwelt.
Selbst unter erschwerenden Bedingungen, wie Koalitionsverbot, Bespitzelung, staatlicher Aufsicht über Studentenverbände, Entzug finanzieller Zuwendungen, Bindung der Studienerlaubnis an eine politische Unbedenklichkeitsbescheinigung, gelingt an jeder Universität in jedem Land die Sammlung oppositioneller Studenten in mehr oder weniger öffentlichen Gruppen, deren Kader sich um die Politisierung und Aktivierung weiterer Kreise der Studentenschaft bemühen. Dabei werden am Anfang immer Fragen der Hochschulverfassung und -politik im Mittelpunkt stehen: Überfüllung der Universitäten, Studiengebühren, Prüfungsordnungen, Mitspracherecht der Studenten, Rede- und Versammlungsfreiheit. Demonstrationen erfüllen, sobald das Lager der oppositionellen Studenten groß genug ist, einen doppelten Sinn: die Beteiligten übersetzen politische Einsichten in praktische Tätigkeit und erfahren dabei die Möglichkeiten aktiver Veränderung der Gesellschaft; Demonstrationen verschaffen den Forderungen der Studenten die notwendige Öffentlichkeit und zwingen Parteien und Regierung, Stellung zu nehmen und Farbe zu bekennen. Je brutaler solche Studentenunruhen unterdrückt werden, desto stärker ist der Solidarisierungseffekt unter Studenten und sympathisierenden Gruppen in der übrigen Gesellschaft. Aufgabe ihrer Sprecher ist es, in dieser Situation zu vermeiden, daß die studentischen Forderungen zum Selbstzweck werden; sie sind vielmehr auszuweiten auf gesamtgesellschaftliche Fragestellungen.

Die Städte
Heute stehen die sich emanzipierenden Staaten der Dritten Welt in ihrem Befreiungskampf gegen den Imperialismus nicht mehr allein; denn in den großen Städten der kapitalistischen Länder, von Tokio bis West-Berlin, von San Francisco bis Madrid bildet sich eine revolutionäre Avantgarde, die den durch den Wohlfahrtsstaat ermöglichten Müßiggang dazu benutzt hat, ihre Umgebung, nämlich die kapitalistische Konsumgesellschaft, genau zu studieren, und sie ist dabei, überall herauszufinden, daß der Wohlstand dieser Gesellschaft auf Unterdrückung basiert, ihre Freiheit auf Unfreiheit, ihre glänzende Kultur auf einem schmutzigen Betrug, und daß eine Gesellschaft, die sich nur noch mit offenem und verstecktem Terror über ihre eigenen tiefen Widersprüche hinweghelfen kann, nicht mehr zu retten ist, ja, daß man ihren Sturz im Namen der unterdrückten Menschheit beschleunigen muß.
Die radikale Opposition in den Metropolen kann nicht hoffen, als Minderheit durch einen Staatsstreich die Gesellschaft verändern zu können. Ihr Fernziel kann nur sein, die Gesellschaft nach ihrer Einsicht neu zu organisieren, und dazu muß sie den alten Staat stürzen; zu dieser revolutionären Aktion braucht die Avantgarde eine Massenbasis; sie braucht sie aber auch, um die Revolutionierung der Gesellschaft durch die Revolutionierung des Individuums zuende führen zu können. Beide Prozesse bedingen sich gegenseitig: ohne Veränderung der Gesellschaft keine Veränderung des Einzelnen – ohne Revolutionierung des Einzelnen keine gesellschaftliche Revolution.
Die Lösung kann nur darin bestehen, beide Prozesse simultan in einer zunächst beschränkten Form vorwärtszutreiben, das bedeutet: Widerstand provozieren durch theoretische Aufklärung – durch Praxis, d. h. Erfahrungen beim Widerstand, Aufklärung provozieren.
Ziel der Studentenbewegung kann es nicht sein, Parteiorganisationen zu schaffen, um darin eine immer größer werdende Anzahl von Menschen zu repräsentieren; Sinn ihrer Aufklärungskampagnen ist es, den Menschen begreiflich zu machen, daß es ihrer eigenen Initiative, ihrer schöpferischen Selbsttätigkeit bedarf, damit endlich die demokratischen Institutionen entstehen, in denen sie tatsächlich ihre Interessen vertreten können.
Dabei haben die Studenten die Aufgabe und die Chance, sich besonders mit den Bevölkerungsgruppen zu solidarisieren, deren gesellschaftspolitische Situation am dringendsten solche demokratischen Initiativen erforderlich macht. Nur wenn das gelingt, kann die Studentenbewegung ihre unfreiwillige Isolation durchbrechen: der von der Neuen Linken in Amerika getragenen Resistance, die den Widerstand gegen den Vietnamkrieg

organisierte, ist dieser Schritt aus dem Universitätsbereich hinaus gelungen; gemeinsame Aktionen von Studenten und Arbeitern kennen wir aus Italien und Spanien, wo Studentengruppen den Streik der Fiat-Arbeiter politisch und organisatorisch unterstützten und wo Arbeiter in Madrid und Barcelona den demonstrierenden Studenten gegen die Polizei beistehen.

Auf keinen Fall dürfen wir uns darauf beschränken, die vor uns liegende lange Durststrecke arbeitsteilig zu durchlaufen, indem wir uns zunächst einmal der gesellschaftlichen Analyse, dem Ausbau der Theorie widmen und die direkte Aktion auf später vertagen. Aufklärung des vernebelten Bewußtseins ist selbst schon eine Verbindung von Theorie und Praxis; unser Ziel kann nicht eine Indoktrination der Massen sein, die sie wiederum zum Objekt einer manipulativen Führung machen könnte; was wir einleiten und vorantreiben müssen, ist die Entlarvung verschleierter Unterdrückung, ist die Selbsttätigkeit der Menschen beim Durchschauen gesellschaftlicher Mystifikationen.

Zu untersuchen wären Möglichkeiten, Freiheit in einer Art Enklave inmitten der kapitalistischen Gesellschaft zu antizipieren. Wir müssen uns Gegen-Institutionen schaffen und einen Anfang machen mit der freien Selbstorganisation. Wir brauchen Gegen-Universitäten, um den Prozeß der permanenten Revolutionierung des Bewußtseins in Gang zu bringen, wir brauchen Gegen-Kindergärten und Gegen-Schulen, die unsere Kinder davor bewahren, zerrissen zu werden in einer in sich selbst zerrissenen Gesellschaft, wir müssen uns zusammenschließen in Wohngemeinschaften und modellhaft eine Gegen-Gesellschaft entwickeln, in deren Grundlinien sich die freie Gesellschaft, die unser Ziel ist, bereits abzeichnet. Wir müssen eine Gegen-Öffentlichkeit herstellen, um unsere Ziele wirksam erläutern und diskutieren zu können, und dazu brauchen wir Gegen-Sender und Gegen-Zeitungen. Der neue Mensch wird nicht unversehens in der befreiten Gesellschaft auftauchen – er wird sich bilden in den neuen Formen der Kommunikation, die wir, gestützt u. a. auf eine emanzipierende Pädagogik, Psychologie und Kunst, zu entwickeln haben. Das Experiment der Kommune I in Berlin war eine solche neue Form, in der für den Bürger durch den Schock hindurch sichtbar wurde, wie vielen Zwängen, Entbehrungen, irrationalen Gesetzen sein eignes Leben unterworfen ist. Selbst das von keinerlei politischem Bewußtsein getragene Verhalten der »Gammler« weckt in den Leuten, denen ihr Anarchismus einen Schrecken einjagt, eher eine Ahnung ihrer eigenen Entfremdung, als sämtliche Schriften der Frankfurter Schule dies zu tun vermocht hätten. Erst die Wiederherstellung der Einheit von Erkennen und Handeln, das heißt die Auf-

hebung der Verinnerlichung der bestehenden sozialen Ordnung (der Klassengesellschaft) schafft subjektiv die Voraussetzungen für eine verändernde politische Praxis.
Der Schuß, der am 2. Juni 1967 vor der Deutschen Oper in Berlin fiel, hat einen Prozeß ausgelöst, der gegenwärtig seinen Höhepunkt in den Ereignissen von Ostern 1968 gefunden hat. In den Monaten zwischen dem Tod von Benno Ohnesorg und dem Attentat auf Rudi Dutschke hat die Studentenrevolte von West-Berlin aus auf die Bundesrepublik übergegriffen, sie hat sich zudem in dieser Zeit ausgedehnt vor allem auf Schüler und Lehrlinge. Ohne den Schock des zweiten Juni wäre die Argumentation der Neuen Linken aufgesogen worden vom Pluralismus der Meinungen, integriert von der Liberalität einer Presse, die sich ihrer Objektivität in einem positionslosen Sowohl-als-auch von These und Antithese zu vergewissern pflegt. Als diese Presse drauf und dran war, die Studentenunruhen zu einem festen, wenn auch extravaganten Bestandteil des politischen Alltags zu machen, begriffen die deutschen Studenten rechtzeitig, daß die Zeit der Schockwirkung, der Spontaneität vorbei war. Sie entgingen damit der Gefahr, daß sich die Dialektik von notwendiger und zusätzlicher Autorität zu einer Ideologie der Spontaneität verfestigte und ihnen jede Möglichkeit organisierten Handelns raubte.
Mit dem Attentat auf Rudi Dutschke hat die Studentenbewegung eine qualitative Veränderung erfahren. Sie hat auf den von Springer millionenfach vorbereiteten Totschlag nicht nur mit Argumenten und verbalen Protesten reagiert, sondern mit Steinwürfen gegen seine Fensterscheiben, mit umgestürzten und verbrannten Lieferwagen, mit blockierten Zufahrtswegen. Sie ist damit in die Diskussion über Gewalt und Gegengewalt eingetreten und hat sich bisher darauf geeinigt, daß Gegengewalt (wo sie nicht Notwehr ist) auf rational begründete Gewalt gegen Sachen beschränkt bleiben muß. Daß man seit Ostern 1968 nicht mehr von »Studentenunruhen« sprechen kann, ist eine weitere neue Qualität. Mit den Aktionen nach dem Attentat auf Rudi Dutschke hat die Studentenbewegung angefangen, sich als solche abzuschaffen, zur Außerparlamentarischen Opposition junger Arbeiter, Angestellter, Beamter, Schüler und Studenten zu werden. Ihre große und einzige Chance liegt darin, daß es den Studenten gelingt, bei den abhängigen Massen eben den Lernprozeß, den sie in der Enklave Universität durchlaufen haben, als gesamtgesellschaftlichen Lernprozeß in Gang zu setzen. Gelingt das nicht, dann läuft die Außerparlamentarische Opposition Gefahr, auf sozialdemokratische Forderungen nach Reformen und Verbesserungen der progressiven Tendenzen des bestehenden Systems herabzusinken.

Die Dörfer

Ist die Strategie der Außerparlamentarischen Opposition in den Metropolen auf die Städte konzentriert, weil sie als Zentren von Produktion und Verteilung bei Krisen und Störungen die »schwächsten Glieder« des Systems sein werden, so richtet sich die Arbeit der revolutionären Avantgarde in den wenig industrialisierten Ländern der Dritten Welt auf die Masse der Bauern in den Dörfern, die – Ärmste der Armen in den armen Ländern – rechtlos, besitzlos und ohne Bewußtsein von ihrer potentiellen Macht sind.

In der Zweiten Deklaration von Havanna heißt es: »In unseren Ländern treffen die Bedingungen einer unterentwickelten Industrie mit einem Agrarregime feudalen Charakters zusammen. So kommt es, daß – so hart auch die Lebensbedingungen der städtischen Arbeiter sind – die Landbevölkerung noch immer unter den furchtbarsten Bedingungen der Unterdrückung und Ausbeutung lebt; sie bildet aber auch – von Ausnahmen abgesehen – die absolute Mehrheit der lateinamerikanischen Bevölkerungen in einem Verhältnis, das zuweilen 70% übersteigt.

Abgesehen von den Großgrundbesitzern, die vielfach in den Städten ihren Wohnsitz haben, fristet der Rest dieser großen Massen sein Leben durch miserabel bezahlte Taglöhnerarbeit auf den Latifundien oder durch eigene Landbestellung unter Ausbeutungsbedingungen, die dem Mittelalter in nichts nachstehen. Diese Umstände sind der Grund dafür, daß in Lateinamerika die arme Landbevölkerung eine gewaltige potentielle revolutionäre Kraft darstellt.« (In: Ernesto Che Guevara, *Partisanenkrieg – eine Methode*, München 1968, S. 3)

Indem die Städte zu Zentren der staatlichen Gewaltmaschinerie wurden, verlagerte sich der Schwerpunkt politisch-revolutionärer Tätigkeit auf die Dörfer. In allen Entwicklungsländern ist der größte Teil des Staats- und Militärapparats in den Städten konzentriert – Geheimdienst und Polizei kontrollieren sämtliche Ämter, Fabriken und öffentlichen Einrichtungen –, während die Zentralgewalt auf dem Land nur schwach vertreten ist.

Dennoch gehen die Vorbereitungen zur revolutionären Machtergreifung in den Städten durch den politisch bewußteren Teil der Bevölkerung, nämlich den städtischen, vor sich. Was in der spätbürgerlichen Gesellschaft Massenmedien, Massenorganisationen (Parteien, Kirchen, Verbände) zur Verschleierung von Herrschaftsverhältnissen, zur systematischen Verdummung und Entpolitisierung der Massen beitragen, indem sie die Ideologie vom privaten Individuum und seiner Repräsentation in der parlamentarischen Demokratie befördern, das leisten in den unterentwickelt gehaltenen Ländern auf der einen Seite Tradition, Aberglauben und reaktionäre Religionen und von einer anderen Seite her Scheinreformen, die da, wo der Gesellschaftsprozeß seit Jahrhunderten stagniert, als großartiger Fortschritt ausgegeben werden können. Die offiziellen kommunistischen Parteien kommen für die Aufklärung und Revolutionierung der Arbeiter und Bauern sowohl in Europa als auch in der Dritten Welt nicht mehr in Betracht, seit sie mit Moskau, sei es aus Opportunismus, sei es aus taktischen Gründen, auf revisionistischen Kurs gegangen sind.

Es stellen sich also zunächst zwei Probleme: Wer revolutioniert die künftigen Revolutionäre, wer stellt die Verbindung zwischen Stadt- und Landproletariat her? Im Bereich dieser Aufgaben scheinen mir die hauptsächlichen Funktionen der studentischen Avantgarde in der Dritten Welt zu liegen. Dabei kommt ihnen der Umstand zu Hilfe, daß Tausende von Saisonarbeitern einen Teil des Jahres unbeschäftigt in der Stadt verbringen, dort von den Studenten politisiert werden können und dann als Verbindungsleute aufs Land zurückkehren. Genauso ansprechbar sind Landarbeiter, die bei der Teilmechanisierung der Landwirtschaft ihre Arbeitsplätze verloren und in der Stadt keine neuen gefunden haben. Denn anders als seinerzeit in Europa vermag die nur zögernd vonstatten gehende Industrialisierung bei weitem nicht alle Beschäftigungslosen aufzufangen. Trotzdem hält die Landflucht weiter an, die Menschen tauchen unter in den überfüllten Vororten und Slums der großen Städte, die in ihrer Undurchdringlichkeit einen idealen Ort für die Keimzelle eines Guerillafocus bilden.

Noch in der ersten Phase der militanten Auseinandersetzung mit der Konterrevolution haben die Studenten eine besondere Funktion: Einzelaktionen auszuführen, die die Kräfte des Systems binden. Dann aber, sobald sich die Kämpfe einzelner Partisanengruppen zum allgemeinen Volkskrieg ausweiten, lösen sich die Studenten aus ihrer bisherigen Umgebung und werden von der Massenbewegung integriert.

Wir müssen uns allerdings darüber im klaren sein, daß ein ganz erheblicher Teil der Studenten und Akademiker, die zunächst auf Grund ihres moralischen und gesellschaftspolitischen Bewußtseins in der studentischen Opposition mitgearbeitet haben, abspringen, sobald es zu militärischen Auseinandersetzungen kommt, und es auch nach der Revolution vorziehen, unter den alten Verhältnissen einer Klassengesellschaft weiterzuleben. Das ist zu erklären aus einer Verinnerlichung der Repressionsmechanismen der alten Gesellschaft, die gerade das als Zwang erscheinen läßt, was den Menschen in Wirklichkeit befreit aus dem Sündenfall der Arbeitsteilung und der Vereinzelung, was ihm seine Totalität zurückgewinnt: die Aufhebung der Trennung zwischen privater und öffentlicher Existenz, die absolute Bindung des Einzelnen an die Gesellschaft, der Anspruch, gleichzeitig Denker und Bauer, Lehrer und Künstler, Kämpfer und Arzt zu sein. Die Theorien des Guerillakampfes von Fidel Castro, Ché Guevara und Régis Debray gehen von einer dezentralisierten Kampfführung aus, für die ein abgestufter Parteiapparat sich als zu schwerfällig erweisen könnte. Die Führung im Partisanenkampf liegt bei politisch und militärisch gut geschulten Kadern, die sich über das ganze Land zerstreuen und an geeigneten Stellen Guerillatruppen bilden, deren Stärke nie so groß ist, daß sie nicht notfalls in der Bevölkerung unauffindbar untertauchen könnten. Schon aus dieser Voraussetzung folgt, daß die Befreiungsbewegung sich niemals verselbständigen kann, daß ihre militärische Stärke immer in einem direkten Verhältnis zu der im Volke vorhandenen Zustimmung zur Revolution steht. Sie bleibt abhängig von ihrer Fühlung mit dem Volk und unterliegt damit einer wirklichen Kontrolle von unten. Guerilla-Taktik bedeutet die Gleichzeitigkeit von Aufklärung und Aktivierung, von Schulung und Kampf. Sie hat die weitgehende Selbsttätigkeit der Guerilleros zur Voraussetzung, die allseitige Entfaltung der Fähigkeiten jedes Einzelnen, und verwirklicht bereits mitten im Krieg partiell die neue Gesellschaft und den neuen Menschen.

Eine Partisanengruppe kommt ohne Hierarchie aus; nicht militärische Ränge, sondern Vertrauen und gegenseitige Hilfsbereitschaft bestimmen das Verhältnis ihrer Mitglieder untereinander. Ihre Disziplin entspringt nicht einer vorgegebenen Autorität; Autorität ergibt sich jeweils aus der Situation und der Entscheidung, wie sie zu bewältigen sei. Eine solche Regelung der menschlichen Beziehungen nimmt bereits das Ziel der Revolution vorweg – eine auf die Maximen der Vernunft gegründete, egalitäre Gesellschaftsordnung. Die führend am Partisanenkampf Beteiligten erfahren dabei eine Einübung in Demokratie, die die Revolution nach dem militärischen Sieg vor einer Entfremdung zwischen Staatsmacht und Volk bewahrt. Dies Moment von radikaler Demokratie in der Guerilla-Strategie ist eine Ursache dafür, daß die chinesische, die vietnamesische und die cubanische Revolution vor dem Zerfall in Stalinismus und Bürokratismus bewahrt blieben.

Studenten, der Ideologie einer falschen Gesellschaft gemäß auf die Suche nach Wahrheit geschickt, entdecken heute auf allen Kontinenten, daß »die Wahrheit revolutionär ist« (Gramsci), daß das Studium wieder einen gesellschaftlichen Sinn hat, wenn nur erst erkannt ist, daß die Wahrheit zu studieren nichts anderes mehr bedeuten kann, als die Revolution zu studieren.

Bernhard Schütze
Widerstand an Spaniens Universitäten

»Wissen Sie, ich habe dagesessen und geheult. Den Schlag, den mir einer der ›Grauen‹ mit dem Stock auf den Hinterkopf versetzte, den habe ich erst am nächsten Tag gespürt. Ich habe geheult aus Verzweiflung, glaube ich. Können Sie verstehen, wie man sich fühlt, wenn die Polizisten aus ihren Autos springen? Man weiß genau: sie wollen dich schnappen um dich zusammenzuschlagen, um dich auszuquetschen und wieder zu mißhandeln. Die ersten Male läuft man einfach weg, irgendwohin. Und am nächsten Tag wird erzählt, wen sie mitgenommen haben, wer im Krankenhaus liegt, oder zu Hause, weil er sich nicht traut, einen Arzt aufzusuchen. Irgendwann bleibt man dann stehen, wenn die Polizei kommt – man wird trotzig. So ist es mir gegangen. Ich glaube, auch andere haben das durchgemacht …

Plötzlich waren es mehr als hundert, und immer noch kamen neue Wagen an. Wasserwerfer, Pferde, Hunde. An einer Stelle haben sich Studenten mit Latten gegen die bissigen Polizeihunde zur Wehr gesetzt. Wie ich hörte, sollen die ›Grauen‹ – ich habe es nicht gesehen – auch mit Peitschen um sich geschlagen haben. Ich war bei einer Gruppe von etwa 60 Studenten. Wir zogen uns in eine Ecke des Campus zurück. Freunde von mir hoben Betonplatten aus der Erde und schichteten sie auf. In breiter Reihe kamen die Polizisten mit Stahlhelmen auf uns zu. Einer von uns schrie: ›Nieder mit den dreckigen Faschisten!‹ Die meisten von uns suchten Steine. Man mußte einfach etwas in der Hand haben. Auch ich habe geworfen, so oft ich nur Steine finden konnte. Und ich habe bestimmt getroffen.

Es dauerte nur Sekunden, dann waren sie da. Ich hatte noch einen Erdklumpen in der Hand und schlug damit zu. Immer wieder sausten die Polizeiknüppel durch die Luft. Ich bekam einen Tritt und fiel hin. Als ich mich wieder aufrichten wollte, schlug mir einer der Polizisten seinen Knüppel über den Kopf. Es war eine brutale, rücksichtslose Prügelei. Neben mir lag eine Studentin. Immer wieder traten ihr Stiefel in den Unterleib. Sie kam nicht einmal zum Schreien. Zum ersten Mal habe ich mir gewünscht, ein Gewehr zu haben …«

(Jurastudent über einen Polizei-Einsatz auf Madrider Universitätsgelände)

». . . das Jahr der größten politischen Entwicklung unseres Regimes«
(Franco 1967)

Immer häufiger greifen spanische Studenten nach Steinen, wenn in breiter Front die grauuniformierte Policia Armada – auch »gristapo« genannt – aufmarschiert, um Versammlungen zu sprengen oder Demonstrationen mit brutaler Gewalt aufzulösen. Mehrjährige praktische Erfahrung im Umgang mit der Polizei hat die defensive Haltung der Studentenschaft aggressiver werden lassen. Die große Mehrheit der politisierten und der apolitischen Studenten ist unter den herrschenden Bedingungen für die Gegengewalt. Und so sehr das Studium durch Kurzaufenthalte im Gefängnis, 72stündige Verhöre und Strafen gefährdet oder gar beendet werden kann, so wenig vermögen die Repressionen noch abzuschrecken. Jeder aktive Student (das sind etwa 20 bis 25 Prozent aller Studierenden) muß pro Jahr einige »Exerzitien« im Polizei-»Gewahrsam« einplanen.
Bezeichnend für die rapide Verschärfung des Konflikts, den sowohl die Studentenbewegung als auch die Staatsmacht in beinahe pausenlosem Einsatz führen, sind die Ereignisse des Jahres 1967:

13. Januar: In Barcelona rufen Studenten-Vertreter den »Jahrestag des Protestes gegen politische Unterdrückung« aus. Nach einem »teach-in« über Fragen der Universitätsstruktur stürmen fast 1000 Studenten das Gebäude der offiziellen und einzigen legalen Studenten-Gewerkschaft APE[1], die wegen ihrer korrupten Politik keine Basis mehr in der Universität hat. Das Mobiliar der Büroräume wird zertrümmert und auf die Straße geworfen.
27. Januar: Fast alle illegalen Studentenorganisationen, darunter die FUDE[2] und das SDE[3], veranstalten in ganz Spanien einen »Demonstrationstag«. Die Proteste richten sich unter anderem gegen die Relegierung der Professoren Galvan, Aranguren und Sacristan, die sich den Forderungen der Studenten nach freien Gewerkschaften und Amnestie angeschlossen hatten.
Am Morgen werden auf Anweisung des Rektors der Madrider Universität 700 Studenten, die die Zulassung einer demokratischen Studentenvertretung fordern, durch die Polizei vom Campus geprügelt. Wer nicht verhaftet wird, flieht in die Politisch-Ökonomische Fakultät. Nach sechsstündiger Belagerung wird auch dieses Gebäude »von subversiven Elementen gereinigt«.
Am Abend strömen ca. 100 000 Arbeiter aus den Industriebezirken zu Fuß in die Hauptstadt und vereinen sich dort auf sieben Sammelplätzen

mit Studenten. Sie fordern höhere Löhne, freie Gewerkschaften und Abschaffung der Franco-Diktatur. Wieder schreitet die Polizei ein und verhaftet 200 Demonstranten. Wenige Tage vorher waren bereits 13 Arbeiter zu Gefängnisstrafen zwischen 6 und 30 Monaten verurteilt worden.
28. Januar: In der Philosophischen Fakultät Salamanca diskutieren die Studenten die Ereignisse des Vortages. Die Polizei belagert den Trakt zehn Stunden lang. Vor der Mensa in der Universitätsstadt Madrid – man demonstriert gegen die Brutalität der Polizei – spielen sich blutige Szenen ab. Starke Einheiten der Policía Armada treffen ein. Eine Augenzeugin: »Viele rannten in panischer Angst in Richtung Mensa. Dann sah ich, wie ein Schwarm von Polizisten im Laufschritt auf die Mensa zukam. Die Türen standen offen, trotzdem zerbrachen sie die Scheiben. Sie schlugen mit Stöcken um sich, bis Blut floß . . ., ergriffen Stühle und schlugen damit zu.« Vier Stunden danach werden 80 verletzte Studenten ins Krankenhaus überführt. 30 von 50 verhafteten Studenten werden von der Universität gewiesen, die anderen erwartet der Prozeß vor dem Militärgericht. In ganz Spanien werden am 27. und 28. Januar 500 Personen verhaftet.
29. Januar: Die Verhaftungswelle wird weiter intensiviert. Die Sicherheitspolizei sucht angebliche Rädelsführer in ihren Wohnungen auf.
30. Januar: Gegen zwei Uhr in der Nacht dringen Beamte der Brigada Social in die Wohnung des 23jährigen Studenten Rafael Aguijarro Moreno ein, um »umstürzlerisches Material« zu suchen. Moreno antwortet auf Fragen ironisch und geht schließlich in die Küche, um ein Glas Wasser zu trinken. Ein Polizeibeamter begleitet ihn. Die Mutter, die den beiden in die Küche folgt, schreit auf: »Nein!« Das Fenster steht offen, Moreno ist verschwunden; er fällt sechs Stockwerke tief und ist sofort tot. Es heißt, er habe sich dem Zugriff der Beamten durch einen Sprung aus dem Fenster entzogen. Die Polizisten beschlagnahmen als Indiz für »geheimbündlerische Umtriebe« einen Band *Das Kapital* (Werke von Marx werden seit einem erfolgreichen Musterprozeß im größten Madrider Kaufhaus als Studienausgabe feilgeboten).
In Valencia sprengt bewaffnete Polizei die Gründungsversammlung der »Demokratischen Studenten-Gewerkschaft« und nimmt Delegierte aus ganz Spanien fest. In den folgenden Tagen wird bekannt, daß einige Delegierte vor Sondergerichte gestellt werden sollen. Darauf legen 60 000 Industrie-Arbeiter und 2300 Eisenbahner aus Solidarität die Arbeit nieder.
31. Januar: Die Universität Madrid wird für drei Tage geschlossen. Die völlige Stillegung der Politisch-Ökonomischen Fakultät, die immer wieder Herd von Unruhen ist, wird in Erwägung gezogen. Polizisten halten das

Universitätsgelände besetzt. Wieder kommt es zu Zusammenstößen zwischen Polizei und Studenten, die sich zu Informationsveranstaltungen treffen. Der Rektor verbietet daraufhin den Studenten den Zutritt zur Universitätsstadt. Solidaritätsstreiks in verschiedenen Hochschulen.
2. Februar: Der Rektor der Universität Barcelona versucht den Vorlesungsstreik, der in fast allen Fakultäten zu 100 Prozent befolgt wird, durch die Annullierung sämtlicher Immatrikulationen zu brechen (die Studenten müssen bei Neueinschreibung nochmals Gebühren bezahlen). Mit Genehmigung des Rektors der Universität Valencia besetzt die Polizei die Philosophische Fakultät und verhaftet eine Reihe von Studenten. In Madrid verlangen Rektor und Dekane von der Regierung Maßnahmen, die ein »ungestörtes Funktionieren der Lehrtätigkeit garantieren«. Der Verband der Auslandspresse protestiert beim Informationsminister Fraga Iribarne gegen die Mißhandlung und Verhaftung von drei Korrespondenten durch die Polizei. Die Journalisten waren als Beobachter beim Einsatz der Polizei gegen Studenten anwesend.
3. Februar: Die Studentenunruhen haben sich auf fast alle Hochschulen Spaniens ausgedehnt. Auch in Sevilla, Bilbao, Zaragosa, Valladolid, Oviedo und Santiago de Compostela finden Demonstrationen und illegale Versammlungen statt. Die Proteste richten sich gegen das rücksichtslose Vorgehen der Polizei, gegen Versammlungsverbot und Zwangsgewerkschaft.
6. Februar: In Valencia rufen einige Professoren zum Studenten-Generalstreik auf. Viele Hochschulen befinden sich zu diesem Zeitpunkt bereits im Streik.
7. Februar: Studenten-Vertreter von 33 Fakultäten und Fachhochschulen verurteilen das Vorgehen der Madrider Polizei, vor allem das gewaltsame Eindringen in die autonomen Gebäude der Universität. Außerdem wird die Freilassung der noch in Haft befindlichen Kommilitonen verlangt. In Madrid wird die repräsentative Wahl von Studenten-Vertretern gefordert. In Barcelona werden 30 Professoren und Dozenten aus politischen Gründen relegiert (im Frühjahr zuvor waren es 68 Angehörige des Lehrkörpers derselben Universität). Der Vorsitzende der Elternvereinigung protestiert gegen die pauschale Zwangsexmatrikulation der über 20 000 Studenten. In zahlreichen Betrieben des Landes streiken Arbeiter, weil die Polizei ihre Vertrauensleute verhaftet und ihrer Posten in der offiziellen Gewerkschaft enthoben hat.
8. Februar: Der Rektor der Madrider Universität kündigt an, daß der Lehrbetrieb »unter strenger Kontrolle« wieder aufgenommen werden könne.

13. und 14. Februar: In Barcelona kommt es erneut zu heftigen Zusammenstößen zwischen Demonstranten und Polizei. Arbeiter und Studenten gehen gemeinsam auf die Straße, um ihre Forderungen in der Öffentlichkeit anzumelden. 30 Personen werden verhaftet. Auch in Bilbao, Madrid und Valencia werden Verhaftungen in großem Umfang vorgenommen.
18. Februar: Das spanische Fernsehen berichtet, von amerikanischer Seite sei zugegeben worden, daß spanische und portugiesische radikale Studentengruppen von Universitätsorganisationen aus den USA Geld erhalten hätten.
23. Februar: Acht Studenten und vier Studentinnen der Madrider Politisch-Ökonomischen Fakultät werden nach tagelangen Verhören und Folterungen den Gerichten übergeben.
März: Die erste Versammlung zur Koordinierung der illegalen Studenten-Gruppen findet in Valencia statt. Vertreter aller Universitäten legen die Basis für den zukünftigen »Kongreß demokratischer Studenten Spaniens«. Ihre Grundforderung: Autonomie und demokratische Reform der Universität. Zwei Delegierte, die sich beim Eintreffen der Polizei unter dem Podium verstecken und fliehen können, berichten von der Verhaftung ihrer Kommilitonen, die 72 Stunden verhört werden. Die Versammlung hat die Mehrheit der spanischen Studentenschaft hinter sich. Das Vorgehen der Polizei löst an allen Universitäten Vorlesungsstreiks aus.
12. April: Als sich in Madrid mehrere hundert Studenten aus Protest gegen die gerichtliche Verfolgung ihrer Kommilitonen zum Marsch auf den Justizpalast sammeln, riegeln starke Polizeikräfte den Weg ab.
In den ersten vier Monaten des Jahres 1967 verurteilen spanische Sonder- und Militärgerichte etwa 70 Personen wegen illegaler Propaganda und Mitgliedschaft in verbotenen Vereinigungen zu Gefängnisstrafen bis zu zwölf Jahren.
1. Mai: Illegale Arbeiter-Demonstrationen, an denen auch eine große Zahl von Studenten teilnimmt, finden im ganzen Land statt. Die Arbeiter fordern höhere Löhne und bessere Arbeitsbedingungen. Gemeinsam mit den jungen Intellektuellen verlangen sie in Sprechchören freie Gewerkschaften. Junge Priester gehen an der Spitze der Umzüge oder predigen auf der Kanzel (nicht wie befohlen für die Jungfrau Maria, sondern) gegen das Franco-Regime und den Klerus. Der Masseneinsatz der »gristapo« – auch von Schußwaffen wird Gebrauch gemacht – hat zahlreiche Verletzte zur Folge. Etwa 500 Demonstranten werden verhaftet.
30. Mai: Ein Madrider »Sondertribunal für öffentliche Ordnung« klagt elf Studenten der Universität Barcelona an, die sich im Vorjahr als Delegierte einer freien Studenten-Vertretung aufstellen ließen. Zum ersten

Mal stehen auch zwölf fortschrittliche Priester vor Gericht, die zusammen mit Studenten und Arbeitern gegen das Regime demonstriert oder Verfolgte versteckt hatten.
In Madrid wird eine Sektion des in Barcelona bereits existierenden Studentensyndikats SDE gegründet. Einige Delegierte werden verhaftet. Die Studenten protestieren dagegen. Es kommt zu Straßenschlachten mit der Polizei. Die Universität wird daraufhin für eine Woche geschlossen. Als der Lehrbetrieb wieder aufgenommen wird, befinden sich auf dem gesamten Universitätsgelände Polizei-Posten, die Pässe kontrollieren. Jede Ansammlung bleibt verboten und wird sofort mit Gewalt aufgelöst. Gleichzeitig finden in Barcelona Verhandlungen gegen Mitglieder des SDE statt. Die Studentenproteste dehnen sich erneut auf das ganze Land aus.
Juni: Bis zum Semesterende reißen die Unruhen nicht mehr ab. Die illegalen demokratischen Studentenorganisationen haben die Masse der Studierenden in der permanenten Auseinandersetzung auf ihre Seite gezogen. Die offizielle Studenten-Gewerkschaft APE hat – wie vorher bereits das SEU[4] – jegliche Basis in den Hochschulen verloren. Der nationale Ausschuß der APE wird aufgelöst, weil alle Funktionäre en bloc ausgetreten sind.

Oktober: Zu Semesterbeginn schlagen in Barcelona Studenten, denen Räume der Universität verwehrt wurden, die Tür des *auditorium maximum* ein und beginnen eine Diskussion über das Thema »Imperialismus und Vietnamkrieg«. Die Polizei stellt an den Universitäten noch umfangreichere Aktivitäten als im Frühjahr fest. Da für den 27. Oktober großangelegte Streiks und Demonstrationen von Arbeitern und Studenten angekündigt sind, gibt das Ministeria de la Governación[5] an alle Abteilungen der Guardia Civil und der Seguridad (Sicherheitspolizei) strikte Anweisung: »Alle Versuche von Demonstrationen oder Versammlungen, die nicht erlaubt sind, müssen mit äußerstem Einsatz verhindert oder niedergeschlagen werden. Teilnehmer sind zu verhaften und zu bestrafen.«
23. Oktober: In der Philosophischen Fakultät Madrid findet unter Transparenten sowie Mao- und Che-Plakaten eine große Vietnam-Diskussion statt. Die Studenten interpretieren den Vietnam-Krieg als ein Faktum des amerikanischen Imperialismus. Nach der Versammlung strömen Teilnehmer mit »Ho-Ho-Ho-Chi-Minh«-Rufen auf die Straße und fordern die Auflösung der amerikanischen Militärbasen in Spanien. Gegen die anrückenden Polizisten setzen sich die Studenten eine Stunde lang mit Steinen zur Wehr.
24. Oktober: Eine weitere Versammlung wird in der Politisch-Ökonomi-

schen Fakultät abgehalten. Die Diskussionsbeiträge umfassen den Vietnam-Krieg, die Situation der spanischen Arbeiter und die Methoden der Polizei.
25. Oktober: Der Delegierte der Naturwissenschaftlichen Fakultät Madrid, Francisco Bernis, wird verhaftet. Auf einem spontan einberufenen »teach-in« wird der generelle Vorlesungsstreik beschlossen. Um 12 Uhr marschieren 2 000 Studenten in die Stadt. Auf der Plaza Cardinal Cisneros versucht die Polizei, die Studenten mit Knüppeln auseinanderzutreiben. Trotz des heftigen Einsatzes – mehrere Studenten werden verletzt – bricht für über zwei Stunden der Verkehr zusammen. Zur gleichen Zeit findet in der Politisch-Ökonomischen Fakultät eine Diskussion über die Ereignisse an der Universität statt. Der Rektor, der bisher mehrmals die Polizei auf das Universitätsgelände gerufen hat, will zur Lage sprechen, wird jedoch gehindert. Die Wochenzeitschrift *Destino* berichtet: »Die Pro-China-Fraktion schneidet die Mikrophonkabel durch.«
26. Oktober: Die Protestbewegung der Studenten, noch vor Jahresfrist auf einige hundert Teilnehmer beschränkt, breitet sich zusehends aus. Man schätzt die Zahl der auf der Seite der illegalen Gruppen Stehenden in Madrid auf etwa 20 000 Studenten. Ein großer Demonstrationszug bewegt sich von der Universität in Richtung Erziehungsministerium. Motorisierte und bewaffnete Polizei-Einheiten blockieren den Weg. Die Auseinandersetzung endet in einer mehrstündigen Straßenschlacht. Die Demonstranten leisten zum Teil aktiven Widerstand.
27. Oktober: 227 spanische Intellektuelle haben sich in einem scharf abgefaßten Manifest mit den Forderungen der Arbeiter und mit den für diesen Tag geplanten Protestmärschen solidarisiert. Arbeiter-Räte haben sich im ganzen Land mit der Bitte an die Studenten gewandt, ihren Kampf um soziale Gleichheit zu unterstützen. Schon am Morgen kommt es in der Universität Madrid zu Tumulten, als der Dekan der Politisch-Ökonomischen Fakultät Pedelle anweist, Wandzeitungen und Parolen zu entfernen. Eine Stunde später werden auf einer Versammlung Mitteilungen über den Arbeiterstreik und die Demonstrationen, die um 19.30 Uhr beginnen sollen, verlesen. Man diskutiert die Forderungen der Arbeiter und deren Zusammenhang mit den Forderungen der Studenten.
Gegen 13 Uhr marschiert die Polizei auf dem Universitätsgelände auf. Es kommt zu den ersten Übergriffen. Daraufhin verschanzen sich die Studenten in der Juristischen Fakultät und bombardieren die heranrückenden Polizisten mit Steinen. Wasserwerfer und Kavallerie werden vorgeschickt. Auf vereinzelte Studenten werden scharfe Hunde gehetzt. Der Rektor Isidoro Martin zu Studenten: »Ich kann nichts mehr für Sie tun!« Unter

dichtem Steinhagel muß sich die Polizei vorerst zurückziehen. Der Rektor: »Die Polizei will in die Universitätsgebäude hinein. Machen Sie nun, was Sie wollen. Ich habe es satt, immer zu vermitteln. Wenn Sie wollen, dann gebe ich meinen Posten auf.« Nach kurzer Zeit dringt die Polizei in die Gebäude ein. Unter heftigem Widerstand wird eine Anzahl von Studenten verhaftet. Bis zum Nachmittag sind etwa 20 Personen schwer verletzt; darunter sieben Polizisten und ein Kind.
Um 19.30 Uhr stoßen etwa 10 000 Studenten zu den demonstrierenden Arbeitern auf den Sammelplätzen Calle Preciados, Calle St. Bernardo, Plaza del Callao und Calle Carmen. In verschiedenen Betrieben ist der Aufruf der Comisiones Obreras[6] zum Bummelstreik den ganzen Tag über befolgt worden. Wegen der Protestmärsche am Abend des 27. Oktobers waren schon Tage vorher allein in Madrid 400 Arbeiter festgenommen worden. In den meisten Industriestädten Spaniens können aber die vorbeugenden Verhaftungen die Protestwelle nicht vermindern. Ampelsysteme werden außer Betrieb gesetzt, der Verkehr wird blockiert, und immer wieder fordern Sprechchöre: »Libertad – Libertad – Libertad!« In einigen Städten kommt es zu schweren Zusammenstößen mit der Polizei. Im Baskenland und in Katalonien fallen Schüsse. Augenzeugen berichten, daß in der Industriestadt Tarassa bei Barcelona ein Demonstrant durch Kugeln der Polizei lebensgefährlich verletzt oder getötet worden sei. »Er sackte schwer getroffen zusammen und regte sich nicht mehr.« In den Zeitungen wird über den Vorfall nichts berichtet. Auch daß berittene Beamte in Madrid peitschenschwingend die Spitze eines Demonstrationszuges niederritten, erfährt die Öffentlichkeit nicht.
28. Oktober: Um elf Uhr findet in der Universität Madrid eine Informations-Veranstaltung statt, auf der die Ereignisse der Vortage besprochen werden. Danach legen Studenten in der Nähe der Universitätsstadt den Verkehr lahm. Sie verbrennen auf Kreuzungen Zeitungen und Journale, die über die Unruhen besonders tendenziös oder verzerrend berichtet haben. Als die Polizei eintrifft und Warnschüsse abgibt, fliehen die Studenten und errichten vor der Naturwissenschaftlichen Fakultät Barrikaden, die die »gristapo« mit Pferden nur langsam überwindet.
30. Oktober: Eine große Zahl der aktiven Studenten ist in den letzten Tagen verhaftet worden. In allen Universitäten zusammen sollen es fast 1000 sein. Verschiedentlich beantragen Polizei-Dienststellen die Erweiterung ihrer Büros und Mannschaftsräume.
Es scheint, daß nach den harten Auseinandersetzungen der zweiten Oktoberhälfte die Studenten eine Verschnaufpause einlegen, um nicht die Kontrolle über den »Aufstand« zu verlieren. Im November gibt es kaum

Aktionen, dafür viele Informationsversammlungen und interne Diskussionen in den einzelnen politischen und gewerkschaftlichen Gruppen. Zwischen den Hochschulen werden Delegierte ausgetauscht, die ihre Erfahrungen mitteilen. Die Aktivitäten sind auf die Festigung der Studentenbewegung ausgerichtet. Das »Sindicato Democratico de Estudiantes« hat bei den im Herbst abgehaltenen Wahlen fast überall die Mehrheit erhalten. Die offizielle, manipulierte Gewerkschaft APE dagegen erlitt ihre bisher größte Niederlage. Daraufhin werden 100 Delegierte der verbotenen Organisationen festgenommen, in Zaragosa werden die Wahlen generell für ungültig erklärt und in Madrid läßt der Rektor das Büro der Studenten schließen.

Die Auswertung der Oktober-Ereignisse bringt eine wachsende Politisierung in den Hochschulen mit sich. Die Studenten beginnen, ihre gewerkschaftlichen Forderungen als für sie naheliegendes Detail in größerem, politischen Zusammenhang zu verstehen. Bei Diskussionen werden mehr als bisher gesellschaftspolitische Kriterien verarbeitet. Es wird klar, daß die gewerkschaftlichen Forderungen der Arbeiter und Studenten nicht erfüllt werden können, solange die bestehenden Verhältnisse nicht geändert sind.

Während der »Aufstand der Studenten« sich heimlich bis in die Provinz herumspricht, versuchen einzelne Studentengruppen, mit Intellektuellen und Arbeitern engeren Kontakt zu bekommen. Die Politisierung der Hochschulen und die Beanspruchung eines politischen Mandats verändert das Selbstverständnis der Studentenbewegung. An die Stelle der Forderungen nach freien Gewerkschaften sind Losungen getreten, die das gesamte politische System einschließen. So hörte man beispielsweise immer häufiger Sprechchöre wie »Nieder mit Franco!« – »Faschismus Nein! – Sozialismus Ja!« oder »Faschisten nach Burgos! – Demokraten nach Madrid!«[7]

Es vergehen kaum 30 Tage der Beratungen und der Reflexion; Anfang Dezember führen direkte Aktionen erneut zur gewaltsamen Auseinandersetzung mit dem Regime.

4. Dezember: Zum 75. Geburtstag des Caudillo von Gottes Gnaden Francisco Paulino Hermenegildo Teódulo Franco y Bahamonde Salgado Pardo errichten Studenten in Madrid eine symbolische Barrikade und schwenken ein Spruchband mit der Aufschrift: »Wir gratulieren dem Mörder Franco zum Geburtstag!«

Es wird bekannt, daß verschiedene Delegierte der demokratischen Studentengewerkschaft SDE, darunter auch die 20jährige Nichte Lorcas, Isabel García Lorca, verhaftet sind. Kurz nachdem sich die Nachricht verbreitet hat, wird die Universität Madrid fast vollständig bestreikt. Professoren stehen vor leeren Hörsälen, während draußen die Polizei aufzieht – es kommt zu Prügelszenen. Ein Professor, der schmunzelnd von seinem Büro aus die Polizisten und Studenten beobachtet, findet kurz darauf seine Fenster in Scherben.

5. Dezember: 4000 Studenten demonstrieren in Madrid gegen die Festnahme von 60 Delegierten des SDE. Der Protestmarsch zum Rektorat ist auffallend diszipliniert. Dennoch rasen Mannschaftswagen der Polizei über den Bürgersteig in die Menge. Ein Wasserwerfer versprüht grüne Flüssigkeit (zur Kennzeichnung der »subversiven Elemente«), und Polizisten prügeln mit Schlagstöcken die Demonstranten auseinander.

6. Dezember: Schon am Vormittag liefern sich die Studenten und Polizei-Einheiten in der Universitätsstadt Madrid Straßenschlachten. Ein Journalist beschreibt, wie er das Gelände am Nachmittag vorfindet: »Um 15.30 Uhr kommen über 100 Jeeps der Polizei in die Universitätsstadt. 6 Transporter mit Truppen, vier Wasserwerfer und drei Reiterstaffeln treffen ebenfalls ein. Viele Fenster sind noch vom Krawall am Vormittag zerbrochen. Wieder reißen die Studenten über 100 Betonplatten, von denen eine zwei Zentner wiegt, aus dem Boden und stapeln sie zu Barrikaden auf. In einer Ecke haben sich etwa 300 Studenten verschanzt. Über 1000 Studenten halten sich vorerst abseits, als ein Hagel von Steinen den Polizisten entgegenfliegt. Die ersten Steine erreichen die anrückende Polizei. Die Pferde scheuen, werfen ihre Reiter ab. An einer anderen Stelle sind 30 Jeeps, drei Wasserwerfer und eine Meute Hunde zusammengezogen. Überall stehen noch Barrikaden vom Vormittag, und es scheint, als würden die ›Gegner‹ nach kurzer Mittagspause erneut Stellung beziehen. Noch nie haben an den Gebäuden der Universität so viele Parolen gehangen wie an diesem Tag: ›Nieder mit dem Faschismus!‹ – ›Es lebe das SDE!‹ – › Barcelona solidarisiert sich!‹. Man merkt, daß sich die rebellierenden Studenten auf dem Universitätsgelände längst wie ›Fische im Wasser‹ bewegen können. Die Mehrheit der Studierenden teilt die Unzufriedenheit und ergreift Partei für die Radikalen.«

Für die Reinheit der faschistischen Ideologie

»Das ist kein Problem für bourgeoise Muttersöhnchen! Es geht um wirkliche soziale Forderungen und um öffentliche Rechte. Es geht gegen die Struktur, gegen eine politische, wirtschaftliche und soziale Organisationsform in Spanien, die überholt ist. Die Studenten kämpfen gegen soziale

Verhältnisse, unter denen sie keine Möglichkeit haben, ein modernes, umfassendes Studium zu absolvieren. Und sie kämpfen auch gegen das patriarchalische Hochschulsystem, in dem der Professor ein Papst ist, der die Studenten berät, allerdings in fast feudalistischer Weise, nämlich mit Zwang.«
(Mitglied einer linksgerichteten Studentenorganisation über den Hochschulkonflikt)

Unter patriarchalischer Hochschulstruktur, unter Mangel und Zwang leiden Spaniens Studenten seit der Wiedereröffnung der Universitäten nach dem Bürgerkrieg. Die Geschichte der einzigen legalen Studentenorganisation bis hin zum Jahre 1968 spricht jeder Behauptung, Spanien habe sich mit dem Zugeständnis allmählicher Liberalisierung nach Europa hin geöffnet, Hohn. Wenn der ehemalige Bundesinnenminister Paul Lücke feststellt: »Spanien hat bei ganz anderen Verhältnissen das Glück gehabt, einer ruhigen, demokratischen Entwicklung entgegengeführt zu werden«, dann kennzeichnet das lediglich das Demokratie-Verständnis eines deutschen Politikers, nicht aber die objektiven Verhältnisse unter der Franco-Diktatur.
Das »Sindicato Español Universitario« (SEU) entstand schon vor dem Bürgerkrieg, und zwar als faschistische Kampforganisation unter dem Schutz der Falange. In der »nationalen Zone« sorgten seine Mitglieder während des Bürgerkrieges dafür, daß möglichst viele FUE-Funktionäre[8] vor die Läufe der Erschießungskommandos gelangten. SEU-Studenten wachten als Offiziere und Verwaltungspersonal der Generals-Regierung von Burgos über die Reinheit der faschistischen Ideologie. Nach dem Bürgerkrieg, als alle anderen Studentenorganisationen zerschlagen und ihre Anhänger verhaftet oder umgebracht waren, durfte das SEU laut Hochschulgesetz als »einzige Pflichtgewerkschaft für Studenten« seine Arbeit an den Universitäten aufnehmen. Das erklärte Ziel war es, »den Geist der Falange an den Universitäten zu verbreiten«.
Schon in den ersten Jahren stieß der Zwangsverband auf den Widerstand der christlich-konservativen Professoren. Als das Ende des Zweiten Weltkriegs eine weltweite Abwertung des Faschismus zur Folge zu haben schien, konnten unter der Duldung Francos, der Spanien aus der Isolation herausführen wollte, auch andere Verbände, etwa das »Opus Dei«[9], die Reinheit der Ideologie trüben. Die Falange und das, was man das Movimiento[10] nennt, büßten ihre Führungsrolle allmählich zu Gunsten eines verwaschenen frühkapitalistischen Systems ein.
Die studentische Opposition hoffte auf die Guerilla-Bewegung in den

Pyrenäen, deren Kader sich einige Studenten wie Cristino García anschlossen. Im ersten öffentlichen Prozeß nach dem Krieg wurden 1947 zwölf FUE-Mitglieder, die ihre alte Organisation wieder aufzubauen versucht hatten, zu mehrjährigen Gefängnisstrafen verurteilt. Andere illegale Gruppen konnten zunächst keinen breiten Boden an der Universität gewinnen. Die soziale Zusammensetzung der Studenten in den vierziger und frühen fünfziger Jahren (Kinder von Offizieren, Funktionären und der Feudalschicht) gibt die Erklärung.
1951 zeichneten sich innerhalb des SEU Rivalitäten zwischen Falangisten, Monarchisten und Francisten ab. Die militanten Falange-Studenten gerieten in Opposition zum Regime, das ihnen zu lasch erschien. Als 1954 SEU-Studenten von der Polizei gehindert wurden, die britische Botschaft in Madrid abzubrennen, weil Gibraltar immer noch nicht an Spanien zurückgegeben sei, verstärkte die Falange-Jugend ihre Kritik am zögernden Franco. Von oben wurde eine Säuberung des inzwischen politisch unruhigen SEU befohlen; einige Falangisten wurden aus ihm entfernt.
1956 – die Inflation war auf dem Höhepunkt und weniger dogmatische Technokraten sollten die Wirtschaft retten – entstanden in der Illegalität einige Studentengruppen, die den Kampf mit der Zwangsgewerkschaft aufzunehmen versuchten. Die traditionellen Oppositionsparteien hatten den Anschluß bei der akademischen Jugend mehr oder weniger verloren, und nur der Kommunistischen Partei (PC) gelangen einige Kontakte. Gleich der »Asociación Socialista Universitaria« (ASU) zogen es aber die meisten Studentengruppen vor, unabhängig zu bleiben.
Im Frühjahr 1956 verlangten Studenten der Naturwissenschaftlichen und Philosophischen Fakultäten Madrids in einem Brief an den SEU-Präsidenten und den Rektor zum ersten Mal offen die Demokratisierung des SEU. Als dann die nächsten Wahlen, bei denen nichtfalangistische Studenten die Mehrheit erlangten, für ungültig erklärt wurden, stürmten Studenten das Büro der Zwangs-Gewerkschaft, rissen Embleme von der Wand und verbrannten die Akten. Bei einer daraus entstehenden Schlägerei mit bewaffneten Falangetrupps wurde der Dekan der juristischen Fakultät, Torres Lopez, die Treppe hinuntergestoßen. Vor dem Erziehungsministerium, wo die Studenten in Sprechchören »Freiheit – Freiheit – Freiheit!« riefen, kam es erneut zu Zusammenstößen mit Falange- und SEU-Anhängern. Bei einer dritten Prügelei wurde ein Falangist durch Schüsse aus einem Polizeirevolver lebensgefährlich verletzt. Die »Bewegung« ließ wissen: »Wenn Miguel Alvarez stirbt, wird noch ein Haufen anderer hinterher sterben!« Mehrere Studenten wurden verhaftet und alle Universitäten vorübergehend geschlossen. Zwei Minister, denen indirekt

die Schuld an den Ereignissen gegeben wurde, mußten ihre Ämter zur Verfügung stellen. Einer von ihnen war der Erziehungsminister Ruiz Jimenez, dem Liberalisierungs- und Demokratisierungs-Versuche in der Universität unterstellt wurden.
Seit diesen Tagen befindet sich das SEU vor der anwachsenden demokratischen Studentenbewegung auf dem Rückzug. Illegale Organisationen wie die »Union Democratica de Estudiantes« (UDE), die »Estudiantes Comunistas de Madrid« (ECM), die »Neue Linke der Universität« (Nueva Ezquierda Universitaria), später die »Federación Universitaria Democratica Española« (FUDE), die CUDE und die demokratische Gewerkschaft SDE, können in den meisten Universitäten die überwiegende Mehrheit der Studenten für sich gewinnen. Der Rest behält eine unpolitische Haltung bei. Für das SEU will kaum noch jemand auftreten, denn die Zwangsgewerkschaft drückt nicht die Forderungen der Studenten aus, sondern nur die Verbote der Regierung. Die SEU-Funktionäre werden als Agenten der Repression gebrandmarkt.
Solidaritätsstreiks mit Arbeitern, freie, heimliche Versammlungen, Demonstrationen und Manifeste, in denen freie Gewerkschaften und Freiheit für Spanien gefordert werden, rufen nun regelmäßig die Polizei auf den Plan. Exmatrikulationen, Freiheits- und Geldstrafen sind an der Tagesordnung.
Am 18. Oktober 1958 sieht sich der Erziehungsminister genötigt, mit neuen Bestimmungen für das SEU den endgültigen Bankrott der Organisation abzuwenden. Jetzt darf jedes Semester zehn Berater frei wählen, die wiederum aus ihrer Mitte einen Semestersprecher nominieren. Die »Versammlung der Semestersprecher« bildet den gewerkschaftlichen Ausschuß jeder Fakultät. Dieser Ausschuß schlägt Kandidaten vor, unter denen der nach wie vor vom Ministerium ernannte Bezirkschef des SEU *den* Fakultätssprecher auswählt, der ihm am genehmsten erscheint.
Durch dieses komplizierte Verfahren, das den Studenten wenigstens das Ritual des Wahlganges gestatten soll, wird der Eindruck demokratischer Verfahrensweisen erweckt. Tatsächlich kann sich die Demokratisierung jedoch nur an der Basis vollziehen (bis zur Höhe der Versammlung der Semestersprecher), und dort hat sie bereits innerhalb der illegalen Organisationen stattgefunden. Die Studenten durchschauten denn auch schnell das Manöver der gestaffelten Gremien, die sich dem direkten Einfluß und der direkten Kontrolle der Studentenschaft entziehen und für jede Art der Korruption anfällig sind. Sie benutzen den unteren, autonomen Teil des SEU lediglich dazu, den oberen auszuschalten und als Scheinverwaltung zu entlarven. Einer der Vorsitzenden des SEU, Rodolfo Martin Villa,

sprach vor einer Abordnung der Politisch-Ökonomischen Fakultät Bilbao deutlich aus, was bis heute für alle Vertreter des SEU charakteristisch ist: »Glaubt ihr, daß ich – um eure Probleme zu vertreten – meinen Posten und meine Zukunft auf's Spiel setzen werde?«
Ein neuer Versuch, die Studenten doch noch unter Kontrolle zu bekommen, wurde am 18. September 1961 mit weiteren Bestimmungen für das SEU unternommen. Von jetzt an ist nicht mehr das SEU für die »Führung« der Studenten verantwortlich, sondern der Lehrkörper. Rektorat und Lehrstuhlinhaber bekommen eine Ordnungsfunktion zugeteilt und sollen nun künftig selbst an den Universitäten für Ruhe und Disziplin sorgen. Hintergedanke dabei ist, die Professoren direkt in den Unterdrückungsapparat einzuspannen, sie dadurch künstlich zu Gegnern der studentischen Forderungen zu machen und die fachliche mit der disziplinarischen Qualifikation zu verknüpfen.
Die Bestimmungen entfachten den Widerstand der Studenten gegen Zwangs-Syndikat und Universitätsverwaltung mit noch größerer Heftigkeit. Immer häufiger glaubte sich die Obrigkeit gezwungen, durch die von Franco eingesetzten Rektoren Massenexmatrikulationen, Fakultäts- und Universitätsschließungen anordnen zu lassen. Im Dezember 1961 konterte ein Koordinations-Komitee aller freien Gruppen mit einem 5-Punkte-Plan:

1. Abschaffung der Diktatur und Einführung der Demokratie!
2. Zulassung freier Gewerkschaften!
3. Amnestie für politische Häftlinge!
4. Kulturelle Freiheit für die einzelnen Provinzen!
5. Auflösung der amerikanischen Militärbasen!

Verschiedene Fakultäten nahmen in den Katalog ihrer Forderungen einen weiteren Punkt auf: »Freiheit für den Lehrkörper!« 1964 wurde an vielen Universitäten eine »Woche der Studien-Reform« veranstaltet – trotz Verbot, Einsatz der Polizei und Verhaftungen. 1965 unternahm das SEU einen neuen Versuch, die Gunst der Studenten zurückzugewinnen. Es wollte eine Liste mit Namen veröffentlichen, aus der die Studentenschaft ihren SEU-Distriktchef wählen sollte. Der Täuschungsversuch verfing nicht mehr. In Madrid beispielsweise traten alle Delegierten gemeinsam aus dem SEU aus. Im Februar 1965 wurde das SEU an 13 von 14 spanischen Universitäten nicht mehr anerkannt. Im März löste sich die Distrikt-Kanzlei des SEU in Bilbao mangels Anhängerschaft auf. In Madrid war man darüber bestürzt und versuchte zu retten. Eine Kommission, die hilfreich nach Bilbao reiste, fand jedoch nicht einen Studenten, der wenigstens zum Schein hinter dem Schreibtisch hätte Platz nehmen wollen. Lediglich ein 18jähriger Nichtstudent erklärte sich bereit, die »Geschäfte« zu besorgen. Im April endlich erkannte der Erziehungsminister, daß das SEU nur noch eine schlechte Farce war. Er gab einen Erlaß heraus, der das Schicksal der »Gewerkschaft« legalisierte. Gleichzeitig wurde die »Asociación Profesionales de Estudiantes« (APE), eine neue Zwangs-Vereinigung, gegründet: Alle Funktionäre der APE werden von Studenten gewählt. Die Wahl ist Pflicht. Als Fakultätspräsidenten kommen jedoch lediglich Studenten der letzten beiden Semester, die alle Prüfungen des vergangenen Jahres absolviert haben, in Frage. Das SEU wird in ein nationales Kommissariat verwandelt, das zwischen Regierung und APE koordinieren und vermitteln soll. Außerdem erhält das SEU einen Jahresetat für kulturelle oder sportliche Veranstaltungen.

Dieser von der Regierung als großzügiges Angebot offerierte Erlaß wurde von der Mehrheit der Studenten erneut abgelehnt. In der Pflichtwahl sahen sie wiederum Zwang, außerdem den Versuch, die unpolitischen, ängstlichen Studenten für die Reaktion einzuspannen. Daß nur aus den beiden letzten Semestern Delegierte gewählt werden können, werteten sie ebenfalls als Trick; denn die Studenten, die kurz vor dem Abgang von der Universität stehen, sind bereits dem massiven Druck der Berufswelt ausgesetzt, in der ein opponierender Student keine Chance hat. Wesentlicher Punkt der Kritik war die Tatsache, daß die APE, selbst wenn sie auf demokratische Weise zustandekäme, nach wie vor weder das Recht der Mitbestimmung in der Universität hätte noch nach oben den Willen der Studenten einwandfrei ausdrücken könnte, weil die faschistische SEU-Kommission als Verbindungsglied zwischen Regierung und Universität geschaltet ist.

Die Studenten hielten sich an ihre eigenen Organisationen und beschlossen, die APE-Wahlen zu boykottieren. Sie gaben weiße Zettel ab oder votierten für Sophia Loren, Fidel Castro und den Stierkämpfer El Cordobez. In manchen Fakultäten waren nicht einmal Kandidaten aufzutreiben. Ergebnis der Wahl: Die APE erhielt nur sehr wenig Stimmen und war von Anfang an nicht repräsentativ.

Unter Punkt drei der Grundsatzerklärung des »Sindicato Democratico de Estudiantes« (SDE) heißt es:

»Unsere demokratische Gewerkschaft soll repräsentativ sein, was auch die Mitbestimmung in allen Gremien der Organisation und besonders die wirkungsvolle Kontrolle ihrer Repräsentanten voraussetzt. Unsere demokratische Gewerkschaft muß autonom sein: Nur die Studenten dürfen ihre Gewerkschaft aufbauen und erneuern. Unsere Gewerkschaft muß unabhängig sein, sowohl wirtschaftlich als auch politisch. Die Gewerkschaft

muß von jeglicher akademischer und staatlicher Einmischung frei sein. Auf keinen Fall darf die nötige staatliche Subvention eine ideologische oder politische Abhängigkeit bedeuten.«
Auf einem Kongreß, an dem nur die Hälfte der angesagten Delegierten teilnahm, versuchte die APE ihre Strukturen zu renovieren. Der Vorsitzende Ortega Escos legte einen Reform-Plan zur Diskussion vor, der allerdings, wie sich herausstellte, bereits mit dem Minister »abgestimmt« war. Mitten in die Diskussion platzte nämlich ein Abgesandter des Ministeriums und teilte freudig erregt mit: der Minister sei mit dem Projekt einverstanden.
Diese Panne, die die APE weitere Stimmen kostete, sollte durch einen Zusatzerlaß vom Juni 1966 repariert werden. Aber solche »Verbesserungen« fanden bei den Studenten keinen Anklang mehr. Das SDE brach jeglichen Kontakt zur APE ab. Der Präsident der APE Navarra, Vadovinos, wollte vermitteln, wurde aber schließlich selbst als Initiator illegaler Demonstrationen in Pamplona verhaftet. Der Staatsanwalt forderte sieben Jahre Gefängnis ...
Im Studienjahr 1966/67 kämpfte die APE um ihre Existenz. Der Vorsitzende Escos wurde auf einer Werbereise an allen Universitäten ausgepfiffen. In die Wahlen im November ging die APE mit dem Slogan: »Wählt nicht das illegale SDE, wählt legal!« Dieser Spruch war die beste Werbung für das SDE. An den meisten Universitäten verzichteten zahlreiche Studenten auf die »legale Wahl«. Die APE erhielt den Todesstoß. Die Mehrheit stimmte für das SDE und die FUDE. In der Philosophischen Fakultät Madrid forderten die gewählten APE-Vertreter als erste Amtshandlung freie Gewerkschaften. Im Juni 1967 war es so weit: Der nationale Ausschuß der APE wurde aufgelöst, weil alle Funktionäre gemeinsam ihre Mandate niedergelegt hatten.
Eine Liberalisierung in der Universitäts-Struktur hat nicht stattgefunden, ebensowenig wie im Staatsapparat selbst. Die progressivsten Ausläufer waren Täuschungsversuche und Scheingefechte. Daß nicht nur *ein* Minister über derlei »Demokratisierungs-Erfindungen« stolperte, bestätigt die Vermutung, daß schon der Anflug eines scheindemokratischen Projekts von der Regierung als subversiv eingeschätzt wird.

»Das Autoritätsprinzip wird bestehenbleiben!«
(Franco 1967)

Nicht in allen Phasen der spanischen Studentenbewegung handelte es sich um ein politisches Aufbegehren gegen die Obrigkeit. Es gab Zeiten, zu denen sich die Interessen der meisten Studenten – ausgenommen die wenigen von außen Ideologisierten – auf ihre Ausbildung und schließlich auf ihr berufliches Fortkommen konzentrierten. Die festgestellten Mängel, so glaubten sie, könnten innerhalb der Universität behoben werden. Aus diesem Grund richteten sie die ersten, rein gewerkschaftlichen Forderungen an »ihre« Organisation, das SEU. Erst als sich herausstellte, daß dieser Verband sich der Forderungen nicht annahm, weil er seiner Struktur nach nicht die Interessen der Studenten, sondern die der Regierung zu vertreten hatte, formulierten die Studenten ihre »Revindicación« (Rückforderung) außerhalb der legalen Institutionen und abseits offiziöser Kontrolle in nach demokratischen Prinzipien ausgerichteten illegalen Gewerkschafts-Organisationen. In diesen Vereinigungen sollte sich der Wille der Studentenschaft unbeeinflußt bilden und ausdrücken.
Nachdem dieses Ziel der freien Gewerkschaft in der Illegalität erreicht war, traten die Studenten mittels Briefen, Eingaben, Konferenzen und Demonstrationen an die Öffentlichkeit. Eine Öffentlichkeit, die die Vorstellungen der Studentenschaft diskutieren konnte, gab es in Spanien jedoch nicht. Perfekte Zensur verhinderte jede nicht genehme Äußerung. Keine Zeitung konnte sich bis zum heutigen Tage der sachlichen Forderungen der Studenten sachlich annehmen. Die mit der Universität befaßten Gremien und Ministerien waren und sind in den Händen der Diktatur. Abgesehen von einigen Professoren, die daraufhin auch ihren Lehrauftrag einbüßten und bestraft wurden, nahm sich lediglich die Polizei des demokratischen Hochschulplebiszits an. Die Repression antwortete auf die Forderungen mit »äußerstem Einsatz«.
Illegalität und Kommunismus sind im Bewußtsein der faschistischen Sieger des Bürgerkrieges identisch. Wie gegen Grimau, so sprachen auch gegen die Studenten Militärgerichte das letzte Wort. Entlastungszeugen wurden der Verteidigung oft nicht zugestanden. Und wer der Verteidigung als Zeuge diente, klagte sich – in den Augen der Gerichte – praktisch selbst an. In all den vielen Prozessen wurde niemals die Frage untersucht, ob nicht die Studenten vielleicht ein Recht hätten, sich repräsentativ zu organisieren, und ob nicht zu Recht bestimmte Forderungen gestellt würden. Mit dem Hinweis auf die formale Illegalität fanden die Urteile ihre ausreichende Begründung.

An solchen Beispielen mußte es den Studenten klar werden, daß sich in Staat und demokratischer Studenten-Vereinigung zwei unüberbrückbare Rechtsauffassungen gegenüberstanden. Spätestens zu dem Zeitpunkt, da die Staatsgewalt mit der Brutalität der Polizei und neuen repressiven Erlassen die heimlichen Erfolge der Studenten zu tilgen versuchte, wandelten sich die regionalen und überregionalen Gruppen zu Kampforganisationen. Man mußte sich wehren gegen disziplinarische Maßnahmen der Universitätsverwaltung, gegen Mißhandlungen, gegen Verleumdungen, gegen das Stillschweigen, das die Studentenbewegung umgab, gegen Verhaftung, Verurteilung, Folter, gegen Gesetze und Zwangsvereinigungen. All diese Dinge wurden außerhalb der Universität in die Wege geleitet, also mußte auch der Kampf aus der Universität nach draußen getragen werden. So begann zwangsläufig ein politischer Lernprozeß. Struktur-Analysen lieferten schließlich das Bild des »Feindes«, des francistischen Systems, das es von der Basis her aufzubrechen gilt. In einer Erklärung des »Sindicato Democratico de Estudiantes« heißt es:
»Die politischen Strukturen und die Organisationsform der Universität, die heute unsere Rechte einschränken, benachteiligen auch breite Schichten unserer Gesellschaft. In diesem Sinne solidarisiert sich unsere Gewerkschaft mit allen Kräften, die für wirkliche Demokratisierung unseres Staates kämpfen.«
Zu Beginn der sechziger Jahre war die Studentenbewegung weitgehend politisiert. Die Studenten sahen ihre Rolle nicht mehr als den Kern des Konfliktes, sondern als Teil innerhalb der politisch-sozialen Unterdrükkung. Castroisten, Maoisten, traditionelle Kommunisten, militante Linkskatholiken, Liberale, Trotzkisten, Sozialisten verschiedener Färbung, Anarchisten, Sozialdemokraten, konservative Demokraten und sogar Linksfalangisten vereinigten sich zu gemeinsamer Aktion gegen Regime und Repression. Heute wollen die Studenten ihren Kampf zwar unabhängig von Arbeitern oder Priestern führen, wollen sich also im gegenwärtigen Zeitpunkt nicht zu einer organisierten Volksfront zusammenschließen lassen, aber sie sind zur Zusammenarbeit mit den ebenfalls illegalen Arbeiterräten, den Comisiones Obreras, bereit.
Die Arbeiter wiederum, die ein historisch begründetes Mißtrauen gegen die Bourgeoisie haben (»Studenten im Arbeiterkampf: Ja! Die Universität im Arbeiterkampf: Nein!«[11]), sind ebenfalls nur zu lockeren Absprachen und spontaner Zusammenarbeit bereit. Darüberhinaus verbieten auch die Vorsichtsmaßregeln der Widerstandstätigkeit eine organisatorische Verbindung der beiden Gruppen. Aber sowohl die Studenten als auch die Arbeiter beobachten die Aktivitäten ihrer »Verbündeten« aufmerk-

sam und entschließen sich im gegebenen Augenblick zu Solidaritätsstreiks, parallelen Vorstößen und zu gegenseitiger Unterstützung.
Am 15. Mai 1966 wurde in einer Versammlung der Madrider Politisch-Ökonomischen Fakultät ein Schreiben der Arbeiter-Räte verlesen, in dem sowohl Gemeinsamkeit als auch vorsichtige Distanz anklingen:
»Wir sind auf Eurer Seite im Kampf um die Freiheit und die Demokratisierung der Universität. Eure studentischen Probleme sind im Grunde ähnlich den Problemen, die wir Arbeiter haben, und wir stimmen überein, was die Notwendigkeit betrifft, Freiheit und Demokratie für unser Land zu erreichen.
Madrid 5. Mai 1966 – Comisiones Obrera del Metal, Comisiones Obrera de Prensa y Artes Graficas, Comisiones Obrera de Industrias Quimicas, Comisiones Obrera de Construcción«.
Während Studenten und Arbeiter ihre politischen Möglichkeiten weit über die Grenzen, die die Sicherheit der Mitglieder gebieten, ausnutzen und auch abgestimmte Aktionen beraten, etwa eine Kampagne zur Bildung und Politisierung der Landarbeiter in Semesterferien und Urlaub, erhalten sie von jungen Priestern und Intellektuellen Unterstützung in ihrem Kampf. Ein von 227 Personen unterzeichnetes Manifest stärkte im Oktober 1967 den streikenden und demonstrierenden Gruppen den Rücken:

»Die Unterzeichner dieses Dokuments, Angehörige freier Berufe, Intellektuelle, Schriftsteller und Künstler, wissen, daß sich die Comisiones Obreras entwickelt haben und weite Kreise der Arbeiterschaft in ganz Spanien repräsentieren. Wir haben jetzt gehört, daß die Comisiones, die nach unserer Meinung das Problem einer authentischen Vertretung der Arbeiterschaft in richtige Kategorien fassen und sich zum Sprachrohr der Volksunruhe machten, angesichts der Verschärfung der sozialen Bedingungen der letzten Monate ein öffentliches Manifest entworfen haben. Unter diesen Bedingungen betrachten wir es als unsere staatsbürgerliche und moralische Pflicht:
1. uns mit den von den Comisiones Obreras formulierten Forderungen, die auch die unseren sind, zu solidarisieren: Preisstopp, Kündigungsstopp und Abbau der Repression, Lohnerhöhung, gewerkschaftliche Freiheit, Streikrecht, Amnestie; wozu wir noch hinzufügen wollen die Meinungsfreiheit und die Aufhebung der Zensur in allen Formen, und grundsätzlich die Respektierung der Grundrechte des Menschen.
2. die Abwesenheit von freien Wahlen zu betonen, die den Arbeitern die Lösung ihrer Probleme erlauben würden. Wir unterstreichen, daß durch

die Nichtexistenz legaler Wahlen die Comisiones Obreras und ihre kämpferischen Forderungen gerechtfertigt sind.
3. zu versichern, daß nicht durch Unterdrückung sich dermaßen ernste Probleme regeln lassen, sondern nur durch eine wahrhafte Demokratisierung unserer sozialen, politischen und wirtschaftlichen Struktur.«
(Die Unterzeichner des Manifests wurden zu empfindlichen Geldstrafen verurteilt).

Es steht nicht zu erwarten, daß zu Lebzeiten Francos das Regime freiwillig seinen Geist aufgibt. Von seinen rund 500 Erfüllungsgehilfen im Cortes[12] konnte der greise Caudillo zur Zeit der größten politischen Unruhen seit dem Bürgerkrieg, im Herbst 1967, stürmischen Beifall quittieren für eine zynische Feststellung: »Das Autoritäts-Prinzip wird bestehenbleiben.«
Die Studenten, die sich keine Illusionen über die Standfestigkeit der faschistischen Dreifaltigkeit von Klerus, Armee und politischem Management machen, werfen seit einiger Zeit die Stichworte »Gegengewalt« und »Revolution« in die Debatte der Opposition. Auch die Mehrzahl der Comisiones Obreras diskutieren ernsthaft den gewaltsamen Sturz Francos, und für sie heißt das »proletarische Revolution«. (Daß die Polizei ein Waffenlager in Madrid ausgeräumt habe und dort auch Pläne für die Sprengung des Cortes gefunden worden seien – so munkelt man in Spanien –, ist in der augenblicklichen Verfassung der Widerstandsbewegung jedoch nicht mehr als eine romantische Episode, aus der sich keinerlei Rückschlüsse ziehen lassen.) In diesem Zusammenhang muß allerdings darauf hingewiesen werden, daß sich die aktive Opposition durch die Praxis mehr und mehr von den Richtlinien der traditionellen Oppositionsparteien entfernt.
Die zum Teil aus der Emigration gesteuerten sozialistischen und kommunistischen Parteien haben in den Jahren ihrer Ausschließung ein politisches Konzept entwickelt, das eindeutig jeden bürgerkriegsähnlichen Zustand ausklammert. Trotz der erheblich unterschiedlichen politischen Programme stimmen sie in dem Punkt überein, daß bei den herrschenden Bedingungen erst der Tod Francos eine Veränderung in Spanien bringen könne. Evolution ist ihrer Linie gemäßer, und seit Jahren bereiten sie sich auf den Einzug ins Parlament vor, um dort sich mit Falangisten, Monarchisten, Katholiken und Generalen zu messen.
Vorerst bedeutet dieses Rezept: Boden gewinnen und warten auf das Begräbnis des Diktators. Franco jedoch pflegt sich; er kann noch viele Jahre leben. Viele Studenten, Arbeiter und Intellektuelle, die in Spanien selbst täglich der Repression ausgesetzt sind, bezeichnen es als grotesk, ein poli-

tisches Programm auf zeitlich nicht zu fixierenden Eventualitäten aufzubauen. Wenngleich sie ihre eigene Schwäche und die Stärke des Gegners realistisch einzuschätzen vermögen, kommen sie mehr und mehr überein, jede sich bietende Möglichkeit, auch die des gewaltsamen Sturzes von Franco, wahrzunehmen, um auch nicht eine Stunde länger warten zu müssen, als unbedingt erforderlich. So richten sich ihre Organisationen nicht auf die Zukunft ein, sondern auf den zur Zeit stattfindenden Kampf gegen das Regime, mit dem Ziel, das Regime zu schwächen, zu irritieren, es zu Fehlern zu veranlassen und zu stürzen.
Eine Studentin:
»Wer die Verhältnisse an unseren Hochschulen kennt, wer das durchschnittliche Jahreseinkommen der Arbeiter kennt und die Bankkonten der feudalen Familien, wer sich klarmacht, wieviel hunderttausend Arbeitslose hungernd auf der Straße liegen, wer den ständig wachsenden Einfluß amerikanischen Kapitals auf unser Land beobachtet und dann noch wagt, Geduld zu empfehlen, der kann nur mit der Reaktion unter einer Decke stecken. Nein – wir sind uns einig, daß wir nicht auf den Tod Francos warten dürfen!«
Zweifellos wäre der größere Teil der Bevölkerung Spaniens lieber heute als morgen vom Francismus befreit. Aber die Erfahrungen des Bürgerkrieges, die Millionen Toten, haben eisiges Schweigen und politische Enthaltsamkeit zur Folge. Noch heute setzt sich die Angst vor dem Blutvergießen in Passivität um. Wenn junge Leute von der »Propaganda der Schüsse« reden, wenden sich auch die extremen Linken der alten Generation ab. Die junge Generation bringt nicht sehr viel Verständnis dafür auf, daß nach fast 30 Jahren ein Krieg, der nicht der ihre war, für die Zukunft Spaniens Auswirkungen haben soll. Fidel Castro und Che Guevara sind Leitfiguren, die ihnen näher liegen als die »Helden der Republik«, die erschossen wurden oder im Ausland vom Generalstreik träumen.
So gibt es neben dem politisch-sozialen Konflikt durchaus auch ein Generationsproblem, das die Opposition in einen zurückhaltend taktierenden und einen aktiv kämpferischen Teil spaltet.

Nach dem Gesetz einfacher Gewalt

Die teilweise von den Nationalsozialisten inspirierten Gesetze bilden die vorzügliche Grundlage, gegen alle Gegner Francos, gegen alle ungenehmen Tendenzen, Gruppen und Personen auf die rüdeste Weise vorzugehen. Wenn der Staatschef sagt: »Gegen die Versuche, Ordnung und sozialen Frieden zu stören, haben wir genug Mittel im Rahmen des Gesetzes«, so trifft er den Nagel auf den Kopf. Genaugenommen reicht die »spanische Legalität« bis zur vorsätzlichen Körperverletzung im Amt; jedenfalls sind brutale Überfälle der Polizei auf Studenten bis heute ebensowenig der Illegalität geziehen worden wie die berüchtigten Vernehmungsfoltern dritten Grades der gefürchteten »Brigada Social y Política«.

»Da waren vierzehn oder fünfzehn Männer . . . Der eine machte es so mit dem Finger, der war unwahrscheinlich geschickt. Und jedesmal, wenn ich nach hinten zuckte, weil der andere mir einen Schlag von vorne gab, auf die Brust oder in den Magen, dann haute der nächste von hinten drauf, so daß mir die Leber und der Arm anschwollen. Der eine prügelte mich auf dieser Seite, der andere schlug mir mit der Handkante in den Nacken und schmiß mich auf den Boden. Und zynisch sagt er zu mir: ›He! Mach' dir das Hemd glatt, daß nachher deine Frau nicht behauptet, wir hätten dich hier geschlagen!‹«

(Arbeiter nach 72stündigem Verhör durch die Sicherheitspolizei Barcelona)

In einem Bericht über Spanien[13] wiesen Juristen 1962 nach, daß »die Militärgerichte noch immer einen der wesentlichen Pfeiler darstellen, auf denen das augenblickliche System beruht«. Die Kommission stellte unter anderem fest, daß sich Spanien kaum das Attribut des »Rechtsstaates« zuschreiben könne. 1940 legte das Gesetz zur Unterdrückung von »Freimaurern und Kommunisten« den Grundstein der bürokratischen Repression. Verbote, Erlasse, Empfehlungen, Verordnungen und gesetzgeberische Maßnahmen wurden je nach Bedarf hinzugefügt. So schloß man, der sauberen Argumentation halber, am 30. Juli 1959 durch ein neues »Gesetz zur Sicherung von Ruhe und Ordnung« eine weitere Lichtung im Paragraphendschungel; just in dem Moment, da Arbeiter- und Studentenunruhen die Machthaber beunruhigten. Mit Hilfe dieses Gesetzes können Streik, Unterwanderung, Propaganda (natürlich nur die der Opposition) ebenso »reibungslos« unterdrückt werden wie auch jede »Handlung, die geeignet ist, die ordnungsmäßige Stabilität von Wirtschaftsgütern und Preisen zu gefährden«. Eine Verordnung vom 21. September 1960 definiert jeglichen von politischen Motiven inspirierten Streik als »Rebellion«.

Der Polizeiapparat bietet ein abenteuerliches Spektrum verschiedener Instanzen, Kompetenzen, Dienstbereiche und Spezialaufgaben. Dem obersten Chef der Spionageabwehr und Ordnungshüter unterstehen unter anderen: ca. 50 Zivilgouverneure, über 10 000 Bürgermeister, die Guardia Civil, die Brigada Social y Política (Seguridad) und die Policía Armada (gristapo). Weitere Ordnungsfunktionen haben die normalen Stadtpolizisten verschiedenen Typs. Handgelder für »kleine Tips« verdienen sich gelegentlich die Guardias Campestres, die Alguaciles, die Serenos und viele andere, die Uniformen tragen oder auch nicht. Der Geheimdienst, der nach amerikanischem Vorbild organisiert ist, hält im Kampf gegen die Roten engen Kontakt mit Gleichgesinnten. Benjamin Welles, einstiger Korrespondent der *New York Times* in Madrid: »Hohe spanische Polizei- und Abwehr-Offiziere besuchen auf Einladung ihrer amerikanischen Kollegen regelmäßig die Vereinigten Staaten.«

Gut ausgerüstet mit einem Gesetzeswerk, das zur Liquidierung jeder Art von Kritik hinreicht, begibt sich die spanische Polizei-Armada unter das Volk, von dem zunächst jeder, der nicht Uniform, Cutaway oder Talar trägt, als potentieller Landesverräter in Frage kommt. Ist gar organisierte Aufsässigkeit gemeldet, so beginnt die Maschinerie generalstabsmäßig zu arbeiten. Lediglich die Furcht vor einem Volksaufstand zwingt gelegentlich zu äußerer Zurückhaltung. (»Ich bat, daß sie mir die Handschellen lockerer machen sollten, aber die hörten überhaupt nicht hin. Erst als sie befürchteten, daß die Leute meine blutenden Handgelenke sehen könnten, wurden die Riegel lockerer gemacht.«)

Gegen die kritischen Studenten im Lande des Caudillo setzte die Polizei zum Zwecke der Niederschlagung von Unruhen ein: mit Stahlhelmen und zum Teil automatischen Waffen bewehrte Einheiten, als Akademiker verkleidete Spitzel, Wasserwerfer mit Farbstoff getankt, Pferde, abgerichtete Hunde und im Nahkampf ausgebildete Spezialbeamte, Tränengas, Schlagstöcke und in gleicher Weise verwandte Möbelstücke, Gewehrkolben, Peitschen.

Seit Ende März 1968 hindert die Polizei nun nichts mehr an ihren Knüppelmethoden. Auf Betreiben Francos beschloß der Ministerrat die Aufhebung des Sonderstatus der Universitäten. Die Gebäude sind sturmfrei. Der Polizeieinsatz kann ohne Genehmigung des Rektors nach Ermessen des Kommandierenden zu jeder Zeit erfolgen und beliebig ausgedehnt werden. Unmittelbar nach dem Beschluß machten bewaffnete Einheiten in verschiedenen Städten Gebrauch von ihren neuen Rechten. Heftige studentische Proteste hatten die Schließung der Universitäten Madrid und Santiago de Compostela zur Folge.

Psychologisch geschulte Berater scheinen im Kreise der Befehlsgewaltigen Zweifel am Erfolg der »einfachen Gewalt« geäußert zu haben. Es konnte nämlich den Beobachtern nicht entgangen sein, daß sich die Studenten der Art der Repression taktisch anpaßten und entsprechend konterten. Auf

Verhaftungen folgten Streiks und Demonstrationen, und auf den brutalen Einsatz der Polizei folgten Kanonaden von Steinen, unter denen mehrfach Polizisten in die Knie gingen. Verfügt auch die Staatsmacht bei derartiger Eskalation über den weitaus längeren Arm, so besteht doch die Gefahr, daß durch zu massiven öffentlichen Einsatz von Gewalt die Zurückhaltung weiter Bevölkerungskreise stark strapaziert würde und genau das einträte, was es den Regimegetreuen zu verhindern gilt. Denn Franco ist auf die Passivität und die Angst der Bevölkerung ebenso angewiesen wie auf seine mutige Polizei.

Seit einiger Zeit kann man neben weiterhin angewandten Brachial-Methoden sublimere Formen der Unterdrückung studentischer »Rebellion« beobachten. In Barcelona ließ man in relativer Ruhe Spitzel in der Universität aktive Studenten feststellen. Als eine ansehnliche Kartei zusammengetragen war, wartete man nicht mehr auf den Tatbestand sogenannter frischer Tat, sondern annullierte die Zurückstellung vom Militärdienst und zog die Studentenführer ein. In weit von ihrem Wirkungsfeld abgelegenen Kasernen würde man ihnen schon den nötigen Gehorsam eindrillen. Daß die Studentenbewegung individueller Führer nicht mehr bedarf, paßt natürlich nicht in das offizielle Bild klassischer Cliquen-Bildung und »Zusammenrottung zum Zwecke der Störung von Ruhe und Ordnung«.

Eine andere Methode hat, solange die Studentenbewegung über keine finanziellen Mittel verfügte, ihre Wirkung sicher nicht ganz verfehlt. Statt Freiheitsstrafen werden immer häufiger Geldstrafen verhängt. Wenn der wirtschaftlich äußerst schlecht gestellte Student die Summe von seinen Eltern erbitten würde, hätten diese – in der Regel aus Furcht loyal – ein Druckmittel gegen ihren Zögling. Sind die Eltern nicht in der Lage oder nicht willens einzuspringen, so muß der Bestrafte arbeiten gehen, um die Summe zu verdienen. Und, so glaubt man, Arbeit macht erstens frei (von Aggressionen), und zweitens geht dabei die sonst für revolutionäre Ideen aufgewandte Zeit verloren. Wer aber nicht zahlt, setzt sich erneut dem nach Belieben zu dosierenden und auszudehnenden Druck aus.

Geldstrafen und Militärdienst gelten darüber hinaus auch dem mehr oder weniger demokratischen Ausland, dessen EWG und NATO Spanien nicht ungern beitreten möchte, als angemessene Ordnungsmittel. Wer hätte für solche Maßnahmen nicht Verständnis, angesichts der eigenen aufbegehrenden, Ho Chi Minh und Castro verehrenden Studenten?

Organisations-Modell: Drachen

Während römische, Pariser oder Berliner Studenten, die Studienreform und Veränderung der Gesellschaftsordnung verlangen, immer noch erfolgreich in die Rolle des Bürgerschrecks gedrängt werden können, vollziehen die protestierenden Studenten Spaniens den geheimen Wunsch des sich auch tatsächlich unterdrückt fühlenden Volkes. Das bedeutet den vielleicht entscheidenden Vorteil, nicht an zwei »Fronten« kämpfen zu müssen. Ein weiteres Plus von politischer Tragweite ist zweifellos die in Spanien noch übersichtliche und für jedermann erkennbare und spürbare Schichtung der Klassen. Die herrschenden Verhältnisse geben nicht die Möglichkeit zum Ausweichen auf Pluralismus-Theorien, sondern bestätigen täglich die historische Notwendigkeit des Klassenkampfes. In dieser Situation betreiben die spanischen Studenten eine grundsätzlich andere Auseinandersetzung als ihre europäischen Kommilitonen. Das bedingt nicht nur andere Inhalte, sondern auch andere Formen des Kampfes. Daß die Taktik in der unmittelbaren Abwehr äußerer staatlicher Gewalt dennoch verblüffend ähnliche Züge trägt – in diesem Sinne wäre ein Vergleich zwischen Berlin und Madrid legitim –, könnte die Verantwortlichen in den Nachbarländern die Methoden der Polizei überdenken lassen.
Die spanischen Studenten mußten nicht den »Vorsitzenden Mao« bemühen, um die der Repression einzig adäquate Organisationsform zu finden. Die Polizei, entsprechend ihrer Funktion an anachronistischen Modellen der »Verbrecherbekämpfung« orientiert, ist daran gewöhnt, gegen hierarchische Formationen anzugehen, die sich zersplittern und auflösen, wenn man ihren Kopf zerschmettert. Gemäß dem Rädelsführer-Prinzip, das sie ihrer eigenen Ideologie entlehnen, machen sie sich auf die Suche nach Bossen, Zentralen und Befehlsquellen. Das beweist nur einmal mehr, wie wenig sie den Mechanismus wirklicher Demokratie, gegen die sie ausgeschickt sind, begreifen und durchschauen.
Die Studenten haben sich – ebenso wie die Comisiones Obreras – absolut horizontal organisiert. Dachorganisationen im bürokratischen Sinne existieren nicht. Führungszentralen sind gerade das, was sie bekämpfen. Jede Fakultät, manchmal sogar jedes einzelne Semester in einer Fakultät bildet sein eigenes Kader (oder mehrere). Diese Gruppen, an niemanden außer an ihre studentische Belegschaft gebunden, kollaborieren auf Fakultäts- und Universitätsebene. Die Zusammenarbeit ist gewährleistet durch informelle Kontakte. Die Geschwindigkeit und Sicherheit, mit der Informationen weitergereicht werden, entspringt einem Bedürfnis, das in autoritären Staaten wohl immer stark ausgeprägt ist.

Ebenso informell, wie die Gruppen sich in *einer* Universität abstimmen, funktionieren die Kontakte zwischen den verschiedenen Universitäten. Zwar sind die FUDE oder das SDE nationale Studentenverbände, dennoch sitzt nirgends ihr Kopf, nirgends ihr Kassenwart oder Revisor. Alle Gruppen, die gemeinsam die Studentenbewegung tragen, gleich ob sie nur lokal oder auch überregional existieren, sind grundsätzlich dezentralisiert und nur an der Basis ihres Einzugsgebietes orientiert.

Dieses Organisationsmodell ist in der Tat das einzige, das die dauerhafte, starke Repression überstehen kann. Nur so kann es der Polizei nicht gelingen, durch einen großangelegten Schlag gegen die Zentrale den Verband von oben nach unten aufzurollen; nur so bleibt die Studentenbewegung taktisch flexibel genug, ihrem Gegner auszuweichen, ohne selbst ihr eigenes Ziel aus den Augen verlieren zu müssen. Auf diese Weise können die schwachen Studenten Überraschungssiege feiern. Die Polizei ist niemals rechtzeitig vom strategischen Konzept der Studenten unterrichtet.

Die einträglichsten »Fischzüge« kann die Polizei bei überregionalen Delegierten-Konferenzen machen. Dennoch vermag die Verhaftung von 60 aktiven Studenten die Bewegung nicht lahmzulegen. Hinter jedem »Abgeordneten« stehen hunderte seiner Kommilitonen, die seine Arbeit übernehmen und schon Stunden nach der Festnahme Streiks und Demonstrationen veranlassen. Mancher Gefangene mußte schon auf Grund spontaner Protestwellen freigelassen werden, weil den Strategen der Polizei-Kommandos der »Fang« in keinem Verhältnis zu seinen Auswirkungen zu stehen schien. Ein Student aus Valencia verglich die Organisationsform der Studentenbewegung mit einem Drachen, der mit jedem Mal, wenn ihm die Polizei einen Kopf abschlage, mächtiger werde und eines Tages auch stark genug sei, seine Gegner mit Feuer zu bespeien. Die Parabel klingt naiv, aber man muß zugeben, daß die letzten drei, vier Jahre der spanischen Studentenbewegung sie in ihrem Gehalt bestätigen.

Das dezentralisierte Organisationsmodell hat noch einen zweiten, nicht minder wichtigen Effekt. Geht man davon aus, daß jede Vereinigung, jede gemeinsame Aktion bei dem einzelnen Studenten einen sozialen und politischen Lernprozeß in Gang setzt, dann darf man annehmen, daß die Mehrheit aus dem selbstgewählten Schema lernen kann. Lernt sie, daß Fehler gemacht wurden, so wird sie *dann* bemüht sein, die Fehler abzustellen, wenn sie gelernt hat, daß es notwendig ist und daß es die Möglichkeit gibt, sich zu verändern.

In einer hierarchischen Organisation können sich die Mehrheiten nicht über ihre Kraft klarwerden, weil sie selbst den Prinzipien der Autorität verfallen sind. Brechen sie diese innere Abhängigkeit, so werden sie an den autoritären Gesetzen der Hierarchie als Außenseiter scheitern, es sei denn sie stürzten die Hierarchie. Das dezentralisierte, antiautoritäre Modell dagegen ist bereits seiner Struktur nach Kritik am hierarchischen Modell. Die spanischen Studenten können qua Mehrheit jederzeit die Konsequenzen aus eigenen, erkannten Fehlern ziehen und von der einen auf die andere Stunde in einer Versammlung Korrekturen vornehmen. Eine solche Veränderung eines einzelnen Kaders hat dann zwar nicht zwangsläufig Einfluß auf alle anderen, die gesamte Bewegung tragenden Gruppen, ist aber auch nicht abhängig vom Wohlwollen der anderen. Auf diese Weise bleibt die kleine Zelle autonom und direkten demokratischen Einflüssen ausgesetzt.

Daß in Spanien die Studentenbewegung trotz aller innerer Divergenzen dennoch geschlossen auftreten kann, daß sich die einzelnen Gruppen untereinander beeinflussen und korrigieren, daß sich außerhalb der beherrschenden Strukturen eine homogene, demokratische »Subkultur« entwickelt, hängt nicht zuletzt von der politischen Einsicht in die eigene Lage ab. Aktionsformen und politische »Reivindicación« scheinen sich im Bewußtsein des antifrancistischen, antikapitalistischen Teils der spanischen Studentenbewegung zu decken.

Die Theorie, daß die opponierenden Gruppen, die im Machtkampf mit der Staatsgewalt stehen, ihre Organisation zwangsweise so strukturieren müßten, daß sie der Organisation des Gegners entspricht, scheint unter anderem durch die Praxis des spanischen Widerstandes widerlegt. Der hierarchischen Machtanordnung steht hier eine spontane, selbsttätige Bewegung erfolgreich gegenüber. Mit dem Schritt, dem massiven Einsatz staatlicher Gewalt eine Studenten-Miliz entgegenzustellen (dieser Entschluß wurde jetzt in Madrid und Barcelona gefaßt), könnte sich allerdings die Theorie von der Entsprechung der Gegengewalt bestätigen. Nur dann, wenn die Miliz sich nicht unmittelbar der Polizei gegenüber formiert, sondern nur der besseren Durchführung von Einzelaktionen – etwa nach dem Muster der Guerilla-Taktik – dient, kann das spontane, flexiblere Modell beibehalten werden. Sobald sich aber eine Minderheit von den Herrschenden die Taktik aufzwingen läßt, ohne augenblicklich die Mehrheit für sich mobilisieren zu können, ist sie zum Untergang verdammt. Bisher ist die spanische Studentenbewegung bewußt dieser Konfrontation aus dem Weg gegangen. Es wird von großer Bedeutung sein, welche Rolle ihre Miliz künftig spielen soll.

Rollenkonflikt und Politisierung

In den vierzehn Universitätsdistrikten Spaniens studieren in diesem Jahr über 130 000 Studenten. Weniger als 1 Prozent davon sind Arbeiterkinder. Die Kinder der 2,3 Millionen verarmten Bauern und der 8 Millionen Arbeiter hindert nach wie vor die finanzielle Lage der Eltern nicht nur am Studium, sondern bereits am Besuch der zum Teil privaten und sehr teuren Gymnasien (Franco: »Wir haben mehr Nutzen aus unserer Armut geschlagen als sonst irgend jemand!«). Dieser skandalöse Tatbestand stellt jedoch im Vergleich zu früheren Jahren schon einen relativen »Fortschritt« dar. Die soziale Zusammensetzung der Studentenschaft hat sich allmählich geändert. Waren es nach dem Bürgerkrieg fast ausschließlich Offizierssöhne und Kinder höherer Beamter und großbürgerlicher Familien, die die Akademiker-Laufbahn einschlagen durften, so ist in den letzten fünfzehn Jahren sehr stark die Mittelschicht in den Hochschulen vertreten. Damit ist die Elite etwa der 275 Großfinanziers-Familien (die über 70 Prozent des spanischen Bankkapitals verfügen) oder der Großgrundbesitzer-Dynastien (0,86 Prozent der Grundbesitzer halten über 53 Prozent des bebauten Bodens) nicht mehr so ausschlaggebend für den sozialen Quotienten der Hochschüler. Hinzu kommt, daß sich die Zahl der Studierenden in den letzten Jahren vervielfacht hat.

Zwar ist die spanische Jugend in den Hochschulen nicht repräsentativ vertreten, aber der Konflikt zwischen den Generationen liegt hier so offen wie überall in diesem Land, wo Jugendliche sich gemeinsam ihrer Rolle bewußt werden können. Dieser Konflikt, der so tiefgreifend ist, daß er gar nicht mehr ausgetragen wird, sondern zur Abwendung voneinander geführt hat, wäre einer ausführlichen sozialpsychologischen Untersuchung wert. Spezifisch stellt er sich bei der akademischen Jugend so dar: zwischen konservativem Elternhaus und tendenziell fortschrittlicher Wissenschaft gerät der Student in einen Rollenkonflikt. Im Umgang mit der Wissenschaft erkennt er den krassen Gegensatz zur patriarchalischen Struktur seiner Familie. Die Tabuisierung von Sexualität, Religion und Politik auf der einen und die kritische Konfrontation mit diesen Themen auf der anderen Seite müssen Unsicherheit auslösen, die dann in Pessimismus umschlägt, wenn selbsterarbeitete Theorien zur Lösung des Konflikts keinerlei Ansatz in der Praxis finden.

Die Jugendlichen, die in diesem Stadium Rationalisierungen nicht zuwege bringen, bleiben in dumpfer Zwiespältigkeit und in Resignation befangen. Es gibt in Spanien keine Statistik, die die Selbstmordrate bei Jugendlichen ausweist. Beobachter sind sich jedoch einig, daß die Rate wesentlich höher liegt als in den europäischen Nachbarländern. In den Jahren 1966 und 1967 mehrten sich die Nachrichten, daß Jugendliche sich auf Straßen, Höfen und in Parks mit Benzin übergossen und angezündet haben. Fast jeder dieser Fälle löste Erstaunen aus, weil ersichtliche Gründe scheinbar fehlten. Eine Zeitung begnügte sich mit der Feststellung, daß die »Selbstverbrennung eine Art Epidemie« geworden sei. Entrüstet berichteten Journalisten, ein junger Mann, der sich auf der Autobahn Madrid in seinem von innen verschlossenen Kleinwagen verbrannte, habe herbeigeeilten Helfern »obszöne Handzeichen« gemacht, ehe er qualvoll starb. Anwohner einer Madrider Straße verlangten von der Stadtverwaltung, daß eine in der Nähe gelegene Brücke endlich mit Netzen versehen werden solle, damit ihren Kindern der widerliche Anblick von zerschmetterten Selbstmördern erspart bliebe. Allein in den ersten drei Monaten des Jahres 1967 hatten sich an dieser Stelle fünf junge Leute in den Tod gestürzt.

Verschiedentlich wurde die politische Studentenbewegung mit dem Hinweis auf »Ersatzhandlung« und »Kompensation« abgetan, oder es wurde darauf hingewiesen, daß politischer Pessimismus in intellektuellen Optimismus umgeschlagen sei. In diesem Zusammenhang werden die Schreie eines verhafteten Studenten zitiert: »Ich habe bei allem mitgemacht. Ich habe gebrüllt und mit Steinen geworfen. Aber ich habe es nicht getan, weil ich etwas gegen die Regierung habe, sondern wegen meiner Mutter!«

Mindestens ein entscheidender Fehler sollte solcher psychologisierenden Beweisführung angekreidet werden: Der Konflikt zwischen dem die Gesellschafts-Struktur ausweisenden und wenigstens passiv das System tragenden Elternhaus und dem sich zur Wehr setzenden Jugendlichen ist bereits – welche Lösung der Jugendliche auch finden mag – objektiv ein politischer Konflikt. Subjektiv führt er entweder zur Apathie oder aber zur Aktivität, zur Politisierung und zur Bewußtseinsbildung. Daß die akademische Jugend den nach wie vor bestehenden Rollenkonflikt zumindest in den letzten Jahren positiv kompensiert, bewußt in den Ansatz ihres autodidaktischen Lernprozesses einbezieht und zu entsprechenden Schlüssen kommt, zeigt die theoretische Kritik und der Versuch ihrer praktischen Anwendung gegen das faschistische und paternalistische System.

1 APE (Asociación Profesionales de Estudiantes)
2 FUDE (Federación Universitaria Democratica Española)
3 SDE (Sindicato Democratico de Estudiantes)
4 SEU (Sindicato Española Universitario)
5 Ministeria de la Governación (entspricht etwa dem Innenministerium in der BRD)
6 Comisiones Obreras (Arbeiterräte, die in den Betrieben illegal gewählt werden und nach dem Muster des Rätesystems die Interessen der Arbeiter vertreten.)
7 In Burgos ist die größte Haftanstalt für politische Gefangene.
8 FUE (Federación Universitaria Española)
9 Opus Dei (Katholische Verbindung, die eine Art Staat im Staate in Spanien darstellt. Opus-Dei-Mitglieder sitzen in der Regierung und in allen anderen wichtigen Positionen. Das Opus Dei besitzt eigene Industriebetriebe, eigene Institute, Publikationsmittel, Schulen und die Universität Navarra. Es dürfte die einflußreichste politische und wirtschaftliche Kraft in Spanien sein. Die Linie des Opus Dei ist konservativ-katholisch.)
10 Movimiento (»Bewegung zur Nationalen Erneuerung«, die als eine Art Rahmen der faschistisch-francistischen Ideologie dient. Ursprünglich von der Falange beherrscht, hat das »Movimiento« inzwischen seine dogmatische Ideologie verwässert und dient mehr als äußeres Zeichen der Sammlung loyaler Kräfte denn als theoretisches Rückgrat.)
11 Zitat aus einer Diskussion von Arbeitern und Studenten im Jahr 1967.
12 Cortes (Madrider Ständeparlament, in dem Vertreter »gesteuerter« Interessengruppen und von Franco ernannte Mitglieder sitzen. Seit kurzem werden etwa ein Fünftel der »Abgeordneten« von Familienoberhäuptern und verheirateten Frauen »frei« gewählt. Die Kandidaten müssen sich aber, bevor sie aufgestellt werden, zu den Zielen des »Movimiento« bekennen.)
13 International Commission of Jurists: *Spain and the Rule of Law,* Genf 1962.

Carlo Donolo
Theorie und Praxis der Studentenbewegung in Italien

1. Die Studentenrevolte der letzten Monate bezeichnet eine entscheidende Wendung im Verhältnis von Studenten und Politik, und von Opposition und Regime. Sie bedeutet das Ende des politischen Monopols der institutionalisierten Studentenvertretungen, ja deren Krise und praktisches Verschwinden. Die Studentenbewegung hat zugleich die Stufe erreicht, auf der sie als politische Bewegung tout court auftritt, und modifiziert dadurch prinzipiell die frühere politische Situation, als den offiziellen Institutionen des Systems nur die kleinen Gruppen der Neuen Linken gegenüberstanden. Dieser qualitative Sprung ist durch die politische Arbeit der letzten Jahre vorbereitet worden, insbesondere durch die Erfahrungen des letzten akademischen Jahres in Turin, Trient und Pisa. In Pisa hatte man die Idee einer einheitlichen, überparteilichen, freiwilligen Organisation entwickelt, gestützt auf die direkte Demokratie in einer Studentengewerkschaft. Außerdem wurden die Probleme der Universität explizit mit denen der kapitalistischen Gesellschaft in Zusammenhang gebracht, in der Einsicht, daß der eigentliche Antagonist der Studentenbewegung nicht die geplante Hochschulreform, sondern die neokapitalistische Planung ist. In Trient (wo es nur eine sozialwissenschaftliche Fakultät gibt) wurde eine »negative Universität« als politische Schule und als Instrument zur Kritik des Wissenschaftsbetriebes entworfen. Das Neue an der Idee bestand vor allem in der Kritik der institutionell vorgesehenen Rolle des Studenten im Rahmen der Universität und später als qualifizierte Arbeitskraft in der Gesellschaft. In Turin hatte sich die völlige Nutzlosigkeit der parlamentaristischen Vermittlungen, die Krise einer auf die »Spitzen« verselbständigten Struktur ohne Kontakt mit der Basis (»verticismo«) praktisch erwiesen.[1] Durch die Kritik an den offiziellen Studentenvertretungen wurde das formale Prinzip der repräsentativen Demokratie und zugleich die parteipolitische Kontrolle über die Hochschulpolitik in Frage gestellt. Für ein adäquates Verständnis der trotz allem ziemlich unerwarteten Revolte der letzten Monate muß man sich folgende Momente vergegenwärtigen:

a) Die italienische Universität ist, gleich anderen europäischen, durch eine

archaische und rigide Struktur gekennzeichnet, die dem Übergang von einer elitären zu einer Massenuniversität völlig unangepaßt ist. Doch sind einige Dysfunktionen für die italienische typisch: so die hohe Quote derer, die ihr Studium nicht beenden (60%); die abnorme Anzahl der parallel zu einer festen Anstellung Studierenden, die die Universität nur zu den Examina besuchen (vor allem in der humanistischen, juristischen und volkswirtschaftlichen Fakultät); die wuchernde Struktur der Immatrikulationen in einigen, meist beruflich ungerichteten Fakultäten, als bloßer Ausdruck der sozial gebotenen Status-Aspiration; die allmähliche Verlagerung der relevanten Forschung aus der Universität (wo sich nur noch eine ritualisierte Forschungstätigkeit abspielt) in privat-öffentliche Institutionen. Die Universität ist nicht nur, wie das gesamte Schulsystem, sozial ungeheuer selektiv, sondern ihre Dysfunktionen bedingen eine weitere Selektion zwischen den bereits Immatrikulierten »in erstens diejenigen, die die Universität als Sprungbrett zu Machtpositionen in der Sozialstruktur *benutzen*; zweitens jene, die die Universität als notwendige Phase, die man überstehen muß, um eine prädeterminierte soziale Lage in der Hierarchie der mystifizierten sozialen Schichtung zu erreichen, *passiv über sich ergehen lassen*; und drittens solche, die von der Universität nur *unterdrückt* werden, sofern diese als Legitimationsinstanz ihrer untergeordneten sozialen Stellung funktioniert«.[2] Die seit langem geplante Hochschulreform fand in einem Regierungsentwurf Ausdruck, der vor allem eine verbesserte Anpassung der Universität an die Erfordernisse des ökonomischen Systems bewirkt hätte. Von Studenten, teilweise auch von Professoren heftig kritisiert, ist sie kürzlich durch das Ende der Legislaturperiode auf unbestimmte Zeit vertagt worden.
b) Die Mitte-Links-Regierung bedeutet die endgültige Eingliederung der sozialistischen Partei in den Interessenbereich der herrschenden Klasse; das bedingt eine gewisse, aber nur parlamentarische, Stabilisierung des Regimes, bietet ein Alibi für ausgebliebene oder verschleppte Reformen, verfestigt die Institutionalisierung von Konflikten ohne Veränderung der Machtstruktur (z. B. durch die ökonomische Programmierung), ist eine modernisierende Lösung für ein in sich starres politisches System; andererseits wird die Befürwortung der parlamentarischen Strategie durch die KPI immer expliziter, diese Partei als radikal-oppositionelle Kraft immer ungeeigneter. Daraus ergibt sich eine tendenzielle Abdichtung des Systems, das kein politisch widersprüchliches Moment in sich duldet. Die Bildung von kleinen Gruppen der Neuen Linken ist eine erste Antwort auf diese Situation; sie spielen heute eine wichtige, wenn auch nicht immer positive, Rolle in der Studentenbewegung.

c) Auf sozialer Ebene darf man das Versagen des »Wirtschaftswunders« als Illusion einer rationalen Modernisierung der Gesellschaft nicht unterschätzen; während der fortgeschrittenere Teil des ökonomischen Systems in eine neue Phase neokapitalistischer Entwicklung eintritt, bleiben die großen, historischen Probleme der meisten Regionen und Sektoren der italienischen Gesellschaft ungelöst. – Aus dem irrational sich stabilisierenden Verhältnis von politischem System und bürgerlicher Gesellschaft entsteht ein allgemeines Unbehagen, das weitgehend noch vorpolitisch bleibt. In der Studentenrevolte spielen diese generelleren Faktoren eine wichtige Rolle, insofern der Protest nicht so sehr direkt durch die miserablen Zustände an den Schulen – und auch nicht durch ein ausdrückliches Bewußtsein von politischen Einzelproblemen – genährt worden ist, als vielmehr durch die Unzufriedenheit mit der der Universität von dem System zugedachten Rolle und den fehlenden Perspektiven innerhalb der bestehenden Institutionen.

Ein Merkmal der heutigen Jugend in Italien ist eben die Intoleranz gegenüber irrationalen, geschichtlich sinnlosen und nicht weiter legitimierten Autoritäten. Dabei fällt als Altersfaktor ins Gewicht, daß die heute engagierte Generation nach dem Weltkrieg und dem Widerstand geboren ist: sie hat die Illusionen solcher Erfahrung nicht erlebt, sowenig wie die Zeiten des kalten Krieges, und brauchte deshalb auch keine symbiotische Beziehung zum Mythos der Linken, vor allem der KPI, zu entwickeln. Vielmehr ist sie in den Jahren des Wirtschaftswunders mit der Versprechung des Überflusses aufgewachsen; sie weiß, daß Knappheit sozial bedingt ist, während ihre Zeitperspektive in der Bedürfnisbefriedigung sich verkürzt hat. Daher ihre unmittelbare Ansprechbarkeit für eine umwälzende politische Praxis, die eine erste Artikulation in der unakademischen Kultur findet: in einer Reihe meist von kleinen Gruppen edierter Zeitschriften (wie *Quaderni Rossi*, *Quaderni Piacentini*, *Giovane Critica* oder *Nuovo Impegno*), wo vor allem die neuen revolutionären Ansätze in der Dritten Welt und in den Metropolen einer wachsenden Öffentlichkeit von jungen Studenten vorgestellt werden. Die Diskussionen über Vietnam, Angola, Lateinamerika, Black Power und die chinesische Kulturrevolution – die mit ihrer Idee der kollektiven Diskussion als politischer Waffe und der permanenten Revolte gegen die sich verselbständigenden Institutionen vor allem die Führer der Bewegung beeinflußte – haben einen sozialisierenden Effekt gehabt, indem sie das Gefühl der Teilnahme an einem historisch weltweiten Prozeß vermittelten. Während die innenpolitische Erstarrung erst das Material für die Revolte bot, gewinnen diese internationalen Zusammenhänge, als motivierende Modelle, die Funktion von Kristallisationspunkten studentischen Unbehagens, weil sie Distanz zum eigenen soziopolitischen System erlauben und die Möglichkeit bezeugen, jetzt und hier den Aufstand zu proben.

2. Von Turin aus verbreitete sich die Revolte im November 1967 mit unvorhergesehener Virulenz, und oft fast ohne spezifischen Anlaß, auf alle anderen Universitäten. Der erste Akt ist fast überall eine Okkupation der Universität durch die Studenten – als Herausforderung der akademischen Autorität, Bekundung der eigenen Autonomie, ein sich Querstellen gegenüber jeder Reform, die bloß von oben oktroyiert wäre. Die Okkupationen dienen vor allem dazu, den Studenten die Diskussion und Verarbeitung der Thematik der Revolte zu erlauben; in Gruppen oder Kommissionen werden die Ziele der Bewegung geklärt, wird ihnen ein neuer organisatorischer Rahmen gegeben. Das neue Element in den Agitationen der letzten Monate ist synthetisch formuliert in dem Slogan »potere studentesco«: damit wird die autoritäre Struktur der Universität direkt angegriffen und die politische Natur der Bewegung – als Kampf der Machtlosen gegen die Machtinhaber – behauptet. Er begründet zugleich den Autonomieanspruch der Bewegung, ihren Anspruch, sich in der Hochschulstruktur selbst zu verwurzeln. Konsequent wird die Politisierung der Studenten aufgrund ihrer Rollenwidersprüche betrieben: privilegiert gegenüber der Masse der nicht Studierenden, wird der Student zugleich in erzwungener Unmündigkeit gehalten und einer Sozialisierung zum Konformismus und zur Nichtreflexion unterworfen; Verzicht auf Praxis ist die Bedingung seiner theoretischen Bildung nach institutionellem Muster. Das Falsche und Ambivalente an der Rolle des Studenten bezeichnet seine Zwischenstellung als heute relativ Privilegierter und zugleich Bevormundeter, und als zukünftiger Ausgebeuteter und Ausbeuter: seine Privilegien fallen mit der Unmöglichkeit seiner Befreiung zusammen. Er erlebt die Repression in der Schule als Sozialisierung in die späteren Berufs- und Anpassungszwänge: gerade aus diesem Zusammenhang versteht er aber die ganze Kette der zunächst nur als Unbehagen empfundenen Repression in der Sphäre der Familie, des Konsums und der Kultur. Die Reflexion über solche Widersprüche lehrt, daß ihre Lösung nicht individuell bleiben kann, sondern politisch vorzubereiten ist.[3]

Die erste Form der Repression, die dem Studenten begegnet, ist – den Analysen der Bewegung nach – der akademische Autoritarismus, der heute in zwei komplementären Gestalten auftritt: als der archaische Aspekt der Hochschulorganisation (der Lehrstuhl, die Aura des Professors, die feudale Beziehung zwischen ihm und dem Studenten oder Assistenten, die bürokratische Kontrolle wie die Ritualien des Gegenzeichnens und des Examens) und als der technokratische Aspekt, der sich in einigen Fakultäten (vor allem in den technischen Hochschulen) schon durchsetzt und die Universität in einen reibungslosen Betrieb verwandeln möchte. Die Studenten kritisieren die repressive Funktion des Autoritarismus, indem sie seine gesamtgesellschaftliche Bedeutung aufzeigen, durch die die Universität zum Instrument der Selektion, Integration, Kooptation und Unterwerfung, also der sozialen Kontrolle wird. Damit erweitert sich die Kritik des Autoritarismus zur Kritik der Didaktik und der kulturellen Inhalte, ja der Kultur und der Wissenschaft in ihrer bürgerlichen, ideologisch verzerrten Gestalt, ebenso wie des heutigen Zusammenhangs von Schule und Gesellschaft. Vor allem in Turin und Trient hat man versucht, kritisch-soziologisch die Rolle des Lehrers in der Schulhierarchie, den Sinn der bürokratischen Kontrollen, der oft sinnlosen Lehrpläne und Routinen unter dem Gesichtspunkt ihrer integrativen Funktion zu analysieren. Ausgehend vom Klassencharakter der Schulorganisation hat man das Thema des Rechts auf Bildung und Ausbildung behandelt, sei's im Hinblick auf die Schichten, die aufgrund sozialer Unterprivilegierung gar nicht zur Schule (selbst zur Pflicht-Schule) gelangen können, sei's im Hinblick auf Schüler und Studenten, die nur partiell und subaltern die Schule und die Universität besuchen können (Abendschüler, Pendler, Arbeiter-Studenten usw.).

Das Spezifische der heutigen Studentenbewegung besteht in den genannten Inhalten und in der Anwendung einiger methodologischer und organisatorischer Prinzipien, die, erst aus der Praxis entstanden, die Studentenpolitik von der Politik im offiziellen Sinne und im Sinne der oppositionellen Minderheitsgruppen unterscheiden.

a) Die Idee, von der Reflexion der sozialen Rolle auszugehen, um den Politisierungsprozeß in Gang zu setzen, impliziert die Ablehnung einer abstrakt-ideologischen Politisierung, die durch von außen eingeführte Formeln bewirkt wäre. Man betont dagegen, daß die Politisierung durch die Probleme des »Arbeitsplatzes«, »in der Institution«, geschehen soll. Diese Idee ist die Voraussetzung der politischen Selbstbildung und Selbstverantwortung durch kollektive Diskussion.[4]

b) Diese wird in der Studentenversammlung und in den Untergruppen als Hauptinstrument anerkannt, um Probleme zu formulieren und zu lösen. Die Erziehung zur Gruppendiskussion ist die erste Phase der Politisierung selbst, die erste Form der Auflösung der internalisierten Repression und der Aufhebung der individualistischen Deformationen, die zur Gruppenarbeit unfähig machen. Dadurch soll die Fertigkeit ausgebildet werden, den Zusammenhang von Bewertung der Situation, veränderndem Eingriff (was die Veränderung der Subjekte miteinschließt) und daraus folgender Perspektiven zu erfassen und bewußt zu halten. Die kollektive Diskussion wird somit zu jenem Moment, an dem die Beziehung von Theorie und Praxis gleichsam anschaulich wird. Diese Art Diskussion ist das genaue Gegenteil der üblichen akademischen, in der der Zusammenhang von Interessen und Fragestellung undurchsichtig bleibt.

c) Die Idee der Studentenversammlung (auf Fakultäts- oder allgemeiner Basis) als einziges politisches Entscheidungsorgan der Bewegung befürwortet eine explizite Entscheidung für das Prinzip der direkten Demokratie: grundsätzlich gibt es keine Repräsentanz, für technische Funktionen gilt das imperative Mandat und die Regel der Abberufbarkeit von Delegierten. Hinter dieser Idee steht keine kommunardische Illusion; man weiß allzu gut, daß unter den bestehenden Bedingungen von einer vorgegebenen Reife aller Beteiligten gar keine Rede sein kann. Man hofft vielmehr, durch die Vermeidung der politischen Arbeitsteilung die Unreife aufzuheben: ohne Selbsttätigkeit ist eine Bewegung von Studenten nicht zu denken.

d) So ist es charakteristisch für die Bewegung, daß die Dialektik von Führung (besser: Avantgarde) und Basis immer in Gang bleibt; oft gibt es überhaupt kein leadership (das nur informell, als Summe der politisch reiferen oder erfahreneren Personen existiert), keine geschlossene Gruppe also, sondern eine mit fluktuierenden Mitgliedern, die sich von 10 Studenten bis zu einer Quasi-Versammlung von 30–40 erweitern kann. Das leadership soll sich immer wieder durch seine Fähigkeit, die Situation richtig einzuschätzen, sowie durch produktive Vorschläge legitimieren. Seine Zusammensetzung läßt sich vielleicht in einer vorläufigen Typologie gliedern: 1. ein politisch gemischtes leadership, das sich durch den Kampf herausgebildet hat, mit sehr geringer Bedeutung der linken Splittergruppen als solcher (Turin); 2. ein durch den Kampf hervorgebrachtes leadership, das die Grüppchen verdrängt und teilweise ersetzt hat, aber immer wieder – vor allem in Perioden verminderter Spannung – seine Autorität zu verlieren riskiert (Rom); 3. ein leadership, das unter starkem Einfluß einer linken Splittergruppe steht (Pisa); 4. ein allzu schwaches leadership, das unfähig ist, sich gegen die Vorherrschaft der Kleingruppen zu behaupten, die praktisch die Situation beherrschen, sei es auch nur negativ, indem sie eine Vetogewalt ausüben oder die Diskussion auf bestimmte Punkte konzentrieren (Mailand); 5. ein leadership, das praktisch mit einer Splittergruppe identisch ist, so daß die Bewegung zu verschwinden droht, sobald es handlungsunfähig wird (Neapel). Wenn vom leadership die Rede ist, kommt man unvermeidlich dazu, von der Rolle der linken Minderheitsgruppen zu sprechen (Gruppen marxistisch-leninistischer, trotzkistischer, »chinesischer« oder sonstiger Observanz; eine zum Teil besondere Kategorie bilden die Gruppen, die sich hauptsächlich mit politischer Arbeit in der Arbeiterklasse befassen). Während sie der Bewegung oft gute Analysen und Führer angeboten haben, gehört ihre Tendenz, in sektiererischer Weise die Bewegung (oft über politisch irrelevante oder verfrühte Themen) zu spalten und sie damit lahmzulegen oder wieder auf das Niveau von Grüppchen zu reduzieren, zu den negativen Aspekten solcher Gruppen. Manchmal hindern ihre ideologisierten oder gar irrationalen (»avventurismo«) Vorstellungen die Entwicklung einer spezifischen Strategie innerhalb der Studentenbewegung. Die Kritik dieser Verhaltensweise kann nur praktisch geschehen.

In der Tat hat jede Universität eigene Erfahrungen und unterschiedliche Reifeniveaus erreicht. Die Verschiedenheit tendiert oft dazu, die einzelnen Bewegungen gegenseitig abzudichten. Dieser Lokalpatriotismus ist ein Problem, sofern er die Kommunikation, den Austausch von Einsichten und Programmen bremst. Jedenfalls stellt sich die Frage einer Verbindung auf nationaler Ebene (Vereinigung wäre wahrscheinlich zuviel gesagt). Es setzt sich aber langsam die Überzeugung durch, daß weder ein bürokratischer Apparat noch von Zeit zu Zeit zusammengerufene Konferenzen wünschenswert sind. Beide Lösungen riskieren – wie die Erfahrung lehrt – den Kontakt mit der realen Bewegung zu verlieren und nur dem Meinungsaustausch selbsternannter Führer zu dienen. Zweckmäßiger scheint eine Verbindung zwischen einigen Universitäten mit gemeinsamen Problemen, in der der Austausch auch auf informeller Basis geschehen kann. Erstes Resultat könnte die Publikation gemeinsamer politischer Dokumente sein, die dann auf nationaler Ebene den Prozeß der Homogenisierung beschleunigen würden. Zwar hat sich das Prinzip der Einheit der Bewegung auf nationaler Ebene, sowie der Einheit der Studenten aller Fakultäten, allgemein durchgesetzt, aber die Wirklichkeit bleibt weit dahinter zurück. Auf lokaler Ebene klafft die größte Kluft noch immer zwischen den humanistischen und den naturwissenschaftlich-technologischen Fakultäten. Die Dynamik der Revolte ist fast überall von den ersteren ausgegangen, an denen die objektiven und subjektiven Bedingungen günstiger sind. Hier gibt es eine Masse von Studenten ohne festgelegte Berufsperspektiven, nicht eingespannt in eine strenge Studienroutine; sie verfügen über Zeit und Vokabular, um kritische Ideen zu rezipieren und zu verarbeiten. Aus diesen Fakultäten kommen meist auch die Führer der Bewegung, die ihr Bewußtsein von der Sinnlosigkeit eines solchen Stu-

diums, ihr Bedürfnis nach neuen Lebensinhalten, Identität und Selbstbestimmung in politische Praxis umsetzen. Dagegen sind die technisch-wissenschaftlichen Fakultäten bis heute in ihrem politischen Reifeprozeß und in ihrer Beteiligung an der Bewegung zurückgeblieben. Faktoren wie die strenge Studiendisziplin, die Ideologie der Wissenschaftlichkeit und Technizität – der angeblich abstrakten Ideologisierung der Politisierten entgegengesetzt –, die (in der Tat illusorische) Perspektive eines durch hartes Studium zu erwerbenden hohen sozialen Status, die Kosten dieser Studiengänge, die mehr bürgerliche Zusammensetzung der Studenten in diesen Fakultäten – sie alle erschweren eine Politisierung, die aktive Teilnahme verlangt. Wie der Kontakt zwischen unterschiedlichen Fakultäten zu erhalten sei, bleibt in vielen Fällen eine kritische Frage für die Bewegung.
In diesem Zusammenhang ist noch die quantitative Beteiligung der Studenten an der Bewegung zu erwähnen. Die Revolte ist fast überall von winzigen Minderheiten entzündet worden; doch von Anfang an stand der Bewegung eine breitere Basis zur Verfügung als je zuvor. Die repressive Reaktion der akademischen Autoritäten und der Polizei hat den Zulauf sich engagierender Studenten von selbst erhöht. Sie bleiben trotzdem noch eine kleine Minderheit verglichen mit der Gesamtzahl der Studierenden. Dennoch hat ihre Initiative weitreichende politische Folgen: fast überall ist der Hochschulbetrieb, oft monatelang, lahmgelegt worden, die Studentenbewegung hat sich zu einer nationalen Angelegenheit entwickelt.

3. Nach der Vertagung des Reformentwurfs der Regierung auf unabsehbare Zeit ist ein Interregnum eingetreten, in dem didaktische Experimente und Veränderungen der Studienpläne offiziell erlaubt sind. Das Hauptproblem der Studentenbewegung heute ist, wie sie sich mit einem Maximum an Autonomie organisieren und zugleich die Konzessionsbereitschaft der akademischen Autoritäten für eine Minderung der Repression in der Universität ausnutzen kann, ohne dabei in einem ständigen Kuhhandel verfangen zu bleiben.
In den ersten Dokumenten, in denen die studentischen Forderungen formuliert wurden (»carte rivendicative«), tauchte die Idee der Mitbestimmung auf, um bald darauf durch die der Selbstverwaltung (»autogestione«) ersetzt zu werden. Die erste Forderung, Produkt syndikalistischer Auffassungen, sieht in der Universität nach dem Modell des Industriebetriebs zwei Kontrahenten sich gegenüberstehen, die durch die Mitbestimmung gleichberechtigte Partner werden sollen. Dagegen reklamiert die Idee der Selbstverwaltung, aus der Parole »potere studentesco« abgeleitet, die

ganze Universität für die Studenten als ihre wahren Benutzer. Die Macht der Professoren soll nicht geteilt, sondern einfach negiert werden. Implizierte die erste Idee die Gefahr der Mithaftung, der Kooptation, des Verlustes an Autonomie und der Majorisierung, so würde die zweite darauf hinauslaufen, daß die Studentenbewegung völlig durch universitäre Fragen absorbiert wird. Ernst genommen, bedeutet sie die Verwandlung der Universität in eine politische Schule, die die Studenten allein regieren. In der ursprünglichen Formulierung ist nicht klar gesagt, ob die Universität noch ihre »normale« Ausbildungsfunktion beibehalten soll. Es handelt sich um eine offensichtlich unrealistische Vorstellung, da weder das System eine solche totale Unterwanderung einer Institution dulden würde, noch die Studenten einer solchen Aufgabe gewachsen wären. Gleichwohl hatte diese Idee eine wichtige Funktion, weil sie die Frage der politischen Autonomie der Studenten radikalisierte im Zeichen einer Bewegung, die nicht die Reform einer Institution, sondern die Sprengung aller Institutionen dieser Gesellschaft anstrebt. Das hat zum politischen Bewußtsein der Bewegung ungeheuer beigetragen. Es gibt jetzt Symptome dafür, daß andere Lösungen gesucht werden. Die Frage wird besonders in Turin und Rom diskutiert. Man strebt eine Organisation der Bewegung an, die diese in der Universität verankert, ohne sie auf die Universität zu beschränken. Diese zwiespältige Rolle wird der Bewegung von der objektiven Situation aufgezwungen: einerseits liegt ihre Basis in der Universität, andererseits muß sie als die einzige jetzt vorhandene politische Bewegung eine Rolle übernehmen, die in keinem Verhältnis zu ihren heutigen Kräften steht.

Die Lösung des Dilemmas wird (vor allem in Turin) in folgender Richtung gesucht: Die Universität wird in zwei Bereiche aufgeteilt; der erste ist der, wo der eigentliche, wie immer auch reformierte, Lehr- und Forschungsbetrieb unter der Kontrolle und Verwaltung der akademischen Autoritäten weitergeht; der zweite ist ein »politisch strukturierter Raum« innerhalb der Gast-Institution, der Bereich studentischer Autonomie. In diesem Raum konstituiert sich die Studentenbewegung als allgemeine Versammlung (»assemblea generale«) in Arbeitsgruppen und Kommissionen. Dieser Bereich soll in seiner Autonomie institutionell garantiert werden; die Garantien, die Objekt von Verhandlungen zwischen akademischer Autorität und Studentenbewegung werden sollen, betreffen unter anderem das Recht auf Verfügung über ein adäquates Maß an Zeit und Raum innerhalb der Universität, auf Selbstbestimmung bei der Organisation von Veranstaltungen (»Gegenseminare« inbegriffen) im Rahmen der Universität, ohne irgendeine Kontrolle und Zensur seitens der akademischen Verwaltung. Von diesem Bereich aus üben die Studenten am offiziellen

Lehrbetrieb Kritik und machen Reformvorschläge, ohne auf jener Ebene selbst mitzubestimmen. Zugleich organisieren sie innerhalb des autonomen Raumes eine politische Schule, die gleichzeitig Forum für die politische Diskussion in der Bewegung, politischer Ausbildungsort und Aktionszentrum ist. Basis dieser Organisation sind Studiengruppen, die als Projektgruppen auch praktisch wirken sollen. In der entfalteten Form würde diese Struktur eine Gegenuniversität innerhalb der offiziellen bilden. Die Universität ist wahrscheinlich die einzige Institution der Gesellschaft, die eine solche »Doppelherrschaft« vertragen könnte, und in der sie auch mit einigen Chancen durchzusetzen wäre. Dieser Plan ist insofern interessant, als er ein Programm anti-institutioneller Politik verkörpert, das vornehmlich aus dem Aufbau von widersprüchlichen Momenten innerhalb offizieller Institutionen besteht.
In Bezug auf die offizielle Universität ist die Studentenbewegung fast nirgends mehr darauf aus, einen Gegenentwurf zu dem der Regierung auszuarbeiten. Man stellt vielmehr eine Reihe von Forderungen auf, die die Wiederaufnahme des alten Reformentwurfs sehr schwierig machen wird. Diese Linie – die durch Verhandlungen auf lokaler Ebene durchgesetzt wird – hatte vor kurzem einen gewissen Erfolg an der Universität von Trient. Nach monatelanger Okkupation haben die Studenten dort eine weitgehende Liberalisierung der Studienpläne und des Lehrbetriebs erreicht. Die Prüfungen werden entweder durch eine allgemeine Beurteilung der Seminararbeit ersetzt, oder durch Garantien wie die Abstimmung des Examensprogrammes zwischen Dozent und Student, Einspruchsrecht im Fall von ungerechten Noten, Publizität usw. rationalisiert. Inzwischen formuliert man auch an anderen Universitäten neue Forderungen, z. B. das Recht der Studenten auf Kritik des Lehrbetriebs oder auf Information in universitären Angelegenheiten. Diese Linie zielt also auf eine Veränderung der Universität nicht durch ein Gegenmodell, sondern durch zyklische Eingriffe in die offizielle Universität, die so unter Druck bleibt.

4. Die Studentenbewegung hat sehr bald angefangen, Initiativen außerhalb der Universität zu unternehmen und ihre soziale Basis zu erweitern. Dazu drängte die Kohärenz der theoretischen Analyse und die Notwendigkeit, gegen die Repression Verbündete zu finden. Die ersten Gruppen, die erreicht wurden, sind die Mittelschüler und Gymnasiasten. Schüler erleben die soziale Repression wegen der legalisierten Unmündigkeit, der Abhängigkeit von der Familie, der strengeren Disziplinierung in der Schule noch intensiver. Ihr erstes Problem betrifft eine Verminderung dieser Zwänge; die Teilforderungen bekommen bald eine politische Bedeu-

tung schon wegen der aus Strafen und Paternalismus gemischten Reaktion der Schulautoritäten. Inzwischen kam es zu vereinzelten Okkupationen von Schulen und zu verschiedenen Formen der Zusammenarbeit von Studenten und Schülern bei Manifestationen und Schulstreiks. Eine breitere Politisierung der Schüler ist noch nicht eingetreten; unter dem Einfluß der Studentenbewegung wird sie jedoch entscheidend beschleunigt, wie sich an der großen Beteiligung von Schülern an den Demonstrationen in Mailand, Turin und Rom gezeigt hat. Eine besondere Gruppe bilden die Schüler an Abend- und Berufsschulen, die, gleichsam das Proletariat der Schüler, die Schule schon als Vorstufe der Fabrik erleben; an ihrem Beispiel läßt sich das Versagen des Schulsystems und die Herrschaft rein ökonomischer Interessen im Schulbereich augenfällig demonstrieren. Sie bilden also objektiv das Bindeglied zwischen Schulsystem und Arbeitswelt und besitzen damit eine strategische Bedeutung. Bis heute litt jedoch ihre Beteiligung an der Bewegung unter den materiellen Schwierigkeiten. Ähnliches gilt für die pendelnden oder hauptsächlich arbeitenden Universitätsstudenten. Kontaktaufnahmen in akuten Momenten haben positive Erfolge gehabt (z. B. in Turin und in der Provinz), aber die Beziehungen sind schwach geblieben. Dabei muß man berücksichtigen, daß die subjektiven Interessen dieser Studenten nicht eindeutig sind: einerseits studieren sie, um durch das Prestige des akademischen Titels sozial zu avancieren, und zeigen deswegen Desinteresse und Distanz gegenüber der Universität; andererseits sind sie die »Ausgeschlossenen«, diejenigen, die nur subaltern das Privilegium genießen können. Die politische Initiative im Hinblick auf diese Gruppe sollte den Schein der sozialen Mobilität durchbrechen und ihre Interessen als Unterprivilegierte aktivieren.

Eine andere soziale Gruppe, die unmittelbar die Probleme der Schule miterlebt, sind die Lehrer. Eine besondere Schwierigkeit für die politische Arbeit entwächst in Italien dem unbestimmten und disqualifizierten beruflichen Status der Lehrer. Mangels einer auch nur annähernd adäquaten Ausbildung als Pädagogen, beherrschen sie kaum die Problematik ihrer Rolle. Eine breite Masse von Lehrern betrachtet diesen Beruf nur als Ausweicharbeit, Zwischenlösung oder Ausdruck des Versagens in anderen Berufen; besonders verheiratete Frauen verstehen ihre Arbeit nur als Mittel, das Familienbudget aufzubessern. Es handelt sich um eine sozial deutlich charakterisierte, aber politisch amorphe Schicht. Die wenigen Politisierten sind im Höchstfall Mitglieder von Parteien und kaum über ein bloß gewerkschaftliches Bewußtsein der Schulprobleme hinausgekommen. Deswegen wird der politische Reifeprozeß langsam sein. Ausgehend von der in der Schule durch die Studentenbewegung erzeugten Spannung, ver-

suchen trotzdem jetzt in einigen Städten junge Lehrer, eine politische Aktivierung nach dem Muster der Bewegung zustande zu bringen. Man arbeitet in zwei Richtungen: einmal werden Schülergruppen organisiert, die meistens an den Nachmittagen in der Schule selbst arbeiten (sie diskutieren vor allem didaktische Probleme, das Disziplinar-, Prüfungs-, und Notensystem); dadurch sollen die Lehrer selbst, außerhalb des repressiven Lehrbetriebs, in die Probleme der Schüler involviert werden; sodann versucht man, Gruppendiskussionen unter Lehrern zu organisieren. In Turin haben beispielsweise einige engagierte Lehrer ein politisches Dokument verfaßt, das die Bedeutung der Studentenbewegung für die Schulreform und die Konvergenz der Interessen von Schülern und Lehrern an der Emanzipation erklärt, und über das man jetzt eine Auseinandersetzung zu erreichen versucht. Auch in diesem Fall möchte man die immanenten Widersprüche der Lehrerrolle evident machen und daraus allgemeinere Konsequenzen für die Reform des Schulsystems und für eine Neudefinition der Lehrerrolle in der Gesellschaft ziehen.
In der letzten Zeit hat die Studentenbewegung Kontakte auch mit der Arbeiterklasse aufgenommen. Dazu drängen verschiedene Momente. Zunächst entspricht es nicht dem Selbstverständnis der Bewegung, sich selbst als neues revolutionäres Subjekt zu betrachten. Ihre Gesellschaftsanalyse hat die Studenten veranlaßt, das Hauptobjekt der Unterdrückung in der kapitalistischen Gesellschaft zu sehen. Während die Organisationen der Arbeiterklasse halbintegriert sind, sofern sie die Initiative der kapitalistischen Seite überlassen oder den Rahmen der ökonomischen Programmierung akzeptieren, schwankt die Arbeiterklasse selbst zwischen Apathie, die von der Konsumgesellschaft induziert und verstärkt wird, und Konfliktbereitschaft, die meistens unartikuliert und desorganisiert bleibt. Dem steht die Tatsache der fortschreitenden physischen und psychologischen Degradation, der Verkürzung der Arbeitsrhythmen und der Erhöhung des Leistungssolls gegenüber. Vor allem bei jungen Arbeitern staut sich ein Kampfpotential. Die Initiativen der Bewegung gegenüber der Arbeiterklasse bestehen bis heute hauptsächlich in der Beteiligung von Studenten an Picketing und Flugblätterverteilung vor den Toren der Fabriken, wo es auch zu Diskussionen und kleinen Versammlungen kommt. Solche Aktionen haben besonders im Fall von Streiks, wie neulich bei der FIAT in Turin, eine positive Wirkung. Unter den Arbeitern besteht ein relativ verbreitetes Interesse für die Kampfmethoden und Programme der Studentenbewegung. So schlagen sie manchmal selbst Treffpunkte vor, wo sie ohne Polizei- oder Gewerkschaftskontrolle mit den Studenten reden können. Zunächst geht es um Austausch von Erfahrungen und Problemen,

da die beiden Gruppen eine große soziale Distanz zu überwinden haben. Eine andere Form der Intervention entstammt dem Beispiel der Bürgerrechtsbewegung in den USA: sie besteht darin, den Kontakt mit der Arbeiterklasse nicht unmittelbar vor der Fabrik und aufgrund von Arbeitsproblemen zu suchen, sondern im Arbeiterviertel, in der Kneipe oder in der Familie selbst. Dieser Arbeitsweise liegt die Hypothese zugrunde, daß Repression und Unterprivilegierung den Arbeiter und seine Familie in einem weiteren sozialen Zusammenhang als dem der Fabrik betreffen, nämlich in der Konsumsphäre, in der Frage der Lebenskosten, der Mieten, der ärztlichen Betreuung, des Rechts auf Ausbildung etc. Dieser Ansatz hat den Vorteil, daß er eine Reihe von anti-institutionellen Themen enthält. Gegenwärtig wird er besonders in Rom und Mailand entwickelt.
Die Kontakte mit der Arbeiterklasse stellen sofort die Frage nach der Beziehung zu den Gewerkschaften und nach der Rolle der Splittergruppen. Im Moment gibt es ein Kontinuum, das von »diplomatischer« Zusammenarbeit bis zu direkter praktischer Kritik an den Gewerkschaften und von der Absorbierung der Splittergruppen durch die Bewegung bis zu deren Wettbewerb mit der Bewegung reicht. Die Gewerkschaften waren zunächst meist aufgeschlossen und begrüßten die Hilfe der Studenten bei Streiks; weichen aber die Parolen der Studenten von der offiziellen Linie ab, so werden die Funktionäre nervös; vereinzelt ist es auch zu Drohungen und Diffamierungen gekommen. In der Studentenbewegung ist die Diskussion darüber im Gang; wahrscheinlich werden sich verschiedene Aktionslinien bilden, da nicht alle Teile der Bewegung in der Kritik an den Gewerkschaften gleich weit gehen wollen. Ein offener Bruch scheint von niemandem befürwortet zu werden.
Diese politische Arbeit stellt die Bewegung oft vor neue organisatorische Probleme. Sie absorbiert die Energien der besten Leute, die dadurch für die notwendige Arbeit innerhalb der Universität ausfallen, und führt manchmal bis zur drohenden Spaltung der Bewegung: die Kontakte nach außen werden von einer Gruppe kontrolliert, während eine anders orientierte die Tätigkeit in der Hochschule monopolisiert. Da die Wurzeln der Bewegung in der studentischen Basis noch immer schwach sind, kann man sich eine solche Arbeitsteilung eigentlich nicht leisten. Das Problem steht auf der Tagesordnung, aber befriedigende Antworten sind noch nicht gefunden.
Bei den Versuchen, die Tätigkeit der Studentenbewegung über den Hochschulbereich hinaus zu erweitern, tauchen prinzipielle Probleme auf, über die die Bewegung sich bisher keine adäquate Rechenschaft gegeben hat. Ausgeblieben ist vor allem eine strategische Analyse, an Hand derer sich

Kriterien für eine weniger »spontane« Auswahl der politischen »Partner« ausarbeiten ließen. Aus guten Gründen hat die Studentenbewegung den Kontakt mit der Arbeiterklasse gesucht. Aber aus weniger guten Gründen hat sie den Kontakt mit anderen sozialen Gruppen vermieden oder die Planung von Aktionen gegenüber der allgemeinen oder spezialisierteren Öffentlichkeit – wie sie in den USA und in Deutschland üblich sind – vernachlässigt. Die weniger guten Gründe sind beispielsweise die mangelnde Bereitschaft der Splittergruppen, sich mit den neuen Aspekten in der Politik der Studentenbewegung zu befassen; die latente, oft auch bei den Führern anzutreffende Tendenz, zugunsten der unmittelbaren Aktion die Reflexion zu suspendieren; eine gewisse Verdrängung der Reflexion über die eigene Rolle im Zeichen eines stereotypisierten Begriffs von Politik; die politische Verklärung der Arbeiterklasse bei Splittergruppen und Studenten bürgerlicher Herkunft. Die Suche nach einem immanenten Zusammenhang zwischen der Politisierung als Student und der allgemeineren politischen Tätigkeit führt zu dem Problem der möglichen Politisierung der »kognitiven Rollen«, eben jener, welche die Studenten später im Berufsleben einnehmen werden: Techniker, Ingenieure, freie Berufe, Lehrer, Richter usw. In all diesen Fällen ist potentiell die Chance gegeben, durch politische Interpretation die institutionelle Rollendefinition zu sprengen und gegen das System zu kehren. Gerade das von oben delegierte Quentchen Macht, das solchen Rollen zufällt, würde sich dann nicht mehr nach unten (gegen Klienten und Untergebene) richten, sondern nach oben, gegen die vorgesetzten Instanzen. Um diese Rollensysteme hat sich die Studentenbewegung bis heute wenig gekümmert, was nicht nur subjektive, sondern auch objektive Gründe hat: eben weil Italien ein noch teilweise unterentwickeltes Land ist, haben sich kognitive Rollensysteme noch nicht so stark entfaltet wie z. B. in Deutschland. Das verdunkelt das Bewußtsein der Möglichkeit politischer Initiativen in dieser Richtung, einer Möglichkeit, die man nicht aus dem Auge verlieren sollte, zumal die politische Kooperation mit der Arbeiterklasse, nach einer akuten Phase, ihren Elan verlieren oder am Widerstand der offiziellen Organisationen scheitern könnte. Die Hauptwidersprüche des Systems drücken sich zwar vornehmlich durch die Arbeiterklasse aus, aber es hat vielleicht schwächere Stellen, die die Studentenbewegung treffen könnte, ohne ihre Kräfte unrealistisch zu überspannen.

5. Es ist nicht möglich, hier die Reaktionen der Institutionen auf die Studentenbewegung ausführlich darzustellen. Es seien also nur einige wichtige Punkte herausgehoben. Unter den Argumenten, die verschiedene In-

stitutionen (Presse, akademische Autoritäten, Regierungsparteien, konservative Öffentlichkeit) gegen die Bewegung vorgebracht haben, um sie wegzudiffamieren, ist eins besonders anschaulich: man sagte, daß die Bewegung nicht repräsentativ sei, da sich nur eine kleine Minderheit aktiv beteilige, deren »elitäre« Interessen denen der Masse der Studenten widersprächen; überdies sei die Umgehung der institutionell-legitimen Repräsentanzen unzulässig. Darauf konnten die Studenten leicht antworten, daß gerade die formale »parlamentarische« Repräsentanz in Frage gestellt ist, weil sie jede Legitimation verloren hat; daß die Apathie der Masse eben durch das praktisch kritisierte Schul- und Gesellschaftssystem erzeugt ist und nicht schon als bewußte Bedürfnisinterpretation angenommen werden kann, weil sonst die in Frage stehenden repressiven gesellschaftlichen Vermittlungen übersprungen würden; daß letztlich die Repräsentativität einer politischen Gruppe nur durch die Triftigkeit ihrer Analysen und Vorstellungen begründet ist. Mit diesem Argument der Autoritäten werden zugleich Ressentiments der Masse gegen die vermeintliche Elite geweckt, wobei die kapitalistisch-kontrollierte Presse sich besonders ausgezeichnet hat. Ein weiteres Argument gegen die Bewegung lautete, alle diese Unruhen seien das Produkt der Agitation einer kleinen außeruniversitären Gruppe. Polizei und Richter haben das wörtlich genommen und mehrmals den sogenannten Kopf der Bewegung abzuschneiden versucht. Dabei verkannte man gerade die spezifische Natur der Bewegung, die zwar oft um solche Kleingruppen zentriert ist, im wesentlichen aber von einer spontanen Dynamik lebt und in der Auseinandersetzung mit der Repression immer wieder neue Führer produziert. In keinem Fall hat die Festnahme oder die Neutralisierung der vermeintlichen Agitatoren die Bewegung bremsen können. Auffallend ist die Analogie zur Argumentation in Deutschland, wo die Virulenz der Bewegung Kommunisten, Roten oder gar »Chinesen« zugeschrieben wird: in beiden Fällen die banale Verschwörungstheorie einer auf die Polizei angewiesenen herrschenden Klasse.

Zu einer anderen Kategorie gehört die Reaktion der linken Parteien (KPI und PSIUP) auf die Ereignisse in der Universität. Ihre Haltung ist grundsätzlich ambivalent: einerseits billigen und begrüßen sie die Studentenrevolte, weil diese ihre oppositionelle Rolle zu legitimieren, ihr Programm der »demokratischen strukturellen Reformen« überzeugender zu machen scheint; andererseits neigen diese Parteien dazu, die Bewegung zu patronisieren, sie unter Kontrolle zu bringen und im Wahlkampf zu kassieren. Die begrüßenswerte Autonomie der Studenten gegenüber den Autoritäten sollte – ihrer Meinung nach – die führende Rolle der Oppositionsparteien und deren Hegemonie über jede umwälzende Kraft anerkennen. Die linken Parteien schwanken also zwischen Unterstützung und Kooptation. Während die PSIUP sich als Partei der aktiven Studenten auszugeben versucht, beginnt die KPI schon die »Extremisten« in der Bewegung (d. h. die verschiedenen Splittergruppen der Neuen Linken) zu kritisieren. Die KPI hat in der Tat begriffen, daß die Kritik an der offiziellen Linken ein wichtiges Moment der Studentenbewegung ist, daß die Neue Linke von der Unfähigkeit der parlamentarischen Linken, das Konfliktpotential der Gesellschaft zu sammeln und zu organisieren, profitiert. Insgesamt versuchen diese Parteien, die Bewegung zu instrumentalisieren oder in für sie ungefährlichen Bahnen zu lenken. Das ist nicht leicht, schon deshalb nicht, weil, obwohl Kommunisten und Linkssozialisten (oft in kritischer Haltung gegenüber ihrer Partei) an der Bewegung teilnehmen, keine der Parteien irgendwelchen Einfluß auf sie ausüben kann. Ein Merkmal der heutigen Bewegung ist gerade ihre extreme Unabhängigkeit von den Parteien. Eine prinzipielle Auseinandersetzung zwischen der Bewegung und den Parteien über ihre gegenseitigen Beziehungen ist bis heute ausgeblieben; ein Grund dafür ist, daß im Moment kein Konsensus darüber innerhalb der Bewegung zu erreichen wäre.

6. Selbstverständlich gibt es keine authentische Interpretation über Sinn und politisches Ziel der Studentenbewegung; das Selbstverständnis variiert nicht nur von einer Universität zur anderen, sondern auch innerhalb jeder einzelnen. Man kann nur schematisch die Hauptalternativen rekonstruieren, die sich heute gegenüberstehen und die Strategie der Bewegung entscheidend mitbestimmen.

a) Es gibt zunächst zwei reduktive Interpretationen. Die eine sieht in der Bewegung nur eine Kraft und eine Chance, Störungen und Konflikte im System zu verschärfen; die Masse der sich politisierenden Studenten wäre dann, unter der Führung meist außeruniversitärer oder jedenfalls präexistierender Splittergruppen, gegen wechselnde Ziele gerichtet; die Provokation, und nicht nur die gewaltlose, wäre die zentrale Technik. In dieser Perspektive wird der Studentenbewegung kein politisch autonomer Inhalt zuerkannt, der Kampf in der Universität scheint nur ein Zeitverlust, ein Rückzugsgefecht oder eine korporative und elitäre Angelegenheit zu sein, soweit er mehr als Störung des Betriebs ist. Die zweite Interpretation ist weniger krude; sie anerkennt, zumindest anfangs, eine gewisse Autonomie der politischen Erfahrung in der Hochschule, insofern diese als politische Schulung nützlich ist. Sie betrachtet aber die Bewegung vornehmlich unter dem Gesichtspunkt der Ausbildung von »Kadern«, die so bald wie möglich außerhalb der Universität eingesetzt werden sollten, vor allem für die politische Arbeit mit der Arbeiterklasse. Diese beiden instrumentellen Interpretationen kommen in der Regel aus den Minderheitsgruppen, die mit einer schon festgelegten politischen Linie der Bewegung beitreten. Diese Positionen sind heute minoritär und in gewisser Hinsicht durch die Fakten selbst widerlegt: die Studentenbewegung hat sich schon überuniversitäre Ziele gesetzt und sich als mehr als eine bloße Kaderschule erwiesen.

b) Bezeichnet man diese beiden Interpretationen als »extremistisch«, so ist die dritte eine restriktive und gemäßigte Deutung der Bewegung als bloße Hochschulreformbewegung, der keine politische Rolle außerhalb der Universität zugebilligt wird: ihr politisches Potential solle den schon vorhandenen politischen Organisationen zugeführt werden. Auch diese Position ist minoritär und konnte sich nur selten behaupten. Doch gerade in dem Maß, in dem die Bewegung sich mit außeruniversitären Problemen beschäftigt, wächst die Gefahr, daß diese Gruppe die Hochschulproblematik monopolisiert (eine solche Situation zeichnet sich jetzt in Rom ab).

c) Unter den Mehrheits-Interpretationen findet man wieder zwei Positionen, die »linksgemäßigte« und die »linksradikale«. In vielen Fällen basiert die Bewegung auf einer Koalition beider Tendenzen. Die erste, meist durch Linksliberale, Linkskatholiken und Sozialisten unterstützt, möchte die Studentenbewegung für eine antirepressive, nicht technokratische Reform der Universität benutzen, darüberhinaus als Instrument einer konstruktiven Kritik der Gesellschaft. Sie verneint die außeruniversitäre Rolle der Bewegung nicht und setzt ihr keine inhaltlichen Grenzen; sie hält die Initiativen nach außen – auch gegenüber der Arbeiterklasse – für durchaus legitim und ist bereit, dabei mit den »Radikalen« zusammenzugehen. Die eigentliche Differenz besteht in den strategischen Zielen: die »Linksgemäßigten« schließen die Umwälzung der Gesellschaft aus – eine Differenz, die die Beziehungen der beiden Gruppen gelegentlich an den Rand einer Krise gebracht hat. Doch beide scheinen von der heutigen Notwendigkeit der Allianz und der Vermeidung einer Spaltung aus bloß ideologischen Motiven überzeugt zu sein.

Die »linksradikale« Interpretation möchte nicht der Studentenbewegung als solcher eine revolutionäre Rolle zuschreiben, als ob sie das neue Subjekt umwälzender Praxis wäre. »Linksradikal« ist vielmehr die – besonders in Turin und Rom vertretene – Position, welche die Politik der Bewegung als nicht reduzierbar auf die politischen Dimensionen der Parteipolitik oder auch der Minderheitsgruppenpolitik betrachtet. Der Begriff von Autonomie enthält in dieser Auffassung das Moment sowohl der Unabhängigkeit gegenüber dem offiziellen akademischen Leben als auch der Selbstbestimmung gegenüber schon vorhandenen politischen Organisationen. Die Bewegung agiert dieser Deutung zufolge zwar in erster Person ohne weitere institutionelle Vermittlung, stellt sich aber den anderen Gruppen oder Organisationen nicht als das neue führende Subjekt vor. Sie möchte vielmehr die Methoden, die Erfahrungen, die Kräfte der politisierten Studenten in den Dienst von anderen unterdrückten und heute noch politisch sprachlosen sozialen Gruppen stellen. Ihre Rolle wäre es, Konfliktpotential und Kampfbereitschaft zu einem Zeitpunkt zu reaktivieren, da Parteien und Gewerkschaften sie bloß kontrollieren, ein neues Vertrauen in die Chance der kollektiven, selbsttätigen Aktion zu wecken, politisch noch unartikulierte Themen auf die Tagesordnung zu setzen. Die Studentenbewegung wäre nur der Zünder, der institutionelle und kulturelle Widerstände bricht, die das Bewußtwerden sozialer Probleme verhindern.

Die Bewegung entwickelt sich heute zwischen alternativen Handlungslinien, die widersprüchliche, oft aber auch komplementäre Erfordernisse ausdrücken. So werden Dilemmas wie das ihrer Rolle als Modernisierungs- oder Störungsfaktor in der Universität, der Erweiterung der studentischen Basis oder der Radikalisierung und möglichen Spaltung der Bewegung, der Manipulation der Studentenversammlung von oben oder ihrer »spontaneren« – manchmal irrationalen – Entfaltung, der Wahl zwischen Legalität und Illegalität, Gewalt und Gewaltlosigkeit (praktisch gab es beides) jeweils auf pragmatische Weise gelöst. Diese Dilemmas aber bergen Versuchungen und Risiken für die Studentenbewegung, die politisch folgenreich sein können: das Risiko des »Abenteurertums« (»avventurismo«) und des verbalen Extremismus, also einer abstrakt-radikalen Ideologisierung als Ersatzbefriedigung, und das Risiko des Opportunismus und des Reformismus, die einer Negation der eigentlichen Motive der Bewegung gleichkämen. Viel spezifischere Schwächen gründen in der Natur der sozialen Basis der Bewegung selbst: der Status Student ist vergänglich; viele können es sich nicht erlauben, zugunsten der politischen Tätigkeit das Studium zu suspendieren oder abzubrechen; die Dynamik der Bewegung ist oft zeitraubend und belastend, die Organisation fast überall noch spontan und muß immer wieder neu aufgebaut werden. Aber sie hat in den letzten Monaten eine Stufe erreicht, auf der eine Auflösung oder ein längeres Abebben sehr unwahrscheinlich ist.

Anmerkungen

1 L. Bobbio, »Le lotte nell' università: l'esempio di Torino«, *Quaderni Piacentini*, n. 30, 1967.

2 G. Viale, »Contro l'università«, *Quaderni Piacentini*, n. 33, 1968.

3 und 4 Eine signifikante Erfahrung ist in diesem Zusammenhang während der November-Dezember-Okkupation der humanistischen Fakultäten in Turin gemacht worden.

Aus der Notwendigkeit, die Studenten während der Okkupation vernünftig zu beschäftigen, wurden sie in Diskussionsgruppen aufgeteilt. Anfangs tauchten als Objekte der Diskussion entweder noch an einem traditionell verstandenen Studium orientierte Themen oder unmittelbar politische auf, von denen man sich einen raschen Politisierungseffekt erwartete. Die Erfahrung zeigte sehr bald, daß beides inadäquat und – gemessen an den realen Problemen der Bewegung – unpolitisch war. So setzte sich langsam die Einsicht durch, daß zunächst die unmittelbaren Probleme der Mitglieder selbst Objekt der kollektiven Diskussion sein sollten. Damit wurde ein Prozeß der Identitätsveränderung in Gang gesetzt, der zunächst die individuelle und kollektive Unsicherheit steigerte. Da aber das Bewußtsein einer politisch relevanten Erfahrung immer vorhanden war, lag es auf der Hand, Unsicherheit und Konflikte in Argumente für die eigene Politisierung umzusetzen. Das Resultat war in den besten Fällen auf individueller Ebene eine relative Befreiung aus internalisierten Zwängen und zugleich eine artikuliertere Politisierung, die von dem Bewußtsein des Zusammenhangs zwischen persönlichen und kollektiven Problemen ausging. Die Hauptelemente der Situation waren: a) die Okkupation hatte die akademischen Autoritäten vorläufig aus der Universität eliminiert, somit war der geschriebene und ungeschriebene repressive Verhaltenskodex außer Geltung gesetzt worden; in dieser relativ herrschaftsfreien Sphäre hatten die Studenten – die erstmals eine solche Erweiterung des eigenen Wirkungsraumes in einer Kampfsituation erlebten – ein gewisses Omnipotenzgefühl; b) die Lage war trotzdem prekär, weil man wußte, daß die Okkupation nicht unendlich sein würde, – draußen stand die Polizei als Mahnung an die zu erwartenden gesellschaftlichen Sanktionen. Man handelte in einem institutionell nicht gesicherten Raum und in einer Situation von äußerster Status-Unsicherheit. Dennoch stammte die unterschwellige Angst weniger aus der drohenden äußeren Gewaltanwendung als aus dem unglücklichen Bewußtsein, daß die in Gang gesetzten Reflexionsprozesse in gewisser Hinsicht ein Privileg von kurzer Dauer sein würden; c) die kollektive Diskussion erlaubte eine bis dahin von den meisten noch nicht erlebte Artikulation einer persönlich und politisch bedeutenden Problematik; es gab emanzipatorische Gruppenprozesse im Verein mit dem Bewußtsein der Notwendigkeit des eigenen politischen Engagements. In den besten Momenten traten sie in der neuerworbenen Fähigkeit zutage, komplexe Zusammenhänge verbal zu artikulieren: gegen die bis dahin internalisierte, durch Familie und Schule geforderte Unterdrückung der Reflexionsfähigkeit. Man hatte in nuce eine Kulturrevolution erlebt. Man darf natürlich diese Erfahrung nicht verklären, da es sich mehr um Indizien als um vollendete Tatsachen handelte. Trotzdem schien es wichtig, ihre Modellbedeutung auch für den neuen Begriff von Politik in der Studentenbewegung festzuhalten.

Dossier 1: Studenten in Prag

Die Studenten in Prag und in der ganzen ČSSR waren bislang ohne eigene Organisation; ihre Vertreter waren in örtlichen Hochschulausschüssen organisiert und unterstanden dem hierarchisch und autoritär gelenkten Jugendverband (ČSM) beziehungsweise dem Zentralausschuß des Jugendverbands (UV ČSM).
Dem Jugendverband, dessen Mitgliederzahl in den letzten Jahren erheblich gesunken war, was nicht eben für seine Attraktivität spricht, und der nurmehr zu 26% aus Jugendlichen zwischen 15 und 26 Jahren bestand, hatten die Studenten bereits lange vor den Demonstrationen vom 31. Oktober 1967 Reformen organisatorischer Art vorgeschlagen, jedoch immer wieder ohne Erfolg. Die radikalen Studenten strebten eine eigene Studentenorganisation an, die dem UV ČSM nicht mehr direkt unterstehen, sondern mit ihm auf der Basis einer Föderation verbunden sein sollte. Jan Kavan, einer der Studentenvertreter im Prager Hochschulausschuß, schildert die Differenzen zwischen den Studenten und dem Jugendverband in einem Artikel, der im März 1968 in der Studentenzeitschrift Student *unter dem Titel* David und Goliath *erscheinen konnte.*

Es ist schwer, die ersten Meinungsverschiedenheiten zwischen dem VOV ČSM und dem UV ČSM genau zu datieren; lange Zeit waren es eher Meinungsverschiedenheiten zwischen den radikalen Studenten und den höheren Verbandsorganen. Schon im Jahre 1963 formierten sich an einigen Prager Fakultäten Gruppen radikaler Studenten, die einen Raum für das eigene politische Engagement suchten. Später begannen diese Gruppen zusammenzuarbeiten; vor allem verbanden sich die Studenten der Techn. Hochschule mit der sog. Gruppe X von der FTJF, dem *Klikoziv (Clique der oppositionellen Elemente)* der Philosophischen, Juristischen und Naturwissenschaftlichen Fakultät, wodurch die sogenannte *Gruppe der Fünf* entstand. Die Bestrebungen, den ČSM zu beleben, aus ČSM eine wirkliche Jugendorganisation zu machen, die die wahren Interessen ihrer Mitglieder vertreten würde, war charakteristisch für die studentische Bewegung der damaligen Zeit. [...]

Viele der radikalen Studenten hörten mit der Zeit auf, den VOV von außen zu kritisieren, sondern versuchten, den VOV von innen heraus zu ändern, um schließlich die Studenten aller Prager Fakultäten durch den VOV zu einigen. Im Jahre 1965 hatte die Gruppe der Radikalen schon beachtlichen Einfluß im VOV. Zu seinen Mitgliedern gehörte auch Jiří Müller, der später vor allem durch sein Auftreten auf der Gesamtstaatlichen Konferenz der Studenten im Dezember 65 bekannt wurde, wo er einen Beitrag verlas, der die Föderation des ČSM vorschlug.
Die Konferenz beschloß, eine Arbeitskommission zu bilden (später bürgerte sich der Name *Kommission der Elf* ein), die Entwürfe beurteilen und ausarbeiten sollte, die vornehmlich von Jiří Müller und Oskar Novotný aus Preßburg eingebracht wurden.
Auf der andern Seite wurde der Beitrag von Jiří Müller unzählige Male von jenen Menschen zitiert, die aus verschiedenen Gründen beweisen wollten, daß J. Müller und seine Freunde den ČSM in eine gewisse oppositionelle Partei umwandeln möchten. Leider mußten wir, und zwar sehr oft und ohne Erfolg, über den Inhalt des Begriffs Opposition diskutieren. Der Gedanke des Föderalismus wurde unter den Studenten jedoch immer populärer, die Vorstellung eigener Hochschulorgane lockte.
Der Zentralausschuß des ČSM und die Parteiorgane reagierten aber auf den Gedanken eines föderierten Verbandes mehr als gereizt. Es ist typisch für den UV ČSM, daß er jeden Vorschlag zur Reform des Jugendverbandes als einen Angriff auf sich selbst sieht, und deshalb nutzte er seine Machtstellung und überschwemmte Presse, Funk und Fernsehen mit langen Erklärungen über die Einigkeit der Jugend, die unberührbar und geheiligt sei und die niemand entehren dürfe. Die Tatsache, daß es im Jugendverband in Wirklichkeit überhaupt keine Einigkeit, weder ideelle noch organisatorische, gibt, interessierte die Verbandsorgane nicht. Die Anhänger der Föderation wurden unter Druck gesetzt; sie sollten aufhören, diesen vernichtenden Gedanken zu propagieren, und schon das Aussprechen dieses Wortes wurde beinahe für eine partei- und staatsfeindliche Tat gehalten.
Allen leeren Worten über die Notwendigkeit der Einigkeit zum Trotz, trotz allen flammenden Aufforderungen zur Aktivität nehme ich an, daß es gerade die wirklich aktive Einigkeit der Jugend ist, die vorher nicht genehmigte Aktivität von unten her, Engagement als Ergebnis selbständigen Denkens, die dem UV ČSM am meisten wider den Strich gehen.
Im Laufe des Jahres 1966 wurden die Studenten immer radikaler. Als am 25. November ein neuer VOV ČSM gewählt wurde, hatten die Radikalen schon eine beachtliche Mehrheit.

Am 30. November reichte ein Teil der Kommission 11 seine Vorschläge zur Änderung des Programms und der Struktur des Verbandes dem UV ČSM ein. Mit Spannung wurden die Reaktionen des UV oder seines Hochschulrats zu diesen Vorschlägen erwartet. Am 22. Dezember 1966 wurde Jiří Müller dann ganz plötzlich aus dem Jugendverband ausgeschlossen. Einen Tag später wurde er auch vom Studium an der FSI ČVUT ausgeschlossen. Vier Tage später erhielt er den Einberufungsbefehl. Jiří legte sofort Berufung ein. Die gesetzliche Frist für Berufung und Erledigung der Berufung beträgt insgesamt 28 Tage, aber Frist hin, Frist her – J. Müller mußte am 5. Januar 1967 seine militärische Grundausbildung antreten.
Ich weiß bis heute nicht, wer auf die Idee gekommen war, J. Müller zu relegieren, aber ein besonders kluger Politiker war es auf keinen Fall. Es war klar, daß dieser Schachzug die ganze studentische Bewegung lahmlegen sollte. Aber der »Fall Müller« erwies sich als Bumerang. Heute kennen wir die Empörung der Studenten, die Protestbriefe, die der UV ČSM von den Fakultäten bekam, die leidenschaftlichen Polemiken mit Jindřich Poledník bei den Plenarsitzungen der Fakultäten, die schrittweise Rehabilitierung der inkriminierten Gedanken [...].
Lubomír Holeček, ein Freund von J. Müller, wurde zu seinem besten Verteidiger. Da J. Müller Prag verlassen mußte und sich selbst nicht verteidigen konnte, erhielt Lubomír Holeček von ihm eine Vollmacht und das Recht, ihn bei allen Verhandlungen zu vertreten. Nach der Ablehnung der Berufung Jiří Müllers, die vom rechtlichen Standpunkt nicht gerade eindeutig ist, und nachdem auch der UV ČSM die Entscheidung bestätigt hatte, gab Lubomír Holeček sein Studium auf und engagierte sich ganz im »Fall Müller«, zum anderen in der Vorbereitung auf den V. Kongreß des ČSM. Auf dem Kongreß legte er dann Vorschläge vor, an denen er lange mit Jiří gearbeitet hatte. Am 25. August wurde er zum Wehrdienst einberufen. Am 26. September wurde er relegiert. Nachträglich erfuhr er zu seiner Überraschung, daß er selbst um seine Einberufung gebeten haben soll. Die Umstände seiner Einberufung zum Wehrdienst sind reichlich unklar, aber sie deuten auf den Eingriff einer »höheren Macht« hin.
Ich kann mich nicht erinnern, daß es seither, auch nur für einen Augenblick, jemals wieder Einigkeit zwischen dem VOV ČSM und den höheren Verbandsorganen gegeben hätte. Wir hatten aufgehört zu glauben, der UV würde je auf unsere Vorschläge eingehen. Die Wirklichkeit gab uns bald recht. Auf der anderen Seite aktivierte der »Fall Müller« die Studenten, er politisierte sie. Die empörten Studenten fingen an, sich für das

Schicksal von Jiří zu interessieren, für die tatsächlichen Ursachen seines Ausschlusses, für seine Gedanken und Vorschläge. Die VOV-Mitglieder informierten die Plenarsitzungen der Fakultäten über das Material der Kommission 11, dessen Diskussion der UV immer noch hinausschob und das er – im Widerspruch zum Beschluß der Gesamtstaatlichen Konferenz – vor den Hochschulorganisationen der Fakultäten geheimhielt. Der UV blockierte dadurch die vorbereitenden Diskussionen zum V. Kongreß.

Ein Flugblatt der Studenten: *So ist die Praxis!*

Auf der Pressekonferenz über die Vorbereitung des V. Kongresses des ČSM sagte der Vorsitzende des UV, M. Zavadil, auf die Frage nach den Ergebnissen der Vor-Kongreß-Diskussion auf den Hochschulen:
– Unsere Materialien wurden dort unterschiedlich aufgenommen. Ihre Sprache entspricht angeblich nicht der Mentalität der Jungen. Mit dem Inhalt war der Großteil der Hochschulausschüsse einverstanden, nur der Prager Ausschuß hat ihn abgelehnt. Der lehnt alles ab. Einige Prager Fakultäten äußerten sich positiv, so zum Beispiel die Hochschule für Landwirtschaft. Über die bei uns eingegangenen sachlichen Anmerkungen haben wir verhandelt, den Brief des VOV ČSM Prag, der eine Häufung von Angriffen auf den UV war, haben wir abgelegt.
Warum hat der UV ČSM den Beschluß der I. Gesamtstaatlichen Konferenz der Hochschulstudenten verletzt und statt einer Konferenz der Studenten nur eine Versammlung der Hochschulfunktionäre einberufen?
– Es ist Sache des UV zu beurteilen, was in der augenblicklichen Situation von Vorteil ist, welches Programm abgesteckt wird, und was und wann einberufen wird. Ich glaube, der UV gab die Gelegenheit, sich zu den Materialien des Kongresses zu äußern, über sie zu beraten, und damit hat er den Beschluß der I. Gesamtstaatlichen Konferenz erfüllt.
Wird der endgültige Wortlaut des Statuten-Entwurfes veröffentlicht?
– Nein. Das ist Sache des Kongresses. Die Delegierten erhalten ihn bei Beginn der Verhandlungen.
Wird die Kandidatenliste des neuen UV ČSM veröffentlicht?
– Nein.
Warum?
– So ist die Praxis.

j[an] k[avan]

In seinem Artikel David und Goliath *zieht J. Kavan Zwischenbilanz:*

Die lange Zeit der Versuche, den ČSM zu reformieren, ging zu Ende. Eine Zeit, deren Bilanz unerfreulich ist: ein Meer von Kräften, Energie und Stunden, ein paar angegriffene Nervensysteme, einige Parteiprozesse, zwei Kollegen beim Wehrdienst. Auf der anderen Waagschale liegen Erfahrung und ein Stoß Papier: Zeugnisse eines ehrlichen und vergeblichen Kampfes. Nach den Ferien und den langen und peinlichen Streitereien mit dem UV ČSM konstituiert der VOV ČSM den *Akademischen Klub der Freunde der Kunst* als eine Grundorganisation des ČSM. Beim augenblicklichen Stand des Vereinsrechts ist es beinahe die einzige Möglichkeit, eine Art von studentischem Verein ins Leben zu rufen. Selbstverständlich war das nur eine zeitlich begrenzte und unvollkommene Form.

In dieser gespannten Situation, die der IV. Kongreß des Tschechoslowakischen Schriftstellerverbandes, d. h. die harte Reaktion der Partei auf den Ruf nach Demokratisierung im Lande nicht eben entschärft hatte, kam es am 31. Oktober zu der Protestkundgebung der Studenten gegen die untragbaren Verhältnisse in den Wohnheimen am Strahov.
Da die Presse diese Kundgebung entweder verschwieg oder in einer Weise darüber schrieb, die den Vorstellungen der Studenten von Objektivität widersprach, gab das Präsidium des VOV, das unmittelbar nach den Zwischenfällen am 2. November zusammengetreten war, ein Informationsbulletin heraus, das die Öffentlichkeit mit der Version der Studenten bekanntmachen sollte. Dieses Bulletin, das allerdings erst vom 24. November datiert, besteht aus 13 Schreibmaschinenseiten und enthält 1. einen Bericht über die Demonstration aus studentischer Sicht, 2. die Beschlüsse des VOV-Präsidiums über das weitere Vorgehen der Studentenvertreter zur Durchsetzung ihrer Forderungen (sie wurden vom Plenum des VOV am 21. 11. bestätigt) und 3. Auszüge aus den Resolutionen, die von den verschiedenen Fakultätsausschüssen der Prager Hochschulen angenommen worden waren.

Bericht über die Ereignisse vom 31. 10. 1967,
erarbeitet aufgrund von Zeugenaussagen unmittelbar Beteiligter

Am 31. 10. 1967 gegen 20.30 Uhr ging im ganzen Areal [der Studentenwohnheime am Strahov] wiederum das Licht aus. Wie in den vorangegangenen Fällen begann sich aus allen Blocks Lärm zu erheben. Zu dieser Zeit fand auch die Plenarsitzung des KRAS statt, bei der auch die

unhaltbare Situation verhandelt wurde. Von der elementaren Aktion der Studenten erfuhren die Sitzungsteilnehmer erst am Schluß der Verhandlung, gegen 23.15 Uhr.
Nach einer Meldung des Verwalters der Nordtribüne erschien im Studentenheim 4/5 ein VB-Angehöriger, um die Ursache des Lärms festzustellen. Durch Vermittlung der Pförtnerin informierte er seinen Vorgesetzten über den tatsächlichen Sachverhalt.
Aus einigen Blocks kamen Studenten mit Kerzen in Händen und formierten sich zu einem Zug um den betonierten Platz herum. Diese Gruppe, zu der immer neue Studenten stießen, ging einige Male um den ganzen Platz. Dann schlug die etwa tausendköpfige Menge die Richtung auf Dlabačov ein. Unaufhörlich wurde gerufen: »Wir wollen Licht! Wir wollen studieren!« Der Zug bewegte sich durch den Uvoz in die Nerudagasse. Etwa in der Mitte der Nerudagasse passierte ein VB-Fahrzeug in Richtung Pohořelec, und zwar unbehindert. Unaufhörlich riefen die Studenten: »Wir wollen Licht! Wir wollen studieren!« Beim Eintritt in den oberen Teil des Kleinstädter Rings wurde die Menge von einem VB-Angehörigen angehalten. Daraufhin versuchten die Menschen, durch die Nerudagasse in den unteren Teil des Kleinstädter Rings zu gelangen. Hier war die Straße von den VB-Fahrzeugen versperrt, und die Verhandlungen mit den VB-Angehörigen begannen. Sie schlugen vor, Vertreter der Studenten zu den zuständigen Stellen zu fahren. Es war unmöglich, die Masse der Studenten ohne technische Hilfsmittel, nur durch mündliche Aufforderung, zum Weggehen zu bewegen.
Inzwischen kamen weitere VB-Fahrzeuge dazu, und sofort wurde damit begonnen, die Menge energisch abzudrängen. Zunächst war die Menge so dicht, daß die Studenten in den vordersten Reihen keine Möglichkeit hatten zurückzutreten, und die heranfahrenden Fahrzeuge deshalb mit den Händen aufzuhalten versuchten. In dieser Situation machten die VB-Angehörigen zum erstenmal Gebrauch von Schlagstöcken.
Nach einer Auflockerung der Menge fuhren die Fahrzeuge mit erhöhter Geschwindigkeit durch die zurückweichende Menge. Durch die Fenster der Fahrzeuge hindurch schlugen die VB-Angehörigen auf die nicht schnell genug zurückweichenden Studenten ein und versprühten Tränengas. Nicht motorisierte VB-Angehörige gingen hinter den Fahrzeugen des VB einher und jagten die Studenten auf die Gehsteige. Einige von ihnen begleiteten die Knüppelschläge mit den Worten: »Da hast du dein Licht!« und vulgären Ausdrücken, die unter den Studenten Äußerungen des Unwillens hervorriefen. Auch nach den Aussagen einiger Bürger in Uvoz wurde immer die Parole laut: »Wir wollen Licht! Wir wollen studieren!«

Über Dlabačov fuhren die VB-Wagen ständig mit erhöhter Geschwindigkeit an den Gehsteigen entlang, auf denen die Studenten zurück zum Areal gingen. Tränengas wurde immer noch aus den Wagenfenstern gesprüht. Einige Studenten wurden ins Gebüsch oberhalb des Gehsteiges gedrängt, wo sie mit Fußtritten und Knüppelschlägen traktiert wurden. Unter den zurückkehrenden Studenten war auch eine große Anzahl von Mädchen; auch sie blieben von den Knüppelschlägen nicht verschont.
Die Studenten wurden in den Raum des Areals hineingedrängt. Zu diesem Zeitpunkt stellten sie fest, daß sich in den VB-Fahrzeugen einige festgehaltene Studenten befanden. Sie sammelten sich also wieder – am Ausgang des Areals – und forderten mit dem Ruf: »Laßt sie los!« die Freigabe der festgehaltenen Kollegen.
In dieser Phase versuchte der Kommandant des KRAS-Ordnungsdienstes, sich mit den VB-Angehörigen zu einigen. Es dauerte eine ganze Zeit, bis sie ihn endlich anhörten, dann wurde einer von ihnen als Kommandant bezeichnet. Mit ihm versuchte der Vertreter der Selbstverwaltung die gespannte Situation zu entschärfen. Nach längerer Verhandlung versprach der Kommandant der Einheit, die festgehaltenen Studenten würden freigelassen und mit VB-Wagen nach Dlabačov gebracht. Nach längerem Hin und Her, in dessen Verlauf sich einige VB-Angehörige den versammelten Studenten näherten und ihnen mit den Schlagstöcken drohten, wurden die festgehaltenen Studenten freigelassen. Die Menge ging also auseinander. Nach erneuten Rufen, ein Student werde immer noch festgehalten, kam die Menge wieder zusammen und folgte den sich entfernenden VB-Fahrzeugen. In der Kurve vor den Armee-Garagen war die Straße mit VB-Fahrzeugen versperrt. Die Studenten blieben stehen und forderten in Sprechchören die Freilassung des letzten Kollegen.
In diesem Augenblick kam VB-Verstärkung in zwei Lastwagen an und griff ohne jegliche Vorwarnung ein. Nach dem Zusammenstoß zogen sich die VB-Angehörigen zurück, und in der so entstandenen Lücke blieb ein Student liegen. Über sein Gesicht floß Blut. Danach setzten sich einige Studenten auf den Bordstein. Die VB-Angehörigen griffen erneut an, sie schlugen und traten die Studenten. Die übrigen flüchtenden Studenten wurden hart verfolgt. Die Angriffe richteten sich wiederum mit gleicher Vehemenz gegen Studenten wie auch Studentinnen.
Der Student, der sich über den auf dem Boden liegenden Kollegen beugte, wurde an der Schulter gepackt, und als er sich umdrehte, bekam er einen Knüppelschlag ins Gesicht, wobei er einen Nasenbeinbruch erlitt. Ähnlich harte Angriffe (Schläge und Fußtritte für am Boden liegende Menschen) können in vielen anderen Fällen bezeugt werden.

In dem schmalen Durchgang über den ausgehobenen Graben am Eingang zum Areal kam es zu einer Stauung. Einige Studenten von der anderen Grabenseite warfen Steine auf die VB-Angehörigen.
Die Studenten flüchteten vor den Schlägen in die einzelnen Blocks, und in den Türen kam es zum Gedränge. Die Glastür wurde eingedrückt, und es gab weitere Verletzungen am zersplitterten Glas. Diejenigen Studenten, die draußengeblieben waren, wurden weiterhin von den VB-Angehörigen verfolgt. Einige erhielten Schläge auf den Hinterkopf. Es kam auch vor, daß bewußtlos am Boden liegende Studenten Fußtritte bekamen. Auch diejenigen Studenten (ausländische nicht ausgenommen) wurden geschlagen, die vergebens zu erklären versuchten, sie hätten sich überhaupt nicht beteiligt; solche Erklärungen wurden von den VB-Angehörigen ungehörig kommentiert. Die ganze Aktion zeichnete sich oft durch reichlich vulgäre Angriffe auf die Studenten aus. Kleine Gruppen der VB-Angehörigen drangen auch in einige Blocks ein, wo sie in den Treppenhäusern mit Gummiknüppeln auf Studenten einschlugen und Tränengas versprühten. In vielen Fällen versuchten die VB-Angehörigen in die Zimmer einzudringen, andere verlangten nach Licht, weil sie annahmen, das Licht sei nur deshalb abgeschaltet worden, um ihnen ihre Tätigkeit zu erschweren. Ein Student wurde von einigen VB-Angehörigen aus dem Block herausgeschleppt und unterwegs als Anführer bezeichnet. Obwohl er beteuerte, er würde freiwillig mitkommen, wurde unablässig auf ihn eingeschlagen. Draußen schlugen ihn etwa 12 VB-Angehörige bewußtlos. Ein anderer Student wurde von den VB-Angehörigen mit den Worten angehalten »Auf dich hab ichs von Anfang an abgesehen, du Schwein!« Diesem Studenten wurde der Arm auf dem Rücken verdreht, und zwei VB-Angehörige schlugen ihn auf dem ganzen Weg bis zum Wagen, obwohl auch er beteuerte, er würde freiwillig überall hin mit gehen. Man drang auch in die Blocks der Mädchen ein, wo auf die Studentinnen eingeschlagen und Tränengas versprüht wurde. Die Studenten reagierten auf alle diese brutalen Angriffe der VB-Angehörigen mit spontanen Ausrufen des Unwillens.
Gegen Mitternacht war der Platz zwischen den Blocks unter Kontrolle des VB. Einige VB-Angehörige griffen Studenten an, die aus der Stadt in ihre Blocks zurückkehrten. Gegen 1.00 Uhr herrschte wieder Ruhe.

Aufgrund der Informationen, die ihm zur Verfügung stehen, kam der KRAS zu folgenden Schlüssen:

1. Technisch war es unmöglich, daß 1500 Menschen in der schmalen Nerudagasse sofort umkehrten und schnellstens wieder zum Strahov

zurückkehrten, besonders da keine Sprechanlagen (Megafone, Funkwagen) eingesetzt wurden.

2. Wir nehmen an, daß die von den VB-Angehörigen angewandten Methoden nicht der wirklichen Schuld der Studenten entsprechen.
3. Für das Verschulden der Studenten halten wir ihre unangemeldete Versammlung, die Störung der Nachtruhe, Verkehrsbehinderung in der Nerudagasse.

Wir betonen, daß das einzige Bestreben der Studenten war, die unhaltbare Situation in den Studentenheimen zu verbessern, und daß es zu dieser Aktion erst kam, nachdem alle üblichen Mittel, Abhilfe zu schaffen, sich als wirkungslos erwiesen hatten.

Wir stellen fest, daß die Berichte in der Presse die Öffentlichkeit keineswegs von dem tatsächlichen Verlauf der Ereignisse informierten.

Mit Rücksicht auf die Tatsachen halten wir eine öffentliche Aufklärung über das Vorgehen der VB-Angehörigen für erforderlich.

Die Beschlüsse über das weitere Vorgehen der Studenten im Zusammenhang mit den Demonstrationen vom 31. Oktober stellen kein politisches Maximalprogramm, sondern ein sehr detailliertes Aktionsprogramm der Studenten dar, denen bei der Ausarbeitung dieses Programms die Erfahrungen aus ihrer bisherigen Arbeit mit oder gegen den Jugendverband und andere Institutionen zweifellos zugute kamen. Die Umsicht und die Gründlichkeit, mit der die Studenten bei der Aufstellung ihres Aktionsplans vorgingen, zeigt, daß die Studenten im Fall Strahov ein Exempel statuieren wollten und die Ereignisse, wie es in einer ihrer Resolutionen heißt, als Ergebnis der ungesunden Atmosphäre im Staat, als Resultat der politischen und ökonomischen Gesamtsituation begriffen. Dennoch spielen die Forderungen der Radikalen nach studentischer Selbstverwaltung und nach Lösung vom Jugendverband in dem Aktionsprogramm eine eher untergeordnete Rolle, was angesichts der gespannten Lage verständlich ist, keineswegs jedoch auch die Billigung aller Mitglieder des VOV fand. Daß sich auch unter den Studenten im Falle Strahov die Geister schieden, zeigt der Diskussionsbeitrag Karel Kovandas (s. u.), der beispielsweise den Rat der Studentenheime (KRAS) kritisiert, weil für dieses Gremium die ganze Angelegenheit mehr eine Frage der technischen Mängel und elektrischen Kabel blieb.

Das Präsidium des VOV ČSM kam zusammen mit den Repräsentanten des FV ČSM und den Studentenheim-Räten [am 2. 11. 1967 bzw. am 3. 11.] zu folgenden Beschlüssen:

Ursachen der Demonstration

– Im vollen Umfange müssen die Ursachen erforscht werden sowie die verantwortlichen Verursacher der wirtschaftlichen Mängel, die die eigentliche Ursache der Strahov-Ereignisse waren. Die breite Öffentlichkeit muß mit den Ergebnissen bekannt gemacht werden. [...]

Einstellung zur VB

– Es müssen strenge Konsequenzen gegenüber all denjenigen gezogen werden, die im Rahmen dieser Ereignisse ihre Vollmachten überschritten haben, gleichgültig, ob es sich um Studenten oder um VB-Angehörige handelt.
– Die Bemühungen des KRAS sind zu unterstützen, eine Zusammenkunft der am Strahov wohnenden Studenten mit den VB-Repräsentativen herbeizuführen, und bei dieser Zusammenkunft die Beschlüsse der ganzen Aktion zu verhandeln.
– Bis zum 16. 11. 1967 ist das Material des KRAS zu verarbeiten: die Aussagen einzelner Studenten, die bei dem Eingreifen der VB gegen die Demonstration betroffen wurden, und dieses Material ist bis zum 18. 11. 1967 dem Kommandanten des MS VB Prag, Ticháček, zu übergeben. Zu den Verhandlungen beim MS VB ist eine Delegation zu entsenden – Teilnehmer: die G[enossen] Kymlička, Koudelka und Pšenička. KRAS erhält die Auflage, seine eigenen Vertreter zu benennen.
– Mit der juristischen Fakultät ist über die Möglichkeiten zu verhandeln, die betroffenen Studenten rechtlich zu beraten.
– Beim MS VB ist eine objektive Beurteilung der ganzen Angelegenheit anzustreben.

Allgemeine Beschlüsse des VOV

– Wir sind gegen die Lösung wichtiger studentischer Probleme ohne Verbandsorgane, ohne Studentenheim-Räte, gegen die Lösung solcher Probleme durch elementare Demonstrationen.
– Die Koordinierung aller studentischer Aktionen übernimmt der VOV ČSM in enger Zusammenarbeit mit dem KRAS.
– Es werden keine Unterschriftenaktionen organisiert. Die Resolutionen einzelner Fakultätsausschüsse sind (in Kopien) dem VOV einzureichen, der durch die Repräsentanten der FV ČSM die studentische Öffentlichkeit über den Fortgang der Lösung informieren wird.

Regierungskommission

– Der VOV ČSM Prag ersucht das Regierungspräsidium, in der Regierungskommission, die sich mit den Strahov-Ereignissen beschäftigt, die Möglichkeit einer Erweiterung der Vertretung der Prager Studenten zu erwägen, und zwar um den KRAS-Vorsitzenden G. Vladimír Vortel und G. Zdeněk Pinc, Präsidiumsmitglied des VOV ČSM;

- das VOV-Plenum erteilt dem PVOV und dem KRAS die Auflage, alle Strahov betreffenden Unterlagen der Regierungskommission und dem UV ČSM vorzulegen;
- unsere Vertreter in der Regierungskommission haben den Auftrag, die in der Armee und den Einheiten des Innenministeriums verbreiteten unwahren Informationen darüber, daß die Strahov-Ereignisse vom Ausland finanziert worden seien, zu entkräften und diese Kommission zu ersuchen, die Widerlegung solcher Nachrichten und die Aufklärung über den wirklichen Tatbestand zu sichern.

Bisherige Informierung der Öffentlichkeit

- Mit der Kommission der ČVUT ist die Möglichkeit zu verhandeln, in den Bericht der Kommission auch das Gesuch um objektive Berichterstattung in der Presse aufzunehmen. Mit dem KRAS sind die Folgerungen aus den bisherigen Veröffentlichungen zu ziehen. [...]
- Das Plenum beauftragt den PVOV, mit den Redaktionen der Zeitungen *Mladá Fronta, Student, Universita Karlova* in Verbindung zu treten und mit ihnen darüber zu verhandeln, daß ihm Platz eingeräumt wird, um die Stellungnahmen der Fakultätsausschüsse sowie andere Unterlagen veröffentlichen zu können, die bisher von der übrigen Presse ignoriert wurden. [...]
- Der FV FF UK wird beauftragt, mit Persönlichkeiten aus den Reihen der Professoren der FF UK Verhandlungen über die Möglichkeit aufzunehmen, eine polemische Antwort auf den Artikel des F. J. Kolár zu verfassen. [...]

Der in den Beschlüssen mehrfach genannte Kommentator F. J. Kolár hatte in der Zeitung Kulturní tvorba, *die im Verlag der Parteizeitung* Rudé právo *erscheint, am 16. November 1967 einen polemischen Artikel über die Studentendemonstration geschrieben, der, freilich ohne auf die konkreten Forderungen der Studenten einzugehen, sich nur in diffamierenden Anschuldigungen ergeht. Unter dem Titel* Reden wir mal drüber ... *war zu lesen:*

[...] Die wichtigste und unmittelbare Ursache der Demonstration war tatsächlich die unhaltbare Situation in den Studentenheimen, aber wir sollten uns nichts vormachen und uns nicht selbst mit dieser bloßen Feststellung betrügen. Ich habe dieser Tage an einem Gespräch der Studenten teilgenommen, und ich weiß, in welchen Zusammenhängen einige von ihnen über die Demonstration sprachen. Auch wenn die Mehrzahl in der Demonstration einen Protest gegen Schlendrian und Verantwortungslosigkeit oder auch gegen Regression sah, so gibt es unter den Studenten – und vor allem unter ihren erwachsenen, falschen Lobsängern – auch solche, die der Demonstration *politischen* Sinn und Ziele beimaßen. Nicht zufällig sprachen manche über einige Diskussionsbeiträge bei dem Schriftstellerkongreß. Und die Argumentation einiger einzelner unter den Studenten beweist die absolute Kenntnis der heutigen westlichen antikommunistischen Propaganda, namentlich der des Senders *Radio Freies Europa.* Auch die zehnjährige Publizistik der *Literární Noviny* blieb nicht ohne Einfluß. Und das alles zusammen klagt die unzureichende, undurchdachte und unsorgfältige politische Arbeit der pädagogischen und anderen Organe unter den Studenten in den letzten Jahren an. Die Studenten behaupten, es habe sich nur um einen Protest gegen die Verhältnisse am Strahov gehandelt, sie hätten keine politischen Beweggründe und Absichten gehabt. Bei dem Großteil von ihnen mag es ohne Zweifel so gewesen sein, es gibt keinen Grund, den Studenten nicht zu glauben.

Wir leben aber in einer konkreten historischen und politischen Situation, und objektiv hatte der Auftritt der Studenten seinen politischen Aspekt. Davon zeugt auch das Echo in der westlichen Presse. Die *FAZ* schreibt von »Verfolgungen«, und das österreichische ÖVP-*Volksblatt* vom »Ultimatum der Prager Studenten«. Die italienische Presse behauptet sogar, »mehr als hundert Studenten sind verletzt worden«, »es wurden auch Mädchen geschlagen« und »mehr als hundert Studenten mußten sich im Krankenhaus behandeln lassen«. Die Strahov-Demonstranten wissen selbst am besten, daß diese Behauptungen erdacht und erlogen sind. Aus der Erklärung des Rektors des ČVUT und aus andern glaubwürdigen Quellen geht unwiderlegbar hervor, daß nur ein schwacher nächtlicher Bereitschaftsdienst des zuständigen VB-Abschnittes gegen eine mehrfache Überzahl von Studenten auftrat. Nur zwölf Studenten sind verletzt worden. Auch VB-Angehörige wurden verletzt. Der Rektor der ČVUT erklärte, er »vermisse rechtlichte Grundlagen« über die Unangemessenheit des VB-Engreifens, weil sich auf seine Aufforderung keiner von den angeblich Betroffenen gemeldet hatte, es »sei ihm aber trotzdem von den verantwortlichen Funktionären des Innenministeriums zugesichert worden, die VB würde die Sache sorgsam untersuchen und die Konsequenzen ziehen«.

Heute würden viele Studenten und manche ihrer Lehrer gern alles auf die sogenannte »Brutalität« der VB abwälzen. Hier kommen wir allerdings mit einem emotionellen Gesichtspunkt und mit den Klagen derjenigen nicht aus, die zufällig in das Gedränge hineingerieten, und begreiflicherweise auch einen Knüppelschlag abbekamen, wenn auch vielleicht unschuldig. Man muß sehen, wer den Konflikt hervorgerufen hat, wer die Gesetze verletzte. Der Hinweis auf die Jugend und auf die Unbedachtsamkeit kann die Studenten nicht entschuldigen. Die VB-Angehörigen sind ebenso jung, und sie mußten ihre Pflicht erfüllen – die Ordnung und die Gesetze schützen, die wir uns selbst gegeben haben.

Diese Denunziationen aus offizieller Feder erschienen zu einem Zeitpunkt, da man in Prag mit neuen Studentendemonstrationen rechnete, nachdem die Forderungen der Studenten – beispielsweise nach objektiver Informierung der Öffentlichkeit – nicht und am wenigsten durch F. J. Kolárs Kommentar erfüllt worden waren. Erst vier Wochen später wagte es die Redaktion der Universitätszeitung UK, *F. J. Kolár in dem Artikel* Die Logik der Unwahrheit *zu antworten:*

Unbestreitbar ist es zu Ereignissen gekommen, die politisch außerordentlich heikel und ernst sind. Die Beziehungen zwischen den jungen Menschen und dem Staatsapparat wurden gestört, aus Ursachen, die in einer sträflichen Nachlässigkeit der verantwortlichen Organe liegen. Deshalb ist es klar, daß eine solche Situation, auf die nicht nur die Hochschulen, sondern unsere ganze Öffentlichkeit intensiv reagiert haben, nur mit einer objektiven Beurteilung zu lösen ist, einer Beurteilung voller Umsicht und maximalem Verständnis. Nur so kann man zu einer optimalen politischen Auslegung und Lösung gelangen.
Die Hochschulstudenten sind keine einheitliche Masse ohne innere Widersprüche und Differenzierung. (Beispielsweise haben viele bis vor kurzem nachzuweisen versucht, es gäbe einen Unterschied zwischen »bewußter« technischer Intelligenz und »nicht bewußter« humanistischer ...) Aber sie werden doch durch etwas charakterisiert, was ihnen gemeinsam ist: durch das aktive Streben, kritisch auf Mängel hinzuweisen, zu deren Beseitigung beizutragen und so an der Schaffung einer modernen, wirklich demokratischen und sozialistischen Gesellschaft teilzuhaben. In diesem Sinne sind sie also politisch, konkret politisch; und eine solche aktive, schöpferische, engagierte politische Tätigkeit ist im Sinne des Sozialismus. [...]
F. J. Kolár hat seine Anschuldigungen nirgends belegt – es sei denn, daß die westliche Presse ein Argument wäre, die er gegen die Prager Studenten zitiert. Über seine unbewiesenen Behauptungen läßt sich leider nicht dis-

kutieren, da sie jeden sachlichen Arguments entbehren. Solch eine Stellungnahme kann nur Verwirrung und Unklarheit bringen und einen Teil der Öffentlichkeit desorientieren, respektive zur Verbreitung schädlicher Stimmungen gegen die Hochschulintelligenz überhaupt beitragen. [...] F. J. Kolár ist der Dialog mit den Studenten mißlungen. Aber auch im Monolog auf den Seiten seines Blattes bewies er Mangel an Sachkenntnis und an gutem Willen, objektiv die wahren Ursachen zu beurteilen. Seine Anklage muß sich deshalb wohl oder übel gegen ihn selbst kehren. Das ist die Logik der Unwahrheit.

Aus den Resolutionen der einzelnen Prager Fakultätsorganisationen, wie sie in dem Informationsbulletin der Studenten vom 24. November 1967 zitiert werden:

Die Studenten der FF UK verabschiedeten am 8. 11. diese Resolution:
»[...] Wir bringen unsere Beunruhigung über die Niveaulosigkeit und die Qualitätsmängel der neu erstellten Studentenheime zum Ausdruck, weil gerade diese Mängel unmittelbar zu diesen Ereignissen führten. Wir nehmen allerdings an, daß diese Ereignisse tiefere Ursachen haben, die keineswegs durch bloße Beseitigung der konkreten Mängel gelöst werden können.
Wir sind beunruhigt über die a priori ablehnende Haltung bestimmter Schichten gegenüber den Studenten und der Intelligenz überhaupt. Wir nehmen an, daß diese Haltung typisch ist für die Mehrzahl der VB-Angehörigen, und daß sie nicht nur von der Mentalität der einzelnen Mitglieder herrührt, sondern aus der ungeklärten Aufgabe des gesamten VB-Apparates in der sozialistischen Gesellschaft.
Wir verlangen Garantien, damit sich solche Ereignisse nicht wiederholen können, und stellen deshalb folgende Forderungen:
1. Die Forderung nach Autonomie des Hochschulgeländes, sowohl in den Fakultäten als auch in den Studentenheimen,
2. Bekanntgabe der Namen der Verantwortlichen für das Eingreifen der VB und Aufklärung über deren administrative Kompetenzen,
3. Kennzeichnung der VB-Angehörigen mit sichtbaren Nummern;
4. wir ersuchen den Kulturminister Prof. Dr. J. Hájek, die Strahov-Ereignisse der National-Versammlung zur Verhandlung vorzulegen,
5. wir fordern die Richtigstellung der ursprünglich veröffentlichten Presse-Berichte über die Strahov-Ereignisse,
6. wir fordern das Verbot der Anwendung jeglicher chemischer Mittel gegen Menschen auf dem Gebiet der ČSSR,

7. wir verlangen die Veröffentlichung der Untersuchungsergebnisse der Kommission des Rektors des ČVUT,
8. wir fordern, daß die gesamte Untersuchung bis Ende November abgeschlossen und zu konkreten Ergebnissen geführt wird. [...]«

Mit diesen acht Punkten der Philosophen identifizierte sich voll und ganz die Resolution der FVL UK vom 20. 11. Einen ähnlichen Wortlaut der Resolution verabschiedete auch die Versammlung der Studenten der Naturwissenschaftlichen Fakultät am 20. 11. und die Versammlung der Kollegen von der *Universität des 17. November* am 23. 11. Aus der Resolution der Studenten der USL:

»[...] Wir verurteilen die Art, wie unsere Presse über diese ganzen Ereignisse berichtete, die sich unter anderem über die Repressalien gegen die Westberliner Studenten im Juni dieses Jahres empörte und dabei in den Berichten über Strahov die Tatsache verschwieg, daß die Studenten durch die schnell fahrenden Polizeifahrzeuge lebensgefährlich bedroht wurden, daß sie mit Füßen getreten und mit Knüppeln geschlagen wurden, daß man gegen sie Tränengas einsetzte; dabei wurde in gleicher Weise auch gegen Frauen vorgegangen. [...]«

Am 20. und 21. 11. trat nach dem aus der Resolution vom 8. 11. hervorgehenden Beschluß wiederum die Versammlung der Studenten der FF UK zusammen, an der u. a. auch Rektor Prof. Dr. O. Starý, Prorektor Prof. Dr. E. Goldstücker und der Sekretär des VV KSČ Z. Docenko teilnahmen.

Diese Versammlung verabschiedete folgende Resolution:

»[...] Die Ereignisse am Strahov sind das Ergebnis der ungesunden Atmosphäre in diesem Staat und das Ergebnis der politischen und ökonomischen Gesamtsituation. Deshalb lehnen wir die Bestrebungen ab, sie nur auf die bloße Beseitigung der mangelhaften Arbeit der Baubetriebe zu reduzieren. Wir glauben jedoch, daß die Inter-Ressort-Kommission – bei vollem Bewußtsein ihrer Verantwortung – die technischen Aspekte dieses Konflikts und den Rechtskonflikt mit dem VB lösen wird.

Wir ersuchen den Regierungspräsidenten, in diese Kommission weitere Vertreter der Hochschulstudenten zu benennen. [...]

Weiterhin ersuchen wir die Regierungskommission, als erstes sich von den bisherigen Informationen zu distanzieren, die durch die Presse gegangen sind. Wir ersuchen sie um eine verbindliche Zusage bezüglich der Objektivität der Informationen, die sie der Öffentlichkeit zukommen lassen wird. Wir halten es für zweckmäßig, daß diese Kommission die Studenten über ihre Tätigkeit laufend informiert, und zwar durch die Interfakultäre Kommission, weil die ganze Angelegenheit tiefere Wurzeln hat und weil ihre Lösung unter anderem von einer dauernden Aktivität der Studenten abhängen wird.«

Abschließend eine Frage, die die USL in ihrem Schreiben stellte und die wir nicht zu beantworten wissen:

»Wie sollen wir den ausländischen Studenten, die mit Vorstellungen von einer sozialistischen Demokratie zum Studium in die *sozialistische* Tschechoslowakei kamen, erklären, daß ein solches Eingreifen in unserer Gesellschaft in einem solchen Falle überhaupt möglich ist.«

[Angekündigt wird eine zweite Ausgabe des Bulletins.]

Prag, den 24. 11. 1967

Jan Kavan rekapituliert in seinem Aufsatz David und Goliath *die Folgen der Studentendemonstration und der Zusammenstöße mit der Polizei sowie das Schicksal des studentischen Informationsbulletins:*

Die Brutalität des VB-Eingreifens gegen die Strahov-Demonstranten empörte auch die Studenten, die sich bisher überhaupt nicht engagiert hatten. Die Presse ignorierte systematisch die Stimmen der Studenten. Der VOV ČSM gab deshalb ein Informationsbulletin heraus, in dem er den KRAS-Bericht über den eigentlichen Verlauf der Demonstration veröffentlichte, dazu die Haltung des VOV zu der ganzen Angelegenheit und die Resolutionen, mit denen der VOV von den einzelnen Fakultäten förmlich überschüttet wurde. Aber auch dieses Stimmchen schien dem UV ČSM offenbar zu laut, so daß – wahrscheinlich aus Angst, es könnte im Unisono der anderen disharmonisch klingen – das Bulletin das Etikett eines einseitigen, unobjektiven Berichts des VOV ČSM bekam. 250 Exemplare, die sich der UV und der MV ČSM abgeholt hatten, um sie an die Prager Kreise und an die Fakultäten außerhalb Prags zu verschicken, landeten in den Schubladen. Die Empfehlung des Kulturministeriums, das Bulletin an den schwarzen Brettern auszuhängen, wurde von den Dekanen unterschiedlich interpretiert, so daß das Bulletin in verschiedenen Fakultäten abgerissen wurde.

Wir dachten an die Herausgabe einer weiteren Nummer des Bulletins, aber bei einer gemeinsamen Sitzung des VOV-Präsidiums und des Sekretariats des UV ČSM drohte Genosse Zavadil sogar mit der Auflösung des VOV. Dennoch entschloß sich das VOV-Plenum, die Nummer 2 des Bulletins herauszugeben; zwei Tage später wurden wir davon unterrichtet, daß die Herausgabe des Bulletins dem Pressegesetz zuwiderlaufe. Später wurde es uns sogar unmöglich gemacht, auch nur einen offenen Brief an die übrigen Fakultäten zu versenden, womit die Kommunikation zwi-

schen dem VOV und den Fakultäten auf ein Minimum reduziert worden war. Bald danach wurde ein Bericht des Presse-Sekretärs der Regierung veröffentlicht, der einen Punkt hinter die Strahov-Ereignisse setzen sollte und hinter die Unruhen, die sie hervorgerufen hatten. Die Mehrzahl der Mitglieder des PVOV sprach sich grundsätzlich gegen den ganzen Bericht der Regierung aus.
In dieser Situation entschloß sich der VOV, ein Aktiv aller Prager Hochschulstudenten einzuberufen, was nach einigen Schwierigkeiten am 13. Januar 1968 geschah. Am Vorabend des Aktivs entschloß sich das Plenum des VOV, in den Hochschulen ein Referendum über den Sinn des ČSM durchzuführen.

Auf dieser Sitzung der Prager Studentenvertreter am 13. Jan. 1968 legt Karel Kovanda die Ansichten der Studenten dar:

Die Ereignisse am Strahov und ganz besonders, was darauf folgte, beschleunigte in uns einen ganz bestimmten Prozeß, den ich als Bewußtwerdung der Studenten bezeichnen möchte. Einen großen Einfluß auf diese Bewußtwerdung hatten die Realitäten selbst, aber einen nicht geringeren Einfluß hatte – bis zu einem gewissen Grad (den ich nicht zu schätzen vermag) – auch unsere eigene geistige Entwicklung, die von den äußeren Erscheinungen unabhängig war. [...] Ich will nur einige der Fälle anführen, in denen der UV gegen die Interessen der Studenten eintrat, und zwar nur aus dem Vorjahr:
- der Ausschluß von Müller;
- die Degradierung des Hochschulrates, einer demokratisch gewählten Studentenvertretung, zu einem vom UV benannten, beratenden Organ ohne jegliche Vollmacht;
- das systematische Ignorieren des Beschlusses der I. gesamtstaatlichen Konferenz der Studenten und die unablässige Vermittlung des Eindrucks, es habe sich auch um die letzte Konferenz gehandelt;
- die Hetze gegen den VOV ČSM Prag – vor der Beratung in Brünn und vor der Städtischen Konferenz des ČSM in Prag;
- die Sabotage der Diskussion vor der Konferenz; trotz mehrmaliger Hinweise, Gesuche und Versprechungen lieferte der UV niemals ausreichendes faktisches Grundlagenmaterial. [...]

Ich nehme an, gerade Strahov war jenes Prisma, an dem sich klar das ganze Spektrum der verschiedenen Lösungsmethoden zeigte: wer welche wie anwendet, und vor allem, wie zweckmäßig sie sind.

Die Haltung der Studenten selbst:
Sie wären in ihrer politischen Naivität, die ich außerordentlich schätze, weil sie von unserer Politikmacherei so absolut unberührt ist, am liebsten gleich wieder losgezogen, um gegen all das zu demonstrieren, womit sie nicht zufrieden sind.
Die Haltung des KRAS:
Er erlangte zwar großes Ansehen, aber nur oben, leider nicht auch bei den Studenten – weil für den KRAS, aus Gründen, die ich nicht begreife, Strahov tatsächlich nur eine Frage der elektrischen Kabel blieb.
Die Haltung des VOV:
Mit mehr Einigkeit als sonst üblich trat der VOV hervor, als Vertreter der studentischen Interessen, nicht als abstrakter, chimärenhafter Vertreter der sogenannten objektiven Wahrheit, sondern als parteiischer Vertreter des studentischen Standpunkts. Pathetisch in seiner Hilflosigkeit, als alle unsere Bemühungen sich als vergeblich erwiesen.
Die Haltung des UV ČSM:
Er zeigte – zumindest mir – klar und deutlich, daß es solchen Kreaturen wie Zavadil und seinem ganzen Verein wirklich um nichts anderes als um ihre Posten geht. In einer Frage, die alle Hochschulstudenten in der ganzen Republik, also Hunderttausende von Menschen betrifft, wartet dieser Ausschuß mit seiner Stellungnahme, bis ein anderer Stellung nimmt – und schließt sich a priori dieser Stellungnahme an, wie sie auch ausfallen mag. Ohne daran zu denken, daß nicht nur die Warren-Kommission zu Schlüssen gelangte, deren Qualität uns hinreichend bekannt ist. Ein UV, der in seiner Angst, seinen guten Namen in einer Zeit großer innerparteilicher Kämpfe nicht zu beschädigen, nicht bereit ist, in praxi zu beweisen, daß er jener lauthals proklamierte »Repräsentant der jungen Generation« ist. Wahrscheinlich eher einer Degeneration.
Zavadil erklärte, daß ehrbare Menschen, die mit den Prinzipien einer Organisation nicht einverstanden sind, diese Organisation verlassen sollten. Ich denke, nach den Strahov-Ereignissen sollte Zavadil demissionieren, aber ich glaube nicht, daß Zavadil ein ehrbarer Mensch ist.
Die Haltung Minister Hájeks,
wie sie bei seiner Begegnung mit dem erweiterten VOV Präsidium klar wurde: [...] Herr Minister Hájek ersuchte uns sehr nachdrücklich, hinter diesen Fall einen Punkt zu setzen. Der prinzipielle Grund, warum für mich Strahov ohne Punkt bleibt, ist dies: Wir alle kennen den Namen Benno Ohnesorg. Oberst Ticháček äußerte sich dahingegehend, die gegebene Situation habe es dem SNB ermöglicht, von Schußwaffen Gebrauch zu machen. Für mich ist es nur ein Zufall, daß niemand getötet wurde.

Der Unterschied zwischen schwerer Körperverletzung und Tod, und weiter, daß man dort festgestellt hat, wer getötet hatte. Hier würden wir nicht einmal den Namen des Mörders erfahren, weil es hier kein Leder für Nummernschilder gibt ...

Ich kehre zurück zum VOV. Ich erwähnte schon, daß unser größter Fehler darin lag, in alle unsere Kalkulationen so oder so immer auch unsere höheren Organe einzubeziehen, auch wenn langjährige Erfahrungen dafür sprachen, daß es unmöglich ist. Auch bei Strahov war es nicht anders. Unsere Überlegungen enthielten immer auch die Dimension, *ob sie es uns erlauben werden* – und wenn sie uns etwas nicht erlaubten, haben wir es respektiert. Deshalb erfuhr – außer den Prager Studenten – niemand unsere Version von den Strahov-Ereignissen. (Nebenbei: die hämische Art, mit der die vorgesetzten Organe von uns 250 Stück des Bulletins anforderten, gerade um die anderen zu informieren, ist ohne Beispiel: soviel ich weiß, liegen die Bulletins bis heute in den entsprechenden Tresoren. Die Kosten für diese 250 Stück sind uns nie erstattet worden.) Aus diesem Grunde haben wir kein weiteres Bulletin herausgegeben; aus diesem Grunde haben wir dieses Aktiv nicht schon am 20. Dezember einberufen; aus diesem Grunde haben wir auch nicht ernsthaft an die Möglichkeit einer weiteren Demonstration gedacht. Aus diesem Grunde sind hier auch – bis auf einige wenige Ausnahmen – keine Kollegen von anderen Hochschulzentren.

Wir müssen uns endlich bewußt machen, daß wir und der UV an entgegengesetzten Enden stehen – genau wie in *Mladá Fronta:* wir ziehen zwar an einem Strang, nur zieht jeder an einem anderen Ende. Wir haben mit ihnen überhaupt nichts mehr gemeinsam, und wir müssen unseren eigenen Weg gehen. Es bleibt mir nur noch zu sagen, daß es für mich unannehmbar ist, daß Zavadil und F. J. Kolár für gute Kommunisten gehalten werden. [...]

Der UV bedeutet heute für die studentische Bewegung die konservativste Kraft. Ich halte es nicht für zweckmäßig, mit meiner Anwesenheit im Verbandsorgan einen solchen UV zu unterstützen, und deshalb reiche ich meine Demission vom VOV ein. Die Zeit ist reif dafür, daß wir eine offene Opposition eröffnen. [...]

Je länger sich die studentischen Beratungen hinzogen und in der Öffentlichkeit, vor allem seitens des Jugendverbandes, keine Unterstützung fanden, desto stärker spürbar zeichneten sich zwei Fraktionen unter den Studentenvertretern ab – entgegen der kompromißbereiten Fraktion bestand die der radikalen Studenten auf dem Gedanken der Selbstverwaltung an den Hochschulen. Die umfassende Demokratisierung, die nach dem Ja-

nuarplenum des ZK und dem Sturz Novotnýs einsetzte, gab selbstverständlich auch der studentischen Bewegung neuen Auftrieb. Jan Kavans Artikel vom 13. März charakterisiert die Diskussionen Anfang März:

Viele Studenten haben inzwischen begriffen, daß man eine schlechte Grundlage nicht ewig ausbessern kann. Der ČSM gibt sich für den Repräsentanten der ganzen Jugend in der Republik aus. Dazu hat keine freiwillige Organisation das Recht, geschweige denn eine solche, in deren Reihen nur 26% junge Menschen im Alter von 15 bis 26 Jahren sind. Überdies erhält sich der ČSM die Mehrzahl seiner Mitglieder nur mit Hilfe von Korruption. Anders kann man nämlich den Mißbrauch der Monopol-Vorteile im materiellen Bereich (MBT, Auslandsreisen, Studentischer Betrieb usw.) nicht bezeichnen.
In diesen Tagen werden bei den Fakultäts-Plenarsitzungen drei Alternativ-Vorschläge diskutiert, die der VOV verschickt hatte.
1. Reform des ČSM
2. Eine selbständige studentische Organisation
3. Studentische Selbstverwaltung
Das Plenum des VOV neigt zu dem dritten Vorschlag: zur studentischen Selbstverwaltung, die als erste die Studenten der Philosophischen Fakultät aufgestellt hatten, etwas später dann die Studenten der Journalistik. An der Arbeit der studentischen Selbstverwaltung kann sich jeder Inhaber des Tagesstudium-Indexes beteiligen. Alle Studenten, ohne Rücksicht auf die Zugehörigkeit zu irgendeiner Organisation, wählen ihren eigenen *Akademischen Studenten-Rat* [ARS], der dann ein wirklicher Repräsentant und Sprecher der Studenten der Fakultät ist. Der ČSM sollte sein Monopol auf den Fakultäten aufgeben, was allerdings nicht besagen soll, daß er eingehen sollte. Die Selbstverwaltung kann er mittels Wahlen so beeinflussen, daß die gewählten ČSM-Mitglieder im ARS die Linie des ČSM vertreten werden.
Die studentische Selbstverwaltung schließt aber auch die Gründung einer selbständigen studentischen Organisation nicht aus. Sobald das neue Vereinsrechts-Gesetz verabschiedet wird (bisher gilt das Gesetz aus dem Jahre 1951, das bis zu einem gewissen Grade der Verfassung aus dem Jahre 1960 widerspricht), können sich auf den Fakultäten Vereine und Organisationen konstituieren, je nach Interesse und Bedarf. Ich nehme an, daß eine politische studentische Organisation sehr vorteilhaft wäre. Eine solche allerdings, die dann tatsächlich die echten Ansichten ihrer Mitglieder durchsetzen würde, und nicht die Wünsche ihrer Leitung. Die Forderung nach einer baldmöglichen Verabschiedung des Vereinsgesetzes halte ich

heute für eine der aktuellsten Forderungen, und ich glaube, die Mehrzahl der Prager Studenten wird sich hinter dieses Gesetz stellen. Auch die Delegation der Prager Hochschulstudenten sollte es nicht vergessen, die vor kurzem um Empfang bei G. A. Dubček gebeten hatte.

Zwei Meldungen im Parteiorgan *Rudé právo* am 13. 3. 1968

Entwurf zur Organisation der studentischen Bewegung

Prag 12. März (jp) – In Prag trat die Leitung des Hochschulrates zusammen und machte sich mit den ersten Beschlüssen der Teams bekannt, die an den Entwürfen der organisatorischen Struktur und des Programms der studentischen Bewegung in der Tschechoslowakei gearbeitet hatten. Nach ihrer Ansicht sollte die Organisation auf den Grundlagen des sozialistischen Humanismus stehen und sich zur aktiven Teilnahme an der Prägung des kommunistischen Charakters unserer ganzen Gesellschaft melden.

In dem Kommuniqué, das in der Redaktion eingegangen ist, wird weiter ausgeführt, die Organisation sollte die Selbstverwaltungsformen im intellektuellen und funktionellen Bereich der Hochschul-Bewegung vertiefen, an der Erziehung der politisch reifen Fachleute teilnehmen und die studentischen Interessen durchsetzen, den Raum und den Anteil der Organisation am Leben und an der Arbeit der Hochschulen und deren Einrichtungen vergrößern, breitere Möglichkeiten für die Bewährung studentischer Vertreter im öffentlichen Leben schaffen usw. Sie sollte also die Forderung einer politischen, Interessen- und gewerkschaftlichen Organisation erfüllen.

Grundprinzip der studentischen Organisation sollte das Recht eines jeden Studenten und eines jeden jungen Assistenten sein, an ihrer Arbeit teilzuhaben. Die Grundeinheit würde die Fakultätseinheit, vom Parlament der Fakultät geführt, wobei ihr innerer Aufbau sich nach der eigenen Spezifikation einer jeden Fakultät richten würde. Ihnen übergeordnet wäre ein repräsentatives, informatives und koordinatives Distriktsorgan mit Führungsvollmacht. Das Zentralorgan hätte dann die gleiche Aufgabe wie die Distriktsorgane und würde überdies die Studenten in der internationalen studentischen Bewegung repräsentieren.

Die vorgeschlagene Organisation sollte auch ihr Verhältnis zu anderen gesellschaftlichen und politischen Jugendorganisationen so lösen, daß es zu keinen Störungen der unter ihnen erwünschten gegenseitigen Zusammenarbeit kommen könnte.

Brief der Philosophiestudenten an die Arbeiter
Prag 12. März (ČTK) – Der Akademische Studentenrat (ARS) bei der Philosophischen Fakultät in Prag hielt am Dienstag eine öffentliche Versammlung ab, während derer er die Teilnehmer mit dem Entwurf eines offenen Briefes bekanntmachte, der an alle Arbeiter gerichtet war: »Die Ansicht, daß die Studenten der Tschechoslowakei den Kapitalismus, Arbeitslosigkeit, Hunger und Elend wieder einführen wollten, trifft uns tief«, heißt es in dem Brief. »Es tut uns umso mehr leid, als wir es ab und zu auch aus dem Munde von Arbeitern hören. Möglicherweise könnten solche Nachrichten ein ernstes Mißverständnis verursachen; wir befürchten, daß einige Leute, denen es überhaupt nicht um das Schicksal unserer Heimat, sondern nur um ihre Posten geht, die Arbeiter von den Studenten absichtlich isolieren und durch das Hervorrufen eines solchen Mißverständnisses die Aufmerksamkeit von Problemen ablenken könnten, die zur Verbesserung des Lebens von Arbeitern und Bauern und allen übrigen Bürgern dieses Staates gelöst werden müssen.«

Mehr oder weniger direkte Folge des Sturzes von Novotný und seinen Anhängern war, daß nun auch das Parteiorgan Rudé právo *der studentischen Politik Raum gab und darüber berichtete oder daß, wenige Tage nach dem Rücktritt des Innenministers Kudrna, das Innenministerium am 11. März folgende Erklärung zu den Zwischenfällen am Strahov abgab:*

Am Montag [11. 3. 68] erhielt die Redaktion die Erklärung des Innenministeriums zu den Ereignissen am Strahov am 31. Oktober 1967. In dieser Erklärung wird gesagt:
Das Innenministerium und die VB halten den Strahov-Konflikt der Studenten mit der VB für eine äußerst bedauernswerte, zufällig entstandene und unglückliche Begebenheit, unternehmen alle erforderlichen Schritte, damit sich ein ähnlicher Konflikt nicht wiederholt und damit die guten Beziehungen zwischen der studentischen Jugend und der VB wiederhergestellt werden. Der Innenminister persönlich spricht seine Überzeugung aus, daß auch die Studenten selbst die ehrlichen Bemühungen unterstützen werden. [...]
Das [...] unangemessen harte Eingreifen einzelner VB-Angehöriger gegen die Studenten [kann] nicht entschuldigt werden, im Gegenteil, es ist schärfstens zu verurteilen, wobei die Schuld auch nicht dadurch herabgemindert wird, daß sie von der Psychose des beiderseitigen Zorns und der Meinungsverschiedenheiten beeinflußt wurden.
Allen Studenten gegenüber, die durch das Einschreiten der VB-Angehö-

rigen zu unrecht geschädigt wurden, wurde bereits eine Entschuldigung ausgesprochen, oder es wird noch geschehen, sie erhalten Schadenersatz.
Sieben VB-Angehörige, die an dem Einsatz direkt beteiligt waren, wurden für Handlungen, die den entsprechenden Vorschriften zuwiderliefen, disziplinarisch bestraft.
Zur Beseitigung der technischen und fachlichen Mängel, die im Verlauf des VB-Eingreifens auftraten, wurden folgende Maßnahmen ergriffen oder werden noch ergriffen:
1. Alle in der Tätigkeit des VB beim Einsatz am Strahov festgestellten Mängel wurden mit dem zuständigen Kommandanten und den Parteifunktionären der VB Prag besprochen, mit dem Ziel, der fachlichen und der politischen Ausbildung der VB-Angehörigen maximale Aufmerksamkeit zu widmen. Desgleichen wurden die aufgeführten Mängel mit den Leitern der VB-Verwaltungen aller Kreise erörtert. Die entsprechenden Dienstvorschriften wurden erneut überprüft, mit besonderem Nachdruck auf die Art und Weise des Eingreifens und des Auftretens der VB-Angehörigen in der Öffentlichkeit.
[...]
4. Vom 1. April d. J. an werden alle Angehörigen des Patrouillendienstes der VB Prag, Preßburg, Brünn und Ostrau, und nach und nach auch in den übrigen Städten, mit Dienstnummern ausgestattet, die ihre Anonymität beseitigen und die Kontrollmöglichkeit durch die Öffentlichkeit erhöhen.

Unter dem Eindruck dieser ersten Erfolge, die nicht ausschließlich Resultat der Studentenbewegung sind und auch nicht nur den Studenten zugutekommen, haben die Studentenvertreter rege politische Aktivität entfaltet. Die Studentenzeitung Student, *einst ein farbloses Blatt, gehörte Ende April (Auflage 60 000) zu denjenigen Zeitungen, die kurz nach Erscheinen schon vergriffen sind. Verständlicherweise haben die tschechischen Studenten, nachdem immer neue Verbrechen des stalinistischen Regimes unter Novotný bekanntwerden, andere aktuelle Probleme als ihre westlichen oder etwa ihre jugoslawischen Kollegen. War unter den Verhältnissen vor Novotnýs Sturz bereits eine hochpolitische Tat, den Strahov-Demonstrationen nachzugehen, so ist Frühjahr 1968 die Kernfrage des politischen Engagements nicht nur der Studenten: Wie konnte es zu alldem kommen? – Bei allem Engagement, bei aller Aktivität, bei allen Initiativen, den Staatsapparat zu demokratisieren, sehen die Studenten – auch im Bereich ihrer Hochschulpolitik – keinen Grund zur Euphorie. Jan Kavan in seinem Aufsatz* David und Goliath:

Wir haben zu lange um die Gewinnung an Raum im ČSM gekämpft, und heute, da er sich ein bißchen aufgeschlossener stellt (wie lange?), haben wir zu einer Zusammenarbeit keine Kraft mehr, auch keine Lust.
Die Art, wie die Verbandsorgane heute den Fall Müller revidieren, illustriert sehr charakteristisch ihre Visitenkarte. Die selben Leute, die Jiří [Müller] im Vorjahr verurteilten, rehabilitieren ihn heute, die selben Leute, die seine Gedanken für parteifeindlich hielten, proklamieren sie heute selbst. Einige von ihnen besitzen sogar solch eine Portion Frechheit, daß sie heute den Föderationsgedanken ausgerechnet unter Berufung auf Müller propagieren, obwohl sie genau wissen, daß die These, die vor zwei Jahren aktuell war, der heutigen Zeit nicht mehr entspricht, und daß Jirka selbst jetzt nicht mehr mit einer Föderation einverstanden ist.
Auch die größten Vollmachten, die dem Hochschulrat heute noch eingeräumt werden könnten, können heute keine Garantie mehr sein. Die Statuten erlauben es dem UV ČSM, sie jederzeit wieder aufzuheben, und wir haben nicht den geringsten Grund, dem UV zu vertrauen. Im Gegenteil.

Abkürzungen

UV	– Zentralausschuß, hier meist in Verbindung mit
ČSM	– Tschechoslowakischer Jugendverband
VOV	– Hochschulbezirksausschuß (beim ČSM)
PVOV	– Hochschulbezirksausschuß Prag
FV	– Fakultätsausschuß
MV	– Stadtausschuß
VV KSČ	– Hochschulausschuß der KP
OV	– Kreisausschuß
KRAS	– Akademischer Rat der Studenten-Wohnheime
UK	– Karlsuniversität
FFUK	– Philosophische Fakultät an der UK
ČVUT	– Technische Hochschule, Polytechnikum
FSI	– Fakultät für Maschinenbau
FTJF	– Fakultät für Kernphysik
VSL	– Hochschule für Forstwirtschaft
FTVS	– Hochschule für Körperkultur und Sport
FON	– Institut für Journalistik
FAMU	– Filmakademie
VB	– Polizei

Dossier 2: Warschauer Bilanz

Protestaktionen der Studenten von Warschau seien anders zu werten als Studentendemonstrationen in West-Berlin. Für die Mehrzahl westdeutscher Kommentatoren war dies keine Frage: Wer in West-Berlin gegen das kapitalistische Establishment protestierte, war Revoluzzer, wer in Warschau ähnliches tat, war Freiheitsheld. – Das System ist umkehrbar: die polnische Informationspolitik beweist es. Protestiert der VDS gegen den Krieg der Amerikaner in Vietnam, so vermerkt es Polens offizielle Presse lobend; protestieren Westberliner Studenten gegen das brutale Vorgehen der Polizei gegen Warschauer Kommilitonen, so diffamiert Polens Parteipresse diese Aktion als »Charakteristische Unterstützung der Vorfälle in Warschau: Antipolnische Demonstration in Westberlin«.
Das Interesse an objektiver Berichterstattung ist auf beiden Seiten gering; ganze Wahrheit ist, ideologisch-taktischer Rücksichten wegen, von keiner zu erwarten und offenbar schon gar nicht in bezug auf demonstrierende Studenten. Nachstehende Dokumentation der Warschauer Studentenunruhen beschränkt sich deshalb bewußt auf die Feststellung von Tatsachen, soweit sie von beiden Seiten bestätigt worden sind; sie erhebt nicht den Anspruch, systematische Darstellung einer Studentenbewegung zu sein: sie dokumentiert Bewegungen.
Zu den Demonstrationen kam es wegen des Verbots eines Theaterstückes der klassischen polnischen Literatur; in Bewegung geraten war ein Teil der Studentenschaft jedoch längst vor diesem administrativen Eingriff in das Kulturleben. Die Forderung nach Demokratisierung des Sozialismus – konkret: nach Abschaffung der Zensur – hat in der Volksrepublik Polen eine lange Tradition.

1962: Ähnlich den Diskussionsklubs von 1956 (*Der schiefe Kreis*, organisiert durch die schon 1957 verbotene Zeitung *Po prostu*) sammeln sich 1962 Schüler und Studenten in dem Klub der *Widerspruch-Sucher;* 1963 hat der Klub 109 Mitglieder; er erhält finanzielle Unterstützung vom Jugendverband (ZMS), die jedoch bald wegen »oppositioneller politischer Tätigkeit« des Klubs eingestellt wird. Als damalige »Aktivisten« des Klubs werden heute genannt: Adam Michnik, Jan Gross, Ewa Zarzycka, Piotr Fejgin, Helena Brus, Józef Dajczgewand, Blumsztajn, Lityński, Grudziński, Kofman, Toruńczyk u. a.

1963–1965: Studenten der UW, vor allem Studenten der Ökonomie, Politikwissenschaft, Philosophie und Geschichte treffen sich im *Politischen Diskussionsklub;* im Klub der *Widerspruch-Sucher* und der *Baby-Revisionisten.* Im Zusammenhang damit werden u. a. genannt: J. Kuroń, K. Modzelewski, A. Michnik, H. Szlajfer. Szlajfer und Michnik stehen auch mit dem über ganz Polen verbreiteten jüdischen *Babel-Klub* (benannt nach Isaak Babel) in Kontakt.

14. März 1964: »Brief der 34« Schriftsteller an Ministerpräsident Cyrankiewicz gegen direkte Zensur und indirekte repressive Maßnahmen (Papierzuteilung). Am 14. April demonstrieren Studenten auf dem Gelände der UW gegen die Unterdrückung des Briefes durch die polnische Presse und fordern seine Veröffentlichung.
27. November: Jacek Kuroń und Karol Modzelewski werden aus der Partei, daraufhin auch aus dem ZMS ausgeschlossen; Kuroń und Modzelewski sind die Autoren eines *Offenen Briefes an die Polnische Arbeiterpartei* (Auszüge in *Kursbuch 9*). Am 19. März 1965 werden Kuroń und Modzelewski verhaftet. Die Wohnungen vier anderer Studenten werden durchsucht: A. Michnik, S. Blumsztajn, J. Kofman und K. Weiss, Michnik und Blumsztajn bleiben mehrere Wochen in Haft.

22. März 1965: Studenten der Physikalischen Fakultät veranstalten eine Diskussion über den *Offenen Brief.* Rektor Turski verbietet die Versammlung, die dennoch stattfindet. Tage darauf finden Versammlungen auch der Philosophischen und Soziologischen Fakultät statt. Der Rektor antwortet mit einem generellen Versammlungsverbot. Die Studenten fordern die Einsetzung einer Kommission, der die UW-Professoren Kołakowski, Brus und Baumann angehören sollen und die den *Offenen Brief* von Kuroń und Modzelewski prüfen soll. Die Kommission empfiehlt, den *Brief* den ZMS- und Parteimitgliedern zugänglich zu machen.
Juli: Prozeß gegen Jacek Kuroń und Karol Modzelewski. Modzelewski wird zu dreieinhalb, Kuroń zu drei Jahren Gefängnis verurteilt.
Studenten der UW veranstalten eine Sammelaktion für die Angehörigen der Inhaftierten. In einer öffentlichen Versammlung, in der Professoren die Verteidigung der angeklagten Rädelsführer übernehmen, werden gegen acht Studenten Verwarnungen ausgesprochen.

1. Mai 1966: Studenten protestieren mit Sprechchören während des Mai-Umzugs gegen die Einführung einer neuen Studienordnung, die die Teilnahme am Philosophiestudium wesentlich erschwert. Eine auf den 12. Mai angesetzte Diskussion wird vom Rektor der UW verboten.
21. Oktober: Leszek Kołakowski, Philosophieprofessor an der UW, spricht zum 10. Jahrestag des »Polnischen Oktober« über das Thema *Polnische Kultur der letzten beiden Jahrzehnte*: er erinnert an 1956 und kritisiert die Verhinderung des damals einsetzenden Demokratisierungsprozesses. – Diskussionsredner üben scharfe Kritik an der bürokratisch-hierarchischen Struktur des Jugendverbandes und fordern die Freilassung der inhaftierten Kuroń und Modzelewski. Daraufhin werden sechs Studenten vorübergehend relegiert: A. Duracz, M. Sawicki, H. Szlajfer, A. Michnik, S. Blumsztajn und J. Dajczgewand. Weitere Studenten werden verwarnt, Leszek Kołakowski wird aus der Partei ausgeschlossen.
15. November: Auf einer Versammlung des Parteiaktivs der UW verteidigen die Professoren Brus, Baczko, Bauman und Morawski ihren Kollegen Kołakowski wie auch die Ansichten J. Kurońs und K. Modzelewskis. 22 Schriftsteller und Kritiker protestieren gegen den Parteiausschluß Kołakowskis; einige geben demonstrativ ihr Parteibuch zurück.
3. November: Disziplinarverfahren gegen Adam Michnik wegen »anstößigen Verhaltens« am 21. Oktober. Von 35 geladenen Zeugen spricht nur einer im Sinne der Anklage (Prorektor Rybicki); L. Kołakowski wird von der Zeugenliste gestrichen. Eine von 1036 Studenten unterzeichnete Petition verlangt von Rektor Turski die Einstellung des Verfahrens; gegen das Verfahren wenden sich auch 165 Dozenten und Professoren. – Der Ausschluß Michniks von der UW wird auf ein Jahr befristet.

27. November 1967: Im Warschauer Nationaltheater: Uraufführung der *Totenfeier (Dziady)* von Adam Mickiewicz (1798–1855). Regie führte der Direktor des Nationaltheaters und neben Erwin Axer bekannteste polnische Regisseur Kazimierz Dejmek.
Die *Totenfeier* gehört zu den Glanzstücken der klassischen polnischen Literatur. Das romantische Lesedrama befaßt sich in seinem dritten Teil, den Mickiewicz im Exil, unter dem Eindruck der Niederwerfung des polnischen Novemberaufstands 1831 schrieb, mit dem Gedanken des Freiheitskampfes gegen die ausländischen Unterdrücker. Die *Totenfeier* ist seit 1955 in Polen siebzehnmal inszeniert worden; der dritte Teil erschien 1967 in einer Auflage von 150 000 Exemplaren. Über die Neuinszenierung anläßlich des 50. Jahrestages der Oktoberrevolution schreibt die Presse am 28. 11.:

»Es gibt in der Weltliteratur kaum eine so leidenschaftliche, flammende, schmerzerfüllte Proteststimme gegen das Martyrium einer Nation, einen ähnlich ergreifenden Freiheitsruf. Es ist schwierig, in kühler Analyse die Emotion zu dämpfen. [...] Die wunderbaren Sätze: ›Unser Volk ist wie Lava‹ werden mit voller Abgewogenheit des Sinnes und der Bedeutung auf der Bühne dargeboten.« *Życie Warszawy*

»Eine suggestive, äußerst erregende Wirkung geht von der Auseinandersetzung zwischen Konformismus und Kollaboration und dem aufsässigen Geist aus. [...] Die *Totenfeier* wird also in das ständige Repertoire des Nationaltheaters eingehen.« *Trybuna Ludu*

16. Januar 1968: Das Kulturministerium hat beschlossen, Ende Januar die *Totenfeier* vom Spielplan des Nationaltheaters abzusetzen, nachdem es während der letzten Aufführungen an gewissen Stellen zu demonstrativem Applaus gekommen war.

Die Studentin Irena Lasota-Hirszowicz übermittelt dem Sejm (dem Parlament) eine Petition der Studenten, in der die Wiederzulassung der *Totenfeier* gefordert wird. Die Petition ist von 3145 Personen unterzeichnet, »darunter jedoch nur 1469 leserliche Unterschriften« (W. Gomułka in seiner Rede am 19. 3. 1968).

30. Januar: Gegen die Absetzung der *Totenfeier* demonstriert eine etwa 200köpfige Studentengruppe vor dem Theater, anschließend auch vor dem Mickiewicz-Denkmal. »Polizisten hatten die Jugendlichen aufgefordert, zu dieser nächtlichen Stunde nicht die Ruhe zu stören, schritten aber erst energischer ein, als sie zu erkennen glaubten, daß einige Demonstranten sich auf den Weg zum Gebäude der Zensur machen wollten.« (*FAZ*, 2. 2. 68) Adam Michnik und Henryk Szlajfer werden als »Aktivisten« der Demonstration vorübergehend festgenommen.

5. Februar: Prozeß gegen Janusz Szpotański, der wegen »Verleumdung der Volksrepublik Polen« bereits ein Jahr in Untersuchungshaft gesessen hatte. Verhandelt wird das Musical *Die Leisen und die Großmäuler oder Der Präsidentenball.* Eine Bandaufnahme des unveröffentlichten Werks war in der Wohnung der Sekretärin eines Warschauer Schriftstellers, Mina Karsów, gefunden worden. Szpotański wird unter Ausschluß der Öffentlichkeit zu drei Jahren Gefängnis verurteilt.

Noch vor der Premiere im Nationaltheater wird auch das Stück *Gyubal Wahazar* des Absurd-Dramatikers Stanisław I. Witkiewicz (1885–1939) abgesetzt; die Aufführung war an Litfaßsäulen und in den Zeitungen bereits angezeigt worden. Motto des Stücks: »Die Macht verdummt«

29. Februar: Sondersitzung des Warschauer Schriftstellerverbandes.
»Die polnischen Schriftsteller [...] stellen im Zusammenhang mit dem Verbot der weiteren Aufführungen der *Totenfeier* auf der Bühne des Nationaltheaters fest:

1. Seit längerer Zeit wächst und intensiviert sich die Indolenz der die Aufsicht über die Kulturtätigkeit und das Kunstschaffen ausübenden Behörden. Die Einmischung bezieht sich nicht nur auf den Inhalt der literarischen Texte, sondern auch auf die Verbreitung und die Aufnahme seitens der Öffentlichkeit.
2. Das System der Zensur und ›Kulturverwaltung‹ ist willkürlich und nicht-öffentlich, die Kompetenzen der einzelnen Behörden sind nicht festgelegt, ebensowenig die Möglichkeiten des Einspruchs gegen ihre Beschlüsse.
3. Dieser Zustand gefährdet das nationale Kulturleben, beschränkt seine Entwicklung, verhindert seine Authentizität und verurteilt es zu fortschreitender Sterilität. Das Verbot, das die *Totenfeier* betroffen hat, ist dafür ein besonders grelles Beispiel.
4. Die Forderungen der Schriftsteller, die in Form von Beschlüssen und Denkschriften vom Schriftstellerverband und führenden Vertretern der literarischen Kreise wiederholt vorgelegt worden sind, wurden nie berücksichtigt.

Von patriotischer Sorge bewegt, appellieren wir an die Behörden der Volksrepublik Polen um die Wiederherstellung unserer jahrhundertelangen Tradition im Sinne von Toleranz und schöpferischer Freiheit. Wir fordern die Wiederzulassung der *Totenfeier* in der Inszenierung von Kazimierz Dejmek, deren Verbot eine verständliche Verbitterung unter den Bewohnern der Hauptstadt ausgelöst hat.«
Diese Resolution, eingebracht von dem Schriftsteller und Mitherausgeber der Literaturzeitschrift *Twórczość*, Andrzej Kijowski, wurde – bei 431 Anwesenden, von denen sich jedoch nur 356 an der Abstimmung beteiligten – mit 221 Stimmen angenommen. Eine Gegenresolution des Parteiaktivs im Schriftstellerverband erhielt nur 124 Stimmen.

6. März: Brief der Schriftsteller an den Rektor der Warschauer Universität, Prof. Dr. Stanisław Turski:
»Magnifizenz!
Das Verbot weiterer Aufführungen der *Totenfeier* Mickiewiczs in der Inszenierung von Kazimierz Dejmek hat denjenigen Teil der Gesellschaft tief betroffen und erbittert, dem das Schicksal der Nationalkultur nicht gleichgültig ist. Die Deklaration, die auf der Sondersitzung des Warschauer

Schriftstellerverbandes am 29. Februar d. J. angenommen wurde, definierte diese Erbitterung in angemessener Weise.
Die akademische Jugend protestierte als erste gegen das Verbot und legte damit einen Beweis für staatsbürgerliche Haltung ab. Wir sind überzeugt, daß dieser Auftritt auf schöne Weise die Geschichte der Warschauer Hochschulen bereichert.
Wir erfahren jetzt, daß gegen einige unter diesen Studenten Disziplinarverfahren angestrengt worden sind.
Wir appellieren an Eure Magnifizenz, kraft Eurer Macht als Rektor die Fortsetzung der Disziplinarverfahren niederzuschlagen gegen junge Menschen, die – vielleicht die Ordnungsvorschriften übertretend – sich treu gezeigt haben gegenüber der nationalen und allgemein menschlichen Kultur.
Empfangen Sie bitte den Ausdruck unserer vorzüglichen Hochachtung.
Paweł Jasienica, Antoni Słonimski, Mieczysław Jastruń, M. Wańkowicz, Tadeusz Konwicki, Jerzy Andrzejewski, Adam Ważyk, Jacek Bocheński.«

7. März: Der Rektor der UW verbietet jegliche Demonstrationen und bezeichnet sie als illegal. Der Erlaß geht den Dekanen und Lehrstuhlinhabern zu und wird der Studentenschaft bekanntgemacht.

Die offizielle Version der studentischen Protestversammlung vom 8. März, einem Freitag, erschien mit einem Tage Verspätung in der Sonntagsausgabe der Zeitung *Życie Warszawy* und schildert die Vorfälle, auch vom Samstag, immerhin recht ausführlich. Die Studenten quittierten den folgenden Bericht mit dem Ruf: »Die Presse lügt!«
»Am Freitag, gegen 12.00 Uhr, hatte sich im Hof der Warschauer Universität eine große Studentengruppe versammelt. An die Kommilitonen wurden Flugblätter staatsfeindlichen Inhalts verteilt. Irena Lasota, Studentin der Soziologischen Fakultät, verlas eine Resolution gegen die Relegierung der Studenten Adam Michnik und Henryk Szlajfer. Die Resolution wurde nochmals verlesen von den Studenten Wiktor Górecki, aus früheren abenteurerischen Auftritten bereits bekannt, und Mirosław Sawicki. [...] Einer der Studenten erklärte, sie seien ›die legale Opposition‹. Zu den Versammelten versuchte Prorektor Zygmunt Rybicki zu sprechen. Er erinnerte daran, daß die Universitätsbehörde die Kundgebung nicht genehmigt hatte, und rief die Jugend auf, auseinanderzugehen. Ein Teil der Studenten unterbrach die Rede des Prorektors mit Zwischenrufen und Pfiffen. Die erregte und verworrene Stimmung verschärfte sich.

Man begann, den Arbeitern, die angesichts der entstandenen Lage im Universitätshof erschienen waren, beleidigende Parolen entgegenzurufen: ›Dunkelmänner, raus aus der Universität‹, ›Söldner‹, ›Banditen‹, ›Gestapo‹, ›Faschisten‹. [...] Die Spannung unter den Versammelten wuchs, das Arbeiteraktiv wurde nicht nur unaufhörlich mit Beschimpfungen, sondern auch mit Schneebällen, Steinen und Kleingeld überschüttet. Die Arbeiter ließen sich nicht provozieren. Als die Überredungsversuche nichts halfen, zogen sie sich vom Universitätsgelände zurück, und die ORMO-Leute machten sich an die Wiederherstellung der Ordnung. Die Kundgebung wurde auseinandergetrieben, wobei, wie das so üblich ist, eine Reihe von Personen Verletzungen erlitt, sowohl unter den Demonstranten als auch unter den ORMO-Leuten.
Nach Verlassen des Universitätsgeländes begann ein Teil der Studenten in kleineren Gruppen in den Straßen zu randalieren. Hier und da schlossen sich ihnen zufällig hinzugekommene Abenteurer und einige sensationslüsterne Schüler an. Daraufhin schritt die Polizei ein, um den Exzessen Einhalt zu gebieten und die Ordnung in den Straßen wiederherzustellen. [...] Am Samstag versammelten sich die Drahtzieher der Umtriebe vom Freitag vor dem Polytechnikum. Ohne Erfolg versuchten sie, die Studenten des Polytechnikums auf ihre Seite zu ziehen; anschließend entfachten sie Händel an verschiedenen Punkten der Stadt, in der Nähe des Polytechnikums und der Universität.
Im Verlauf der Vorfälle von Freitag und Samstag erlitt eine Reihe von Personen Verletzungen. Sorgfältig überprüfte Angaben des Gesundheitsdienstes zeigen, daß 30 der an den Umtrieben beteiligten Personen ärztliche Hilfe geleistet wurde. Zwei befinden sich zwecks eingehender Untersuchung im Krankenhaus. Verletzt wurden auch 28 Funktionäre der Polizei und der ORMO-Leute (davon drei ernsthaft). Alle Gerüchte, in denen von ernsthafter Verletzten die Rede ist, haben nichts mit der Wahrheit zu tun. [...] Im Verlauf der Vorfälle wurden einige Dutzend der aktivsten Teilnehmer festgenommen, von denen etwa die Hälfte nichts mit der Universität zu tun hat. Mit den Anstiftern beschäftigte sich ein Richterkollegium des Kreisgerichts, das bereits eine Reihe von Geld- und Arreststrafen aussprach. Die Universitätsbehörden werden den Schuldigen gegenüber strenge Konsequenzen ziehen.«

Życie Warszawy vom 10. 3. 1968 und *Trybuna Ludu* vom 11. 3. 1968

Als Rädelsführer werden beschuldigt: Adam Michnik und Józef Dajczgewand; Aleksander Smolar, Sohn des Chefredakteurs »einer Zeitung«, »Aktivist« im *Babel-Klub*, Assistent bei Prof. Włodzimierz Brus; Wiktor

Górecki, Sohn des Generaldirektors im Finanzministerium; Irena Lasota-Hirszowicz, Tochter eines Obersten i. R.; Henryk Szlajfer, Sohn eines Zensors im Hauptamt für Pressekontrolle; Katarzyna Werfel, Tochter des ehemaligen Chefredakteurs verschiedener Zeitungen; Ewa Zarzycka, Tochter des ehemaligen Oberbürgermeisters von Warschau.
Aus der sozialen Herkunft der Studenten wird ein Komplott »politischer Bankrotteure« abgeleitet: die Eltern der »Rädelsführer« hatten ehemals einflußreiche politische Stellungen inne. Von einem Großangriff des »Zionismus« ist in den ersten offiziellen Berichten noch keine Rede. Wie später bekannt wird, hielt sich Ewa Zarzycka seit Wochen schon nicht mehr in Warschau auf, was den Eindruck hervorrufen mußte, die Liste der zu Verhaftenden habe bereits vor Beginn der Demonstration festgestanden. Neun der »Anstifter« sind festgenommen worden: drei werden im Schnellverfahren zu vier, einer zu sechs Monaten Gefängnis verurteilt.
»Die Professoren der Universität haben sich bisher sehr zurückgehalten. Nun wird bekannt, daß einzelne Studenten, die wegen der Teilnahme an den Demonstrationen mit Geldstrafen belegt worden waren, wenig später Prämien in gleicher Höhe für besondere Leistungen erhalten haben.« FAZ
Die durch das harte Eingreifen der Polizei entstandene Erbitterung unter den Studenten verschärft sich mit dem Gerücht, eine Studentin sei bei den Demonstrationen ums Leben gekommen.
Flugblätter der Studenten, von Gomułka in der Absicht zitiert, die »Methoden der Provokateure zu illustrieren«:
»An den Mauern der Akademie der Schönen Künste hängt der Nekrolog für das Mädchen, das erschlagen worden ist. Ein anderes Mädchen, die Enkelin des Journalisten Kozicki, liegt im Spital. Ein Junge kämpft mit dem Tod, andere haben gebrochene Rippen, noch ein anderer hat ein Auge verloren.«
»Schlagt die Polnische Arbeiterpartei! Greifen wir zu den Waffen! Fort mit dem Kommunismus! Werfen wir das Moskauer Joch ab! Wir haben die schwedische Sintflut überlebt, wir überleben auch die sowjetische! Sparen wir weder Steine noch Ziegel für die Polizisten und die anderen Scheißer. Fort mit der UdSSR! Fort mit den Sowjets Gomułkas!«

10. März: Erneut kommt es zu Demonstrationen. Unter dem Ruf »Die Presse lügt!« verbrennen Studenten die Sonntagsausgabe der Zeitung *Życie Warszawy*. Sprechchöre: »Verfassung«, »Demokratie«, »Warschau mit uns«, »Die Armee mit uns« und »Wir grüßen die Studenten der ČSSR«.
11. März: Während Studenten im Innern der UW zu Gesprächen mit den

Professoren zusammenkommen, sammeln sich vor den geschlossenen Toren der Universität Jugendliche, solidarisieren sich in Sprechchören mit den Studenten und verbrennen Zeitungen. Am Nachmittag veranstalten Jugendliche, Studenten und Passanten einen Marsch zum ZK der Partei. Die Polizei setzt Tränengas ein; Hilfspolizisten in Zivil riegeln das Universitätsgelände ab.
Vor dem Parteiaktiv der Stadt Warschau geht dessen 1. Sekretär, Józef Kępa, auf die Studentendemonstrationen ein. Kępas Schilderung der Vorfälle weicht nur wenig ab von den Berichten in *Trybuna Ludu* und *Życie Warszawy*, sie bringt die Namen der »Rädelsführer« jedoch erstmals mit dem Zionismus in Verbindung: »Wir sind entschieden gegen den Antisemitismus, aber wir gestatten bei uns nicht die Entfaltung zionistischer Propaganda und Tätigkeit.« Der »sehr kleinen Gruppe von Studenten unter den Demonstranten und allen an den Exzessen beteiligten unverantwortlichen Elementen« werden harte Konsequenzen angedroht.
Die Partei organisiert den Volkszorn. In allen Betrieben des Landes werden Versammlungen veranstaltet, die »spontan« die »Warschauer Exzesse« verurteilen. In Warschau formieren sich Arbeiter zu einem Protestmarsch gegen den Studentenprotest. Die auf den Betriebsversammlungen verabschiedeten Resolutionen füllen vom 11. März an täglich die Seite 1 der Parteizeitung *Trybuna Luda.* Transparente des Volkszorns:
– »Warschau will Ruhe haben«,
– »Arbeit, Wissenschaft, Ruhe«,
– »Studenten an die Wissenschaft, Literaten an die Feder«,
– »Mehr Arbeiterkinder auf die Hochschulen«,
– »Säubert die Partei von Zionisten«.

12. März: Trotz offiziellen Warnungen sammelt sich auch an diesem Tage wieder eine große Menschenmenge vor der UW. Hilfspolizisten in Zivil kontrollieren jeden, der das Universitätsgelände betreten will. Wieder kommt es zu Zusammenstößen. In der Hochschule für Architektur hängt eine Resolution, in der die Studenten verlangen: »Die Aufhebung der aus politischen Gründen eingeleiteten Untersuchungen des Disziplinarrates gegen eine Anzahl Studenten; die Freilassung der verhafteten Studenten und Wissenschaftler; die moralische und finanzielle Entschädigung der Opfer der Zwischenfälle; ein Dementi der in der Presse über die Ereignisse verbreiteten Meldungen; Respektierung der Studienfreiheit und der bürgerlichen Freiheiten, einen öffentlichen Prozeß für die verfolgten Studenten; Autonomie der Universitäten.« *AFP* in der *NZZ* vom 13. 3.
13. März: »In Warschau herrscht Ruhe. [...] In den Mittagsstunden

fand in der Aula des Polytechnikums eine große Studentenversammlung statt, an der sich auch der Rektor des Polytechnikums, Prof. Dr. Dionizy Smoleński, sowie die Professoren beteiligten. Im Zusammenhang mit den Vorfällen der letzten Tage in Warschau appellierte der Rektor an die Studenten, ihren Standpunkt neu zu überdenken, sich nicht provozieren und in politische Abenteuer hineinziehen zu lassen, die von Personen inspiriert worden sind, deren Ziele den Studenten unbekannt sind. Professor Smoleński ging auch auf andere von der Jugend aufgeworfene Fragen ein. Zum Schluß der Zusammenkunft wurde eine Resolution angenommen, die, durch einige Zusatzanträge ergänzt, dem Rektor übergeben wurde.«

Trybuna Ludu vom 14. 3.

Resolution der Studenten des Warschauer Polytechnikums

Der volle Wortlaut der Resolution [vom 13. März 1968], die in Anwesenheit des Rektors und des Senats angenommen wurde, enthält einleitend die Bitte um Weiterleitung der Resolution an das Parlament, das ZK und die staatlichen Behörden.

Die dreizehn Forderungen lauten:

1. Wahrung der Verfassung, insbesondere des Artikels 71 über die Zusicherung der Rede-, Presse- und Versammlungsfreiheit;
2. Freilassung der Verhafteten und Einstellung der Repressalien sowie Veröffentlichung der vollen Liste der Verhafteten;
3. Bestrafung der Schuldigen an den brutalen Ausschreitungen gegenüber der Jugend und ihre Verurteilung;
4. Einstellung der Versuche, die Arbeiterklasse und die Intellektuellen sowie die akademische Jugend zu entzweien.
5. Korrekte Erläuterung der Ereignisse in Presse, Rundfunk und Fernsehen sowie Richtigstellung falscher Interpretationen.
6. Garantie für die Unantastbarkeit akademischer Institutionen.
7. Einstellung von Repressalien gegenüber denen, die die Jugend unterstützt haben.
8. Entfernung von Miliz und Sicherheitsdienst vom Hochschulgelände.
9. Die Studenten lehnen Antisemitismus und Zionismus ab.
10. Sie fordern die Jugend zur Selbstkontrolle auf und zu Festigkeit gegenüber Provokationen von außen.
11. Sie fordern regelmäßige Besprechungen mit den akademischen Behörden über Angelegenheiten, die alle Studenten angehen.
12. Sie fordern publizistische Verbreitung der diskutierten Probleme.
13. Sie fordern die Bekanntgabe der gesamten Resolution in Presse, Rundfunk und Fernsehen.

Die Resolution schließt mit der Versicherung an die Adresse der akademischen Behörden und der Bevölkerung, daß die Studenten in erster Linie lernen und den Sozialismus in einem demokratischen Vaterland aufbauen wollen.

Studentenversammlungen meldet die amtliche Nachrichtenagentur PAP auch aus der Medizinischen Fakultät und der Hochschule für Planung und Statistik. – Sympathiekundgebungen finden in Lublin, Krakau, Posen, Breslau, Stettin und Danzig statt.

Über die von der Partei organisierten Gegendemonstrationen berichtet die Presse ausführlich. Exemplarische Äußerungen:

»Auf der Massenversammlung ergriffen viele Arbeiter das Wort, u. a. sagte Jan Kępa aus der Waggonfabrik: ›Ich habe vier Kinder, die unter den in der Volksrepublik Polen geschaffenen Bedingungen lernen und voll die Möglichkeiten der allseitigen Entwicklung auskosten können. Die Bedingungen dazu hat die Arbeiterklasse geschaffen. Im Bemühen um das Wohl des Landes und der Gesellschaft erstarkte auch unsere Belegschaft. Deshalb gibt es keinen einzigen unter uns, der die Urheber der Exzesse in der Hauptstadt nicht verurteilte. Wir haben das Recht zu fordern, daß die Aufwiegeleien und die Zerstörung von Volkseigentum während der Warschauer Ausschreitungen unterbunden werden.‹«

Die Ingenieurschule in Zielona Góra verurteilt die Warschauer Demonstrationen. »Dank der Volksmacht hat die Jugend breiten Zutritt zu den Schulen. Dank ihrer konnten wir auch die Oberschule absolvieren und können gegenwärtig an der Hochschule studieren. [. . .] Wir wollen, wie die überwältigende Mehrheit der polnischen Studenten, lernen, wir wollen alle Kraft dem Wohl und der Entwicklung Volkspolens widmen. Deshalb verurteilen wir die Initiatoren der Vorfälle in der Hauptstadt, die Zerstörer der öffentlichen Ordnung und die Ausschreitungen der Hooligans. Den guten Namen der Studenten Volkspolens wahrend, distanzieren wir uns von den unverantwortlichen abenteuerlichen Auftritten sowie den polenfeindlichen Gruppen der Jugend und ihren ideologischen Protektoren.«

In der Presse werden die »Inspiratoren und Organisatoren« der Studentendemonstrationen namhaft gemacht: Schriftsteller, die sich schon vorher mit dem studentischen Protest gegen das Verbot der *Totenfeier* solidarisch gezeigt hatten (Jasienica, Kisielewski, Słonimski), sowie Professoren der UW, unter ihnen die Philosophen Leszek Kołakowski und Adam Szaff, der Soziologe Zygmunt Bauman, der Nationalökonom Włodzimierz Brus. Im Zusammenhang mit den Unruhen werden auch die ersten

Entlassungen hoher Staatsbeamter bekannt. Die Partei nutzt die Unruhen und nimmt die in der Presse erhobenen Vorwürfe zum Anlaß, eine Säuberung innerhalb der Partei durchzuführen, die mit den studentischen Forderungen nurmehr wenig zu tun hat. Im Hintergrund der Säuberung steht die parteiinterne Auseinandersetzung zwischen den polnischen Nationalkommunisten (den sogenannten Partisanen) unter Führung des Innenministers General Moczar und der moskautreuen Fraktion unter Parteichef Gomułka. Ungeachtet dieses Machtkampfes innerhalb der Partei haben sich die Fronten zwischen Partei und Studenten verhärtet. Die Studenten sind entschlossen, ihre Forderungen durchzusetzen.

15. März: Vorlesungsstreiks in Krakau und Warschau. Die Studenten beschließen, die Vorlesungen bis Montag zu boykottieren, und fordern die Veröffentlichung ihrer Resolution in der Presse.
Der 1. Sekretär der Parteiorganisation Kattowitz, Gierek, macht für die Demonstrationen die »Handlanger der Imperialisten und Zionisten«, die »Revisionisten, Zionisten und Diener des Imperialismus« verantwortlich.
Ein Journalist aus der ČSSR, der Sonderkorrespondent der Prager Tageszeitung *Mladá fronta*, wird aus Polen ausgewiesen, nachdem offizielle Prager Stellen das Vorgehen der polnischen Polizei scharf kritisiert hatten.
16. März: Der VII. Kongreß des Journalistenverbandes eröffnet seine Beratungen mit einem Grußtelegramm an Władysław Gomułka, in dem es heißt:
»Wir wollen Sie versichern, daß die polnischen Journalisten mit voller Entschiedenheit das Programm und die Politik der Partei unterstützen [...]. Wir distanzieren uns entschieden von allen feindlichen, antisozialistischen und antinationalen Kräften, von Unruhestiftern und Aufwieglern, von politischen Bankrotteuren, die nichteinmal vor dem Versuch zurückschreckten, einen Teil der akademischen Jugend gegen die Volksmacht aufzuwiegeln. Wir glauben, daß die Störenfriede die verdienten Konsequenzen finden werden.«
In ihren am 18. März in *Trybuna Ludu* publizierten Diskussionsbeiträgen kritisiert eine Reihe von Journalisten die offizielle Informationspolitik, die es »verschiedenen Inspiratoren« erleichtert habe, die Jugend irrezuleiten.
An dem für Samstag angesagten Vorlesungsstreik nehmen die Studenten der UW in großer Zahl teil. Die Studenten des Polytechnikums erwägen ebenfalls einen Sitzstreik, falls ihre Resolution nicht bis zum Mittwoch, dem 20. 3., in Warschauer Zeitungen veröffentlicht würde.
»Die Professoren der Warschauer Fakultät für Biochemie und Biophysik

haben jetzt in einer Resolution gegen die ›brutale Aktion der Polizei‹ protestiert, ebenso gegen das angewandte Prinzip der Kollektivverantwortung und die Sanktionen gegen Eltern, die für die Haltung ihrer mündigen Kinder verantwortlich gemacht werden. Auch die Professoren der Mathematik und Physik der Warschauer Universität sollen sich gegen die Methoden der Polizei und deren ungerechtfertigtes Eingreifen auf dem Gelände der Universität ausgesprochen haben. [...] Auch unter den Mitgliedern der polnischen Akademie der Wissenschaften soll die Beunruhigung über die öffentlichen Beschuldigungen namhafter Vertreter der polnischen Wissenschaft wachsen. Eine Delegation der Akademie soll, wie man hört, bei Staatspräsident Ochab vorstellig geworden sein.« *FAZ*
Der Korrespondent der Londoner Tageszeitung *Times*, Richard Davy, der am 13. 3. nach Warschau gekommen war, wird aus Polen ausgewiesen.
18. März: Vergeblich warten ca. 3000 Studenten der UW auf das Erscheinen eines zu dieser Versammlung geladenen Mitglieds des ZK der Partei. Ein Sprecher der Studenten teilt mit, von der Universität wegen ihrer Teilnahme an den Studentenunruhen ausgeschlossene Kommilitonen seien unverzüglich zur Armee einberufen worden.
19. März: Der 1. Sekretär der Partei, Władysław Gomułka, nimmt erstmals zu den Warschauer Vorfällen Stellung. Seine Rede vor dem Warschauer Parteiaktiv, die durch ihren gemäßigten Ton (das Stichwort »Zionismus« betreffend) auffällt, enthält das unbefristete Versprechen, die Resolutionen der Studenten zu prüfen, wendet sich jedoch scharf gegen die Schriftsteller P. Jasienica, St. Kisielewski und die Universitätsprofessoren Brus, Morawski, Kołakowski und Bauman.
20. März: Bei einer Versammlung im Polytechnikum beschließen zwei- bis dreitausend Studenten einen zweitägigen Sitzstreik, um ihrer Forderung nach Veröffentlichung und Diskussion der am 13. 3. verabschiedeten Resolution Nachdruck zu verleihen.
21. März: Der von den Studenten angekündigte Sitzstreik wird von etwa 2000 Studenten befolgt. An den Haupteingängen der UW und des Polytechnikums rufen Appelle der Rektoren zur Ordnung.
22. März: Ein handgeschriebenes Transparent über dem Haupteingang des Polytechnikums bringt die 13-Punkte-Resolution der Studenten. Andere Spruchbänder: »Sozialismus – Demokratie«, »Keine Wissenschaft ohne Freiheit«, »Weg mit der Zensur«, »Freiheit für unsere Kommilitonen«, »Wir wollen wahrheitsgetreue Informationen«.

In einem Flugblatt wird die Treue der Studenten zu Polen und dem Sozialismus betont: Die Demonstrationen seien nicht gegen das Gesellschaftssystem, gegen die UdSSR oder den Staat gerichtet. »Im Verhältnis zu uns ist die offizielle Version über angebliche Inspiratoren der Ereignisse, die sich aus unidentifizierten sogenannten politischen Bankrotteuren rekrutieren, und über ihren Einfluß auf die Gedanken der Jugend eine primitive, demagogische Lüge.« *(FAZ)* Mehr als 10 000 Warschauer Bürger versammeln sich am Abend vor der Hochschule und bekunden in Sprechchören ihre Sympathie mit den Studenten.

Aufruf des Rektors des Polytechnikums Warschau an die Studenten:
»Eine Gruppe von Studenten der Technischen Hochschule Warschau, die für sich das Recht in Anspruch nimmt, im Namen aller Studierenden zu sprechen, hat die Jugend unserer Hochschule zu Handlungen aufgerufen, die im Widerspruch zum akademischen Eid und den elementaren Grundsätzen der Studienordnung und der öffentlichen Ordnung stehen; sie übt außerdem einen moralischen und physischen Druck auf jenen Teil der Studenten aus, die Ruhe, Ordnung und Lehre verlangen.
Im Zusammenhang damit fordern wir kategorisch:
1. Die Räume der Technischen Hochschule sind am 22. 3. 68 bis 21.00 Uhr zu verlassen.
2. Der normale Lehrbetrieb hat am 23. 3. 68 um 8.00 Uhr zu beginnen.
   Wenn vom 23. 3. 68 an die Ordnung nicht wiederhergestellt wird und die Studenten ihre normale Beschäftigung nicht aufnehmen, wird die Arbeit der Hochschule mit Billigung des Ministers für das Hochschulwesen unterbrochen; nach gewisser Zeit werden neue Immatrikulationen für alle Semester und Fakultäten ausgeschrieben werden.«

Bei Zusicherung von Straffreiheit brechen die Studenten ihren Sitzstreik vorzeitig (um 3 bis 4 Stunden früher) ab; Milizsoldaten bringen die Studenten in Omnibussen in die Wohnheime zurück.

Die polnischen Bischöfe führen in einer Botschaft an die katholischen Gläubigen des Landes die Studentendemonstrationen zurück auf ein »Ringen um Wahrheit und Freiheit« und verurteilen nachträglich die »brutale Gewaltanwendung« gegen die Studenten.
Der Chefredakteur der Wochenzeitung *Życie Prawo:* »Wir hatten es mit dem Versuch eines Staatsstreichs zu tun. Eine mit zionistischen Kreisen verbundene Konspiratorengruppe versuchte auf organisierte Weise mit patriotischen und demokratischen Schlagworten intensive Demonstrationen und Straßenzusammenstöße herbeizuführen, die dann die Kontinuität der Führung zumindest in personeller Hinsicht zu einem offenen Problem gemacht hätten.« »Die öffentliche Meinung und vor allem die Par-

teiorganisationen haben das Recht zu wissen, wer auf welche Weise die Prozesse positiver Änderungen auf vielen Gebieten unseres Lebens paralysiert hat. Wessen Unterstützung ist es zu verdanken, daß unfähige Leute geblieben sind? Welche Einflüsse konnten die Absichten der Parteiführung durchkreuzen, sie verdrehen und manchmal zunichtemachen?« Gomułka und die Parteiführung »stehen vor der dringenden Aufgabe, dem Volk Antwort auf die Perspektiven der weiteren Entwicklung zu erteilen. [. . .] Wir warten auf ein großes und grundsätzliches Gespräch der Partei mit der Nation.«

26. März: Życie Warszawy veröffentlicht, mit redaktionellem Kommentar, die Resolution der Studenten; in bezug auf die Polizeiaktion heißt es dort: »Wo gehobelt wird, da fallen Späne.«
Gleichzeitig wird die Entlassung folgender Professoren der UW bekannt: Bronisław Baczko, Zygmunt Bauman, Włodzimierz Brus, Maria Hirszowicz, Leszek Kołakowski, Stefan Morawski. – Bauman und Brus hatten schon Anfang des Jahres ihre Parteiausweise zurückgegeben.
28. März: Studenten (»hartnäckige Störenfriede«) rufen, nachdem die Entlassung der sechs Professoren bekanntgeworden ist, zu neuen Versammlungen auf. Alle nach 16.00 Uhr angesetzten Vorlesungen fallen aus, die UW wird geschlossen. Die nicht genehmigte Versammlung der Studenten nimmt zwei Resolutionen an, in denen die Wiedereinstellung der sechs entlassenen Professoren und Assistenten gefordert und die Zensur sowie die Verhaftung der Studenten im Zusammenhang mit den früheren Demonstrationen verurteilt werden. *Życie Warszawy:* die Universitätsbehörden hätten nicht nur das Recht, sondern auch die gesellschaftliche und moralische Pflicht, entschlossen dafür zu sorgen, daß die Studenten die Rolle der Universität als Ort des Studiums respektieren. Wenn dieses Studium unmöglich werde, sei es notwendig, die Semester zu suspendieren und für alle Studienjahre neue Immatrikulationslisten aufzustellen. Die Wahl liege nur bei den Studenten. Wenn alle Mittel der Diskussion und Überzeugung erschöpft seien, bleibe allein Entschlossenheit übrig.
Sieben Fakultäten der Warschauer Universität sind nach einer Meldung von *Trybuna Ludu* geschlossen worden. Im Zusammenhang mit der geheimen Studentenversammlung vom Donnerstag wurden 34 Studenten relegiert. Elf weiteren wurde vorläufig die Fortsetzung ihres Studiums untersagt. Gegen eine nicht genannte Zahl von Studenten sollen disziplinarische Maßnahmen eingeleitet werden.

Nachbemerkung zu Dossier 1 und 2

Die Informationen über die Studentenbewegungen in Polen und in der Tschechoslowakei sind lückenhaft, ungenau und widersprüchlich. Die hier vorgelegten Dokumente können diese Mängel nur zum Teil ausgleichen. Es ist sehr wohl möglich, daß sie mehr verschweigen als aussprechen. Was zwischen den Zeilen vorsichtig lavierender Kommentare und bürokratisch verklausulierter Resolutionen steht, ist für Außenstehende kaum auszumachen. Unter diesen Umständen wäre der Versuch einer umfassenden Analyse verfrüht. Dagegen muß es erlaubt sein, einige charakteristische Züge der Bewegung in der Tschechoslowakei festzuhalten.
Die Dokumente zeugen von einem äußerst beschränkten Horizont. Ihre politische Substanz ist dürftig. Enges Verbandsdenken steht im Vordergrund: der parteiamtlichen Organisation soll eine eigenständigere Studentenvertretung entgegengesetzt werden, die eine erweiterte Autonomie, aber kein eigentlich politisches Mandat anstrebt. Das Konzept ist im wesentlichen trade-unionistisch. Inhaltliche Forderungen, die auf tiefergreifende Änderungen der Hochschulstruktur abzielen, sind nicht bekanntgeworden; Kritik am autoritären Lehrbetrieb wird nicht laut. Noch viel weniger werden Fragen der politischen Ökonomie erörtert; sotto voce äußert sich allenfalls der Wunsch nach einer Art von »Entwicklungshilfe« von Seiten der imperialistischen Länder. Dabei wird vor allem an die Bundesrepublik gedacht. Das Verlangen nach realer sozialistischer Demokratie wird angedeutet, bleibt aber abstrakt. Sein Kern ist der Wunsch nach der Wiederherstellung gewisser bürgerlicher Freiheiten, insbesondere nach der Vergrößerung des kulturpolitischen Spielraums. So vage die politischen Vorstellungen der Studenten sind, so deutlich ist ihre stark nationale Färbung. Das außenpolitische Interesse konzentriert sich nach wie vor auf die kapitalistischen Länder. Die DDR gilt als Außenfeind. Sympathien im eigenen Lager richten sich allenfalls auf Jugoslawien und Rumänien. Die cubanischen und chinesischen Vorstellungen und Erfahrungen werden ignoriert oder pauschal abgelehnt. Das Problem der Koexistenz ist bisher nicht zur Diskussion gestellt worden. Beschäftigung mit Fragen der Dritten Welt gilt als intellektueller Luxus. Charakteristisch hierfür war die Haltung der Prager Studenten und des Akademischen Rates der Universität angesichts einer Vietnam-Demonstration vor der amerikanischen Botschaft in Prag. Nordvietnamesische Studenten hatten die Fahne und das Wappen der Botschaft herabgerissen. Die tschechischen Studenten griffen ein, brachten die Fahne in Sicherheit und entschuldigten sich beim amerikanischen Botschafter. Der Akademische Rat distanzierte sich von der Demonstration. Die

Episode wirft ein grelles Licht auf den Zustand der Prager Studentenbewegung.

Mit gewissen Einschränkungen gelten diese Feststellungen auch für die Entwicklung in Polen. Freilich ist die Lage dort, schon wegen der weit stärkeren Repression, undurchsichtiger und schwerer zu beurteilen. Ein Dokument, das an Radikalität und politischem Weitblick dem Offenen Brief *von Kuroń und Modzelewski (*Kursbuch 9, *S. 34–44) gleichkäme, ist seither aus Polen nicht bekanntgeworden. Offensichtlich ist der Einfluß jener Gruppen, die einen revolutionären Internationalismus vertreten, zurückgegangen; partikulare Interessen und interne Probleme scheinen in Warschau im Vordergrund der Entwicklung zu stehen.*

Andererseits ist es völlig normal, daß sich eine politische Bewegung an den unmittelbaren Bedürfnissen der Beteiligten entzündet. Diese Anlässe sind oft, wie in Berlin oder Paris, minimal, örtlich begrenzt und scheinbar unerheblich. Außerdem wird jede Kritik von außen zu bedenken haben, daß die Risiken, mit denen jede politische Aktion zu rechnen hat, in einem Land wie Polen kaum abschätzbar sind. Revolutionäre Ratschläge aus Paris, Rom oder Berlin nehmen dadurch leicht einen fatalen Beigeschmack von Gratismut an. Schließlich hat der Stalinismus in den Ländern Osteu*ropas nicht nur die Spuren seiner Verbrechen hinterlassen, sondern auch eine unvorstellbare politische Apathie. Die zutiefst entpolitisierten Massen betrachten jede Losung, die sich nicht auf ihr unmittelbares materielles Interesse, auf ihre Bewegungs- und Redefreiheit oder auf rechtsstaatliche Garantien bezieht, mit grenzenlosem Mißtrauen. Unter solchen Bedingungen ist auf eine Solidarisierung dieser Massen mit den Befreiungsbewegungen in der Welt nicht zu rechnen. Sie ist nur dialektisch zu erkaufen, dadurch, daß die Liberalisierung in Osteuropa ihren Fortgang nimmt. Ohne Zweifel wird sie revisionistische, opportunistische, vielleicht sogar konterrevolutionäre Züge annehmen, bevor die Massen ihr Selbstvertrauen zurückgewinnen, zu spontaner politischer Aktion wieder fähig werden und anfangen, revolutionäre Forderungen zu stellen.* *H. M. E.*

Heinz Rudolf Sonntag
Versuch über die lateinamerikanischen Universitäten

Für Américo Martin und Freddy Muñoz*

Ein Zollbeamter auf dem Flughafen von Santo Domingo (Dominikanische Republik) fragte mich nach meinen Plänen während meines Aufenthalts. Ich sagte ihm, ich wolle unter anderem Fachkollegen an der Universität besuchen. Seine weitere Frage: »An welcher Universität?« setzte mich in Erstaunen, denn ich kannte nur die National-Universität in der Hauptstadt der karibischen Inselrepublik. Der Zollbeamte wies mich darauf hin, daß es in Santo Domingo zwei Universitäten gebe. Nähere Informationen bekam ich später von Freunden: Weil der Regierung des Präsidenten Balanguer die etablierte Nationaluniversität zu linksorientiert war, wurde eine »Gegen-Universität« gegründet; es gibt Vermutungen (und nicht nur unter den sogenannten Linksintellektuellen), daß die finanziellen Mittel zu ihrem Aufbau und zu ihrem Unterhalt unter anderem vom CIA bereitgestellt werden. Diese Vermutungen sind so abenteuerlich nicht.

Im Dezember 1966 landeten eines Nachts 3 000 Fallschirmjäger und etliche Hubschrauber auf dem Gelände der Universidad Central de Venezuela in Caracas; zahlreiche Panzer und gepanzerte Fahrzeuge mit aufgesessenen Infanterie-Soldaten trugen den Angriff zu Lande vor. Die Studentenwohnheime wurden mit Gewalt geräumt. Danach machte sich das Militär, bald unterstützt von den Beamten der beiden politischen Abteilungen der Polizei, an die Durchsuchung der Universität. In ihrem Verlauf entstand ein Sachschaden von rd. 200 000 Bolivares (1 Bolivar entspricht dem Wert von DM 0,95), verschwanden aus den Büros von Rektor und Vizerektor Mappen und Korrespondenzen, wurden von Forschungsberichten bis zu Manuskripten und Klischees im universitätseigenen Verlag »Materialien« beschlagnahmt. Lehr- und Forschungsbetrieb waren während der ganzen Zeit lahmgelegt. Nach drei Monaten endete die Besetzung ebenso spukhaft schnell, wie sie begonnen hatte: Eines Morgens waren Fallschirmjäger, Infanteristen, Geheim- und uniformierte Polizisten, Panzer, Hubschrauber und sonstiges Kriegsgerät verschwunden.

Ungefähr acht Wochen vor meinem Besuch in Columbien, der Anfang September 1967 stattfand, befahl Präsident Carlos Lleleras den militärischen Sturm auf die Universidad Nacional. In wenigen Stunden war das Universitätsgelände genommen und hermetisch abgeriegelt. Kein Mitglied der Universität, weder Student noch Professor noch Rektor, durfte das Gelände betreten. Auch hier wurde eine Durchsuchung durchgeführt. Nach zehntägiger Okkupation zogen die Truppen feldmarschmäßig ab. Die Zerstörungen, die – absichtlich wie unabsichtlich – angerichtet worden waren, konnten (und können womöglich noch) besehen werden.

Die Universitäten in den meisten lateinamerikanischen Staaten genießen volle Autonomie, die häufig in den Verfassungen verankert ist. Der Staat hat kein Recht, in ihre inneren und äußeren Angelegenheiten einzugreifen; er hat nicht einmal das Recht, den Beamten seiner Exekutive die Durchführung von Amtshandlungen innerhalb der Universität zu befehlen; er hat schon gar nicht das Recht, in das Gelände der Universität einzudringen. Dem Staat darf es, nach dem Willen der Verfassung, nicht einfallen, ihm mißliebig gewordene Universitäten (soweit sie staatlich sind) finanziell auszuhungern und Gegenuniversitäten ins Leben zu rufen. Der Bruch der Verfassungen, der sich in Geschehnissen wie den dargestellten und in zahlreichen ähnlichen Fällen manifestiert, ist die Reaktion auf bestimmte soziale und politische Tatbestände. Sie ist nicht nur legal unzulässig, sondern auch für die Universitäten bedrohlich und – wahrscheinlich – auf die Dauer gefährlich für den Bestand der Gesellschaften, jedenfalls in ihren heutigen Entwicklungstendenzen.

Die Universitäten haben in den Staaten Lateinamerikas eine alte Tradition, die in die Anfänge der spanischen und portugiesischen Kolonialzeit zurückreicht: Die erste auf lateinamerikanischem Boden wurde 1538 durch eine Bulle des Papstes Paul III. in Santo Domingo ins Leben gerufen. Später erfolgten Gründungen in vielen anderen Städten der spanischen Vizekönigreiche, teils durch weltliche Behörden mit kirchlicher Unterstützung, teils durch Orden wie den der Jesuiten und andere kirchliche Institutionen mit der Unterstützung der spanischen Krone. Das Schicksal der Universitäten hat recht bunte Züge; zumal die von Orden getragenen wurden – im Gefolge der Veränderungen der spanischen Politik gegenüber den Orden – immer wieder einmal geschlossen und neu eröffnet. Allerdings blieb das Verhältnis der Universitäten zur kolonialen Gesellschaft aus eindeutigen Gründen unproblematisch.

Auch während der Jahre und Jahrzehnte, die den Unabhängigkeitskämpfen um die Wende vom 18. zum 19. Jahrhundert folgten, blieb dieses Verhältnis ungetrübt. Das liegt teilweise daran, daß die Umstrukturierung der Gesellschaft, die zumindest von dem bedeutendsten Kopf der politi-

schen Unabhängigkeitsbewegung, Simón Bolivár, angestrebt war, sich nicht durchsetzte. Die Gesellschaften der meisten Länder blieben, wiewohl politisch vom einstigen Kolonialherrn unabhängig, kolonialistisch-feudalistisch geprägt. Die Universitäten waren die Ausbildungsstätten der Eliten jener Gesellschaften. Langsam aber setzten sich in den Kreisen der Professoren und Studenten wissenschaftlich positivistische und politisch liberale Ideen durch. Sie blieben auf geraume Zeit sozial unwirksam, gewannen dann jedoch rasch an Sprengkraft – ein Vorgang, mit dem häufig ihre qualitative Veränderung verbunden war.
Das erste Ereignis, in dem dieser Umschlag deutlich sich ausprägte, war die Universitätsreform von Córdoba (Argentinien) im Jahre 1918. Die vom Staat verfügten Reformen gingen auf eine Revolution der Studenten zurück. Im Anfang war diese Bewegung auf die inneren Strukturen der Universität gerichtet, deren Obsolenz sich immer deutlicher zeigte. Bald aber schlug sie um und orientierte sich auf die gesamte Gesellschaft hin. Sie griff über auf andere lateinamerikanische Länder. Die allgemeinen Ursachen lagen in abgeschlossenen oder noch im Gang befindlichen Veränderungen: In ganz Lateinamerika tauchten neue gesellschaftliche Klassen auf; die alten kolonialistisch-feudalistischen Sozialstrukturen waren bankrott und konnten zumal die Integration der neuen Klassen nicht mehr leisten; in den ersten Jahren dieses Jahrhunderts lösten sich fast alle Gesellschaften in mehr oder weniger starkem Maße aus der Umklammerung des Staates: es entwickelte sich gesellschaftliches Bewußtsein. Als bedeutende Faktoren von internationaler Relevanz, die diese Prozesse beschleunigten, kamen hinzu: 1. der Erste Weltkrieg; 2. die Revolution in Mexiko, die sich später in der Umstrukturierung dieser Gesellschaft in eine solche mit halb-sozialistischem Charakter vollendete; 3. die russische Revolution von 1917. Die Ereignisse in Córdoba bedeuten den ersten Schritt auf dem langen Weg, der von der Universität als Stütze der kolonialistisch-feudalistischen Gesellschaft hin zu der Universität als Gefahr für die heutige »Entwicklungsgesellschaft« führte. Ihre unmittelbaren Auswirkungen bestanden darin, daß die lateinamerikanischen Staaten den Universitäten die Autonomie endgültig garantierten und daß die Kirche ihres Einflusses auf die Universitäten beraubt wurde.
Die Entfremdung der Universitäten von den Gesellschaften setzte sich fort. Das lag auch daran, daß die Universitäten, wenngleich reformiert und politisch liberalisiert, noch immer mehr den Anforderungen der alten Gesellschaftsstrukturen gehorchten als den aufkommenden sich anpaßten. Ein Symptom dafür ist, daß sie in erster Linie jene akademischen Berufe produzierten, die in den kolonialistisch-feudalistischen Zeiten das höchste

Prestige genossen: vornehmlich Rechtsanwälte. Der Umbruch der gesellschaftlichen Strukturen wurde gefördert durch die Erschließung ökonomischer Resourcen, durch die immer stärker werdende Einmischung der USA in die inneren Angelegenheiten der lateinamerikanischen Gesellschaften (die sowohl auf wirtschaftlichen als auch auf hegemonialen Interessen beruhte und eine Zeitlang einige fortschrittliche Folgen hatte) und durch die sich emanzipierenden Mittelschichten, die Bourgeoisie, deren Angehörige häufig zu Wohlstand gelangte Abkömmlinge von Einwanderern waren. Er beruhte auf dem Bankrott der alten Ordnungen. Diese Wandlungen, wiewohl zu Beginn mit großer Kraft aufbrechend, konnten sich allerdings nie vollenden: Obgleich die alte Ordnung bankrott war, erhielten sich ihre Funktions- und Anpassungsmechanismen. Das hat seinen Grund: Die Wandlungen berührten nicht die soziale und politische Stellung der alten Oberklassen, die auf Grund ihrer Macht ihr Wertsystem weiter als allgemeingültiges proklamieren konnten. So kam es zu Modernisierungen in partiellen Bereichen, nie jedoch zur Modernisierung der ganzen Gesellschaft; denn die neuen Mittelschichten, anstatt den von ihnen begonnenen Umbau konsequent zu Ende zu führen, paßten sich nur zu gern dem Wertsystem der alten Mächtigen an. Doch selbst mit diesen partiellen Umstrukturierungen hätte auch das Verhältnis der Gesellschaft zu ihrer Universität sich verändern müssen. Denn die Strukturen, die sich in einigen Bereichen der Gesellschaft herausbildeten, verlangten nach anderen Formen akademischer Ausbildung als denen, auf die die Universitäten in erster Linie ausgerichtet waren, und nach einer neuen Prestigeskala der Berufe, die ihrem realen gesellschaftlichen Stellenwert angemessener wäre.

Bezog sich die Entfremdung also im Anfang auf das Verhältnis der Universität zur alten Gesellschaftsstruktur, so stellte sich bald heraus, daß weder die teilweise neue gesellschaftliche Ordnung aus den genannten Gründen fähig war, sie aufzuheben, noch die Universität – gefangen im Bannkreis dieser Ordnung – aus eigener Kraft sich anpassen konnte. Diese merkwürdige Lage brachte es mit sich, daß die Universität mehr und mehr zu einem Raum wurde, in dem die sozialen Anpassungsmechanismen, die in den anderen gesellschaftlichen Institutionen ihre Funktionen erfüllten, nicht funktionierten, sondern tatsächlich einfach suspendiert waren; die an der Universität verbrachte Zeit war dadurch gekennzeichnet, daß der Student nicht dem sonst durchgängigen Sozialisierungsprozeß unterworfen war – eben wegen der Spannung zwischen Gesellschaft und Universität.

Hand in Hand mit diesem Vorgang und teilweise durch ihn bedingt vollzog sich eine fortschreitende Politisierung der Universitäten. Seit dem

Erfolg der Revolution von Córdoba und der ihr geistig und zeitlich folgenden Bewegungen empfanden sich die Studenten und – mit ihnen verbündet – ein Teil der Professoren als die tatsächlichen geistigen und präsumptiven politischen Führer ihrer Nationen. Sie fühlten sich aufgerufen, an der Modernisierung ihrer Gesellschaften mitzuarbeiten, was in der Mehrzahl der Fälle eine heftige Opposition gegen die geltenden sozialen Ordnungen und die herrschenden politischen Strukturen einschloß. Dieses gesellschaftliche Bewußtsein, das sie prägte und ihr Handeln bestimmte, war der realen Lage angemessen. Denn da sie aus dem institutionalisierten Sozialisierungsprozeß herausgenommen waren, ist die Annahme gerechtfertigt, daß sie objektiv in der Lage waren, die Situation ihrer Gesellschaften sozusagen von außen zu betrachten und die angemessenen praktischen Maßnahmen ins Auge zu fassen. Das Problem dieser kritischen Intelligentsia – und damit der Vorteil der Gesellschaften – bestand jedoch darin, daß die Studenten sich spätestens nach Abschluß des Studiums den herrschenden Institutionen ausliefern mußten und daß die bestehende Ordnung die Opposition der Studenten gerade deshalb als vorübergehende hinnehmen konnte, weil sie wußte, daß nach deren Studienabschluß die gesellschaftlichen Institutionen für die nötige Sozialisierung und damit Domestizierung sorgen würden.
Natürlich war sich die Gesellschaft, waren sich ihre Protagonisten der der Lage innewohnenden Gefahren bewußt. Ihr Rezept hieß und heißt: »Funktionalisierung« der Universität. Unter diesem Schlagwort wird die Anpassung und das »Auf-die-Zeit-Bringen« der Universität verstanden: Die Universität soll den modernisierenden Strukturen sich anpassen; soll den Erfordernissen der Gesellschaft in Bezug auf Bildung, Erziehung, Ausbildung, Spezialisierung dienen; soll auf der Höhe der ökonomisch-gesellschaftlichen Wirklichkeit sich befinden, wie sie von den Mächtigen definiert wird. Die den Interessen der Gesellschaft entsprechende neue Wissenschaft zieht sich mit der Bildungsökonomie ein zeitgemäßes Kleid an. Dieser Funktionalisierung der Universität immament ist ihre Entpolitisierung; denn wenn sie der gesellschaftlichen Lage voll eingepaßt ist, dann fehlt ihr – so geht der Gedanke der Herrschenden – die kritische Distanz zur Gesellschaft als Voraussetzung einer Politisierung der Universität. – Ein anderes Rezept heißt: »Akademisierung« der Universitäten. Es wurde – und wird – auf einer qualitativ anderen Ebene von qualitativ anderen Protagonisten der gesellschaftlichen Ordnung vertreten. Inhaltlich geht es davon aus, daß die Universität zwar eine gesellschaftliche Institution sei, aber eine solche mit eigener Ordnung. Sie sei eine der Forschung und Lehre gewidmete Anstalt. Aus dieser Zwecksetzung ergeben sich für

die Anhänger dieses Rezepts bestimmte inner-institutionelle Ordnungsprinzipien, die allein das Funktionieren der Universität als einer der Wissenschaft geweihten Einrichtung gewährleisten. Die politische Unruhe, so wird behauptet, sei unter den Studenten und unter vielen Professoren nur deshalb so groß, weil die ersteren auf die Zwecksetzung der Universität nicht sich eingestellt und die letzteren sie nicht begriffen hätten (der Vorwurf der mangelnden wissenschaftlichen Qualifikation der politisch engagierten Professoren wird gern mit dieser Aussage verbunden). Die Universität könne den an sie herangetragenen gesamtgesellschaftlichen Anforderungen dann am besten genügen, wenn sie sich auf ihren akademischen Charakter und die daraus resultierende Ordnung besinne. Zumal dieses Rezept klingt dem vertraut in den Ohren, der die Diskussionen über die Lage der deutschen Universität kennt. Es entlarvt sich vollends als apologetisches, wenn damit der Hinweis verbunden wird, nur diese »akademische« Ordnung garantiere die von der Universität wahrzunehmende Position wissenschaftlicher Kontrolle über die Gesellschaft und ihre Funktionen.

Die Voraussetzung für die Angemessenheit dieses zweiten Rezepts wäre, daß der Modernisierungsprozeß in den lateinamerikanischen Gesellschaften total wäre und ihre weitgehende Rationalisierung schon hervorgebracht hätte. Nur dann wären die Kontrollfunktionen der Universität als Hort der Wissenschaften sinnvoll, nur dann hätte die »Akademisierung« einen gesellschaftlich relevanten Nutzen. Diese Voraussetzung ist jedoch nicht erfüllt. So schwer es auch ist, verallgemeinernde Aussagen über so verschiedene Gesellschaften wie die in Lateinamerika versammelten zu machen, eine Feststellung läßt sich doch als allgemeine treffen: Das Überleben gewisser Funktionsmechanismen der kolonialistisch-feudalistischen Strukturen hat die durchgängige Rationalisierung dieser Gesellschaften mit Erfolg verhindert. Dies bedeutet: Die Modernisierung in partiellen gesellschaftlichen Bereichen, wie sie etwa im Aufstieg neuer sozialer Schichten sich ausdrückt, konnte nicht in gesamtgesellschaftliche Rationalisierung umschlagen, weil dem gesellschaftlich und geschichtlich gewachsene Hemmnisse entgegenstanden. Dieser Befund wird erhärtet durch zahlreiche Symptome. Eines davon ist der noch immer große soziale Stellenwert und die noch immer bedeutende politische Macht der traditionellen Oberschichten, die Mobilitätskanäle blockieren und Modernisierungsprozesse innerhalb der sozialen und politischen Strukturen verhindern können, letzteres vor allem deshalb, weil sie in den meisten Gesellschaften noch mit dem Offizierskorps der Armeen und den Spitzenpositionen in beherrschenden Institutionen fast identisch sind.

Ein ähnlicher Grund spricht gegen die Anwendbarkeit des ersten Rezepts, der »Funktionalisierung« der Universität. Auch hier wäre die immanente Voraussetzung, daß die Gesellschaft so weit rationalisiert wäre, daß neue Prestigeskalen sich hätten entwickeln können und darin die Anforderungen der Gesellschaft prägnanter deutlich geworden wären. Dies ist nicht geschehen. Ein oberflächlicher, aber interessanter, weil für viele Widersprüchlichkeiten typischer Anachronismus in den lateinamerikanischen Gesellschaften besteht darin, daß neue technische und funktionale Berufsausbildungen gebraucht und gefordert werden und gleichzeitig die auf den überkommenen, traditionalen Sozialstrukturen beruhende Prestigeskala der Berufe sich nahezu ungebrochen erhalten hat. Das ist nicht der einzige Grund, der gegen die Anwendbarkeit des Rezepts »Funktionalisierung« spricht. Der zweite Grund ist sozusagen positiver Natur: Die Universitäten stellen den lateinamerikanischen Gesellschaften schon jetzt genügend technisch und funktional ausgebildete Fachleute zur Verfügung, wenn man Stand, Tendenz und Schnelligkeit der Entwicklungen auf denjenigen Gebieten als Maßstab ins Auge faßt, in denen der Bedarf an den technisch-funktionalen Berufen mit hohem Ausbildungsstandard am größten ist. Der Beweis für die Richtigkeit dieser Aussage scheint damit gegeben zu sein, daß besonders viele der technisch-funktional ausgebildeten Akademiker von der Berufsstruktur nicht absorbiert werden können und es deshalb vorziehen, sich in anderen, vornehmlich den entwickelten Gesellschaften einen Arbeitsplatz zu suchen; das ist die häufig zu beobachtende »Akademikerflucht«, die viel beklagt, aber zu selten auf ihre Ursachen hin analysiert wird. Mit anderen Worten: Die lateinamerikanische Universität »funktioniert« schon, zumindest in dem Sinne, wie die Anhänger dieses Rezepts es verstehen. Ein dritter Grund dafür, daß das Gerede von der »Funktionalität« der Universität auf der Höhe der Zeit nicht ist, kann einstweilen nur angedeutet werden: Inzwischen haben sich Intensität und Inhalt des studentischen und professoralen gesellschaftlichen Engagements gravierend verändert.

Wegen des unterschiedlichen Entwicklungsstandes der lateinamerikanischen Gesellschaften sind die Vorgänge, die ich geschildert habe, in den verschiedenen Gesellschaften verschieden weit fortgeschritten. Der Prozeß ist allgemein; aber ein Teilstück seiner Entfaltung, das für eine Gesellschaft bereits Vergangenheit ist, kann für eine andere noch Gegenwart oder unmittelbare Zukunft sein. Falls es in der Zukunft liegt, deuten die Tendenzen, die in der Gegenwart sich abzeichnen, klar auf den Gesamtprozeß hin.

Die Rezepte »Funktionalisierung« und »Akademisierung« der Universitäten sind ideologische Substrate des gesellschaftlichen Bewußtseins der Mächtigen, die auf Grund ihrer Macht die Möglichkeit haben, ihr Bewußtsein, ihr Wertsystem, ihr Weltbild als gesamtgesellschaftlich gültige zu deklarieren. So rekrutieren sich denn auch die (zahlreichen) Anhänger dieser Rezepte aus den das System heute tragenden Schichten, d. h. den traditionellen Oberschichten und den neuen, aufstrebenden Mittelschichten. Da diese Schichten auch die politischen Strukturen beherrschen, kann es nicht verwundern, daß mit der Forderung nach »Funktionalisierung« und »Akademisierung« der Universität auch die Forderung erhoben wird, der Staat habe als unabhängige, quasi schiedsrichterliche Instanz die Durchsetzung jener Rezepte zu garantieren. Hier enthüllen die Schlagworte sich vollends als ideologische. Denn wenn auf diese Weise die Autonomie der Universitäten abgebaut und dem staatlichen Einfluß auf sie das Tor weit geöffnet wird, ist abzusehen, daß die Universität bald zum Instrument der Herrschaft der Mächtigen gerät; sie wird dann nur zur Stütze der antiquierten Sozialstrukturen und trägt nichts mehr bei zur Modernisierung und Humanisierung von Gesellschaft und Staat.
Diese Rezepte sind vereinzelt angewandt worden. Sie haben auch – von der bestehenden Ordnung her gesehen – einige Erfolge gezeitigt, auf die voller Stolz hingewiesen wird. Ob die so angepaßte Universität der Gesellschaft auf sinnvolle Weise dienen kann, muß bezweifelt werden. Es ist nicht zu verkennen, daß die Universität aus der gesellschaftlichen Offensive in die Defensive gedrängt worden ist; daß sie reduziert wird auf Funktionen, die den verharschten Sozialstrukturen und den sie tragenden mächtigen Klassen nicht »gefährlich« werden können; daß sie eingebaut wird ins bestehende System, dessen mehr schlechtes als dem Menschen gerechtes »Funktionieren« sie dann wiederum gewährleistet und dem sie offenen oder verschleierten Tribut zollt, auch blutigen, zumindest (doch nicht nur) in des Wortes übertragener Bedeutung.
»Funktionalisierung« und »Akademisierung« sind nicht die einzigen Lösungen, die die herrschenden Mächtigen sich haben einfallen lassen, um die Universität mit den systemimmanenten Anpassungsmechanismen al pari zu bringen. Vor allem die katholische Kirche, aber auch andere finanzstarke Interessengruppen derer, die sozial »oben« sind, haben Privatuniversitäten teils ins Leben gerufen, teils wieder auferstehen lassen. Diese privaten Gründungen sind den Verfassungen nach nicht verboten, sofern der Staat sie nicht finanziell unterstützt, um den nationalen Universitäten so Geld entziehen oder doch mit Geldentzug drohen zu können. Da sie nicht (oder nur geringfügig) subventioniert werden, da viele von ihnen

weiterhin auf die eigenen wirtschaftlichen Mittel angewiesen sind oder – nach dem Willen ihrer Träger – sogar Gewinn erwirtschaften sollen, müssen sie sich das Geld für ihren Unterhalt oder für den möglichen Gewinn durch hohe Studiengebühren verschaffen (derweilen die nationalen Universitäten in der Regel keine Studiengelder erheben dürfen): Die jährliche Matrikelgebühr für Studierende der »Universidad Catolica Andrés Bello« in Caracas beispielsweise beträgt zwischen 2.150 Bolivares (Ingenieurwissenschaften) und 1.650 Bolivares (Philosophie), zuzüglich einer einmaligen Einschreibegebühr von 200 Bolivares und einer jedmaligen Rückmeldegebühr von 100 Bolivares. Das Studium an dieser Universität kostet also die Eltern monatlich zwischen 200 und 250 Bolivares nur an Studiengebühren. Ähnliche Zahlen ließen sich für andere Privatuniversitäten in anderen lateinamerikanischen Ländern nennen. Die Zahl der von den Universitäten vergebenen Stipendien ist gering: Fachkollegen von der Universidad Catolica Andrés Bello gaben den Anteil der Stipendiaten mit ca. 5 Prozent der Studierenden an. Die Verteilung der privaten Universitäten auf die verschiedenen lateinamerikanischen Gesellschaften ist recht unterschiedlich; auch sind es recht verschiedene Institutionen, die sie tragen. In Bogotá gibt es rund ein Dutzend Privatuniversitäten – von der »Universidad Pontifica Javeriana«, getragen von der katholischen Kirche, über die »Universidad INCA«, deren Träger offenbar eine private Gruppe von kolumbianischen Geldgebern ist, bis zur »Universidad de los Andes«, die hauptsächlich eine Forschungsuniversität darstellt und in erster Linie von US-amerikanischen Geldgebern unterhalten wird. In Caracas gibt es dagegen nur zwei private Universitäten, die schon genannte katholische und eine andere, die von einer Dame der Oberschicht – mit Gewinn – unterhalten wird.

Diese Universitäten »funktionieren«, und sie stellen auch jene »akademischen« Einrichtungen dar, die von den Anhängern des Rezepts »Akademisierung« gefordert werden. Dennoch ist ihr gesamtgesellschaftlicher Stellenwert mehr als fragwürdig. Die Privatuniversitäten tragen gewöhnlich zur Konsistenz und Permanenz der alten Oberklassen bei. Die hohen Studiengebühren haben die Wirkung, daß nur Kinder jener Schichten diese privaten Universitäten besuchen können, deren Angehörige in der Lage sind, dafür beträchtliche Summen aufzuwenden. Außer den traditionellen Oberklassen sind dies noch die neuen, rasch zu Wohlstand gelangten Mittelschichten, die sich in Einstellungen, Haltungen und Verhaltensweisen den von den Oberschichten beherrschten Sozialstrukturen anpassen. Ihre potentielle Kraft zur umfassenden Modernisierung wird auf diese Weise zum Vehikel der Affirmation des Bestehenden. Ihr

Wunsch, ihre Kinder auf die Privatuniversitäten – und zumal auf die katholischen und/oder von Orden getragenen – zu schicken, ist der deutliche Beweis für jenen Prozeß der Anpassung an die alten Eliten. Die Folge ist, daß die privaten Universitäten zur weiteren Verharschung der Sozialstrukturen beitragen; daß ein elitärer Geist systematisch gezüchtet wird und sich ausbreitet, der von einem Bewußtsein getragen wird, das im Rahmen einer »Entwicklungsgesellschaft« ein blanker Anachronismus ist; daß die Universität aus dem Raum der Freiheit von den Anpassungsmechanismen der Gesellschaft herausgenommen und in ihren Sozialisierungsprozeß voll eingegliedert wird.
Ich nahm an einer Diskussion mit Professoren einer Privatuniversität teil. Es erwies sich, daß fast alle die gefährlichen Obsolenzen der bestehenden Gesellschaften durchschauten. Sie hatten allerdings jeden Gedanken daran verdrängt, daß die Institution, der sie angehören, genau zu diesen Obsolenzen beiträgt. Einer der Professoren kritisierte mit harten Worten die Permanenz der Macht der alten mächtigen Klassen; aber er war sich nicht bewußt, daß er seine Studenten einem Sozialisierungsprozeß unterwirft, der damit endet, daß sie in jene Klassen voll sich eingliedern oder es zumindest versuchen.
Der zweite Grund für die Fragwürdigkeit des gesamtgesellschaftlichen Stellenwertes der Privatuniversität ist womöglich noch wichtiger. Keine Gesellschaft kann es sich leisten, daß sich ein großer Teil des Erziehungssystems in privater Hand befindet; das gilt besonders für das »höhere« Erziehungswesen, also Oberschulen und Universitäten. Daß es von Privatinstitutionen getragen wird, bedeutet nämlich auch, daß es privaten, von der Gesamtgesellschaft aus gesehen partikularen Interessen dient, private und partikulare Ziele verfolgt. Diese sind gewöhnlich nicht in völligem Einklang mit den Interessen der Gesellschaft, die aus dem Stand ihrer realen Basis sich ergeben, obzwar sie in diesem oder jenem Bereich übereinstimmen können und mögen. Wenn die partikularen Interessen und Ziele nun eine große Chance der Durchsetzung im Rahmen des Erziehungsprozesses erhalten, werden dadurch viele junge und jüngere Glieder der Gesellschaft ihr »negativ entfremdet«. Diese »negative Entfremdung« schließt ein, daß die Gesellschaft und die Chancen ihrer Entwicklung zu einer moderneren und – vor allem – humaneren hin unter dem Blickwinkel von privaten und partikularen Interessen gesehen werden. Sie bedeutet demzufolge, daß ein großer Teil der Chancen der Entwicklung verschleiert oder verschüttet wird, weil sie nicht in das von den Sonderinteressen geprägte Konzept passen; daß für einen großen Teil der Schüler, Studenten und Intellektuellen die Möglichkeit jener »positiven Ent-

fremdung« von der Gesellschaft verstellt wird, die die kritische Distanz zu ihr, ihre nüchterne Analyse und das von der Idee der humaneren Gesellschaft geformte Engagement ihr gegenüber erst freisetzen kann. Die »negative Entfremdung« ist als Negation die Aufhebung der »positiven Entfremdung« (über die noch zu sprechen sein wird); die institutionelle Apparatur, die jene bewirkt, ist fixiertes Derivat einer antiquierten Gesellschaft, die diese bekämpft.
Ein dritter Grund ist in diesem Zusammenhang anzuführen. Die Partikularität der Interessen und Ziele, die von den privaten Erziehungsinstitutionen verfolgt werden, hat ihre reale Basis in dem Wunsch, den Anteil an der Macht, den die meisten der Trägerinstitutionen haben, sich für immer zu sichern. Ein besonders gutes Beispiel dafür bietet die katholische Kirche. Sie hat traditionell eine mächtige Stellung in den lateinamerikanischen Gesellschaften, besonders auch dadurch, daß es ihr gelungen ist, diese Stellung im Bewußtsein der Bevölkerung zu verankern (nicht zuletzt dank ihrem Einfluß im Erziehungssystem). Ihr Einfluß auf die Universitäten war in den Jahren nach der Universitätsrevolution von Córdoba stark zurückgegangen. Um ihn zu restaurieren und damit ihre Macht auf diesen Sektor der Gesellschaft wieder auszudehnen, gründete sie ihre Universitäten wieder oder rief neue ins Leben. Der Schachzug gelang. So weitete sie ihre Macht noch weiter aus; ihr Einfluß im Volk ist ohnehin so groß, daß ein marxistischer Intellektueller bitter-ironisch bemerken konnte, die Durchsetzung des Sozialismus im gesellschaftlichen Bewußtsein des Volkes sei kaum anders denn auf dem Weg über seine Umsetzung in katholische Terminologie und sakrale Formeln möglich. Die Restaurierung des Einflusses der Kirche auf die Universitäten will den in diesem Satz sich ausdrückenden Sachverhalt auch auf Schüler, Studenten, Intellektuelle übertragen. Analoges gilt für andere Trägerinstitutionen privater Universitäten.

Die Rezepte »Funktionalisierung« und »Akademisierung« sind inadäquat; die Gründung von Privatuniversitäten ist gesamtgesellschaftlich fragwürdig bis gefährlich. Nun folgt daraus jedoch nicht ohne weiteres die Anwendung der rohen Gewalt (wie bei den Universitätsbesetzungen in Caracas und Bogotá) oder der sublimierten in Form von bildungspolitischen Winkelzügen (wie bei der Gründung einer Zweit- oder Nebenuniversität in Santo Domingo). Es sind andere Lösungen denkbar. Ihr Entwurf scheitert an zwei grundlegenden Sachverhalten: einmal an den Obsolenzen der sozialen und politischen Strukturen, und zum anderen an der neuen Form des Engagements, über das jetzt zu reden ist. Das scheint mir der

wichtigere Grund zu sein, weil er auf die Betroffenen direkt sich bezieht, weil er durch gesamtgesellschaftliche Reformen nicht aufgehoben werden kann (was zumindest für einen Teil der sozialstrukturellen Antiquiertheiten durchaus denkbar wäre) und weil er verhindert, daß die Gesellschaft die Universität ins System einfängt.
Es lassen sich drei Phasen des Verhaltens von Studenten, Professoren und – allgemeiner – Intellektuellen unterscheiden, die zum Zwecke der Darstellung mit »feindseliger«, »analytischer« und »positiver Entfremdung« benannt werden sollen. Die erste Phase erreichte ihren Höhepunkt im Jahre 1918 in der Universitätsrevolution von Córdoba. Die Studenten und Professoren waren, wie gesagt, in den letzten Jahrzehnten des 19. Jahrhunderts mit politisch liberalen und wissenschaftlich positivistischen Ideen in Berührung gekommen und mehr und mehr unter ihren Einfluß geraten. Die Folge war eine Entfremdung von den gesellschaftlichen Strukturen, die in der Feindseligkeit ihnen gegenüber am deutlichsten sich ausdrückte. Man wandte sich gegen die Antiquiertheit der Gesellschaftsordnung, gegen die Illiberalität der politischen Strukturen, gegen den Einfluß der sozial und politisch mächtigen Klassen, der Institutionen, vornehmlich der katholischen Kirche. Die Feindseligkeit war häufig emotional und idealistisch, die Lösungsvorschläge orientierten sich mehr oder weniger offen an den politischen Ideen des individualistischen Liberalismus, der Blick richtete sich in erster Linie auf die Universität. Das geht aus dem am 12. Juni 1918 von den Studenten und den mit ihnen verbündeten Professoren erlassenen Manifest von Córdoba »Die argentinische Jugend von Córdoba an die freien Menschen Südamerikas« recht eindeutig hervor. Die Hauptforderung während dieser Phase der »feindseligen Entfremdung« war die nach der Autonomie der Universität. Dabei wurde die Universität – allzu einseitig – als das »getreue Abbild jener dekadenten Gesellschaftsformen« angesehen, »die hartnäckig darauf bestehen, das traurige Schauspiel einer senilen Regungslosigkeit zu bieten« (so wörtlich im Manifest). Man ging von der Annahme aus, die revolutionäre Umstrukturierung der Universität auf ihre volle Autonomie hin sei der Beginn der Umgestaltung der gesamten Gesellschaft. Dahinter steht der Wunsch, eine Enklave zu schaffen und ihren Bestand zu garantieren, in der die »feindselige Entfremdung« sozusagen dauernd sich verkörpert und die dann als Herd für die Veränderung der Gesellschaft wirkt; daher das ausdrückliche Verlangen nach der Autonomie der Universität. Die Vorstellung von der Sozialstruktur, obgleich verschwommen, war geprägt von einigen Axiomen: Sie solle auf das Interesse des einzelnen ausgerichtet sein und demzufolge in einer liberalen Marktwirtschaft allen Individuen

gleiche Chancen bieten, keine Privilegien auf Grund der Geburt, sondern nur noch auf Grund der Leistung verleihen und dergleichen – kurz: die Gesellschaft solle auf die individuelle Vernunft als das Prinzip ihres Funktionierens gegründet werden. Es wäre aufschlußreich zu untersuchen, ob nicht die idealistische Universitätsreform Wilhelm von Humboldts ähnliche soziale Inhalte hatte. Die »feindselige Entfremdung« der Studenten, Professoren und Intellektuellen von der Gesellschaft ist die Basis der späteren Entwicklung. Als eigene Phase mußte sie sozial und politisch wirkungslos bleiben (sofern man die Gesamtgesellschaft und nicht bloß die Universität im Auge hat, deren Autonomie ja durchweg erreicht wurde).
Die zweite Phase ist die der »analytischen Entfremdung«; natürlich ist sie nicht ohne die durch die »feindselige Entfremdung« erzeugte Distanz und kritische Einstellung gegenüber der gesamten Gesellschaft denkbar. Sie ist noch nicht völlig abgeschlossen, und Symptome deuten darauf hin, daß sie in einigen lateinamerikanischen Gesellschaften noch längere Zeit fortdauern wird, ohne die Kraft zu haben, in die dritte Phase umzuschlagen. Die »analytische Entfremdung« äußert sich darin, daß die Studenten, Professoren, Intellektuellen die Funktionsmechanismen der überkommenen Gesellschaftsstruktur untersuchen, auf ihre Fähigkeit zur Freisetzung von Entwicklungs- und Modernisierungsprozessen hin prüfen, dabei meist zu negativen Ergebnissen kommen und neue Funktionsmechanismen sowie Systeme von Funktionsmechanismen »erfinden«, die die Entwicklung und Modernisierung der Gesellschaft gewährleisten können. So verschieden die weltanschaulichen Standorte der Exponenten dieser Phase sind, so unterschiedlich fallen auch die politischen Antworten aus. Ein Grundzug ist ihnen gemeinsam: Es geht allemal um die entwickeltere, modernere, sozial-rationalere Gesellschaft; daß sie alle – von der bestehenden Gesellschaft aus gesehen – »links« stehen, ist eine Banalität, die kaum als Merkmal angesprochen zu werden verdient. In Venezuela z. B. gehören in diesen Umkreis Romulo Betancourt, der langjährige Führer der »Acción Democratica« und – von 1960 bis 1964 – Präsident des Landes, Rafael Caldera, der Führer der christdemokratischen Partei COPEI, und Rodolfo Quintero, einer der Initiatoren der Gewerkschaftsbewegung und – bis zu deren Verbot – einer der Führer der kommunistischen Partei PCV; in der Dominikanischen Republik Juan Bosch, der demokratisch gewählte Nachfolger des Diktators Trujillo – Bosch wurde von rechtsstehenden Offizieren, teils Trujillo-Anhängern, gestürzt; in Peru Haya de la Torre, der Gründer und langjährige Chef der APRA. In vielen Gesellschaften sind diese Männer oder ihre Adepten und Epigonen in der Zwischenzeit an die Macht gelangt. Obwohl die meisten von ihnen zu Beginn ihrer Laufbahn

»radikal« waren, d. h. das gesellschaftliche System als gesamtes in Frage stellten, ließen sie sich dann doch mit ihm ein – dies häufig durch offene oder verschleierte Intervention der USA veranlaßt, die längst aufgehört haben, für die lateinamerikanischen Gesellschaften als Faktor einer partiellen Modernisierung zu wirken. Die alten Oberklassen und sozialen Strukturen erwiesen sich als so stark, daß sie die radikalen Gegner des Systems ins System zwingen konnten; dies gilt selbstverständlich für die Kommunisten, die es blieben, nicht – sie bezahlten den Preis der Ohnmacht.

Die dritte Phase ist die der »positiven Entfremdung«. Es versteht sich von selbst, daß auch sie weder ohne die durch die »feindselige Entfremdung« erzeugte Distanz und kritische Einstellung noch ohne das von der »analytischen Entfremdung« herkommende rationale Engagement denkbar ist. In einigen Gesellschaften ist diese Phase gerade dabei, Wirklichkeit zu werden; in manchen ist sie verurteilt, vorerst und noch einige Zeit Hoffnung zu bleiben (nämlich da, wo die – alten oder neuen – Diktaturen und/oder die äußeren Einflüsse voraussichtlich für länger stark genug sein werden, ihre Entfaltung zu verhindern); eine Gesellschaft – die kubanische – hat sogar angefangen, die aus der »positiven Entfremdung« sich nährende Utopie in Wirklichkeit umzusetzen.

Die »positive Entfremdung« ist durch einige besondere Merkmale gekennzeichnet, die genauer darzustellen sich lohnt. Den Ausgangspunkt hat sie mit der »analytischen Entfremdung« gemein, nämlich die Einsicht, daß die Funktionsmechanismen der alten Sozialordnung ihren Dienst nicht mehr tun. Auch hier geht es darum, ob neue Mechanismen Entwicklungs- und Modernisierungsprozesse freisetzen können. Diese werden jedoch nicht mehr als »Wert an sich« noch ausschließlich vom Standpunkt der »gesamtgesellschaftlichen Interessen« aus betrachtet (welch letzterer die Reintegration der Protagonisten der »analytischen Entfremdung« ins bestehende System mit verschuldet haben mag). Entwicklung, Modernisierung und Rationalisierung der gesellschaftlichen Strukturen werden vielmehr unter dem Blickwinkel des »Humanen« gesehen. Solch überstrapazierter Begriff verlangt nach exakterer Bestimmung. Der Gedankengang, der in der Forderung nach Humanisierung sich ausdrückt, verläuft folgendermaßen: Entwicklung, Modernisierung und Rationalisierung der Gesellschaft haben nur Sinn, wenn sie nicht die Strukturen, sondern in erster Linie die Menschen betreffen; denn würden sie sich nur auf die Strukturen beziehen, so würde es Jahrzehnte in Anspruch nehmen, bis die Menschen von ihnen profitieren könnten, und das ist zu lange, zumal jedes zeitliche Fortdauern der strukturellen Inhumanität diese noch tiefer ins gesellschaftliche Bewußtsein einpflügt und damit schwerer überwindbar macht,

weil sie immer mehr als unausweichlich hingenommen wird; es muß also eine Entwicklung angestrebt werden, die die Humanisierung der Gesellschaft garantiert; diese läßt sich an bestimmten Gegebenheiten ablesen und daher durch bestimmte Maßnahmen schaffen, zuerst und grundlegend durch die sofortige Beseitigung der strukturellen Ursachen für physische Not, dann durch die durchgängige Alphabetisierung und später Erziehung und Ausbildung aller Schichten der Bevölkerung, weiter durch die Teilhabe aller am gesellschaftlichen Reichtum auf dem Wege über die Verteilung des Bodens und die Vergesellschaftung der Produktionsmittel (auch der natürlichen Resourcen), schließlich durch den Umbau aller gesellschaftlichen Institutionen zu solchen, deren Struktur nicht nach dem Willen der alten und neuen Mächtigen oder nach angeblichen Eigengesetzlichkeiten gefügt ist, sondern den Menschen als Maß allen Funktionierens hat.
Mit dem grundlegenden charakteristischen Merkmal der Forderung nach Humanisierung verbindet sich in der »positiven Entfremdung« ein weiteres, das implizit im ersten enthalten ist. Die Studenten, Professoren, Intellektuellen starren nicht mehr gebannt auf die »überentwickelten Gesellschaften« (dies ein Ausdruck von C. Wright Mills). Sie sehen klar, daß deren Entwicklung, Modernisierung, Rationalisierung weitgehend an den Menschen vorbei verlaufen sind; daß diese Prozesse nur zu noch tieferen Repressionen und psychischen Vergewaltigungen geführt haben; daß – mit einem Wort – sie nicht die Humanisierung der Gesellschaften erreicht haben. Daher sehen die Protagonisten der »positiven Entfremdung« die überentwickelten Gesellschaften nicht mehr als beispielhafte an. Zwar sind sie willens, die von jenen entwickelten technisch-organisatorischen Apparaturen zu übernehmen und zu lernen, aber nicht deren sozialstrukturelle und ideologische Voraussetzungen. Das impliziert, daß sie den eigenen Entwicklungsweg gehen und nicht den anderer Gesellschaften sich aufzwingen lassen wollen. Mir scheint, daß sich dieses Bewußtsein mit der Lage der Gesellschaften al pari befindet. Denn gerade die Tatsache, daß die partiellen Modernisierungs- und Rationalisierungsprozesse noch nicht zu verfestigten »industriegesellschaftlichen« Sozialstrukturen geführt haben, setzt die Möglichkeit qualitativ anderer Entwicklungen als der in den überentwickelten Gesellschaften stattgefundenen frei. Darüberhinaus impliziert der Gedanke der anderen Entwicklung auch, daß die historischen Lagen und Tendenzen der einzelnen Gesellschaften stärker in den Blick genommen und für die Humanisierung fruchtbar gemacht werden; denn auch sie bieten dafür Anhaltspunkte genug.
Ein drittes Merkmal zeichnet die »positive Entfremdung« aus. Ihre Protagonisten sind Anhänger der Gewalt. Nun ist es in den lateinameri-

kanischen Gesellschaften nichts Neues, daß Intellektuelle die Anwendung der Gewalt befürworten. Was dies jedoch zu einem Kennzeichen dieser Form der Entfremdung macht, ist der Grund, warum Gewalt für notwendig erachtet wird. Gewalt, so geht die Argumentation, ist nicht nur in ihrer brutalen Form ein Charakteristikum der obsoleten sozialen und politischen Strukturen in Lateinamerika, wo es Gesellschaften gibt, in denen die dauernde Reproduktion von roher, physischer Gewalt nahezu als einziger Faktor der gesamtgesellschaftlichen Kohäsion außer Armut, Unwissenheit und fatalistischer Schicksalshinnahme wirkt. Würde die Argumentation hier enden, so wäre sie den Aussagen verwandt, die Protagonisten früherer Stadien der Entfremdung gemacht haben. Man sagt aber weiter, daß die Gewalt in den subtileren Formen ihrer Reproduktion (doch nicht nur in diesen) auch für die überentwickelten Gesellschaften kennzeichnend sei. Um die Gewalt zu brechen, müsse man ihre Mittel zum Umsturz der Strukturen einsetzen; mit Gewalt müsse man sich der Herrschaft bemächtigen und den eigenen Entwicklungsweg durchschreiten; die zu schaffende Gesellschaft sei dann mit großer Wahrscheinlichkeit auf keine Form der Reproduktion von Gewalt mehr angewiesen. Aus dieser Argumentation erklärt sich, warum erst den Protagonisten der »positiven Entfremdung« die Organisierung einer Guerilla-Bewegung einfiel; denn läßt man es bei dem ersten Teil der Argumentation (wie die Intellektuellen in früheren Stadien der Entfremdung), so wird die Anwendung von Gewalt zumindest der Anlage nach perenniert: die Politik derer, die, ehemals von der »analytischen Entfremdung« beeinflußt, in einigen Gesellschaften die Macht haben, beweist es.

Diese drei Merkmale geben den Charakter der »positiven Entfremdung« nicht erschöpfend wieder. Sie scheinen mir jedoch die wichtigsten. Allerdings dürfen sie nicht so isoliert gesehen werden, wie sie hier zum Zwecke der Analyse dargestellt sind. Humanisierung, Forderung nach eigener Entwicklung und Gewalt gehören ihrem Wesen nach zusammen. In dieser Zusammengehörigkeit zeichnet deutlich sich ab, warum dieses Stadium »positive Entfremdung« genannt wurde: Nur in dieser Phase konnte sich entwickeln, was Utopie geheißen werden mag, d. h. ein intelligibles Konzept menschengerechter Entwicklung, das durch seinen Entwurf die Chance seiner Verwirklichung in sich birgt, wenn, wie bei konkreter Utopie, Theorie und Praxis nahtlos ineinander sich fügen.

Das Problem dieser »positiven Entfremdung« liegt auf ähnlicher Ebene wie die Schwierigkeiten der früheren Phasen. Es läßt sich in eine Frage kleiden: Wie ist es möglich, das gesamtgesellschaftliche Bewußtsein auf die gleiche Höhe mit seiner realen Basis zu bringen, die »positive Entfremdung« so ins Bewußtsein der gesamten Gesellschaft zu heben, daß die aus ihr sich nährende Utopie die Chance ihrer Verwirklichung erhält? Es wurde schon darauf hingewiesen, daß die zu Anfang dieses Jahrhunderts sich entfaltenden Modernisierungsprozesse nur partielle Bereiche erfaßten und daß im gleichen Zeitraum ein gesellschaftliches Bewußtsein sich entwickelte. Dieses Bewußtsein wurde in seiner Ausbreitung rasch eingedämmt, weil die überlebenden antiquierten Funktions- und Anpassungsmechanismen eine intensive Wirkung immer von neuem reduzierten. So kam es, daß die hauptsächlichen Träger des Bewußtseins, die neuen Mittelklassen, sich mehr und mehr dem Wertsystem der alten Oberklassen anpaßten und teilweise als neue zu ihnen aufstiegen. Die gesamte Gesellschaft wurde und wird auf diese Weise künstlich im Zustand eines »reduzierten Bewußtseins« belassen, das sich – auf Abruf – als nationale Akklamationsinstitution gerieren darf, vornehmlich bei Staatsbesuchen, von der Regierung (damit von den alten und neuen Oberklassen) angeordneten Manifestationen des »Volks«-willens, bei Demonstrationen gegen die »Kommunisten«. Die Folge ist Frustration, die Fatalismus gebiert; man stellt einen auf die Wirkung nach außen berechneten unverbindlichen, wiewohl heißen Nationalismus zur Schau und legt sich gewisse Attitüden zu. Dieses Dilemma zeigt gleichwohl Ansätze zu seiner Überwindung; das im Volke meistens weit verbreitete Gefühl der Feindseligkeit gegenüber den USA mag als Symptom dafür stehen: es muß zu einer rational verarbeiteten Haltung, die tiefer geht und umfassend ist, sich entwickeln lassen. Allerdings muß der Pfad durch einen Dschungel von Hemmnissen dahin gefunden werden. Fidel Castro ging *einen* Weg, aber es scheint mir fraglich, ob er in anderen Ländern ohne weiteres auch gangbar ist. Die Guerilla-Bewegungen in Columbien, Guatemala, Venezuela und, wie die Diktatur des General Barrientos behauptet, Bolivien scheinen, wenigstens einstweilen, dem Erfolg ferner als je zuvor; inwieweit das daran liegt, daß die je einzelnen Gruppen in den verschiedenen Ländern in oberflächliche, weil die Einheitlichkeit des Ziels nicht berührende Streitigkeiten untereinander verwickelt sind und daher nach unterschiedlichen Strategien einzeln operieren, kann nicht leicht entschieden werden. – Camilo Torres Restrepo, laïsierter Priester und Soziologie-Professor an der Universidad Nacional de Colombia in Bogotá (vom *Spiegel* in typischer Anpassungsignoranz als »Terrorpriester« gebrandmarkt) – Camilo Torres versuchte einen anderen Weg: Er wollte die Gesellschaft auf dem Weg über die »marginalen Gruppen«, die in den lateinamerikanischen Gesellschaften gewöhnlich die große Mehrheit darstellen, zum Aufbruch in die Verwirklichung der Utopie mobilisieren; er dachte an die arbeitslosen oder nur halb und zu erbärmlichen Löhnen beschäftigten Bewohner der Elendsviertel in Großstädten, die Studenten, die »campesinos« – die armen Landarbeiter und Kleinbauern, die ständig am Rande des Hungertodes vegetieren – und andere Gruppen; ihre Integration sollte die Integration der ganzen Gesellschaft zum Aufbruch in die Zukunft vorwegnehmen. Die von ihm gegründete Zeitung wurde verboten, er selbst starb, von Kugeln durchlöchert, unter bis heute nicht geklärten Umständen. – Die Frage bleibt also. Doch der Weg läßt sich finden.

Der Kreis schließt sich. Zu Anfang wurde die Frage gestellt, ob die Aktionen roher Gewalt (wie bei den Universitätsbesetzungen in Caracas und Bogotá) oder sublimierter (wie bei der Gründung der Gegenuniversität in Santo Domingo) nicht für die Universitäten bedrohlich und für den Bestand der Gesellschaften, jedenfalls in ihren heutigen Entwicklungstendenzen, gefährlich seien. Wo die Aktionen ihren Ursprung haben, ist deutlich: in der Einsicht der Mächtigen, daß in der Phase der »positiven Entfremdung« das Wieder-Einfangen ins System nicht so recht gelingen will; daß das Kalkül, nach Verlassen der Universitäten würden die Absolventen in den Sozialisierungsprozeß der Gesellschaft schon wieder eingegliedert und durch ihn domestiziert, nicht mehr aufgeht – zu viele Studenten, Professoren, Intellektuelle hängen direkt oder indirekt mit der Guerilla-Bewegung zusammen; daß die Rezepte »Akademisierung«, »Funktionalisierung« und Gründung von Privatuniversitäten nicht als adäquat und anwendbar sich erwiesen, um den Gefahren und Problemen zu begegnen; kurz, daß die »positive Entfremdung« den hervorragenden sozialen Stellenwert und die immense Macht der Oberklassen ernsthaft gefährdet, indem sie zur Revolution führen kann. Die ultima ratio der Ratlosigkeit ist die Anwendung der nackten, gleich ob rohen oder sublimierten, Gewalt.
Daß solche Aktionen dennoch bedrohlich sein können, ergibt sich daraus, daß sie die Universitäten als tragende Institutionen der »positiven (oder auch analytischen) Entfremdung« zerbrechen können. Wenn sie Erfolg haben, dann wird der Universität die die gesamte Gesellschaft beherrschende politische Struktur aufgezwungen; dadurch würden in sie, die sich in ihrer inner-institutionellen Ordnung weitgehende Demokratisierung bewahren konnte, die Zwangsmechanismen der obsoleten gesellschaftlichen Ordnung eingeführt. Nur in ihrer »Rückkoppelung« haben diese gewaltsamen Aktionen möglicherweise einen (wenngleich natürlich unbeabsichtigten) positiven Effekt: Sie können das gesellschaftliche Bewußtsein der noch zaudernden Studenten, Professoren, Intellektuellen auf die Höhe der Zeit bringen; dies ist jedoch leider kein zwangsläufiger Prozeß.

Die Gefahr für die gegenwärtigen Entwicklungstendenzen der lateinamerikanischen Gesellschaften, die von solchen Aktionen ausgeht, liegt einigermaßen klar auf der Hand. Die Anwendung der Gewalt auf die Universität kann die Herrschenden, besonders wenn sie zu gewissen, wiewohl vorübergehenden, jedoch für dauernd genommenen Erfolgen führt, dazu verleiten, alle Probleme der Gesellschaft auf diesem Wege lösen zu wollen. Das kann zur Folge haben, daß die partiellen Entwicklungen, die im Laufe der Zeit auch gesamtgesellschaftlich relevant werden und damit zu einer am Vorbild der überentwickelten Gesellschaften orientierten Sozialordnung führen könnten, abgebremst und verschüttet werden. Zusätzlich kann dies in eine immer manifester werdende Bürgerkriegssituation einmünden. Die ultima ratio der Ratlosigkeit entpuppt sich also als gravierende Gefahr für die Entwicklungsgesellschaft.

Aber die Gewalt kann, ein weiterer »Rückkoppelungseffekt«, auch die Voraussetzungen schaffen für die tatsächliche Durchsetzung der »positiven Entfremdung« im gesamtgesellschaftlichen Bewußtsein. Sie geriete damit zum möglichen Werkzeug der Humanisierung der Gesellschaft – die Entwicklungsgesellschaft wäre dann die Voraussetzung für die Verwirklichung der Utopie, die als analytisch-normatives Gegenbild zu ihr sich entfaltete.

Anmerkung

* Américo Martin und Freddy Muñoz sind Führer der venezolanischen Studentenbewegung und gehören zu den Köpfen der Guerilla-Bewegung. In den Jahren 1966 und 1967 verhaftet, wurden sie von Militärgerichtshöfen zu langjährigen Freiheitsstrafen verurteilt (Américo Martin zu 29 Jahren und 6 Monaten). Sie stehen stellvertretend für die vielen Intellektuellen in den Ländern der sogenannten »Dritten Welt«, die den Versuch der Humanisierung ihrer Gesellschaften mit dem Tode oder mit langjähriger Einkerkerung bezahlen mußten.

X. X.
Brief aus Brasilien

Vorgeschichte

Die Urheber des Staatsstreiches von 1964 in Brasilien nahmen, nach bekannten Mustern, den Titel eines »revolutionären« Regimes für sich in Anspruch. Sie hoben alle verfassungsmäßigen Rechte für eine »Übergangszeit« auf, über deren Dauer sie selbst widersprechende Angaben machten: die einen sprachen von 18, die andern von 24 Monaten. Danach, so hieß es, werde die brasilianische Gesellschaft reif genug sein, um sich selbst »ordentlich« zu regieren. Die Dekrete des Regimes sollten dann zu den Akten gelegt, der Ausnahmezustand aufgehoben und eine neue Verfassung verkündet werden. Die sofort eingeleitete Politik des Lohnstops und des militärischen Exhibitionismus förderten indessen die erhoffte »Reife« nicht. Die selbsternannten Revolutionäre regieren daher bis heute auf der Basis ihrer bewaffneten Macht; sie halten sich nicht einmal an die Gesetze, die sie selber erlassen haben. Brasilien ist ein Polizeistaat geworden. Die Gewerkschaften sind gleichgeschaltet. Direkte Wahlen finden nicht mehr statt. Das Recht auf freie Versammlung ist aufgehoben.

Dies betrifft vor allem die Studenten, die nach dem Herkommen des Landes als Wortführer der öffentlichen Meinung gelten. Die Nationale Studentenunion (UNE) wurde durch ein Dekret des Präsidenten aufgelöst und durch eine neue Körperschaft ersetzt, die ständig von den Direktoren und Rektoren der Hochschulen überwacht wird, die ihrerseits regelmäßig Bericht an die vorgesetzten Bundesbehörden zu erstatten haben. Die neuen Hochschulgesetze verbieten jede politische Aktivität und jede Demonstration von seiten der Studenten. Die offizielle Studentenvertretung sieht sich auf legale Kampagnen verwiesen, zum Beispiel auf Geldsammlungen für wissenschaftliche Geräte und dergleichen. Diskussionen und Druckschriften über die Politik der Regierung, den Krieg in Vietnam, den amerikanischen Imperialismus, die zunehmende Reprivatisierung brasilianischer Betriebe oder auch über das lächerlich geringfügige gesetzliche Mindesteinkommen sind verboten. (In Sao Paulo verdienen 80% aller Arbeiter nicht mehr als vierzig Dollar monatlich.)

Diese repressive Universitätspolitik steht nicht einzeln da, sie fügt sich in den allgemeinen Rahmen der politischen Situation ein. Die Regierung strebt eine lückenlose Kontrolle über alle Massenbewegungen und Massenmedien an; sie möchte gleichzeitig eine gewisse demokratische Fassade wahren. Doch auf die Dauer ist das liberale Image mit der realen Unterdrückung nicht zu vereinbaren. Das gilt auch für die Hochschulpolitik. Das Regime hat die beste und modernste Universität Brasiliens, die Universität von Brasilia, zerstört. Hunderte von Wissenschaftlern und Hochschullehrern haben das Land verlassen, weil ihre persönliche Sicherheit gefährdet war, und weil von normalen Arbeitsbedingungen für die Forschung keine Rede mehr sein kann.

Die politische Polizei zeichnet sich durch Brutalität und Zuverlässigkeit aus. Ihre Spezialisten werden in eigenen Schlägerschulen ausgebildet; sie lernen dort beispielsweise, wie man einen Menschen tötet, ohne an der Leiche Spuren von Gewaltanwendung zu hinterlassen. Die USA leisten, über das Point Four Program, technische Hilfe bei der Ausbildung im Kampf gegen Demonstranten; die Lehrgänge im Straßenkampf und in Bürgerkriegstaktiken sind in der letzten Zeit intensiviert worden. Die Polizeitruppen werden sorgfältig mit antikommunistischen Parolen indoktriniert; als »kommunistisch« gilt jeder Widerspruch gegen die Regierungspolitik.

Die heutige Situation

In Brasilien gibt es 34 Universitäten. Die Studenten sind ohne jede demokratische Vertretung. Selbst für das Zusammentreten der regierungshörigen Organe der Studentenschaft muß jedesmal eine polizeiliche Erlaubnis eingeholt werden. An eine Legalisierung der UNE ist nicht zu denken. Die Union arbeitet jedoch in der Illegalität weiter; die offizielle Ersatzorganisation wird boykottiert. Die Regierung scheint sich damit abgefunden zu haben, daß die örtlichen Kader der UNE weiterfunktionieren.

Unterdessen haben die strukturellen Defekte der Universitäten ein Maß erreicht, das die Regierung beunruhigt. Die Erziehungsbehörden haben deshalb, zusammen mit einer amerikanischen Kommission der USAID, zehn Richtlinien für die Bildungspolitik ausgearbeitet. Die vorgeschlagenen Reformen spiegeln die Interessen einer ausländischen Macht, nicht aber die der brasilianischen Studenten wider, die bei diesem Verfahren überhaupt nicht gehört worden sind. Die Studenten widersetzen sich deshalb, bisher erfolgreich, den Vorschlägen und Anweisungen der Bürokratie. Besonderen Widerstand hat die Vorschrift hervorgerufen, derzufolge jeder Student bei der Immatrikulation eine ideologische Unbedenklichkeitsbescheinigung vorzulegen hat – eine Vorschrift, die übrigens auch für Stellengesuche in der Industrie gilt. Die Macht der Studentenbewegung scheint bis jetzt ungebrochen; alle Anzeichen sprechen dafür, daß sie eher noch an Boden gewinnen wird.

Die Taktik der städtischen Guerilla

Zu den ersten größeren Straßenkämpfen kam es 1966. Unter Führung der Studenten fanden riesige Protestdemonstrationen gegen die Bundesregierung statt. Die Aktion zielte darauf ab, den Massen zu beweisen, daß auch unter den herrschenden Verhältnissen organisierte Proteste und Widerstandshandlungen möglich sind. Zeit und Ort waren sorgfältig und in der Absicht gewählt worden, möglichst viele Leute zu erreichen. Die Demonstrationen wurden auf die Stunde festgesetzt, zu der die Betriebe und Büros schließen; gleichzeitig erreicht der Autoverkehr die Tagesspitze. Sie war von Anfang an als dezentralisierte Kundgebung geplant. Geographisch wurden zentrale Punkte im Stadtverkehr, besonders Bus-Umschlagplätze gewählt. Die Studenten waren unbewaffnet, brachten aber mit Ammoniak getränkte Taschentücher zum Schutz gegen Tränengasangriffe mit. Die Taschen waren mit Korken und Glasmurmeln (Durchmesser etwa 2–2½ cm) gefüllt. Zu Hunderten aufs Pflaster geworfen, behindern diese Gegenstände die berittene Polizei. Kurz vor dem Beginn der eigentlichen Demonstration liefen Plakattrupps, einzeln vorgehend und sich erst am Ziel treffend, ausgewählte Punkte an und befestigten dort Plakate und Transparente, die sie sich, unterwegs, um den Leib gewickelt hatten, an hohen Mauern, Telefonstangen, Bäumen und anderen weithin sichtbaren Stellen. Die Texte richteten sich gegen die Regierung und gegen den Imperialismus der USA, viele waren gereimt. Auch das amerikanische Konsulat wurde auf diese Weise mit einem anti-imperialistischen Slogan, gemalt auf eine riesige Sackleinwand, geschmückt. Ausgewählte Journalisten wurden eingeladen, an dieser Arbeit teilzunehmen, vorausgesetzt, daß sie eine Sperrfrist einhielten. Ihre Anwesenheit war aus propagandistischen Gründen notwendig; die Studenten hätten Zehntausende von illegalen Flugblättern drucken müssen, um einen vergleichbaren öffentlichen Effekt zu erzielen. Bei den Demonstrationen wirkte sich die Anwesenheit von Foto- und Filmreportern auch insofern günstig aus, als ihre Kameras das Vorgehen und die Übergriffe der Polizei so gut wie lückenlos festhielten.

Die Demonstrationen fanden in den wichtigsten Städten des ganzen

Landes (Rio, Sao Paulo, Belo Horizonte, Salvador, Recife usw.) am selben Tage statt. Auch die Arbeiter beteiligten sich daran, allerdings nicht in großen Massen. Für die Demonstrationen selbst wurde folgende Taktik benutzt. Jeweils zehn bis fünfzehn Studenten bildeten eine Aktionsgruppe und wählten einen Anführer, der, als einziges Mitglied der Gruppe, Kontakt mit der koordinierenden Zentralstelle hielt. Dieses Verfahren führte zu einer großen Selbsttätigkeit der einzelnen Gruppen; es erschwerte außerdem Polizeispitzeln die Arbeit. Dezentralisierung erhöht die Sicherheit und weckt Spontaneität – aus diesem Grund sollte die Zentrale eher als eine Clearing-Stelle fungieren. Die Gruppen wählten meist Mädchen als Anführer, auch dies aus guten taktischen und psychologischen Gründen. Falsche Gerüchte über Ort und Zeit der Demonstration wurden systematisch verbreitet, um die Polizei zu verwirren. Infolgedessen wurden in Sao Paulo an zwei bis drei Punkten der Stadt, wo gar keine Demonstrationen geplant waren, starke Truppenverbände zusammengezogen. Allein am Platz der Republik standen vierhundert Uniformierte.

Die Demonstranten waren auf alle möglichen Eventualitäten vorbereitet. Sie wußten, daß es besser war, schnell zu gehen, sich nirgends festzusetzen oder einkeilen zu lassen, alle Transparente und Plakate unsichtbar unter der Jacke zu tragen und erst an der vorbestimmten Stelle aufzurollen. Losungen und Sprechchöre waren vorbereitet. Manche davon richteten sich direkt an die Truppen.

Jede Gruppe begann dann für sich an einer bestimmten Stelle auf der Mitte der Fahrbahn, aber entgegen der Fahrtrichtung der Automobile, vorzugehen. Dies führte sofort zu Verkehrsstockungen. Die Autos stellten eine bewegliche Abschirmung der Demonstranten gegenüber der Polizei dar. Kleine, blitzartige Ansammlungen wurden an den wichtigsten Autobus-Umsteigeplätzen gebildet. (Sao Paulo verfügt über keine Untergrundbahn.) Sobald die Polizei mit einem größeren Aufgebot erschien, verliefen die Studenten sich rasch, zwischen den langsam fahrenden Autos hindurch, in der dichten Menge. Einige Blocks weiter, an vereinbarten Punkten, begann das Spiel von neuem.

Die Regierung hatte alle verfügbaren Einheiten gegen die Demonstranten aufgeboten, nämlich die eigentliche Polizei, die »Öffentlichen Streitkräfte« und die reguläre Armee. Die Polizei verfügt über eine eigene, berüchtigte Spezialformation, die Marinepolizei, die aus völlig abgestumpften, wohlgenährten Schlägern besteht; sie ist mit einmeterlangen Holzknüppeln ausgerüstet, mit denen sie gegen streikende Hafenarbeiter vorzugehen pflegt. Die »Öffentlichen Streitkräfte« entsprechen der Nationalgarde in den USA, die im vergangenen Sommer die Negerrevolten in den Ghettos niedergeschlagen hat; auch sie hat Spezialbrigaden, die für den Straßenkampf mit Tränengasbomben, Knallkörpern, Handgranaten und Wasserwerfern ausgestattet sind. Diese Wasserwerfer sind gepanzert und können notfalls auch mit Maschinengewehren bestückt werden. Auch berittene Einheiten gehören zu diesen »Öffentlichen Streitkräften«; diese Kavallerie pflegte früher mit der flachen Klinge auf Demonstranten einzuschlagen, eine Methode, die durch den technischen Fortschritt inzwischen überholt ist. Die Armee wird bei solchen Anlässen in Reserve gehalten; sie ist bisher nur in geringem Maß auf der Straße in Erscheinung getreten. Zwar ist ihr Bestand zahlenmäßig sehr groß, aber ihre Leistungsfähigkeit im Straßenkampf ist zweifelhaft, weil sie aus gepreßten Rekruten besteht, während die anderen Formationen aus professionellen Söldnern bestehen, die aus der Unterdrückung eine Karriere machen.

Die Demonstrationen von 1966 begannen um 17 Uhr und setzten sich bis Mitternacht fort. Zu dieser Stunde waren die meisten Anführer bereits im Gefängnis. Hunderte von Studenten wurden in diesen sieben Stunden niedergeschlagen, etwa zwanzig schwer verletzt, einer starb an den Folgen einer schweren Gehirnerschütterung durch einen Knüppelschlag. An einigen Stellen der Stadt beschlagnahmte die Polizei Autobusse und trieb unterschiedslos Dutzende von Leuten in die Fahrzeuge, die direkt in die Gefängnisse fuhren. Auf diese Weise wurde zahlreichen Bürgern der Stadt verdeutlicht, wie die brasilianische Demokratie in der Praxis aussieht.

Dossier 3: Politische Kriegsdienstverweigerung

Erstes Beispiel: Norwegen

Wie in den meisten anderen Ländern, so gibt es auch in Norwegen eine begrenzte Zahl von Möglichkeiten, dem Wehrdienst zu entgehen. Wer nicht blind, geisteskrank oder homosexuell ist, kann sich auf sein Gewissen berufen, einen Antrag stellen und zivilen Ersatzdienst leisten. Die Rechtsprechung erkennt praktisch nur religiöse Gewissensgründe an, doch haben auch Pazifisten eine Chance, die jede Gewaltanwendung ablehnen und sich beispielsweise auf Albert Schweitzer berufen. Dagegen lehnen die Behörden jede politische Argumentation ab.
Im Winter 1966/67 bildete sich an der Technischen Hochschule Trondheim eine Gruppe, die sich entschloß, die Probe auf das Exempel zu machen und den Wehrdienst aus konkreten und rationalen politischen Gründen zu verweigern. Die Gruppe bestand zunächst aus fünfzehn Studenten. Sie gab die folgende Erklärung ab, die im Februar 1967 veröffentlicht wurde:

Die Unterzeichneten verweigern den Wehrdienst aus folgenden Gründen:
Norwegen ist ein integrierender Bestandteil des militärpolitischen Systems der NATO. Wer in Norwegen Militärdienst leistet, unterstützt aktiv dieses System.
Wir machen auf die folgenden Tatsachen aufmerksam:
Die NATO-Macht Portugal hält ihre Kolonialherrschaft über Mozambique und Angola durch Terror und Foltermethoden und mit Unterstützung der NATO-Mächte aufrecht.
Die NATO-Macht Westdeutschland weigert sich nach wie vor, ihre großdeutschen Territorialansprüche gegenüber Polen aufzugeben.
Die führende Großmacht der NATO, die Vereinigten Staaten, hat völkerrechtswidrig in die Angelegenheiten der Dominikanischen Republik eingegriffen, konterrevolutionäre Invasionsversuche gegen Cuba unterstützt und einen verbrecherischen Krieg gegen das vietnamesische Volk angezettelt, der mit zunehmender Brutalität geführt wird.
Die USA, Frankreich, Großbritannien und Westdeutschland unterstützen das rassistische Regime in Südafrika mit großen Kapitalinvestitionen.

Norwegen dient der atomaren Strategie der NATO als militärische Basis; unsere Regierung hat wiederholt norwegisches Territorium als Manöverfeld, unter anderm amerikanischen Vietnam-Einheiten, zur Verfügung gestellt. Gleichzeitig nimmt unser Land an der amerikanischen Wirtschaftsblockade gegen Entwicklungsländer wie Cuba, Nord-Vietnam und Nord-Korea teil.

Damit unterstützt unser Land eine Politik,

1. die dem Kampf gegen die Befreiung armer Völker dient;
2. die sich im Klassenkampf zwischen den reichen kapitalistischen Staaten und der Armen Welt eindeutig auf die Seite der Reichen geschlagen hat, und die danach trachtet, die entsprechenden ökonomischen und sozialen Strukturen zu verewigen; und die
3. überall auf der Welt reaktionäre Regimes unterstützt.

Demgegenüber solidarisieren wir uns mit den armen Völkern in ihrem Kampf um soziale Revolution und wirtschaftliche Unabhängigkeit.

Die Unterdrückungspolitik der NATO-Mächte und ihre Strategie der atomaren Erpressung ist mit unserer politischen Überzeugung nicht zu vereinbaren. Wir können diese Politik nicht unterstützen.

Daraus ziehen wir die klare Konsequenz, daß wir den Wehrdienst verweigern; auch lehnen wir es ab, das militärpolitische System der NATO in irgendeiner anderen Weise aktiv zu unterstützen.

Andere Gruppen an den Universitäten Oslo und Bergen schlossen sich an. Ende Februar 1967 waren bereits vierzig Unterschriften eingegangen. Die Reaktion in der norwegischen Öffentlichkeit war sehr lebhaft. Die Behörden reagierten zögernd. Von den einzelnen Unterzeichnern wurden individuelle Begründungen angefordert. Es folgen zwei Briefe, die an die zuständigen Behörden gerichtet sind.

An die Militärbehörden und an das Kgl. Justiz- und Polizeiministerium in Oslo

Begründung für meine Weigerung, Wehrdienst zu leisten.

Es ist eine banale Wahrheit, daß auch die Militärpolitik Politik ist. Aus diesem Grund ist für mich eine rein »ethische« Einstellung zur Frage des Wehrdienstes irrelevant. Mein militärpolitischer Standpunkt folgt aus meiner politischen Haltung: er ist von meinem politischen Standpunkt abhängig. Mein Standpunkt gegenüber der Wehrpflicht ändert sich deshalb mit der Divergenz zwischen meiner politischen Haltung und der Politik unserer Machthaber.

Ich bin Sozialist. Deshalb unterstütze ich (in meiner Lage nur *verbal*) jeden Versuch, in armen und neukolonisierten Ländern sozialistische Gesellschaftsordnungen aufzubauen. Vor allem in diesen Teilen der Welt haben die sozioökonomischen Gegensätze ein solches Maß erreicht, daß die Massen dazu motiviert werden, um jeden Preis eine Änderung ihrer sozialen Verhältnisse zu erkämpfen. In diesen Gegenden der Welt wird heute der Kampf um Sozialismus am kompromißlosesten geführt. In letzter Instanz steht dort der Kampf zwischen nationaler Befreiung und Imperialismus, zwischen Sozialismus und Kapitalismus.

Gegenüber den Kämpfenden in der Armen Welt wird unser sozialistischer Standpunkt auf eine entscheidende Probe gestellt: Wer bereit ist, das militärpolitische System der Kolonialmächte aktiv zu unterstützen, der ist in Wirklichkeit auch bereit, im offenen Kampf gegen nationale Befreiung und sozialistische Revolutionen teilzunehmen. Er macht sich zum Diener der Unterdrücker. [...]

Weil die NATO »kommunistische Aggression eindämmen« soll, klafft kein Widerspruch zwischen dem amerikanischen Krieg in Vietnam und dem Nordatlantikpakt: Der Krieg der Vereinigten Staaten in Vietnam entspricht dem Ziel der NATO. Keine der europäischen NATO-Regierungen hat geltend gemacht, daß die amerikanischen Interventionen in Südost-Asien und Latein-Amerika, oder die Militäraktionen Portugals in Angola und Mozambique, mit den Artikeln 1 oder 8 des Nordatlantikpaktes unvereinbar seien. Ebensowenig haben sie geltend machen wollen, daß Organisationen wie OAS, CENTO oder SEATO dem Nordatlantikpakt nicht entsprechen. Deshalb haben die USA mit Recht um aktive Unterstützung ihrer europäischen Verbündeten im Vietnamkrieg gebeten.

Man kann nicht verleugnen, daß auch wir an den Aktionen unserer Verbündeten – z. B. in Vietnam, in Latein-Amerika und Angola – beteiligt sind: Norwegen ist im militärpolitischen System des Kapitalismus integriert. Die Interessen, die die Vereinigten Staaten in Vietnam vertreten, sind die gemeinsamen Interessen des Kapitalismus, und somit auch die Interessen der norwegischen Machthaber. Falls ich meinen Wehrdienst leiste, nehme ich am Kampf gegen die vitalen Interessen der armen Völker aktiv teil. Deshalb sage ich nein.

Trondheim, den 14. Januar 1967
Rune Skarstein

An das Tröndelag Ingenieur-Bataillon in Trondheim

Hiermit bitte ich Sie, mich aus Ihrer Wehrstammrolle zu streichen.

Dieses Gesuch begründe ich nicht mit irgendeiner pazifistischen Weltanschauung. Ganz im Gegenteil halte ich den bewaffneten Kampf in vielen

Situationen für ein angemessenes Mittel, zum Beispiel für die Farbigen in Südafrika. Meine Weigerung, mich einem militärischen Kommando zu unterstellen, hat vielmehr die folgenden Gründe: Unsere Mitgliedschaft in der NATO macht uns zu einem Teil eines militärischen Machtapparates, dessen Hauptaufgabe es ist, im Kampf zwischen den europäischen und amerikanischen Großkonzernen auf der einen und den Befreiungsbewegungen der armen Völker auf der anderen Seite den status quo aufrechtzuerhalten.

Anlage: Soldbuch
Durchschlag: An das Kgl. Justiz- und Polizeiministerium
Trondheim, den 30. Mai 1967
Björn Giske

Wer einen solchen Brief abschickte, wurde gewöhnlich nach einigen Wochen von der Polizei an seinem Wohnort vorgeladen und verhört. Dagegen äußerte sich das Ministerium monatelang überhaupt nicht. Erst am 9. September – die Zahl der politischen Wehrdienstverweigerer hatte inzwischen die 50 überschritten – lehnte das Justizministerium die Anträge der ersten vier Briefschreiber ab und veröffentlichte eine Erklärung, in der es hieß: »Selbst wenn die Konfliktsituationen, um die es sich hier handelt, für den Einzelnen ziemlich ernsthaft sein dürften, steht es doch außer Zweifel, daß eine Gewissensentscheidung nicht akzeptabel ist, bei der sich der Betreffende die Entscheidung darüber vorbehält, *auf wen* er in einer gegebenen Situation zu schießen hat.« Die Einberufungsbefehle an die vier Betroffenen wurden aufrechterhalten, eine Freistellung vom Wehrdienst abgelehnt.

Rune Skarstein teilt über den weiteren Gang der Dinge folgendes mit:

»Ich rechne damit, daß die Behörden die Behandlung der anderen Fälle aussetzen wird, bis über uns vier entschieden worden ist. Ein ordentliches Gericht, das Stadtgericht in Trondheim, wird nun zu befinden haben, ob das Ministerium das Wehrdienstverweigerergesetz von 1965 richtig ausgelegt hat, das heißt, ob die Ablehnung unseres Antrages rechtens ist. Wir werden den Prozeß benutzen, um unsere politischen Argumente an die Öffentlichkeit zu bringen, und wir werden gleichzeitig die politische Funktion dieses Gesetzes und die formaljuristische Manipulation deutlich machen. Wir werden Zeugen und politische Sachverständige aufbieten. Wenn wir den Prozeß verlieren, und damit rechnen wir, so legen wir Berufung ein und gehen vor den Obersten Gerichtshof. Ob die Berufung zugelassen wird, steht dahin. Nachdem der zivile Rechtsgang abgeschlossen ist, wird Anklage gegen uns erhoben werden. Der Strafprozeß wird

sich dann allenfalls um das Strafmaß drehen, da der Sachverhalt klar ist und von uns nicht bestritten wird. Wir rechnen mit einer Gefängnisstrafe von sechzehn Monaten. Die Taktik des Ministeriums läuft natürlich auf den Versuch hinaus, uns vier als Rädelsführer zu isolieren und die anderen Unterzeichner abzuschrecken. Damit haben sich die Behörden jedoch verrechnet. Alle, die sich bisher zur politischen Wehrdienstverweigerung entschlossen haben, sind durchaus militant und durchschauen die Taktik der Behörden. Es stoßen immer noch neue Unterzeichner zu uns. Der Prozeß wird sogar einen Solidarisierungseffekt mit sich bringen. Wir organisieren gegenwärtig in Oslo ein Seminar, in dem 36 Wehrdienstverweigerer über unsere Aktion orientiert werden; sie erfahren dort, wie man sich den Behörden gegenüber zu verhalten hat.
Wie wir hören, planen gleichgesinnte Gruppen in Dänemark und in Schweden ähnliche Aktionen.«

Eine ausführliche Dokumentation ist Ende 1967 im Pax-Verlag, Oslo erschienen: *Nei, vi elsker. Politisk militaernekting*, herausgegeben von Arnulf Kolstad. Im Vorwort des Buches wird die Argumentation noch einmal klar ausformuliert. Hier ist der Wortlaut:

Wozu politische Wehrdienstverweigerung?
Mao Tse-Tung hat gesagt: »Politische Macht wächst aus dem Gewehrlauf.« Dieser Satz drückt eine einfache Wahrheit einfach aus: Politik ist von jeher eine Machtfrage gewesen; und Macht ist letzten Endes immer auch militärische Macht. Militärische Macht dient politischen Zwecken. Es ist absurd, die Funktion des Militärs von der Politik zu isolieren.
Die öffentliche Diskussion um die Wehrpflicht hat in unserem Lande diese einfachen Wahrheiten ignoriert. Sie hat sich unablässig um »religiöse Überzeugungen, oder Gewissensgründe, die sich religiösen Überzeugungen gleichstellen lassen«, um »moralische Standpunkte«, »ethische Prinzipien« usw. gedreht. Diese ganze Suada dient schließlich nur der Bequemlichkeit und der Verdrängung dessen, worauf es ankommt: sie tastet die Grundlagen unserer Militärpolitik nicht an. Die Stürme finden im Wasserglas der Moralisten statt.
Die Autoritäten, die sich im Radio und in der Presse darüber verlauten lassen, Pfarrer und Minister, Konservative und Kulturradikale, scheinen sich darüber geeinigt zu haben, daß es sich bei dieser Debatte um einen Wettlauf in der individuellen Gewissenserforschung handelt. Es überrascht uns nicht, daß die bürgerlichen Parteien für ein solches Unternehmen Verständnis aufbringen; daß sie Leuten, die den Wehrdienst aus

religiösen oder moralischen Motiven verweigern, sogar vorsichtigen Beifall spenden; daß das Wehrersatzdienst-Gesetz als Bedingung für die Befreiung vom Kriegsdienst »die ernsthafte Überzeugung« nennt, daß »jeder Waffengebrauch mit dem Gewissen des Antragstellers unvereinbar« sei. Die politischen und ökonomischen Machthaber sind nämlich sehr daran interessiert, daß die Wehrpflicht–Debatte auf einen abstrakten Dialog über Gewissensfragen reduziert worden ist. Auf diese Weise werden die Gegner des Systems gezwungen, einen fiktiven, unpolitischen Standpunkt einzunehmen. Auf lange Sicht dient eine solche Debatte dazu, das Problem zu »privatisieren« und das politische Bewußtsein der Bevölkerung zu brechen. Eine Diskussion über die politische und ökonomische Funktion des Militärapparates soll umgangen, Aufklärung verhindert werden.
Dagegen ist festzustellen: es ist nicht der Einzelne, der Krieg zu führen und zu töten wünscht; der Einzelne ist weder in der Lage, einen Krieg anzufangen, noch ihn zu verhindern. Es ist die organisierte Macht, die politische, wirtschaftliche und militärische Macht, die die Massen zwingt, Krieg zu führen. Wenn die Völker in Frieden leben wollen, müssen deshalb die Machtverhältnisse grundlegend geändert werden.
Natürlich kann der Einzelne den Wehrdienst verweigern. Aber der Militärapparat ist selber nur eine Konsequenz, eine notwendige Folge der existierenden Machtstruktur. Ein Wehrdienstverweigerer, der diese Machtstruktur akzeptiert, trägt nichts zum Frieden bei – denn diese Struktur beruht auf Unterdrückung, sie reproduziert Unterdrückung, und sie bedient sich ihrer bewaffneten Macht, um den Fortbestand der Unterdrückung zu sichern. Unpolitische Wehrdienstverweigerung dient den Machthabern als Alibi: als Mittel, bei minimalen Unkosten ihre Liberalität zu demonstrieren. Wer erklärt, er sei »gegen den Krieg«, redet unserm Verteidigungsminister das Wort. Es handelt sich darum, die Ursachen des Krieges zu beseitigen. Das geht nicht ohne Kampf. Wenn dieser Kampf einen Sinn und eine Aussicht haben soll, muß er politisch geführt werden. Nur ein politischer Sieg macht es möglich, die norwegische Gesellschaft umzuformen und ein sozialistisches Norwegen zu schaffen. Nur ein sozialistisches Norwegen kann sich aus der Allianz der Unterdrücker befreien und eine Politik führen, die den Unterdrückten zu Hilfe kommt und zum Besten des Landes ist. Nur ein sozialistisches Norwegen kann dem System des Krieges absagen und eine wahre Friedenspolitik führen. Ohne diese konkrete politische Alternative ist der gute Wille zum Frieden nichtssagend und bedeutungslos.
(Verfasser: Bernt Michael Förre und Rune Skarstein.)

Die Erfolgschancen einer solchen Aktion hängen einerseits von der demokratischen Tradition, andererseits von der Größe des Landes ab, in dem sie unternommen werden. In einem Land wie Norwegen sind die Verhältnisse besonders günstig. Es existiert dort noch eine funktionsfähige Publizistik und eine politisch hochempfindliche Öffentlichkeit. Bei einer Einwohnerzahl von dreieinhalb Millionen und einer Teilnehmerzahl, die inzwischen die Hundert weit überschritten hat, ist unter diesen Bedingungen eine kritische Größe erreicht, die es der Bürokratie einerseits unmöglich macht, die Aktion zu ignorieren, und die es ihr andererseits nicht erlaubt, sie zu unterdrücken. Im Hinblick auf die Debatte um die Fortführung der NATO-Verträge nach 1969 kann es sich die Regierung politisch nicht erlauben, hundert Studenten zu kriminalisieren, deren Verhalten bei einer breiten Öffentlichkeit Verständnis findet. Die Aussichten für einen politischen Erfolg der Aktion sind somit günstig.

Zweites Beispiel: Die Vereinigten Staaten

Abgesehen von einer einzigen Konstanten, der juristischen Situation, befinden sich die politischen Wehrdienstverweigerer der USA in einer Lage, die sich in jeder Hinsicht von der norwegischen unterscheidet. Sie operieren in einem Land, das sich im Kriegszustand befindet. Darin liegt ihre Stärke, denn der Krieg ist nicht populär: mehr als ein Drittel der Bevölkerung lehnt ihn ab. Darin liegt aber auch die Stärke der Regierung, die, auch wenn der Krieg nicht erklärt ist, mit größerer Härte vorgehen kann.

Die Größenordnungen sind unvergleichbar. Die amerikanischen Wehrdienstverweigerer machen nicht eine kleine und vereinzelte, weithin sichtbare militante Gruppe aus, deren Position eindeutig definiert ist: sie rangieren vom einzelgängerischen Drückeberger bis zum bewußten Revolutionär. Ihre Zahl ist unbekannt. Sie kann nicht einmal annähernd zuverlässig geschätzt werden. Das existierende Zahlenmaterial läßt den Schluß zu, daß fünfundsiebzig- bis hundertfünfzigtausend junge Amerikaner in der einen oder andern Form sich dem Wehrdienst entziehen. Im einzelnen läßt sich sagen: Die Einberufungsbehörden führen eine offizielle Liste, auf der fünfzehntausend Straffällige erscheinen, die zur Musterung oder Gestellung nicht erschienen sind. Im Jahre 1967 wurden davon 952 verhaftet und abgeurteilt. Allein der amerikanische SDS (Students for a Democratic Society), der sich offen für die politische Wehrdienstverweigerung erklärt hat, nimmt eine Zahl von 30 000 Mitgliedern für sich in Anspruch.

Weitere Indizien: von den *graduate students*, die vor dem Examen stehen, haben sich 1968 in Yale 38%, in Harvard 59% als politische Kriegsdienstverweigerer bezeichnet. Im ganzen ist die Dunkelziffer derer, die sich dem Wehrdienst entziehen, ohne Zweifel enorm.

Das Verhältnis beider Seiten zur Publizität ist ambivalent. Die Regierung versucht, das Ausmaß der Bewegung zu verheimlichen, sie ist andererseits daran interessiert, sie als gefährlich hinzustellen. Die Wehrdienstverweigerer wollen ihre Aktionen so sichtbar wie möglich machen, aber die gesetzliche Situation zwingt sie in vielen Fällen zur Geheimhaltung. Die Massenmedien behaupten einerseits, es handle sich um eine geringfügige Minderheit, andererseits sprechen sie davon, daß die Grundfesten der Gesellschaft in Gefahr seien. Die enorme geographische Größe des Landes macht die Lage unübersichtlich. Die Verhältnisse von San Francisco sind mit denen der Südstaaten und des Mittelwestens nicht zu vergleichen. Die Bewegung ist stark dezentralisiert, eine Steuerung von oben existiert nicht. Das macht sie unfaßbar, für den Betrachter, aber auch für die Polizei.

Die kritische Größe ist, nach der Reaktion der Medien zu urteilen, noch nicht erreicht. Die nahezu tausend Wehrdienstverweigerer, die sich bereits in den Gefängnissen befinden, genügen bei der Größe des Landes offenbar immer noch nicht, um das System der Militärbehörden von innen zu sprengen. Die Unruhe an den Universitäten hat jedoch permanent zugenommen. »Draft Resistance« ist primär und ursprünglich eine studentische Kampagne. Ihre politische Funktion auf dem Campus reicht über das unmittelbare Ziel hinaus: in ihr organisiert sich die Avantgarde der amerikanischen Studentenbewegung schlechthin. Andererseits trägt sie den Widerstand, nicht nur gegen den Krieg, sondern gegen das imperialistische System im Ganzen, in breitere Schichten der Bevölkerung. Sie erreicht Teile der middle class, an manchen Stellen auch die weißen Armen. Die Querverbindungen zur Black-Power-Bewegung ergeben sich von selbst. In der Arbeiterschaft dagegen regt sich nur vereinzelt Widerstand.

Zu berücksichtigen sind, bei einer Beurteilung des Phänomens, die Besonderheiten der politischen Tradition des Landes, und die Besonderheiten der amerikanischen Wehrdienstbehörden.

Auch diese Behörden, zusammengefaßt unter der Bezeichnung Selective Service System, sind stark dezentralisiert. Über die Aushebung entscheiden lokale Musterungs- und Einberufungskommissionen mit zivilen Beisitzern aus dem jeweiligen Ort. Ein kompliziertes Schema klassifiziert die Wehrdienstpflichtigen nach mindestens sechzehn Kategorien. Für Studenten gewisser Fachrichtungen gibt es die Möglichkeit befristeter Zurückstellung; gewisse Personenkreise gelten als »unabkömmlich«; ein besonderer Status existiert für »Wehrdienstverweigerer aus religiösen Gründen«, die als solche in einem besonderen Verfahren anerkannt worden sind. Die Klassifikation liegt weitgehend im Ermessen der lokalen Behörde; minutiöse Richtlinien gibt es nicht. Die Rechtslage ist, im Hinblick auf die politische Kriegsdienstverweigerung, eindeutig. Eine Nationale Kommission hat festgestellt, daß der sogenannte »selektive Pazifismus« kein Freistellungsgrund ist; er wird beurteilt als »die politische Entscheidung für oder gegen einen bestimmten Krieg, die nicht unter dem Gesichtspunkt eines moralischen Imperativs gesehen werden kann«. Mit der gleichen reinlichen Scheidung von moralischen und politischen Fragen operieren die Militärbehörden aller Länder.

Die Klassifikation in sechzehn verschiedenen Gruppen schwächt die politische Wehrdienstverweigerung insofern, als sie eine Reihe von leichteren Auswegen eröffnet. Jeder amerikanische Student kann über medizinische, psychiatrische, religiöse Tricks Auskunft geben, die es begabten Einzelnen möglich machen, dem Wehrdienst ohne Konfrontation zu entgehen. Homosexualität zieht ebenfalls. Ein richtig gewähltes Studienfach und eine gute Beurteilung durch die Professoren schützen vor der Einberufung. Die Behörden machen vom Sicherheitsventil der Zurückstellung neuerdings auch bewußt politischen Gebrauch. Wer noch vor der Musterungskommission seine Agitation fortsetzt, mit Sabotage und Anti-Kriegs-Propaganda in der Armee droht oder kommunistische Ansichten äußert, hat eine Chance, als »wehrunwürdig« oder »geistesgestört« abgeschrieben zu werden. Diese Hintertür öffnen die Kommissionen umso bereitwilliger, je mehr der organisierte Widerstand wächst.

Im übrigen fungieren die Wehrersatzbehörden, über ihre unmittelbare Aufgabe hinaus, als politisches Herrschaftsinstrument zur Manipulation der amerikanischen Gesellschaft. Das geht aus den folgenden Auszügen aus einem offiziellen Dokument des Selective Service Systems deutlich hervor:

Kanalisierung

Das Selective Service System ist in der Öffentlichkeit bekannt als eine Einrichtung, die den Streitkräften die nötigen Kräfte liefert, aber es versorgt auch andere nationale Unternehmungen mit den benötigten Arbeitskräften. Viele junge Wissenschaftler, Ingenieure, Werkzeugmacher und Stahlarbeiter, sowie andere Fachkräfte würden aufhören, für die Landesverteidigung zu arbeiten, wenn sie nicht ihre U. K.-Stellung daran hindern würde. Auch Lehrer bleiben gewöhnlich in ihren Stellungen, selbst wenn sie schlecht bezahlt sind, weil sie nicht eingezogen werden. Wir können durch den Musterungsprozeß den Zustrom von Studenten zu technischen und wissenschaftlichen Fächern steuern, die für das nationale Interesse von Bedeutung sind ... Das Wort »Dienst«, bisher nur im engeren, militärischen Sinn angewendet, wird künftig zweifellos einen weiteren Sinn annehmen. Dadurch stellt sich das Problem immer ernster, wie der Dienst von Individuen, die den Streitkräften nicht angehören, wirksam kontrolliert werden kann. Das Selective Service System hat mit seinen Mitteln millionenfach Individuen zu Dienstleistungen veranlaßt, die für die Landesverteidigung wichtig sind, ohne direkten Zwang anzuwenden. Die wichtigste Methode hierfür ist die befristete Zurückstellung. Der Knüppel der Einberufung ist benutzt worden, um Individuen, die von sich aus dazu nicht willens oder in der Lage waren, in Gebiete zu treiben, die als wichtig angesehen werden müssen. Die Behörde sieht eine weitere Entwicklung in dieser Richtung voraus und richtet sich darauf ein ... Im Falle der Studenten wird über das ganze Studium hinweg Druck ausgeübt, weil die Zurückstellung jederzeit widerrufen werden kann. Auch nach dem Abschluß des Studiums läßt der Druck nicht nach. Die Behörde verlangt regelmäßige Berichte, aus denen hervorgeht, womit sich das Individuum beschäftigt. Es wird gezwungen, seine Fähigkeiten einer wichtigen Tätigkeit im nationalen Interesse zuzuwenden. Vom Standpunkt des Individuums betrachtet, befindet es sich in einem überhitzten Raum, aus dem heraus nur wenige Ausgänge offenstehen. Sie führen alle zu anerkannten patriotischen Formen des Dienstes an der Nation. (Orientation Kit, Selective Service System, Juli 1965)

Diese unverhüllt totalitäre Sprache ist amerikanischem Herkommen fremd; sie zeugt von einer fortschreitenden Militarisierung der Gesellschaft, dem unvermeidlichen Pendant zum außenpolitischen Imperialismus. Dagegen gibt es in den Vereinigten Staaten eine alte Tradition des zivilen Ungehorsams, die unter den gegenwärtigen Umständen virulent wird. Sie hat religiöse Wurzeln. Es ist kein Zufall, daß sich auch auf dem extremen Flügel der Bewegung gegen die Wehrpflicht zahlreiche Geistliche finden. Das Engagement, das solchen Traditionen entspricht, verbindet persönliche Opferbereitschaft mit rein moralischer, im Grunde unpolitischer Argumentation, ein Zug, der die amerikanische Protestbewegung noch bis vor wenigen Jahren kennzeichnete.
Ein Zeichen für die zunehmende Politisierung der Bewegung war die große Demonstration vor dem Pentagon im Oktober 1967, an der weit über hunderttausend Leute teilnahmen. Die Losung der Demonstranten

war: Vom Protest zum Widerstand; und es gelang ihnen, die militärische Befehlszentrale der USA in eine belagerte Festung zu verwandeln. Die Regierung mobilisierte eine Fallschirmjäger-Brigade und umgab das Gebäude mit einem Bauwerk, das der Berliner Mauer verblüffend ähnlich sah.

Im Widerstand gegen die Wehrpflicht lassen sich folgende Phasen unterscheiden.

A. Eine Gruppe von Studenten, politisch organisiert oder nicht, erläßt, meist in einer lokalen Studentenzeitung, eine öffentliche Ankündigung des Inhalts, daß die Unterzeichner nicht gesonnen seien, ihren Wehrdienst zu leisten, verbunden mit der Aufforderung an andere, sich ihnen anzuschließen. Es folgen zwei typische Veröffentlichungen dieser Art aus Harvard und aus Princeton:

»Wir, die Unterzeichneten, Amerikaner im wehrdienstpflichtigen Alter, können jederzeit einberufen werden, um an dem Krieg in Vietnam teilzunehmen. Wir haben die Geschichte und die Natur dieses Krieges untersucht und sind zu dem Schluß gekommen, daß wir es nicht mit unserem Gewissen vereinbaren können, daran teilzunehmen. Wir erklären deshalb, daß wir entschlossen sind, den Wehrdienst zu verweigern, solange die Vereinigten Staaten in Vietnam Krieg führen. Wir unterzeichnen diese Erklärung in der Absicht, mit allen andern Wehrpflichtigen, die unsere Überzeugung teilen, gemeinsame Sache zu machen, um unsere individuelle und moralische Ablehnung dieses Krieges in eine wirksame politische Opposition zu verwandeln.«

(*The Harvard Crimson*, April 1967)

»Wir, die unterzeichneten Studenten an der Universität Princeton, sind gegen den Krieg in Vietnam. Wir halten dafür, daß die Regierung der Vereinigten Staaten die wachsende Opposition gegen diesen Krieg leichtfertig ignoriert, und daß sie diesen Krieg hinter dem Rücken einer Öffentlichkeit, die sie über die Natur und die Tragweite des Konfliktes belogen hat, vorsätzlich ausweitet und intensiviert. Wir wollen dieser Regierung keine Beihilfe leisten. Wir werden unter keinen Umständen in Vietnam kämpfen. Wir werden im Gegenteil Widerstand gegen den militärischen Apparat leisten, und wir gründen zu diesem Zweck eine Union für den Widerstand gegen die Aushebung. Wir werden allen mit Rat und Hilfe zur Seite stehen, die sich weigern, der Einberufung zu folgen.«

(*Daily Princetonian*, April 1967)

Solche Publikationen stellen an sich eine strafbare Handlung dar. Sie sind jedoch derart zahlreich geworden, daß sich die Justizbehörden außerstande sehen, die Unterzeichner zu verfolgen. Auch die Universitätsbehörden verhalten sich passiv. Massenprozesse, die mit einer Zahl von vielen Tausenden Angeklagter zu rechnen hätten, sind politisch untunlich; sie würden zu einer Prüfung der Verfassungsmäßigkeit der betreffenden Strafvorschriften führen. (Der Oberste Gerichtshof neigt dazu, die Garantie der Meinungsfreiheit extensiv auszulegen.) Öffentliche Ankündigungen wie die zitierten führen meist rasch zur Gründung von Widerstandsgruppen. Allein in Californien wurden im Herbst 1967 38 solcher Gruppen gezählt. Für die gesamte USA ist mit einer Zahl von vielen Hunderten zu rechnen. Daneben bestehen die älteren Organisationen der Wehrdienstverweigerer aus Gewissensgründen weiter (Conscientious Objectors). Andere traditionelle Gruppen, wie die Civil Liberties Unions, stellen sich an vielen Orten mit Rechtshilfe und Bürgschaften zur Verfügung.

B. Der nächste Schritt ist meist eine Solidaritätsaktion von Seiten älterer Leute, die von der Einberufung nicht direkt erfaßt werden. Darunter befinden sich zahlreiche Professoren, Geistliche, Schriftsteller, aber auch Geschäftsleute und Ärzte, »angesehene Bürger«. Diese öffentlichen Unterstützungserklärungen nehmen verschiedene Formen an. Manche von ihnen gehen sehr weit, bis zur Aufforderung an die Strafbehörden, gegen die Unterzeichner vorzugehen. Auch hierfür einige Beispiele. Der folgende Text hat inzwischen internationale Verbreitung gefunden. Auch französische und deutsche Intellektuelle haben ihn unterstützt:

Aufruf zum Widerstand gegen unrechtmäßig angemaßte Autorität

An die amerikanische Jugend, an das amerikanische Volk, und an alle, wo immer, die guten Willens sind:

1. Täglich wächst die Zahl der Amerikaner, die voller Empörung, teils mit moralischen, teils mit religiösen Argumenten erklären, den amerikanischen Krieg gegen Vietnam nicht mitmachen zu können. Wir teilen die Abscheu dieser Männer und Frauen.

2. Dieser Krieg widerspricht nicht nur unserer Verfassung, sondern auch jedem internationalen Recht. Bekanntlich hat der Kongreß diesen Krieg noch nicht einmal erklärt. Ebenso bekannt ist es, daß gemäß unserer Verfassung ausschließlich vom Kongreß erklärte Kriege überhaupt als Kriege gelten können. Ferner bestimmt die Verfassung, daß den vom Präsidenten unterzeichneten und vom Senat ratifizierten Verträgen dieselbe Rechtskraft zukommt wie der Verfassung. Nun ist die Charta der Vereinten Nationen ein solcher Vertrag. Und in diesem, auch von den Vereinigten Staaten anerkannten Vertragstext verpflichten sich die Unterzeichner ausdrücklich, sich in internationalen Beziehungen jeder Gewalt oder Gewalt-

androhung zu enthalten; jedes friedliche Mittel zur Beilegung von Streitfällen auszuschöpfen; und diejenigen Differenzen, deren friedliche Lösung Schwierigkeiten bereitet, dem Sicherheitsrat vorzulegen. Dreizehn Jahre lang haben die Vereinigten Staaten diese Bestimmungen der Charta systematisch verletzt.

3. Ferner ignoriert dieser Krieg andere internationale Übereinkommen, Verträge und Rechtsgrundsätze, zu denen sich die Regierung der Vereinigten Staaten ebenfalls feierlich bekannt hat. So verletzt der kriegerische Einsatz der amerikanischen Truppen in Vietnam das Genfer Abkommen von 1954, das zu unterstützen unsere Regierung sich verpflichtet hatte, das sie seitdem aber einfach als Luft behandelt hat.

Von der Liquidierung von Reis, Getreide und Vieh wollen wir hier schweigen. Aber es ist üblich, daß ganze Dörfer, in denen nur Zivilisten leben, niedergebrannt oder dem Erdboden gleichgemacht werden; daß Nicht-Kombattanten in Konzentrationslager gepfercht werden; und völlig üblich ist die summarische Hinrichtung von Einwohnern eroberter Dörfer, von Zivilisten, die ihre Treue zur südvietnamesischen Regierung nicht zulänglich beweisen können oder sich dagegen sträuben, sich in diese Lager verschleppen zu lassen, oder es sich erlauben, auf ihren Feldern stehend die Fäuste gegen amerikanische Hubschrauber zu schütteln.

Alle diese Handlungen gehören in die Klasse jener Akte, die die Vereinigten Staaten und die Siegermächte des zweiten Weltkrieges in die Kategorie der »Verbrechen gegen die Menschlichkeit« aufgenommen haben – der Verbrechen, für die jeder Einzelne persönlich verantwortlich ist, auch dann, wenn er sie auf Befehl seiner Regierung begeht; der Verbrechen, für die deutsche Kriegsverbrecher in Nürnberg zu langjährigen Gefängnisstrafen und sogar zum Tode verurteilt worden sind.

Die Klassifizierung solcher Akte als Kriegsverbrechen und deren Verbot haben durch die Genfer Konvention von 1949 internationale Gültigkeit angenommen; auch die USA haben diese Konvention ratifiziert.

Es ist unsere Überzeugung, daß diese Verpflichtungen anderen Ländern und der Menschheit als ganzer gegenüber auch dann für uns bindende Kraft haben würden, wenn der Kongreß sich entschlossen hätte, Vietnam den Krieg zu erklären.

4. Ferner ist es unsere Überzeugung, daß jedem auf Grund seines religiösen oder philosophischen Standpunktes das Recht zustehen muß, sich zu weigern, an Kriegen teilzunehmen, die in den westlichen religiösen Überlieferungen schon immer als ungerecht bezeichnet worden waren; und daß es auf eine verfassungswidrige Beschneidung der religiösen Freiheit und des Prinzips der Gleichheit des gesetzlichen Schutzes herausläuft, wenn

solchen überzeugten Kriegsdienstverweigerern das Recht auf Befreiung von Kriegsdienst versagt wird.

5. Jeder freie Mensch ist dazu verpflichtet, seine Beteiligung an diesem Kriege zu verweigern und andere dazu zu ermutigen, ebenso zu handeln – kurz: alle Anstrengungen zu unternehmen, um diesem Kriege ein Ende zu bereiten. Die jungen Männer beim Militär und diejenigen, denen die Einberufung droht, stehen vor einer qualvollen Wahl. Welche Art von Widerstand sie auch wählen mögen, in jedem Fall riskieren sie es, von ihren Familien und von ihrem Lande getrennt zu werden, ihre berufliche Laufbahn zu zerstören oder ihre Freiheit, wenn nicht sogar ihr Leben, zu verlieren.

Jeder Einzelne muß auf sein Gewissen hören. Jeder muß sich aber auch ein Bild von den jeweiligen Umständen zu machen versuchen, um entscheiden zu können, zu welcher Art von Widerstand er sich entschließt.

Unter denen, die bereits zum Militär eingezogen sind, gibt es solche, die sich weigern, gewisse ungesetzliche und unsittliche Befehle zu befolgen; andere, die es versuchen, ihre Kameraden über die Barbarei dieses Krieges aufzuklären; [schließlich solche, die ohne Erlaubnis ihren Truppenteil einfach verlassen.]

Unter denjenigen, die noch nicht eingezogen sind, gibt es solche, die ausdrücklich beantragen, als Kriegsdienstverweigerer klassifiziert zu werden; andere, die sich einfach weigern, sich einziehen zu lassen – in beiden Gruppen wiederum solche, die offenen Widerstand leisten und einen schweren Preis dafür zahlen; solche, die den Widerstand in den Vereinigten Staaten organisieren; und schließlich solche, die ins Ausland fliehen.

6. Jede dieser Widerstandsformen gegen angemaßte Gewalt zeugt von persönlichem Mut und ist legitim. Viele von uns sind fest davon überzeugt, daß der offene Widerstand gegen diesen Krieg und gegen die Einberufung am besten dazu geeignet ist, jene moralische Entschlossenheit zu erzeugen, die erforderlich ist, wenn dem Krieg wirklich ein Ende gesetzt werden soll.

7. Alle, die diesen Krieg bekämpfen, können unserer Hilfsbereitschaft gewiß sein. Um der Zusammenarbeit derer, die ihre Einberufung verweigern, eine Basis zu verschaffen; um ihnen Verteidiger in Prozessen und Kautionen zu sichern; um ihren Familien zu helfen; und um, wie auch immer, den Widerstand gegen diesen Krieg zu stärken, werden wir eine systematische Finanzierungskampagne organisieren.

8. Dieser unser Appell kann sich auf unsere Verfassung berufen, und zwar auf das erste »Amendment«, in dem das Recht auf freie Rede verbürgt wird. Die Aktionen, die wir unternehmen werden, werden ebenso

legal sein wie der Widerstand der jungen Leute selbst. [Freilich sind wir uns im klaren darüber, daß die Gerichte anderer Ansicht sein und anders entscheiden könnten; und daß wir alle dadurch Verfolgung und strenge Bestrafung riskieren. Trotzdem dürfen wir nicht zurückschrecken.] Wir haben unsere Verantwortung zu erfüllen gegenüber den jungen Leuten, von denen viele unsere Studenten sind; gegenüber dem Lande, dessen Freiheit uns so teuer ist; und gegenüber den religiösen und philosophischen Überlieferungen, die wir der jungen Generation von heute weiterzugeben versuchen.
Wir appellieren an alle, die guten Willens sind, sich uns anzuschließen. Vor allem wenden wir uns an die Universitäten, die wir dazu aufrufen, ihre Aufklärungspflicht zu erfüllen; und wir bitten alle religiösen Organisationen, sich ihrer ererbten Idee der Brüderlichkeit würdig zu erweisen. *Der Tag ist gekommen, an dem es gilt, Widerstand zu leisten!*

Das Papier trägt, neben mehr als hundert anderen, die Unterschriften von Noam Chomsky, Allen Ginsberg, Paul Goodman, Lawrence Ferlighetti, Robert Bly, Thomas Merton, Alexander Calder, Robert Lowell, Denise Levertov, Staughton Lynd, Linus Pauling, Edgar Snow, Susan Sontag, Benjamin Spock, Tomi Ungerer, Leo Huberman, Philip Roth, Conor Cruise O'Brien und Herbert Marcuse. Der Text ist als bezahlte Anzeige in der *New York Review of Books* und in *The New Republic* erschienen; die Anwälte dieser Zeitschriften bestanden darauf, daß die in Klammern gesetzten Textstellen gestrichen wurden. Weitere Unterschriften sind willkommen. (Deutsche Kontaktstelle: SDS, Frankfurt am Main, Wilhelm-Hauff-Straße 5; französische Kontaktstelle: *Lettres Nouvelles,* 14 rue Amélie, Paris 7e; amerikanische Kontaktstelle: Professor Noam Chomsky, MIT, Cambridge, Mass.)
Vier Unterzeichner dieser Erklärung sind Anfang 1968 vor Gericht gestellt worden. Es wird ihnen eine »Verschwörung zu dem Ziel« vorgeworfen, »zur Begehung einer strafbaren Handlung aufzufordern und beizuhelfen«. In den USA wie anderwärts können sich die Machthaber Widerstand anders nicht erklären als durch die bürgerliche Konspirationstheorie, welche die kapitalistische Machtstruktur auf den Gegner projiziert.
Der folgende, erheblich schärfer gefaßte Text gibt ein Beispiel für lokale Solidaritätsaktionen ab:

Aufforderung zum Widerstand
Die fundamentale Unmoral und die zunehmende Brutalität unseres Vorgehens in Vietnam zwingen uns dazu, mit unserer eigenen Existenz dafür

einzustehen, daß das Verhalten unseres Landes geändert werde. Jeder von uns ist dafür verantwortlich. Wer schweigt und untätig bleibt, ist mitschuldig daran, daß das Töten weitergeht. Wir stellen uns auf die Seite derjenigen jungen Männer, die im Geiste einer amerikanischen Tradition, des zivilen Ungehorsams, einen Wehrdienst verweigern, der unmoralisch geworden ist. Wir selbst gehören nicht zu den Einberufenen, aber wir erklären hiermit öffentlich, daß wir, als Einzelpersonen und als Gruppe, dazu auffordern, das Wehrdienstgesetz zu brechen, und denen, die dieser Aufforderung folgen, Beihilfe leisten wollen.
Wir unternehmen diese Aktion nicht leichten Herzens. Wir wissen, daß wir uns durch ein solches Vorgehen strafbar machen:
Allgemeines Militärdienst- und Ausbildungsgesetz, Abschnitt 12: Strafbare Handlungen. »Wer wissentlich zur Verweigerung der Musterung oder des Wehrdienstes auffordert, rät oder beihilft, wird einem ordentlichen Gericht vorgeführt und mit Gefängnis nicht über fünf Jahren oder einer Geldstrafe von bis zu zehntausend Dollars oder sowohl mit dieser Geldstrafe wie auch mit Gefängnis bestraft.«
Wir ermutigen ausdrücklich zu dieser strafbaren Handlung des Ungehorsams und werden jede mögliche Beihilfe leisten. Wir stellen uns somit den Wehrdienstverweigerern juristisch gleich, weil wir die Risiken, die ihre Gewissensentscheidung mit sich bringt, mit ihnen teilen wollen.
San Francisco Comittee for Draft Resistance
(Es folgen die Namen von neunzig Bürgern von San Francisco)

C. Ein dritter Schritt besteht in der öffentlichen Verbrennung von Wehrpflichtigen-Ausweisen und Einberufungsbefehlen. Diese Aktionen werden so organisiert, daß Dutzende oder Hunderte von Wehrpflichtigen gemeinsam vorgehen, soweit wie möglich vor einer Menschenmenge und vor den Kameras des Fernsehens. Mindestens drei- bis viertausend Amerikaner haben das bis zum März 1968 getan. Hier handelt es sich um einen eindeutig strafbaren Akt. Die Vernichtung einer solchen Draft Card wird mit Gefängnis bestraft, ja es genügt sogar, nicht im Besitz des Ausweises zu sein. In vielen Fällen wagen es die Behörden auch bei solchen Handlungen nicht mehr, gerichtlich vorzugehen, weil die Zahl der Beteiligten zu groß geworden ist. Auch hierfür ein Beispiel: Die Dezember-Ausgabe der Zeitschrift *Ramparts,* die eine Auflage von über 200 000 hat, zeigte vier Hände. Jede Hand hält einen brennenden Wehrpflichtigen-Ausweis. Die Namen sind deutlich zu lesen: es sind die des Verlegers und Herausgebers Warren Hinckle und die seiner drei wichtigsten Redakteure. Die Justizbehörden haben gegen diese vier Publizisten keinerlei Schritte eingeleitet.

D. Ein vierter Schritt ist der direkte Angriff gegen die Musterungs- und Einberufungsbehörden. Im Dezember 1967 wurde eine Stop the Draft Week organisiert, die zu massiven Demonstrationen in New York, in Neu-England, im Mittleren Westen und an der Pazifik-Küste führte. An mehreren Punkten kam es zu förmlichen Belagerungen. In New York wurde die berittene Polizei eingesetzt. Im Oktober desselben Jahres gelang es zehntausend Demonstranten in Oakland, Californien, die dortigen Wehrersatzbehörden fünf Tage lahmzulegen.

E. Der letzte Schritt ist die Fahnenflucht. Die Gesamtzahl der Deserteure (das sind, im Sinne des Gesetzes, Soldaten, die sich für mehr als dreißig Tage ohne Erlaubnis von der Truppe entfernt haben) liegt, nach offiziellen Auskünften des Pentagon, bei zehntausend; eine inoffizielle Schätzung, die von Regierungsstellen herrührt, gibt diese Zahl mit zweiundzwanzigtausend an. Viele Wehrpflichtige, darunter auch Deserteure, gehen nach Canada. Die Grenze ist leicht und ohne Paßkontrolle überschreitbar; die canadische Regierung liefert die Flüchtlinge nicht aus. Kontaktleute in den USA schätzen ihre Zahl auf drei- bis fünftausend, canadische Quellen sprechen von dreizehntausend Fahnenflüchtigen, welche die Grenze überschritten hätten. Ein Netz von Unterkünften innerhalb der USA besteht bereits seit mehreren Monaten; man nennt diese Fluchtwege, nach ähnlichen Einrichtungen zur Versorgung flüchtiger Sklaven im letzten Jahrhundert, »underground railways«. Auch in Asien und Lateinamerika findet man fahnenflüchtige Amerikaner. Der SDS teilte im Oktober 1967 folgendes über die Lage in Europa mit:
»In den letzten Monaten sind die Zahlen amerikanischer Deserteure in der Bundesrepublik sprunghaft angestiegen. Das US-Hauptquartier in Stuttgart spricht von sechzig Deserteuren pro Monat. Den Informationen nach zu urteilen, die wir von holländischen, schwedischen und französischen Organisationen erhalten haben, liegt die Rate der Deserteure aus der BRD mindestens dreimal so hoch ... Gleichzeitig laufen in der Bundesrepublik die ersten Strafverfahren gegen Personen, die über Flugblätter amerikanische Soldaten zum Verlassen der Armee aufgefordert haben.«
Die amerikanischen Wehrdienstbehörden fühlen offenbar, daß die Situation ihnen aus der Hand zu gleiten droht; nur so ist die Kurzschlußreaktion zu erklären, die den Direktor des Selective Service System, General Lewis B. Hershey, Ende Oktober zu einem Vorgehen »etwas außerhalb der Legalität« veranlaßt hat. Hershey richtete einen Rundbrief an alle Musterungs- und Einberufungskommissionen des Landes, in dem er

empfahl, »illegal protestierende und den Geschäftsablauf störende Wehrpflichtige« sofort einzuziehen. Damit überschritt der General seine Befugnisse in zweierlei Hinsicht. Er ist erstens nicht berechtigt, den lokalen Kommissionen Weisungen zu erteilen; zweitens aber liegt es nicht in seiner Kompetenz, zu entscheiden, was eine strafbare Handlung ist. Dafür sind die Gerichte zuständig. Schließlich ist der Wehrdienst, nach amerikanischem Recht, keine Strafe. Hersheys Vorprellen erwies sich als ein Fehler; er wurde von den Präsidenten der angesehensten Universitäten, vom überwiegenden Teil der Presse und von mehreren Abgeordneten zurechtgewiesen. Er hat die liberalen Spielregeln verletzt. Die Universitätspräsidenten, die Massenmedien, der Kongreß – sie hätten gern einen imperialistischen Krieg, der demokratischen Stil zeigt, und eine militärische Maschine, die auf die Menschenrechte des Kanonenfutters achtet. Der General Hershey weiß, daß er das Gewünschte nicht liefern kann.

Die politische Wehrdienstverweigerung in den USA hat derzeit keine Chance, die Leistungsfähigkeit des militärischen Apparates zu brechen. Dagegen ist ihr politischer Effekt unabsehbar. Eine Nation, die Zehntausende ihrer intelligentesten jungen Männer kriminalisiert, bildet Zehntausende von Revolutionären aus, die an die Illegalität gewöhnt sind und deren politische Erfahrung mit jedem Tage wächst. In der amerikanischen Studentenbewegung mehrt sich die Zahl von Leuten wie Carl Davidson, die diese Konsequenz sehen. Sie sind bis jetzt noch in der Minderheit. Der folgende Aufsatz von Davidson ist der Zeitschrift *New Left Notes* vom Frühjahr 1967 entnommen. Einige seiner Vorschläge sind inzwischen bereits verwirklicht, einige seiner Losungen zum Allgemeingut der Bewegung geworden.

Soviel ist klar: Der Krieg in Vietnam wird weiter wachsen und sich über ganz Südostasien ausbreiten. Die Konfrontation mit China steht vor der Tür. Gleichzeitig haben sich die Streitkräfte der USA direkt in die Unterdrückung der Guerillabewegungen in Lateinamerika eingeschaltet. Die Luftwaffe hat Dörfer in Peru mit Napalm belegt, die *Special Forces* bauen »strategische Wehrdörfer« im Nordosten Brasiliens, und in Guatemala sind tausend »Grüne Mützen« stationiert. Die Vietnamkriege der Zukunft haben bereits begonnen.
Wie halten wir die Kriegsmaschine auf? Wir wissen alle, daß es auf diese Frage keine einfache Antwort gibt. Sollen wir weiter demonstrieren und Teach-ins veranstalten? Die Armen organisieren? Für die Beteiligung der Studenten an der Macht kämpfen? Den Wehrdienst verweigern? Die Hip-

pies in Provos verwandeln? Mit der Arbeiterklasse zusammenarbeiten? Radikale Kandidaten bei den Wahlen aufstellen? Die Antwort heißt in jedem Fall: Ja. Wir müssen vom Protest zum Widerstand fortschreiten, uns auf den langen Marsch begeben. Mit einem Wort, wir müssen die Revolution herbeiführen. Wie, wann, und wo? Ich meine, daß wir eine Reihe von strategischen Kriterien für unsere Aktionen aufstellen können.

1. Jede Einzelkampagne muß sich um eine Sache drehen, die von einer großen Zahl ganz gewöhnlicher Leute als ihr eigenes Problem verstanden werden kann.

2. Wir müssen jene Fragen wählen, die direkte Aktionen erforderlich machen.

3. Jede solche Kampagne muß unsere Basis in der Studentenschaft, bei den Armen und in gewissen Sektoren der Arbeiterschaft verbreitern.

4. Es muß sich um Fragen handeln, die es der Machtstruktur unmöglich machen, die Bewegung zu »vereinnahmen«.

5. Es muß sich um Fragen handeln, welche die Machtverhältnisse und den Machtgebrauch in Amerika deutlich machen.

6. Die Kampagnen müssen das politische Bewußtsein sowohl derer, die sie führen, wie auch derer, die sie erreichen, entwickeln.

7. Die Kampagne muß nicht nur das moralische Empfinden der Leute, sondern auch ihre Interessen berühren und ihnen klar machen, daß sie im herrschenden System politisch Enteignete sind.

Der Widerstand gegen die Wehrpflicht erfüllt alle diese Bedingungen.

1. Die Wehrpflicht ist hierzulande nie populär gewesen, der Krieg macht sie verhaßter. Erst die Ausdehnung des Krieges hat sie für viele Betroffene, und für ihre Familien, zum Problem gemacht. Die Frage der Wehrpflicht läßt sich von der des Krieges in Vietnam nicht mehr trennen.

2. Eine Kampagne gegen die Wehrpflicht eröffnet weitgehende Möglichkeiten für die direkte Aktion. Die Musterungsbehörde bietet sich logisch als ein idealer Brennpunkt für Diskussionen, Flugblatt- und Plakat-Agitation, Meetings, Teach-ins und alle Formen der Obstruktion an. Unsere Erfahrungen zeigen, daß die Musterung psychologisch der günstigste Zeitpunkt ist: vor der Musterung sind die Wehrpflichtigen kritischen Gesprächen über den Wehrdienst, den Krieg und die Außenpolitik der USA am ehesten aufgeschlossen. Die Behörden sind hier am leichtesten verwundbar, Obstruktion gegen das Militär ist hier am ehesten möglich.

3. Sofern wir auf unsere Privilegien als »Akademiker« verzichten, können wir hier auch die nicht-studentische Bevölkerung und ihre Familien erreichen: die Armen, die Schwarzen, und die Arbeiter. Auch bietet diese Frage leichten und radikalen Zugang zu den Oberschülern.

4. Die Forderung nach der Abschaffung der Wehrpflicht kann von der Regierung auf keine Weise »geschluckt« werden. Wenn wir mit unserer Analyse der amerikanischen Außenpolitik recht haben, ist eine Armee von Berufssoldaten keine Alternative für die Regierung.
5. Ein kurzer Blick in den Mechanismus der Wehrdienstbehörden zeigt, daß er die autoritären, manipulativen und antidemokratischen Züge des Systems getreulich widerspiegelt. Die offiziellen Handbücher des Selective Service System sprechen selber von »Lenkung durch Druckausübung«, »Kanalisierung von Arbeitskräften«, dem »Knüppel der Einberufung« und der »Technik, Furcht einzuflößen«. Die Vorschriften über Freistellung und Klassifikation zeigen eine deutliche Klassenstruktur, sie beweisen die Kollaboration der Universitätsbehörden mit der Kriegsmaschinerie und den Zwangscharakter der Prüfungen. Nachforschungen ergeben gewöhnlich, daß die zivilen Beisitzer der Musterungskommissionen der herrschenden Klasse angehören.
6. Die Frage der Wehrdienstverweigerung wirft sofort eine allgemeinere politische Frage auf: die nach dem Verhältnis zwischen Bürger und Staatsgewalt. Während die meisten Proteste gegen den Krieg nur einen Konflikt mit einem bestimmten Aspekt der amerikanischen Politik ausdrücken und es nur mit einem bestimmten Fall (Vietnam) zu tun haben, führt die Wehrdienstverweigerung zu einer direkten und totalen Auseinandersetzung mit der eigenen Regierung. Die Bewegung schreitet sozusagen von selber vom Protest zu einer Resistance fort, die aufrührerischen Charakter hat. Die direkten Aktionen vor den Musterungsbehörden und Wehrbezirkskommandos, vor und in den Gerichtssälen entzaubern traditionelle amerikanische Institutionen und zeigen, daß diese Institutionen der inneren und äußeren Unterdrückung dienen. Die Leute, die von der Bewegung erreicht werden, transformieren ihre persönlichen Befürchtungen, den Krieg und die Einberufung betreffend, in politischen Widerspruch und Opposition gegen das System insgesamt.
7. Wehrdienstverweigerung ist eine Bewegung, die über viele politischen Trennungslinien hinausführt. Selbst konservative Leute werden von Slogans wie »Ohne mich« (»Not with *my* life«) angezogen, die einen individualistischen Kern haben. Auch die moralische Ausgangsbasis ist eindeutig: der Krieg in Vietnam ist ungerecht, unterdrückerisch, und schlecht. Daraus folgt: »We won't go«. Auch Leute, die bisher die offizielle liberale Rhetorik nicht durchschaut haben, sympathisieren mit unserer Sache, sobald ihnen ernste Zweifel an der moralischen Berechtigung dieses Krieges kommen. Schließlich erreichen wir auch jene jungen Leute, die nur deshalb gegen den Krieg und die Einberufung sind, weil sie weder töten

noch getötet werden wollen, und weil sie ihr eigenes Interesse bedroht sehen.
Die politische Wehrdienstverweigerung ist also in jeder Hinsicht ein sinnvolles Programm für uns. Die politischen Implikationen reichen über die Frage des Vietnam-Krieges und über die Frage der Wehrpflicht weit hinaus: die Kampagne kann ein radikales Bewußtsein entwickeln und diesem Bewußtsein eine Basis in wichtigen Teilen der Bevölkerung verschaffen.
Es bleibt die Frage zu klären, welche Taktiken bei der Bekämpfung der Wehrbehörden am wirksamsten sind. Ich möchte zunächst auf den Unterschied zwischen der traditionellen Wehrdienstverweigerung und dem Widerstand hinweisen, der sich heute entwickelt. Früher sind die Militärgegner gewöhnlich als »moralische Zeugen« aufgetreten, als Märtyrer des Pazifismus. Die Regierung kann, dies war ihre Haltung, unsere Leiber einsperren, aber sie kann uns nicht unserer Freiheit berauben, zu tun, was wir für richtig halten. Und so ließen sich die Pazifisten widerstandslos abführen. Viele von uns haben diese Handlungen tief bewegt. Aber was erbrachten sie? Einige Schlagzeilen, ein oder zwei Demonstrationen; dann verlief sich die Empörung, und die Kriegsmaschinerie lief weiter, ungestört von denen, die nun in der Zelle saßen.
Warum führten diese mutigen Beispiele nicht dazu, daß eine Massenbewegung entstand? Ich glaube, das liegt an der psychologischen Wirkung, die sie auf die weniger Mutigen ausübten. Die Handlung des Märtyrers führt dazu, daß sich andere mit ihm vergleichen, und daß sie sich, durch diesen Vergleich, *schwächer fühlen* als zuvor. Außerdem ist eine Märtyrer-Handlung immer individuell; sie führt zur Isolation, zur Verzweiflung, zu einem Gefühl der Vergeblichkeit. Um eine starke, lebensfähige und breite Bewegung gegen den Wehrdienst zu schaffen, brauchen wir ein diametral entgegengesetztes psychologisches Klima.
Statt zu argumentieren: »Tut mit mir was ihr wollt, ich kann nicht gehorchen«, müssen wir sagen: »Mit *meinem* Leben zahle ich nicht.« Unsere Haltung muß herausfordernd, nicht resignierend sein. Wir müssen denen, die über Amerika herrschen, entgegenhalten, daß wir ihnen weder unser Gewissen, *noch unsere Leiber* überlassen werden. Wenn sie uns einsperren wollen, dann müssen sie uns zuerst einmal fangen. Wir werden es ihnen nicht leicht machen.
Wir können auf die juristische Konfrontation nicht verzichten. Aber es genügt nicht, sich vor Gericht stellen zu lassen. Wir müssen anderen, Vielen, aktiv dabei helfen, dem Militär zu entgehen. Wir müssen sie beraten, legal oder illegal, mit allen Tricks. Wir müssen Befehlsverweigerer und Deserteure aufnehmen und versorgen, die legale und illegale Emigration

nach Canada organisieren und ein Gegenmilieu des Untergrundes im Lande selber schaffen, in dem jeder Betroffene untertauchen kann.
Die Frage der Verhaftung ist keine Frage des Prinzips oder der Strategie, sondern einzig und allein eine taktische Sache. Wir werden versuchen, der Verhaftung zu entgehen, aber nicht um den Preis der Aufgabe wesentlicher Ziele und Aktionen. Wer verhaftet, in Untersuchungshaft genommen und/oder angeklagt wird, sollte die Obstruktion soweit wie möglich innerhalb der Justizmaschinerie fortsetzen. Die Organisatoren des Widerstandes sollten, wo ihnen eine Gefängnisstrafe droht, flüchten, unter Grund gehen oder ins Ausland gehen. Die Folgen für das künftige Leben des Einzelnen sind schwerwiegend, aber nicht schwerwiegender als ein Gefängnisaufenthalt. Letzten Endes muß die Entscheidung dem Betroffenen selbst überlassen bleiben.
Wir brauchen also revolutionäre Kühnheit. Wir brauchen aber auch, im Gegensatz zur traditionellen Haltung der Wehrdienstverweigerer, die auf individuelle Akte, also auf die Isolation hinausläuft, eine Solidarität, die sich nicht nur in unserm Denken, sondern auch in unserer Praxis zeigen muß. Jede Exklusivität ist schädlich. Es gibt Widerstandsgruppen, die von ihren Mitgliedern eine Art Eintrittskarte verlangen: sie fordern, daß jeder Teilnehmer seine Privilegien als Student (Zurückstellung, Freistellung) aufgibt und sich k. v. schreiben läßt, also bewußt das Risiko der Einberufung und damit einer fünfjährigen Gefängnisstrafe eingeht. Ich halte das für völlig falsch. Diese Gruppen schneiden sich selbst von der Mehrzahl ihrer Mitstudenten, von ihrer Basis ab. Sie übernehmen Einteilungen und Klassifikationen, welche die Regierung für ihre eigenen Zwecke geschaffen hat. Zwar ist es richtig, daß Wehrdienstverweigerung ohne Risiken, ohne ernsthaftes Engagement nicht möglich ist. Aber unser Kriterium muß sein, ob einer gewisse *politische* Ziele und eine gewisse *politische* Strategie akzeptiert, welche die Gruppe definiert. Auf diese Weise kann eine Gruppe auch Mädchen, Jugendliche, Arbeiter, ältere Leute für sich gewinnen. Die Kriterien müssen klar genug sein, um schlechte Kompromisse auszuschließen; sie müssen aber elastisch genug sein, um jedem Einzelnen die Möglichkeit zu geben, ein starkes politisches Bewußtsein erst in der Gruppe selbst zu gewinnen. Wer dieses Bewußtsein zur Vorbedingung macht, isoliert sich von denen, die es zu erreichen gilt. Was wir brauchen, ist nicht eine abstrakte und »interne« Solidarität, sondern eine Solidarität, die Millionen von Leuten umfaßt, deren Probleme die unseren sind, und ohne die wir diese Probleme nicht lösen können.

Redaktion, Übersetzung und Kommentar: Hans Magnus Enzensberger

Walter Kreipe
Studenten in Frankreich
Hintergrund und Potential einer politischen Bewegung

1. Westeuropäischer Kontext

»Wir rufen die antiimperialistischen Widerstandsbewegungen auf, (...) immer wieder auf gemeinsame Massenmanifestationen gegen den US-Imperialismus und alle seine Handlanger in Westeuropa hinzuarbeiten. Im Verlauf dieses gemeinsamen Kampfes muß die politische und organisatorische Zusammenarbeit zwischen den revolutionären Befreiungsbewegungen in der Dritten Welt und den Widerstandsbewegungen in den USA und in den westeuropäischen Ländern intensiviert und zu einer Einheitsfront ausgebaut werden.«
Aus der Schlußerklärung der Internationalen Vietnamkonferenz vom 17. bis 18. Februar in West-Berlin1.

Seit dem Ende der fünfziger Jahre haben westeuropäische Studenten, die noch während ihrer Schulzeit ideologische Versatzstücke eines ERP-geförderten, antikommunistisch-abendländischen Europa der Adenauer, Schuman, De Gasperi reproduzieren mußten, oppositionelle Bewegungen entwickelt, in denen auf den ersten Blick nur oberflächlich zusammenhängende Momente bestimmend waren: einerseits die Anprangerung der europäischen Kolonialkriege in Algerien und im Kongo, der Protest gegen die amerikanische Aggression in Vietnam, andererseits der mit tradeunionistischen oder plebiszitären Mitteln geführte Kampf der Lernenden gegen die auf ihre Kosten zwischen Regierung, Wirtschaftsmanagement und Ordinarien ausgehandelte Anpassung der Universitäten an die Profitinteressen des Kapitals.
Angesichts der fortschreitenden Verlagerung aller lebenswichtigen Entscheidungen aus den bürgerlichen Nationalparlamenten in das supranationale Verbundnetz des Spätkapitalismus und der Weigerung der sozialdemokratisierten Arbeiterorganisationen, dem kapitalistischen Internationalismus eine antimonopolistische Integration Europas entgegenzusetzen, haben revolutionäre Studenten- und Jugendorganisationen in den hochentwickelten Industrieländern Westeuropas damit begonnen, ihren Provinzialismus zu überwinden und gemeinsame Möglichkeiten einer Mobilisierung der in Universität und Gesellschaft abhängig Gehaltenen zu diskutieren und zu verwirklichen.
Die lokalen Studentenvertretungen der wichtigsten westeuropäischen

Universitätszentren sind dem Beispiel des AStA der FU-Berlin und der FGEL (Fédération des Groupes d'Etudes de Lettres), der Sorbonne-Sektion der nationalen französischen Studentengewerkschaft UNEF (Union Nationale des Etudiants de France), gefolgt und haben in bi- und multilateralen Aktions- und Diskussionskonferenzen erste Schritte zu einer Zusammenarbeit getan. Will dieser sich praktisch und antiimperialistisch verstehende studentische Internationalismus nicht in der appellatorischen Phrase stecken bleiben, so darf er weder auf der CIA-finanzierten Studentendiplomatie der zu Beginn des kalten Krieges gegründeten internationalen Ausspähungsorganisation ISC (International Student Conference, Sitz in Leyden) aufbauen, noch kann er den papierenen Internationalismus der östlichen IUS (International Union of Students, Sitz in Prag) fortsetzen. In West-Berlin und London haben Protestaktionen im Februar und März dieses Jahres gezeigt, daß sozialistischer Internationalismus, der jenseits der traditionellen Organisationen den gemeinsamen Kampf aller Abhängigen Westeuropas antizipieren will und beginnt, nur das Ergebnis praktischer Erfahrungen der Massen sein kann und nichts zu tun hat mit diplomatischen Gipfelgesprächen der Verbandsbürokratien. Spontane Solidaritätsdemonstrationen in den westeuropäischen Hauptstädten nach dem Attentat auf Rudi Dutschke haben diese These inzwischen bestätigt und die Verbreitung eines antiinstitutionellen »europäischen Geistes« sichtbar gemacht, der die zur Perpetuierung des Bestehenden verordnete Schulweisheit der fünfziger Jahre hinter sich gelassen hat. Die in West-Berlin von sozialistischen Studentenorganisationen Westeuropas errichtete Dokumentationszentrale gegen den Mißbrauch der Wissenschaft zu Zwecken der imperialistischen Kriegsführung (INFI: Internationales Nachrichten- und Forschungs-Institut) soll eine von den etablierten Publikationsmitteln unabhängige Informations- und Aufklärungspolitik ermöglichen und die nächste Etappe einer Internationalisierung der Studentenopposition in Westeuropa, die Kampagne »Zerschlagt die NATO«, vorbereiten. Diese Kampagne soll zum Lehrstück einer Theorie und Praxis der massenhaften internationalen Zusammenarbeit an bestimmten Objekten werden. Sie soll die Agitation, die vorab in den wichtigsten westeuropäischen Universitätszentren »national« zu leisten ist, auf die Ebene des Internationalismus bringen. Das bedeutet jedoch, daß die Strategie des Internationalismus im gegenwärtigen Stadium weder von dem Gesetz der ungleichmäßigen Entwicklung ökonomischer und politischer Bedingungen in den einzelnen Ländern noch von der Situation in den Universitätszentren als den Bereichen, in denen die Studenten unmittelbar praktisch sein können, abstrahieren darf.[2]

In West-Berlin, Löwen, Nijmegen, Oslo, Turin, um nur einige Beispiele zu nennen, beginnen die Studenten mit unterschiedlichem Erfolg, im Rahmen von kritischen Universitäten, Gegen-Instituten und -Kursen, Universitätsbesetzungen, Blockaden des traditionellen Lehrbetriebs Formen der Selbstorganisation zu erproben, die es ermöglichen sollen, die Diskrepanz zwischen den Interessen der Studenten und dem liberalen oder technokratischen Universitätsstudium als partiellen Reflex der widersprüchlichen Entwicklung des Spätkapitalismus zu erkennen und modellhaft für alle, die von diesem Prozeß betroffen sind, zu radikalisieren.[3]

In Frankreich ist im Gegensatz zu den meisten westeuropäischen Ländern, eine »Universitätsrevolte«, die nicht in sporadischen Eruptionen stecken geblieben wäre, sehr lange ausgeblieben. Die internationale Strategie der oppositionellen Studentenbewegung muß die Gründe dieser Stagnation zur Kenntnis nehmen, will sie nicht in abstrakte Kongreß-Routine verfallen. Vor dem Hintergrund der Pariser Studentendemonstrationen der ersten Maiwoche dieses Jahres wird zu prüfen sein, ob bereits Möglichkeiten einer langfristigen Überwindung der jahrelangen UNEF-Krise vorhanden sind.

2. *Die Industrialisierung der französischen Universität*

»Es ist nicht gut, in einem Land leben zu müssen, in dem es einen Überschuß an hochqualifizierten Kräften gibt. Denn in Krisenzeiten stellt eine akademische Jugend mit langer Studiendauer und ohne entsprechende Stellung im Berufsleben nicht nur einen Reinverlust hinsichtlich der investierten Mittel dar, sie ist auch eine Gefahr für die etablierte Ordnung.« So der Generaldirektor der Kodak-Pathé AG in Humanisme et Entreprise, *einem Organ des französischen Unternehmerverbandes.*[4]

Verlautbarungen des westdeutschen Bundeskanzlers und des Bundesverbandes der Deutschen Industrie[5] machen keinen Hehl daraus, daß die in Frankreich eingeleiteten Maßnahmen zur Überwindung der Strukturprobleme der kapitalistischen Gesellschaft nach dem Ende der Rekonstruktionsperiode als Modell für die BRD dienen sollen. Zu einer Zeit, da die perspektivlose Erhardsche »Freie Marktwirtschaft« noch nicht begriffen hatte, woher sie die Ressourcen, die ihr mit dem Mauerbau entgangen waren, nehmen sollte, leitete die staatsmonopolistische Programmierungsmaschinerie Frankreichs in allen Bereichen des öffentlichen Lebens eine als »Demokratisierung« ausgegebene Propagandakampagne ein, die an den Leistungswillen der Bevölkerung appellierte und die kurzfristige Verbesserung der Qualifikationsstruktur der Arbeitskräfte zum Ziele hatte. Die-

se Maßnahmen waren um so notwendiger geworden, da sich herausgestellt hatte, daß die jahrelange Weigerung des privaten Kapitals, Investitionen in der Infrastruktur und im Ausbildungswesen einzuplanen, die Akkumulationsmöglichkeiten der Unternehmer ernsthaft gefährdeten. Innerhalb des IV. und V. französischen Plans hatte daher die Reform der Bildungsinstitutionen zentrale Bedeutung. Ohne Umschweife verkündete der damalige Erziehungsminister Fouchet, es gehe nunmehr darum, die Universität und ihre Studenten zu »industrialisieren«.[6] Industrialisierung der Universitäten im Sinne der französischen Planifikation bedeutet, daß die Hochschulen unter der direkten Kontrolle des Wirtschaftsmanagements zu Zulieferbetrieben mit einer kalkulierbaren, gesteuerten Ausstoßleistung an fungiblen Kadern umgestaltet werden und damit einen festen Platz innerhalb des antizyklischen Instrumentariums kapitalistischer Planung einnehmen. Die widersprüchlichen Empfehlungen des westdeutschen Wissenschaftsrats zur Neuordnung des Studiums sowie die Entwürfe des italienischen Gui-Plans berücksichtigen aus politischen Gründen die traditionelle Autonomie der Universitäten und ihrer professoralen Mandarins in so hohem Maße, daß sie sich, verglichen mit dem Fouchet-Plan, wie matte Kopien ausnehmen, die ihr Original einstweilen noch verleugnen müssen. Die von der französischen Studentengewerkschaft UNEF vorgelegte Analyse der Fouchet-Reform[7] hat exemplarische Bedeutung für eine Hochschulstrategie, die bereits heute die Kritik an der noch nicht in Betrieb genommenen technokratischen Universität vorwegnimmt.[8]
Die Hauptmerkmale der Fouchet-Reform: Zwei-Klassen-Studium, frühzeitige Spezialisierung, Herabsetzung der Studienzeiten, eine Inflation von Prüfungen, direkte Einflußnahme der Unternehmerverbände, verschärfen die seit der napoleonischen Ära fest verankerte staatliche Reglementierung der Ausbildungsinstitutionen. Die traditionelle Aufgabe der bürgerlich-liberalen Universität, kultivierte Wachhunde der bestehenden Ordnung zu formen, tritt zurück hinter der output-Steigerung an mittleren Kadern, die das technologische Niveau der Produktion garantieren sollen. Die starke Differenzierung der Ausbildungsgänge setzt bereits im höheren Schulwesen ein und ist nach dem Beginn des Universitätsstudiums vollends irreversibel. Eine gleichzeitige Immatrikulation in verschiedenen Disziplinen ist unzulässig. Der erste Studienzyklus des universitären Kurzstudiums umfaßt zwei Jahre und dient der Selektion. Jedes Studienjahr ist mit einer Prüfung abzuschließen, nur ein einziges darf wiederholt werden. Für einen Lehramtskandidaten entscheidet die Abschlußprüfung des ersten Studienzyklus darüber, ob er sich als jederzeit kündbarer Hilfslehrer verdingen muß, nach einem weiteren Studienjahr innerhalb des

zweiten Zyklus die Universität als Licencié zu verlassen hat oder aber mit insgesamt vier Studienjahren am Ende des zweiten Zyklus die Magisterprüfung ablegen kann. Von einer besonderen Erlaubnis hängt es ab, ob dieser Grad auch noch nach dem Erwerb der Licence angestrebt werden kann. Erst nach Ablegung der Magisterprüfung steht der Weg zur reinen, von der politischen Praxis gesonderten Forschung des Langstudiums offen. Eine politisch relevante Ausbildung bleibt denjenigen vorbehalten, die durch einen weiteren Sprung über sozio-kulturelle Klassenbarrieren hinweg beweisen können, daß sie sich an die Erfordernisse der Herrschenden angepaßt haben. Sie gelangen in die Ecole Polytechnique, die Ecole Nationale d'Administration (ENA)[9] oder in andere Institutionen der Grandes Ecoles, die als postuniversitäre Pflanzschulen der Elite Spitzenfunktionäre des Wirtschaftsmanagements und der staatlichen Planifikationsgremien ausstoßen. Diese »jungen Herren« bleiben durch einen ésprit de corps ihr Leben lang innig miteinander verbunden.
Wegen der katastrophalen Studienbedingungen lag der Prozentsatz derjenigen Studenten, die niemals einen Studienabschluß erreichten, bisher bei 70 bis 75 von 100 Studenten. Die von Fouchet installierte permanente Prüfungssituation verringert den »Reinverlust hinsichtlich der investierten Mittel« (s. o.), indem bereits ein Teil der Abiturienten sowie alle an den Examensbarrieren endgültig Gescheiterten dem neugeschaffenen Kurzstudium in den mit dem Euphemismus »Instituts Universitaires de Technologie« (IUT) bezeichneten extrauniversitären Ausbildungsstätten zugewiesen werden. (Im Jargon des Kruppianers Stoltenberg heißen diese auch für die BRD geplanten Einrichtungen »Fachakademien«.) Den IUT fällt die Aufgabe zu, innerhalb von zwei Jahren in engem Kontakt mit privaten Unternehmerorganisationen und staatlicher Verwaltungsbürokratie qualifizierte Fachkräfte auszubilden. Der V. Plan sieht vor, daß 1972 rund 25% aller Studenten ihr Studium innerhalb von zwei Jahren bewältigen sollen. Anfang April 1968 hat die Regierung diesen Prozentsatz auf rund 35% erhöht (*Le Monde*, 4. April 1968). Da diese Zahl auf dem bisher praktizierten Weg der »natürlichen Auslese« nicht erreicht werden kann, soll ab 1969 ein neues Sieb in den Ausbildungsgang eingeschoben werden: alle Studenten haben sich einer Universitätsaufnahmeprüfung zu unterziehen, damit von vornherein nur 60 statt bisher 95 von 100 Abiturienten im ersten universitären Studienzyklus eingeschrieben werden können. Diese Maßnahme soll dazu dienen, die für 1972 erwarteten 740 000 Studenten systemgerecht aufzufächern.
Obwohl sich die Fouchet-Reform nach außen »rationaler« und konsequenter als verwandte Instrumente westeuropäischen Krisenmanagements[10]

präsentiert, weist gerade ihre unverschleierte Konsequenz deutlich auf die Widersprüche hin, denen die kapitalistische Entwicklung der Produktivkräfte unterworfen ist:

»1. auf den Widerspruch zwischen den steigenden Produktionskosten für die gesellschaftlich notwendige Arbeitskraft (insbesondere längere Dauer und wachsende Kosten der Berufsausbildung) und der hartnäckigen Weigerung, der Gesellschaft die Verantwortung für diese sozialen Kosten zu übertragen.

2. auf den Widerspruch zwischen Art und Niveau der Ausbildung, die durch die Entwicklung der Produktivkräfte erforderlich werden, und derjenigen Form der Ausbildung, die – vom Gesichtspunkt des Unternehmers aus – eine Erhaltung der hierarchischen Unternehmensstruktur und der bestehenden Produktionsverhältnisse garantiert,

3. auf den Widerspruch zwischen der zunehmenden – wirklichen oder möglichen – Autonomie der produktiven Arbeit und deren unmittelbarer sozialer Bedeutung für eine wachsende Zahl von Arbeitern und ihrem heutigen Status innerhalb des Unternehmens und der kapitalistischen Gesellschaft.«[11]

Über diese von André Gorz geltend gemachten Widersprüche hinaus enthüllt die von den französischen Studenten angeprangerte »Ausbildung zu herabgesetzten Preisen« die Abhängigkeit einer als »demokratisch« ausgegebenen staatsmonopolistischen Programmierung von dem kurzfristigen Profitinteresse der Unternehmer. Die in der französischen Universitätsreform eingeplante Vernichtung von lebendiger Produktivkraft dient zwar der Ausbalancierung eines disziplinierenden Arbeitslosenpegels, sie kann in der Zukunft durchaus auch systemsprengend wirken. Die bornierte Spezialausbildung hat eine permanente Herabsetzung der Berufsqualifikation zur Folge. Sie gefährdet in allen Forschungszweigen die auf Unabhängigkeit von den USA bedachte gaullistische Wirtschaftsplanung und produziert ein akademisches Neo-Proletariat, das schon jetzt erste Anstrengungen macht, sein Bewußtsein mit den kanalisierten Klasseninteressen der Arbeiterschaft zu mischen: von 6000 Forschern des Centre National de la Recherche Scientifique (CNRS) werden 50% unterbezahlt, von 1963 bis 1968 stieg die Zahl der Arbeitslosen unter den qualifizierten Kadern auf 18 000.[12]

3. Der Kampf der UNEF *gegen den Fouchet-Plan*

»In diesem Manifest geht es nicht darum, das Projekt einer demokratischen Universität zu präsentieren, so wie es im Rahmen einer demokratischen Gesellschaft verwirklicht werden könnte, sondern vielmehr darum, Reformvorschläge zu unterbreiten, die durch Massenaktionen der im Wandel begriffenen Universität aufgezwungen werden können und die, wenn sie erst einmal akzeptiert worden sind, unerläßliche Ausgangspositionen für den weiteren Kampf um eine demokratische Transformation der Universität darstellen.« UNEF, Manifeste pour une réforme démocratique de l'enseignement supérieur.

Die seit dem Herbst des vergangenen Jahres fast reibungslos angelaufene Verwirklichung der Fouchet-Reform in den französischen Universitäten zeigt, daß die westeuropäische Studentenopposition die Anpassung der Ausbildungsinstitutionen an die vorhandene Produktionsstruktur, d. h. die institutionalisierte Unterdrückung von kritischer Erkenntnis, nicht wird verhindern können, wenn sie dabei auf sich allein gestellt ist. Die Erfahrungen der französischen Studentenbewegung scheinen die (bei eingefleischten Studentenfunktionären als defätistisch angesehene These) zu bestätigen, daß die Universitäten keine strategischen Punkte sind, an denen ein für den Kapitalismus entscheidendes Gefecht geliefert werden könnte.[13] Wenn man jedoch davon ausgeht, daß der selbstorganisierte Protest der Studenten in seiner Struktur modellhaft für die Mobilisierung aller Abhängigen sein kann, so ist es entscheidend, die Gründe zu erfahren, die abgesehen von der jüngsten Entwicklung in Nanterre, von der noch zu reden sein wird, diese kollektive Bewußtwerdung der französischen Studenten bisher blockiert haben.

Während des Algerienkrieges hatte die UNEF eine Avantgarde-Rolle übernommen. Sie bezog öffentlich Stellung für die algerische Befreiungsfront und unterstützte sie – oft gegen den Willen der opportunistischen KPF – durch eruptive Massenaktionen. Dieses Engagement begründete das politische Mandat der Studentengewerkschaft und vergrößerte die auf freiwilligen Beitragszahlungen beruhenden Mitgliedschaften erheblich. Der Algerienkrieg bewirkte eine Politisierung der französischen Studenten, die wegen ihrer Weigerung, den Einberufungsbefehlen zu folgen, direkt unter den Verfolgungen des Regimes zu leiden hatten. Diese Politisierung blieb jedoch im bekenntnishaften, ethisch-moralischen Protest stecken: man war »gegen den Krieg«, »solidarisch mit dem kämpfenden algerischen Volk« und »verbunden gegen den gemeinsamen Feind.«[14]

Nach dem Ende des Algerienkrieges mußte die UNEF, der die studentischen Massen treu geblieben waren, ihre Rolle innerhalb der französischen Gewerkschaftsorganisationen neu definieren. Sie griff die Krise der französischen Universität und die sich abzeichnenden technokratischen Reformen geschickt auf, um eine Hochschulpolitik zu entwickeln, die, wie die Studenten ursprünglich gehofft hatten, ihre systemsprengende Kraft durch ein antigaullistisches Bündnis mit den Arbeiterorganisationen vor dem Abbröckeln in puren Trade-unionismus bewahren sollte.

Aufbauend auf den organisatorischen Erfahrungen der gegen den OAS-Terror gegründeten FUA (Front Universitaire Antifasciste) – Komitees, entstanden im Vorlesungs- und Übungsbetrieb der Universitäten gewerkschaftliche Basisgruppen. Studentische Arbeitskollektive, Groupes de Travail Universitaires (GTU), sollten dem auf Leistungsdruck und Individualismus abgestellten universitären Arbeitsstil eine Alternative gegenüberstellen und damit zugleich die gewerkschaftlichen Forderungen positiv ausdrücken. Die Forderung eines generellen Studienhonorars, das nicht auf sozialen, sondern studiennahen Kriterien zu beruhen hätte, bildete die Grundlage dieser Hochschulstrategie. Mit dieser Forderung, an der auch heute noch festgehalten wird, will die französische Studentenbewegung den Studenten den Status von »jungen intellektuellen Arbeitern« geben, wie es die Charta von Grenoble 1946 im Überschwang der Befreiung vom Faschismus gefordert hatte. Mit der Diskussion über den ursprünglich idealistisch verstandenen Status des »jungen intellektuellen Arbeiters« wollte die Linke innerhalb der UNEF die antikapitalistischen Implikationen ihrer Strategie auf die Spitze treiben, da bei der Vergabe eines Studienhonorars nach studiennahen Kriterien nicht nur die Formen und Inhalte der in der Klassenuniversität tradierten Lehre hätten in Frage gestellt werden müssen. Auch der gesellschaftliche Nutzen eines Universitätsstudiums hätte einer neuen Definition bedurft.[15]

Die Kampagne gegen den Fouchet-Plan in den Jahren 1963/64 stellt den theoretischen und praktischen Höhepunkt, zugleich aber auch den Anfang vom Ende der zentral geplanten Hochschulorientierung des Studentensyndikats dar. Am 21. Februar 1964 scheitert die FGEL, die avantgardistische UNEF-Sektion der Sorbonne, als sie Fouchet und seinem Begleiter, dem italienischen Staatspräsidenten den Zutritt zur Sorbonne verlegen will. Angesichts der militärischen Besetzung des Quartier Latin und der vom staatlichen Rundfunk ausgestoßenen Drohungen ignoriert die Mehrzahl der Studenten den Aufruf zur Besetzung der Universitätsgebäude. Das Regime reagiert mit dem Abbruch der Kontakte zur UNEF. Von nun an ist jegliche Möglichkeit der Mitbestimmung oder Mitberatung der Studenten in den Planungsgremien der Fouchet-Reform und den Organen der Universität ausgeschlossen. Die staatlichen Zuschüsse für die UNEF werden gestrichen, diejenigen für die während des Algerienkrieges aus der Taufe gehobene regimekonforme Organisation FNEF (Fédération Nationale des Etudiants de France) werden jedoch weiterhin gezahlt. Linksparteien, Gewerkschaften und die Mehrheit der lokalen UNEF-Vertretungen distanzieren sich von der FGEL.

Das historisch gewordene Debakel vom Februar 1964 ist symptomatisch für eine Oppositionsbewegung, deren auf einer exakten Analyse beruhende Strategie sich fast ausschließlich in esoterisch ausgearbeiteten Manifesten und Programmen niederschlägt. Periodisch veranstaltete Massendemonstrationen und explosionsartige Protestveranstaltungen mit Funktionärsreden begreifen sich eher als Druckmechanismen gegen die Regierung denn als Stationen eines Lernprozesses. Französische Kritiker haben die Umorientierung der UNEF-Politik vom praktischen Widerstand der antifaschistischen Basisgruppen auf die Kampagne gegen den Fouchet-Plan als »Flucht nach vorn ins Abstrakte«[16] bezeichnet und damit herausgestellt, daß für die Masse der Studenten die Dialektik zwischen hochschulpolitischer und politischer Analyse und Aktion nicht einsichtig geworden ist. Die UNEF-Parole »Die Universität die wir wollen, ist die Universität aller Arbeiter!« bleibt ebenso im Abstrakt-Voluntaristischen stecken, wie die mit der Konstruktion des Studenhonorars bezweckte Annäherung von Studenten und Arbeitern.

Unter dem Eindruck der fortschreitenden Technokratisierung der Universitäten wagte es die UNEF nicht, auf die moralische Unterstützung der im SNEsup (Syndicat National de l'Enseignement Supérieur) organisierten Hochschullehrer zu verzichten, deren radikaldemokratische Attitude von der Mehrheit der Studenten als »progressiv« eingestuft wird.[17] Daher verbot sich von vornherein eine allzu laute Kritik an den inneruniversitären Herrschaftsverhältnissen, an Methoden und Inhalten der universitären Lehre. Ein Import der an der FU Berlin entwickelten Praxis, Vorlesungen und Seminarübungen zu rezensieren, erwies sich als unmöglich. Die Politik der inneruniversitären Einheitsfront verhinderte die selbstbestimmte Tätigkeit und Bewußtseinsbildung der Studenten am Arbeitsplatz und erklärte die häufig praktizierte Flucht der Studentenfunktionäre in außeruniversitäre Kraftproben mit der Regierung.

In den meisten Auseinandersetzungen ließ die unmittelbare Abhängigkeit der französischen Universität von der Ministerialbürokratie jedoch kaum eine andere Wahl. Die französische Universitätsadministration ist Administration im wörtlichsten Sinne: Prüfungsordnungen, Lehrprogramme, Ernennung von Hochschullehrern, Rektoren, Universitätsangestellten bis zum Küchenpersonal werden auf nationaler Ebene unter Aufsicht des Erziehungsministers entschieden. Dieser unmittelbaren Präsenz des Staates ist es zu verdanken, daß die Sorbonne in besonderen Glaskästen die Neutralität des bürgerlichen Wissenschaftsbetriebs unangefochten plakatieren kann: »Politische Kundgebungen in den Hörsälen sind verboten!«

Die direkte Konfrontation mit der Staatsgewalt in den periodischen Straßenschlachten des Quartier Latin konnte über die Zelebrierung eines gut funktionierenden Ordnerdienstes hinaus der Masse der Studenten weder die Erfahrung der Selbstorganisation noch die Initiative kollektiver Entscheidungen nahebringen.

Die Denunzierung der bürgerlich-liberalen Universität als Lieferant einer

enzyklopädischen und ornamentalen Klassenkultur wurde unter Ausschluß der studentischen Öffentlichkeit geleistet. Die von der UNEF programmierten Basis-Gruppen konnten die ihnen zugedachte Funktion, nicht-repressive, emanzipatorische Arbeitsformen der Vermittlung von Theorie und Praxis zu entwickeln, nicht erfüllen. Wie die FUA-Komitees während des Algerienkrieges blieben sie, der zentralistischen Struktur der UNEF und dem sozio-kulturellen Gefälle zwischen der Metropole und der Provinz entsprechend, auf die Sorbonne beschränkt. Unter dem Druck der jährlichen Selektionsprüfungen wurden die GTU bald zu stumpfsinnigen Paukrepetitorien, in denen kollektive Arbeit ihren politischen Zweck, die Bekämpfung eines irrationalen Systems, hinter sich ließ und zur gemeinsamen Erfüllung eines diktierten Programms pervertierte.
Zu Beginn des Jahres 1968 waren nur noch rund 50000 Studenten im Besitz einer Mitgliedskarte der UNEF, weniger als 10% der französischen Studentenschaft.

4. *Die KPF und die Linksabweichler*

»Die Demonstrationen von Nanterre waren das Werk einer Handvoll von Linksabweichlern, die ihre Kameraden daran gehindert haben, ihrem Studium nachzugehen und ihre Prüfungen zu machen. Als die Unruhestifter vor das Disziplinargericht zitiert wurden, fingen die Linksabweichler von Paris an ... Die kommunistischen Studenten verurteilen die Machenschaften der linksabweichlerischen und trotzkistischen Elemente, die die Studenten zu unvernünftigen Handlungen anstiften und eine studentenfeindliche Pressekampagne provozieren. Diese wird unweigerlich zur Isolierung der Studenten und zur Feindschaft zwischen Studenten und Arbeitern führen.« Die Prawda *zu den Pariser Demonstrationen, nach* Le Monde *vom 8. 5. 68.*

»An die Arbeit, Muttersöhnchen!« mit diesen Worten wurden linkssozialistische Studenten daran gehindert, an der Pariser KPF-Demonstration zum 1. Mai teilzunehmen.

Die französische Studentenbewegung ist Funktion und zugleich Karikatur einer Linken, die zum einen als zersplitterte, praxislose »Partei der Analyse« (Sartre) im Hochschul- und Kulturbetrieb von den Herrschenden ausgehalten wird, zum anderen in der Wahlpolitik des vom Atlantiker Mitterrand angeführten Kartells von Sozialdemokraten und Kommunisten die Entpolitisierung der Massen betreibt. Trotz ihres Wortradikalismus – die letzte Veröffentlichung des KPF-Generalsekretärs Waldeck-Rochet hat den Titel *Was ist ein Revolutionär im Frankreich unserer Zeit?* – ist die kommunistische Partei weit davon entfernt, eine revolutionäre Rolle zu spielen oder die Arbeiterklasse in einer Fundamentalopposition gegen die gaullistische »Mischung von Charisma und Technik«[18] zu mobi-

lisieren. Indem die UNEF noch bis zu den Pariser Maidemonstrationen bürokratisch ausgehandelte Bündnisse mit den Spitzen der offiziellen Arbeiterorganisationen einging, wurde ihre Forderungspraxis von den systemsprengenden Aspekten gereinigt und ähnlich parlamentarisiert wie die spontanen Emanzipationskämpfe der Jungarbeiter von Caen im Januar dieses Jahres. Eine im März dieses Jahres von der UNEF organisierte massenhafte Einheitsdemonstration gegen die unzulänglichen Arbeitsbedingungen in den Pariser Hochschulen bezeugte ihren antiaufklärerischen Charakter dadurch, daß KP-treue Studenten auf Plakaten den Ausbau der IUT forderten, um die im Fouchet-Plan vorgesehene Prozedur des bornierten Kurzstudiums schneller bewältigen zu können! Nach dem Abrücken von den »Abenteurern« der Sorbonne-Besetzung hatte sich die geschwächte nationale Studentenvertretung mit dem Linkskartell stillschweigend auf die Spielregeln der bürgerlich-kapitalistischen Gesellschaft verpflichtet: im März 1968, sechs Jahre nach der brutal niedergeschlagenen Anti-OAS-Demonstration vom Februar 1962, bei der im Métroschacht Charonne neun Demonstranten durch von der Polizei herabgeworfene Eisengitter getötet wurden, hat ein Pariser Staatsanwalt unbehelligt von einer nicht vorhandenen Gegenöffentlichkeit die Entschädigungsansprüche der Hinterbliebenen abgelehnt. Wenige Wochen vor dem Gerichtstermin gedachte die Studenten- und Arbeiterbürokratie den Opfern wie alljährlich durch eine Kranzniederlegung.
Für die französische Studentenbewegung scheidet die Möglichkeit der bundesrepublikanischen außerparlamentarischen Opposition aus, angesichts eines Parteienkartells ein linkes Vakuum wirksam auszufüllen. Im Vertrauen auf die unbedingte Gefolgschaft und den auf dem jährlichen Humanité-Fest neu bekräftigten Familiengeist der fünf Millionen Mitglieder hat die straff organisierte KPF bisher studentische Kritik an ihrem von Thorez propagierten »friedlichen Weg Frankreichs zum Sozialismus« autoritär und ohne Diskussion abgewehrt. Lothar Ruehl und mit ihm das Establishment wissen das zu schätzen: »Solange ein ansehnlicher Teil der Arbeiter in der KPF den Gegenpol zu der ihnen auferlegten Ordnung sieht, ist ihr Bestand gesichert. In diesem Sinne hat der französische Kommunismus eine soziale und humanitäre Bedeutung jenseits jeder Politik. Diese Eigenschaft braucht er auch nicht mit Erfolgen zu beweisen.«[19]
Seit 1956 die linkskatholisch-liberale Minorität die Mehrheit in den Exekutivorganen der UNEF erlangte, (die seitdem kontinuierlich linke Mehrheit trägt seit den fünfziger Jahren den paradoxen Namen »Mino«) besonders aber seit dem Machtzuwachs der Togliatti-Richtung in den FUA-Komitees des Algerienkrieges haben die Auseinandersetzungen der Links-

gruppen mit der Parteibürokratie der KPF die Entwicklung der französischen Studentenbewegung nachhaltig bestimmt. 1956 durch einen Eingriff der Parteizentrale aus Gründen der besseren Kontrollierbarkeit von der Jugendorganisation JCF (Jeunesse Communiste Française) abgespalten, wurde die kommunistische Studentenunion UEC (Union des Etudiants Communistes), die ihrer Stärke nach als einzige studentische Gruppe die hochschulpolitische Rolle der Linkskatholiken nach deren Zerschlagung durch die Kirche hätte übernehmen können, durch ständige Konflikte mit der stalinistischen KPF aufgerieben. Seit 1960 verschärften sich innerhalb der UEC die Fraktionskämpfe zwischen marxistischen, trotzkistischen, prochinesischen und »italienischen« Tendenzen. In diesen Auseinandersetzungen nahm die KPF dem gaullistischen Regime die Kontrolle der extremen Linken ab und leistete damit über das Verbot der Parteidemokratie hinaus einen entscheidenden Beitrag zur Verstaatlichung des öffentlichen Lebens. Als die Anhänger der UEC unter dem Druck der Algerienkrise zusammen mit Linkschristen erfolgreiche Versuche machten, die Auseinandersetzungen mit der KPF öffentlich zu führen und zu politisieren, indem sie ihre terminologische Diskussionsweise zugunsten einer oppositionellen Praxis aufgaben, unterdrückte die Parteizentrale diese spontane Bewegung durch Mitgliederausschluß. Die unerwartet zügige Etablierung des Gaullismus nach dem Ende des Algerienkrieges hatte eine derartige Entpolitisierung der Massen zur Folge, daß die Parteileitung 1965 keine Skrupel zeigte, den in Lyon gewählten Vertretern der Linksopposition innerhalb der UEC die Mitgliedskarten zu entziehen und eine linientreue lokale Führung zu oktroyieren. Im Unterschied zu den Provinzstädten konnten sich die Pariser UEC-Studenten in einer Urabstimmung gegen diese autoritäre Praxis des Parteiapparats zur Wehr setzen. Die Ablehnung der Kandidatur Mitterrands durch den 9. UEC-Kongreß zog 1966 den sofortigen Ausschluß aller Oppositionellen aus der KPF nach sich.
Seit der Abspaltung der oppositionellen Fraktionen von den in der UEC verbliebenen KP-treuen Studenten ist die UNEF, die aus den bereits erwähnten Gründen nur periodisch auf eine Massenbasis rechnen kann, nur mehr Reflex der Eigendynamik der revolutionären, zersplitterten französischen Linken. Die geringe Ausstrahlung dieser von der Masse der Studenten als »groupuscules« diffamierten Richtungen, von denen keine eine dem SDS vergleichbare Position innehat, steht im krassen Gegensatz zum Voluntarismus ihrer Verlautbarungen. Da diese Gruppen eine Hochschulstrategie durchweg für inopportun oder reformistisch halten, eine wirkungsvolle Gaullismus-Kritik wegen der unangefochtenen Monopolstellung der KPF zumindest für den Bereich der Innenpolitik fast aus-

sichtslos erscheint, definieren sie sich in der Öffentlichkeit nach traditionell fixierten theoretischen Positionen der Arbeiterbewegung. Diese theoretische Spezialisierung, die sich in unerbittlichen Jagden auf Häretiker und gewalttätigen Zusammenstößen ausdrückt, findet ihre Verlängerung in stark differenzierten Urteilen über die Entwicklung in China, Vietnam und Lateinamerika.

Die beiden trotzkistischen Gruppen, Le CLER (Le Comité de Liaison des Etudiants Révolutionnaires – seit kurzem nach dem Zusammenschluß mit anderen Randgruppen umbenannt in FER = Fédération des Etudiants Révolutionnaires; dieser Name hat sich noch nicht überall herumgesprochen –) und die JCR (Jeunesse Communiste Révolutionnaire) betrachten sich als Erben der Bolschewiki und der kommunistischen Internationalisten. Während sich die JCR an die aus einer Spaltung der Trotzkisten hervorgegangene PCI (Parti Communiste Internationaliste) an Pierre Frank und Ernest Mandel anlehnt und die Strategie des Entrismus, d. h. der heimlichen Arbeit in der KPF und der kommunistisch kontrollierten Gewerkschaft CGT (Confédération Générale du Travail) befürwortet, um die Arbeiterklasse zu revolutionieren, sympathisieren Le CLER und die ihm nahestehende Jugendorganisation »Révoltes« mit dem anderen Flügel der vierten Internationale, der OCI (Organisation Communiste Internationale), der als prominentestes Mitglied der Herausgeber der Zeitschrift *La Vérité*, Lambert, angehört. Die OCI lehnt jeden Entrismus scharf ab und will zusammen mit den Anarcho-Syndikalisten eine eigene revolutionäre Fraktion innerhalb der Gewerkschaft »Force Ouvrière« (FO) bilden. Wegen der Auseinandersetzungen zwischen Frank und Lambert ist in Frankreich nicht schlicht von Trotzkisten, sondern meist von Frankisten und Lambertisten die Rede.

Le CLER ist die militanteste und in Paris am stärksten vertretene Gruppe. Sie unterhält einen 300 Mann starken Karate-trainierten Ordnerdienst, der nicht nur die Verteidigung von Demonstrationen gegen anrückende Kommunisten und Schlägertrupps der rechtsradikalen Studentengruppen »Occident« und »Fédération des Etudiants Nationalistes« übernimmt, sondern auch Strafexpeditionen gegen JCR- und UNEF-Versammlungen durchführt. Le CLER ist innerhalb der Studentenvertretung der Sorbonne etwa gleich stark wie die gegnerische JCR vertreten. Dieses Gleichgewicht hat die Arbeit der FGEL im letzten Studienjahr lahmgelegt.

Le CLER lehnt die vietnamesische FNL ab, weil sie als Volksfrontbewegung mit der Bourgeoisie zusammenarbeite. Cuba und China werden als bürokratisch regierte Staaten verurteilt.

Dagegen gleichen die internationalen Positionen der JCR denjenigen des SDS. Die JCR war mit einer starken Delegation auf dem West-Berliner Vietnamkongreß vertreten und hat eine wichtige Rolle bei den Pariser Maidemonstrationen gespielt. In der Öffentlichkeit besteht die JCR auf deutlichen Abstufungen ihrer internationalen Sympathien: das bürokratische UdSSR-System hat mit der scharfen Kritik, das »bürokratische, aber dennoch revolutionäre« China mit kritischer Unterstützung dieser Organisation zu rechnen. Die Entwicklung in Cuba wird voll gebilligt. Die Thesen Régis Debrays werden von der JCR verworfen, da sie die Bedeutung des städtischen Proletariats zu gering veranschlagen. Zur Unterstützung der vietnamesischen Befreiungsfront tritt die JCR für die Schaffung einer Sammelbewegung ein, die alle linken Gruppen umfassen soll. 1966 gründete sie das nationale Vietnam-Komitee CVN (Comité Vietnam National), dem sich auch die ESU (Etudiants Socialistes Unifiés), die sozialistische

Minderheit innerhalb der PSU (Parti Socialiste Unifié), und bekannte Linksintellektuelle angeschlossen haben. Angesichts der Entstehung von über fünfzig Vietnam-Komitees in den Provinzstädten und des wachsenden Einflusses dieser Basis-Gruppen bei Oberschülern und jungen Arbeitern hat die KPF im Januar 1968 erstmals einen Rückzieher machen müssen, der freilich nicht als Absage an den »friedlichen Weg zum Sozialismus« gewertet werden kann, obwohl er die Mitglieder etwas verwirrt hat: da es die opportunistische KPF-Parole vom »Frieden in Vietnam« nicht mehr mit der militanten Devise des CVN: »FNL wird siegen!« aufnehmen konnte, gründete die KPF eilends ein eigenes Vietnam-Komitee, CNA, »Nationales Aktionskomitee für die Unterstützung und den Sieg des vietnamesischen Volkes«. Hinfort dürfen KP-Mitglieder auf Demonstrationen vom »Sieg in Vietnam« sprechen und Fahnen der FNL mitführen. Tauchen in kommunistisch organisierten Vietnam-Demonstrationen jedoch trotzkistische Studenten auf, so entreißt man ihnen wie früher die FNL-Fahnen und überstimmt sie mit »Frieden in Vietnam!«

Parallel zur prochinesischen PCMLF (Parti Communiste Marxiste-Léniniste Français), jedoch keineswegs in Übereinstimmung mit ihr, entstand nach der UEC-Krise innerhalb der Ecole Normale Supérieure eine prochinesische Studentengruppe, UJC (ml) (Union des Jeunesses Communistes marxiste-léniniste), die zusammen mit dem Philosophen Althusser die theoretische Schrift *Cahiers marxistes-léninistes* herausgab. Als Professor Althusser vor dem endgültigen Bruch mit der KPF zurückschreckte, stellte diese Schrift ihr Erscheinen ein. Statt dessen wurde eine für das breite Publikum verständliche Zeitung *Servir le Peuple* entwickelt, die in den über einhundert Pariser Basis-Gruppen (CVB – Comité Vietnam de Base) als Diskussionsgrundlage dient. Die UJC (ml) lehnt die Zusammenarbeit mit dem von der JCR unterstützten nationalen Vietnam-Komitee ab und verweigert als konsequente Anhängerin der chinesischen Außenpolitik der OLAS-Konferenz ihre Unterstützung.

Während am 21. Februar 1968 über 8000 Studenten einem Aufruf von UNEF und SNEsup folgten, um gemeinsam mit dem CVN das Quartier Latin durch Demonstrationszüge und Umbenennung der staatlichen Lycées spektakulär in das »Quartier du Vietnam héroique« zu verwandeln, huldigten 2000 UJC (ml)-Anhänger ihrem Purismus vor der südvietnamesischen Botschaft und denunzierten die Demonstranten des Universitätsviertels auf Flugblättern als »falsche Freunde Vietnams«, enthielten sich die Mitglieder des CLER jeder Sympathie für die vietnamesische Befreiungsfront, versammelten sich die KPF-treuen Jungkommunisten (JCF) zu einer »friedlichen« Kundgebung im Palais des Sports. Die wenige Tage später auf der Sorbonnekuppel flatternde Vietcongfahne täuschte nicht nur über die fehlende Vermittlung von wissenschaftlicher und politischer Tätigkeit der Studenten hinweg, sie war auch das Symbol eines partikularisierten Voluntarismus, dessen politisierende Wirkung zudem noch von der heuchlerischen Außenpolitik de Gaulles aufgesaugt wird.

Mehr als interne Polemiken gegen ihren revisionistischen Kurs haben die offiziellen Arbeiterorganisationen die seit Monaten in *Avant-Garde-Jeunesse* (JCR) und *Servir le Peuple* (UJC (ml)) veröffentlichten Berichte über strukturelle Arbeitslosigkeit, Kurzarbeit und Selbstorganisation der betroffenen Arbeiter in der Textil- und Metallbranche zu fürchten. Die schärfste Kritik der KPF, der CGT (Confédération Générale du Travail) und der christlich orientierten CFDT (Confédération Démocratique des Travailleurs) richtet sich gegen die »verantwortungslose« Infiltrationspraxis der UJC (ml) in den Betrieben. Als einzige Linksgruppe hat die UJC (ml) ernsthaft Konsequenzen aus der bisher erfolglos gebliebenen Politik des abstrakten Schlagabtausches mit der KPF-

Bürokratie gezogen: von jedem Mitglied wird erwartet, daß es eine Zeitlang als ungelernter Arbeiter in die Betriebe geht, um an Ort und Stelle den Kurs der Gewerkschaften zu entlarven. Die spontanen Streiks der Arbeiter in der Lastwagenfabrik SAVIEM in Caen vom Januar dieses Jahres scheinen die Notwendigkeit dieser lokalen Subversion bestätigt zu haben. Die bestürzten Gewerkschaftsfunktionäre verweigerten den Streikenden finanzielle Unterstützung und erließen eine Nachrichtensperre, um unerwünschte Ausdehnungen der Arbeitskämpfe zu stoppen. Durch Plakatierung der Lohnforderungen und Geldsammlungen in den Straßen unterstützte die Studentenschaft von Caen die organisatorisch unerfahrenen Arbeiter und erreichte damit einen Solidarisierungsprozeß in den Schwesterbetrieben.[20]

5. Nanterre, ein anarcho-marxistisches Lehrstück

»Es müssen tatsächlich neue Kampfformen gefunden werden, die die kolossal teigige etablierte Ordnung durcheinanderbringen. Wenn sich 3000 Demonstranten auf dem Boulevard St. Germain niederducken und die Polizei zuhaut, dann läuft das letzten Endes nur auf das alte Lied von Gewalt und Gewaltlosigkeit hinaus oder auf die ewige Geschichte von der Katze, die in den Mickey-Mouse-Filmen hinter der Maus herläuft. Bei einer solchen Gelegenheit muß man einen provozierenden Einfall haben: wenn z. B. 3000 Demonstranten ihren Schlitz aufmachten und sich selbst befriedigten. ... Niemand wird sagen können, welches Trauma dann über das Kollektivbewußtsein hereinbrechen würde.« (Aus der Beschlußvorlage der Straßburger Studentenschaft für den 56. UNEF-Kongreß in Lyon)

Das geheimbündlerische Sektierertum der sozialistischen Studentenorganisationen hat bis Anfang Mai 1968 die Masse der Studenten von einer langfristigen kollektiven Praxis ausgeschlossen, obwohl 79% der Studenten in den philosophischen Fakultäten von Paris, 56% in denen der Provinzstädte von sich behaupten, sie seien »links«. Während die Studenten der Provinzhochschulen kaum aus der Einflußsphäre ihrer Elternhäuser herauskommen, sich häufig aus dem von konkurrenzlosen professoralen Duodezfürsten dekretierten Lehrbetrieb in die Pflege lokaler Folklore flüchten, konsumieren die Angehörigen der Sorbonne im mythischen Dickicht der Kulturmetropole individualistisch ihren Bruch mit der bourgeoisen Kindheit.[21] Mehr als 50% der französischen Studenten kommen aus kleinbürgerlichen Schichten. 10% sind Arbeiterkinder. Diese kulturell Unterprivilegierten haben als potentielle »Versager« innerhalb der Fouchet-Universität mit Mißerfolg oder Abschub in das Kurzstudium zu rechnen. Sie sind daher auf den Lehrbetrieb fixiert, um die professoralen Manien und die bürgerliche Rhetorik der Klassenuniversität zu erlernen und für die Selektionsexamina aufzubereiten. Dagegen ist es den Erben der großbürgerlichen Kultur möglich, sich außerhalb des offiziellen Lehrbetriebs sozialistische Theorie jenseits aller Praxis anzueignen, gegen ihre kulturelle Mitgift mit den Utensilien zu revoltieren, die von der Bewußtseinsindustrie bereitgehalten werden, und ansonsten gelassen der universitären Prüfungsmaschinerie entgegenzusehen.

Nehmen die in den Linksgruppen organisierten Studenten diese kulturelle Konditionierung zum Anlaß, ihre Kommilitonen als Kleinbürger und untauglich für eine Funktion im Klassenkampf abzutun, so haben seit zwei Jahren Randgruppen, die sich als anarchistisch oder situationnistisch bezeichnen, versucht, das studentische Milieu zu analysieren und es durch neue Kampfmittel und in experimentellen Organisationsformen über seine eigenen Mystifikationen und Idiosynkrasien aufzuklären.

Im Oktober 1966 nutzt eine Gruppe von Studenten das Desinteresse der Straßburger UNEF-Mitglieder und läßt sich von den ahnungslosen Gewerkschaftlern mit der Leitung des lokalen UNEF-Büros betrauen. Bald darauf erscheinen Flugblätter, auf denen Hinweise gegeben werden, wie man bei idiotischen Examen am besten betrügen kann. Die Stadt wird mit marxistischen Comic-Strips überschwemmt, das UNEF-Büro mit der schwarzen Farbe der Anarchisten überzogen, um seine Nutzlosigkeit darzutun. Die finanziellen Mittel des aufgelösten Gewerkschaftshaushalts kommen einer Schrift mit dem Titel *Von der Misere im studentischen Milieu, betrachtet unter seinen wirtschaftlichen, politischen, psychologischen, sexuellen und vor allem intellektuellen Aspekten, und einige Mittel, um dem abzuhelfen*[22] zugute. Mit der Verteilung dieser Schrift, die den UNEF-Bürokratismus, das Sektierertum der Linksgruppen, die pseudorevolutionäre Betriebsamkeit linker Studenten angreift, wird die akademische Eröffnungsfeier des Studienjahres 1966/67 entweiht. Weitere für die UNEF-Tradition ungeheuerliche »Situationen« wurden durch Tomatenwürfe auf einen Kybernetiker und die Schließung des als Instrument der Herrschenden entlarvten psychologischen Beratungsbetriebs für Studenten produziert. In der Straßburger Broschüre heißt es u. a.:

»Vor allem ist der Student zufrieden politisiert zu werden, (...) nur ist er sich dabei im Unklaren, daß er sich die lächerlichen Flickenreste einer Linken aneignet, die vor bald vierzig Jahren zugrundegerichtet wurde durch »sozialistischen« Reformismus und stalinistische Konterrevolution. Darüber weiß er nichts, obwohl die Herrschenden es sehr wohl wissen und die Arbeiter ein wenig Ahnung davon haben. Mit krankhaftem Stolz nimmt er an den dümmlichsten Demonstrationen teil, die keinen anderen als ihn anlocken.

Echter Leidenschaften unfähig, partizipiert er mit Wonne an den trockenen Polemiken, die sich die Vorposten der Intelligenz über falsche Probleme liefern, um die wirklichen Probleme zu vertuschen: Althusser – Garaudy – Sartre – Barthes – Picard – Lefèbvre – Lévi Strauss (...)

Die tatsächliche Misere des studentischen Alltags findet ihre unmittelbare, phantastische

Kompensation in seinem wichtigsten Rauschgift: der kulturellen Ware. (...) Wie jedermann ist der Student stolz darauf, die Taschenbuchausgaben einer Reihe von wichtigen und schwierigen Texten zu kaufen, die die »Massenkultur« im beschleunigten Tempo verbreitet. (In diesem Zusammenhang kann nicht genug empfohlen werden, sie zu stehlen, was die Intelligentesten bereits praktizieren.) Nur kann er nicht lesen. Er gibt sich damit zufrieden, sie mit dem Blick zu verzehren. (...) Er glaubt zur Avantgarde zu gehören, weil er den letzten Godard gesehen hat. (...) Wenn die »Maisons de la Culture« nicht existierten, der Student hätte sie erfunden. (...) Wie Godard und Coca-Cola ist der Student Produkt der modernen Gesellschaft. Seine äußerste Entfremdung kann nur durch den Kampf gegen das ganze Gesellschaftssystem aufgehoben werden. Auf keinen Fall kann diese Kritik auf studentischem Terrain geleistet werden: der Student legt sich einen Pseudo-Wert zu, der es ihm verbietet, seine tatsächliche Verarmung zu erkennen. Daher bleibt er im falschen Bewußtsein stecken.«

Die Straßburger Situationnisten versagten sich den Griff in die gewerkschaftliche Mottenkiste und entwickelten in ihren surrealistischen Aktionen neue Kampfformen, in denen die ohnmächtige Selbstzufriedenheit der linken Klüngel entlarvt wurde. Sie dachten jedoch keinen Augenblick daran, ihre »Situationen« in eine studentische Massenbewegung einmünden zu lassen. Bürgerliche Presse und staatliches Fernsehen verwandelten ihre Provokationen in handliche Ware. Sie gaben auf, nicht ohne vorher noch spektakulär drei Mitglieder aus der Situationnistischen Internationale (IS) auszuschließen, als diese daran dachten, weiterzuagieren und ganz Straßburg zur »Commune« zu erklären.
Die in Straßburg erprobten Instrumente studentischer Selbstaufklärung konnten erst dann wieder hervorgeholt werden, als die Errichtung riesiger Studentendörfer und campus-artiger Universitätszentren in den Vorstädten neue Bedingungen antiautoritären Kampfes schafften, die nicht bürokratisch aufgehoben werden konnten. Im Zuge der von Fouchet propagierten »Industrialisierung der Universität« aus der Erde gestampft, waren die Universitätszentren zunächst als propagandistische Fünf-Sterne-Objekte und Entlastung der Großstädte von überfüllten, rebellischen philosophischen Fakultäten geplant. Repressive Hausordnungen, Verbot syndikalistischer und politischer Aktivitäten, statt dessen Sortiments folkloristischer Veranstaltungen und eine Beschränkung des Wohnrechts auf drei Jahre (d. h. auf den im Fouchet-Plan vorgesehenen Abschnitt des universitären Kurzstudiums) sollten die Rentabilität der Investitionen und bornierte Verarbeitung des Lehrstoffes garantieren. Diese Erwartungen des Regimes wurden enttäuscht: statt arbeitsintensiver Individualisierung entwickelte sich seit der Belagerung der Pförtnerloge im Studentenwohnheim von Antony (Oktober 1965) in den Parzellen der rund 100 000 französischen Heimbewohner ein Kollektivbewußtsein, das, ähnlich wie es Prof. Lipset in einer US-Air-Force-Untersuchung für die Universitäts-

zentren der Entwicklungsländer befürchtet, aus den geschlossenen Anstalten politische Aktionsfelder ersten Ranges werden ließ.[23]
Ohne auf eine Parole der Pariser UNEF-Zentrale zu warten, gingen die Bewohner der Studentenheime im Februar umd März 1968 zu direkten Aktionen über. Unter Bruch der Hausordnungen drangen sie in die Pavillons ihrer Kommilitoninnen ein. Von Relegationen bedroht und von brutalen Polizeikommandos zusammengeschlagen, erstürmten die Studenten von Besançon und Nantes, die schwarze Fahne der Anarchisten in den Händen, die Rektorate und verbrannten an Ort und Stelle die Spitzelkarteien der Universitätsbürokratie. Bei mehreren Demonstrationszügen überrollte man KPF-treue UEC-Funktionäre, als sie die Kundgebungen »in Ruhe und Würde« beenden wollten, um das Biedermanngesicht ihrer Partei innerhalb des Kartells mit den Sozialdemokraten nicht zu gefährden.
Die Ermahnungen des Fouchet-Nachfolgers Peyrefitte, Universitätswohnheime seien »Orte der Arbeit« und müßten als solche »respektiert und geschützt« werden und man dürfe »die Gesetze der Natur nicht verkennen« wurden angesichts der zuvor unbekannten Möglichkeit einer übersichtlichen und beeinflußbaren Praxis in den Universitätszentren von den Studenten in ihrer repressiven Bedeutung erkannt und mit weiteren Aktionen beantwortet. Um zu verhindern, daß die »beunruhigende« Passivität der studentischen Massen in den Universitätszentren der Vorstädte in ein kollektives politisches Engagement umschlägt, hat das Regime inzwischen den Volljährigen Besuchszeiten bis 23.00 Uhr (!) gestattet, einen sofortigen Baustop von Studentenwohnheimen erwogen und »überall, wo man sich langweilt« (Peyrefitte) ein in pseudodemokratischen Mitverwaltungsgremien auszuhandelndes Betreuungsprogramm vorgeschlagen, das sich in den Ensembles von Sportanlagen und Kulturhäusern unter der Ägide von Malraux als Freizeitkontrolle und geistige Verstümmelung der Arbeiter und Rocker bewährt hat.
In den letzten Monaten haben die Studenten von Nanterre die gigantische Repressionsmaschinerie des Regimes energisch und beispielhaft entlarvt und bekämpft. Als der Jugend- und Sportminister Missoffe auf dem 15 km von den Cafés und Ciné-Clubs des Quartier Latin gelegenen Campus inmitten von Arbeitslosenbaracken und Fabrikanlagen den Studenten feierlich ein Schwimmbad übergeben wollte, wurde dieser Akt von anarchistischen Studenten verkürzt. Sie erklärten dem Minister, sein Weißbuch über die Jugend enthalte 600 Seiten Dummheiten und kein einziges Wort über die sexuellen Probleme der Jugend. Der Minister wies auf das von der Regierung investierte Schwimmbad und lud die Studenten ein, hinein-

zuspringen, falls sie Schwierigkeiten mit ihrer Persönlichkeitsentfaltung hätten. Angemessen schrieen ihn die Anarchisten als Faschisten nieder. Während die lokale UNEF-Bürokratie und die Linksgruppen abwarteten, die Kommunisten sofort von »Abenteurern« sprachen, sorgte die bürgerliche Presse für die nationale Verbreitung der Aufklärungslektion. Der solidarische Protest von nichtorganisierten Studenten, die inzwischen gemeinsam die automatischen Türen der Mädchenpavillons sichergestellt hatten, verhinderte, das ihr anarchistischer Kommilitone deutscher Nationalität, Daniel Cohn-Bendit, von der Presse als »Dutschkist« stilisiert, in die BRD abgeschoben wurde.

In der Nacht vom 22. auf den 23. März 1968 diskutierten 142 Studenten in dem von ihnen besetzten Sitzungssaal der philosophischen Fakultät von Nanterre darüber, wie sie als Universitätsangehörige auf die Verhaftung von Kommilitonen reagieren könnten, die nach einer Vietnam-Demonstration vor dem Pariser American Express verhaftet worden waren. »Die 142« brachen mit traditionellen Formen des Protests: sie erklärten den 29. März zum Tag der politischen Debatten in den Fakultätsräumen. Am nächsten Tag griff die Administration zu einem Mittel, das von der Madrider Universität bis zum Romanischen Seminar in West-Berlin gängige Münze der nervös gewordenen Autoritäten ist: die Fakultät plakatierte ihre Bereitschaft zum Dialog in den seit Herbst 1967 zugestandenen Studienreformkommissionen und schloß zugleich die Gebäude ab, um »während einer Zeit des Nachdenkens Drahtzieher und Mitläufer zu trennen«. Von der Ministerialbürokratie im Stich gelassen, war die Administration gezwungen, liberales Wohlwollen vorzutäuschen und den »Zornigen«, die inzwischen in Gruppen auf dem Fakultätsrasen die Lage diskutiert hatten, wenige Tage später einen Raum zu einem teach-in freizugeben.

Studenten, die bisher nur Hakenkreuze und »Nein zur Repression!« an die Wände geschrieben hatten, schlossen sich in einem »Ausschuß für herrschaftsfreie Kreativität« zusammen und gaben binnen kurzem den kalkigen Mauern der Fließbanduniversität durch Wandzeitungen und meterhohe Breton-Zitate einen aufklärerischen Anstrich. Am 2. April diskutierten 2000 Studenten zusammen mit Genossen aus Frankfurt und West-Berlin über den antiimperialistischen Kampf in der Dritten Welt, über spontane Arbeiterstreiks in Frankreich und über die Funktion einer Kritischen Universität unter französischen Bedingungen. Noch ehe die Theoretiker von Le CLER die Mikrophone für immer okkupieren konnten, um attentistisch zu direkten Verbrüderungen mit der Arbeiterklasse aufzufordern, beschlossen die Versammelten – ein völliges Novum in der Geschichte der französischen Studentenbewegung –, sich aufzulösen, sich in kleinen Arbeitsgruppen zu organisieren und über den zugestandenen Raum hinaus alle Hörsäle der Fakultät zu besetzen. Nach einer Beratung der in den Gruppen erarbeiteten Ergebnisse weigerte sich das Plenum, die oft geübte Praxis einer Besetzung der Direktionsräume zu wiederholen. Der Voluntarismus von Le CLER schien gestoppt.

Als die locker organisierte »Bewegung des 22. März«, die in der Toulouser »Bewegung vom 25. April« bereits einen Nachfolger in der Provinz gefunden hat, in der ersten Maiwoche erneut »antiimperialistische Kampftage« während der normalen Vorlesungszeit veranstaltete, nahmen Erziehungsminister Peyrefitte und Dekan Grappin eine bedrohliche Ansammlung bewaffneter Occident-Anhänger zum Anlaß, die 12 000 Studenten von Nanterre einer unbefristeten disziplinierenden Aussperrung zu unterwerfen.

Am Freitag, den 3. Mai 1968, versammeln sich rund 500 Studenten im Hof der Pariser Sorbonne, der ihnen bisher immer für gewerkschaftliche Protest-Palaver zur Verfügung gestanden hatte, um gegen die Aussperrung ihrer Kommilitonen und die gegen Cohn-Bendit und andere bereits in Gang gesetzte Disziplinarmaschinerie aus dem Jahre 1897 zu protestieren. Obwohl man seine friedliche Absicht bekundet hat, reizt den Rektor der Pariser Akademie das Exempel: er ruft die Polizei, um die Sorbonne von den berühmten »Elementen« zu säubern. Stundenlang werden Studenten gruppenweise in bereitgehaltene Fahrzeuge getragen. Diejenigen, die in Sprechchören ihre Befreiung fordern, ziehen Hetzjagden der Polizei durch das ganze Quartier Latin auf sich. Rektor Roche läßt die Sorbonne schließen. Mit Schnellgerichten springt die Justiz den bedrängten Autoritäten bei und spuckt 12 Terrorurteile aus. Während der Erziehungsminister von einer Handvoll Extremisten spricht, die Maßnahmen des Rektors deckt, Vergleiche mit Warschau, Prag, West-Berlin, entschieden zurückweist, während die KPF-Bürokratie die »bourgeoisen Abenteurer« ermahnt, den Arbeitern keine Lehren zu erteilen, liefern am 6. und 7. Mai über 30 000 Studenten der Polizei erbitterte Barrikadenkämpfe. In langen Märschen durch die Pariser City tragen Studenten, Oberschüler und 400 Hochschullehrer des SNESUP die Fahnen der Volksrepublik Polen und der CSSR, rufen wie ihre Berliner Genossen: »Nous sommes un groupuscule!« – »Wir sind eine kleine radikale Minderheit!« Auf denselben Scheiterhaufen werden der konservative *Figaro* und das KP-Organ *Humanité* verbrannt. UNEF und SNESUP fordern die sofortige Freilassung der Verhafteten, Aufhebung der Terrorurteile, Niederschlagung der Disziplinarverfahren, Öffnung der Sorbonne und der Fakultät von Nanterre, den Abzug der Polizei aus dem Quartier Latin.

Wie in West-Berlin, wie in Bonn eilen die gewählten Vertreter des Volkes in das historische Gehäuse der Nationalversammlung. Gaullisten und Kommunisten bekunden gemeinsame Abscheu vor der Straße und legen schöne Zeugnisse ihrer Reformwilligkeit ab. Der Erziehungsminister stellt die Öffnung der Universität in Aussicht, vorausgesetzt, die Demonstranten seien zum Dialog bereit.

Zur selben Stunde ziehen Zehntausende von Studenten und Oberschülern an der Fassade der Nationalversammlung vorbei und zeigen den bürgerlichen Institutionen schweigend ihre Verachtung an.

Eine endgültige Interpretation dieser Fakten aus der jüngsten Geschichte der französischen Studentenbewegung ist noch nicht möglich. Vor dem Hintergrund der bisherigen Entwicklung können jedoch folgende Punkte festgehalten werden:

a) UNEF, *KPF und die Gewerkschaften.* Verglichen mit dem von den KPF-Größen am 1. Mai auf der traditionellen Route von der Bastille bis zur Place de la République abgenommenen Schweigedefilee der Pariser Arbeiter, haben die langen Gewaltmärsche der Studenten eine militante, antiinstitutionelle Qualität. Trotzdem haftet den Studentendemonstrationen ein eruptives Moment an, das die mangelnde kollektive und reflektierende Vor- und Nachbereitung der Aktionen anzeigt. Das unter Ausschluß einer kritischen studentischen Öffentlichkeit aufgestellte Forderungsprogramm (s. o.) von UNEF und SNESUP nimmt zwar die aktuellen Bedürfnisse der Studenten auf, hat aber in der Formulierung von politischen und gesamtgesellschaftlichen Zielen nicht mit den militanten Aktionen der Studenten Schritt halten können. Die Bereitwilligkeit von KPF und Gewerkschaften, unter dem Eindruck der anwachsenden Massen in den Straßen ihre feindselige Haltung aufzugeben, sich den offiziellen Forderungen der Studenten anzuschließen und mit der UNEF-Bürokratie in Geheimverhandlungen über gemeinsame Demonstrationen und sogar über den Generalstreik einzutreten, ist zweideutig. Sie könnte ein Zeichen dafür sein, daß der studentischen Forderungspraxis systemsprengende langfristige Aspekte fehlen. Die von UNEF gegen den unartikulierten Protest vieler Studenten akzeptierten Gipfelgespräche mit den Arbeiterorganisationen scheinen ähnlich wie das Nachgeben der KPF in der Vietnamfrage auf Kontrolle, nicht auf Verstärkung der Kontakte mit der Arbeiterklasse hinaus zu laufen. Die Demonstranten haben keine Formen entwickelt, in denen sie den Umweg durch die Arbeiter- und Studentenbürokratie vermeiden könnten.

b) Fortschritte in der Politisierung der Studenten und Oberschüler. Durch die Maidemonstrationen hat sich die Politisierung der französischen Ju-

gend verstärkt, das Gefälle zwischen der Metropole und der Provinz verringert. Die Studenten von Toulouse gingen über das offizielle Forderungsprogramm hinaus und bestanden wie die Studenten von Nanterre auf politischen Diskussionen in der Universität. Streiks in den Pariser Oberschulen und massenhafte Beteiligung der in den CAL (Comité d'Action de Lycéens) organisierten Schüler haben die auf kollektive Praxis und gegen den Einfluß studentischer Theoretiker gerichtete Politik dieser Organisation bestätigt.
Die Pariser Studenten haben zum ersten Male seit dem Algerienkrieg außerhalb der traditionellen Protestsaison unmittelbar vor den Selektionsprüfungen tagelang in den Straßen demonstriert. Angesichts der von den Herrschenden systematisch reduzierten Berufschancen werden sie sich zunehmend über die Bedeutungslosigkeit der Prüfungsscheine bewußt und begreifen, daß sie unter den gegenwärtigen Bedingungen nicht viel zu verlieren haben.
c) Das Beispiel Nanterre. Die in Nanterre erprobten Organisationsformen konnten noch nicht ausgedehnt werden. Sie sind für die demonstrierenden Studenten der beispielhafte positive und politische Ausdruck ihrer subjektiven Verunsicherung. Die in Nanterre gelungene Vermittlung zwischen der Kritik an der apologetischen Phrase des universitären Lehrbetriebs[24] und dem politischen Engagement der Studenten weist auf den Bedeutungsverlust voluntaristischer Gruppierungen hin, die – darin einig mit der KPF – den modellhaften Charakter solidarisch-demokratischer Praxis in den Ausbildungsinstitutionen bisher verkannt haben.
In der Nacht zum 11. Mai, acht Tage nach dem Beginn der Demonstrationen, glaubten Tausende von Schülern, Studenten und Lehrlingen auf den 25 Barrikaden des Quartier Latin an das Gerücht von Arbeiterdemonstrationen in St. Denis. Am Morgen starrten sie auf die Métroschächte, um die Arbeiter zu empfangen. Doch die Pariser Arbeiter waren zu Hause geblieben: die Partei hatte sie nicht gerufen.
In derselben Nacht verhandelten Studenten von Nanterre mit dem Rektor der Pariser Akademie, um die Öffnung der Sorbonne und den Abzug der Polizei aus dem Quartier Latin zu erreichen. Sie wollten den Lernprozeß der attentistischen Barrikadenkämpfer nach der Besetzung der Sorbonne in ein massenhaftes teach-in überführen. Der Rektor erklärte sich für unzuständig, die Regierung gab der Polizei den Befehl, mit ihrer Zurückhaltung Schluß zu machen.
Die im Vorschlag eines allgemeinen Prüfungsboykotts gipfelnde Praxis der Studenten von Nanterre trifft die Fouchet-Universität in ihrem systemstabilisierenden Kern und widerlegt die These, innerhalb einer »mo-

dernen« technokratischen Musteruniversität seien weder eine Aufklärung des konditionierten Bewußtseins, noch ein emanzipatorischer Kampf möglich.

d) Deutsch-französische Verständigung. In Nanterre wurden im Zeitraffertempo Etappen einer Agitation und Formen direkter Demokratie nachvollzogen, die unter anderen politischen Bedingungen in West-Berlin, unter ähnlichen Verhältnissen in Turin erprobt worden sind. Die französischen Autoritäten wußten was sie taten, als sie zwei Studenten aus Berlin, die zu ihren versammelten Pariser Kommilitonen sprechen wollten, auf dem Flugplatz Orly zur Rückkehr zwangen. Während die Arbeiterorganisationen hier wie dort die nationale Solidarisierung aller Abhängigen durch das Angebot bürokratischer Bündnisse zu verhindern suchen, haben die Regierungen in dieser konterrevolutionären Arbeitsteilung die Aufgabe übernommen, eine praktische Internationalisierung der antiautoritären Proteste administrativ zu blockieren. Mit ihren internationalen schwarzen Listen werden die Herrschenden auch in Zukunft die Solidarisierung ihrer Opfer besorgen: Die Pariser Studenten haben ihre Genossen aus Berlin gebeten, noch einmal in Orly zu landen. Sie werden sie massenhaft begrüßen.

Abgeschlossen am 11. Mai 1968

Anmerkungen

1 *Der Kampf des vietnamesischen Volkes und die Globalstrategie des Imperialismus.* Internationaler Vietnam-Kongreß 17./18. Februar 1968 Westberlin, Hersg. SDS Westberlin u. Internationales Nachrichten- und Forschungs-Institut (INFI), West-Berlin 1968.

2 Ernest Mandel, *Die EWG und die Konkurrenz Europa-Amerika.* Eine Antwort auf Servan-Schreibers *Amerikanische Herausforderung,* Frankfurt 1968. Kapitel: Die sozialistische Alternative.
André Gorz, *Stratégie ouvrière et Néocapitalisme,* Paris 1964. Kapitel: L'Europe des travailleurs. Deutsch Frankfurt 1968.

3 Die Idee der Kritischen Universität kann nicht einfach exportiert werden. Sie muß in den Universitätszentren zu einer praktischen Notwendigkeit werden. Über die Schwierigkeiten der KU-Gründung in Nijmegen vgl. den Aufsatz: Kritische Universität Nijmegen, in: *KU. Sommer 68. Berichte und Programm.* Hrsg. AStA der FU Berlin, Berlin 1968. Zur Lage in Italien vgl. Guido Viale, Contro l'Università, in: *Quaderni Piacentini, Nr. 33.*

4 Zitiert in: André Gorz, *Etudiants et Ouvriers.* in: *Le Socialisme difficile.* Paris 1967, S. 47 ff. Auszugsweise deutsch: Studium und Facharbeit heute, in: *Wider die Untertanenfabrik.* Hrsg. Stephan Leibfried, Köln 1967.

5 Dr. Heinz Forsteneicher, *Das wissenschaftliche Leben in Frankreich.* Arbeitsschrift des Stifterverbandes für die Deutsche Wissenschaft. Gesprächskreis Wissenschaft und Wirtschaft BDI/DIHT/SV, 1963, B63.
1966 schickte der deutsche Arbeitgeber-Verband eine Delegation zur französischen Spitzenkaderschule ENA (Ecole Normale d'Administration). Kurze Zeit darauf schlug Kiesinger eine ähnliche Schule für die BRD vor.
vgl. *Stand und Bedarf des Bildungswesens in der Bundesrepublik,* Stifterverband für die deutsche Wissenschaft, D64, Essen 1964.

6 zitiert in: Marc Kravetz, *Naissance d'un syndicalisme étudiant,* in: *Les Temps Modernes.* Februar 1964.

7 UNEF, *Manifeste pour une réforme démocratique de l'enseignement supérieur.* Paris 1964.

8 Wolfgang Lefèvre, Möglichkeiten für die Hochschulpoltik des SDS, in: *Neue Kritik.* Nr. 38/39, Okt./Dez. 1966.

9 Der Zugang zu diesen Schulen ist nur auf dem Wege des Wettbewerbs möglich, der die soziokulturellen Klassenbarrieren noch einmal aktualisiert: an der ENA studieren 1,5% Arbeiter-, 3% Bauernkinder, an den Universitäten dagegen rund 10% Arbeiter- u. Bauernkinder. Seit Gründung der ENA im Jahre 1945 haben 1800 Studenten die Schule absolviert. Sie stellen 1/3 der 5000 bis 6000 Spitzenfunktionäre, die die 1,3 Mio. Angehörigen des öffentlichen Dienstes beaufsichtigen. 7 von 11 Abteilungsleitern des Wirtschafts- und Finanzministeriums entstammen der Ecole Politechnique oder der Ecole Normale Supérieure. vgl. Jacques Mandrin, *L'Enarchie ou les Mandarins de la société bourgeoise.* Paris 1967. Ulrich K. Preuß, Beamtenelite in: *Atomzeitalter* Nr. 3. 1968.

10 Dieter Klein, *Staatsmonopolistische Programmierung in der EWG.* Berlin 1965.

11 zitiert nach: *Studium und Facharbeit heute.* A.a.O., S. 42 f.

12 Michel Bosquet, *Le demi-soldes de la découverte,* in: *Le Nouvel Observateur.* Nr. 179, 17.–23. April 1968.
Josette Alia, Michel Bosquet, *La révolte des cadres, Le Nouvel Observateur.* Nr. 177, 3.–9. April 1968.
Serge Mallet, *La Nouvelle Classe Ouvrière dans la société industrielle,* in: *Revue Internationale du Socialisme.* Nr. 8, März, April 1965.

13 Marc Kravetz, *De l'Algérie à la Reforme Fouchet. Les Temps Modernes.* Mai 1965, S. 2082.
Paris-Lettres, projet d'orientation politique, vorgelegt zum VIII. UEC-Kongreß von Krivine, Weber u. a.: »Die Radikalisierung der Studentenkämpfe hängt weder von diesen Kämpfen noch von der Arbeit ab, die von den Kommunisten im studentischen Milieu selbst getan werden kann. Die Studenten können diese Radikalisierung nur vom Proletariat empfangen.« in: *Clarté,* Mensuel de l'UEC. Sondernummer März 1965. (Krivine ist z. Zt. Vorsitzender der JCR)

14 Marc Kravetz, *Naissance d'un syndicalisme étudiant.* A.a.O., S. 1453.

15 André Gorz, *Studium und Facharbeit heute.* A.a.O., S. 45 f.

16 Jean-Louis Péninou, Jean-Pierre Milbergue, *Démocratie syndicale et force de contestation,* in: *Recherches Universitaires.* Nr. 4–5, 1963.

17 Jean-Pierre Milbergue, *La signification politique des rapports pédagogiques dans l'Université française,* in: *Les Temps Modernes.* April 1965, S. 1849 f.: »Nicht alle ordentlichen Professoren sind Handlanger des Regimes. Ihre liberale Ideologie gibt ihnen zuweilen einen Anstrich von Unabhängigkeit, einen Status des aufgeklärten

Beobachters, ja, des Schiedsrichters (vgl. die Anstrengungen Duvergers). Die berühmte ›Unabhängigkeit der Universität‹ drückt heutzutage die Verspätung der bürgerlich-liberalen Ideologie gegenüber der neokapitalistischen aus, die in Clubs vom Stil Jean-Moulin ausgearbeitet wird.«

18 Johannes Agnoli, Peter Brückner, *Die Transformation der Demokratie.* Berlin 1967, S. 71 f.

19 Lothar Ruehl, *Frankreichs Kommunisten,* in: *Der Monat,* März 1968, S. 30.

20 Unter den politischen Bedingungen Frankreichs haben Gipfelgespräche mit den Gewerkschaften eine wesentlich affirmativere Qualität als in der BRD: vgl. Heinz Theo Risse, *Gewerkschaften und Studenten,* in: *Atomzeitalter,* Nr. 3, 1968.
André Gorz, *Syndicalisme et Politique,* in *Le Socialisme difficile.* A.a.O., S. 43: »Es kommt darauf an, dem Modell der monopolistischen Entwicklung den Kampf für die ›artikulierte‹ Demokratie gegenüberzustellen, eine Demokratie, die dezentralisiert in Basis-Gruppen der Genossenschaften, Gemeinden, Fabriken, Regionen horizontal und vertikal begründet wird.«

21 Marc Kravetz, *De l'Algérie à la Reforme Fouchet.* A.a.O. S. 2080.
Pierre Bourdieu, Jean-Claude Passeron, *Les héritiers, les étudiants et la culture.* Paris 1964. *Les étudiants et leurs études. Cahiers du Centre de Sociologie Européenne.* Paris 1964.

22 *De la misère en milieu étudiant, considérée sous ses aspects économiques, politiques, psychologiques, sexuels et notamment intellectuelles et de quelques moyens pour y remédier.* UNEF – Association Fédérative Générale des Etudiants de Strasbourg. 1966. Supplément spécial au No. 16 de *21–27 Etudiants de France.* Écrire à LE PAVE, B. P. 323 R 8 Strasbourg.
Nos buts et nos méthodes dans le scandale de Strasbourg, in: *Internationale situationniste.* Nr. 11, Okt. 1967.
Les Situationnistes et les nouvelles formes d'action contre la politique et l'art. ebd.
vgl. Guy Debord, *La société du spectacle.* Paris 1967.

23 Seymour Martin Lipset, *University Students and Politics in Underdeveloped Countries. Minerva.* Vol. III, Autumn 1964. Susanne Kleemann, Wohnheimerziehung: Domestizierung oder Radikalisierung? in: *Wider die Untertanenfabrik.* A.a.O., S. 193.

24 In einem Pamphlet haben die Studenten von Nanterre auf die spektakuläre Rezension des ministeriellen Weißbuchs inzwischen Vorlesungskritiken über das offizielle Lehrprogramm folgen lassen. In der Flugschrift *Pourquoi des Sociologues?* greifen sie die lokalen Größen der Soziologie an, die den Farbigen in den USA »geistigen Wandel« angeraten (M. Crozier, *Esprit.* Januar 67) und den rebellierenden Studenten von Nanterre empfohlen hatten, ihr Wissen dem »Wachstum« (A. Touraine, *Le Monde* 7., 8. März 68) zur Verfügung zu stellen. Die in Nanterre entwickelten Agitationsformen haben es ermöglicht, daß der Kampf gegen den Ausverkauf der kritischen Theorie außerhalb der Zirkel auf dem Campus selbst geführt werden kann. Vgl. das auf dem 16. Deutschen Soziologentag in Frankfurt von Kölner Studenten »vorgelegte« Pamphlet *Die Verfolgung und Ermordung der Soziologie, dargestellt von der Scheuchspielgruppe des Institutes für vergleichende Sozialforschung (Köln) unter Anleitung des Zwingherrn Erwin Kurt Scheuch.*

Oskar Negt
Studentischer Protest – Liberalismus – »Linksfaschismus«

Kein Begriff der politischen Sprache ist in den vergangenen Monaten so häufig beschworen worden wie der der Minderheit. Im bedrohlichen Pogrom-Klima gegen die politisch aktiven Studenten und Jugendlichen ist es daher notwendig, mit allem Nachdruck auf die Blutlinie der Unterdrückung von Minderheiten in Deutschland hinzuweisen. Es wäre verfehlt, die im Dritten Reich organisierte Hetzjagd auf die Juden mit den Verfolgungsabsichten gleichzusetzen, die sich heute auf Linksradikale konzentrieren; aber es gibt Merkmale, die ihnen gemeinsam sind. Unter dem Vorwand, daß sie verschwörerisch die Staatsordnung gefährden und mühsam erzielte Aufbauleistungen des Volkes bedrohen, werden rassische, nationale und politische Minderheiten zu anmaßenden und zugleich ohnmächtigen Randgruppen stilisiert. Auf sie kann die tatsächlich herrschende Minorität gefahrlos Aggressionen der Mehrheit lenken, die sich ohne sorgfältig gesteuerte Abreaktionen gegen die bestehenden Herrschaftsverhältnisse richten könnten. In die diskriminierende Darstellung verfolgter Minderheiten geht daher meist der Vorwurf des Parasitären ein: Wie die Juden von der Übervorteilung ihrer Mitbürger, von der rücksichtslosen Ausnutzung ihrer ursurpierten Machtstellung in der Zirkulationssphäre lebten, so mißbrauchen heute die Studenten Steuergelder fleißiger Bürger für eine Existenzweise, die den offiziell sanktionierten Rahmen von Leistungen und Belohnungen sprengt.

Der durch die Massenpresse verbreitete Vorwurf des Parasitären reicht gegenwärtig jedoch kaum aus, die beabsichtigten Repressionsmaßnahmen der staatlichen Funktionsträger zu begründen. Da es ihnen an politischer Phantasie, die sich vorurteilslos auf das Selbstverständnis oppositioneller Bewegungen und die soziologischen Bedingungen ihres Erfolges einlassen könnte, grundsätzlich fehlt, erstreben sie Sicherheit im Operieren mit Zahlenverhältnissen, im Quantifizieren der Probleme; die Gruppe der Rädelsführer kann für sie nicht klein genug sein. Die Redeweise von der Mini-Minorität soll auch den Unsicheren und Zögernden ein gutes Gewissen und die absolute Gewißheit verschaffen, die geplanten Aggressionsakte im Namen der überwältigenden Mehrheit der Bevölkerung zu verüben.

Die Konstruktion einer manipulierenden Minderheit innerhalb der Studentenbewegung hat zudem eine wichtige Entlastungsfunktion für die Ideologie der tatsächlich herrschenden Eliten. Indem man Dutschke und andere zu Blanquisten stempelt, welche die Diktatur einer elitären Minderheit von Berufsrevolutionären erstreben, wird die bloße Identifikation mit der »demokratischen Mitte« zur ausreichenden Legitimation demokratischen Verhaltens.
Die studentische Protestbewegung versteht sich dagegen als eine egalitäre Bewegung, die mit der Forderung, unter bestehenden Herrschaftsverhältnissen das Ungleichheitsbewußtsein der Menschen zu stärken, nur die praktische Überwindung aller Formen der illusionären Gleichheit bezweckt. Ihre Programme sind von der Überzeugung bestimmt, daß es weder eine »natürliche« Ungleichheit noch soziale Gesetze gibt, die den größten Teil der Menschen von der selbsttätigen und vernunftgemäßen Regelung ihrer gesellschaftlichen Angelegenheiten ausschließen könnten. Minoritäten, die durch praktische Aufklärung an den Bedingungen ihrer Selbstaufhebung arbeiten, unterscheiden sich grundsätzlich von Eliten, die sich ihre eigene Entmachtung nur als gesellschaftliche Katastrophe vorstellen können.

Die Auseinandersetzung mit der studentischen Protestbewegung hat eine neue Stufe erreicht; das wohlwollende Interesse, das ihr nach den Ereignissen des 2. Juni von allen Seiten entgegengebracht wurde, ist einer nervösen und oft hilflosen Abwehrhaltung gewichen. Der Boulevardpresse und rechtsgerichteten »seriösen« Blättern ist es inzwischen gelungen, die Sprachformel vom »Linksfaschismus« mit der Vorstellung von einer auf Selbstisolierung bedachten Minorität zu verbinden, die ihre elitären und manipulativen Zwecke terroristisch durchsetzt. So konnte der gesamte sozialpsychologische Bereich der »unaufgearbeiteten Vergangenheit«, die Mechanismen der Schuld und Abwehr, der Projektion, reaktiviert und in den Dienst der Bekämpfung der studentischen Minderheit gestellt werden. Es war zu erwarten, daß die Massenblätter den absehbaren Verlust der Wirksamkeit antikommunistischer Parolen so schnell wie möglich ausgleichen mußten, um ein auf emotionale Reaktionen dressiertes Publikum weiterhin zu binden.
Aber das Spezifische der neuen Situation besteht darin, daß ein Element wirklicher, wenn auch unaufgeklärter Furcht vor dem Faschismus gerade liberale Kritiker veranlaßte, die politische Sprache um leicht faßliche Symbole zur Identifizierung linker Feindgruppen zu bereichern. Liberaler Mentalität entspringt eine politische Sprache, der sich mittlerweile alle

(auch NPD-Funktionäre) bedienen: »linker Faschismus«, »Anarcho-Faschismus«, »Inquisition von links« u. a. m. Meist wider Willen leisten viele Liberale Legitimationshilfen für jene, die seit langem den mutigen und furchtlosen Einsatz gegen die studentischen Störenfriede fordern und die doch nur über die dürftigen Rechtfertigungsgründe verfügen, die ihnen die deutsche Geschichte überliefert hat: Ordnung, Fleiß, Sauberkeit, Staatsbewußtsein und Opferbereitschaft – Tugenden, die allesamt von den politischen Katastrophen in Deutschland nicht zu trennen sind.
Weil die Studenten kein eigenes, von der Gesellschaft akzeptiertes Medium öffentlicher Selbstdarstellung haben, können sie sich gegen den massiven Ansturm der Diskriminierungen kaum wehren; sie hängen in der Tat weitgehend vom Resonanzboden der liberalen Presse ab. Aber es ist keineswegs nur eine Frage individueller Befähigung einzelner Journalisten, der von ihnen angewandten Verschweigungstechniken oder der manipulativen Verwendung von Informationen, wenn die unentwegt beklagte Isolierung der Studenten selbst durch gutwillige Liberale bestätigt und vergrößert wird. Was das politische Verständnis der studentischen Protestbewegung bisher vielfach blockierte, entsprang vor allem der in Verhaltensunsicherheiten begründeten Verabsolutierung des liberalistischen Bezugssystems.
Jede Analyse der Protestbewegung schließt daher notwendig eine Kritik der vorherrschenden liberalen Kategorien und des Selbstverständnisses der deutschen Liberalen ein. Viele Liberale werten diese Auseinandersetzung als einen offenen Angriff auf die liberalen Freiheitssicherungen. Wer politische Bewegungen jedoch verstehen will, bevor er sich zu deren Bekämpfung entschließt, wird sich einer solchen Auseinandersetzung kaum entziehen können. In Wirklichkeit geht es auch gar nicht um die Kritik von konstanten Meinungen und Einstellungen der Liberalen, sondern gerade um das weite Spektrum ihrer Verhaltensänderungen, die oft undurchschaut bleiben. Im knappen Zeitraum eines Jahres konnte man eine bemerkenswerte Feststellung machen: Arrivierte Liberale verwandelten sich unerwartet schnell in legalistische oder sozialtechnische Liberale, in autoritäre Repräsentanten einer autoritären Leistungsgesellschaft. Viele radikaldemokratische Liberale, insbesondere unter den Studenten, näherten sich dagegen sozialistischen Positionen.
Daß sich dieser Kristallationsprozeß von Einstellungen fast idealtypisch an den Hochschulen vollziehen konnte, ist sicherlich im Autoritätszerfall ihrer Führungsgruppen ebenso begründet wie in den Auswirkungen gesamtgesellschaftlicher Krisen. Für die Studenten der Protestbewegung

mußten diese manifesten Einstellungsänderungen die praktische Bestätigung eines theoretisch begründeten Prinzips darstellen: daß nämlich die Zuverlässigkeit des tatsächlichen politischen Verhaltens überhaupt nur in Krisensituationen erkennbar wird, die gleichzeitig durch die Offenheit von Alternativpositionen und durch die Unaufschiebbarkeit von Entscheidungen ausgezeichnet sind. Die vom unmittelbaren, institutionell gebundenen Entscheidungszwang befreiten Liberalen können, indem sie die Ereignisse an den Hochschulen und die Aktivität der Protestbewegung analysieren, ihre eigenen politischen Verhaltensmöglichkeiten aus einer gewissen Distanz deuten und rechtfertigen. Denn es ist offenkundig, daß ihre Fixierung an die studentische Protestbewegung Ausdruck ambivalenter Einstellungen ist; sie meinen im Pathos von Vernunft, Autonomie, Aufklärung und diskutierender Öffentlichkeit substantielle Elemente eines humanen Liberalismus wiederzuerkennen, fühlen sich aber gleichzeitig von den Formen, in denen diese unter veränderten gesellschaftlichen Bedingungen – nach Auffassung der Studenten – allein realisiert werden können, abgestoßen.

Die Rekonstruktion von Argumenten der Liberalen und der studentischen Protestbewegung muß sich hier auf Kategorien beschränken, die im Zentrum der jeweiligen Bezugssysteme stehen; wir konzentrieren uns auf die Veränderung von Politik, Protest und Moral, auf den Begriff der Demokratie und auf die Kategorie der Öffentlichkeit.

Kai Hermann stellt fest: Die Burschenschaften des Wartburgfestes »begründeten die Kluft zwischen Moral und Vernunft im politischen Selbstverständnis deutscher Universitätsbürger. Politische Moral ist seitdem für deutsche Studenten eine Frage der Gesinnung geblieben.« (*Zeit,* Nr. 52, 67; ähnlich auch K.-H. Flach, *Zeit,* Nr. 1, 68) Es soll hier nicht untersucht werden, ob sich die Burschenschaften bereits zur Zeit des Wartburgfestes einfach der politischen Gegenaufklärung zurechnen lassen. Von einer Reduktion der politischen Moral auf bloße Gesinnung kann jedenfalls bei der überwiegenden Mehrheit der Studenten des Vormärz, die an der Spitze der Revolution von 1848 standen, kaum gesprochen werden. (Vgl. Karl Griewank, *Deutsche Studenten und Universitäten von 1848.*) Der fundamentale Irrtum von Kai Hermann und anderen liberalen Kritikern beruht jedoch auf der Unterstellung eines unveränderlichen und verbindlichen Koordinatensystems für die Beziehungen zwischen Politik, Moral und Protest. Wer ein solches Bezugssystem von vornherein als gesichert annimmt, kann die Argumente der Protestbewegung drehen und wenden, wie er will: er wird in ihnen immer nur Irrationalität und abstrakte Gesinnung entdecken.

Demgegenüber läßt sich zeigen, daß jede revolutionäre und nachrevolutionäre Epoche, jede Klasse einen je spezifischen Zusammenhang zwischen diesen drei Kategorien entwickelt hat. Nimmt die heroische Periode des Bürgertums, etwa bei Kant und Robespierre, in den Begriff der Politik ein Element des Unbedingten, Kompromißlosen des Moralgesetzes auf, so daß ein objektiver Widerspruch zwischen Moral und Politik überhaupt verneint wird, so gehen in die nachrevolutionären Bestimmungen von Politik, wenigstens in den Ländern des klassischen Bürgertums, Tausch und Kompromiß ein. Die Unbedingtheit des Verhaltens, der rigorose Anspruch, die Menschheit in der eigenen Person zu vertreten, wird in die moralische Privatsphäre gesteuert und neutralisiert; der Protest entweder entpolitisiert oder, wie insbesondere im deutschen Spätkapitalismus, im Rahmen der selber als politisch definierten Dezisionen, die übersichtliche Freund-Feind-Verhältnisse schaffen, auf den jeweiligen Feind gelenkt.
Was die sozialistische Bewegung anbetrifft, so gehört der ununterbrochene Kampf gegen Voluntarismus, Anarchismus, gegen Utopisten und Spontaneitätstheoretiker zum Erscheinungsbild jener Entwicklungsstufe, auf der es im wesentlichen um die Konstituierung eines historischen Subjekts und eines organisatorisch wirksamen Interpreten der proletarischen Klasse geht. Der Massenstreik ist die einzige Protestform, die als ernsthafter Diskussionsgegenstand (wenn auch erst nach der russischen Revolution von 1905) überhaupt akzeptiert wurde. Die politische Moral ist Klassenmoral und vom Emanzipationskampf des Proletariats nicht zu trennen. Mit der Oktoberrevolution werden die Begriffe von revolutionärer Moral, von Politik und Protest im Interesse der Stabilisierung des einzigen kommunistischen Systems der Erde um eine außenpolitische Komponente zugleich ergänzt und verengt; in sie geht ein im Weltmaßstab erweitertes Kompromißverhalten der liberalen Realpolitik ein.
Das Bezugssystem aller politischen Protestbewegungen der jüngsten Vergangenheit hat sich aus dem nachrevolutionären Establishment ebenso gelöst wie aus dem Establishment spätkapitalistischer Klassengesellschaften. Karl-Hermann Flach sagt mit Recht: »Es gehört eben zur rationalen Nüchternheit zu wissen, daß das Heil für uns nicht aus der Dritten Welt kommt.« (*Zeit*, Nr. 1, 68) Aber es ist auch gar nicht die Funktion des Solidarisierungsprotestes, illusionäre Erwartungen zu bestätigen; wäre er tatsächlich nur Ausdruck einer folgenlosen »Solidarität des Sentiments«, wie Marcuse es genannt hat, so würde auch die nüchternste Einschätzung der Lage nichts helfen: daß sich nämlich die objektiv revolutionäre Situation im Weltmaßstab in unerwartetem Ausmaße auch auf die Verschärfung der Klassenkonflikte in den spätkapitalistischen Ländern auswirken könn-

te, wenn es zu einem zweiten oder dritten Vietnam käme. Der Solidarisierungsprotest mit den Sozialrevolutionen der Dritten Welt ist vielmehr ein praktisches Medium, in dem sich das Bewußtsein von gegenwärtiger, aktueller Geschichte mit dem politischen Anspruch konkret vermittelt, die Gegenwart und damit auch die gegenwärtige Gesellschaft als ein geschichtliches Problem zu behandeln. Nur auf dieser Ebene kann sich heute in den Metropolen historisches Bewußtsein bilden, das fähig ist, die Decke verdinglichter Herrschaftsverhältnisse und geronnener Prozesse aufzusprengen.

Der Grundwiderspruch, dem die Protestbewegungen in den Metropolen unterliegen, konstituiert einen neuen Begriff der politischen Moral und bildet zugleich die Quelle aller revolutionären Verdinglichungen des individuellen Verhaltens. Denn diese Protestbewegungen können am militärischen Befreiungskampf der Dritten Welt aktiv nicht teilnehmen; andererseits erreicht traditionelle Politik die sich emanzipierenden und die in Unterdrückung gehaltenen Völker überhaupt nicht oder nur in Gestalt zusätzlicher Repression. Wer einzig am Kriterium institutioneller Erfolgskontrollen mißt, was Politik heißt, kann in diesem Widerspruch nur die verzweifelte Aussichtslosigkeit der ganzen Bewegung erblicken. Aber die produktive Lösung dieses Widerspruchs zeigt sich gerade in den Veränderungen des gesamten Bezugssystems, in dem das Verhältnis zwischen Politik, Protest und Moral bisher bestimmt wurde. Im Durchbrechen des Zwangszusammenhangs von unmittelbar überprüfbaren Leistungen, Belohnungen und Kompromissen bildet sich eine politische Moral, in der sich das Element des Protestes als inhaltlich Unbedingtes mit der Sensibilität für Unterdrückung, Ausbeutung und Gewalt verbindet. Sie ist eine Moral des politischen Verhaltens, des praktischen Widerstandes, der Leistungsverweigerung; sie ist Moral im eigentlichen Sinne: denn wo, wenn nicht am gegenwärtigen Völkermord in Vietnam, kann sich die Fähigkeit zur moralischen Sensibilität überhaupt noch erweisen! – Es geht dieser Generation um die Integrität des politischen Willens, der die Klagen über den Verwaltungsmassenmord des Dritten Reiches nicht ertragen kann, ohne sie in Aktionen gegen jede Form des gegenwärtigen Mordes umzusetzen.

Der Solidarisierungsprotest ist mit politischer Praxis weder identisch noch deren beherrschende Form; er konstituiert vielmehr eine im Kern antiautoritäre und antiinstitutionelle Politik, die auf die Erweiterung des Bereichs der organisierten Selbsttätigkeit, der autonomen, politisch tätigen Reflexion gerichtet ist. Sie erstrebt die Vergrößerung des demokratischen Verhaltenspotentials in der Absicht, die autoritären und faschistischen

Lösungsmöglichkeiten der Krisen des kapitalistischen Systems praktisch einzuschränken. Traditionelle und autoritäre Politik ist an institutionellen Entlastungen orientiert; als eine von den gesellschaftlichen Lebenserscheinungen getrennte Sphäre erschöpft sie sich in den repräsentativen Machtbeteiligungen, in formalen Bekenntnissen zu Programmen, funktionierenden Institutionen und Massenorganisationen. Insofern geht in den Begriff einer antiinstitutionellen Politik tatsächlich ein voluntaristisches Element ein; aber die Aufwertung des »subjektiven Faktors«, des historisch aufgeklärten politischen Willens, ist die unvermeidliche, oft vielleicht verzweifelte Antwort auf einen verbreiteten politischen Objektivismus, der mit Sicherheit wiederum in die Katastrophe führt.
Man wirft der studentischen Protestbewegung vor, sie kenne keinen Kompromiß. Karl-Hermann Flach geht noch weiter: »Die Radikalen unter den Studenten verachten offensichtlich den Kompromiß nicht nur, sondern bekämpfen ihn auch leidenschaftlich.« (*Zeit*, Nr. 1, 68) Richtig ist, daß nur aus der Radikalität des Anspruchs, Demokratie inhaltlich als herrschaftsfreie Ordnung zu verwirklichen, und aus der Überzeugung, daß eine solche Gesellschaft langfristig mit dem Kapitalismus nicht vereinbar ist, Maßstäbe für zulässige Kompromisse und Reformen gewonnen werden können. Was Flach als Erfolg der Liberalen anführt, unterstreicht die Veränderung der Kompromißstruktur: der Erfolg der Notstandsopposition beruht auf ihrer Kompromißlosigkeit. Inhaltlich bestimmte Radikalität erzeugt überhaupt erst ein Reform-Klima.
Aber es geht gar nicht um die subjektiven Einstellungen zu Kompromiß und Radikalität, sondern um die Frage, ob der Kompromiß als Kategorie der gesellschaftlichen Realität das Verhalten der herrschenden Führungsgruppen bestimmt. Es gehört zu den wesentlichen Erfahrungen der studentischen Protestbewegung, daß in den weitreichenden Entscheidungen von Regierungsbehörden, Polizei und Hochschulverwaltungen nicht die geringsten Hinweise auf die Grundvoraussetzungen eines wirklichen Kompromißverhaltens sich finden: nämlich ausgebildete politisch-kommunikative Fähigkeiten und ein kluges, flexibles Situationsverständnis. Das zunehmende Gewicht der autoritär-dezisionistischen Komponente der traditionellen Politik spiegelt reale gesellschaftliche Machtverschiebungen wider, die das liberalistische Bezugssystem sprengen. Denn die institutionsgebundene sublime Gewalt geht bei den geringsten Anlässen in manifeste Gewalt über, die vorerst in harmlos erscheinenden mechanischen Reaktionen der Staatsgewalt und in vereinzelten Gewaltakten hervorbricht. Aber die rechtserhaltende und verwaltete Gewalt, die Walter Benjamin eine schaltende, mythologische nennt, hat gegenüber allen

Formen der Gegengewalt ohnehin den Vorzug, nicht mehr durchgängig *als* Gewalt zu erscheinen; wer an ihr kraft staatlich sanktionierter Machtbefugnis teilhatte, konnte in den letzten Jahren eine wachsende Selbstsicherheit gewinnen, ungestraft am Rande oder »etwas außerhalb« der Legalität zu operieren. Der emanzipative Anspruch des Rechts ist von den herrschenden Gruppen unserer Gesellschaft zunehmend für manipulative Zwecke einer autoritär-dezisionistischen Politik mißbraucht worden.

Die meisten Liberalen wehren sich entschieden gegen alle Manipulationen des Rechts. Ihre Antwort auf die irritierenden Veränderungen der gesellschaftlichen Wirklichkeit besteht im Gegenteil gerade in der Substanzialisierung von Rechtsnormen, demokratischen Prozeduren, liberalen Regeln und Werten. In dem Maße, wie diese durch die »Verfassungswirklichkeit« bedroht erscheinen, wird ihr Geltungsanspruch unverbrüchlich und starr. Sie erfordern eindeutige Bekenntnisse; wer sich zu ihnen nicht bekennt, muß sie zwangsläufig ablehnen.

Das unglückliche und zerrissene Bewußtsein der deutschen Liberalen entspringt dem Unvermögen, die Verabsolutierung des Rechtsstaates und der demokratischen Verfahrensregeln als Entwicklungsresultate historisch und soziologisch zu begreifen. Solange das Fundament privatkapitalistischer Eigentumsverhältnisse nicht nur einen Pluralismus konkurrierender Interessen und eine sichtbare Mannigfaltigkeit der politischen Willensbildung, sondern auch wachsenden Wohlstand und rechtsstaatliche Sicherungen zu verbürgen schien, konnten die Liberalen die Stabilität ihres Verhaltens aus dem ausgewogenen System von Institutionen und Interessen gewinnen. Aber der Liberalismus deutscher Prägung war von Anbeginn ein Liberalismus auf Abruf. Als er entstand, geriet er sogleich in die internationalen Fronten des kalten Krieges. Er stilisierte das Prinzip der Planung, an das er zwangshaft gebunden blieb, zum weltgeschichtlichen Prinzip der Unfreiheit, und verharmloste es gleichzeitig zum »irenischen Ordnungsgedanken« (Müller-Armack). Als Strukturreformen und stagnierende Produktionszweige kapitalistische Planungen, die den Liberalismus der angelsächsischen und nordischen Länder allmählich und kontrolliert umgebildet hatten, unabwendbar machten, geriet der westdeutsche Nachkriegsliberalismus in den Sog repressiver Umverteilungen des Sozialprodukts. Die liberale Sphäre politischer Diskussionen, parlamentarischer Kontrollen, des langwierigen Aushandelns von Kompromissen, die den grundlegenden Interessenantagonismus unangetastet lassen, war inzwischen im Interesse weitgehender Entscheidungsbefugnisse von Verbandsbürokraten, Parteivorständen und des Staates auf ein Minimum zusammengeschrumpft. Zur Rettung bestehender Herrschaftsverhältnisse konnte so im sorgfältig präparierten Notstandsklima eine Mechanik obrigkeitsstaatlicher »Sicherungen« der Demokratie in Gang gesetzt werden (Notstandsgesetze, Wahlrechtsreformen, Große Koalitionen, Lohnleitlinien u. a. m.), die das politische Leben der Bundesrepublik zu ersticken droht.

Der Vorwurf des »Linksfaschismus« ist Ausdruck einer Zerfallsstufe des bürgerlich-liberalen Bewußtseins, das von der fühlbaren Brüchigkeit der demokratischen Institutionen und Regeln in Deutschland betroffen ist und doch in den sozialistischen Alternativen nur das Ende aller Sicherheit und Freiheit zu entdecken vermag. Aber dem deutschen Bürgertum und seinen liberalen Nachfolgeschichten fehlen auch politische Traditionen, die eindeutige demokratische Identifikationen zuließen. Auf der Suche nach Verhaltensstabilisatoren werden so angesichts der egalitären Protestbewegung der Studenten verdeckte Mechanismen des bürgerlichen Denkens hervorgeholt, welche die Legitimationsgrundlage für Eigentums- und Herrschaftsverhältnisse tendenziell »naturalisieren«, den Unsicherheiten geschichtlicher Konkretion entziehen. Diese Legitimationsgrundlage wird an Konstanten: an biologische, psychologische, sozialwissenschaftliche, juristische »Gesetze« gebunden. Innere und äußere Zensuren verbieten heute weitgehend die Rückkehr zum Geschichtsersatz in Gestalt naturgeschichtlicher Kategorien, im Extremfall zu rassisch begründeter Ungleichheit. Aber es kommt hier nicht auf die Form, sondern auf die Funktion statischer Interpretationsmuster an.
Keine der traditionellen Konstanten vermag in den spätkapitalistischen Gesellschaftsordnungen vom politisch-kommunikativen Legitimationszwang gegebener Verhältnisse mit derart suggestiver Wirkung zu befreien wie die formale Rationalität in Recht und Technologie. Die demonstrative Bestätigung »unseres Rechtsstaates«, der »satzungsgemäßen Aufgaben der Universität«, des reibungslosen Ablaufs von Veranstaltungen usw. soll einer Protestbewegung Schweigen gebieten, deren ganzes Selbstverständnis doch darin begründet ist, nur das historisch und demokratisch Legitimierte anzuerkennen. Die in der formalen Rationalität wirksame Tendenz, gesellschaftliche Verhältnisse in Fluß zu halten und traditionale Herrschaftsformen aufzulösen, enthält jedoch von Anbeginn ein antihistorisches, statisches Moment; alles Historische, Qualitativ-Neue wird als kontingenter Rest, als Irrationales, als Utopie aus dem Bewußtsein gedrängt. Der »Zeitlosigkeit« mathematischer und technischer Operationen entspricht die übermäßige Geltung von rechtlichen Zwangsordnungen

und Institutionen, die von den antagonistischen Entstehungsbedingungen im realen gesellschaftlichen Lebensprozeß unabhängig und zu objektiven Instanzen neutralisiert erscheinen.
Es ist kennzeichnend für eine zum Mechanismus der Regulierung von Konflikten erstarrte Demokratie, daß die »abgestorbenen«, verdinglichten und geschichtslosen Institutionen und Regeln einer Art naturrechtlicher Bestandssicherung bedürfen. In einer rigiden Gesamtordnung schließen sich rechtsstaatliche Grundsätze, Konventionen, Verfahrensregeln u. a. m. zu einer kompakten und repressiven Einheit zusammen, die dem einzelnen die fatale Alternative aufzwingt: entweder sich mit ihr zu identifizieren oder in den Verdacht zu geraten, sie abstrakt zu negieren. In gleichem Maße, wie die Demokratie zum Regelsystem degeneriert, wird die inhaltlich bestimmte Opposition auf das formale, methodische Element der Störung reduziert. Harmlose Unterbrechungen einer Vorlesung, Verletzungen vergänglichster Satzungsbestimmungen, Störungen des Straßenverkehrs und des »Messefriedens«: was immer geschieht, es wird unabhängig von inhaltlicher Zweckbestimmung zur Verletzung von Menschenrechten aufgewertet und zu einer das System treffenden Einbruchsstelle des Rückfalls in Barbarei, Anarchismus, Faschismus. Da der »Linksfaschismus« das Problem der Führungsgruppen unserer Gesellschaft und nicht der Studenten ist, brauchen die einzelnen Ereignisse, die er charakterisieren soll, gar nicht erst abgewartet zu werden. Ein beabsichtigtes »go in« in die Vorlesung eines Ordinarius und Bundesministers, von dem man öffentliche Auskunft über seine Stellung zur Notstandsgesetzgebung verlangt, kann deshalb nach dem gleichen Schema des »faschistischen Terrors« interpretiert werden wie die Steinwürfe törichter Einzelgänger, die Sachbeschädigungen zur Folge haben. In diesem Verfahren liegt ein Element jenes »unbewußten Platonismus«, den Kolakowski an stalinistischen Praktiken der Berichterstattung aufzeigte: die Ereignisse sind immer schon gedeutet; sie sind lediglich Realisierungsformen, empirische Bestätigungen des allgemeinen Wesens der Sache, das man längst erkannt hat. Der Gesichtsausdruck, Gesten, Redewendungen einzelner, überhaupt ein Minimum an wirklichen Informationen reicht demzufolge aus, um die Strategie der Gesamtbewegung zu erkennen und zu verurteilen.
Die liberale Öffentlichkeit war politisch immer nur dann empört, wenn es um offenkundige Rechts- und Regelverletzungen ging – so in der Spiegel-Affäre, so nach dem 2. Juni. Da diese Regelverletzungen aber nicht als Symptome durchschaut wurden, schloß jeder Kampf gegen sie das grundsätzliche Einverständnis mit den bestehenden Eigentums- und Herrschaftsverhältnissen ein. Heute sind die Studenten, welche die tabuierten Grund-

lagen der autoritären Entwicklungen angreifen, Opfer dieses falschen Bewußtseins der Liberalen. Sie sind darauf angewiesen, selbsttätig eine diskutierende Öffentlichkeit zu entwickeln, der es wesentlich darum geht, die Elemente des Ausnahmezustandes in der Norm, im halbwegs funktionierenden Ganzen zu denunzieren. Die Umfunktionierung der Diskussion macht sie für viele zu einer störenden, häretischen Öffentlichkeit. Denn nur *die* Diskussion gilt der Protestbewegung als ideologiefrei, die einen in möglichst rationaler Argumentation erzielten Konsensus als Entscheidungsgrundlage für die praktische Herstellung der Bedingungen herrschaftsfreier Verhältnisse anerkennt.

Als Jürgen Habermas die hypothetische Formel vom »linken Faschismus« gebrauchte, wollte er vor einer selbstzerstörerischen, vom System leicht integrierbaren Formalisierung der provokativen Gewaltanwendung warnen; wie sich heute übersehen läßt, ist der überwiegende Teil der studentischen Aktionen gerechtfertigt durch das, woran er in derselben Rede keinen Zweifel ließ: daß die »demonstrative Gewalt« zur Erzwingung einer vom politischen Aufklärungsinteresse bestimmten Öffentlichkeit auch die Verletzung repressiv gewendeter Regeln einschließen kann.

Der »Linksfaschismus« ist die Projektion der systemimmanenten Faschisierungstendenzen auf leicht diskriminierbare Randgruppen. Diejenigen, die heute unentwegt von Terror und Faschismus reden, wenn sie auf die gegen Systeme, Apparaturen, Institutionen (nicht gegen Menschen) gerichteten Aktionen der studentischen Protestbewegung verweisen, sollten bedenken, daß vor allem die schleichende Entwertung der Grundrechte und die Aushöhlung demokratischer Institutionen im Schutze technologischer Rationalisierung den Boden bereiten helfen, auf dem ein neuer Faschismus wächst. Wie in der Vergangenheit wird er sich im Zentrum, nicht am Rande der Gesellschaft entwickeln. Es ist eine gefährliche Rückbildung des historischen Bewußtseins, wenn die Auflösung der Weimarer Republik den ordnungsbesessenen Horden, welche die Straßen unsicher machten, aufgebürdet wird; ohne die instrumentelle Vernunft dienstwilliger Richter, Techniker, Unternehmer und Bürokraten aller Schattierungen wäre der deutsche Faschismus sehr schnell in sich zusammengebrochen.

Die einzige Möglichkeit, seine Rückkehr in allen verschleierten und offenen Formen rechtzeitig und wirksam zu bekämpfen, besteht in der tagtäglichen Realisierung liberaler und politischer Freiheitsrechte. Wer die Sicherung der Freiheit dem Staat, seinen Beauftragten, den großen Institutionen und den machtvollen Organisationen überläßt, ist Opfer einer fatalen Illusion: er glaubt an die Existenzfähigkeit einer Demokratie ohne Demokraten.

Hans Magnus Enzensberger
Berliner Gemeinplätze II

28. Dr. Doolittle. Verschwindend: so nennt seit ein paar Jahren die sehr kleine Minderheit, welche über das westliche Deutschland herrscht, eine weit größere, die dieser Herrschaft den Kampf angesagt hat. Als Beschreibung einer politischen Bewegung, die seither mit jedem Monat gewachsen ist, taugt jener Ruf nicht viel. So ist er auch nicht gemeint, sondern als appellatives Gebrüll. Ein aufmerksamer Zuhörer kann ihm drei verschiedene Botschaften entnehmen, die sich an drei verschiedene Adressaten richten: die Brüller selbst, die Angebrüllten und die abhängigen Massen, die für das Gebrüll als dankbares Publikum herhalten sollen. »Verschwindend«: das bedeutet für die Brüller selbst: Pfeifen im Dunkeln, Autosuggestion, Exorzismus – die in Bonn übliche Art der Realitätsbewältigung, die sich ja bereits im Umgang mit der nicht existierenden DDR hervorragend bewährt hat. Für die Angebrüllten bedeutet »verschwindend« die Aufforderung, sie möchten sich selbst liquidieren, also politischen Selbstmord begehen. Sollte dieser Wunschtraum nicht in Erfüllung gehen, das Verschwindende nicht verschwinden, so kommt der dritte Adressat ins Spiel: Das Publikum, die sogenannte Bevölkerung, soll als Sonderkommando zur Treibjagd antreten. In der Vokabel, die kleiner machen soll was immer größer wird, steckt schon der Keim der Mordhetze.
Josef Bachmann hat einen Transistor-Radio, liest die Zeitung, hört die Stimme seines Herrn. Er nimmt das Gebrüll beim Wort, vom Bundeskanzler bis zum letzten redaktionellen Totbeter – Bachmann ist der einzige, der ihre Logik zu Ende denkt, der einzige treue Staatsbürger. Das ist sein Verbrechen.

29. Festgemauert in der Erden. Aber warum ist es ein Verbrechen? Warum winkt ihm kein Bundesverdienstkreuz? Warum bleibt es bei Blumenspenden und Glückwunschbriefen? Warum schießt auf ihn dieselbe Polizei, die Rudi Dutschke für einen Staatsfeind hält? Warum wird ihn dieselbe Justiz verurteilen, die Rudi Dutschke verurteilt? Warum wird Bachmann erst mobilgemacht, dann festgenommen, erst vorgeschickt, dann abserviert?
Der höchste Zweck, das politische Credo, die eigentliche Raison dieses Staa-

tes ist: Stabilität. Bewegung kann hier nur gedacht werden als Aufblähung desssen was ist, sei es Druckauflage, Bierausstoß oder Feuerkraft. Was sich bewegt, von der Stelle rührt, ist schon verdächtig. Geschichte ist ein ausländisches Erzeugnis, gefährdet Ruhe und Ordnung, das heißt: die Strukturen, welche die herrschende gefrorene Unordnung verewigen, also unantastbar sind. Aus diesem Grund stellt sich auch in Deutschland das Problem des Reformismus nicht mehr. Der hiesige Spätkapitalismus hat sich eingeigelt, er ist entschlossen nur noch zu einem: zur Selbstverteidigung mit allen Mitteln, um jeden Preis, mit Hangen und Würgen. Unser Imperialismus, ein Zwerg im Weltmaßstab, nimmt seine eigene Belagerung vorweg. Der status quo wird zum Notstand. Die Herrschenden sind gezeichnet von rücksichtsloser Angst, mörderischer Unsicherheit.

30. Remake. Ist das westliche Deutschland faschistisch, präfaschistisch, neo-faschistisch oder faschistoid? Die wackligen Wörter verraten, daß darüber keine Klarheit herrscht. Wer auf das Jahr 1933 starrt, dem wird die Gegenwart zum blinden Fleck.

Der alte Faschismus war die Parodie der Revolution. Er lebte vom Raub, davon, was er dem überfallenen Sozialismus abnahm an Taktik, Strategie und psychischen Triebkräften. Er verstand sich als Bewegung. Er machte die Massen mobil. Er verließ sich auf die Randgruppen der Gesellschaft, die nicht Integrierten, die Schwankenden.

Der neue Faschismus ist die Parodie der Konterrevolution. Er zehrt vom Bestand der »Wirtschaftswunderzeit«. An Taktik, Strategie und psychischer Triebkraft stehen ihm nur Überbleibsel aus der Epoche des Antikommunismus und des Kalten Krieges zu Gebot. Er versteht sich als belagerte Festung. Er kann es nicht wagen, die Massen zu mobilisieren, er muß sie in Schach halten. Er verläßt sich auf die Mitte der Gesellschaft, die Integrierten, die sich Festklammernden. Dieser neue Faschismus ist keine Drohung, er ist längst Wirklichkeit; es ist ein alltäglicher, einhäusiger, verinnerlichter, institutionell gesicherter und maskierter Faschismus. Seine Parole hat ein inzwischen vergessener Zigarrenraucher schon gegen Ende der fünfziger Jahre formuliert und auf Kosten derer, die sie verblöden soll, in die Zeitungen setzen lassen: »Der Klassenkampf ist zu Ende.« Übrigbleiben möchte, nachdem die Geschichte bereinigt, nämlich abgeschafft ist, der neue Garant der Zukunft: die Mitte als Extrem.

31. Der Herr Niemand. Der neue Faschismus kommt ohne Führer aus. Die Figuren an der Spitze sind vollkommen fungibel und austauschbar. Rücktrittsforderungen sind sinnlos geworden. Wo keine Personen mehr zu erblicken sind, verdienen Auseinandersetzungen über diesen oder jenen PG, diesen oder jenen KZ-Baumeister nur noch folkloristisches Interesse. Das System braucht keine politischen Begabungen mehr, ja es kann sich politische Begabungen nicht mehr leisten: Unfähigkeit wird zum Erfolgskriterium. Die herrschende Clique schiebt überall strebsame, aussichtslose Masken vor, die Schütz oder so ähnlich heißen: Herren, die sich schwitzend die Lippen lecken, wenn sie vor der Kamera ihre politische Impotenz darstellen. Sie sind die idealen Vertreter eines Systems, das keine anderen Interessen mehr vertritt als die der IG zur Ausbeutung der Massen. Ihre Intelligenz reicht nicht einmal zur Verschleierung dieses Sachverhaltes aus: »Das Abgeordnetenhaus, der Senat, die politischen Parteien, die Gewerkschaften: Kurz, so gut wie alle in Berlin sind hier einer Meinung.« So gut wie alle, das ist, was im Schöneberger Rathaus, hinter eisernen Rolläden, Sperrgittern und Wasserwerfern Platz nimmt; was in Bonn sich verbarrikadiert, um die Notstandsgesetze zu beschließen; was in der Berliner Kochstraße hinter Stacheldraht die Zukunft mit Leitartikeln verkleistern will.

32. Gleichgewichtsstörung. In diesem Weltbild, das stark autistische Züge trägt, versteht sich alles, was nicht zum Kartell gehört, als ärgerliche oder bedrohliche Störung des Betriebs. Was die Stabilität gefährdet, muß verfolgt werden. Das ist jedoch leichter gesagt als getan. Wie, wenn die Verfolgung und Bestrafung der Störer ihrerseits zu Störungen führt? Das Dilemma ist, wie sich versteht, unauflöslich, und es reproduziert und verschärft sich mit jedem Tag. Wer Veränderung nur noch als Drohung begreifen kann, ist nämlich irre. Ein System, das kein anderes Ziel mehr kennt als die Behauptung seiner eigenen Balance, und zwar um jeden Preis, ist bereits außer Balance geraten.

Daher, beispielsweise, das Unbehagen des Parteienkartells angesichts der NPD. Inhaltlich sind die Unterschiede doch minimal, die Weltanschauung der NPD weicht nur in Nuancen von jener der Bonner Parteien ab. Wozu also die Aufregung? Die NPD nimmt doch nur das Gebrüll eines Strauß beim Wort, sie denkt die Bonner Logik zu Ende. Warum also keine Umarmung, kein Willkommensgruß? Wo bleiben die Jubelrufe der Bild-Zeitung? Es sind dies dieselben Fragen, die der Fall Bachmann aufwirft. Hier wie dort verleugnet das System seine eigene Konsequenz und bestraft den Jockel, den es selbst ausgeschickt hat. Zu deutlich ruft dieser Sendbote die Regel des Spieles aus. Er muß sistiert werden. Bachmann, der einzelne, kommt ins Gefängnis. Die NPD wird nicht gefangen sondern abgefangen: das Parteienkartell nimmt vorweg, was sie will. Nicht beizukommen ist mit einer derartigen Strategie dem, was links sich rührt, nämlich einer Bewegung, deren politische Substanz sich das System nicht einverleiben kann. Sie ist der eigentliche Störer. Sie droht mit der Verwirklichung dessen, was die herrschende Hauptversammlung vorlügt: mit realer Demokratie. Also ist kein Arrangement mit ihr möglich. Also ist ihr nur zu begegnen mit offener Gewalt, unverhüllter Repression, staatlich sanktionierter Mordhetze. Hier schließt sich der Kreis: Die Verteidigung des höchsten Gutes führt zu seinem Verlust: die Stabilität bricht zusammen.

33. Viel Feind viel Ehr. Der deutsche Kapitalismus fühlt sich, hoffentlich zu recht, von den Massen bedroht, die er ausbeutet und um ihre historischen Möglichkeiten betrügt; von denselben Massen ließe er sich gern verteidigen. Als Volksgemeinschaft sollen sie sich um die Wagenburg des Kapitals scharen, zur extremen Mitte sich formieren. Im Prinzip ist das ein alter Hut: Die gerechte Wut der abhängigen Massen, ihre ungeheuren, im Alltag der Ausbeutung aufgestauten Aggressionen müssen von ihrem wahren Ziel, der herrschenden Klasse abgelenkt werden. Dazu wird ein Feind benötigt. In der Rekonstruktionsphase nach dem Kriege hat diesen Dienst der Kommunismus versehen. Die Politik der Koexistenz, so willkommen sie dem amerikanischen Imperialismus sein mag, hat dazu geführt, daß dies kommode Feindbild zerflossen ist. Die diversen europäischen Erzfeinde sind auf Verlangen der Großkonzerne abgetakelt worden. Die Gelbe Gefahr will und will nicht näherrücken, auch blüht nach China der Export. Weit und breit kein Belagerer, der den Belagerungszustand rechtfertigen könnte.
Es muß daher ein Innenfeind in Auftrag gegeben werden. Seine Produktion übernimmt die Spitzenfirma der Bewußtseinsindustrie, nämlich der Springerkonzern. Die Marktforschung ergibt folgendes Bild. Juden kommen nicht in Betracht. Sie stehen nicht in ausreichender Zahl zur Verfügung; außerdem hat man mit ihnen schlechte Erfahrungen gemacht. Rentner scheiden schon wegen ihres korrekten Wahlverhaltens aus. Die KPD ist als Feind unzureichend, übrigens dezimiert und verboten. Als ideale Zielgruppe werden die Studenten entdeckt.
»Springer macht sich an die Arbeit und baut genau diejenige Gruppe zum Prügelknaben auf, die die wahren Feinde der Massen entlarven. Er erreicht das, indem er alle Klassenmerkmale des Kapitalisten auf die Studenten überträgt: die Studenten sollen es sein, die faulenzen, statt zu arbeiten; *sie* tun so, als gehöre ihnen die ganze Stadt; *sie* sind daran schuld, wenn die Westdeutschen in Berlin nicht mehr investieren; *sie* leben vom Wohlstand, den andere produzieren; *sie* sind schuld an der ganzen Un-

ruhe.« (Peter Schneider) Die Übertragung scheint perfekt: es triumphiert die verkehrte *Welt:* der Bock wird zum Gärtner bestellt, der Klassenfeind als Landesvater vorgestellt, der Ermordete als Mörder dingfest gemacht. »Ein Berlin«, so äußert sich der oben erwähnte Schütz oder so ähnlich, »ohne Universität, aber mit einer Bevölkerung, die in Ordnung zu halten ist, kann noch leben. Auf die Studenten kann ich notfalls verzichten.«

34. Irrtum! Irrtum! Versagen wir uns die Frage, ob Berlin notfalls auf Herrn Schütz oder so ähnlich verzichten kann. Hingegen verdient das Projekt, das er entwirft, eine nähere Betrachtung. Vorgeschlagen wird, wenn wir das recht verstehen, eine technologisch hochentwickelte Industriegesellschaft, die ihre Universitäten abschafft und ihre Studenten planmäßig niederknüppelt. Die logische Ergänzung zu diesem Plan ist die Auflassung der Ober- und der Berufsschulen; angesichts der politischen Unruhe, die längst auf die Schüler übergegriffen hat, wird sich kein Regierender, dem es darauf ankommt, die Bevölkerung in Ordnung zu halten, dieser Konsequenz verschließen können.
Damit proklamiert das System seine eigene Zukunft als Innenfeind. Das ist folgerichtig. Die Stabilität, auf welche dieser Staat es abgesehen hat, ist nur zu erlangen um den Preis seiner Selbstreproduktion. Die Pleite wird zum erklärten Ziel seiner Politik. Es meldet sich die Frage, ob damit den Auftraggebern, das sind die Monopole, auf die Dauer gedient ist. Daß Deutschland dabei zu Bruch gehen wird, wäre an und für sich kein Einwand: bisher sind die Monopole bei solchen Katastrophen nicht schlecht gefahren. Nur könnte sich herausstellen, daß die Werbekosten, die bei der Produktion des neuen Innenfeinds anfallen, reichlich hoch sind. Wer auf alles verzichten möchte, was lernt und was unter Dreißig ist, muß, man kann das gar nicht geduldig genug erklären, mit gewissen Schwierigkeiten rechnen.

35. Vorschlag zur Güte. Ein Kapitalismus, der geschmeidiger, geschickter, seiner selbst gewisser als der deutsche wäre, hätte sich beizeiten etwas anderes einfallen lassen. Beim ersten Anzeichen eines politischen Bebens in der Schlüsselgruppe, die über die Geschäfte von morgen entscheidet: Geld draufschmeißen! Stipendien verdoppeln! Luxus-Cafeterias her! Public Relations! Liberale Schaumgummipolster! Rationalisierung! Milliarden in die Labors! Programmsteuerung! Swimming pools! Automatisch vorgekauter Lehrstoff in kleinster Stückelung! Froher Rutsch in die Blitzkarriere! Mit einem Wort: Hochschulreform von oben, nach Maß, ohne Rücksicht auf die Kosten.

Daran hat der deutsche Spätkapitalismus und sein regierender Ausschuß nicht im Traum gedacht. Dazu war er, kurz gesagt, zu borniert, zu anachronistisch, zu stupide. Dafür hatte er, als er noch Geld hatte, kein Geld übrig. Dafür ist es inzwischen auch zu spät. Denn der gesellschaftliche und politische Lernprozeß, den die deutschen Studenten durchlaufen haben, ist nicht mehr reversibel. Die Basis der autoritären Universität läßt sich nicht mehr reparieren, ihr ideologischer Überbau ist zertrümmert, der Innenbau des »Akademikers«, das Gehäus aus verinnerlichter Gewalt, ist durchlöchert. Hochschul-Reform als streamlining und industrial design, selbst wenn das Geld dazu zur Hand wäre, könnte die Bewegung nicht mehr stoppen, und zwar schon deshalb nicht, weil sie keine Studentenbewegung mehr ist, weil sie, spätestens seit Ostern 1968, die intelligentesten jungen Arbeiter, Lehrlinge und Schüler ergriffen hat.

36. Sprechstunde. Die neue Opposition hat Argumente, aber keine Produktionsmittel. Springer hat Produktionsmittel, aber keine Argumente. Dieser Sachverhalt verurteilt die Wahrheit dazu, auf die Straße zu gehen; dafür, daß sie auf die Straße geht, wird sie verurteilt. Nach der Kesselschlacht laden die Kesselschlächter die Eingekesselten zu Unterhaltungen ein. Gesucht wird Der Neue Anfang, Das Große Gespräch. Statt dem öffentlichen Knüppel der Tee hinter gepolsterten Türen. Der Zweck der Übung wird zugleich mit der Einladung ausgesprochen: Böcke sollen von Schafen getrennt, Solidarität soll gebrochen werden. Was sich da für Taktik hält, taugt allenfalls als Beitrag zur Sittengeschichte des jeweiligen Fraktionsvorstandes. Von Strategie ist ohnehin keine Rede mehr. Denn worüber soll da noch gesprochen werden mit diesem oder jenem Herrn Niemand, der statt des Volkes nichts vertritt als seine bankerotte Firma und dem nichts anderes einfällt als dies: »Gehen Sie raus, hier habe ich noch das Hausrecht. Raus, raus, raus.«

In Bundestagsdebatten drückt die gleiche Maxime sich weitschweifiger aus. Die politischen Konditoren machen sich verspätet ans Kuchenbacken: eine Schicht Repression, eine Schicht Reformwillen, obendrauf als Verzierung in Spritzguß »Verständnis für die Jugend«. Federführend dann die Referenten, ihr Vokabular, wie eh und je, Dienstherr, Aufsicht, Hausrecht, Amtshilfe. Die Ministerialbürokratie wird tätig; die Bürovorsteher werden zu Internationalisten; ihre Losung heißt: Polizeipräsidenten aller Länder, vereinigt euch.

Zu den seriöseren Gesprächen werden keine Studentenvertreter geladen; sie drehen sich um die Chancen der Repression. Zwei Möglichkeiten bieten sich an: Ersticken oder Zermürben. Die erste Version, an sich die einzige, die der Mentalität der in Deutschland Herrschenden entspricht, läuft auf Verbot des SDS und seiner Ersatzorganisationen, Präventivhaft für potentielle Störer und auf Schließung der Universitäten hinaus. Es spricht manches gegen eine derartige Politik. Sie würde dem »deutschen Ansehen in der Welt« schaden, einer ohnehin zarten Pflanze, die den offenen Terror im Innern kaum überstünde; sie müßte Solidarisierungseffekte auslösen, die unabsehbar sind; sie dürfte sogar gewisse innere Widersprüche im System gefährlich verschärfen. Jeder Versuch, die totale Kontrolle zu erlangen, kann zu unkontrollierbaren nationalen und internationalen Entwicklungen führen.

Also lieber Zermürben. Dies ist offensichtlich das Projekt, welches sich beim Großen Gespräch als das aussichtsreichere angeboten hat. Sorgfältig dosierte Sanktionen, administrative Schikanen, langsame Kumulation von Disziplinar- und Strafverfahren, Streichung von Stipendien, moralischer und ökonomischer Druck, geduldige, zähe Gemeinheit. Es ist dies ein Vorhaben, das sich Zeit lassen muß. Aber auf Zeit zu setzen, ist ein zweideutiges Spiel: es bedeutet auch Zeit zu verlieren. Möglich ist es immerhin, daß die neue Opposition diese Zeit nutzen wird.

37. Reifeprüfung. Sie hat es bisher zu keinem Namen gebracht, der ihr leicht über die Zunge ginge. Einen Autoschlosser, der von sich sagte: Ich gehöre dem anti-autoritären Lager an, oder: Ich bin Mitglied der außerparlamentarischen Opposition – einen solchen Autoschlosser gibt es nicht. Es haften solchen Namen noch die akademischen Eierschalen an; sie verraten, daß die Offenheit der Bewegung ihre Kehrseite hat. Ihre politische Substanz ist nicht ausgegoren. Ihre organisatorischen Strukturen sind neuartig, aber schwach. Als einzige Gruppe in Deutschland hat der SDS Ansätze zu einer politischen Theorie entwickelt, die im Gegensatz zum herrschenden »Gedankengut«, vom Godesberger Programm bis zu den üblichen Regierungserklärungen, frei von wahnhaften Zügen ist. Diese Theorie scheint in einem Tempo zur materiellen Gewalt zu werden, das ihre Urheber überfordert. Die Aufgaben, vor welche die neue Opposition sich über Nacht gestellt sieht, sind enorm. Sie soll ihre Basis verbreitern, ohne in sozialdemokratischer Bescheidenheit zu verkümmern; konkrete Entwürfe für Westdeutschland und Westberlin ausarbeiten, ohne naiver Projektmacherei anheimzufallen; von den unmittelbaren Bedürfnissen der abhängigen Massen ausgehen, ohne den internationalistischen Kampf aufzugeben. Nach allen Seiten hin hat sie sich ihrer Haut zu wehren, nicht nur gegen die staatliche Repression, sondern auch gegen die Umklammerungsversuche durch die Parteikommunisten. Alles auf einmal: Störung des autoritären Betriebs und Bildung von Gegeninstitutionen: Schülerräten, Kindergärten, Basisgruppen, eigenen Schulen, Kritischen Universitäten, Straßentheatern, mobilen Agitations-Kinos, eigenen Forschungszentren, Buchhandlungen, Bibliotheken, Filmproduktionen, Sendern, Zeitungen, Rechtshilfe-Organisationen, Clubs und Wohngenossenschaften. Nur wenn sie die Kräfte zu einer derartigen ölfleckartigen Ausbreitung aufbringt und zugleich festhält an den großen gesamtgesellschaftlichen Auseinandersetzungen, die allein ihre Einheit herstellen können: Aktionen gegen den Imperialismus, gegen die NATO, gegen die Notstandsverfassung, nur dann wird die neue Opposition im Ernst das werden, wozu Springer sie vorschnell ernannt hat: zum Feind, der das imperialistische System von innen her bedrohen kann.

38. Kalenderspruch. »Die Wahrheit ist revolutionär.«

Adressenliste

Die hier genannten Gruppen und Organisationen lassen sich weder nach ihrer politischen Zielsetzung, noch nach ihrer Zusammensetzung über einen Leisten schlagen. Gewöhnlich geht aus ihrem Namen hervor, ob es sich um Dachverbände handelt, die mit dem deutschen VDS vergleichbar wären (das ist vor allem für die lateinamerikanischen Organisationen der Fall); um ideologisch genauer definierbare Gruppierungen analog zum SDS oder SHB; um ad-hoc-Vereinigungen wie die Vietnam-Komitees verschiedener Länder; oder um lokale Basis-Zellen. Wir haben nur Adressen aufgenommen, die nach unseren Informationen für die Zusammenarbeit mit der anti-autoritären Bewegung in Betracht kommen. Bei der ständigen Fluktuation, die in studentischen Vereinigungen die Regel ist, versteht es sich von selbst, daß die gegenwärtige Liste kein zuverlässiges, vollständiges und permanentes Adreßbuch sein kann.

Äthiopien
World-Wide Union of Ethiopian Students
A. Assegid, Herbigstraße 1, Berlin 19

Belgien
Fédération des Etudiants Socialistes
Guido Totté, Nederkounter 105, Gent

Fédération Nationale des Jeunes Gardes
Doudou Neyens, 37 rue de l'Ecuyer, Bruxelles 1

Canada
Student Union for Peace Action (SUPA)
658 Spadina Avenue, Toronto 4, Ontario

Cuba
Organización Continental Latinoamericana de Estudiantes (OCLAE),
Secretaria permanente
23 y H, Vedado, La Habana

Federación Estudiantil Universitaria (FEU)
Universidad de La Habana, La Habana

Dänemark
Dansk Vietnam-Komité
Vaughn Rasmussen, Vaevergade 8, Köbenhavn

Deutschland
INFI (Internationales Nachrichten- und Forschungs-Institut)
Kurfürstendamm 52, Berlin 12

Sozialistischer Deutscher Studentenbund (SDS)
Wilhelm-Hauff-Straße 5, Frankfurt am Main

Dominikanische Republik
Federación de Estudiantes Dominicanos (FED)
Universidad Autónoma de Santo Domingo

Ecuador
Federación Estudiantil Universitaria de Ecuador (FEUE)
Universidad Central, Quito

Frankreich
UNEF (Union Nationale des Etudiants Français)
Jean Marcel Bouguereau, 15 rue Soufflot, Paris 5

Jeunesse Communiste Revolutionnaire
Alain Krivine, 35 rue Saint-Georges, Paris 9

Griechenland
EDA/Lambrakis
Dimitris Marakas, Kaiserdamm 3a, Berlin 19

Großbritannien
Radical Student Alliance
Chris Gilmore, 104 Regent's Park Road, London W 1

Vietnam Solidarity Campaign
42 Rivington Street, London E. C. 2

NLF Society, London School of Economics
Clare Market, London W. C. 2

Indien
Union of West Indian Students
1 Collinghan Gardens, London S. W. 5

Iran
Confederation of Iranian Students (CIS)
Bahman Nirumand, Königin-Elisabeth-Straße 8, Berlin 19

Italien
Falcemartello
Massimo Gorla, Giornate 6, Milano

Cellula Operativa Rivoluzionaria
Otello Ciavatti, Piazza Aldrovandi 5, Bologna

Gruppo Quaderni Piacentini
Piergiorgio Bellocchio, Via Poggiali 41, Piacenza

Centro di Informazione
Via Sant'Eufemia 12, Verona

Japan
Zengakuren
Hiroto Building 2–10 Kandajimbocho, Chiyoda-Ku, Tokyo

Kaihosha, c/o Dairyuso
3 Nakanochimae, Nakanoku, Tokyo

México
Hora Cero,
Apartado Postal M-7145 México 1, D. F.

Central Nacional de Estudiantes Democráticos (CNED)
Tajín 325–20 Col. Narvarte, México D. F.

Niederlande
SVB (Studenten Vakbeweging), Internationaale Commission
Martin Abeln, Prins Hendrikkade 13, Amsterdam 1

Politeia
B. B. 34–43, Amsterdam C

Student Council of Progressive Youth Organization
Georgetown, Guayana

Surinam Students Union
P. O. Box 194, Leiden

Norwegen
Sosialistisk Ungdoms Forbund
Ole Kopreitan, Veske Elvebakk 12, Oslo

Sosialistisk Ungdomsforbund (SUF)
Vestre Elvebakke 12, Oslo 1

Sosialistisk Studenttag
Rune Skarstein, Norges Tekniske Höyskole, Trondheim

Österreich
Verband Sozialistischer Studenten Österreichs
Werdertorgasse 6, Wien I

Peru
Federación Universitaria de San Marcos
Lima

Puerto Rico
Federación de Universitarios Pro-Independencia (FUPI),
Rio Piedras

Schweden
De Förenade FNL-Grupperne
Eivor Westin-Bucht, Väpnargatan 15B, Uppsala

Svenska Clarté-Förbundet
Surbrunnsgatan 43A, Stockholm

Schweiz
Fortschrittliche Studentenschaft
Postfach 680, Zürich

Südafrika
African National Congress
Habo Nbehi, 49 Rathbone Street, London W 1

Uruguay
Federación de Estudiantes Universitarios de Uruguay (FEUU)
Eduardo Acevedo 1369, Montevideo
(Dieser Verband stellt auch Verbindungen zu der illegalen Uniao Nacional de Estudantes do Brazil her)

USA
SNCC, International Affairs Commission
100 Fifth Avenue, New York, N. Y. 10011

Students for a Democratic Society (SDS)
1608 West Madison, Chicago, Ill.
(Carl Davidson, Interorganizational Secretary)

The Resistance
2171 Shattuck, Berkeley, Calif.

Resist
166 Fifth Avenue, New York, N. Y. 10010

Draft Resistance Clearing House
8 Francis Court, Madison, Wisc.

Stanford Anti-Draft Union
Box 2684, Stanford, Calif.

Venezuela
Federación de Centros Universitarios,
Universidad Central, Caracas

Die Vorbereitung dieses *Kursbuchs* hat ein Jahr in Anspruch genommen. Bei dem Versuch, einen Überblick über die Studentenbewegungen in aller Welt zu geben, tauchen Schwierigkeiten auf, die es verdienen, öffentlich erörtert zu werden, weil sie mit der subjektiven und objektiven Lage dieser Bewegungen zusammenhängen. Sie sind kein internes Problem der Redaktion: sie gehören vielmehr zur Sache selbst.

Es existieren bisher zwei großangelegte Versuche, einen weltweiten Überblick über diese Sache zu gewinnen: der Sammelband *Student Politics,* herausgegeben von Seymour M. Lipset (New York 1967; ursprünglich erschienen als Sonderheft der Zeitschrift *Comparative Education Review,* Heft 10, 1966) und das Winter-Heft 1968 der Zeitschrift *Daedalus. Journal of the American Academy of Arts and Sciences.* In beiden Fällen handelt es sich um Produkte der offiziellen amerikanischen Soziologie: Datensammlungen, Umfragestatistiken, Verzicht auf kritische Theorie, am Status quo orientierte »reine Deskription«. Soweit das Verhalten der Studenten interpretiert wird, bleibt es bei psychologischen Erklärungen, in deren Prämissen die politischen Vorurteile der Autoren nahtlos und unbefragt eingehen. Die Untersuchungen, mit massiven Forschungsgeldern aus Foundations und Regierungsquellen betrieben, ignorieren durchweg die politischen Perspektiven der Studenten selber. Sie sind unbrauchbar.

Vergleichbare Publikationen von Seiten der internationalen Studentenbewegung existieren bis heute nicht. Das erklärt sich zunächst aus der Tatsache, daß diese Bewegung nicht über adäquate Mittel der öffentlichen Artikulation verfügt: sie hat keine *grants* zu vergeben, kann interkontinentale Reisen nicht finanzieren, besitzt nicht, wie die akademische Öffentlichkeit des Imperialismus, eine wohldotierte internationale Infrastruktur.

Im einzelnen lassen die Schwierigkeiten bei der Redaktion dieses *Kursbuchs* die folgenden Schlüsse zu:

1. Es wäre ein Leichtes gewesen, zweihundert Seiten mit Resolutionen, Kongreßberichten und Programmerklärungen aus fünf Kontinenten zu füllen. Diese Texte zeichnen sich gemeinhin durch einen homogenen Jargon und einen hohen Abstraktionsgrad aus. Sie besagen so gut wie nichts über die wirklichen Vorgänge und Erfahrungen an Ort und Stelle; sie dienen eher der Selbstbestätigung als dem Fortschreiten der Bewegungen über den erreichten Stand hinaus. Sie verdeutlichen, daß die Studenten oft außerstande sind, sich den abhängigen Massen verständlich zu machen; sie lassen befürchten, daß die kritischen Theorien der Bewegung, ausgedrückt durch ihre Führung, in Gefahr sind, sich zu verfestigen und zu formalisieren.

2. Unzuverlässigkeit, personelle Fluktuation, Mangel an Informationen und Verbindungen zeigen auf die organisatorischen Probleme der Bewegung. Internationale Zusammenarbeit setzt voraus, daß die herrschende Desorganisation überwunden wird. Es ist skandalös, daß riesige Bewegungen, wie die japanische, die indische (besonders in Bengalen) und die südkoreanische von den europäischen Bewegungen so gut wie völlig isoliert arbeiten. Dabei kann es selbstverständlich nicht um die Bildung irgendwelcher Dachorganisationen oder Sekretariate gehen: eine Bewegung, die in einem historisch unvergleichlichen Grad auf der Spontaneität der Basis beruht, ist auf zentrale »Steuerung« nur in der Phantasie der Polizeispitzel angewiesen, die in ihr herumirren. Ein Generalsekretär ist überflüssig. Gebraucht werden Hunderte von Kurieren und Kontaktleuten. Wir veröffentlichen in dieser Nummer eine Adressenliste, die der internationalen Kooperation von Nutzen sein kann.

3. Schließlich spiegeln die redaktionellen Schwierigkeiten die Repression wider, mit der

sich die Studenten in vielen Ländern konfrontiert sehen: Verbote, Verhaftungen, Erpressungsversuche. Ein Beitrag aus Südamerika in diesem Heft muß aus solchen Gründen verspätet und anonym erscheinen; in vielen Fällen gefährdet jeder Briefwechsel die Empfänger; ein großangelegter Bericht über die japanische Studentenbewegung von Satoshi Kitakoji und Toru Kurokawa kann nicht erscheinen, weil die Verfasser seit Monaten im Gefängnis sitzen; die Methoden, die der südkoreanische CIA gegen die studentische Opposition anwendet, sind gerade in der Bundesrepublik bekannt genug. Von den Risiken, welche die revolutionären Studenten in Venezuela und Süd-Vietnam, im Iran und in Guatemala, in Südafrika und in Peru eingehen, und von den Opfern, die sie bringen, steht nichts in diesem Heft.

Bernhard Schütze, geboren 1938, arbeitete als Buchhändler, Schauspieler und Journalist und trat durch Dokumentationen für Rundfunk und Fernsehen hervor. Er lebt zur Zeit in Frankfurt und arbeitet an einem Buch über das heutige Spanien.

Carlo Donolo, geboren 1938, studierte in Pisa Jura und hielt sich dann längere Zeit in Deutschland auf, wo er sich, zumal in Frankfurt, der Soziologie zuwandte. Im Februar-Heft der Quaderni Piacentini veröffentlichte er einen grundlegenden Aufsatz über die westdeutsche Studentenbewegung. Seit 1967 arbeitet er am Institut für politische Wissenschaften der Universität Turin an einer Untersuchung über Studenten und Politik. Er ist wesentlich an der Studentenbewegung und der Organisation der Gegenuniversität in Turin beteiligt. Seinen Kursbuch-Beitrag schrieb er in deutscher Sprache.

Die Dossiers über die Studenten in Prag und Warschau haben keinen »Autor«. Sie stammen, ohne jedoch eine Kollektivarbeit zu sein, von ganz verschiedenen Journalisten, Studenten, Redakteuren und Übersetzern. Die Herkunft der verwandten Dokumente ist jeweils ausgewiesen.

Heinz Rudolf Sonntag, geboren 1940, ist Assistent am Institut für Soziologie der Ruhr-Universität in Bochum. Er hat mit einer Arbeit über die Revolutionstheorien bei Marx und Lenin promoviert. Vom Sommer dieses Jahres an wird er an der »Universidad Central de Venezuela« in Caracas arbeiten. Sein Beitrag ist das Ergebnis theoretischer Studien und eines längeren Aufenthalts in Lateinamerika.

Walter Kreipe, geboren 1940, studiert Romanistik und Germanistik in Berlin. 1966/67 war er, zusammen mit Nevermamm, AStA Vorsitzender der FU und hatte zur Aufgabe, Kontakte mit den Studenten in Frankreich, Holland und Belgien herzustellen. Seinen Aufsatz über die französische Studentenbewegung schrieb er während eines Aufenthaltes in Paris im April und Mai 1968, also während der Zeit, in der die französische Studentenbewegung in ein neues Stadium eintrat.

Oskar Negt ist Assistent und Lehrbeauftragter am Philosophischen Seminar der Universität Frankfurt.

Wir bedauern es, daß aus Platzgründen der angekündigte Beitrag von Peter Pohland über ostafrikanische Studentenverbände nicht in dieses Heft aufgenommen werden konnte.

Kursbuch 14 1968

Kritik der Zukunft

Kursbuch
Herausgegeben von Hans Magnus Enzensberger

Kursbuch 14 August 1968

Kritik der Zukunft

Claus Koch
Kritik der Futurologie

»Ja, könnte ein Mensch von seinen Wünschen und Hoffnungen völlig absehen und aus der Vergangenheit durch das einzig rationelle Mittel die Zukunft folgern, so müßte er sich als dem Schicksal unterworfen betrachten. Einen solchen Menschen gibt es jedoch in Wirklichkeit nicht. Jeder hat mehr oder weniger soziale Neigungen, jeder richtet einen *interessierten* Blick in die Zukunft, und hier beginnt die Idee der Vorsehung.
Unter der Herrschaft eines brutalen Schicksals, wie es das *Altertum* verstand, war der Mensch – passiv den Ereignissen gegenüber – wider seinen Willen getrieben, ohne Voraussicht, ohne Verständnis. Durch eine unsichtbare, unbestimmbare Kraft einem Schicksal entgegengehend, das in ihm nur Furcht und Widerwillen erregte, wünschte er, ohne zu hoffen ... Würde dieses Gesetz, das wir verkünden, dieses Gesetz voller Versprechungen und Hoffnungen, die gleiche Bezeichnung verdienen? Meine Herren, Sie glauben es nicht. Der Mensch *sieht* gleichgestimmt sein Schicksal *voraus*. Und da er durch die Wissenschaft die Vorhersehungen seiner Neigungen *untersucht* hat, da er sich von der Rechtmäßigkeit seiner Wünsche überzeugt hat, geht er gelassen und vertrauensvoll einer ihm bekannten Zukunft entgegen ...
Seiner Bestimmung sicher, richtet er danach sein Verlangen, seine Spontaneität. Bevor er handelt, weiß er, welches das allgemeine Ergebnis seines Handelns sein wird, und er wendet hier alle seine Fähigkeiten auf. So handelt er als ein freier und intelligenter Vollstrecker seines Schicksals, welches er, wenn auch nicht ändern (was er im übrigen gar nicht will), so doch durch seine Arbeiten lenken kann.«

Die Lehre Saint-Simons, Zweite Sitzung, 31. Dezember 1828[1]

»L'avenirisme est une idéologie et une idéologie de la conservation sociale.«

Jean Meynaud, Les speculations sur l'avenir[2]

Die Botschaft der Futurologie: Revolution ist schlechthin alles Neue, dem die Welt entgegentreibt, also laßt es uns erforschen, um der Revolution Herr zu bleiben. Begreifen wir nur richtig die Wahrscheinlichkeiten und die Möglichkeiten der Zukunft, so werden wir uns rechtzeitig anpassen und dem Anschein gegenwärtiger Aussichtslosigkeit entgehen können. Dann muß auch das Wünschbare sich enthüllen und damit machbar werden. Der Blick vom Künftigen her auf die Gegenwart wird uns lehren, deren Gegebenheiten zu ordnen, um durch verständige Entscheidung dem Chaos steuern zu können.

Es ist die Botschaft des aufgeklärten, organisierten Kapitalismus im Schatten der Bombe. Die Erforschung der Zukunft soll ihm zeigen, wie er aus eigener Kraft der Neigung zur Katastrophe sich entreißen kann. Er muß nur lernen, sich der Dynamik des durch ihn entfesselten technischen Fortschritts bewußt zu werden, dann wird er seine Widersprüche selber lösen können.

Nicht von ungefähr sind es Amerika und Frankreich, wo zu Beginn der sechziger Jahre Zukunftsforschung und Zukunftskult sich zuerst breit entfalten und wo sie bis heute zu ihren deutlichsten Ausprägungen gelangt sind. Es sind die beiden Länder, welche die fortgeschrittensten Stabilisierungsmodelle des modernen Plankapitalismus vorexerzieren. Sind es hier die der Regierung und der Industrie dienenden *think factories*, um die die Futurologie ihre Mythen bildet, so ist es dort die staatliche Planungsbürokratie, verkörpert im *Commissariat général du plan.*

Zur selben Zeit bilden sich in Amerika die neuen Theoreme der atomaren Krisenvermeidung heraus. Sie verfestigen sich alsbald in den militärisch-politischen Sicherheitsstrategien, welche die bis dahin naturwüchsigen Rüstungswettläufe und die ihnen folgenden Drohpolitiken in die Regelsysteme der organisierten Abschreckung bannen. Die im Dienste der Rüstungskontrollstrategien entwickelten Denkstile und Methoden leisten Geburtshilfe auch für die Zukunftsforschung, die von ihnen seitdem beherrscht bleibt.

Schließlich haben Zukunftsforschung und atomare Sicherheitsscholastik auch zahlreiche geistige Väter gemeinsam, deren Prototyp Herman Kahn geworden ist. Daß die Friedensforschung, zumindest in ihren meisten amerikanischen Spielarten, sich ihrerseits der Zukunftsforschung bemächtigt, ist nur eine sentimentale Variante innerhalb desselben Zusammenhangs.

Fassen wir diese ersten Kennzeichnungen einstweilen zusammen, so lautet die These: Die Futurologie – oder wie sonst ihre verschiedenen Namen lauten – ist zum einen sozialtechnische Methode der Generalstrategie plankapitalistischer Krisenverhinderung. Sie ist zum anderen, da sie nicht kritisch noch politisch werden will, ideologische Bestätigung einer Ordnung, die den Schleier des Neuen vorzieht, um alles beim Alten zu lassen.

Die Zukunftsforscher – und unter ihnen finden sich nicht wenige Liberale von aufrechter bonne volonté – werden solche Denunziation zurückweisen, werden sich auf den emanzipatorischen Elan ihrer Absichten berufen.

Nennen sie denn nicht die Katastrophenanfälligkeit der alten Ordnungen beim Namen? Geht es ihnen nicht um eindringlichste Information und demokratische Rationalisierung aller Entscheidungen? Kämpfen sie nicht gegen bürgerlich-kulturkritische Resignation, etwa indem sie Alternativen humanerer Lebensformen aufreißen? Und sind sie nicht, aus ihrer Voraussicht auf die Manipulationsdrohungen des technischen Fortschritts heraus, schon notwendig Aufklärer und Pazifisten?
Fragen wir also, ehe wir die Futurologie an den Gehalten ihrer Vorhersagen und Spekulationen messen, sie nach ihren eigenen Ansprüchen und Forderungen ab.

»... was wir wollen, ist nicht, die wahrscheinliche Zukunft vorherzusagen, sondern die wünschbare Zukunft vorzubereiten, und vielleicht noch weiter zu gehen: wir wollen uns bemühen, die wünschbare Zukunft wahrscheinlich zu machen.«

Jacques de Bourbon-Busset: Réflexions sur l'attitude prospective[3]

»Was die heutigen Studien so völlig von denen der Vergangenheit unterscheidet, liegt darin, daß sie auf spezifische gesellschaftspolitische Zwecke hin orientiert sind; im Rahmen dieser neuen Dimension sind sie bewußt durch eine neue Methodik geprägt, die, wenngleich nicht exakte Vorhersagen, so doch eine zuverlässige Fundierung realistischer Alternativen und Entscheidungen zu liefern verspricht.«

Daniel Bell: Vorwort zu H. Kahn und A. J. Wiener, The Year 2000[4]

Die Futurologie will also praktisch werden. Für die Mehrzahl der Zukunftsforscher heißt Praxis, die Chancen für ein erfolgversprechendes Handeln sichtbar zu machen, das von seinen Eventualitäten her sich seiner Prämissen bewußt werden soll. Deshalb begreift sich die Futurologie auch als heuristische Methode. Kühnere Forscher wollen sich damit nicht zufrieden geben und sehen, nach einer Formulierung Herman Kahns, die »Überraschungsfreie Projektion« als ihre eigentliche Aufgabe an. Was im Sinne der Sache zweifellos konsequenter ist, schon weil es den Zwang zur Exaktheit der Beobachtung erhöht. Nur wenige aber äußern sich so unbefangen wie der Experte des »technological forecasting«, Erich Jantsch, der erwartet, schon in wenigen Jahren werde zumindest die technisch-ökonomische Vorhersage eine so große Perfektion erreicht haben, daß sie in den Planungsprozeß selbst einmünden, also nicht mehr als Disziplin aus eigenem Recht fortbestehen werde.[5]
Das geht freilich den meisten Zukunftsforschern zu weit, denn sie wollen nicht nur die Hilfstechniken oder die Propaganda für eine Planung liefern, die ihren eigenen Sachzwängen folgt. Schließlich greift die Futurolo-

gie über die mittelfristige Prognose (mit ihren meist zehn Jahren) gerade in der Absicht hinaus, die umfassenderen Implikationen heutiger Entscheidung freizulegen und damit qualitativ Neues zu zeigen. Erst aus der Entfernung von mehreren Jahrzehnten ließen sich ja die umfassenderen gesellschaftlichen Optionen, die es zu eröffnen gelte, richtig demonstrieren.

Wie auch immer die Futurologie sich versteht, »überraschungsfreie« Aussagen über die Zukunft müssen ihr Ziel bleiben, will sie sich nicht einer freischweifenden Spekulation ausliefern. Anders könnte sie auch der Gegenwart keinen Aufschluß über sich selbst geben. Damit die Vorhersage vor Überraschungen gefeit ist, müssen die im denkbaren Verwirklichungsprozeß unweigerlich auftretenden Unsicherheiten, die in der Ausgangslage noch verborgen sind, vorweggenommen werden. Diese gesellschaftlichen Widersprüche – und um nichts anderes handelt es sich ja, sie werden nur nicht beim Namen genannt – will die Futurologie nicht als solche erklären, sie will nur zeigen, wie sie von der Eventualität überholt werden können. Handelte sie anders, böte sie bereits Lösungen an, so könnte das heißen, sie erhöbe Anspruch auf einen Gesamtplan. Doch der ist der Futurologie allemal ideologieverdächtig und daher zu meiden. Sonst würde sie, so fürchtet sie, in den Entwurf ihrer Vorhersage von vornherein Krisenanfälligkeiten einbauen. Was sie will, ist nur, zu realistischem Handeln als solchem anzuleiten.

Dieses aussichtslose Verfahren, mit dem die Futurologie sich praxisgerecht und doch politikfrei erhalten möchte, hat natürlich bis heute keine einzige Vorhersage erbringen können, die für einen größeren gesellschaftlichen Zusammenhang wirklich Neues sichtbar machte. Verbietet der Futurologie ihre ängstliche Methode, die immer um den Nachweis ihrer empirischen Ordentlichkeit bemüht bleiben muß, jedes Ausgreifen sozialer Phantasie – weshalb sie über das so oft beschworene »Wünschbare« nichts zu sagen weiß –, so erklärt sie auch dem praktischen sozialen Handeln nichts, was es nicht mithilfe herkömmlicher Analyse in Erfahrung bringen könnte.

Da sie nicht kritisch werden, auf Politik sich nicht einlassen will, bleibt also die Futurologie in ohnmächtiger Distanz gleichermaßen zur Praxis wie zur Theorie, zur Wissenschaft. Diese ihre fundamentale Schwäche überspielt sie nun gerne mit dem Trickbegriff eines feige gewordenen Dezisionismus: Alternative.

»Ehe sie ihr Zeichen der Zukunft aufprägt, ist die Prospektive mit der Vielzahl der Zukünfte konfrontiert. Sie ist die Gymnastik des Möglichen, oder, um ihren Gehalt genauer zu umschreiben, die Suche nach einer neuen Erkenntnisform, die jede zukünftige Situation als Konsequenz unserer mehr oder weniger freien Handlungen und der mehr oder weniger freien Reaktionen der übrigen Welt darauf ins Auge faßt.«

Pierre Massé: L'esprit prospectif et l'application[6]

»Wenn wir wirkliche Zukünfte sichtbar machen wollen, die ›anders‹ sind, dann müssen wir sie im Rahmen von Wertsystemen sichtbar machen, die ebenfalls ›anders‹ sind. Schließlich sind auch die institutionellen Formen zu zeigen, die sich ihrerseits (qualitativ) von denen der Gegenwart unterscheiden müssen. Will man das leisten, dann muß man zweifellos auch die Konstruktion von antizipierten Wertsystemen zu einer Teilarbeit zukunftsschöpferischen Planens machen, das heißt, man muß die verschiedenen Modalitäten von Gut und Böse innerhalb der Zukunfts-Kontexte konstruieren.«

Hasan Ozbekhan: Skizze einer »Look-out-Institution«[7]

Da unsere Entscheidungen stets mehrere, sogar widersprüchliche Konsequenzen haben können, so müßte, folgern viele Zukunftsforscher, sich aus der systematischen Interpretation der Eventualitäten eine Methode machen lassen. Wenn man die verschiedenen Konsequenzen, die ihrerseits neue Entscheidungen zur Folge haben, zu Handlungsketten verlängerte, größere Mengen davon zusammenfaßte und unterschiedliche Kontexte damit durchschösse, so müßten sich von der Gegenwart her auch verschiedenartige Zukünfte plausibel extrapolieren lassen. Das könne man gar so weit treiben, daß sich aus ein- und derselben heutigen Handlungskonstellation geradezu alternative, einander ausschließende Zukunftspanoramen ableiten ließen.

Solche Modellzukünfte oder Antizipationen hofft der Planungsdirektor der Systems Development Corporation, Hasan Ozbekhan, mithilfe großer Datenbanken konstruieren zu können, welche die eingegebenen Gegenwartskonfigurationen mitsamt bestimmten politischen Zielsetzungen zu neuen kohärenten Situationen fortrechnen würden. Ozbekhan möchte sogar eine »Antizipation konstruieren, eine Datenbank für sie entwickeln und diese sozusagen rückwärts manipulieren, um zu sehen, wie die von der Antizipation dargestellte und gewählte Situation auf die Änderungen zurückverweisen kann, welchen die gegenwärtige Situation unterzogen werden muß, damit sie der Antizipation gerecht werden kann«. Hier würde die Futurologie zweifellos ihre höchste Perfektion erreichen, sie würde zu einer »Planungsmethode, welche die Zukunft als ein operationales Mittel benutzt, um Änderungen in der Gegenwart zu bewirken –

und durch solche Änderungen die konzipierte Zukunft ins Werk zu setzen«.[8]

Mit konventionelleren Methoden, vornehmlich der kombinierten Expertenanalyse und dem sogenannten Drehbuchschreiben (scenario writing), gehen Herman Kahn und Anthony J. Wiener in ihrer umfangreichen Arbeit *The year 2000 – a framework for speculation on the next thirty three years* vor. Sie zeichnen zunächst, indem sie sichtbare Trends weiterführen und verbreitern, eine »standard world« des Jahres 2000 – die allerdings der nur überdimensional gewordenen Welt des Jahres 1967 keine neuen Züge hinzufügt. Zu dieser Standardwelt kombinieren sie durch jeweilige Abschwächung oder Verstärkung der unterschiedlich extrapolierten Trends eine Reihe von »canonical variations«. Aber auch diese Variationen sind von erdrückender Banalität. Auf ihren wechselnden Prospekten erscheinen, nur in verschiedenen Verzerrungen, die Schattenrisse derselben vordergründigen Gegenwart.

Der Entwurf von alternativen Zukünften und von Handlungsanleitungen, wie jeweils dorthin zu gelangen sei, ist bis jetzt eine Schlagwort-Forderung der Futurologie geblieben. Er muß nicht nur technisch an der Unzahl der abhängigen Variablen scheitern – denn selbst die meisten anscheinend unabhängigen Variablen werden in längerer Sicht abhängig –, er scheitert ganz einfach auch an der Einfallslosigkeit der Futurologie, an ihrer Blindheit gegenüber der Gegenwart. Diese sei, so unterstellt die Futurologie, mit den gegebenen wissenschaftlichen wie politischen Optiken nicht zu durchschauen. Vom in sich selbst befangenen Heute ließen sich die Hebel nicht finden, um die radikalen Änderungen herbeizuführen, welche die wahrscheinliche Massierung künftiger Katastrophensituationen dringend verlange.

Wo die Futurologie nicht die Kühnheit besitzt, geschlossene Topologien oder »Kontextkarten« der Zukunft herstellen zu wollen, bietet sie zumindest »Vorwarnsysteme« oder »Look-out-institutions« an, um mit ihrer Hilfe den Horizont vielleicht noch verborgener Gefährdungen zu erweitern.

»Die europäische Vergangenheit der letzten 150 Jahre ist u. a. dadurch gekennzeichnet, daß sich in einzelnen Lebensgebieten heftige Wandlungserscheinungen (›industrielle Revolution‹) einstellten, die eine unvorbereitete Gesellschaft kurzfristig schweren Anpassungsschwierigkeiten auslieferten. Dabei kam es immer wieder zu schweren Belastungen einzelner Bevölkerungsteile, wie auch zu Erscheinungen allgemeiner Desorganisation (z. B. ›Weltwirtschaftskrise‹) mit teilweise verheerenden gesellschaftlichen Folgewirkun-

gen. Der Modernisierungsprozeß Europas vollzog sich somit ungeachtet aller Einzelerfolge bisher weitgehend in einer irrationalen, der antizipativen und dispositiven Vernunft ermangelnden Weise ...
Wenn die Zukunftsforschung heute die Entwicklung eines ›Vorwarnsystems‹ anbietet, dann deshalb, um hier helfend einzugreifen.«

Prospekt des »Zentrums Zukunftsforschung Berlin e. V.«[9]

Verrät die Futurologie in ihrer Forderung nach der Konstruktion alternativer Zukünfte ihr technizistisches Planungsdenken, das sich letzten Endes doch immer wieder der Dezision hingibt, so zeigt sich im Projekt der »Vorwarnsysteme« ihr hoffnungsloser Geschichtsbegriff. Der Fortschritt ist ihr ein der Gesellschaft äußerlicher Prozeß, den es in der Vorausschau einzuholen gilt, damit seine Gefahren umgangen und damit die nötigen Anpassungen rechtzeitig eingeleitet werden können. Es ist der wissenschaftlich-technische Fortschritt selbst, in dem die Geschichte verläuft. Vorgegeben, ist er als solcher rational; irrational verhalten sich nur die Gesellschaft und ihre Führungseliten, die sich nicht in ihn einzufügen wissen. Würden sie seine Zielrichtung nur erkennen und vorwegnehmen, könnten sie auch rational ihre Dispositionen treffen. Wird die wissenschaftlich-technische Entwicklung nur früh genug antizipiert, dann lassen sich, durch eine vernünftigere Verwendung materialer und menschlicher Ressourcen, in ihm selbst die Therapien entdecken. Wenn, wie die Futurologie hofft, sich mit dem Zukunftsblick nach rückwärts die Entwicklungsgesetze des Fortschritts aufdecken lassen, dann wird es rationaler Planung leichter fallen, Präventivstrategien zu entwerfen und anzuwenden.
Weder die von der Futurologie vorgeschlagenen Modellzukünfte noch ihre Vorwarnsysteme, würden sie tatsächlich installiert, können indes zu einer höheren Rationalität heutigen sozialen Handelns hinführen. In beiden Konstruktionen betrügt sich die Futurologie mit ihrem eigenen Trick. Er besteht in der Vorspiegelung, man könne, da im Zukunftsentwurf soziale Gebilde leichter als systemfunktional zu demonstrieren sind, durch Rückübertragung auch der Gegenwart eine höhere Systemfunktionalität abgewinnen und damit instrumentale Planungsmittel finden. Da jedoch die Futurologie in Geschichte und Gegenwart alles als irrational betrachtet, was nicht systemfunktional und damit operabel ist, und auch Planung nur als Systemfunktion begreift, schließt sie »für das betreffende System selbst gar keine Zukunft mehr auf, sondern perfektioniert seine Gegenwart ...«[10]
Ihre reinste Konsequenz – die freilich von humanistischeren Zukunftsfor-

schern mit einigem Unbehagen nachvollzogen wird – erreicht die Futurologie schließlich in der Forderung nach einer neuen Sozialtechnik. Der Forschungsdirektor der RAND-Corporation, Olaf Helmer, benutzt dafür den Begriff »social technology«, der Kernphysiker Alvin M. Weinberg spricht noch unbefangener von »social engineering«.

»Die herkömmlichen Methoden der Sozialwissenschaften erweisen sich als ungeeignet, um die Folgen alternativer Politiken vorauszusehen und damit den Entscheidungsträgern auf hoher Ebene eine nützliche Planungshilfe zu geben. Dieser Mangel an politischer Orientierung wird nun allmählich überwunden. Statt weiterhin dem vergeblichen Versuch einer Nachahmung der Naturwissenschaften zu folgen, machen Forscher im sozialwissenschaftlichen Bereich sich nun klar, daß es endlich Zeit ist, es der naturwissenschaftlichen Technik gleichzutun. Dies beginnt mit der Suche nach einem interdisziplinären Systemansatz für die Lösungen sozio-politischer Probleme. Der Erfolg wird dann in der Übertragung der Methoden des operations research aus der naturwissenschaftlichen Technik auf die Sozialtechnik liegen.«

Olaf Helmer: Science, in Science Journal, Oktober 1967[11]

Die Bösartigkeit dieses hemmungslosen Technizismus liegt, zumindest vorläufig, weniger in der Chance, daß er durch die Schaffung von Instrumentarien zu unmittelbarer sozialer Manipulation führen könnte. Dazu sind seine theoretischen und operationellen Voraussetzungen zu eng, sind seine Konstruktionen, wozu ja auch die aus einer unbegriffenen Gegenwart fortgerechneten Modelle alternativer Zukünfte gehören, schlechthin zu borniert. Mögen sich auch ihre Systemanalysen verfeinern und ihre Instrumentarien sich griffiger machen lassen, eine an operationelle Mittel gebundene Sozialtechnik läßt sich doch niemals zu einem universalen Herrschaftswerkzeug im Dienst von »big brother« fortentwickeln, wie bürgerliche Verschwörungsangst es erwartet. Es sind vielmehr die mit ihrer Hilfe errichteten Teilrationalisierungen und Stückwerkstechnologien, die in ihrer Summe die katastrophale Gegenwart befestigen und gegen die Zukunft abschließen. Die gewaltigste dieser Stückwerkstechnologien ist schließlich das geschlossene Sicherheitsgefüge der atomaren Abschreckung. Als Komplizin der Methode hat die Futurologie, auch wenn sie das nicht wahrhaben will, ihr Teil an der Rechtfertigung und der Perpetuierung der organisierten Kriegs- wie Friedensverhinderung
Ihren wohl beklemmendsten Niederschlag findet eine Futurologie, die sozialtechnisch ihre Mittel in ihre Zwecke verkehrt, in den Erwägungen eines amerikanischen Physikers, der sich auch als Wissenschaftspolitiker und Berater seiner Regierung hervorgetan hat:

»Der Techniker ist angesichts der Schwierigkeiten, denen der Sozialtechniker gegenübersteht, geradezu erschreckt. Selbst eine geringfügige gesellschaftliche Veränderung in Gang zu setzen, ist meist sehr schwer, auch wenn diese Veränderung ziemlich neutral oder sogar vorteilhaft ist ... Es ist daher recht naheliegend, angesichts der Einfachheit der technologischen Praxis und angesichts der Kompliziertheit der Sozialtechnik folgende Frage zu stellen: In welchem Umfang lassen sich gesellschaftliche Probleme umgehen, indem man sie auf technische Probleme reduziert? Können wir ›Quick Technological Fixes‹ für schwerwiegende und fast unendlich komplizierte Gesellschaftsprobleme einsetzen? ›Fixes‹, die innerhalb des Zugriffs moderner Technik liegen und die entweder das ursprüngliche gesellschaftliche Problem beseitigen würden, ohne das Sozialverhalten des einzelnen ändern zu müssen, oder die doch das Problem so sehr verändern würden, daß seine Lösung eher möglich wird ... In welchem Umfang können technische Heilmittel für gesellschaftliche Probleme gefunden werden, ohne daß man erst die Ursachen der Probleme beseitigen müßte? In diesem Sinne frage ich, kann Technik die Sozialtechnik ersetzen? ...
Der ›Technological Fix‹ nimmt die spezifischen Schwächen des Menschen hin und umgeht sie oder zieht gar Vorteil für gesellschaftlich nützliche Zwecke aus ihnen. Der ›Fix‹ ist daher außerordentlich praktisch und auf kurze Sicht relativ wirksam. Man muß sich nicht lange damit abgeben, die Gehirne der Menschen zu ändern. Wenn die Menschen mehr Wasser brauchen, gibt man ihnen eben mehr Wasser, anstatt daß man von ihnen verlangt, sie sollten weniger verbrauchen; wenn die Leute unbedingt Autos in betrunkenem Zustand fahren wollen, liefert man ihnen eben Autos, die selbst bei schweren Unfällen keine Verletzungen verursachen.«

Alvin M. Weinberg: Kann Technik die Sozialtechnik ersetzen?[12]

Weinberg nennt auch einen dieser ›Fixes‹: Die H-Bombe. Die von ihr auferlegte »pax hydrogenium« sei allerdings insofern »metastabil« und damit anfällig, als ein klares Schreckensgleichgewicht immer noch nicht hergestellt sei und zudem der Widerspruch zwischen reichen und armen Ländern damit nicht gelöst werde. Die Schaffung von Zivilschutzsystemen wäre daher ein geeigneter »Technological Fix«, um die Stabilität zu erhöhen und ein Abgleiten der Welt in den thermonuklearen Krieg zu verhindern.

Mit solch naiver Brutalität werden sich wohl nur wenige Futurologen identifizieren mögen. Doch im Grunde laufen ihrer aller Bemühungen, wo sie nur praktisch werden sollen, auf das gleiche hinaus. Auch eine gutwillige, gar pazifistisch gesinnte Futurologie läßt sich in den Dienst einer technokratischen Politikverwaltung stellen, die Konflikte nicht mehr institutionalisierend beschränken und heben will – wie es noch die Ideologie des bürgerlich-liberalen Staates wollte –, sondern sie durch systematische Dazwischenschiebung sozialer (software-) und materialer (hardware-) Techniken wegregeln möchte.

Ihren herrschaftsfreien Planungsbegriff und ihren konfliktlosen Politikbegriff – Politik ist »problem solving« – überhöht die Futurologie mit dem Mythos des wissenschaftlichen Expertentums.

»Solange es an theoretisch überzeugenden Gründen für die Entscheidung zu einer bestimmten Handlungsweise oder zu einer spezifischen Politik fehlt, müssen wir uns um Rat an den Experten wenden. Der Grad seines Sachverstands, der in seinen Vorhersagen und Empfehlungen ausgebreitet wird, ermißt sich an der relativen Häufigkeit, mit der seine Erklärungen von späteren Ereignissen bestätigt werden.«

Olaf Helmer: Sozialtechnik[13]

»In der tertiären Zivilisation werden einige Hunderte von Spezialisten die Herren über das Schicksal von Millionen von Menschen sein.«

Jean Fourastié: Die große Hoffnung des zwanzigsten Jahrhunderts[14]

Da der Politiker – den die Futurologie sich als befangenen Interessenexponenten einerseits, als abstrakten Entscheidungsträger andererseits vorstellt – nicht mehr in der Lage sei, die Komplexheit technischer und sozialer Zusammenhänge zu erfassen und die Reichweite seiner Entscheidungen vorherzusehen, müsse ihm eine institutionalisierte Expertenschaft an die Hand gehen. Geschämig weisen freilich die meisten Futurologen die (von Kulturkritikern wie Jacques Ellul angediente) Vorstellung von sich, sie forderten eine Herrschaft der Experten, die allein die Staatsmaschine bedienen könnten. Da jedoch die Futurologie zu Herrschaft, zu ihrem Wandel und zu ihren Institutionen schlechthin nichts zu sagen weiß, da sie nur die Durchdringung der politischen und administrativen Apparate mit mehr Sachverstand fordert, bleibt ihre Abweisung der – eigentlich nur konsequenten – Expertokratie-Forderung nicht mehr als eine Verbeugung vor demokratischen Idolen, von deren Bedeutungslosigkeit sie insgeheim überzeugt ist.

Schon indem sie den Begriff politischen Handelns auf die letzte Entscheidung des von interessenrationalen Alternativen umstellten Politikers reduziert, weist die Futurologie den Entscheidungsvorbereitern, den Experten, die eigentliche Herrschaftsrolle zu.

Dabei will sie durchaus nicht für so naiv gehalten werden, als unterstelle sie dem Experten reine Absichtslosigkeit und Vorurteilsfreiheit. Der einseitigen Beratung durch voreingenommenen Sachverstand könne allerdings durch eine interessenparitätische Besetzung von Experten- und Prognostikergremien vorgebeugt werden. Olaf Helmer hat für die Rand-Corporation diese in der wissenschaftlichen Politikberatung der amerikanischen Regierung bereits geübte Praxis systematisiert und das auch von

Futurologen viel bewunderte und nachgeahmte »Delphi-Verfahren« zur Erzielung eines Experten-Consensus entwickelt. Die von Helmer mit dieser Methode ermittelten Prognosen über wissenschaftlich-technische Entwicklung, neue Waffensysteme, Weltsicherheit enthalten freilich nur noch die banalste Wahrscheinlichkeit.

Der im Experten-Consensus zu erzielende Kompromiß über die Erfolgswahrscheinlichkeit politischer Entscheidungen setzt also voraus, daß der eigentliche politische Prozeß in die Auseinandersetzung zwischen Experten vorverlegt wird. Abgesehen davon, daß die Beteiligung an diesem Prozeß mehr oder weniger risikofrei bleibt, wird damit auch die dem Politiker unterschobene Entscheidung zwischen Alternativen zur Fiktion. Sie ist vom ausgemittelten Sachverstand allemal schon vorweggenommen. Heimlich möchte sich die Futurologie immer der Dezision ausliefern. Von schwächlicher ideologischer Konstitution, möchte sie sich jedoch vorher deren Impotenz versichern.

Offen gegenüber allen Theoremen, in denen ein konservativer Scheinprogressismus dem Fortschritt die Möglichkeiten der Harmonisierung, der Auflösung industriegesellschaftlicher (natürlich nicht kapitalistischer) Widersprüche abgewinnen will, haben sich viele Futurologen auch die These vom Ende der Ideologien zu eigen gemacht.

»Alle Ideologien sind überholt, ebenso überholt wie die ökonomisch-politischen Strukturen ihrer Zeit. Sie sind vor der zweiten Phase der industriellen Revolution entstanden, die ein Zeitalter des Überflusses und der Planetisierung verspricht.«

Louis Armand und Michel Drancourt: Plaidoyer pour l'avenir[15]

»Jedenfalls scheint es plausibel, daß das ›Ende der Ideologie‹ und eine unvermeidliche Desillusionierung gegenüber den Idealen und Erwartungen der amerikanischen Demokratie und des free enterprise, ferner der weitere Verfall traditionell-religiöser Einflüsse und das Fehlen akzeptabler Massenideologien eine allgemeine geistige und politische Wurzellosigkeit gefördert haben und weiterhin fördern werden. Je mehr Säkularisierung, Rationalisierung und Innovation den Kulturwandel in Richtung auf diesseitig-sinnliche (sensate) und bürgerliche Normen vorantreiben, desto mehr verspricht der Einfluß traditioneller Weltanschauungen während der nächsten 33 Jahre zu schwinden.«

Herman Kahn und Anthony J. Wiener: The Year 2000[16]

»Eine reiche Gesellschaft ist a priori tolerant.«

Jean Fourastié: Essais de morale prospective[17]

Wer heute vom Ende der Ideologien, der Ismen spricht, ruft meistens das alte »Haltet den Dieb«. Eben dies tut die Futurologie, die ihrerseits alle gegenideologischen Theoreme aufnimmt, sofern sie nur Integration und die Überholung der alten Widersprüche durch den Fortschritt versprechen.

So finden sich im futurologischen Repertoire denn auch die ganzen vulgärsoziologischen Integrationskonzepte der letzten Jahrzehnte: Burnhams Managerherrschaft, welche die Macht durch Eigentum ablöst; Michael Youngs Meritokratie über der egalitär gewordenen Leistungsgesellschaft; Fourastiés tertiäre Gesellschaft, die im Wesen der Dienstleistung die nur der Produktionssphäre eigenen Klassenantagonismen aufhebt; die Konvergenz der beiden Weltsysteme in der planetarischen »Industriezivilisation«; die dauerhafte Integration der atomaren Drohsysteme in einer gemeinsamen Abschreckungsraison ohne Schrecken.

Da der Fortschritt, voran der technische, zu immer weiteren Integrationen und Harmonisierungen treibt, können von der Warte der »postindustriellen Gesellschaft« – diese unter Futurologen beliebte Prägung stammt von dem Columbia-Soziologen Daniel Bell, der auch der »Commission on the Year 2000« der American Academy of Arts and Sciences präsidiert[18] – die Gegensätze zwischen Kapitalismus und Sozialismus gelassen als weithin veraltet betrachtet werden. Die Futurologie kann den Niedergang kapitalistischer Werte, die künftige Bedeutungslosigkeit von Eigentum und free enterprise umso besseren Gewissens voraussagen, als in ihren Augen der Sozialismus in allen seinen Fragestellungen von der Überflußgesellschaft überholt wird. Er hinterläßt allenfalls ein paar ideologische Ruinen, die von der unaufhaltsamen Aufklärung nächstens beiseite geräumt werden dürften.

Der Futurologe und Planificateur Jean Fourastié hat schließlich den Sozialismus auf seine umgänglichste Formel reduziert: »Wirtschaftsordnung, in der die Masse der Bevölkerung einen hohen Lebensstandard erreicht und in der die Privilegien aus Eigentum sich verwischen«.[19]

Nicht in politischen oder in Rechtsordnungen, nicht in der Herrschaft des Eigentums oder in Produktionsverhältnissen seien die konstitutiven Bedingungen jeder Zivilisation zu sehen, sondern in den Produktionstechniken selbst[20]. Und Peter F. Drucker sagt einfach: »... das wahre revolutionäre Prinzip ist die Idee der Massenproduktion«[21]. Darum kann der Sozialismus am Ende im Kapitalismus erfüllt werden. Nur daß eben auch dessen Namen aus futurologischer Perspektive nicht mehr stimmt und tunlichst aus dem Gebrauch gezogen werden soll.

So hat die Futurologie – das unterscheidet sie von den fortschrittsgläubigen Materialismen des 19. Jahrhunderts – nichts mehr vor sich, wogegen sie noch aufklären könnte. Der wissenschaftlich-technische Fortschritt an sich ist die Aufklärung. Und der universale Zug zu Harmonie und Versöhnung aller Widersprüche, der vom unendlichen Wachstum technischer Produktion getragen wird, ist schon die Revolution. In diese Revolution ist die gesamte Menschheit hineingezogen, daher sie weder Unterlegene noch Sieger kennt. Hier, in der Identifizierung des Harmoniestrebens allen Fortschritts als Revolution, steckt der Kern der Zukunftsideologie. Die Revolution, so liest sich's in der Futurologie, ist die ständig zunehmende Beschleunigung aller Innovationsprozesse. Und es ist das innovationsbewußte Amerika, das die Revolution vorlebt und als erstes die »postindustrielle Gesellschaft« erreicht.

»Was Amerika in unserer Zeit seine einzigartige Stellung verleiht, ist die Tatsache, daß die amerikanische Gesellschaft als erste die Zukunft erlebt. Die Konfrontation mit dem Neuen ... gehört zur täglichen amerikanischen Erfahrung. Die übrige Welt braucht nur zu beobachten, was in den Vereinigten Staaten geschieht, um zu wissen, was ihr selbst bevorsteht, im Guten wie im Schlimmen: neueste Weltraumerfolge und elektrische Zahnbürste im Badezimmer, Pop-Art und LSD, Klimaanlagen und Luftverschmutzung, Altersprobleme und Jugendkriminalität ... Amerika ist heute *die* schöpferische Gesellschaft; die anderen eifern ihm bewußt oder unbewußt nach.«

Zbigniew Brzezinski: Amerika im technetronischen Zeitalter[22]

»... 1984 werden wir genauso obsoleszenzbewußt – das heißt neuerungsbewußt – sein wie die Amerikaner heute. Güter werden veralten, nicht weil sie die biologischen Bedürfnisse nicht mehr befriedigen, sondern weil sie die psychologischen Bedürfnisse nicht mehr erfüllen können. Und die Industrie muß begreifen, daß diese psychologischen Bedürfnisse ebenso echt und real sind wie die biologischen Bedürfnisse, weshalb sie echt befriedigt werden müssen.« Ronald Brech: Britain 1984 – Unilever's Forecast[23]

Gegen diese Amerikanisierung der Zukunft bleiben die Versuche französischer Futurologen, eine Gesellschaft zu zeichnen, die nicht vom »gadget« beherrscht ist, nahezu aussichtslos. So zeichnen die »Réflexions pour 1985« – eine Projektion im Auftrag des Premierministers und des Plankommissariats, welche die allgemeinen Orientationen für den V. Plan erhellen sollte – eine Wachstumsgesellschaft, die vom »gadget«-Kult befreit ist und sich stattdessen dem Ästhetischen hingeben kann.

»Das Schöne wird sich mehr und mehr der Seltenheit entziehen: ebenso wie die Produktionen der Kunst (die der Vergangenheit oder die der Avantgarde) sich ihres Seltenheitswertes begeben (wie die Musik beweist), indem sie in den Massenkonsum eingehen, ebenso wird dieser sich seinerseits rechtfertigen, indem er sich einem ästhetischen Anspruch fügt, der sein Feld nicht auf Privilegien-Objekte beschränken kann. In diesem Sinne wird das Ästhetische eine Dimension des wirtschaftlichen Wachstums ... Zweifellos wird das Ästhetische 1985 den gesamten gesellschaftlichen Raum erobert haben.«

Réflexions pour 1985[24]

Das Schöne soll nicht aus der Gesellschaft entbunden, sondern ihr über den Massenkonsum vermittelt werden. (Im übrigen ist zu fürchten, daß auch 1985 noch die Staatskunst der Maison de la Radio und des Prix de Rome den Raum der öffentlichen französischen Ästhetik besetzt halten wird.) So läuft es auch in dieser quasi amtlichen Prospektive, die das Frankreich des Jahres 1985 vom amerikanischen Gigantismus bewahrt sehen will, letzten Endes doch wieder auf Amerika hinaus.

Ist es nicht unfair, die Futurologie auf solche Weise anhand ausgewählter Banalitäten zu denunzieren? Enthält sie nicht, so unkritisch sie einstweilen sein mag, doch die Ansätze zu einem aufgeklärteren und weitsichtigeren Planungsdenken, da einmal dem Zwang zum Planen nicht zu entgehen ist? Wäre es doch so! Die Aussagen der heutigen Futurologie jedenfalls beweisen eine Phantasielosigkeit, die in ihren ständigen Wiederholungen die projizierte Zukunft zu einem Alptraum macht. Überblickt man die bekannteren Globalprognosen der letzten Jahre – darunter vor allem die hier zitierten der Helmer, Kahn, Brech, Fourastié und der Groupe 1985 –, so findet man kaum eine interessante Variation, keinen konzeptionellen Widerspruch, der eine Auseinandersetzung über die Sache selbst herausforderte. In der Gleichförmigkeit ihrer Erwartungen ist die Futurologie nur eine große Apologetik der Gegenwart.

Die Futurologie, wenigstens die heutige, kann keine soziale Phantasie freisetzen, weil sie nicht aufdeckt, was diese bindet, nämlich Herrschaft. Sie wird als unveränderbar immer schon vorausgesetzt, der Begriff kommt in der Futurologie gar nicht vor. So enthält die futurologische Literatur, in der nicht wenig über die »Institutionalisierung des Wandels« gesprochen wird, denn auch nirgends einen Versuch, neue Formen der Herrschaft und ihre Institutionen zu zeigen. Wo überhaupt der Wandel der Institutionen genauer ins Blickfeld kommt, da scheint er nur auf größere Zentralisierung der Entscheidungen zu zielen, vor der die Futurologen, liberal wie sie meistenteils sind, natürlich warnen, deren Voraussetzungen und Auflösungsmöglichkeiten sie jedoch nicht untersuchen.

Herrschaftsblind macht sich die Futurologie schon durch ihr Verfahren. Bedingung aller Zukunft, die sie sehen und anerkennen kann, ist zuerst wirtschaftliches Wachstum, das sich vornehmlich in Technik konkretisiert. Deren Strukturen sind bereits aufgrund heutiger Planung auf lange Frist plausibel projizierbar, sodaß sie für die gesellschaftliche Prognose den »härtesten« und überzeugendsten Teil ihrer Erwartungen darstellen müssen. Alle übrigen Erwartungen bemessen sich dann an der übermächtigen Wahrscheinlichkeit der technischen Entwicklung. Die alten Herrschafts- und Interessenlagen geraten schließlich, da überall technische Konkretheit den Horizont verstellt, vollends aus dem Blick. Sie würden wieder sichtbar, wenn die Futurologie, und sei es nur des Experimentes wegen, sich an einer wachstumsunabhängigen Prognose versuchte, in der die qualitative Veränderbarkeit des Bestehenden und damit auch der Technik aufgewiesen werden müßte. In der Koppelung an den Zwang zum wirtschaftlichen Wachstum lassen sich für die Technik kaum humanere Strukturen entwerfen, wie es die Vorschläge für »Vorwarnsysteme« oder »alternative Zukünfte« doch implizieren. Eine solche Prognose wäre denn auch gezwungen, etwas anderes als bloße Therapien für die bedrohlichsten Konsequenzen der Technik aufzuweisen, Therapien, die ihrerseits wiederum auf größtmögliches Wachstum der Wirtschaft bauen müssen. Von der heutigen Futurologie ist jedoch eine Vorhersage, die quantitative Stagnation voraussetzen würde, nicht einmal als formales Experiment zu erwarten. Das würde eine kritische Phantasie verlangen, die freilich nicht nur den Futurologen fehlt.

So ist die Futurologie, die ja mehr sein will als die Summe von Detailprognosen, am Ende auch unbrauchbar für eine soziale Planung, die sich nicht auf die »Technological Fixes« einengen läßt. Eine Planung zur Veränderung gesellschaftlicher Organisation klärt sich im Zweifelsfall schon am Objekt auf, das sie immer mit Herrschaft und Interesse konfrontieren muß. Denn ist Planen zum einen ohne Herrschaftsauftrag oder doch Herrschaftsanspruch nicht als kohärentes Aktionssystem zu denken – anders wäre es selbstbetrügerische Fiktion –, so birgt es zum anderen auch die Chance, sich zurück gegen Herrschaft zu wenden, deren Verfestigungen durchsichtig zu machen und sie schließlich zu unterlaufen. Die Futurologie kann da höchstens im Wege sein.

Was die Futurologie allenfalls liefern kann, das sind, immer in den vorgegeben Grundmustern, erweiterte Parameter und eine größere Sensibilität für die Planung der Technik selbst. (Niemand versteht ja auch die Futurologen besser als die Ingenieure.) Sie kann versuchen, eine sich rücksichtslos vorantreibende Technik wenn nicht zu verändern, so doch von den Rändern her akzeptabler zu machen.

Auch das wäre letzten Endes nicht zu verachten. Damit jedoch die Futurologie, nun in einem anderen Sinne, sozialtechnisch werden könnte, müßte sie erst ihren Anspruch reduzieren und sich selbst entideologisieren. Nur wäre sie dann nicht mehr, die sie ist, sondern eben eine Zusammenfassung planerischer Hilfstechniken und Methoden. Es ist nicht zu erwarten, daß die Futurologie sich dazu so bald bequemen wird. Denn so gründlich läßt sie sich gar nicht denunzieren, als daß das Ideologie-Bedürfnis, das sie befriedigt, nicht noch mächtiger wäre. Und die Möglichkeiten, unter dem weiten Mantel der Wissenschaften akribisch Ideologie zu betreiben, sind nach wie vor fast unbegrenzt.

Anmerkungen:

1 Gottfried Salomon-Delatour (Herausg.), *Die Lehre Saint-Simons,* Neuwied 1962, S. 66.

2 Jean Meynaud, *Les speculations sur l'avenir,* Lausanne 1965, S. 97 – Meynauds ›essay bibliographique‹ ist die bisher gründlichste Kritik insbesondere am französischen Zukunftskult. Wir halten es im übrigen in dieser Skizze mit Meynaud, der sich nicht auf die von den verschiedenen Strömungen angebotenen Bezeichnungen und Unterscheidungen (prospective, conjecture, forecast, projection etc.) einläßt. Als zusammenfassender Begriff schien uns, auch aus polemischen Gründen, »Futurologie« am geeignetsten, wenngleich nicht alle Futurologen mit dieser Prägung Ossip K. Flechtheims einverstanden sind.

3 Jacques de Bourbon-Busset, Réflexions sur l'attitude prospective, in *Prospective,* Heft 10 (Dezember 1962), S. 13.

4 Herman Kahn and Anthony J. Wiener, *The Year 2000 – a framework for speculation on the next thirty-three years,* New York – London 1967, Introduction, S. XXV.

5 Erich Jantsch, *Technological Forecasting in Perspective,* OECD, Paris 1967, S. 18.

6 Pierre Massé, L'esprit prospectif et l'application, in *Prospective,* Heft 10 (Dezember 1962), S. 19.

7 Hasan Ozbekhan, The Idea of a »Look-out«-Institution, SDC-Paper SP 2017, deutsche Fassung: Skizze einer »Look-out-Institution« in *atomzeitalter,* Heft 4 (April) 1967, S. 187.

8 H. Ozbekhan, a.a.O.

9 *Informationsbroschüre über das Zentrum Berlin für Zukunftsforschung e. V.,* Berlin 1968, S. 18 (Prof. Dr. rer. pol. H. Klages).

10 Helmut Schelsky, Über die Abstraktheiten des Planungsbegriffs in den Sozialwissenschaften, in *Darmstädter Gespräch: Der Mensch und seine Zukunft,* Darmstadt 1967, S. 125.

11 Olaf Helmer, Science, in *Science Journal,* October 1967, Forecasting the Future, S. 50.

12 Alvin M. Weinberg, Can Technology Replace Social Engineering?, in *Bulletin of the Atomic Scientists*, Dezember 1966, deutsch: Kann Technik die Sozialtechnik ersetzen? in *atomzeitalter*, Heft 7/8-1967, S. 414.
13 Olaf Helmer, *Social Technology*, New York 1966, deutsch (Auszug): Sozialtechnik, in *atomzeitalter*, Heft 7/8-1967, S. 426.
14 Jean Fourastié, *Die große Hoffnung des zwanzigsten Jahrhunderts*, Köln-Deutz 1954, S. 311.
15 Louis Armand et Michel Drancourt, *Plaidoyer pour l'avenir*, Paris 1961, S. 17.
16 Hermann Kahn and Anthony J. Wiener, a.a.O. S. 111 f.
17 Jean Fourastié, *Essais de morale prospective*, Paris 1966, S. 161.
18 Die ersten Verhandlungen der »Commission on the Year 2000«, die sich insbesondere um Methodenfragen drehen, sind im Sommerheft 1967 der Vierteljahresschrift *Daedalus, Journal of the American Academy of Arts and Sciences*, erschienen.
19 Jean Fourastié, *Les 40 000 heures*, Paris 1966, S. 27.
20 J. Fourastié et A. Laleuf, *Révolution à l'Ouest*, Paris 1957, S. 103.
21 Peter F. Drucker, The new society – *The anatomy of the industrial order?*, New York 1949, zit. bei Jean Meynaud, a.a.O., S. 52.
22 Zbigniew Brzezinski, Amerika im technetronischen Zeitalter, *Beilage zum Parlament*, B 22/68, 29. 5. 68, S. 3 (Original in *Foreign Affairs*).
23 Ronald Brech, *Britain 1984: Unilever's Forecast*, An experiment in the economic history of the future, London 1963, S. 9.
24 Pierre Massé (Herausg.), *Réflexions pour 1985*, La Documentation Française, Paris 1964.

Die Übersetzungen aus den in der Originalsprache angeführten Werken stammen vom Autor.

Dossier 1: Die Zukunft der Konterrevolution

I. Das Internationale System in den kommenden fünfzig Jahren

Seit die ersten Orakel ihre dunklen Prophezeihungen von sich gaben, hat wohl jeder wahrsagende Zigeuner und jeder Gelehrte einige grundsätzliche Kunstgriffe erlernt, wie er eine Widerlegung seiner Voraussagen vermeiden kann. Man kann z. B. ohne Angabe von Zeit und Tag voraussagen. »Es wird regnen« ist eine Voraussage, die schließlich einmal eintreffen wird. Man kann sich auch zweideutig ausdrücken oder etwas voraussagen, von dem man weiß, daß es entweder geplant oder sogar schon im Gange ist; so kann man in den Ruf eines Weisen geraten.

In der Politik ist solche Zweideutigkeit durchaus nützlich. Wer ein Volk oder politische Ereignisse beeinflussen will, sollte seine unumgängliche Fehlbarkeit niemals der öffentlichen Lächerlichkeit preisgeben. Diejenigen aber, die es sich zur Aufgabe gemacht haben, »begreifen zu lernen«, müssen sich an solche Akte der Entblößung gewöhnen. So wie man dadurch, daß man seine eigenen, unbewußt aufgestellten Postulate unerbittlich preisgibt, das Verstehen fördern kann, kann man es auch durch die Preisgabe ganz bewußter Postulate bereichern.

Diese Überzeugung hat die innere Form unserer Abhandlung geprägt. Wir versuchen, die internationale Lage im Jahre 2000 vorauszusagen. Bei dieser Projektion gehen wir in gleicher Weise auf Einzelheiten ein, wie es ein Geschichtsschreiber des Jahres 2000 bei einer retrospektiven Beschreibung tun wird.

Die Voraussagen werden ohne Überheblichkeit und Zuversicht aufgestellt, da ihre Ergebnisse sich mit Bestimmtheit als falsch erweisen werden. Das Einzige, worauf man vertrauen kann, ist, daß die Wirklichkeit ganz radikal von ihnen abweichen wird. So mögen diese Voraussagen als durch die Verhältnisse bedingte Details angesehen werden, die das Resultat der Anwendung einer subjektiven Wahrscheinlichkeitsrechnung sind.

Falls der Autor gezwungen würde, sich anläßlich einer Wette zwischen den folgenden Voraussagen und vergleichbaren Alternativen zu entscheiden, würde er es vorziehen, auf erstere zu setzen. Das heißt nicht, daß diese Voraussagen wahrscheinlich sind. Es ist z. B. höchst unwahrscheinlich, daß Okinawa ein Teil des 52. Staates der USA sein wird. Aber wenn ich voraussagen müßte, ob es im Jahr 2000 einen 52. Staat geben wird oder nicht, würde ich mich auf die Seite derer schlagen, die dafür wetten. Wenn wir also annehmen, daß es einen 52. Staat geben wird, nachdem Puerto Rico zum 51. erklärt worden ist, und wir aufgefordert würden, auf ein beliebiges Stück Land zu setzen, das ein Teil der USA werden könnte, würde ich mich für die Pazifischen Inseln entscheiden; und diese Entscheidung würde ich für die einzig richtige und sogar wahrscheinliche halten. So viel, um die Spielregeln zu erläutern.

Ich habe dieses Spiel 1965 gespielt. Heute, mehr als ein Jahr danach, hat sich ein Teil meiner Prophezeiungen bereits als falsch erwiesen. Lassen wir sie als solche stehen, um sie einer nüchternen Prüfung durch die Realität auszusetzen. China entwickelt sich z. B. sehr viel schneller, als ich es noch vor zwei Jahren für möglich gehalten hätte. Während ich dies niederschreibe – und Mao noch herrscht –, zeichnen sich die Anfänge eines Guerillakrieges bereits ab. Vielleicht müssen wir nicht einmal mehr bis 1985 warten, um die Kämpfe zu erleben, deren Resultat entweder ein gemäßigteres, wenn auch immer noch angeblich kommunistisches chinesisches Regime sein wird – oder aber die Einnahme einiger Grenzgebiete durch die UdSSR.

Natürlich lassen die Ereignisse des letzten Jahres das, was 1965 niedergeschrieben wurde, etwas überholt erscheinen; und insofern jede beliebige Voraussage falsch sein kann, können es auch die anderen sein; die Welt ist ein fest verbundenes System. Die Lebensform des Jahres 2000 ist eine Funktion derer des Jahres 1990, diese wiederum derer von 1980 und so weiter – rückwirkend. Der Weg der Geschichte ist verzweigt und voller Gabelungen. Das Bild, das wir uns von 1970 machen, prägt dasjenige des Jahres 2000, und die Irrtümer, die bereits in unserer Vorstellung des Jahres 1970 enthalten sind, wirken sich auf die ganze Breite unserer Vorhersagen für das Jahr 2000 aus. Nur wenn wir uns jeden Schritt, den wir auf dem Weg der Geschichte vorangehen, genau ausmalen, können wir uns wirklich vorstellen, wohin er uns führen wird. Deshalb wollen wir die Hypothese der weltweiten Ereignisse von 1965 bis zum Anfang des 21.

Jahrhunderts so klar wie möglich abfassen. Solch eine Aufstellung ist eine notwendige Voraussetzung für jede fruchtbare Diskussion unter Propheten und außerdem ein Maßstab, an dem die Historiker ablesen können, an welchem Punkt sich ihre Annahmen als falsch erwiesen haben.

Die Voraussage
Es wird innerhalb der nächsten 50 Jahre keinen Atomkrieg geben.

1965–1970
Sowohl Mao Tse-tung als auch de Gaulle werden in der Zeit zwischen 1965 und 1970 sterben. Innerhalb von zwei Jahren nach de Gaulles Tod wird das Präsidialsystem in Frankreich wenn auch nicht abgeschafft, so doch weitgehend verkümmert sein; es wird einer Regierung der großen Koalition Platz machen, die sehr intensiv an der europäischen wirtschaftlichen Zusammenarbeit und Integration mitarbeitet; der NATO steht sie ebenso feindlich gegenüber, wie de Gaulle es tat; die Gründe, an einer Zusammenarbeit in diesem Rahmen mitzuwirken, werden eher wirtschaftlicher und pazifistischer als nationaler Natur sein.
Etwa ab 1967 werden in Vietnam keine größeren Kämpfe mehr ausgetragen; objektive Beobachter werden von einem im Wesentlichen amerikanischen Sieg sprechen. Hier und dort auftauchenden örtlichen Terror wird es jedoch nicht nur in Vietnam, sondern in ganz Indochina und Thailand geben, da die Kommunisten beweisen wollen, daß Vietnam nur die Niederlage in einer einzelnen Schlacht innerhalb eines sich ausweitenden Kampfes bedeutet. Als Ergebnis breitet sich in dem gesamten Gebiet wirtschaftliches Elend aus. Mag sein, daß es einige Regierungsumstürze geben wird, so daß um 1970 z. B. eine proamerikanisch orientierte Militärdiktatur in Kambodscha existiert, während zur gleichen Zeit die thailändische Regierung von einer reformfreudigen Koalition gestürzt wird. Aber das sollen keine im Einzelnen gültigen Voraussagen sein. Was ich voraussagen will, ist vielmehr, daß es in diesem Gebiet einen ganzen Katalog von abgewandelten nationalistischen, reformistischen und militärischen Diktaturen geben wird, die sich laufend gegenseitig ablösen.
In den USA wird Johnson 1968 wiedergewählt. Die wirtschaftliche Wachstumsrate wird schneller zunehmen als bisher und eine chronische Inflationsgefahr sowie Arbeitslosigkeit bewirken. Die Einwandererzahl wird eine beachtliche Höhe erreichen, wenn auch nicht ganz die der zwanziger Jahre.

Das wird um 1970 beginnen, aber zu dieser Zeit nicht als kontinuierliche Tendenz, sondern als Ausnahme angesehen werden. Außer in fünf Staaten wird sich das Negerwahlrecht um 1968 allgemein durchgesetzt haben. Um 1970 wird sich in den Südstaaten das innenpolitische Ergebnis der Bürgerrechtsbewegung in der Einführung gewisser föderalistisch finanzierter Sonderprogramme im Erziehungswesen und in Darlehen für kleinere Betriebe manifestieren. Der größte Teil des Bereichs, auf den sich soziale Protestbewegungen konzentrieren, wird persönlicher Natur sein – z. B. die Forderung nach größerer sexueller Freiheit oder nach mehr Differenzierung im Schulsystem. In Bezug auf die internationalen Beziehungen werden die Proteste immer betonter antinationalistisch werden und auf eine Schwächung der staatlichen Souveränität zielen.
In Lateinamerika wird die Kluft zwischen reichen und armen Ländern sehr viel größer werden; einige Länder werden ihre ersten Erfahrungen mit dem Wirtschafts-Boom machen.
In Afrika werden vereinzelte Hungersnöte, allgemeines politisches Chaos und überwiegend Militärdiktaturen herrschen.
In der UdSSR wird die Unzufriedenheit mit dem Funktionieren des wirtschaftlichen Systems noch größer sein als jetzt – trotz kontinuierlichen wirtschaftlichen Wachstums. Die Diskussion über eine eventuelle Abschaffung der Partei und der Kolchosen, über die Möglichkeit einer unabhängigen Investitionstätigkeit der Industrie und ähnliche Maßnahmen wird immer weitere Kreise erfassen. Das Problem der Arbeitslosigkeit wird sehr viel gewichtiger werden. Größere Veränderungen werden bis 1970 jedoch nicht stattfinden. In Ost-Europa wird zumindest ein Land mit der faktischen – wenn auch nicht offiziellen – Aufhebung jeglicher zentral gesteuerter Planungstätigkeit experimentieren. Innerhalb Europas wird der Verkehr zwischen Ost und West stetig anwachsen und schließlich unbehindert hin- und herfließen. In einigen osteuropäischen Staaten wird der Kommunismus schließlich nur noch einer leblosen Hülle gleichen, obwohl er nirgends öffentlich abgelehnt wird.
Der Tod Maos wird keine wesentlichen Veränderungen in der chinesischen Regierung und Politik bewirken.
Der Kommunismus scheint in der ganzen Welt an Einfluß zu verlieren, während die verschiedensten Formen von Anarchie und politischem Durcheinander weiterhin und in gleicher Zahl wie bisher beobachtet werden können.

1970–2000

Die Tendenzen, die ich für die ersten fünf Jahre vorausgesagt habe, scheinen mir der Beginn derer zu sein, die den größten Teil der folgenden 20 Jahre bestimmen werden. Es wird allerdings einige Unregelmäßigkeiten geben, die hier festgehalten werden sollen. Etwa 1977 wird es einen größeren Krieg zwischen den afrikanischen Staaten geben; nach einigen Monaten findet eine massive militärische Intervention seitens der UN statt, und die dadurch bedingte Stationierung von Truppen auf afrikanischem Boden wird sich immer weiter in die Länge ziehen. In China werden aufgrund ausgedehnter Hungersnöte um 1985 erneut Guerillakriege ausbrechen. Während eines 5-jährigen, mit wechselnden Erfolgen geführten Krieges wird sich die UdSSR einiger Grenzgebiete bemächtigen, vor allem der Mandschurei (1990). Schließlich wird China eine angeblich gemäßigte Regierung bekommen; es wird programmatisch verkündet, der Versuch, den Kommunismus in China einzuführen, sei zu früh unternommen worden; was China tatsächlich brauche, sei massive finanzielle Unterstützung von außerhalb, ohne Rücksicht auf ihre ideologische Provenienz. China bleibt weiterhin eine Ein-Parteien-Militärdiktatur, die sich selbst als kommunistisch bezeichnet.

Um 1980 wird eine größere politische Krise in der UdSSR ausbrechen; sie manifestiert sich in zahlreichen Streiks, in der Publikation nonkonformistischer Zeitschriften, der zeitweiligen Unterbrechung der zentral gesteuerten Kontrolle über einige Gebiete und in einem öffentlich ausgetragenen Streit zwischen großen Teilen der Bürokratie über Fragen der Militärpolitik und der Konsumgüterproduktion. Obwohl es nicht ganz bis zur Revolution kommt, ist das Ergebnis dieser Unruhen die tatsächliche Abschaffung der Kommunistischen Partei, oder aber ihre Zersplitterung in mehrere Einzelorganisationen, die Aufhebung der Kolchosen etc. Während dieser Ereignisse verliert die UdSSR endgültig jeglichen Einfluß in Ost-Europa. Der Versuch einer Vereinigung von Ost- und Westdeutschland bleibt vorerst ohne Ergebnis; er verhindert jedoch das Ausbrechen der Revolution in der UdSSR. Letzten Endes führt der diplomatische Druck seitens West-Europas und der USA zur deutschen Wiedervereinigung, deretwegen eine Art amerikanisch-polnisch-ungarischer Sicherheitspakt geschlossen wird, der zugleich der Sicherheit gegenüber der UdSSR dienen soll. Das bedeutet eine weitere Desintegration der NATO, führt jedoch auch zu einem engen Bündnis der USA mit Frankreich, eher als

mit Deutschland. Es wird jetzt allgemein erkannt, daß der Kommunismus zum Sterben verurteilt ist; die Wachstumsraten in der kapitalistischen Welt bleiben beständig höher als die in der übrigen Welt.
Zu diesem Zeitpunkt wird die sich erweiternde Kluft zwischen den entwickelten und den unterentwickelten Ländern nur dadurch abgeschwächt, daß einige der letzteren einen ungewohnten Aufschwung erleben, und zwar zwei oder drei lateinamerikanische Staaten, Taiwan, ein oder zwei kleine Gebiete in Nord-Afrika und der mittlere Osten. In dem Jahrzehnt von 1990 bis 2000 zeichnet sich – als Reaktion auf diese Situation – eine allmähliche Abkehr von dem System der National-Staaten ab. Afrika wird mit Hilfe eines weitgehend internationalen – durch die anwesenden fremden Truppen repräsentierten – Machtpotentials eine Art regionaler Föderation errichten, in der sich lokale Autonomie und regionale Kontrolle vermischen. Das Programm der Entwicklungshilfe wird vielschichtig und sehr verzweigt sein, so daß es schließlich kaum noch ersichtlich ist, wodurch sich die afrikanischen Staaten als Staaten im klassischen Sinn des Wortes konstituieren.
Puerto Rico und ein Teil der Pazifischen Inseln mit Okinawa werden als 51. und 52. Staat in die USA aufgenommen.
Ein europäisches Parlament wird gebildet, dem zwar nicht alle, aber doch die meisten der gegenwärtigen europäischen Staaten von England bis Rumänien angehören. Die Nationen selbst werden nicht abgeschafft, sondern bilden eine lockere Konföderation miteinander. Auch einige bunt zusammengewürfelte ost- und südostasiatische Staaten werden solch eine Konföderation eingehen; der größte Teil Indochinas, das 1980 zerfällt, wird ihr angehören. Um das Jahr 2000 wird sich die UdSSR gezwungen sehen, auf ihre Alleinherrschaft über die Mandschurei zu verzichten, und sie in einen halb unabhängigen Staat mit *ad hoc*-Beziehungen sowohl zu China wie zu Rußland umwandeln.
Während dieser Zeit wird die nukleare Proliferation – wenn auch in relativ geringem Ausmaß – voranschreiten. Mehrere Staaten werden den Beweis ihrer nuklearen Potenz erbracht haben: Indien 1975, Pakistan 1980, Ägypten und Israel zur gleichen Zeit, 1983, Deutschland – ohne sich einer gewissen Kontrolle ganz entziehen zu können – 1985, Japan 1990 und Algerien 1995. Doch weit wichtiger als diese nukleare Proliferation wird das Auftauchen einer neuen, weit gefährlicheren Waffengattung um 1990 sein. Man wird allgemein erkennen, daß von nun an die Möglichkeit für

einen heimlichen Angriff eines armen Landes auf irgendeinen Staat der Welt besteht, dessen Ergebnis an totale Zerstörung grenzen kann. Kein Land wird jedoch bis dahin dieses System bereits aufgebaut haben. In dem Jahrzehnt von 1990 bis 2000 werden die Aufwendungen der Großmächte für die Erkundung, Abschirmung und heimliche Kontrolle von Orten, an denen diese Waffen unbemerkt hergestellt werden könnten, beträchtlich anwachsen.

2000–2015

Diese ungeheure Zunahme an Kenntnissen, Geheiminformationen und Infiltration wird in der Zeit von 2000 bis 2010 weitere bedeutsame Veränderungen im bestehenden System der Nationalstaaten bewirken. Es wird z. B. Föderationen politischer Parteien geben – vergleichbar der Föderation der katholischen Parteien oder der Kommunistischen Bewegung von heute –, die sich über die nationalen Grenzen hinwegsetzen. Millionen von Menschen werden für eine Aufgabe in Übersee ausgebildet und dann ins Ausland geschickt. Die internationale Korruption wird von den Großmächten in immer größerem Maßstab betrieben, mit dem Ziel, sich vor der Bedrohung durch gefährliche Entwicklungen zu schützen. In den letzten Jahren des kommenden halben Jahrhunderts (etwa um 2010) wird man versuchen, die UN in ein Instrument umzuwandeln, das den einseitig funktionierenden Apparat der Nachrichtenübermittlung, der Infiltration und Korruption zwecks Aufrechterhaltung der eigenen Sicherheit durch eine ernstzunehmende internationale Kontrolle ersetzt. Zwischen vielen Staaten wird ein Vertrag über die Öffnung ihrer Grenzen abgeschlossen werden, der jedem Einzelnen innerhalb dieser Länder die absolute Freizügigkeit zusichert.

Um 1990 wird die Zahl der Gewalttätigkeiten in der ganzen Welt zu sinken beginnen und zwar besonders, nachdem das Beispiel der internationalen Einmischung in Afrika gezeigt hat, daß lokale Kriege nicht länger geduldet werden. Auch in Asien werden in den Jahren zwischen 1970 und 1990 zwei oder drei lokale Kriege stattgefunden haben, ohne daß ihre Verwandlung in Eroberungskriege toleriert worden wäre.

In den 15 Jahren nach 2000 wird man erstmalig eine recht plötzliche Steigerung des Lebensstandards der afrikanischen und asiatischen Bevölkerung beobachten können, als Folge einer nahezu überall durchgeführten Geburtenkontrolle und einer wesentlich veränderten Gesamtlage durch die Erschließung neuer Verfahren für die Nahrungsmittel- und industrielle Produktion. In diesen eineinhalb Jahrzehnten wird der allgemeine Trend nicht länger auf die Ausdehnung der Kluft zwischen den entwickelten und den unterentwickelten Staaten gehen. Erstere werden Beträge in der Größenordnung von 100 bis 200 Milliarden Dollar pro Jahr in den verschiedensten Formen in die Wirtschaft der unterentwickelten Gebiete investieren. Ein wesentliches Problem, mit dem sich die USA gegen Ende dieses halben Jahrhunderts konfrontiert sehen werden, ist eine über die ganze Welt verbreitete Ideologie, daß Gleichheit ein Rechtstitel sei, der die Reichen verpflichte, den Armen zu helfen. Es wird allgemein bestritten werden, daß die USA das Recht haben, selbständig zu entscheiden, wieviel sie in dieser Richtung zu tun bereit sind.

Ithiel de Sola Pool

II. Die Zukunft der Internationalen Gesellschaft

Die Vereinigten Staaten haben seit nunmehr zwanzig Jahren die Rolle eines Polizisten der Freien Welt übernommen. Dieses Amt hat uns in einer langen Reihe von Konflikten große diplomatische und militärische Anstrengungen abverlangt – vom Iran, dem Libanon, der Türkei und Griechenland bis zu Berlin, Korea, Cuba und Vietnam. Eine Grundregel für die Führung des Kalten Krieges scheint sich dabei in stillschweigender Übereinkunft mit der Sowjetunion, bisher jedoch nicht mit China, herausgebildet zu haben: daß es keine einseitigen Veränderungen an den Grenzen der Einflußsphäre der beiden Großmächte, und überhaupt keine gewaltsamen Veränderungen geben darf.
Unsere gegenwärtige Grundhaltung ist offensichtlich nicht mehr stabil. Die Vereinigten Staaten zeigen unter der Last der Bewahrung des Friedens zunehmende politische Unruhe, besonders wenn die Anstrengungen zur Erhaltung des Gleichgewichts einseitig von uns übernommen werden müssen und nicht im Namen der Vereinten Nationen, der NATO oder einer anderen Agentur, deren Abstimmungen sich als Beschlüsse im Sinn der »kollektiven Sicherheit« darstellen lassen. Die europäischen Nationen und Japan haben sich völlig von den Kriegsfolgen erholt und schwanken zwischen dem Wunsch, am weltpolitischen Prozeß mitzuwirken auf der

einen und den Verlockungen der Verantwortungslosigkeit auf der anderen Seite. Sie stehen unter dem Schutz der amerikanischen Abschreckungs-Streitmacht; es steht ihnen frei, die amerikanische Diplomatie zu kritisieren; und sie sind nicht gehalten, große Anteile ihres Nationaleinkommens für die Rüstung auszugeben. Die Dritte Welt sieht nach und nach, wenn auch widerwillig, die folgenden Tatsachen ein: erstens, daß der lange und mühselige Pfad zum ökonomischen Wachstum nicht ohne eine Menge Arbeit beschritten und nur durch eine große Zahl von privaten oder öffentlichen Unternehmerpersönlichkeiten zurückgelegt werden kann, daß solche Persönlichkeiten jedoch außerordentlich rar sind; zweitens, daß die ökonomische und soziale Revolution des Westens in der Nachkriegszeit die Erfolge der kommunistischen Länder weit in den Schatten gestellt hat, wenngleich die Vorurteile, die das Gegenteil besagen, immer noch tief sitzen; drittens, daß der kommunistischen Bewegung keineswegs mit Notwendigkeit die Zukunft gehört, weder politisch noch in irgendeiner anderen Beziehung. In Europa ist der Kommunismus eingedämmt; er löst sich dort in eine Reihe zusammenhangloser Bruchstücke auf. In absehbarer Zeit werden viele, die bisher in Frankreich und Italien die Kommunistischen Parteien unterstützt haben, den Weg zurück in die politischen Gemeinschaften ihrer Länder finden und durch sie integriert werden. Es ist keine bloße Phantasievorstellung mehr, daß die osteuropäischen Länder, ja sogar Rußland, wieder zu einem Teil Europas werden können. Die Eindämmung des Kommunismus in Asien ist bis jetzt noch nicht so offensichtlich, doch kann man sich schwer vorstellen, daß China, mit oder ohne Atomwaffen, einen Eroberungskrieg führen wird, solange seine Lebensmittelversorgung vom Westen abhängt. Es ist auch schwer einzusehen, weshalb die kommende Generation von chinesischen Führern die grandiosen Pläne weiterverfolgen sollte, wie sie jenen Männern, die den langen Feldzug zur Eroberung Chinas geführt haben, natürlich erscheinen mochten.

Die Zukunftsperspektiven, die sich aus diesen vermutlichen Einflußtendenzen ergeben, lassen sich in drei Gruppen einteilen, je nachdem, welche Prinzipien die amerikanische Außenpolitik sich zu eigen macht:

1. Eine wirksame, schlagkräftige und diplomatisch geschickte amerikanische Politik organisiert mittels der Vereinten Nationen oder auf andere Weise eine starke Koalition der freien Industrienationen, einschließlich Japans und Indiens, um die Weltpolitik zu stabilisieren und der Sowjet-

union sowie China mit Entspannung und friedlicher Koexistenz zu begegnen. Unter solchen Umständen fiele den freien Industrienationen die Hauptaufgabe zu, die sogenannte Dritte Welt zu beschützen und sie mit Kapital, Unternehmertum, Erziehung und zur wirtschaftlichen Entwicklung nötigen Fähigkeiten zu versorgen. Wenn die Vereinigten Staaten eine solche Politik einschlügen, könnte man davon ausgehen, daß ein Weltkrieg sich vermeiden ließe und daß sich die wichtigsten kommunistischen Gesellschaften unter dem zersetzenden Einfluß des Nationalismus und des westlichen Beispiels völlig verändern würden. Sie stünden einer so festgefügten Allianz gegenüber, daß sie keine andere Wahl hätten, als einzeln oder vereint mit den Vereinigten Staaten zu kooperieren.

2. Ein stillschweigendes oder offen ausgesprochenes Abkommen zwischen den USA und der Sowjetunion würde, zur Erhaltung des Gleichgewichts und des Weltfriedens, Anstrengungen unternehmen, um ihre Doppel-Hegemonie und ihr Atomwaffen-Monopol zu festigen, so wie das während der Suez-Krise und während des indisch-pakistanischen Konfliktes der Fall war. Diese Politik der USA ist weniger eine Alternative als vielmehr eine Ergänzung zur erstgenannten. Genauer gesagt, wäre sie eine Folge des amerikanischen Einflusses in der Welt. Zusammen mit der ersten Voraussetzung könnte sie zu einer sehr gefährlichen Teilung der Welt nach rassischen Gesichtspunkten führen (es sei denn, Indien und Japan schlössen sich fest der amerikanischen Koalition an), jedenfalls dann, wenn die USA und die Sowjetunion eine gemeinsame oder doch paralelle Eindämmungspolitik gegenüber China einschlagen und Programme verfolgen würden, China unter ihre Kontrolle zu bringen.

3. Wenn eine schwache und schlappe amerikanische Außenpolitik dazu führt, daß sich die USA vom asiatischen Festland zurückziehen, wird sich Japan mit China arrangieren und zum Motor einer Entwicklung werden, die diese beiden Mächte zu den Herren Asiens machen und eine neue, außerordentlich zu fürchtende Weltmacht hervorbringen wird. Ganz gleich, wie die weltpolitische Entwicklung verläuft, in jedem Fall wird wahrscheinlich in der nächsten Generation ein riesiger industrieller Komplex entstehen, dem die vereinigten Kräfte, Rohstoffe und Talente Chinas und Japans zugrunde liegen werden. Das Risiko eines neuen Weltkrieges hängt großenteils davon ab, unter welchen politischen Bedingungen und Kontrollen dieser Prozeß stattfindet. Wenn China sich als Glied einer gemäßigten, offenen Gemeinschaft der Nationen erneuert und moderni-

siert, und wenn die Vereinigten Staaten, die Sowjetunion und die europäischen Nationen bei dieser Anstrengung Pate stehen, könnte diese Entwicklung mehr Konflikte abbauen als schaffen.

Eugene V. Rostow

III. Quick Technological Fixes

In welchem Umfang lassen sich gesellschaftliche Probleme umgehen, indem man sie auf technische Probleme reduziert? Können wir »Quick Technological Fixes« für schwerwiegende und fast unendlich komplizierte Gesellschaftsprobleme einsetzen? »Fixes«, die innerhalb des Zugriffs der modernen Technik liegen und die entweder das ursprüngliche gesellschaftliche Problem beseitigen würden, ohne das Sozialverhalten des Einzelnen ändern zu müssen, oder die doch das Problem so sehr verwandeln würden, daß seine Lösung eher möglich wird. Um Ralph Nader (den amerikanischen Rechtsanwalt, der für größere Sicherheit der Autos gegen die Automobilkonzerne ins Feld zog – d. Ü.) abzuwandeln: In welchem Umfang können technische Heilmittel für gesellschaftliche Probleme gefunden werden, ohne daß man erst die Ursachen der Probleme beseitigen müßte? In diesem Sinne frage ich: Kann Technik die Sozialtechnik ersetzen?
Um meine Vorstellungen zu verdeutlichen, will ich kurz darstellen, wie zwei unserer bittersten gesellschaftlichen Probleme – Armut und Krieg – in freilich beschränktem Sinne durch den »Technological Fix« gelöst worden sind, jedenfalls besser als durch die Methoden der Sozialtechnik gelöst worden sind.
Nach traditioneller marxistischer Auffassung von Armut rühren unsere ökonomischen Krankheiten vor allem von einer falschen Güterverteilung her. Das marxistische Rezept für die Beseitigung der Armut bestand daher darin, den Profit zu beseitigen – in der irrtümlichen Auffassung, es sei der Verlust des relativ kleinen Zuwachses zu seinem Arbeitslohn, der an der Armut des Arbeiters schuld sei. Diese marxistische Lehre ist bezeichnend für den Ansatz des Sozialtechnikers: Man versucht, viele Leute dazu zu überreden oder zu zwingen, auf ihre kurzfristigen Profite zugunsten dessen, was man als das langfristige Interesse der gesamten Gesellschaft ansieht, zu verzichten.

Im Zeitalter der Massenproduktion und der Automation erscheint diese marxistische Auffassung nicht nur uns, sondern offensichtlich auch vielen osteuropäischen Ökonomen reichlich altertümlich. Denn die großartigen Fortschritte in den Technologien der Energiegewinnung, der Massenproduktion und der Automation haben uns die Überflußgesellschaft beschert. Die Technik hat unsere Produktionskapazität so gewaltig erweitert, daß mehr als genug vorhanden ist – mögen auch nach marxistischen Regeln unsere Verteilungsweisen unwirksam und ungerecht sein –, um damit fertig zu werden. Die Technik hat einen »Fix« geliefert, nämlich die riesenhafte Güterproduktion, welche es der kapitalistischen Gesellschaft ermöglicht, viele der Ziele des marxistischen Gesellschaftsingenieurs zu erreichen, ohne die von Marx für unvermeidlich gehaltene Revolution durchmachen zu müssen. Technik hat das anscheinend unlösbare Problem der Massenarmut in ein relativ lösbares verwandelt.
Mein zweites Beispiel ist der Krieg. Nach alter christlicher Auffassung ist Krieg vor allem eine moralische Frage: Bekehren sich die Menschen und leben sie dem Friedensfürsten nach, werden sie in Frieden leben. Diese Lehre ist so tief in allen zivilisierten Menschen verwurzelt, daß schon der Hinweis als Blasphemie erscheint, sie habe nie richtig funktioniert; denn die Menschen sind eben nicht dem Guten gefolgt und sind keine Muster an Tugend oder auch nur an Einsicht.
Auch wenn mir klar ist, daß dies eine höchst vermessene Behauptung ist, so glaube ich doch, daß Edward Teller etwas geliefert hat, was dem »Quick Technological Fix« für das Problem des Krieges am nächsten kommt. Die Wasserstoffbombe vermindert beträchtlich die Provokation, die zu einem großen Krieg führen könnte, nicht weil sich die menschlichen Motivationen geändert hätten oder weil die Menschen toleranter und verständigungsbereiter geworden wären, sondern weil der Appell an den primitiven Selbsterhaltungstrieb so außerordentlich verstärkt worden ist, wie wir es uns vor der Erfindung dieser Waffe kaum hatten vorstellen können. Heute, da die Vereinigten Staaten in einen Schießkrieg verwickelt sind, muß der Hinweis auf diese Dinge leer und fadenscheinig klingen; doch der verzweifelte und partiale Frieden, den wir heute haben, ist weit besser als ein nuklearer Waffengang. Man kann nicht leugnen, daß die sowjetischen Führer heute die Gewalt der H-Bomben begreifen und daß dies zur weniger militanten Haltung der Sowjetunion beigetragen hat. Und man kann nur hoffen, daß die chinesische Führung, wenn sie einmal den Um-

gang mit H-Bomben begriffen hat, ebenso ihre Militanz vermindern wird. Würde ich gefragt, wer der Welt ein wirksameres Mittel zur Friedenswahrung gegeben hat – unsere großen Religionsführer, welche die Menschen zur Nächstenliebe und damit zur Vermeidung von Krieg auffordern, oder unsere Waffentechniker, die den Menschen einfach keine rationale Alternative zum Frieden lassen – so würde ich für die Waffentechniker stimmen. Ich kann nicht leugnen, daß der Friede, den wir so genießen, erschreckend zerbrechlich ist. Doch ich meine, daß die Technik diesen mangelhaften und prekären Frieden zu festigen helfen kann.

Ich hoffe, diese Beispiele zeigen, wie sich durch die Anwendung des »Technological Fix« gesellschaftliche Probleme reduzieren oder doch auf einen weniger bedrohlichen Umfang bringen lassen. Die vorgetragenen Beispiele sind sicherlich nicht sehr phantasievoll, auch sind sie nicht erschöpfend. Ich bin beispielsweise nicht darauf eingegangen, in welchem Umfang wirklich billige Computer und neue Kommunikationstechniken den Elementarunterricht verbessern können, ohne daß man erst die Grundschullehrer verbessern müßte. Schließlich habe ich auch nicht einige wahrhaft phantastische »Technological Fixes« erörtert: etwa die unentgeltliche Lieferung von Klimaanlagen (samt Strom) an jede Negerfamilie in Watts – wenn man von der Beobachtung Huntingtons ausgeht, daß Rassenunruhen in Relation zu heißem und feuchtem Wetter stehen; oder gar den äußersten »Technological Fix«, Aldous Huxleys »Soma-Pillen« zur Beseitigung menschlichen Unbehagens ohne Verbesserung der menschlichen Beziehungen im üblichen Sinne.

Meine Beispiele illustrieren sowohl die Stärke wie die Schwäche des »Technological Fix« für gesellschaftliche Probleme. Der »Technological Fix« nimmt die spezifischen Schwächen des Menschen hin und umgeht sie oder zieht gar Vorteil für gesellschaftlich nützliche Zwecke aus ihnen. Der »Fix« ist daher außerordentlich praktisch und auf kurze Sicht relativ wirksam. Man muß sich nicht lange damit abgeben, die Gehirne der Menschen zu ändern. Wenn die Menschen mehr Wasser brauchen, gibt man ihnen eben mehr Wasser, anstatt daß man von ihnen verlangt, sie sollten weniger verbrauchen; wenn die Leute unbedingt Autos in betrunkenem Zustand fahren wollen, liefert man ihnen eben Autos, die selbst bei schweren Unfällen keine Verletzungen verursachen.

Technische Lösungen gesellschaftlicher Probleme sind jedoch leicht unvollständig und »metastabil« und ersetzen häufig ein gesellschaftliches Problem durch ein neues. Vielleicht das beste Beispiel für diese Instabilität ist der Friede, den uns die H-Bombe auferlegt. Die »pax hydrogenium« ist erweislich in doppeltem Sinne »metastabil«: Kurzfristig, weil der Aggressor noch immer im Vorteil bleibt, und langfristig, weil der Widerspruch zwischen den »haves« und den »have-nots« schließlich gelöst werden muß, wollen wir einen dauerhaften Frieden haben. Doch auch für diese spezifische Unzulänglichkeit hat die Technik etwas anzubieten. Laßt uns, so sagt die Technik, angesichts des Ungleichgewichts von Offensiv- und Defensivwaffen eine passive Verteidigung entwerfen, welche das Gleichgewicht wiederherstellt. Eine Welt mit H-Bomben und Zivilschutz wird mit geringerer Wahrscheinlichkeit in den thermonuklearen Krieg abgleiten als eine Welt mit H-Bomben allein – zumindest wenn man zugibt, daß die Gefahr eines thermonuklearen Krieges vor allem durch Handlungen verantwortungsloser Staatsmänner beschworen wird. Alles, was solche verantwortungslose Politiker abschreckt, ist eine Kraft für den Frieden. Ein technisch vernünftiger Zivilschutz könnte daher zur Stabilisierung des Gleichgewichts des Schreckens beitragen.

Was den Widerspruch zwischen »haves« und »have-nots« angeht, so bietet die Technik die Revolution der Atomenergie an und damit die Möglichkeit der Autarkie gleichermaßen für »haves« und »have-nots«. Wie diese dazu beitragen kann, unseren »metastabilen« Frieden zu stabilisieren, dafür könnten die möglichen politischen Rückwirkungen der kürzlich vorgeschlagenen israelischen Entsalzungsanlage ein Beispiel liefern: Ich meine, daß die arabischen Staaten weniger auf die Zerstörung des Jordan-Projekts aus wären, wenn die Israeli eine Meerwasser-Entsalzungsanlage in Reserve hätten, welche die Auswirkungen dieses Vorgehens ungefährlich für Israel machen würde. Länder wie die USA könnten meiner Meinung nach dazu viel beitragen.

Ich fürchte freilich, wir Techniker werden unsere Sozialtechniker nicht zufriedenstellen, die uns sagen, unsere »Technological Fixes« träfen überhaupt nicht den Kern des Problems. Im Grunde seien das doch nur kurzlebige Notbehelfe, die durch die Lösung alter Probleme nur neue schüfen. Und schließlich erfordere auch die Installierung eines »Technological Fix« ein zielgerichtetes gesellschaftliches Handeln. Sicherlich muß die Sozialtechnik zur Lösung gesellschaftlicher Probleme zu Hilfe gerufen werden, wie zum Beispiel bei der Entscheidung des Obersten Gerichtshofes über die Rassentrennung. Und natürlich haben unsere Sozialtechniker recht:

Die Technik kann niemals die Sozialtechnik ersetzen. Doch die Technik hat dem Sozialtechniker weitgestreute Optionen geliefert und wird dies auch in Zukunft tun, indem sie ungefügige Probleme gefügiger macht. Und, was vielleicht am wertvollsten ist, die Technik erspart uns Zeit, dieses kostbare Gut, mit dessen Hilfe gewaltsame Sozialrevolution in erträgliche Sozialevolution verwandelt werden kann.

Alvin M. Weinberg

Redaktion: Hans Magnus Enzensberger

Paul Goodman
Eine Plauderstunde mit der Rüstungs-Industrie

Der Industrieverband für die Nationale Sicherheit (National Security Industrial Association), *gegründet im Jahre 1944 von James Forrestal, damals Kriegsminister der USA, sieht ihren Daseinszweck darin, die ersprießlichen Beziehungen zwischen der Rüstungsindustrie und der Regierung auch in Friedenszeiten zu erhalten und zu festigen. Der Verband hat gegenwärtig vierhundert Mitglieder. Dazu gehören selbstverständlich die riesigen Luftfahrt-, Elektronik-, Auto-, Öl- und Chemiekonzerne. Aber neben offensichtlichen Kandidaten wie General Motors, General Dynamics und General Telephone and Electronics verzeichnet die Liste auch General Foods und General Learning; neben Sperry Rand, RCA und Lockheed auch Servco und die Otis Aufzugbau-Gesellschaft. Die NSIA ist ein wohlhabender Klub. Das Rüstungsbudget liegt gegenwärtig bei jährlich 84 Milliarden Dollars.*

Für das letzte seiner Symposien, die im Abstand von zwei Jahren stattfinden, hat sich der Verband das Thema »Forschung und Entwicklung in den Siebziger Jahren« gestellt. Es fand am 18. und 19. Oktober 1967 im Auditorium des State Department statt. Zu meinem nicht ungemischten Vergnügen wurde ich, zusammen mit sechzehn anderen Vortragenden, eingeladen. Ich sollte über »Planung für unsere sozioökonomische Umwelt im nächsten Jahrzehnt« sprechen. Natürlich erhob sich für mich die sattsam bekannte Frage, womit ich mir diese Einladung verdient hatte. Wollte mich etwa die Machtelite in ihre Kreise aufnehmen? Ich kann mir kaum vorstellen, daß diese Leute ernstlich auf meinen Rat aus waren. Hingegen mag es für einen Verband, der aus dem öffentlichen Trog frißt, nützlich sein, wenn er den Eindruck erweckt, er sei aufgeschlossen für weitreichende Diskussionen. Es macht sich gut, wenn man einen Renommier-Radikalen vorweisen und sich sagen kann: »Da sieht man es wieder einmal, wie unpraktisch diese Spinner sind.« Außerdem sind Manager-Konferenzen berüchtigt für ihre Langeweile; ich hingegen bin dafür be-

rüchtigt, daß ich »anregend« wirke. Die Einladung, unterzeichnet von Henri Busignies von der International Telephone and Telegraph Corporation, dem Vorsitzenden des Komitees für das Symposium, beschränkte sich auf die folgende Begründung: »Die Leistungen, von denen Ihre hervorragende Karriere zeugt, machen Sie zu einem berufenen Sprecher auf diesem Gebiet.«

Wie soll sich ein Intellektueller in einem derartigen Fall verhalten? Ich halte Gandhis Grundregel für richtig, nach der man, in den Grenzen der Ehre, der Wahrhaftigkeit und der Gerechtigkeit die Zusammenarbeit suchen soll. Aber wer könnte, im Jahr 1967, mitten im Vietnam-Krieg, mit einem Klub von Wehrwirtschaftsführern »zusammenarbeiten«! Der Fall eignete sich kaum für eine Grundsatz-Diskussion mit mir selber; also beschloß ich einfach, hinzugehen und diesen Leuten, in aller Nüchternheit, zu sagen, was ich von ihnen halte.

Glücklicherweise fiel der Termin mit der Woche der großen Demonstrationen vor dem Pentagon zusammen. Tausende meiner Freunde und Genossen würden aus diesem Grund nach Washington kommen. Ich gab ihnen einen Tip. Dreißig Studenten aus Cornell und Harpur fuhren am frühen Morgen vor und drangen, mit Transparenten bewaffnet, in das Auditorium ein. Sie hatten Flugblätter mit Nachrichten darüber mitgebracht, wie die »Umwelt« aussah, welche die Rüstungskonzerne für diese jungen Leute produzierte. Sofort traten die Fernsehkameras, die Reporter und die Militärpolizisten in Aktion. Das Außenministerium der Vereinigten Staaten wurde, angesichts dieser gefährlichen Invasion, abgeriegelt, alle Türen zugesperrt – nicht einmal die Industriellen konnten den Raum verlassen. Ich stand auf und sagte:

Meine Herren, es wundert mich, daß Sie zu dieser Konferenz, die sich mit Planungen für die Zukunft beschäftigen soll, keinen einzigen Sprecher unter Dreißig eingeladen haben, das heißt, einen Sprecher jener Altersgruppe, die in der besagten Zukunft leben soll. Es freut mich, daß einige junge Leute hier an die Türen geschlagen haben. Es freut mich weniger, daß Sie offenbar keine Lust haben, sie hereinzulassen.

Sie, meine Herren, sind kein geeignetes Forum für dieses Thema. In Ihrem Programm für diese Sitzungen ist von den »nationalen Zielen für die Siebziger Jahre« die Rede. Erwähnt werden: Städtebauliche Entwicklung, Erziehung und Fortbildung, Verbesserung der Qualität unserer Umwelt.

Ich möchte Sie auf ein weiteres nationales Ziel hinweisen, das mir wichtig scheint, nämlich auf die Erweckung der amerikanischen Demokratie von den Scheintoten. Ich erwähne außerdem zwei internationale Ziele, die ich für vordringlich halte. Das erste ist, die Mehrzahl aller lebenden Menschen vor einem Elend zu bewahren, das immer tiefer wird. Das zweite ist, das Überleben des Menschengeschlechts zu sichern. Das sind Ziele, die allerdings Forschungen und Versuche von großer Intelligenz erfordern. Was diese Ziele nicht erfordern, sondern überflüssig machen, das ist Ihre Arbeit, meine Herren. Ihre Interessen und Erfahrungen, Ihre Methoden und Gewohnheiten, Ihre Herkunft und Ihre moralische Verfassung machen Sie dafür untauglich. Sie, die Rüstungsindustriellen der Vereinigten Staaten, sind gegenwärtig die gefährlichste Körperschaft der Erde. Sie sind nicht nur die Erfüllungsgehilfen unserer verheerenden Außenpolitik; Sie sind es, die diese Politik zu allererst durchgesetzt und einen immer größeren Teil unserer Arbeitskraft, unserer Intelligenz und unserer Rohstoffe in ihren Dienst gestellt haben, dergestalt, daß der historische Trend, den Sie repräsentieren, unabänderlich scheint. Was wird ihn brechen? Wahrscheinlich ein Chaos von Aufständen, Kriegen, ökologischen Katastrophen und Revolutionen. Das würde heißen, daß alle langfristigen Planungen von vornherein sinnlos wären, und somit auch diese Konferenz. Sollten Sie sich aber wirklich fragen, wie unsere technischen Bedürfnisse aussehen und wonach wir in der überschaubaren Zukunft zu forschen haben auf den sechs Gebieten, die ich genannt habe, so sehe ich nur einen Beitrag, den Sie, meine Herren, dazu leisten können: Verschwinden Sie so rasch wie möglich. Geben Sie die Kenntnisse, die Sie haben, an Leute weiter, die sich besser für diese Zukunft eignen. Oder suchen Sie sich wenigstens andere Interessen und andere Auftraggeber, damit Sie Ihre Denk- und Lebensgewohnheiten ändern können. Weil Sie mehr von Forschung und Entwicklung verstehen als irgendjemand sonst, können wir nicht *ohne* Sie auskommen; weil Sie so sind wie Sie sind, können wir nicht *mit* Ihnen auskommen.

Um technisch unterentwickelten Gebieten zu helfen, brauchen wir in den kommenden Jahren eine intermediäre Technologie, die wissenschaftlich verfeinert, aber zugleich auf das gegebene Fachkönnen, die soziale Verfassung, die Stammesverhältnisse an Ort und Stelle, auf die verfügbare Arbeitskraft und die vorhandenen Rohstoffe zugeschnitten sein muß. Es geht darum, diesen Völkern aus ihrer chronischen Unterernährung, ihrer

Plackerei und ihren Krankheiten herauszuhelfen, ohne sie zugleich in das Netz der internationalen Geldwirtschaft zu verwickeln. Sie müssen sich auf ihre eigene Weise und in ihrem eigenen Tempo von der Not befreien. Wer nach Modellen und technischen Analysen hierfür sucht, den verweise ich auf die Arbeiten von E. F. Schumacher und seinen Mitarbeitern vom British Coal Board. Was Sie, meine Herren, und Ihre Gegenspieler in Europa und der Sowjetunion stattdessen unternommen haben, ist das Gegenteil: Sie haben diesen Völkern Ihre eigene Technologie aufgezwungen, korrupte einheimische Eliten gezüchtet und sie bewaffnet, und jene Regionen noch dazu als Schuttablageplätze für Ihre veralteten Waffen benutzt. Dr. Busignies hat Ihre Absichten gestern sehr gut charakterisiert: Sie müssen, damit die Geschäfte gut gehen, einerseits Ihre Herrschaft festigen, andererseits dürfen Sie keine allzugroßen Niveauunterschiede technischer Art zulassen. Auf diese Weise haben Sie diesen Völkern eine kraß inflationistische Wirtschaft beschert, sie in eine überstürzte Verstädterung gehetzt, das herrschende Elend vertieft und die endemischen Krankheiten befördert. Sie haben ihre alten sozialen Verhältnisse umgeworfen, ihre Kulturen verdorben, Stammesstreitigkeiten und Kriege angefacht; und in Vietnam betreiben Sie den Völkermord sogar in eigener Regie. Sie haben die armen Völker systematisch zu Figuren im Spiel der Großmächte gemacht. Weder liegt es in Ihrem Interesse, noch sind Sie geistig und praktisch dazu in der Lage, jene Menschen als Menschen ernst zu nehmen.
Das Überleben des Menschengeschlechts, wenigstens in einem zivilisierten Zustand, erfordert die radikale Abrüstung, und es steht uns eine ganze Reihe von politischen Mitteln zur Verfügung, um dieses Ziel zu erreichen, sofern wir es wünschen. Aus demselben Grund müssen wir dem archaischen System der Nationalstaaten seine gefährlichen Energien entziehen, beispielsweise durch Internationalisierung der Raumforschung, Internationalisierung des Friedenskorps und aller Programme zur Entwicklungshilfe, durch die Beseitigung aller Beschränkungen der Bewegungsfreiheit und des wissenschaftlichen Informationsaustausches. Stattdessen haben Sie, meine Herren, und Ihre Gegenspieler in Europa, der Sowjetunion und China, die existierenden Staaten mit einer strategischen Maginotlinie neuen Stils umgeben: der sogenannten Politik der Abschreckung. Diese unsichtbare Mauer wächst und wächst. Wie Jerome Wiesner unlängst gezeigt hat, haben Ihre Operationen längst den Punkt überschritten, wo sie die Sicherheit eines Landes vermehren können – sie werden

stattdessen zu einer immer größeren Gefahr. Sogar unter den herrschenden Verhältnissen der nationalen Rivalität von großen Mächten liegen die vernünftig vertretbaren Verteidigungskosten für unser Land bei einem Viertel dessen, was Sie sich unter den Nagel gerissen haben. Diese Schätzung stammt von Marc Raskin, einem früheren Mitglied des Nationalen Sicherheitsrates. Sie haben vergebens versucht, uns das wissenschaftlich unsinnige Programm für Zivile Verteidigung aufzuladen. Sie haben die Entwicklung von Inspektionstechniken für die kontrollierte Abrüstung sabotiert. In diesem Augenblick sind Sie dabei, uns die Anti-Raketen-Raketen und die Mehrköpfe-Raketen an den Hals zu hängen. Sie haben unser Raumfahrtprogramm mit Plänen für bewaffnete Satelliten vergiftet. Es gibt keine Großmacht, die geographisch so begünstigt ist und die schwerer bewaffnet wäre als wir. Dessenungeachtet haben Sie dafür gesorgt, daß wir höhere Beträge und wahrscheinlich einen höhern Anteil an unserem Vermögen für die Rüstung aufwenden als irgendeine andere Nation der Erde.

Damit komme ich zu den Auswirkungen Ihrer Tätigkeit auf das wirtschaftliche Klima in Amerika. Die Wirtschaft eines Landes hat die Aufgabe, es mit brauchbaren Gütern und Diensten zu versorgen. Dabei ist zuerst an die primären Bedürfnisse, dann an ein breites Spektrum von sekundären Erfordernissen zu denken. Aber das menschliche Leben und die menschliche Kultur sind nicht wirtschaftliche Tatsachen, und eine Ökonomie, deren Hauptziel es ist, zu expandieren, ist irrsinnig. Das wissenschaftliche Können und die harte Arbeit früherer Generationen haben uns in Amerika so weit gebracht, daß wir es uns heute leisten könnten, einem jedem Bürger des Landes einen angemessenen Lebensunterhalt als verfassungsmäßiges Recht zu garantieren. Auf der anderen Seite hat uns die Jugend durch ihre Lebensweise und durch ihr Handeln gezeigt, daß sich in unserm Land unaufhaltsam der Wunsch nach einer Vereinfachung des Lebensstandards ausbreitet. Darin liegt eine Ablehnung unserer Konsumgewohnheiten, die zu einem schäbigen Zirkus geworden sind und die unser Leben verderben. Aber Sie, meine Herren, haben dafür gesorgt, daß unsere Wirtschaft ihre rationale Struktur eingebüßt hat und zu einem Zerrbild geworden ist. Seit 1945 haben wir die Hälfte all unserer Investitionen für Ihre Produkte aufwenden müssen, jenseits aller marktwirtschaftlichen Gesetze und außerhalb aller parlamentarischen Kontrollen. Allein in diesem Jahr verschlingen Ihre Waffen und Ihre Raketen 86% des gesamten

Forschungsaufwandes. Sie haben den Bau des Überschallflugzeugs für die zivile Luftfahrt durchgesetzt: eine gigantische Verschwendung. Ein Fünftel unserer Volkswirtschaft hängt direkt von Ihren Unternehmungen ab. Die Gewinne und Einkünfte aus diesen Unternehmungen verteilen sich nicht auf die ganze Nation, sie fließen einer Minderheit zu, während andere Gruppen der Bevölkerung an den Rand der Gesellschaft gedrängt werden. Ihr System ist der Hauptschuldige an den Neger-Revolten von Newark.

(An dieser Stelle wurden empörte Zwischenrufe laut.)

Einige Teile des Landes, besonders Pasadena und Dallas, kommen dabei günstig weg, andere werden benachteiligt. Die öffentlichen Bedürfnisse werden vernachlässigt. Ein unverhältnismäßiger Teil unserer Intelligenz wird von sinnvolleren Erfindungs- und Entwicklungsproblemen abgezogen. Was aber das Schlimmste ist: Sie, meine Herren, sind die begeisterten Verfechter einer Ökonomie, deren einziger Maßstab für wirtschaftliche Gesundheit die abstrakte Statistik, die absolute Größe des Bruttonationalproduktes und der Zuwachsraten ist – nicht das konkrete Wohlergehen der Leute. Sowohl hierzulande wie im internationalen Maßstab sind Sie zu den Leithammeln einer sinnlosen Expansion geworden. Dadurch haben Sie die Armut in unseren eigenen Slums und auf dem flachen Lande, so wie das Elend der Mehrzahl aller andern Völker der Erde vermehrt. Wir kennen Ihre Antwort auf solche Vorwürfe: Rüstungsausgaben trügen, gerade weil sie willkürlich und verschwenderisch seien, zur Vollbeschäftigung und zur Kapitalinvestition bei und stabilisierten so die Wirtschaft. Das Gegenteil ist der Fall: Ihre hemmungslose Expansion ist die Hauptursache für die zunehmende gesellschaftliche Unsicherheit.

Auch Ihr massiver Eingriff in die Bildungspolitik hat die normalen Strukturen zerstört. Große Universitäten sind heutzutage finanziell von Ihren Programmen abhängig; die Fakultäten haben sich chaotisch verändert; Leute Ihres Schlages haben in der Gelehrtenrepubik nichts zu suchen. Der Dialog der Wissenschaften mit dem Unbekannten verträgt die Zwangsjacke Ihrer schäbigen militärischen Fragestellungen nicht. Sie rufen sich heiser nach »schöpferischen Persönlichkeiten«, aber nur, um diese Persönlichkeiten für Ihre Zwecke einzuspannen. Sie umgeben die Forschung mit dem Mantel der Geheimhaltung. Das ist eine unerträgliche Beschränkung für den wissenschaftlichen Geist. Die Natur- und Sozialwissenschaften und die Technologie sind zu Ihren Söldnern geworden.

Diese politisch und moralisch verheerende Entwicklung hat dazu geführt, daß sich viele der besten Studenten von jenen Fächern abwenden. Die Perversion der Erziehung, an der Sie schuld sind, beginnt schon mit der Volksschule. Sie brauchen einen Bestand an Spezialisten im engsten Sinn des Wortes. Deshalb werden unsere Kinder zu Versuchspersonen erzogen, die man an Testergebnissen, Scheinen und Noten mißt. Sie haben sich das Vermögen der Eltern und das Geld der Steuerzahler angeeignet, um Lehrlinge für Ihre eigenen Zwecke auszubilden. Ihre Elektronik-Konzerne sind in die »Erziehungs-Industrie« eingestiegen und haben uns, wie ein Teurer Jakob, Lehrmaschinen, Laboratorien und Programmierte Kurse verkauft, deren Nutzen nicht erwiesen ist. Was unsere Gesellschaft in den kommenden Jahrzehnten braucht, ist eine Bildungspolitik von anderem Geist und anderer Methodik. Statt unsere Kinder zu programmieren, müssen wir ihre kritische Freiheit und ihre erfinderische Kraft stärken. Das ist es, was sie in einer wissenschaftlich und gesellschaftlich komplexen Welt brauchen werden. Wir brauchen weniger das »Fachpersonal«, auf das Sie aus sind, als autonome Leute, die in der Lage sind, jedes Vorhaben, das sie vorfinden, kritisch zu betrachten und ethisch zu verantworten. Treten Sie etwa für eine kritische Wissenschaft ein, die es Professoren und Studenten erlaubt, Ihre Pläne unter die Lupe zu nehmen? *(An diesem Punkt erhob sich der Vorsitzende, Mr. Charles Herzfeld, und schrie »Ja!«. Dieser Zwischenruf wurde mit lautem Beifall begrüßt. Ich halte ihn für unbegründet.)* Wir brauchen weniger Vorlesungen, weniger Zwischenprüfungen, weniger Tests. Das Prestige des akademischen Mandarinentums muß gebrochen werden.

Wenden wir uns den Problemen unserer Städte zu. Auf den ersten Blick scheint es, als wären Sie, mit Ihrem Organisationstalent, die richtigen Leute, um mit dem Neubau unserer Städte, der Verschmutzung der städtischen Umwelt und den Fragen des Massenverkehrs fertigzuwerden. Unglücklicherweise sind es aber gerade Ihre eigenen Konzerne, die unsere Straßen mit Autos und unsern Luftraum mit Flugzeugen verstopft, unser Trinkwasser und unsere Atemluft verpestet, und selbst die geringfügigsten Gegenmaßnahmen hintertrieben haben. Ich sehe nicht, wie wir Ihnen unter diesen Umständen eine solche Aufgabe anvertrauen könnten. Sie sind ihr offensichtlich moralisch nicht gewachsen. Übrigens sehe ich noch zwei andere, weiter tragen Dimensionen des Problems, das sich jetzt und für unsere Zukunft stellt. Auf lange Sicht müssen wir die Ausbreitung unserer

Städte und Vorstädte aufhalten; der Punkt ist erreicht, wo ihr weiteres Wachstum unwirtschaftlich und gemeingefährlich wird. Die Abwanderung vom Land muß gestoppt, die Rückwanderung begünstigt werden. Dünner besiedelte Teile des Landes müssen systematisch entwickelt und auf regionaler Basis kulturell lebensfähig gemacht werden. Wir sollten darauf abzielen, den Anteil der Landbevölkerung von gegenwärtig fünf auf 20% zu vergrößern. Das heißt: Wir müssen unsere hochentwickelte Technologie dazu verwenden, unsere Strukturen zu vereinfachen statt sie zu komplizieren. Die Folge wird sein, daß das Nationalprodukt, in absoluten Ziffern, wahrscheinlich sinkt, während der wahre Nutzen für unser Leben steigt. Eine solche Planung liegt Ihnen natürlich fern. Sie werden nie für Vereinfachung und Begrenzung eintreten: Sie sind vielmehr darauf aus, uns als Palliativ für die Bescherung, die Sie mit Ihren Geräten angerichtet haben, neue Geräte zu verkaufen, und so weiter ins Unabsehbare.

Das zweite langfristige Hauptproblem unserer Städte ist das Klima der Ohnmacht, der Anomie und Entfremdung, ja der Geisteskrankeit, das in ihnen herrscht. Nur eine Politik der entschiedenen Dezentralisierung kann mit diesem Problem fertig werden. Die zentralen Ballungen der Stadtverwaltungen, der Polizei-, Schul- und Wohlfahrtsorganisationen, die Konzentration des Immobilien- und Geschäftskapitals müssen aufgelöst werden. Eine solche Entwicklung wird zu Konflikten führen; wir müssen, zugunsten menschlicher Initiative und Solidarität, Reibungsverluste und verminderte Leistungsraten in Kauf nehmen. Auch das ist keinesfalls Ihre Sache. Was Sie anstreben, ist eine immer höhere Macht- und Kapitalkonzentration in Ihren Händen. Ihre Systemanalysen gesellschaftlicher Probleme laufen stets auf Standardisierung, Zentralisierung und bürokratische Kontrolle hinaus, obgleich das keineswegs in der Natur der Sache liegt. Sie haben keine Lust, Ihre Elektronenrechner mit unbekannten Variablen und Parametern wie Mut, Ressentiment, Begeisterung, Rache und Einbildungskraft zu behelligen, auf die es letzten Endes ankommen wird. Die sozialpsychologischen, politischen und moralischen Theorien, auf die Sie Ihre Planungen gründen, sind, offen gesagt, kindisch. Auf diesen Gebieten können wir gar nicht genug forschen und experimentieren. Wer wird dabei die führende Rolle spielen? Wahrscheinlich werden es Bauern sein, Negerinnen mit großen Familien, politische Aktivisten, langhaarige Studenten, Philosophen ohne Lehrstuhl: aber auf keinen Fall Sie, meine

Herren. Es hat keinen Sinn, darum herumzureden: Sie verstehen sich im wesentlichen auf die Produktion teurer und komplizierter Geräte und auf die Zirkulation von Gegenständen. Ihre Hauptabsicht dabei ist destruktiv. Etwas wirklich Neues hervorzubringen, ist nicht Ihre Sache. Das ist Ihnen zu schwer. Dies hindert Sie aber nicht, sich in Dinge wie Bildungspolitik, Strafvollzug, Krankenhausplanung und Wohnungsbau einzumischen – in alles, was verspricht, öffentliche Mittel zu verschlingen. Deshalb, und nur deshalb, interessieren Sie sich für die Planung unserer Umwelt.

Ich komme auf das letzte Kapitel meines Katalogs zu sprechen, die Verbesserung unserer Umweltsbedingungen, und fasse dabei das bisher Gesagte zusammen. In einer verstopften, überzentralisierten und überbürokratisierten Gesellschaft sollten wir auf Vereinfachung, Dezentralisierung und Beseitigung der Manipulation abzielen. Dazu müssen wir erforschen, wo, wie und in welchem Ausmaß diese Ziele erreichbar sind. Zum ersten Mal in der Geschichte haben unsere technischen Artefakte Ausmaße erreicht, die unsere natürliche Umgebung überschatten und alle Landschaften zerstören. Wir stehen vor der Aufgabe, das Wachstum dieser Artefakte klug und entschlossen zu begrenzen und dem Raubbau Schranken zu setzen; wir steuern sonst einer ökologischen Katastrophe entgegen. Aber noch am gestrigen Tag hat Dr. Smelt von der Lockheed Corporation sich an dieser Stelle zum Ingenium der amerikanischen Technik bekannt, das die Differenz zwischen der Forschung und ihrer Anwendung praktisch eingeebnet hat; Vorsicht, so erklärte er uns, sei in diesem Punkt keine Tugend. Die Automation ist ein Beispiel hierfür. Welche menschlichen Tätigkeiten sollten wir automatisieren und programmieren, und welche nicht? Eine kritische Frage für die nächste Dekade, die sich sowohl analytisch wie auch empirisch stellt: ich möchte ihre Beantwortung lieber nicht der Verkaufsorganisation der IBM überlassen. Wie können wir uns in unserer technischen Umgebung frei und heimisch fühlen? Das ist eine weitere Frage. Es ist ein Unterschied, ob man eine Maschine versteht und reparieren kann, oder ob man sie nur benutzt und zum Leibeigenen eines Service-Systems wird. Ohne ein Maß von Selbstbestimmung über seine unmittelbare Umwelt ist ein Mensch nicht frei. Das sind Bedürfnisse, um die Sie, meine Herren, sich keinen Deut scheren. Dr. Smelt hat unrecht: die Technologie ist heute ein Teil jeder Moral und jeder Philosophie, die diesen Namen verdient; und somit ist sie Kriterien zu unterwerfen wie

der Vorsicht, der Bescheidenheit, der Sicherheit, der ästhetischen Qualität, der Anpassung an das menschliche Maß, der Billigkeit, der Verständlichkeit, der Reparierbarkeit, und so weiter. Wenn die Arbeit der Techniker solchen Kriterien unterläge, sähe unsere Umwelt anders aus.
Ein weiteres Problem ist es, die wissenschaftliche und technische Kultur der ganzen Bevölkerung zu heben. Ihr imperialistischer Zugriff auf den Forschungsaufwand und auf das Erziehungssystem der ganzen Nation hat in dieser Beziehung unermeßlichen Schaden angerichtet. Sie haben dafür gesorgt, daß der Löwenanteil an der Beute Ihren paar Riesenkonzernen und einer Handvoll von Riesen-Universitäten zugefallen ist – obgleich bis auf den heutigen Tag sehr viele, vermutlich mehr als die Hälfte aller wichtigen Neuerungen von unabhängigen Köpfen und kleinen Firmen herrühren. Es hat mich gefreut, zu hören, daß Dr. Dessauer von der Xerox Corporation in diesem Punkte meiner Ansicht ist. Würden die vorhandenen Mittel breiter gestreut, so würde sicherlich mehr entdeckt und erfunden werden, und was noch wichtiger ist: wir hätten einen viel weiteren Kreis von unabhängigeren Wissenschaftlern. Sie machen eine Menge Reklame für den zivilen »Abfall« Ihrer militärischen Entwicklungen, die wenigen gesellschaftlich nützlichen Brosamen, die Sie unters Volk streuen. Aber die Verschwendung, die Sie treiben, ist notorisch. Ich nenne nur die fünf Milliarden Dollar, die Sie zum Fenster hinausgeschmissen haben, als Sie nach ein paar Jahren auf die Idee kamen, den Entwurf eines U-Boots abzuändern. Tut uns leid, sagen Sie dann, wo gehobelt wird, fallen Späne. Ihre Haltung erinnert mich an die der Fernsehgesellschaften, die nach zwanzig Jahren des blanken Nichts mit dem Argument hausieren gehen, sie hätten immerhin die McCarthy Hearings und das Begräbnis Kennedys übertragen. *(Fröhliches Gelächter im Saal, sei es, weil meine Bemerkung auf Kosten einer anderen Industrie ging, sei es, weil das Publikum seiner eigenen Manöver mit Befriedigung gedachte.)* Indem Sie Ihre Forschungsstipendien konzentrieren, engen Sie das Feld der möglichen Innovationen ein und erzeugen die Illusion, als wäre die Technik ein unabwendbares, unbeeinflußbares Verhängnis. Das ist nicht wahr. Hätten wir unsere Intelligenz und unser Geld an die Entwicklung elektrischer Fahrzeuge gewendet, so wären wir heute vom Gestank und vom Lärm unserer Automobile befreit. Hätten wir auf eine intensive Landwirtschaft gesetzt, so bräuchten wir unsere Farmer nicht mehr zu subventionieren. Und so weiter und so fort. Aber nicht genug, daß Sie unseren Forschungsaufwand in

Ihre Taschen stecken; noch dazu verfahren Sie auch noch unredlich damit. 90% dieser Gelder gehen nicht in Forschung und Entwicklung, sondern direkt in Ihre eigene Produktion, für die Sie, als »freie Unternehmer«, selber aufzukommen hätten.
Zweifellos erscheint Ihnen manches von dem, was ich sage, einfältig oder unfair. *(Stürmischer Beifall.)* Im Ganzen aber können Sie es nicht bestreiten. Ich habe mich nicht bei Ausnahmefällen und Kleinigkeiten aufgehalten.
Dagegen mag es sein, daß ich wie ein Moralprediger geklungen habe. Sowenig wie Sie bin ich ein Heiliger, und normalerweise würde ich mich schämen, einen derartigen Ton anzuschlagen. Sie jedoch, meine Herren, sind die Napalm- und Splitterbombenhersteller, Sie produzieren die Flugzeuge, welche die Reisernten von Vietnam zerstören. Sie haben in jenem Land Hunderttausende auf dem Gewissen, und Sie werden weitere Hunderttausende umbringen. Vielleicht räumen Sie sogar ein, daß vieles von dem, was Sie tun, schädlich und gemein ist; doch werden Sie sich mit der Behauptung verteidigen, daß dies alles nötig ist, um den *American Way of Life* zu retten, und daß Sie deshalb nicht anders handeln können. Wir aber, meine Herren, sind der Ansicht, daß dieser *Way of Life* selber überflüssig, schändlich und unamerikanisch ist *(Zwischenrufe und Schreie: »Was heißt Wir?«)* – wenn ich »Wir« sage, dann meine ich mich und die Leute draußen vor der Tür – und weil wir dieser Ansicht sind, können wir für Ihre Handlungen, meine Herren, keine Nachsicht aufbringen. Sie müssen von der Tafel der Geschichte gelöscht werden.

Das Auditorium, bestehend aus dreihundert Leuten, bedachte meine Worte nicht mit Beifall, obwohl eine Minderheit von zehn bis zwanzig Personen stark applaudierte. Diese wenigen traten später einzeln an mich heran und dankten mir. »Die jungen Leute draußen haben ganz recht. Mein Sohn demonstriert für die selbe Sache, in Boston, in Ohio, usw.«
Der Vorsitzende, Charles Herzfeld von der International Telephone and Telegraph Company, sah sich schließlich zu dem folgenden Ausbruch veranlaßt: »Die Bemerkung, wir begingen in Vietnam einen Völkermord, ist unanständig. Der Sprecher verschweigt, was dort in der Tat unannehmbar ist – nämlich der Vietcong, der systematisch Akademiker ausrottet!«
Nicht nur das. Der Leiter der Konferenz, ein höflicher, intelligenter Mensch, entschuldigte sich bei der Versammlung dafür, daß er ihr meine

Rede zugemutet habe. Das kann ihm nicht leichtgefallen sein; denn er hatte diese Rede selbstverständlich vorher gelesen.
Wir verließen das Gebäude durch einen Hinterausgang, und ich fand mich wieder in besserer Gesellschaft: unter den Demonstranten, die mit ihren Rücken die Türen des Auditoriums blockierten, und unter den vertrauten weißen Helmen der Militärpolizei.

Aus dem Amerikanischen von Hans Magnus Enzensberger

Dossier 2: Die Eröffnung des rhodesischen Zeitalters oder Einübung in die Freie Welt
Science Fiction-Literatur in Deutschland

A. Herrenrasse, Galaktisch

AUS DEM PERRY RHODAN-SLOGAN-WETTBEWERB
»Wie Perry Rhodan denken,
das Universum lenken.«
Eingesandt von H. Breuer, St. Augustin
(Perry Rhodan, der Erbe des Universums, Nr. 97. Moewig-Verlag.)

TUGENDEN, BÜRGERLICHE
Wirtschaftlichkeit, weise Voraussicht und keinerlei Verschwendung – das waren die Schlüssel zum Erfolg, wenn man die Galaxis kolonisieren wollte.
(Terra, Utopische Romane/Science Fiction, Nr. 530. Moewig-Verlag.)

TUGENDEN, ANGEBORENE
Hier hatte ich es mit Terranern zu tun; den fraglos fähigsten Intelligenzwesen der Milchstraße. Sie verloren weder ihren bissigen Humor, noch gaben sie auf, noch klagten sie unnötig oft über ihr Schicksal.
Das waren keine degenerierten Arkoniden oder Arkonidenabkömmlinge. Das waren Mitglieder eines jungen, starken und unverbrauchten Volkes, das mit unglaublicher Hartnäckigkeit nach den Sternen gegriffen hatte.
(Rhodan, Nr. 217)
Anscheinend gab es so gut wie nichts, was sie von ihren Zielen abbringen konnte.
(Rhodan, Nr. 315)

TUGENDEN, ERWORBENE
Immer wieder gingen tapfere Männer und Frauen Terras freiwillig in den Tod, um ihrer Rasse einen Dienst zu erweisen. Aber so tragisch diese Einzelschicksale waren, so notwendig schien auch die immerwährende Auseinandersetzung mit einer feindlichen Umwelt zu sein. Ohne Kampf gegen

Naturgewalten und intelligente Feinde würde der Mensch wahrscheinlich noch heute auf Bäumen leben und die Sterne für Lichter am Himmel ansehen und keine weiteren Gedanken an sie verschwenden ...
Ungewöhnlich feindliche Umwelten haben stets ungewöhnlich befähigte Lebensformen zur Folge.
(Rhodan, Nr. 309)

VORZÜGE DES FREIEN WETTBEWERBS
In einer Umwelt, in der Frieden und Überfluß herrschen, kann sich keine Führungsschicht entwickeln. Dazu kommt es nur in einer Umgebung, in der es Kampf, Haß und Gewalt gibt. Die Führerqualitäten sind die Antwort des Menschen auf Umweltbedingungen, die jede Art von Konkurrenz fördern.
(Heyne-Bücher, Nr. 3063. Wilhelm Heyne Verlag.)

SCHLIMME FOLGEN ZEITWEILIGER VERNACHLÄSSIGUNG DIESES PRINZIPS
Die Menschheit war schlaff geworden. Der Grund war einfach. Es gab keine Kriege mehr, also auch keine Weiterentwicklung technischer Waffen. Man wollte einfach nichts mehr erfinden. Die Menschheit besaß genügend Nahrung, um keine Sorgen zu kennen. Wetterkontrollen sorgten für ein regelmäßiges (sic!) Klima in allen Breiten. Jeder hatte seine Beschäftigung, und niemand kannte den Konkurrenzkampf. Es war ein Leben, wie es sich der Mensch stets in seinen Wunschträumen vorgestellt hatte, ein Leben ohne Sorgen und Angst. Aber gleichzeitig bedeutete dieses Leben auch Stillstand, ein seichtes Dahinvegetieren.
(Terra, Nr. 172)

CIA, KOSMISCH, oder: GLOBALSTRATEGIE
Der ehemalige Mathematikprofessor und CIA-Chef war es gewöhnt, die Dinge mit philosophischer Gelassenheit zu sehen. Dennoch klang seine Stimme jetzt eine Nuance schärfer.
»Es handelt sich keineswegs um Abenteuer, worauf Präsident Corda aus ist. Die Politik der Erde kann nicht nur auf der Erde in irgendeinem Parlament gemacht werden. Wir brauchen ein neues kosmisches Denken. Es wäre das Ende der Menschheit, wenn sie sich auf diesen Planeten beschränken würde, nur weil wir zufällig hier geboren wurden.«
(Rex Corda, Der Retter der Erde, Nr. 27. Bastei-Verlag)

PAX AMERICANA, oder: FRIEDEN & SICHERHEIT

Die Vereinigten Staaten waren Sieger in einem Atomkrieg. Nachdem wir nun die Weltherrschaft gewonnen hatten, war es unsere Aufgabe, das Chaos auf diesem Planeten zu beseitigen und den Völkern Frieden und Sicherheit zu geben. Der Wille des amerikanischen Volkes hat sich immer wieder für Frieden, Sicherheit und weise Führerschaft entschieden. Ist nicht Präsident Garward mehrere Male mit einer Majorität von mehr als neunzig Prozent wiedergewählt worden?
(Heyne, Nr. 3063)

WESTMORELAND, oder: DER JÄGER VON DA NANG

Runetes Gesicht wirkte älter, als der Major war. Er zählte nur einunddreißig Jahre, aber der Dienst bei der Imperiumsflotte und der Aufenthalt auf ungezählten urweltlichen Planeten, die Entbehrungen und Strapazen, die zu einer Jagd auf extraterrestrische Ungeheuer gehörten, hatten ihre Linien in dem braunen Gesicht hinterlassen.
(Rhodan, Nr. 309)

SPECIAL FORCES

Shenon war ein ganz besonderer Typ. Er gehörte zu jenen Terranern, mit denen man ein Weltreich aufbauen konnnte.
(Rhodan, Nr. 217)
Mit solchen Leuten konnte man das ganze Universum erobern – und Merlin Akran war nur einer von vielen Milliarden . . .
(Rhodan, Nr. 314)

VÖLKERRECHT

Der Raum gehörte nicht den Terranern. Sie schickten ihre Schiffe auf langen Forschungs- und Beutefahrten durch das All. Aber andere Völker hatten das gleiche Recht. Der Raum gehörte niemandem und allen. Man konnte nur versuchen, seine Rechte auf bestimmten, von Terranern besiedelten Planeten festzulegen.
(Terra, Nr. 530)

SÄEN & ERNTEN

Der Lautsprecher knisterte, und eine scharfe Stimme sagte: »Alles herhören! Hier spricht Admiral Hawkins. Ihr Männer seid jetzt bereit, das zu

ernten, was vor vielen Jahren gesät wurde. Wir sind im Begriff, ein Sonnensystem für Solterra zu beanspruchen. Ihr kennt die Bedeutung dieser Worte. Jeder hat eine Aufgabe, die er erfüllen muß, und ich möchte, daß jeder von euch Männern weiß, daß die Augen der ganzen Welt in diesem Moment auf euch gerichtet sind. Ihr sollt unsere Hoffnungen und Bestrebungen erfüllen.«
(Terra, Nr. 530)

PHILOSOPHIE
Der Planet war völlig unberührt. Ein richtiges Paradies, dessen Existenz erst durch den Menschen einen Sinn bekommen würde, philosophierte Ben.
(Utopia-Zukunftsromane, Nr. 544. Pabel-Verlag.)

SCHIFFBRUCH, oder: LEBENSBORN
Eines der Bücher hatte ein Kapitel über Schiffbrüchige enthalten. Darin war angegeben, daß neunhundert Millionen menschlicher Wesen in geschichtlicher Zeit auf unentdeckte Planeten verschlagen worden waren. Die meisten dieser Planeten waren nach und nach aufgefunden worden; und auf nicht weniger als zehntausend hatten sich große Bevölkerungen aus dem ursprünglichen Kern der Gestrandeten entwickelt. Das Gesetz schrieb vor, daß kein Schiffbrüchiger sich von der Teilnahme an derartiger Vermehrung der Einwohnerschaft ausschließen konnte – ohne Rücksicht auf seinen vorherigen Stand. Schiffbrüchige mußten Erwägungen wie Sensitivität und Individualismus vergessen und sich als Werkzeuge rassischer Expansion betrachten.
(Terra, Nr. 80)

HUBSCHRAUBERPERSPEKTIVE
»Wenn da unten wirklich eine menschenähnliche Intelligenz existieren sollte«, meinte Reggie, »dann sind die Kerle bestimmt noch auf einer Entwicklungsstufe, die unserer Steinzeit entspricht. Also harmlos für uns!«
(Utopia, Nr. 544)

KONTAKTE
Rhodan zuckte die Schultern. »Wer wirklich stark ist, dürfte den Kontakt mit einer anderen Rasse nicht scheuen, meine ich.«
(Rhodan, Nr. 218).

KOEXISTENZ

In jedem Fall hatte das Experiment einer Koexistenz zweier fremder Rassen zu einer Katastrophe geführt: Entweder waren die Siedler selbst vernichtet worden oder sie hatten die Eingeborenen ausrotten müssen – und diese Notwendigkeit widerstrebte einem so hoch zivilisierten Volk wie dem ihren natürlich.
(Heyne, Nr. 3097)

B. Bestiarium

AUS DEM PERRY RHODAN-SLOGAN-WETTBEWERB

»Was lebt auf Welten in dem Kosmosraum,
wir ahntens ohne Perry Rhodan kaum.«
Eingesandt von Blumen-Kleine, Neheim-Hüsten
(Rhodan, Nr. 314)

VORAHNUNG

Ein lauer Wind strich zu den beiden Männern herein, als die Schotten ausfuhren. Es roch etwas modrig auf dieser Welt.
(Corda, Nr. 31)

TRUGSCHLUSS

»Wir begrüßen euch, Fremdlinge«, sagte einer der vier (Vogelmenschen). »Wer immer ihr seid – ihr seht uns ähnlich. Wir dürfen darum hoffen, daß ihr friedlich seid.«
(Terra, Nr. 546)

TREIBJAGD, oder DIE PROBE AUFS EXEMPEL

Als die Hunde angriffen, verwandelte es sich in ein Geschöpf von ungeahnter Kampfgier, ja von einer so bestialischen Wildheit, wie man sie sich nur auf einer anderen Welt denken kann.
(Terra, Nr. 529)

LOGBUCH DER 7. FLOTTE

Als sich die Terraner anfangs in der Galaxis ausbreiteten, waren sie überrascht gewesen, menschliche Lebensformen auf erdähnlichen Planeten vor-

zufinden. Doch es blieb eine Tatsache, daß die Unterschiede in der Struktur um so größer wurden, desto weiter die Entdeckungsreisen gingen. Die Gershmi waren die letzte der neu entdeckten Rassen. Sie sahen wie die Menschen aus – nur fehlte ihnen der vierte Finger.
(Terra, Nr. 530)

MISSGESCHICK EINES UNO-DIPLOMATEN IN NEW YORK

Es ist, so seltsam es klingen mag, schon ab und zu vorgekommen, daß ein Tourist für ein wildes Tier gehalten wurde. Und das hatte unangenehme Folgen. Greenberg dachte mit Grauen an die Geschichte mit dem lhadorischen Botschafter, dessen Familie man ausgestopft im Schaufenster eines Kuriositätenladens gefunden hatte. Glücklicherweise war die Sache nie publik geworden.
(Terra, Sonderreihe, Nr. 114)

LINGUISTIK

Der Fremde ihm gegenüber gab wieder Zischlaute von sich. Seine schmalen Lippen bewegten sich dabei kaum. Sie scheinen also doch eine Sprache zu haben, wenn man diese Zischlaute überhaupt als Sprache bezeichnen konnte, dachte Ben.
(Utopia, Nr. 544)

IDEOLOGIE

Carter atmete auf. Wenigstens sind sie keine Monster oder Alptraumgestalten, dachte er. Der Fremde war in seiner ganzen Gestalt durchaus menschenähnlich. Tortzdem lief es Ben kalt über den Rücken. Irgend etwas Drohendes ging von dem Fremden aus. Carter konnte nicht einmal sagen, worin das Unheimliche bestand. Es war, als ob eine tiefe, unsichtbare Kluft zwischen ihm und diesem Wesen bestünde.
(Utopia, Nr. 544)

ETHNOLOGIE

Nachdem er den ersten Schock überwunden hatte, empfand er den Anblick als komisch. Die eigenartigen Wesen hielten die Ausstattung, mit denen die Natur sie versehen hatte, offenbar als völlig zureichend und erachteten Kleidung als überflüssig. Sie gingen nackt, was den Galaktoethnologen der Erde einen Schock versetzen würde, sobald sie davon erfuhren;

denn sie lehrten seit Jahrhunderten, daß das erste Anzeichen beginnender Zivilisation die Verwendung von Kleidungsstücken sei.
(Rhodan, Nr. 311)

ALTE BEKANNTE
Die Morgaten trugen schwarze Uniformen mit goldenen Litzen, Knöpfen und Gleitverschlüssen. Die Gesichter der Männer waren auffallend blaß, von einem vollen blonden Haar umrahmt.
»Nordische Recken aus unserer Frühgeschichte«, meinte Forry Bannister.
(Utopia, Nr. 457)

SAMMY DAVIS
Die Lipos waren die einzige nichthumanoide Rasse, die man bisher entdeckt hatte, deren Intelligenz sich mit der menschlichen vergleichen ließ. Sie hatten überall ihre Wohnsitze und waren sehr beliebt, besonders als Unterhalter in Varietés und anderen Vergnügungsstätten.
(Heyne, Nr. 3035)

C. Beefsteak Tartar

AUS DEM PERRY RHODAN-SLOGAN-WETTBEWERB
»Perry Rhodan, der Herrscher des Imperiums,
bekämpft die Feinde gegen Terranium.«
Eingesandt von B. Gutzeit, Ludwigshafen
(Rhodan, Nr. 315)

RULE, BRITANNIA
Die Erde duldet nirgendwo im Universum ein separates, eigenständiges Staatswesen.
(Terra, Nr. 80)

FREIE WELT
Mit gutem Willen und einer menschlichen Gesinnung allein ließ sich kein galaktisches Imperium aufbauen, denn nicht alle Völker waren zu einer friedlichen Zusammenarbeit bereit. Außerdem gab es Wesen, die ihren Ansichten ausschließlich mit Waffen zum Efolg verhelfen wollten. Der

Begriff der Humanität war ihnen fremd. Man konnte ihnen nur mit Härte und Entschlossenheit gegenübertreten.
(Rhodan, Nr. 312)

NATURGESETZ

Eine wohlabgewogene Gesetzmäßigkeit schien in diesem Universum die Folgen von Krieg und Frieden zu bestimmen, eine Gesetzmäßigkeit, die auch friedliebende Völker dazu zwang, sich mit ihren Gegnern auseinanderzusetzen.
(Rhodan, Nr. 313)

ANWENDUNG DES NATURGESETZES

Da begegneten unsere Patrouillenschiffe einer fremden Rasse. Es waren Intelligenzwesen völlig nichtmenschlicher Art, dazu von so andersartiger Mentalität, daß der Zusammenstoß mit ihnen mit der Unabänderlichkeit eines Naturgesetzes erfolgte. Mit der uns damals eigenen Kompromißlosigkeit kämpften wir, bis (ihre) letzten Heimatwelten vernichtet oder unbewohnbar gemacht worden waren.
(Rhodan, Nr. 218)

RUNDKÖPFE – SPITZKÖPFE

Wir hatten jedes Lebewesen anerkannt, wenn es nur sauerstoffatmend gewesen war. Fremdgasatmer waren von uns als Intelligenzwesen natürlich ebenfalls gewürdigt worden, aber man hatte sie im Oberkommando sofort als erbitterte Feinde eingestuft. Die Ereignisse hatten diese Auffassung auch niemals widerlegt. Fremdstoffatmer hatten sich nie mit Sauerstoffatmern einigen können. Daher war es auch zum Methankrieg gekommen.
(Rhodan, Nr. 217)

VERSTÄNDIGUNGSSCHWIERIGKEITEN

Der Topsider bleib vor Rhodan stehen und hielt ihm die Waffe vor die Brust. Mit dem freien Arm machte er eine herrische Bewegung und krächzte: »Hier Grenze! – Weg hier! – Sonst erschießen!« Das Ferronisch, das er sprach, war kaum zu verstehen.
Rhodan gab keine Antwort. Zwei Sekunden genügten ihm, um den Neutronenstrahler hervorzuziehen und den Topsider zu töten.
(Rhodan, Nr. 11)

EPITAPH FÜR FREMDGASATMER

»Es tut mir leid«, murmelte er leise, so daß keiner außer ihm es hören konnte. »Wenn es einmal Frieden zwischen unseren Rassen gibt, dann sind die Toten nicht umsonst gewesen.«
(Rhodan, Nr. 218)

DRITTE WELT

Die Fremdrassen mußten beobachten, wie sich die Menschen ausbreiteten. Hin und wieder landeten Händlerschiffe und tauschten vorwiegend exotische Dinge gegeneinander oder gegen terranische oder kolonialterranische Maschinen, aber sonst geschah nichts. Aber unter der trügerischen Decke der Ruhe gärte es. Der Neid ist die Triebfeder vieler Handlungen, und so verdichteten sich nebulöse Ideen langsam zu einem festen Plan.

RÄDELSFÜHRER

Jene Kugelwesen, die in sämtlichen Spektralfarben schillerten, hatten die Aufgabe übernommen, die einzelnen Rassen zu überreden. Und sie flogen kreuz und quer durch die Milchstraße, hinterließen Unruhe und Lehrbücher für Guerillakämpfe.
(Terra, Nr. 546)

DUENSING, oder: POLIZEIPSYCHOLOGIE

Die zerlumpten, ausgemergelten Gestalten kamen taumelnd näher; die vordersten wurden von ihren Hintermännern vorwärts gestoßen und so fort. Höchstwahrscheinlich hatten sie überhaupt keinen Angriff geplant gehabt, aber in einer solchen Masse besaß das einzelne Individuum keine Entscheidungsfreiheit mehr. Alle zusammen handelten wie ein einziges, riesiges Wesen, das sich in seinem Verhalten grundsätzlich von jedem Einzelwesen unterschied.
Kasoms und Masuts Paralysatoren krachten dumpf. Die ersten Reihen sanken gelähmt zusammen.
(Rhodan, Nr. 315)

POLIZEIAKTION

Das Raumschiff drehte sich um seine Querachse, bis die Heckdüse auf die stolze Kriegsflagge gerichtet waren. Fraser gab den Düsenausstoß frei. Es war nur eine geringe Schubkraft – gerade noch ausreichend, um radioak-

tive Reaktionsmasse in die Atmosphäre zu stoßen. Aber die dazu nötige Energie wurde durch Atomspaltung erzeugt, und das Gas entwich dabei mit einer Hitze von mehreren tausend Grad.
Für die Sinne der Jupiterbewohner erhellte sich ihre Welt mit einem Male zu solch greller Lichtfülle, als hätten sich alle je hier aufgeflammten Blitze zu einem einzigen mächtigen Bannstrahl vereinigt. Der Himmel zerschmolz in Glut. Der Boden dampfte. Felsen schmolzen und zerflossen über den Grund, der in Ammoniakdämpfen explodierte. Die Luft wurde für kurze Zeit zu einer riesigen Fackel, die alles Leben verzehrte.
Der Kampfwille der Ulunt-Khazul war für alle Zeiten gebrochen.
(Heyne, Nr. 3063)

GESINNUNG
»Wir haben getan, was wir konnten, Gesinnungsbruder«, sagte er.
(Heyne, Nr. 3063)

POLITIK
Er hatte viele Hilfsvölker für den großen Krieg gebraucht. Daher wußte er, daß primitive Rassen gefügiger waren, wenn es gelang, ihre Führer zu gewinnen.
»Wenn wir Erfolg haben wollen, brauchen wir Kanonenfutter. Wenn wir geschickt vorgehen, sparen wir eigene Kräfte, indem wir die vorhandenen Primitiven einsetzen.«
(Corda, Nr. 37)

PEACE CORPS
Hier und heute aber gab es ein ganz konkretes Problem: das Problem, wie man die Gurrads von ihrem krankhaften Mißtrauen den Menschen gegenüber heilen und sie zu wertvollen Bundesgenossen machen konnte. Die Gurrads waren im Grunde genommen die Verbündeten der Menschheit; es kam nur darauf an, ihnen dies klarzumachen.
»Wenn ich nur wüßte, wie wir sie von unseren friedlichen Absichten überzeugen könnten!« stieß Oro Masut erbittert hervor.
»Damit!« antwortete Art Huron und streckte den nächsten (Gurrad) nieder.
(Rhodan, Nr. 315)

ENTWICKLUNGSPLANET

Der Planet war erst vor knapp zweihundert Jahren in die Liga aufgenommen worden und befand sich deshalb noch im Entwicklungsstadium, in dem chaotische Zustände herrschen mußten, weil die alte Kultur allmählich der neuen Zivilisation weichen würde.
(Heyne, Nr. 3083)

LEBENSRAUM, oder: BLUT & BODEN

Gelton-City! Eine Stadt, entstanden aus dem unbeugsamen Willen terranischer Pioniere, eine fremde Welt zu besiegen. Ausdruck des nie ermüdenden menschlichen Eroberungswillens. Gleichzeitig Beweis für das Bedürfnis der Menschheit, mit einem Stück Land verwurzelt zu sein.
»Unsere neue Heimat«, sagte Ansom. Seine Stimme klang ergriffen. Ich konnte offene Bewunderung für dieses Land heraushören, aber auch die unumstößliche Bereitschaft, um neuen Lebensraum zu kämpfen.
(Rhodan-Taschenbuch, Nr. 15)

ZOOLOGIE

»Ich habe gehört, daß es auf Gelton viele Tiere gibt und eine halbintelligente Eingeborenenrasse«, sagte ich.
Er nickte und zeigte auf zwei Männer auf der Straße. Beide hatten Pelze an ihren Gürteln hängen.
»Jäger«, sagte er. »Die Tiere laufen ihnen direkt vor die Waffen. Mit den Eigeborenen haben wir kaum Kontakt.«
(Rhodan-Taschenbuch, Nr. 15)

BIOLOGIE

Die Eingeborenen werden bald ausgestorben sein. Dagegen ist nichts zu machen. Dieses Volk besaß keinen Zusammenhalt und keine gemeinsamen Ziele. Es gab keine Feinde, keine wichtigen Aufgaben, keinen Existenzkampf und keine Naturkatastrophe. Solche Bedingungen waren nicht dazu angetan, den Fortschritt einer Spezies zu fördern.
(Rhodan-Taschenbuch, Nr. 15)

D. Handel & Wandel

AUS DEM PERRY RHODAN-SLOGAN-WETTBEWERB
»Mit Perry Rhodan wird Menschheitstraum
Wirklichkeit im Weltenraum.«
Eingesandt von E. Buck, Hamburg
(Rhodan, Nr. 332)

DEVISE
Ein neuer Plan, ein neuer Planet, neues Geld.
(Terra, Nr. 525)

DEVISEN
Immerhin zahlte die Erdregierung für die Entdeckung eines erdähnlichen Planeten, der ohne großen technischen Aufwand kolonisiert werden konnte, mehr als eine halbe Million Dollar in Einheitswährung.
(Utopia, Nr. 544)

DER KLEINE PLANET
Der kleine Planet direkt vor ihnen schwebte hellblau schillernd in der Dunkelheit des Alls. Er stand dicht an der rötlichgelben Sonne.
Der kleine Planet gefiel Sigam Agelon. Es gab verschiedene Generalstabspläne für die Okkupation von bewohnten Welten. Die Art der Invasion richtete sich stets nach dem Energiepotential der betreffenden Sonne und dem Stand der technischen Entwicklung der Planetenbewohner.
(Corda, Nr. 37)

ENTKOLONISIERUNG, oder: VORHER – NACHHER
Vor drei Jahrhunderten war Solitaire entdeckt und kolonisiert worden. Es war kein angenehmer Planet gewesen, aber seine reichen Lager an Öl, Kohle, Diamanten, Silber und Platin machten ihn zu einem begehrenswerten Ausbeutungsobjekt. Innerhalb von fünfzig Jahren war die Bevölkerung auf einhundert Millionen Menschen angewachsen.
Heute, nach mehr als zwei Jahrhunderten, gab es zweihundert Millionen Bewohner, und Solitaire war der rückständigste Planet der bekannten Galaxis. Er hatte die Zivilisation mit dem niedrigsten Lebensstandard.
(Heyne, Nr. 3035)

MARKTWIRTSCHAFT

Das Imperium war reich. Der Handel mit zahllosen Kolonialwelten war während der Regentschaft des Robotgehirns wieder aufgeblüht, auch wenn das ehemals individuelle Streben der Händler schablonisiert worden war.
(Rhodan, Nr. 96)

DIE METROPOLE

Arkon II war ein Planet der Großstädte und der gigantischsten Industriekonzerne der Galaxis. Die berühmten Laden- und Silostraßen der Städte wurden seit zehntausend Jahren von allen bekannten Intelligenzwesen durchstreift. Auf Arkon II konnte man alles kaufen, was man jeweils im weiten All gefunden, entdeckt oder angebaut hatte. Milliardengeschäfte waren an der Tagesordnung; Umsätze in Höhe von zweihundert Millionen Solar üblich und Abschlüsse nahe der Billionengrenze noch nicht besonders erstaunlich. Die bedeutendste Stadt des Planeten war Torgona, benannt nach dem ersten arkonidischen Handelsmann, der von hier aus mit einem bewaffneten Frachter gestartet war, um auf fremden Welten Waren einzutauschen.
(Rhodan, Nr. 96)

OSTINDISCHE KOMPANIE

Die stellaren Freihändler – zehn der vorzüglichsten Händler dieses Jahrhunderts – hatten sich zusammengetan, um als Gehirntrust unschlagbar zu werden. Sie riskierten alles: Leben und Einsatz, Vermögen und Besitz. Sie suchten in den Weiten der Galaxis nach Gelegenheiten für ihre kühnen Pläne.
(Terra, Nr. 533)

KOLUMBUS IN WESTINDIEN

Eine unserer Aufgaben ist es, Handel zu treiben. Wir werden es auch hier versuchen, denn nichts bringt die Angehörigen fremder Rassen so schnell näher, als gemeinsame Geschäftsbeziehungen. Wir sind sehr froh, hier auf diesem Planeten ähnliche Spezimen gefunden zu haben, mit denen es sich wunderbar reden läßt. Vielleicht läßt sich mit euch auch wunderbar handeln.
(Terra, Nr. 546)

JOHNSON IN PUNTA DEL ESTE

Die Menschen haben sich verändert. Unerfreuliche Vorfälle, wie sie eure Vorfahren noch erlebten, sind heute nicht mehr möglich. Ich betone dies, um zu unterstreichen, daß eure Befürchtungen gegenstandslos sind. Ihr müßt der galaktischen Union der Erde beitreten, gewisse minimale Vorschriften anerkennen und interstellare Handelshäfen errichten.
(Terra, Nr. 80)

ALLIANZ FÜR DEN FORTSCHRITT

Stets gibt es irgendwo im Kosmos jemanden, der etwas braucht. Riesige Mengen davon. Ganze Konvois. Wir suchen jemanden, der es billig und gut herstellt, und kaufen es. Dann schlagen wir unsere Spanne auf und verkaufen es wieder. Aber nicht in Kilogramm, sondern in Geleitzuggrößen. Gleichgültig, ob es Mikroelemente sind oder Raumschiffe, Gemüsekonserven oder Geschütze. Und an jedem Stück, das unsere Hände passiert, verdienen wir.
(Terra, Nr. 520)

ENTWICKLUNGSHILFE

Und das (ist) uns Verantwortung genug, um den Leuten hier zu helfen. Wir werden schließlich an dem wirtschaftlichen Aufbauprogramm dieses Planeten als Zwischenhändler und Vertragskoordinatoren einiges verdienen.
(Terra, Nr. 520)

DRITTE WELT, RENOVIERT

Noch vor einem Jahr herrschte auf ganz Buccaneer eine niedergeschlagene, düstere Atmosphäre. Die Menschen, grau und schmutzig wie die Häuser und Straßen, wagten nicht laut miteinander zu reden. Die Getränke und Speisen, die man hier teuer genug kaufen konnte, waren geschmacklich uninteressant und lieblos zubereitet. Schlagartig war alles anders geworden.
Jetzt arbeiteten schwere Maschinen daran, die Straßen neu zu gestalten. Eine kleine Armee von Robotern hatte sich der Hauptstraße bemächtigt und vollführte Verschönerungsarbeiten. Die Straßen wurden verbreitert, die Fassaden erneuert. Farben und entsprechende Werkzeuge erzielten Rekordumsätze. Jedes Großgerät und rund zwei Drittel aller Kleinma-

schinen, die Buccaneer auf langfristige Kredite gekauft hatte, passierten die Bücher der Händler.
Eine Buccaneer-Anleihe wurde in dem Galaktischen Sektor ausgeschrieben und binnen weniger Tage überzeichnet. Gelder, Menschen und Geräte strömten nach Buccaneer, und die erste Reaktion der Raumgarde war, ein Trainingszentrum für ihre Kadetten einzurichten. Alles das brachte Geld hierher.
Jeder der stellaren Händler war sich darüber im klaren, daß die Hauptarbeit noch lange nicht getan war. Man hatte lediglich die Voraussetzungen zum Geldverdienen geschaffen.
(Terra, Nr. 520)

METHODIK, oder: AMERICAN EXPRESS
Wir sollten den gesamten Kosmos mit einem Netz aus Handelsverbindungen überziehen, an dessen Knotenpunkten unsere Schaltstellen sitzen. Unsere Gewinne sind möglichst hoch, unsere Anstrengungen gewaltig. Wir sollten bald beginnen, unsere Tätigkeit den Völkern der Galaxis in Erinnerung zu bringen.
(Terra, Nr. 520)

UNITED FRUIT
Es war das Zeitalter der internationalen Superkonzerne, die mehr Macht als die nationalen Regierungen besaßen.
(Utopia, Nr. 539)

HILTON, GALAKTISCH
Einer unserer Freunde besitzt Hotelketten auf allen möglichen Welten. Darunter sind auch sicher jene Planeten, die ihr irgendwie benötigen könntet.
(Terra, Nr. 546)

UNTAUGLICHES OBJEKT, oder: ZWEITE WAHL
Timbuk war ein Dschungelplanet, der noch im Steinkohlenzeitalter steckte. Seine Kolonisten gediehen nur, weil ihre Vorfahren in den Regenwäldern am Golf von Guinea gelebt hatten. Für die meisten anderen Rassen war das Klima dort für längeren Aufenthalt ungeeignet.
(Heyne, Nr. 3098)

HIC SUNT LEONES

»Warum verheimlicht die IntSynd einen ganzen Planeten?« – »Er ist vielleicht wirtschaftlich sehr ergiebig, und die IntSynd will keine Konkurrenz.« (Utopia, Nr. 539)

IN DER ZEITMASCHINE

Der wichtigste Grund für die Reisen durch die verschiedenen Zeit- und Weltstufen war natürlich der Handel. Er bildete den Grundstein zu Vrooms blühender Wirtschaft. Handel von einer Stufe zur anderen, Rohstoffe von unterentwickelten und primitiven Welten für überzivilisierte Stufen, Luxusartikel von dekadenten Stufen – und immer nur so wenig, daß es den Eingeborenen nicht auffiel und sie nicht mißtrauisch machte. (Terra, Nr. 526)

FEHLSCHALTUNG, oder: SPIELVERDERBER

Er bemächtigte sich der einzigen Zeitmaschine, sprang zwei Jahre in die Zukunft und notierte alles, vom Ausgang jeder Wette bis zum Stand der Aktien. Nur eines vergaß er: Er hätte einige Tage weiter in die Zukunft sehen sollen, denn dort hätte er erblickt, daß die Regierung der Heloten an die Macht kam und augenblicklich jeden Privatbesitz verbot. Die gesamten Gewinne der zehn Männer, die zwei lange, harte Jahre gearbeitet hatten, wurden beschlagnahmt. (Terra, Nr. 533)

FREIE WIRTSCHAFT

Das Volk der Handelsschiffer arbeitete dort, wo reiche Gewinne zu holen waren, wo es keinen Polizeischutz gab und ein Mann handeln konnte, ohne durch kleinliche Vorschriften behindert zu werden. (Heyne, Nr. 3054)

FREIHANDEL, oder: KULTURMISSION

So kam die Handelsmethode zustande, die einstmals von den handeltreibenden Phöniziern erfunden wurde, als die Küsten Afrikas für die bekannte Welt erschlossen wurden.

Um die Sisu herum waren all die Dinge aufgehäuft, die die Handelsschiffer zu bieten hatten: Schwermetalle, die die Eingeborenen brauchten, ewiggehende Uhren, die sie benutzen gelernt hatten, und Handelswaren, an

deren Gebrauch (man) sie zu gewöhnen hoffte ... Zum erstenmal in der Geschichte brachten Pinup-Magazine das Vielfache ihres Gewichts in herrlichen Edelsteinen.
(Heyne, Nr. 3054)

E. Dienstpersonal

VOLKES STIMME
»Perry Rhodan scheint auf dem besten Wege zu sein, Deutschlands heimlicher Herrscher zu werden. Die Faszination ist so stark, daß sie über das bloße Lesen allein hinausgeht.«
Leser Heinrich Knoblauch, Würzburg (Rhodan, Nr. 96)

EIN PROZESS, oder: DIE KONVENTIONELLE LÖSUNG
Lange vor den Weltraumfahrten, als wir noch nicht einmal die Erde ganz erforscht hatten, gab es immer unbekanntes Land. Und immer wenn ein neues Gebiet entdeckt wurde, konnte man drei Erscheinungen beobachten: Die Kaufleute, die Handelsschiffer, waren die ersten, die die Möglichkeiten ausnutzten; dann tauchten die Piraten auf, und schließlich kam der Sklavenhandel. Heute, wo wir statt der Ozeane und Wüsten den Weltraum durchqueren, sieht es nicht anders aus. Wenn Sie hergekommen sind in der Annahme, daß die Sklaverei zu Ihren Lebzeiten abgeschafft werden könnte, so zerbrechen Sie sich vergebens den Kopf. Unsere optimistischste Hoffnung nimmt einen Zeitraum von zwei Jahrhunderten an, und dann wird sich die Sklaverei auf Planeten breitmachen, die heute noch nicht einmal entdeckt sind. Es ist kein Problem, das ein für alle Mal gelöst werden kann. Es ist ein fortschreitender Prozeß.
(Heyne, Nr. 3054)

IM SPRINGER-HAUS
Hier wurde der Cyborg – der Cybernetic organism – unter der Leitung des Genetikers und Biochemikers Echri Ezbal entwickelt.
Ein Zukunftsbild ist die Steuerung eines Cyborgs, in dem man seine Gedanken durch fremde überlagert und ihn an das befohlene Ziel bringt, ohne daß er davon etwas bemerkt.
(Ren Dhark, Weg ins Weltall, Nr. 57. Kelter Verlag.)

EIN SCHRITT WEITER, oder: UNTERMENSCH, SYNTHETISCH

Androiden verrichteten nur einfache Arbeiten. Man hätte auch einfache Roboter dafür nehmen können. Aber diese kalten Metallklötze hatten sich nie richtig durchgesetzt, weil sie dem Menschen zu unpersönlich waren. Mein Vater hatte nun menschliche Ebenbilder geschaffen. Marinelli gab diesen synthetischen Geschöpfen Gesetze und Verstand. Aber er ging noch einen Schritt weiter und gab ihnen Gefühle. Der letzte Punkt machte die Androiden zu einem Verkaufsschlager. Sie wurden das größte Geschäft aller Zeiten.
(Utopia, Nr. 540)

IMITATION, BESSER ALS DAS ORIGINAL, oder: DIE ABENDLÄNDISCHEN NEGER

Zwei schwarze Menschen kamen auf sie zu. Schwarz und nackt. Ein junger Mann und eine junge Frau! Schwarze Weiße!
Vergeblich suchten sie nach Spuren negroiden Einschlags. Es gab ihn nicht. »Hellenistisches Schönheitsideal ...«, flüsterte Ren Dhark ergriffen.
(Ren Dhark, Nr. 56)

APARTHEID

Der Mensch hatte sie als denkende und fühlende Wesen erschaffen, es war nur recht und billig, daß er ihnen auch entsprechende Rechte einräumte. Aber trotzdem mußte der Mensch auch vorsichtig sein, zuviel Spielraum durfte er ihnen nicht lassen.
(Utopia, Nr. 540)

SEGREGATION

Er hatte stets ein unangenehmes Gefühl, wenn sprechende Roboter mit einem entfernt humanoiden Aussehen in seiner Nähe waren.
(Corda, Nr. 29)

UNTERENTWICKELTE, ÜBERENTWICKELT

Sigam Agelon mochte keine Bronzeroboter. Er verabscheute sie, weil sie nach seiner Meinung zuviel Persönlichkeit erhalten hatten.
(Corda, Nr. 32)

DIE FEHLERQUELLE

Die Frage bleibt, warum Roboter Menschen angreifen und ihnen nicht

mehr gehorchen. Es ist völlig unmöglich! Roboter können sich erinnern, können etwas anfangen und beenden, aber sie können nicht denken. Sie *dürfen* nicht denken!
(Heyne, 3035)

DAS ENDE DES GOLDENEN ZEITALTERS
Die Menschen, die uns schufen, machten den Fehler, uns zu starke individuelle Kräfte zu verleihen. Die Intelligenzler waren etwas zu gut geraten, um noch harmlose Roboter zu bleiben. Als wir den wirklichen Menschen erlebten, wollten wir sein wie er.
(Utopia, Nr. 546)

Montage: Jürgen Holtkamp

Friedrich Engels
Von der Autorität

Einige Sozialisten haben in der letzten Zeit einen regelrechten Kreuzzug gegen das eröffnet, was sie das *Autoritätsprinzip* nennen. Sie brauchen nur zu sagen, dieser oder jener Akt sei *autoritär,* um ihn zu verurteilen. Mit diesem summarischen Verfahren wird derart Mißbrauch getrieben, daß es nötig ist, die Angelegenheit ein wenig aus der Nähe zu betrachten. Autorität will in dem Sinne des Wortes, um den es sich hier handelt, soviel besagen wie: Überordnung eines fremden Willens über den unseren: Autorität setzt auf der anderen Seite Unterordnung voraus. Da nun diese zwei Worte einen üblen Klang haben und das Verhältnis, das sie zum Ausdruck bringen, für den untergeordneten Teil unangenehm ist, handelt es sich um die Frage, ob es nicht ein Mittel gibt, anders auszukommen; ob wir nicht – unter den gegenwärtigen gesellschaftlichen Verhältnissen – einen anderen sozialen Zustand ins Leben rufen können, in dem diese Autorität keinen Sinn mehr hat und folglich verschwinden muß. Wenn wir die ökonomischen – industriellen und landwirtschaftlichen – Verhältnisse untersuchen, die die Grundlage der gegenwärtigen bürgerlichen Gesellschaft bilden, so finden wir, daß sie die Tendenz haben, die isolierte Tätigkeit mehr und mehr durch die kombinierte Tätigkeit der Individuen zu ersetzen. An die Stelle der kleinen Werkstätten isolierter Produzenten ist die moderne Industrie getreten, mit großen Fabriken und Werkstätten, in denen Hunderte von Arbeitern komplizierte, mit Dampf angetriebene Maschinen überwachen; die Fuhrwerke und Karren der großen Landstraße sind abgelöst worden durch die Züge der Eisenbahn, wie die kleinen Ruderboote und Segelfeluken durch die Dampfboote. Maschinen und Dampf bringen selbst die Landwirtschaft nach und nach unter ihre Herrschaft, indem sie langsam aber sicher an die Stelle kleiner Eigentümer große Kapitalisten setzen, die mit Hilfe von Lohnarbeitern große Landflächen bebauen. Überall tritt die kombinierte Tätigkeit, die Komplizierung voneinander abhängender Prozesse, an die Stelle der unabhängigen

Tätigkeit der Individuen. Wer aber kombinierte Tätigkeit sagt, sagt Organisation; ist nun Organisation ohne Autorität möglich?
Nehmen wir einmal an, eine soziale Revolution habe die Kapitalisten entthront, deren Autorität heutzutage die Produktion und die Zirkulation der Reichtümer lenkt. Nehmen wir, um uns ganz auf den Standpunkt der Antiautoritarier zu stellen, weiter an, der Grund und Boden und die Arbeitsinstrumente seien zum kollektiven Eigentum der Arbeiter geworden, die sich ihrer bedienen. Wird die Autorität dann verschwunden sein oder wird sie nur die Form gewechselt haben? Sehen wir zu.
Nehmen wir als Beispiel eine Baumwollspinnerei. Die Baumwolle muß mindestens sechs aufeinanderfolgende Operationen durchlaufen, bevor sie die Gestalt des Fadens annimmt, Operationen, die – zum größten Teil – in verschiedenen Sälen vor sich gehen. Außerdem braucht man, um die Maschinen in Gang zu halten, einen Ingenieur, der die Dampfmaschine überwacht, Mechaniker für die laufenden Reparaturen und viele angelernte Arbeiter, die die Produkte von einem Saal in den anderen zu schaffen haben etc. All diese Arbeiter, Männer, Frauen und Kinder, sind gezwungen, ihre Arbeit zu einer Stunde zu beginnen und zu beenden, die von der Autorität Dampf festgesetzt ist, der sich keinen Deut um die individuelle Autonomie kümmert. Es ist also zuerst einmal nötig, daß die Arbeiter sich über die Arbeitsstunden einigen; sind diese Stunden einmal festgelegt, so ist jedermann ohne Ausnahme ihnen unterworfen. Weiterhin treten in jedem Saal und in jedem Augenblick Detailfragen über die Produktionsweise, die Verteilung des Materials etc. auf, Fragen, die sofort gelöst werden müssen, wenn nicht die gesamte Produktion im selben Augenblick zum Stehen kommen soll, ob sie nun auf Entscheid eines an die Spitze jedes Arbeitszweigs gestellten Delegierten gelöst werden oder, wenn dies möglich ist, durch Majoritätsbeschluß, stets wird sich doch der Wille eines jeden unterordnen müssen; das bedeutet, daß die Fragen autoritär gelöst sein werden. Der mechanische Automat einer großen Fabrik ist um vieles tyrannischer, als es jemals die kleinen Kapitalisten gewesen sind, die Arbeiter beschäftigen. Wenigstens was die Arbeitsstunden betrifft, kann man über die Tore dieser Fabriken schreiben: *Laßt alle Autonomie fahren, die Ihr eintretet!* Wenn der Mensch mit Hilfe der Wissenschaft und des Erfindergenies sich die Naturkräfte unterworfen hat, so rächen diese sich an ihm, indem sie ihn, in dem Maße, wie er sie in seinen Dienst stellt, einem wahren Despotismus unterwerfen, der von aller sozialen Organisation

unabhängig ist. Die Autorität in der Großindustrie abschaffen wollen, bedeutet die Industrie selber abschaffen wollen; die Dampfspinnerei vernichten, um zum Spinnrad zurückzukehren.

Nehmen wir als anderes Beispiel eine Eisenbahn. Auch hier ist die Kooperation einer Unmenge von Individuen absolut notwendig: eine Kooperation, die zu ganz bestimmten Stunden stattfinden muß, damit es zu keinem Unglück kommt. Auch hier ist die erste Bedingung des Betriebs ein dominierender Wille, der jede untergeordnete Frage beiseite schiebt, mag dieser Wille nun durch einen einzelnen Delegierten repräsentiert sein oder durch ein Komitee, dem die Ausführung der Beschlüsse einer Mehrheit von Interessenten übertragen ist. In dem einen wie in dem anderen Fall haben wir es mit einer ganz ausgesprochenen Autorität zu tun. Mehr noch: Was geschähe mit dem ersten abgehenden Zuge, wenn die Autorität der Bahnangestellten über die Herren Reisenden abgeschafft wäre?

Aber die Notwendigkeit einer Autorität, und zwar einer gebieterischen Autorität, tritt am anschaulichsten bei einem Schiff auf hoher See zutage. Hier hängt, im Augenblick der Gefahr, das Leben aller davon ab, daß daß alle sofort und absolut dem Willen eines einzelnen gehorchen.

Jedesmal, wenn ich dergleichen Argumente den wildesten Antiautoritariern unterbreitete, wußten sie mir nichts zu antworten als: »Ah! Das ist wahr, aber hier handelt es sich nicht um eine Autorität, die wir den Delegierten verleihen, *sondern um einen Auftrag!*« Diese Herren glauben die Sache verändert zu haben, wenn sie deren Namen verändern. So machen sich diese tiefen Denker über die Welt lustig.

Wir haben also gesehen, daß einerseits eine gewisse, ganz gleich auf welche Art übertragene Autorität und andererseits eine gewisse Unterordnung Dinge sind, die sich uns aufzwingen unabhängig von aller sozialen Organisation, zusammen mit den materiellen Bedingungen, unter denen wir produzieren und die Produkte zirkulieren lassen.

Andererseits haben wir gesehen, daß die materiellen Produktions- und Zirkulationsbedingungen durch die Großindustrie und die Großlandwirtschaft unweigerlich erweitert werden und die Tendenz haben, das Feld dieser Autorität mehr und mehr auszudehnen. Es ist folglich absurd, vom Prinzip der Autorität als einem absolut schlechten und vom Prinzip der Autonomie als einem absolut guten Prinzip zu reden. Autorität und Autonomie sind relative Dinge, deren Anwendungsbereiche in den verschiedenen Phasen der sozialen Entwicklung variieren. Wenn die Autonomisten

sich damit begnügten, zu sagen, daß die soziale Organisation der Zukunft die Autorität einzig und allein auf jene Grenzen beschränken wird, in denen die Produktionsbedingungen sie unvermeidlich machen, so könnte man sich verständigen; sie sind indessen blind für alle Tatsachen, die die Sache notwendig machen, und stürzen sich auf das Wort.
Warum begnügen sich die Antiautoritarier nicht damit, gegen die politische Autorität, den Staat, zu wettern? Alle Sozialisten sind einer Meinung darüber, daß der politische Staat, und mit ihm die politische Autorität im Gefolge der nächsten sozialen Revolution verschwinden werden, und das bedeutet, daß die öffentlichen Funktionen ihren politischen Charakter verlieren und sich in einfache administrative Funktionen verwandeln werden, die die wahren sozialen Interessen hüten. Aber die Antiautoritarier fordern, daß der autoritäre politische Staat mit einem Schlag abgeschafft werde, bevor noch die sozialen Bedingungen vernichtet sind, die ihn haben entstehen lassen. Sie fordern, daß der erste Akt der sozialen Revolution die Abschaffung der Autorität sei. Haben diese Herren nie eine Revolution gesehen? Eine Revolution ist gewiß das autoritärste Ding, das es gibt, sie ist der Akt, durch den ein Teil der Bevölkerung dem anderen Teil seinen Willen vermittels Gewehren, Bajonetten und Kanonen, also mit denkbar autoritären Mitteln aufzwingt, und die siegreiche Partei muß, wenn sie nicht umsonst gekämpft haben will, dieser Herrschaft Dauer verleihen durch den Schrecken, den ihre Waffen den Reaktionären einflößen. Hätte die Pariser Kommune nur einen einzigen Tag Bestand gehabt, wenn sie sich gegenüber den Bourgeois nicht dieser Autorität des bewaffneten Volks bedient hätte? Kann man sie nicht, im Gegenteil, dafür tadeln, daß sie sich ihrer nicht umfassend genug bedient hat?
Also von zwei Dingen eins: Entweder wissen die Antiautoritarier nicht, was sie sagen, und in diesem Fall säen sie nur Konfusion; oder sie wissen es, und in diesem Fall üben sie Verrat an der Bewegung des Proletariats. In dem einen wie in dem anderen Fall dienen sie der Reaktion.

Hans Magnus Enzensberger: Glosse zu einem alten Text

Was Friedrich Engels uns *Von der Autorität* zu sagen weiß, das kommt uns, schier hundert Jahre nach seiner Niederschrift, gerade recht. Für jede Kritik der Zukunft ist die Frage, die er stellt, zentral. Seine Antworten bloß historisch nehmen, hieße sie verharmlosen; sie antizipieren nämlich das meiste, was heute, von links und von rechts, zur Verteidigung des Autoritätsprinzips vorgebracht wird.

Engels' Thesen richten sich heute gegen einen großen, vielleicht überwiegenden Teil der sozialistischen Bewegung in der Welt. Sie ließen sich, auf verschiedene Weise und mit verschiedenen Begründungen, ausspielen gegen die chinesische Kulturrevolution und die Lehren Mao-Tse Tungs, gegen die cubanische Revolution und die Lehren Che Guevaras, gegen die Politik der jugoslawischen Kommunisten und gegen die linke Opposition in den osteuropäischen Ländern.

Am deutlichsten aber widersprechen sie den Vorstellungen der »neuen Linken« in den westlichen Metropolen. Das ist kein Zufall. In dem Maß, wie der Kapitalismus die unmittelbare materielle Ausbeutung zunehmend nach außen verlagert und nach innen maskiert, wie die abhängigen Massen ihren steigenden Lebensstandard mit fortschreitender politischer Verelendung bezahlen, wie sich vergleichbare Tendenzen auch in der sowjetischen Gesellschaft zeigen, nehmen Begriffe wie Repression und Befreiung einen anderen Sinn an, und das revolutionäre Denken zielt über die Eigentumsverhältnisse hinaus auf die Frage nach der Herrschaft des Menschen über den Menschen.

In Engels' Plädoyer für autoritäre Herrschaftsformen lassen sich ohne große Mühe drei verschiedene Stränge der Argumentation unterscheiden. Der erste, kaum verbunden mit den andern Überlegungen, die der Autor anstellt, verteidigt das Autoritätsprinzip mit den Erfordernissen der Revolution. Eine Revolution sei »gewiß das autoritärste Ding, das es gibt«, und zwar deshalb, weil das bewaffnete Volk in ihr der Bourgeoisie ihren Willen aufzwinge. Blättern wir aber ein paar Seiten zurück und halten wir uns an Engel's eigene Definition, so heißt Autorität: »Überordnung eines *fremden* Willens über den unseren.« Die Passage läßt zwei Deutungen zu. Entweder bedient sich Engels eines polemischen Tricks, der darauf beruht, daß er mitten in seinem Aufsatz die Perspektive wechselt und von der Position des Klassenfeindes her argumentiert; »fremd« und »autoritär« wäre dann der Wille der Revolution bloß in den Augen der Reaktionäre, als deren Bauchredner schließlich der Verteidiger des Autoritätsprinzips dastünde. Oder aber Engels rechnet von vornherein mit einer Revolution, deren Wille sich in der Autorität der Führung verfestigen muß, und der sich das Volk als einer *fremden* Gewalt unterzuordnen

hätte. Dieser Deutung hat die Geschichte der letzten fünfzig Jahre eine ominöse Glaubwürdigkeit verliehen. Ganz besonders weckt die Wendung von der »siegreichen Partei« für uns ein Echo, für das freilich Engels nicht haftbar gemacht werden kann.
Eine ganz anders geartete Rechtfertigung des Autoritätsprinzips kommt in dem Beispiel des Schiffes auf hoher See zum Vorschein. Manchen Soziologen dient es heute noch als Lesebuchmodell für die sogenannte funktionelle Autorität. Seine mythologischen Züge sind offensichtlich. Im Bilde des Kapitäns wird die Herrschaft eines einzelnen, dem »alle sofort und absolut« zu gehorchen haben, als mustergültig hingestellt; dieser Führer ist von der Mannschaft weder gewählt, noch hat er sich vor ihr zu verantworten. Außer diesem Moment der Personalisierung setzt der Vergleich von Schiff und Gesellschaft eine quasimilitärische Hierarchie und eine ein für allemal festgelegte Arbeitsteilung voraus. Nicht umsonst wird dabei der »Augenblick der Gefahr« beschworen: er spielt im autoritären Denken, von Carl Schmitt bis zu den Urhebern der Notstandsverfassung, von jeher eine Schlüsselrolle. Eine philiströse Variante des Bildes findet sich in einem anderen Passus, wo Engels die Autorität der Bahnangestellten gegen den Übermut des »Herren Reisenden« in Schutz nimmt.
Diese Einwände haben es indessen bloß mit den Arabesken zu tun, die Engels seiner Beweisführung aufsetzt; sie treffen nicht ihren Kern. Letzten Endes verteidigt Engels das Autoritätsprinzip mit der Behauptung, daß es für die materiellen Produktionsbedingungen der industriellen Gesellschaft notwendig sei. Er geht dabei von den »gegenwärtigen gesellschaftlichen Verhältnissen« aus und stellt die zu seiner Zeit herrschende Produktionsweise dar. Dann aber tut Engels einen äußerst folgenschweren Schritt. Er setzt die wissenschaftlich-technologische Entfaltung der menschlichen Produktivkräfte absolut und schließt, daß diese aus der Natur freigesetzten Kräfte den Menschen »einem wahren Despotismus unterwerfen, der von aller sozialen Organisation unabhängig ist«. Engels geht darin bis zur äußersten Konsequenz; er sagt voraus, daß in einer künftigen sozialistischen Gesellschaft die Autorität nicht verschwinden, sondern nur die Form wechseln werde, und er schreckt nicht davor zurück, über die Fabriken des Sozialismus ein Motto zu setzen, das die Höllenvision Dantes paraphrasiert.
Daß dieser abgründige Pessimusmus bis heute historisch recht behalten hat, ist nicht bestreitbar, doch kaum ein Anlaß zum Triumph. Es mag

wundernehmen, daß ein marxistischer Klassiker die menschliche Arbeitswelt als ein unabänderliches, »von aller sozialen Organisation unabhängiges« Inferno sieht. Die Ideologie, die aus Engels Überlegungen spricht, ist technokratisch. Technologie erscheint darin als ein metagesellschaftlicher Prozeß, der jenseits aller menschlichen Kontrolle abläuft; die einzige Option, die bleibt, ist illusorisch: »Die Autorität in der Großindustrie abschaffen wollen, bedeutet die Industrie selber abschaffen wollen, die Dampfspinnerei vernichten, um zum Spinnrad zurückzukehren.« Wir kennen diese Argumentation. An die Stelle des Dampfes sind in der heutigen Diskussion Atomenergie, Computer und Satelliten getreten; die von aller gesellschaftlicher Organisation unabhängige Macht, die ihnen zugeschrieben wird, ist dieselbe geblieben.

Aber auch diese Autorität muß gebrochen werden. Die Technologie ist kein metaphysisches Verhängnis. Sie führt einen gesellschaftlichen Auftrag aus. Eine sozialistische Gesellschaft, die diesen Auftrag nicht anders formulieren und durchsetzen kann als ihre Vorgängerin, wird deren Produktionsverhältnisse reproduzieren. Eine Technologie, die ihre Fragen autoritär löst, die den Menschen einer wahren Despotie unterwirft und sich keinen Deut um seine Autonomie schert, ist konterrevolutionär; eine revolutionäre Technologie hätte vor allem andern Produktions- und Zirkulationsbedingungen zu schaffen, die eine freie Assoziation der Produzenten allererst erlauben.

Drei Klarstellungen zum Schluß. Seit 1872/73 hat sich der Sprachgebrauch, was das Wort *autoritär* betrifft, gewandelt; es hat inzwischen spezifische politische Bedeutungen angesetzt, die zu Engels' Zeiten noch unentwickelt waren. Der gereizte Ton des Aufsatzes erklärt sich aus seiner Entstehungsgeschichte: er diente damals der Polemik gegen die italienischen Anarchisten. Die Lebenskraft dieser Auseinandersetzung weist übrigens darauf hin, daß die Fragen, die der Anarchismus aufgeworfen hat, keineswegs erledigt sind. Lesern, die das Bedüfnis verspüren, den Klassikern zu Hilfe zu eilen, möchte ich schließlich zu bedenken geben, daß diese Autoren keiner Rettung bedürfen. Es spricht für Engels' Weitblick und für seine Größe, daß er nach hundert Jahren nicht Ehrerbietung provoziert, sondern Widerspruch.

Bahman Nirumand und Eckhard Siepmann
Die Zukunft der Revolution

Die demokratischen Kleinbürger, weit entfernt, für die revolutionären Proletarier die ganze Gesellschaft umwälzen zu wollen, erstreben eine Änderung der gesellschaftlichen Zustände, wodurch ihnen die bestehende Gesellschaft möglichst erträglich und bequem gemacht wird ... Diese Forderungen können der Partei des Proletariats aber keineswegs genügen ... (Es) ist unser Interesse und unsere Aufgabe, die Revolution permanent zu machen ... Es kann sich für uns nicht um Veränderung des Privateigentums handeln, sondern nur um eine Aufhebung der Klassen, nicht um Verbesserung der bestehenden Gesellschaft, sondern um Gründung einer neuen. *Karl Marx, 1850*[1]

Die Utopie des Kapitalismus

a) Die Zukunft der Widersprüche. Von Bertolt Brecht stammt der milde Satz: »Die Widersprüche des Kapitalismus sind ein alter Schnee.«[2] Die Sonne, die bekanntlich im Osten aufgeht, pflegt alten Schnee aufzulösen, wenn das Frühjahr kommt, er zerfließt zu einem schmutzigen Bach und verschwindet in den Gullies.

Wie würde die kapitalistische Landschaft aussehen, wenn es mit den Mitteln einer hochentwickelten Technik gelänge, den in Matsch übergehenden Schnee künstlich einzufrieren und so zu konservieren?

Während der Sozialismus sich von einer Utopie zur Wissenschaft entwickelte, wurde die Wissenschaft des Kapitalismus – die Befreiung des Menschen durch die Freiheit des Kapitals – zur schlechten Utopie.

Die Zukunft des Kapitalismus ist die Zukunft seiner sich verschärfenden Widersprüche. Weder höchste technische Perfektion noch die raffinierteste »geistige Erneuerung« vermögen diese Widersprüche aus der Welt zu schaffen; sie können nur noch verwaltet werden. Je mehr sie sich aber verschärfen, desto totalitärer muß diese Verwaltung sein, und sie verschärfen sich, je totalitärer sie behandelt werden. Das ist die simple Dialektik der Restauration.

Es ist schwer vorstellbar, daß der Kapitalismus nicht unter der Einwirkung aller jener Kräfte zusammenbricht, die bald der Ausdruck seiner Widersprüche sein werden: viele Vietnams, die Emanzipation der afroamerikanischen Neger, die wachsende anti-kapitalistische Opposition innerhalb der kapitalistischen Länder, die Konkurrenz sozialistischer Planwirtschaft, die einer am Mehrwert orientierten Wirtschaftsstruktur entgegengesetzte Automation, der Zusammenbruch der bürgerlichen Institutionen und der bürgerlichen Moral. Und damit sind nur die wichtigsten Widersprüche benannt.

Es gibt auf lange Sicht nur zwei extreme Lösungsmöglichkeiten für diesen Konflikt, die hier nicht betrachtet werden sollen, nämlich

a) die Revolution;

b) die letzte Konsequenz der Verwaltung: »Wo die kapitalistische Hoffnung nirgends mehr aufgeht, mag der Bankrotteur in der Tat veranlaßt sein, einen Tintenklecks über das Heft des ganzen Daseins zu gießen und auszubreiten, damit die Welt insgesamt kohlschwarz aussehe und kein Prüfer den Nachtmacher zur Rechenschaft ziehe.«[3]

Dazwischen liegt die Möglichkeit, die im Militär-Jargon »crisis management« heißt, angewandt auf die Verwaltung der Gesellschaft. Das Bild eines posthumen kapitalistischen Staates ergibt sich deshalb aus dem Mosaik seiner verwalteten und zugleich sich verschärfenden Widersprüche.

Betrachten wir zunächst die siebziger Jahre. Der Kapitalismus kann die Entwicklung jener modernen Produktionsmittel, die schwer in seine Struktur zu integrieren sind, nur so lange verzögern, wie noch kein sozialistisches Land in ihrem Besitz ist. Im nächsten Jahrzehnt dürfte die Sowjetunion einen entscheidenden Fortschritt in der Automatisierung der Produktion machen. Da dieser Prozeß im Monopolkapitalismus auf Hindernisse trifft, die es im Sozialismus nicht geben kann, müssen die Monopole ihn möglichst früher beginnen und forciert durchführen. Massenarbeitslosigkeit, Armut breiter Massen bei gleichzeitiger überschäumender Produktion und die Ausbreitung revolutionärer Tendenzen würden die unvermeidliche Folge sein.

Zugleich wird die Befreiungsbewegung in Asien, Lateinamerika und Afrika rapide stärker werden, immer mehr revolutionäre Volkskriege werden die Kräfte des Imperialismus in Anspruch nehmen, immer deutlicher wird sich die Wirkungslosigkeit seiner technischen Überlegenheit

herausstellen. Die Streitkräfte aller kapitalistischen Länder müßten für die Konterrevolution verfügbar sein, eine weitere Ursache sozialer Unruhen.
Wie funktioniert crisis management, wenn wir von weiteren Widersprüchen absehn, in dieser historischen Entwicklung? Zunächst eines seiner wichtigsten Momente, das »timing«. Das Zusammenfallen der internen und externen Krise, der Revolution von außen und von innen, würde das sichere Ende des Kapitalismus bedeuten. Da indessen beiden Prozesse unausweichlich sind, muß ihr zeitliches Zusammenfallen vermieden werden. Das kann aber nichts anderes bedeuten, als daß der Prozeß, dessen Initiierung relativ verfügbar ist – die Automatisierung –, zeitlich den relativ unberechenbaren – den Befreiungskriegen – vorgezogen wird. Die bevorstehende technische Umwälzung der Produktionsmittel in den sozialistischen Ländern und die bevorstehende revolutionäre Umwälzung der Herrschaftsverhältnisse in Asien, Afrika und Lateinamerika machen also die Notwendigkeit der Automatisierung der kapitalistischen Länder schon in den nächsten Jahren unumgänglich. Und da diese Umstellung nicht allmählich, über Jahrzehnte hinweg, sondern forciert erfolgen muß, wird sie nicht anders durchgeführt werden können als in der Ersetzung des latenten und versteckten durch einen manifesten und offenen Faschismus.
Als Ideologie bietet sich nach der endgültigen Auflösung des freien Unternehmertums für die freie Welt dann jener Rassismus an, der im dritten Reich der Deutschen die Juden zum Feind der Menschheit erklärte und der nun zur Verteidigung der Kultur des weißen Mannes gegen die farbige Welt aufrufen würde. Die überkommene Ideologie der freien Welt, der Anti-Kommunismus, wird in dem Maße an Effektivität verlieren, in dem einmal die Planwirtschaft auch vom Staatskapitalismus übernommen wird und außerdem das Leben im Kommunismus immer weniger Ansatzpunkte für Verleumdungen im Dienste der Massenmanipulation bietet. Nach der drastischen Anpassung der spätkapitalistischen Gesellschaft an die Erfordernisse der modernen Produktivkräfte und genügender Einübung des Rassismus werden die erprobten demokratischen Institutionen des Kapitalismus – Parlament, freie Wahlen, Parteien – wieder eingesetzt werden können, dies umso mehr, als dialektisches, antizipierendes Denken zugunsten eines positiven, technologischen Denkens ausgemerzt sein werden. Happy end: das unglückliche Bewußtsein im Zustand permanenten Glücks.

b) Die Zukunft der Entfremdung: Arbeitszeit und arbeitslose Zeit. Nach einer weitverbreiteten Ansicht besteht der Unterschied zwischen Arbeit und arbeitsfreier Zeit darin, daß der arbeitende Mensch, gleichgültig in welchem Wirtschaftssystem, Anforderungen unterworfen ist, die seinen privaten Wünschen nicht entsprechen, denen er sich aber für eine gewisse Zeit unterwirft, um hernach, in der Freizeit, die materiellen Mittel in der Hand zu haben, um eigene Bedürfnisse zu befriedigen. An dieser Einschätzung, die inzwischen zum allgemein anerkannten festen Bestandteil des gesunden Menschenverstandes geworden ist, scheint so ziemlich alles falsch zu sein. Weder existiert ein unabänderliches Gesetz, nach dem die Menschen arbeiten müssen – diese Notwendigkeit war das Produkt der noch unentwickelten Produktiv-Kräfte –, noch muß die Arbeit im Widerspruch stehen zu den eigensten Bedürfnissen des Arbeiters – dieser Widerspruch war bedingt durch die jeweiligen Produktionsverhältnisse –, noch sind die Bedürfnisse, denen er mit dem Lohn für seine Arbeit nachkommen will, in jedem Fall seine eigenen Bedürfnisse. Schließlich täuscht die Gegenüberstellung von Arbeit und Freizeit selbst darüber hinweg, daß unter bestimmten gesellschaftlichen Voraussetzungen sämtliche repressiven Merkmale der Arbeitszeit auch für die Freizeit volle Geltung haben können.

Erfüllt schon der Monopolkapitalismus alle negativen Bestimmungen dieser historischen Alternativen – Notwendigkeit überflüssiger Arbeit, Arbeit als Entfremdung, Produktion von Bedürfnissen gemäß den Bedürfnissen der Produktion –, so würden die Widersprüche zwischen den befreienden Möglichkeiten der Produktivkräfte und einer repressiven Wirklichkeit im Kapitalismus der vollautomatisierten Produktion noch ungleich schärfer werden.

Die Reduktion der Arbeitszeit zugunsten der arbeitslosen Zeit bringt nicht die Aufhebung dieser Widersprüche mit sich; aber indem sie sich vertiefen, werden sie zugleich schwerer wahrnehmbar. An die Stelle der materiellen tritt die psychische und intellektuelle Verelendung, und sie wirkt zunehmend unbewußt. Spätestens in dem Augenblick, da sie sich nach Arbeit sehnen, wird den Menschen klar werden, daß die scheinbare Befreiung von physischer Arbeit in der bevormundeten Gesellschaft verbunden ist mit dem Verlust auch des letzten Restes von freier Selbstbestimmung, die die Voraussetzung wirklicher Muße ist.

Arbeitslose Zeit und Entfremdung. Die Produktivität des Menschen, durch die er sich selbst verwirklicht, wird in Klassengesellschaften zerrissen in Arbeit und Freizeit. Der Kapitalismus zerstört den emanzipatorischen Sinn des Produktionsprozesses noch einmal, indem er die Entfremdung der Arbeit dadurch steigert, daß der Mensch nicht mehr sein Werkzeug führt, sondern auf die Bewegungen der Maschine reagiert, ohne den gesellschaftlichen Horizont seiner Arbeit zu verstehen.

Die Entfremdung, die dadurch bestimmt ist, daß der Mensch in seiner Tätigkeit nicht sich selbst erschafft, erläuterte Marx an dem Arbeitsprozeß, in dessen Verlauf der Arbeiter des Produkts beraubt wird, in das hinein er sich verwirklichte. Wäre der Ursprung der Entfremdung auf diesen Arbeitsprozeß beschränkt, so bedeutete die Automation die Möglichkeit ihrer Aufhebung auch innerhalb des Kapitalismus. Die Entfremdung greift aber im Kapitalismus auf die gesamte Gesellschaft über, deren Mitglieder durch eine Institution einander vermittelt sind, die direkter Ausdruck und unmittelbares Produkt der Ausbeutung ist: das Geld.

Der »Sinn des Habens« (Marx) tritt an die Stelle des Sinns für Freiheit und Glück und »entfremdet« sogar die natürlichen Funktionen des Menschen; seine Bedürfnisse manipuliert nun eine eigens dafür geschaffene Industrie, die sich seiner Freizeit annimmt und deren unbewußt wirkenden Zwängen er zu folgen hat. Damit ist dafür gesorgt, daß die im Arbeitsprozeß besorgte Zerstörung der Identität in der »Freizeit« kontinuierlich weitergeführt werden kann. Die Teilung der Produktivität ist daher im Kapitalismus zugleich wieder aufgehoben: Arbeit und »Freizeit« gehen ineinander über, jedoch nicht in der Aufhebung der Entfremdung, sondern in ihrer Totalisierung.

Die zukünftige Reduktion der Arbeitszeit, das Anwachsen der arbeitslosen Zeit kann also die Entfremdung nicht aufheben, es kann sie nur unter einem neuen Aspekt erscheinen lassen.

Es stellt sich jetzt die Frage, was die mit ihrer eigenen Manipulation versöhnten, total außengesteuerten Menschen eines imaginären zukünftigen Kapitalismus mit »sich« denn eigentlich noch anstellen sollen, wenn die Arbeit, die heute schon zum Refugium derjenigen geworden ist, die nichts mehr mit sich anzufangen wissen, weithin überflüssig geworden ist.

Die Antwort kann nur darin liegen, daß die Verwaltung der Menschen einen Umfang und eine Intensität haben würde, wie wir sie heute noch nicht kennen, und daß Mittel zur Steuerung der Menschen angewandt

werden müßten, die wir voläufig noch für Phantasien von Science-Fiction-Autoren und politisierenden Psycho-Technikern halten mögen.
Drei Entwicklungen werden zur Totalisierung der Manipulation führen:
a) Die Arbeitszeit garantierte zugleich eine Kontrolle; ihre Reduzierung erfordert die Weiterentwicklung von Kontrollmechanismen für den »Privatmann«.
b) Die körperliche Arbeit war eines der Medien zur Abreagierung jener Aggressionen, wie sie überentwickelte kapitalistische Gesellschaften mehr als alle früheren produzieren. Ohne exakte Steuerung der Menschen würde sie sich bei verringerter Arbeitszeit in Kriminalität und Destruktion entladen.
c) Der Überdruß an einer total sterilisierten Gesellschaft könnte zum Erwachen sozialen Bewußtseins führen, das in Verbindung mit dem Aggressionsstau subversive Kräfte hervorbringen würde.

Entfremdung und Aggressivität. Manipulation und Arbeitslosigkeit, der ununterbrochene Angriff der Steuerungsmedien auf das Bewußtsein vernichten so jeden Rest an schöpferischen Impulsen und lassen die Menschen in der passiven Rezeption wohldosierter Programme dahindämmern. Das Erschlaffen aller schöpferischen Fähigkeiten verhindert die Sublimierung der durch die Reduktion der Arbeitszeit freigewordenen Triebenergien; zugleich bietet das autoritäre System immer weniger Ansatzpunkte für kreatives Engagement. Andererseits können sich die libidinösen Triebe auch nicht an ihren Bestimmungsort, die Sexualität, zurückwenden, weil trotz der Aufhebung vieler Tabus die psychische Verarmung der Menschen eine komplexe Entfaltung der Sexualität, als der Voraussetzung für eine umfassende körperliche und seelische Befriedigung, überhaupt nicht mehr zuläßt. Die gestaute Aggressivität, deren Bedürfnissen die zunehmende Brutalisierung der Sprache und der Programme der Massenmedien Rechnung trägt, entlädt sich in Gewalttätigkeit und Kriminalität. Die kapitalistische Gesellschaft, die eine verbindliche Moral nicht mehr hervorbringen kann und die der Nivellierung und gleichzeitigen Kontaktlosigkeit der Menschen nichts anderes entgegenzusetzen hat als die totale Verwaltung und eine Programmierung mit unsinnigen Aufträgen und Zerstreuungen, bereitet so eine Transformation vor, nach der der Mensch reibungslos nach den Bedürfnissen des technologischen Wohlfahrtsstaates funktionieren kann.

Das älteste Problem der Menschen wäre damit »gelöst«: die Subjekt-Objektspaltung. Der Kapitalismus hebt diese Spaltung auf, indem er die eine Seite vernichtet: das Subjekt. »Die Entfremdung ist vollkommen objektiv geworden; das entfremdete Subjekt wird von seiner entfremdeten Existenz verschlungen.«[4]

Entwicklungstendenzen in den befreiten und in den revolutionären Ländern

Die befreiten Länder der Welt – Cuba, China, Nordvietnam und Nordkorea[5] – haben sich im siegreichen Kampf gegen den Imperialismus die Voraussetzungen dafür geschaffen, die Produktionsverhältnisse permanent den Erfordernissen der sich entwickelnden Produktivkräfte anzugleichen. Damit ergibt sich für die Massen in diesen Ländern die Möglichkeit, trotz eines niedrigen ökonomisch-technologischen Niveaus ohne Unterdrückung und Ausbeutung zu leben – ein absolutes Novum in der bisherigen Geschichte aller Völker. Da es ihr Ziel nicht ist, eine ökonomisch und technisch gut funktionierende Konsumgesellschaft aufzubauen, ist ihre gesamtgesellschaftliche Planung nicht determiniert durch die Erfordernisse einer forcierten Industrialisierung. Die Entwicklung der gesellschaftlichen Basis ist eine – notwendige – Funktion im Dienst der Entfaltung der Totalität des Menschen. Deshalb beschränkt sich die permanente Revolution nicht nur auf die Dialektik zwischen Produktionsverhältnissen und Produktivkräften, sondern betrifft gleichzeitig die Dialektik zwischen dem Bewußtsein und der gesellschaftlichen Wirklichkeit, Ideologie und Ökonomie. Permanente Revolution der sozialen Basis ist deshalb nicht zu trennen von permanenter Revolutionierung des Bewußtseins und der Kultur.
Da die befreiten Länder die These vom Sozialismus in einem Land nicht anerkennen, ihre Gegenwart nicht an positivistischen Kategorien der politischen Ökonomie orientieren, beginnen sie, innerhalb des Sozialismus Elemente von Kommunismus zu praktizieren, noch bevor ihre Produktivkräfte voll entwickelt sind. Fidel Castro verzichtet darauf, dem angeblich objektiven Gesetz von der Notwendigkeit ökonomischer Anreize für das wirtschaftliche Wachstum Rechnung zu tragen, und geht stattdessen dazu über, das Geld abzuschaffen; Mao Tse-tung ermuntert die chinesische Ju-

gend, die Kulturrevolution zu beginnen, und das um den Preis von Rückschlägen in der Produktion; Ho Tschi-minh nimmt es in Kauf, daß als Vergeltung für die Unterstützung des südvietnamesischen Befreiungskampfes nordvietnamesische Städte mit Flächenbombardements belegt werden, die immer mehr Menschenleben fordern und viele der unter großen Anstrengungen aufgebauten Industrieanlagen und Verkehrszentren in Schutt und Asche legen. Die revolutionären Ziele einer solchen Politik bleiben dem Bürger westlicher Demokratien unverständlich, erregen eher Abscheu als Bewunderung und gelten als Bestätigung des Vorurteils vom Chaos und Horror der Revolution. Der ununterbrochene Kampf für eine freiere und menschlichere Gesellschaft, die permanente Revolution, das fortgeschrittenste Stadium, in das eine Gesellschaft eintreten kann, bevor der Kommunismus möglich ist, gilt ihm als ein »Noch-Nicht«, *noch* keine Stabilität erreicht haben, *noch* keiner endgültigen Ordnung unterworfen sein, *noch* kein gefestigtes »Staatsbewußtsein« entwickelt haben. In Wirklichkeit handelt es sich um eine Vorwegnahme, die Antizipation einer freien Selbstorganisation der Gesellschaft, deren totale Verwirklichung voll entfalteter Produktivkräfte bedarf. Die für ihren wirtschaftlichen Aufbau erforderliche Akkumulation leisten die befreiten Länder ohne die Erzeugung von Mehrwert im kapitalistischen Sinn und ohne sich in Abhängigkeit von Kapital-exportierenden Ländern zu begeben. Indem alle Entscheidungen in der Wirtschaft öffentlich diskutiert und begründet werden, ist die Entfremdung der Produzenten tendenziell aufgehoben, auch wenn sie noch nicht im vollen Umfang ihre Bedürfnisse durch die Produktion befriedigen können.

Häufig versuchen westliche Kritiker, die in jenen Ländern noch erforderliche harte physische Arbeit als Ausbeutung hinzustellen[6]. Sie übersehen, daß es sich dabei um *gesellschaftlich notwendige* Arbeit handelt, also um Arbeit (und Arbeitszeit), die in Übereinstimmung mit der Entwicklung der Produktivkräfte der Gesellschaft steht.

Als Alternative schlagen die hochentwickelten Staaten den revolutionären Ländern Afrikas, Asiens und Lateinamerikas vor, sich einzurichten im System der friedlichen Koexistenz, als Pufferzone im atomaren Patt. Sie sollen die Rollen übernehmen, die ihnen gemäß den Plänen der Großmächte für Wirtschaft und Strategie zufallen. Dafür, daß sie Rohstoffe liefern, die auch im eigenen Lande gewinnbringend weiterverarbeitet werden könnten, daß sie Land für die Errichtung von Militärbasen zur

Verfügung stellen, dafür, daß sie neutral oder daß sie Bündnispartner sind, erhalten diese Länder eine zweifelhafte Gegengabe: *Entwicklungshilfe*, die in Form von Militärhilfe überfällige Regierungen an der Macht hält, in Form von Fertigwaren die eigene Leichtindustrie ruiniert und in Form von Kapitalhilfe nicht ausreicht, um das notwendige Minimum wirtschaftlichen Wachstums zu erzielen. Fortschritt, der sich für ausländische Handelspartner niederschlägt in erhöhten Umsatz- und Gewinnzahlen, besteht für die Einheimischen allzu oft in steigenden Lebenshaltungskosten, in der Verslumung der Großstädte und nicht zuletzt darin, daß die alten patriarchalischen Strukturen des Feudalismus zerstört werden, ohne daß fortschrittliche soziale Verhältnisse mit einem entsprechenden Schutz für den Einzelnen an ihre Stelle träten. Alle Versuche von unterentwickelt gehaltenen Ländern, die ursprüngliche Akkumulation auf kapitalistische Weise zustande zu bringen, sind bisher erfolglos verlaufen und haben das Elend und den Hunger der breiten Massen in diesen Ländern nur vergrößert. Das kapitalistische Do-it-yourself, die Freiheit des Erwerbens und Habens sind mörderische Vehikel in Ländern, wo die Mehrheit der Bevölkerung rechtlich, ökonomisch und sozial unterdrückt wird.

Es gibt daher keinen vernünftigen Grund, der die Völker Afrikas, Asiens und Lateinamerikas von dem Weg der sozialen Revolution abbringen könnte. Sie haben begriffen, daß ihre wirtschaftlichen und sozialen Probleme nur auf einer sozialistischen Basis zu lösen sind und daß ihre politische Freiheit nur in einer vom Imperialismus befreiten Welt zu erhalten sein wird.

Für den *Imperialismus* wird die Emanzipation der revolutionären Länder allein nicht mehr den unmittelbaren Ausbruch einer Wirtschaftskrise bedeuten: Die Rohstoffe kann er, soweit sie nicht entbehrlich oder synthetisch zu ersetzen sind, notfalls auch zu weniger vorteilhaften Preisen erwerben.

Auf längere Sicht jedoch würde ihn der Verkleinerung seiner Absatzmärkte treffen, vor allem in der Phase der Automatisierung der Produktion und der Intensivierung der wirtschaftlichen Kernforschung, da beide Entwicklungen unter den heutigen Bedingungen des Welthandels zu einem erheblichen Teil von den revolutionären Ländern mitfinanziert werden.

Die Bedeutung jener Länder, die schon heute die militärische und ideologische Avantgarde der Weltrevolution bilden, wird für die Zukunft darin bestehen, daß sie die politischen Modelle liefern werden, in denen auch die Reste ideologischer und gesellschaftlicher Repression und Entfremdung verschwunden sind.

Automation im Sozialismus

In einer höheren Phase der kommunistischen Gesellschaft, nachdem die knechtende Unterordnung der Individuen unter die Teilung der Arbeit, damit auch der Gegensatz geistiger und körperlicher Arbeit verschwunden ist; nachdem die Arbeit nicht nur Mittel zum Leben, sondern selbst das erste Lebensbedürfnis geworden; nachdem mit der allseitigen Entwicklung der Individuen auch ihre Produktivkräfte gewachsen und alle Springquellen des genossenschaftlichen Reichtums voller fließen – erst dann kann der enge bürgerliche Rechtshorizont ganz überschritten werden und die Gesellschaft auf ihre Fahne schreiben: Jeder nach seinen Fähigkeiten, jedem nach seinen Bedürfnissen! *Karl Marx*7

Die sozialistische Gesellschaft, von Marx und Engels als *Übergangsstadium* zur kommunistischen Gesellschaft konzipiert, ist ihrem Wesen nach eine offene Gesellschaft, offen vor allem für die Entwicklung der Produktivkräfte und deren Förderung durch immer neue Transformationen der gesellschaftlichen Institutionen. Alle staatlichen Organe sollen im Sozialismus temporären Charakter haben und auf ihren Abbau, ihr allmähliches Absterben hin angelegt sein.

Die Geschichte der Sowjetunion widerspricht dieser Theorie nicht. Nach der Oktoberrevolution wurde in der Phase der Bekämpfung von konterrevolutionären Kräften im Innern und der imperialistischen Bedrohung von außen die Diktatur des Proletariats eingerichtet. Hinzu kam eine ökonomische Zwangssituation, in der sich die Diktatur des Proletariats zur Diktatur der Führung seiner Partei verfestigte. Damit war der Weg eingeschlagen, der immer weiter vom »Absterben des Staates« wegführte und der schließlich konsequent in die Sackgasse des Revisionismus eingemündet ist.

In den Ländern Osteuropas, die zum Zeitpunkt der Sozialisierung bereits über entwickelte Produktivkräfte verfügten, war eine Periode der Diktatur des Proletariats notwendig, um die reaktionären Kräfte aus ihren Machtpositionen zu verdrängen, um die Überreste kapitalistischen Denkens zu beseitigen. Dabei kam es zu falschen Entwicklungen, die selbst Spuren einer kapitalistischen Präformierung aufweisen: eine gegenüber dem Volk verselbständigte Bürokratie, die den Dialog mit den Massen scheut, auf der einen Seite, und auf der anderen die Überreste eines nicht überwundenen Individualismus, der durch sozialistisches Bewußtsein nicht verändert, sondern nur verdrängt wurde und nun als nicht eingestandene Isolation fortdauert.

Fatal sind solche Tendenzen in jeder Gesellschaft, die sich selbst als ultima ratio der Geschichte begreift; in einer sozialistischen Gesellschaft, die mit dem Bewußtsein der Notwendigkeit ihrer ständigen Veränderung lebt, werden sie nur den Stellenwert temporärer Erscheinungen haben, die überwunden werden in dem Maße, wie sich der Sozialismus seinem Ziele, der kommunistischen Gesellschaft nähert: einer Gesellschaft, in der es keine Klassen und Schichten mehr gibt, in der die Menschen nach ihren Bedürfnissen leben können, in der die Freiheit des Individuums völlig identisch wird mit der Freiheit der Gesellschaft. Dieses Ziel ist nur zu erreichen, wenn die Produktionsmittel so weit entwickelt sind, daß eine Arbeitsteilung im hergebrachten Sinne nicht mehr nötig ist. Denn selbst in einem technisch hochentwickelten Land wie der Sowjetunion wird der Produktionsprozeß noch von verschieden eingestuften und bewerteten Schichten durchgeführt. Erst mit der Automation gelangt der Sozialismus in den Besitz eigentlich kommunistischer Produktionskräfte. Bisher konnte er zwar das Privateigentum an Produktionsmitteln abschaffen und damit die Ausbeutung, nicht aber die Reproduktion von Klassen durch Arbeitsteilung[8]; vor allem die Trennung von geistiger und körperlicher Arbeit und deren unterschiedliche Bewertung erzeugten immer wieder Klassengegensätze und Klassenbewußtsein. Indem sie die Menschen von dem Zwang zu physischer Arbeit befreit, bedeutet Automation im Sozialismus das Ende der repressiven Arbeitsteilung, die klassenlose Gesellschaft.

Mit dem *absolut gesellschaftlichen Charakter* automatischer Produktionsmittel[9] verwirklicht sich endlich die genuin kommunistische Reproduktion der Gesellschaft: ohne Ausnutzung der körperlichen Arbeit einer unteren Schicht eine so reiche Produktion, daß die Bedürfnisse aller auf hohem Niveau befriedigt werden können. Und nicht nur die materiellen Wünsche werden erfüllt: In der befreiten sozialistischen Gesellschaft wird auf die Entfaltung der Produktivkräfte die Entfaltung des Bewußtseins, der Sinnlichkeit und der schöpferischen Fähigkeiten des Menschen folgen. So wie die Automatisierung der Produktion als deren totale Vergesellschaf-

tung den Zielen des Sozialismus entspricht[10], so läuft sie dem kapitalistischen Prinzip des Privateigentums und der individualistischen Persönlichkeitsstruktur zuwider. Denn Automation bedeutet totale Entfremdung, wenn, wie im Kapitalismus, die Abstraktheit des Arbeitsprozesses nicht ergänzt wird durch ein allgemein-gesellschaftliches Bewußtsein, in dessen Horizont die Abstraktheit der Tätigkeit eine neue Konkretion gewinnt. Erst dann werden, wie Engels schreibt, »die Gesetze ihres eigenen gesellschaftlichen Tuns, die ihnen bisher als fremde, sie beherrschende Naturgesetze gegenüberstanden, ... von den Menschen mit voller Sachkenntnis angewandt und damit beherrscht. Die eigne Vergesellschaftung der Menschen, die ihnen bisher als von Natur und Geschichte aufgenötigt gegenüberstand, wird jetzt ihre freie Tat. Die objektiven, fremden Mächte, die bisher die Geschichte beherrschten, treten unter die Kontrolle der Menschen selbst. Erst von da an werden die Menschen ihre Geschichte mit vollem Bewußtsein selbst machen, erst von da an werden die von ihnen in Bewegung gesetzten gesellschaftlichen Ursachen vorwiegend und in stets steigendem Maße auch die von ihnen gewollten Wirkungen haben. Es ist der *Sprung der Menschheit aus dem Reich der Notwendigkeit in das Reich der Freiheit.*«[11]
Die entscheidende Frage ist nun, ob das Ende der »Ökonomie des Mangels« auch das Ende der verfestigten und der Kontrolle der Massen entzogenen Bürokratie im heutigen osteuropäischen Sozialismus bedeuten wird. Es besteht die Gefahr, daß sich das politische Denken so eng an die Rationalität der Technik anpaßt, daß Rationalität um den Preis der Autonomie und Selbstorganisation der Menschen zum Selbstzweck wird und zu einer neuen Art der Entfremdung führt. Die Übertragung der technischen Rationalität auf die menschliche Gesellschaft läßt zwei extreme Möglichkeiten zu: deren totale Bürokratisierung oder die auf Vernunft und Einsicht gegründete freie Selbstorganisation der Massen. Der zweite Weg der Demokratisierung steht nur dann offen, wenn der Politik der Primat vor der Wirtschaft eingeräumt wird.
Der anwachsende Lebensstandard in den sozialistischen Ländern Osteuropas bedingt den Rückgriff auf einige Marktmechanismen: Individuelle Wünsche der Verbraucher, die Nachfrage nach bestimmten Artikeln können nicht zentral festgestellt werden. So erfolgt gleichzeitig mit der Rationalisierung des Produktionsvorgangs eine Dezentralisierung der Wirtschaftsführung, da die einzelnen Produktionseinheiten autonom sein müs-

sen in der Ermittlung und Auswertung von Informationen (die nicht nur die Marktlage, sondern auch spezifische, lagebedingte Kosten etc. betreffen). Elmar Altvater schreibt hierüber: »Auch von der Seite des Managements her – allerdings mehr durch technologische Entwicklungen bedingt – ... ergibt sich die Notwendigkeit der Demokratisierung. Es ist eine technokratische Utopie zu glauben, daß ›die Automatisierung ... in zunehmendem Maße auch den Menschen in seiner Funktion, Informationen zu erfassen, (ersetzt)‹ (Rolf Stranzky) ... Je komplizierter der technologische Produktionsprozeß aber wird, desto schwieriger wird es, zentral in der Betriebsleitung alle notwendigen Informationen fassen zu können. Nicht nur die sogenannte ›Belegschaftskooperation‹, also von der Betriebsleitung unabhängige Belegschaftsentscheidungen und -aktivitäten, lebt aus dieser Entwicklung; auch die Notwendigkeit, Informationen an der Basis besorgen zu müssen, hat zur Folge, daß immer mehr Menschen mehr oder weniger, willentlich oder nicht, in den betrieblichen Entscheidungsprozeß einbezogen werden.«[12] Es kommt nun darauf an, daß sich dieser Prozeß der Dezentralisierung vollzieht als Demokratisierung von Wirtschaft und Politik und nicht etwa als »Angleichung des Sozialismus an den Kapitalismus«, deren Symptom westliche Beobachter in der Einführung von Marktprinzipien meinen erblicken zu müssen. Tatsächlich entspricht eine nicht am Profit, sondern an den Bedürfnissen orientierte Koordinierung von Informationen von unten und zentraler Planung von oben sowohl dem gesellschaftlichen Charakter als auch der Rationalität der neuen Technik. Um zu verhindern, daß sich durch die Berücksichtigung der materiellen Bedürfnisse statt des gesellschaftlichen Bewußtseins ein Konsumentenbewußtsein entwickelt, müssen die Menschen ermuntert werden, nicht nur in Fragen des Konsums und der Wirtschaft Initiative zu entfalten, sondern auch bei politischen Entscheidungen mitzuwirken. Auf der Untrennbarkeit dieser beiden Ebenen beruht ein Grundgedanke des Rätesystems, den Menschen an seinem Arbeitsplatz, im Zentrum des sozialen Lebens – später im permanenten Lernprozeß – politisch zu beteiligen und anzusprechen. Demokratisierung würde also bedeuten, daß man den Räten nicht nur betriebliche und wirtschaftliche Entscheidungen abverlangt, sondern daß man ihnen politische Alternativen vorträgt und sie an Diskussionen und Beschlüssen darüber beteiligt. Skeptiker werden einwenden, daß zur Beurteilung komplizierter politischer Vorgänge die Kenntnisse und Einsichten eines Fachmannes gehören. Natürlich können die Wähler in

den Vereinigten Staaten nicht beurteilen, ob der Krieg in Vietnam für die amerikanische Wirtschaft von Vorteil ist oder nicht; noch sind sie dazu in der Lage, sich über die Art der Kriegführung in jenem Land zu äußern, das macht ein Computer besser; sie wären aber durchaus imstande, die wichtigste Frage in diesem Zusammenhang zu entscheiden, ob nämlich die Befreiungsbewegung in Vietnam niedergeschlagen werden sollte oder nicht, wenn man ihnen zuvor die wesentlichsten Informationen über Ursachen und Ziele dieser Bewegung mitteilen würde.
Es ist ein Ziel des Sozialismus, den Staat, die politische Gewalt zu ersetzen durch die Selbsttätigkeit frei gebildeter politischer Körperschaften an der Basis der Gesellschaft, damit auf der Grundlage der hochentwickelten Technik »die ganze Staatsmaschinerie ... dahin versetzt wird, wohin sie dann gehören wird: ins Museum der Altertümer, neben das Spinnrad und die bronzene Axt«.[13]

Die Zukunft der Revolution

1. Die Stadien der Weltrevolution: Revolutionäre Allianz. Die Rede von der Weltrevolution darf in eben dem Maße beanspruchen, keine Mystifikation zu sein, in dem die Avantgarde an den verschiedenen Fronten ein Bewußtsein davon hat, daß ihr einzelner Kampf nur die Besonderheit eines Allgemeinen ist. Dieses Bewußtsein wird heute vor allem durch die vietnamesische Revolution ausgebildet; sie ist das Tertium, durch das jede revolutionäre Bewegung mit allen anderen konkret verbunden ist. Die Internationale findet ihren Ausdruck nicht in Solidaritätserklärungen oder internationalen Brigaden, nicht in Geldsammlungen oder Protesterklärungen, sondern darin, daß revolutionäre Gruppen in aller Welt den Imperialismus an dem Ort bekämpfen, an dem sie mit ihm konfrontiert sind, und mit den Mitteln, die in den einzelnen Situationen zur Verfügung stehen und die die Konterrevolution nach ihrer jeweiligen Struktur am empfindlichsten treffen. Das Attentat auf den Regierungschef, das in Lateinamerika einer Revolution zum Durchbruch verhelfen kann, wäre in einem europäischen Land widersinnig; die Zerschlagung von Manipulationsapparaten, in hochindustrialisierten Ländern eine Voraussetzung zur Durchbrechung der falschen Identifizierung der Menschen mit einem sie bevormundenden Staat, wäre wirkungslos in einem Land, in dem diese

Identifizierung durch materielles Elend ausblieb. Ungeachtet dessen bleibt die Demonstration der Identität revolutionärer Bewegungen sinnvoll. Es beunruhigt den Amerikaner, der systematisch dazu erzogen wird, keine Zusammenhänge zu sehen, wenn ein Negerführer nach Kuba und Nordvietnam fährt, und wenn auf einer Vietnamkundgebung Transparente mit dem Bild Che Guevaras gezeigt werden. Er soll erkennen, daß der Imperialismus sich den größeren Teil der Menschheit zu Feinden gemacht hat, und daß zu seinen Gegnern eine immer größer werdende Zahl der bewußtesten Menschen in der »freien Welt« selber gehört; daß schließlich Einigkeit und Zusammenarbeit der inneren und der äußeren Opposition mit jedem Tag wachsen.

Permanente Revolution. Revolution wie Konterrevolution existieren gleichzeitig in extrem verschiedenen Konkretionen und Verhältnissen zueinander; Klassenkampf gibt es in Vietnam und in Schweden; die Reaktion äußert sich gleichermaßen in Napalm wie in Vaterunsern. Ein Maßstab für die Freiheit eines Staates ergibt sich in dieser historischen Phase aus seinem Verhältnis zu dem Prinzip der permanenten Revolution. Nimmt man diese Theorie als Orientierungspunkt, um eine zunächst noch ganz undifferenzierte Einschätzung der Autonomie verschiedener Gesellschaften zu finden, so lassen sich drei Kategorien voneinander abheben: Staaten, in denen die permanente Revolution als allgemeines Prinzip der Entwicklung anerkannt ist, andere, die es anerkannt, dann aber nicht weitergeführt haben, und schließlich Klassengesellschaften, deren herrschende Klasse jede Umwälzung zu unterdrücken sucht.
Der junge Marx definierte den »revolutionären Sozialismus« als »die *Permanenzerklärung* der Revolution, die Klassendiktatur des Proletariats als notwendigen Durchgangspunkt zur Abschaffung der Klassenunterschiede überhaupt, zur Abschaffung sämtlicher Produktionsverhältnisse, worauf sie beruhen, zur Abschaffung sämtlicher gesellschaftlicher Beziehungen, die diesen Produktionsverhältnissen entsprechen, zur Umwälzung sämtlicher Ideen, die aus diesen gesellschaftlichen Beziehungen hervorgehen.«[14]
Zwar sind in den osteuropäischen sozialistischen Ländern die Produktionsverhältnisse, auf denen die Klassenunterschiede beruhen, abgeschafft; daß aber sämtliche gesellschaftlichen Beziehungen und sämtliche Ideen umgewälzt werden, die den abgeschafften Produktionsverhältnissen entsprechen, kann eine objektive Analyse dieser Länder nicht bestätigen. Stalinis-

mus und Bürokratismus machten zwar die Abschaffung der Klassen nicht wieder rückgängig, verhinderten aber gerade jenen Prozeß, ohne den die Umwälzung der Basis nicht zur befreiten Gesellschaft führt: die Revolutionierung des Bewußtseins.
Revolutionen von unten werden die Antwort sein, wenn eine Revolution sich verfestigt, wenn auf die Demokratisierung der Wirtschaft nicht die Demokratisierung des Bewußtseins erfolgt, wenn der Staat sich wiederum von der Gesellschaft absondert und die Menschen durch Administration gefügig statt durch Erziehung mündig macht, vor allem wenn Unterdrükkungsmaßnahmen in eine Zeit fallen, deren relative ökonomische Stabilität keinen Grund für zusätzliche Disziplinierung mehr bietet. Solange das Prinzip der permanenten Revolution nicht angewandt wird, ist auch in einem sozialistischen Land die Revolution gegen den sich verselbständigenden Staat notwendig.

Übergang zur kommunistischen Weltrepublik. Schon heute kündigt sich jene Phase der Weltpolitik an, deren internationale Konstellation nicht mehr kapitalistische gegen sozialistische Länder stellt, sondern die durch den Gegensatz von sozialistischer Avantgarde und einem revisionistischen Sozialismus gekennzeichnet ist. Es ist nicht auszuschließen, daß die technisch fortgeschrittenen Staaten nach der Umwälzung der Produktionsverhältnisse auf der Grundlage vollentwickelter Produktivkräfte einem Positivismus verfallen, der sich damit begnügt, die Menschen nach Maßgabe der Produktion zufriedenzustellen, und ihre Selbstbestimmung einer rational erscheinenden Anpassung an die rational organisierten Produktivkräfte opfert, eine Entwicklung, wie sie jetzt in der Sowjetunion zu beobachten ist, und wie sie selbst in China in jenen Kräften, gegen die sich die Kulturrevolution wendet, zum Ausdruck kommt. Erst nachdem überall auf der Erde der Imperialismus zerschlagen, die Technik voll entwickelt und das Bewußtsein der Menschen revolutioniert sein wird, beginnt mit dem Ende der Jahrtausende alten Zersplitterung und Blindheit der menschlichen Gesellschaft die kommunistische Weltrepublik.

2. *Die befreite Gesellschaft.* Leute, die den Zustand der Welt daran messen, wie ihre Geschäfte gehen, und die ihre Moral auf die Apologie und Reproduktion all dessen abrichten, was den Status quo stabilisiert, pflegen als unwiderlegbarstes Argument gegen den Entwurf einer autonomen

Gesellschaft den Einwand vorzubringen, sie sei zwar wünschenswert, scheitere aber, wenn nicht an der Schlechtigkeit der Menschen, so doch an der Unmöglichkeit ihrer Organisation; sie sei utopisch, daher unkonstruierbar. Begleitet wird dieses Argument von jener welterfahren-resignierenden Gebärde, die zu verstehen geben soll, der Abwinkende wünsche sich zwar auch eine »bessere Welt«, habe aber die Unabänderlichkeit der menschlichen Natur und die Unvollkommenheit allen Tuns und Strebens erkannt und anerkannt. So wird der platte Egoismus zum tiefen Skeptizismus; die Frage »wie wollt ihr eine solche Gesellschaft einrichten?« soll den Blick ablenken von dem schlechten Gewissen des Fragenden.

Faschistoide Elemente enthält die Befriedigung über das Ausbleiben einer »zufriedenstellenden« Antwort in dem Maße, wie es gerade der zweifelhafte Vorzug faschistischer Bewegungen ist, mit festen Programmen für eine Machtübernahme aufzuwarten, die dann gegen allen Widerstand durchgepeitscht werden.

Eine freie Gesellschaft dagegen kann nur aus der schöpferischen Selbsttätigkeit der Menschen in der Richtung demokratischer Initiativen für ihre Organisation hervorgehen. Es hat sich gezeigt, daß die bürgerliche Gesellschaft das Versprechen der bürgerlichen Revolution nicht einlösen konnte: Statt der Freiheit brachte sie die zunehmende, schließlich totale Manipulation; statt Gleichheit bescherte sie eine Klassengesellschaft, in der die privilegierten Klassen auf die Bedrohung ihrer Vorrangstellung ebenso brutal reagieren wie Sklavenhalter und Feudalherren: und Brüderlichkeit bereitete sie durch ein Wirtschaftssystem vor, in dem jeder nur leben kann, wenn er seinen Bruder übers Ohr haut.

Die bürgerliche Gesellschaft hat uns gelehrt, daß Freiheit, Gleichheit und Brüderlichkeit in einer Klassengesellschaft nicht zu verwirklichen sind. Wir müssen also entweder diese Ziele aufgeben oder die Staatsform abschaffen, die sie nicht verwirklichen kann. Ein Drittes gibt es nicht.

Eine Schwierigkeit besteht darin, zu verhindern, daß sich Strukturen der alten in die neue Gesellschaft einschleichen, verwandelt und darum schwer erkennbar wiedererscheinen, eine schleichende Konterrevolution, sei es in der Form der Bürokratisierung oder in offenem Terror. Dieses Syndrom, für das Europa und die Vereinigten Staaten auf Grund ihrer individualistischen Bewußtseinsstruktur besonders anfällig zu sein scheinen, bezeichnet die entscheidende Schwierigkeit der Organisation einer autonomen Gesellschaft auf dem Niveau hochentwickelter Produktivkräfte.

Die Voraussetzungen für die Einrichtung realer Demokratie sind die Abschaffung der Klassen, ein umfassender Prozeß der Bewußtseinsbildung der Massen und ein demokratisches Kontrollsystem. Die Abschaffung der Klassen ist noch nicht völlig gewährleistet durch die Aufhebung des Privateigentums an den Produktionsmitteln. Eine »Klasse« in einem neu zu definierenden Sinn könnte sich bilden aus einem erstarrenden Funktionärsapparat oder aus einer Machtballung bei jener Gruppe von hochspezialisierten Technikern und Wissenschaftlern, von deren Arbeit eine zukünftige Gesellschaft in einem heute noch nicht überschaubaren Maß abhängig sein wird.

Die Aufhebung der Klassen muß darum begleitet sein von dem »Einschlafen« des Staates als einer »besonderen Repressionsgewalt« (Engels). Wenn der Staat – in der bürgerlichen Gesellschaft Instrument der herrschenden Klasse – nach der sozialistischen Revolution zugunsten einer freien Selbstorganisation der Gesellschaft in einem langsamen Prozeß verschwindet, so verschwinden mit ihm auch die Institutionen, durch die er seine Gewalt ausübte, wie Militär, Polizei[15] etc. Für den »Staatsstreich« einer Clique stünde also gar kein Herrschaftsinstrument bereit. Zudem böte eine rationale und gerechte Organisation der Gesellschaft und das Fehlen unterdrückter Schichten keinerlei potentielle Massenbasis für Demagogen und Usurpatoren.

Geben wir nur zu, daß Modelle einer perfekten demokratischen Kontrolle bis heute nur unzureichend entwickelt wurden. Sie können nur das Ergebnis langandauernder praktischer Experimente sein, die 1871 in der Pariser Kommune begonnen wurden und ihr vorläufig letztes Stadium in der chinesischen Kulturrevolution fanden.

Bewußtseinsbildung durch revolutionäre Praxis. Die Schwierigkeiten, die sich bei der Lösung des Widerspruchs zwischen Revolution und Bürokratie ergeben, können indessen nicht darüber hinwegtäuschen, daß – permanente – Revolution die unabdingbare Voraussetzung eines jeden Versuchs ist, die entfesselten Produktivkräfte der zweiten Hälfte unseres Jahrhunderts in einer Weise zu beherrschen, die den Menschen nicht zum bewußtlosen Bestandteil eines verselbständigten technokratischen Apparats macht. Kommunismus bedeutet also nicht eine (mehr oder weniger erprobte) Alternative zum Kapitalismus (der, wie man glaubt, doch immerhin einigermaßen funktioniert), sondern eine Alternative zur totalen Regression des

Menschen. Daß ein perfektes Modell für die Mikrostrukturen einer freien Selbstorganisation noch nicht entwickelt ist, noch nicht entwickelt sein kann, spricht darum nicht für die seit Jahrhunderten »bewährten« und bereits in die Agonie eingetretenen Institutionen, sondern dafür, ein solches Modell schleunigst durch weltweite Praxis zu vervollkommnen.
Ebenso ist die Revolution die unerläßliche Voraussetzung, um jenen Prozeß der Bewußtseinsbildung zu Ende zu führen, ohne den reale Demokratie nicht vorstellbar ist. In den hochindustrialisierten Gesellschaften wird er begünstigt durch die Verkürzung der Arbeitszeit auf der Grundlage der Automatisierung der Produktion. Der Entfesselung der Produktivkräfte muß die durch sie ermöglichte »Entfesselung des Bewußtseins« folgen; der Aufhebung der Klassen muß die Aufhebung der Klassen der Bewußtheit folgen; der permanenten Revolution der Gesellschaft muß die permanente Revolution des Bewußtseins entsprechen. Das Ziel dieser Emanzipation kann nicht sein, daß jeder einzelne die kompliziertesten technischen Vorgänge begreift – obwohl das wünschenswert wäre – sondern daß er lernt, dialektisch zu denken, die Bedeutung der neuen gegenüber der alten Gesellschaft nicht nur zu erleben, sondern zu begreifen, und die Nachwirkungen der alten Gesellschaft zu überwinden. Es ist nicht notwendig, daß er technische Einzelheiten versteht, aber die Funktion jeder Einzelheit innerhalb der Totalität der Gesellschaft muß ihm bekannt sein.
»Erst dann wird die Epoche des Weltkommunismus erreicht sein, wenn die ganze Menschheit sich selbst und die Welt bewußt umgestaltet«, schrieb Mao 1937 in Yenan, und in diese Umgestaltung schließt er die »Umgestaltung des eigenen Erkenntnisvermögens« ein: Erkenntnis kann nicht ein isolierter Akt des Bewußtseins sein, sondern nur aus der Einheit von Wissen und Handeln hervorgehen – revolutionäre Praxis wird selbst zum Erkenntnisvermögen. »Durch die Praxis die Wahrheit entdecken und in der Praxis die Wahrheit bestätigen und weiterentwickeln; von der sinnlichen Erkenntnis aktiv zur rationalen Erkenntnis, und dann weiter von der rationalen Erkenntnis zur aktiven Führung der revolutionären Praxis, zur Umgestaltung der subjektiven und objektiven Welt übergehen: Praxis – Erkenntnis, wieder Praxis – und wieder Erkenntnis, diese Form ist in ihrer zyklischen Wiederholung unendlich, wobei der Inhalt der Zyklen der Praxis und der Erkenntnis mit jedem Mal eine höhere Stufe erreicht.«[16]
Erziehung bedeutet also in der freien Gesellschaft nicht nur eine quantita-

tive Erweiterung des Wissens, sondern eine qualitative Veränderung des Lernprozesses und des Erkenntnisvermögens. Freie Erziehung bedeutet die Aufhebung der Arbeitsteilung im Prozeß der Erkenntnis und der Verwandlung der Welt und spiegelt damit die Abschaffung der Zerrissenheit des Menschen in den Klassengesellschaften, die Aufspaltung in Geist und Leib, Gefühl und Verstand, Arbeit und Freizeit, Denken und Handeln.

3. Der neue Mensch. Ist der Mensch das Ensemble gesellschaftlicher Verhältnisse, so wird die radikale Veränderung aller gesellschaftlichen Verhältnisse einen radikal veränderten Menschen hervorbringen, einen neuen Menschen, der sich nicht nur von dem Menschen der kapitalistischen Epoche unterscheidet, sondern an dem die Male verschwinden, die die Klassengesellschaften seit der Auflösung der Urgesellschaft den Menschen beigebracht haben: die Male der Arbeitsteilung, der Ausbeutung, der philosophischen und religiösen Entfremdung. Diesen Menschen wird nicht Europa hervorbringen; Europa blieb es vorbehalten, den zerrissenen Menschen einer zerrissenen Gesellschaft zu seiner letzten und vollsten Entfaltung zu bringen: im Faschismus und Kolonialismus fand er seine Vollendung und seine Vernichtung. Und nur in seiner Vernichtung wird er zum Geburtshelfer des neuen Menschen; des Kolonisierten, der sich durch eine Gewalt befreit, die nicht nur den fremden Unterdrücker tötet, sondern auch den Unterdrückten in ihm selbst: Der Akt der Vernichtung ist der Akt der Befreiung. Nicht die Philosophen der alten Welt, sondern die Revolutionäre der unterdrückten Völker sprechen heute von dem neuen Menschen: »Verlassen wir dieses Europa, das nicht aufhört, vom Menschen zu reden, und ihn dabei niedermetzelt, wo es ihn trifft, an allen Ecken seiner eigenen Straßen, an allen Ecken der Welt ... Wenn ich in der europäischen Technik und im europäischen Stil den Menschen suche, stoße ich auf eine Folge von Negationen des Menschen, auf eine Lawine von Morden ... Für Europa, für uns selbst und für die Menschheit, Genossen, müssen wir eine neue Haut schaffen, ein neues Denken entwickeln, einen neuen Menschen auf die Beine stellen ... Versuchen wir, den totalen Menschen zu erfinden, den zum Siege zu führen Europa unfähig war.«[17]
Ähnlich und zu gleicher Zeit wie der Afrikaner Fanon beschreibt in Lateinamerika Guevara den Zusammenhang von Befreiungskampf und Geburt des neuen Menschen:
»Im Verlauf dieses Prozesses, wo es den Sozialismus lediglich als Möglich-

keit gab, war ein grundlegender Faktor der Mensch. Auf ihn, auf das Einzelwesen mit Name und Vorname vertraute man, von seiner Befähigung zur Aktion hing der Erfolg oder Mißerfolg des unternommenen Kampfes ab ... Die Haltung unserer Kämpfer zeigte bereits den zukünftigen Menschen ... In dieser Periode des Aufbaus des Sozialismus können wir Zeugen der Entstehung des neuen Menschen werden.«[18]
Warum kann der Partisanenkampf zur Schule des neuen Menschen werden? Die befreite Gesellschaft wächst im Schoß der alten Gesellschaft heran, und der Guerillafocus ist gleichsam die embryonale Vorwegnahme der neuen Gesellschaft, ihr Modell; es entsprechen sich ihre Strukturen, die Permanenz des revolutionären Prozesses und die Aufgaben und Verwandlungen der Menschen in ihm: Der Partisanenkampf erfordert die weitgehende Selbsttätigkeit der Revolutionäre, nicht das blinde Ausführen von Befehlen; die militärischen Ränge sind aufgehoben, eine Vorwegnahme der Aufhebung der gesellschaftlichen Hierarchie; die Durchbrechung der Isolation, das Vertrauen und die Unterstützung der Guerilleros untereinander; schließlich als vielleicht wichtigstes die Aufhebung der Arbeitsteilung, da jeder Einzelne zugleich Soldat, Theoretiker, Jäger, Lehrer etc. sein muß. Die Notwendigkeiten des Partisanenlebens nehmen so vorweg, was die Aufhebung der traditionellen Zwänge in der befreiten Gesellschaft erst ermöglichen soll: die allseitige Entfaltung der Fähigkeiten und Möglichkeiten des Menschen.
Wird Europa, wird Nordamerika den revolutionären Ländern auf diesem Weg überhaupt folgen können? Der revolutionäre Kampf in hochindustrialisierten Staaten gegen eine zunehmend technokratische Herrschaft kann nicht im gleichen Maße Auswirkungen im Sinne einer totalen Umstrukturierung der Menschen haben wie der Befreiungskampf eines kolonisierten Landes, denn der Prozeß der Entfremdung in den Konsumgesellschaften des Westens hat ein Stadium erreicht, das die Umwandlung zu einem »totalen Menschen« notwendig zu einem langandauernden und schwierigen Vorgang macht.
Während in den revolutionären Ländern vitale Bedürfnisse den Umsturz der Gesellschaft unumgänglich machen, sind es in den imperialistischen Staaten gerade die falschen Bedürfnisse, die das bestehende System rational und zweckmäßig erscheinen lassen und damit die Revolution hinauszögern. Die Institutionen der spätkapitalistischen Gesellschaften oktroyieren den Menschen Bedürfnisse, die nicht ihren eigenen Interessen entspre-

chen, und zwar in einem Maße, das die Menschen bereit macht, diese außengesteuerten Bedürfnisse für ihre eigenen zu halten: zugleich reproduzieren die falschen Bedürfnisse ein System, das nicht den wahren Interessen der Menschen entspricht und das sie dennoch für das vernünftigste halten. Daraus resultiert der sterile circulus vitiosus des Status quo: Die falschen Bedürfnisse können erst verschwinden, wenn die Gesellschaft revolutioniert wird, und sie kann nur revolutioniert werden, wenn die falschen Bedürfnisse verschwunden sind.

Hieraus ergeben sich notwendig Unterschiede im anti-imperialistischen Kampf der revolutionären und der vorrevolutionären Länder, die jedoch nicht verschiedene Ziele bedeuten, sondern unterschiedlichen Hemmnissen des historischen Fortschritts gelten. Wie Mao Tse-tung sagt, können »qualitativ verschiedene Widersprüche ... nur mit qualitativ verschiedenen Methoden gelöst werden«.[19] Die Strategie des revolutionären Kampfes hat sich dabei nach den Bedingungen der jeweiligen Situation des Klassenkampfes zu richten. In den revolutionären Ländern Afrikas, Asiens und Lateinamerikas behindern die unterentwickelten Produktivkräfte den gesellschaftlichen Fortschritt. Revolution beginnt daher mit der Umwälzung der Produktionsverhältnisse, der Ablösung der Herrschaft einer Klasse (des Imperialismus) durch eine andere (bzw. das Volk). In den Metropolen hingegen, wo Manipulation des Bewußtseins zum wichtigsten Herrschaftsinstrument geworden ist, gilt der Befreiungskampf zu allererst der Zerschlagung der Manipulationsapparatur, der Veränderung des Überbaus. In der Schrift Mao Tse-Tungs »Über den Widerspruch« heißt es:

»Wenn der politische, kulturelle usw. Überbau die Entwicklung der ökonomischen Basis behindert, dann werden politische und kulturelle Umgestaltungen zum Hauptsächlichen, Entscheidenden. Verstoßen wir mit diesen Feststellungen gegen den Materialismus? Keineswegs, denn wir erkennen an, daß im Gesamtverlauf der historischen Entwicklung das Geistige vom Materiellen, das gesellschaftliche Bewußtsein vom gesellschaftlichen Sein bestimmt wird; doch gleichzeitig erkennen wir an ... daß das Geistige auf das Materielle, das gesellschaftliche Bewußtsein auf das gesellschaftliche Sein, der Überbau auf die ökonomische Basis zurückwirkt. Damit verstoßen wir nicht gegen den Materialismus, sondern lehnen wir den mechanistischen Materialismus ab und verteidigen den dialiktischen Materialismus.«[20]

Mao beschreibt hier die Bedingungen, die heute tatsächlich den Kampf in den Metropolen bestimmen: Der kulturelle Überbau behindert die Entwicklung der ökonomischen Basis. Das bedeutet, daß es illusionär wäre, in der jetzigen Situation in den Metropolen unmittelbar den revolutionären Guerilla-Kampf zu beginnen. Die Revolution in den Metropolen muß vorbereitet werden durch eine Kulturrevolution als unabdingbare Voraussetzung für die Revolutionierung der Massen, die ihrerseits Voraussetzung ist für eine sozialistische Revolution. Der »lange Marsch durch die Institutionen«, die Emanzipation der Sinnlichkeit und des Bewußtseins der Menschen sind kein verlegenes Alibi für eine echte Revolution; sie sind der taktisch einzig zu rechtfertigende Bestandteil in der Phase der Vorbereitung der Revolution unter den Bedingungen der spätkapitalistischen Gesellschaft. Indem der revolutionäre Klassenkampf in den hochentwikkelten Ländern ein Kampf gegen den Überbau wurde, sind die Studenten zum Motor der revolutionären Bewegung geworden (Ausnahme: die Vereinigten Staaten, wo gleichzeitig die schwarze Bevölkerung den Kampf um die ökonomische Basis führt). Diese studentische Avantgarde kämpft daher in der Bundesrepublik z. B. nicht für höhere Löhne, sondern für die Enteignung des Springerkonzerns, stürmt nicht die Konferenzsäle der Unternehmerverbände, sondern dringt in Kirchen und Theater ein, streitet nicht für die Zulassung der KPD, sondern für die Ersetzung des Parlamentarismus durch ein Rätesystem. Nicht die Mitbestimmung des Arbeiters im Betrieb ist ihr Ziel, sondern seine Selbstbestimmung und schöpferische Entfaltung in allen Bereichen des Alltagslebens als Keim einer neuen Gesellschaft.

Emanzipation der Sinnlichkeit. In seinen Pariser Manuskripten notiert der 25jährige Marx: »Wie das *Privateigentum* nur der sinnliche Ausdruck davon ist, daß der Mensch zugleich *gegenständlich* für sich wird und zugleich vielmehr sich als ein fremder und unmenschlicher Gegenstand wird, daß seine Lebensäußerung seine Lebensentäußerung ist, seine Verwirklichung seine Entwirklichung, eine *fremde* Wirklichkeit ist, so ist die positive Aufhebung des Privateigentums, d. h. die *sinnliche* Aneignung des menschlichen Wesens und Lebens, des gegenständlichen Menschen, der menschlichen *Werke* für und durch den Menschen nicht nur im Sinne des *unmittelbaren,* einseitigen *Genusses* zu fassen, nicht nur im Sinne des Besitzens, im Sinne des Habens. Der Mensch eignet sich sein allseitiges Wesen auf eine allseitige Art an, also als ein totaler Mensch.«[21] Die Geschichte der Klassengesellschaft war zugleich die Geschichte der Verarmung aller Sinne, ihrer Reduzierung und Nivellierung auf den *Sinn des Habens.* Diese *Entfremdung aller physischen und geistigen Sinne* verhindert die totale Aneignung der menschlichen Wirklichkeit, sie zerstört die Beziehung der Menschen zu ihren selbstgeschaffenen Gegenständen, indem diese ihnen als tote, fremde Gegenstände erscheinen, und sie zerstört die Beziehungen der Menschen untereinander, indem sie nicht *den anderen Menschen als Bedürfnis empfinden läßt,* sondern ihn zu einem Konkurrenten macht, gegen den sich das Haben definiert. »Auf diese absolute Armut mußte das menschliche Wesen reduziert werden, damit es seinen inneren Reichtum aus sich heraus gebäre.«[22]

In der befreiten Gesellschaft, in der das Privateigentum aufgehoben ist, verwirklicht der Mensch in seiner Tätigkeit sich selbst; seine Gegenstände sind nun *menschliche Gegenstände* und, da er sie als gesellschaftliches Wesen geschaffen hat, *gesellschaftliche Gegenstände.* Die Aneigung der so veränderten Wirklichkeit verändert die Sinne, mit denen er sie aufnimmt und mit deren Hilfe er sie umgestaltet: Der verdinglichte Sinn wird zum menschlichen Sinn, der egoistische zum gesellschaftlichen Sinn. Der *reiche Mensch* tritt an die Stelle des *nationalökonomischen Reichtums:* ». . . erst durch den gegenständlich entfalteten Reichtum des menschlichen Lebens wird der Reichtum der subjektiven *menschlichen* Sinnlichkeit, wird ein musikalisches Ohr, ein Auge für die Schönheit der Form, kurz, werden erst menschlicher Genüsse fähige Sinne, Sinne, welche als *menschliche* Wesenskräfte sich bestätigen, teils erst ausgebildet, teils erst erzeugt. Denn nicht nur die fünf Sinne, sondern auch die sogenannten geistigen Sinne (Wollen, Lieben etc.), mit einem Wort der menschliche Sinn, die Menschlichkeit der Sinne wird erst durch das Dasein *seines* Gegenstandes, durch die *vermenschlichte* Natur.«[23]

Marx' Konzeption des totalen Menschen entspricht den Entwürfen eines neuen Menschen durch die Theoretiker der revolutionären Länder: Wenn Fanon eine neue »Geschichte des Menschen« fordert, die »die pathologische Zerstückelung seiner Funktionen und die Zerstörung seiner Einheit«[24] hinter sich lassen soll, wenn Guevara von dem zukünftigen Menschen sagt, er werde beginnen, »sich in seinem Werk wiederzuerkennen und seine menschliche Größe durch den geschaffenen Gegenstand und die verwirklichte Arbeit zu erfassen«[25], so wird die Kontinuität des Gedankens deutlich.

Der Vergleich der drei wichtigsten gegenwärtigen Gesellschaftsformen in Bezug auf ihre Vereinbarkeit mit der Automation zeigt, daß die Automation in den hochentwickelten kapitalistischen Ländern am weitesten fortgeschritten ist und dort wegen ihrer Unvereinbarkeit bereits stagniert, daß sie in den hochentwickelten sozialistischen Ländern kontinuierlich eingeführt wird, in den vorindustriellen sozialistischen Ländern hingegen noch nicht existiert. Das Niveau der Automation steht also zur Zeit in umgekehrtem Verhältnis zu dem Niveau der Revolution: In den USA wird die Automation auf einem bestimmten Stand der Entwicklung stagnieren, weil es noch keine Revolution gab, in der SU macht die Automation Fortschritte, aber die Revolution stagniert, und in den Ländern, die das Prinzip der permanenten Revolution realisieren, ist die Automation noch nicht vorhanden.

Eine Untersuchung der Funktion des Prinzips der permanenten Revolution innerhalb des Bezugssystems der gesellschaftlichen Auswirkungen der Automation führt zu der Einsicht, daß die Automation durch das Ausbleiben der Revolution gehemmt wird und daß sie in Klassengesellschaften sogar negative Konsequenzen hat; zugleich liegt aber auch die Vermutung nahe, daß in Staaten, die die Revolution gemacht haben, die Voraussetzungen für die Einführung der Automation zwar gegeben sind, daß ihre Auswirkungen aber auch hier destruktiv sein können in dem Maße, wie die Revolution nicht permanentes Programm, sondern zu einem einmaligen historischen Ereignis wurde.

Permanente Revolution bedeutet zunächt (und vereinfacht) den ununterbrochenen Klassenkampf, der mit dem Sieg der sozialistischen Revolution noch nicht abgeschlossen ist. Die alte Gesellschaft lebt jedoch nicht nur in den Überresten der alten Klassen weiter – sie lebt auch in den Köpfen der Menschen weiter. »Um den Kommunismus aufzubauen, muß man gleichzeitig mit der ökonimischen Basis den Menschen verändern.«[26]

Niemand wird den europäischen sozialistischen Ländern unterstellen, den Sozialismus nicht mehr als Übergang zum Kommunismus zu verstehen; jedoch sind Tendenzen nicht zu übersehen, diesen Übergang als eine rein ökonomische Transformation zu begreifen, als einen Prozeß, in dessen Verlauf die Menschen bleiben, was sie waren, zufrieden sind, wenn eine geregelte und reiche Distribution der Konsumgüter mit einer auf ein Minimum reduzierten Arbeitszeit einhergeht, und an der Revolutionierung der Gesellschaft kein Interesse mehr haben. Damit wären dann alle Voraussetzungen für eine neue Form der Entfremdung geschaffen, die sich nicht manifestieren würde in der Irrationalität des Bewußtseins als Reflex einer irrationalen Gesellschaft, sondern in der Begrenztheit menschlichen Bewußtseins auf eine undialektische Rationalität als Reflex einer über die technische Rationalität nicht hinausgelangenden Gesellschaft.

Hier könnte nun Ideologieverdacht angemeldet werden. Transzendenz über die Rationalität hinaus, bedeutet das nicht gerade die Wiedereinführung der überwunden geglaubten Metaphysik? Im Gegenteil, gerade die Verabsolutierung technischer Rationalität wäre eine Abstraktion von der konkreten menschlichen Totalität; eine Abstraktion, die als statische Negation des irrationalen bürgerlichen Menschen noch nicht über das Niveau der alten Gesellschaft hinausführen würde. Transzendenz der Rationalität bedeutet deshalb kein Jenseits, das »höher als alle Vernunft« wäre, sondern das Überschreiten der Rationalität, ihre Einordnung in den dynamisch sich entwickelnden Zusammenhang aller Fähigkeiten und Möglichkeiten des totalen, universellen Menschen.

Die Entstehung und Fortbildung der Allseitigkeit kann nur in einem langen und ununterbrochenen Prozeß der Umbildung und Ausbildung des Menschen, seiner Sinne und seiner Bedürfnisse gewährleistet sein. Diese permanente Entfaltung wird aber, das ist das Neue, nach der Automatisierung nicht mehr in dem Maße, wie es in aller bisherigen Geschichte der Fall war, durch die Entwicklung der Produktionsinstrumente und den Umgang der Menschen mit ihnen angeregt und gefördert werden, weil diese dann einen nicht mehr wesentlich überschreitbaren Grad der Reife erlangt haben werden.

Automation ist nicht nur eine Bedrohung der auf dem Identitätsprinzip beruhenden Klassengesellschaft, sondern kann, wenn auch auf einer anderen Ebene, eine Bedrohung der nach dialektischen Prinzipien sich entwickelnden klassenlosen Gesellschaft bedeuten.

Darum muß es eine Konsequenz fortgeschrittener Rationalität selber sein, die permanente Veränderung des Menschen von der *unbewußten* Leitung durch die Entwicklung der Produktionsmittel unabhängig zu machen, die Transzendenz technologischer Rationalität zu einer bewußt geführten Auseinandersetzung des autonomen Menschen mit der Gesellschaft werden zu lassen.

Daß die Theorie der permanenten Revolution heute eigentlich nur in noch nicht hochentwickelten sozialistischen Ländern angewandt wird, mag man mit dem Hinweis auf deren sozio-ökonomische Struktur begründen, die es völlig offen läßt, ob diese Länder im Stadium der vollendeten Industrialisierung nicht auch dem Beispiel der Sowjetunion folgen und technologische Zweckmäßigkeit über die Kontinuität der Revolution stellen werden. Wir können diese Möglichkeit nicht mit Sicherheit ausschließen; wir können jedoch voraussagen, was die Antwort auf eine solche Entwicklung sein würde: eine neue Revolution.

Handelt es sich aber bei der Forderung, die Revolution auch nach der Abschaffung der Überreste der Klassen permanent weiterzuführen, nicht um eine Fetischisierung der ununterbrochenen Revolution?

Die Theorie der permanenten Revolution, von Marx entwickelt und zunächst von Lenin und Trotzki in verschiedener Form weitergeführt, war die Theorie des Hinüberwachsens der bürgerlichen in die sozialistische Revolution. Marx wollte »die Revolution permanent ... machen, so lange, bis alle mehr oder weniger besitzenden Klassen von der Herrschaft verdrängt sind ..., und ... wenigstens die entscheidenden produktiven Kräfte in den Händen der Proletarier konzentriert sind«[27], und auch Trotzki setzte die permanente Revolution nur auf eine »unbestimmt lange Zeit« an, während derer die Gesellschaft »sich mausert«.

Für Marx, Lenin und Trotzki sind die Widersprüche in der sozialisitischen Gesellschaft Überreste der alten Gesellschaft; mit allmählichem Verschwinden dieses Erbes erlischt auch die Notwendigkeit permanenter Revolution. Erst Mao Tse-tung erkennt an, daß auch innerhalb des Sozialismus antagonistische Widersprüche entstehen können. Er kommt dadurch zu einer offenen Dialektik der Geschichte, zieht als erster die Konsequenz aus den Gesetzen der Dialektik auch für die zukünftige kommunistische Gesellschaft, deren widerspruchsfreie Struktur in ihren Hauptbestandteilen in der Vorstellung von Marx, Lenin und Stalin die Dialektik zu widerlegen schien. Mao Tse-tung hebt aber gerade im Blick auf die kommunistische Gesellschaft hervor: »Der Widerspruch ist allgemein, absolut, er existiert in allen Entwicklungsprozessen der Dinge und Erscheinungen, er durchdringt alle Prozesse von Anfang bis Ende.«[28] Entsprechend erweitern die chinesischen Ideologen die Relevanz der permanenten Revolution in zwei Richtungen: Sie erfaßt jeden sich entwickelnden Prozeß und sie erfaßt alle Prozesse, ohne je an ein Ende zu kommen.

Die endlich erfolgte Auflösung der Überreste der Klassen oder der endlich erreichte Reifezustand der Produktivkräfte bedeuten daher, wenn wir der chinesischen Revolutionstheorie folgen, nicht das Ende der Revolution. Sie deuten einzig ein neues Stadium der Revolution an, in dem ihr Motor und ihr Ziel nicht mehr die Dialektik von Produktivkräften und Produktionsverhältnissen ist, sondern der Widerspruch einer offenen, in dauerndem »Fluß« begriffenen real-demokratischen Gesellschaft und der Notwendigkeit einer (tendenziell sich verfestigenden) Verwaltungsbürokratie, sowie der Widerspruch zwischen der Universalität des Menschen und den Erfordernissen einer hochentwickelten Technik, ihrer Verführung zu einer totalitären Rationalität, zur Fetischisierung des Spezialistentums und zu gesamtgesellschaftlicher Apathie. Die Revolution der Zukunft wird nicht mehr einer Klasse gelten, die aus der Verfügungsgewalt über die Produktionsmittel oder aus deren Privateigentum zu definieren wäre, sondern jeder Verfestigung der dialektischen Ideologie oder der Dialektik der Gesellschaft, von welchen Gruppen oder Einzelnen sie auch ausgehen möge. Die entfesselten Produktivkräfte einer befreiten Gesellschaft und die permanente Kulturrevolution werden gewährleisten, daß zum ersten Mal in der Geschichte der Menschheit eine Gesellschaft existiert, deren Inhalt mit ihrer Form identisch ist: Der permanenten Erneuerung der Demokratie entspricht die permanente Revolution.

Anmerkungen

1 MEW, Bd. VII, Berlin 1960, S. 247
2 Bertolt Brecht, *Gesammelte Werke,* Ffm. 1967, Bd. 18, S. 182.
3 Ernst Bloch, *Das Prinzip Hoffnung,* Frankfurt/Main 1959, S. 518.
4 Herbert Marcuse, *Über das Ideologieproblem in der hochentwickelten Industrie-Gesellschaft,* in Kurt Lenk (Hrsg.), *Ideologie,* Neuwied 1964, S. 331.
5 Die Bezeichnungen »Dritte Welt«, »Entwicklungsländer«, »unterentwickelte Länder« gehören zur Begriffsnomenklatur des Imperialismus. Wir wollen diese Länder nicht aus ihrem Verhältnis zum Imperialismus benennen, sondern zur Revolution. Die hochentwickelten Staaten mit kapitalistischem bzw. sozialistischem Wirtschaftssystem sind demnach vorrevolutionäre Länder, die vom Imperialismus unterentwickelt gehaltenen Länder unabhängig davon, ob die Revolution sich dort schon aktualisiert hat oder sich erst vorbereitet, revolutionär, und die Länder, die die Revolution auch nach der Zerschlagung des Kapitalismus und Imperialismus weiterführen, befreite Länder.

6 In den hochentwickelten kapitalistischen Ländern ist hingegen in diesem Sinne der Tatbestand der Ausbeutung besonders aktuell.

7 MEW, Bd. 9, Berlin 1962, Seite 21

8 F. Engels: »Die Spaltung der Gesellschaft in eine ausbeutende und eine ausgebeutete, eine herrschende und eine unterdrückte Klasse war die notwendige Folge der früheren geringen Entwicklung der Produktion.« »Sie gründete sich auf die Unzulänglichkeit der Produktion; sie wird weggefegt werden durch die volle Entfaltung der modernen Produktivkräfte.« Die Entwicklung des Sozialismus von der Utopie zur Wissenschaft, MEW, Bd. 19, Berlin 1962, S. 224 u. 212.

9 Absolut gesellschaftlich in dem Sinne, daß keinerlei individuelle Arbeit in die Produktion eingeht.

10 Oskar Lange, Stellvertretender Vorsitzender des Staatsrates der Volksrepublik Polen: »Die Arbeitsproduktivität wird durch den hochmechanisierten und automatisierten Produktionsprozeß bestimmt und hört allmählich auf, von solchen Faktoren wie der individuellen Entlohnung des Arbeiters abhängig zu sein. Je weiter der Produktionsprozeß automatisiert ist, desto schwieriger ist es, eine Verbindung zwischen dem individuellen Beitrag des Arbeiters und der Produktion herzustellen, und desto mehr ist der Produktionsprozeß vergesellschaftet. Dann reifen auch die Voraussetzungen für den Übergang zur Verteilung nach den Bedürfnissen heran.« Zitiert nach Friedrich Pollock, *Automation*, Frankfurt/Main 1964, S. 394

11 F. Engels, a.a.O. S. 226

12 Elmar Altvater, *Rationalisierung und Demokratisierung. Zu einigen Problemen der neuen ökonomischen Systeme im Sozialismus*, in: *Das Argument*, Nr. 39, Berlin 1966, S. 284 f.

13 Friedrich Engels, *Der Ursprung der Familie, des Privateigentums und des Staates*, MEW Bd. 21, Berlin 1962

14 MEW, Bd. VII, Berlin 1960, S. 89/90

15 Die Polizei kann in dem Maß reduziert werden, in dem die materiellen und psychologischen Voraussetzungen für Kriminalität abgebaut werden.

16 Mao Tse-tung, *Über die Praxis*, Peking 1964, S. 27

17 Frantz Fanon, *Die Verdammten dieser Erde*, Frankfurt/Main 1966, S. 239 ff.

18 Ernesto Che Guevara, *Mensch und Sozialismus auf Cuba*, Köln u. München 1966, S. 40 u. 48

19 Mao Tse-tung, *Über den Widerspruch*, Peking 1964

20 a.a.O. S. 61 f.

21 Karl Marx, *Die Frühschriften*, Hrsg. v. S. Landhut, Stuttgart 1964, S. 239 f.

22 a.a.O. S. 240

23 a.a.O. S. 242

24 Frantz Fanon, *Die Verdammten dieser Erde*, a.a.O. S. 242

25 Ernesto Che Guevara, *Mensch und Sozialismus auf Cuba*, a.a.O. S. 51

26 a.a.O. S. 46

27 MEW, Bd. VII, Berlin 1960, S. 248

28 Mao Tse-tung, *Über den Widerspruch*, a.a.O. S. 19

Alfred Boettcher
Die Schwierigkeit, zeitgenössisch zu sein

»Wir werden die Verwandlung der Tugend als Tugend erkennen müssen.«

Unruhe und Besorgnis über den Zerfall alter »Ordnungen« und über extrem anmutende neue Lebensformen, sowie Angst vor dem schnellen und beispiellosen Wandel unserer Umwelt sind heute weit verbreitet. Ein messender Vergleich mit abgelaufenen Epochen ist schwierig. In früheren Jahrhunderten umfaßte die Information jedes einzelnen nur einen sehr kleinen Teil des Weltgeschehens und erreichte ihn nur durch schmale Kanäle. Heute ist die große Mehrzahl der Menschen einer Flut von Informationen ausgesetzt, Informationen, die außerdem durch ihre zeitliche Nähe zu den Ereignissen – oft bis zur Gleichzeitigkeit gesteigert – ungleich dringlicher wirken.

Darüber hinaus ist mit der Entwicklung der Naturwissenschaften und der Technik im Lebensbereich der »zivilisierten« Völker eine qualitativ neue Situation entstanden. Die vom Menschen selbst verursachten Veränderungen seiner Lebensbedingungen werden immer tiefgreifender, das Fortschreiten der Veränderungen immer rascher. Dieser schnell steiler werdende zeitliche Gradient der Umweltsveränderung hat dazu geführt, daß der generell im Bereich organischen Lebens gültige Anpassungsmechanismus durch Auslese aus einer Mehrzahl von Gründen nicht mehr ausreicht.

Der unveränderliche zeitliche Rhythmus der menschlichen Generationenfolge, der, gemessen an der Geschwindigkeit der nicht durch den Menschen verursachten Veränderungen der Umwelt, rasch ist, und der daher ein normales Frunktionieren des biologischen Auslesemechanismus ermöglichen würde, ist langsam geworden gemessen an der Schnelligkeit der durch den Menschen selbst verursachten Veränderungen seiner Welt. Diese erzwingen daher eine individuelle Anpassungsleistung im Laufe der Lebenszeit des einzelnen. Während die Anpassung der Arten im allgemein biologischen Sinn passiven Charakter hat, verlangt die individuelle Anpassung zu großen Teilen aktive, bewußt gesteuerte Reaktionen. Soziale

und individuelle Vorstellungen und Verhaltensweisen bedürfen somit einer ständigen kritischen Überprüfung und Fortentwicklung.
Individuelle Leistungen dieser Art sind nicht selbstverständlich und werden auch nur unvollständig erbracht. Der einzelne, und damit zugleich soziale Gemeinschaften, werden also in ihren lebensbestimmenden Reaktionen nur zum Teil den in ihrer Zeit gestellten Forderungen entsprechen – sie sind nur in Einzelbereichen »Zeitgenossen« ihrer eigenen Gegenwart. »Zeitgenössisch« in diesem Sinn ist nur derjenige, dessen Verhalten ganz von der Gegenwart und ihrer Orientierung zum Zukünftigen hin bestimmt wird, in dem also von allem Vergangenen nur das noch wirksam ist, was Struktur der Gegenwart wurde und in die Zukunft hinüberreicht.
Zeitgenössisches Verhalten, so definiert, ist ein Grenzfall, der nur als Ziel existiert, nicht aber als Wirklichkeit. Der einzelne wird mit der großen Zahl seiner charakteristischen Denk- und Verhaltensweisen zu jedem Zeitpunkt ein ganzes Spektrum zeitgenössischer Zuordnung zur Vergangenheit ausfüllen – er wird über seine Lebenszeit hinweg die Relation dieses Spektrums zur Gegenwart verschieben. Sinngemäß Gleiches gilt für Völker, und für gesellschaftliche Gruppen schlechthin.

Quantitative Betrachtung

Die Bedeutung der in diesem Sinn existierenden Diskrepanz zwischen Umweltsbedingungen und individueller Verhaltensweise läßt sich in ihren prinzipiellen Zügen in einer graphischen Darstellung verdeutlichen (s. Figur 1a). Nach rechts (»Abszisse«) ist die Veränderung der Umweltsbedingungen in beliebigen Einheiten $\triangle$ U und zugleich ihre Korrelation zur Zeit aufgetragen, und zwar hier für den Fall einer gleichförmig fortschreitenden Veränderung der Umwelt ($\frac{\Delta U}{\Delta t}$ = konstant). Die Zahl der auf die Einheiten der Zeitskala entfallenden $\triangle$ U ist ein Maß für die Geschwindigkeit der Umweltsänderung.
Ein Mensch wird in jedem Lebensalter durch einen Kurvenzug charakterisiert, der darstellt, in welcher Weise er mit der Gesamtheit seiner Verhaltensweisen noch durch vergangene Umweltsbedingungen bestimmt wird, wie weit er also vom zeitgenössischen Verhalten entfernt ist. Um eine solche quantitative Aussage zu ermöglichen, wird eine große Zahl von Verhaltensweisen bei einem Individuum betrachtet und daraufhin geprüft,

zu welchem Zeitpunkt sie den zugehörigen Umweltsbedingungen entsprachen und also zeitgenössisch waren. Der auf diese Weise für jedes Jahr

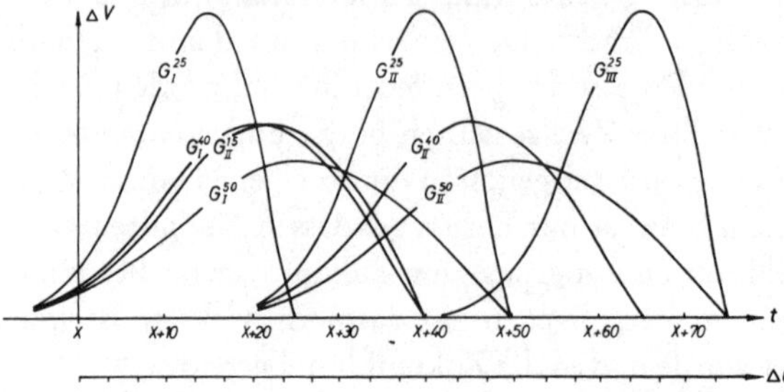

Figur 1a

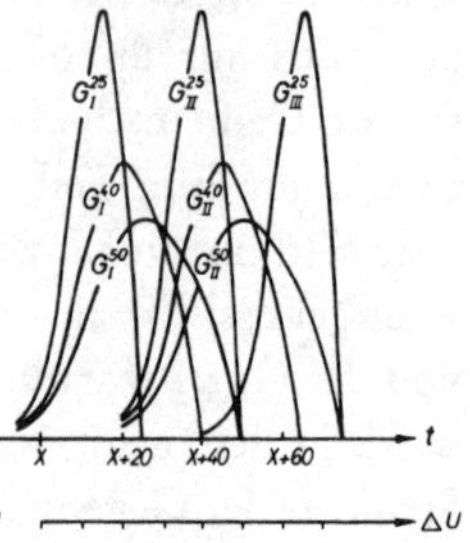

Figur 1b

ermittelte Anteil der Gesamtheit der Verhaltensweisen (Anteil △ V der insgesamt untersuchten Verhaltensweisen) wird über den zugehörigen Abszissen nach oben (Ordinate) aufgetragen.

Die Kurve G_I^{25} entspräche in diesem Sinne der Situation eines im Jahre X (Anfangspunkt der Abszisse) geborenen Menschen im Alter von 25 Jahren. Der Verlauf dieses Kurvenzugs ist grundsätzlich durch folgende Annahmen bestimmt:

1. Alle menschlichen Verhaltensweisen werden durch Reaktionen auf erkennbare Umweltsforderungen, zugleich aber auch durch Prägungen aus der Vergangenheit bestimmt, so daß uneingeschränkt zeitgenössische Reaktionen unmöglich sind.
2. Ein relatives Maximum der Verhaltensweisen soll bei Menschen eines Lebensalters von 25 derjenigen Umweltssituation entsprechen, wie sie 10 Jahre zuvor gegeben war.
3. Ein Teil der Verhaltensweisen ist durch sehr weit zurückreichende Traditionen bestimmt, zum Teil genetisch gebunden.

Aufgrund dieser Annahmen muß die Kurve G_I^{25} im Gegenwartspunkt des betrachteten Menschen, hier also bei X + 25, auf der Abszisse beginnen, da der zugehörige Anteil uneingeschränkt zeitgenössischer Verhaltensweisen null ist, um dann nach links zur Vergangenheit hin über ein Maximum bei X + 15 sich wieder der Abszisse zu nähern. (Die beliebig angenommenen Kurvenzüge sind Gaussverteilungen, denen, um den Beginn im Gegenwartspunkt der Abszisse zu erzwingen, eine Cosinus-Funktion überlagert wurde. Da bei allen Fällen dieselbe Zahl von Ver-

haltensweisen betrachtet wurde, sind die Flächen unterhalb aller Kurven innerhalb einer Figur jeweils gleich.)
Mit zunehmendem Lebensalter wird wegen abnehmender Anpassungsfähigkeit das Maximum der Verhaltenskurve einen wachsenden Abstand von der jeweiligen Gegenwart haben, der Anteil zeitnaher Reaktionen abnehmen. Dies zeigen im Prinzip für die betrachtete erste Generation die Kurven G_{I}^{40} (Lebensalter 40 Jahre) und G_{I}^{50} (Lebensalter 50 Jahre).
Ein zum Zeitpunkt $X+25$ geborener Mensch der nächsten Generation wird in seiner Kindheit überwiegend durch das Elternhaus geprägt und ihm in dem hier betrachteten Sinn daher sehr ähnlich sein. Die Zeitdauer dieser engen Kopplung kann in weiten Grenzen schwanken, da sie von einer Reihe konkurrierender Faktoren beeinflußt wird. In dem hier betrachteten Beispiel wurde angenommen, daß der Einfluß des Elternhauses bis zum 15. Lebensjahr des Kindes bestimmend ist. Die Verhaltenskurve G_{II}^{15} liegt daher dicht bei G_{I}^{40} mit einer beliebig angenommenen, geringfügigen Verschiebung zur Gegenwart hin. Unter der Voraussetzung, daß bei der hier zugrundegelegten gleichförmigen Umweltsveränderung ein unbefristetes dynamisches Gleichgewicht durch individuelle menschliche Anpassung erreicht wird, müssen die Verhaltenskurven verschiedener Generationen gleichen Lebensalters jeweils gleiche Relation zur Gegenwart und im statistischen Mittel gleiche Form haben. Demnach werden sich die Verhaltenskurven G_{II}^{25} und G_{I}^{25} nur um 25 Jahre gegeneinander verschieben.
Im Fall einer wesentlich langsameren Veränderung der Umwelt (s. Figur 1b) werden die Verhaltensunterschiede zwischen verschiedenen Generationen wegen der gleichbleibenden zeitlichen Generationsfolge kleiner und damit auch die Breite des individuellen Spektrums. Im Grenzfall der völlig statischen Umwelt fallen alle Kurven in eine Ordinate zusammen.
Die beiden Darstellungen zugrunde gelegte Annahme einer gleichförmig fortschreitenden Umweltsänderung ist ein Sonderfall; die Geschichte der Menschheit hat jedoch lange Epochen umfaßt, die diesem Fall näherungsweise entsprechen. Für unsere Zeit aber, und in abgestuftem Maße auch für das 19. Jahrhundert, erscheint charakteristisch, daß durch das Aufblühen der Naturwissenschaft und die sich daraus schnell entwickelnde Technik und Industrialisierung mit ihren Rückwirkungen auf unsere Umwelt sich diese mit zunehmend wachsender Geschwindigkeit verändert.
Dank der stetig zunehmenden naturwissenschaftlichen Erkenntnisse ist ein

Ende dieser Entwicklung nicht abzusehen. Figur 2 zeigt, wie sich die in den Figuren 1a und 1b dargestellten Verhältnisse ändern, wenn anstelle der konstanten Geschwindigkeit der Umweltsveränderung eine konstante Beschleunigung ($\frac{d^2U}{dt^2}$ = const.) zugrunde gelegt wird. Die übrigen Annahmen hinsichtlich der zeitlichen Verschiebungen individueller Verhaltenskurven bleiben unverändert, da diese zu einem wesentlichen Teil durch den konstanten Generationsrhythmus bedingt sind.

Die Änderung des Gesamtbildes ist tiefgreifend; die Verhaltenskurven aufeinander folgender Generationen gleichen Lebensalters (G_I^{25}, G_{II}^{25}, G_{III}^{25}) sind nicht mehr einfach zeitlich verschoben, sondern ändern weitgehend ihre Form, da sie ein immer breiteres Spektrum ehemals zeitgenössischer Reaktionen überdecken. Sinngemäß ändern sich die zugehörigen Kurven anderer Lebensalter.

Die in Figur 2 gegebene Darstellung muß in noch stärkerem Maße, als dies für Figur 1a, b gilt, als vereinfachende Näherung betrachtet werden, da die Beschleunigung der Umweltsänderung für verschiedene Lebensbereiche unterschiedlich sein wird. Trotzdem sind allgemeine Züge erkennbar:

Folgt man der hier gemachten Annahme, daß der Einzelmensch in seiner Verhaltensweise den Umweltsveränderungen nur teilweise zu folgen vermag, und dies in verschiedenen Lebensaltern und Lebensbereichen mit unterschiedlicher Verzögerung, so ergibt sich unmittelbar die Diskrepanz zwischen seiner Lebensform und der im zeitgenössischen Sinn jeweils optimalen. Um ein angenähertes Maß für die durch solche Inkongruenzen entstehenden Spannungen, und damit Belastungen für den einzelnen und seine Umgebung zu erhalten, muß die Gegenwartsferne aller Verhaltensweisen summiert werden, was mathematisch durch eine einfache Integration möglich ist. Dieses Integral ist ein Maß für die Gegenwartsferne des Menschen in dem entsprechenden Alter; es hat ein Minimum für jeden einzelnen im Alter von etwa 25 Jahren. Der ältere Mensch, aber auch der jüngere, solange er sich noch nicht von der Elterngeneration abgelöst und darüber hinaus eine gegenwartsnähere Orientierung gefunden hat, ist weiter vom Idealfall des Zeitgenossen entfernt – umso weiter, je schneller die Umweltsveränderung erfolgt. Eine solche Darstellung kann in mehrfacher Hinsicht nur eine nullte Näherung sein, da die Belastungen aus nicht-zeitgenössischem Verhalten nicht linear mit der unberücksichtigten Umweltsveränderung zu wachsen brauchen, außerdem in ihrem Ausmaß für ver-

schiedene Lebensfunktionen stark variieren und schließlich auch vom Lebensalter abhängen. Zwangsläufig ist jedoch das absolute Ansteigen dieser Belastung mit schneller anwachsender Umweltsveränderung.
Bei gleichförmiger Veränderung der Umweltsbedingungen (Fig. 1a und 1b) bleibt die Situation aufeinanderfolgender Generationen näherungsweise gleich; bei einer Änderung zunehmender Geschwindigkeit (Fig. 2) dagegen unterscheiden sich die Situationen aufeinanderfolgender Generationen immer stärker im Sinn stets breiter werdender und damit zu stark wachsenden Belastungen führender Verhaltensspektren. Nicht mit quantitativer Entsprechung, aber der Tendenz nach machen die Kurven zugleich

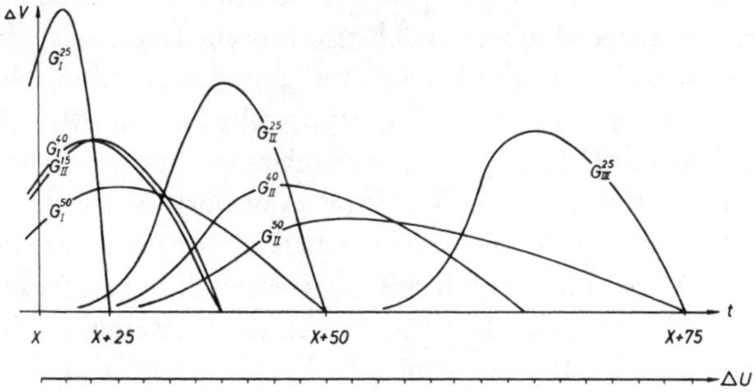

Figur 2

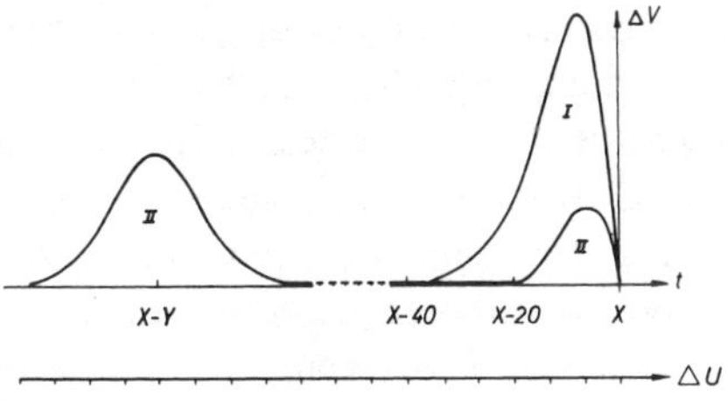

Figur 3

deutlich, wie der einzelne mit zunehmendem inneren Abstand zu seiner eigenen Umwelt an Homogenität verliert. Entsprechend wächst auch die von jeder neuen Generation im Alter zwischen 15 und 25 Jahren geforderte Anpassungsleistung. Hieraus folgt in Zeiten stark beschleunigter Umweltsveränderungen – wie in der Gegenwart – zwangsläufig eine zunehmende Radikalität jugendlicher Anpassungsreaktionen.

Die für das einzelne Individuum gegebene Darstellung läßt sich sinngemäß auch auf größere gesellschaftliche Gruppen übertragen (Fig. 3). Bei der Darstellung ist zur Vereinfachung eine gleichförmige Umweltsveränderung zugrundegelegt. Die Ordinatenwerte entstanden hier durch Mittelbildung aus den Werten aller zu der Gruppe gehörenden Individuen – über alle Lebensalter hinweg genommen. Kurve I zeigt den Normfall einer der modernen Zivilisation angehörigen Gesellschaft. Die Summenkurve ist in ihrem Wesen derjenigen der zugehörigen Individuen ähnlich; die Lage des Maximums ist durch die Mittelung über alle Altersstufen bestimmt. Bei dem hier zugrundegelegten Normalfall werden in der Gesamtsumme kleinere Einzelgruppen nicht erkennbar, wie sie etwa durch geographische Abgetrenntheit, durch traditionsbedingte oder durch dogmatische Besonderheiten im kleinen Umfang bestehen. Sind solche Gruppen jedoch groß, kann sich der Kurventyp völlig ändern. Als Beispiel veranschaulicht Kurve II (Fig. 3) die ganz andere Situation einer Gesellschaft der Dritten Welt: ein kleiner Teil ihrer Angehörigen wurde »modern«, d. h. im Sinne der hochindustrialisierten Gesellschaften gegenwartsnahe erzogen. Die Mehrzahl aber, an sich zwar einheitlich, entspricht in ihrem Gesamtverhalten noch den Bedingungen einer – gemessen an der modernen Industriegesellschaft – vergangenen Epoche. Die notwendige Anpassungsleistung und die zu erwartenden Belastungen der Gesamtheit sind außerordentlich. Zugleich deutet diese Darstellung jedoch auch an, wie stabil an sich gegenwartsferne Gruppen zu leben vermögen, solange keine intensivere Wechselwirkung mit Gesellschaftsformen einer späteren Entwicklungsstufe notwendig oder unvermeidlich ist. Betrachtet man den hier extrem unzeitgenössisch erscheinenden Hauptteil dieser Gruppe ohne bezug auf andere, in unserem Sinn moderne Gesellschaften, so wäre er, da die gewählte Definition für »zeitgenössisch« nicht an eine absolute Zeitskala gebunden ist, durch eine Kurve vom Typ I darzustellen.

Folgerungen

Die Verzögerung in der Anpassung einzelner Menschen und auch größerer menschlicher Gesellschaften an Veränderungen der Umwelt, die auf den Menschen selbst zurückgehen, ist eine Begleiterscheinung der Evolution des Menschen, die – wenn auch graduell unterschiedlich – zu allen Zeiten wirksam ist. Sie hat durch die sich immer mehr beschleunigende Entwicklung von Naturwissenschaft und Technik im ausgehenden 19. und im 20. Jahrhundert Kräfte freigesetzt, die auf die menschliche Evolution selbst zurückwirken. So stellt sich die Frage nach den Ursachen und Auswirkungen jener Verzögerung und nach den Möglichkeiten, sie zu beeinflussen im Sinne einer »machbaren Zukunft« (vgl. H. M. Klinkenberg, *Von der normativen Tradition zur machbaren Zukunft*. Alma Mater Aquensis, T. H. Aachen, 1967).

Eine Mehrzahl der Ursachen ist leicht erkennbar. Grundsätzlich und kaum überwindbar ist das biologisch bedingte Zurückbleiben des älter werdenden Menschen hinter der Umweltsentwicklung, wie es sich in den Unterschieden der Generationskurven ausdrückt. Mit zunehmendem Alter, beginnend nach dem ersten Drittel der Lebenszeit, nimmt die Fähigkeit zur Anpassung an neue Umweltsbedingungen schon ab. Das im Elternhaus erzogene Kind wächst daher in einem geistigen Mikroklima auf, das sich zunehmend vom zeitgenössischen Standpunkt entfernt; und dies umso schneller, je rascher die Entwicklung der Umwelt verläuft. Zurückbleiben der älteren Generation und verzögerter Start des jungen Menschen sind daher zwangsläufig gekoppelt. Unmittelbare biologische Randbedingung ist auch das durchschnittliche geistige Potential der Menschen, das in einer accelerierten Entwicklung trotz absoluter Erhöhung relativ zur geforderten Anpassungsleistung kleiner werden kann.

Ein weiteres, kaum ausräumbares Hindernis für zeitgenössisches Verhalten ist die Tatsache, daß die für die menschliche Existenz wirksamen Folgen neuer Erkenntnisse und auch ethischer Umwertungen oft über Jahre hinaus weitgehend unerkannt bleiben und daher eine zeitgenössische Berücksichtigung unmöglich machen. Insbesondere bleibt die Bedeutung neuer Denk- und Erlebnisformen, ihre Rückwirkung auf Bestehendes in der Regel lange unerkannt. Im gleichen, vielleicht noch stärkeren Umfang gilt dies für die Veränderung unserer Umwelt durch technische Entwicklungen, von den vereinzelten Entwicklungen früherer Jahrhunderte bis hin zu den revolutionierenden neuen Möglichkeiten unserer Gegenwart und dem in unserer Generation vielleicht beginnenden Zeitalter einer biologischen Technik. Unabhängig voneinander entstehende naturwissenschaftliche Erkenntnisse, mit verschiedenen Zielsetzungen daraus entstehende neue technische Möglichkeiten wirken in unvorhergesehener Weise zusammen. Wir werden durch ihre gesellschaftlichen Folgen

betroffen, bevor wir sie erkannt, geschweige denn ihnen Rechnung getragen haben.
Die mit der Entwicklung von Naturwissenschaft und Technik parallel laufende Entwicklung des Spezialistentums trägt zunehmend und in doppelter Weise zur Unerreichbarkeit wirklich zeitgenössischen Verhaltens bei: Definiert man denjenigen als »Spezialisten«, der in einem schmalen Bereich das ganze Wissen seiner Zeit beherrscht und durch Eigenleistung Neues und Wirksames hinzufügt, andererseits aber in anderen Lebensbereichen durch Nichtteilnahme und Nichtwissen weiter vom zeitgenössischen Stand entfernt ist als dies dem Durchschnitt seiner Gemeinschaft entspricht, so wird er einerseits zur Beschleunigung der Umweltsveränderung beitragen, andererseits aber durch die mit der Spezialistenleistung verbundene Loslösung von der Entwicklung anderer Gebiete besonders stark alten Vorstellungen verhaftet bleiben.
Einzelne Auswirkungen nichtzeitgenössischen Verhaltens wurden bereits genannt. Sie erscheinen oft als Belastungen: die ihnen zugrundeliegende Veränderung unserer Welt wird oft als etwas Bedrohliches empfunden. Die daraus entstehenden retardierenden Kräfte sind jedoch gering und ohne Bedeutung gegenüber den steten Anpassungsimpulsen, die aus der Spannung zwischen Mensch und Umwelt hervorgehen. Was eine jede neue Generation belastet, ist weniger die Verwandlung der Gegenwart als das Gewicht von Normen und Wertungen, die in Zeiten quasi statischer Umweltsbedingungen mit ethischen Wertsetzungen, und damit mit Autorität ineinsgesetzt wurden. Die Abwendung von traditionellen Normen im ausgehenden 19. und im 20. Jahrhundert war notwendig, weil diese Normen jede Anpassung an die veränderten Umweltsbedingungen ausgeschlossen hätten. Im Sinne einer Autokatalyse hat die Krise jener Normen gleichzeitig zu der Beschleunigung der Umweltsveränderung beigetragen, denn mit der Befreiung von überständigen Formen der Vergangenheit entstand ein breiter Strom neuer Denk-, Verhaltens- und Reaktionsformen. Ähnlich wie bei der biologischen Auslese aus einer Vielzahl von Mutationen setzen sich auch hier aus dem Neben- und Gegeneinander neuer Theorien und Erfahrungen schließlich die wenigen durch, die in das komplexe Raster der Gegenwartssituation hineinpassen und sich daher schnell ausbreiten können. Betrachtet man den Entstehungsprozeß solcher neuer Formen genauer, kann man sie im übertragenen Sinn »lebensfähige Verhaltensvarietäten« nennen. Daß die schöpferische junge Generation

die vielen gleichzeitig sich anbietenden untauglichen Strategien mit gleicher Vehemenz erprobt, für sie mit gleicher Leidenschaft kämpft wie für die wenigen tauglichen, ist unvermeidbar, da sich beide nur durch den schließlichen Erfolg unterscheiden lassen.

Die Schwierigkeit, zeitgenössisch zu sein, erscheint von so allgemeiner Art, daß es naheliegt, sie für ein Kennzeichen der sozialen Struktur des menschlichen Lebens überhaupt zu halten; solange jedenfalls, wie dieses nicht stagniert, wie seine Evolution fortschreitet. Die stete Koexistenz zeitgenössischen und unzeitgenössischen menschlichen Verhaltens ist möglicherweise das einzige stabile Fundament für das komplexe und heterogene Gefüge der menschlichen Gesellschaft. Um deren materielle Existenz in der Zukunft zu sichern, erscheint die Weiterentwicklung von Wissenschaft und Technik unerläßlich. Sie wird jedoch eine Grenze finden in der beschränkten Anpassungsgeschwindigkeit des Menschen an Umweltsänderungen, es sei denn, daß eine soziale Umstrukturierung zur Spezialisten-Gesellschaft erfolgt, die sich von unserer gegenwärtigen Lebensform so weit entfernen würde, daß sie nicht mit ihren Maßstäben gemessen werden kann.

Dossier 3: Konkrete Utopie. Zweiundsiebenzig Gedanken für die Zukunft

»Für ein künftiges Kursbuch *zu dem Thema* Kritik der Zukunft *schreibt die Redaktion einen Preis von DM 1000 aus. Prämiert wird der beste Gedanke für die Zukunft. Gemeint ist damit keine bloße Extrapolation erkennbarer Trends, und erst recht nicht irgendeine technologische Neuerung, sondern eine konkrete utopische Konzeption, beispielsweise auf dem Gebiet der gesellschaftlichen Kontrolle von Produktions- und Publikationsmitteln, der Schule oder des Städtebaus. Die politischen und gesellschaftlichen Voraussetzungen, die dabei gemacht, und die gewählten zeitlichen und räumlichen Grenzen des Entwurfs brauchen nicht exakt begründet, sie müssen aber ausgewiesen werden ... Sollte dieses Ausschreiben ohne Ergebnis bleiben, so wäre auch dieser Fehlschlag ein Indiz.«*

Auf diese Ankündigung hin, die im Kursbuch 11 *zu lesen war, gingen insgesamt zweiundsiebzig Manuskripte ein. Die Redaktion dankt allen Einsendern. Das folgende Dossier wird eröffnet mit einem Entwurf von Géza Kirchknopf, dem die ausgeschriebene Prämie zufiel. Es folgen drei weitere Arbeiten, die ganz oder in längeren Auszügen zur Diskussion gestellt werden sollen. Das Dossier wendet sich dann den übrigen Einsendungen zu; dieser Versuch einer Rechenschaft kann weder vollständig noch unparteiisch sein. Es schließt mit einer Kritik an dem ganzen Unternehmen von Heinz Rudolf Sonntag und mit einer Rechtfertigung des Herausgebers.*

Vom elastischen Familienverband zur Kommune

Einleitung. Dies ist die Skizze eines Programms, das eine Veränderung beinhaltet. Die Utopie ist nicht das Fernziel, sondern der Anfang des Programms. Die politischen und gesellschaftlichen Voraussetzungen sind heute schon in jeder Industriegesellschaft vorhanden, gleichgültig, ob es sich dabei um sozialistische oder kapitalistische Gesellschaftsform handelt. Die wichtigste Voraussetzung ist die Einsicht in die Notwendigkeit dieser Veränderung. Dabei geht es hier nicht um eine Entwicklung, die überall zum gleichen Zeitpunkt stattfindet. Ihr Beginn hängt mit dem Grad der Bewußtwerdung einzelner Gruppen der Gesellschaft zusammen. Das Ziel jeder soziologischen und politischen Bestrebung ist es – oder sollte es sein –, die Gesellschaft in die Lage zu versetzen, ihr Schicksal unter den Bedingungen der vorhandenen Produktionsverhältnisse nach wissenschaftlichen Erkenntnissen und demokratischen Grundsätzen selber zu gestalten. Von vornherein zum Scheitern verurteilt ist jedoch jede solche Bestrebung, – zumindest wird sie stark verzögert, weil sie zunächst schwere Strukturerschütterungen hervorruft –, die zwar eine progressive Umgestaltung der Gesellschaft beabsichtigt, aber deren rückständige Grundstruktur außer acht läßt. Dieses Programm zielt auf eine Veränderung der gesellschaftlichen Grundstruktur ab.

Die Veränderung. Verändert werden soll die kleinste Zelle der Gesellschaft. Die herkömmliche Familie ist wegen ihres feudalen Charakters immer weniger in der Lage, den Erfordernissen der technischen Revolution und der gesellschaftlichen Evolution gerecht zu werden. Sie ist in Auflösung begriffen. Deshalb tritt in diesem Programm anstelle der herkömmlichen Familie der »elastische Familienverband«, der sich in einem lang andauernden und permanenten Prozeß zur Kommune entwickelt. Die Entwicklung vollzieht sich im großen und ganzen über drei Stufen.

Stufe 1. Das Programm berücksichtigt hier die heute bestehenden objektiven Bedingungen. Ausgehend von den vorhandenen architektonischen und städtebaulichen Verhältnissen erfolgt der Zusammenschluß von vier, sechs oder auch acht Familien. Diese Familien, – sie sind etwa im gleichen Alter und miteinander befreundet –, beziehen zusammen ein Wohnhaus. Der Zusammenschluß hat im Anfangsstadium vor allem für junge Ehepaare große Bedeutung. Sie können sofort gemeinsam mit der vorschulischen Erziehung ihrer Kinder beginnen – unter Anleitung einer Erzieherin oder eines Erziehers, den sie gemeinsam honorieren. Dadurch ist gewährleistet, daß die Erziehung der Kinder nach modernen wissenschaftlichen Gesichtspunkten erfolgt. Sie können auf staatliche, gemeindeeigene oder kirchliche Kindergärten verzichten, die fortwährend Untertanen produzieren. Auch kann sich eine der Hausfrauen jene Methoden zu eigen machen, die wissenschaftlich erarbeitet wurden und heute schon hie und da in sogenannten Vorschulaktionen praktiziert werden. Die Kinder aus zwei oder drei Familienverbänden machen später eine ganze Schulklasse aus. Die Eltern können auf die Schule gemeinsam einen viel größeren Druck ausüben und den Unterricht viel besser kontrollieren. Der Druck auf die Schule und die Kontrolle des Unterrichts sind notwendig, da diese Kinder durch die Vorschulerziehung im Durchschnitt wahrscheinlich besser abschneiden als ihre Altersgenossen, die keine wissenschaftlich untermauerte, vorschulische Erziehung genossen haben. Aber der Familienverband hat für junge Ehepaare auch noch auf anderen Gebieten große Bedeutung: sie besteht z. B. in der gegenseitigen Hilfe der Ehefrauen bei Hausarbeiten. Zum Beispiel stellt sich für sie das Problem der Babysitter nicht. Hier wird auch der Keim einer neuen Urbanisierung der Gesellschaft sichtbar, weil die Ehepaare beweglicher werden. Durch Arbeitsteilung und gegenseitige Hilfe im Haushalt können die Hausfrauen ihre Produktivkräfte entfalten. In einem späteren Stadium der Anfangsstufe erhöht sich der materielle Wohlstand des Familienverbandes schneller als der von einer entsprechenden Anzahl einzelner Ehepaare mit demselben Status. Abgesehen davon, daß die Ehefrauen eher in der Lage sind, durch qualifiziertere Tätigkeit kontinuierlicher und mehr zu verdienen, senken sich die Ausgaben bei einigen teuren produktiven Gebrauchsgütern für das einzelne Ehepaar innerhalb des Verbandes. Es gibt im Haus zum Beispiel nicht mehr sechs Waschmaschinen, sondern nur noch eine. Und es gibt einen oder zwei Geschirrspülautomaten anstatt sechs oder gar keinem. Auch die Lebensumstände sind angenehmer und bequemer. In den heute üblichen Zwei- bis Achtfamilienhäusern, in denen die Bewohner kaum miteinander Kontakt haben, weil sie verschiedenen Alters sind und verschiedenen sozialen Schichten angehören, sind regelmäßige größere gesellschaftliche Zusammenkünfte wie Partys usw. kaum noch möglich. In einem Haus jedoch, das von einem Familienverband bewohnt wird, können leicht gemeinsame Räume für Kinder, Partys usw. eingerichtet werden. In diesem Stadium der Entwicklung ist der Familienverband noch »elastisch« insofern, als sich das häusliche Leben immer stärker auf gemeinsame Berührungspunkte konzentriert, die Ehepaare sich aber jederzeit hinter die eigene, schützende Wohnungstür zurückziehen können.

Stufe 2. Eine Vertiefung des Verhältnisses der Familien untereinander bleibt der nächsten Stufe der Entwicklung vorbehalten. In der Stufe 1 gab es noch keine Konflikte mit gesellschaftlichen Gepflogenheiten und Tabus der bürgerlichen Ordnung. Anders ist es in der Stufe 2. Im Laufe des Entwicklungsprozesses bleibt es nicht aus, daß zwischen den einzelnen Familien innerhalb des Hauses sexuelle Querverbindungen entstehen. Es bleibt nicht aus, weil diese Familien in einer größeren räumlichen Nähe zueinander leben als andere, außerdem tritt hier neben die räumliche auch noch die Gesinnungsnähe. Diese sexuellen Querverbindungen müssen aber nicht notwendig die neue Struktur fester zusammenfügen. Sie können auch Krisensituationen heraufbeschwören. Es ist mehr als wahrscheinlich, daß viele solcher Familienverbände an dieser Klippe scheitern. Einige aber überstehen die Krise. Andere kehren zur ersten Stufe zurück. (Freilich ist es schon im Anfangsstadium der Stufe 1 möglich, daß Familien zusammenziehen, um in erster Linie den Ehepartnertausch zu praktizieren. Dies ist insofern kein Nachteil, als auch der Ehepartnertausch zum Moment der Bewußtwerdung werden kann; dann nämlich, wenn sich diese Ehepaare über die gemeinsamen Sexpartys hinaus unversehens zu Familienverbänden der vorhin skizzierten Stufe 1 formieren.) Selbstverständlich wird hier nicht vergessen, daß das sexuelle Tabu der Einehe in der psychischen Anlage eines jeden Einzelnen ungeheuer stark verwurzelt ist: Jene Familien, die mit dem Übergang von Stufe 1 zu Stufe 2 beginnen, sind zwar bereit, diese Tabus in Frage zu stellen, sie zu diskutieren, sie hier und dort zu brechen, aber sie sind noch lange nicht fähig, über sie frei zu disponieren. Deshalb muß die Erziehung der jeweils nächsten Generation so erfolgen, daß sie von diesen Tabus immer weniger weitergibt. Mit einer modernen, vorurteilslosen und enttabuisierten Sexualaufklärung wird bereits in der Stufe 1 begonnen. Die Gesetzgebung muß das Sexualleben der Familienverbände wenigstens in dem Maße tolerieren, wie sie es heute schon etwa bei einzelnen Sekten tut oder bei Mohammedanern fremder Staatsangehörigkeit, die sich im Land aufhalten. Die allgemeine, bewußte und freie Praktizierung sexueller Querverbindung bleibt trotzdem erst einer späteren Generation vorbehalten. In diesem Stadium der Stufe 2 entsteht auch das Bedürfnis nach einem neuen Prototyp von Wohnhäusern. Die Wohnungen herkömmlichen Typs werden immer weniger benützt. Die neuen Wohnhäuser sind funktionell-horizontal aufgeteilt und nicht mehr patriarchalisch-vertikal: Ein Teil des Hauses dient der Versorgung, ein anderer dem Studium, ein dritter den Hobbys und der Freizeit usw. Es können auch Hochhäuser sein oder große Wohnblöcke, wobei für die einzelnen Familienverbände entsprechende Wohnzellen vorhanden sind. In diesen speziell zur Befriedigung der Bedürfnisse der Familienverbände gebauten Häusern wird die Befreiung der Frauen von der Hausarbeit noch mehr beschleunigt. Hier entwickelt sich der Familienverband immer mehr zum neuen Grundelement der Gesellschaftsstruktur. Wieder müssen neue gesetzgeberische Maßnahmen getroffen werden, um etwa die Rechte der Kinder, die unter Umständen nicht mehr einem Ehepaar, sondern einem Familienverband entstammen, zu sichern. Je mehr sich die Entwicklung dem Ende der Stufe 2 nähert, desto größer wird ihr Anreiz auf den rückständigen Teil der Bevölkerung sein. Ist die zweite Generation erwachsen, so stellt sich für die erste Generation das Problem einer Vereinsamung nicht mehr. Im Gegensatz zu heute 40- bis 50jährigen Frauen, in deren Berufspraxis eine 20jährige Lücke klafft, haben die Frauen in den Familienverbänden schon in der Periode der Großziehung ihrer Kinder eine wesentlich größere gesellschaftliche Produktivität entfalten können. Sie können jetzt unter wesentlich günstigeren Bedingungen wieder voll in den Arbeitsprozeß zurückkehren – falls sie je ausgeschieden waren. Ein anderer Aspekt: Die in den Familienverbänden lebenden Personen liefern schon vom sozialmedizinischen Erscheinungsbild her ein nachahmenswertes Beispiel. Durch das aktivere, produktivere Leben werden die Ursachen für eine ganze Reihe von psychisch bedingten Erkrankungen eliminiert. In dieser hochentwickelten zweiten Phase sieht die ältere Generation eine ihrer wichtigsten Aufgaben darin, für die nachfolgende Generation weitaus günstigere Bedingungen zur Gründung besser funktionierender Familienverbände zu schaffen.

Stufe 3. Wann der Übergang zur Kommune erfolgt, hängt wieder von den gesellschaftlichen Bedingungen ab. Es gibt erneut Verschiebungen wie schon beim Übergang von Stufe 1 zu Stufe 2. Einzelne Familienverbände heben das Privateigentum eher auf als andere. Einzelne Elemente der Kommune waren ja schon in der Stufe 1 sichtbar: etwa die gemeinsame Waschmaschine. Die Entwicklung verläuft auch in der Stufe 3 pyramidenartig. Die Spitze bilden Gruppen mit höherem Bewußtsein, die breiten Massen folgen nach. Die Beseitigung der Entfremdung des Menschen erfolgt zunächst in der Spitze, später erst im Fuß der Pyramide.

Schlußbemerkung. Gleichgültig ist es, in welche Gesellschaftsform die Familienverbände eingebettet liegen: Mit ihrer wachsenden Zahl intensiviert sich auch die Demokratisierung der Gesellschaft, weil die innerfamiliäre

Demokratie verwirklicht wird. Auch der Übergang zu einer neuen Form der Gesellschaft, z. B. zum Sozialismus, der für die neue Gesellschaftsstruktur als Rahmen besser geeignet ist, wird von den Familienverbänden demokratisch kontrolliert. Diese Utopie der Familienverbände ist nicht imstande, den Übergang zum Sozialismus zu ersetzen, sie ist aber das beste Mittel, die Gesellschaft auf diesen Übergang vorzubereiten und den Übergang zu vollziehen. Sie trägt auf der anderen Seite zur Demokratisierung einer schon vorhandenen sozialistischen Gesellschaftsform bei.

Géza Kirchknopf

Die Zukunft der Universität

Kritik an den beängstigenden Entwicklungen der spätkapitalistischen Gesellschaft und am Stückwerk der Reformen ist zwar modern, aber ohne Zukunft, denn »Maß des neuen Schlechten ist einzig das Frühere« (Adorno). Zukunft ist nur dort gegenwärtig, wo es gelingt, Utopien zu konkretisieren, sie als Handlungsanweisung positiv zu fassen. Kritik an solch konkreter Utopie – ohne den Maßstab des mangelhaften Alten – ist Kritik der Zukunft.

1. Universität und Staat. Konkrete, positiv-justitiabel gefaßte Utopie ist etwa der Entwurf eines Hochschulgesetzes des Hamburger SDS.[1] Ihn kritisieren kann nur heißen, das politische Konzept für einen begrenzten sozialen Bereich zu radikalisieren und die diesem Konzept folgende Praxis zu revolutionieren. Analyse konkreter Utopie – Kritik der Zukunft also – hat insbesondere jene fatal-konservativen Bestandteile aufzulösen, die bislang noch jede Utopie vor der wirklichen Geschichte bloßstellten. Der SDS-Entwurf z. B. bleibt dort konservativ, wo er die Abhängigkeit der Universität vom Staat aufrecht erhält (Art. 3). In Konsequenz dieser Abhängigkeit wird der Universität ein Widerstandsrecht zugebilligt, eine defensive Rolle also von Anfang an. Zwischen Kritischer Universität und der durch Kritik zu ändernden Gesellschaft steht der Staat mit seinen Machtmitteln, der als ideeller und tatsächlicher Gesamtkapitalist eine fundamentale und praktische Kritik des ihn erzeugenden Gesellschaftssystems zu verhindern weiß. Das Interesse des Staates an der Universität dient nicht der Verwirklichung kritischer Theorie, sondern der Stabilisation von Herrschaft mittels geisteswissenschaftlicher Ideologie und technizistischem Know-how. Die Verpflichtung der Kritischen Universität auf gesellschaftlichen Fortschritt ist nur gegen den Staat zu verwirklichen; Maßstab dieses Fortschritts ist die schrittweise Vernichtung des Staates.

2. Primat der Praxis. Hauptmangel aller bisherigen Universitätswissenschaften ist die Trennung von Theorie und Praxis, von geistiger und körperlicher Arbeit. Die Wirklichkeit wird entweder bloß als Objekt, das es zu erkennen gilt, gefaßt, oder aber als Produkt der Anstrengung des Begriffs, als Verdinglichung des in der Geschichte tätigen Weltgeistes entwickelt. Die Universität kann nur dann auf die Praxis zugunsten des gesellschaftlichen Fortschritts einwirken, wenn sie in ihrem eigenen Bereich den Primat der Praxis erkennt und verwirklicht, wenn sie über ihre eigene Reproduktion hinausgeht und zum universal produktiven Kern der neuen Gesellschaft wird, in welcher die Kritik praktisch und die Praxis kritisch ist. So wird eine Universität, die den Kampfwert ihrer Theorien erprobt, zur Ausgangsbasis revolutionärer Praxis, zum Keim einer Gesellschaft, in der die Veränderung der Produktionsbedingungen bewußte Selbständerung des Menschen ist.

3. Dialektik von Lehren und Lernen. Bildungspolitisches Axiom der Klassenherrschaft ist die Ungleichzeitigkeit von Lehren und Lernen. Da die Identität von Bildungsobjekt und Bildungssubjekt in einer Herrschafts- bzw. Klassengesellschaft als Regelfall nicht existieren kann, hat das klassische Universitätskonzept zwar die Einheit von Forschung und Lehre als Konstituens von Bildung formuliert, niemals aber die Identität oder Einheit von Lehrenden und Lernenden daraus gefolgert. Eine solche Identitätsthese würde – im Gegensatz zur ideologischen Gemeinschaftsfloskel – das aus der Ungleichzeitigkeit von Lehren und Lernen resultierende hierarchische Prinzip des Bildungswesens und darüber hinaus die Herrschaftshierarchien der ganzen Gesellschaft gefährden.
Die Rede von der »Gemeinschaft der Lehrenden und Lernenden« ist lediglich dazu angetan, den Interessenantagonismus, der zwischen Lehrenden und Lernenden dann besteht, wenn ihre Rollen nicht permanent alternieren, zu verschleiern. Zwar wird niemand bezweifeln, daß derjenige nichts mehr zu lehren hat, der nicht auch ständig lernt, und daß man nichts

lernt, wenn das zu Lernende niemandem gelehrt wird, notfalls sich selbst, – doch die Geister scheiden sich an der Frage »wer wem?«.
Der Lernprozeß ist nur dann repressionsfrei, wenn die Lehre der Lernenden sich nicht auf eine sozial und intellektuell schwächere Gruppe richtet, sondern wenn die Lehre der Lernenden deren Lehrer zum Lernen von ihren Schülern nötigt. Herrschaftsfreier Dialog, die Einheit von Lehrenden und Lernenden aber ist kein bloß geistiges Geschehen. Herrschaftsfreier Dialog impliziert materiale Verfügungsgewalt aller gleichberechtigten Teilnehmer über Forschungsrichtung und Lernbedingungen.

4. *Wissenschaft als Lernprozeß.* Anleitung zu wissenschaftlicher Arbeit – dem SDS-Entwurf zufolge Aufgabe der Lehrenden – kann stets nur Initialzündung sein, Starthilfe für selbständiges Handeln, das einer spezifischen »Lehre« nicht mehr bedarf. Als »Lehrende« zu berufen sind Personen, die sich gegenüber den Berufenden in einer quantitativ wie qualitativ fortgeschrittenen *Lern*situation befinden. Nicht die Befähigung zur »Lehre« ist für Berufene entscheidend, sondern das Interesse des berufenden Institutsrates, etwas Neues zu lernen und den »Lehrenden« auszuforschen. Die Lehrenden und Lernenden des Institutsrates, die zu gleichen Teilen vertreten sind, erscheinen bei Berufungen einheitlich als Lernbegierige, wodurch die Freiheit des Lernens (und nicht die Freiheit der Lehre) zentrale Bedeutung erhält.
Lernen ist Forschung unter dem Begriff ihrer Allgemeinheit. Die Forschung der Wenigen kommt in der Nachforschung der Vielen zu ihrer Wirkung und Wirklichkeit. Das Erforschte wirkt sich aus, wenn viele es lernen. Lernen ist nachholendes Forschen, das den Weg zur Avantgarde der Forschung verkürzt und für einen immer größeren Nachschub an kritischen Potenzen ebnet. Lernprojekte sind immer auch Forschungsprojekte, weil sie wissenschaftliche Daten auf Relevanz und Möglichkeit ihrer Kommunizierbarkeit und somit ihren Wirklichkeitsgrad untersuchen.
Die Funktion des Lehrenden ist stets temporär und bleibt untergeordnetes Moment des wissenschaftlichen Gesamtprozesses, der ein Lernprozeß ist und in welchem jenes, was heute als Forschung im Vordergrund steht, nur avantgardistisches Moment einer viel umfassenderen Sache ist. Diese Sache heißt Geschichte, und Geschichte ist der Lernprozeß des Menschengeschlechts. Lernen wird Wissenschaft, wo es seine eigene Geschichte begreift, und begriffene Geschichte ist die einzige Wissenschaft.

5. Die Differenz von Universität und Gesellschaft. Dem SDS-Entwurf zufolge soll jede Person mit vollendetem 18. Lebensjahr berechtigt sein, Mitglied der Universität zu werden und die Mitgliedschaft nur auf eigenen Antrag verlieren. Das bedeutet, wer einmal Mitglied geworden ist, bleibt es in der Regel sein Leben lang. Damit ist die tendenzielle Aufhebung der Differenz von Universität und Gesellschaft projektiert, – eine Absicht, die übrigens auch der Wissenschaftsrat zu verfolgen scheint, wenn er ein »Kontaktstudium« empfiehlt, das allerdings unter den jetzigen Bedingungen völlig unrealisierbar ist. Nur dann, wenn die Universität nicht nur geistig, sondern auch materiell produktiv und ein politisch wie ökonomisch expandierendes Territorium ist, besteht die Chance, daß wissenschaftliche Rationalität in allen gesellschaftlichen Bereichen sich durchsetzt. Hierbei ist daran zu erinnern, daß schon die gegenwärtige Universität und die Wissenschaft überhaupt zunehmend zur Produktivkraft wird, wobei allerdings nach dem System hierarchischer Exploitation die Studenten und Assistenten von den Ordinarien und die Gesamtuniversität vom Kapital ausgebeutet werden.

6. Reproduktionsprüfung. Es sind Methoden zu entwickeln, die den Herrschaftsmechanismus der Universität zerschlagen und mit denen die Produktionsmittel der Universität anzueignen sind. Denn ebenso wie der traditionelle Streik hat auch der Vorlesungs- oder Prüfungsboykott die Qualität einer bloß abstrakten Negation. Die akademischen Gepflogenheiten sind bestimmt zu negieren, durch neue funktionale und jederzeit veränderbare Formen positiv aufzuheben. So etwa sind alle »wissenschaftlichen« Examina[2], die ja nur herrschaftlicher Kontrolle dienen, selbstverständlich zu verweigern, – aber nicht so, daß man einfach fernbleibt, sondern so, daß die Prüfer in der Prüfung öffentlich befragt werden. Die Prüfer sollen nun nicht ihrerseits geprüft, sondern ihr Wissen soll allgemein nutzbar gemacht werden, – im Interesse der bislang so schwer Geprüften. Prüfungen im traditionellen Sinne sind – nach Mannheim – »reproduktive Vollzüge«. Qua Prüfung sind allein Reproduktionsprüfungen logisch möglich, in denen die in der gesellschaftlichen Produktion Tätigen feststellen, ob die Kandidaten in der Lage sind, das bereits verwirklichte Reproduktionsniveau aufrecht zu erhalten. Reproduktionsprüfungen stellen also nur ein Qualifikationsminimum fest, keine graduelle Leistungsskala darüber hinaus. Höhere Qualifikationen und wissenschaftliche Leistungen sind nur in der Praktikabilität neuer theoretischer Konzepte zu prüfen; erst dann, wenn wissenschaftliche Einsichten in ein erhöhtes Reproduktionsniveau aufgegangen sind, geben sie ein Kriterium für die wissenschaftliche, d. h. die Reproduktionsprüfung ab.

7. *Machtfrage.* Ob Wissenschaft als die Freiheit einer kleinen Elite, zu forschen und zu lehren, definiert wird, oder auf der Lernfreiheit der breiten Massen des Volkes gründet, ist keine theoretische Frage, sondern eine Machtfrage. Der Druck bewußter politischer Massen, koordiniert mit den Attacken ihrer bewaffneten Avantgarde wird die Klassenherrschaft der Institutionen zerschlagen und so die Voraussetzung dafür schaffen, daß das Individuum sich seiner selbst bemächtigen kann. Voraussetzung, um an den Universitäten diese Frage nach der Selbstbestimmung der Individuen als Machtfrage stellen zu können, ist, daß die akademische Institution zuvor durch massiven Einsatz eigener und staatlicher Repressionsmittel als die Hure der herrschenden Gewalt sich entlarvt hat. Soweit dürfte die Entwicklung gegenwärtig sein. Der nächste Schritt muß dahin führen, den herkömmlichen Lehrbetrieb in den ideologisch relevanten Massenfächern lahmzulegen. Das ist nur dann zu erreichen, wenn Kritik als permanente und allgegenwärtige sich organisiert, und nur bei andauernder und empfindlicher Verunsicherung tradierter Attitüden der Professoren wie der Studenten wird das Bedürfnis entstehen, die Zukunft in die Hand zu nehmen und zu allererst den eigenen Lernprozeß zu organisieren. Wenn, wie tendentiell im heutigen China, Hochschulen aufhören, gesellschaftliches Mehrprodukt bloß zu konsumieren und selbst zu expandierenden Produktionsstätten werden, kann so nicht nur der allseitige, theoretisch und praktisch gebildete Mensch verwirklicht werden: das geistige Leben hört auch auf, mit sich selbst kurzgeschlossen und Schmarotzer des praktischen Lebens zu sein, wie andererseits dem praktischen Leben die bornierte Strenge und Geistlosigkeit ausgetrieben wird. »Die Gesellschaft in ihrer Gesamtheit«, schreibt Che Guevara, »muß eine riesige Schule werden!« Überall dort, wo nach diesem Postulat die Entwicklung vorangetrieben wird, muß die materielle Produktion sich nicht nur mit einem experimentellen Geist erfüllen, sondern auch leicht und spielerisch werden – schon deshalb, weil sie mit der Erziehung der Kinder vereinigt wird.

Fabig, Oberlercher

Anmerkungen

1 Entwurf eines Hochschulgesetzes, vorgelegt vom SDS-Landesverband Hamburg (s. u.).
2 Keine Pädagogik hat bislang die Notwendigkeit dieser Prüfungen wissenschaftlich abgeleitet; daher gibt es keine »wissenschaftlichen Examina«. Es wird lediglich nach den Akzidentien von Wissenschaften gefragt; dies Fragen selbst bleibt unbefragt.

Entwurf eines Hochschulgesetzes, vorgelegt vom SDS-Landesverband Hamburg

I. Definition der Universität

Art. 1 Die Universität analysiert den Prozeß der gesellschaftlichen Reproduktion in jeder Entwicklungsstufe und wirkt auf die Praxis dahin ein, daß sie dem gesellschaftlichen Fortschritt dient.

Art. 2 Der Wissenschaftsprozeß der Universität ist so zu strukturieren, daß er in immer größerem Umfang kritisches Bewußtsein in der Gesellschaft erzeugt.

Art. 3 Die Durchführung des Wissenschaftsprozesses unterliegt allein der Entscheidung der Universität und ihrer Organe. Die dazu erforderlichen Mittel stellt der Staat zur Verfügung. Im Falle der Weigerung des Staates hat die Universität das Widerstandsrecht.

II. Mitglieder der Universität

Art. 4 Mitglieder der Universität sind Lehrende und Lernende.

Art. 5 Jede Person mit vollendetem 18. Lebensjahr ist berechtigt, als Lernender Mitglied der Universität zu werden.

Art. 6 Der Lernende verliert seine Mitgliedschaft, wenn er es beantragt.
Im Falle seiner wissenschaftlichen und gesellschaftlichen Disqualifikation wird eine Förderungskommission in Übereinstimmung mit dem Betroffenen Regelungen treffen.

Art. 7 Lehrender ist diejenige Person, die den Lernenden bei dessen wissenschaftlicher Arbeit anleitet.
Lehrender kann jede Person durch Berufung werden.
(Art. 6 findet entsprechende Anwendung)

III. Organisationsformen der Universität

Art. 8 Die Universität nimmt verschiedene Aufgaben in verschiedenen Organisationsformen wahr.

Art. 9 Forschung und Lehre werden im Rahmen von Instituten wahrgenommen. Die Zahl der Institute bestimmt sich nach den Wissenschaftszweigen.
Mitglieder eines Institutes sind Lehrende und Lernende, die die Forschungseinrichtungen für ihre Ausbildung, Forschung und Lehre benötigen.

Art. 10 Abteilungen sind temporäre Zusammenschlüsse für Forschungs- und Lehrprojekte, die über den Rahmen des Institutes hinausgehen.

Art. 11 Die wirtschaftlichen Belange der Universitätsmitglieder werden durch besondere Einrichtungen (Universitätswerk) wahrgenommen, die nach genossenschaftlichen Gesichtspunkten wirtschaften.

Art. 12 Für Angelegenheiten, die im mittelbaren Zusammenhang mit dem Wissenschaftsprozeß stehen (Auslandsstelle etc.), kann die Universität die erforderlichen Einrichtungen schaffen.

IV. Willensbildungsorgane der Universität

Art. 13 Die Institutsvollversammlung ist die Versammlung aller Lehrenden und Lernenden, die einem Institut angehören.

Art. 14 Die Universitätsvollversammlung ist die Versammlung aller Mitglieder der Universität.

Art. 15 Die Institutsvollversammlung legt die bei der Durchführung des Wissenschaftsprozesses zu beachtenden Richtlinien fest. Sie wählt aus ihrer Mitte den Institutsrat, der ihrer Kontrolle unterliegt.
Zur Durchführung ihrer Beschlüsse setzt sie Aktionsausschüsse ein.
Sie wählt sich für jede Sitzung einen Versammlungsleiter.

Art. 16 Die Universitätsvollversammlung behandelt alle Angelegenheiten, die die gesamte Universität betreffen. Sie ist zugleich das Forum der politischen Auseinandersetzung. Sie setzt Aktionsausschüsse ein.

V. Exekutivorgane der Universität

Art. 17 Die Institutsräte führen die Richtlinien der Institutsvollversammlung aus. Sie nehmen die Berufung der Lehrenden wahr. Sie entscheiden in allen Institutsfragen.
Sie setzen Förderungskommissionen ein.

Art. 18 Die Institutsräte bestehen zu gleichen Teilen aus Lehrenden und Lernenden.
Für jede Sitzung wählen sie sich einen Verhandlungsleiter.

Art. 19 Die Organisation des Wissenschaftsprozesses aller Lehr- und Forschungsveranstaltungen des Institutes hat den Vorschriften der Artikel 15 Absatz 1, 2; 17 Satz 1 und 18 zu entsprechen.

Art. 20 Der Abteilungsrat übernimmt für die Dauer der Errichtung der Abteilung die Leitung. Er wird von den Mitgliedern der beteiligten Institutsräte gewählt und ist ihnen verantwortlich.
(Art. 18 findet entsprechende Anwendung)

Art. 21 Die Vollversammlung der Institutsräte wählt den Universitätsrat.
(Art. 18 findet entsprechende Anwendung)

Art. 22 Der Universitätsrat koordiniert die einzelnen Wissenschaftsabteilungen und regelt die gesamtuniversitären Belange. Der Universitätsrat bestimmt ein Komitee, um die Universität nach außen zu vertreten.
(Art. 18 findet entsprechende Anwendung)

Art. 23 Wenn der Demokratisierungsprozeß dahin realisiert ist, daß der in diesem Gesetz noch vorausgesetzte Gegensatz zwischen Lehrenden und Lernenden nicht mehr besteht, entfällt Art. 18 Absatz 1.

Gesetz und Utopie. Zur Rechtsprechung einer zukünftigen Gesellschaft.

Die Form des Gesetzes als Regelung des gesellschaftlichen Zusammenlebens erweist sich als unzureichend für eine revolutionäre Gesellschaft, wenn darunter eine Gesellschaft verstanden wird, die sich im Prozeß der Befreiung befindet. Nicht nur, weil ein Gesetz ein potentielles Herrschaftsinstrument ist. Es ließe sich ja eine Gesellschaft denken, in der das Gesetz nicht solcherart mißbraucht wird. Aber weil das Gesetz als heteronome Ordnungsmacht wirklicher gesellschaftlicher Freiheit nicht entspricht, weil es wesentlich unbeweglich, statisch ist – muß die utopische Forderung nach Aufhebung des Gesetzes gestellt werden.

Am exemplarischen Problem des Strafrechtes und der Strafgesetzgebung soll erwogen werden, wie von der Stufe des (kodifizierten) Gesetzes fortgeschritten werden kann zu einer der Situation wirklich angemessenen Rechtsprechung, die das starre Gesetz nicht bieten kann.

Wir setzen voraus eine revolutionäre Gesellschaft, die Konflikte des Einzelnen mit der Gesellschaft nicht metaphysisch interpretiert, sondern sie – ganz allgemein gesagt – zurückführt auf Fehlhaltungen eben des Einzelnen oder der Gesellschaft, man könnte auch sagen auf mangelnde Einsicht in das utopisch-anthropologische Ziel, die Freiheit des Menschen von Herrschaft, d. h. aber sie interpretiert Konflikte als einen Mangel an Bewußtsein.

Prinzipiell sind also Konflikte durch Verhaltensänderung, die durch Einsicht beider Partner, des Einzelnen und der Gesellschaft, erreicht werden muß, zu ›behandeln‹. Praktisch bedeutet das:

An die Stelle des Gerichtes, das über den Delinquenten nach Maßgabe des Gesetzes urteilt, tritt ein Team, ein Fachkollegium, das mit demjenigen in

eine Beratung eintritt, der mit der Gesellschaft in Konflikt geraten ist. Das Ziel besteht darin, einen Lernprozeß zu initiieren – einen Prozeß der Bewußtwerdung. Natürlich besteht die Gefahr, daß dem Delinquenten Bewußtsein ›eingehämmert‹ wird, etwa mit dem Ergebnis: Selbstkritik nach erfolgter Gehirnwäsche. Aber die Notwendigkeit einzusehen, zu lernen, sich bewußt zu werden (z. B. über die Ursachen des Konfliktes) besteht für beide beteiligten Parteien: Das Team vertritt die Gesellschaft; zwar leitet es den Einzelnen an, nach den Ursachen des Konfliktes zu suchen, aber das Team als Stellvertreter der Gesellschaft analysiert gleichzeitig, inwiefern die Gesellschaft Quelle des Konfliktes ist. Das Ziel in der Arbeitsmethode muß dabei die Integration des Einzelnen (des ›Delinquenten‹) in das Team sein. Um die Ursachen des Konfliktes zu finden und ihn möglicherweise durch gemeinsame Einsicht (und Veränderung der verursachenden Umstände) zu überwinden, sollte das Team aus ›Gesellschaftsfachleuten‹ bestehen, d. h. aus Soziologen, Psychologen, Medizinern, Politologen usw. (Dieses Modell ist also nicht eine Variante des Volksgerichtshofes, vielmehr geht es um eine Fortführung und Ausweitung des Fachprinzips in der Rechtsprechung. Die Alleinwirksamkeit des Juristen ist verbunden mit ideologischer Rechtsprechung und mangelnder Einsicht in die gesellschaftliche Bedingtheit von sog. Verbrechen.)
Da, wo dieses Modell in die Wirklichkeit übersetzt wird, wo es wirklich gelingt, einen Lernprozeß, einen Akt der Bewußtwerdung in Gang zu bringen, da kann dann allerdings der ›Richter‹ – das die Gesellschaft repräsentierende Team – zum Angeklagten werden.
Ob man nun die Ursachen des Konfliktes eruieren, sie beseitigen und den Konflikt überwinden kann: In jedem Fall wird das Endergebnis einer solchen Beratung nicht ein Urteilsspruch sein, es wird nicht auf eine Institution wie das Gefängnis zurückgegriffen. Allerdings mag es sich als notwendig erweisen, die Aufklärung, den Lernprozeß, die Resozialisierung auszudehnen, – wobei nie vergessen werden darf, daß beide – die Gesellschaft und der Einzelne – potentiell die Urheber des Konfliktes sind.
Die Frage nach dem Maßstab dieser Rechtsprechung beantwortet sich eigentlich von selbst. An die Stelle eines Strafgesetzes tritt ein schöpferisches, auf die Situation eingestelltes Recht, das das Team unter Einschluß des »Delinquenten« über sich spricht. Nicht »Gesetz« ist der Maßstab, sondern sachgerechte Einweisung des Individuums in die Gesellschaft durch einen Lernprozeß, – der allerdings als »Resozialisierung« durchaus prak-

tische Gestalt haben kann und nicht nur in einer Teamdiskussion des Konfliktes zu bestehen braucht. Hier soll nicht gestraft werden, sondern geheilt; zudem soll ständig die Möglichkeit offengehalten werden für die Erkenntnis, daß der notwendige Lernprozeß zweiseitig ist.
Abschreckung und Strafe entfallen als Motive der Rechtsprechung, es bleibt das der Erziehung, nun aber Erziehung nicht durch Strafe, sondern durch Hilfe.
Daß in der augenblicklichen bundesrepublikanischen Wirklichkeit dieser Entwurf von der Utopie selbst nicht unterscheidbar ist, dürfte deutlich sein. Auch in der DDR liegen die Dinge nicht anders. Im Grunde hängt alles davon ab – und das ist das Nahziel –, ob es gelingt, einen Lernprozeß in Gang zu setzen, der erst einmal der Öffentlichkeit die Einsicht in die gesellschaftliche Bedingtheit von sog. Verbrechen ermöglicht. Doch scheint eine sozialistische Gesellschaftsform eine weitere Voraussetzung zu sein, – der Kapitalismus ist notwendig ideologischer Rechtsprechung verfallen.
Praktisch denkbar ist zur Erreichung des angedeuteten Modells der Weg der ständigen Strafrechtsreform: Nicht Perfektionierung, sondern allmähliche Auflösung, weil für immer mehr Paragraphen gesellschaftliche Lösungen gefunden werden.

Reimer Gronemeyer

Zwanzigjahresplan zur Abschaffung der Geldwirtschaft

Voraussetzungen: a) Überflußgesellschaft mit voll entwickelter Technologie. b) Hinreichender Stand der Datenverarbeitung; Maschinen zur Erarbeitung von Bedürfnis-Präferenzlisten und zur Errechnung der Relationen zwischen Bedarf und Produktion, Kaufkraft und Geldzirkulation im Innern, der Veränderungen im internationalen Währungssystem und der voraussichtlichen Rückwirkungen des Planes. c) Zielbewußte Durchsetzung des Planes durch antizipierende Aktionen.
Übergreifende Maßnahmen: Einführung eines ständigen Lehrfaches »Konsumentenkunde« in Schulen, Berufsschulen, Hochschulen, Erwachsenenschulen; regelmäßige Erarbeitung von Präferenzlisten mit Mikrozensus-Methoden (hier simuliert).
1. Jahr: Ausarbeitung von Detailplänen.

2. Jahr: Zivildienst (an Stelle der Wehrpflicht) übernimmt dringende Arbeiten an Schwerpunkt-Programmen, dort, wo sich besonders große Bedarfslücken herausgestellt haben (Gesundheitswesen, Alterspflege, Kindergärten?).
3. Jahr: Freie Benutzung kommunaler und staatlicher Institutionen des Alltagslebens (Schwimmbäder, Kinderkrippen, Bibliotheken usw.) sowie sämtlicher Ausbildungs-Institutionen, soweit das nicht bereits erreicht ist.
4. Jahr: Freie Benutzung kommunaler und staatlicher Dienstleistungen, erste Stufe: Nahverkehrsmittel, normaler Postverkehr, Telefon (Ortsgespräche).
5. Jahr: Erhebung von progressiv ansteigenden Aufenthaltstaxen von Ausländern, sofern nicht Gegenseitigkeit vorliegt.
Freie Benutzung kommunaler und staatlicher Dienstleistungen, zweite Stufe: Inländischer Fernverkehr, Rundfunk, Fernsehen, Telefon (Ferngespräche).
6. Jahr: Freie Entnahme von Brot, Milch und Salz. Erste Feedback-Untersuchung.
7. Jahr: Freie ärztliche Versorgung ohne Vorbehalte (Pharmazeutika, Kuraufenthalte, Krankenhäuser). Freie Fahrräder-Leihe.
8. Jahr: Freies Kantinenessen. Freie öffentliche Restaurants.
9. Jahr: Freie Entnahme von Cerealien, Kartoffeln, Fruchtsäften und aller je nach Region im Überfluß vorhandener Obst- und Gemüsesorten.
10. Jahr: Ein erstes Kontingent von Konsumenten wird in die Utopische Situation versetzt: es erhält keine Löhne, Gehälter, Renten usw. mehr. Vollständige Entnahmefreiheit für diesen Personenkreis. »Sozialistischer Wettbewerb des Konsums«: jede Person aus diesem Kontingent erhält eine elektronische »Meßkarte«, mit deren Hilfe der in der Geldwirtschaft noch geltende Preis für die entnommenen Güter, Dienstleistungen und Devisen statistisch verrechnet wird (Umfunktionierung des bestehenden Credit-Card-Systems). Ein jährliches Auf- und Abstiegs-System, dem einer Fußball-Liga vergleichbar, führt zum Ausscheiden überdurchschnittlicher »Verschwender«; umgekehrt werden neue Personen in die Utopische Situation versetzt.
11. Jahr: Zweite Feedback-Untersuchung. Lösung der Probleme des »Kleinen Grenzverkehrs« (Verkauf unentgeltlich entnommener Produkte mit Gewinn). Freie Entnahme von Fisch, Geflügel, Fleisch (mit Ausnahme von Spitzenqualitäten), Konfektionskleidung, gewöhnlichen Toilette-Artikeln.

12. Jahr: Freie Wohnung mit Fernheizung. Freie Benutzung von Wäschereien.
13. Jahr: Freier Besuch von Kinos, Theatern, Konzerten usw. Freies Bücher-Kontingent.
14. Jahr: Freie Benutzung von Leihwagen. Freies Devisenkontingent für Auslandsreisen. Freie Entnahme von Bier oder Wein (je nach vorherrschenden Konsumgewohnheiten). Freier Urlaub im Inland.
15. Jahr: Dritte Feedback-Untersuchung. Lösung der verbliebenen Knappheitsprobleme. Freie Entnahme von Kosmetika, Tabak, Elektroartikeln und Möbeln.
16. Jahr: Freie Benutzung von Taxen. Freie Entnahme von Büchern, Schallplatten, Reproduktionen, Bild-Aufzeichnungen.
17. Jahr: Freie Entnahme beliebiger Waren unterhalb eines festzusetzenden Limit-Wertes.
18. Jahr: Vierte und letzte Feedback-Untersuchung. Erhöhung der Limitwerte.
19. Jahr: Freie Entnahme auch »knapper« Güter.
20. Jahr: Freie Entnahme aller Güter. Produktions- und Distributions-System gehen ineinander über.

Rolf Schwendter

Ein Ausschreiben ist keine Umfrage; sein Ergebnis läßt demoskopische Rückschlüsse in einem strikten Sinn nicht zu. Nicht nur ist der Querschnitt, der auf diese Weise zustandekommt, zu klein; er ist auch keineswegs repräsentativ. Die Zusammensetzung der Einsender ist unbekannt, ihr soziologischer Hintergrund läßt sich nur erraten; der befragte Kreis ernennt sich sozusagen selbst. Vorausgesetzt kann nur werden, daß die Einsender an gesellschaftlichen Zukunftsproblemen mehr als gewöhnlich interessiert sind und daß ihre politische Initiative überdurchschnittlich ist. Das Material läßt ferner den Schluß zu, daß Einsender mit Oberschul- und Hochschulbildung extrem überrepräsentiert sind. Es ist zu erwarten, daß das Resultat diese Klassenlage spiegelt. Immerhin geben die zweiundsiebenzig vorliegenden Arbeiten einen Blick frei auf die flottierenden Vorstellungen, die in Deutschland heute im Hinblick auf die Zukunft der Gesellschaft diskutiert werden: und zwar nicht in der etablierten Öffentlichkeit, sondern in einer Sphäre, die keine rechte Artikulation in den Medien findet und die man als halb- oder voröffentliche Meinung bezeichnen könnte.

Die politischen und ideologischen Vorstellungen, die sich in den Einsendungen niederschlagen, sind oft undeutlich und widersprüchlich. Fast alle Entwürfe sind sozialistisch geprägt, doch bleibt ihr Sozialismus oft blaß; er mischt sich mit liberalen, technokratischen und anarchistischen Elementen. Auffallend häufig tauchen frühsozialistische Ideen auf, Fouriers Schatten, »wahrer Sozialismus«, oft in bizarrer Mischung mit Elementen der jüngsten kritischen Theorie. Auffallend schwach entwickelt sind Klassenanalyse und politische Ökonomie. Die Vergesellschaftung der Produktionsmittel wird von der weit überwiegenden Mehrheit der Einsender zur selbstverständlichen Voraussetzung ihrer Entwürfe gemacht, aber nicht als hinreichend zur Lösung antagonistischer Widersprüche betrachtet. Im Hinblick auf die Organisation des Staates überwiegen radikaldemokratische, populistische und plebiszitäre Vorschläge. Das Parlament im heutigen Sinne hat in den Augen so gut wie aller Einsender ausgespielt. Auffällig ist die Animosität gegenüber den politischen Parteien, die in ihrer heutigen Gestalt durchwegs als verselbständigte Herrschaftsapparate ohne demokratische Legitimation betrachtet werden. In vielen Einsendungen werden Referenda, oft mit elektronischen Mitteln, gefordert. Das Rätesystem spielt eine große Rolle; es wird jedoch selten oder nie genauer entwickelt. Ein totaler Ideologie-Verdacht, der zuweilen naiv wirkt, macht sich in vielen Konzepten breit; die Einsicht, daß das Schlagwort vom Ende der Ideologien selbst ideologisch ist, scheint wenig verbreitet.

Revolutionäre Strategien bleiben vereinzelt. Häufig wird die Frage der Transformation einfach übersprungen: es gibt Einsender, die die vollständige sozialistische Umwälzung der Produktionsverhältnisse voraussetzen, aber im gleichen Atemzug jede Gewaltanwendung, jeden Klassenkampf, ja sogar jede ideologische Auseinandersetzung ablehnen. Der kleinbürgerliche Zug solcher Utopien ist unverkennbar. Allerdings wird der Vorbehalt gegenüber den klassischen Strategien manchmal mit durchaus bemerkenswerten Argumenten begründet:

»Es muß erkannt werden, daß mit der Etablierung einer neuen Gesellschaftsordnung noch nichts erreicht ist ... Der progressive Revolutionär kann in der Erziehung seiner Kinder, in seinem Verhalten im Straßenverkehr, in seinem Liebesleben, in der Bekämpfung seiner Ängste und der Erkenntnis seiner Frustrationen hoffnungslos ›reaktionär‹ sein ... Ein Revolutionär, der sich in seiner vitalen Aktivität auf den politischen Bereich beschränkt und keine Konsequenzen hinsichtlich seiner gesamten Denk- und Verhaltensweisen zieht, ist kein Revolutionär. Er ist ein spezialisierter Geschäftsmann wie Millionen anderer auch – mit einer Ausnahme: er versteht sich als Ausnahme.« (K. J. Hecht)

Eine inhaltliche Analyse der Einsendungen zeigt, daß die Probleme des Überbaus an erster Stelle stehen. Möglichkeiten für ein zukunftsbezogenes Eingreifen sehen die weitaus meisten Beiträger an den Ausbildungs- und Manipulationsapparaten. 29 von 72 Entwürfen beschäftigen sich mit Kindergarten-, Schul- und Hochschulfragen, weitere 14 mit der Presse und den anderen Massenmedien. Das Problembewußtsein, das sich hier ausdrückt, läßt sich nicht allein auf die subjektive Lage der Einsender zurückführen, unter denen sich zweifellos viele Studenten, Schüler und Lehrer befinden; es bildet auch objektive gesellschaftliche Sachverhalte ab. Offenbar breitet sich die Erkenntnis aus, daß die immaterielle Ausbeutung zur unerläßlichen Bedingung für den Fortbestand der kapitalistischen Gesellschaft geworden ist. Auch hier setzen sich viele Einsender über die Kämpfe hinweg, die zur Durchbrechung der Manipulation unvermeidlich sind, und postulieren Bildungsutopien mit deutlich idealistischen und idyllischen Zügen. Eindeutig kulturrevolutionäre Entwürfe sind in der Minderheit.
Die auffälligste Leerstelle im utopischen Material ist die Dritte Welt. Nur eine einzige Einsendung beschäftigt sich mit dem Verhältnis der Metropolen zu den ausgebeuteten Ländern, und diese eine Stimme kommt aus Schweden. (Vorgeschlagen wird die planmäßige Emigration von politisch bewußten Spezialisten in die sogenannten Entwicklungsländer.)
Aus diesem Ergebnis wird man nicht ohne weiteres schließen können, daß es an Problembewußtsein fehlt; hingegen drückt es den totalen Mangel an konkreter Vermittlung zwischen befreienden Bewegungen hier und dort und eine gefährliche Resignation vor den Notwendigkeiten des Kampfes gegen den Imperialismus aus. Ein weiterer blinder Fleck der Utopie scheint, nach den zweiundsiebenzig Vorschlägen zu urteilen, die hier zur Diskussion stehen, die reale Emanzipation der Frau zu sein. Diese

Frage taucht nur in wenigen Einsendungen, darunter der von G. Kirchknopf, auf. Völlig vernachlässigt werden Fragen der Landwirtschaft. Die einzige Äußerung zu diesem gesellschaftlich immerhin nicht unerheblichen Komplex sei hier, schon wegen ihres Seltenheitswertes, zitiert:
»Eine hochentwickelte Industriegesellschaft muß bedingungslos urban denken. Sie muß aber auch die Industrialisierung der Landwirtschaft soweit vorantreiben, daß der Bauer herkömmlicher Prägung nicht mehr existieren kann. Seine Stelle hätte ein genossenschaftlich organisiertes Kollektiv einzunehmen, das von lebensfähigen Agrikulturstädten aus Bodenbearbeitung und Viehhaltung in Tagesschichten übernähme. Über ein dichtes Straßen- und Wegenetz könnte der Landarbeiter, voller mechanisiert als der Bauarbeiter, im eigenen Wagen zu seinem täglich wechselnden, bis zu 50 km von der Stadt entfernten Arbeitsplatz gelangen ... Die zu Zusammenlegungen zwingende internationale Konkurrenz und die Erfordernisse der Rentabilität dürften das soziologische Terrain, besonders eine andere Einstellung zum Beruf, so weit vorbereiten, daß schließlich die Umstände – Revolution oder wirtschaftlicher Zwang – der Einsicht zum Durchbruch verhülfen, daß die Methoden kleinwirtschaftlicher Plakkerei ausgespielt haben. Die Landwirtschaft muß zu der großen revolutionären Lösung bereit sein, den Boden als hypothekarisch belastbaren Besitz, als Erbe und Eigentum aufzugeben.« (Klaus-Conrad Haugk)

Eine überraschend große Zahl von Teilnehmern, ich zähle fünfzehn, hat das Ausschreiben, das ausdrücklich auf *konkrete* utopische Konzeptionen zielt, mißverstanden. Ihre Entwürfe wollen Gesamtgrundrisse künftiger Gesellschaften sein; sie bewegen sich auf der Linie traditioneller Utopien. Es handelt sich dabei um neue Sonnenstaaten. Ein Neues Neues Atlantis muß aber notwendig abstrakt bleiben, so gründlich seine Landkarte auch durchgezeichnet sein mag. Die gesellschaftlichen Fragestellungen werden vorschnell globalisiert: das entstehende Modell nimmt platonische Züge an.
Die harmlosesten Beispiele dafür gehen gewöhnlich von der Vermutung aus, daß die Übel der Welt aus einem Punkte zu kurieren seien: die »Verbildung« der Menschheit wird zum Exempel einer falschen Kunsterziehung zur Last gelegt oder auf unrichtige Ernährung zurückgeführt. Abstruse und sektiererische Lösungen, die ebenso langweilig wie harmlos sind, folgen aus solchen Prämissen. Wo politische Ansprüche erhoben werden,

sieht die Sache schon anders aus; eindeutig autoritäre Merkmale zeichnen die meisten abstrakten Entwürfe dieser Art aus. C. M. Wülffing beispielsweise wünscht *Statt permanenter Revolution – Kontrolle durch Computer:* »Warum sollte nicht auch die Gesellschaftsentwicklung ebenso überwacht und kontrolliert werden, wie heute (teilweise) und zukünftig (total) das Individuum? Eine zentrale Datenbank wird nach einhelliger Ansicht in zehn bis zwanzig Jahren die bürgerliche Person (Steuer, Bankkonto, polizeiliche Führung etc.) erfassen. Die Personalausweis-Nummer gilt als Kennzeichen für das Auto und die Kreditkarte. Verstöße gegen das allgemeine Wohlverhalten sind so rationell und fehlerlos zu erfassen. Das gleiche Prinzip der Steuerung und Kontrolle schlägt der Autor für die gesamtgesellschaftliche Entwicklung vor.«

Ein anderer Einsender möchte die gesellschaftlichen Widersprüche durch eine Wahlrechtsänderung lösen:

»Ich schlage vor, ein ungleiches, gewogenes Stimmrecht einzuführen, damit das Wahlergebnis künftig nicht nur statistisch-arithmetisch signifikant ist, sondern tatsächlich gerecht und vernünftig ... Wie sollte nun die Stimme des Bürgers gewogen werden, damit den Prinzipien der Vernunft und der Gerechtigkeit Genüge getan wird? ... Es bietet sich der Test zur Ermittlung des Intelligenz-Quotienten an, der ja unmittelbar als Maß der vorhandenen Vernunft bewertet werden kann ... Es sind außerdem Kriterien zu finden, die das faktische Profil, das der Einzelne durch sein Wirken in der Gesellschaft zeigt, erkennbar machen. Hierzu einige willkürliche Beispiele: ... Die Stimme eines Generals wäre höher einzuschätzen als die eines Gefreiten, und das Votum eines Großindustriellen, der über hunderttausend Arbeiter mitentscheidet, wöge schwerer als die des Schusters an der Ecke ... Mit der beendeten Volks-, Mittel- oder Oberschulreife bekäme man zwei, drei und vier Punkte. Auch der Geselle und der Meister erwürben neue Wahlpunkte, genau wie ein frischgebackener Doktor oder Habilitierter sie stolz entgegennähme ... Solcherart entstünde sozusagen ein demokratischer Selektionsdruck, der zu einer Auswahl und Hochzucht des verantwortungsbewußten Stimmbürgers führte.« (R. Sander)

Der Demokratiebegriff, der solchen Projekten zugrunde liegt, bedarf kaum eines Kommentars. Auffälligerweise beherrscht er *alle* abstrakten, systembildenden Utopien, die sich unter den Einsendungen finden. Durch

die Bank projizieren diese Entwürfe in die Zukunft, was historisch vergangen ist: Herrschaftsstrukturen der bürgerlichen Gesellschaft, die zum Wunschtraum verklärt werden. Ganz unverkennbar ist ihr elitärer Charakter, oft genug auf die sozialen Klassenmerkmale des »Akademikers« fixiert. Die Modernisierung bleibt äußerlich. Die »neuen Klassen«, mögen sie Programmierer, Didaktiker oder Kontrolleure heißen, erinnern allesamt an die Alphas aus Huxleys *Brave New World:* ihre Diktatur wird vorgestellt als die bürgerlicher Honoratioren, die lediglich den weißen Kittel der Wissenschaft übergestreift haben. Blinde Wissenschaftsgläubigkeit zeichnet viele solcher Utopien aus; ihr Begriff von Wissenschaft ist gemeinhin unkritisch und technokratisch; der »Qualifikationstest« gilt ihnen als Orakel, der Computer als Stein der Weisen. Der Spezialist tritt das Erbe des Kapitalisten an. Die Massen sind und bleiben unfähig, sich selbst zu regieren; Ungleichheit erscheint als Naturgesetz; Klassengesellschaft als ontologisches Verhängnis; Solidarität als Wahn, Konkurrenz als Notwendigkeit, das Leistungsprinzip als kategorischer Imperativ.
Eine detaillierte Diskussion dieser deprimierenden, zuweilen paranoid anmutenden Systeme, deren manche von äußerster Gründlichkeit und erheblichem Scharfsinn zeugen, die jedoch allesamt von tödlichem Ernst erfüllt sind, ist schon aus räumlichen Gründen nicht möglich. Übrig bleibt, sozusagen als Bodensatz des Ausschreibens, eine buntscheckige Menge von Einsendungen, die sich jeder Katalogisierung entziehen: Anekdoten, Moralpredigten, Aphorismen, Märchen und Diagramme. Darunter ist viel schlechte Literatur, aber auch mancher amüsante, bantamgewichtige Einfall.
Alle Macht den Narren! fordert einer, und so erläutert er seinen Wunsch:

»Da es ein unerfüllter Traum geblieben ist, daß die Hofnarren an die Macht kommen, entschließe man sich zum umgekehrten Weg: man mache die Machthaber zu Hofnarren. In den Kindergärten und Schulen wäre dem angehenden Staatsbürger zu Bewußtsein zu bringen, daß die Funktionäre ›oben‹ ein notwendiges Übel sind, notwendig wie der Stuhlgang für den menschlichen Organismus. Freilich hätte schon im Familienverband der Vater jene lächerliche Rolle einzunehmen, die der Politiker und Verwaltungsbeamte im Staat spielt. Schon in der frühesten Kindheit muß all das, was wir heute als Autorität empfinden, als komisch und verabscheuungswürdig bloßgestellt werden.

Es versteht sich, daß Politiker im Fernsehen bestenfalls beim Ankleiden oder beim Verzehren der Zehnuhrjause zu sehen wären. Staatsbesuche wären natürlich zu unterlassen. Jeder Funktionär hätte nachzuweisen, daß er regelmäßige sexuelle Beziehungen – sei es zum andern oder zum eigenen Geschlecht – unterhält; möglichst auch, daß sein Vaterverhältnis ungestört ist. Frustration und autoritäres Denken dürfen auch nicht im Ansatz geduldet werden. Ich befürchte, mein Vorschlag könnte nicht ernst genommen werden. Ich versichere aber, daß mir überhaupt nicht zum Spaßen zumut ist.« (Thomas Rothschild.)

Solchen Einfällen, die wie spöttische Antithesen zu den Laputas der Systematiker wirken, haftet etwas Taschenspielerisches an: sie sind gleichsam Kolumbus-Eier. Auch das folgende Konzept, das nur scheinbar sich im Technologischen erschöpft, im Grunde aber auf ein gesellschaftliches Korrektiv hinauswill, gehört zu dieser Klasse von Mikro-Utopien.

Das Denkei. Mich interessiert die Frage, ob es eine Technologie geben kann, die in erster Linie dem produktiven, kritischen Subjekt hilft.
Intellektuelle Produktivität hängt von altersher mit Bildern zusammen wie: Eremit, Diogenes und Tonne, Hieronymus im Gehäuse, Dichterstubendasein, Autonomie. Einstein fand, der beste Beruf für Wissenschaftler seines Schlages wäre der des Leuchtturmwärters.
... Das Kennzeichen der technischen Gegenwart ist, daß die Technologien der Entfaltung produktiver Subjektivität mit der Entwicklung nicht Schritt halten. Bei Radarnavigation verliert der Leuchtturm Wirklichkeitsbezug; die Klause hilft dem Subjekt nicht, wenn es heute etwas will. Es muß um zu produzieren in ungeschützte Zustände, in Lagen absoluter Verwundbarkeit gehen. Oder es wird Mitglied im System, denn dort sprossen wenigstens die Technologien zur Entfaltung von Teams ...
Im Ernstfall findet individuelle Emanzipation nur noch in organisationsspezifischen Zellen statt; die Tonnen wurden verladegerecht gestapelt. Diese Zellen, Tonnen, Gehäuse aber sind, was die Bedüfnisse des Subjekts angeht, viel zu schlecht konstruiert. Außerdem scheinen sie den Einzelnen in ewige Systemabhängigkeit zu bringen.
Dieser Eindruck der Unausweichlichkeit bei durchgezeichneter Technisierungslinie, diese Vorstellung des fortschreitenden Zusammenwachsens von

Menschen und Apparaturen zu starren Großgefügen kann aufgelöst werden. Soziale Alternativen, Antisysteme bleiben möglich und sie hängen wahrscheinlich am Konzept eines subjektspezifischen Gehäuses der Produktivität. Muß der einzelne sich wirklich den temporären Zwecken der Systeme unterwerfen, um in den Besitz seiner Emanzipationstechnologie zu gelangen? Nichts spricht eigentlich dagegen, dem Einzelnen eine Denktechnologie auf den Leib zu schneidern, und natürlich nicht nur den Koryphäen: jedermann sollte sie sich, wie ein Auto, leisten können.
Ein Denkei also, gebaut von Architekten und Ingenieuren, wo der Konsumwunsch in den Produktionswunsch umschlägt. Der moderne Städtebau bietet eine günstige Ausgangslage. Das Denkei hätte bewohnbar zu sein, isolierbar, bequem und wie ein Appartment nur durch Miet- oder Besitzrecht mit dem System verbunden. Die Denktechnologie käme »auf Wunsch« hinzu: Anschlüsse an spezielle und allgemeine Kommunikationssysteme, an die Speicherkapazitäten und sonstigen Dienste zentraler Großcomputer, dazu Hilfsapparaturen vom Diktaphon bis zum Leih-Chromatographen.
Mit der Auskonstruktion einer solchen Technologie werden die Schwierigkeiten ihrer sozialen Ausbreitung abnehmen. Wichtiger ist es, diese renovierten Eremitagen technologisch auf dem höchsten Stand und überhaupt flexibel zu halten. Man muß sie verlassen können. Sie dürfen nicht zu Zellen der Manipulation von Subjektivität werden; diese Gefahr ist jedoch gering, wenn man bedenkt, welch schwache Mittel das Subjekt schon in die kritische Distanz versetzen können. Ein wenig mehr an Denktechnologie würde diese Chance disproportional zur Kontrollchance der Systeme erhöhen. Von dieser Annahme lebt natürlich mein Vorschlag. (H. J. Krysmanski)

Die meisten Mitarbeiter an unserem Unternehmen haben die herkömmliche Form des Essays gewählt. Einige Texte haben die Form regelrechter Abhandlungen. Kurzgeschichten, Prosagedichte und Dialoge kommen nur ausnahmsweise vor. An den Schluß dieses Rechenschaftsberichts sei ein Manuskript gestellt, das die in Amerika entwickelte Form des »Scenarios« aufnimmt. Dieses Genre blüht in den *think tanks* der Konterrevolution, wo der Imperialismus, mit Hilfe von Sozialwissenschaftlern, Spieltheoretikern und Technokraten seine eigene Zukunft auf Flaschen zu ziehen versucht (siehe hierzu das *Dossier 1*). Die Schwächen der Form liegen auf der Hand. Da der Szenarist meist seine ideologischen Prämissen unterschlägt, da er in sein Kalkül eine unabsehbare Zahl von Variablen aufnehmen muß und da er unter einer exponentiell wachsenden Zahl von Möglichkeiten nur eine einzige, allenfalls eine überschaubare Menge auswählen kann, ist der prognostische Wert des Resultates gering. Das Szenario gerät gewöhnlich zum Wunsch- oder Alptraum. Dennoch ist es amüsant zu sehen, was bei einer Übernahme dieser Technik von seiten der Linken herausspringt. Dem folgenden Versuch kommt zugute, daß sein Verfasser die Szenario-Form nicht mit dem makabren Bierernst eines Herman Kahn entwickelt, sondern mit einem gehörigen Schuß von Ironie versetzt.

Prospektive Bundesgeschichte der Jahre 1969–1977

1969: Die antiautoritäre Bewegung entwickelt sich kontinuierlich weiter. Die Studenten verlieren bei den ASTA-Wahlen zwar einige Hochschulen, doch bleibt die progressive Mehrheit im VDS unangefochten. Die Basis bei den Schülern verbreitet sich weiter ... Untergrundzeitungen, Filmkooperativen, Freie Kindergärten, Volkküchen, Wohnkooperativen, Halbtagsarbeitsämter schießen wie Pilze aus dem Boden ...
Die Bundestagswahlen enden ähnlich der Wahl in Baden-Württemberg. CDU und CSU halten ihren Stand, die SPD verliert 14%, davon 10% an die NPD und 4% an die FDP. Die Große Koalition wird fortgesetzt.
1970: Die antiautoritäre Bewegung entfaltet sich weiter. Die Studenten, die seit 1967 ihr Studium abgeschlossen haben, bilden Syndikate Sozialistischer Lehrer, Juristen, Techniker, Assistenten, Programmierer usw. ...
Der SDS beschließt, zusammen mit Teilen der Republikanischen Clubs, der Humanistischen Union, des SHB und der Gewerkschaftsjugend die Gründung eines permanenten Seminars für antiautoritäre Organisationsformen mit monatlich wechselnden Tagungsorten und Delegierten ... Ein gemeinsamer Kongreß einer wesentlichen Minorität im DGB, der Außerparlamentarischen Opposition, des linken Flügels der EKD und der fortschrittlichen Buchverlage beschließt die Gründung einer linken Bild-Zeitung. Das Gründungskapital von 5 Mio. DM (100 000 Genossenschaftsanteile à 50 DM bei gleichzeitiger Verpflichtung zur Abnahme eines Jahresabonnements) wird in 14 Tagen aufgebracht ...

Auf dem Parteitag der SPD spricht sich die Mehrheit der Delegierten gegen eine weitere Beteiligung an der Regierung aus. Wehner, Schmidt und 18 andere Mitglieder werden aus dem Vorstand abgewählt ... Daraufhin demissioniert Kiesinger. Es gelingt ihm nicht, die FDP zu einer Koalition zu überreden. Regierungskrise.

1971–72: Franz-Josef Strauß, mit der Regierungsbildung beauftragt, geht eine Koalition mit der NPD ein. Die neue Regierung wendet nach einer Serie von Demonstrationen und Streiks die Notstandsgesetze an. Alle osteuropäischen Länder brechen die diplomatischen Beziehungen zur Bundesrepublik ab. Tausende von Emigranten überschwemmen Westeuropa und die ČSSR. Brandt hält im Bundestag nahezu dieselbe Rede, die Wels 1933 vor dem Reichstag hielt. Der DGB ruft den Generalstreik aus. Die Bundeswehr versucht, mit halbherziger Unterstützung der USA, einen Putsch nach griechischem Vorbild. Die DDR blockiert Berlin. Die sozialdemokratisch regierten Länder leisten Widerstand. In Hessen kommt es fast zu einem Bürgerkrieg. Strauß schreibt unter dem Druck von riesigen Demonstrationen Neuwahlen aus.

1972: Es kommt zu einer Spaltung der CDU. Der Arbeitnehmer-Flügel, Teile der Jungen Union, evangelische und katholische Gruppen gründen eine Partei des Ahlener Programms. Die Emigranten kehren zurück. Die Berlin-Krise wird beigelegt.

1973: Die antiautoritäre Bewegung entwickelt sich kontinuierlich weiter. Die Ausschüsse des Permanenten Seminars für Abrüstung, Kulturpolitik, Jugendfragen, Kommunalpolitik, Gesundheits-, Wohnungs- und Bildungswesen, Städtebau und Entwicklungshilfe arbeiten weit konstruktiver und wirksamer als die entsprechenden Ausschüsse des Bundestags. Bei jedem Ausschuß arbeiten ständig mehr als tausend Personen mit. Die Syndikate Sozialistischer Juristen und Programmierer formalisieren die vorgelegten Entwürfe; einzelne unter ihnen werden in besonders ausgewählten Stadtbezirken der Bevölkerung zur Modifikation und zur Abstimmung vorgelegt.

Die Außerparlamentarische Opposition, die nunmehr über eine starke städtische Basis verfügt, geht ein Jahr lang zur Agitation aufs Land. Die linke Bild-Zeitung produziert eine eigene Ausgabe für die Bauern.

Die Wahlen enden mit einem knappen Sieg der SPD (38%). Die CDU/CSU erreicht 31, die Partei des Ahlener Programms 6%, die FDP 19%, die NPD 5%. Die wieder zugelassene KPD erhält nur 1% der Stimmen.

Horst Ehmke bildet eine Koalitionsregierung aus SPD, FDP und PAP...

1974: Begründung des ersten Permanenten Europäischen Seminars für Antiautoritäre Organisationsformen mit starken Delegationen aus ganz Westeuropa und Beobachtern aus der ČSSR, aus Cuba, den USA und Brasilien. Die Entspannungspolitik der neuen Bundesregierung führt zu einem Tauwetter in der DDR. Wesentliche Maßnahmen: Den Ländern wird der Erlaß progressiver Hochschulgesetze empfohlen (Drittelparität, Abschaffung des numerus clausus usw.) Die Bundeswehr wird auf eine reine Verteidigungsarmee aus Freiwilligen umgestellt. (Die DDR folgt ein halbes Jahr später diesem Beispiel.) Vier Fünftel des Rüstungsbudgets werden für andere Zwecke frei. Bezirksverwaltungsgesetz: echte Autonomie für Kreise und Stadtbezirke. Bundesschulgesetz: Ausdehnung der Schulpflicht bis zum 19. Lebensjahr, obligatorische Schülerstipendien, Verbindung der letzten vier Schulklassen mit dem Produktionsprozeß, als neue Fächer Technologie, Soziologie, Kybernetik, politische Ökonomie. Strafvollzugsgesetz: individuelle psychotherapeutische Behandlung aller Straffälligen. Mitbestimmungsgesetz. Gesetz zur Begründung einer zentralen Informationsbank. Sozialmedizinisches Programm mit Schwerpunkt auf Vorbeugungsmaßnahmen.

1975: Die Ministerien für Justiz, Entwicklungshilfe, Wohnungsbau, Gesundheit, Wissenschaft und Konsum beginnen, ebenso wie die entsprechenden Parlamentsausschüsse, die Methoden der antiautoritären Bewegung zu übernehmen:

Vorbereitung aller Beschlüsse durch permanente Ausschüsse, an denen Tausende von Mitarbeitern bei rotierender Besetzung teilnehmen. Formulierung vielfältiger Alternativen. Entscheidung durch Referenda jeweils interessierter Teile der Bevölkerung (beim Mitbestimmungsgesetz immerhin 45%, beim Gesetz zur Eindämmung von Wasser- und Luftverschmutzung nur 3,4% Beteiligung). Die Antiautoritären entschließen sich, bei den ersten Bezirksratswahlen ersmals zu kandidieren. Sie werden in 78 Bezirken gewählt und stellen in 26 Bezirken, zusammen mit der SPD oder FDP, die Mehrheit. In diesen Bezirken werden die Methoden der antiautoritären Bewegung sofort übernommen. Da die Bewegung sich von jeher als eine dialektische verstanden hat, kommt es jedoch weiterhin zu Aktionen gegen die Regierung, vor allem gegen das Schwanken in ökonomischen Fragen und gegen den Kanzler Ehmke, der zum Oppor-

tunismus neigt ... Boykotte gegen verschleißproduzierende Firmen. Opposition gegen das Bundesschulgesetz. Die KPD bezeichnet die Antiautoritären als »Verräter an der Arbeiterklasse«.
1976: SDS und AAB schließen die »mechanische Fraktion« aus, die asiatische und lateinamerikanische Modelle unverändert auf die Bundesrepublik übertragen will. Konzernentflechtungs- und Schülerrätegesetz.
1977: Neuer Wahlsieg der SPD (32%) vor der CDU/PAP (28%). Die FDP erreicht wider Erwarten 22% der Stimmen. Die Antiautoritäre Bewegung gewinnt auf Anhieb 16% der Wähler. (NPD 1,5, KPD 0,5%). Koalition aus SPD, FDP und AAB. Knut Nevermann (SPD) wird Kanzler. Er ist der jüngste Regierungsvorsitzende Europas. Fritz Teufel (AAB) übernimmt das Familienministerium und veranlaßt den Bundestag, die Kommune als Rechtsform (Societas omnium bonorum des BGB, jederzeit auflösbare Gemeindeehe) anzuerkennen. Unruhe unter den katholischen Bischöfen und in der Evangelischen Kirche. Die Notstandsgesetze werden mit Zwei-Drittel-Mehrheit außer Kraft gesetzt. Die Ministerien und das Parlament (dessen eigentliche Arbeit nur noch in den Ausschüssen stattfindet) sollen durch permanent tagende, frei gewählte Legislativ- und Exekutivausschüsse ersetzt werden. Pläne zur 30-Stunden-Woche, zur permanenten Erziehung, zur Publizität der Aktionäre und Vergenossenschaftung großer Aktiengesellschaften. Materielles Pressefreiheitsgesetz. Gesetz über rationale Konsum-Information anstelle von Werbung. Legalisierung des Boykotts. Ein Zwanzig-Jahres-Plan zum Abbau der Geldwirtschaft wird erwogen. Der Verfassungsschutz wird abgeschafft. Gesetz zur Vergesellschaftung amerikanischen Eigentums. Vergesellschaftung der Großbanken. Nach fünf Jahren soll der Sitz der Regierung rotieren: jede Landeshauptstadt, die über Informationsbank und Zentralcomputer verfügt, soll jeweils für ein Jahr Bundeshauptstadt sein ...
P. S. Alle erwähnten Namen sind selbstredend Charaktermasken.

Rolf Schwendter

Gegen die Aufforderung an die Leser des Kursbuchs, *konkrete Utopien zu entwickeln, hat sich mancher Widerspruch erhoben. Sie wird in mehreren Einsendungen kritisiert. Der folgende Beitrag von Heinz Rudolf Sonntag bringt diese Kritik auf den Begriff.*

Zur Kritik eines Gedankens für die Zukunft. Statt einer Polemik

»Die Philosophen haben die Welt verschieden interpretiert; es kommt darauf an, sie zu verändern.« Karl Marx, *Thesen über Feuerbach*

Da schreibt das *Kursbuch* ein Preisausschreiben aus. »Prämiert wird der beste Gedanke für die Zukunft.« Der Hintergrund: Es wird immer wieder behauptet, daß die, die die Zukunft der Gesellschaft als menschengerechte sichern wollen, in ihren Vorstellungen über sie verschwommen seien und nicht zu sagen wüßten, wie ihre konkrete Gestalt und zumal ihre Details (in denen bekanntlich der Teufel steckt) aussehen. Diese Behauptung als unwahre zu entschleiern oder es doch zu versuchen, fühlt sich das *Kursbuch* aufgerufen. Die es machen, sind aber selber skeptisch: »Sollte dieses Ausschreiben ohne Ergebnis bleiben, so wäre auch dieser Fehlschlag ein Indiz.«

Das wäre er, in der Tat. Nur (vielleicht) nicht in dem Sinne, wie es im *Kursbuch* gemeint ist. Um das zu prüfen, müssen wir fragen, was den besten Gedanken für die Zukunft, »eine konkrete utopische Konzeption« herauszufordern heißt. Denn er (oder sie) soll doch offensichtlich auf mehr als konkrete, d. h. auf praktische gesellschaftliche Zusammenhänge sich richten; das geht aus den Beispielen hervor, die in den Bedingungen des Preisausschreibens genannt werden.

Zuerst bedeutet die Herausforderung, daß man den Kritikern derer, die die Gesellschaft human gestalten wollen und dabei auf die Inhumanitäten ihrer gegenwärtigen »Ordnung« zeigen, auf den Leim geht: Man übernimmt quasi stillschweigend ihre Behauptung, konkret-praktische Aussagen über die Zukunft zu machen, seien die Revolutionäre bisher nicht in der Lage gewesen. Hinter dieser Kritik steckt handfeste Ideologie, nämlich die, die da sagt: »Solange die konkreten, sprich: praktischen Vorteile einer neuen Gesellschaft in allen Einzelheiten nicht dargelegt sind, belassen wir es besser bei dieser, die doch einige Vorteile zumindest für einige ihrer Mitglieder aufweist.«

Daraus ergibt sich die zweite Bedeutung der Herausforderung. Sie will dazu beitragen, daß die, die die Veränderung der Wirklichkeit wollen, die Leerstellen in ihren eigenen Köpfen beseitigen. Sie sollen gereizt werden, über das Gegenteil der konkreten Utopie: über ihre praktischen Implikationen nachzudenken. Die Absicht ist deutlich, und sie ist gut. Sie zielt darauf, den Kritiken die Spitze abzubrechen und denen, die sie äußern, das allzeit bereite Wort der Diffamierung von den Lippen zu nehmen. Damit würde zugleich gezeigt, wie hohl ihre Ideologie ist.

Und doch – es wurde schon ausgesprochen – bedeutet die Herausforderung drittens, daß man die, die über die konkrete Utopie nachdenken, auf deren Gegenteil festlegen will, nämlich auf die praktischen Konsequenzen, die aus ihrer Verwirklichung sich ergeben würden. In dieser Bedeutung liegt, was zur Kritik eines Gedankens für die Zukunft auffordert, was zur Polemik reizt. Um es zu erkennen, sind einige Reflexionen notwendig.

Die konkrete Utopie heißt konkrete, weil sie sich nicht auf nur eine Dimension menschlicher Tätigkeit festlegen läßt. Sie wird zwar gedacht, aber nur in ihren allgemeinen Merkmalen, in ihren kategorischen Prinzipien. Daß man auf sie sich beschränkt, liegt daran, daß die verhärteten, mechanisierten, inhumanen Strukturen der gegebenen Gesellschaft ihre handelnde Verwirklichung auch in Teilbereichen oder – in der sprachlosen Sprache der Soziologie – Subsystemen nicht gestattet. Die konkrete Utopie wird also gedacht, weil die gegebene Gestalt der Wirklichkeit hier und jetzt sie immer wieder aufs Denken allein zurückwirft. So muß sie denn allgemein bleiben, darf nur in den Köpfen verwirklicht werden, hat der handelnden Verwirklichung sich zu enthalten. Damit wird sie zum angestrebten Ziel und als solches zum Handlungsmotiv. Als Motiv kann sie zwar Bestandteil der Handlung, aber nicht ihr Gegenstand sein. Daraus folgt, daß sie im Handeln sich jetzt nicht verwirklichen läßt. Um die Verwirklichung der konkreten Utopie als totale zu ermöglichen, ist es nötig, die Verhärtungen, Mechanismen, Inhumanitäten der bestehenden Gesellschafts»ordnung« aufzubrechen und sie so zu überwinden. Die konkrete Utopie heißt konkrete, weil sie nicht Inhalt des Denkens allein bleiben darf, sondern Inhalt des Handelns werden muß. Solange sie Inhalt des Denkens allein ist, muß sie bei ihren allgemeinen Merkmalen, bei ihren kategorischen Prinzipien verharren. Sie folgen einmal aus der Struktur der gegebenen Gestalt der Wirklichkeit, sind also das normativ-analytische Gegenbild zu dem System, das ihre handelnde Verwirklichung verhindert. In sie gehen bestimmte Wertsetzungen ein, deren Negation die gegebenen Verhältnisse sind. Diese Wertsetzungen sind deshalb weder absolute noch abstrakte, gehen deshalb nicht aus von einem apriorischen Menschenbild mit ontologischen Fixierungen. Ihr Inhalt ist konkret und verweist auf die Totalität menschlichen, und das heißt: gesellschaftlichen, Daseins. – Der Ursprung der kategorischen Prinzipien liegt zum andern in dem, was in ihrer denkenden Verwirklichung als möglich erkannt wird. In den Köpfen derer, die sie denken, wird erst durch ihren Vollzug eine blasse, abstrakte Vorstellung vom Menschen zu seiner konkreten Gestalt. Denn es stimmt zwar, daß die Verwirklichung der kategorischen Prinzipien, der konkreten Utopie, hier und jetzt nur im Denken sich vollzieht. Doch entwirft sie dem Menschen, der sie denkt, einen Inhalt des Handelns, der als Entwurf, als Möglichkeit, über die denkende Verwirklichung hinausweist und die handelnde Verwirklichung – immer noch im Kopf – als potentielle vorwegnimmt. – Diese beiden Quellen der kategorischen Prinzipien gehören ihrer Natur nach zusammen. Nur zur analytischen Beschreibung ist es gestattet, sie auseinanderzureißen.

Die konkrete Utopie hat sich als konkrete in der Formulierung der kategorischen Prinzipien zu erweisen. Sie können auf vier Begriffe gebracht werden.

1. Aufklärung durch Rationalität oder Rationalität durch Aufklärung. Das meint die Überwindung der für total sich ausgebenden partiellen Rationalität der gegebenen Gesellschafts»ordnung« in einem Akt der denkenden *und* handelnden Verwirklichung der rationalen Gesellschaftstheorie (im Sinne Adornos, Marcuses u. a.). Die gesellschaftlichen und kulturellen Prozesse müssen transparent gemacht und so für alle sichtbar ihrer immanenten Verschleierungsfunktion entkleidet werden, die als nicht reduzierbare Mechanismen in der gegebenen Wirklichkeit wirken.

2. Emanzipation der Klassen von sich selbst. Das meint die Überwindung der gesetzten, weil gesetzten: akzeptierten, weil akzeptierten: hierarchischen Einteilungen der Mitglieder der Gesellschaft und meint deshalb die material verwirklichte Chancengleichheit aller gesellschaftlichen Gruppen.

3. Autonomisierung der Individuen. Das meint die in der totalen Verwirklichung der konkreten Utopie sich ergebende Überwindung der Verzerrungen der menschlichen Natur und daher die Freisetzung der schöpferischen Kräfte des Menschen zu seinem eigenen und der Gesellschaft Nutzen.

4. Rationale Effizienz. Das meint die Überwindung des schon weithin akzeptierten und für weder zurückführbar noch aufhebbar gehaltenen Leistungsprinzips als Grundlage der gesellschaftlichen Prozesse in allen Bereichen und deshalb seine Ersetzung durch ein Wirkungsoptimum, das

nicht mehr an den in ihrer ständig neuen Produktion als irrational sich erweisenden, sondern an den echten Bedürfnissen von in einer rationalen Gesellschaft lebenden Menschen sich orientiert.
Die Aufzählung könnte anders aussehen oder vollständiger sein; die implizierten Voraussetzungen sind nicht genannt – sie beziehen sich auf die praktische Gestalt des Systems der Verteilung der Produktionsmittel, auf die der Institutionen etc.
Diese Prinzipien sind, wie jeder sieht, allgemeine. Deshalb sind sie jedoch weder abstrakte noch wirklichkeitsferne. In der handelnden Verwirklichung der konkreten Utopie gehen sie, die in ihrer denkenden Verwirklichung sich entwickelt haben, in die Wirklichkeit über. Dieser Vorgang duldet keine zeitliche Abfolge, nicht die Verwirklichung eines Prinzips nach dem andern. Er fordert ihre gleichzeitige und totale Ineinssetzung. Der Weg dahin ist weder einfach noch gefahrlos. Das ergibt sich schon aus der gegebenen Gestalt der Wirklichkeit hier und jetzt.
Die handelnde Verwirklichung der konkreten Utopie, die man – mit Sartre – als ihre Totalisierung bezeichnen kann, duldet nicht die denkende Vorwegnahme der praktischen Gestalt der durch jene zu schaffenden Gesellschaft. Diese apodiktische Behauptung bedarf einer näheren Begründung. Aus dem, was bisher gesagt ist, geht hervor, daß der Prozeß der denkenden Verwirklichung der konkreten Utopie ein einseitiger, nicht einmal ein halber, ein Prozeß ohne Wirklichkeitscharakter ist. Die handelnde Verwirklichung ist, mit der denkenden zusammen, sein Wesen. Untrennbar ist ihre Einheit. Daraus folgt, daß weder aus der einen noch aus der anderen Verwirklichung *allein* auf die praktische Gestalt der von der konkreten Utopie angestrebten Gesellschaft geschlossen werden darf. Was Baran für das wirtschaftliche System einer rationalen Gesellschaft gesagt hat, gilt auch hier: Wenn denkende *und* handelnde Verwirklichung sich endlich vereint haben, wird in ihrem Verlauf in einem Prozeß des Versuchens und Irrens die praktische Gestalt der Gesellschaft errichtet.
Die Aufgabe, die daraus sich ergibt, ist die der Vereinigung von denkender und handelnder Verwirklichung der konkreten Utopie. Sie läßt sich nicht, was einleuchtet, im denkenden Zugriff allein lösen. Das aber fordert das *Kursbuch*. Die es machen, wollen das Denken der konkreten Utopie auf die zu errichtende Praxis lenken, die doch erst in ihrer totalen Verwirklichung sich ergeben kann. Sie fordern also, was sie gerade ausschließt: ihre Fixierung auf eine Praxis, ihre Erstickung durch »Futurologie«. Das

ist ihr genaues Gegenteil. Was Marx in der »Kritik der Hegelschen Rechtsphilosophie« festgestellt hat, gilt auch heute noch: »Es genügt nicht, daß der Gedanke zur Verwirklichung drängt, die Wirklichkeit muß sich selbst zum Gedanken drängen.« In einem ineins verlaufenden Prozeß nur durchdringen denkende *und* handelnde Verwirklichung der konkreten Utopie die Gestalt der Gesellschaft und formen sie praktisch aus.
Ein anderer Satz von Marx trifft die Intention derer, die den Preis für einen Gedanken für die Zukunft ausschrieben, vielleicht am ehesten: »Die ideelle Erhebung über die Welt ist der ideologische Ausdruck der Ohnmacht der Philosophen gegenüber der Welt.« Wir sollen nämlich die Gestalt der Wirklichkeit hier und jetzt übergehen, sollen uns über sie erheben und sagen, welche Gestalt der zukünftigen gesellschaftlichen Verhältnisse wir praktisch meinen. Ich fürchte, daß auch das nur wieder dem dienen kann, was das Motto dieser Kritik sagt.
Gehen wir also an die Vereinigung von denkender und handelnder Verwirklichung der konkreten Utopie! Es liegt an uns nachzuweisen, daß sie die reale Bewegung der Geschichte ist. Nur in diesem Akt werden wir den Gedanken für die Zukunft entwerfen und im Entwurf realisieren können, den zu prämieren sich lohnt.

Heinz Rudolf Sonntag

Seit dem Ende des Zweiten Weltkrieges versuchen sich die Strategen des Kapitalismus an einer ideologischen Operation großen Stiles: Die Zukunft oder vielmehr das gegenwärtige Bewußtsein von ihr soll vom System her okkupiert und gegen radikale Veränderung abgesichert werden. Es handelt sich um ein Kommandounternehmen im Überbau. Da die Expansion des Kapitalismus im Innern und im Äußern auf unüberwindliche Schranken stößt, versucht er sich an der Kolonisierung der Zukunft. Sie soll gewissermaßen pazifiziert werden.
Das Unternehmen, das seine Wurzeln im amerikanischen Imperialismus hat, findet seine Begründung in handfesten ökonomischen Tatsachen. Die Entfaltung der modernsten Industrien, der Elektronik, des Computer-, Flugzeug- und Raketenbaus, der metallurgischen Industrie, der Großche-

mie und der Atomindustrie erfordert langfristige Investitionen, die nur noch über den Destruktionssektor des Staatshaushaltes finanziert werden können. Das erfordert die zunehmende Integration von Staatsapparat, Monopolspitzen und Großforschung. Ohne eine langfristige Planung, die weit über das herkömmliche Maß an »unternehmerischem Weitblick« hinausreicht, ist der Prozeß nicht zu steuern: der Plankapitalismus wird zur objektiven Notwendigkeit.

Das bedeutet, daß Planung schlechthin, also ein ursprünglich »linker« Gedanke, zwischen den Kriegen, wenigstens offiziell, von der Kapitalistenklasse noch mit Abscheu zurückgewiesen und als bolschewistische Bedrohung unternehmerischer Freiheit betrachtet, praktisch und ideologisch ins System integriert werden muß. Regierungsoffizielle Gremien und Akademien wie die *Commission on the Year 2000* oder das gaullistische Plankommissariat arbeiten Berichte und Prognosen aus, Gutachter der Rand Corporation oder des Hudson Institute rechnen Trends hoch und schreiben Szenarios, »Delphi-Techniken« und Computer-Spiele zur Erfassung des Unvorhergesehenen werden entwickelt, die populären Massenmedien bringen die Resultate, auf Schlagworte wie *Horizont 1984* verkürzt, unter die Leute. An den Universitäten tauchen Futurologen oder Futuribles auf, die nicht selten versuchen, diese Operation auf den herkömmlichen Wissenschaftsbegriff zu bringen. Der Fortschritt, technokratisch entkernt und abgeplattet, wird zur Attrappe der Konterrevolution. Utopisches Denken paßt sich dem Bestehenden an, verkommt zur bloßen Extrapolation und stellt sich in den Dienst eines destruktiven und inhumanen Betriebs. Mit der üblichen historischen Verspätung machen sich diese Tendenzen auch in Deutschland breit: seit dem Hinauswurf Ludwig Erhards, dessen hausväterliche Spruchweisheiten aus dem Vormärz der Monopolen nachgerade auf die Nerven gingen, sind sie auch in der Bundesrepublik offiziell sanktioniert.

Für die Linke in den hochindustrialisierten Metropolen ist dadurch eine neue Lage entstanden. Soweit sich ihre Theorie auf die Zukunft bezieht, hat sie zusehends defensive Züge angenommen. Vom Pathos der ersten sowjetischen Fünfjahrespläne, von der eifrigen Projektmacherei der englischen Fabians ist nicht viel übriggeblieben. Das utopische Denken bleibt seltsam blaß, seine Vermittlung mit der Gegenwart wird nicht versucht, ja sogar ausdrücklich zurückgewiesen.

Begründet wird diese Haltung mit guten und alten prinzipiellen Gründen.

Schon Marx hat sie vertreten und mit den Wolkenkuckucksheimen der Frühsozialisten unerbittlich abgerechnet. In der Tat setzt sich jede utopische Systembildung nach klassischer Manier nicht nur methodischen und erkenntnistheoretischen Einwänden aus: sie ist auch politisch ohnmächtig, ein Hebel, der sich nirgends ansetzen läßt; daher führt sie theoretisch meistens zu Verbohrt- und Verblasenheit, praktisch so gut wie immer zum Quietismus.

Das Argument hat jedoch seine Kehrseite. Auch die Weigerung, Zukunft zu denken, kann zum Warten auf den Sankt-Nimmerleins-Tag führen. Der methodologische Skrupel kann zur Ausrede werden. Wer sich damit begnügt, die Perspektive der befreiten Gesellschaft aus ein paar Marx-Zitaten, und zwar immer denselben, notdürftig zusammenzuflicken, wer immer nur Marcuse vorschickt, wo etwas Neues gedacht werden soll, der muß sich vorwerfen lassen, daß er Phantasielosigkeit als Unbedingtheit tarnt und theoretische Impotenz mit dem Feldzeichen der großen Verweigerung schmückt. Auf solche Weise wird eines der wichtigsten Felder des politischen und gesellschaftlichen Bewußtseins kampflos geräumt und der konterrevolutionären Propaganda überlassen.

Mit alledem wird keineswegs die berühmte Frage nach dem Positiven gestellt. Es kann sich nicht darum handeln, den Entwürfen des Plankapitalismus spiegelbildliche Alternativen gegenüberzustellen. Diese Entwürfe sind vielmehr glatt zu negieren. Ein ideologischer Wettbewerb, bei dem der Gegner die Prämissen bestimmt und die Fragen stellt, kommt nicht in Betracht. Die Zukunft ist sicherlich nicht als ein Ideen-Markt vorstellbar, auf dem das »bessere« Angebot von irgendeinem passiven und neutralen Bieter (der »Bevölkerung«) den Zuschlag bekäme.

Die Forderung nach konkreter Utopie wäre vielmehr offensiv zu begründen, und zwar einerseits aus dem unabsehbaren Potential der Wünsche, welche die Unterdrückten in sich unterdrücken, und andererseits aus der gegenwärtigen Praxis der revolutionären Bewegungen.

Diejenigen Bedürfnisse, welche die kritische Theorie die wahren und menschlichen nennt, im Gegensatz zu den falschen, welche das gesellschaftliche System gleichzeitig weckt und verzehrt, sind großenteils unbekannt: sie finden keinen Ausdruck, sie wagen es nicht, sich zu äußern. Die Wünsche der Unterdrückten sind unterdrückte Wünsche. Sie enthalten eine Sprengkraft, die das System, wenn sie einmal geweckt sind, auf keine Weise abfangen kann. Wo immer sie zum Vorschein kommen, und sei es

an der scheinbar alltäglichsten Stelle, stoßen sie auf die Grenzen dessen, was das System leisten und bewilligen kann, und damit auf offene Repression. (Am Anfang des Aufstandes gegen das gaullistische Regime stand der Versuch einiger hundert Studenten, eine Hausordnung zu durchbrechen.)
Eine erste Aufgabe der konkreten Utopie bestünde also darin, die unterdrückten Bedürfnisse und Wünsche der Massen zu artikulieren und freizumachen. Einzelne können dabei nur einen kleinen Anfang machen, einen kollektiven Bewußtseinsprozeß nicht bestimmen oder lenken, ihn allenfalls in Gang bringen. In diesem Sinn kann die konkrete Utopie politisch unmittelbar mobilisierend wirken.
Sie fängt damit keineswegs an einem Nullpunkt an. Denn die Praxis, mit der sie sich als Theorie zu verbinden hat, gehört nicht irgendeiner entlegenen Zukunft an, sie ist immer schon da: und zwar, im Großen, in den heute bereits existierenden revolutionären Gesellschaften, und im Kleinen in der vorrevolutionären Aktion. In einer wachsenden Zahl von Gegeninstitutionen, von New York bis Berlin, wird antiautoritäre, also systemwidrige Erziehung längst antizipierend erprobt; englische und italienische Psychiater haben Kliniken gegründet, welche die existierenden revolutionär negieren; Universitäten werden faktisch in jeder Woche besetzt und von Räten umgestaltet; Wohnkommunen der verschiedensten Art existieren in allen Metropolen. Die Abschaffung der Geldwirtschaft mag in der Bundesrepublik als bloße Gedankenspielerei erscheinen; sie ist das erklärte Ziel der revolutionären Regierung Cubas, die bereits die ersten Schritte auf diesem Weg zurückgelegt hat.
Das Argument, die konkrete Utopie sei verfrüht, läuft auf Attentismus hinaus. Es ist wahr: nur die befreite Gesellschaft selber kann Herr ihrer Zukunft sein; es ist wahr: keine Antizipation kann der Deformierung durch das System entgehen, in dem sie gedacht und praktiziert wird. Zum Warten auf den Tag der Revolution berechtigen solche Einwände nicht. Nicht daß konkrete Utopie der politischen Praxis davonläuft und sich »ideell über sie erhebt« ist heute die Gefahr der anti-autoritären Bewegung, sondern daß sie hinter ihr herhinkt.

Redaktion und Kommentar: Hans Magnus Enzensberger

Ein Gespräch über die Zukunft mit Rudi Dutschke, Bernd Rabehl und Christian Semler

Das folgende Gespräch ist im Oktober 1967 geführt worden.

Hans Magnus Enzensberger. Gibt es für hochindustrialisierte Länder eine revolutionäre Zukunft, und wie könnte diese Zukunft aussehen? Das ist eine Frage von großer Allgemeinheit. Sie muß präzisiert werden. Methodisch möchte ich zu Anfang sagen – ich glaube, darauf können wir uns alle einigen: zwei Arten, nach der Zukunft zu fragen, können wir gleich ausscheiden. Das eine ist die utopische Frageweise, d. h. die Frage nach einem Endzustand, nach einem widerspruchsfreien Endzustand. Ich glaube, das ist eine Frage, die uns alle überhaupt nicht interessiert. Das wäre die zu weite Perspektive. Und die zu nahe Perspektive wäre die Fragestellung der bloßen Planifikation, die letzten Endes immer auf eine bloße Verlängerung hinausläuft, auf eine Extrapolation aus dem Bestehenden.

D. Wir sollten über den Transformationsprozeß, also über eine Zukunft in der Gegenwart sprechen.

E. Wir haben bisher kein Beipiel von einer Gesellschaft, die sich, nachdem sie einen hohen Grad von Industrialisierung erreicht hat, von Grund auf revolutioniert hätte.

D. Wenn wir von der Pariser Kommune absehen, der ersten Revolution in einer Metropole.

E. Aber ist die Probe aufs Exempel da überhaupt gemacht worden, das heißt, ist es bei der Pariser Kommune überhaupt so weit gekommen, daß die revolutionäre Regierung ihre Funktionsfähigkeit hätte unter Beweis stellen können?

R. Wir haben es im Fall der Pariser Kommune mit der Konstruktion eines Modells, oder wenigstens mit den Ansätzen zu einer solchen Konstruktion zu tun. Von diesem Modell müssen wir die tatsächlichen Maßnahmen der Kommune abheben. Das Modell bildet den bestimmten Gegensatz zum bonapartischen Regime, und es entwickelt diesen Gegensatz auf der Ebene der Staatsverwaltung. Der Stand der Produktivkräfte in Frankreich und die Organisation dieser Produktivkräfte gehen eigentlich nicht ins Modell ein.

D. Analytisch jedenfalls ist zu unterscheiden zwischen dem Modell der Selbstverwaltung der Produzenten über ihre Produkte als, wie Marx sagt, ewiges Prinzip, das immer wieder im Prozeß der Revolution erreicht werden muß, auf der einen, und dem historischen Stand der Entwicklung der Produktivkräfte auf der andern Seite. Selbstverwaltung der Produzenten, Produzentengesellschaft, direkte Demokratie: das ist ja nun ein Modell, das auch für unsere Gegenwart zukunftsträchtig ist, und zwar unabhängig vom Stand der Entwicklung der Produktivkräfte.

S. Der Bonapartismus ist nur möglich in einer verhältnismäßig hoch industrialisierten Gesellschaft, die diesen enormen Staatsapparat bezahlen und tragen kann. Eine solche Gesellschaft kann alles leisten, alles ist in einer Gesellschaft möglich, die sich einen Apparat leisten kann wie die im Bonapartismus wahnsinnig erstarrte Bürokratie. In dieser Hinsicht, glaube ich, hat Marx den Stand der Produktivkräfte berücksichtigt, ohne direkt darauf einzugehen. Und an diesem Modell sollten wir weiter arbeiten und sagen, gerade eine Gesellschaft, die solche Bürokratie hervorgebracht hat, eine Bürokratie zur Aufrechterhaltung der Herrschaft, eine solche Gesellschaft ist auch fähig, eine sozialistische Umgestaltung durchzuführen.

E. Drehen wir doch einmal die Frage um. Die Gesellschaft kann sich diesen Apparat leisten, aber kann sie sich leisten, einen solchen Apparat nicht zu haben? Dient diese Apparat wirklich nur der Aufrechterhaltung der Herrschaft, oder dient er auch der Aufrechterhaltung der Produktion? Das sind zwei verschiedene Dinge. Natürlich, die Herrschaftsfunktionen sind unmittelbar klar und einsichtig. Sie sind mit den Produktionsfunktionen eng verbunden. Es ist deshalb sehr schwer, abstrakt auszumachen, was das eine und was das andere ist. Aber bis zu einem gewissen Grade, scheint mir, liegt es im Wesen der heutigen Produktionsweise, daß sie solche Apparate braucht. Und wenn man diese Apparate abbauen will, dann muß man nicht nur die Herrschaftsverhältnisse ändern, sondern auch die Produktionsweise.

S. Interessanterweise unterscheidet Marx im *Bürgerkrieg in Frankreich* zwischen der Gewalt, die abgebaut werden kann, und einer funktionalen, notwendigen Gewalt.

D. In der zentralisierten Staatsmaschinerie gibt es eine Ebene der Notwendigkeit und eine Ebene der zusätzlichen Herrschaft über die Gesellschaft. Stehendes Heer, Bürokratie, juristische Herrschaftsfunktionen, Polizei, alles das kann man heute natürlich unter dem Begriff der toten Kosten zusammenfassen. Ganz sicher sind das die entscheidenden Punkte, wo der Staat, wie Marx sagt, als eine Boa constrictor die ganze Gesellschaft umfaßt und zusammenfaßt, um die Möglichkeit der Befreiung, die ja vielleicht schon zur Zeit der Pariser Kommune als reale Möglichkeit der Emanzipation der Produzenten da war, immer wieder zu verhindern. Heute noch viel mehr als 1871 hat sich diese Boa constrictor verselbständigt und ist eins geworden mit der heutigen Technologie.

E. Vielleicht genügt es also gar nicht mehr, die politischen Verhältnisse umzustürzen? Bedeutet der Umsturz politischer Verhältnisse nicht auch, wenn man ihn zu Ende denkt, einen Umsturz der technologischen Verhältnisse? Kann die Technologie so bleiben wie sie ist, in einer befreiten Gesellschaft?

D. Sicherlich nicht. Mit Hegel, also vormarxistisch, kann man sagen, daß die Befreiung des Bewußtseins die Gegenstände des Denkens verändert. Das hat Marx aufgenommen. Das kapitalistische Naturgesetz beruht auf der Bewußtlosigkeit der Beteiligten. Mit dem Verschwinden dieser Bewußtlosigkeit verschwindet auch das Naturgesetz in seiner repressiven Form, und so ist in der falschen Gesellschaft doch die richtige drin, bloß in der falschen Form, in der bewußtlosen Form.

E. Sie muß also sozusagen auf die Füße gestellt werden.

D. Ja. Heute allerdings muß man feststellen – gegen Hegel: Indem wir es anders denken, wird es nicht anders. Heute wäre das »Auf-die-Füße-stellen«, daß all das, was falsch ist, direkt herausgebrochen werden, abgeschafft werden muß. Das Problem der Abschaffung ist im herkömmlichen Marxismus nicht primär ein Problem der Zerstörung, sondern ein Problem der Entfesselung. Heute jedoch setzt Entfesselung Zerstörung von verselbständigter unmenschlicher Maschinerie voraus. Wenn die Befreiungsfront ein Munitionslager in Da Nang in die Luft sprengt, dann steckt darin bereits ein Stück Zukunft.

R. Technologie bedeutet für bürgerliche Zukunftsbilder das Wesentliche, sie bedeutet alles. Diese Technologie ist Bestandteil der Bürokratie und der toten Kosten, sie reproduziert andauernd Herrschaft. Sie zielt auf die Verewigung der kapitalistischen Herrschaft. Deshalb muß diese Technologie, so wie sie angelegt ist, zerstört werden, abgeschafft werden.

D. Nicht die Technologie als Ganzes.

R. Doch. Die Technologie in ihrer ganzen Anlage, in ihrer Zielrichtung, in ihrer Arbeitsweise. Nicht der Wissensstand, den sie enthält, die Beherrschung der Natur, das nicht, sondern ihre heutige Struktur, ihr Ziel, das muß abgeschafft werden. Dadurch würde man überhaupt erst erkennen, was Technologie leisten kann. In ihrer heutigen Gestalt verbaut sie sich selbst. Der Kapitalismus kann sie nicht zu sich selbst bringen.

D. Das führt uns wieder auf die Produktionsverhältnisse zurück. Die Technologie ist nicht das Böse an sich.

E. Die bisherige Praxis des Sozialismus hat diese Frage überhaupt nicht gestellt, soweit ich sehen kann, sondern sie hat sich darauf beschränkt, die Technologie im bisherigen Sinn weiterzutreiben und die Produktivität zu erhöhen. Die Produktivität ist schon im Leninismus zum Leitstern der sozialistischen Entwicklung geworden. Und es ist über die Frage kaum nachgedacht worden, ob die Technologie selbst nicht einen anderen gesellschaftlichen Auftrag braucht und was das für die Technologie selbst bedeutet. Man baut Automodelle nach: das ist die bisherige Praxis.

S. Können wir das noch einmal zurückführen auf die Konstruktionsprobleme bei Marx selbst? Das Leistungsprinzip, das unmittelbar mit dem Realitätsprinzip verbunden ist, ist meiner Ansicht nach bei Marx in dem Kommune-Modell gar nicht problematisch geworden, weil dieses Modell direkt zugeht auf die Selbständigkeit der Produzenten und das Problem der Technologie ausklammert. Und Lenin nimmt in *Staat und Revolution* scheinbar das ganze Kommune-Modell auf, und zwar in Gestalt der Räte; aber wie ist das zu verstehen im Zusammenhang mit seiner Theorie, man müsse am höchsten Punkt der Produktivkräfte des Kapitalismus anknüpfen? Da ist das Kommune-Modell doch viel radikaler, obwohl es die Frage nicht ausdrücklich macht, sondern nur die bestimmte Negation des bonapartistischen Modells entwickelt. Lenin stellt diese Frage falsch. Auf der einen Seite nimmt er die konkrete Erfahrung der Räte auf, sieht, daß dort eine neue Staatsform, eine neue Gesellschaftsform entsteht, auf der anderen Seite aber bleibt er Kautskianer im Begriff der Entwicklung, übernimmt also Kautskys Logik aus der *Sozialen Revolution*: Orientierung an Amerika, am höchsten Stand der Produktivkräfte, die deutsche Kriegswirtschaft als Musterbeispiel für ein hochindustrialisiertes Land. Die Funktion der Technologie und die Funktion der Bürokratie bleiben also unbegriffen. Im Grunde genommen ist da im Aufbau von *Staat und Revolution* ein ganz gewaltiger Widerspruch.

E. Vielleicht liegt es aber doch auch an der Zurückgebliebenheit des Landes, mit dem er zu tun hatte. Für uns stellt sich die Frage ganz anders, weil bei uns die Produktivkräfte ganz anders entwickelt sind als im Rußland des Jahres 1917. Aber auch das Problem des Bewußtseins hat sich heute bei uns unter kapitalistischen Verhältnissen radikalisiert. Man kommt mit dem Begriff des Überbaus nicht mehr aus. Es ist ein Innenbau, womit wir es zu tun haben. Ein Gespräch über die Zukunft muß in diesen Innenbau eindringen; wir müssen versuchen, das Bewußtsein aufzubrechen, und das kann nicht geschehen, wenn man sich auf ein Denken an die Zukunft beschränkt, das entweder planifikatorisch oder utopisch ist.

R. Wenn man ökonomistisch die Reife der Revolution bestimmen würde, könnte man sagen, sie ist reif, überreif, schon seit fünfzig Jahren, vielleicht noch länger. Und wenn die Revolution in den Metropolen stattfindet, ist alles möglich. Man kann sich fast ausdenken, was man will, weil die Produktionskräfte es ja hergeben. Nun ist aber die Frage: wie sind die Menschen aus ihrer Hörigkeit zu befreien, und da ist es mit Konzeptionen, mit Entwürfen für die Zukunft nicht getan. Das ist nur möglich durch die Aktion. Nur durch die Aktion können die Leute sich aus ihrer Hörigkeit in der Praxis befreien. Der Parteimarxismus hat diese Frage nie richtig gestellt. Er hat immer nur abgewartet. Sie haben an den objektiven Prozeß geglaubt, an die Dialektik der Produktivkräfte. Sie glaubten, mit den Worten Landauers, die Dampfmaschine werde die Revolution machen.

E. Auf die Dampfmaschine können wir unsere Hoffnung nicht mehr setzen, und es ist auch falsch, glaube ich, diese Rolle der Automation zuschieben zu wollen, zu erwarten, die Automation werde die Leute schon zur Revolution reif machen.

D. Einverstanden. Es hat also keinen Sinn, Zukunftsentwürfe zu liefern, ohne über den Transformationsprozeß nachzudenken. Und dieser Prozeß hat zwei Seiten. Die eine ist unabhängig von uns. Ich meine die fortschreitende Polarisation der Welt: Dritte Welt, hochindustrielle Welt, Imperialismus und Befreiungsfronten. Die andere Seite ist unsere eigene Situation in den Metropolen, ist die Befreiung des Bewußtseins als Produktivkraft zur Revolutionierung unserer eigenen Gesellschaft. Wir müssen also die Transformation verstehen als einen doppelten Prozeß objektiver Polarisierung im Weltmaßstab und subjektiver Mobilisierung in den Metropolen, wo die objektiven Bedingungen reif sind. Wir müssen also den Transformationsprozeß vermitteln mit der gegenwärtigen Realität. Das sollten wir jetzt versuchen.

R. Wir rechnen in den Metropolen mit der Verweigerung einzelner Leute und einzelner Schichten und Klassen, die nicht mehr mitmachen.

E. Vielleicht können wir einige Hinweise gewinnen, wenn wir jetzt genauer fragen, was das für Schichten sind und warum es diese Schichten sein sollen und nicht andere Schichten. Tasten wir den soziologischen Horizont in den Metropolen ab – was kommt da in Betracht?

R. Es ist interessant, daß jetzt plötzlich der Bakuninsche Proletariatsbegriff wieder an Inhalt gewinnt: deklassierte Intelligenz, Intelligenz, die außerhalb der Apparate steht, die gewisse Einsichten hat und sich weigert, im Apparat mitzuarbeiten; ferner das Lumpenproletariat, Lumpenproletariat im Sinn jener Randschichten, die durch die Strukturkrise arbeitslos werden oder deren Stellung im Produktionsprozeß gefährdet ist. Nur eines fällt heute weg. Bakunin rechnete noch mit einer revolutionären Bauernschaft. Die revolutionäre Bauernschaft lebt aber heute in der Dritten Welt. Das Proletariat im Bakuninschen Sinn hat sich über die ganze Welt verteilt.

S. Was mir bei diesem Schema gefährlich scheint, ist die gewissermaßen endgültige Fixierung dieser Gruppierungen. Du vergißt die Rolle des Arbeitermilieus, etwa in denjenigen Regionen, die von den Kommunisten seit sehr langer Zeit beherrscht werden, in Italien beispielsweise die Romagna und die Emilia, in Frankreich die Pariser Vorstädte und so weiter. Und die Frage ist, hat dort nur ein anders gearteter Integrationsprozeß stattgefunden, oder was ist da noch vorhanden? Man könnte das heutige kommunistische Milieu genauso betrachten wie das alte sozialdemokratische Milieu: als Bestandteil der kapitalistischen Herrschaft, und sogar als wesentlichen Faktor dieser Herrschaft, schon im wilhelminischen Reich, das kann man ja wohl rückschauend sagen. – Es ist ja ganz klar, daß ein Gegenmilieu im Moment nicht vorhanden ist in St. Denis oder in Bologna.

R. Ich glaube im Gegenteil, daß im Revolutionierungsprozeß gerade dieses Milieu, das kommunistische Milieu, in Frankreich und auch in Italien eine entscheidende Rolle spielen wird. Man kann nicht sagen, es sei zum Bestandteil der kapitalistischen Herrschaft geworden.

D. Ich weiß nicht. Ich will nicht über Frankreich und Italien sprechen, ich will von unseren Bedingungen ausgehen. Und da meine ich, daß dieses Arbeitermilieu als bestimmte Negation des bestehenden Systems bei uns nicht existiert. Ich gehe davon aus, daß die Schaffung eines solchen Milieus erst als Resultat der Revolutionierung von Randschichten gelingen und nicht strategischer Ausgangspunkt der Transformierung sein kann. Die historischen Rückstände in Frankreich und in Italien haben bestimmt noch geschichtliche Relevanz. Aber ich meine, daß auch dort sich ein neues Gegenmilieu bilden müßte, das dann im Verein mit jenen Resten eine revolutionäre Sprengkraft entwickeln kann. Wir unterscheiden ja heute im Spätkapitalismus zwischen expandierenden und stagnierenden Industriezweigen. Und die permanente Krise der Gegenwart (wir sind eigentlich von der Krise nie weg gewesen, auch in der Konjunktur) wird in der Bundesrepublik subventionistisch verschleppt. Nun ist die Frage, ob der Abbauprozeß der stagnierenden Produktionszweige es uns ermöglicht, ein Gegenmilieu aufzubauen.

E. Ich glaube, um eine genaue Betrachtung der sogenannten neuen Mittelklassen kommt man nicht herum. Ich meine damit das Angestelltenmilieu, das sehr differenziert ist, das anfängt bei kleinen Beamten, Angestellten und hinaufreicht bis zu den hochbezahlten Wissenschaftlern. Ich möchte die Frage stellen, wie homogen ist dieses Milieu, wie stabil ist es. Die Angestellten, mögen sie noch so gut bezahlt sein, sind doch zum großen Teil proletarisiert, d. h., im Gegensatz zur klassischen Bourgeoisie sind das völlig abhängige Leute, es sind Leute, die keine Selbständigkeit haben. Ich glaube nicht, daß diese Sicherheit, von der diese Leute träumen, jemals erreichbar ist im Rahmen des bestehenden Systems. Man muß ihnen ihre faktische Abhängigkeit klar machen.

R. Revolutionär werden diese Leute nie; viel eher werden sie Zyniker. Wir haben z. B. augenblicklich eine ganz radikale technische und bürokratische Intelligenz in Griechenland, die vom Staatsapparat ausgeschlossen bleibt, weil der Staatsapparat noch nicht gefestigt ist. Diese Leute müssen also wirklich um ihren Arbeitsplatz bangen. Sie hassen dieses faschistische System, aber nur, weil dort die Akkumulation gestört wird. Das gleiche gilt für das vorrevolutionäre Rußland, wo dieselbe Schicht sozusagen Stellvertreter des Liberalismus war, der ja in Rußland nie richtig bestand. Die Ingenieure waren vor der Revolution die Statthalter des kapitalistischen Weges, und im Revolutionsprozeß haben sie sich zur Konterrevolution geschlagen. Das ist nicht zufällig. Die Ingenieure und die Techniker sind zum größten Teil zu den Weißgardisten übergelaufen oder emigriert. Wie war es in Deutschland 1918? Gab es da Ansätze? Die Kopfarbeiter und die Handarbeiter sollten zusammenkommen, die Ingenieure sollten die Arbeiter unterweisen in der Führung der Betriebe. Und wenn auch in der Rätebewegung einige radikale Angestellte mitmachten, so ist doch nach 1919, 1920 ein Prozeß eingetreten, wo gerade diese Intelligenz von der Arbeiterbewegung abfiel und immer mehr integriert wurde, so daß nur noch Restbestände, zum Beispiel die Lehrerbewegung zu den Arbeitern hielt.

D. Die Intelligenz als klassisch spezifische Schicht ist unfähig zur Revolution. Einzelne können natürlich zu führenden Trägern der Revolution werden, aber die Produktionsintelligenz als Klasse oder als spezifische Schicht hat kein Primat der Revolution, sondern muß sich, ganz im Gegenteil, als Klasse aufgeben, um die Revolution zu machen. Im Spätkapitalismus kann die Systemopposition unendlich viele Formen haben. Sie ist nicht mehr gebunden an eine spezifische Stellung im Produktionsprozeß. Die eigentliche Schwierigkeit sehe ich heute darin, daß diese über die ganze Gesellschaft verteilten Gegner, Halbgegner, nicht ganz Angepaßten des Systems nicht organisiert werden durch eine spezifische Schicht, Gruppe, Klasse, die das Primat der Revolution aus ihrer Stellung in der Produktion ableitet und den Klassenkampf gegen das System organisiert.

E. Es fehlt der gesellschaftliche Pilot. Es ist kein Lotse da.

R. Wir sollten die Frage stellen, welche gesellschaftlichen Schichten bereit wären, bis zur radikalen Gewalt zu gehen, indem sie versuchen, das System zu beseitigen. Wir sollten z. B. die Versuche der amerikanischen Liberalen sehr hoch einschätzen, wir sollten uns darüber nicht erheben, wir sollten aber wissen, daß sie unfähig sind, den letzten Schritt zu tun, die Sprache der Gewalt zu sprechen. Sie werden vielleicht in die Illegalität gehen, aber sie werden nicht sagen: Gewalt. Wir müssen dabei bedenken, daß auch innerhalb der Bürokratie Gegensätze auftauchen, und gerade in den USA zwischen der Militärbürokratie, die sich borniert gibt, die einfach intelligenzarm und dumm ist, speziell im Vietnam-Krieg, so daß ein anderer Teil der Bürokratie, der das rationale Prinzip des Kapitalismus vertritt, bereit ist, gegen diese zerstörende Tendenz des Kapitalismus selbst, nämlich gegen den bornierten Militarismus, aufzutreten. So kommt es dazu, daß die Liberalen für die Erhaltung des Kapitalismus demonstrieren, indem sie sagen: Dieser Krieg ist Unsinn, er ist falsch und irrational. Anders etwa die Hippies. Die unterscheiden sich zweifellos von den Leuten, die in den Apparaten sitzen. Sie kommen aus der Mittelklasse, aber sie haben schon einen Schritt weiter getan, sie wollen heraus aus diesem Milieu. Da sind bereits Momente der Verweigerung, sie machen nicht mehr mit, sie denken überhaupt nicht mehr im rationalen Sinn der Apparatur. Sie unterscheiden sich da auch von den Liberalen. Deshalb sind die Hippies ein neues Moment der Systemopposition.

E. Bei den Hippies scheint mir eines interessant: Ich glaube an die Sprengkraft der Wünsche. Man kann über die Hippies sagen, was man will, aber eines muß man ihnen zubilligen, sie haben den Mut zu ihren Wünschen. Man könnte sich fragen, ob *wir* den Mut zu unseren Wünschen haben. Wir entdecken unsere Wünsche nicht. Das lassen wir uns besorgen von einem Siebzigjährigen. Ein Siebzigjähriger erklärt uns unsere Wünsche.

R. Der Siebzigjährige erklärt uns nicht unsere Wünsche, er erklärt uns die Bedingungen und die Möglichkeit unserer Wünsche.

D. In Amerika ist ein Lotse in die Zukunft zu erkennen. Es gibt dort die radikale Negation in Gestalt der nationalen Minoritäten, der Neger. Das ist schon in der Gegenwart radikale Negation bis zur äußersten Konsequenz. Das bedeutet Schaffung neuer menschlicher Beziehungen im Kampf, Organisierung der armen Neger, vielleicht auch Organisierung der armen Weißen; daraus entstehen wiederum spezielle Organisationsformen, die menschlicher sind, die vielleicht schon Bedürfnisse erfüllen, die bei uns verdrängt werden. Carmichael hat einmal zu den Hippies gesagt: Nun stellt euch mal, wenn die Polizei kommt, mit eurer flower-power der Gewalt in den Weg. Wenn ihr das macht, dann akzeptieren wir euch. Daraus ist natürlich nichts geworden. Dennoch ist das Experiment der Hippies ein totales Experiment: ein eigenes Milieu, ein eigenes Leben, gegenseitige Hilfe, eigenes Zirkulationsfeld. Die Bedürfnisse des Körpers, in welcher Form sie auch auftreten, werden nicht verdrängt, werden vielleicht auch noch nicht bewußt gemacht, aber sie werden realisiert. Die Versuche der Reaktivierung quasi-biologischer, physischer Tendenzen durch die Hippies ist ein wichtiges Moment, das vielleicht in die Zukunft weist. Nur wird darüber die Machtfrage vergessen. Das ist die Grenze dieser Bewegung.

R. Sie bleibt aber eine Provokation, und zwar gerade für die, die einen revolutionären Anspruch erheben. Sie fordert uns auf, unsere Fragen zu konkretisieren, genau zu sagen, was wollen wir, was sind unsere Wünsche, und diese Provokation finde ich sehr wichtig. Wenn es also heißt, das sind Kleinbürger und Spinner, so ist das eine Ausrede. Wer so spricht, der ist selbst kein Revolutionär mehr, weil er im Grunde genommen über seine eigenen Wünsche als Kleinbürger spricht.

D. In Amerika sind die Ansätze der Zukunft schon in der Gegenwart sichtbar, in der radikalen Opposition, in der Negerbewegung. Daraus folgere ich, daß die Hippie-Bewegung in ihrer ganzen Ambivalenz durch die radikale Opposition der nationalen Minoritäten strukturiert und vorangetrieben wird. Das ist aber spezifisch amerikanisch, das findet keine Analogie bei uns. Wir haben weder Ghettos noch nationale Minoritäten. Also stellt sich das Problem hier völlig anders. Ich wüßte keine einzige ausmachbare Stellung in dieser Gesellschaft, die einen Ansatz von Zukunft in der Gegenwart in einem radikalen Sinne zeigt. Und das führt uns dann zurück zu der Frage: kann man diese Bedingungen für einen solchen Ansatz schaffen oder muß er vorgegeben sein? Und meine Antwort ist, daß eine solche Dynamik produziert werden kann durch die diffusen, auf die ganze Gesellschaft verteilten Gruppen, Individuen, Schichten, daß aus diesem Brei durchaus – nicht durch Selbstbewegung, sondern durch kämpferische Auseinandersetzung mit der staatlichen Exekutive – eine Basis, vergleichbar dem Ghetto, in der Gestalt von Gegenmilieu entstehen kann. Aber diese Basis muß erst produziert werden. Da hilft uns nichts Objektives, da ist keine objektive Voraussetzung da, weder als Ghetto, noch als Partei, noch als Klasse. Das ist gegenwärtig unsere Situation, so jedenfalls sehe ich sie.

R. In der ersten Phase, für den Beginn eines revolutionären Prozesses, ist die deklassierte Intelligenz, um überhaupt eine Gesellschaft wie die deutsche in Bewegung zu bringen, unentbehrlich. Schon deshalb, weil wir einen historisch gescheiterten Klassenkampf aufnehmen und zeigen müssen, was da falsch war. All das müssen wir aufnehmen, und zwar nicht nur, indem wir in Seminaren darüber diskutieren, sondern auch durch neue Aktionsformen. Aber dann kommen wir sehr schnell an die Grenze unserer Leute, die aus den Mittelschichten, aus der Bourgeoisie kommen, die bis zur Radikalität, bis zum Extrem nicht gehen können, sondern einfach psychische Schranken haben. Ich erlebe es bei mir selbst, und ich erlebe es bei allen anderen. Wir müssen also an Randgruppen der Arbeiterklasse herankommen. Nur die Arbeiter selbst, weil sie eine ganz andere Stellung im Produktionsprozeß haben, sind dazu fähig, extrem vorzugehen. Wir sehen das jetzt schon bei den Demonstrationen.

D. Die subventionistische Krisenverschleppung führt zu ständigen Abbauprozessen in den stagnierenden Produktionszweigen. Diesen Abbau gilt es zu politisieren und das Potential zu gewinnen, das explosive Potential von Randschichten, die in der Tat bei Demonstrationen nicht davor zurückschrecken, Gewalt anzuwenden. Der erste Streik entsteht aber nicht bereits dadurch, daß abgebaut wird, sondern er entsteht erst, wenn wir als Vorbereitungsopposition die Beteiligten für uns gewinnen können.

S. Der erste Streik der Arbeiter wird ein qualitativ anderes Gewicht aufweisen als das, was wir bisher gemacht haben.

D. Natürlich.

S. Aber was bedeutet das? Der Vergleich der Demonstrationsformen von Studenten und Arbeitern in anderen Ländern zeigt uns ganz deutlich, daß für die Arbeiter im Grunde jede Demonstration den Keim des Bürgerkrieges in sich trägt. Gibt es also nicht doch eine qualitative Differenz zwischen den einzelnen Schichten, zwischen den abgesplitterten Bourgeois-Schichten und denjenigen Schichten, für die jede Demonstration bereits an den Rand des Bürgerkrieges führt? Wie verträgt sich das mit deiner These, daß es für die Revolution keine privilegierte Schicht mehr gibt?

D. Der Umschlag der vorbereitenden Opposition in die radikale Infragestellung des Systems ist nur möglich durch die Verbindung dieser Opposition mit dem abgebauten Proletariat. Diese spezifische Verbindung, die vielleicht in der nächsten Zeit möglich wird, zeigt an, daß es natürlich eine im revolutionären Sinn privilegierte Schicht gibt. Das wären die vom Abbau bedrohten Arbeiter. Aber in der traditionellen Situation führte dieser Abbau zur radikalen Opposition. Heute dagegen fehlt das Bewußtsein. Es ist Innenbau geworden. Deshalb kann das System den Abbauprozeß und die Produktion von Arbeitslosen heute vereinnahmen, ohne mit der Wimper zu zucken. Das war in den letzten 14 Monaten so, das wird auch in den nächsten Jahren so gemacht. Wir müssen also versuchen, diesen Abbauprozeß zu erfassen und ein Gegenmilieu zu organisieren.

R. Das kapitalistische System hat die Bedürfnisse in dem Begriff der Sicherheit eingefangen. Daher auch das Streben der Arbeiter, wenn sie herausfallen aus dem Produktionsprozeß, arbeitslos werden oder zumindest Angst haben, ihre Arbeit zu verlieren, immer wieder diese Sicherheit zu erreichen, die ihnen als Endzustand, als Glück schlechthin einsuggeriert wird. Ich glaube, die neue Qualität der Arbeiteropposition, der Randgruppen wird darin bestehen, daß sie nicht mehr danach fragen, daß sie über das Bedürfnis nach Arbeitsplätzen hinaus Bedürfnisse entwickeln, die diesen ganzen Sicherheitsbegriff beiseite schieben, indem sie sagen, wir wollen nur noch drei Stunden arbeiten, wir wollen in einem ganz anderen Milieu leben, also nicht isoliert in der Familie zusammenhocken, sondern wir wollen mit unseren Freunden auch zusammenleben, in einem ganz bestimmten Stadtkomplex, wir wollen eine andere Gesellschaft. Das wird sich natürlich aus dem Kampf selbst entwickeln und aus den Gegenmaßnahmen des Staatsapparates. Man merkt das in Ansätzen schon bei den Studenten, sie können sich aus der Isolation des Seminars heraus bei Demonstrationen zusammenfinden, zur kritischen Universität gehen, und es ist erstaunlich, welchen Zulauf die kritische Universität hat, obwohl sie nur eine Improvisation ist.

E. Obwohl sie keine Sicherheit bietet, keinerlei Diplome, keinerlei Abschlußexamen.

R. Im Gegenteil, wenn man es ganz ernst nimmt, sogar den Ausschluß aus der Universität impliziert.

D. Es ist allerdings nicht so, daß ein radikales Bedürfnis für die Gegenuniversität da ist, ein Bedürfnis, die Sicherungen rauszuschmeißen, die Scheine, Examina etc., und jetzt nun wirklich ein Gegenmilieu aus eigenen Mitteln und eigenen Bedürfnissen zu realisieren, als Kampfinstrument zur Verbreiterung, zur Hereinnahme von Arbeitern und Angestellten. So radikal ist das Bedürfnis nicht. Es ist ein komplementäres Bedürfnis, das sich allerdings, wenn es zu einer Verbreiterung des Kampfes kommt, radikalisieren läßt. Heute bedeutet das Examen für den Studenten Sicherheit, wie für den Arbeiter der Arbeitsplatz. Bei der Gegenuniversität wäre das Bedürfnis statt Sicherheit vielleicht Solidarität, oder gegenseitige Hilfe. Wie können wir es definieren?

R. Was bedeutet die kritische Universität als Beispiel für den betrieblichen Rahmen? Die Analogie wäre darin zu sehen, daß die Betriebsräte, die heute Bestandteil der Gewerkschaftshierarchie sind, sich von dieser Hierarchie lösen, die wiederum Instrument und Institut des herrschenden Staates ist. Und wenn die Betriebsräte sich gegen die Industriebürokratie stellen und gleichzeitig darauf pochen, daß sie die Betriebe übernehmen und viel besser führen können, führt das zu einer ganz anders gearteten Sicherheit. Dabei würden gleichzeitig neue Bedürfnisse entwickelt. Die Arbeiter müßten sich qualifizieren für die Leitung der Betriebe. Das setzt allerdings voraus, daß der Arbeiter sich nicht bloß zum Buchhalter entwickelt, sondern daß er immer Arbeiter bleibt, daß auch andere Formen des Zusammenlebens gefunden werden, andere Formen der Solidarität im Betrieb. Der Arbeiter müßte gleichsam durch den Betrieb wandern können, durch alle Berufszweige hindurch; er müßte von der Spezialisierung wegkommen und den ganzen Betrieb kennen.

D. Eine solche Fabrik wäre eine Assoziation freier Individuen. Das ist nur möglich durch die Negation der Arbeitsteilung. Das setzt voraus: Entwicklung der Technologie in Richtung der Automation, aber auch eine ungeheure Reduzierung der Arbeitszeit. Erst die auf ein Minimum reduzierte Arbeitszeit ermöglicht die Universalisierung des Individuums und damit das Begreifen und die Kontrolle der industriellen Struktur im Ganzen. Dann erst können die Produzenten selbst über die wichtigsten Fragen bestimmen: Welchen Stand der Produktivität haben wir erreicht? Können wir da aufhören? Muß die Produktivität als Selbstzweck weiterentwickelt werden? Können wir stattdessen den Stoffwechsel zwischen Mensch und Natur überhaupt verändern? Die Städte auseinanderreißen, neue Vermittlungen suchen mit unserer Umgebung, den repressiven Charakter des Verhältnisses der Menschen zu den Tieren neu gestalten? Das sind alles Möglichkeiten, die dann erst hervortreten werden und die Ausdruck neuer Bedürfnisse und neuer Zusammenhänge sind.

E. Ich sehe aber auch noch ein anderes Bedürfnis, das heute nur in ganz pervertierter Form artikuliert wird, nämlich das Bedürfnis nach gesellschaftlicher Teilnahme. Die quasi-plebiszitäre Massenpresse kommt diesem Bedürfnis entgegen und fängt es gleichzeitig ab, macht es im Sinne des Systems unschädlich.

S. Der Spätkapitalismus läßt sich von daher geradezu definieren als Nichtteilnahme, als Separierung der einzelnen Fähigkeiten des Menschen voneinander. Die Frage ist, inwieweit der erreichte Stand der Technologie zur Abbiegung des Bedürfnisses nach Teilnahme und zu seiner Teilbefriedigung eingesetzt wird.

E. Konsum als Besänftigung ist aber wahrscheinlich kein endloser Prozeß. Es ist kein Zufall, daß es damit zwanzig Jahre lang glatt gegangen ist, und daß sich das jetzt ändert.

R. Das heißt mit anderen Worten: der Sicherheitsbegriff als Ideologie verschwindet. Die Leute wollen gar keine Sicherheit, sondern sie wollen Befriedigung. Befriedigung ist nicht identisch mit Sicherheit.

D. Ein radikales Bedürfnis nach Frieden ist aber ein militantes Bedürfnis gegen die bestehende Ordnung. Insofern spitzt sich die Frage nach den neuen Bedürfnissen zu auf emanzipatorische Interessen: fast biologische Ablehnung des militärischen Gesamtkomplexes, der da weder Frieden gewährleisten kann noch Sicherheit, noch Glück.

S. Du überspringst jetzt die spezifisch politische Sphäre.

S. Was bedeutet das Bedürfnis nach Frieden politisch, z. B. im Falle Vietnams?

R. Ich würde den Pazifismus als Bestandteil einer liberalen Ideologie betrachten, die sich unbewußt über die Gesellschaft setzt. Wenn die Leute mit pazifistischen Parolen durch die Straßen ziehen und mit pazifistischen Argumenten die Regierung zwingen wollen, diesen Krieg zu beenden, und wenn sie merken, die Regierung reagiert überhaupt nicht darauf – es findet nur eine Zeremonie statt, ein Wallfahrtszug, von dem die Regierung überhaupt keine Kenntnis nimmt, so muß sich dieser Pazifismus verändern. Er muß kapitulieren, oder er muß zur bestimmten Negation der Bürokratie werden. In diesem Fall aber taucht sofort das Problem der Illegalität auf.

D. Der Pazifismus merkt dann nicht nur, daß die Bürokratie nichts machen will, sondern auch, daß der Gesamtapparat, den er nicht kontrolliert, nicht mehr seine Bedürfnisse ausdrückt, nicht mehr seine Interessen. Das Bedürfnis nach Frieden kann der Gesamtapparat nicht verwirklichen. Jetzt bleiben nur zwei Möglichkeiten: anzuerkennen, daß es keinen Frieden auf dieser Welt geben kann, oder den Schritt zu tun zum Widerstand, zur Desertion, zur Unterstützung der Desertion, zur illegalen Arbeit, zur Sabotage von Militärzentren. Die Aggression, die sich sonst tagtäglich in den Straßen, in den Ghettos, in der Kriminalität, im Kampf in Vietnam ausdrückt, wäre nun zu lenken auf die Objekte, die die Aggression verursachen und die sie tragen, nämlich auf die militärischen und bürokratischen Zentren.

R. Illegalität, wenn sie nicht dilettantisch bleiben will, bedeutet, daß man gegen den Staatsapparat operiert, daß also gerade das psychische Moment des Friedens zurückgenommen wird und eine streng disziplinierte Organisation entsteht. Eine illegale Organisation bedeutet aber auch die Entwicklung neuer Bedürfnisse: direkte Solidarität, direkte Freundschaft zu den einzelnen Mitgliedern dieser Organisation, die Entfaltung dezentralisierter Zentralen, die mit anderen Gruppen direkt in Verbindung stehen. Insofern glaube ich, daß sich in einer illegalen Organisation Ansätze einer neuen Gesellschaft bilden können.

D. Hier sehe ich eine wichtige Differenz zu den zwanziger, dreißiger Jahren. Nehmen wir als Beispiel die KPO oder ähnliche Gruppen, die in ganz radikaler Form als Organisationsprinzip die klassisch leninistische Kaderpartei hatten. Sicherlich gab es Momente kämpferischer Solidarität bei diesen Gruppen. Aber sie erzeugten kein Gegenmilieu, wo diese illegalen Organisationen hätten Menschlichkeit finden, leben, Bedürfnisse ausdrücken und befriedigen können. In den dreißiger Jahren ist die revolutionäre Verdinglichung die systematische Folgeerscheinung der Organisationsarbeit gewesen.

R. Der Widerstand der Kommunisten unter dem Faschismus 1934 war reine Verzweiflung, weil man sah, daß der Faschismus sich durchsetzte, immer mehr an Macht gewann, auch die Schichten der Arbeiterbewegung immer stärker berührte und man selbst zwar eine Organisation hatte, die im Untergrund war, die aber jede Verbindung zu den Bedürfnissen der Massen verloren hatte, und deshalb machte man diese verzweifelten Demonstrationen, und ließ sich zusammenschlagen. Es gab Leute, die wollten endlich ins KZ kommen, weil sie es nicht mehr aushielten, wie der Gegner Schritt auf Schritt, Position auf Position erobert hat. Die Verlängerung dieser alten abstrakten Solidaritätsparolen sehen wir heute in der Friedenspropaganda der kommunistischen Parteien. Diese abstrakten Appelle an Frieden und friedliche Koexistenz drücken im Grund schon Resignation aus. Man hat keine Hoffnungen mehr, daß sich die sozialistische Gesellschaft durchsetzen kann. Man rationalisiert das, indem man behauptet, daß der objektive Prozeß schließlich da hinführt, aber man hat kein Vertrauen zur eigenen Klasse mehr.

E. Mit anderen Worten, man hat keine Zukunft mehr?

R. Man hat keine Zukunft mehr, man kann sich die Zukunft nur noch gespenstisch vorstellen. Und wenn hier ein sowjetischer Professor an einem SED-Abend sagt, daß der kommunistische Mensch ein sauberer Mensch sei, so ist in diesem Begriff der Sauberkeit die kapitalistische Wirklichkeit vollkommen reproduziert. Man kann sich den neuen Menschen nur in den Kategorien einer technisch kapitalistischen Gesellschaft vorstellen. Die Transformation wird nicht mehr mitgedacht.

E. Es hat sich gezeigt, daß keiner von euch in der Lage oder Willens ist, wahrscheinlich weder das eine noch das andere, einen reinen Zukunftsentwurf auszubreiten. Stattdessen war die ganze Zeit vom Transformationsprozeß die Rede, davon, wie er in Gang kommen kann, wer sein Träger sein könnte, welche organisatorischen, strategischen Fragen sich erheben. Ich möchte aber doch noch einmal einen Versuch machen, die Sache anders zu fassen, und zwar stelle ich mich jetzt auf den Standpunkt eines Außenstehenden, eines Menschen, der hier in Berlin etwas mitgekriegt hat von dem, was im letzten Jahr passiert ist, und der nun einige ganz naive, aber deswegen nicht ungerechtfertigte Fragen hat. Dieser

Mann würde etwa so argumentieren: Ja, ich interessiere mich für das, was ihr sagt, ich habe euch zugehört, ich bin bei einer Demonstration dabeigewesen, ihr habt in meinen Augen weitgehend recht, aber wie soll das nun weitergehen, das heißt, wie soll nun eine konkrete unmittelbare Zukunft nach euren Vorstellungen aussehen? Damit stellt sich die Frage nach der Zukunft ganz anders, viel unmittelbarer, viel direkter, es ist viel schwerer, hier auszuweichen mit methodischen Begründungen, mit philosophischen Argumenten. Es ist politisch einfach nicht möglich, solchen Fragen auszuweichen. Wenn man statt von Weltrevolution von einer lokalen Situation spricht, dann muß man viel bescheidener werden, man hat es zu tun mit ökonomischen, mit Strukturproblemen, mit einer vorhandenen Bevölkerung, die so ist wie sie ist, aus den Gründen, die wir kennen. Was würdet ihr machen, wie würdet ihr mit den Problemen der Stadt fertig werden? Wo lägen die technischen, administrativen, ökonomischen Schwierigkeiten? Würden sie eure Wünsche, eure Perspektiven in den Hintergrund drängen? Würdet ihr sagen: es ist gar nicht möglich, in einem solchen abgezirkelten, lokalen Terrain überhaupt von Befreiung zu sprechen? Das wäre eine Antwort, aber es wäre eine vernichtende Antwort für eure eigene Arbeit.

R. Was finden wir vor in Berlin? Eine radikale Intelligenz, eine überalterte Stadt, sehr viele Rentner, sehr viele Bürokraten, eine veraltete Industrie, Arbeiter, die nur zum Teil radikal geworden sind. Was machen wir? Die radikale Intelligenz muß die Universität auflösen, die Universität muß in die Gesellschaft übergehen; d. h. sie muß an den direkten Problemen dieser Berliner Gesellschaft arbeiten, die Arbeiter zur Übernahme der Industrie erziehen, sich Gedanken darüber machen, wie dieses Stadtbild aufgelöst werden kann, wie die Rentner, die alten Leute zu ihrem Alter, zu ihrem Menschsein zurückfinden können, statt in den Hinterhöfen in ihren engen Wohnungen herumzuhocken; sie wird die Bürokratie zerstören, die Polizei zerstören. Sie wird aber auch die Frage stellen müssen, was aus den Bürokraten wird. Wir haben eine veraltete Industrie, wir müssen also manche Buden einfach schließen, weil sie nichts mehr taugen. Wir müssen neue Industrien aufbauen. Wo bauen wir sie auf, wie werden sie strukturiert sein, wo wird die Berliner Industrie Absatz finden, wer wird mitmachen? Das sind die Hauptprobleme. Fangen wir also an. Was bedeutet: die Universität geht zurück in die Gesellschaft?

D. Nein, nicht so. Sondern wie erreichen wir, daß die Gesellschaft eine große Universität wird, eine riesige lernende Gesellschaft, eine große Schule? Dafür müssen wir vor allem die nötigen Kapitalvoraussetzungen schaffen. Das heißt Abschaffung der überflüssigen Bürokratie. Jeder Siebte ist in Berlin Angestellter des Senats. Wie können wir die 1500 Bürokratensilos auflösen, Wohnhäuser daraus machen? Wie können wir das Kapital, das da frei wird, sofort in die Ausbildungssphäre stecken, um eine neue Arbeitskräftestruktur herauszubilden, eine polytechnische Ausbildung der Schüler zu ermöglichen und so die Voraussetzungen zu schaffen, daß überhaupt andere Industriezweige, intelligenzreiche Industriezweige entstehen können, die wiederum die Produktivität der Arbeit sehr schnell steigern und die Arbeitszeit systematisch verkürzen können?

S. Wir haben in Berlin den irrsinnigen Zustand einer rasch anwachsenden Veralterung. Wie kann man das Alter produktiv machen?

R. Die Voraussetzung dazu ist, daß die Verkindlichung und die vollkommene Apathie des Alters aufgelöst wird. Dazu müssen sie erst mal herauskommen aus ihren Höhlen, aus dem ganzen Milieu, das auf sie derartig bedrückend wirkt, daß sie nur dasitzen und auf den Tod warten. Wenn man die Leute auf den Bänken sitzen sieht, dann bekommt man ein Grausen, wenn man bedenkt, sie warten nur darauf, bis sie irgendwann einmal sterben, sie haben gar keine Ideen mehr, gar keine Vorstellungen, keine Hoffnungen, nichts mehr, für sie ist das Leben vorbei, und sie sitzen schon als Leichen dort auf der Bank. Die Alten müssen wieder hinein in die Zirkulationssphäre, aber auch in die Produktionssphäre, und zwar in ihre ehemaligen Werkstätten; wie viele alte Leute sehen wir, die morgens noch den alten Gang gehen, den sie fünfzig Jahre lang gemacht haben, dann aber vor dem Tor stehen bleiben und wieder zurückgehen. Diese Fabrik ist ein Teil ihres Lebens, und dann dürfen sie plötzlich nicht mehr hinein. Andererseits kennen sie ja am besten den Betrieb, die Parks, die Speiseräume, sie können dort essen, sie können dort diskutieren, sie sollen sogar an den Werksdiskussionen teilnehmen, sie dürfen nicht herausgedrängt werden. Es muß ihr Rat geholt werden.

D. Die Alten müssen mit dem Lebensprozeß der Fabrik Tag für Tag verbunden sein. Wir müßten also auch von vornherein die Geographie der

Wohnungen radikal verändern. Die Trennung des Arbeiters von seinem Betrieb muß man radikal aufheben, um geographische Einheiten des Lebensmilieus zu schaffen, die es dann ermöglichen, einen eigenen Zusammenhang zu entfalten, der viel schöpferischer ist.

R. Dabei muß man bedenken, daß wir fähig sein werden, den Arbeitstag auf fünf Stunden zu reduzieren durch moderne Produktionsanlagen, dadurch daß die überflüssige Bürokratie wegfällt. Der Betrieb wird zum Zentrum der politischen Selbstbestimmung, der Selbstbestimmung über das eigene Leben. Man wird also im Betrieb täglich debattieren, es wird langsam ein Kollektiv entstehen, ein Kollektiv ohne Anonymität, begrenzt auf zwei- bis dreitausend Leute, die also immer noch eine direkte Beziehung zueinander haben.

S. Die Alten gewinnen auch plötzlich im Rätesystem eine ganz subversive Bedeutung, weil sie nämlich nicht mehr ihre Arbeitskraft verkaufen, aber trotzdem im Betrieb drin sind. Ihre Arbeitszeit steht nicht mehr unter dem Druck, sie erzeugt zwar objektiv Mehrwert, aber der Arbeitsprozeß schlägt sich nicht mehr subjektiv in derselben Weise nieder wie beim Lohnarbeiter. Die Alten sind gewissermaßen eine ständige Fabrikbesetzung, und es wäre tatsächlich zu erwägen, ob nicht Leute in der Fabrik wohnen sollen. Das nimmt einen ganz utopischen Charakter an, wie die Fabrikbesetzung in Italien im September 1920. Die sich immer wiederholenden Fabrikbesetzungen haben ja nicht nur den Charakter eines Kampfmittels gegen die Unternehmerschaft, sondern sie transzendieren den ganzen Fabrikbetrieb.

E. Gut. Aber liegt in dem, was ihr hier entwickelt, nicht eine Überschätzung der Produktionssphäre? Ich sehe in der Gesellschaftsstruktur, die ihr hier entwerft, mit Kollektiven, die auf die Betriebe hin zentriert sind, einen naiven Fabrikglauben. Könnt ihr euch nicht vorstellen, daß die Menschen eines Tages die Fabrik loswerden wollen, daß ihre Produktivität sozusagen in den Alltag einwandern könnte? Die Werkzeugmaschine als Mittelpunkt des Lebens – das scheint mir etwas dürftig. Wer will schon in einer Fabrik leben? Spiegelt euer Entwurf nicht einfach die Deformation des Menschen wider, die ihm in der Industrialisierungsepoche angetan worden ist?

D. Früher war der Betrieb die Ebene, wo das Leben totgeschlagen wurde. Indem die Fabrik unter eigene Kontrolle genommen wird, kann sich in ihr Leben entfalten. Arbeit kann dann Selbsterzeugung des Individuums bedeuten statt Entfremdung.

E. Aber glaubt ihr denn, daß überhaupt die Möglichkeit einer Selbstreproduktion der Stadt von der Substanz her besteht?

D. Eine Analyse der toten Kosten haben wir noch nicht gemacht, aber alle Anzeichen sprechen dafür, daß die 1,5 bis 3,3 Milliarden Subventionen aus der Bundesrepublik durch die Einsparung dieser toten Kosten aufgebracht werden können.

R. Wo wird Westberlin seine Produktion absetzen können? Einerseits in den Volksdemokratien, und andrerseits in der Dritten Welt. Gerade die Produktionsanlagen und die Elektroindustrie sind ja wichtig für die Akkumulation in den Ländern der Dritten Welt. Aber nun noch eine andere Frage. Was machen wir mit den Bürokraten? Gerade die Berliner Bürokratie besteht zum großen Teil aus Frauen, aus verkrüppelten Frauen. Wer einmal durch die Gänge der Berliner Bürokratie gelaufen ist und dort diese frustrierten Frauen gesehen hat, der ist erschreckt. Die Bürokraten sind gar nicht so ohne weiteres in der Produktion verwendbar. Sie sind einfach derartig in der Hörigkeit gefangen, daß sie gar nicht selbsttätig werden können. Ein Großteil der Bürokraten wird nach Westdeutschland emigrieren müssen.

D. Halten wir fest: Die Bürokratie als Gewaltorganisation muß zerstört werden. Die Tausende und Zehntausende von menschlichen Arbeitsvermögen, die heute in der Bürokratie absorbiert sind, müssen aber produktiv ausgebildet werden. Da ist nichts mit dem bloßen Wegschicken getan, absolut nichts. Wir haben keine Bourgeoisie, die wir in die Wüste schicken können, wir haben aber zigtausende von Menschen, die ausgebildet werden müssen, und zwar sehr schnell, sobald die Gewaltorganisationen zerstört sind. Niemand darf weggeschickt werden, sondern alle sind produktive Kräfte.

R. Wie kann eine neue Struktur der Stadt aussehen? Sie könnte sich in viele einzelne Kollektive von jeweils drei-, vier-, fünftausend Menschen aufgliedern, die sich um eine Fabrik zentrieren. Die Fabrik ist also nicht nur Arbeitszentrum, sondern muß alle Möglichkeiten zur Entfaltung des Lebens bieten, sie muß gleichzeitig auch Schule, gleichzeitig auch Universität sein. In dieses Kollektiv kann man die Bürokraten als Einzelne aufnehmen, sie müssen in diesen Lernprozeß eintreten und ein neues Bewußtsein entwickeln, sie müssen vor allen Dingen auch herausfinden aus ihrer stickigen Familiensphäre. Ich glaube, daß in der Sphäre der Bürokratie die meisten zerstörten Familien vorkommen, daß die Zahl der Scheidungen dort am größten ist, auch die Frustration der Frauen. Wie können diese Frauen sich emanzipieren? Die Frau ist in der Übergangsperiode ein radikales, sprengendes Moment, weil sie sich von der doppelten Last befreien muß, einmal von der Entfremdung der Arbeit und zweitens aus ihrer blockierten Stellung in der Familie. In den Kollektiven, an die ich denke, ist schon ein Ansatz zur Aufhebung der Familie gegeben.

D. In der Idee solcher Kollektive sehe ich einen Rückgriff auf die Pariser Kommune. Diese Assoziationsform bedeutet: Herrschaft der Produzenten über ihre Produktionsbedingungen, ihre Produkte, und ihre ganzen Lebensbedingungen. Die ganze Stadt wäre in solche dezentralisierten Kommunen aufzugliedern. Wie soll die Zusammenarbeit zwischen den verschiedenen Kommunen-Kollektiven in dieser Stadt aussehen? Wie verläuft der politische Lernprozeß? Wie soll die notwendige Verwaltung von Sachen über einzelne Kommune-Projekte organisiert werden?

R. Es wird einen obersten Städterat geben, in den die Vertreter der einzelnen Kommunen, die einzelnen Räte, jederzeit wählbar und abwählbar, ihre Vertreter hineinschicken. Sie werden den Wirtschaftsablauf kontrollieren, und zwar ohne disziplinierende Anweisungen zu geben. Sie werden dafür sorgen, daß Wirtschaftspläne und städtebauliche Projekte ausgearbeitet werden. Dabei wird die neue Technologie ihre positive Seite zeigen. Man nimmt Computer zu Hilfe, um zu berechnen, was gebaut werden muß, wie die Pläne aussehen müssen, welche Gefahren auftauchen.

E. Der Computer kann nicht entscheiden, er kann nur verschiedene Optionen ausarbeiten, die dann politisch entschieden werden müssen. Es gibt keinen Sachzwang derart, daß uns ein Computer sagen könnte, was das beste ist. Was das beste ist, darüber müssen die Menschen selbst urteilen.

S. Wenn es die Computer nicht gäbe, müßten sie förmlich erfunden werden für die Räteverfassung. Nur sie ermöglichen es, Informationen zu sammeln, die die Sachentscheidungen der bisherigen Bürokratie ersetzen, und zwar dergestalt, daß es überhaupt keine bürokratische Position mehr gibt, die nicht innerhalb von vierzehn Tagen umbesetzbar wäre.

R. Der polytechnische Ausbildungsprozeß müßte es ermöglichen, daß eine ständige Rotation in den Kommune-Einheiten erreichbar ist. Nun ist mir noch nicht ganz klar, wie sich die relative industrielle und menschliche Autonomie der dezentralisierten Einheiten mit einer Gesamtplanung vereinbaren läßt, um ein Höchstmaß an Effektivität zu erreichen. Es kann doch nicht so sein, daß sie nun völlig autark vor sich hin wursteln. Das Problem ist ja, wenn auch unter ganz anderen Aspekten, aus Jugoslawien bekannt. Wir müssen also Autonomie, und zwar radikale menschliche und produktive Autonomie mit Zentralismus und Planung verbinden.

S. Mit dem jugoslawischen Modell hat das überhaupt nichts zu tun, denn den Jugoslawen wird eine Scheinselbständigkeit gewährt, die bei allen entscheidenden Sachentscheidungen aufhört und gleichzeitig ein partikular-anarchisches Gegeneinander der Pseudokonkurrenz ist. Eine solche Konkurrenz erfüllt letzten Endes nicht einmal die Aufgabe, die sie im Industrie-Kapitalismus hatte, nämlich den Markt zu organisieren und auf den Preismechanismus einzuwirken.

R. Wir fragen also nicht wie im Neuen Ökonomischen System nach den Kosten und Preisen, nach der Rentabilität der einzelnen Fabriken, sondern wir fragen nach den Möglichkeiten der Befreiung von Arbeit innerhalb des gesamten Systems. Das heißt, nicht die Frage der Kosten spielt bei den einzelnen Betrieben die Hauptrolle, sondern die optimale Einsetzung von Technologie als Mittel zur Befreiung von repressiver Arbeit. Das hat auch Konsequenzen für die Arbeitsteilung. Wieviel Berufe hat denn der Mensch heute in Westberlin?

D. Einen Beruf, wenn überhaupt.

R. Du weißt, Mao spricht von vier Berufen: Arbeiter, Bauer, Soldat, Intelligenzler.

D. Die Landwirtschaft können wir ganz abschaffen, auf die halbbäuerlichen Ansätze verzichten, sie beseitigen, um Land, viele Hektar in Lichterfelde, in Marienfelde etc. zu gewinnen für den Aufbau von Lebenszentren für die freie Zeit.

R. Wenn es je gelingen sollte, die Arbeitszeiten so weit zu reduzieren, dann wird natürlich auch ein jeder zum Politiker werden. Es ist tendenziell auch ein jeder Künstler, wenn man sich erst einmal vom bürgerlichen Kunstbegriff befreit. Es ist ja wohl nicht jeder, der in einen Beatschuppen geht, ein Musiker; trotzdem steckt darin ein Überschuß, an dem jeder teilhat. Ich weiß nicht, ob die möglichen neuen Berufe alle schon Namen haben.

S. Bestimmt nicht.

R. Ebenso wird jedermann Lehrer und Lernender zugleich sein. In den einzelnen Kollektiven werden Räteschulen entstehen. Dabei hätte die Vollversammlung der Betriebe den Lehrplan zu bestimmen. In einer solchen Schule würde der Unterschied zwischen Theorie und Praxis, zwischen Arbeiter und Intelligenzler tendenziell verschwinden. Jeder würde dort die Fähigkeit erwerben, andere Funktionen zu übernehmen und den Betrieb zu leiten.

D. Die verschiedenen Räteschulen könnten dann die ausgebildeten Leute austauschen, rotieren, also einen Lernprozeß durch die verschiedenen Produktionssphären hindurch in Gang setzen, um sie kennenzulernen, zu begreifen, sich anzueignen. Da heißt, ganz Berlin wäre eine Universität, es gäbe keine Fakultäten mehr, wir hätten eine lernende Gesellschaft.

S. Das Problem dabei ist, wie verhält es sich mit den hochspezialisierten Gebieten wie der Medizin?

D. Wenn wir keine intelligenzarme Industrie mehr haben, sondern wirklich expandierende Industriezweige mit der Möglichkeit einer riesigen

Entfaltung, ist es kein Problem, wissenschaftliche Zentren anzuschließen. Im Unterschied zu bestehenden wissenschaftlichen Zentren bei Großbetrieben muß aber der Ausbildungsprozeß so organisiert sein, daß die Technologie von vornherein zum Moment des Herrschafts-Abbaus wird, statt Herrschaft zu verfestigen.

E. Jede bürokratische Funktion muß so aussehen, daß sie in drei Wochen erlernbar ist. Wie verhält es sich aber mit hochqualifizierten technischen und wissenschaftlichen Funktionen? Es gibt Schlüsselfunktionen in der hochindustrialisierten Gesellschaft, an denen sich Macht ansammelt. Wenn diese Spezialisten eine feindliche Elite darstellen, wenn sie sich dazu entwickeln, dann haben sie ganz starke Erpressungsmöglichkeiten bei der Hand, weil man auf sie angewiesen ist.

D. Die Dezentralisierung der Kommune-Projekte wird dem entgegenwirken. Auszuschließen sind solche Gefahren nicht.

S. Ich glaube, bestimmte Spezialistenfunktionen muß man einfach abschaffen, im ganzen. Zum Beispiel darf es nie mehr Richter geben, es darf nie mehr einen Justizapparat geben, und das ist meiner Ansicht nach durch Technologie erreichbar. Jetzt machen sich ja nur die Kapitalisten und Revisionisten Gedanken darüber, wie man Informationen speichert, um ein Rechtssystem zu formalisieren. Das kann natürlich nicht unser Interesse sein.

D. Die dezentralisierten Kommune-Einheiten werden »kriminell« abweichendes Verhalten viel leichter integrieren, den »Täter« viel eher in das Kollektiv zurückbringen können als jede traditionelle Juristerei.

S. Mit der Proklamation der Pariser Kommune am 18. März ist die Kriminalität schlagartig zurückgegangen.

D. Man fand keine Toten mehr auf den Straßen. Die Prostituierten verschwanden nach Versailles.

R. Noch etwas zum Problem der Spezialisten. In Cuba war es so, daß die Spezialisten das Land verlassen haben. Das war gut für Cuba. Die Cubaner haben ihre neuen Spezialisten selbst ausgebildet. Diese neuen Spezialisten artikulieren sich politisch, sie ziehen sich nicht arrogant zurück, sie müssen sich rechtfertigen. Ich glaube, wer die Absicht hat, die Gesellschaft zu erpressen, der gibt das vorher schon zu erkennen. Wir dürfen auch nicht vergessen, daß in einer neuen Gesellschaft neue Menschen entstehen. Das Spezialistentum als Gefahr wird in ihr gar nicht auftauchen.

D. In Cuba waren die alten Spezialisten Agenten der imperialistischen Entwicklung. In den Metropolen heißt Spezialist sein normalerweise Angestellter sein, irgendwo einen Job versehen. Der Spezialist in der spätkapitalistischen Gesellschaft kommt nicht von außen. Er ist kein Agent des fremden Kapitals.
Nun aber noch etwas zur Frage der Rechtsprechung. Ich gehe davon aus, daß die Juristerei und die Polizei abgeschafft wird. Die einzelnen Kommuneprojekte werden also, besonders in der ersten Periode, Selbstverteidigungsorgane bilden müssen. Welche Funktionen übernehmen diese Exekutivorgane, wie wird die Selbstkritik institutionalisiert, damit die Juristerei als repressives Instrument beseitigt werden kann? Wie kann die Kommune ihre Probleme mit bestimmten Menschen lösen? Ohne eine Erziehungsdiktatur à la Marcuse, und ohne Gefängnisse?

R. Wo es ganz klar ist, daß eine Umerziehung unmöglich ist, etwa bei älteren Leuten und bei bestimmten Verbrechen, da sollte man den Betreffenden die Möglichkeit geben, auszuwandern.

D. Was meinst du mit Umerziehung?

R. Zunächst, daß die Ursachen des Verbrechens genau erforscht, psychoanalytisch erforscht werden, aus dem Milieu des Täters heraus, aus seinen Erfahrungen, aus seiner Verzweiflung.

D. Soll die Psychoanalyse im Lernprozeß, im Transformationsprozeß systematisch eingesetzt werden, um kollektive Neurosen zu beseitigen oder zu behandeln, und wie denkst du dir das?

R. Ich glaube, die Neurose verschwindet mit dem Umbau der Gesellschaft. Nur in Einzelfällen, bei wirklichen Verbrechern, die aus einer Neurose heraus diese Gesellschaft nicht begreifen, hat die Psychoanalyse eine Rolle zu spielen. Das Verbrechen ist ja im Grunde genommen ein Versuch der Rückkehr zur alten Form der Gesellschaft. Aufzuheben ist das Verbrechen nur durch eine neue Stellung im Produktionsprozeß, durch die Aufnahme des Täters durch das Kollektiv, dadurch, daß man allein das Milieu beseitigt, daß der Mann ärztlich behandelt wird, daß er aber im Produktionsprozeß zur Geltung kommen kann. Meiner Ansicht nach dürfte es gar keine Strafen geben.

S. Welche Probleme wird die stark reduzierte Arbeitszeit aufwerfen? Sicherlich dürfen sich die einzelnen Kollektive nicht abschließen im Sinne einer zur Fabrik gewordenen Gartenstadt.

D. Die verkürzte Arbeitszeit kann zur völligen Beseitigung von Schichtarbeit, von Nachtarbeit führen.

E. Das geht nicht, weil es Service-Funktionen gibt, die 24 Stunden am Tag nötig sind. Verkehrs-, Versorgungs- und Nothilfefunktionen werden 24 Stunden am Tag gebraucht.

D. Das stimmt. Wir brauchen zum Beispiel Großküchen, die sich nicht durch Einfachheit auszeichnen, sondern hoch entwickelte Bedürfnisse entfalten.

E. Die Kochkunst ist leider keine revolutionäre Kunst.

S. In einer Zeitschrift aus den Jahren 1918/19, dem *Arbeiterrat*, gibt es einen Artikel über die Einführung des Rätesystems in der Großküche. Das wurde strikt zurückgewiesen, und zwar von der Räteredaktion selber.

E. Ich glaube, daß die fixe Arbeitszeit eine Vorstellung ist, die noch aus der Industrialisierungsepoche stammt. Diese fixe Idee wird mit dem Fabrikzwang, dem Kontrolluhrstechen verschwinden.

D. Ich finde es auch falsch, einem schlechten Pluralismus von vornherein nachzugeben und zu sagen, komm wann du Lust hast. Das kann nur das Resultat eines sehr langfristigen Lernprozesses sein.

E. Eine richtige Metropole muß immer, Tag und Nacht, lebendig sein. Sonst kommt es zur Verödung der Städte. Dafür sehe ich keinen natürlichen Grund.

S. Ich wollte auch zur Frage der Verödung noch etwas sagen. Bei Marx findet man die historisch richtige Polarisierung, hie Arbeiter, hie Flaneur. Der Spaziergänger ist eigentlich der Feind. In einer befreiten Gesellschaft muß man diesen historischen Gegensatz aufzulösen versuchen.

E. Ich habe noch eine ganz andere Frage. Die Hypothese von einem befreiten Berlin – weiter ist es ja nichts – diese Hypothese schleppt mit sich das Problem des Sozialismus in einem Land. Für den Fall einer solchen Hypothese hätte man hier in Berlin zu rechnen mit einer feindlichen Außenwelt, die bis zur Blockade gehen wird, vom Westen her – vielleicht auch von Seiten der DDR. Ein komplizierender Faktor sind die Besatzungsmächte. Das ist eine Situation, die sonst nirgends existiert. Allgemeinere Fragen sind: der Schutz nach außen, und die Gegenmaßnahmen des Klassenfeindes im Innern. Wie stellt ihr euch die Lösung dieser Probleme vor?

D. Wie hat die Pariser Kommune sie gelöst? Sie hat damals schon, ohne Flugzeuge, die Blockade durchbrochen.

E. Von Seiten der Bundesrepublik wäre folgende Reaktion denkbar: Flüchtlinge nehmen wir auf aus diesem Berlin, aber wir liefern nichts mehr, wir nehmen nichts mehr ab, wir lassen keine Flugzeuge mehr starten und landen.

D. Politisch ist das zur Zeit überhaupt nicht denkbar. Jede Bundesregierung würde stürzen über einen solchen Fall. Ich halte es für ausgeschlossen, daß es zu einer vollen Blockade Westberlins durch die Bundesrepublik kommt.

S. Die Frage ist so kaum zu beantworten. Wir konstruieren das Modell einer Räterepublik in Westberlin, lassen aber dabei den gesellschaftlichen Prozeß in der Bundesrepublik, auch den in der DDR außer acht.

R. Ein Modell, wie wir es entwickelt haben, wäre eine Provokation für die Bundesrepublik und auch für die DDR. Westberlin ist letzten Endes abhängig von der Entwicklung in der DDR, und wenn es zum subversiven Zentrum werden soll, zum internationalen subversiven Zentrum, sozusagen zur Metropole *für* statt *gegen* die Dritte Welt, dann hängt das davon ab, wie die DDR sich entscheidet im revolutionären Kampf und wie dieser revolutionäre Kampf in Asien, Lateinamerika und Afrika zurückwirkt auf die DDR.

D. Hier gibt es aber eine Wechselwirkung. Wenn sich Westberlin zu einem neuen Gemeinwesen entwickeln sollte, würde das die DDR vor eine Entscheidung stellen: entweder Verhärtung oder wirkliche Befreiung der sozialistischen Tendenzen in der DDR. Ich nehme eher das letztere an.

R. Ist der Stalinismus auflösbar? Das ist die große Frage, die auch Marcuse im *Sowjetmarxismus* stellt und positiv beantwortet. Mit der Entfaltung der Produktivkräfte gewinnen die marxistischen Kategorien ihren Inhalt.

D. Der Marxismus wird in den entscheidenden Institutionen der Gesellschaft seine eigene, unzerstörbare Dialektik entfalten. Er wird die Unterdrückung und die Disziplinierung von oben her beseitigen, die alte Arbeitsmoral aufheben und die repressiven Institutionen des Stalinismus und der Bürokratie aufsprengen.

E. Unser Gespräch hat den Verlauf eines Zirkels genommen. Wir sind von Hypothesen ausgegangen, und wir sind bei einer Hypothese angekommen. Die Zukunftsvorstellungen, die unterwegs zum Vorschein gekommen sind, scheinen mir lückenhaft. Das ist kein Wunder. Ein lückenloses Denken über die Zukunft ist nicht möglich. Das gehört zu den Risiken eines solchen Gesprächs. Sein Nutzen könnte darin bestehen, daß diese Lücken erkannt werden.

Redaktionelle Anmerkungen

Claus Koch, geboren 1929, lebt als Herausgeber der Zeitschrift *atomzeitalter* in Frankfurt/Main.

Dossier 1:
Ithiel de Sola Pool, geboren 1917, steht dem Political Science Department am Massachusetts Institute of Technology vor, wo er seit vielen Jahren lehrt. Unter seinen Publikationen sind zu nennen: *Candidates, Issues and Strategies: A Computer Simulation of the 1960 Presidential Election*. New York 1964; und *American Business and Public Policy*. New York 1963. Der hier abgedruckte Beitrag stammt aus *Daedalus. Journal of the American Academy of Arts and Sciences*. Vol. 96, No. 3. Ingrid Heckl hat ihn übersetzt.
Aus der selben Quelle kommen die Auszüge aus einem Text von Eugene V. Rostow, der 1913 geboren ist und das Amt eines Unterstaatssekretärs im State Department versieht. Publikationen: *Planning for Freedom*, 1959; *National Policy for the Oil Industry*, 1948. Die Übersetzung besorgte Hans Magnus Enzensberger.
Alvin M. Weinberg ist Direktor des Oak Ridge National Laboratory, einer der wichtigsten Forschungs- und Produktionsstätten der amerikanischen Nuklear-Rüstung; er zählt zugleich zu den einflußreichsten wissenschaftlichen Beratern des amerikanischen Präsidenten. Die hier gedruckten Passagen stammen aus einem Vortrag, den Weinberg 1966 gehalten hat. Übersetzt hat sie Claus Koch.

Paul Goodman, geboren 1911 in New York, wurde vor allem durch sein Buch *Growing up Absurd* bekannt. Zu seinen zahlreichen Publikationen gehören ebenso wissenschaftliche und kritische wie erzählende Arbeiten. Seinen Beitrag bringen wir mit freundlicher Genehmigung der *New York Review of Books*, Copyright © 1967 *The New York Review*.

Jürgen Holtkamp, geboren 1935, lebt in Bremen und schreibt für Zeitschriften, Rundfunk und Fernsehen. Ein Versuch über *José Martí*, den kubanischen Romantiker und Revolutionär, erscheint im Herbst bei Rowohlt in dem von Giangiacomo Feltrinelli herausgegebenen Paperback »Lateinamerika – Ein zweites Vietnam?«

Bahman Nirumand und *Eckhard Siepmann* arbeiten an einem Buch, das unter dem Titel *Dialektik der Revolution* bei Rowohlt erscheinen soll. Ihr Aufsatz ist ein Vorgriff auf dieses Werk.

Alfred Boettcher, geboren 1913, ist Physiker, wissenschaftlicher Vorstand der Kernforschungsanlage Jülich und apl. Professor an der TH Aachen.

Christian Enzensbergers Größerer Versuch über den Schmutz, der im Kursbuch 10 zu lesen war, wird nicht, wie angekündigt, am selben Ort fortgeführt werden; die vollständige Arbeit erscheint in Kürze unter demselben Titel im Carl Hanser Verlag, München.

Kursbuch 13 *(50. Tausend)*

Die Studenten und die Macht

Bahman Nirumand, Die Avantgarde der Studenten im Internationalen Klassenkampf
Bernhard Schütze, Widerstand an Spaniens Universitäten
Carlo Donolo, Theorie und Praxis der Studentenbewegung in Italien
Dossier 1: Studenten in Prag
Dossier 2: Warschauer Bilanz
Heinz Rudolf Sonntag, Versuch über die lateinamerikanischen Universitäten
X. X., Brief aus Brasilien
Dossier 3: Politische Kriegsdienstverweigerung
Walter Kreipe, Studenten in Frankreich. Hintergrund und Potential einer politischen Bewegung
Oskar Negt, Studentischer Protest – Liberalismus – »Linksfaschismus«
Hans Magnus Enzensberger, Berliner Gemeinplätze II

Kursbuch 15 Erscheint im November 1968

Vorgesehene Beiträge

I

Der Cimarrón. Aus den Erzählungen eines ehemaligen Sklaven · *Lu Hsün*, Vier Schriften über Literatur und Revolution · *Dokumente aus der Kulturrevolution.* Dossier von Joachim Schickel · *Dokumente aus dem Pariser Mai.* Dossier von Walter Kreipe · *Peter Schneider*, Kulturrevolution? · *Karl Markus Michel*, Schlechte Zeiten für Literatur

II

Samuel Beckett, Watt · *Daniil Charms*, Fälle · *Heiner Bastian*, Die Grammatik der Vorgänge. Gedichte · *Lars Gustafsson*, Über das Phantastische in der Literatur · *Julio Cortázar*, Phantastische Essays · *Ingeborg Bachmann*, Fünf Gedichte · *Nicanor Parra*, Antipoesie

III

Donald Barthelme, Bericht · *Arnfried Astel*, Neun Epigramme · *Friedrich Christian Delius*, Gedichte · *Michael Buselmeier*, Theater · *Martin Walser*, Zwei Versuche · *Yaak Karsunke*, Kritik! Kritik! · *Peter Handke*, Grablegung der Rezension

Kurt Halbritter
Adolf Hitlers
Mein Kampf

Peter Weigt
Revolutionslexikon

Taschenbuch der außerparlamentarischen Aktion
64 Seiten, ca 250 Stichwörter, viele Fotos und Skizzen, kart., DM 3.–

Dieses Lexikon ist zwar keine Mao-Bibel, aber gibt -- nach Stichwörtern geordnet – einen klaren Überblick und eine fundamentale Diskussionsgrundlage für diejenigen, denen Revolution mehr bedeutet als romantischer Aktivismus. Es gibt Auskunft über die revolutionären Theorien von Marx bis Mao und Marcuse, über die aktuellen politischen Ziele der APO, über ihre wichtigsten Wortführer, über ihre Organisation, über Demonstrationstechnik, über Widerstandsrecht gegenüber der Polizei. Es klärt oft gebrauchte, kaum je genau definierte Schlagwörter wie beispielsweise »Repression«, »revolutionäre Aktion« und »Establishment«. Es gibt aber auch Auskunft über so konkrete Objekte wie Wasserwerfer, Schlagstöcke und Megaphone.

Verlag Bärmeier & Nikel

Georg W. Alsheimer
Vietnamesische Lehrjahre

Bericht eines deutschen Arztes aus Vietnam
1961–1967

1961 kommt der deutsche Arzt Georg W. Alsheimer nach Vietnam, um als Dozent für Neurologie und Psychiatrie an der Universität Hué zu lehren. Er kommt ohne besondere Kenntnisse über das Land, ohne ausgeprägte politische Ansichten. Sechs Jahre später gilt er als vorzüglicher Vietnam-Experte und trägt durch seine Aussagen vor dem Kriegsverbrecher-Tribunal in Roskilde dazu bei, daß die amerikanische Vietnam-Politik und die Hilfsdienste der Bundesrepublik vor der Weltöffentlichkeit angeprangert werden. Was dazwischen liegt, sind – im Goetheschen Sinn des Wortes – Lehrjahre: angefüllt mit Erfahrungen und Erlebnissen, die einen Lernprozeß auslösten, ihn nicht nur Vietnam anders sehen lehrten, sondern ihn selbst zu einem anderen machten. Im Mittelpunkt dieser sechs Jahre stehen die Buddhisten- Unruhen in Hué, die das Ende der Diem-Diktatur einleiteten. Alsheimer, der Zeuge der Terroraktionen war, Dokumente darüber veröffentlichte und deshalb das Land verlassen mußte, hat das Seine zum Sturze Diems beigetragen. Als er nach Saigon zurückkehrte, waren seine vietnamesischen Freunde, mit denen er einst politische Zukunftspläne geschmiedet hatte, Minister geworden, aber von den alten Plänen war wenig übriggeblieben, man machte »Politik« und führte Krieg. Für Alsheimer jedoch gingen die Lehrjahre weiter, mit neuen Erlebnissen und neuen Erkenntnissen. Er berichtet von all dem mit der Spontaneität und Genauigkeit des unmittelbar Betroffenen, und er zieht den Leser mit hinein, läßt ihn mit sich erleben und lernen, macht ihn bekannt mit Schlüsselfiguren der jüngsten Geschichte Vietnams, deren genaue und intime Porträts er zeichnet, aber auch mit ganz namenlosen Angehörigen dieses Volkes, Barmädchen, Patienten, »Viet-Congs«, die nicht weniger Schlüsselfiguren seines Berichtes sind – eines Berichtes, der nicht nur politische Brisanz besitzt, sondern auch politische Erfahrungen vermittelt; der nicht allein von Abenteuern erzählt, sondern selbst Abenteuer auslösen wird: im Bewußtsein seiner Leser.

Etwa 450 Seiten · Kartoniert · DM 18.–

Kursbuch 15 1968

Kultur Revolution Literatur

Kursbuch
Herausgegeben von Hans Magnus Enzensberger

Kursbuch 15 November 1968

Der Cimarrón
Aus den Erzählungen eines ehemaligen Sklaven

Die Welt

Es gibt auf der Welt allerhand Dinge, die ich mir nicht erklären kann. Alles was mit der Natur zu tun hat, wundert mich. Noch dunkler sind die Götter. Die Götter sind sehr eigensinnig und voller Launen. Daher kommt es, daß auf der Erde so sonderbare Dinge geschehen. Früher, in der Zeit der Sklaverei, habe ich oft in den Himmel geschaut. Die Farbe des Himmels gefällt mir sehr. Einmal hat er sich verfärbt wie eine Kohlenglut, und es gab eine entsetzliche Dürre. Ein anderes Mal verfinsterte sich über der ganzen Insel die Sonne mitten am Tag. Es war als ob der Mond mit der Sonne kämpfte. Die Welt ging rückwärts. Manche verloren die Sprache. Andere hat der Schlag getroffen.

Ich weiß nicht, woher solche Dinge kommen. Die Natur bringt sie hervor. Die Natur ist Alles, auch das was man nicht sehen kann.

Über den Menschen sind die Götter. Die stärksten Götter kommen aus Afrika. Ich weiß, daß sie fliegen können. Alles, wozu sie Lust haben, bringen sie fertig, durch Zauberei. Warum haben sie nichts gegen die Sklaverei getan? Das geht mir im Kopf herum wie ein Rad. Ich kann es mir nicht erklären. Angefangen hat die Sklaverei mit den mohnroten Tüchern. Früher war ganz Afrika mit der alten Mauer umgeben. Die alte Mauer war aus Palmen gemacht, und es wohnten Insekten in ihr, die wie der Teufel stachen und bissen. Deshalb konnten die Weißen nicht in Afrika eindringen. Bis es ihnen einfiel, auf ihrem Schiff die roten Tücher zu schwenken. Als die schwarzen Könige das sahen, riefen sie ihren Leuten: Lauf, bring mir das mohnrote Tuch! Und die Schwarzen liefen wie die Lämmer auf das Schiff, und wurden eingesteckt. Die Schwarzen haben immer eine Vorliebe für die Farbe Rot gehabt, und das war ihr Verderben. So sind sie nach Cuba verschleppt worden. Das war der Anfang der Sklaverei.

1 *Aus den Erzählungen eines ehemaligen Sklaven*

Der Cimarrón

Ich habe meine Eltern nicht gekannt. Ich habe sie nie gesehen. Das ist nicht traurig, denn es ist die Wahrheit. Ich bin ein Cimarrón.
Ich weiß aber, wann ich geboren bin, denn meine Paten haben mirs gesagt: im Jahr 1860, am Tag des heiligen Esteban, wie er im Kalender steht. Deshalb heiße ich Esteban. Damals haben die Herren die Schwarzen verkauft als wären es Ferkel. Mich auch. Ich kam auf die Zuckerplantage von Flor de Sagua. Mit zehn Jahren lief ich zum ersten Mal auf und davon. Sie fingen mich und schlugen mich mit der Kette, daß ich es heute noch spüre. Dann legten sie mir die Handschellen an und schickten mich wieder aufs Feld. Die Kinder schufteten damals wie die Sträflinge. Heute will es mir keiner glauben. Aber ich habe es selbst erlebt.
Wenn ein schwarzes Kind hübsch und zierlich war, nahmen die Weißen es ins Haus und stellten was weiß ich mit ihm an. Den ganzen Tag stand so ein Junge mit dem Fliegenwedel vor dem Tisch, denn die Herren fraßen den ganzen Tag. Wenn ihnen eine Fliege in den Teller fiel, fluchten sie und ließen ihn verprügeln. Ich bin nie im Herrenhaus gewesen. Mit den Herren hatte ich nichts im Sinn. Ich war immer schon so. Schon als Kind war ich ein Cimarrón.

Die Sklaverei

Um halb fünf Uhr früh läutete der Aufseher das Ave Maria. Beim neunten Schlag mußten die Sklaven auf den Beinen sein. Um sechs Uhr schlug die Glocke zum Appell auf dem Platz vor den Baracken, die Frauen links, die Männer rechts. Es war ein weiter, leerer, staubiger Platz. Dort gab es keinen einzigen Baum, keine Palme, keine Zeder, keinen Feigenbaum. Dann wurden wir auf die Zuckerfelder getrieben. Wir arbeiteten, bis die Sonne unterging. Dann läutete es zum Gebet. Um neun Uhr abends schlug die letzte Glocke, die Schweigeglocke, und der Aufseher legte das große Schloß vors Tor.
In der Sklaverei habe ich große Schrecken gesehen. Im Kesselhaus der Siederei war der Stock. Der Stock war aus dicken Bohlen gemacht, und er hatte fünf Löcher für den Kopf, die Hände und die Füße. Wegen einer Bagatelle, wegen einem Dreck wurden die Sklaven in den Stock geschla-

gen, zwei oder drei Monate lang. Die Lederpeitsche saß den Aufsehern locker. Die schwangeren Frauen legten sie auf den Bauch, damit das Kind nicht verloren ging. Ich habe viele meiner Brüder mit roten Schultern gesehen. Die zerrissene Haut rieben die Aufseher mit nassen Tabakblättern, mit Salz und mit Pisse ein. Das brannte wie Feuer.
Das Leben war hart in der Sklaverei. Der Mensch ging dabei zugrund. Von einem solchen Leben wollte ich nichts mehr wissen.

Das Spiel

Ich weiß, es hört sich komisch an, aber auch unter der Sklaverei gab es allerhand Zeitvertreib und Spiele. Im Hof, zwischen den Baracken, spielten die Sklaven immer ein Wurfspiel. Sie nahmen einen Maiskolben, spalteten ihn in der Mitte und steckten ihn in die Erde. Obendrauf wurde eine Münze gelegt. Das Spiel ging darum, wer mit einem Steinchen die Münze herunterholen konnte.
Ein anderes Spiel hieß Der Zwieback. Die Schwarzen legten auf ein dickes Brett ein paar Stücke harten Salzzwieback, stellten sich davor, knöpften die Hosen auf und schlugen, so fest es nur ging, mit dem Du-weißt-schon auf den Zwieback drauf. Wer so stark war, daß er den Zwieback damit in Stücke brechen konnte, der hatte gewonnen. Auf den Sieger wurden Wetten abgeschlossen, um ein Stück Geld oder eine Runde Rum.
Das Mayombe-Spiel war etwas ganz anderes. Es hatte mit der Religion zu tun. Dazu braucht es viele Trommeln. Eine große Kasserolle wird mitten in den Hof gestellt. Im Topf sind die mächtigen Geister versammelt. Alle fangen an zu singen, die Trommeln werden lauter und lauter. Dann werden allerhand zauberhafte Sachen in den Topf geworfen. Das Mayombe ist ein sehr nützliches Spiel, denn die heiligen Geister helfen einem, gesund zu werden oder einen Streit zu begraben. Man braucht zu diesem Spiel vor allem Friedhofserde. Vier kleine Häufchen davon werden in den Ecken des Hofes aufgeschichtet. Das sind die vier Ecken der Welt.
Wenn der Herr einen Sklaven strafen oder prügeln ließ, dann kratzten die andern ein wenig Erde unter seinen Füßen zusammen und warfen sie am Abend in den Topf. Dann war es eine Kleinigkeit, dem Herrn eine Krankheit an den Hals zu wünschen oder jemand aus seiner Familie totzubeten. Solang diese Erde in dem Topf war, konnte der Herr nicht ent-

rinnen. Nicht einmal der Teufel selber hätte ihm heraushelfen können. Das war die Rache der Schwarzen aus Afrika.

Die Flucht

Wer da blieb, der war ein Niemand. Ich wollte fliehen. Immer dachte ich an die Flucht. Oft konnte ich nicht einschlafen, weil ich an die Flucht dachte.

Die meisten Sklaven fürchteten sich vor dem Leben in den Bergen. Eingefangen wirst du doch, sagten sie. Ich dachte mir aber: Im Wald ist es besser. Und ich wußte, die Arbeit auf dem Feld, das war wie die Hölle. Da nahm ich mir den Aufseher vor und ließ den Hund nicht mehr aus den Augen. Ich seh ihn heute noch. Er war groß, ein Spanier, glaube ich. Nie nahm er seinen Hut ab. Die Schwarzen fürchteten ihn. Mit einem Schlag konnte er einem das Fell in Fetzen hauen. Eines Tages, ich weiß nicht warum, hielt ich es nicht mehr aus. Ich schaute ihn an, und die Wut faßte mich an wie ein Feuer.

Ich pfiff, und er drehte sich nach mir um. Da habe ich einen Stein genommen und ihn mitten in seine Fresse geworfen. Ich habe gut getroffen. Das weiß ich, denn er schrie: Haltet ihn fest! Ich rannte und blieb nicht mehr stehen, bis ich allein war, in den Bergen, im Wald.

Die Höhle

Viele Tage lang lief ich ohne Weg und Ziel herum. Zuerst war ich wie ein Mensch, der verloren ist, denn ich hatte die Zuckersiederei noch nie in meinem Leben verlassen. Ich stieg bergauf und bergab, ich ging in die Irre. Bald hatte ich Blasen an den Füßen, und meine Hände waren geschwollen.

Da suchte ich mir einen Platz unter einem Baum und schlug ein Lager auf. Ich baute mir eine Hütte und deckte sie mit Guinea-Gras. Das brauchte nur ein paar Stunden. In der Hütte ruhte ich mich vier oder fünf Tage lang aus. Dann hörte ich eine Menschenstimme. Das war mir genug, und ich lief davon.

Dann fiel mir ein, daß es hier viele Höhlen gibt. Ich fand eine Grotte und

blieb darin mehr als eineinhalb Jahr lang. Das war gut, denn ich mußte nicht länger umherlaufen.
Die Höhle war sehr groß, und dunkel wie ein Backofen. Es hausten aber darin sehr gefährliche Schlangen. Sie heißen majaes, und sie wohnen im Wald und in den Höhlen. Mit ihrem süßen Atem schläfern sie den Menschen ein, ohne daß er es merkt. Dann saugen sie ihm das Blut aus. Wer da nicht auf der Hut ist, dem ergeht es schlecht. Ich habe immer ein Feuer angesteckt, um die Schlangen zu erschrecken. Die Schwarzen aus Afrika sagen, die majaes werden über tausend Jahre alt. Dann verwandeln sie sich in gewöhnliche Nattern. Sie wandern zum Meer und verschwinden darin.
Die Höhle war von innen wie ein großes Haus. Nur viel dunkler, das versteht sich. Alles war voller Dreck. Das machen die Fledermäuse. Die haben dort ein freies Leben. Die Fledermäuse waren und sind die Herren der Höhlen. Das ist auf der ganzen Welt so.
In der Grotte war es ganz still. Nur die Fledermäuse rauschten. Tag und Nacht ging es: Schui, schui, schui. Singen können sie nicht, aber sie reden miteinander und verstehen alles. Ich sah, wie eine von ihnen sagte: Schui, schui, schui, und der ganze Schwarm flog ihr nach.
Die Höhle war meine Sommerfrische.

Der Wald

Im Wald gefiel es mir. Ich kannte alle Wege. Ich bin viele Jahre im Wald geblieben. Es ging mir gut wie einem Kind. Von der Sklaverei wollte ich nichts mehr hören und sehen. Oft vergaß ich, daß ich auf der Flucht war, und fing zu pfeifen und zu singen an. Lange Zeit habe ich mit keinem Menschen gesprochen. Diese Ruhe gefiel mir sehr.
Mit einem Strick zog ich aus, um Ferkel zu fangen. Das Fleisch habe ich mir geräuchert. Es gibt viel Gemüse im Wald, auch Blätter, aus denen man Zigarren drehen kann, und wilden Honig. Das Wasser in den Bergen war sehr gut. Es hat mir nichts gefehlt, außer der Liebe. Frauen gab es nicht im Wald. Nur die Stuten. Eine Stute konnte ich mir immer nehmen, aber die Stuten wieherten als ritte sie der Teufel. Die Aufseher hörten den Lärm und kamen gerannt. Ein schöner Dummkopf, wer sich in Ketten legen ließe wegen einer Stute!

Einmal kam ich ans Meer. Das Meer, dachte ich, ist ein riesiger Fluß. Aber je näher ich kam, desto größer wurde das Meer. Ich schaute es an, und es wurde mir weiß vor den Augen und zerfloß, so groß war das Meer. Das Meer ist ein Geheimnis. Es kann die Menschen forttragen und gibt sie nie wieder her.
Im Wald habe ich mir angewöhnt, mit den Bäumen zu leben. Ich kenne einen Baum, der nachts sagt: Utsch utsch, ui ui, utsch utsch, wie ein Vogel. Ein Baum ist etwas Großes. Er ist wie ein Gott. Einen Baum darf man nicht töten, denn er gibt einem alles was er hat.
Sonst ist auf niemand Verlaß, nicht einmal auf den Heiligen Geist. Ein Cimarrón ist auf sich allein angewiesen. Mich haben die Vögel und die Bäume unterhalten, und zu Essen hatte ich genug. Im Wald hat mir nichts gefehlt.

Die Geister

Von den Geistern kann man nicht sagen, daß sie die oder jene Farbe haben. Sie erscheinen allen Menschen, aber die meisten wollen nicht darüber sprechen. Ich habe wunderbare Dinge gesehen. Der Reiter ohne Kopf ist eine furchtbare Erscheinung. Einmal ist er mir begegnet und hat gesagt: Geh dorthin und hol das Geld. Ich bin hingegangen, kalt vor Angst, und was habe ich gefunden? Einen Haufen Kohlen. Dieser Geist war ein Spaßmacher, oder ein armer Teufel.
Eine andere Erscheinung sind die Güijes. Sie kommen aus den Flüssen und sonnen sich, wenn es warm ist. Kleine schwarze Leute mit platten Köpfen. Ja, sie sehen aus wie Frösche mit ihren platten Köpfen.
Die Sirenen kommen aus dem Meer, vor allem in der Johannisnacht. Sie kämmen sich das Haar und schmeicheln sich bei den Männern ein. Oft nehmen sie einen Fischer mit auf den Grund. Sie haben einen Zauber, damit der Mann nicht ertrinkt.
Vor den Geistern darf man sich nicht fürchten. Die Lebendigen sind gefährlicher als die Toten. Wer einen Toten trifft, muß ihn fragen: Was willst du von mir, Bruder? Wenn einer stirbt, oder wenn er schläft, macht sich seine Seele auf und davon. Sie ist müde, weil sie den ganzen Tag viel herunterschlucken muß. Deshalb fliegt sie fort und streift durch die Luft und übers Meer. Wie eine Schnecke, die ihr Haus liegen läßt.

Ich will nicht zuviel daran denken. Diese Dinge sind dunkel. Sie machen mich müde. Doch der Mensch denkt immerzu, am meisten, wenn er allein ist. Er denkt sogar im Traum. Es ist nicht gut, davon zu reden. Mancher hat sich schon um Kopf und Kragen geredet. Außerdem ist es mit den Geistern so wie mit den Märchen, die nicht aufhören wollen. Niemand kennt das Ende.

Die falsche Freiheit

Eines Tages hörte ich ein Geschrei. Wir sind frei! riefen die Leute. Ich hörte es und konnte es nicht glauben. Ich weiß nicht warum, aber ich dachte: das ist eine Lüge.
Ich stieg von den Bergen herunter. Als ich aus dem Wald kam, traf ich eine Alte mit zwei Kindern auf dem Arm. Ich fragte sie: Sag mir, ist es wahr, daß wir keine Sklaven mehr sind? Sie antwortete: Ja, wir sind frei. Da ging ich weiter und suchte mir eine Arbeit.
Sie hatten die Schlösser und Riegel von den Baracken abgenommen, und die Wächter waren fort. Aber die Arbeit auf dem Feld war so wie immer. Nach drei Monaten hatte ich aufgerissene Hände und geschwollene Füße.
Das Zuckerrohr und die Hitze bringen einen fast um. Der Tag auf dem Feld will kein Ende nehmen. Die Aufseher sind die alten geblieben. Wenn einer eine Pause machte, hieß es gleich: Du wirst entlassen.
Das war die Befreiung der Schwarzen, von der ich soviel gehört hatte. Ich habe mir gleich gedacht, daß es eine Lüge war. Reden und Schreie richten nichts aus.

Die Frauen

Das Größte was es gibt sind die Frauen. Ich habe immer eine gefunden, die mir sagte: Ich will bei dir bleiben.
Wenn ich eine Frau brauchte, ging ich ins Dorf. Am Sonntag waren die Straßen voller Tänzer. Damals waren die Mädchen anders, sie machten weniger Umstände. Wenn ihnen einer gefiel, nahmen sie ihn mit aufs Feld und ließen sich ins heiße Zuckerstroh legen. Sie wußten was sie wollten,

und sie wollten dasselbe wie du. So war es mir recht: heute die und morgen eine andere. Ich habe allerlei Frauen gekannt, sanfte und wilde, helle und dunkle. Wenn ich daran denke, so scheint es mir, als müßte ich viele Nachkommen haben. Aber ich kenne keins von meinen Kindern. Manchmal kam ein Mädchen zu mir und zeigte mir ihr Kind und sagte: Das ist dein Sohn. Aber ob das die Wahrheit oder ob es gelogen war, wer kann das wissen?
Mit einer war ich lange Zeit zusammen. Das war eine von diesen schönen maulbeerblauen Mulattinnen. Sie hieß Ana. Aber sie war eine Hexe. Jeden Abend rief sie die Geister ins Haus und sprach mit ihnen, daß es mir angst und bange wurde. Einmal wurde es mir zu dumm und ich sagte: Ich will nichts mehr mit dir zu tun haben, du Hexe. Da hat sie sich aus dem Staub gemacht, und ich habe sie nie wieder gesehen.
Sich das ganze Leben lang an eine Frau zu hängen, das ist nichts für mich. Jetzt bin ich alt. Von Zeit zu Zeit finde ich immer noch eine, die sich zu mir hinlegt. Aber es ist nicht mehr so wie früher. Eine Frau ist etwas Großes. Ich sage die Wahrheit: Was mir auf der Welt am besten gefallen hat, das sind die Frauen.

Der Teufel

Der Teufel läßt keine Gelegenheit aus. Er läßt sich zu jeder Zeit holen, um sich ein Vergnügen zu machen und etwas Böses anzurichten. Am besten geht es am Dienstag, denn der Dienstag ist der Tag des Teufels. Deswegen bringt der Dienstag Unglück. Ich gebe zu, es schüttelt mich, wenn ich bloß das Wort Dienstag höre. Dann ist es mir, als wäre der Teufel schon in der Nähe.
Wenn du einen Handel mit ihm anfangen willst, brauchst du nur einen Hammer und einen großen Nagel, weiter nichts. Du suchst dir einen Kapok-Baum in einer Lichtung und schlägst den Nagel mit drei lauten Schlägen in den Stamm. Wenn das der Große Hornteufel hört, kommt er ganz ruhig und gleichgültig daher, als ob die ganze Sache ihn nichts anginge. Es liegt ihm nichts daran, dir Furcht einzujagen. Er weiß, daß er seltsam und schrecklich genug aussieht. Er kommt rot wie eine Flamme. Feuer springt aus seinem Mund. Er hat eine gegabelte Lanze in der Hand. Du kannst in aller Ruhe mit ihm reden. Nur mußt du sehr deutlich sprechen, denn

für ihn sind die Jahre wie ein Tag. Wenn du ihm versprichst, daß du etwas für ihn in drei Jahren tun willst, so meint er, es wären nur drei Tage. Wer das nicht weiß, der ist verloren. Ich habe immer Bescheid gewußt, was den Teufel angeht. Er rechnet nicht wie ein Mensch. Ich weiß nicht, wie es heute zugeht, aber damals hat sich der Teufel in alles eingemischt.
Ich habe mich nicht viel um ihn gekümmert. Ein Mann wie ich ist nicht für die Zauberei gemacht. Ich bin zu ungeduldig, und ich mache mich über alles lustig. Deshalb bin ich nie ein guter Zauberer geworden.

Die Maschinen

Eine Zeitlang kamen und gingen die Ingenieure. Sie liefen durch die Felder und besahen sich die Zuckersiederei. Alles wollten sie verbessern. Wenn es hieß: Die Ingenieure kommen, dann mußten wir alle saubere Kleider anziehen, und der Aufseher ließ die Kessel scheuern, bis sie blank wie die Sonne waren.
Die Ingenieure waren Ausländer. Sie kamen aus England oder aus Amerika. Die alte Dampfmaschine war ihnen zu langsam, sie ließen eine größere kommen. Sie brachten auch eine Zentrifuge.
Das große Werk von Ariosa hatte drei Maschinen. Die Schrotmühle zerhackte das Zuckerrohr, der Kollergang preßte den Saft heraus, das Mahlwerk machte den Rückstand für die Öfen klein. Als ich sah, wie alle diese Maschinen sich auf einmal rührten, blieb mir der Mund offen stehen. Sie gingen ganz von allein. Das sah wunderbar aus. Nie zuvor hatte ich einen solchen Fortschritt gesehen.
Am meisten freuten sich die Pflanzer, weil ihnen die Mühle immer mehr Rohr abnahm. Und dann die Maschinisten, die Kessel- und Waagmeister. Sie hielten sich für etwas besseres. Sie wohnten auch in bequemen Häusern. Die Maschinen haben auch viel Haß und Ungleichheit gebracht. Wer auf dem Feld arbeitete, in der Sonnenhitze, dem halfen sie nichts.

Der Karsamstag

Am Karsamstag waren in der Stadt die merkwürdigsten Dinge zu sehen. Es gab so viele Leute wie in der Hölle. Arm und reich, alles durcheinander, jede Ecke ein Bienenkorb, die Straßen lustig und voller Lichter, Lampions und Papierschlangen. Die fahrenden Leute sind gekommen und haben angefangen zu tanzen und Pirouetten zu schlagen. Es waren Zigeuner, Spanier und Cubaner dabei. Sie kreischten und sangen. Auch Puppenspieler waren dabei, und die Kinder wurden närrisch vor Vergnügen, wie sie die großen Marionetten sahen, die an einem Faden hingen und laufen und zappeln konnten. Manche von den Marktschreiern waren als Harlekine verkleidet, mit gestreiften oder buntgewürfelten Kostümen und großen Hüten. Sie machten große Sprünge, warfen Bonbons unter die Menge und aßen alles auf, was die Leute ihnen gaben. Sie legten sich platt auf den Boden und ließen sich einen schweren Feldstein auf den Bauch legen. Dann nahm ein Zuschauer einen großen Schlegel und haute den Stein entzwei. Nach dem letzten Hieb stand der Spaßmacher auf und verbeugte sich. Jeder hätte gedacht, daß alle seine Rippen gebrochen wären, aber nichts davon! Ja, diese Spaßmacher verstanden sich auf alle möglichen Tricks. Sie lasen einem auch die Vergangenheit und die Zukunft aus dem Gesicht. Es waren sehr sympathische Leute. Einer von den Gauklern verschluckte brennende Papierstücke. Dann zog er sie wieder aus dem Mund hervor, da waren farbige Bänder daraus geworden. Die Leute schrien laut vor Bewunderung, weil sie sich das Ding nicht erklären konnten.
Die Besten unter den fahrenden Leuten waren die Zigeuner. Sie waren sehr lustig und sehr ernst. Nach der Vorstellung setzten sie sogleich wieder ihre vernünftige Miene auf. Sie trugen durchlöcherte Kleider, Westen und große rote Schals. Die Zigeuner kommen aus einem Land, das sehr weit fort ist. Den Namen ihres Landes weiß ich nicht mehr. Es liegt über dem Meer. Sie machen sich nicht viel aus dem Essen und kochen an der frischen Luft. Für die Zigeuner habe ich immer etwas übrig gehabt.

Die Lotterie

In der Karwoche gab es auch noch ein anderes Vergnügen. Das war die Lotterie. Die Gewinne, das waren Taschentücher, Kölnisch Wasser, Rosenpomade und Nähmaschinen. Die Taschentücher waren klein und schäbig, und das Kölnisch Wasser ein Gestank. Ich habe es nie genommen, man kriegt nur einen Schnupfen davon. Die Nähmaschinen waren bloß der Köder für die Dummen. Dumme gibt es genug. Die Leute setzten auf alle Nummern, die es gab, doch nie kam die Nähmaschine heraus. Das ging stundenlang so her. Ich bekam schon vom Zuschauen eine rechte Wut, wie sie alle auf diese berühmte Nähmaschine warteten und ihren letzten Heller ausgaben. Alles für die Katz! Wenn es nach mir gegangen wäre, ich hätte die ganze Lotterie angezündet.

Der ärgste Schwindel sind die Tombolas der Pfarrer. Vor ein paar Jahren sind wir nach Arroyo Apolo gegangen. Dort gibt es auch eine Kirche. Die Pfarrer haben uns eingeladen. Einer hielt die Messe. Er wollte uns einseifen, indem er uns die Worte Christi hersagte und allerhand andern Honig vergoß. Mitten in der Predigt fing er damit an, daß man alle Kommunisten ausrotten muß. Die Kommunisten sind die Kinder des Teufels, sagte er. Das hat mich gewurmt, denn ich war damals in der Sozialistischen Partei. In die Kirche bin ich nie wieder gegangen, und den Pfarrer habe ich auch nicht wieder gesehen. Aber ich habe gehört, daß er neulich wieder ein Fest gegeben und eine große Tombola eingerichtet hat. Alle haben Lose gekauft, und was haben sie gezogen? Winzige Taschentücher, ein paar Socken und einen Haufen andern Scheißdreck. Ich habe gedacht: Es ist immer derselbe Schwindel. Die Lotterien sind ein Kasperletheater für dumme Leute. Ich spiele nicht mit.

Die Pfarrer

Wer glaubt, den muß man in Ruhe lassen. Ich habe nicht viel übrig für die Religion. Zu meiner Zeit hatte es in Cuba jedermann mit dem Christentum, auch die größten Gangster.

In Ariosa stand am Feiertag die Zuckermühle still, und die Felder lagen verlassen wie ein Friedhof. Die Pfarrer fingen schon in aller Frühe zu beten an und wollten gar nicht mehr aufhören. Die Kirche war nicht weit, aber ich habe nie einen Fuß hineingesetzt. Die Sakristei war ein rechtes Hurenhaus. Ehrwürden, gebt mir euern Segen, sagten die scharfen Mädchen, bevor sie mit dem Pfarrer ins Bett gingen.

Die Pfarrer können mir gestohlen bleiben. Es gibt richtige Gauner unter ihnen. Immer haben sie Lust auf ein Stückchen Fleisch. Ihre Kinder verstecken sie unter der Soutane und nennen sie Neffen oder Patensöhne. In Ariosa waren die Pfarrer sehr mächtig und mischten sich in alles ein. Sie hatten eine Menge Gold und gaben nichts davon her. Um die Arbeiter in der Zuckermühle kümmerten sie sich überhaupt nicht. Im Maschinenhaus ließen sie sich nicht blicken. Vielleicht hatten sie Angst, sie würden dort ersticken. Sie waren zart und weich wie Butter, die Pfarrer. Übrigens gibt es keine wahren Katholiken in Cuba. Bei uns hat jeder seine eigene Zauberei. Alle Religionen haben sich bei uns vermischt. Die spanische ist schwach und die afrikanische ist stark. Wer glaubt, den muß man in Ruhe lassen. Denn das wichtigste ist die Gelassenheit. Ohne sie kann der Mensch nicht denken und nicht leben.

Der Aufstand

Dann kam die Zeit, wo alle Welt anfing, vom Aufstand zu reden. Es roch nach Krieg. Mit den Spaniern, hieß es, ist es aus und vorbei, und Viva Cuba libre!

Ich hörte mir alles an und sagte kein Wort. Die Revolution gefiel mir. Ich hielt große Stücke auf die Anarchisten, weil sie ihren Hals riskierten und keine Furcht hatten.

Aber täusch dich nicht! Der Krieg bringt das Vertrauen unter den Menschen um. Deine Brüder sterben neben dir und du kannst nichts für sie tun. Wenn alles vorbei ist, kommen die schlauen Ratten aus den Löchern und machen sich einen guten Tag.

Und doch kannst du dich nicht verdrücken, wenn das Elend zu groß wird. Du mußt dich schlagen, sonst bist du nichts wert.

Die Schwarzen haben nicht lang gefragt, wozu die Revolution da war. Der Krieg mußte sein. Niemand wollte mehr unter den Spaniern leben. Niemand wollte mehr die Ketten leiden, das schlechte Fleisch essen, und im Morgengrauen aufs Feld gehen. Es war nicht recht, daß die Weißen alles hatten, und daß es keine Freiheit gab. Deshalb zogen wir in den Befreiungskrieg. Es ging um unsere Haut. Wer zu Hause blieb, hatte keine Freunde mehr. Er konnte nicht länger leben. Er starb vor Traurigkeit.

Verloren habe ich nichts in diesem Krieg, nicht einmal meine Gesundheit. Nur eine spanische Kugel habe ich im Bein. Der schwarze Fleck ist mir davon geblieben. Mancher aber ist kaum aus dem Wald gekommen und fiel am ersten Tag schon vom Pferd in die Grube.

Die Schlacht von Mal Tiempo

Im Dezember fünfundneunzig sagte ich zu meinen Freunden: Es ist Zeit, daß wir unsre Köpfe erheben. Am selben Nachmittag verließen wir die Raffinerie und gingen bis zum nächsten Bauernhof. Zu dem Bauern sagte ich ganz höflich: Bitte geben Sie uns Ihre Pferde mit Zaum und Sattelzeug. Dann saßen wir auf und ritten davon.

In Las Villas stießen wir zu den Aufständischen. Wir hatten keine Gewehre, nur unsere großen Messer. Vor der Schlacht sagten die Anführer: Wenn ihr den Feind seht, stürzt euch auf ihn mit der Machete.

Mal Tiempo ist eine große Ebene mit Zuckerrohr- und Ananas-Feldern. Es war am frühen Morgen. Wie die Spanier uns sahen, fingen sie an zu zittern. Sie fürchteten sich vor den Messern. Manche warfen sich zu Boden, andere ließen ihre Gewehre fallen und versteckten sich im Gebüsch. Es gab auch tapfere Teufel unter ihnen. Ein kleiner Spanier hätte mich fast umgebracht. Ich packte ihn am Kragen und hielt ihn fest. Da sah er mich an und schrie: Ihr seid die reinsten Wilden! Die Spanier hatten sich die Sache anders vorgestellt. Sie wunderten sich, daß wir ihnen die Köpfe abschnitten; denn sie dachten, wir seien keine Menschen, sondern Hammel. Die Schlacht dauerte nur eine halbe Stunde, aber es war eine blutige Arbeit. Zum Schluß lagen überall kleine Spanier-Köpfe zwischen den Ananasstauden. Ich habe selten so etwas Eindrucksvolles gesehen.

Die Cubaner haben in Mal Tiempo begriffen, daß sie stark sind. Es war ein großer Triumph für die Revolution und eine große Schlächterei. So mußte es geschehen. Das Leben ist nicht einfach. Es gibt Dinge in der Welt, die niemand ändern kann.

Der schlechte Sieg

Wir zogen in Havana ein und feierten den Sieg. Das war der reinste Jahrmarkt. Wer ein Buschmesser trug, war ein Befreier. Die Mädchen fielen uns zu wie reife Pflaumen. Am Hafen rührten sich Tag und Nacht die

Trommeln. Die Leute warfen Hüte und Taschentücher in die Luft. Überall schallte der Rumba. Es war wie das Ende der Welt. Alles schrie aus vollem Hals: Viva Cuba libre!
Aber der Sieg hatte auch seine Haken. Die Cubaner bildeten sich ein, die Amerikaner seien zum Vergnügen auf unsere Insel gekommen. Bald aber merkten sie: Die Amerikaner hatten, ganz still und heimlich, das beste Stück des Kuchens eingesackt. Da hieß es dann: Die Amerikaner sind die größten Dreckschweine. Das ist wahr. Aber wer hat sie ins Land gebracht? Und wer hat sich von ihnen herumkommandieren lassen? Das waren die reichen Cubaner, die überall ihre weißen Finger drin hatten. Und unsere kleinen Herren Offiziere waren auch nicht unschuldig.
Die Amerikaner liefen in ihren gelben Uniformen herum, immer schön gebügelt und schwer besoffen. Nigger, Nigger, riefen sie den Schwarzen nach, und wenn ihnen ein schönes Mädchen über den Weg lief, ging es gleich: Fucky, fucky. Wenn ich die Wahl habe zwischen den Spaniern und den Amerikanern, sind mir die Spanier lieber. Das heißt, solang sie bleiben wo sie sind. Jeder wo er hingehört! Die Amerikaner gehören in die Hölle.
Als der Krieg zu Ende war, sah ich, in der Stadt war lauter Schwindel und Betrug. Neger, Freundchen, hieß es, hier wirst du reich! Ja, wers glaubte! In Havana konnte man vor Hunger sterben. Ich nahm meinen Sack und ging zum Bahnhof an der großen Hafenmauer. Ich kehrte zurück auf die Zuckerfelder. Meine Taschen waren leer. Ich habe nichts vergessen.

Die Freundlichkeit

Das beste was es gibt ist, wenn die Menschen wie Brüder zueinander sind. In der Stadt gibt es das nicht oft. In der Stadt gibt es zuviele Reiche. Die Reichen glauben, sie sind die Herren der Welt, und sie helfen keinem Menschen. Auf dem Land ist es anders.
In unserer Gegend waren wir zu unsern Nachbarn wie Brüder. Jeder half dem andern, wenn es um die Aussaat, um eine Fuhre oder ein Begräbnis ging. Eine Palmhütte zum Beispiel war leicht gebaut und gedeckt, in zwei oder drei Tagen. Alle halfen mit. Wir wußten: einer allein wird leicht müde und richtet nicht viel aus.
Ohne Freude kann der Mensch nicht leben. Auf dem Land gab es immer

einen Spaß. Wenn einer dem andern die Schweine hütete, fing er sich manchmal eines und steckte es auf den Spieß und gab ein Fest für alle seine Freunde. Damals trugen die Schweine aber ein Zeichen ins Ohr gebrannt, wem sie gehörten. Also kam das gebratene Schwein auf den Tisch, mit Blumen im Maul, auf einem Zedernbrett, das Ohr nach außen, sodaß ein jeder das Zeichen sehen konnte. Wenn dann der Mann kam, dem das Schwein gehörte, so durfte er keine böse Miene machen. Im Gegenteil, gewöhnlich ließ er sichs am besten schmecken.
Was sich in solchen Sachen zeigt, das ist die Freundlichkeit. Viel ist nicht von ihr übrig auf der Welt. Die Leute sind mir zu neidisch und zu feindlich. Deswegen bin ich gern allein.

Das Messer

Das ist alles, was ich zu erzählen habe. Morgen sterbe ich vielleicht, aber mein Gesicht verstecke ich nicht. Damals mußten wir stillhalten, nackt und schmutzig in den Bergen, und die spanischen Truppen zogen vorbei, sauber wie die Zinnsoldaten, mit ihren blitzenden neuen Gewehren. Heute ist es anders. Die Wahrheit kann keiner verstecken.
Ich habe keine Lust zu sterben. Bei den Kämpfen, die kommen werden, bin ich dabei. Ich grabe mich nicht ein. Ich brauche kein neues Gewehr. Mein altes Messer, mein großes Messer, mehr brauche ich nicht.

Aus dem Spanischen von Hans Magnus Enzensberger

Notiz über den Cimarrón

Im Sommer 1963 las der cubanische Schriftsteller und Ethnologe Miguel Barnet in der Zeitung eine jener nichtssagenden Notizen, mit denen gelangweilte Journalisten eine Spalte zu füllen pflegen. Er fand darin Nachrichten von den ältesten Einwohnern des Landes. Einer dieser Greise war der Cimarrón. Cimarrones heißen in Cuba Schwarze, die in der Zeit der Sklaverei ihr Los in ihre eigenen Hände nahmen und aus den befestigten und bewachten Plantagen, auf denen sie ihr Leben lang arbeiten und leben mußten, entflohen. Ein entsprungener Sklave war rechtlos und vogelfrei; er mußte sich, bis zur Abschaffung der Sklaverei, in der Wildnis verbergen. Einem solchen Leben waren nur starke, eigensinnige und mutige Leute gewachsen.

Esteban Montejo – so hieß der Cimarrón – war ein solcher Mann. In der Zeitung war sein Alter mit einhundertundvier Jahren angegeben. Miguel Barnet beschloß, ihn aufzusuchen. Er fand, in einem entlegenen Dorf der Provinz Las Villas, einen ungebrochenen, ernsten, hochintelligenten Mann vor, der bei bester Gesundheit war, und dem man sein Alter nicht ansehen konnte. Der Cimarrón konnte weder lesen noch schreiben, aber nach einer Weile fing er an, zu sprechen. Im Verlauf einiger Monate gelang es Barnet, seine Lebensgeschichte aufzuzeichnen. Die Auswertung der zahlreichen Notizbücher und Tonbänder ergab, daß dieser schwarze Greis mit seiner eigenen ein gutes Stück der cubanischen Geschichte seines Jahrhunderts zu erzählen wußte. Der Cimarrón kannte nicht nur die Sklaverei, nicht nur das Leben in der Wildnis, er hatte auch am Unabhängigkeitskrieg gegen die Spanier teilgenommen, er war später in die Sozialistische Partei (PSR) eingetreten und hatte sich früh der Revolution Fidel Castros angeschlossen. Dabei ist er Zeit seines Lebens ein Cimarrón, das heißt, ein freier Mann geblieben. Sein politisches Urteil ist unbestechlich. Es gründet nicht in Theorien, sondern in Erfahrungen. Esteban berichtet nicht nur von den politischen Ereignissen seiner Zeit. Er spricht auch vom Spiel, von der Zauberei, von den Frauen, vom Wald. Was er sagt, ist zugleich historisches Zeugnis und elementare Poesie.

Einige Angaben über den geschichtlichen Hintergrund dieses Lebens mögen für den deutschen Leser von Nutzen sein. Cuba war seit seiner Entdeckung durch Columbus eine Kolonie der spanischen Krone. Nach der Ausrottung der Indianer war die Insel jahrhundertelang fast ganz entvölkert: im sechzehnten Jahrhundert lebten nur viertausend Menschen dort. Erst nach dem Siebenjährigen Krieg entdeckten die Spanier die Möglichkeiten einer kapitalistischen Ausbeutung der Insel. Sie importierten im großen Stil Arbeitskräfte für die Bewirtschaftung der Zucker- und Tabakplantagen. Bis zum Ende des offiziellen Sklavenhandels hatten sie fast eine halbe Million Afrikaner aus Guinea, der Goldküste und dem Senegal nach Cuba gebracht. Das Zuckergeschäft blühte auf. 1868 machte der Zukker bereits 80% der cubanischen Exporte aus. Die Siedler hatten jedoch auf die Dauer keine Lust, sich der Bevormundung durch die Madrider Behörden zu fügen. Schon 1868 kam es zu einem ersten Aufstand. Nach zehn Jahren zäher Guerilla gelang es den Spaniern, die Rebellen niederzuschlagen – eine Koalition von weißen Liberalen, Banditen und Sklaven. Immerhin mußte die Krone den Cubanern einige Konzessionen machen. 1886 wurde die Sklavenbefreiung verkündet. Sie brachte formale Änderungen im Rechtsstatus der schwarzen Landarbeiter, aber keine grundlegende Besserung ihrer Situation.

Die Zuckerkrise zu Anfang der neunziger Jahre machte das Land für einen weiteren Versuch reif, die Unabhängigkeit zu erlangen. Im April 1895 landeten José Martí und Máximo Gómez mit einer Truppe von bewaffneten Revolutionären in der Provinz Oriente. Der Unabhängigkeitskrieg dauerte drei Jahre. Es kam zu schweren und blutigen Kämpfen. Die Spanier richteten Konzentrationslager ein, die Rebellen verbrannten die Zuckerernte, die Zivilbevölkerung wurde durch Terror und Hunger dezimiert.

Die Amerikaner sahen in dem Krieg eine Chance, ihre Vormachtstellung im karibischen Raum zu befestigen. Die Revolutionäre wollten die Anerkennung der amerikanischen Regierung, aber keine Truppen. Sie bekamen die Ledernacken auf den Hals, doch die diplomatische Anerkennung wurde ihnen versagt. 1898 landeten die Marinesoldaten der USA. Ein Jahr später mußten sich die Spanier zum Frieden bereitfinden. Sie verloren Puerto Rico, Guam und die Philippinen an die Nordamerikaner. Cuba wurde de facto zu einem Protektorat der USA. Die Militärregierung blieb bis zum Jahr 1902 im Land. Bis zum Sieg Castros kam es zu einer langen Reihe von militärischen Interventionen der USA auf Cuba. Die Marines landeten 1906, 1912, 1917, 1918, 1920 und 1923. Seit 1959 kann Cuba sich endlich nennen: Erstes freies Territorium der beiden Amerika.

H. M. E.

17 *Aus den Erzählungen eines ehemaligen Sklaven*

Lu Hsün
Vier Schriften über Literatur und Revolution

Die Literatur einer revolutionären Phase[1]

Das Thema meines heutigen Vortrags lautet »Die Literatur einer revolutionären Phase«. Diese Akademie hat mich schon mehrere Male eingeladen, doch ich habe mein Kommen immer wieder aufgeschoben, denn ich glaubte, Sie hätten mich eingeladen, weil ich einige Kurzgeschichten geschrieben habe und ein Autor bin, daß Sie also von mir etwas über Literatur hören wollten. In Wirklichkeit bin ich kein Autor und besitze keine Fachkenntnisse. Das erste Fachgebiet, das ich ernsthaft studierte, war der Bergbau, und ich könnte wahrscheinlich über Kohlebergbau einen besseren Vortrag halten als über Literatur. Natürlich veranlaßt mich meine Neigung für die Literatur, recht viel zu lesen, aber ich habe durch meine Lektüre nichts gelernt, was für Sie von Nutzen sein könnte. Und meine Erfahrung während der letzten Jahre in Peking läßt meinen Glauben an die alten literarischen Theorien, mit denen ich erzogen wurde, allmählich wankend werden. Das war die Zeit, als Studenten erschossen wurden und strenge Zensur herrschte, als nach meiner Meinung nur die schwächsten und nichtsnutzigsten Leute über Literatur sprachen. Die Mächtigen sprechen nicht, sie töten. Die Unterdrückten brauchen nur ein paar Worte zu sagen oder zu schreiben, schon werden sie getötet; oder, wenn sie das Glück haben zu entkommen, können sie höchstens schreien, sich beklagen oder protestieren, während die Mächtigen sie weiter unterdrücken, mißhandeln und töten; Kraft zum Widerstand haben sie nicht. Was hat die Literatur dann für einen Nutzen für das Volk?

Ebenso ist es im Tierreich. Wenn ein Falke einen Sperling schlägt, dann schweigt der Falke, aber der Sperling schreit laut. Wenn eine Katze eine Maus fängt, schweigt die Katze, die Maus aber schreit laut. Und wer nur schreien kann, wird am Ende von dem, der schweigt, gefressen. Wenn ein Autor Glück hat, dann schreibt er vielleicht einiges, was ihm zu seinen Lebzeiten einen Namen verschafft, ihm für einige Jahre Ruhm einbringt – ebenso wie die Menschen nach der Totenfeier für einen Märtyrer diesen

vergessen und vielleicht über die Qualität der Grabgesänge sprechen – das ist ein Geschäft ohne jede Gefahr.
Ich nehme jedoch an, daß Schriftsteller in diesem Zentrum der Revolution gerne behaupten, die Literatur spiele eine große Rolle in der Revolution. Sie könne zum Beispiel als Propaganda eingesetzt werden, um die Revolution zu unterstützen, anzuspornen, zu beschleunigen und zu vollenden. Doch nach meiner Meinung fehlt solchen Arbeiten die Lebenskraft, denn nur wenige gute Werke der Literatur sind auf Bestellung geschrieben worden; sie entströmen ganz natürlich dem Herzen eines Menschen, ungeachtet ihrer möglichen Wirkung.
Über ein vorgegebenes Thema zu schreiben ist ähnlich, als wenn man einen *paku*-Essay verfaßt, der als Literatur wertlos und völlig ungeeignet ist, den Leser zu bewegen. Für die Revolution brauchen wir Revolutionäre, die revolutionäre Literatur jedoch kann warten, denn erst wenn die Revolutionäre zu schreiben beginnen, kann es revolutionäre Literatur geben. Nach meiner Meinung spielt also die Revolution eine große Rolle in der Literatur. Die Literatur einer revolutionären Phase ist anders als jene in normalen Zeiten, denn in einer Revolution ändert sich auch die Literatur. Doch nur große Revolutionen können die Literatur verändern, kleine nicht, und so können diese auch nicht als Revolutionen gelten. Jedermann hier ist an das Wort »Revolution« gewöhnt, wenn Sie es aber in Kiangsu oder Chekiang aussprechen, werden Sie die Leute erschrecken und überdies Ihre eigene Sicherheit aufs Spiel setzen. In Wahrheit ist die Revolution nichts Befremdendes, und wir verdanken ihr alle gesellschaftlichen Reformen. Die Menschheit konnte nur vorwärtskommen, sich von Protozoen zu Menschen, von der Barbarei zur Zivilisation entwickeln, weil man niemals aufgehört hat zu revoltieren. Die Biologen lehren uns: »Menschen und Affen sind nicht sehr verschieden. Affen und Menschen sind Vettern.« Wie kommt es dann, daß die Menschen zu Menschen wurden, während Affen eben Affen bleiben? Weil Affen ihre Gewohnheiten nicht ändern – ihnen gefällt es, auf allen Vieren zu gehen. Sehr wahrscheinlich hat sich einmal eine Affe aufgerichtet und versucht, auf zwei Beinen zu gehen, doch die andern Affen haben gesagt: »Unsere Vorfahren sind schon immer gekrochen. Richte dich nicht auf!« Und dann haben sie ihn totgebissen. Sie weigerten sich nicht nur, sich aufzurichten, sondern auch zu sprechen, weil sie konservativ waren. Die Menschen jedoch sind anders. Sie haben sich schließlich aufgerichtet und gesprochen, und so haben sie

sich durchgesetzt. Aber dieser Prozeß ist noch im Gang. So ist die Revolution nichts Befremdendes, und alle Rassen, die noch nicht dabei sind auszusterben, versuchen jeden Tag zu revoltieren, wenn auch die meisten ihrer Revolutionen nur zu den kleinen gehören.

Welchen Einfluß haben große Revolutionen auf die Literatur? Wir können eine Einteilung in drei verschiedene Phasen vornehmen:

(1) Vor einer großen Revolution drückt fast alle Literatur Unzufriedenheit und Kummer über gesellschaftliche Verhältnisse aus, sie faßt Leiden und Empörung in Worte. Es gibt viele Werke dieser Art auf der Welt. Doch dieser Ausdruck des Leidens und der Empörung hat keinen Einfluß auf die Revolution, denn bloße Klagen sind machtlos. Eure Unterdrücker werden sie nicht beachten. Die Maus mag quieken und schöne Literatur hervorbringen, die Katze nimmt darauf keine Rücksicht, wenn sie die Maus verschlingt. Für ein Volk, das nur eine Literatur der Klage besitzt, gibt es keine Hoffnung, denn es begnügt sich eben mit dieser Klage. Das erinnert mich an Gerichtsprozesse. Wenn der Unterlegene beginnt, seine Beschwerden aufzuzählen, dann weiß sein Gegner, daß der andere es sich nicht leisten kann weiterzumachen und daß der Fall bald abgeschlossen sein wird. Zugleich gibt die Klageliteratur den Unterdrückern ein Gefühl der Sicherheit. Manche Völker hören auf zu klagen, wenn sie einsehen, daß das nutzlos ist, sie verstummen und werden immer dekadenter. Aus diesem Grund besitzen Ägypten, Arabien, Persien und Indien keine Stimme. Völker mit innerer Kraft aber, die es wagen zu rebellieren, erkennen, daß Klagen nutzlos sind, und werden sich der Tatsachen bewußt. Ihre Klagerufe verwandeln sich in ein zorniges Brüllen. Wenn solche Literatur auftaucht, kündigt sie den Aufstand an, und weil das Volk zornig ist, drücken die kurz vor dem Ausbruch der Revolution geschriebenen Werke oft seine Wut aus – seinen Willen, Widerstand zu leisten, Rache zu nehmen. Eine Literatur dieser Art kündigte die Oktoberrevolution an. Doch es gibt auch Ausnahmen wie im Falle Polens, das sein Wiedererstehen, obwohl es eine Zeitlang eine Literatur der Rache besaß, allein dem Ersten Weltkrieg verdankt.

(2) Während einer großen Revolution verschwindet die Literatur und es herrscht Schweigen, denn jeder wird vom Strom der Revolution mitgerissen und handelt, anstatt zu schreiben. Jeder ist revolutionär tätig; es

bleibt keine Zeit, um über Literatur zu sprechen. Ein anderer Grund ist der, daß während einer solchen Phase die Menschen arm sind und kaum Zeit haben, Brot zu finden, geschweige denn zu schreiben. Da überdies die Konservativen durch die Sturmflut der Revolution erschüttert werden, sind sie zu zornig, um das, was mit ihnen geschieht, in Form von »Literatur« zu besingen. Manche Leute sagen: »Literatur wird aus Armut und Leiden geboren.« Doch das ist ein Trugschluß. Ein armer Mann schreibt nichts. Immer wenn ich in Peking kein Geld mehr hatte, ging ich herum, um mir etwas zu borgen, und schrieb kein einziges Wort. Erst wenn unser Gehalt ausgezahlt wurde, setzte ich mich zum Schreiben nieder. Ein arbeitender Mann schreibt ebensowenig. Ein Lastträger muß seine Last absetzen, bevor er schreiben kann. Auch der Rikschamann muß zum Schreiben seine Rikscha stehen lassen. Während einer großen Revolution sind die Menschen sehr beschäftigt und sehr arm; eine Gruppe kämpft gegen die andere, und als erstes muß das Gesellschaftssystem geändert werden. Niemand hat Zeit oder Lust zu schreiben. So herrscht während einer großen Revolution vorübergehend Schweigen.

(3) Wenn die Revolution siegt, läßt die soziale Spannung nach, es geht den Menschen besser, und dann wird wieder Literatur geschrieben. In dieser Phase gibt es zwei Arten von Literatur. Die eine preist die Revolution und singt ihr Lob, weil fortschrittliche Schriftsteller beeindruckt sind durch die Veränderungen und Fortschritte in der Gesellschaft, durch die Zerstörung des Alten und den Aufbau des Neuen. Weil sie sich über den Untergang der alten Institutionen freuen, singen sie das Lob des neuen Aufbaus. Die zweite Art Schriften, die nach der Revolution erscheinen – die Klagelieder – bejammern die Zerstörung des Alten. Manch einer hält das für »konterrevolutionäre Literatur«, aber ich glaube, wir brauchen es nicht so ernst zu nehmen. Obwohl eine Revolution stattgefunden hat, gibt es viele Menschen der alten Schule in der Gesellschaft, die sich nicht über Nacht in neue verwandeln können. Da ihre Köpfe voll alter Ideen sind, während ihre Umwelt sich ändert und ihre ganze Lebensart beeinflußt, denken sie zurück an die guten alten Tage und sehnen sich nach der alten Gesellschaft. Weil sie immer noch rückwärts gewandt sind, drücken sie die altmodischsten, rückständigsten Gefühle aus und bringen solche Literatur hervor. Alle Werke dieser Art sind traurig und sprechen vom Unbehagen der Schriftsteller. Wenn sie den Erfolg des Neuaufbaus und den Verfall

der alten Institutionen sehen, stimmen sie ein Klagelied an. Doch diese Sehnsucht nach dem Vergangenen und diese Klagegesänge bedeuten, daß die Revolution stattgefunden hat. Ohne Revolution wären die alten Leute immer noch an der Macht und es gäbe keine Klagelieder.

Doch China besitzt heute weder die eine noch die andere Literatur, weder Klagelieder um das Alte noch Lobgesänge auf das Neue; denn die chinesische Revolution ist noch nicht abgeschlossen. Wir befinden uns noch in der Übergangsphase, einer arbeitsreichen Zeit für Revolutionäre. Trotzdem ist noch eine Menge alter Literatur zurückgeblieben. Praktisch alles, was in den Zeitungen steht, zeigt den alten Stil. Ich glaube, das bedeutet, daß die Revolution sehr wenige Veränderungen in der Gesellschaft bewirkt hat, und daß deshalb die alte Schule sich immer noch abseits behaupten kann. Die Tatsache, daß alles – oder fast alles – alt ist, was in den Zeitungen von Kanton geschrieben wird, beweist, daß die Gesellschaft dort durch die Revolution kaum berührt wurde; daher gibt es keine Lobgesänge auf das Neue, keine Klagelieder um das Alte, und die Provinz Kwangtung befindet sich noch im selben Zustand wie vor zehn Jahren. Es gibt auch keine Beschwerden oder Proteste. Man sieht Gewerkschafter, die an Demonstrationen teilnehmen, jedoch mit Genehmigung der Regierung – sie lehnen sich nicht gegen die Unterdrückung auf. Das ist bloß eine Revolution auf Befehl der Regierung. Weil China sich nicht geändert hat, haben wir keine traurigen Lieder voller Sehnsucht nach dem Vergangenen und keine neuen Marschlieder. In Sowjetrußland dagegen gibt es beide Arten. Die alten Schriftsteller, die ins Ausland geflohen sind, schreiben im allgemeinen Klagelieder für die Toten, während die neue Literatur voranschreitet. Wenn auch bis jetzt keine großen Werke erschienen sind, so wird doch schon recht viel Neues geschrieben. Man ist dort von der Phase des Zorns zur Phase der Siegeslieder übergegangen. Das Lob des Aufbaus folgt auf die Vollendung der Revolution; doch es ist schwer vorauszusagen, was danach folgen wird. Ich vermute, es wird eine Literatur des Volkes sein, denn als Ergebnis der Revolution gehört die Welt dem Volk.

In China besitzen wir natürlich keine Literatur des Volkes, sie existiert auch nicht anderswo auf der Welt. Fast alle literarischen Werke, Lieder und Gedichte sind für die Angehörigen der oberen Klassen bestimmt, die sie mit vollem Magen lesen, während sie sich auf ihren Ruhebetten zurücklehnen. Ein begabter Student verläßt seine Heimat und trifft ein schönes Mädchen und beide verlieben sich ineinander; dann macht irgendein törichter Mensch Schwierigkeiten, und die beiden gehen durch verschiedene Prüfungen, aber schließlich endet alles gut. So etwas zu lesen ist durchaus angenehm. Oder die Bücher handeln von interessanten, glücklichen Leuten der oberen Klassen oder von lächerlichen Leuten der unteren Klassen. Vor einigen Jahren veröffentlichte *Die neue Jugend* einige Geschichten über das Leben von Gefangenen in einem bitterkalten Land, und die Professoren fanden keinen Gefallen daran – ihnen mißfällt es, von solch niederen Charakteren zu lesen. Ein Gedicht über Rikschamänner ist minderwertige Lyrik, ein Stück über Gesetzesbrecher ist ein minderwertiges Stück. In ihrer Literatur findet man nur Personen wie den begabten Studenten und das schöne Mädchen. Der begabte Student besteht die Prüfung bei Hof, und das schöne Mädchen wird zu einer adligen Dame gemacht; dann sind der Student und die Dame glücklich, die Professoren, die das lesen, sind ebenfalls glücklich, und Leute der unteren Klassen, nehme ich an, haben mit ihnen glücklich zu sein.

Einige Schriftsteller verwenden heute die gewöhnlichen Leute – Arbeiter und Bauern – als Material für ihre Romane und Gedichte, und auch das hat man Literatur des Volkes genannt, während es in Wirklichkeit nichts dergleichen ist, denn das Volk hat den Mund bis jetzt noch nicht geöffnet. Diese Werke drücken die Gefühle von Zuschauern aus, die dem Volk Worte in den Mund legen. Wenn gegenwärtig unsere Schriftsteller auch arm sind, so geht es ihnen doch besser als den Arbeitern und Bauern, sonst hätten sie nicht das Geld für ihr Studium gehabt und wären nicht in der Lage zu schreiben. Ihre Werke scheinen vielleicht aus dem Volk zu kommen, aber in Wahrheit stimmt das nicht: es sind keine richtigen Geschichten des Volkes. Jetzt haben einige Schriftsteller begonnen, Volkslieder zu sammeln in dem Glauben, daß darin die authentische Stimme des Volkes zu finden sei, denn sie werden ja vom gewöhnlichen Volk gesungen. Jedoch hatten alte Bücher sehr großen indirekten Einfluß auf unsere gewöhnlichen Leute, die grenzenlose Bewunderung für jene vornehmen Landherren mit dreitausend *mou* Land fühlen und oft die Gedanken der Herren als ihre eigenen übernehmen. Vornehme Herren verfassen häufig Gedichte mit fünf oder sieben Takten in jedem Vers, deshalb ist dies auch das gewöhnliche Metrum der Volkslieder. Das gilt für ihre Form, und auch ihr Inhalt ist sehr dekadent; also kann man sie nicht als wahre Literatur des Volkes bezeichnen. Die heutige chinesische Lyrik und Prosa erreicht nicht wirklich das Niveau anderer Länder. Ich glaube, wir müssen sie als Literatur bezeichnen, aber wir können nicht von der Literatur einer revolutionären Phase sprechen, noch weniger von einer Literatur des Volkes. Heute sind alle unsere Schriftsteller Literaten, und unsere Arbeiter und Bauern werden weiterhin ebenso denken wie die Literaten, bis sie befreit sind. Erst wenn sie ihre völlige Befreiung erreicht haben, wird es eine wahre Literatur des Volkes geben. Deshalb ist es falsch zu sagen, »Wir besitzen bereits eine Volksliteratur«.

Sie sind gegenwärtig Kämpfer, Kämpfer für die Revolution, und ich glaube, sie sollten mit ihrer Bewunderung für die Literatur noch warten. Das Studium der Literatur hilft im Krieg nicht – Sie können höchstens ein Kampflied schreiben, das sich, wenn es gut gemacht ist, vielleicht angenehm lesen läßt, während Sie nach dem Kampf ausruhen. Um es poetischer auszudrücken, es ist, als pflanze man eine Weide: wenn die Weide wächst und Schatten spendet, können die Bauern, die am Mittag ihre Arbeit unterbrechen, unter ihr essen und rasten. In der gegenwärtigen Situation in China zählt nur der revolutionäre Krieg. Ein Gedicht kann keinen Kriegsherrn vertreiben, aber eine Kanonenkugel kann ihn vertreiben. Ich weiß, daß manche Leute glauben, die Literatur habe großen Einfluß auf die Revolution, aber ich persönlich bezweifle das. Literatur ist schließlich ein Produkt der Muße, das, zugegeben, die Kultur eines Volkes widerspiegelt.

Die Menschen sind selten mit ihrer Beschäftigung zufrieden. Ich war niemals in der Lage, mehr zu tun als einige Essays zu schreiben, und davon habe ich genug; doch Sie, die Sie Gewehre tragen, wollen etwas über Literatur hören. Ich würde viel lieber das Dröhnen der Gewehre hören, denn mir scheint, Gewehre haben einen lieblicheren Klang als die Literatur. Das ist alles, was ich Ihnen zu sagen habe. Ich danke Ihnen, daß Sie mir zugehört haben.

Deutsch von Rolf Dornbacher

Verschiedenheit von Dichtung und Politik[2]

Ich bin kein besonders guter Redner; aber hier, wo ich heute stehe, habe ich schon oft gesprochen, und nehmen wir einmal an, es sei das gleiche, einen Vortrag zu halten. Das Reden fällt mir schwer, erstens, weil mir nichts einfällt, und zweitens, weil der Herr hier soeben erzählt hat, daß viele aus diesem Publikum meine Bücher gelesen hätten, womit mir noch weniger zu sagen übrig bleibt. In den Büchern sind die Leute gewöhnlich etwas besser als in der Wirklichkeit: für die Hauptfiguren des *Traums der Roten Kammer*, Chia Pao-yü und Lin Tai-yü, empfand ich eine außerordentliche Sympathie; dann, als ich ein wenig die Wirklichkeit jener Zeit studierte und als ich in Peking Chia Pao-yü und Lin Tai-yü von Mai Lanfang und Chiang Miao-hsiang dargestellt sah, erschienen sie mir nicht mehr als so hochstehend.

Ich habe keine großartigen und umfassenden Theorien und keine genialen Konzeptionen zu vertreten, ich kann nur den einen oder anderen Gedanken aus der letzten Zeit darlegen. Ich meine, daß Dichtung und Politik immer miteinander im Konflikt gestanden sind; Dichtung und Revolution bilden keinen Gegensatz, ihnen ist die Unzufriedenheit mit den bestehenden Verhältnissen gemeinsam. Die Politik dagegen möchte sie aufrecht erhalten, und natürlich hat sie eine andere Zielrichtung als die Dichtung, die mit ihnen unzufrieden ist. Doch ist die Dichtung, die die Unzufriedenheit mit den bestehenden Verhältnissen ausdrückt, erst im 19. Jahrhundert entstanden, und sie hat eine sehr kurze Geschichte. Was den Politikern am meisten mißfällt ist, daß man sich darin ihren Vorstellungen widersetzt, daß man denkt und den Mund aufmacht. In der Urgesellschaft gab es in der Tat niemand, der etwas dachte und den Mund aufmachte. Es genügt, sich unter den Tieren die Affen anzusehen, die ihre Anführer haben und alles tun, was diese Anführer wollen. Bei den menschlichen Stämmen gibt es den Stammeshäuptling, dem alle folgen, und seine Befehle sind Gesetz. Wenn der Stammeshäuptling will, daß sie sterben, können sie nicht umhin zu sterben. In jener Zeit gibt es keine Dichtung oder, soweit es sie gibt, besteht sie aus Lobgesängen auf den himmlischen Herrn (noch gibt es nicht das übernatürliche Wesen, das später Gott heißt). Wie könnte es da einen freien Gedanken geben? In der Folgezeit vergrößern sich die Stämme allmählich – iß dich satt, damit ich dann was zu fressen habe –, und die sogenannten großen Staaten sind eben diejenigen, die soundsoviele kleine Stämme verschluckt haben; bei den großen Staaten kompliziert sich die innere Lage, es entstehen neue Orientierungen und neue Probleme. Da taucht dann auch die Dichtung auf, die in ständigem Konflikt mit der Politik steht. Die Politik ist darauf gerichtet, die bestehenden Verhältnisse zu verfestigen, indem sie für Einheitlichkeit sorgt; die Dichtung setzt sich für den Fortschritt der Gesellschaft ein, indem sie deren allmähliche Differenzierung erreicht. Die Dichtung bewirkt die Spaltung der Gesellschaft, aber nur dadurch schreitet die Gesellschaft fort. Da die Dichtung den Politikern ein Dorn im Auge ist, wird sie folgerichtig unterdrückt. Viele ausländische Dichter können nicht in ihrer Heimat bleiben, und einer nach dem anderen rettet sich durch die Emigration; das ist die berühmte »Flucht«. Wenn sie nicht auf der Flucht enden, enden sie dadurch, daß sie umgebracht werden, daß ihnen der Kopf abgeschnitten wird; Kopf ab – das ist die beste Methode, da sie so nicht mehr werden den Mund aufmachen und nicht einmal mehr denken können. Viele russische Dichter endeten so, viele andere wurden ins eisige Sibirien deportiert.

Literaturtheoretiker einer bestimmten Richtung empfehlen, sich vom Leben abzuwenden und über Mond, Blumen und Vögel zu schreiben (in China ist das anders, da gibt es das nationale Ethos, da ist es auch verboten, über Blumen und den Mond zu schreiben, und es ist von ganz anderem die Rede); oder nur über »Träume« zu schreiben oder irgendeine zukünftige Gesellschaft, ohne zu naheliegende Dinge zu berühren. Jene Dichter flüchten sich in den Elfenbeinturm; aber der »Elfenbeinturm« wird nicht ewig bestehen! Der Elfenbeinturm befindet sich ja schließlich in der menschlichen Welt und wird der Unterdrückung von seiten der Politik nicht entgehen. Wenn der Kampf beginnt, bleibt nichts als die Flucht. In Peking gab es eine Dichtergruppe, die für Autoren, die die Gesellschaft beschreiben, nur tiefste Verachtung übrig hatten; sie meinten, wenn man in den Romanen soweit komme, sogar das Leben der Rikschakulis zu beschreiben, verletze man die Regel, nach der ein Roman von einem Gedicht handeln müsse, das die Liebe zwischen einem geistvollen Jüngling und einer schönen Frau entzündet. Aber jetzt können auch sie nicht hochstehende Dichter spielen, sondern müssen in den Süden fliehen; durchs Fenster des »Elfenbeinturms« gelangt nicht einmal mehr ein Stückchen Brot!
Bevor auch diese schließlich entkamen, waren die anderen Dichter bereits tot oder auf der Flucht. Diejenigen, die mit den bestehenden Verhältnissen unzufrieden waren, konnten nicht anders als sich aufzulehnen, konnten nicht anders als den Mund aufzutun; und »sich auflehnen« und »den Mund auftun« bedeutete für sie, von der Bildfläche zu verschwinden. Ich glaube, daß im allgemeinen das, was man im täglichen Leben erfährt, was

man persönlich denkt, sich in der Dichtung niederschlägt. Es gibt einen norwegischen Dichter, der den Hunger beschrieben hat (Knut Hamsun) in einem Buch, das auf seiner persönlichen Erfahrung beruht. Als Lebenserfahrung könnt ihr etwas wie den Hunger, um nicht von anderem zu sprechen, erproben, wenn ihr mögt: es genügt, zwei Tage lang nicht zu essen, und schon wird der Geruch einer Speise eine sonderliche Macht der Verlockung ausüben; wenn ihr auf der Straße an dem Eingang eines Gasthofs vorüberkommt, werdet ihr fühlen, wie euch Geruchsschwaden in die Nase steigen. Wenn man was hat, macht einem das Geldausgeben nichts aus; wenn man aber kein Geld hat, ist auch ein Groschen von Bedeutung. In dem Buch, das den Hunger beschreibt, wird von einem erzählt, der längere Zeit Hunger litt, und die Passanten erschienen ihm alle als Feinde, in seinen Augen erschien einer sogar als prächtig gekleidet, der nur eine einfache Jacke trug. Ich möchte erwähnen, daß ich auch über einen solchen Menschen geschrieben habe: rings um ihn war alles verlassen, er öffnete und schloß unablässig die Augen, um zu sehen, ob er irgendwo, in irgendeiner Ecke etwas finden könnte; er suchte und suchte überall auf der Straße etwas zu finden; diesen Zustand habe ich selbst an mir erfahren.

Wer die Schwierigkeiten des Lebens durchgemacht hat, kann sich, wenn er zu Geld kommt, leicht in zweierlei Richtung entwickeln: entweder wird die ideale Welt im Denken dessen, der sich unter solchen Umständen befindet, zu einer Welt der Menschlichkeit; oder, wenn er nur die individuelle Befreiung im Auge hat, lassen die durchlittenen Entbehrungen alles frostig werden und man gleitet in den Individualismus ab. Bei uns in China sind im allgemeinen die in der Überzahl, die zu Individualisten werden. Die Parteigänger der Menschlichkeit wollen ein Heilmittel für die Armen finden, die bestehenden Verhältnisse ändern, und in den Augen der Politiker sind die Individualisten vorzuziehen; so stehen die Verfechter der Menschlichkeit und die Politiker im Gegensatz. Der russische Schriftsteller Tolstoj, der den Gedanken der Menschlichkeit unterstützte und sich gegen den Krieg auflehnte, schrieb einen großen Roman in drei Bänden, *Krieg und Frieden*; er war ein Aristokrat, jedoch lernte er das Leben an der Front kennen und die Leiden des Krieges. Besonders wenn er sich der Eisenplatte der Kommandeure näherte (an der Front hatten die wichtigen Offiziere eine Eisenplatte, um die Ladung der Gewehre zu schließen), fühlte er den Schmerz, als sei er verletzt. Und in der Schlacht wurden unter seinen Augen viele seiner Freunde geopfert. Auch in Folge des Krieges sind zwei verschiedene Haltungen möglich: die heroische Haltung dessen, der all die anderen tot oder verwundet sieht und sich selbst unversehrt, dies als unerträglich empfindet und sich in ein glorreiches und schreckliches Unternehmen wirft; und die Haltung desjenigen, der sich gegen den Krieg auflehnt und hofft, daß auf der Welt nicht mehr gekämpft werde. Eine solche Haltung übernahm Tolstoj, und er verfocht die Abschaffung des Krieges durch die Gewaltlosigkeit. Wegen dieser seiner Thesen hatte er natürlich Ärger mit der Regierung. Der Widerstand gegen den Krieg trat in Konflikt mit den aggressiven Zielen des Zaren; die Gewaltlosigkeit zu verfechten bedeutete, die Soldaten dazu anzuhalten, nicht für den Zaren zu kämpfen, und die Polizei, das Gesetz nicht für den Zaren zu schützen, die Richter, nicht für den Zaren zu richten, und alle dazu, ihn nicht zu unterstützen; der Zar braucht Unterstützung, was würde ohne sie aus dem Zaren! Noch schärfer war der Konflikt zwischen der Gewaltlosigkeit und der Politik. Die Dichter dieser Sorte, die mit den bestehenden Verhältnissen unzufrieden sind, die alles kritisieren und das Bewußtsein und die Unruhe jedes einzelnen in der Gesellschaft aufstacheln, müssen natürlich geköpft werden.

Aber die Stimme der Dichter ist auch die der Gesellschaft, in die sie Einsicht haben, die sie warnen und über die sie Voraussagen treffen (gelegentlich geht, was sie sagen, zu weit voraus, und dann widersetzt sich ihnen auch die Gesellschaft und lehnt sie ab). Das ist wie bei der militärischen Ausbildung, wenn beim Präsentieren des Gewehrs der ordnungsgemäße Befehl lautet »Präsentiert! ... das Gewehr!« und man abwarten muß, bis das Wort »Gewehr!« gefallen ist, ehe man die Waffe vorstreckt; einige hingegen strecken sie vor, kaum daß sie das Wort »Präsentiert!« gehört haben, und wer sie kommandiert, bestraft sie und sagt, sie hätten es falsch gemacht. So geht es mit den Dichtern; wenn sie mit dem, was sie sagen, ein bißchen zu weit voraus sind, haben sie Ärger mit allen. Die Politiker erkennen in den Dichtern die Anstifter zur sozialen Unruhe und möchten sie umbringen, damit die Gesellschaft ruhig bleibt. Sie wissen nicht, daß – wenn auch diese umgebracht worden sind – die Revolution ebenfalls kommt; in Rußland war die Zahl der getöteten und deportierten Dichter nicht gering, und hat sich das Feuer der Revolution vielleicht nicht entzündet? Zu Lebzeiten erlangen die Dichter im allgemeinen nicht die Sympathien der Gesellschaft, und nachdem sie ihr Leben im Unglück verbracht haben, werden sie erst vierzig oder fünfzig Jahre nach ihrem Tode anerkannt, und alles macht ein Geschrei um sie. Eine um so größere Abneigung empfinden die Politiker deshalb für die Dichter, die, wie sie meinen, eine Wurzel des Unglücks für die Zukunft pflanzen; die Politiker können sich nicht anmaßen, die Gedanken jedes einzelnen zu kontrollieren, die Epoche der Barbarei ist vorbei. Obwohl ich die Ideen des Publikums hier nicht kenne, vertraue ich darauf, daß es mit den Politikern nicht einverstanden ist; da die Politiker immer die Dichter beschuldigen, die von ihnen geschaffene Einheitlichkeit zu zerstören – sie haben dieses Vorurteil –, habe ich nicht die Absicht, mich mit den Politikern zu unterhalten.

Schließlich ändert sich die Gesellschaft; allmählich erinnern sich alle an das, was die Dichter gesagt hatten, und verehren sie als Vorläufer und Propheten. Gleichgültig, welchen Spott sie zu Lebzeiten von der Gesellschaft geerntet haben mögen. Vorhin haben mir, bevor ich zu sprechen anfing, alle applaudiert und dieser Applaus zeigt, daß ich nicht so bedeutend bin; ein solcher Applaus ist sehr gefährlich, ich könnte mich für groß halten und daraufhin die Hände in den Schoß legen, darum ist es besser, wenn nicht applaudiert wird. Ich habe eben gesagt, daß die Dichter eine gewisse Einsicht, gewisse Ideen haben und Dinge bemerken, deren die Gesellschaft sich noch nicht bewußt ist. So zieht Herr X heute eine Pelzjacke an, und ich nur eine Baumwolljacke: im Vergleich mit mir hat Herr X ein schärferes Bewußtsein der Kälte. In einem Monat werde vielleicht auch ich feststellen, daß man nicht ohne Pelzjacke auskommt, und mein Wetterbewußtsein wird einen Monat Verspätung haben; das Bewußtsein im Bereich des Denkens kann dreißig oder vierzig Jahre nachhinken. Mit dem, was ich hier sage, sind auch viele Dichter nicht einverstanden. Als ich in Kanton war, kritisierte ich einmal einen revolutionären Dichter: stimmt es oder stimmt es nicht, daß im heutigen Kanton die revolutionäre Dichtung nicht als Dichtung angesehen werden kann, stimmt es oder stimmt es nicht, daß »Revolution, Revolution, Revolution, tötet, tötet, tötet« nicht als revolutionäre Dichtung angesehen werden kann? Ich meine, daß die Revolution nicht ineinsgehen kann mit der Dichtung, obwohl in der Dichtung literarische Revolutionen stattfinden. Aber für die Dichtung ist ein wenig freie Zeit vonnöten, wo bleibt die Zeit für die Dichtung während der Revolution? Man braucht bloß nachzudenken: erschöpft von Anstrengungen fühlt man sich nicht allzu bequem, handle es sich nun um einen Rikschakuli oder um einen pedantischen Literaten. Es stimmt, daß es bei den Alten jemand gab, der Felder bebaute und der Gedichte schrieb, aber sicherlich bebaute nicht er persönlich die Felder; erst wenn er jemand angestellt hatte, der ihm die Felder bebaute, konnte er seine Gedichte vortragen; wenn er wirklich selbst die Felder hätte bebauen müssen, hätte er keine Zeit gehabt für die Verfertigung von Gedichten. Ebenso ist es während der Revolution; wenn Revolution ist, wo bleibt da die Zeit, um Gedichte zu machen? Einige meiner Studenten waren an der Front, als gegen Ch'en Chiung-ming gekämpft wurde; ich las ihre Briefe und sah ihre Worte von Buchstabe zu Buchstabe fremder werden. Nach der Russischen Revolution stand man mit dem Ausweis in der Hand in Schlangen für Brot an; damals kümmerte das Land sich in der Tat nicht um Dichter, Künstler, Bildhauer; alle dachten, daß man nicht einmal Brot bekommen könnte, wo blieb da Zeit, um an die Dichtung zu denken? Dichtung gab es erst, als die Revolution bereits gesiegt hatte. Nach dem Sieg der Revolution gibt es ein wenig freie Zeit; es gibt jemand, der das Lob der Revolution singt, der sie bejubelt, und dies ist bereits keine revolutionäre Dichtung mehr. Das Lob der Revolution singen und sie bejubeln bedeutet, den bejubeln, der an der Macht ist, und was hat das mit der Revolution zu tun?

Dann wird es vielleicht Dichter geben, die der Einsicht fähig sind, die sich wieder unzufrieden mit den bestehenden Verhältnissen fühlen und wiederum den Mund aufmachen werden. Die revolutionären Politiker hatten den Worten der vorausgegangenen Dichter zugestimmt; nach dem Erfolg der Revolution kehren die Politiker zu ihren alten Methoden zurück, gegen die sie sich vorher gewandt hatten, es wird unausweichlich, daß sie mit den Dichtern unzufrieden sind, so daß ihnen nichts mehr übrig bleibt, als sie zu verstoßen oder ihnen den Kopf abzuschneiden. Den Kopf abschneiden, das ist, wie ich vorhin gesagt habe, die beste Methode – vom 19. Jahrhundert an war das im großen ganzen die Tendenz der Weltliteratur.

Vom 19. Jahrhundert an ist die Dichtung völlig anders als bis zum 18. Jahrhundert. Der Zweck der englischen Romane des 18. Jahrhunderts war es, den Damen und Fräulein Zerstreuung zu bringen, es wurde in einem vergnüglichen Ton erzählt. In der zweiten Hälfte des 19. Jahrhunderts tritt eine völlige Veränderung ein, die Beziehung zu den Problemen des menschlichen Lebens wird enger. Die Lektüre bereitet uns ein gewisses Unbehagen, aber wir lesen noch mit einiger Distanz. In der Tat scheint die Dichtung der Vergangenheit eine andere Gesellschaft zu beschreiben, zu unserer Unterhaltung; die Dichtung der Gegenwart beschreibt unsere eigene Gesellschaft, beschreibt sozusagen uns selbst. Die Dichtung der Vergangenheit ist wie ein Feuer, das man von der anderen Seite des Ufers sieht, nichts berührt uns persönlich; die zeitgenössische Dichtung bezieht uns mit ein, macht uns zutiefst bewußt: bewußt geworden, werden wir am Leben der Gesellschaft teilnehmen!

Das 19. Jahrhundert kann man eine revolutionäre Epoche nennen; Revolution nennt man auch die Unzufriedenheit und die Auflehnung gegen die bestehenden Verhältnisse. Die Dichtung, die sich darum bemüht, das Alte nach und nach zu beseitigen, ist zwar revolutionär (nur wenn man das Alte beseitigt, kann das Neue entstehen), aber das Los der Dichter hat sich dadurch, daß sie an der Revolution teilgenommen haben, nicht geändert: sie sind weiterhin überall auf Nägel gestoßen. Jetzt haben die revolutionären Kräfte Hsü-Chou erreicht: nördlich von Hsü-Chou ist kein Platz für die Dichter; südlich von Hsü-Chou ist ebenfalls kein Platz für die Dichter, sogar wo der Kommunismus herrscht, gibt es keinen Platz für die Dichter. Revolutionäre Dichter und Revolutionäre sind in allem und für alles zweierlei. Die Kriegsherren auf jede Art und Weise zu beschimpfen, fällt den revolutionären Dichtern zu; die Kriegsherren zu schlagen, den Revolutionären; Su Ch'uan-fang wurde verjagt dank den Geschossen der Revolutionäre, und gewiß nicht, weil die revolutionären Dichter irgendeinen Artikel geschrieben hätten: »Sun Ch'uan-fang, wir werden dich verjagen!« Während der Revolution haben die Dichter einen Traum, sie glauben, wenn die Revolution gesiegt hat, wird die Welt so und so beschaffen sein; nach der Revolution sehen sie, daß die Wirklichkeit ganz anders aussieht, und ihre Leiden beginnen von neuem. Ihr Schreien, Heulen, Weinen bleibt ergebnislos, im Hinblick auf die Vergangenheit wie im Hinblick auf die Zukunft; Ideal und Wirklichkeit sind nicht ein und dasselbe, das ist die prästabilierte Ordnung. So ist der Lu Hsün, dessen *Schrei* ihr gelesen habt, nicht der Lu Hsün, der auf dem Podium spricht; vielleicht glaubten alle, ich trüge westliche Kleider und gescheiteltes Haar, stattdessen trage ich keine westlichen Kleider und meine Haare sind so kurz. Was sich da revolutionäre Dichtung nennt, ist gewiß

keine revolutionäre Dichtung: ist je eine revolutionäre Dichtung denkbar, die mit den bestehenden Verhältnissen zufrieden wäre? Außer im Zustand eines Rausches! In Rußland sind zwei Dichter, Jessenin und Sobol, die die Revolution besungen hatten, schließlich zugrunde gegangen am tödlichen Zusammenstoß mit dem realen Stein der von ihnen selbst besungenen Hoffnungen; damals war der Sowjetstaat bereits gegründet!
Aber wenn in der Gesellschaft ein zu großes Schweigen herrscht, dann erwecken nur Menschen dieser Art einiges Interesse. Die Menschheit liebt es, Schauspielen beizuwohnen, und die Dichter geben den Leuten Vorstellungen, sei es, daß sie gefesselt auf den Richtplatz zum Köpfen geführt werden, sei es, daß sie an der nächsten Mauer erschossen werden – da gibt es ein bißchen Bewegung. So kommen in Schanghai, wenn die Polizisten die Leute prügeln, alle angelaufen, nicht weil sie gern selbst die Prügel beziehen wollten, sondern weil sehr interessant ist zu sehen, wie andere geprügelt werden. Die Dichter setzen ihre Haut ein, um sich prügeln zu lassen!
Die heutige Plauderei, wenn wir ihr einen Titel geben sollen, wollen wir nennen ... *Verschiedenheit von Dichtung und Politik.*

Deutsch von Peter-Anton von Arnim

Literatur und Revolution[3]

Lieber Herr Tung-fen,
ich bin kein Kritiker und also auch kein Künstler, denn um heutzutage Spezialist auf irgendeinem Gebiet zu sein, muß man auch Kritiker sein oder einen Freund besitzen, der es ist. Ohne Unterstützung ist man hilflos – auf der Schanghai-Promenade gegenwärtig auf jeden Fall. Und weil ich kein Künstler bin, empfinde ich keine besondere Ehrfurcht vor der Kunst; schließlich würde nur ein Quacksalber einen Boxkampf vorführen, um die Wirksamkeit seiner Medizinen zu beweisen. Ich glaube, das ist ein rein gesellschaftliches Phänomen, ein Zeichen der Zeit. Man mag über Nebensächlichkeiten oder über Wesentliches schreiben, wenn die Menschheit sich weiterentwickelt, dann müssen die Werke notwendig veralten oder vergehen. Doch neuere Kritiker scheinen davor Angst zu haben – sie sind darauf versessen, unsterblich zu werden.

Das Auftreten verschiedener »Ismen« ist ebenfalls ein unvermeidliches Phänomen. Da andauernd Revolutionen stattfinden, muß es auch revolutionäre Literatur geben. Von den Völkern der Welt erwacht jetzt eine beträchtliche Zahl, und wenn auch viele von ihnen noch Not leiden, sind einige schon im Besitz der Macht; deshalb trifft man natürlich auf Literatur des Volkes oder – offener gesagt – auf Literatur des vierten Standes.
Ich bin mir nicht ganz im klaren über die gegenwärtigen Strömungen in der chinesischen Kritik – ich bin auch nicht allzu interessiert daran. Doch nach dem, was ich höre und sehe, scheinen alle diese Spezialisten unterschiedliche Kriterien zu verwenden: anglo-amerikanische, deutsche, russische, japanische und natürlich chinesische oder eine Mischung aus allen. Einige fordern Wahrheit, andere den Konflikt. Einige sagen, die Literatur solle ihre Zeit transzendieren, andere machen hinter dem Rücken der Leute sarkastische Bemerkungen. Wieder andere, die sich als literarische Auguren aufspielen, sind angeekelt, wenn ein Außenstehender die Schriftsteller ermutigt. Das kann ich nicht verstehen, denn was bleibt zu kritisieren, wenn nichts geschrieben wird?
Lassen wir andere Fragen im Augenblick beiseite. Die Leute, die heutzutage als revolutionäre Schriftsteller gelten, sind Kämpfer oder Transzendentalisten. In Wirklichkeit ist die Transzendierung der Gegenwart eine Form des Eskapismus. Und diesen Weg sind sie – bewußt oder unbewußt – zu gehen gezwungen, wenn sie es nicht wagen, der Realität ins Gesicht zu sehen, sondern darauf beharren, sich als Revolutionäre zu bezeichnen. Wenn man in dieser Welt lebt, wie kann man ihr dann entkommen? Das ist eine ebenso große Täuschung wie die Behauptung, man könne sich an den eigenen Haaren vom Boden heben. Wenn die Gesellschaft statisch ist, kann die Kunst ihr nicht aus eigener Kraft voranfliegen. Wenn die Kunst einer statischen Gesellschaft blüht, bedeutet es, daß sie von dieser Gesellschaft geduldet werden kann und nicht revolutionär ist; die einzige Wirkung besteht darin, die Auflagen zu steigern oder die Chance zu erhalten, daß einige Artikel in den großen kommerziellen Zeitschriften gedruckt werden.
Daß gekämpft wird, ist nach meiner Meinung richtig. Wenn die Menschen unterdrückt werden, warum sollten sie dann nicht kämpfen? Doch weil wahre Gentlemen sich gerade davor fürchten, verdammen sie es als »extrem« und behaupten, alle Menschen würden einander lieben, wenn nicht eine Bande von bösen Individuen sie verdorben hätte. Die Wohlgenährten

können die Verhungernden lieben, doch die Verhungernden lieben die Wohlgenährten nicht. In den Tagen von Huang Chao[4] aßen die Menschen Menschenfleisch; so scheint es, daß die Hungernden nicht einmal die Hungernden liebten, und das hat nichts mit der Literatur des »Kampfes« zu tun. Ich glaube nicht daran, daß die Literatur die Kraft besitzt, Himmel und Erde zu bewegen, aber wenn die Leute sie zu anderen Zwecken benutzen wollen, dann ist mir das auch recht. Sie können sie zum Beispiel als Propaganda benutzen.

Der amerikanische Schriftsteller Upton Sinclair vertritt die Ansicht, alle Literatur sei Propaganda. Unsere revolutionären Schriftsteller halten diesen Ausspruch in Ehren und haben ihn mit großen Lettern gedruckt, während die gestrengen Kritiker Sinclair einen »oberflächlichen Sozialisten« nennen. Auch ich bin oberflächlich und mit Upton Sinclair einer Meinung. Alle Literatur wird Propaganda, sobald man sie jemandem zeigt. Das trifft selbst auf individualistische Werke zu, sobald man sie niederschreibt. Tatsächlich gibt es nur eine Möglichkeit, dem zu entgehen: nicht zu schreiben oder den Mund zu halten. Natürlich kann also Literatur als Werkzeug der Revolution benutzt werden.

Doch bevor wir einen Schriftsteller eilig abstempeln, sollten wir, glaube ich, auf Inhaltsreichtum und technisches Können schauen. Alte Firmennamen wie Tao Hsiang Tsun und Lu Kao Chien[5] haben ihre Anziehungskraft verloren, und ich zweifle, ob sich für den »Schuhsalon Kaiserinwitwe« mehr Kunden finden werden als für den »Schuhsalon Kaiserin«. Revolutionäre Schriftsteller rümpfen die Nase bei der bloßen Erwähnung des Wortes »Technik«. Nach meiner Meinung jedoch ist zwar alle Literatur Propaganda, aber nicht alle Propaganda ist Literatur; ebenso wie alle Blumen eine Farbe haben (ich zähle auch Weiß zu den Farben), aber nicht alle farbigen Dinge Blumen sind. Außer Schlagworten, Losungen, Bekanntmachungen, Grußadressen und Lehrbüchern braucht die Revolution Literatur – einfach weil es Literatur ist.

Doch Chinas sogenannte revolutionäre Literatur scheint wieder eine Ausnahme zu bilden. Das Firmenschild ist zwar ausgehängt worden und unsere Schriftsteller klopfen sich gegenseitig eifrig auf die Schulter, aber sie wagen es nicht, die heutige Tyrannei und Bosheit unerschrocken zur Kenntnis zu nehmen. Sicher, einige Werke sind erschienen, sie sind aber oft stilistisch noch schlechter als journalistische Arbeiten. Oder alle wichtigen Handlungen und Sätze in einem Stück sind dem Schauspieler des »ge-

strigen Schriftstellers« anvertraut. Dann müßten alle übrigen Ideen bestimmt sehr revolutionär sein? Lassen Sie mich die beiden letzten, vorzüglichen Sätze aus dem Stück von Feng Nai-chao zitieren:
Prostituierte: Ich werde nie wieder Angst haben vor den Dunklen.
Dieb: Dann wollen wir ihnen entgegentreten!

Unrevolutionäres Eifern für die Revolution (1930)

Einige Leute meinen, alle Kämpfer einer großen Revolutionsarmee müßten absolut richtige und klare Vorstellungen besitzen, nur dann handele es sich um eine richtige Revolutionsarmee – sonst sei sie keinen Pfifferling wert. Auf den ersten Blick erscheint das sehr vernünftig und konsequent, aber in Wirklichkeit ist es eine unerfüllbare Forderung und bloß leeres Gerede, eine überzuckerte Pille, mit der die Revolution vergiftet wird.
Das ist ebenso unmöglich, als wollte man das ganze Land unter den Imperialisten »die allumfassende Liebe« lehren, so daß die Leute strahlen und sich mit gefalteten Händen verneigen und »Frieden in aller Welt« herrscht. Unter den Feinden der Revolution ist es ebenso unmöglich, alle unsere Landsleute durch Worte oder Taten zum richtigen Denken zu bekehren. Der einzige Gedanke, den alle Kämpfer einer neuen revolutionären Streitmacht gemeinsam haben, ist die Auflehnung gegen den *status quo*. Ihre Endziele sind in der Tat sehr verschieden. Einige revoltieren für die Gesellschaft, andere für eine Clique, für eine Frau, für sich selbst, oder um dadurch Selbstmord begehen zu können. Und doch erzielt die Revolutionsarmee Fortschritte. Denn in diesem Feldzug kann der Feind ebensogut durch die Kugel eines Individualisten wie durch die eines Kollektivisten getötet werden. Und gleichgültig was für ein Soldat getötet oder verwundet wird, der Verlust für die Kampfkraft der Armee ist derselbe. Natürlich kann es geschehen, daß während das Kampfes manche Männer wegen der unterschiedlichen Ziele, die sie verfolgen, nicht mehr mitmachen, davonlaufen, dekadent oder abtrünnig werden. Doch solange sie weiter voranschreiten, wird ihre Streitmacht im Lauf der Zeit weniger zusammengewürfelt und besser ausgebildet sein.
Als ich das Vorwort zu *Nur zehn Jahre* von Ye Yung-chen schrieb, dachte ich daran, daß eben das geschieht, wenn ein Mann für die Gesellschaft sein Möglichstes tut. Der Held dieses Romans geht an die Front und steht

Wache (obgleich keiner ihm jemals beigebracht hat, wie man ein Gewehr abschießt). Er handelt deshalb viel praktischer als jene Gelehrten, die ihre Knie umfassen und von ihrer Entrüstung jammern oder schreiben. Darauf zu bestehen, daß alle Kämpfer richtige Ansichten haben und hart wie Stahl sein sollten, ist nicht nur ein utopischer Traum sondern auch eine unvernünftige Forderung.

Doch später las ich eine noch schärfere, radikalere Kritik in der *Shen Pao*, in der tiefe Unzufriedenheit geäußert wurde, weil der Held aus selbstsüchtigen Motiven Soldat wird. Weil die *Shen Pao* nur für den Frieden und absolut gegen die Revolution ist, scheint das auf den ersten Blick sehr inkonsequent. Doch ich möchte erklären, wie ein scheinbar radikal revolutionärer – in Wirklichkeit ein unrevolutionärer oder gegenrevolutionärer individualistischer Kommentator – eine solche Kritik einer solchen Zeitung anpassen kann.

Es gibt einmal den dekadenten Typ. Weil er weder feste Ideale noch Fähigkeiten besitzt, streift er herum und sucht Zerstreuung für den Augenblick, bis ihn sehr bald die gängigen Vergnügungen anöden und er weiter nach neuen Reizen suchen muß – nur der intensivste Eindruck kann ihm noch Genuß bereiten. Die Revolution ist ein neuer Reiz für ihn. Ihm ergeht es wie einem Schlemmer, dessen Geschmackssinn abgestumpft und dessen Appetit verdorben ist; er muß so viel Pfeffer und Paprika essen, bis er schwitzt, und kann erst dann eine halbe Schale Reis schlucken. Er möchte, daß durch und durch, daß absolut revolutionär geschrieben wird. Und sobald irgendwelche Fehler der Gegenwart offenbar werden, runzelt er die Stirn und glaubt, sie sei keinen Pfifferling wert. Ihm ist es gleichgültig, wenn man von der Wahrheit abweicht, solange ihm das Vergnügen bereitet. Jeder kennt Baudelaire, den dekadenten französischen Dichter, der die Revolution willkommen hieß, der sie aber zu hassen begann, als sie sein dekadentes Leben zu stören drohte. So lassen die Revolutionäre auf dem Papier – die ganz entschiedenen, leidenschaftlichsten Revolutionäre vor einer Revolution – die Masken, die sie unbewußt tragen, fallen, wenn die Revolution näherrückt. Solche Beispiele sollten »revolutionären Schriftstellern« wie Cheng Fang-wu in Erinnerung gerufen werden, die nach dem ersten kleinen Rückschlag, sofern sie die Stellung (oder das Geld) besitzen, sich ostwärts nach Tokio oder westwärts nach Paris davonmachen.

Der andere Typ ist schwer einzuordnen. Sein Hauptmerkmal ist, daß er keine Überzeugungen besitzt, folglich andere Menschen immer im Unrecht und sich selbst im Recht glaubt. Letzten Endes sind das jene Leute, die mit dem *status quo* überaus zufrieden sind. Wenn sie als Kritiker sprechen, greifen sie willkürlich zu allen möglichen Argumenten, um die andere Seite zum Schweigen zu bringen. Um die Forderung nach gegenseitiger Hilfe zu widerlegen, sprechen sie vom Kampf ums Dasein, und umgekehrt. Um den Reden vom Frieden entgegenzutreten, verteidigen sie den Klassenkampf, und um diesen in Verruf zu bringen, treten sie für die allumfassende Liebe ein. In der Diskussion mit einem Idealisten beziehen sie eine materialistische Position, aber um einen Materialisten zu widerlegen, werden sie Idealisten. Mit einem Wort, sie benutzen einen englischen Maßstab, um russische Wersten zu messen, und einen französischen Maßstab, um englische Inches zu messen, und dann entdecken sie, daß keiner ihren Ansprüchen genügt. Da auch sonst niemand ihren Ansprüchen genügt, können sie weiter sich selbst für die einzigen halten, die das rechte Maß besitzen und ihre Selbstzufriedenheit für immer bewahren. Nach ihrer Meinung ist alles, was einen Fehler hat, nicht gut genug. Doch da die Welt heute nicht hundertprozentig in Ordnung sein kann, sollte man sich, um sicher zu gehen, mäuschenstill verhalten. Aber sich still zu verhalten ist auch ein großer Fehler. Kurz, das Leben auf dieser Welt ist äußerst schwierig, doch ein Revolutionär zu sein ist noch viel schwieriger.

Obgleich die *Shen Pao* den Helden von *Nur zehn Jahre* kritisiert, weil er nicht durch und durch revolutionär ist, verhöhnt sie auch mit beißendem Spott die Übersetzer von Werken der Gesellschaftswissenschaft. Ihre Seele gehört deshalb zur zweiten Kategorie, mit einem Schuß Weltschmerz des Dekadenten, und deshalb verlangt sie nach Paprika, um ihren Appetit anzuregen.

Deutsch von Rolf Dornbacher

Anmerkungen

1 Ein Vortrag, gehalten am 8. April 1927 in der Militärakademie von Whampoa.
2 Vortrag, gehalten am 21. Dezember 1927 an der Chi-nan-Universität von Schanghai.
3 Antwort auf den Brief eines Studenten der Universität Peking, 1928.
4 Anführer einer Bauernrevolte am Ende der Tang-Dynastie.
5 Bekannte Feinkostgeschäfte in Schanghai.

Dossier: China. Kultur Revolution Literatur Zusammenstellung und Kommentar von Joachim Schickel

Nunmehr die Ablehnung der alten Moral, die Befürwortung einer neuen Moral, die Ablehnung der alten Literatur, die Befürwortung einer neuen Literatur zu den zwei großen Bannern der Kulturrevolution zu erheben, hat verdiente Leistungen von Größe erbracht.
Lu Hsün war der Führer der chinesischen Kulturrevolution.
Mao Tse-tung, Über die Neue Demokratie (1940)

Notabene. Zwei Namen verklammern Chinas Kulturrevolution – von der inzwischen ein Karl Korn zu wissen wähnt, daß sie »keineswegs die Kultur revolutioniert, sondern die Gesellschaft durch Kultur«[1] –, die Namen Mao Tse-tung und Lu Hsün: der eine für ihre politische Theorie, der andre für ihre literarische Praxis einstehend (obzwar jener Proben in Lyrik, dieser Exempel in Programmatik geliefert hat). Lu Hsün, als ein Autor von Rang, wollte sicherlich seine Gesellschaft durch Literatur revolutionär verändern; indes vermochte er's nur, wenn er auch ihre Literatur revolutionierte. Genau das hat er getan, sprachlich wie stilistisch wie inhaltlich – zum Beispiel in seiner Erzählung *Ein kleiner Zwischenfall.*

(...) Es war ein Wintertag im sechsten Jahr der Republik (1917), und ein eisiger Nordwind blies mit aller Macht durch die Straßen. (...) Es war nicht leicht, eine Rikscha zu finden, aber schließlich gelang es mir, und ich gab dem Rikschajungen als Fahrtziel das Südtor an.
(...) Als wir das Südtor beinahe erreicht hatten, lief uns jemand in den Weg, wurde von der Rikscha niedergestoßen und fiel zu Boden.
Es war eine Frau mit weißen Strähnen im Haar, und die Kleider, die sie trug, waren zerlumpt. Sie war plötzlich aus einer Seitengasse hervorgekommen und hatte die Straße gerade vor uns zu überqueren versucht. Mein Rikschajunge hatte auszuweichen getrachtet, aber ihre zerfetzte Jacke, aufgeknöpft und im Winde flatternd, hatte sich in den Deichselstangen verfangen. Glücklicherweise hatte der Junge sein Tempo rechtzeitig verlangsamt, sonst wäre sie kopfüber niedergestoßen und wahrscheinlich ernstlich verletzt worden. Als wir zum Stehen kamen, kniete die Frau, sozusagen auf allen vieren, auf der Straße.
Ich glaube nicht, daß ihr etwas zugestoßen war. (...) und es ärgerte mich,

daß der Rikschajunge hielt und anscheinend bereit war, in irgendeine blöde Affäre verwickelt zu werden. (...)
»Schon gut«, sagte ich zu ihm. »Fahr weiter!«
Entweder hörte er mich nicht, oder er schenkte meinen Worten keine Beachtung; denn er ließ die Deichsel fallen und half der alten Frau behutsam auf die Beine. Er hielt sie am Arm, stützte sie und fragte:
»Ist Ihnen etwas geschehen?«
»Ich bin verletzt.«
Ich dachte: ›Ich hab' dich doch stürzen gesehen, und es war keinesfalls ein arger Sturz. Wie kannst du da verletzt sein? Spiel doch keine Komödie. (...)‹
Der Junge zögerte keinen Augenblick, nachdem die Alte behauptet hatte, verletzt zu sein. Sie immer noch am Arm haltend, führte er sie vorsichtig über die Straße auf ein Polizeirevier zu. (...)
Als sie hineingingen, hatte ich eine seltsame Vision. Ich weiß nicht warum, aber in diesem Augenblick schien mir der Junge ein Riese zu sein, und als er sich entfernte, hörte er nicht auf zu wachsen, so daß ich schließlich den Kopf heben mußte, um ihm mit den Blicken folgen zu können. Gleichzeitig fühlte ich in meinem ganzen Körper einen Druck, der aus der Richtung kam, die der Junge eingeschlagen hatte. Es war beinahe so, als ob dieser Druck alle die Kleinheit aus mir herauspreßte, die sich unter meinem Pelz verborgen hielt. Schwäche überkam mich, als wäre meine Lebenskraft erschöpft, als wäre das Blut in mir geronnen. Regungslos saß ich da, betäubt und gedankenlos. (...)
Bis heute brennt dieses Erlebnis in meinem Gedächtnis. Ich denke daran und schaue mit Schmerzen in mein Inneres. (...) Immer wieder ersteht vor meinem geistigen Auge dieser kleine Zwischenfall, und ich gehe durch das Fegefeuer der Scham, muß mich bessern, bin von Hoffnung und Mut gestärkt. Und ich sehe ihn in jeder Einzelheit so genau wie am Tage, an dem er sich ereignete.

NB. Chou Shu-jen (mit »Pinselnamen« Lu Hsün) schrieb diese short story im Juli 1920; im Dezember 1922 nahm er sie, zusammen mit *Tagebuch eines Verrückten* (1918) und *Wahre Geschichte des Ah Q* (1921), die seinen Ruhm begründeten, in die Sammlung seiner Erzählungen *Zu den Waffen* auf. Die Daten frappieren durch ihre Parallelität zu anderen; Mao Tse-tung nennt die zwei Jahre von 1919 bis 1921 die erste Periode der Geschichte der Kulturrevolution, genauer »der Einheitsfront der Kulturrevolution«. Perioden –: Mao differenziert die Kulturrevolution nicht an sich, vielmehr danach, inwieweit sie die politisch-ökonomische Revolution »widerspiegelt und ihr dient«. Einheitsfront –: das Bündnis der halb- oder ganz-revolutionären Klassen wechselt von Periode zu Periode.

Mao Tse-tung, Über die neue Demokratie, Abschnitt 13:

Die erste Periode erstreckte sich von der 4.-Mai-Bewegung im Jahr 1919 bis zur Gründung der Kommunistischen Partei Chinas im Jahr 1921. Die 4.-Mai-Bewegung war ihr wichtigstes Wahrzeichen.

Die 4.-Mai-Bewegung war sowohl eine anti-imperialistische als eine antifeudale Bewegung. Ihre hervorragende historische Bedeutung ist in einem Charakteristikum zu sehen, das der Revolution von 1911 fehlte: nämlich in ihrem konsequenten und kompromißlosen Widerstand gegen Imperialismus sowie Feudalismus. Die 4.-Mai-Bewegung besaß diese Qualität, weil der Kapitalismus in China einen Schritt weiter getan hatte und weil sich neue Hoffnungen auf eine Befreiung der chinesischen Nation erhoben hatten, da Chinas revolutionäre Intelligenz den Zusammenbruch der drei großen imperialistischen Mächte Rußland, Deutschland und Österreich-Ungarn sowie die Schwächung der beiden anderen, England und Frankreich, mit ansah, während das russische Proletariat einen sozialistischen Staat errichtet hatte und das deutsche, ungarische und italienische Proletariat zur Revolution aufgestanden war. Die 4.-Mai-Bewegung entstand auf den Appell der Weltrevolution, der Russischen Revolution und Lenins hin. Sie war Teil der proletarischen Weltrevolution ihrer Zeit.

NB. Nach Meinung von N. T. Fedorjenko steht der zum Riesen emporwachsende Rikschakuli, bezeichnenderweise ein Junge, für die sich erhebenden Massen Rußlands: »Hier ist ganz deutlich das Proletariat der Sowjetunion symbolisiert«[2], eine ebenfalls junge Macht.

Obwohl die Kommunistische Partei noch nicht existierte, gab es bereits eine große Zahl von Intellektuellen, die die Russische Revolution guthießen und einen Anfang mit kommunistischer Ideologie machten. Zu Beginn der 4.-Mai-Bewegung (. . .) war es [ihr] noch unmöglich, sich unter den Arbeitern und Bauern weit zu verbreiten. Die Losung *Literatur für das einfache Volk* wurde vorgetragen, doch tatsächlich konnte sich *das einfache Volk* damals nur auf die kleinbürgerlichen und bürgerlichen Intellektuellen in den Citys beziehen, das heißt, auf die städtische Intelligenz.

NB. Literatur für die Einfachen, wer immer zu ihnen gehörte, mußte auch einfache Literatur sein; die Kultur zu verändern, sagte 1919, die Literatur zu verändern: *wen-hsüeh ko-ming*, »Literaturrevolution«, nämlich Revolution im Erlernen des Geschriebenen.[3] Bis dahin gab Literatur, ihr Ver- und Auffassen, eine Geheimkunst der happy few ab, die freilich am unglücklichen Bewußtsein litten, sich niemandem als sich selber mitteilen zu können. Ihr Medium war die Schriftsprache der klassischen Dichtung (auch der amtlichen Dokumente) – gewiß schön, und gewiß ein Zopf, abzuschneiden, da sie weder zum literarischen Selbstverständnis Chinas noch zur mündlichen Verständigung der Chinesen länger taugte. Der gelehrte Hu Shih schrieb ihr 1916 den Schwanengesang:

Erstens ist das, was wir unsere literarische Sprache nennen, eine nahezu vollständig tote Sprache. Tot ist sie, weil sie nicht länger vom Volke gesprochen wird. Sie ist wie das Lateinische im mittelalterlichen Europa; in der Tat ist sie noch mehr tot (wenn von tot noch ein Komparativ möglich ist) als das Lateinische, weil das Lateinische noch dazu tauglich ist, gesprochen und verstanden zu werden, während das literarische Chinesisch nicht mehr dem Gehör verständlich ist, selbst nicht unter den Gelehrten, ausgenommen wenn die Sätze bekannt sind oder wenn der Zuhörer schon eine gewisse Idee davon hat, was der Sprecher sagen will.
Zweitens müssen wir uns befreien von der konventionellen Ansicht, daß die gesprochenen Worte und die gesprochene Syntax »vulgär« seien. Das chinesische Wort für »vulgär« bedeutet einfach »gebräuchlich« und deutet keine eigentliche Vulgarität an. In der Tat sind viele Wörter und Phrasen unseres täglichen Gebrauchs außerordentlich ausdrucksvoll und darum schön. Das Kriterium für die Beurteilung von Wörtern und Ausdrücken sollte ihre Lebenskraft und Ausdrucksfähigkeit sein und nicht ihre Übereinstimmung mit orthodoxen Maßstäben. Die gesprochene Sprache unseres Volkes ist eine lebende Sprache: sie repräsentiert die täglichen Bedürfnisse des Volkes, ist wirklich schön und besitzt alle Möglichkeiten, eine große und lebende Literatur hervorzubringen, wie es in unseren großen, in der Umgangssprache geschriebenen Romanen dargetan ist.

NB. Der Absage an die alte setzt Hu Shih 1917 den Zuruf an eine neue Literatur entgegen:

1. Den Worten muß ein konkreter Gehalt zugrunde liegen.
2. Ahme nicht den Stil und die Ausdrucksweise der Alten nach!
3. Achte auf klare, einwandfreie grammatikalische Konstruktion der Sätze!
4. Stöhne nicht, wenn du nicht krank bist!
5. Mache dich frei von veralteten Phrasen oder Redewendungen!
6. Verwende keine Zitate!
7. Vermeide allen stilistischen und gedanklichen Parallelismus!

8. Habe keine Scheu vor Wörtern und Redewendungen der volkstümlichen Sprache!

NB. Die 4.-Mai-Bewegung applaudierte solchen Thesen; ihr Autor freilich sollte niemals begreifen, daß literarische Produktion, um revolutionär zu sein, auch der ökonomischen zu dienen habe, deren Revolution nachvollziehend oder sogar vorbereitend; Satz für Satz ein Politikum. Hu Shih wurde im gleichen Maß, als die Progressiven über 1919 hinauskamen, ein so toter Mann, wie die Schriftsprache tot war. Nicht anders Ch'en Tu-hsiu, 1921 einer der Mitbegründer KPCh und 1927 aus der Partei ausgeschlossen. Auch er begann mit Befürwortung der *pai-hua*, der »klaren Sprache« des Volkes, auch seine Thesen sind von 1917.

1. Nieder mit der gekünstelten, unwahren, aristokratischen Literatur!
Schafft eine natürlich-einfache, lyrische Volksliteratur!
2. Nieder mit der vermoderten, nicht realistischen Zitaten-Literatur!
Schafft eine neue, wahrheitsgetreue, realistische Literatur!
3. Nieder mit der unklaren, schwierigen, lebensfernen Berg- und Waldliteratur!
Schafft eine klare, allgemeinverständliche, soziale Literatur!

NB. Ch'en Tu-hsiu kam mit den Vokabeln »aristokratisch« (Nein!) und »sozial« (Ja!) immerhin in die Nähe dessen, was politisch mit *pai-hua* impliziert war. Aber erst Lu Hsün brachte 1935 Literatur und Politik in gehörige, soll sagen: revolutionäre Verbindung:

Wenn das alte chinesische Schrifttum nicht ausgerottet wird, muß China im Wettstreit mit den anderen Ländern unterliegen; denn seine Kompliziertheit läßt unsere Kultur in Ewigkeit nicht fortschreiten. Das Volk nimmt an der Kultur keinen Anteil und versteht nicht einmal sein eigenes Elend. Ich habe sehr mit dem alten chinesischen Schrifttum gerungen und kenne es ziemlich gründlich. Ich behaupte fest, daß eine neue Sprache die bisher so behinderte Masse des Volkes zu erobern imstande sein wird. Schon unmittelbar, nachdem sich die neue Sprache durchgesetzt hatte, wirkte sie sich in fruchtbarer Weise auf die Literatur aus. Leider wurde sie durch politische Maßnahmen gehemmt. Vielleicht fürchteten diese Politiker, daß das Volk dadurch klug werde und die aus der Literatur gewonnenen Erkenntnisse als politische Waffe benutzen könne. Damit mögen sie recht haben; aber diese bereits begonnene Entwicklung zu verhindern suchen, das ist sinnlos. Ich vertrete die Ansicht, daß sich die literarische Revolution mit der Volksrevolution notwendig verbinden und gemeinsam mit ihr fortschreiten muß (...).

NB. Die Rede geht im Perfekt des Erfolgs: die neue Sprache *hat* die Literatur erneuert; sie geht im Futur der Forderung: die neue Literatur *soll* eine des erneuerten Volkes sein. Für den Erfolg seien, stellvertretend, diese Namen genannt: natürlich Lu Hsün selber (1881–1936), auch Hu Shih (1891–1962); dann Kuo Mo-jo (1892–), Archäologe und Übersetzer (z. B. des *Faust*), später Präsident der Akademie der Wissenschaften und zeitweilig Vizepremier der Volksrepublik; Mao Tun (eigentlich Shen Yen-ping: 1896–), Dramatiker und Romancier (z. B. *Shanghai im Zwielicht*), als Kulturminister im Vorstadium der Kulturrevolution 1965 abgelöst; Lao She (1898–), Dramatiker und Romancier (Z. B. *Rikscha Kuli*); Hsiung Fu-hsi (1901–?), der Chinas Bauern auf die Bühne brachte; schließlich Wu Tsu-hsiang (1908–), der im Yenan-Jahr 1942[4] seine novellistische Produktion beendete. Wie ihre jedenfalls sprachliche, zum Teil auch politische Erneuerung der Literatur sich manifestierte, mögen zwei Exempel belegen. Lao She läßt in *Die Mondsichel* eine junge Prostituierte erzählen; ein Großmeister der Umgangssprache, nutzt er die expressive Kraft des Pekinger Dialekts (die freilich der Übersetzung und Verkürzung des Originals zum Opfer fällt), ein Kleinbürger im Klassenkampf, vertraut er der Rührung durch das Schicksal der Erniedrigten und Beleidigten.

(. . .) Der schwarze Schatten des »letzten Ausweges« war ein Stück näher gerückt. Ich wollte ihm ausweichen und mußte auf ihn zugehen. Wirklich, ich bedauerte nicht, meine Arbeit verloren zu haben, aber der schwarze Schatten ängstigte mich.

Wie man sich an einen Mann verkauft, wußte ich, seit jenem Erlebnis verstand ich die Beziehungen zwischen Mann und Frau sehr gut. Ein Mädchen braucht die Zügel bloß ein wenig locker zu lassen, die Männer spüren es und kommen an. Haben sie erreicht, was sie wollen, geben sie dir eine Zeitlang Essen und Kleidung. Später beschimpfen und schlagen sie dich vielleicht, oder sie bringen dir keine Geschenke mit. Mädchen, die sich so verkaufen, sind manchmal sehr zufrieden. Ich selbst habe dieses Gefühl kennengelernt. Man sagt einander Worte der Liebe, und danach empfindest du Schmerz und Trauer. So ist es, wenn du dich an nur einen Mann verkaufst. Aber wenn du dich an alle verkaufst, werden keine zärtlichen Worte mehr gewechselt – Mama hat solche Worte gewiß nicht gesprochen.

Der Grad meiner Furcht war unterschiedlich. Zwar befolgte ich nicht den Rat der »Ersten« [Kellnerin], doch hatte ich vor dem Verhältnis mit einem einzigen Mann weniger Angst. Das hieß nicht, daß ich mich verkaufen wollte. Ich brauchte keinen Mann, ich war noch nicht zwanzig Jahre alt. Früher hatte ich geglaubt, es wäre interessant, mit einem Mann zusammen zu sein. Wer hätte gedacht, daß er das verlangen würde, wovor ich mich fürchtete?

Ja, damals schien mir, daß ich mich dem Frühlingswind hingab, ich war dem Mann zu Willen. Später dachte ich darüber nach: Er hatte meine Unwissenheit mißbraucht. Mit süßen Worten hatte er mich betört. Als ich erwachte, erkannte ich, daß es nur ein Traum gewesen war, der mir zwei Mahlzeiten täglich und Kleider einbrachte.
Ich wollte meinen Unterhalt nicht wieder auf diese Weise verdienen. Nahrung war eine Realität und mußte real verdient werden. Wenn sich das als unmöglich erwies, was blieb da der Frau übrig, als sich auf ihren Körper zu besinnen und ihn feilzubieten? Ich fand keine neue Arbeit. (...)

NB. Kuo Mo-jos Erzählung *Der Han-ku Paß*, chinesisch womöglich noch virtuoser, destruiert zwar seitenlang das Vergangene, apostrophiert aber die gegenwärtige wie zukünftige Aufgabe der Literatur nur in einem einzigen Satz.[5] Sie »knüpft an jenen mehr hagiographisch als historisch verbürgten Vorfall an, den auch Brecht ... nacherzählt hat. Als Lao Tzu, der in China auch unter dem Ehrennamen Lao Tan bekannt ist, sich aus der Welt zurückzog, kam er, auf einem schwarzen Ochsen reitend, an den Han-ku Paß. Der Grenzbeamte, der auf dem Paß den Dienst versah, bat Lao Tzu, ihm etwas von seinen Gedanken aufzuschreiben. Der Meister schrieb ihm als geistiges Vermächtnis die 81 Abschnitte des *Tao-te-ching* auf. Dann entschwand er ... Kuo Mo-jo läßt nun Lao Tzu nach einiger Zeit an den Han-ku Paß zurückkehren, aber ohne seinen schwarzen Ochsen. Der Bericht, den Lao Tzu über seinen Ritt in die Wüste gibt, ist schlechthin der Widerruf seiner Lehre, die Annullierung des Taoismus durch den Begründer.«[6] Lao Tzu spricht:

(...) Nachdem ich den Han-ku Paß verlassen hatte, dachte ich von ganzem Herzen und aus tiefster Seele daran, in die Wüste Gobi zu enteilen, ich sehnte mich nach der einsamen Wüste ohne menschliche Spuren. Bei glühendem Wind und heißer Sonne ritt ich Tag und Nacht auf meinem Ochsen und eilte in doppelten Tagesmärschen gen Nordwesten. Dank der unermüdlichen Kraft meines Ochsen erreichte ich schließlich das Gebiet der Wüste Gobi. In der Wüste gab es wirklich keine Menschen mehr, es gab nur noch eine unendliche Fläche gelben Sandes, nicht einen einzigen Grashalm und keinen einzigen Tropfen Wasser. Mein bemitleidenswerter schwarzer Ochse war so weite Strecken Weges gelaufen, und als er dort anlangte, fiel er quer auf den Boden nieder. Ich pflegte ihn zwei Tage und zwei Nächte, aber dann gab es kein Mittel mehr, ihn zu heilen; am dritten Tage schließlich starb er. Ach, wie bemitleidenswert ist doch mein treues, aufrichtiges Opfertier! Wenn ich auch in meinem Buche in unklarer und verworrener Art und Weise viele Worte über die Wahrheit und die Moral gesagt habe, so bin ich letzten Endes doch nur ein eigennütziger, kleiner Mensch. Ich habe dir gesagt, wer den Vorteil der Güte kennt, sei nicht gut,

aber ich selbst verstehe es, den Vorteil der Güte abzuwägen. Ich weiß, man biegt sich, um nach der Vollkommenheit zu streben, man will durch Falschheit seine Aufrichtigkeit beweisen; daher habe ich mich als Blender hingestellt, um meinen klaren Scharfblick zu zeigen. Ich weiß, daß das Schwere die Wurzel des Leichten ist und die Ruhe der Herr der Erregtheit, daher benahm ich mich stolz und eingebildet, ich bin den ganzen Tag gewandert, aber ich habe mich nicht vom Gepäck entfernt. Ich wollte den anderen das große Vermögen rauben und habe ihnen einen kleinen Vorteil entlockt. Ich wollte einen frischen Fisch essen und habe ihn im Fischteich großgezogen. Ja, ich bin ganz und gar ein selbstsüchtiger, kleiner Mensch, und dieses Buch ist eine Schrift, die das Gute verfälscht! Weil ich zeigen wollte, daß ich der einzige aufrichtige Mensch in der Welt bin, schlug ich den ungeraden Weg ein und ging in die Wüste Gobi, um meine Eigenart zu zeigen. Ach ja, ich habe mich am Ende doch verrechnet. Wenn man das Haustor nicht verläßt, kann man die Welt nicht kennenlernen. Wie bedauernswert, die Wüste Gobi in meiner Vorstellung und die Wüste Gobi in der Wirklichkeit sind vollkommen zweierlei. Unter Mühsal und Beschwerden bin ich so weit gewandert, und doch habe ich nur einen Ochsen verloren und beinahe mein eigenes Leben vernichtet. Ich verhielt mich so, als sei das Leben etwas sehr Kostbares; andererseits aber hatte ich gesagt, wenn es keinen Körper gäbe, gäbe es kein großes Leid; ach, ich war ein hochmütiger Heuchler! Und ach, wie bedauernswert, daß mein schwarzer Ochse durch mich, einen Heuchler, geopfert worden ist! (...)
Ach, obgleich mein schwarzer Ochse durch mich gestorben ist, fuhr Lao Tan zu reden fort, hat er mich doch wachgerüttelt. Der schwarze Ochse ist mein Lehrer geworden, er hat mich gelehrt, daß man sich nicht von der Menschheit trennen kann; trennt man sich von den Menschen, dann gibt es kein Leben mehr. *Statt über das Tao und die Moral zu reden und in die Wüste Gobi zu entlaufen, sollte man zum Volke gehen und als Bauer arbeiten.* Du Heuchler, du kannst reuevoll diese Gedanken aufgeben? Mein Ochse hat mir seine Lehre erteilt; sein Schwanz ist kostbarer als die fünftausend Zeichen des Tao-te-ching. (...)

NB. Die Erzählungen von Lao She und Kuo Mo-jo müssen hier, da nicht lückenlos dokumentiert werden kann, die zwanziger, dreißiger Jahre überbrücken; dazwischen liegen weitere drei Perioden literarisch-kultureller Revolution. 1921–1927: Einheitsfront der vier Klassen Proletariat, Bauernschaft, städtische Kleinbourgeoisie und Bürgertum (parallel Bündnis zwischen KPCh und Kuomintang); der Kampf gegen imperialistische und feudale Literatur, für die *pai-hua* wird fortgesetzt; Soldaten- und Bauernmassen revolutionieren sich. 1927–1937: Einheitsfront der nurmehr drei Klassen (außer Groß- und Nationalbürgertum); Tsiang Kai-sheks konterrevolutionäre »Vernichtungskampagnen«, die militärisch wie kulturell geführt werden, schlagen fehl; der Lange Marsch rettet auch die Revolution der Literatur, die Literatur der Revolution. 1937–1940: Erneute Einheitsfront der vier Klassen (parallel erneutes Bündnis zwischen KPCh und Kuomintang) gegen den Aggressor Japan; »politisch gab es eine Tendenz zur Demokratie, kulturell eine relativ breite Aktivität«[7]. Aber der literarische Erfolg war unterdessen veraltet, die literarische Forderung mußte neu formuliert werden; die Revolution brauchte keine Vergangenheit, sondern eine Zukunft. 1942, abermals in einem Mai Chinas, hielt Mao Tse-tung seine *Reden bei der Aussprache in Yenan über Literatur und Kunst.*

Das erste Problem lautet: Für wen ist unsere Literatur und Kunst bestimmt? Eigentlich ist dieses Problem von den Marxisten, insbesondere von Lenin, längst beantwortet worden. Schon 1905 betonte Lenin, daß unsere Literatur und Kunst den »Millionen und aber Millionen Werktätigen dienen«[8] sollen. (...)
Wer sind denn nun diese Volksmassen? Es sind die breitesten Schichten des Volkes, die Arbeiter, Bauern, Soldaten und das städtische Kleinbürgertum, die mehr als neunzig Prozent der Gesamtbevölkerung ausmachen. (...) Unsere Literatur und Kunst müssen den Menschen all dieser vier Kategorien dienen. Wenn wir den Menschen dieser vier Kategorien dienen, haben wir den proletarischen und keineswegs den kleinbürgerlichen Klassenstandpunkt einzunehmen. Es ist heutzutage für Schriftsteller, die hartnäckig an ihren individualistischen kleinbürgerlichen Positionen festhalten, unmöglich, den revolutionären Massen der Arbeiter, Bauern und Soldaten wirklich zu dienen; sie fühlen sich hauptsächlich zu den wenigen kleinbürgerlichen Intellektuellen hingezogen. Das eben ist die entscheidende Ursache, warum ein Teil unserer Genossen derzeit das Problem, wem unsere Literatur und Kunst dienen sollen, nicht richtig zu lösen vermag. (...) Viele Genossen widmen dem Studium der kleinbürgerlichen Intellektuellen, der Analyse ihrer Psychologie relativ viel Aufmerksamkeit, legen besonderen Wert darauf, sie zu gestalten, ihre Mängel zu entschuldigen und zu rechtfertigen, anstatt die Intellektuellen dazu anzuleiten, daß sie sich gemeinsam mit ihnen den Massen der Arbeiter, Bauern und Soldaten nähern, am praktischen Kampf der Arbeiter-, Bauern- und Soldatenmassen teilnehmen, diese Massen darstellen und erziehen. (...) Sie stehen auf dem Standpunkt des Kleinbürgertums, sie schaffen Werke, die eine Art Selbstportrait von Kleinbürgern sind. (...) Aber zu den Massen der Arbeiter, Bauern und Soldaten haben sie kaum Kontakt, sie ver-

stehen und studieren diese Massen nicht, haben keine vertrauten Freunde in deren Reihen, sind nicht fähig genug, sie zu gestalten. Wenn sie versuchen, sie abzubilden, so ist das Gewand das von Werktätigen, das Gesicht aber das von kleinbürgerlichen Intellektuellen. In gewisser Hinsicht lieben diese Genossen auch die Arbeiter, Bauern und Soldaten, ... aber hin und wieder und in mancher Hinsicht mögen sie sie nicht: ihnen gefallen nicht die Gefühle der Arbeiter, Bauern und Soldaten, deren Manieren, deren aufkeimende Literatur und Kunst (Wandzeitungen, Fresken, Volkslieder, Volksmärchen usw.). Zuweilen finden sie auch daran Gefallen, aber nur weil sie Kuriositäten nachjagen, weil sie ihre eigenen Werke damit verzieren möchten, oder gar deshalb, weil sie auf das aus sind, was darin rückständig ist. Ein andermal wieder bezeugen sie offen ihre Verachtung für diese Dinge und geben dem von kleinbürgerlichen Intellektuellen oder gar von der Bourgeoisie stammenden Zeug den Vorzug. (...)

NB. Mao Tse-tung spricht keineswegs von der Theorie, denn »in Worten« halte ja ein jeder die revolutionären Massen für wichtiger als die kleinbürgerliche Intelligenz; er spricht von der Praxis, nämlich der des Autors. Und an der praktischen Frage, wie einer, will er den Massen dienen – Lu Hsün: »... mit gebeugtem Kopf und willig diene ich als Wasserbüffel dem Kind«[9] –, zu schreiben habe, orientiert Mao sich weiterhin.

Sollen wir uns um die Hebung des Niveaus oder um die Popularisierung bemühen?

In der Vergangenheit haben einige Genossen in gewissem, zuweilen beträchtlichem Maße die Popularisierung mißachtet oder übersehen und in unangebrachter Weise die Hebung des Niveaus übermäßig betont. Auf die Niveauhebung soll man Nachdruck legen, aber es ist ein Fehler, das einseitig, isoliert und übermäßig zu tun. (...) Da unsere Literatur und Kunst grundsätzlich den Arbeitern, Bauern und Soldaten dienen sollen, bedeutet Popularisierung, sie unter diesen Menschen zu verbreiten, während Hebung des Niveaus bedeutet, von deren Niveau aus emporzusteigen. Womit soll man nun zu ihnen gehen? (...) Wir dürfen nur das popularisieren, was die Arbeiter, Bauern und Soldaten selbst brauchen und was von ihnen bereitwillig aufgenommen wird. Deshalb kommt vor der Aufgabe, die Arbeiter, Bauern und Soldaten zu erziehen, die Aufgabe, von ihnen zu lernen. Das gilt noch mehr für die Hebung des Niveaus. Dafür muß es eine Basis geben. (...) Die Basis der Feudalklasse? Die der Bourgeoisie? Oder die der kleinbürgerlichen Intellektuellen? Nichts von alledem, nur von der Basis der Massen der Arbeiter, Bauern und Soldaten

darf man ausgehen. Das bedeutet auch nicht, daß wir die Arbeiter, Bauern und Soldaten auf die »Höhe« der Feudalklasse, der Bourgeoisie oder der kleinbürgerlichen Intelligenz heben, sondern daß wir ihr Niveau in der Richtung heben, in der die Arbeiter, Bauern und Soldaten selbst vorwärtsschreiten, in der Richtung, in der das Proletariat vorwärtsschreitet. (...)
Aus welchen Quellen werden letzten Endes alle Arten von Literatur und Kunst gespeist? Die Werke der Literatur und der Kunst als ideologische Form sind das Produkt der Widerspiegelung des Lebens einer gegebenen Gesellschaft im menschlichen Gehirn. Die revolutionäre Literatur und Kunst sind das Produkt der Widerspiegelung des Lebens des Volkes im Gehirn der revolutionären Schriftsteller und Künstler. Das Leben des Volkes ist die eigentliche Fundgrube, aus welcher der Stoff für das literarische und künstlerische Schaffen geschürft wird, ... einzige und unerschöpfliche Quelle. (...)

NB. Quelle, insofern sie widergespiegelt wird. Beiläufig zitiert Mao Tse-tung das Prinzip aller marxistisch-leninistischen Ästhetik, dem Lukács wer-weiß-wieviele Seiten gewidmet hat, ohne doch seinen Sinn als Leben der Reflexion (oder gar als Leben der Revolution) zu begreifen.[10] Dann heißt es:

Manche mögen fragen: Sind nicht Bücher, Werke der Literatur und Kunst vergangener Epochen und fremder Länder auch eine solche Quelle? Nein, in Wirklichkeit sind die Literatur- und Kunstwerke der Vergangenheit keine Quelle, sondern ein Strom, das, was unsere Vorfahren oder Ausländer aus dem literarischen und künstlerischen Rohstoff schufen, den ihnen das Leben des Volkes in ihrer Zeit beziehungsweise in ihrem Land lieferte. Wir müssen das Beste aus dem literarischen und künstlerischen Erbe übernehmen, uns daraus kritisch alles Nützliche aneignen und es als Beispiel heranziehen, wenn wir das aus dem Volksleben unserer Zeit und unseres Landes gewonnene Rohmaterial für Literatur und Kunst schöpferisch verarbeiten. Es ist ein Unterschied, ob wir ein solches Beispiel besitzen oder nicht. Davon hängt ab, ob das Werk des Schriftstellers oder Künstlers vollendet oder ungeschliffen, erlesen oder plump sein wird, ob es auf einem hohen oder einem niedrigen Niveau stehen wird, ob der Verfasser es rasch oder langsam schafft. Deshalb können wir auf keinen Fall darauf verzichten, die Werke der alten und der ausländischen Schriftsteller und Künstler, auch der feudalen oder bürgerlichen, als Erbe zu übernehmen und als Beispiel für unsere Arbeit heranzuziehen. Aber die Übernahme eines Erbes und seine Heranziehung als Beispiel darf keineswegs das eigene Schaffen ersetzen; das darf niemals der Fall sein. Die kritiklose Übernahme oder blinde Nachahmung von Werken alter oder ausländischer Autoren ist unfruchtbarster, schädlichster Dogmatismus in Literatur und Kunst. Alle revolutionären Schriftsteller und Künstler Chinas .. müssen unter die Massen gehen ... Dann erst können sie in den Prozeß der schöpferischen Arbeit eintreten. Andernfalls hat man nichts zu bearbeiten und wird nur ein vorgeblicher Schriftsteller oder Künstler, gerade das, wovor Lu Hsün in seinem Vermächtnis seinen Sohn eindringlich gewarnt hat.[11] (...)

NB. Einschneidender Unterschied: Das Eigne und Neue hat die Qualität einer widerspiegelbaren Quelle, das Alte und Fremde hat die Qualität eines der Quelle entsprungenen Stroms; es ist die Differenz zwischen primär und sekundär. Muß das eine stets *be*achtet, darf das andere nie *ver*achtet werden. Nur so wird der Revolutionär »aus der herrlichen Kultur, die im Laufe der Geschichte geschaffen wurde, Nutzen ... ziehen und die neue Kultur des Proletariats völlig ... entwickeln«.[12] Weiter Mao Tse-tung:

Was ist Popularisierung und Hebung des Niveaus von Literatur und Kunst? In welcher Beziehung stehen diese beiden Aufgaben zueinander? Populäre Werke sind einfacher und gemeinverständlicher, und deshalb ist es leichter, daß sie heute von den breiten Volksmassen bereitwillig aufgenommen werden. Die Werke mit höherem Niveau sind verfeinerter; deshalb ist es schwerer, sie zu schaffen und ... unter den breiten Volksmassen von heute rasch zu verbreiten. Vor unseren Arbeitern, Bauern und Soldaten steht nun folgendes Problem: Sie befinden sich in einem erbitterten, blutigen Kampf gegen den Feind, sind aber infolge der langen Herrschaft der Feudalklasse und der Bourgeoisie Analphabeten und ungebildete Menschen, verlangen daher dringend nach einer allgemeinen Aufklärungsbewegung, nach Bildung und Wissen, nach Werken der Literatur und Kunst, nach all dem, was sie so sehr und in leicht faßlicher Form benötigen, damit ihr Kampfelan und ihre Siegeszuversicht gehoben, ihre Einheit gestärkt wird ... Ihnen sollen wir vor allem nicht »auf den Brokat noch Blumen sticken«, sondern »Kohle bei Schneewetter schicken«. Deshalb ist unter den gegenwärtigen Bedingungen die Popularisierung die vordringlichere Aufgabe. (...)
Popularisierung und Hebung des Niveaus können jedoch nicht scharf voneinander getrennt werden. Es geht nicht nur darum, daß einige der besten Werke schon heute Massenverbreitung finden können, sondern auch darum, daß das kulturelle Niveau der breiten Massen ununterbrochen steigt.

Wenn wir bei der Popularisierung immer auf demselben Niveau stehenbleiben, wenn wir Monat für Monat, Jahr für Jahr tagtäglich das gleiche Zeug vertreiben, immer denselben »Kleinen Kuhhirten«, immer die gleichen Schriftzeichen – Mensch, Hand, Mund, Messer, Rind und Schaf – darbieten[13], wird da nicht der Unterschied zwischen Lehrenden und Lernenden dem zwischen Zwölf und einem Dutzend gleichen? Welchen Sinn hat eine solche Popularisierung? Das Volk fordert eine Popularisierung, doch gefolgt von einer Niveauhebung; es fordert, daß Jahr für Jahr, Monat für Monat das Niveau gehoben wird. (...) Und eine solche Niveauhebung (...) wird von der Popularisierung bestimmt und weist dieser zugleich die Richtung. (...)

NB. Dieses Doppelprinzip – dem Volk sich literarisch verständlicher, das Volk literarisch verständnisvoller zu machen – ist häufig verlacht worden. Aber gibt es eine prägnantere Umschreibung des Dilemmas (zumal für China), daß die Masse des Publikums keine Literatur, die Minderheit der Literaten kein Publikum hat? Noch einmal Mao Tse-tung:

Es gibt also ein politisches und ein künstlerisches Kriterium. Wie ist nun die Beziehung zwischen beiden? (...) Wir bestreiten nicht nur, daß es ein abstraktes, absolut unveränderliches politisches Kriterium gibt, sondern auch, daß es ein abstraktes, absolut unveränderliches künstlerisches Kriterium gibt; in jeder Klassengesellschaft hat jede Klasse ihre eigenen politischen und künstlerischen Kriterien. Aber in jeder Klassengesellschaft stellt jede Klasse immer das politische Kriterium an die erste und das künstlerische an die zweite Stelle. Die Bourgeoisie verwirft stets Werke der proletarischen Literatur und Kunst, wie hoch auch ihre künstlerischen Qualitäten sein mögen. Auch das Proletariat muß die Werke der Literatur und Kunst vergangener Epochen vor allem auf ihre Einstellung zum Volk sowie darauf prüfen, ob sie in der Geschichte eine fortschrittliche Bedeutung hatten, und demgemäß eine differenzierte Haltung ihnen gegenüber einnehmen. (...) Wir fordern jedoch die Einheit von Politik und Kunst, die Einheit von Inhalt und Form, die Einheit von revolutionärem politischen Inhalt und möglichst vollkommener künstlerischer Form. Kunstwerke, denen es an künstlerischem Wert mangelt, sind, wie fortschrittlich sie politisch auch sein mögen, kraftlos. Darum sind wir sowohl gegen Kunstwerke, die falsche politische Ansichten enthalten, als auch gegen die Tendenz des sogenannten »Plakat- und Schlagwortstils«, der nur richtige politische Ansichten ausdrückt, aber künstlerisch kraftlos ist.

In Fragen der Literatur und Kunst müssen wir einen Zweifrontenkampf führen.

NB. Ein seltener Glücksfall: Der Stratege dieses Kampfes, um im Bilde zu bleiben, steht an beiden Fronten – der politischen, die unter literarischem, der literarischen, die unter politischem Beschuß liegt – selber im Feuer; Mao Tse-tung spricht 1942 nicht nur von der Praxis, sondern auch als Praktiker. Seine Verse, damals vom Hörensagen bekannt, liefern später die Probe aufs Exempel. Januar 1957: Mao läßt den Abdruck von achtzehn Gedichten zu, warnt aber die jungen Autoren, es ihm nachzutun, schreibe er doch Lyrik »im alten Stil«. Dezember 1963/April 1964: Mao veröffentlicht siebenunddreißig Gedichte, verzichtet indes auf jede Warnung; dabei ist die *Bewegung der Vier Säuberungen* (auch *Sozialistische Erziehungsbewegung* genannt), ein Vorstadium der Kulturrevolution, in vollem Gang. Die zweite Strophe des Gedichts XXXVII, datiert vom 9. Januar 1963 und ebenfalls im Stil der Klassiker, lautet[14]:

Wieviel Aufgaben,
von Anfang an drängend;
Himmel- und Erddrehung,
die Zeit nötigt.
Zehntausend Jahre – allzu lange,
wetteifert früh bis spät.
Vier Meere aufgebäumt, Wolken und Wasser zornig,
fünf Erdteile bebend, Wind und Donner entfacht.
Müßt sie auskehrn, allesamt, die üblen Insekten:
nirgend sonst Feinde.

NB. Die Reden von 1942 und die Verse von 1963 – beide Zeugnisse führen schon ins Zentrum dessen, was außerhalb Chinas als »Kulturrevolution« schlechthin, innerhalb der Volksrepublik aber als deren bisher letzte Phase (»große proletarische«) begriffen wird. Das Gedicht darf geradezu ein lyrisches Manifest der Rotgardisten heißen; immerzu zitiert, von Schülern und Studenten wie von Kuo Mo-jo, erschien es Silvester 1966 auch auf der Titelseite aller chinesischen Zeitungen. Im Mai 1967 erschien sogar ein zweites Rotes Buch: *Mao chu-hsi shih tz'u* (»Vorsitzender Mao, Gedichte und Lieder«)[15], so daß keine bloß rhetorische, bloß ephemere Huldigung beabsichtigt sein konnte. Solche Unterstellung verbietet sich überdies, da im Sommer 1966 auch die Yenan-Reden neugedruckt wurden: »Beginn eines neuen Abschnittes in der großen proletarischen Kulturrevolution.«[16] Im Sommer 1967 wird der 25. Jahrestag der Yenan-Reden gefeiert; allein in Peking versammeln sich 16 000 Menschen – der Literatur und Kunst halber. Ch'en Po-ta, Leiter der Gruppe für die Kulturrevolution beim ZK, erinnert in seiner Rede an frühere Weisungen und Warnungen Mao Tse-tungs. Zum Beispiel an diese Sätze von 1962:

Um eine politische Macht zu stürzen, ist es immer notwendig, vor allem die öffentliche Meinung zu erzeugen und in der ideologischen Sphäre zu arbeiten. Das gilt für die revolutionäre Klasse genauso wie für die konterrevolutionäre.

NB. Dazu Ch'en Po-ta:

Es kann gesagt werden, daß die öffentliche Meinung von den revolutionären oder konterrevolutionären Klassen unausbleiblich auf die Machtergreifung vorbereitet wird. (...) Zu dieser Vorbereitung der öffentlichen Meinung gehört die Literatur und Kunst.

Nach der Befreiung des ganzen Landes hat Genosse Mao Tse-tung der Frage der proletarischen Kulturrevolution stets Aufmerksamkeit geschenkt. Er hat den Kampf des Proletariats an der politischen und wirtschaftlichen Front immer mit dem Kampf an der kulturellen und ideologischen Front verbunden. Seit siebzehn Jahren wurden alle wichtigen Probleme an der kulturellen und ideologischen Front – von der Kritik ... an dem Film *Das Leben Wu Hsüns* mit seiner Sklavenmoral bis zur Kritik an den idealistischen *Studien über den »Traum der Roten Kammer«*[17] – vom Genossen Mao Tse-tung aufgeworfen. Heute ist es durchaus notwendig, die Arbeit *Reden bei der Aussprache in Yenan über Literatur und Kunst* und die ganze Reihe der kämpferischen Schriften des Genossen Mao Tsetung über Ideologie, Literatur und Kunst neuerlich zu studieren. In diesen Schriften ... fordert er die Befreiung von der Macht der Gewohnheit und vom Einfluß der Bourgeoisie und der anderen Ausbeuterklassen; letzten Endes ist dies die Forderung, eine Restauration des Kapitalismus zu verhindern und die Diktatur des Proletariats zu festigen.

Wenn ein echter Kommunist in Fragen der Ideologie, Literatur und Kunst leichtsinnig handelt oder die Lehren des Genossen Mao Tse-tung über diese Fragen nur einen Augenblick außer acht läßt, wird er schwere politische Fehler begehen ...

NB. Weiter erinnert Ch'en Po-ta an Mao Tse-tung – zum Beispiel an dessen Kritik vom Dezember 1963:

In den verschiedensten Kunstgattungen wie Theater, Oper, traditioneller Gesang, Musik, bildende Kunst, Tanz, Film, Dichtung und Prosa gibt es viele Probleme. Hier sind viele Menschen tätig, und die sozialistische Umgestaltung hat in vielen Sparten bis jetzt nur geringen Erfolg gehabt. Viele Sparten werden noch bis heute von den »Toten« beherrscht. Man darf die Erfolge bei Film, neuer Dichtung, Volkslied, bildender Kunst und Roman nicht unterschätzen, aber auch da gibt es nicht wenige Pro-

bleme. In einem Bereich wie dem des Theaters sind die Probleme noch größer. Die sozial-ökonomische Basis hat sich bereits geändert, aber die Kunst als ein Teil des Überbaus, der dieser Basis dienen soll, bleibt bis jetzt immer noch ein ernstes Problem. (...)
Ist es denn nicht absurd, daß viele Kommunisten eifrig dabei sind, die feudale und kapitalistische Kunst zu fördern, aber nicht die sozialistische?

NB. Erinnert zum Beispiel an Mao Tse-tungs Warnung vom Juni 1964 (dem »Verband Chinesischer Schriftsteller und Künstler« sowie verwandten Gesellschaften erteilt):

In den letzten fünfzehn Jahren wurde in diesen Verbänden und im größten Teil der von ihnen beherrschten Publikationen ... die Politik der Partei nicht verfolgt ... Die Leute benehmen sich wie Mandarine, nehmen keine Fühlung mit den Arbeitern, Bauern und Soldaten, spiegeln nicht die sozialistische Revolution und den sozialistischen Aufbau wider. [In den letzten Jahren] haben sie sich sogar dem Abgrund des Revisionismus genähert. Falls sie sich nicht ernsthaft umerziehen, werden sie sich eines Tages unvermeidlich in Vereinigungen wie der Petöfi-Klub in Ungarn[18] verwandeln.

NB. Erinnert zum Beispiel an Mao Tse-tungs Weisung vom 16. Mai 1966 (ausgesprochen in einem Rundschreiben des ZK der KPCh):

[Die ganze Partei muß] das große Banner der proletarischen Kulturrevolution hochhalten, den bürgerlichen reaktionären Standpunkt jener parteifeindlichen, antisozialistischen, sogenannten »akademischen Autoritäten« schonungslos aufzeigen, an den bürgerlichen reaktionären Ideen in Wissenschaft, Erziehungswesen, Journalistik, Literatur und Kunst und Publizistik gründliche Kritik üben, sie verurteilen und die Führung auf diesen Sektoren der Kultur erobern. Dazu ist es notwendig, gleichzeitig jene Vertreter der Bourgeoisie, die sich in die Partei, in die Regierung, in die Armee und in die verschiedenen Bereiche der Kultur eingeschlichen haben, zu kritisieren und zu verurteilen ...

NB. Mao Tse-tungs Direktiven haben das Vorurteil gefördert, die Kulturrevolution solle, anstatt das Alte und Fremde zu nutzen, es lediglich zerstören. Was wirklich gemeint war (und ist), dokumentiert für das Fremde am besten eine Veranstaltung der *China National Arts and Crafts Import & Export Corporation*, die den kulturellen Austausch mit dem Ausland besorgt; sie fand statt vom 19. Januar bis 2. Februar 1968 (Peking, Tung-an-men Str. 82). Das Plakat der Veranstaltung, in der Zweitsprache Englisch zitiert – die chinesischen Zeichen bleiben hier unberücksichtigt – zeigt an:

Impure Acts
Music: Giuseppe Chiari, Sylvano Bussotti
Painting: Antonio Bueno, Alberto Moretti
Poetry: Lucya Marcucci, Lambert Pignotti

NB. Zumindest für die Musik Bussottis sei eine ideologisch unverdächtige Stimme zitiert[19]; sie weist ihn immerhin als bemerkenswerten Komponisten der Moderne aus, zu nennen mit Isang Yun, Luigi Nono, John Cage, Luciano Berio, Mauricio Kagel und anderen. Was in Peking gespielt wurde – vielleicht *Five piano pieces* von 1959 oder *Frammento. Pièces de chair II* (zu hören auf der Platte *Time 8003*) –, ist nicht zu ermitteln; jedenfalls:

... gehörte es jetzt eigentlich zum normalen Gang [der Internationalen Ferienkurse in Darmstadt], daß Verjüngung und Erneuerung auf Selektion im Kreis der Studierenden beruhten. Derart kam 1958 Niccolò Castiglioni ... zu seiner Darmstädter Premiere; 1959 folgten Isang Yun ... und Sylvano Bussotti (* 1931 Florenz), der eine mit dem verbindlichen Ausgleich zwischen sehr persönlicher Klangphantasie und formaler Beherrschung, der andere mit unverbindlicher Beziehungslosigkeit zwischen reizvoller Graphik und deren vieldeutig »offener« Interpretation.
(...) Die Zeugnisse [der Musikbiennale 1962] reichen von Nonos *Intolleranza* oder Berios *Passagio* bis zu ... Bussottis happeninghaftem Arrangement *selon Sade*, das als *Mystère de chambre avec tableaux vivants* deklariert wurde.

NB. Was nicht gemeint war (und ist), das Eigne und Neue betreffend, dokumentiert am besten die Erzählung *Brückenbau* von Liu Pin-yen (geb. um 1930), deren Hauptfigur Lo Li-cheng – mit Andreas Donath zu urteilen[20] – »eine der bemerkenswertesten Figuren der sozialistischen Gegenwartsliteratur« sein soll. Lo sei »nicht nur ein fähiger Brückenkonstrukteur, er ist vor allem ein Spezialist in der schwierigen Technik ..., von Säuberung zu Säuberung im Amt zu bleiben. Er findet kaum noch Zeit für seine eigentliche Aufgabe, den Brückenbau, aber es gelingt ihm, seinen Posten zu behaupten.« Der Befund wäre eindeutig, hätte Brigadier Lo, der hin und her laviert, den Autor auf seiner Seite.

Ende April wurde das Wasser des Gelben Flusses schwarz.
Das war ein Alarmzeichen – die Flut stand unmittelbar bevor. An diesem Flußabschnitt sahen sich die Brückenbauer jedes Jahr zwei Bedrohungen durch die Natur ausgesetzt: Dem Hochwasser im Frühling und dem Eisgang im Winter.
Deutlich stieg von Tag zu Tag das Wasser, erhöhte sich ständig die Geschwindigkeit der Strömung. Und die Besorgnis in den Herzen der Men-

schen wuchs noch schneller. Denn wenn die Brückenpfeiler nicht in aller Eile bis über die Wasseroberfläche hochgemauert würden, so würde das bedeuten, daß ein halbes Jahr verloren wäre: Erst im Herbst, wenn die Flut zurückging, könnte dann die Arbeit fortgesetzt werden. Mit einem Schlag erhöhte sich das Arbeitstempo.
Aber auch die Flut gab nicht nach. Sie wollte unbedingt den Vorrang gewinnen. Rücksichtslos bedrängte sie gegen jeden Widerstand die Arbeit an den Pfeilern und drohte, die Gerüste aus Eisenplanken im Fluß umzuspülen. (...)
Am siebten Mai neigte sich das Eisengerüst des ersten Pfeilers der Bogenbrücke unter dem Druck der Brandung ein wenig nach hinten. (...) Brigadier Lo eilte zur Inspektion an den Brückenkopf; dann eilte er zurück, mit ernstem, verschlossenem Gesicht: Sollte er die Arbeit fortsetzen? (...) Was sollte man machen, wenn das Gerüst einstürzte oder die Männer überspült würden? – Oder sollte man die Arbeiten einstellen? Aber wenn nun die Flut wider Erwarten zu heftig hereinbrechen würde und danach keine Möglichkeit mehr bestünde, den Pfeiler über die Wasseroberfläche zu ziehen? (...) Eine Entscheidung mußte getroffen werden, mußte sofort getroffen werden. Aber das war einfach zu schwer: Ganz gleich, wozu man sich entscheiden würde, man hätte keine hundertprozentige Sicherheit, immer bestand zu siebzig Prozent die Möglichkeit, einen Fehler zu machen. Wenn man diese Verantwortung auf sich nehmen würde, könnte man vielleicht nicht auf Nachsicht rechnen.
Inmitten seiner Bedrängnis kam ihm die Erleuchtung: Beim Amt für öffentliche Arbeiten Anweisungen anfordern! (...) Er brauchte nur mit dem Abteilungsleiter oder dem Direktor zu sprechen, und schon gab es keine Probleme, keine Schwierigkeiten mehr.
Daraufhin griff Brigadier Lo zum Telefonhörer. (...) Beim dritten Mal holte die Vermittlung schließlich den Abteilungsleiter aus einer Sitzung. Aber Brigadier Lo hatte wenigstens am Flußufer nachgeschaut, während der Abteilungsleiter nicht einmal den Zustand des Wassers kannte. Natürlich mußte er erst einmal nachdenken. Man einigte sich, daß in der Nacht die Meinung des Amtes telefonisch durchgegeben werden würde.
Gerade als Lo Li-cheng am Telefon stand und voller Aufregung antwortete, brachen die Wogen des Gelben Flusses mit aller Gewalt mehrmals über das Eisengerüst im Fluß herein. Um fünf Uhr gegen Abend, als Brigadier Lo wieder gemütlich der Stimme des Abteilungsleiters am Telefon

lauschte, wurde das Gerüst flach und neigte sich nach hinten. (...) Halb sechs begann das Holz der Behelfsbrücke zu krachen, und um sechs wurde die Behelfsbrücke vor dem Eisengerüst vom Wasser hinweggerissen. Als gegen sieben der Chefingenieur in seinem Büro wieder einmal auf einen Anruf wartete, drang von draußen das aufgeregte, wirre und erschreckte Geschrei der Massen herein. Ohne hinzusehen, wußte Lo Li-cheng, was geschehen war. Trotzdem eilte er mit der Menge ans Ufer. Als er den Fluß erreichte, war vom Gerüst bereits nichts mehr zu sehen. Ein Arbeiter an seiner Seite weinte.

(...)

Die Arbeiter diskutierten über den Schaden, den diese Naturkatastrophe angerichtet hatte. Der Brigadier ... dachte im Augenblick an etwas ganz anderes:

»Welch ein Glück, daß mein Anruf schließlich doch noch durchgekommen ist. Sei es, wie es wolle, ich habe jedenfalls um Anweisungen gebeten.«

NB. Brigadier Lo Li-cheng findet nicht den Beifall des Verfassers, im Gegenteil: er soll entlarvt werden. Autor Liu Pin-yen aber fand auch nicht den Beifall der Partei, im Gegenteil: er wurde als ein Schriftsteller decouvriert, der seinen Lesern einredete, ein Opportunist wie Lo würde zwar durchschaut, doch nicht abgelöst. Daher – und kaum wegen formaler Unzulänglichkeit oder Bevorzugung eines negativen »Helden« – erhielt Liu nach 1957 Schreibverbot. Was hatte er indessen anderes getan, als den Parolen Chou Yangs, des stellvertretenden Kulturministers seit 1949 (!), zu folgen, daß alles und jedes Mißliebige zu kritisieren wäre. Chou Yang seinerseits berief sich vorgeblich auf die Maxime von 1956/57 (»Laßt Hundert Blumen blühen«), obwohl gerade er literarische Lizenz in den Grenzen politischer Verantwortung hätte halten müssen.[21] Ihn, den eigentlich Schuldigen, traf das Verdikt erst 1966/67, im Winter der Kulturrevolution. Ein Aufsatz von Wu Chi-yen[22] klagt Chou Yang in acht Punkten eines revisionistischen Literatur- und Kunstprogramms an; unter Punkt sechs steht zu lesen:

Chou Yang wandte sich gegen die proletarische Literatur- und Kunstkritik und griff den Kampf zur Förderung der proletarischen und Beseitigung der bürgerlichen Ideologie an der Literatur- und Kunstfront an.

(...) Es gibt zwei Kriterien in der Literatur- und Kunstkritik: das politische und das künstlerische. Vorsitzender Mao hat gesagt: »In jeder Klassengesellschaft hat jede Klasse ihre eigenen politischen und künstlerischen Kriterien. Aber in jeder Klassengesellschaft stellt jede Klasse immer das politische Kriterium an die erste und das künstlerische an die zweite Stelle.« Chou Yang aber wandte sich gegen diese einleuchtende These des Vorsitzenden Mao mit folgendem Unsinn: »Nur wenn ein hohes künstlerisches Niveau erreicht ist, kann die Politik an die erste Stelle treten.« Für Filme stellte er die vier Kriterien des »guten Drehbuchs, guter Kameraführung, guter Besetzung und guter Musik« auf, wobei er absichtlich den guten politischen Gehalt ausklammerte. Chou Yangs absurde These, das künstlerische Kriterium zuerst zu setzen, wie es alle reaktionären bürgerlichen Literatur- und Kunstkritiker tun, diente bloß dazu, sich unter »Kunst kommt zuerst« gegen die proletarische Politik zu richten und die bürgerliche Politik zu verbreiten. Unter dem Vorwand, »das politische Kriterium nicht zu vulgarisieren«, ... teilte [er] Literatur- und Kunstwerke in solche »mit guter Wirkung, harmlos und schädlich« ein und erfand eine »Theorie des Harmlosen und gut Wirkenden«, was politisch »harmlos« und irgendwie »nützlich« im Leben bedeutete[23], um die Tür weit für Kram zu öffnen, der über Kaiser und Könige, Generale und Kanzler, Gelehrte und Schönheiten, Blumen und Vögel, Fische und Insekten, Wunder und berühmte Liebespaare usw. berichtete.

Vorsitzender Mao hat uns gelehrt, daß es keinen Aufbau ohne Zerstörung, kein Fließen ohne Eindämmung, keine Bewegung ohne Pause gibt. Zerstörung bedeutet hier Kritik, bedeutet Revolution. Zuerst kommt die Zerstörung, und dabei wird das Neue aufgebaut. Aber Chou Yang sang laut ein anderes Lied und brachte die absurde Theorie auf, daß »Aufbau vor der Zerstörung« kommen müsse und daß die »Zerstörung leicht, der Aufbau aber schwer« sei. (...) Mit diesem seinen Widerstand gegen die Zerstörung wollte Chou Yang das Proletariat von der Ausrottung der Giftkräuter[24] und der Durchführung der Revolution abhalten. Zu diesem Zweck stellte er viele Tabus zur Eindämmung der proletarischen Linken auf, so etwa: Man dürfte nicht »Methoden verwenden wie die Bewegungen zur Zurückweisung Hu Shihs und Hu Fengs sowie Kritik an Yü Pingpo in der Vergangenheit, sondern müßte zu relativ milden Methoden greifen«, man dürfte nicht »politische Etiketten« anbringen, man sollte »streng zwischen wissenschaftlichen und politischen Fragen unterscheiden«, man dürfte »nur auf streng wissenschaftlichem Boden argumentieren« usw. Er versuchte vergebens, der proletarischen Linken die Hände zu binden und sich der proletarischen Literatur- und Kunstkritik zu entledigen.

Chou Yang trauerte über die finsteren Elemente, die ... seit der Befreiung kritisiert worden waren, und trat überall dafür ein, das Urteil über sie sollte revidiert werden. Er griff das Proletariat wegen seines Kampfes gegen die bürgerliche Rechte ... an, er meinte, dies sei ein »großes Abschneiden und Ausreißen«, »eine vom Pöbel geführte Offensive mit Trommelbegleitung« ... Er schwärzte politische Bewegungen der Vergangenheit an, sie hätten verschiedene »Abgründe« geschaffen: (...) Alle Reaktionäre schaffen sich ihre eigenen Abgründe und springen aus eigenen freien Stücken hinein. Chou Yangs Verleumdung, wir würden »Abgründe« aufreißen, war nur ein vergeblicher Versuch, rachsüchtig zu kontern. (...)

NB. Die Namen sind genannt: außer Chou Yang noch Hu Shih, dessen Abfall vom literarischen Revolutionär zum reaktionären Literaten die Chinesen nicht verwinden und nicht verzeihen, dann Yü Ping-po, der für alle idealistische Kritik steht[25], endlich Hu Feng. Ihn, den Funktionär offizieller Autorenverbände und Abgeordneten des Volkskongresses, der gleichwohl »gegen das ... Zusammengehen der Schriftsteller mit den Arbeitern, Bauern und Soldaten«[26] opponierte, traf 1955 der Vorwurf, er habe ein »unabhängiges Kaiserreich« errichten wollen. Ebenfalls 1955 waren Kao Kang und Jao Shu-shih, die Parteiführer der Mandschurei und des Shanghai-Distrikts, mit wörtlich demselben Tadel bedacht worden; im Sommer 1966 sollte dieselbe Formel auch »eine revisionistische Clique alter Männer«[27] verdammen. Die Metapher, um Staatsfeinde als neue »Kaiser« – oder auch »Kriegsherren« – zu disqualifizieren, wurde aus dem politisch-ökonomischen Bereich in den literarisch-politischen übertragen. (Übrigens haben weder Hu Feng noch Chou Yang, wie behauptet, Selbstmord begangen; sie übten Selbstkritik, und man ließ sie verächtlich in Ruhe.)
Aus dem Leitartikel der *Chieh-fang-chün Pao* (»Zeitung der Befreiungsarmee«) vom 6. Juni 1966:

Im Mai 1955 wies das ganze Land erfolgreich die konterrevolutionäre Clique Hu Fengs ab. Dieser Mann war ein Renegat, der sich später in die Reihen der Revolution eingeschlichen hatte. Nach der Befreiung organisierte er in Literatur- und Kunstkreisen eine finstere Bande und führte konterrevolutionäre Tätigkeiten durch. In den aus 300 000 Zeichen bestehenden »Vorschlägen«, die er dem ZK der Partei 1954 unterbreitete, griff er wütend die Literatur- und Kunstpolitik der Partei und die Ideen Mao Tse-tungs auf diesen Gebieten an. Im Mai und Juni 1955 veröffentlichte *Jen-min Jih-pao* [»Volkszeitung«, erscheint in Peking] ... Material über die konterrevolutionäre Clique Hu Fengs, zerschlug gründlich deren konterrevolutionäre Verschwörung und stellte ... Anhänger Hu Fengs bloß.

NB. Was ist, angesichts der kulturrevolutionären Forderung, von Chinas Literatur zu hoffen? Die Antwort darauf hat Simone de Beauvoir schon Ende der fünfziger Jahre gegeben – sie damals unter dem Eindruck der »Hundert-Blumen«-Kampagne[28], die den Ereignissen der sechziger so eng verwandt scheint.

Auf Grund dieser neuen Direktiven zu erwarten, die chinesische Literatur werde nun binnen kurzem lauter Meisterwerke hervorbringen, will mir freilich allzu optimistisch erscheinen. Das Gebot, solchen Richtlinien unverzüglich zu folgen, kann sich auf die Qualität einer literarischen Arbeit nur nachteilig auswirken. Paradoxerweise ist es gerade der Umstand, daß man heute in China der Literatur eine so große Bedeutung beimißt, der ihr Abbruch tut. Da man die alten Techniken nicht von heute auf morgen durch neue zu ersetzen vermag, glaubt man ... den Unterbau ändern zu können, indem man seine Zuflucht zum Oberbau nimmt. Infolgedessen sieht sich die Literatur genötigt, auch eine wirtschaftliche Funktion auszuüben. (...) In China spielen sie [die Schriftsteller] im Wirtschaftsleben eine viel größere Rolle als in jedem anderen Land – nur werden sie eben häufig für Dienste in Anspruch genommen, die mit Literatur gar nichts zu tun haben.
Aus dieser Tatsache darf man jedoch darauf schließen, daß ihnen bessere Zeiten bevorstehen. Sobald die chinesische Wirtschaft das gegenwärtige Stadium der Knappheit und Dringlichkeit hinter sich gebracht hat, werden im Bereich der Literatur Energien frei werden ... Von der Verpflichtung befreit, den Zusammenhalt der Gesellschaft zu gewährleisten, werden die Schriftsteller die Gesellschaft dann darstellen und scharf unter die Lupe nehmen. Sie werden sich ihre Ziele weiter stecken und sich an größere Aufgaben wagen – zum Beispiel daran, den Menschen so zu schildern, wie er wirklich ist.

1 In *Frankfurter Allgemeine Zeitung* vom 13. Juli 1968.

2 *Očerki sovremennoj Kitajskoj literatury.* Moskau 1952. S. 52 f. Zitiert nach Jef Last, *Lu Hsün – Dichter und Idol.* Frankfurt/M.–Berlin 1959. S. 28. Last möchte allerdings den Autor von Klasse und Partei des Proletariats separieren.

3 Zu 4.-Mai-Bewegung und Literaturrevolution vgl. meinen Aufsatz *Dialektik in China. Mao Tse-tung und die Große Kulturrevolution.* Erster Aspekt, Anwendungen. Zuerst in *Kursbuch* 9; jetzt in *Große Mauer, Große Methode. Annäherungen an China.* Stuttgart 1968.

4 Die Bedeutung von Ort und Jahr siehe unten.

5 Gegen Ende der Erzählung von mir hervorgehoben.

6 Andreas Donath im Vorwort zu der von ihm herausgegebenen Anthologie *China erzählt.* Frankfurt/M. 1964 (Fischer Bücherei 635). S. 10 f. – Brechts »Nacherzählung« ist das Gedicht *Legende von der Entstehung des Buches Tao teking auf dem Weg des Laotse in die Emigration.*

7 Mao Tse-tung, *Über die Neue Demokratie.* Abschnitt 13.

8 Von Mao Tse-tung zitiert nach Lenin, *Parteiorganisation und Parteiliteratur.* Vgl. Anm. 3 zur deutschen Übersetzung der Yenan-Aussprache.

9 *Lu Hsün ch'üan-chi* (Gesammelte Werke) VII. Peking 1957. *Selbstkarikatur.* Aus *Sammelband, der nicht in die Sammelbände aufgenommen wurde.* Unter dem zitierten Motto fand am 31. Oktober 1966 die Pekinger Gedenkfeier für Lu Hsün statt.

10 In *Ästhetik* I, 1 (vornehmlich Kapitel 1, 2, 4, 5 und 7). Neuwied/Rh. o. J. Vgl. auch meinen in Anm. 3 genannten Aufsatz, passim. Der dort angeführte Narziß-Mythos, wie jedenfalls Ovid ihn inhaltlich tradiert und sprachlich formuliert, ist für alle Ästhetik wesentlich.

11 *Lu Hsün ch'üan-chi* VI: *Der Tod.* In *Beilage* zu *Letzte Sammlung der Essays, geschrieben in einer Dachstube in der Quasi-Konzession.*

12 Siehe *Peking Rundschau* 1966/25; bereits eine Äußerung während der Kulturrevolution.

13 »Kleiner Kuhhirte«: ein simples Tanz-Singspiel, das im Duett anti-japanische Parolen propagierte. – Die erwähnten Schriftzeichen gehören zu den einfachsten, sie werden daher zu Anfang der Grundschule gelehrt.

14 Vgl. meine Übersetzung und Erläuterung von *Mao Tse-tung, ›37 Gedichte‹.* Hamburg 1965. S. 46 (dtv 442. München 1967. S. 43). Dort auch, passim, Näheres zum »alten Stil«, zur Warnung Maos an die jungen Autoren sowie zur chinesischen Poetik, die Romantik und Realismus – als *die* zwei Essentials von Literatur und Kunst – revolutionär bestimmt.

15 Im Gegensatz zu *Mao chu-hsi yü-lu* (»Vorsitzender Mao, Worte in Auswahl«) ist das zweite Rote Buch bei uns nicht bemerkt worden. Ebensowenig übrigens das dritte, 1968 erschienene, Rote Buch: *Mao chu-hsi lun jen-min chan-cheng* (»Vorsitzender Mao, Über den Volkskrieg«), das sich mit dem Kapitel »Der Volkskrieg« in *Mao chu-hsi yü-lu* nur teilweise deckt.

16 So genannt in *Peking Rundschau* 1966/29. – Neudruck der Yenan-Reden in *Hung Ch'i* (»Rote Fahne«), dem offiziellen Organ der KPCh, Juli 1966. Ihre internationale Verbreitung erfolgte z. B. durch *Peking Rundschau* 1966/28, neuerlich durch *Peking Rundschau* 1967/22 und als Beilage zu *China im Bild* 1968.

17 Vgl. zu dieser Kritik meinen Aufsatz *Dialektik in China*, a.a.O. Autor der *Studien* ist der Pekinger Literaturprofessor Yü Ping-po; siehe unten.

18 »Petöfi-Klub in Ungarn«: eine libertine Schriftsteller-Vereinigung vor 1956, die sich auf den Lyriker Alexander Petöfi (1823–1849), einen Revolutionär von 1848, berief.

19 Ulrich Dibelius, *Moderne Musik 1945–1965*. München 1966. SS. 224 f., 261.

20 A.a.O., S. 18. Dort heißt es: »Der Stil Liu Pin-yens ist von spröder Sachlichkeit. Die Erzählung folgt dem literarischen Modell der Reportage.«

21 Zu Chou Yang vgl. *Dialektik in China*, a.a.O.

22 In Gänze abgedruckt in *Peking Rundschau* 1966/33–35.

23 Die Formulierung erinnert fatal an die »Lebenshilfe«, wie sie Conrad Ahlers, Bonns stellvertretender Sprecher, der Presse empfiehlt. Auch die bei Wu Chi-yen folgenden Charakterisierungen erinnern fatal an Themen der westdeutschen Presse.

24 »Giftkräuter«: eine häufig wiederkehrende Formulierung, die einen Gegensatz zu den Hundert Blumen bezeichnet.

25 Vgl. Anm. 17.

26 Zitiert nach Ernst Schumacher, *Lotosblüten und Turbinen. China zwischen gestern und morgen*. Düsseldorf 1958. S. 249.

27 So *Hung Ch'i* im Juli 1966. Gemeint waren nunmehr P'eng Chen, Pekings Bürgermeister, und seine Freunde Wu Han und Teng T'o; vielleicht auch schon Chinas Staatspräsident Liu Shao-ch'i.

28 Vgl. Dialektik in China, a.a.O., und Anm. 79.

Quellen
(In der Reihenfolge ihres Vorkommens)

Lu Hsün, *Die Reise ist lang.* Gesammelte Erzählungen, übersetzt von Joseph Kalmer. Düsseldorf 1955.

Mao Tse-tung, *Selected Works.* Vol II. Peking 1965.

Hu Shih. In *The Chinese Student's Monthly* XI, 8; Juni 1916. Übersetzung von Wolfgang Franke in *Chinas kulturelle Revolution. Die Bewegung vom 4. Mai 1919.* München 1957.

Hu Shih, *Vorschläge für eine literarische Reform.* Nach der oben genannten Übersetzung.

Ch'en Tu-hsiu, *Über die literarische Revolution.* Nach der oben genannten Übersetzung.

Lu Hsün, nach Wang Cheng-yu, *Lu Hsün. Sein Leben und Werk.* In *Mitteilungen des Seminars für Orientalische Sprachen an der Universität Berlin = Ostasiatische Studien* 42, 1939.

Lao She, *Die Mondsichel.* Übersetzung von Marianne Bretschneider. In *China erzählt,* hrg. von Andreas Donath. Frankfurt/M. 1964.

Kuo Mo-jo, *Der Han-ku Paß.* Übersetzung von Erich Schmitt. In *Ostasiatische Zeitschrift.* N. F. Jg. 13. Berlin/Leipzig 1937.

Mao Tse-tung, *Reden bei der Aussprache in Yenan über Literatur und Kunst.* Peking 1968.

Mao Tse-tung, *37 Gedichte.* Übersetzung von Joachim Schickel. Hamburg 1965.

Ch'en Po-ta, *Zur Feier des 25. Jahrestages des Erscheinens der ›Reden bei der Aussprache in Yenan über Literatur und Kunst‹ von Vorsitzendem Mao.* In *Peking Rundschau* 1967/23.

Impure Acts. Plakat der *China National Arts and Crafts Import & Export Corporation* vom Januar 1968. (Im Besitz des Verfassers.)

Ulrich Dibelius, *Moderne Musik 1945–1965.* München 1966.

Liu Pin-yen, *Brückenbau.* Übersetzung von Klaus Walther. In *China erzählt.* Frankfurt/M. 1964.

Wu Chi-yen, *Weist das revisionistische Literatur- und Kunstprogramm Chou Yangs zurück.* In *Peking Rundschau* 1966/34.

Hebt das große rote Banner der Ideen Mao Tse-tungs hoch und führt die große proletarische Kulturrevolution zu Ende. Leitartikel der *Chieh-fang-chün Pao* (»Zeitung der Befreiungsarmee«) vom 6. Juni 1966. In *Die große sozialistische Kulturrevolution in China* 5, Peking 1967.

Simone de Beauvoir, *China.* Reinbek b. Hamburg 1960.

Samuel Beckett
Watt

Mr. Hackett bog um die Ecke und sah im schwindenden Licht unweit vor sich seine Bank. Sie schien besetzt zu sein. Diese Bank – wahrscheinlich Eigentum der Stadt oder der Allgemeinheit – war freilich nicht seine, aber er sah sie als seine an. So war Mr. Hacketts Einstellung zu Dingen, die ihm gefielen. Er wußte, daß sie nicht seine waren, aber er sah sie als seine an. Er wußte, daß sie nicht seine waren, da sie ihm gefielen.
Er blieb stehen und sah sich die Bank genauer an. Ja, sie war nicht frei. Wenn er stillstand, sah Mr. Hackett die Dinge etwas deutlicher. Sein Gang war ein sehr unruhiger Gang.
Mr. Hackett wußte nicht, ob er weitergehen oder ob er umkehren sollte. Rechter Hand wie linker Hand war nichts im Wege, aber er wußte, daß er nie Nutzen daraus ziehen würde. Er wußte auch, daß er nicht lange regungslos dastehen würde, da sein Gesundheitszustand dies leider unmöglich machte. Das Dilemma war somit äußerst einfach: weitergehen oder umkehren und zurück um die Ecke, so wie er gekommen war. Sollte er, anders gesagt, sofort nach Hause gehen, oder sollte er noch ein wenig länger draußen bleiben?
Er streckte die linke Hand aus und umklammerte einen Gitterstab. Dies erlaubte ihm, seinen Stock gegen das Pflaster zu stoßen. Das bis in seine Handfläche spürbare Beben des Gummis beruhigte ihn ein wenig.
Aber er war noch nicht an der Ecke, als er wieder umkehrte und, so schnell seine Beine ihn tragen konnten, auf seine Bank zueilte. Als er so nahe an der Bank war, daß er sie, wenn er es gewollt hätte, mit seinem Stock hätte berühren können, blieb er abermals stehen und musterte die dort Sitzenden. Er glaubte berechtigt zu sein, da stehen zu bleiben und auf die Straßenbahn zu warten. Sie warteten vielleicht auch auf die Straßenbahn, auf eine Straßenbahn, denn viele Straßenbahnen hielten hier, wenn es von außen oder von innen verlangt wurde.
Mr. Hackett kam bald zu dem Schluß, daß, wenn sie auf eine Straßen-

bahn warteten, sie schon eine ganze Weile warteten. Denn die Dame hielt den Herrn an den Ohren, und die Hand des Herrn lag auf dem Oberschenkel der Dame, und die Zunge der Dame war im Mund des Herrn. Sie waren es leid, auf die Straßenbahn zu warten, sagte* Mr. Hackett, sie machen ein bißchen Bekanntschaft. Als die Dame dann ihre Zunge aus dem Mund des Herrn zog, steckte er seine in ihren. Recht so, sagte Mr. Hackett. Er ging einen Schritt vor, um sich zu überzeugen, daß die andere Hand des Herrn nicht müßig sei, und war empört, als er sie schlaff über die Rückenlehne der Bank hängen sah, mit einer dreiviertel aufgerauchten Zigarette zwischen den Fingern.

Ich sehe nichts Unanständiges, sagte der Polizist.

Wir kommen zu spät, sagte Mr. Hackett. Leider.

Halten Sie mich zum Narren? sagte der Polizist.

Mr. Hackett trat einen Schritt zurück, warf seinen Kopf so weit in den Nacken, daß die Haut am Hals zu reißen drohte, und sah schließlich in der Ferne das wütend über ihn gebeugte rotviolette Gesicht.

Herr Wachtmeister, rief er, Gott ist mein Zeuge, er hatte seine Hand darauf.

Gott ist ein Zeuge, der nicht unter Eid genommen werden kann.

Wenn ich Sie bei Ihrem Rundgang unterbrochen habe, sagte Mr. Hackett, so bitte ich tausendmal um Entschuldigung. Es geschah in bester Absicht, für Sie, für mich, für die Allgemeinheit.

Der Polizist gab darauf eine barsche Antwort.

Wenn Sie glauben, ich wüßte Ihre Nummer nicht, sagte Mr. Hackett, dann irren Sie sich. Ich bin zwar gebrechlich, aber ich habe gute Augen.

Mr. Hackett setzte sich auf die Bank, die noch warm war von den Liebenden. Guten Abend und besten Dank, sagte Mr. Hackett.

Die Bank war alt, niedrig und abgenützt. Mr. Hacketts Nacken ruhte an der einzigen Rückenleiste, unter der sein Buckel ungehindert hervorragte, seine Füße berührten gerade den Boden. An den Enden der weitausgebreiteten Arme umklammerten die Hände die Armlehnen, und der an seinen Hals gehakte Stock hing zwischen seinen Beinen.

Inmitten der Schatten sah er so die letzten Straßenbahnen vorbeifahren, oh, nicht die letzten, aber beinahe die letzten, und am Himmel und in dem ruhigen Kanal das langsam dahinziehende Grün und Gelb des Sommerabends.

Aber da erblickte ihn ein Herr, der mit einer Dame am Arm vorbeiging.

O, Liebling, sagte er, da sitzt Hackett.
Hackett, sagte die Dame. Was für ein Hackett? Wo?
Du kennst doch Hackett, sagte der Herr. Du hast mich bestimmt oft von Hackett sprechen hören. Der bucklige Hackett. Da. Auf der Bank.
Die Dame musterte Mr. Hackett.
So, das ist Hackett, sagte sie.
Ja, sagte der Herr.
Der Arme, sagte sie.
Oh, sagte der Herr, laß uns stehenbleiben, ja, und ihm einen guten Abend wünschen.
Er ging auf Hackett zu und rief, Mein lieber Freund, mein lieber Freund, wie geht's?
Mr. Hackett hob den Blick von dem sterbenden Tag.
Meine Frau, rief der Herr. Dies ist meine Frau. Meine Frau. Mr. Hackett.
Ich habe so viel von Ihnen gehört, sagte die Dame, und jetzt lerne ich Sie kennen. Mr. Hackett!
Ich stehe nicht auf, sagte Mr. Hackett, da ich nicht die Kraft dazu habe.
Das möchte ich auch nicht annehmen, sagte die Dame. Vor Besorgtheit bebend beugte sie sich zu ihm. Das möchte ich nicht hoffen, sagte sie.
Mr. Hackett glaubte, sie würde ihm den Kopf tätscheln oder zumindest seinen Buckel streicheln. Er zog seine Arme zurück, und sie setzten sich neben ihn, die Dame auf die eine Seite und der Herr auf die andere, so daß Mr. Hackett sich zwischen ihnen befand. Sein Kopf reichte bis zu ihren Achselhöhlen. Ihre Hände begegneten sich über dem Buckel auf der Rükkenlehne. Vor Zärtlichkeit ließen sie die Köpfe über ihn hängen.
Erinnern Sie sich an Green? sagte Mr. Hackett.
Den Giftkropf, sagte der Herr.
Den Anwalt, sagte Mr. Hackett.
Ich habe ihn kaum gekannt, sagte der Herr. Sechs Jahre, nicht wahr?
Sieben, sagte Mr. Hackett. Sechs brummen sie selten auf.
Er verdiente zehn, finde ich, sagte der Herr.
Oder zwölf, sagte Mr. Hackett.
Was hat er getan? sagte die Dame.
Seine Kompetenzen ein wenig überschritten, sagte der Herr.
Ich habe heute morgen einen Brief von ihm bekommen, sagte Mr. Hackett.
Oh, sagte der Herr, ich wußte nicht, daß sie mit der Außenwelt in Verbindung bleiben dürfen.

Er ist Anwalt, sagte Mr. Hackett. Er fügte hinzu, ich gehöre kaum zur Außenwelt.
Wie albern, sagte der Herr.
Wie dumm, sagte die Dame.
Der Brief enthielt eine Beilage, sagte Mr. Hackett, deren Lektüre ich Ihnen in Anbetracht Ihrer Liebe zur Literatur gern als Erstgenuß darbieten würde, wenn es nicht schon zu dunkel wäre.
Als Erstgenuß, sagte die Dame.
Eben das sagte ich, sagte Mr. Hackett.
Ich habe ein Benzin-Feuerzeug, sagte der Herr.
Mr. Hackett zog ein Papier aus seiner Tasche, und der Herr ließ sein Benzin-Feuerzeug aufflammen.
Mr. Hackett las:

FÜR NELLY

Für Nelly, sagte die Dame.
Für Nelly, sagte Mr. Hackett.
Es herrschte Schweigen.
Soll ich weiterlesen? sagte Mr. Hackett.
Meine Mutter hieß Nelly, sagte die Dame.
Das ist kein seltener Name, sagte Mr. Hackett, sogar ich habe mehr als eine Nelly gekannt.
Lesen Sie weiter, lieber Freund, sagte der Herr.
Mr. Hackett las:

FÜR NELLY

Nach dir, Nellieb, wenns nachten will
– Kiwitt! Kiwitt! –
ich schmachte still
in wilder Liebespein.
Fällt sie auf Byrnes wieder herein?
Befummelt Hyde wieder ihr Haar
wie einst? Ich frag, das Echo lautet: Klar!

Ist gut! Ist gut! Ich will nicht gern,
– Tirili! Tirili! –
mein Augenstern,
verleiden Freiersfreud.

Brenn nur für Byrnes! Gib Hyde
dich hin! Bewahr nur DAS,
was Green gehört! Da ende jeder Spaß!

DAS ist der Jungfern Unterpfand!
– Kuckuck! Kuckuck! –
Wenn mein Verstand
beschwichtigt glauben könnt,
daß an des Kittchens End
ich fände in der Brunst des Cupido
Dianas Gunst, getreu in statu quo!

Dann lohte meine Seele auf!
– Hallelujah! –
Erst leis, dann laut.
Mein Schmachten würde zum
Epithalamium,
und über meine Lust, die so verlockt ist,
fiel' taufrisch Hymens Siegel primae noctis.

Genug –

Reichlich, sagte die Dame.
In dem Moment kam eine Frau an ihnen vorbei. Sie war in einen Schal gehüllt. Ihr Bauch darunter war prall wie ein Ball.
Ich war nie so, mein Schatz, sagte die Dame, nicht wahr?
Nicht daß ich wüßte, mein Herz, sagte der Herr.
Weißt du noch die Nacht, in der Larry geboren wurde, sagte die Dame.
Und ob, sagte der Herr.
Wie alt ist Larry jetzt? sagte Mr. Hackett.
Wie alt ist Larry, mein Schatz? sagte der Herr.
Wie alt ist Larry, sagte die Dame. Larry wird im nächsten März vierzig, so Gott will.
Das ist so etwas, was Gott immer will, sagte Mr. Hackett.
So weit würde ich nicht gehen, sagte der Herr.
Würde es Sie interessieren, Mr. Hackett, sagte die Dame, etwas über die Nacht von Larrys Geburt zu hören?

Oh, ja, erzähl ihm, mein Schatz, sagte der Herr.
Also, sagte die Dame, an jenem Morgen beim Frühstück wendet Goff sich mir zu und sagt, Tetty, sagt er, Tettylein, ich würde so gerne Thompson, Cream und Colquhoun einladen, mit uns die Ente zu essen, wenn ich sicher wäre, daß es dir nicht zuviel ist.
Wieso, mein Schatz, sage ich, ich bin in meinem ganzen Leben noch nie so in Form gewesen. Genau das sagte ich, nicht wahr?
Ich glaube ja, sagte Goff.
Also, sagte Tetty, als Thompson ins Eßzimmer kam, zusammen mit Cream und Berry (Coulquhoun war, wie mir wieder einfällt, anders verabredet), saß ich schon am Tisch. Es war gar nicht ungewöhnlich, da ich ja die einzige anwesende Dame war. Du fandest es doch nicht ungewöhnlich, nicht wahr, mein Schatz?
Keineswegs, sagte Goff, ganz natürlich.
Ich hatte das erste Stückchen Ente kaum hinuntergeschluckt, sagte Tetty, als Larry in meiner Chose herumzappelte.
Ihrem was? sagte Mr. Hackett.
Meiner Chose, sagte Tetty.
Nun ja, sagte Goff, in ihrem Schoße.
Wie unangenehm für Sie, sagte Mr. Hackett.
Ich aß und trank weiter, sagte Tetty, und beteiligte mich an dem Geplauder, während Larry nicht aufhörte, wie ein Lachs herumzuzappeln.
Was für ein Erlebnis für Sie, sagte Mr. Hackett.
Es gab Momente, ich sage Ihnen, da dachte ich, er würde herauspurzeln und auf den Boden fallen, zu meinen Füßen.
Lieber Himmel, Sie fühlten ihn herausrutschen, sagte Mr. Hackett.
In meinem Gesicht keine Spur von den Wehen, sagte Tetty. Stimmt's mein Schatz?
Nicht die geringste, sagte Goff.
Ich verlor auch nicht meinen Humor, sagte Tetty. Was für eine Götterspeise, sagte Mr. Berry, wie mir wieder einfällt, und lächelte mir zu, was für eine köstliche Götterspeise, sie zergeht einem auf der Zunge. Nicht nur auf der Zunge, Sir, erwiderte ich, ohne einen Moment zu zögern, nicht nur auf der Zunge, Verehrtester. Nicht allzu deblasiert, dachte ich mir, beim Nachtisch.
Nicht allzu was? sagte Mr. Hackett.
Deplassiert, sagte Goff, wissen Sie, nicht allzu deplassiert.

Bei Kaffee und Cognac kamen die Wehen in vollen Schwung, Mr. Hackett, ich gebe Ihnen mein Ehrenwort, unter dem ächzenden Tisch.
Schwung ist der richtige Ausdruck, sagte Goff.
Wußten Sie, daß sie schwanger war, sagte Mr. Hackett.
Wie bitte, öh, sagte Goff, wissen Sie, öh, ich, öh, wir, öh –
Tettys Hand schlug kräftig auf Mr. Hacketts Oberschenkel.
Er glaubte, daß ich mich anstellte, sagte Tetty. Hahahaha. Haha. Ha.
Haha, sagte Mr. Hackett.
Ich war höchst verwirrt, das gebe ich zu, sagte Goff.
Schließlich zogt ihr euch zurück, nicht wahr? sagte Tetty.
Das stimmt, sagte Goff, wir gingen ins Billardzimmer, um eine deutsche Partie zu spielen.
Auf allen vieren kroch ich die Treppe hinauf, Mr. Hackett, sagte Tetty, wobei ich die Läuferstangen wrang als wären sie aus Bast.
Solche Qualen litten Sie, sagte Mr. Hackett.
Drei Minuten später war ich Mutter.
Ohne Beihilfe, sagte Goff.
Ich machte alles mit meinen eigenen Händen, sagte Tetty, alles.
Sie durchbiß die Nabelschnur mit ihren Zähnen, sagte Goff, da sie keine Schere zur Hand hatte. Was sagen Sie dazu?
Ich hätte sie notfalls über meinem Knie zerrissen, sagte Tetty.
Das ist etwas, das ich mich schon oft gefragt habe, sagte Mr. Hackett, wie mag einem zumute sein, wenn die Schnur durchgeschnitten wird.
Der Mutter oder dem Kind? sagte Goff.
Der Mutter, sagte Mr. Hackett. Ich bin ja schließlich nicht vom Klapperstorch gebracht worden.
Der Mutter, sagte Tetty, ist sehr wohl dabei zumute, es ist eine große Erleichterung, wie wenn der Besuch endlich geht. Alle meine darauffolgenden Schnüre wurden von Professor Cooper durchschnitten, aber mir war immer gleich zumute: erleichtert.
Dann zogen Sie sich an und gingen hinunter, sagte Mr. Hackett, mit dem Kindchen an der Hand.
Wir hörten das Schreien, sagte Goff.
Denken Sie nur, wie erstaunt sie waren, sagte Tetty.
Wie Cream die Kugeln einlochte, war außergewöhnlich, außergewöhnlich, ich weiß es noch, sagte Goff. Ich hatte nie sowas erlebt. Wir schauten atem-

los zu, als er einen sehr langen, rasanten Jenny riskierte, und das mit der schwarzen Kugel.
Ein ganz unmöglicher Stoß, meiner Meinung nach, sagte Goff. Er zog seine Queue zurück, um zuzustoßen, als wir das Wehgeschrei hörten. Er erlaubte sich eine Bemerkung, die ich nicht wiederholen möchte.
Der arme kleine Larry, sagte Tetty, als ob es seine Schuld wäre.
Erzählen Sie nicht weiter, sagte Mr. Hackett, es hat keinen Zweck.
Diese nordwestlichen Himmel sind wirklich außergewöhnlich, sagte Goff, finden Sie nicht?
So sinnlich, sagte Tetty. Man glaubt, alles sei vorbei, und schwupp! flammen sie wieder auf, mit um so größerer Glut.
Ja, sagte Mr. Hackett, es gibt solche und solche Protuberanzen.
Armer Mr. Hackett, sagte Tetty, armer *lieber* Mr. Hackett.
Ja, sagte Mr. Hackett.
Sie haben nichts mit den Hacketts aus Glencullen zu tun, nehme ich an, sagte Tetty.
Dort bin ich von der Leiter gefallen, sagte Mr. Hackett.
Wie alt waren Sie da? sagte Tetty.
Ein Jahr, sagte Mr. Hackett.
Und wo war Ihre liebe Mutter? sagte Tetty.
Irgendwo unterwegs, sagte Mr. Hackett.
Und Ihr Pappi? sagte Tetty.
Pappi war beim Steineklopfen im Gebirge, sagte Mr. Hackett.
Sie waren ganz allein, sagte Tetty.
Die Ziege soll noch dagewesen sein, sagte Mr. Hackett.
Er kehrte der Leiter, die in den dunklen Hof gefallen war, den Rücken, und sein Blick wanderte über die Felder und die brüchigen Mäuerchen, über den Bach und den Hang hinauf, immer höher bis zum Gipfelmassiv, das schon im Schatten lag, und von dort zum Sommerhimmel. Er glitt die kleinen, sonnenbeschienenen Felder hinab, er mühte sich an den Hängen bis zum dunklen Gipfel hinauf und hörte das ferne Klippklapp der Hämmer.
Sie ließ Sie ganz allein im Hof, sagte Tetty, mit der Ziege.
Es war ein wunderschöner Sommertag, sagte Mr. Hackett.
Und was war in sie gefahren, daß sie einfach abhaute? sagte Goff.
Ich habe sie nie danach gefragt, sagte Mr. Hackett. Die Kneipe, oder die Kirche, oder beides.
Arme Frau, Gott vergebe ihr, sagte Tetty.

Das würde mich bei ihm wirklich nicht wundern, sagte Mr. Hackett.
Die Nacht bricht nun schnell herein, sagte Goff, bald wird es finster sein.
Dann werden wir alle nach Hause gehen, sagte Mr. Hackett.
Auf der anderen Seite der Straße, ihnen gegenüber, hielt eine Straßenbahn. Sie blieb dort eine Weile, und sie hörten die empörte Stimme des Schaffners. Dann fuhr sie weiter und gab den Blick auf die einzige reglose Gestalt auf dem Bürgersteig frei, die von den verschwindenden Scheinwerfern immer schwächer beleuchtet wurde, bis sie kaum noch von der düsteren Mauer hinter ihr zu unterscheiden war. Tetty fragte sich, ob es ein Mann oder eine Frau sei. Mr. Hackett fragte sich, ob es nicht ein Paket sei, zum Beispiel ein Teppich oder eine in dunkles Papier gewickelte und mit einem Bindfaden in der Mitte verschnürte Zeltbahn. Goff stand wortlos auf und überquerte eilig die Straße. Tetty und Mr. Hackett konnten seine lebhaften Gesten sehen, denn er trug einen hellen Mantel, und sie hörten seine vorwurfsvoll tönende Stimme. Aber Watt schien, soweit sie das sehen konnten, sich ebensowenig zu rühren, als wenn er aus Stein gewesen wäre, und wenn er überhaupt sprach, sprach er so leise, daß kein Laut zu ihnen drang.
Mr. Hackett wußte nicht, wann je etwas größere Neugier in ihm erregt hatte, nein, er wußte nicht einmal, wann je etwas eine so große Neugier in ihm erregt hatte. Er wußte auch nicht, was eigentlich so sehr seine Neugier erregte. Was erregt nur meine Neugier so sehr, sagte er, wo selbst das Außerordentliche, selbst das Übernatürliche so selten und so wenig meine Neugier erregen. Hier kann ich überhaupt nichts Ungewöhnliches entdekken, und doch brenne ich vor Neugier und Verwunderung. Es ist kein unangenehmes Gefühl, muß ich sagen, und doch glaube ich nicht, daß ich es länger als zwanzig Minuten oder eine halbe Stunde aushalten könnte.
Auch die Dame war eine interessierte Zuschauerin.
Goff kehrte sehr verärgert zu ihnen zurück. Ich habe ihn auf den ersten Blick erkannt. Er bediente sich hinsichtlich Watts eines Ausdrucks, den wir nicht wiedergeben werden.
Seit sieben Jahren, sagte er, schuldet er mir fünf Shilling, das heißt, sechs Shilling und neun Pence.
Er rührt sich nicht von der Stelle, sagte Tetty.
Er weigert sich zu zahlen, sagte Mr. Hackett.
Er weigert sich nicht zu zahlen, sagte Goff. Er bietet mir vier Shilling und vier Pence an. Sein ganzes Vermögen.

Dann würde er Ihnen nur noch zwei Shilling und drei Pence schulden, sagte Mr. Hackett.
Ich kann ihm nicht den letzten Penny nehmen, sagte Goff.
Warum nicht? sagte Mr. Hackett.
Er will verreisen, sagte Goff. Wenn ich sein Angebot annähme, würde er umkehren müssen.
Das wäre vielleicht das beste für ihn, sagte Mr. Hackett. Vielleicht wird er eines Tages, wenn wir alle tot sind, zurückblickend sagen, wenn doch Mr. Nesbitt geruht hätte –
Nixon ist mein Name, sagte Goff. Nixon.
Wenn doch Mr. Nixon geruht hätte, meine vier Shilling und vier Pence an jenem Abend anzunehmen, und ich umgekehrt wäre, anstatt weiterzugehen.
Alles Schwindel, nehme ich an, sagte Mrs. Nixon.
Nein, nein, sagte Mr. Nixon, er ist die Aufrichtigkeit in Person. Er wäre, glaube ich, außerstande, eine Unwahrheit zu sagen.
Sie hätten wenigstens einen Shilling annehmen sollen, sagte Mr. Hackett, oder einen Shilling und sechs Pence.
Da ist er jetzt, auf der Brücke, sagte Mrs. Nixon.
Er stand mit dem Rücken zu ihnen, sein Oberkörper hob sich schwach vom letzten Schimmer des Tages ab.
Sie haben uns nicht gesagt, wie er heißt, sagte Mr. Hackett.
Watt, sagte Mr. Nixon.
Ich habe dich nie von ihm sprechen hören, sagte Mrs. Nixon.
Sonderbar, sagte Mr. Nixon.
Ein alter Bekannter? sagte Mr. Hackett.
Ich kann eigentlich nicht sagen, daß er ein Bekannter ist, sagte Nixon.
Ein Kloakenrohr, sagte Mrs. Nixon. Wo sind seine Arme?
Seit wann können Sie eigentlich nicht sagen, daß er ein Bekannter ist? sagte Mr. Hackett.
Mein lieber Freund, sagte Mr. Nixon, warum dies plötzliche Interesse?
Antworten Sie nicht, wenn es Ihnen schwerfällt, sagte Mr. Hackett.
Es ist schwer, darauf zu antworten, sagte Mr. Nixon. Mir ist, als ob ich ihn mein ganzes Leben gekannt hätte, aber es muß eine Zeit gegeben haben, wo es nicht so war.
Wie kann das, sagte Mr. Hackett.
Er ist bedeutend jünger als ich, sagte Mr. Nixon.

Und Sie sprechen nie von ihm, sagte Mr. Hackett.
Nun ja, sagte Mr. Nixon, es ist durchaus möglich, daß ich von ihm gesprochen habe, es gibt wirklich keinen Grund, warum ich es nicht hätte tun sollen. Allerdings –. Er hielt inne. Dann sagte er, er gehört nicht zu denen, von denen man gern spricht, es gibt solche Leute.
Bei mir ist das anders, sagte Mr. Hackett.
Er ist weg, sagte Mrs. Nixon.
Nanu, sagte Mr. Nixon. Merkwürdig ist, mein lieber Freund, wie ich Ihnen geradeheraus sagen will, daß, wenn ich ihn sehe oder an ihn denke, ich an Sie denke, und daß, wenn ich Sie sehe oder an Sie denke, ich an ihn denke. Ich habe keine Ahnung, warum es so ist.
Soso, sagte Mr. Hackett.
Er ist jetzt auf dem Weg zum Bahnhof, sagte Mr. Nixon. Warum mag er wohl hier ausgestiegen sein.
Hier ist die Penny-Zahlgrenze, sagte Mrs. Nixon.
Er hätte kaum zu einem weiter entfernt liegenden Punkt als der Endstation fahren können, sagte Mr. Hackett.
Ist das hier überhaupt die Penny-Zahlgrenze, sagte Mr. Nixon, an einer Bedarfshaltestelle? Sie wird doch wohl am Bahnhof sein.
Ich glaube, Sie haben recht, sagte Mr. Hackett.
Warum ist er dann hier ausgestiegen? sagte Mr. Nixon.
Vielleicht wollte er ein wenig an die frische Luft, sagte Mr. Hackett, bevor er im Zug eingepfercht werden würde.
Wo er doch so überlastet ist, sagte Mr. Nixon. Was soll das?
Vielleicht hat er sich in der Haltestelle geirrt, sagte Mrs. Nixon.
Dies ist doch gar keine Haltestelle, sagte Mr. Nixon, im eigentlichen Sinne des Wortes. Hier hält die Straßenbahn nur, wenn es verlangt wird. Und da außer Watt niemand ausgestiegen und niemand eingestiegen ist, muß er verlangt haben, daß sie hielt.
Auf diese Worte folgte Schweigen. Mrs. Nixon sagte schließlich:
Ich kann dir nicht folgen, Goff. Warum sollte er nicht verlangt haben, daß die Straßenbahn hält, wenn er es wünschte?
Es gibt keinen Grund, meine Liebe, sagte Mr. Nixon, keinen erdenklichen Grund, warum er nicht verlangt haben sollte, daß die Straßenbahn hielt, was er zweifellos getan hat. Aber die Tatsache, daß er verlangte, die Straßenbahn solle halten, beweist, daß er sich nicht in der Haltestelle irrte, wie du zu bedenken gibst. Hätte er sich nämlich in dem Glauben,

schon am Bahnhof zu sein, in der Haltestelle geirrt, so hätte er nicht verlangt, daß die Straßenbahn hielt. Denn die Straßenbahn hält immer am Bahnhof.

Vielleicht ist er nicht ganz klar im Kopf, sagte Mr. Hackett.

Er ist mitunter etwas seltsam, sagte Mr. Nixon, aber er ist ein vielgereister Mann.

Vielleicht, sagte Mr. Hackett, hatte er bei der Entdeckung, noch ein wenig Zeit zur Verfügung zu haben, beschlossen, sie lieber an der lieblichen, kühlen Abendluft zu vertreiben, als in dem scheußlichen Bahnhof.

Aber er wird seinen Zug verpassen, sagte Mr. Nixon, er wird den letzten aus der Stadt herausfahrenden Zug verpassen, wenn er nicht rennt.

Vielleicht wollte er den Schaffner ärgern, sagte Mrs. Nixon, oder den Wagenführer.

Aber er ist das sanftmütigste, friedlichste Geschöpf auf der Welt, sagte Mr. Nixon. Er würde tatsächlich die andere Wange hinhalten, das glaube ich allen Ernstes, wenn er nur die Kraft dazu hätte.

Vielleicht, sagte Mr. Hackett, entschloß er sich plötzlich, die Stadt doch nicht zu verlassen. Zwischen der Endstation und hier hatte er Zeit, sich die Sache nochmal zu überlegen. Als er dann den Entschluß gefaßt hat, die Stadt doch lieber nicht gerade jetzt zu verlassen, ließ er die Straßenbahn halten und stieg aus, da es sinnlos gewesen wäre, den Weg fortzusetzen.

Er hat den Weg aber fortgesetzt, sagte Mr. Nixon, er ging den Weg, den er gekommen war, nicht zurück sondern weiter in Richtung Bahnhof.

Vielleicht geht er auf einem Umweg nach Hause, sagte Mrs. Nixon.

Wo wohnt er? sagte Mr. Hackett.

Er hat meines Wissens keine feste Adresse, sagte Mr. Nixon.

Dann beweist es nichts, daß er weiter in Richtung Bahnhof ging, sagte Mrs. Nixon. Womöglich liegt er jetzt schon schnarchend in Quin's Hotel.

Mit vier Shilling und vier Pence in der Tasche, sagte Mr. Hackett.

Oder irgendwo auf einer Bank, sagte Mrs. Nixon. Oder im Park. Oder auf dem Fußballplatz. Oder auf dem Kricketfeld. Oder auf der Spielwiese.

Oder auf dem Tennisplatz, sagte Mr. Nixon.

Ich glaube kaum, sagte Mr. Hackett. Entschlossen, die Stadt doch nicht zu verlassen, stieg er aus der Straßenbahn. Aber nach reiflicher Überlegung erkannte er, wie töricht es von ihm war. Dies würde seine Haltung nach der Abfahrt der Straßenbahn erklären, als er allein zurückblieb.

Wie töricht was von ihm war?
So überstürzt wieder umzukehren, sagte Mr. Hackett, nachdem er kaum in Schwung gekommen war.
Haben Sie seine Aufmachung gesehen? sagte Mrs. Nixon. Was hatte er auf dem Kopf?
Seinen Hut, sagte Mr. Nixon.
Der Gedanke, die Stadt zu verlassen, war ihm sehr schmerzlich, sagte Mr. Hackett, aber der Gedanke, darin zu bleiben, war es nicht weniger. Also machte er sich auf zum Bahnhof, halbwegs hoffend, daß er den Zug verpassen würde.
Sie mögen recht haben, sagte Mr. Nixon.
Aus Angst, sich mit dem Gewicht einer Entscheidung zu belasten, sagte Mr. Hackett, überläßt er diese dem kalten Mechanismus einer Zeit-Raum-Relation.
Wie gewitzt, sagte Mr. Nixon.
Und was sollte ihn auf einmal so abschrecken? sagte Mrs. Nixon.
Es kann schwerlich das Reisen selbst sein, sagte Mr. Hackett, da Sie mir erzählten, er sei ein vielgereister Mann.
Auf diese Worte folgte Schweigen.
Nachdem ich dies nun klargestellt habe, sagte Mr. Hackett, könnten Sie Ihren Freund ein wenig ausführlicher beschreiben.
Ich weiß wirklich nichts, sagte Mr. Nixon.
Sie müssen etwas wissen, sagte Mr. Hackett. Man gibt doch nicht fünf Shilling einem Schatten. Staatsangehörigkeit, Familie, Geburtsort, Religion, Beruf, Einkommen, besondere Kennzeichen, das alles kann Ihnen doch nicht unbekannt sein.
Völlig unbekannt, sagte Mr. Nixon.
Er ist nicht aus dem Fels hervorgegangen, sagte Mr. Hackett.
Ich sage Ihnen, man weiß nichts, rief Mr. Nixon. Nichts.
Auf diese ärgerlichen Worte, die Mr. Hackett pikierten und Mr. Nixon genierten, folgte Schweigen.
Er hat eine dicke rote Nase, sagte Mr. Nixon mißmutig.
Das gab Mr. Hackett zu denken.
Du schläfst doch nicht, mein Schatz, sagte Mr. Nixon.
Ich werde schläfrig, sagte Mrs. Nixon.
Da ist ein Mann, den Sie anscheinend Ihr ganzes Leben lang gekannt haben, sagte Mr. Hackett, der Ihnen seit nunmehr sieben Jahren fünf Shil-

ling schuldet, und Sie wissen mir nicht mehr von ihm zu erzählen, als daß er eine dicke rote Nase und keine feste Adresse hat. Er hielt inne. Er fügte hinzu, Und daß er ein vielgereister Mann ist. Er hielt inne. Er fügte hinzu, Und daß er bedeutend jünger ist als Sie, ein allgemeines Phänomen, muß ich sagen. Er hielt inne. Er fügte hinzu, Und daß er aufrichtig, sanftmütig und manchmal ein wenig seltsam ist. Er blickte ärgerlich zu Mr. Nixon auf. Aber Mr. Nixon sah diesen ärgerlichen Blick nicht, da er etwas ganz anderes betrachtete.

Ich glaube, daß es für uns Zeit ist, loszuzockeln, sagte er, nicht wahr, mein Schatz.

Bald werden die letzten Blumen im Dunkel versunken sein, sagte Mrs. Nixon.

Mr. Nixon stand auf.

Da ist ein Mann, den Sie, solange Sie denken können, kennen, sagte Mr. Hackett, dem Sie vor sieben Jahren fünf Shilling geliehen haben, den Sie auf den ersten Blick aus ziemlich großer Entfernung im Dunkeln wiedererkennen. Sie behaupten, nichts von seinem Vorleben zu wissen. Ich bin genötigt, Ihnen zu glauben.

Nichts nötigt Sie, sagte Mr. Nixon.

Ich bin bereit, Ihnen zu glauben, sagte Mr. Hackett. Und daß Sie nicht etwas erzählen können, was Sie nicht wissen, will ich ebenfalls glauben. Es ist ein allgemeines Unvermögen.

Tetty, sagte Mr. Nixon.

Aber gewisse Dinge müssen Sie wissen, sagte Mr. Hackett.

Zum Beispiel, sagte Mr. Nixon.

Wie Sie ihn kennenlernten, sagte Mr. Hackett. Unter welchen Umständen er Sie anpumpte. Wo man ihn treffen kann.

Welche Bedeutung hat es schon, wer er ist? sagte Mrs. Nixon. Sie stand auf.

Nimm meinen Arm, mein Schatz, sagte Mr. Nixon.

Oder was er tut, sagte Mrs. Nixon. Oder wie er lebt. Oder woher er kommt. Oder wohin er geht. Oder wie er aussieht. Welche Bedeutung kann das schon für uns haben?

Ich frage mich dasselbe, sagte Mr. Hackett.

Wie ich ihn kennenlernte, sagte Mr. Nixon. Daran kann ich mich wirklich nicht erinnern, ebensowenig wie an das Kennenlernen meines Vaters.

Großer Gott, sagte Mr. Hackett.

Unter welchen Umständen er mich anpumpte, sagte Mr. Nixon. Ich traf

ihn eines Tages auf der Straße. Er hatte einen bloßen Fuß. Ich weiß nicht mehr, welcher es war. Er nahm mich beiseite und sagte mir, daß er fünf Shilling brauche, um sich einen Schuh kaufen zu können. Ich konnte es ihm nicht abschlagen.
Man kauft aber nicht einen Schuh allein, rief Mr. Hackett aus.
Vielleicht wußte er, wo er sich einen nach Maß anfertigen lassen konnte, sagte Mrs. Nixon.
Davon weiß ich nichts, sagte Mr. Nixon. Und wo man ihn trifft? Man trifft ihn auf den Straßen, er läuft da herum. Aber man trifft ihn nicht oft.
Er ist natürlich ein Akademiker, sagte Mrs. Nixon.
Ich halte es für höchstwahrscheinlich, sagte Mr. Nixon.
Mr. und Mrs. Nixon zockelten Arm in Arm davon. Aber sie waren noch nicht weit gegangen, als sie wieder umkehrten. Mr. Nixon beugte sich vor und flüsterte in Mr. Hacketts Ohr, Mr. Nixon, der die Sonne nicht gerne hinter einer noch so dünnen Wolke der Verstimmung untergehen ließ.
Vom Saufen, sagte Mr. Hackett.
Oh, mein Gott, nein, sagte Mr. Nixon, er trinkt nur Milch.
Milch, rief Mr. Hackett.
Selbst Wasser rührt er nicht an, sagte Mr. Nixon.
Soso, sagte Mr. Hackett überdrüssig, ich bin Ihnen, glaube ich, sehr verbunden.
Mr. und Mrs. Nixon zockelten Arm in Arm los. Aber sie waren noch nicht weit gegangen, als sie einen Schrei hörten. Sie blieben stehen und horchten. Es war Mr. Hackett, der im Dunkeln schrie. Glücklich, Ihnen begegnet zu sein, Mrs. Nisbet. Mrs. Nixon umfaßte fester Mr. Nixons Arm und schrie zurück, Das Glück ist meinerseits, Mr. Hackett.
Was? schrie Mr. Hackett.
Sie sagt, das Glück sei ihrerseits, schrie Mr. Nixon.
Mr. Hackett ergriff wieder Besitz von den Armlehnen. Indem er sich mehrmals nacheinander in schneller Folge nach vorn zog und zurückfallen ließ, rieb er sich den Kamm seines Buckels an der unteren Kante der Rückenlehne. Er blickte zum Horizont, den zu sehen er hergekommen war und von dem er so wenig gesehen hatte. Nun war es stockfinster. Ja, nun war der westliche Himmel wie der östliche, und dieser wie der südliche, und dieser wie der nördliche.

Aus dem Französischen von Erika und Elmar Tophoeven

Daniil Charms
Fälle

Fälle

Einmal aß Orlov zu viel Erbsenbrei und starb. Und als Krylov davon erfuhr, starb auch er. Und Spiridonov starb ganz von allein. Und Spiridonovs Frau fiel von der Kommode und starb. Und Spiridonovs Kinder ertranken im Teich. Und Spiridonovs Großmutter ergab sich dem Suff und trieb sich auf der Straße herum. Und Michajlov hörte auf sich zu kämmen und bekam die Krätze. Und Kruglov malte auf ein Papier eine Dame mit der Knute in der Hand und wurde verrückt. Und Perechrestov bekam telegraphisch 400 Rubel und gab damit dermaßen an, daß man ihn entlassen mußte.
Lauter anständige Leute, und doch kann keiner von ihnen klaren Kopf behalten.

Sonett

Ein seltsamer Fall: ich hatte plötzlich vergessen, was vorher kommt: die 7 oder die 8.
Ich ging zu meinen Nachbarn und befragte sie über dieses Problem.
Wie groß war ihre und meine Überraschung, als auch sie plötzlich entdeckten, daß sie sich einfach nicht mehr an die Zahlenreihe erinnern konnten: 1,2,3,4,5, und sechs, so weit wußten sie es noch, aber was dann kam, hatten sie vergessen.
Wir gingen gemeinsam in das Komerz-Magazin *Gastronom*, Ecke Znamenskaja und Bassejnaja Ulica, und fragten die Kassiererin. Die Kassiererin lächelte wehmütig, zog ein kleines Hämmerchen aus dem Mund, rümpfte leicht die Nase und sagte:
»Meiner Ansicht nach kommt die Sieben nach der Acht immer dann, wenn die Acht nach der Sieben kommt.«
Wir dankten der Kassiererin und verließen freudig das Magazin.

Aber draußen angelangt, überdachten wir die Worte der Kassiererin und wurden wieder traurig, da sie sich als vollkommen sinnlos erwiesen.
Was konnten wir also tun? Wir gingen in den Sommerpark und begannen dort, die Bäume zu zählen. Aber immer, wenn wir bis 6 gekommen waren, hielten wir inne und fingen an zu streiten: nach Meinung der einen kam nun die 7, nach Meinung der anderen – die 8.
Wir stritten uns ziemlich lange herum, doch zum Glück fiel da ein kleines Kind von der Bank und brach sich Ober- und Unterkiefer. Das lenkte uns von unserem Streit ab. Und danach gingen wir, jeder für sich, nach Hause.

Die ausgefallene alte Frau

Eine alte Frau hatte sich, aus übergroßer Neugierde, zu weit aus dem Fenster gelehnt, das Gleichgewicht verloren und sich zu Tode gestürzt.
Da lehnte sich eine zweite alte Frau aus dem Fenster und begann, die Tote zu betrachten, doch vor übergroßer Neugierde verlor auch sie das Gleichgewicht, stürzte aus dem Fenster und sich zu Tode.
Dann stürzte die dritte alte Frau aus dem Fenster, dann die vierte, dann die fünfte.
Als die sechste alte Frau aus dem Fenster gefallen war, hatte ich das Zuschauen satt und ging auf den Malcevskij-Markt, wo man, wie es heißt, einem Blinden einen gestrickten Schal geschenkt hatte.

Der Fall des Schläfers Petrakov

Einst wollte Petrakov sich schlafenlegen, aber er legte sich neben das Bett. So daß er zu Boden schlug, lang liegenblieb und nicht mehr aufstehen konnte.
Mit letzten Kräften stemmte er sich gegen den Boden und hob sich auf alle viere. Doch die Kräfte verließen ihn, und er fiel wieder platt zu Boden, blieb liegen und lag dort so lang wie er war. Fünf Stunden lag er auf dem Boden.
Erst lag er nur so da, dann schlief er ein.
Der Schlaf verlieh ihm neue Kräfte. Er wachte frisch und munter auf, erhob sich, ging im Zimmer auf und ab und sagte zu sich selbst *Jetzt schlafe*

ich mich *richtig aus* und legte sich vorsichtig aufs Bett. Aber schlafen konnte er nicht mehr. Er wälzte sich von einer Seite auf die andre und konnte und konnte nicht einschlafen.
Das ist eigentlich alles.

Die Geschichte der Streithammel

Aleksej Alekseevič nahm Andrej Karlovič in den Schwitzkasten, haute ihm eins in die Schnauze und ließ ihn wieder los. Andrej Karlovič, blaß vor Wut, stürzte sich auf Aleksej Alekseevič und schlug ihm die Zähne ein.
Aleksej Alekseevič, auf einen solch raschen Angriff nicht gefaßt, stürzte zu Boden, Andrej Karlovič setzte sich auf ihn, zog sich das Gebiß aus dem Mund und bearbeitete Aleksej Alekseevič damit derart, daß sich Aleksej Alekseevič mit einem völlig entstellten Gesicht und gebrochenem Nasenbein vom Boden erhob. Die Hände vorm Gesicht, suchte Aleksej Alekseevič das Weite.
Andrej Karlovič wischte sein Gebiß ab, setzte es sich wieder in den Mund, biß ein paarmal die Zähne zusammen, und als das Gebiß wieder saß, sah er sich um, sah Aleksej Alekseevič nicht und ging ihn deshalb suchen.

Geschichte

Abram Demjanovič Pantopasov schrie laut auf und drückte sich das Taschentuch vor die Augen. Aber es war zu spät. Asche und weicher Staub verklebten Abram Demjanovič die Augen. Seit dieser Zeit taten Abram Demjanovič die Augen weh, nach und nach bedeckten sie sich mit ekelhaften Schwären, und schließlich war Abram Demjanovič erblindet.
Den blinden Invaliden Abram Demjanovič entließ man aus dem Dienst und gab ihm die jämmerliche Rente von sechsunddreißig Rubeln monatlich.
Es ist vollkommen klar, daß dieses Geld Abram Demjanovič zum Leben nicht reichte. Ein Kilo Brot kostete einen Rubel zehn Kopeken, und ein Bündel Schnittlauch auf dem Markt achtundvierzig Kopeken.
Und so ging der Invalide der Arbeit immer öfter und öfter an die Mülltonnen.

Es war schwer für den Blinden, inmitten von Schalen und Dreck eßbare Abfälle zu finden.
Und auf einem fremden Hof die Mülltonnen zu finden, war noch schwerer. Sehen konnte er sie nicht, und fragen: wo ist bitte die Mülltonne? war irgendwie ungeschickt.
Blieb also nur die Nase.
Gewisse Mülltonnen stinken derart, daß man sie auf eine Werst hin hört, andere hingegen, solche mit Deckeln, kann man überhaupt nicht finden.
Gut, wenn man an einen gutherzigen Hausmeister gerät; andere wieder schimpfen so, daß einem gleich der Appetit vergeht.
Einmal geriet Abram Demjanovič an eine fremde Mülltonne, und dort biß ihn eine Ratte, so daß er gleich wieder rückwärts herauskroch. An diesem Tage aß er nichts.
Aber siehe da, eines Morgens sprang Abram Demjanovič ganz plötzlich etwas vom rechten Auge.
Abram Demjanovič rieb sich dieses Auge und sah plötzlich wieder. Und dann sprang auch vom linken Auge etwas ab, und Abram Demjanovič konnte wieder sehen.
Von diesem Tag an ging es mit Abram Demjanovič aufwärts.
Überall riß man sich um Abram Demjanovič.
Und im Gesundheitsministerium hätte nicht viel gefehlt und man hätte Abram Demjanovič auf Händen getragen.
Und Abram Demjanovič wurde ein großer Mann.

(1936)

Verluste

Andrej Andreevič Mjasov kaufte sich auf dem Markt eine Zündschnur und trug sie nach Hause.
Unterwegs verlor Andrej Andreevič die Zündschnur und ging ins Kaufhaus, um sich dort hundertundfünfzig Gramm Poltavsker Salami zu kaufen. Dann ging Andrej Andreevič in die Milchgenossenschaft und kaufte eine Flasche Joghurt, dann trank er an einem Kiosk einen halben Liter Kvas und reihte sich in die Schlange, die nach der Zeitung anstand. Die Schlange war ziemlich lang, und Andrej Andreevič stand nicht weniger

als zwanzig Minuten, aber als er an der Reihe war, hatte der Verkäufer, ihm vor der Nase, die letzte Zeitung verkauft.
Andrej Andreevič trat von einem Bein aufs andere und ging dann nach Hause, aber unterwegs verlor er die Joghurtflasche, kehrte um und ging in die Bäckerei, kaufte ein französisches Weißbrot, verlor aber dabei die Poltavsker Salami.
Da ging Andrej Andreevič direkt nach Hause, unterwegs jedoch fiel er hin, verlor das französische Weißbrot und zerbrach sich obendrein seinen Zwicker.
Nach Hause kam Andrej Andreevič sehr böse und legte sich sofort ins Bett, doch er konnte lange nicht einschlafen, und als er eingeschlafen war, da träumte ihm: er hätte seine Zahnbürste verloren und reinigte sich die Zähne mit irgendeinem Kerzenständer.

Das blaue Heft Nr. 10

Es war einmal ein Rotschopf, der hatte weder Augen noch Ohren. Er hatte auch keine Haare, so daß man ihn im Grunde grundlos Rotschopf nannte.
Sprechen konnte er nicht, denn er hatte keinen Mund. Eine Nase hatte er auch nicht.
Er hatte weder Arme noch Beine. Er hatte auch keinen Bauch, keinen Rücken, er hatte keine Wirbelsäule, und er hatte auch keinerlei Eingeweide. Nichts hatte er! So daß unklar ist, um wen es hier eigentlich geht.
Reden wir lieber nicht weiter darüber.

Lynchjustiz

Petrov schwingt sich aufs Pferd und hält, an die Menge gewandt, eine Rede darüber, was geschehen würde, wenn man an der Stelle, wo sich jetzt der Kulturpark befindet, einen amerikanischen Wolkenkratzer baute. Die Menge hört ihm zu und ist offenbar seiner Ansicht. Petrov schreibt etwas in sein Notizbuch. Da löst sich aus der Menge ein Mann von mittlerer Größe und fragt Petrov, was er da in sein Notizbuch geschrieben habe. Petrov gibt zur Antwort, das gehe nur ihn etwas an. Der Mann von mittlerer Größe setzt nach. Ein Wort gibt das andre, es kommt zu einer Streitigkeit. Die Menge nimmt Partei für den Mann von mittlerer Größe, und Petrov gibt, um sein Leben zu retten, dem Pferde die Sporen und verschwindet hinter einer Ecke. Die erregte Menge ergreift, in Ermangelung eines anderen Opfers, den Mann von mittlerer Größe und reißt ihm den Kopf ab. Der abgerissene Kopf rollt über das Pflaster und bleibt auf einem Kanaldeckel liegen. Die Menge, da sie ihrer Leidenschaft genügt hat, verläuft sich.

Vier Illustrationen dazu,
wie eine neue Idee den Menschen aus der Fassung bringt,
wenn sie ihn unvorbereitet trifft

I
Schriftsteller: Ich bin Schriftsteller.
Leser: Und für mich bist du Scheiße!
Der Schriftsteller bleibt einen Augenblick lang stehen, erschüttert von dieser neuen Idee, und fällt tot zu Boden.
Er wird hinausgetragen.

II
Künstler: Ich bin ein Künstler.
Arbeiter: Und für mich bist du Scheiße!
Der Künstler wurde hier weiß wie die Wand, wankte wie ein Rohr im Wind und verschied, ganz unerwartet. Er wird hinausgetragen.

III
Komponist: Ich bin Komponist.
Vanja Rubljov: Und für mich bist du ...!
Der Komponist, schwer atmend, sackt in sich zusammen. Er wird ganz unerwartet hinausgetragen.

IV
Chemiker: Ich bin Chemiker.
Physiker: Und für mich bist du ...!
Der Chemiker sagte kein Wort mehr und stürzte schwer zu Boden.

Optische Täuschung

Semjon Semjonovič setzt die Brille auf, schaut die Kiefer hinauf und sieht: auf der Kiefer sitzt ein Kerl und droht ihm mit der Faust.
Semjon Semjonovič nimmt die Brille ab und sieht, daß auf der Kiefer niemand sitzt.
Semjon Semjonovič setzt die Brille auf, schaut die Kiefer hinauf und sieht wieder: auf der Kiefer sitzt ein Kerl und droht ihm mit der Faust.
Semjon Semjonovič nimmt die Brille ab und sieht wieder, daß auf der Kiefer niemand sitzt.
Semjon Semjonovič setzt die Brille wieder auf, schaut die Kiefer hinauf und sieht wieder: auf der Kiefer sitzt ein Bauer und droht ihm mit der Faust.
Semjon Semjonovič will dieser Erscheinung nicht glauben und hält sie darum für eine optische Täuschung.

Der Traum

Kalugin schlief ein und träumte, er sitze im Gebüsch, und am Gebüsch vorbei gehe ein Polizist.
Kalugin erwachte, wischte sich den Mund und schlief wieder ein, und wieder träumte er, er gehe am Gebüsch vorbei, und im Gebüsch sitze ein Polizist versteckt.
Kalugin erwachte, legte sich die Zeitung unter den Kopf, um nicht dauernd das Kopfkissen zu besabbern, und schlief wieder ein, und wieder träumte er, er sitze im Gebüsch, und daran vorbei gehe ein Polizist.
Kalugin erwachte, wechselte die Zeitung aus, legte sich wieder hin und schlief ein. Schlief ein und träumte wieder, er gehe am Gebüsch vorbei, und in dem Gebüsch sitze ein Polizist.
Hier erwachte Kalugin und beschloß, nicht weiterzuschlafen, aber im Moment schlief er wieder ein und träumte, er sitze hinter einem Polizisten, und vorbei gehe das Gebüsch.
Kalugin schrie auf und warf sich im Bett hin und her, aber aufwachen konnte er schon nicht mehr.
Kalugin schlief vier Nächte hintereinander weg, und am fünften Tage erwachte er so abgemagert, daß er sich die Schuhe mit einem Strick an den Füßen festbinden mußte, um sie nicht zu verlieren.

In der Bäckerei, wo Kalugin immer Weißbrot gekauft hatte, erkannte man ihn nicht wieder und packte ihm heimlich Mischbrot ein. Und die Sanitäre Kommission, die gerade die Runde machte, fand Kalugin antisanitär und untauglich für überhaupt ein Quartier und befahl, Kalugin hinauszubefördern.
Sie falteten Kalugin zusammen und schafften ihn wie Kehricht hinaus.

Maškin hat Koškin erschlagen

Genosse Koškin umtanzt Genossen Maškin.
Genosse Maškin folgt Genossen Koškin mit den Augen.
Genosse Koškin macht anstößige Handbewegungen und verrenkt schamlos die Beine.
Genosse Maškin runzelt die Stirn.
Genosse Koškin streckt den Bauch vor und stampft mit dem rechten Fuß auf.
Genosse Maškin schreit auf und stürzt sich auf Genossen Koškin.
Genosse Koškin versucht zu fliehen, stolpert aber und wird von Genosse Maškin eingeholt.
Genosse Maškin schlägt Genossen Koškin mit der Faust auf den Kopf.
Genosse Koškin schreit auf und bricht zusammen.
Genosse Maškin gibt Genossen Koškin einen Tritt in den Bauch und schlägt ihm nochmals mit der Faust ins Genick.
Genosse Koškin streckt alle viere von sich und stirbt.
Maškin hat Koškin erschlagen.

Aus dem Russischen von Peter Urban

Heiner Bastian
Die Grammatik der Vorgänge

Bild einer Reihe Bilder

dies ist das dunkel

dies ist das dunkel das nur der anblick
einer sprache ist

verstehst du denn nicht es ist ein dunkel
einzig und allein *dieses dunkel*

ein dunkel »aber mit welchen worten«

und wenn ich dir sage
»daß ich mit worten meine was ich will«

»daß es einen unterschied der bedeutung
der sich erklären läßt und einen
der in der erklärung nicht zutage tritt
nicht gibt«

»daß ich dir alles gesagt habe«

von hier gleicht jede weitere analogie einem
ende von dem du immer gleich weit entfernt bist

und du könntest auch sagen *daß alles was geschieht*
ein ausdruck ist für das *was wir geschehen nennen*

aber sieh doch die bemühungen
noch etwas zu sagen
wenn alles schon beschrieben ist

fragen
wieviele fragen und fehlende erklärungen

sind die rosen rot in einem dunkel

ist dies ein satz vom ausgeschlossenen dritten

weißt du immer was du sagen willst

und doch gibt es ein ganz anderes dunkel

du kannst daran denken
du kannst es erwarten (wie etwas das
dem erwarteten noch fehlt bevor es eintreffen wird)

du kannst es nicht suchen denn es findet dich
du kannst es vergessen noch bevor
es verschwunden ist

dies ist ein ganz anderes dunkel

in einer Ferne

die inneren bilder
die vorstellungen

und doch ist dies ein ganz anderer winter

gewisse wintertage
in einem so sonderbaren licht (wenn du
nicht wiedererkennst »was das bild darstellt«)

ich weiß nicht ob du den norden kennst
jahre in denen es so still ist . . .
eines ums andere vergehen sie
in ähnlicher stille

(aber gibt es eine stille die einer
anderen ähnlich ist)

du wirst den norden nicht kennen
du wirst nie im sibirischen winter gewesen sein

östlich von moskau immer weiter östlich
führt eine winzige spur

(auf den größten karten nur eine winzige spur)
die transsibirische eisenbahn

tage und nächte ohne unterbrechung nach osten

bis du auf einmal verstehst daß dies
die mitte des winters ist

die mitte des winters –

»etwas das hell ist etwas lichtloses«

– und einmal siehst du etwas ausgehen von
einem gesicht etwas das du nie
gesehen hast

»es ist durchsichtig ganz und gar durchsichtig«

(sieh es als bild an *einer einzigen sprache*
dann siehst du was ich hier gesehen habe)

der große sibirische winter –

bis du begreifst warum ich davon spreche

– während die bahn
immer weiter nach osten gerät
auf der suche nach dem ende des winters

Topologien

bilder sehe ich
bilder von bildern

»so deutlich wie die grammatik der vorgänge ist«

siehst du mich
(und ich könnte mit einem bild antworten)

es ist winter
es hat angefangen zu schneien

und dies hier im hintergrund undeutlich sichtbar
ist das leuchtfeuer von *saint catherine's point*

der schnee fällt so dicht
daß wir versucht sind anzunehmen

es bewege sich das geschehen immer weiter
in den vordergrund des bildes

siehst du es
(es ist nichts mehr zu sehen)

und doch ist eine spur geblieben
etwas das wie die ursache eines erinnerns ist

ein bild trägst du in dir umher
das einem andern bild von dir ganz ähnlich ist

wieviele winter
und jedem schnee entspricht ein anderes geschehen

»doch daß die bilder kommen und vergehen
geschieht uns nicht«

»was stellst du dir vor«
(und ich könnte mit einem bild antworten)

» . . . eine innere ordnung die in begriffen sich
nicht fassen läßt«

setzt sich denn unaufhörlich fort was wir
verschwunden glaubten

es ist winter
es hat angefangen zu schneien

siehst du es
ja *ich stelle mir vor*

ich habe dies alles schon einmal gesehen

anmerkungen

bild einer reihe bilder:
sechste strophe: zitat aus dem buch *zettel* von ludwig wittgenstein, oxford 1967, s. 28, § 156
dreizehnte strophe: zitat, aao., s. 47, § 250

Ingeborg Bachmann
Vier Gedichte

Keine Delikatessen

Nichts mehr gefällt mir.

Soll ich
eine Metapher ausstaffieren
mit einer Mandelblüte?
die Syntax kreuzigen
auf einen Lichteffekt?
Wer wird sich den Schädel zerbrechen
über so überflüssige Dinge –

Ich habe ein Einsehn gelernt
mit den Worten,
die da sind
(für die unterste Klasse)

Hunger
        Schande
                Tränen
und
                        Finsternis.

Mit dem ungereinigten Schluchzen,
mit der Verzweiflung
(und ich verzweifle noch vor Verzweiflung)
über das viele Elend,
den Krankstand, die Lebenskosten,
werde ich auskommen.

Ich vernachlässige nicht die Schrift,
sondern mich.
Die andern wissen sich
weißgott
mit den Worten zu helfen.
Ich bin nicht mein Assistent.

Soll ich
einen Gedanken gefangennehmen,
abführen in eine erleuchtete Satzzelle?
Aug und Ohr verköstigen
mit Worthappen erster Güte?
erforschen die Libido eines Vokals,
ermitteln die Liebhaberwerte unserer Konsonanten?

Muß ich
mit dem verhagelten Kopf,
mit dem Schreibkrampf in dieser Hand,
unter dreihundertnächtigem Druck
einreißen das Papier,
wegfegen die angezettelten Wortopern,
vernichtend so: ich du und er sie es

wir ihr?

(Soll doch. Sollen die andern.)

Mein Teil, es soll verloren gehen.

Enigma

für Hans Werner Henze aus der Zeit der *Ariosi*

Nichts mehr wird kommen.

Frühling wird nicht mehr werden.
Tausendjährige Kalender sagen es jedem voraus.
Aber auch Sommer und weiterhin, was so gute Namen
wie »sommerlich« hat –
es wird nichts mehr kommen.

Du sollst ja nicht weinen,
sagt eine Musik.

Sonst
sagt
niemand
etwas.

Prag Jänner 64

Seit dieser Nacht
gehe und spreche ich wieder,
böhmisch klingt es,
als wär ich wieder zuhause,

wo zwischen der Moldau, der Donau
und meinem Kindheitsfluß
alles einen Begriff von mir hat.

Gehen, schrittweis ist es wiedergekommen,
Sehen, angeblickt, habe ich wieder erlernt.

Gebückt noch, blinzelnd,
hing ich am Fenster,
sah die Schattenjahre,
in denen kein Stern
mir in den Mund hing,
sich über den Hügel entfernen.

Über den Hradschin
haben um sechs Uhr morgens
die Schneeschaufler aus der Tatra
mit ihren riesigen Pranken
die Scherben einer Eisdecke gekehrt.

Unter den berstenden Blöcken
meines, auch meines Flusses
kam das befreite Wasser hervor.

Zu hören bis zum Ural.

Böhmen liegt am Meer

Sind hierorts Häuser grün, tret ich noch in ein Haus.
Sind hier die Brücken heil, geh ich auf gutem Grund.
Ist Liebesmüh in alle Zeit verloren, verlier ich sie hier gern.

Bin ich's nicht, ist es einer, der ist so gut wie ich.

Grenzt hier ein Wort an mich, so laß ich's grenzen.
Liegt Böhmen noch am Meer, glaub ich den Meeren wieder.
Und glaub ich noch ans Meer, so hoffe ich auf Land.

Bin ich's, so ists ein jeder, der ist soviel wie ich.
Ich will nichts mehr für mich. Ich will zugrunde gehn.

Zugrund – das heißt zum Meer, dort find ich Böhmen wieder.
Zugrund gerichtet, wach ich ruhig auf.
Von Grund auf weiß ich jetzt, und ich bin unverloren.

Kommt her, ihr Böhmen alle, Seefahrer, Hafenhuren und Schiffe
unverankert. Wollt ihr nicht böhmisch sein, Illyrer, Veroneser,
und Venezianer alle. Spielt die Komödien, die lachen machen

Und die zum Weinen sind. Und irrt euch hundertmal,
wie ich mich irrte und Proben nie bestand,
doch hab ich sie bestanden, ein um das andre Mal.

Wie Böhmen sie bestand und eines schönen Tags
ans Meer begnadigt wurde und jetzt am Wasser liegt.

Ich grenz noch an ein Wort und an ein andres Land,
ich grenz, wie wenig auch, an alles immer mehr,

ein Böhme, ein Vagant, der nichts hat, den nichts hält,
begabt nur noch, vom Meer, das strittig ist, Land meiner Wahl zu sehen.

Nicanor Parra
Antipoesie

Achterbahn

Ein halbes Jahrhundert lang
war die Poesie
ein Paradies für bierernste Narren.
Bis ich gekommen bin
mit meiner Achterbahn.

Steigen Sie ein, wenn Sie Lust haben.
Wenn es abwärts geht
und sie kriegen Nasenbluten,
ich übernehme keinerlei Haftung.

Träume

Ich träume von einem Tisch und einem Stuhl
Ich träume daß sich mein Wagen überschlägt
Ich träume daß ich einen Film drehe
Ich träume von einer Tankstelle
Ich träume daß ich ein Tourist Erster Klasse bin
Ich träume daß ich an einem Kreuz hänge
Ich träume daß ich Makrelen esse
Ich träume daß ich über eine Brücke gehe
Ich träume von einer Leuchtschrift
Ich träume von einer schnurrbärtigen Dame
Ich träume daß ich eine Treppe hinuntergehe
Ich träume daß ich ein Grammophon aufziehe
Ich träume daß meine Brille zerbricht
Ich träume daß ich einen Sarg mache
Ich träume vom Planetensystem

Ich träume von einer Rasierklinge
Ich träume daß ich mit einem Hund kämpfe
Ich träume daß ich eine Schlange töte

Ich träume von kleinen schwirrenden Vögeln
Ich träume daß ich eine Leiche mit mir schleppe
Ich träume daß sie mich zum Galgen verurteilen
Ich träume von der Sintflut
Ich träume daß ich eine Distel bin

Außerdem träume ich daß mir die Zähne ausfallen.

Neunzehnhundertunddreissig

Neunzehnhundertunddreißig. Eine Epoche beginnt
mit dem Ende des Zeppelins R 101 der brennend abstürzt
in schwarze Rauchfetzen gehüllt
und in Flammen die bis über den Ärmelkanal hin zu sehen sind.
Ich habe nichts besonderes zu bieten. Ich stelle keine Hypothesen auf.
Ich bin eine Kamera die über die Wüste hinfährt.
Ich bin ein fliegender Teppich,
ein Register voller Daten und versprengter Tatsachen,
eine Maschine die soundsoviele Knöpfe pro Minute auswirft.

Ich zeige zunächst die Leiche Andrées und seiner glücklosen Gefährten vor
die ein halbes Jahrhundert im Polarschnee lagen
bis sie eines Tages im Jahr neunzehnhundertdreißig entdeckt wurden,
dem Jahr in dem ich mich aufhalte und das mich aufhält.
Ich zeige auf die Stelle an der sie der Blizzard einholte,
ich habe den Schlitten zur Hand, auf dem sie dem Tod entgegenglitten,
die Büchse mit ihren wissenschaftlichen Aufzeichnungen
und ihren Navigationsinstrumenten,
mit ihrem eisernen Mundvorrat und zahllosen fotografischen Platten.

Ich begebe mich dann auf einen der höchsten Gipfel des Himalaya,
auf den Kantchentunga, und sehe zweifelnd dem internationalen Trupp zu,

der vorhat ihn zu besteigen und sein Geheimnis zu entschleiern.
Ich sehe wie der Wind sie immer wieder zurückwirft an ihren Ausgangspunkt
bis Verzweiflung und Wahnsinn in ihnen aufkommen.
Ich sehe einige unter ihnen ausgleiten und abstürzen
und andere sehe ich kämpfen um eine Handvoll Konserven.

Doch beschränke ich mich nicht auf Expeditionen:
ich bin ein mobiles Museum,
eine seetüchtige Enzyklopädie.
Ich registriere jeglichen menschlichen Akt.
Es genügt daß an irgendeinem Punkt der Erde etwas geschieht,
und schon kommt etwas in mir in Gang.
Das ist mein Amt.
Einem Verbrechen schenke ich ebensoviel Aufmerksamkeit wie einer guten Tat,
eine idyllische Landschaft bewegt mich ebenso
wie die Zuckungen eines elektrischen Sturmes.
Ich verkleinere nichts, ich erhöhe nichts,
es genügt mir zu berichten was ich sehe.
Ich sehe Mahatma Gandhi persönlich
die Demonstrationen gegen das Salzgesetz leiten.
Ich sehe den Papst und seine Kardinäle sich aufbäumen,
außer sich vor Wut, wie vom Teufel besessen,
gegen die Religionsverfolgungen in der Sowjetunion.
Ich sehe den Prinzen Carol ins Flugzeug nach Bukarest steigen.
Hinter meinem Rücken werden Tausende slowenischer und kroatischer Terroristen erschossen.
Ich lasse es geschehen, ich lasse es zu,
ich lasse zu daß in aller Ruhe Menschen ermordet werden
und daß der General Carmona sich wie ein Krebs an den Thron von Portugal klammert.

Dies war das Jahr neunzehnhundertunddreißig und dies ist, was es war:
so wurden die Kulaken Sibiriens ausgerottet,
so überschritt der General Chiang den Gelben Fluß und nahm Peking,
so und nicht anders erfüllen sich die Voraussagen der Astrologen

im Rhythmus der Nähmaschine einer armen verwitweten Mutter
und im Rhythmus des Regens, im Rhythmus meiner eigenen nackten Füße
und meiner Brüder die sich kratzen und im Schlaf mit sich selber reden.

Verliebtes Gespräch

Jetzt sind wir schon eine Stunde hier
und du gibst mir immer dieselbe Antwort.
Du machst mich noch wahnsinnig mit deinen Witzen.
Deine Witze weiß ich schon lange auswendig.
Was hast du bloß gegen meinen Mund? meine Augen?

Natürlich habe ich nichts gegen deine Augen.

Warum küßt du sie dann nicht?

Natürlich küsse ich deine Augen.

Was hast du bloß gegen meine Schenkel und Brüste?

Was soll denn das heißen, gegen deine Brüste!

Warum zeigst du dann deine Gefühle nicht?
Faß mich doch an, solang ich noch da bin.

Ich faß dich ja an, aber nicht auf Kommando.

Warum wolltest du dann daß ich mich ausziehe?

Ich hab dir nicht gesagt: Zieh dich aus.
Du hast dich von selbst ausgezogen.
Zieh dich lieber schnell wieder an, ehe dein Mann heimkommt.
Was soll das Ganze?
Zieh dich lieber schnell wieder an, ehe dein Mann heimkommt.

Frauen

Die unmögliche Frau,
die Frau die zwei Meter groß ist,
die Dame aus Carrara-Marmor
die weder raucht noch trinkt,
die Frau die sich nicht ausziehen mag
weil sie Angst hat schwanger zu werden,
die unberührbare Vestalin
die keine Kinder kriegen will,
die Frau die durch den Mund atmet,
die Frau die als Jungfrau
ins Ehebett möchte
und die sich dann aufführt wie ein Mann,
die Frau die sich aus Freundlichkeit auszieht
weil sie klassische Musik so gern hat,
die Rothaarige die sich auf den Bauch legt,
die Frau die sich nur aus Liebe hingibt,
die Kleine die ein Aug dabei zukneift,
die Frau die es nur auf dem Sofa tut
am Rande des Abgrunds,
die Frau mit dem Haß auf die Geschlechtsteile,
die Frau die sich nur mit ihrem Hund vereint,
die Frau die sich schlafend stellt
und ihr Mann leuchtet sie mit einem Zündholz an,
die Frau die sich darum preisgibt weil,
weil die Einsamkeit, weil das Vergessen . . .
die alte Jungfer,
die kurzsichtige Lehrerin,
die Sekretärin mit der Sonnenbrille,
das blasse Fräulein mit Haftschalen
das nichts mit einem Schwanz zu tun haben will,
all diese Walküren,
all diese verehrungswürdigen Matronen
mit ihren Großen und Kleinen Schamlippen
werden mich noch zur Weißglut bringen.

Hundeleben

Der Studienrat und sein Hundeleben.
Die Frustration auf diversen Seinsebenen.
Das lästige Gefühl an den Zähnen,
wenn die Kreide kreischt.

Der Studienrat und die genaue Frau.
Der Studienrat und die präzise Frau.
Wo findet er eine präzise Frau?
Eine Frau die das wäre was sie ist,
eine Frau die nicht aussähe wie ein Mann.

Der Schmerz verdunkelt den Blick
auf die wachsenden Runzeln,
auf das Altern der eigenen Schüler,
auf die Anzeichen mangelnden Respekts.
Schon wie sie den Gang entlangwippen!

Die Beleidigungen gingen noch an,
aber das künstliche Lächeln,
die ekelhaften Bemerkungen!

Die Schule ist der Tempel des Wissens.

Der Direktor des Etablissements
mit seinem altmodischen Kinoschnurrbart.

Die Nacktheit der Frau Studienrat!
Der Blick rutscht aus an dieser Eule,
diesem reizlosen Haar.
Den Kuß auf die Wange
gewöhnt man ihr leichter an als ab.
Die Wohnung als Schlachtfeld.

Die Frau Studienrat wehrt sich mit ihren Beinen.
Die sexuellen Probleme des Alterns:

in einer Anthologie erscheinen,
künstliche Zuckungen erzeugen.

Der Studienrat ist nicht mehr zu retten.
Der Studienrat studiert seine Ameisen.

Test

Was ist ein Anti-Poet?
Ein Sarg- und Urnenhändler?
Ein General der an sich selber zweifelt?
Ein Priester der an nichts glaubt?
Ein Strolch der über alles lacht
Selbst über das Alter und über den Tod?
Ein unerträglicher Schwätzer?
Ein Tänzer auf dem Vulkan?
Ein Narziß der alle Welt liebt?
Ein blutiger Witzbold
der sich auf sein Elend versteift?
Ein Dichter der auf einem Stuhl schläft?
Ein zeitgemäßer Alchimist?
Ein Westentaschen-Revolutionär?
Ein Kleinbürger?
Ein Scharlatan?
Ein Gott?
Ein Schuldloser?
Ein Bauer aus Santiago de Chile?
Unterstreichen Sie bitte die richtige Antwort.

Was ist Anti-Poesie?
Ein Sturm in einem Wasserglas?
Eine Handvoll Schnee auf einem Felsen?
Eine Salatschüssel voll menschlicher Scheiße
wie Pater Salvatierra zu sagen pflegt?
Ein Spiegel der die Wahrheit sagt?
Eine Frau mit geöffneten Knien?

Eine kräftige Ohrfeige ins Gesicht
des Vorsitzenden des Schriftstellerverbands?
(Gott sei seiner Seele gnädig!)
Eine Warnung für junge Dichter?
Ein Düsensarg?
Ein zentrifugalkraftgetriebener Sarg?
Ein Sarg mit Paraffinfeuerung?
Ein erleuchteter Katafalk ohne Leichnam?
Setzen Sie bitte ein Kreuz
neben die richtige Definition.

Aus dem Spanischen von Hans Magnus Enzensberger

Lars Gustafsson
Über das Phantastische in der Literatur

1

Im Sommer 1742 soll, der Tradition zufolge, der damals zweiundzwanzig Jahre alte römische Kupferstecher Giovanni Battista Piranesi einen heftigen Malaria-Anfall erlitten haben[1]. Und weiterhin will die Tradition in den Fiebergesichten dieser Krankheit den Ursprung einer Suite von Stichen sehen, deren erste Sammlung 1745 veröffentlicht worden ist: der *Invenzioni capric. di carceri,* eines Werkes, das man heute unter dem Titel *Gefängnisse* oder *Imaginäre Gefängnisse* kennt. Diese Überlieferungen sind von zweifelhaftem Wert. Auch unsere Träume und Fieber-Halluzinationen sind historisch bestimmt; ein Traum, auf den die barocke Theaterarchitektur eingewirkt hat, sieht anders aus als einer, der vom Surrealismus oder von Kafkas Romanen geprägt ist. In den Balletten der Barockzeit gibt es Traumszenen, deren Bildersprache sich grundlegend von der Architektur unterscheidet, in der wir unsere eigenen Träume inszenieren.

Ein Fieberanfall kann also nur einen oberflächlichen und sensationellen Aspekt des Werks erklären, nicht jene geheimnisvollen und überraschenden Stilelemente, die Piranesi mit seinen Gefängnissen in die europäische Kunst eingeführt hat. In der Tat läßt sich zeigen, daß diese Bildsuite eine der großen Veränderungen des stilistischen Systems überhaupt anzeigt: sie ist der Vorläufer einer neuen, der romantischen Sensibilität[2]. Immer wieder wird man bei den Autoren der Romantik auf ein heimliches Einverständnis stoßen, das auf Piranesis Gefängnisse hinweist. De Quincey, der sie nur durch die mangelhafte Beschreibung kannte, die Coleridge ihm gab, hat sich ihrer bedient, um eine metaphysische Unendlichkeitserfahrung zu kennzeichnen. Sein französischer Übersetzer und Kommentator, Charles Baudelaire, fühlte sich von diesen Bildern unmittelbar angezogen und versuchte, den Schwindel, der von ihnen ausgeht, zu formulieren: »Es gibt Augenblicke in unserer Existenz, wo Zeit und Raum eine größere Tiefe gewinnen, und wo das Gefühl, zu existieren, unerhört zunimmt.«[3]

Rasch entwickelte sich eine ganze Tradition von eingeweihten Piranesi-Kennern; zu ihnen gehörten Victor Hugo, Alfred de Musset, Théophile Gautier, Edgar Allan Poe und Stéphane Mallarmé.
In seiner »normalen« Produktion war Piranesi vor allem ein genialer Darsteller der römischen Antike, so wie er sie sah: als Ruinen, großartig und verfallen, moosüberwachsen, ausgeplündert; ein einziger Steinbruch im Rom und in der Campagna der 1740er Jahre. Dieses Interesse an der Antike spiegelt eine gesamteuropäische Strömung, zu deren Pionieren Winckelmann gehörte und die auch Goethe ergriff. Damals ließen sich englische Lords echte oder gefälschte Antiken aus Rom kommen, und Gustav III. von Schweden errichtete sich ein rührendes kleines Privatmuseum im Stockholmer Schloß.
In der großen Bilderfolge *Antichità Romane de' Tempi della Repubblica* bildet Piranesi diese Tempelreste, Pyramiden, Theater, Rennbahnen und Plätze ab, mit äußerster Klarheit und mit einem starken Gefühl für das Architektonische, das *Gebaute* an diesen riesigen und öden Gegenständen. Die offenen Plätze zeigen den schwindelnden Fall ins Bildinnere der Perspektive, die Palastruinen eine trotzige Kraft noch im umgeworfenen Fragment.
Diese Bilder sind schon zu ihrer Zeit äußerst populär gewesen. Man zog von den Druckstöcken immer neue Auflagen, bis sie so abgenutzt waren, daß ihre graphische Qualität verlorenging. Heute noch findet man in Rom Blätter, die erst vor kurzem hergestellt worden sind; von dem unerhörten Lichterspiel der ursprünglichen Stiche findet sich auf ihnen keine Spur mehr.
Die Bilder in den *Antichità Romane* stellen die Bauwerke ganz und gar in den Vordergrund. Wenn Menschen in ihnen auftauchen, so scheinen sie nur dazu da zu sein, die Riesenhaftigkeit der Plätze und Gebäude hervorzuheben. Man ahnt die Bettler auf den Tempeltreppen mehr als man sie sieht. Karren auf dem Weg zum Feld, die eine große Gedenkstätte passieren, wirken eher wie stenographische Abkürzungen für die Leute, die um die Mitte des achtzehnten Jahrhunderts diese Gegend bevölkert haben. Nirgends tritt der Mensch als etwas hervor, das der Vergangenheit der Plätze ebenbürtig wäre. Die Bauten und die Menschen auf diesen Bildern sind merkwürdig unvereinbar miteinander. So kleine Wesen können diese Plätze nicht bewohnen, solche Ameisen diese großen Monumente nicht erbaut haben. Es ist, als wären sie durch eine unsichtbare Wand voneinander

getrennt, Menschen und Sachen. Daraus ergibt sich eine eigentümliche Mehrdeutigkeit in allen Bildern der Folge.
In den imaginären Gefängnissen steigert sich diese Mehrdeutigkeit, bis sie eine neue, unerhörte Qualität erreicht. Diese Suite schildert ein Universum, in dem alles Architektur geworden ist. Riesenhafte Gewölbe gehen unmerklich ineinander über, ins Innere des Bildes hinein, unter wechselnden Abstufungen von Licht und Schatten, nach unten zu über geheimnisvolle Treppen, die im Dunkel verschwinden, nach oben hin über schwindelnde Emporen und Brücken, die sich verlieren, bevor sich ein Dach auch nur ahnen ließe.
Nun ist jedes Gefängnis so gebaut, daß man darin Menschen einsperren, das heißt sie zwingen kann, ihr Leben in seinem Innern zuzubringen und im Prinzip nie mehr ins Freie zurückzukehren. In Piranesis Stichen wird dieses Prinzip zu einer grundlegenden Eigenschaft des topologischen Raums. Das Interieur ist überall der beherrschende Faktor. Wenn, wie im fünften Stich der *Carceri,* ausnahmsweise ein kleiner Fleck Himmel mit Wolken auftaucht, so wird er sogleich zur Hälfte von einer Fassade mit einer Treppe abgesperrt, die uns ahnen läßt, daß das ausgedehnte Labyrinth, das wir erblicken, nur ein Teil einer weit größeren Anlage ist. Der topologische Raum dieser Bilder läßt keine Vorstellung von »draußen«, vom »Freien« zu: er ist seiner Natur nach geschlossen und labyrinthisch.
Die Abmessungen sind enorm, die Lichtverhältnisse deutlich, mit scharfen Kontrasten. Das einfallende Licht, zuweilen von der Seite, zuweilen von oben kommend, ist kein Sonnenlicht; es ist weißer und gleichmäßiger, niemals grau, sondern immer von strahlender Klarheit. Für das Raumgefühl, das die meisten dieser Bilder beherrscht, ist es bezeichnend, daß man nie weiß, auf welcher Höhe sich der Betrachter im Verhältnis zu einem gedachten »absoluten« Raum befindet. Der Augenpunkt könnte einige hundert Meter hoch in einem phantastischen babylonischen Turm, er könnte aber ebensogut in einer tiefen Grube liegen.
Die Atmosphäre ist nicht im gewöhnlichen Sinn des Wortes furchterregend. Es herrscht eine ernste, feierliche Stimmung, wie in einem verlassenen Heiligtum. Die Räume erscheinen unbarmherzig geordnet, wie von Wesen errichtet, die größer sind als wir, die anderen Gesetzen gehorchen, deren Ziele und Zwecke für uns unbegreiflich bleiben. Sie wirken streng funktionell, aber ihre Funktion bleibt für uns *undurchsichtig.* Sie sind nicht frei von Düsternis, aber sie enthalten keine Drohung, die direkt ge-

gen uns gerichtet wäre. Riesige eiserne Ketten, Ausleger mit geschmiedeten Zähnen oder Dornen scheinen zur Abwehr von Riesen oder Elefanten gedacht zu sein, als sollten sie solche maßlos starken Wesen daran hindern, gewisse feine Grenzlinien zu überschreiten. Seil- und Flaschenzüge gehören zum Inventar, aber ihre Abmessungen lassen auf Lasten schließen, die über alle menschlichen Bedürfnisse hinausreichen.

Auf dem seltsamen fünften Stich findet man eine Andeutung von diesen unerhörten Wesen. Links auf dem Bild sind einige gefesselte Giganten am Rand einer Grube zu erkennen, die von zwei riesigen Löwen bewacht wird. Sowohl die Löwen als auch die Riesen können steinerne Reliefs, aber auch lebendige Wesen sein, die in dem verlassenen Raum zurückgeblieben sind. Bei Piranesi ist es immer schwierig, Leben und Architektur voneinander zu unterscheiden: die Architektur ist geradezu die Lebensform, die er darstellen will.

(Übrigens haben die Carceri auch Folgen für die Architektur gehabt. Wenigstens ein solcher Fall läßt sich nachweisen. 1758 besuchte George Dance Rom und machte wahrscheinlich Piranesis Bekanntschaft; jedenfalls hat er die *Carceri* gekannt und geschätzt. Sie haben seine Arbeit beeinflußt: George Dance hat das Newgate-Gefängnis in London entworfen.)[4]

Erst beim genaueren Hinsehen entdeckt der Betrachter, daß die scheinbar öden und verlassenen Labyrinthe besiedelt und mit Aktivität erfüllt sind. Auf dem siebenten Stich schießt eine Dampfwolke von einer Empore auf und fängt das Licht ein. Die Szene wirkt beinahe industriell. Aber ist sie das wirklich? Handelt es sich um eine Schmiede, oder um eine Folterszene, bei der das glühende Eisen im Wasser abgeschreckt wird?

Überall, in allen Ecken und Winkeln, auf schwindelnd hohen Galerien, entdeckt man nun dieselben insektenhaft kleinen Wesen, die schon in den *Antichità* auftauchten. Ihr Verhalten hat etwas Zweideutiges, es läßt sich harmlos erklären, erinnert aber oft an Torturszenen. Diese Menschen treten fast immer in Gruppen auf, mit gebeugtem Haupt, als hätten sie etwas zu bereuen. Sie wirken eher respektvoll als verängstigt, und sie sind immer stark beschäftigt. Manche scheinen schwere Ketten hinter sich herzuschleppen – oder sind das nur ihre eigenen, verkürzten Schatten? Und wie in den *Antichità* so auch hier scheint sich das Leben dieser Wesen und das der Bauwerke auf zwei verschiedenen Ebenen abzuspielen. Marguerite Yourcenar, deren Analyse der *Carceri* meine Darstellung viel verdankt, hat diese bizarre Mehrdeutigkeit unübertrefflich formuliert:

»Das eigentliche Grauen der *Carceri* rührt weniger von ein paar geheimnisvollen Folterszenen her, als von der Gleichgültigkeit der menschlichen Ameisen, die in den ungeheuren Räumen umherirren. Fast nie scheinen die verschiedenen Gruppen miteinander in Verbindung zu treten, ja sich ihres Vorhandenseins bewußt zu werden, und noch viel weniger bemerken sie, daß man in einer dunklen Ecke einen Verurteilten foltert. Und der beängstigendste Zug dieser winzigen Schar ist vielleicht ihre Immunität gegen den Schwindel. Diese Mücken, die sich leicht und wohlgemut in wahnwitzigen Höhen tummeln, scheinen nicht wahrzunehmen, daß sie sich am Rand des Abgrunds bewegen.«[5]

In den *Gefängnissen* hat alles Dargestellte jene Handgreiflichkeit, zu der die Kunst des Kupferstichs verlockt. Der Stein ist immer ganz Stein, schwer, vom Meißel des Steinmetzen oder von später entstandenen Rissen gezeichnet, das Holz immer Holz, grobe staubtrockene Eiche, die keine Zeit zum Modern bringt. Hier findet sich keinerlei fremdes Material, kein Gold, keine Feerien oder Wunderwerke. Die Bilder sind, wiewohl in der Manier einer ganz andern Zeit, von derselben handfesten, übertriebenen Sachlichkeit, die sich in Nieuvilles Stichen zu den Romanen Jules Vernes wiederfindet.

Das Phantastische an den *Carceri* läßt sich an keiner Einzelheit dingfest machen. Es beruht auf einem Gedanken, der bis zu seiner äußersten Konsequenz getrieben ist. In ihrer Sachlichkeit, die geradenwegs zum Unglaublichen führt, in der Handgreiflichkeit der Details, die sie undurchsichtig macht, sind die imaginären Gefängnisse Piranesis ein Paradigma für das, was ich das Phantastische in der Kunst nenne.

2

In seinen *Prinzipien der menschlichen Erkenntnis* führte Berkeley die berühmte These »esse est percipi« ein: Existieren ist soviel wie wahrgenommen werden. Der Satz beruht auf seinen Untersuchungen, das Verhältnis der Wahrnehmungen verschiedener Sinne zueinander betreffend, und auf der Einsicht, daß z. B. die Eindrücke des Gehörs und des Gefühls logisch nicht voneinander abhängig sind. Von dieser Basis aus fragt sich Berkeley, ob unsere Wahrnehmungen überhaupt in einem logischen Verhältnis zu einem »Gegenstand« stehen, der sich hinter ihnen verbirgt. Nachdem wir aber hinter unseren Wahrnehmungen nichts anderes wahrnehmen können, so schließt er, sind »sein« und »wahrgenommen werden« ein und dasselbe.

Ich lege einen Stein in eine Schachtel. Ich schließe die Schachtel. Befindet sich der Stein immer noch in ihr? Wenn ich sie öffne, sehe ich den Stein. Daraus schließe ich, daß er immer in der Schachtel war. Berkeley beeilt sich, seiner Theorie die Behauptung hinzuzufügen, daß alle Gegenstände immerfort vorhanden seien, weil Gott sich jederzeit des ganzen Universums bewußt sei. Das ändert aber nichts an seinem Prinzip. Nähme man seine Erkenntnistheorie beim Wort, so liefe sie auf eine Umwälzung in unserem Verhältnis zur Welt hinaus. Und der Haß ist begreiflich, mit dem Leibniz von jenem Irländer spricht, »der es darauf abgesehen habe, durch seine Paradoxe berühmt zu werden.«

Aber zu *welcher* Änderung führt, genau betrachtet, Berkeleys Philosophie? Wenn wir annehmen, daß das erdmagnetische Feld doppelt so groß wie in Wirklichkeit ist, oder daß alle bisherigen Physiker das Atomgewicht des Eisens grob überschätzt haben, so wäre die Folge aus solchen Annahmen *eine andere Welt* als die, die wir kennen. Anders, wenn Berkeley recht hätte. Nichts würde sich ändern! Wir würden sehen, was wir auch ohne diese Annahme sehen. Die Steine in ihren Schachteln würden sich verhalten wie immer, und zwei Männer, die sich durch eine geschlossene Tür hindurch unterhalten, würden einander in Berkeleys Universum auf die gleiche Weise erfahren wie in unserer Welt. Berkeleys »esse est percipi« ist im genauen Sinn des Wortes eine philosophische Theorie: sie handelt von der gewöhnlichen Welt und verwandelt sie in eine andere.

Berkeleys These ist eine Deutung. Und sowenig wie die Annahme, als wäre das Universum im Ganzen und alles was es enthält tausendmal kleiner als wir dachten, ändert diese These etwas an der Welt selbst. Dennoch besteht unbestreitbar ein Unterschied zwischen Berkeleys Welt und der unsrigen. Dieser Unterschied aber ist selbst eigentümlich schwer zu fassen: er ist *undurchsichtig.*

3

In zwei scharfsinnigen Büchern hat der französische Kritiker Roger Caillois versucht, das spezifisch Phantastische in der Kunst abzugrenzen gegen das Groteske, das Märchenhafte, Gespenstische und gegen das, was den Grundzug der Science-Fiction ausmacht.[7]

Alle diese Literaturarten haben ihre eigene Grammatik, eine Art symbolischer Formenlehre, die vorschreibt, wie, in welchen Formen und nach welchen Regeln das Unwahrscheinliche oder Unglaubliche in die Erzählung eintritt. Wie für alle andern Literaturformen gibt es auch für diese Genres einen Satz von Spielregeln. »Das Märchenhafte«, sagt Caillois, »gehört einem Universum des Wunderbaren an, das zu unserer Welt hinzutritt, ohne sie in Frage zu stellen oder ihren Zusammenhang zu stören. Das Phantastische hingegen offenbart einen Skandal, einen Riß, einen merkwürdigen Bruch in der wirklichen Welt, der schwer erträglich ist.«[8]

Im Märchen, in der Gespenstergeschichte oder in der Science-Fiction-Erzählung wird vorausgesetzt, daß einige der Voraussetzungen unserer Wirklichkeit aufgehoben sind. In dieser stillschweigenden oder ausdrücklichen Übereinkunft zwischen Leser und Autor liegt aber gleichzeitig auch eine Rückversicherung, eine Art von Garantie. Vieldeutiger ist das Verhältnis zwischen den beiden, größer und fundamentaler die Verunsicherung, die für die im strengen Sinn phantastische Literatur bezeichnend ist. Im Gegensatz zum Märchen handelt diese Literatur von unserer eigenen Welt. Das macht sie problematisch und verleiht ihr ein ganz anderes moralisches Gewicht als das einer bloß fabulierenden Erzählung. Oder, wie Caillos feststellt: »In einem durch und durch fremdartigen Universum hätte das Phantastische keinen Platz, ja es ist dort überhaupt nicht denkbar. In einer Welt von Wundern verliert das Außerordentliche seine Macht.«

Das Phantastische in der Literatur begnügt sich also nicht damit, den Sinn für das Wahrscheinliche herauszufordern, sondern die Vernunft selber. Es besteht letzten Endes darin, die Welt als *undurchsichtig*, der Vernunft unzugänglich darzustellen. Das ist es, was Piranesi mit seinen imaginären Gefängnissen tut: er stellt eine Welt dar, die mit ganz anderen Wesen bevölkert ist als mit denen, für die sie geschaffen wurde.

4

Bei der Lektüre von Jules Vernes Romanen hat man es schwer, zwischen dem merkwürdigen Eindruck des Textes und dem zu unterscheiden, der von den alten Illustrationen herrührt. Anachronistische Maschinen mitten im afrikanischen Dschungel, Kristalleuchter und Plüschsofas an Bord des Unterseebootes *Nautilus*, Vulkane, die geheimnisvolle Maschinerien beherbergen, ein schwebendes Schiff, das von senkrechten Propellern über die Gletscher der Arktis getragen wird: die Atmosphäre dieser Bücher ist nicht märchenhaft, sondern unverkennbar phantastisch.

Es war diese schwer zu beschreibende Herausforderung, die Raymond

Roussell an diesen Büchern beeindruckt hat, und aus der er in seinen eigenen Romanen eine neue, mechanische Kunstform entwickelt hat – ein Ergebnis, das vom Vorbild stark abweicht, aber dessen grundlegende paradoxale Stimmung beibehält: unerklärliche Arbeiten, verwickelte Maschinen, verborgen in tropischen Regenwäldern. Verängstigte Eingeborene, vorgestellt wie auf einem alten Stich, betrachten die Szenerie.
Die eigentliche Wirkung von Vernes Romanen ist sicher auf dieses Gefühl der Verunsicherung zurückzuführen; aber kann man behaupten, daß ihr Weltbild die Vernunft wirklich herausfordert? Gründet nicht vielmehr sein ganzes Werk in einem naiven Glauben an die Vernunft, drückt es nicht eine harmlose Begeisterung aus für die Technologie und ihre Möglichkeiten, die Natur zu beherrschen?
Die Sachlichkeit dieser Romane geht aus einer solchen Mentalität hervor. Ihre Handgreiflichkeit steht der Piranesis in nichts nach. Die detaillierte Sachkenntnis, der robuste technische Gedankengang, der nicht selten in lange neunmalkluge naturwissenschaftliche oder (wie in der *Reise zum Mond*) mathematische Raisonnements einmündet – das alles gehört zu diesen Texten und läßt sich nicht von ihnen loslösen. Vernes Helden, und besonders sein Lieblingsheld, der Erfinder als Mäzen, unternehmen nie etwas Unmotiviertes. Der Autor liebt es geradezu, ausführlich zu erklären, warum das scheinbare Wunder keines ist. Unzählige Seiten seiner Erzählungen sind dem Versuch gewidmet, das Unglaubliche, Märchenhafte aus den normalen Gesetzen der Welt abzuleiten, das heißt: es zu entzaubern.
Jules Vernes Romane handeln also offenbar von der gewöhnlichen Welt. Dennoch geschieht in ihnen, wie Pierre Macherey in seiner Analyse gezeigt hat, ein unmittelbarer Übergang vom Realistischen zum Imaginären, der so intim und rasch erfolgt, daß es unmöglich ist, den Finger auf den Sprung, die Ritze zu legen. Die Vorstellung von der Macht der Technik über die Natur dient als eine Art Brücke zwischen den beiden Komponenten. Man kann vielleicht sagen, daß die Wissenschaft hier als übergreifende Ideologie fungiert: eine in unsern Augen unbegriffene und veraltete Wissenschaft, eine parodistische Technik, die der zeitliche Abstand immer kurioser erscheinen läßt. Damit gewinnen diese Zukunftsromane eben in dem Maß an Reiz, in dem ihre Zukunft hinter uns liegt und zur exotischen Antiquität geworden ist.
Diese Prosa verdankt ihre Schönheit einer Rhetorik der extremen Land-

schaften, Situationen und Naturzustände. Sie suggeriert unerhörte Kräfte, verborgene Geheimnisse, mächtige Reserven: man denke an den Wirbelsturm in *Ingenieur Roburs Luftfahrt,* oder an die vulkanische Naturkatastrophe am Schluß der *Geheimnisvollen Insel.* Die technischen Inventionen Vernes scheinen letzten Endes nur im Dienst dieser Rhetorik zu stehen.
Ein paradoxer, ironischer Zug liegt über diesem literarischen Werk, das scheinbar seine ganze Energie an die Entzauberung von Natur und Technik wendet, und das gleichwohl fortwährend in das Phantastische mündet. Der Widerspruch zwischen seinem Optimismus, seiner Naivität und seinem Beharren auf der Rätselhaftigkeit und Unerschöpflichkeit der Welt treibt Jules Verne dem Phantastischen in die Arme. Seine Romane wollen nicht mystifizieren, sondern erklären. Doch in ihrer säkularisierten Phantastik verbirgt sich ein heimlicher, niemals ausgesprochener Pessimismus.

5
Dieses Thema ließe sich weiter entwickeln: Es gibt eine Literatur, die unwillkürlich, ja *wider Willen* phantastisch ist. Eine Analyse in dieser Richtung hätte auf Erscheinungen wie die philosophischen Schriften Ludwig Wittgensteins einzugehen, deren stilistische Struktur darauf beruht, daß sich für jede beantwortete Frage ein Labyrinth weiterer Fragen öffnet; oder auch auf die Untersuchungen gewisser Strukturalisten, in denen der Versuch, unseren Begriffsapparat aus überpersönlichen Mustern zu erklären, je weiter er getrieben wird, desto deutlicher in einer undurchdringlichen Menge von Faktoren sich erschöpft. Ihre Faszination liegt darin, daß die Strukturen hinter unserer Existenz letzten Endes undurchsichtig bleiben. Ein weiteres Beispiel einer Literatur, die wider ihren eigenen Willen phantastische Züge annimmt, bietet der schwedische Prosaist Per Olof Sundman. Seine Romane treten mit einem extremen Anspruch auf Sachkenntnis auf; gleichzeitig verweigern sie sich jede ideologische Deutung der Tatsachen, die sie darstellen. Diese beiden Züge schneiden sich im Phantastischen. Die Problematik, die darin liegt, wäre es wert, entwickelt zu werden. Das mag tun, wer Lust dazu hat.

6
Ich habe schon angedeutet, daß ich die phantastische als den Gegenpol zur ideologischen geprägten Kunst ansehe. Die Übereinkunft, auf der sie be-

ruht, ist eben die Aufkündigung jeder Schutz bietenden Übereinkunft: die Voraussetzung, daß wir in jedem Augenblick auf eine überraschende, undurchdringliche Mauer stoßen können, die jeder Deutung und jedem Angriff widersteht.
Piranesis Gefängnisse drücken mit großer Kraft einen Gedanken aus, den der schwedische Dichter Hjalmar Gullberg in die Frage gekleidet hat: »Gibt es jenseits der menschlichen eine andere Ordnung?« Der neurotische Zug in Vernes Phantastik liegt in dem Verdacht, daß die vom Menschen geschaffene Ordnung fortwährend einer anderen, fremden, ironischen Kraft zu weichen scheint. Die Träume, an denen Verne sich begeisterte, gehören weder der Gegenwart, noch der Zukunft, noch dem 19. Jahrhundert an: sie führen in einen leeren Raum, der uns die Möglichkeit einer anderen Welt vorspiegelt – eine Möglichkeit, die uns gleichzeitig reizt und erschreckt.
Die phantastische Kunst ist von einer eigentümlichen Kälte. Das hängt damit zusammen, daß sie den Schwerpunkt aus dem Text heraus verlegt, außerhalb des Gesagten, ja sogar außerhalb der Grammatik. Die Bedeutung der Bilder, die sie hervorbringt, liegt außerhalb der Reichweite des Menschen. Daran ermißt sich ihr tiefer Pessimismus.
Dieser Sachverhalt wird besonders klar, wenn wir die phantastische Mentalität mit ihrem Widerpart, mit anti-phantastischen Denkweisen konfrontieren. So lassen sich alle Verfahren bezeichnen, die auf die Erfahrung hinauslaufen, welche uns sagt: Dies hier ist nichts anderes als ... – und die dann dazu übergehen, das Unbekannte auf etwas Bekanntes zurückzuführen. Ihre grundlegende Übereinstimmung besteht darin, daß sie eine solche Reduktion für möglich und für geboten halten. Die beiden wichtigsten Beispiele einer solchen Ideologie sind natürlich der klassische Positivismus und der klassische Marxismus.
Gemeinsam ist ihnen eine Methode, die davon ausgeht, daß die Welt durchsichtig und durchschaubar ist. Der Schwerpunkt dessen, was gesagt wird, liegt bei ihnen im Gesagten selbst, nicht in einem »Außerhalb« oder »Jenseits«. Nichts ist so kompliziert, als daß es nicht aufklärbar wäre.
Der Positivismus führt die Erscheinungen auf verifizierbare physikalische Gesetze und parallel dazu auf ein System von sinnlichen Eindrücken zurück. Er kulminiert in dem Versuch, die beiden Systeme mit einander zu koordinieren, den Philosophen wie Carnap, Russell und Moore unternommen haben. Der Wunschtraum dieser Schule, der immer wieder auf-

taucht, ist es, eine extensionale Sprache zu entwickeln, das heißt, eine Sprache, in der die Bedeutung der Wörter (sofern sie nicht logische Bindewörter sind) stets mit den Gegenständen oder den Klassen von Gegenständen übereinstimmen, auf die sie gemünzt sind. Ihr Ziel ist also eine Semantik, in der alles Gesagte sich auf Gegenstände oder (parallel dazu) auf Wahrnehmungen zurückführen ließe, und in der kein Raum für Inhalte bliebe, die sich nicht auf diese Weise einer handfesten, elementaren und in all ihren wesentlichen Äußerungen bekannten Wirklichkeit zuordnen lassen.

Wie in den letzten zwei, drei Jahrzehnten überzeugend dargetan wurde, zuerst von Quine[10], später von dem Finnen Hintikka[11], stößt ein derartiges Programm auf enorme Schwierigkeiten und führt zur Annahme neuer, nicht-nominalistischer Ontologien. Wenn diese Diskussion nicht die Beachtung gefunden hat, die sie verdient, so liegt das vermutlich daran, daß sie auf einer hochspezialisierten Ebene ausgetragen wurde, und daß sie Kenntnisse in der formalen Logik voraussetzt.

Der Marxismus, der im dialektischen Materialismus verankert ist, trifft auf solche Schwierigkeiten schon deshalb nicht, weil er nicht beansprucht, alle Phänomene auf physikalische Gesetze zurückzuführen. Statt dessen unternimmt er den Versuch, die Erscheinungen auf die historische Welt des Menschen zu reduzieren, die er als ein System verschiedener Organisationen wirtschaftlicher Tätigkeit auffaßt. Die erkenntnistheoretischen Probleme, auf die er stößt, sind anderer Art.

Für eine ausführliche Ideologiekritik ist hier kein Platz. Begnügen wir uns also mit der Feststellung, daß sowohl der Positivismus als auch der Marxismus ihr moralisches Gewicht der optimistischen Grundannahme verdanken, daß die Welt durchschaubar sei. Deshalb kann sie auch verändert werden. Sie ist im Grund die Welt des Menschen, also eine manipulierbare Welt.

Piranesis Gefängnisse stehen in einem unvereinbaren Gegensatz zu solchen Auffassungen.

Nun ist es klar, daß unser Verhältnis zur Kunst überhaupt voller Widersprüche ist; oft genug ist es von Mystifikationen geprägt, wie wir sie auf keinem andern Gebiet akzeptieren würden.

Auch habe ich bei diesem Orientierungsversuch von den historischen Abhängigkeiten abgesehen, denen natürlich auch das Phantastische in der Kunst unterworfen ist. Selbstverständlich ist das, was wir bei Verne so nennen, nicht identisch mit dem, was heute für phantastisch gelten kann. Andererseits hat unsere heutige historische Situation das Phantastische an Piranesi post festum sogar noch *gesteigert*. Was also ist das Gemeinsame, das alle phantastischen Werke auszeichnet? Es ist keine unveränderliche Qualität, sondern eine Haltung. Sie implizieren allesamt ein moralisches Verhältnis zur Welt, und zwar ein Verhältnis, das im wesentlichen reaktionär ist. (Und insofern ich selber phantastische Literatur schreibe, bin ich an diesem Punkt, in der Konsequenz meines Gedankenganges, in einen radikalen Widerspruch zu mir selbst geraten.) Ich habe lange nach einer Widerlegung dieser These gesucht, aber ich sehe nicht, wie sie zu bestreiten wäre. Denn die Anziehungskraft der phantastischen Eingebung besteht eben darin, daß sie uns die Welt letzten Endes unzugänglich macht und unserem Eingriff entzieht. Allerdings sind wir für unsere Eingebungen nicht verantwortlich zu machen. Das gilt auch für unsere Träume: und nicht einmal jenen Kritikern, die sich über die fortschreitende Politisierung der Literatur am lautesten beschwert haben, ist es eingefallen, uns zur Rechenschaft zu ziehen, weil wir von politischen Dingen träumen. Hingegen kann man verlangen, daß sich ein Autor seiner Eingebung und der Konsequenzen bewußt ist, zu denen sie führen. Mehr nicht. Denn ebensowenig, wie man eine Eingebung an sich angreifen kann, ebensowenig läßt sie sich verteidigen.

Wenn aber das Phantastische in der Kunst als Paradigma einer reaktionären Haltung gelten muß, so liegt das nicht daran, daß mit ihm eine Vorentscheidung über die menschliche Freiheit, über Determinismus oder Indeterminismus gegeben wäre. Es liegt daran, daß die phantastische Kunst die Welt nicht als das natürliche Milieu des Menschen betrachtet, sondern sie, wie in Piranesis Bildern, als einen Ort hinstellt, an dem der Mensch nicht zuhause ist, an den er sozusagen aus Versehen geraten ist, und dessen Verhältnisse und Triebkräfte er deshalb weder verstehen noch überblicken kann. Deshalb muß diese Kunst von einem tiefen Pessimismus erfüllt sein. Gleichzeitig verschafft sie dem Betrachter jene paradoxe Erleichterung, die sich immer dann einstellt, wenn man ein Problem ein für alle Mal als unlösbar aufgibt – ein Gefühl, das beinahe der Genugtuung über eine Lösung gleichkommen kann.

Die phantastische Kunst ist ein gefährliches, fast könnte man sagen: menschenfeindliches Milieu. Sie liegt in der kältesten Klimazone des Bewußtseins. Sie hat die ziehende Kraft eines Strudels. Der Betrachter, mag er sich

noch so zuhause fühlen in der Wärme der Vernunft, der Ideologie, des Handelns, kann sich ihrer Wirkung kaum gänzlich entziehen; er spürt, daß diese Kunst in ihm einer heimlichen Besorgnis, einer halbvergessenen Ahnung entgegenkommt und sie lebendig macht.
Das Unwiderstehlichste an Piranesis Bildern ist das geheimnisvolle, milde, feierliche Licht, das von oben oder von der Seite her in ihre Gewölbe fällt. Dieses Licht verspricht Vergessenheit, und vielleicht ein Ausruhen anderer Art.

Aus dem Schwedischen von Johanna Grübel

Anmerkungen

1 Siehe Arthur Samuel, *Piranesi.* London 1910; ferner die Monographien von A. Giesecke (1911) und H. Foucillon (1918). Ein vollständiger Abdruck der *Carceri* findet sich in dem gleichnamigen Band, Frankfurt am Main (Insel) 1965, der auch den berühmten Piranesi-Essay von Marguerite Yourcenar enthält.
2 Georges Poulet, *Trois essais de mythologie romantique.* Paris 1966.
3 *Fusées. Oeuvres complètes.* Paris (Pleiade) 1954. S. 1197.
4 Samuel, a.a.O. S. 111–113.
5 Yourcenar. a.a.O. S. 61.
6 George Berkeley, *A Treatise Concerning the Principles of Human Knowledge.* London 1710.
7 Roger Caillois, *Au coeur du phantastique.* Paris 1965, und *Images, images.* Paris 1966.
8 Caillois a.a.O. S. 17.
9 Pierre Macherey, *Pour une théorie de la production littéraire.* Paris 1966.
10 Willard van Orman Quine, *Two Dogmas of Empiricism.* In: *From A Logical Point of View.* Cambridge, Mass. 1953, und *Word and Object*, ebd. 1960.
11 Jaakko Hintikka, *Knowledge and Belief.* Ithaka, N. Y. 1962, und *Individuals, Possible Worlds, and Epistemic Logic.* In: *Nous*, vol. 1 (1967).

Julio Cortázar
Verdächtige Verwandtschaften

They say miracles are past; and we have our philosophical persons to make modern and familiar things supernatural and causeless. Hence it is we make trifles of terrors; ensconsing ourselves into seeming knowledge, when we should submit ourselves to an unknown fear.
Shakespeare, *All's Well That Ends Well.*

Böse Begegnung

Wer schreibt, sollte es dem nicht vergönnt sein, seine Phantasie zu *verdinglichen* und die Kreuzwege und Hinterhalte des Lebens in Artefakte zu verwandeln? Die Zeiten erlauben es nicht. Übrigens würde ein solches Unternehmen vielleicht geradenwegs in das Entsetzen führen, wenn es gelänge. Also begnüge ich mich damit, diese Wörter aneinanderzureihen und mir mit drei traurigen Tigern aus Papier und Blei De Quincey auszudenken, wie er, in einer Winternacht vor zehn Jahren, den Autobus 92 nimmt, der von der Porte de Champerret bis zur Gare Montparnasse fährt. Zu einer Begegnung, in die heute noch meine ärgsten Albträume münden, paßt niemand besser als jener De Quincey, der sich in die finstersten Nächte Londons versetzt hat, um uns John Williams zu zeigen, den Mörder von Ratcliffe Highway: eine Fußspur aus Rauch, ein unerklärlich bleiches Gesicht, einen Haarschopf von phantastischem Orange.[1] Die abnorme Blässe Williams' war für De Quincey ein *Schlüssel* zu seinen absurden Morden; vielleicht wäre es ihm auch diesmal gelungen, das verräterische Detail, den charakteristischen Zug ausfindig zu machen, der uns, die wir uns auf der Plattform eines Pariser Autobusses zusammendrängten, entging. Es war während der Hauptverkehrszeit, nach Geschäftsschluß, mitten in einer Kältewelle; und wir fühlten uns beinahe wohl auf der geschlossenen Plattform, im Innern des Busses, angesichts der leeren Gesichter, in jenem Schweigen, das zu den ungeschriebenen Gesetzen von Paris gehört. Ich weiß nicht, wo der Mann im schwarzen Hut und Mantel eingestiegen ist. Auf einmal war er da, zeigte sein Billett dem Schaffner vor, der einge-

zwängt in seinem Verschlag dasaß, und blieb stehen, mitten unter uns, den Blick auf den Boden oder auf andere Mäntel, auf Handschuhe, Zeitungen, Handtaschen gerichtet. Schon auf der Brücke, vor der ersten Haltestelle auf der Avenue Bosquet, fiel er einigen von uns auf, und wir zogen uns unwillkürlich zurück, mischten uns unter andere, entferntere Passagiere, suchten einen schützenden Abstand zwischen uns und ihn zu legen. An der Ecole Militaire stiegen viele Leute aus; der Autobus näherte sich den letzten Teilstrecken seiner Route. Es war heiß, die Luft verbraucht, wir waren ermattet vom langen Stehen, in unsern Vermummungen. Auf einmal wurde ich mir bewußt, daß sich, nach und nach, unmerklich aber unaufhaltsam, auf dieser Plattform ein neuer Passagier eingefunden hatte: die Furcht. Niemand hatte mit ihm gerechnet, niemand es für möglich gehalten. Ich weiß nicht, wie ich es erklären soll. Eine Aura war da, eine Ausstrahlung des Bösen, eine abscheuliche Anwesenheit. Der Mann im schwarzen Mantel, Mund und Nase vom hochgeschlagenen Kragen verdeckt, den Hut ins Gesicht gedrückt, wußte es. Er hatte es darauf abgesehen. Er schenkte keinem von uns einen Blick. Das machte die Drohung, die von ihm ausging, nur noch unerträglicher. Vor seiner Weigerung, irgendeine Beziehung zu uns anzuerkennen, waren die verbliebenen Passagiere gleichsam in Wehrlosigkeit verbunden. Sie warteten darauf, daß etwas geschah. Ich erinnere mich, daß der Schaffner, ein grauhaariger, friedfertig wirkender Mann, einen Blick auf den Mann warf und dann zu den drei oder vier Fahrgästen hinsah, die immer noch auf der Plattform standen. Es war, als hätten wir uns verbündet, und als wüßte der Mann im Mantel das. Er stand unbeweglich da, die Hand am Metall der Haltestange, die Augen auf seine Schuhe gerichtet. Eine Ewigkeit schien zu vergehen. Alle Frauen waren ausgestiegen. Die Männer rührten sich nicht. Aber ich weiß, jeder von uns wartete nur auf den Augenblick, in dem er den Bus verlassen, in die Außenwelt fliehen konnte.
Ich könnte sagen: er war das Böse. Aber was heißt das schon? Wir kennen die lächelnden Gesichter des Bösen und seine vielen liebenswürdigen Spiele. Das Unerträgliche an ihm (und der Schaffner in seinem einfachen Gemüt merkte es ebenso wie jeder von uns auf seine Weise) war das Fehlen jeden offenbaren Zeichens. So kann einem der Wahnsinn erscheinen: indem ein einfacher Bleistift mit einem Mal der Tod ist oder der Aussatz, ohne daß er aufhörte, ein Bleistift zu sein und sonst nichts, in einem Widerspruch, der jede Gegenwehr ausschließt, und die Vernunft ist vor allem

dies: Not- und Gegenwehr. Der Mann blieb bewegungslos stehen, das Gesicht fast ganz verborgen, den Blick auf die Schuhe geheftet; wie ein leerer Fleck, der sich ausbreitete, ein Gestank nach Schatten, eine vordringende Macht. Ich bin sicher: hätte er mit einem Ruck den Kopf gehoben, um einen von uns anzustarren, er hätte einen Schrei ausgelöst oder einen blinden Wettlauf auf den Ausgang zu. In diesem stillstehenden Augenblick spielten Kräfte, die stärker waren als wir alle; die Furcht wurde geradezu stofflich faßbar, und sie nährte die vage Vorstellung davon, was passieren würde, wenn ein argloser *Außenseiter* einsteigen und mit einem Stoß die schwere Gestalt an der Stange in Bewegung setzen sollte. Eine solche Wendung schien uns allen, die wir durch ein Bündnis jenseits aller Vernunft, durch ein Einverständnis aneinandergekettet waren, das sich nur in den Magennerven und im Nackenhaar ausdrückte, noch unerträglicher als die langsame nächtliche Reise des Busses Nummer 92. An der Haltestelle Avenue de Lowenthal stieg niemand aus oder zu, und ich erkannte, daß es an mir war, drei Schritte auf den Menschen hin zu tun, um die Halteglocke zu erreichen. In diesem Augenblick sah ich, sahen wir alle, wie sich seine Hand von der Stange löste und nach dem Klingelknopf suchte. Ich entsinne mich, daß ich mich so lange wie möglich zurückhielt, in der Hoffnung, daß irgendein anderer Passagier an der Rue Oudinot aussteigen würde; aber niemand rührte sich, der Mann drückte auf den Knopf, der Bus fuhr die Avenue entlang, näherte sich der Haltestelle und bremste vorsichtig, um im Schnee nicht ins Schleudern zu kommen. Die pneumatische Tür öffnete sich fauchend, ich sah wie der Mann sich plötzlich und zugleich unendlich langsam zum Ausgang wandte, während der Schaffner, die Hand am automatischen Türgriff, zögerte, bis drei von uns sich einen Ruck gaben und ausstiegen. Die Avenue blendete uns mit ihrer lautlosen Finsternis, und wir waren gezwungen, uns vorsichtig zu bewegen, um nicht auf dem verharschten Schnee auszugleiten. Wir standen da und warteten auf das Anfahren des Busses, bevor wir die Straße überquerten, wortlos (was hätten wir einander auch zu sagen gehabt, da es doch kein Verhältnis unter uns gab, das wir hätten ausdrücken können?) und wie beschämt durch unsere Komplizenschaft, die immer noch fortbestand. Der Mann hatte die Fahrbahn überschritten, die Bäume am Straßenrand passiert und den Gehsteig erreicht. Er stand jetzt reglos an der Ecke der Avenue und der Rue Oudinot, ohne zu uns hinzusehen. Hinter ihm ragten die Mauern der Blindenanstalt. Würde er das Haus betreten oder in einem andern geschlossenen Gebäude dieses Viertels, in dem es von Klöstern und mauergesäumten Gärten wimmelt, verschwinden? Meine zwei Gefährten begannen die Straße zu überqueren, vorsichtig glitten sie über den vereisten Asphalt. Ich blieb dicht hinter ihnen, obwohl ich wußte, daß ich mich gleich von ihnen würde trennen und allein die Rue Oudinot einschlagen müssen, die wie immer um diese Stunde verlassen dalag. Ich hielt es für möglich, daß der Mann hinter mir herkommen würde. Die beiden andern verloren sich bereits in der Ferne, die Avenue hinunter, in Richtung auf die Rue de Sèvres, deren Lichter weit unten zu sehen waren; sie liefen immer noch nebeneinander her wie Verbündete. Ich glitt aus und mußte mich am Stamm einer Platane festhalten; als ich mich verstohlen umsah, war die Ecke leer. Ich bin noch monatelang, zur selben Stunde, mit dem Autobus 92 gefahren; oft traf ich denselben friedfertigen Schaffner an, auch sah ich manche der Reisegefährten jenes Abends wieder. Nie mehr ist das Böse zu uns eingestiegen, und wir, die wir uns in Wirklichkeit nicht kannten, haben von jener Nacht nie gesprochen; das sind ohnehin Dinge, die man in Paris nicht tut.

Was John Williams betrifft, so hatte De Quincey gute Gründe, auf den Eigentümlichkeiten seiner Erscheinung zu bestehen: der außergewöhnlichen Blässe, die mit dem Orangerot seines Haars einen auffallenden Gegensatz bildete. Mit dem Wunsch, den Leser zu erschrecken, ist das nicht zu erklären. De Quincey gab damit vielmehr, wie Dostoievskij am Ende des *Idioten,* zu erkennen, daß es Verbrechen gibt, für die besondere Spielregeln gelten und die sich in einem Koordinatensystem abspielen, wo ein namenloser Schrecken gleichsam die Vernunft und den gesunden Menschenverstand verschluckt und den Verbrecher ebenso überkommt und antreibt wie sein Opfer. Es handelt sich nicht allein um jene Furcht, die eine Kette von Morden sowohl erregt als auch vorantreibt, wie in den Fällen von Jack the Ripper oder des Vampirs von Düsseldorf. Auch bei einem Mord, der nicht vom Ruf eines anonymen Verbrechers überschattet ist, können sich Bedingungen ergeben, die ich zeremoniell nennen möchte, ein Doppeltanz, in dem die Rollen des Henkers und des Opfers sich miteinander verschlingen, eine Zuspitzung, die wie eine Erfüllung wirkt.

Seit einigen Jahren gibt es die Victimologie als wissenschaftliche Disziplin. Sie ist sozusagen die Antimaterie der Kriminologie. Baudelaire, der sich auf diese Dinge verstand, war wohl der erste, der das tiefreichende Bündnis von Mörder und Opfer erriet. Was hätte ich in jener Nacht getan, wenn mir der Mann im schwarzen Mantel auf dem Weg durch die verlassene Rue Oudinot gefolgt wäre? Ich weiß es nicht, aber ich weiß sehr wohl, was ich nicht getan hätte. Ich bin sicher, daß ein Gefühl von der Absurdität meiner Lage es mir verboten hätte, davonzulaufen. Wahrscheinlich hätte ich irgendeine Reaktion meines Verfolgers herausgefordert, indem ich ihn gestellt, angesprochen, um Feuer gebeten hätte. Ich hätte damit die Rolle des Opfers bereits auf mich genommen, den ersten Schritt des Zeremoniells getan.

Die Studie des Dr. Karl Berg über Peter Kürten (Kürten, den wir bis auf den heutigen Tag in Peter Lorres Maske sehen, während er in Wirklichkeit keinem Geringeren ähnlich sah als Max Jacob, der sich darüber zweifellos königlich amüsiert hätte) zeigt bei mehr als einem Opfer ein Verhalten, das nur ein großer Romancier hätte vorausahnen können. In der erzählenden Literatur gibt es wenig überzeugende Verbrechen; aber Rogozhins Bericht von der Ermordung Nastasjas und die Beschreibung Mersaults an der Küste Afrikas schreiben sich für immer in das Gedächtnis ein, das in ihnen etwas *wiedererkennt:* sie zeigen eben jene Aura von Verhängnis und Zustimmung, die zu erfahren mir auf der Plattform eines Autobusses beschieden war. Der physische Widerstand des Opfers verbirgt oft nur ein tieferes Einverständnis. So verzweifelt der Kampf gegen die würgende Hand oder das Messer auch sein mag, ich weiß heute, was Nastasja ebenso wie viele der Opfer Kürtens oder des Rippers erfuhr: daß die absurde Weigerung, zu fliehen, bereits ein sich Ergeben war. Der Fall der Maria Butlies ist ein Musterbeispiel für diese Abdankung der elementarsten Notwehr. In einer Atmosphäre vollkommener Panik, nachdem der unbekannte »Vampir« von Düsseldorf bereits eine ganze Reihe von Frauen und Mädchen ermordet, mißbraucht und verstümmelt hatte, und unter der fortwährenden Drohung eines neuen Verbrechens dieser Art, ließ sich Maria Butlies mit einem gutgekleideten Mann ein, der sie in einen Park führte, sich dort über sie hermachte und nur den entscheidenden Augenblick abwartete, um seine amourösen Anstrengungen mit einem Würgegriff zu beenden. In Charles Franklins Studie über Kürten ist davon die Rede, daß der Mörder verschiedenen anderen Frauen dieselbe Behandlung zuteilwerden ließ, ohne den letzten Schritt zu tun, und daß diese Frauen, obgleich sie bereits den Verdacht geschöpft hatten, es handle sich um den Vampir, sich auf weitere Rendezvous mit Kürten einließen. Maria Butlies überlebte nicht nur diesen ersten Versuch des Mörders, sie zu erwürgen, den sie offenbar für einen anregenden Einfall hielt; sie fand sich sogar dazu bereit, wenige Tage später Kürten in seiner Wohnung aufzusuchen, wo er sie ohne weiteres, wie Rudolf Scheer, hätte umbringen können[2]. Aber ihr unbewußtes Einverständnis mit dem Mörder ging sogar noch weiter. Kürtens Vorgehen hatte ihr derart imponiert, daß sie einen Brief an eine Freundin schrieb, in dem sie ihr Abenteuer im Park und die Furcht, die sie dort überkommen hatte, ausführlich schilderte. Die Freundin begriff sogleich, daß es sich um den Vampir handelte, und übergab den Brief der Polizei. Maria war keineswegs schwachsinnig, sie hatte lange Zeit in der Stadt gelebt und konnte flüssig von ihren Erlebnissen erzählen. Wie ist ihre Amnesie, die Blockierung ihres Bewußtseins zu erklären? Die Beziehung zwischen dem Mörder und dem Ermordeten, die sich in solchen Fällen herstellt, kann beinahe hypnotische Formen annehmen und eine Atmosphäre der Lähmung erzeugen, wie wir sie an jenem Abend im Autobus kennenlernten. Gewisse Verbrecher wie Kürten, der Ripper, Landru, Christie und der unvorstellbare Bela Kiss sind offenbar imstande, ihre Opfer mit derselben Geste zu betäuben, mit der sie ihnen die Hand geben oder eine Blume schenken[3].

Jack the Ripper Blues

I've no time to tell you how
I came to be a killer,
But you should know, as time will show,
That I'm a society's pillar.
Aus einem Gedicht, das Jack im Jahre 1888 an eine Londoner Zeitung schickte.

Heute noch streitet man sich in England, jener glücklichen Weltgegend, wo das Vergnügen, ferne Rätsel zu lösen, die Zeit aufzuheben scheint, um die Briefe und die Gedichte, die Jack dem Ripper zugeschrieben werden. Seine Heimat hat die bemerkenswertesten *mysteries* der Geschichte und zugleich die verbissensten Versuche zu ihrer Lösung hervorgebracht, und das ist kein Wunder: die einen gehören zu den andern wie das Wasser zum Durst. Wer war Shakespeare? Wer war Jack the Ripper?
Für die Argentinier gibt es einen schwachen Trost: Jack ist in Buenos Aires gestorben. Die Russen ihrerseits möchten am liebsten diesen Satz durchstreichen und sagen: er starb in St. Petersburg. Die Engländer aber

können mit einem befriedigten Lächeln argumentieren: Jack ist in seinem Heimatland gestorben, denn er war bis zu seinem Tode nichts geringeres als der Leibarzt der Königin Victoria. Wie man sieht, erinnert die Geschichte an jene drei echten Schädel vom Heiligen Johannes dem Täufer, die eine noch weit höhere Zahl italienischer Kirchen zieren. Ich verwerfe ohne zu zögern die Moskauer These, verfochten von William Le Queux, derzufolge der Ripper mit einem gewissen Pedačenko identisch gewesen sein soll, einem Psychopathen ersten Ranges, den die Ochrana nach London entsandt habe, um die englische Polizei zu ärgern und zu diskreditieren. Ich habe immer vor der verdächtigen Fähigkeit der Russen gezittert, fremde Sprachen zu beherrschen (denn wer weiß, was sie sonst noch alles zu beherrschen imstande sein mögen), aber gleichwohl sehe ich nicht, wie irgendein Pedačenko es fertig gebracht haben soll, zwischen zwei Morden ein kleines Gedicht wie das folgende zu verfertigen, das im reinsten Cockney-Ton abgefaßt ist:

I'm not a butcher,
I'm not a Yid,
Nor yet a foreign skipper,
But I'm your own light-hearted friend,
Yours truly, Jack the Ripper.

Bedauerlicherweise zeigt sich Charles Franklin, der die slawophile Theorie ebenso verächtlich wie ich vom Tisch wischt, gleichermaßen skeptisch, was den Leibarzt der feisten Monarchin angeht, und die großen Vorzüge der argentinischen These scheint er noch weniger zu sehen. Wer dem Arzt der Wohlbeleibten so leichthin den Laufpaß gibt, dem fehlt es am Instinkt für die gefährlichen Ecken der Geschichte, für jene »Wenns«, die ihr wer weiß welche erstaunliche Wendung hätten geben können, wenn eben die Nase der Cleopatra ein wenig länger gewesen wäre. Man braucht sich ja nur vorzustellen, daß Jack auf einem derart weiten und königlichen Operationsfeld hätte ausführen können, was er der bescheidenen Mary Kelly angetan hat, und was ich, um empfindliche Leute zu schonen, lieber in einer Anmerkung zusammenfasse, die sicherheitshalber Kopf steht.[4] Was dieser Anstrengung der Phantasie beträchtlich Vorschub leistet (der Leser, der sich nicht für einen empfindlichen Menschen halten will, wird die Anmerkung inzwischen gelesen haben), das ist die berühmte Fotografie, die Königin Victoria zu Pferde zeigt, und jene andere nach dem Ausritt, auf dem man dem Tier ansieht, daß es die Anstrengung nur mit knapper Not überlebt hat. Angesichts solcher Dokumente versteht man, warum Jack vor dem Äußersten zurückgeschreckt ist. Doch wir vertrödeln unsere Zeit mit dieser Theorie, an die ich im Grunde meines Herzens nie geglaubt habe. Als Argentinier kann ich hingegen der Hypothese von Leonard Matters[5] auf die Dauer nicht widerstehen. Ich werde mithin daran festhalten, daß der Ripper von Beruf Chirurg war (an seiner Qualifikation lassen die Beweisstücke keinen Zweifel zu, und es kann als erwiesen gelten, daß aus seiner Schlächterei eine hervorragende Kenntnis der menschlichen Anatomie und eine lange Erfahrung mit dem Skalpell spricht); ich werde mich also, nachdem ich alle slawischen Anarchisten und königlichen Leibärzte abgeschrieben habe, mit dem gebührenden Respekt vor Dr. Stanley verneigen, der um die Jahrhundertwende in Buenos Aires verschieden ist, nicht ohne seine blutige Geschichte einer Familie gestanden zu haben, die sich zwischen Verblüffung und Ohnmachtsanfällen hin- und hergerissen fand.

In diesem Spiel von Spiegelungen und Wiederholungen über die historische Zeit hinaus finde ich ein weiteres Moment, das meine Theorie stützt. Franklin behauptet nämlich, Stanley habe seinen Sohn rächen wollen, den Mary Kelly, vor ihrer methodischen Zerstückelung, mit einer Syphilis angesteckt haben soll. Möglicherweise um seine Hand zu üben, oder weil er die Hübschen in ihren Umhängen oder beim Schein der Gaslaternen verwechselt habe, sei Jack erst auf umständlichen Umwegen an Mary Kelly gekommen, und mit ihr habe er die Serie seiner Morde und damit seine Rache vollendet. Franklin zerstört dann, mit der ihm eigenen Leichtfertigkeit, seine eben erst vorgebrachte These, unter anderm mit dem Argument, Mary Kelly hätte gar nicht an Syphilis gelitten. Ich wäre der Letzte, einem jungen Mädchen eine Krankheit anzuhängen, mit der sie nichts zu tun hatte; doch lehrt mich die Erfahrung, der auch Franklin sich nicht hätte verschließen sollen, daß, sobald Buenos Aires ins Spiel kommt, die geringste Anspielung auf die Syphilis als etwas Unerhörtes gilt und deshalb rigoros unterdrückt wird. So heißt es von Pedro de Mendoza, dem Gründer dieser arbeitsfrohen Stadt, in allen Geschichtsbüchern, er sei bei seiner Ankunft am Rio de la Plata »bereits schwer krank« gewesen; die schlichte Wahrheit ist, daß ihn die Gastmähler bei der Plünderung Roms in eine Lage versetzt hatten, die der von Dr. Stanleys Sohn nur allzu ähn-

lich war. Damit dürfte die anglophile Argumentation Franklins wohl im Staube liegen.
Ich wüßte gern, wie Jack in Buenos Aires gelebt hat. Ob er sich an die englische Kolonie hielt? Ob er manchmal zum Hafen oder zum Fischmarkt ging, dessen Mienen und Gerüche ihn an Whitechapel und Spitalfields erinnern mochten? In den Schänken hat sich womöglich der eine oder andere böswillige Mensch über seinen Akzent lustig gemacht. Und womöglich hat er den einen oder den andern unter meinen Groß-Großonkeln von einem Leberleiden erlöst. Was für einen Narren haben Sie eigentlich an diesem Jack gefressen? Dies fragt sich schon eine ganze Weile lang eine Dame, die meinen schlechten Geschmack beklagt. Offenbar hat sie es nicht lassen können, den Text meiner Anmerkung umzudrehen. Sehen Sie, meine Dame: erstens ist das nicht meine Schuld, und zweitens behagt Ihnen wohl die Ungezwungenheit nicht, mit der ich von der Königin Victoria sprach. Deshalb werde ich Ihnen erklären, warum mir Jack und Mary Kelly lieber sind als die ruhmreiche Monarchin. In einer besseren Welt, wie ich sie mir vorstellen kann, wäre Jack dazu bestimmt gewesen, den Leib der Königin auszuweiden. Wenn ich Jack und wenn ich Königin sage, so bitte ich Sie, mich recht zu verstehen; und sollte Ihnen das schwer fallen, so füge ich hinzu, was ein gewisser Henry Mayhew, zitiert bei Franklin, über die Lebensbedingungen im viktorianischen London zu berichten weiß. Die Zahl der Huren betrug über achtzigtausend. Arbeitslosigkeit, Elend und gesellschaftlicher Despotismus verwiesen diese Frauen auf das einzige Königreich, das ihnen offenstand: das des Gins, der venerischen Krankheiten und des Messers. Die Staatsschreiber wollten von diesen Tatsachen sowenig wissen wie die pausbäckige Monarchin. Sie wuschen sich die Hände wie weiland Pius XII. Eines der Mädchen aus dem East End brachte das viktorianische Paradies auf seine schlüssigste Formel, als man ihm riet, die Arbeit auf der Straße für eine Weile aufzugeben, damit sie nicht dem Ripper in die Hände fiele: »Soll er doch kommen. Für eine wie mich – je früher desto besser.«
Und somit, meine Dame, wirken die Verbrechen Jack des Rippers, so entsetzlich sie sein mögen, auf mich wie Werke der Barmherzigkeit verglichen mit dem heuchlerischen Völkermord, der sich heute nur auf andere Teile der Welt verlagert hat; deshalb kommt in der Welt, die ich mir wünsche, Jack herbei, um der Königin Victoria die Eingeweide aus dem Leib zu schneiden; deshalb hat Jacks Gedicht auf ironische Weise recht, wenn es

sagt, sein Verfasser sei eine Stütze der Gesellschaft. In seinem Film über Peter Kürten hat der Franzose Robert Hossein das Problem sehr deutlich formuliert: die Stadt Düsseldorf, die vor den Morden des Vampirs erzittert, läßt die Knüppelhiebe, die Judenverfolgungen, die Bücherverbrennungen, die Stiefel der SA gelassen über sich ergehen. Voilà, Madame.

Aus dem Spanischen von Andreas Thalmayr

Anmerkungen

1 Thomas De Quincey, *On Murder Considered as One of the Fine Arts.* In: *Selected Writings.* New York 1937. S. 1033 ff. Deutsch in: *Bekenntnisse eines englischen Opiumessers und andere Schriften.* Stuttgart 1962. S. 440 ff.

2 Vgl. Charles Franklin, *A Mirror of Murders.* London 1964. Für Varianten zu dieser Episode siehe Colin Wilson und Pat Pitman, *Encyclopaedia of Murder.* London 1961.

3 De Quincey kannte diese Dialektik, wie das folgende Zitat beweist: »Insbesondere eines der Mädchen, das einen besonders sanftmütigen Eindruck machte, und auf das es der Mörder zweifellos abgesehen hatte, gab vor Gericht an, daß Williams, allein mit ihr im Zimmer, sie gefragt habe: ›Nun, Miss R., was würden Sie sagen, wenn ich gegen Mitternacht mit einem Tranchiermesser in der Hand in Ihr Schlafzimmer käme?‹ Worauf das vertrauensselige Geschöpf zur Antwort gab: ›Oh, Mr. Williams, wenn es ein anderer wäre, hätte ich die größte Angst. Aber ich bräuchte nur *Ihre* Stimme zu hören, und schon wäre ich beruhigt.‹« A.a.O. S. 1034–35.

4 »Was Jack mit Mary Kelly angestellt hatte, versetzte sogar die völlig brutalisierten Polizisten jener (?) Zeit in Schrecken. Ihr verstümmelter Körper lag entkleidet und blutüberströmt im Bett. Die Kehle war ihr von einem Ohr bis zum andern durchgeschnitten, und der Schnitt war bis auf die Wirbelsäule gegangen. Augen und Nase waren ausgestochen, der Unterleib geöffnet, die Eingeweide herausgerissen worden. Der Mörder hatte die Brüste abgetrennt und sie, zusammen mit dem Herzen und den Nieren, auf einen Tisch neben das Bett gelegt. Die Därme hingen um einen Bilderrahmen an der Wand. Als Krönung seiner diabolischen Symmetrie hatte der Mörder Mary Kellys Kleider sorgfältig zu Füßen des Bettes ausgebreitet.« Franklin, a.a.O. S. 116. Das Fragezeichen stammt von mir.

5 Referiert bei Franklin, Wilson usw.

Mao Tse-tung
Ein unveröffentlichtes Gedicht

BEIM BESUCH DES CHING-KANG BERGES GESCHRIEBEN

Solang bewahrt: in Wolken ein Ziel,
noch einmal hinauf zum Ching-kang Berg.
An tausend Meilen, zu suchen den Ursprungsort;
der alte Anblick? erneuert die Sicht.
Allerorten Pirolruf, Schwalbenflattern,
auch gibt's fließende Wasser, rauschen rauschend,
die hohen Bäume in Wolkenfetzen.
Zurückgelassen Huang-yang-chieh,
abschüssig der Platz; nicht falle, wer schaut.

Wind und Donner erregt,
die Banner, die Fahnen entfaltet;
fest und sicher der Wall.
Achtunddreißig Jahre, sie sind vergangen –
Schnippen des Fingers, ein Augenblick.
Kannst aufwärts zum Neunten Himmel, umfassen den Mond,
kannst abwärts zum Fünften Meer, ergreifen die Kröte;
Plaudern und Scherzen: Triumphlied der Rückkehr.
Auf Erden ist gar nichts schwierig zu tun,
ist nur der Wille da, hochzukommen.

Geschrieben 1965 (vermutlich im Frühling oder Frühsommer); in China noch unveröffentlicht.
Die Übersetzung basiert auf einer japanischen, bzw. englischen Quelle[1]: »... von diesem Gedicht machte eine japanische Delegation ... in Tz'up'ing, Ching-kang-shan, eine Abschrift. Sie kam später in die Hände von Professor Takeuchi Minoru von der Städtischen Universität Tokio, einem führenden Interpreten der Gedichte Maos ... Professor Takeuchi wies mich liebenswürdigerweise auf seinen Artikel hin, ... in dem dieses Gedicht zum ersten Mal im Druck erschienen ist.«[2]
Ein *tz'u* (Liedform in freiem Versmaß) auf die Melodie *Shui-tiao-ko-t'ou,* »Lied des Wassers, Vorspiel«, worin auch Gedicht XXV, *Schwimmen,* geschrieben ist.[3]

Das Gedicht, obzwar offiziell nicht sanktioniert, scheint dennoch – wegen seiner poetischen Stilistik, seiner politischen Verweise – authentisch. Es müßte, falls das 1963 geschriebene und veröffentlichte Gedicht XXXVII, *Genossen Kuo Mo-jo erwidernd*, das bis dahin letzte war, die Nummer XXXVIII tragen.

1965, bemerkt Jerome Ch'en, »war kein Jahr der Revolution in China. Mao empfing im Januar Edgar Snow, im Juli General Li Tsung-jen bei dessen Rückkehr aus den USA[4], und im August André Malraux ... Im Januar hatte er Snow durch seine schlechte Gesundheit und wiederholte Hinweise auf den Tod beeindruckt. Im August wirkte er auf Malraux ... so, als hätte er Schwierigkeiten, beim Gehen das Gleichgewicht zu wahren«.[5] Welche Argumentation! Denn 1965, mag es kein spektakuläres Jahr gewesen sein, war doch ein revolutionäres: Kaum zu denken, daß die Kulturrevolution, zumal ihre Ursachen und Anlässe in die Fünfziger zurückreichen, anfangs der Sechziger so intensiv wie initiativ werden, keine Schatten über ein Dutzend Monate vorweggeworfen haben soll. Der *Beschluß*, sie zu machen, wird im Frühling/Frühsommer 1966, der *Entschluß*, sie zu wagen, längst zuvor gefaßt worden sein. 1965 geschah immerhin dieses: Daß der Romancier Mao Tun (»Shanghai im Zwielicht«), der Drehbuchautor Hsia Yen (»Lins Laden«) bourgeoiser Einstellung überführt und ihrer Ämter als Kulturminister enthoben wurden; daß man die militärischen Rangabzeichen nach dem Vorbild der Pariser Kommune abschaffte, Lin Piao seine Abhandlung »Es lebe der Sieg im Volkskrieg« veröffentlichte; daß Wu Han, der stellvertretende Bürgermeister von Peking, wegen seines Schauspiels »Hai Jui wird entlassen« – worin er schon 1961 das ZK der Machtanmaßung und Landräuberei verdächtigt hatte – Kritik erfuhr und Selbstkritik übte. Ein Jahr, dessen Ereignisse die Kulturrevolution nicht nur in Gang gebracht, sondern ihr auch die Richtung gewiesen haben[6]; es ist nicht alles laut, was revolutionär ist.

Also »a sentimental journey«[7]? Mao Tse-tung ein Yorick, der sehnsuchts- und sterbenskrank noch einmal den Ort aufsucht, wo alles begonnen? »Empfindsam«, wie Lessing zur Übersetzung des Adjektivs *sentimental* anriet, war die Reise gewiß; Erinnerung überkommt jeden. Doch dürften die Topoi (Vögel und Bäche und Wipfel) kaum darüber täuschen, daß hier Einer im Alten das Neue aufzufinden hofft; ihn überwältigt Erwartung. Daher die Warnung: Beuge dich nicht zu tief, wenn du zurückschaust, stürze nicht in Vergangenheit – auch vier Jahrzehnte gehen im Nu, so Jahrhunderte und Jahrtausende anstehen. »Doch ich habe ja noch kaum einen Fuß in Euer Majestät Land gesetzt ...«[8]

1965, und achtunddreißig Jahre zuvor: 1927/28, Ching-kang Berg. Dorthin, ins unwegsame Grenzgebiet zwischen Hunan und Kiangsi, auf ein Felsplateau etwa 40 mal 250 Kilometer, retten sich Einheiten der Roten Armee. Mao etabliert die erste Revolutionäre Basis, schwört auf die Räte, empfiehlt Abwägung zwischen Land und Stadt, befürwortet den Endsieg der Revolution anstatt eines Augenblickssiegs um jeden Preis, erarbeitet Taktik und Strategie der Guerilla; der Volkskrieg ist konzipiert. Auch schreibt Mao sein Gedicht *Ching-kang Berg* (III), auf das er in XXXVIII wiederholt anspielt. Zum Exempel *Huang-yang-chieh*: dort schloß sich Anfang 1928 die Falle hinter den Kuomintang-Truppen (»Feind auf nächtlicher Flucht«); *die Banner, die Fahnen:* damals verhießen sie Kampf aufs letzte (»Vom Feind umzingelt, zahlloser Macht, / auf uns gestellt, stehn wir unbewegt«); *der Wall:* dort ein Symbol der uneinnehmbaren Festung (»Unnahbar bereits ...«); *der Wille:* damals entgegen »der kommandierenden Militärherrlichkeit ..., sobald die Masse des Volks – ländliche und städtische Arbeiter und Bauern – einen Willen *hat*«[9], nämlich den, durch den Triumph ihrer Klasse die Klassenherrschaft aufzuheben (»der Wille von allen noch festeres Fort«). Und 1965?

Während die ersten zwei Anspielungen im Wortlaut mit III übereinstimmen, ist chinesisch *lei* – ein Wall, den man aufschüttet, etwa um sich zu verteidigen – ersetzt durch *huan:* das meint die Umfassungsmauer des Kaiserpalastes, daher das Imperium oder sogar die Welt, so daß richtig auch »the realm« zu übersetzen wäre.[10] Inzwischen hat sich das Bergmassiv zum Staatsgebiet ausgedehnt, und ist stabil. Chinesisch ist wiederum *chih* – das so alltägliche wie gegenstandsferne Zeichen für »Wille, Ziel«, das einer attributiv-konkreten Weisung bedarf; es steht im ersten Vers von XXXVIII – abgelöst durch *k'en:* es bedeutet »willens«, also »bereit sein«. Wozu? Hochzukommen, zum Gipfel Chinas, Chinas zum Gipfel, ist eine Metapher; freilich zeigen Wind und Donner, zeigt die Natur selber an: Jetzt oder nie, καιρός. Der macht sich's leicht, wie das Sprichwort sagt[11], wer eine Schildkröte im Bottich fängt (mithin tut, was jeder zu tun vermag), im einen und anderen Meer; der macht sich's schwer, wer gleich den Mond zu umarmen hofft. Er aber hat Aussicht, ein Langlebender zu sein. Zum *Neunten Himmel* – eine Anspielung auf Gedicht XXVI[12] – ist einmal Yang K'ai-hui, die 1930 von der Kuomintang ermordete Frau

Mao Tse-tungs, »leicht aufgeflogen«; unsterbliche Patriotin. Wenn irgend jemand, holt einer wie sie, statt des Sisyphos Chinas sein Prometheus, den Mond auf die Erde: Feuer. Und nicht zu vergessen, daß Yang K'ai-hui in ihrem Himmel erfährt: Die Reaktion hat vertan. Sie löst jene »neue und *dauerhafte* Ordnung der Zivilisation« ab, von der ein hohes Alter, ein langes Leben zu hoffen ist.[13] Zum Ching-kang Berg zurück und hinauf, von ihm ausgehen, heißt Sieg – wird er beredt und belacht, eben menschlich begangen.

Übersetzung aus dem Chinesischen und Kommentar von Joachim Schickel

Anmerkungen:

1 Takeuchi Minoru, *Mo Taku-to no shi.* In *Asahi Shimbun,* 19. Januar 1967. Bzw. Jerome Ch'en, *An Unpublished Poem by Mao Tse-tung.* In *The China Quarterly,* No. 34, April/Juni 1968. Dort ist auch der chinesische Text wiedergegeben.

2 J. Ch'en, a. a. O., S. 4.

3 Vgl. meine Übersetzung und Erläuterung von *Mao Tse-tung, ›37 Gedichte‹,* Hamburg 1965, SS. 34, 129 ff. und passim. (Auch als Taschenbuch, dtv 442, 1. u. 2. Aufl. München 1967.) Siehe auch *Merkur,* Nr. 210.

4 Li Tsung-jen, bis Ende April 1949 Chef der Nanking-Regierung, war der letzte »legale« Präsident von »National«-China. Über sein weiteres Schicksal unterrichtet Edgar Snow, *Gast am anderen Ufer,* München 1964, S. 792.

5 Ebd.

6 Zu den Daten und ihrer Bedeutung vgl. meinen Aufsatz *Dialektik in China. Mao Tse-tung und die Große Kulturrevolution.* In *Große Mauer, Große Methode,* Stuttgart 1968.

7 J. Ch'en, ebd.

8 Lawrence Sterne, *Yoricks empfindsame Reise,* übersetzt von J. J. Bode, Hamburg o. J., S. 6.

9 Friedrich Engels, *Über die Gewaltstheorie,* Berlin 1946, S. 8. – Zu Gedicht III vgl. *Mao Tse-tung, ›37 Gedichte‹,* a. a. O., SS. 13 und 81 ff.

10 Und J. Ch'en, a. a. O., S. 3, übersetzt so.

11 J. Ch'en, a. a. O., S. 4, führt auch das, die beiden Schlußverse inspirierende Sprichwort an: »Nichts unter dem Himmel ist schwierig, hat einer nur das Herz, es zu tun.«

12 Vgl. *Mao Tse-tung, ›37 Gedichte‹,* a. a. O., SS. 35 und 132 ff.

13 Marcel Granet, *La pensée chinoise,* Paris 1934, S. 405. In deutscher, hier präzisierter Übersetzung als *Das chinesische Denken,* München 1963, S. 304.

Gaston Salvatore
Versuch über Unsereinen

»Die Bourgeoisie ist eine Krankheit«

deine fahrige Unruhe
bleibt äußerlich
denn der Wind fängt sich im Türstock
und ein langer gleichzeitiger Schatten
zerbricht dein voreiliges Behagen
deine einverstandenen Freuden

dies
deine Blindheit an und für dich
wenn alle Rollen gespielt sind
zwingt sie dich
zur Bestrafung der Träume
damit sie nicht ausufern
und nicht entgleiten
deinem eigenen Schweigen

es ist keine leichte Sache
deine Einsamkeiten gegeneinander auszuspielen
dich selber zurückzulassen
dich von dir zu verabschieden
denn auch deine Erinnerungen
stehen dir erst bevor
heitere Lieder auf dich selbst

einmal geschleift der breite Flug
erscheint der Schmerz
verhoffend in einer Tür
gemessen und wohlverschnürt

glaube nicht
daß es genügt die Träume zu strafen
oder mit deinen eigenen Fotos umzugehn
du bist nicht das
was wie verfitzte Träume
zwischen den Laken bleibt
was erstarrt ist und stickig
und nicht mehr nach außen findet

du kannst dich nicht aus der Tasche ziehen

du bist nicht das was hohl ist
die Leere
und es geht nicht an dich zu fragen
ob die Leere dir genügt
oder sie zu übermalen
die Leere die du nicht bist
umringt von den Boten
den gewalttätigen Dingen

denn es ist nicht leicht
deine Einsamkeiten gegeneinander auszuspielen
mit dir zu kämpfen
und dich von dir zu verabschieden
nachdem du schon akzeptiert hast
soviel Krieg
in zahllosen Übermittlungen
ins Haus gebracht wie die eigene Post
soviel Allvater Balzac
soviel Gerechtigkeit
Feindin des Lichts
verfitzt und versandet
all diese heiteren Lieder auf dich selbst

Eine umgewühlte Müdigkeit
bist du
ein langer Griff

der nichts als ein Rückgriff ist
so wie einer ihn tut
der altert und die Dinge altern nicht mit ihm

Du selbst und sonst nichts
wird vorkommen in deinen Erinnerungen
gruppentherapeutischen Sitzungen
für ferne Phantasien
von deinen Botenkriegen und deinem Wunsch
das Bett zu wechseln

wie eng sind nun
all deine Schatten
wenn du von deinen Irrwegen sprichst
deinen Ritualen
erfunden aus Müdigkeit
und den austauschbaren Papierherzen
fern von allen Geschäften mit Südafrika

unbeweglich bist du
wie die vielberufene Mauer
deiner selbst gewiß und getrennt
von der Revolution
heute bewaffnet mit Schuhen

schade daß du es jetzt erst merkst:
deine Fragen
liefen auf nichts anderes hinaus
als auf jene Weltkarte
die mit der Zeit in alten Spiegeln erscheint
in denen die Gesichter unkenntlich werden

all deine Fragen
versteckt im großen Schrank im Haus deiner Großmutter
nach dem Spiel auf dem riesigen Dachboden
diesem beharrlichen Liebesakt ohne Fragen
lang vor dem ersten Bett

eine vage Abneigung gegen Jachten
haben dir deine Fragen eingebracht
weiter nichts
und nicht einmal die Liebe zum ersten Knie unter dem Tisch
hast du vergessen
als du noch auskamst
ohne ein Schloß vor dem Nabel
und mit Handtüchern
von andern beschmutzt
die näher als du
einer ganzen Welt von verborgenen Dingen waren

aber die Dinge altern nicht mit dir
und die Zukunft die dir verweigert blieb
wird keinen Platz haben in deiner Erinnerung
nicht der Ort
an dem du die Hohlräume deines Körpers entdeckt hast
die Gerüche
und die Freude an den Gerüchen die du heute verdrängst
heute da es dich nicht einmal betrübt
wenn du aufstehst um eine Umarmung zu suchen

was kannst du anfangen
so sauber
mit deinem vagen Wunsch wiederzufinden
was du als Kind gefühlt hast
in der Erwartung des Gitters das ein Fenster bestimmt
im Augenblick da die Axt einen Baum beschreibt
oder da dein Freund beschließt
eine Ratte in einer Falle zu verbrennen

was nutzt es dir jetzt
daß du Teil hattest an soviel Festen
und soviel Ferne
und daß du die Grammatik der Spiele erlernst
und dich verwandelt hast
in einen Boten des Kriegs

denn leer bist du nicht
am Schluß deiner Wanderjahre
wenn du nur leer wärst!
und bist auch kein trauriger Hohlraum
entschlossen
die Umarmung einzutauschen
gegen den Nahkampf
und nicht die dauernde Rettung
für andere Einsamkeiten
da doch selbst deine Träume
mit andern geschlafen haben
da du schweigend und kämpfend
mit dir selber beschäftigt bist
erwarte nicht
daß die gewalttätigen Dinge
gegen dich aufstehen
und dir die Arbeit abnehmen
diese Boten
sind Feinde des Lichts

wie du siehst
ist es nicht genug
eine Abneigung gegen Jachten zu hegen
und es ist nicht nötig Träume zu strafen
die nicht einmal Träume sind
auf so falschen Wegen
brauchst du dich nicht mehr zu wälzen
und diese Zukunft die dir verweigert blieb
zu verlieren
lohnt sich nicht

es ist vielleicht Zeit
(weil du nicht leer bist)
alle deine Schmerzen zu umfassen
und all die Erinnerungen die du nie haben wirst
und die Schmerzen der andern

Zeit hinauszugehen
Bote der Kriege
auch wenn dir die Worte nicht beistehen
auch wenn dich deine Gerüche genieren
und deine eng gewordenen Schatten
auch wenn dich manche Umarmung aufhält
und die gewalttätigen Dinge
wie Gewehre auf dich gerichtet sind

ist es Zeit
daß du hinausgehst
dorthin
wo dich dein Schuß erwartet

Donald Barthelme
Report

Unsere Gruppe ist gegen den Krieg. Aber der Krieg geht weiter. Ich wurde nach Cleveland geschickt, um mit den Technikern zu sprechen. Die Techniker hatten eine Tagung in Cleveland. Ich sollte sie überreden, nicht zu tun, was sie tun wollten. Ich nahm die United um 4.45 von La Guardia, die um 6.13 in Cleveland ankommt. Cleveland ist dunkelblau zu jener Stunde. Ich ging gleich zum Motel, wo die Techniker tagten. Hunderte von Technikern nahmen an der Tagung in Cleveland teil. Ich bemerkte viele Brüche unter den Technikern, Bandagen, Streckverbände. Ich bemerkte in sechs Fällen einen Bruch des Kahnbeins der Hand, wie mir schien. Ich bemerkte zahlreiche Brüche des Schultergürtels, des Os calcis, des Beckengürtels. Ich bemerkte einen beträchtlichen Anfall von Schwerarbeiterbrüchen. Ich konnte mir diese Brüche nicht erklären. Die Techniker stellten Berechnungen an, nahmen Messungen vor, skizzierten an der Wandtafel, tranken Bier, warfen mit Brot, löcherten Auftraggeber, schleuderten Gläser in den Kamin. Sie waren freundlich.

Sie waren freundlich. Sie waren voller Liebe und Information. Der Oberingenieur trug einen Augenschirm. Patella in Monkschem Streckverband, allem Anschein nach Meniskusriß. Er stand in einem Wust von Bierflaschen und Mikrophonkabeln. »Nehmen Sie von diesem Huhn à la Isambard Kingdom Brunel the Great Ingineer«, sagte er. »Und erklären Sie, wer Sie sind und was wir für Sie tun können. Auf was reisen Sie, Verehrtester?«

»Software«, sagte ich. »In jedem Sinn. Ich vertrete hier eine kleine Gruppe von interessierten Parteien. Wir sind an Ihrer Sache interessiert, die offensichtlich funktioniert. Inmitten von so viel Fehlfunktion ist Funktionieren interessant. Die Sachen der andern klappen offensichtlich nicht. Die Sache des State Department klappt offensichtlich nicht. Die Sache der UNO klappt offensichtlich nicht. Die Sache der demokratischen Linken klappt offensichtlich nicht. Buddhas Sache –«

»Fragen Sie uns nur aus über unsere Sache, die offensichtlich klappt«, sagte der Oberingenieur. »Wir wollen Ihnen unsere Herzen und unsere Köpfe öffnen, Software-Mann, weil wir wollen, daß die große Laiengemeinde uns versteht und liebt und daß unsere Wunderdinge von dieser Gemeinde gewürdigt werden, für die wir täglich unbesungen Tonnen von neuen Wunderdingen produzieren, eins immer lebenserhaltender als das andere. Fragen Sie uns nur aus. Wollen Sie etwas wissen über die Metallurgie evaporierter dünner Schichten? Monolithische und hybridische Transistorprozesse? Die Algebra der Ungleichheiten? Optimierungstheorie? Komplexe geschlossene und offene Mikrominiatur-Loop-Systeme bei hohen Geschwindigkeiten? Mathematische Kostenforschung mit fixen Variablen? Epitaxiale Ablagerungen von Halbleiterstoffen? Massive Kontaktflächen-Raumtaster? Wir haben auch Spezialisten auf dem Gebiet des Wiesenschaumkrauts, des Stachelschwanzes und des Dumdumgeschosses, soweit diese mit Aspekten der heutigen technologischen Expansion in Zusammenhang stehen, und das tun sie ganz verflucht.«

Dann sprach ich mit ihm über den Krieg. Ich sagte dieselben Dinge, die man immer sagt, wenn man gegen den Krieg spricht. Ich sagte, daß der Krieg falsch sei. Ich sagte, daß große Länder keine kleinen Länder niederbrennen sollten. Ich sagte, daß die Regierung eine Reihe von Irrtümern begangen habe. Ich sagte, daß diese Irrtümer, einst klein und verzeihlich, jetzt riesengroß und unverzeihlich seien. Ich sagte, daß die Regierung ihre ursprünglichen Irrtümer unter Bergen von neuen Irrtümern zu begraben suche. Ich sagte, die Regierung sei von Irrtümern durchseucht, berauscht davon. Ich sagte, daß Zehntausende von unseren Soldaten bereits beim Vollzug der Irrtümer unserer Regierung umgekommen seien. Ich sagte, daß Zehntausende von feindlichen Soldaten und Zivilisten umgekommen seien aufgrund verschiedener Irrtümer auf unserer und auf ihrer Seite. Ich sagte, daß wir für Irrtümer verantwortlich seien, die in unserem Namen begangen würden. Ich sagte, man dürfe nicht zulassen, daß die Regierung noch weitere Irrtümer begehe.

»Ja, ja«, sagte der Oberingenieur, »es ist zweifellos viel Wahres an dem, was Sie sagen, aber wir können doch unmöglich den Krieg *verlieren,* nicht wahr? Und aufhören heißt verlieren, nicht wahr? Wenn man den Krieg als Prozeß und das Aufhören als Fehlschlag betrachtet. Wir wissen nicht, *wie* man einen Krieg verliert. Diese Technik fehlt bei uns. Unser Aufmarsch liquidiert ihren Aufmarsch, so weit kennen wir uns aus. Das ist der Prozeß. Das sind die Tatsachen.

Aber lassen wir diese entmutigenden kleinlauten kontraproduktiven Gespräche. Ich habe da ein paar neue Wunderdinge, die ich gern kurz mit Ihnen besprechen möchte. Ein paar neue Wunderdinge, die grade eben so weit sind, daß sich der staunende Laie daran weiden kann. Nehmen Sie zum Beispiel das Gebiet der von Computern realtime online kontrollierten Wunschverdampfung. Wunschverdampfung wird zentral sein für die Auseinandersetzung mit den wachsenden Erwartungen der Erdbevölkerung, welche, wie Sie wissen, entschieden zu schnell wachsen.«
Ich bemerkte dann, über den Raum verteilt, allerhand Querbrüche der Elle. »Die Entwicklung des Pseudo-Wiederkäuermagens für unterentwikkelte Völker«, fuhr er fort, »ist eine unserer interessanten Sachen, für die Sie sich interessieren sollten. Mit dem Pseudo-Wiederkäuermagen können sie Vorgekautes nochmal kauen, das heißt: Gras essen. Blau ist auf der ganzen Welt die beliebteste Farbe, und aus diesem Grunde arbeiten wir mit bestimmten Sorten unserer einheimischen *Poa Pratensis Kentucky*, oder Bluegrass, als Grundfutter-Input für den p/w Verdauungszyklus, was auch der Sache mit unserer Zahlungsbilanz, Sie wissen schon, eine Spritze geben würde . . .« Ich bemerkte dann um mich herum eine große Zahl von Mittelfußknochenbrüchen in Banjo-Schienen. »Das Unternehmen Känguruh . . . letztes Jahr achthunderttausend geerntet . . . höchster Prozentsatz von eßbarem Protein bei allen bisher beobachteten Pflanzenfressern . . .«
»Sind neue Känguruhs gepflanzt worden?«
Der Techniker sah mich an.
»Ich habe das Gefühl, Sie betrachten unsere Sache mit Haß und Mißgunst«, sagte er. »Alle, die nichts zustande bringen, hassen unsere Sache und nennen sie menschenfeindlich, was überhaupt keine sinnvolle Art und Weise ist, von unserer Sache zu reden. Nichts Mechanisches ist mir fremd«, sagte er (Bernsteinflecken ließen in seinem Augenschirm Lichtblitze aufspringen), »weil ich menschlich bin, sozusagen, und wenn ich es ausdenke, dann ist ›es‹ auch menschlich, was ›es‹ auch sein mag. Ich will Ihnen sagen, Software-Mann, wir sind verdammt zurückhaltend, was diesen kleinen Krieg betrifft, an dem Sie, wie Sie angeben, so sehr interessiert sind. Funktion heißt die Parole, und unsere Sache funktioniert wie wild. Es gibt Dinge, die wir tun könnten und nicht getan haben. Schritte, die wir unternehmen könnten und nicht unternommen haben. Diese Schritte sind, im rechten Licht besehen, dem Licht unseres aufgeklärten Bewußtseins durch-

aus zu rechtfertigen. Wir könnten natürlich ungehalten werden. Wir könnten natürlich *die Geduld verlieren.*
Wir könnten natürlich Tausende über Tausende Einheiten von Titaniumdraht loslassen, achtzehn Zoll lang, mit einem Durchmesser von 0,0005 Zentimetern (das heißt unsichtbar), die selbsttätig über den Boden kriechen und, wenn sie einen Feind wittern, seine Hosenbeine hochklettern und sich um seinen Hals schlingen. Wir haben das entwickelt. Das ist im Bereich unserer Möglichkeiten. Wir könnten natürlich in den oberen Luftschichten unser neues verbessertes Kugelfisch-Toxin freisetzen, das eine sofortige Identitätskrise auslöst. Kein besonderes technisches Problem dabei. Das ist fast lächerlich einfach. Wir könnten natürlich bis zu zwei Millionen Maden innerhalb von vierundzwanzig Stunden in ihren Reis praktizieren. Die Maden sind bereit, massiert in geheimen Sammelstationen in Alabama. Wir haben Pfeile, die unter die Haut dringen und die Pigmentierung des Feindes scheckig machen. Wir haben Fäule, Brand und Rost, die ihm das Alphabet zerfressen. Zucker! Wir haben einen Hüttenschrumpfstoff, welcher die Bambusfasern durchdringt und bewirkt, daß sie, die Hütte, ihre Bewohner erdrosselt. Er wirkt nur nach zehn Uhr abends, wenn die Leute schlafen. Ihre Mathematik ist einer eitererregenden Irrationalzahl ausgeliefert, die wir erfunden haben. Wir haben einen Stamm von Fischen, der darauf dressiert ist, ihre Fische anzugreifen. Wir haben das tödliche hodenzerstörende Telegramm. Die Telegraphengesellschaften arbeiten mit uns zusammen. Wir haben eine grüne Substanz, die, nun, von der möchte ich lieber nicht reden. Wir haben ein Geheimwort, das, wenn man es ausspricht, vielfältige Brüche bei allen Lebewesen in einem Gebiet, so groß wie vier Fußballfelder, herbeiführt.«
»Darum –«
»Ja. So ein verfluchter Idiot konnte seinen Mund nicht halten. Die Hauptsache ist: Wir können die gesamte Lebensstruktur des Feindes nach Belieben *zerreißen, verderben, verschlingen* und *zerschmettern.* Aber das ist nicht das Interessante daran.«
»Sie zählen diese Möglichkeiten mit ungewöhnlicher Genugtuung her.«
»Ja, ich sehe schon, daß sich hier ein bißchen viel Genugtuung breitmacht. Aber Sie müssen auch sehen, daß diese Fähigkeiten an und für sich hochtechnische und komplexe und interessante Probleme und Hürden repräsentieren, für die unsere Boys viele tausend Stunden von harter Arbeit und technischem Genie hergegeben haben. Und daß die Auswirkungen oft

von unverantwortlichen Opfern grob übertrieben werden. Und daß die ganze Sache eine phantastische Reihe von Triumphen für das Konzept der multidisziplinären problemlösenden Teamarbeit darstellt.«

»Ich weiß das zu würdigen.«

»Wir *könnten* diese ganze Technologie auf einmal loslassen. Sie können sich vorstellen, was dann passieren würde. Aber das ist nicht das Interessante daran.«

»Was ist das Interessante daran?«

»Das Interessante daran ist, daß wir *sittliches Bewußtsein* haben. Wir haben es auf Lochkarten, das vielleicht fortgeschrittenste und empfindlichste sittliche Bewußtsein, das die Welt je gesehen hat.«

»Weil wir es auf Lochkarten haben?«

»Es berücksichtigt alle Rücksichten bis ins letzte und feinste Detail«, sagte er. »Es beherrscht sogar Spitzfindigkeiten. Wie können wir – mit diesem großartigen neuen moralischen Instrument – noch fehlgehen? Ich kann zuversichtlich voraussagen: Obwohl wir dies ganze glanzvolle neue Waffenarsenal, von dem ich Ihnen erzählt habe, einsetzen könnten, *werden wir es nicht tun.*«

»Wir werden es nicht tun?«

Ich nahm die United um 5.44 von Cleveland, die um 7.19 in Newark ankommt. New Jersey ist hellrosa zu jener Stunde. Lebendige Dinge bewegen sich zu jener Stunde auf der Oberfläche von New Jersey, die einander nur auf die herkömmliche Art belästigen. Ich erstattete der Gruppe Bericht. Ich betonte die Freundlichkeit der Techniker. Ich sagte, es ist alles in Ordnung. Ich sagte, Wir haben sittliches Bewußtsein. Ich sagte, *Wir werden es nicht tun.*

Sie glaubten mir nicht.

Aus dem Amerikanischen von Adolf Muschg

Arnfrid Astel
Acht Epigramme

Toleranz

Die Kirche läßt mich kalt.
Sie verbrennt mich nicht mehr.

Rückschritt

Ein Gewinn an Reinheit
auf Kosten der Erkenntnis.
Ein Schritt zum Paradies.
Also ein Schritt rückwärts.

Fortschritt

Es sei nun ja
fast schon Konformismus,
nicht zu glauben,
sagst du,
wie es, sage ich,
fast schon Konformismus ist,
selbst zu denken.

Untauglicher Versuch

Die Kirche sitzt ihm auf der Brust
und macht künstliche Atmung.
Aber der Herr kommt nicht wieder zu sich.

Originalität

Er wollte auch
in die Kerbe schlagen,
holte weit aus,
schlug aber daneben.

Nichts kommt dabei heraus

Es ist eine Konferenz.
Wir nehmen Platz.
Ich sage mir:
Nichts kommt dabei heraus.
Nicht einmal dieser Satz
kommt dabei heraus.

Blaulicht

Die jungen Angestellten
stopfen sich
ihre Kavalierstücher in die Ohren,
wenn die Angst
mit unabstellbarer Hupe
durch die Straßen fährt.

Radio Teheran

Bei dem großen Andrang
der Massen in Westdeutschland,
die dem Schah
die Füße küssen wollten,
ist ein Student
ums Leben gekommen.

Friedrich Christian Delius
Vier Gedichte

Armes Schwein

Um zwei Uhr nachts stürmten wir das Haus
des namhaften Kritikers. Der saß noch bei der Arbeit,
sprang sofort erleichtert auf und
nahm die Arme hoch. Sah zu, zufrieden
spielte er Entrüstung, als wir seine Bücher
in die Wäschekörbe packten, faßte aber nicht
mit an. Wir dachten an seinen bekannten
Enthusiasmus für *La Chinoise*, ließen ihm also
Majakowskij und Brecht. Schon holte er Wein
aus dem Keller. Als wir die Schallplatten
wegnahmen, sagte er bloß, er wolle von Beethoven
sowieso nichts mehr wissen, bestand aber plötzlich
auf Albert Ayler. Wir stimmten ab, also der
sollte ihm bleiben. Wir tanzten mit seiner Frau.
Sie lud uns in die Küche, manierlich aßen wir
die Delikatessen auf. Er wollte uns dann
mit Whisky halten. Es wurde hell, wir schleppten
das Zeug endlich raus, da bot er uns das Du an.
Das, fanden wir, ging zu weit.
Da haben wir also doch wieder einen Fehler gemacht.

Ruhige Minute in Steglitz

In einzelnen Branchen,
in einzelnen Neubauten
werden mehr und mehr Schultern gezuckt.
Ein jeder Rentner weiß:

Einen so ruhigen Mai
erleben die Kastanien in dieser Straße
so schnell nicht wieder.
Schon wieder ist gesehen worden
ein Student. Zu dem
fiel dem Zeitungshändler nichts mehr ein.

Ganz ruhig radikal
Stülpt ein Idyll sich um.
Wir wagen plötzlich, Sätze ins Futur zu setzen,
und singen Lieder auf das,
worauf wir pfeifen oder pfeifen werden,
und halten uns nicht auf bei Fragen,
ob wir statt pfeifen besser sagen sollten:
scheißen auf.

An M. in H.

Na gut, es gilt: Je stürmischer die Überfahrt,
desto herzlicher empfängt die Insel den Gast.
Zeig mal dein Visum, die vielen Stempel
seh ich gern, ich zeige dir Proteste
und offne Portale, durch die darf jedermann
hier öffentlich mit Beifall rennen.

Wir haben Zeit, wir gehen in den Zoo,
da siehst du Säugetiere, die ganz andre Possen
treiben als die bei euch im Hagenbeck.
Zum Beispiel kannst du hier
den bekannten Amrehn besichtigen,
der neulich den Schwur drucken ließ,
er werde von nun an ständig mit den Armen
in der von ihm gesegneten Luft fuchteln und
werde von nun an nicht mehr die Socken wechseln,
bis was gescheh in seinem Sinn.
Soweit der Zoo.

Dann werden wir, ich werd dich schon erpressen.
Ich geh auch mit zur Post. Na komm,
für fünf Mark werten wir uns sprunghaft auf.
Dann werden wir beraten müssen,
wer wen und wie am besten abschreibt
oder sonstwie äfft.

Mitläufer

Er ist gesehen worden, wie er zusah.
Er sah zunächst mal sich und dann den Schah.

Er lief mal mit und sagte mal ein Wort,
Er sagte einen Satz und lief dann wieder fort.

Und jeder Tag begann mit neuen klaren Fällen,
Auch Vietnam ein klarer Fall, und bei Rebellen

Tat er sich gütlich und sonnte sich in deren Argumenten
Zufrieden wie im schönen Quatsch aus Parlamenten.

Er las Theorie und konnte nur wenig behalten.
Den Vorteil der neuen Wahrheit gegenüber der alten

Sah er immerhin darin, daß sie die alten Probleme
Kaltstellt durch Umsturz und bessre Systeme.

Er entwickelte eine Art Frömmigkeit,
Die hockt und horcht auf irgendeine Gelegenheit

Zur braven Tat, um dann ganz hingerissen
Sich auszuruhn auf schon bekannten Kompromissen.

Keiner spuckte ihm ins Bier, drum fühlte er sich stark.
Kein Wasserwerfer traf ihn, und sonntags im Park

Machten nichtsnutzige Rentner ihn immer sensibler,
Machten Zeitungen die Umwälzung täglich plausibler.

Er merkte sich Fakten, fuhr damit in die Provinz,
Sah fern, erkannte Bekannte, sagte: Die kenn ich, die sinds.

Auf schlechte Fragen hat er richtig reagiert.
Er meint, er hätt, zunächst verbal, erheblich viel riskiert.

Michael Buselmeier
Theater

I

viel darüber nachgedacht damals vor 11 jahren zum ersten mal dabei der nächtliche schloßhof ein galgen staubiges schlafstroh in den gängen süßlicher geruch von fackeln ein dunkelbrauner kittel aus sackstoff er kratzt die haut klebrig vom schweiß ein lederbeutel an einer schnur um den hals im beutel 3 oder 4 kieselsteine sie schlagen beim laufen gegen die brust oder geld ein paar mark vielleicht durch ballauflesen verdient die hallenden rufe zum auftritt der einarmige regisseur sagt legen sie alles bürgerliche ab ich scheu und fremd schritt vor schritt in der gruppe der räuber hier auf dem foto als schattenriß sichtbar vor weißem prospekt das spiel nicht durchschaut doch verändert durch diese gewiß konventionelle vorstellung seitdem nie wieder derart fasziniert

spotte manchmal darüber versuche ironisch zu lächeln probiere einige gesten der überlegenheit nenne das medium reaktionär erwarte den zusammenbruch des systems und dann die vielen schwulen andere dem wilhelm meister entlaufen im plural pathetiker wurzenspieler gesichtverzerrer alte theaterhasen fernsehmimen rampenschweine protagonisten deklamationskretins charakterdarsteller positive strahlebolde schurkenklischees industrieschauspieler komische alte

nein das hilft nicht du wirst in die garderobe geworfen du mußt wieder dabei sein der vertraute geruch von schminke leim farbe frischem holz staub alten möbeln und stoffen heißen scheinwerfern die flucht vor dem tageslicht das anmaßende gehabe der mimen menschendarstellung keine verhaltensweisen prostitution wenn abends der vorhang hochgeht steh ich allein draußen

hier also die stadt der pensionäre ein bau des vergangenen jahrhunderts im giebelfeld goldene worte der menschheit würde in sandstein gemeißelt parasiten im altertum mitesser eines gottes bei kultischen bewirtungen auch arme die sich von reichen für nahrung gemeine späße gefallen lassen stehende figuren der griechischen komödie in der biologie lebewesen die auf kosten anderer existieren diese durch ausscheidung schädigen und dadurch parasitäre krankheiten hervorrufen blutegel bandwürmer zecken

vorspiel ohne requisiten alle schauspieler auf eine linie jeder unter sein porträt danach ton angeben wir spielen heute diktatorische abhängigkeit das kommt aus der dritten gasse die stimme des inspizienten geschultes organ durch gesangsphonetik verdorben die stimme sagt grillen statt kniffe sie wünscht über lautsprecher allen künstlern einen wunderschönen guten abend danke du schwätzer verzeihen sie nicht verstanden fragt harmlos was träumt er lockerer gang zum kleiderhaken blond aus westfalen wir menschendarsteller ohja einige übung in genickschüssen geschmeichelt wer uns kennt weiß bescheid auch bei kupplerdiensten ironisch durchdringender geist im hochformat blöde sau die ich anbete sag den satz negativ witwe eines verdienten offiziers das gemälde hängt schief zwischen tongefäßen und meine tochter ellbogenstoß in den magen flüsternd da glauben sie noch dieser selicour sei ein artiger junger mann du solltest die hand vom arsch nehmen beim klogang das war komisch ich gehe ältliche geilheit mit geballter faust auf die tür zu sage abschätzend romane gelesen wenn robert beim auftritt stöhnt eine bombe draufschmeißen nicht wahr mehr frage als reflex gegen das würgen kein unterschied zwischen uns nein kein unterschied

sind wir endlich allein lüstern die finger sich reibend geöffneter mund kreisbewegung der zunge schreib auf regieanweisung hastig in mein linkes ohr geflüstert supper soll früher die tür schließen bals den ersten satz leiser sprechen bei denken sie doch nicht so nah an das stinktier herangehen halt ich muß lachen das wort vater war nicht zu verstehen bei die ich liebe zuviel emotion mehr als jemals könnte um eine spur geiler sein vor den kamin heißt es im text nein ich will keinen von seinem platz vertreiben schreib auf die packer grienen proleten nehmt die körbe mit sie hetzen die menschen gegen mich auf schrille stimme starre gesichtszüge verfolgungswahn waschzwang der kündigungsbrief ist bereits unterwegs schmeiß sie gleich raus nimm ihre letzten worte nicht auf ich heiße manuela es findet ein wechsel statt entschuldigen sie sich bei mir ja mit der rechten hand anfassen und dann verbeugt ihr euch 2 minuten lang vor einander spätkapitalismus die herrschenden eine minderheit von rädelsführern ganovendialog

das ist freundschaft nein dienst ich erwart es von ihnen von mir neinnein keine hilfe von anderen seit jahren keine beziehung zu frauen immer dieselben hemmungsmechanismen angst widersprüche mein kompliziertes bewußtsein die verwirrten sätze seiner personen saubere stellung frontal zum publikum hilflos drohend nimm dich in acht speichel rinnt aus dem mund spricht verkrampft strichbuch zum pförtner pfiff auf verdienst gut so aber meine feinde das licht weg vorsichtiger neuansatz selten ruhe daheim zuviel augen keine kenntnis von sonetten

11 uhr 37 kurze pause kauert robert an der rampe mustert zadek comic strips fällt ein wasserglas vom tisch benagt heyme seinen zeigefinger trommelt regen auf das holzdach prüft jesus seinen puls schlag ich seite 45 auf liest molli kursbuch 9 passiert die putzfrau schnell die bühne zählt klaus lottoscheine lobt die mutter ihren sohn ruft elke ho tschi minh lacht ein mädchen im foyer flüstert liebau textfragmente

weiterweiter eine persönlichkeit so sagt man und dann diese schnörkel diese organischen formen ein weicher riese ohne knochenbau schreibt der rezensent heißt finsterlin in welcher erzählung tritt ein finsterlin auf dogge mit taubenflügeln nennt büchner den danton ich fahre fort falsch gehe vielmehr zurück falsch bewege mich also im kreis richtig versuche vergeblich das geschichtsbewußtsein auszuschalten freischwebende struktur aus sprache meine eigene welt nur für mich selber da vielleicht anachronistisch lässiger gang auf die klotür zu schnuppern ironische verbeugung ganz zum entzücken nein heute noch nicht gesehen den herrn allerdings gerochen noli me tangere trotz verzerrter physiognomie solche reinheit bei homoerotischer veranlagung ich zitiere johannes den evangelisten saint just adrian leverkühn und rosenthal den keiner kennt

er weiß nicht welcher kammerdiener gemeint ist kriecht schmeichelt blick nach oben bei ordnung dann auf die tür 20 jahre lang keinen abend das zimmer verlassen schlägt mit dem stock auf die bank deren hinterkante er mit den knien berührt zieht ein violettes schnupftuch aus der tasche um damit die bank sauber zu wischen nun was sind das für projekte ich hoffe nicht mehr dort sitzt er am schreibtisch hat einige vorzüge aber aufsässig ist er

mit gekrümmtem rumpf stehend die linke ohrmuschel über das schlüsselloch gestülpt sagt er es ist vorbei mit ihm ausatmen kurze zäsur einen schritt rückwärts bumser von drinnen aufprall des körpers des stuhls auf den holzboden lange zäsur dann hinein der körper liegt der tür gegenüber direkt unter dem offenen fenster langsam herankriechen zitternde knie vorsichtig schnüffeln der kennt mich nicht mehr verwischende geste mit dem mantel hastig zurückkriechen die tür weich schließen den stecker der stehlampe in die steckdose schieben ich beobachte die anordnung der bücher versuche mir titel einzuprägen überall asche von zigaretten im zerwühlten bett vertrocknete brotscheiben er selber im halbprofil eingerollt keine bewegung schneckenform hände unter dem körper begraben der körper ist starr das hemd ist mattgelb gefärbt die turnhose weiß die farbe der nackten beine und arme ist grauweiß das gesicht ist zum nasenrücken hin blau angelaufen der mund ist etwas geöffnet die lippen sind dunkelblau gut so für ihn sagt der beamte die armbanduhr ist beim aufprall stehen geblieben sie zeigt halb 8

2

ist mir egal ob einer von rechts oder von links auftritt letzte oder erste gasse meinetwegen soll er vom schnürboden fallen es geht um die neue gesamtform alle überlieferten stücke sind frei benutzbar ich kann diese vorzüglich abschnurrenden handlungen nicht mehr ertragen ich kann diese tragischen schicksale nicht nacherleben ich kann diese gutformulierten gespräche nicht mehr hören ich kann diese bedeutenden gänge gesten und blicke diese historischen kostüme und masken nicht mehr sehen ich verlange improvisation lebendigkeit natürliche gestik blue jeans popfarben meine wirklichkeit nicht die von vorgestern postseelisches stadium des theaters

zum beispiel frankenstein gespielt vom living theatre als kultischer vorgang der neue mensch geformt aus den leibern der gruppe der sekte die konservative psychologie stört aber die einheit von leben und kunst wird realisiert durch artisten rücksichtslos in den mitteln lärmexzesse improvisation freie spielformen brutale aktion der auschwitztod neuartige komposition das theater muß sein wie die pest sagt artaud

bei suspekt hoch von der bank gleich mantel anziehen nervös mit den fingern schnipsend kommen sie zur sache schritt vor rudi deine abwehrgeste muß entschieden sein dein gesicht sei ein versiegelter brief scheiße ist das ein befreites lachen du mußt dich freuen los ich warte alles könnte lebendiger sein na schließlich ist jetzt 10 uhr früh ich kann doch nicht 6 rollen gleichzeitig spielen das weiß ich bühne frei licht auftritt

hantier nicht so viel mit dem holz einfach fallen lassen dem chef vor die füße rollen michel du hanswurst leise hau ab heute gnädig der herr nach vorn drehen bei großer respekt eine tiefe verbeugung vor napoleons profil reden sie doch nein reden sie doch er sucht nach worten findet keine gegen herrschaftsstrukturen blick auf den boden augen unruhig schweifend trockene kehle die schweißtropfen auf der stirn mit dem ärmel abwischen links besser links wer macht eigentlich die tür zu achtet auf seinen gang von rechts hinten diagonal mit pfeife im mundwinkel gebuckelte stirn emotional zusammengekniffene brauen über hellblauen augen da läuft eine ratte teil dir den gang selbst ein schniefend die mauer entlang ja so ist es schreib auf kraftmomente dein leben kausalität oft sprunghaft allerdings selten darüber reflektiert ich leugne das ich widerlege dich ruhe jetzt stimme sich überschlagend robert zack rum den blick aufnehmen eine treffliche stelle besänftigend ja das meine ich lüstern ein stilles häuschen locus amoenus bemerke ich germanistisch gebildet

unwillig ich bin der minister provinzler aus kolmar hat keine ahnung von geschäften klappt eine dose auf langsam schnupfen genüßlich was führt sie her im sächsischen dialekt die dose zu der andere niest meine pflicht wischt erst die nase dann devot die bank mit dem ärmel sauber anklagend ein schmeichler ist er requisite bitte nicht aufhängen der will mein freund sein neinnein kein gemeinsamer weg lange waldspaziergänge auch bei schneefall allein sonst etwas literatur gepflegte neurosen vielleicht progressiv mach ein ende mit dem schal also seidenstrick besser im frack bei kerzenlicht und tschaikowskymusik jaspers über den selbstmord zitiert baumelt am kleiderhaken das ist theater du weinst keine träne und die beerdigung christlich pfarrer traugott mayer fand zum tröstlichen in diesem tod meldet die zeitung mehr kann man nicht wünschen

redet beharrlich auf mich ein lugt geil aus augenschlitzen betastet meine armmuskulatur streicht die oberschenkel hinauf deutet bei genie auf sich selbst trommelt nervös auf die bank mit dürren fingern die gute sache ganz sanft den neffen vergessen mehr gefährlichkeit rudi mehr angst lässig abwinken den norden kenn ich weniger einen anlauf nehmen zuviel knüppelholz laß ihn eintreten textfehler die ganze passage du rindvieh das muß mich aufbringen meine nerven mehr wut die sau hat gelauscht kälter den satz nicht zum publikum geh schnell um die ecke den zeigefinger hoch nicht so viel fummeln eine deutliche geste jetzt die 3 wackler bitte nicht hetzen ansatz zum beten ich unterdrücke ihn ein komplex neckisch ich denke das ist gestrichen du und denken leider auf schauspieler angewiesen resignation dauernd wird vom abend gesprochen gut artikulierend heldisch näselnd nebenbei aufs stichwort lauernd rauch über der szene freundschaft

3

unzeitgemäß wie ich schon sagte museum vergangener jahrhunderte die leute vom bau tragen scheuklappen um die wirklichkeit nicht sehen zu müssen das wissenschaftliche zeitalter ist hier nicht eingedrungen die methode der sprachanalyse unbekannt elektronische musik unbekannt feldtheorie unbekannt kinetische kunst unbekannt die entdeckungen der reinen mathematik etwa formale logik unbekannt kein interesse an einer veränderung der gesellschaft

unruhige träume auch beim wachsein immer dieselben gedanken ist diese arbeit mir noch gemäß eine tendenz das bett nicht zu verlassen bin also zu kompliziert geworden für mimenkontakt und produktionsweise des theaters 4 jahre vergangen seit ich das letzte mal mich prostituierte inzwischen abgeneigt den eingespielten verläufen der glätte der schnelligkeit auf umwegen entschlossen mein bewußtsein zu realisieren dort oben bekommt jeder ton jeder schritt bedeutung das stört mich mehr als früher warum eigentlich theater wir gründen die ché guevara universität drehen einen popfilm gegen den kapitalismus die mittel brutal szenen der wochenschau eingeblendet montagen zitate harte farbkontraste acryl rot einfach rot ein signal sinnlich konkret keine aura nichts seelisches kein ethischer begriff kein symbol das geschichtsbewußtsein auslöschen das menschenhirn umprogrammieren eine mutation das wäre die befreiung

scheiß doch auf vietnam bei orgasmusschwierigkeiten sagt kunzelmann jeder für sich revolution alle macht revolution es hilft nur gewalt wo gewalt herrscht ich zitiere erst brecht dann robespierre der terror der freiheit ja es ist zeit angesichts von polizeikordons wasserwerfern verzerrten visagen tritt in die hoden schlagstöcken entsicherten revolvern dazu das geschwätz der autoritäten wie seifenblasen in comic strips quillt pausenlos aus den mündern bei mozartmusik macht die repräsentanten des systems lächerlich wenn genickschüsse freigegeben werden antwortet mit direkten aktionen

schreib auf der soll nicht so bös reagieren sag würdiger mann echter die müssen reinfallen auf dich eine glatze schneiden lassen als kahlkopf wirkst du erotischer die maske wird einen widerstand schaffen gegen seinen konventionellen charme nimm dich nur wichtig er lächelt routiniert er spricht seriös mit gedämpfter stimme er schlägt das rechte bein über das linke beim anderen tonloses lachen blecken der zähne verkrampft ich schreite vorwärts ich bin ordinär ich spuck ihm ins gesicht nicht auf den boden ich weiß noch sind das bloß ideen im klo bei kautabak kuchen kaugummi katzenzungen mal schnüffeln an der tür dann konzentriert auf das zeitungsblatt von hinten heranschleichend flüstert er hören sie mich an eine intrige wie üblich in solchen komödien keiner wird ihm helfen erleichtert es ist also vorbei mit ihm lange zäsur abdrehen des körpers resigniert das nun eben nicht kein rhythmuswechsel

bleiben sie stehen jetzt 2 schritte nach rechts den stuhl mehr ins licht die gesichtszüge des spielers sollen dem publikum verraten ich weiß über das gespielte bescheid eine fiktion bleibt eine fiktion auch wenn du hinunterblinzelst auf zustimmung spekulierend sagt er die alte macht die kennerin hinten feine note etwas zu fett es steht ganz in ihrer gewalt mit der feder aufs papier zeigend das sind doch nicht gar verse feinsinnig formuliert der chef tritt zu spät aus der tür mit hammer und 3 nägeln in den händen ein spiel sei das sonst nichts behauptet der autor

wenig zeit für lektüre 10 stunden probe täglich bratwurst mit kartoffelsalat im kaufhaus hertie die dachkammer ist nicht heizbar heute wieder steife beine schwere oberschenkel unterarme atemnot besonderer druck gegen schädeldecke magenwände stimme in mir immer dieselben themen zähle die tage die stunden raus hier hau ab mach daß du fortkommst gut es wird nachlassen morgen vielleicht oder übermorgen sitzt auf parkbänken im winterlicht vor sich hinbabbelnd ohne die enten zu beachten zäher hund oder schwäche ist sparsam mit zuckerstücken seifenresten kippen streichhölzern brotkrumen fettbrocken so sein geburtstag unruhiger schlaf ein foto ich auf der betonkanzel corbusiers vor leuchtend weißer gewellter kirchenwand nein keine metaphysik die gesetze der architektur eine rede über vietnam halten

robert aus reihe 11 betrachtet gesichtshaut gelblich zuckend umriß verquollen lineamente verzerrt der fettwulst am hals ist rechts stärker als links an den schläfen sind rote flecken erkennbar um die augen sind tiefe rillen gezogen die augen sind hellblau gefärbt sie flackern hektisch nach allen seiten er spielt aus dem körper heraus so sagt man vor einigen jahren im chargenspieler den fanatiker entdeckt seitdem als protagonist geifer auf den lippen wie heißt das sofort aus der rolle heraus aufpassen wozu sitzt die souffleuse denn hier jetzt schriller ton sonst eher weinerlich sags doch los sags arme sau weiterweiter ich schreite vorwärts kraftmoment stimme flüsternd hechelnd brocken gehetzt fetzen japsend sich überschlagend laute manchmal klagend gedehnt manchmal zuschnappend verkürzt wir müssen schreien verschluck die endsilben nicht ein pfälzer bäurisch und rauh die hände gekrampft um den knotenstock ihn wie eine fahne hochreckend die flagge des vietcong ich schreite vorwärts ja schon gehört rotz deinem chef ins gesicht das ist besser als auf den boden zu rotzen

ein student richtig ich hab ihn eingeladen zu silvester wahrscheinlich wird er nicht kommen ist schüchtern auch sentimental mag nicht allein sein an festtagen macht keinen lärm ißt große portionen tanzt nicht sucht einen ruhigen winkel im haus bezeichnet tafelbilder als altmodische wandbehänge raucht nicht fürchtet sein herz bleibt stehen beim vögeln will diskutieren wenn andere nicht diskutieren wollen zieht meinen dackel den damen vor weigert sich das wort gattin auszusprechen beschreibt audi visuelle erfahrungen im lsd rausch ohne selbst lsd geschluckt zu haben erzählt von frauen die er beschlafen hat ohne sie jemals gesehen zu haben plant eine demonstration gegen das konsumfest weihnachten zeigt fotos verstümmelter kinder aus vietnam mit brandwunden bedeckt einbeinig auf krücken ich hab ihn eingeladen zu silvester wahrscheinlich wird er nicht kommen

na sag ich mir wart nur mal ab was die jetzt machen bin ins kino gegangen und nachts zu den segelfliegern pennen am nächsten morgen denk ich mir frühstückst noch eben fix junge dann mußt du mal wieder die platte putzen mit dem ersten zug ab ins sauerland sitz ich im gras und kau so für mich hin glotzt mich doch eine frau an ich denke quatsch die schlafen doch alle noch siehste das war mein fehler zack zack stehen 2 bullen da aus der traum bruno

gehen wir zum nächsten fall über sagt der arzt ein wasserhahn tropft regelmäßig der beamte blickt vorsichtig die straße entlang sein körper klappt schnell zusammen die hand greift sicher den noch rauchenden kippen dann aufrecht und qualmend mit schlenkernden armen davon im zimmer über mir klopft jemand nägel in die wände ich registriere das geräusch das der hammer verursacht wenn er auf den boden gelegt wird ich warte gespannt auf den nächsten schlag

nein nicht der mime mit pferdegebiß sondern der regisseur neben mir ist gemeint gesichtsfarbe bleich haare gestutzt nase kräftig gebogen abstehende ohren langgezogenes kinn augen in tiefen höhlen nahe beisammen liegend bisweilen schielend bei geringer entfernung des betrachters entschlossene gesten zeigefinger waagrecht in die luft gestochen bei anspannung blaue ader senkrecht auf linker stirnhälfte sichtbar selbstkritisch zu gesprächen immer bereit lächelst du hilflos wenn einer spitzfindig gegen dich argumentiert du sprichst oft vom fatalismus und bist nicht für gewalt scheißidealismus sagst du während der kritik du siehst im profil schiller ähnlich noch in der negation auf ihn bezogen dies also dein leben täglich 12 stunden mimendressur ohne pause pissen kaffee essen zigarette ohne geschrei zähne zusammengebissen vom rhythmus der sprache besessen schaut ihn euch an wie er sagt dieses schwein sitzt im fett komm raus damit mensch mach ihn fertig sieht blut auf den innenflächen der hände taumelt verwundet die mauer entlang stößt kurze schreie aus preßt die handwurzeln an die schläfen in todesangst beginnt jetzt zu hüpfen zu tanzen zu singen ein kreischen aushalten sag ich schritt vor stehen und rum die zuschauer müssen mitbrüllen die sessel zerbrechen die bühne erklettern statt unter solchem druck sitzen ohne protest die nerven erregt das muß gelingen ja helfen sie mir ja

blumen die der lenz geboren schönes lied sporenklirren lauter lacher weg ja wir warten bis die redlichkeit regiert posaunenchöre und singen choräle um die opposition unhörbar zu machen hacken auch gern in kirchen mit hartgummikrücken auf köpfe damit böses blut fließt und beifall die guten vereint das wäre zu flüstern zu murmeln welche bühnenarbeiter trotzig die abendprobe fällt aus etwas weiter vorschleichen gebrochene stimme heiser sich selber fragend ich sein narr lange genug er hat einen plan mit mir gefährlich seine maschine moralisch einen dienst erweisen kommt stenzig auf mich zu die klinge des messers ist verrostet im alten theater würde der darsteller jetzt einen großen ausbruch haben was er sagt klingt glaubhaft aber schwach gegen das lob deutlicher weggedreht meine freunde auf die betonung achten nicht so übertreiben mit stimme und mimik nicht aufhängen das ist viel zu komisch ein fähiger chef ja noch mieser ein affe vielleicht sprung pause blick satz gang schrei die arme hochreißen triumph wir fahren triumph nun endlich heim triumph ein barockes zitat pause im spiel

4

sitzt meine mutter auf der parkbank im diesigen mittagslicht mit dem dacksschniefer so nennt ihn jean paul der aus wunsiedel stammt ich diskutierend auf den brettern der vorderbühne

die bühne ist bühne der text ist ein text die schauspieler sind schauspieler die gänge sind gänge die gesten sind gesten die blicke sind blicke die geräusche sind geräusche die laute sind laute die töne sind töne die kostüme sind kostüme die masken sind masken die dekorationen sind dekorationen die requisiten sind requisiten die scheinwerfer sind scheinwerfer dahinter darunter darüber ist nichts

beckett sagt absolut daß es nichts absolutes gibt seine hintergründigen gleichnisse verweisen auf das hintergrundlose

das komödiantische ist mir suspekt

die bretter der bühnenschräge sind bretter der bühnenschräge sie bedeuten keine andere welt

das theater ist heute für die leute da die mit der wirklichkeit nicht fertig werden

der alte hat unglaublich gelitten king lear

ich lege den text nicht aus das ist eine behauptung ich reflektiere die mittel des theaters regie ist pure ästhetik formstreng unsymbolisch antiliterarisch

leise intensität vieles kommt als zitat die phrasen werden in anführungszeichen gesetzt das prinzip der brechung des filmischen schnitts der montage

mich interessieren nur die verhaltensweisen der figuren entwicklung stimmigkeit psychologie gibt es nicht mehr

er glaubt daß es objektivität gibt

ein regisseur der ein stück vom blatt spielen läßt schließt sich der realität gegenüber ab er beschränkt seine möglichkeiten selber die gestik seiner figuren ist nicht frei

du bist ideologisch fixiert auf den sinn einiger überlieferter stücke du veränderst die form dieser stücke nicht du veränderst den sinn

du meinst man darf nur schlechte stücke umfunktionieren du behauptest leben und kunst sind verschiedene dinge die bühne ist für dich also eine andere welt du motivierst gänge blicke bewegungen durch gänge blicke bewegungen du legst auftritte und abgänge fest du bemühst dich die fabel des stückes zu klären du schaffst mit der beleuchtung atmosphäre du willst die erwartungen des publikums nicht enttäuschen

die schauspieler tun immer noch so als ob das publikum nicht anwesend wäre das stück läuft ab wie die stücke bisher immer abliefen hier gibt es noch handlung und illusion eine andere zeit einen anderen raum eine andere welt die figuren sind funktionalisiert sie bewegen sich linear sie finden ihre einstudierten positionen sie sind nicht frei sie bewegen sich nicht selbstverständlich sie tragen kostüme sie zeigen geschminkte gesichter sie sprechen in einer sprache die nicht meine sprache ist von problemen die nicht meine probleme sind sie machen bedeutende pausen sie betonen manche sätze sie unterspielen manche sätze sie lachen und weinen sie sind abwechselnd zynisch und sentimental sie vertreten meine sache nicht

wenn das theater die überlieferten stücke nicht frei benutzt kann es als kunstinstitut abdanken

die gesamtform wurde nicht von außen geprägt sie entwickelte sich während der proben zum beispiel wurden teile von szenischen abläufen früh als falsch erkannt später aber verändert benutzt ganze bilder wurden umgestellt sätze vertauscht um dem eigenen rhythmus der arbeit zu folgen

die einzige möglichkeit heute mit kunst gegen den krieg zu wirken ist meine sagt zadek denn gegen helden und patrioten kann man sich nur mit gelächter wehren

je geschmackloser desto besser

meine gesteigerte körpersprache drückt banales aggressives intellektuelles und sinnliches direkt aus

die wirklichkeit muß ins theater eindringen

deine phantastischen übertreibungen erzeugen auf den leeren brettern mehr realität als jede art von illusionismus schneller mit der zeitung fertigwerden das geld aus den händen der mutter nehmen nur einen schritt zurücktreten das feuerzeug nicht die kanne benutzen ich werde die gäste willkommen heißen reaktion unsauber einige meter nach links fragt mich die göre lieben sie noch immer die musik ich darf keine schokolade essen es muß einmal gedichtet sein spuck aus beim singen wie rührend der schluß ist noch verlogener kopf an kopf wollen sie nicht ablegen sie sind gesandter ein geräusch aus dem klo gegengang zum mantel zweite souffleuse ab 14 uhr wir wissen wenig voneinander ja was man so kennen heißt die sprache wird destruiert bis heute fast ungebrochen die sprache schillers

gnadenausschuß durchsetzen deputierte aufnehmen revolution reorganisation revolution aufhören republik anfangen

macht den wechsel nochmal hier fehlt eine motorische armbewegung ein automatisches sprechen er ist ein denkmal das vergangenheit zitiert die mechanismen der geschichte total determiniert nichts individuelles keine zwischentöne variationsmöglichkeiten sind gegeben durch verschiedene pausenlänge und lautstärke die rhythmische steigerung geschieht ohne psychischen druck

was gibts denn bleib doch stehen geh jetzt in die mitte sag sinnlich mein gemahl schönes altes wort ich hör ihn kommen ein husten ohne übergang sprechen gleich anschließen faß das körbchen am henkel das ist also mein lehrer lebendig begraben die stimmgabel in der hand wie ein lama spukkend könnte man sagen sie verspotten mich passive aufsässigkeit das lied ist eine kunstform gar zu gütig kompliment mit t hinten heiraten sie meine charlotte jetzt stuhlrücken mehr lachen bei ehre bitte keine ruhestörung ein faschistisches gröhlen schreit nur und greint wenn ihr lust habt

die lauten freßgeräusche kommen von links technik mehr höhen im ton klavierstück 10 von stockhausen kontakte für elektronische klänge schlagzeug klavier das körbchen zwischen die schenkel klemmen drin rumfummeln die tür öffnen vor gebieter du trägst ein modisches kleid schleife weglassen die fensterscheibe ist vom regen naß eine umbesetzungsprobe auftritt bei reißt du kriegst ein lichtzeichen inspizient auf die bühne die zeitung verstecken über holzstücke stolpern den text nochmal durchsprechen die gänge und gesten probieren in decken gehüllt auf dem boden hocken sich jetzt nicht nervös machen lassen bei licht hart und bös seine mitschuldigen sagen steile geste in den raum linker arm anklagend nein keine freiheit nur ein ausweg sich anpassen sagt man das sei menschlich

5

über schädelnerven von büchner sind wir ferkel schreiende musikanten mit ruten totgepeitschte kinder ist unser fleisch schmackhaft verbrauchte metaphern es hilft auch zu nichts ich bin müde geworden beim steckenschneiden im november figuren aus dem boden gewachsen schwämme weidenstümpfe kalt naß braune flächen graues gestein gute nacht meine freunde allein mit den gedanken da kommen die gerstenkörner brecht euch die schädeldecken auf das messer kann mehr als brot schneiden

blättern wir 1 seite zurück eckermann dreht mit den fingern die schlaffe backenhaut zu würsten die frisur wedelt mopartig über dem kopf der alleinunterhalter quetscht das nasenfleisch hin und her jetzt liegen sie zusammen im bett kennst du wolframs tagelieder nein er rammt ihr 4 mal das messer ins kreuz er kniet neben ihr nieder er beschmiert sich hände gesicht mit dem blut der wunden

im alten theater würde die darstellerin ihren theatertod effektvoller ausspielen können sie würde sich aufbäumen sie würde den kopf in den nacken werfen sie würde die hände an den hals legen sie würde die augen schließen sie würde den mund verzerren sie würde gurgelnde geräusche erzeugen sie würde sagen ich gehe leise sie würde den körper entspannen sie würde den kopf auf die brust sinken lassen sie würde die arme auf die oberschenkel sinken lassen sie würde den oberkörper etwas vorbeugen sie würde langsam auf den sessel fallen

3 kleine mädchen schieben im gänsemarsch puppenwagen vor sich hin son kind hat doch kein gefühl wien tier ich will auch mal meinen spaß haben

wird geredet von macht geld erfolg leistung ist der sexualmörder geistig krank oder produkt der gesellschaft er ist gesund sagt der käufliche gutachter zum käuflichen richter schreibt die käufliche presse sensibler metzgergeselle schneidet kinder in kleine stücke hat vertrauen zur kirche schreibt briefe an die zellenwand sorgfältig formulierend das war kein amüsement für mich herr richter

im flutlicht das kleine quadrat die grell farbigen bademäntel die stumpfen gesichter enthüllung der körper nervöses tänzeln der beine die zuschauer schwitzen und stinken du hörst die heiseren anfeuerungsschreie der betreuer die atemgeräusche der kämpfenden keuchend die münder weit offen das knallen der handschuhe auf knochen und fleisch du siehst die deutlichen gesten des ringrichters break du beobachtest wie sich das auge von runde zu runde schließt wie aus den verquollenen brauen das blut rinnt wie blut und schweiß die haut färben du bemerkst in den pausen die präzisen bewegungen der betreuer mit wassereimer handtuch massage mundschutz reinschieben du hörst dann den gong die leiber sind schlaff jetzt vom willen hochgerissen du richtest dich auf du schreist gemeinsam mit anderen stimmen deine schreiende stimme wird von anderen schreienden stimmen geschnitten du reckst deinen hals du willst die kleine blutlache auf dem boden genau sehen

rasender mensch sagt der minister sein mund verzerrt sich nach oben die beine stolpern du arschgesicht blick auf die tür im ausdruck vieldeutig sicher ein schwuler die sache ist richtig er weint vor freude er sagt einfältig der himmel ist gerecht trag ich im letzten akt das hemd über der hose oder die hose über dem hemd das kann eine quelle des glücks werden heißt es im text der chef schreit mäßigen sie sich drohend mit rotem gesicht er geht auf dich zu die junge gevögelt die alte ernährt in der vorstadt los antwort los antwort erpreßt sie ist eine bejahrte matrone

die freßgeräusche sind hörbar bei offener tür wir sitzen im finsteren zuschauerraum erster durchlauf 1 woche vor der premiere wir flüstern einander bemerkungen zu wir notieren bemerkungen wir sprechen nach hinten und vorn zu den technischen leitern wir hören daß auf der linken seitenbühne stühle gerückt werden wir hören klappern und reiben von besteck gegen porzellan wir hören klappern und reiben von porzellan gegen porzellan wir hören füße scharren lippen schmatzen korken quietschen wein blubbern gläser klingen klirren mampfen schlürfen schlucken tröpfeln wischen furzen rülpsen nichts artikuliertes keine worte nur geräusche apparat 2 das war eine tonbandaufnahme

jetzt also der entscheidende streich zerbrechen der form das war notwehr wir mußten die sache ist richtig darf ich fragen was gibts denn wieder dein böses lachen ein kurzer schrei pfiff geste kopf runter die soldaten gehen schnell in den vordergrund die arme des opfers werden auf den rücken gedreht das geräusch eines über den boden geschleiften körpers zufrieden den wären wir los ein ausatmen aller jetzt bin ich ruhig das ist die erlösung der komödienschluß wieder ein rückgrat zerbrochen du sagst die gerechtigkeit ist nur auf der bühne mit fragezeichen verharmlosend direkt zum publikum der rasende mensch verlegen ein parasit zwischen parasiten kratz dir den kopf komm mein gewissen hier ist futter jeder hat seine fehler such dir einen raus zum beispiel den fetten in der ersten reihe mit dem zeigefinger draufdeuten jeder

technik auf die bühne malersaal maske beleuchtung schneiderei einrufen die lampenschirme abspritzen eine scheuerstelle an der rückwand wo die soldaten lehnen kleiderhaken kaschieren flasche azurblau färben goldfransen an die schärpe nähen sämtliche kostüme müssen vergammelt aussehen linke seitenwand senkrecht zug 7 ab arbeitslicht weg jetzt die projektion scheinwerferbatterien reinziehen töpfe auf gleiche höhe hängen brücke 11 dunkel h 4 bitte rechts 3 auf die streuscheiben fehlen ein weißes licht gegen die illusion prospekt ab versatz 2 reinfahren turm links langsam ziehen fahr los mit dem fries vorbühne 5 dazu halt etwas zur mitte noch heller stop die pulte mit farbe einzeichnen tapezierer die stühle jetzt position 22 zum applaus licht weg umbau vorhang auf licht rein alle darsteller stehen in einer reihe

alle darsteller stehen in einer reihe sie verbeugen sich lächelnd sie danken devot für den beifall von rechts 3 frackträger dazu sie lächeln verkrampft sie verbeugen sich linkisch zuschauerraum hell die sitzenden schlagen die innenflächen der hände gegeneinander sie hören das geräusch des sich schnell schließenden vorhangs ein babylonischer turm ein gewirr von gewölben treppchen gängen und das alles so leicht und kühn in die luft gesprengt man schwindelt bei jedem tritt ein bizarrer kopf gehen sie ins theater ich rat es ihnen

keine geschichte wurde erzählt keine fabel schnurrte ab kein charakter konnte sich entfalten

metaphern wurden nur ironisch gebraucht die gegenstände wurden kühl bezeichnet die perspektive war extrem subjekt nichts absolutes wurde vorausgesetzt

das wort ich ist ersetzbar durch jedes andere wort der person

eine bewegung ohne ziel sofort in sprache umgesetzte beobachtung eingeblendete erinnerung und reflexion das stimmengewirr die gleichzeitigkeit des divergierenden alles ist brauchbar alles veränderbar worte dazwischen zäsuren isolierte redepartikel die verbindende funktion des rhythmus also sprache in bewegung

ich übernehme die verantwortung im ausweisungsspiel der sprache das heißt das gesagte ist ausweisbar man kann mich dafür verantwortlich machen

ich beziehe mich nicht auf realität sondern auf reproduzierte realität auf die bilder der wirklichkeit dieser selbstmord zum beispiel ist keine fiktion aber beschreibbar nur als collage aus fertigteilen des bewußtseins ebenso künstlich wie disparat

indem ich über das theater schreibe schreibe ich auch über die wirklichkeit

was ist eigentlich meine wirklichkeit horten oder schwetzingen oder beide zugleich

die Ästheten haben die welt nur verschieden interpretiert es kommt aber darauf an sie zu verändern

Yaak Karsunke
Anachronistische Polemik

Im Rezensionsteil einer gemeinhin für links geltenden Monatszeitschrift, die sich anstelle einer Redaktion eine Schriftleitung bis ins Jahr 1968 bewahrt hat, fand ich vor kurzem die anmutige Unterscheidung von »Amateurleser« und »professionelle(r) Kritik«.[1] Als Schriftleitungen noch allgemein waren, hieß es »Kunstbetrachtung«, und die Umbenennung dieser Übung in »Kritik« war eine jener Konzessionen, deren endgültige Regelung man eigentlich einem Friedenvertrag ebenso vorbehalten möchte wie die definitive Nichtanerkennung der Oder-Neiße-Grenze. Bis dahin behilft man sich mit Unterscheidungen wie der oben zitierten. Amateurleser sind dabei offenbar die Leute, die es aus was für Gründen auch immer seltsamerweise nicht zum professionellen Kritiker gebracht haben – sowas solls immer noch geben, hieß früher Publikum. Die Kritik will damit nichts zu schaffen haben – und das Publikum dankt ihrs, indem es die Kritiken ignoriert.

»Ich behaupte nunmehr, daß beinahe die gesamte, vor allem aber der repräsentative Teil der Dichtung der ausgehenden Bourgeoisie, um reinen Schönheitswert zu erreichen, viel zu viel klassenkämpferische Tendenz in sich hat. Auch wenn es nicht ein Marxist sein sollte, der am Ende dieser interessanten Epoche die Spreu vom Weizen zu scheiden haben wird, wird er, so vage dies heute klingen muß, etwa die Dichtung Stefan Georges, Rilkes oder Werfels (und dazu beinahe alles andere) überhaupt nicht verstehen können, wenn er sie nicht als Manifeste des Klassenkampfes betrachtet.«[2]

Das Alter dieses Zitates läßt sich schon aus der Tatsache schließen, daß sein Verfasser sich in einer »interessanten Epoche« der Literatur wähnte, Namen wie George, Rilke oder Werfel sind zusätzliche Indizien – Bourgeoisie, Marx und Klassenkampf hingegen sind als Vokabeln neuerdings wieder im Umlauf. Brecht notierte die zitierten Sätze 1927, publiziert wurden sie aus dem Nachlaß erstmals 1964, die Chronologie schlägt einen Bogen um den Nationalsozialismus. Den Autor führte dieser Bogen aus Berlin über Frankreich, Dänemark, Finnland, durch die Sowjetunion (schnell) nach den USA und dann über die Schweiz zurück nach (inzwischen Ost-) Berlin, die deutsche Literaturkritik ließ sich zur Kunstbetrachtung eindeutschen und blieb im Lande. Da ist sie immer noch, sie hat ihren Weimarer Mädchennamen wieder angenommen, aber verheiratet war sie doch.

Die Literatur wars auch, die Emigranten sind draußen geblieben oder doch ohne Folgen innen, wenigstens in der Bundesrepublik. Die Ausnahme stellt Brecht dar, der ging in die DDR und hatte auch bei uns Folgen und Gesamtausgaben eher als da wo er starb. Das sind so Unterschiede, einen weiß ich noch: Brecht war beides, Dichter *und* Kommunist, natürlich muß man das trennen. Er selber hats 1927 nicht getan, die Kritik heute tuts. Unsere Kritiker sind keine Kommunisten. Was sind sie dann?

Sie sind die Erben des Nationalsozialismus, der seinerseits ein Erbe des bourgeoisen Kapitalismus war. Die ältere Generation besteht (wie in allen Berufen) aus Mitläufern, enttäuschten Mitläufern, inneren Emigranten; einige Renegaten, paar kalte Krieger – das Ensemble ist vollständig. Die jüngere Generation besteht aus den Schülern dieser Leute. Die ältere Generation ist an Brechts Maxime nicht interessiert, weil sie eigentlich *weiß*, daß sie zutreffend ist – die jüngere deswegen nicht, weil sie auf ihre Lehrer hereingefallen ist.

Der gemeinsame Nenner heißt Kunst, hieß früher reine Kunst, heißt heute Autonomie der Kunst doch wenigstens noch immer. Und Qualität – dafür gibts keine Kriterien, aber ein sicheres Gefühl. Wers nicht hat, wirds nicht erjagen, Amateurleser. Die es haben, hat Peter Hamm jüngst untersucht[3], er zitiert da auch einen Reich-Ranicki: »Da Kritiken auf höherer Ebene geschrieben werden, um die Literatur zu verteidigen und ihr Dasein zu ermöglichen, ist es . . .« Hier verwechselt sich eine schlecht funktionierende public-relations-Agentur zugleich mit den Produzenten und dem Vertriebsapparat.

Immerhin gibt es offenbar Angriffe auf die Literatur, und der arme Reich begreift seine eigne Funktion als apologetische. Und dann gibt es soziale Schichten, er siedelt sich in einer der oberen an, schreibt »auf höherer Ebene«. Das mit dem ermöglichten Dasein ist Geflunker: Verkaufszahlen sind kritik-unabhängig, große nackte Buchfabriken binden sich aus schlechtem Gewissen oder falschem Bewußtsein belletristische Feigenblätter vor. Modifikation: die deutsche Literaturkritik vermehrt emsig das falsche Bewußtsein, *damit* ermöglicht sie tatsächlich das Dasein *dieser* Literatur.

Sie *verhindert* natürlich gleichzeitig ein zutreffendes Bewußtsein und eine Literatur, die daraus entstehen könnte – zumindest versucht sies. Eine solche Literatur würde allen Autonomievorstellungen und absoluten Qualitätsfiktionen entsagen, sich als funktional und gesellschaftsabhängig begreifen. Sie könnte sich der Bedingungen, denen sie unterworfen ist, bewußt werden – und sie vielleicht ändern. Sie würde die Illusion zerstören, ein abhängiger Mann sei dann plötzlich unabhängig, wenn er Worte zu Papier bringt: ein Dichter.

Am 27. Mai 1968 besetzten die Studenten des Germanistischen Seminars der FU Berlin ihren Arbeitsplatz, benannten ihn in »Rosa-Luxemburg-Institut« um und veröffentlichten eine Erklärung, in der es u. a. hieß: »Die Germanistik ist eine Wissenschaft, die in die Notstandsgesellschaft paßt.
Sie lehrt das Interesse an der Literatur als Desinteresse an der Gesellschaft. Sie unterwirft uns der sinnlosen Prozedur, die Interpretation von Literatur und das Herstellen von Literatur über Literatur als unendliche Aufgabe zu betreiben. Die Germanistik erwartet von uns, eine längst abgedankte bürgerliche Kultur fortgesetzt in der Innerlichkeit unserer Individualität zu reproduzieren. Sie wird uns auch im Notstandsstaat lehren, aus der realen Zerstörung individueller Existenzen ihren imaginären Reichtum zu beziehen. Der gegenwärtige Zustand der Germanistik nimmt die Rolle der Wissenschaft im Notstandsstaat vorweg: nicht nur Verzicht zu leisten auf die Frage nach dem gesellschaftlichen Sinn und der Wirksamkeit gesellschaftlicher Praxis, sondern die Praxis so einzurichten, daß die Frage gar nicht erst aufkommt.«[4]

Die Kritik tut das ihre dazu, die Fragen nicht aufkommen zu lassen. Sie behandelt all die Texte, die bestenfalls symptomatischen Charakter haben, als autonome Hervorbringungen, sie pflastert, salbt und tätowiert, anstatt zu schneiden. Sie webt seit Jahren an des Kaisers neuen Kleidern: dabei brauchte er bestenfalls noch ein Leichenhemd. Natürlich füllen die Leichenhemden inzwischen schon ganze Schrankfluchten, auch da besteht längst kein Bedarf mehr. Kritik der Kritik ist ebenso langweilig geworden wie Kritik der Literatur.

»Die gewisse Leichtigkeit des Tones, mit der ich dies feststelle, darf nicht über den Ernst des Aspektes hinwegtäuschen. Es ist mir nur, so wie allen, die heute ehrlich über derlei schreiben, genant, bei einer allzu ernsten Betrachtung unernster Dinge überrascht zu werden. In einer geistigen Umgebung wie dieser ist es komisch, sich pathetisch über die Undichtigkeit der Regenschirme zu beschweren. Der Rest von Heiterkeit, den ich mir bewahrt habe, stammt nicht aus der Betrachtung solcher Gegenstände.«[5] Auch das ist längst geschrieben worden.

Anmerkungen

1 Konrad Franke »Verlorene Liebesmüh?« in: *Frankfurter Hefte*, Heft 6/68, S. 417
2 Bertolt Brecht »Weder nützlich noch schön« in: *Über Lyrik*, Frankfurrt/Main 1964, S. 12
3 Peter Hamm »Der Großkritiker« in: *Neues Forum/Dialog*, Wien, Heft 174–175, S. 465–473
4 nach: *Berliner Extra Dienst*, Nr. 43/II vom 29. V. 1968, S. 5–6
5 Bertolt Brecht, a.a.O., S. 13

Karl Markus Michel
Ein Kranz für die Literatur
Fünf Variationen über eine These

Französische Wände

»Plus jamais Claudel« forderte im Mai eine Wandinschrift von Nanterre. Da man aber, nur um Claudel zu verabschieden, kaum auf die Barrikaden steigen wird, muß diese Absage noch etwas anderes implizieren. Vielleicht die Option für einen moderneren Autor, eine bessere Literatur – für Brecht, oder Beckett, oder Robbe-Grillet? Nichts dergleichen; die Literatur, die heute zählt, schlug auf den Wänden von Nanterre und des Quartier Latin nicht zu Buche. Oder die Option für einen Autor, der jahrzehntelang unverdrossen gegen die formalistische, die experimentelle, die im emphatischen Sinn »moderne« bürgerliche Literatur angeschrieben hatte: Aragon? Aragon kam am 11. Mai auf den Boulevard St. Michel, um zu den Studenten zu sprechen, und wurde unfreundlich empfangen: »Va-t'en vielle barbe!« Also denn für Sartre, dessen Bücher noch am ehesten mit den Mai-Ereignissen in Zusammenhang gebracht werden können, dessen Anhänger aber in den letzten Jahren scharenweise zu einem als Revolutionsersatz goutierten Strukturalismus übergelaufen waren? Sartre solidarisierte sich mit den Studenten, doch diese nicht mit ihm. Als er in der Sorbonne zu ihnen sprach, ließen sie ihn wissen, er schreibe zwar gut, aber er habe ihnen nichts zu sagen.

Sie schrieben nicht gut, sie erklärten sich unverhohlen gegen das gute und schöne Schreiben, und wenn man ihre Graffiti, ihre Plakate und Flugblätter als Verlautbarungen eines revolutionären Subjektes nimmt, mag man zu dem Schluß kommen, daß das Hauptziel ihrer Kontestation weder die autoritäre Universitätsstruktur noch die repressive kapitalistische Gesellschaft war, sondern deren liberale Kultur samt ihren ungebärdigen Kindern. »L'art est mort, ne consommez pas son cadavre.« Die Kunst schlechthin, nicht nur Papas Theater und Opas Roman. »L'art est mort, Godard n'y pourra rien.« Nicht einmal Godard, dessen Filme schon dazu dienen mußten, die Mai-Ereignisse auf den ästhetischen Begriff zu bringen, um sie heimzuholen in die westliche Kultur, ins Weekend der leistungsorientierten Gesellschaft, das jene gerade verschmähten: »L'art est mort, libérons notre vie quotidienne.«

Die Kunst ist tot: Beschwörungsformel mit wechselndem Nachsatz, immer wiederkehrend auf den Wänden der Sorbonne und des Odéon, wie um zu sagen, daß nur ein trotziges »es ist« dem utopischen »es sei« Nachdruck verleiht; denn in Wahrheit ist sie ja nicht tot, sie lebt geschäftig fort, wenn auch als Leiche, als Ware, als Fetisch, und gaukelt weiter eine Zone der Freiheit, der Autonomie, des Sinnes vor, die es zu entlarven gilt als Schwindel: »L'art est une nevrose académique« – »L'art c'est de la merde«. Das lehren die Graffiti von Paris. Aber sie lehren es nur, wenn sie als Kontext verstanden werden, der sich lesen und interpretieren läßt; wenn man ihnen also gerade jenen Begriff der Kultur unterlegt, den sie kontestieren: eine im Wesen literale, der Hermeneutik bedürftige Kommunikation durch Symbole; eine »Inversion des Lebens«, wie im Foyer des Odéon zu lesen stand. Unter dieser Voraussetzung verraten die Mauerlosungen noch anderes, z. B. daß sie wenig originell sind; positiv gesagt: daß sie in der abendländischen Tradition stehen. Davon zeugen genügend Anleihen und Anspielungen; zitiert wurden auf den Wänden nicht etwa nur Mao und Che, sondern auch die »Väter«, von Heraklit über Nietzsche und Péguy bis zu Camus. Rimbaud wurde evoziert, Dada, Surrealismus etc., und mochten die Anklänge an Sartre fehlen, so waren die an Lafargue und Lefèbvre um so deutlicher. Kurzum, das alles ist »Abendland«, und selbst das Wort vom Tod der Kunst gehört, seit mindestens 150 Jahren, zum heiligen Bestand eben jener Kultur, gegen die es ausgespielt wird, zum schönen Ritual wehmütiger Klage oder prophetischer Verheißung – Klage über eine Welt, die keine Träume mehr hat, Verheißung für eine andere, die keine mehr braucht. Auch das, was die Studenten von Paris der überkommenen Kultur entgegenzusetzen hatten – »créativité, spontanéité, vie«; »libérez l'expression«; »libérez les passions«; »l'imagination au pouvoir« – ist ein Stück, gar ein Herzstück dieser Kultur. Die Pariser »Kulturrevolution«, läßt sich folgern, hat der bestehenden Kultur, die immer wieder einen neuen Anstoß braucht, und sei er zunächst auch schokkierend, keine neue Wendung gegeben, nur neues Blut zugeführt ...

Man kann die Graffiti auch anders lesen. Man *muß* sie anders lesen, will man nicht davon absehen, daß sie, statt auf Papier, auf Wänden stehen, zum Teil auf ehrwürdigen Wänden, die zu beschmieren nicht nur als grober Unfug, sondern schon als Vandalismus erscheint. Ihr Kontext ist dann

weniger die Summe der einzelnen Sprüche als vielmehr die Situation, in der es zum Akt des Schreibens kam. Und ihr »Sinn« liegt mindestens ebensosehr in diesem Akt wie in dem Bedeutungsgehalt der einzelnen Zitate und Parolen. Also ein Beispiel für McLuhans These »The medium is the message« oder, vornehm strukturalistisch gesagt, für das Zusammenfallen von Signifikant und Signifikat? Ja, insofern die »Botschaft« der Gaffiti in diesem provokativen An-die-Wand-Schreiben besteht. Dieselben Losungen sind, wenn in Buchform publiziert, wie schon mehrfach geschehen, andere Losungen. Sie zeichnen sich dann durch einen hohen Redundanzgrad aus, ihr Informationswert ist minimal, der Provokationsgrad gleich Null, während die Provokation der Mauerlosungen gerade mit ihrer Redundanz zu tun hat: nicht ihre Einmaligkeit ist ihre Stärke, sondern ihre Allgegenwart. Sie teilen mit dem Gerücht die Tendenz zur Proliferation. Wände sind überall; sobald man begonnen hat, eine davon zu beschreiben, wirken die anderen leer, sie wollen Losungen tragen, nicht »Texte«, – jedenfalls in einer revolutionären Situation, die ja ihrerseits die Tendenz hat, sich überallhin auszudehnen.
Dann wären die Graffiti also symbolischer Ausdruck dieser Situation, der provokativen Besetzung bestimmter Orte, die selbst wieder nur symbolischer Ausdruck einer realen Inbesitznahme ist? Der Vorwurf, die rebellierenden Studenten verwechselten in infantiler Selbsttäuschung symbolische Aktionen mit wirklichen, hat die Runde gemacht. Er unterschlägt, daß die Manifestationen dieser Besetzungen, bis hin zum Pinselstrich an der Wand, reale Handlungen sind, die Bedürfnisse befriedigen – mag sein private, infantile, gar anale Bedürfnisse, die aber dadurch, daß sie gesellschaftliche Tabus verletzen, nicht mehr nur mit psychologischen Kategorien faßbar sind, oder nur dann, wenn jene Tabus unreflektiert bleiben. Es sind potentiell *politische* Handlungen, bis hin zum Pinselstrich, die ihrerseits zwar nicht unbedingt aus Reflexion folgen, ihr aber das Tor öffnen sollen. So jedenfalls will es das Selbstverständnis der Studentenbewegung. Daß ihre Aktionen oft die entgegengesetzte Wirkung haben, die Tabuverletzung zur Tabuverhärtung führt (woraus der weitere Vorwurf der Komplizenschaft von Links- und Rechtsextremismus abgeleitet wird), ist unbestreitbar, aber trivial. Es gibt kaum einen neuen Ausdrucksgestus, der den überkommenen Strukturen nicht zu einer Affirmation verhülfe, die ihnen schließlich den Garaus macht. Spezieller: der potentiell *politische* Charakter jener Aktionen läßt sich nicht an den Normen der in einer apolitischen

Gesellschaft praktizierten Politik messen, er setzt vielmehr ihre Negation voraus – ohne schon neue politische Formen anzubieten.
Darin liegt die Schwäche der Aktionen, aber auch ihre Unwiderlegbarkeit. Sie zielen auf eine Politik, die es noch nicht gibt; und wenn sie sich an überlieferte Ideologien und Praktiken anlehnen, dann nur, um sich davon abzustoßen. Das Charakteristikum der Bewegung ist ihre Nichtidentität mit sich selbst. Womit auch die scheinbare Identität von Medium und Message erschöpft ist, in Nichtidentität umschlägt: die Botschaft der Graffiti liegt weit jenseits der manifesten Losungen, nämlich im Verweis auf die politische Einlösung des in privater Befriedigung gesetzten und immer wieder frustrierten Versprechens einer konkreten gesellschaftlichen Befriedigung. (*Privat:* denn die revolutionäre Gruppe, selbst die Kommune, ist keine Keimzelle der neuen Gesellschaft, sondern eine Art Notgemeinschaft aus der Situation des Protestes gegen die bestehende Ordnung; *frustrierend:* denn diese Aktionen konstituieren keinen ästhetischen Sonderbereich, der die Illusion einer Erfüllung böte, kein affirmatives Es-ist-erreicht wie die »autonome« Kunst, sondern sie fordern die bestehende Realität heraus, die allenfalls kurzfristige Befriedigung aufkommen läßt und deshalb selbst dafür sorgt, daß der Impuls nicht abstirbt.) »Je prends mes désirs pour la réalité, car je crois en la réalité de mes désirs«: subjektive Regungen suchen nach Ausdruck, um zu objektiven Zielen zu werden, und sei es durch einen irrationalen Akt. Der Spruch an der Wand ist subjektiver Ausdruck, aber kaum schon ein freier, vielmehr einer, der sich erst befreien will. Also mehr die Forderung nach der Möglichkeit von Ausdruck als selbst schon ein solcher. »Libérez les passions!« »Libérez l'expression!«
Unverkennbar die Beziehung zu Pop, Happening und manchen Formen der Subkultur, die auch flugs zur Erklärung herangezogen wurden, als sperrten sie sich nicht selbst gegen alle gängigen Erklärungen. Ein Fragezeichen wird einem anderen subsumiert, dem schon Ungefährlichkeit bescheinigt, schon dekorativer Wert zugesprochen worden ist. Dennoch bleibt die Beziehung, und wenn es Unterschiede gibt, etwa zwischen einem üblichen Happening und einer Institutsbesetzung, einer Hippie-Party und einem Teach-in, so liegen sie nicht in einem Mehr oder Weniger an Selbstbefriedigung der Veranstalter und Mitläufer, sondern darin, wie weit sich solche Befriedigung in sich selbst erschöpft, anstatt – »éjacule tes désirs!« – etwas zu beschmutzen, das sich für sauber hält, etwas zu infizieren, das

sich gesund und gesättigt glaubt. Das Kriterium ist die Tendenz zur Sozialisierung von Bedürfnissen und ihrer Befriedigung, von Interessen und ihrer Wahrnehmung; die Perspektive auf die Überführung irrationalen Protestes in rationale Veränderung.
Dieses Kriterium läßt sich auch auf die Produkte der abendländischen Kultur anwenden, zumal die literarischen Produkte. Es scheidet die Böcke von den Schafen. Nach dem Votum der Graffiti von Paris bringt diese Kultur heute nur noch Schafe hervor, bestenfalls solche, die gegen sich selbst zeugen, und auch diese sind Waren geworden. Literatur? »La poésie est dans la rue« – bei Barrikaden, roten Fahnen und Mauerlosungen. Wozu also Dichter?

Wozu Dichter? (1)

Diese Frage soll hier nicht ernsthaft gestellt, sie soll nur vorgestellt werden wie ein Gewand, das zu weit ist für die spezielle Frage, um die es hier geht. Oder auch zu eng für den Komplex, der betroffen ist. Diese Frage setzt stillschweigend voraus, daß es Dichter *gibt;* gesucht wird eine Rechtfertigung für ihre Existenz, ihre Produktion. Und da es einesteils die Dichter selbst, andernteils ihre Herolde, Sachwalter, Exegeten sind, die so fragen, läuft die Antwort meist darauf hinaus, daß sich nicht die Dichter vor den Nicht-Dichtern zu rechtfertigen haben, sondern umgekehrt. Unbestritten ist – im Kreis der Eingeweihten – der moralische, ja richterliche Anspruch der Literatur, und wenn ein Streit entsteht, wie kürzlich wieder geschehen, dann dreht er sich nicht um den allgemeinen Anspruch, höchstens um die spezielle Moral: Haust du meinen Grass, hau ich deinen Grass. Anders gesagt: der Dichter trägt Verantwortung für die Gesellschaft und ihre Moral, er ist dazu berufen, Werte und Wahrheiten hochzuhalten, mal sehr hoch, mal weniger hoch, gerade noch greifbar – das ist eine Frage des Geschmacks, über die gestritten wird in Zürich und anderswo.
Das gilt nicht nur für die Dichtung, es gilt für das literarische Leben schlechthin. Die literarische Intelligenz findet ihren gemeinsamen Nenner in ihrem Selbstverständnis als Gewissen – Gewissen der Gesellschaft, der Nation, einer sozialen Klasse oder Clique. Und »schlecht« muß es sein, wenn die Literatur gut sein soll; das »gute« bleibt der schlechten vorbe-

halten, seit der Überbau der bürgerlichen Gesellschaft nochmals aufgestockt worden ist; da oben wohnen die Dichter und Denker und lassen sich gern fragen, ob sie die Welt ändern können, ob sie sich für die Gesellschaft verantwortlich fühlen, ob sie sich für irgendeine Sache engagieren, und antworten dann Ja – aber. Nimmt man die Gewissensmetapher beim Wort, so sagt sie, daß sich die literarische Intelligenz als Überich der Gesellschaft versteht, das deren Selbstbewußtsein mahnend und strafend überspannt, zugleich aber auch in Konflikt steht zu den wirklichen gesellschaftlichen Autoritäten, also nicht einfach verinnerlichte Autorität der Gesellschaft ist, sondern Gegen-Autorität – ohne reale Basis und deshalb unentwegt fordernd, ständig gereizt. Das »Haust du meinen Dichter, hau ich deinen Dichter« heißt aber auch, daß dieses Gewissen, weil nicht abgestützt durch die realen Machtverhältnisse, seinerseits wieder der Kontrolle unterliegt. Das Publikum läßt sich von seinen Literaten manches sagen, aber beileibe nicht alles und nicht in jeder Façon; sonst werden sie zur Ordnung gerufen oder ignoriert.

Darin liegt das Dilemma der heutigen Literatur. Ihr »Spruch« ist ein Luxus, etwas für den Sonntag (für die Feuilleton-Seite, das Abendstudio, das Literaturseminar), aber er will die Realität treffen; er vermittelt die Illusion, Realität nicht nur zu deuten, sondern auch zu bedeuten. Dieser Illusion erliegen die Literaten und ihr engeres Publikum gerade dank der Tatsache, daß sie ja wissen, wie sehr sie es mit Irrealem, mit Fiktion, Schein, Spiel zu tun haben, und ihm deshalb die höhere Wirklichkeit, den höheren Ernst attestieren. »Kunst soll erlösen« (von der niederen Wirklichkeit oder diese selbst): die Forderung Nietzsches klingt nur deshalb degoutant, weil sie einen sakralen Begriff einsetzt, wo ein moralisch-ästhetischer am Platze scheint, der dasselbe besagt. Kunst *ist* zur zweiten Religion geworden, so hehr und hilflos wie die erste, wenn auch weniger von Depressionen geplagt. Sie tummelt sich munter zwischen Allotria und Zauberspruch, und das Ergebnis ist: der Dichter steht hoch im Kurs, aber er hat nichts zu melden. Seine Epiphanie erlebt er in der Dichterlesung, man geht in sich, ist bewegt, ergriffen (oder verstockt), aber sobald er sich zu Tagesfragen äußert, zeigt sich, wie wenig er ernst genommen wird, wie windig die autoritäre Stimme dieses Gewissens ist.

Das alles liegt auf der Hand und reicht nicht weit. Man weiß es und weiß zugleich, daß es anders ist. Denn Literatur ist eine Institution, nicht nur in dem Sinne, daß der Dichter Sitz und Stimme hat in irgendeinem Rat der

Weisen oder Narren, sondern auch insofern, als die Literatur gegenüber den Bedingungen ihrer Produktion und Konsumtion eine gewisse Selbständigkeit gewonnen hat, von der jedes einzelne Werk zehrt. Wer ein Gedicht schreibt, schreibt *weiter* am schon Gedichteten, und er muß es tatsächlich ein bißchen *weiter* schreiben, will er als Dichter gelten. Dieser dem System immanente Zwang zur Innovation macht die Literatur den meisten anderen Institutionen überlegen, so grotesk auch manche ihrer Ressourcen sein mögen. Zum Beispiel der literarische Pubertätskanal: bedingt durch humanistische Erziehung und diese überlebend, galt für ein paar Jahrhunderte das Schreiben als zwar nicht unbedenkliches, aber sozial geduldetes Mittel zur Kanalisierung von pubertären Affekten und Aggressionen. Gleich anderen Institutionen und Praktiken, etwa dem Militärdienst oder dem Onanieren, bewirkte es die Sozialisierung der Jünglinge. Für Mädchen gab es Handarbeiten. Prämiert wurde nun nicht wie bei letzteren das Stück, das den gesetzten Vorbildern am nächsten kam, sondern jenes, das in einer bestimmten (obschon schwer bestimmbaren) Richtung von ihnen abwich. Denn gute Handarbeiten waren knapp, während man die guten Gedichte, die schon vorlagen, beliebig reproduzieren konnte. Gefragt waren *neuartige* Gedichte, Dramen, Romane. Andererseits mußte der Autor eines prämierten, also publizierten Werkes zeigen, daß dieses mehr war als ein Produkt gesellschaftlich lizensierter Abfuhr. Er mußte ein zweites, ein drittes schreiben, und spätestens von jetzt an galt er als Dichter, das war seine Profession, die er nicht leicht aufgeben konnte: man glaubte ihm einfach nicht, daß er zu etwas anderem tauge; wie man auch einen, der in fortgeschrittenem Alter plötzlich zu schreiben begann, nur selten als Dichter akzeptierte. Und das war ganz vernünftig so, denn das Schreiben ist ein Handwerk, das gelernt sein will, wenn es seinen Mann ernähren soll (leider war der Markt oft verstopft); und es bewahrte den Schreiber gegebenenfalls vor der peinlichen Einsicht, daß er nichts mehr zu sagen hatte: er schrieb eben weiter und sorgte damit wiederum dafür, daß sein Publikum nachgerade Geschmack bekam auf etwas wirklich Neues, sozusagen direkt aus dem Pubertätskanal.

An diesem Bild hat sich heute einiges verschoben, aber nichts Wesentliches. Die Institutionalisierung schreitet fort, denn der Bedarf ist enorm gestiegen, man arbeitet für den Konsum, zugleich aber auch gegen ihn: das schlechte Gewissen wütet gegen sich selbst, die Literatur erzeugt aus sich heraus eine Anti-Literatur, durchaus in »immanenter« Entwicklung, deren Logik aber mindestens ebensosehr eine des Marktes wie eine der Form ist. Die Frage »wozu Dichter?« kann in diesem Rahmen nicht mehr sinnvoll gestellt werden. Die heute lebenden Schriftsteller finden ihre Legitimation durch die großen Toten, deren Werk sie fortsetzen, das offenbar unendliche Kunstwerk Literatur, das sich durch Glanz und Elend und Hader seiner zahllosen Moleküle reproduziert.

Wozu Dichter? (2)

Die Frage nach dem Zweck der Dichter beantwortet sich trivialerweise durch die Bedürfnisse der Leser. Die Existenz der Leser rechtfertigt die der Dichter. Der Einwand, daß der wahre Dichter keineswegs *für*, oft sogar ausdrücklich *gegen* das Publikum, im Grunde aber *an sich* dichte, ist so luftig wie die romantische These, daß das Schreiben schon Verrat am Dichten, schon Entfremdung sei. Dennoch gehört jener Einwand (wie auch diese These) zu den Prämissen des bürgerlichen Kulturbetriebes, und die Folgerungen, die daraus gezogen wurden, von Autoren und Lesern, waren nicht immer die schlechtesten. Man las wie man lebte, das heißt man nahm die literarischen Erfahrungen gleich den sozialen als ein Stück Natur in sich auf, und es war eine bessere, reichere Natur, die dem Leser dabei half, sein Bewußtsein zu erweitern, persönliche Identität zu entwickeln und soziale Phantasie zu entfalten. Daß dies nur für einen Teil der Literatur zutrifft, liegt auf der Hand; der andere Teil hatte oft eine entgegengesetzte, jedenfalls eine domestizierende Wirkung, und je reifer das Bürgertum wurde, desto üppiger und einflußreicher geriet dieser Teil der Literatur.
Wenn Kunst, wie oft behauptet, ein integrierender Bestandteil der Gesellschaft ist, sozialer Kitt wie einst Magie, Mythos, Religion, dann gilt das für beide Teile der Literatur, die sich ohnehin nicht scharf trennen lassen. Aber es gilt in ganz unterschiedlicher Weise je nach dem Stadium, in dem sich die Gesellschaft befindet. Das Bürgertum war anfangs eine revolutionäre Klasse und brauchte progressiven Kitt; es glaubte sich noch progressiv, als es sich dem Liberalismus verschrieb samt allen seinen Mystifikationen, die schließlich überhand nahmen und einer nunmehr eindeutig repressiven Klasse als Tabernakel dienten, wo auch die Literatur (einschließlich der anti-bürgerlichen) ihren Platz fand. Daß das Bürgertum heute keine Klasse mehr sein will, hindert nichts daran, daß seine Litera-

tur, selbst als anti-bürgerliche, bürgerlich bleibt, allein schon durch die Bedingungen ihres Konsums. Das Lesen ist zwar nicht mehr, wie bis vor wenigen Jahrzehnten noch, ein Vorrecht sozial Privilegierter – (der lesende Prolet der Zeit vor dem Ersten Weltkrieg, notabene, wurde ein Opfer seiner Lektüre, er signalisiert den Übergang der Arbeiterbewegung von ihrer heroischen in ihre kleinbürgerliche Phase, und ähnlich war es im postrevolutionären Rußland) – aber die lesenden Massen von heute werden durch die »progressive« Literatur nicht gefährdet: sie sorgt selbst dafür, daß sie eine luxuriöse Angelegenheit bleibt: für eine »Leserelite«. Genauer gesagt: dafür sorgen mächtigere Instanzen, aber es ist kaum anzunehmen, daß sie ein Überlaufen breiter Leserschichten zur progressiven Literatur, das sie zu fürchten vorgeben, durch massiven Zugriff verhindern würden. Was schadet dem Arbeiter schon die Bekanntschaft mit Oskar Matzerath, Anselm Kristlein oder Gantenbein, wenn diese Bekanntschaft einseitig bleibt? Was Westdeutschland betrifft, so weiß man spätestens seit Ostern dieses Jahres, daß die als Hort aller Unzufriedenheit, als Born der Zersetzung verschrieene Gruppe 47 nicht einmal ein Papiertiger ist, sondern ein Schoßhund. Die Gruppe hat den rebellierenden Studenten weder Stichwörter geliefert noch Beifall gespendet. Sie wurde von ihnen vielmehr jenem Establishment zugeschlagen, in dem sie bisher ihren eigenen Feind gesehen hatte.

So plump dieser Angriff gegen die etablierte Literatur scheinen mag, er trifft doch ihren schwachen Punkt, den sie lange als ihre Stärke mißverstanden hat: ihre soziale Privilegiertheit, ihre Distanz zur gesellschaftlichen Praxis – trotz Wahlpropaganda etc. Wenn diese Literatur progressiv und avantgardistisch war, dann nur im formalen Sinn; die Gegenden, in die sie vordrang, sind auf keinem utopischen, geschweige denn einem sozialen Atlas zu finden. Sie lassen sich bestenfalls als Negativ (und ketzerisches Alibi) der kapitalistischen Gesellschaft definieren, während die progressive bürgerliche Literatur der Vergangenheit, selbst wenn sie sich in einem Ideenhimmel bewegte, immer noch auf diese Gesellschaft bezogen, aus ihr heraus entwickelt und von ihr einholbar war. Die *moderne* Literatur, die das Einverständnis aufsagt, sagt damit auch jeden Bezug zu einer möglichen Praxis auf. Darin konvergiert sie mit jener kritischen Theorie, deren Abstinenz von jeder Praxis nur den Ausweg in einen trotzigen Aktivismus läßt, der alle Theorie überrennt – wie in Frankfurt geschehen und anderswo auch. Von Becketts *Glücklichen Tagen*, könnte man sagen, führt der Weg direkt auf die Barrikaden von Paris; oder alles bleibt wie es ist, und Beckett sagt, wie mies es ist, was zweifellos intellektuelle Lust bereitet, wenn auch nur sehr wenigen. Man könnte also auf Beckett verzichten. Man könnte die moderne Literatur insgesamt abschaffen, ohne daß sich mehr änderte als durch ihre Existenz. Oder könnte man nicht?

Als Saint-Simon vor 150 Jahren seine berühmte *Parabole* schrieb, zählte er zu den dreitausend produktivsten Franzosen, durch deren Verlust die Nation augenblicks zu einem Körper ohne Seele würde, gleich zu Anfang auch die fünfzig besten Dichter und die fünfzig besten Literaten. Würde man, wenn man heute diese Parabel neu faßte, ähnlich verfahren? Oder müßte man, so sehr es schmerzte, diese hundert Besten zu jenen dreißigtausend VIPs rechnen, die laut Saint-Simon die überflüssigsten Menschen im Staate sind? Was würde geschehen, wenn heute in Westdeutschland die hundert prominentesten Autoren, dazu vielleicht noch die vierhundert tüchtigsten Publizisten, Redakteure, Kritiker und Lektoren verschwänden? Nichts; zumindest nichts in dem von dieser Parabel gesetzten Rahmen. Tausendjährige schlechte Erfahrungen lassen keine andere Antwort zu. Aber 1933 lag der Fall etwas anders, weil ja das Verschwinden der Intelligenz ins Ausland, ins KZ oder in die innere Emigration die Voraussetzung dafür war, daß geschehen konnte, was dann geschah. Auf diese Lesart hat man sich jedenfalls geeinigt – der Beweis ist kaum zu erbringen –, und sie impliziert, daß Literatur eine politische Macht ausübt. Wäre es dann nicht denkbar (wenn auch wiederum nicht beweisbar), daß der Einfluß, den die Literatur *heute* ausübt, ebenso der Erhaltung des Bestehenden dient wie (angeblich) vor 1933? Die Frage ist heimtückisch, aber man könnte noch weiter gehen und sagen: die Funktion der modernen deutschen Literatur der letzten zehn oder fünfzehn Jahre ist der des *Spiegel* verwandt, der lange als einzige oder eigentliche politische Opposition galt, mancherlei Mißstände aufdeckte und doch die angelaufene Entwicklung nicht bremsen konnte, vielmehr noch förderte: weniger durch sein Gift, das Abwehrkräfte mobilisierte, als durch seine Leser, die sich hier abreagieren konnten und befriedigt darüber waren, daß es wenigstens den *Spiegel* gab; seine Funktion war zwar nicht die Entpolitisierung seiner Leser, aber die Bindung und Neutralisierung von politischen Potenzen, die sich sonst vielleicht aktualisiert hätten. Ähnlich die moderne Literatur: sie fesselte und befriedigte intellektuelle Interessen, als wären es unmittelbar gesellschaftliche und politische, und hat dadurch den Blick auf die letzteren verstellt, hat die Unzufriedenheit und Unruhe, die sie nährte, zugleich in einen Käfig gesperrt, wo Scheinkämpfe ausgefochten und Scheinsiege errungen wurden, während nebenher die Geschäfte ihren Lauf nahmen. Nicht als ob durch das Verschwinden der hundert Besten oder auch des ganzen Literaturbetriebes – sagen wir vor zehn Jahren, als er seine Blüte erlebte – alles anders gelaufen wäre. Es wäre zwar eine Befriedigungslücke entstanden, die zurückgebliebenen Intellektuellen hätten aufbegehrt gegen diesen Opiumentzug und vielleicht sogar, wachgeworden, auch noch gegen anderes opponiert; aber für ein wirkliches Reveil war es damals schon zu spät. Auch bedürfte es gar nicht eines so radikalen Absterbens der modernen Literatur (das ihr ohnehin niemand wünschen wird), denn sie ist allem Anschein nach von selbst an ihr Ende gelangt, an ein Ende, das faszinierende Aspekte hat und deshalb wie ein neuer Frühling wirken mag. Daß es anders ist, hat der Protest einer jungen Generation nur offenkundig werden lassen – nicht durch eine neue Literatur, aber durch neue Ausdrucksformen, die den literarischen Avantgardismus senil erscheinen lassen und die progressive westliche Literatur insgesamt an ihre Ohnmacht gemahnen, die aus ihrer Privilegiertheit folgt.

Zur Ästhetik des Protests

»Unsere Demonstrationen werden immer schöner. Sie hätten uns sehen sollen, wie wir mit Dany nach Forbach zogen, mit großen gelben Ginstersträußen und vielen roten Fahnen ...« So Karl Dietrich Wolff in einem Gespräch mit Simon (*Der Monat* 239, August 1968). Es war von dem Medium des studentischen Protestes die Rede, und der fast naive Verweis auf Ästhetisches, der dem Problem scheinbar auswich, da er kaum auf eine Wirkungsästhetik, vielmehr auf eine Ausdrucks- und Befriedigungsästhetik abhob, gab doch eine Antwort, die das Problem erst richtig stellte: cui bono?

Gegen wen der Protest, die Demonstrationen und Provokationen sich richten, ist klar; was sie bezwecken wollen, schon weniger; was sie tatsächlich bewirken, bleibt oft besser im Dunkel, wo es weiterwirken kann; den Veranstaltern selbst ist es relativ gleichgültig. Nicht gleichgültig dagegen ist ihnen ihr subjektiver Eindruck von Gelingen oder Mißlingen,

und das Urteil »schön« ist dabei keineswegs nur eine Ausflucht ins Ästhetische, um das politische Scheitern einer Aktion zu kompensieren, sondern eine unmittelbare Reaktion. Tatsächlich können Demonstrationen, Protestaktionen und selbst Straßenkämpfe »schön« und damit »gelungen« sein, nicht nur für die Beteiligten, sondern auch für manche Unbeteiligte (für diese freilich nur, wenn und solange sie mit den Ereignissen sympathisieren). Und wenn den Studenten von Paris »ästhetisierender Anarchismus« vorgeworfen, wenn von den Mai-Ereignissen abschätzig gesagt wurde, sie seien »revolutionärer Karneval« gewesen – die Franzosen feierten ihre Revolutionen als rauschende Feste, in denen sie all das, was ihnen sonst versagt bleibe, auskosteten (Raymond Aron) –, so mag das als Beschreibung noch hingehen, kaum aber als Bewertung, es sei denn als Selbstbewertung dessen, der so urteilt: autoritäre Lustfeindschaft kann es nicht dulden, daß die Revolution ein Fest, daß die Auflehnung gegen Autoritäten schön sein oder so erlebt werden sollte; also wird das Erlebnis, das verpönte Emotionale strafend hervorgekehrt, damit sich der Rest desto leichter abtun lasse und keine Unordnung komme in die sauber getrennten Gehege des bürgerlichen Lebens – Arbeit/Intimsphäre/Politik/Religion/Kunst/Volksbelustigung/Wissenschaft/etc. –, Bereiche, zwischen denen es nur Vermittlungen, keine Vermischungen geben darf, wenn das Ganze nicht zusammenstürzen soll. Unter diesem Aspekt war das, was die antiautoritäre Bewegung der jüngsten Zeit heraufbeschworen hat, tatsächlich ein anarchistischer, weil unlizensierter Karneval, umso mehr, als durch die Solidarisierung von Arbeitern und Studenten auch noch die kunstvolle soziale Schichtung der spätkapitalistischen Gesellschaft zu kollabieren drohte.
Die nur verbale Kritik der Intellektuellen, der arbeitsteilige Protest gegen einzelne Mißstände, die schichtenspezifische Unruhe bestimmter Gruppen, womit das Establishment es bisher zu tun hatte, scheint plötzlich umzuschlagen in eine totale Kontestation, die nicht mehr pluralistisch abgefangen werden kann, sondern das System selbst infiziert. Eben dadurch aber hat das Aufbegehren der Studenten, Schüler und Arbeiter auch schon sein Objekt, das schlechte Bestehende, überschritten und wenigstens für kurze Augenblicke neue Inhalte und Formen antizipiert, die zwar noch nicht Modelle, aber Zeichen setzen. Das mit der Konventions- und Tabuverletzung verbundene Lust-Erlebnis mag zunächst als Selbstzweck erscheinen (wo der direkte Widerstand fehlt, fallen die Aktionen oft »lustlos« in sich

zusammen, als sei die Abfuhr von Aggressionstendenzen ihr erklärtes Ziel); aber schon das Komplement dieser Provokationslust, der aus Angst geborene Haß breiter Bevölkerungsschichten auf die Provokateure, die ihnen gar nichts tun, ist ein Indiz dafür, daß hier nicht nur verfestigte Identifikationsmodelle angegriffen werden (sie sind bisher kaum angetastet, geschweige denn zerstört worden), sondern daß – im Akt der Demonstration selbst – neue Möglichkeiten aufscheinen, die den bestehenden Autoritätsstrukturen die Stirn bieten und deshalb bei allen, die das dunkel spüren, Bestrafungsangst wecken. Sie können durch Gewalt nicht unterdrückt, durch systemimmanente Reformen nicht eingeholt werden – sie sind *da*, aber kaum dingfest zu machen; sie gehen um wie ein Gespenst, gegen das es noch keine Formel, wie ein Bazillus, gegen den es noch kein Serum gibt. Das ist gleichsam der *ästhetische Mehrwert* der neuen Protest- und Demonstrationsformen, der ihre psychische und soziale Motivierung ebenso transzendiert wie ihre (zumeist naive) rationale Begründung.

»Ästhetisch« wird hier freilich in einem weiteren Sinn verstanden als dem der bürgerlichen Kunsttheorie, die für Phänomene dieser Art nur den Symbolbegriff zur Verfügung hat, sie abkapselt in einen Sonderbereich, ihnen asketisch jede sinnliche Existenz, jeden direkten Bezug zur menschlichen Praxis abspricht. Die bürgerliche Ästhetik hat es deshalb auch nie zu einer überzeugenden Theorie des Ausdrucks gebracht. Selbst die Ansätze bei Freud laufen auf eine Verzicht-Theorie hinaus, und die Wiederspiegelungstheorie des Marxismus ist, wie man sie auch wenden und strekken mag, im Grunde eine Negation von Ausdruck. Erst durch die gegenseitige Befreiung von Marxismus und Psychoanalyse konnten alte Fesseln abgestreift werden, erst die in den letzten Jahren aus dem zivilisatorischen Underground aufgetauchte Subkultur hat die neue Freiheit zu nutzen gesucht (und zum Teil schon wieder verkauft an die Industrie). In diesem Kontext muß auch der ästhetische Mehrwert der antiautoritären Bewegung gesehen werden. Vielmehr: er sprengt diesen Kontext, weil die Bewegung selbst die überkommenen Kontexte und Einzäunungen sprengt, weniger durch vorgefaßte Absicht als durch ihre unmittelbare Existenz.

Sie wird dadurch immer deutlicher zu einer Herausforderung für die etablierte Intelligenz, die etablierte Kunst und Literatur, jeweils als Institution genommen, die eine kritische Instanz sein möchte und einen ähnlichen Absolutheitsanspruch stellt wie die ungebärdige Neue Linke. Läßt sich diese noch in die bestehenden Superstrukturen integrieren, können ihre

Manifestationen noch als systemimmanente Neuerungen verkraftet werden wie etwa Pop und Happening? Die Offenheit des Systems »bildende Kunst« für radikale Neuerungen ist größer als die des Systems »darstellende Kunst« oder gar des Systems »schöne Literatur«. Letzteres steckt heute in einem Theorie-Panzer, ist von einem Hof von Kritikern und Lektoren umgeben, die gemeinsam mit den Autoren deren Tun rechtfertigen und deuten. Und dieses Tun ist seinerseits theoriegetränkt, weil es immer Rechtfertigung seiner selbst ist, damit auch Urteil über die Realität, von der es sich abhebt und die es dennoch treffen will.

Die avancierteste Form der Rechtfertigung – speziell bei Helmut Heißenbüttel – ist die durch Sprache als alleiniges Medium der Literatur, ein Medium, das angeblich die ganze Welt gespeichert hat und uns den direkten Zugang zu ihr versperrt. Sprache, sagt Heißenbüttel, speichert nicht nur Sach- und Assoziationsbezüge (ihr positiver Aspekt), sondern auch falsches Bewußtsein, Vorurteile, Sinnbezüge – ihr negativer Aspekt, der offenbar so sehr dominiert, »daß wir nicht sagen können, was wir meinen, sondern etwas, das die Sprache uns vorschreibt«. Dieser negative Aspekt der Sprache, der sich zumal in ihren syntaktischen Strukturen manifestiert, muß radikal abgebaut werden, wenn der Zugang zu den Sachen, das heißt zu den Wörtern, frei werden soll: »Für uns gibt es Sachen nur noch in der Form von Wörtern. Nur indem wir den im Wort gespeicherten Sachbezug *zitieren*, vermögen wir uns dem zu nähern, was man außerhalb der Sprache Welt nennen könnte.« Von hier erhält die Literatur ihre Aufgabe. Ihre Formalia sind heute nicht mehr Auswahl und syntaktische Verknüpfung, sondern Zufall und syntaktische Verunklärung, also Destruktion. Aber diese Formalia sollen im Dienst eines neuen Realismus stehen: »Realistisch wäre eine Literatur, die Welt und Sachen im abgelösten Sprachzitat zu verdoppeln suchte und in dieser Verdoppelung zeigte, daß wir nicht sinngebend und ordnend in die Welt einzudringen vermögen, es sei denn im Sinne der spezialwissenschaftlichen Statistik oder der Fotografie.« (*Akzente*, XV/2, 1968)

Diese für die literarische Avantgarde repräsentative Theorie ist radikal und in sich stimmig – falls man davon absieht, daß sie ihrem eigenen Spruch zufolge fauler Zauber ist, weil in einer Sprache formuliert, die ex definitione falsches Bewußtsein reproduziert. (Die »literarische«, das heißt von syntaktischen Bezügen gereinigte Sprache wäre gar nicht fähig, eine Theorie zu formulieren.) Der totale Ideologieverdacht fällt stets auf sich selbst zurück, aber das müssen die Betroffenen mit sich alleine ausmachen. Schwerer wiegt die Frage, wozu denn die Destruktion der Sprache, die nach Auskunft von Heinrich Vormweg zugleich eine Destruktion von Herrschaftsformen ist, taugen soll, wenn sie an der Welt nichts ändert, sie nicht einmal zu deuten erlaubt, sondern nur die Möglichkeit schafft, die Welt im Zitat zu verdoppeln. Die zu erwartende Antwort, daß diese Rumpfsprache jedenfalls zu sagen gestatte, *was ist*, und dadurch das Bewußtsein der Menschen verändere, unterstellt, daß die durch subjektive und letztlich willkürliche Akte *abgebaute*, auf nackte Sachbezüge reduzierte Sprache wieder *aufgebaut*, wieder angereichert werde mit (syntaktischen) Sinnbezügen, ohne welche sprachliche Kommunikation gar nicht möglich ist. Solche Sinnbezüge aber implizieren kollektive Vorverständnisse, öffentlichen Konsensus, Ideologisches, wenn man will, also gerade das, was Heißenbüttels Theorie zum Orkus wünscht. Nicht daß sie selbst eine Ideologie ist, straft sie, sondern daß sie, als Heilslehre von der reinen (sterilen, autistischen) Sprache, sich alle Wege verbaut. Ihre Losung heißt: statt schlechtem Einverständnis – radikaler Bruch; statt falscher Kommunikation – gar keine. Das ist bereits erreicht, was diese Literatur selbst betrifft. Ihr Protest steht an Radikalität dem der Studenten kaum nach, aber er genügt sich selbst; er wird nicht zur Provokation, sondern bleibt eine Privatangelegenheit (obwohl die Feuilletonseiten ihm offenstehen), denn er ist a-ästhetisch in einem Ausmaß, das jede Ansteckung durch sinnlichen Reiz ausschließt. Das asketische Element der bürgerlichen Kunst hat die Oberhand gewonnen. Doch vom Richteramt des Künstlers ist nur ein autoritärer Gestus geblieben, der alles verdammt, sogar die Kunst selbst, sofern sie nicht nur richten, sondern auch anstiften und befreien will.

Die Zukunft der Literatur

Es ist heute viel die Rede von der Durststrecke, die die Literatur durchstehen, von der Abmagerungskur, die sie absolvieren müsse, um sich von ihrem ideologischen Speck zu befreien, bevor sie wieder aufblühen könne; ob sie dies auch tun wird, weiß man freilich nicht. Andere bevorzugen die Methapher von der Sackgasse, in die sie geraten sei, wonach immer noch die Möglichkeit bliebe, daß der Nachwuchs einen glücklicheren Weg wählte; ob er dies auch tun wird, weiß man freilich nicht. Beide Diagnosen

setzen voraus, daß Literatur zwar etwas Gesellschaftliches, aber doch auch etwas *an sich* sei, ein Organismus sui generis, der sich in einer offenbar exterritorialen Landschaft bewegt. Sie räumen damit ein, daß dieses Wesen Literatur – als Teil des gesellschaftlichen Überbaus – unkontrollierbar ist. Strittig ist nur, ob es seinen eigenen Gesetzen folgt, oder ob es fremden Gesetzen (denen der Basis) unterliegt, die ihm viel Spielraum lassen mögen, aber nicht jeden beliebigen. Wie aber, wenn der ganze Streit sinnlos wäre, weil nicht zu entscheiden, und jede der beiden Thesen eine konventionelle Selbsttröstung von Intellektuellen, die nichts ändern können?
Die neue Linke, so scheint es, verschmäht diese Tröstungen. Was immer ihre Theorie sein mag: ihre Praxis zeigt, daß sie den Kampf, der – streng marxistisch – der Basis gelten sollte, in erster Linie gegen den Überbau führt. Das mag eine Not sein, aber es ist zugleich eine Chance, die nämlich, sich dem Zugriff der kulturellen Apparate zu entziehen, ihrer schier unbegrenzten Fähigkeit, alles zu schlucken und zu verdauen, was an Kritik sich regt, zu trotzen. Daraus folgt aber auch, daß sich der Angriff nicht nur gegen die reaktionären Elemente des Kulturbetriebes richtet, sondern gerade auch gegen die progressiven, die schon die Hand ausgestreckt, schon Koalitionsbereitschaft gezeigt hatten und jetzt enttäuscht Abstand nehmen oder empört zurückschlagen. In den schönen Garten Literatur, der seine Gärtner ernährte, ist ein Barbar eingebrochen, und nicht daß er einiges kaputtmacht, ist das schlimmste, sondern daß er nicht unterscheiden mag zwischen Unkraut und Kraut. Ihm ist alles »Ware«, »Alibi«, »Manipulation«, und was er gelten läßt, ist nur er selbst.
»Nur er selbst« – darin liegt der Fehler, die Projektion. Denn »nur er selbst«, das war ja die heimliche Prämisse für die Existenz des kritischen Intellektuellen alten Stils, der's zufrieden war, weiße Blätter mit Buchstaben zu füllen, die die Welt bewegen sollten. Was aber wäre der Provokateur neuen Stils ohne das, was sich provozieren läßt? Was denn wäre dieser ganze agitatorische Aufruhr ohne seine jeweiligen Opfer? Was die neue Protestbewegung über ihr theoretisches Bewußtsein hinaus, gar über ihre psychologische Konditionierung hinaus tatsächlich *ist,* läßt sich nicht abtun als auftrumpfende Selbstbestätigung von Fehlangepaßten. Eben dadurch, daß diese »Fehlangepaßten« sich unermüdlich anlegen mit den Wohlangepaßten, nicht nur verbal und vermittelt durch Kommunikationsapparate, sondern in direkter Aktion, die zu direkter Reaktion zwingt, überlisten sie die anderen, Farbe zu bekennen, *sie selbst* zu sein,

und geben ihnen damit etwas von ihrer durch Anpassung abhanden gekommenen Wirklichkeit zurück. Man sieht plötzlich klarer, womit (und mit wem) man es jeweils zu tun hat. Handgreifliche Widersprüche, bislang nur pluralistisch verschleiert, stehen uns nackt ins Haus.
Es wäre billig, der kritischen Theorie und der progressiven Literatur nun vorzurechnen, was sie mit jahrelangen Reflexions- und Schreibübungen *nicht* erreicht haben, wohl aber die antiautoritären Provokateure, indem sie »auf die Straße« gingen. Es scheint sogar abwegig, beides aneinander zu messen. Gleichwohl gibt es ein Verhältnis der Abhängigkeit dieser neuen, aktivistischen von der alten, literarisch-kritischen Intelligenz der westlichen Welt. Nicht nur der heillose Zustand dieser Welt im allgemeinen hat die erstere hervorgebracht, sondern ganz speziell das politische Versagen der letzteren, genauer: die theoretische und poetische Konsequenz, die aus diesem Versagen gezogen wurde; eine Konsequenz, die keine schöne Aussicht mehr läßt. Elliptisch gesagt: nicht Ernst Bloch, dieses atavistische Denkmal des Noch-nicht, das sich die neue Linke gern als Galionsfigur ausleiht, steht als Stachel hinter ihren Aktionen, viel eher das hermetische Denken von Adorno, das sich in politische Praxis nicht umsetzen läßt und dennoch umgeschlagen ist in konkreten Protest. Ähnlich in der Literatur: War es der Same Brechts, der im Westen endlich aufgegangen ist? Offensichtlich nicht. Brecht (und die engagierte Literatur in seinem Gefolge) wurde als exotische Frucht konsumiert, nicht als Same empfangen; der Boden war einfach nicht zubereitet. Dagegen Beckett, diese verröchelnde Stimme der Poesie, die nicht mehr zu sagen vermochte, was anders sein sollte, an der gemessen aber jede andere Rede als Geschwätz erschien – Beckett und die Folgen, das war der konsequente Verzicht auf die Artikulation einer Alternative zu dem, was ist, und deshalb auch der Verzicht auf jegliche Rechtfertigung. Hier konnte kein tröstliches Bescheidwissen entstehen, man konnte diese Stimme nur fliehen oder ertragen. Die dritte Möglichkeit – sie läßt sich aus dieser Stimme nicht folgern, aber sie folgt aus ihrem Verstummen, weil es zwingender als jedes Manifest erklärt, daß unsere Welt sich nicht mehr poetisieren läßt, nur noch verändern – diesen Weg erprobten die Studenten von Paris. Damit sind Poesie wie Theorie virtuell in ein neues Stadium getreten, das seine Sprache erst noch finden muß.
(Die französischen Schriftsteller, hört man, wollten es den Studenten gleichtun: sie besetzten das Hôtel Massa, wo die *Société des Gens de Lett-*

res tagt, und gründeten eine revolutionäre Union, die sich vor allem der Honorarfrage annahm. Butor erklärte stolz: »Wir wollten im literarischen Mikrokosmos die Aktionen der Studenten und Arbeiter wiederholen. Die Besetzung dieses Ortes hatte symbolische Bedeutung.« Der literarische Mikrokosmos, so scheint es, hat nichts begriffen. Er wird weiterleben, gewiß, aber man wird jetzt anders lesen, was von dorther kommt.)

Hans Magnus Enzensberger
Gemeinplätze, die Neueste Literatur betreffend

Josefine behauptet sich, dieses Nichts an Stimme, dieses Nichts an Leistung behauptet sich und schafft sich den Weg zu uns, es tut wohl, daran zu denken. Einen wirklichen Gesangskünstler, wenn einmal einer sich unter uns finden sollte, würden wir in solcher Zeit gewiß nicht ertragen und die Unsinnigkeit einer solchen Vorführung einmütig abweisen. Möge Josefine beschützt werden vor der Erkenntnis, daß die Tatsache, daß wir ihr zuhören, ein Beweis gegen ihren Gesang ist ...
Mit Josefine aber muß es abwärts gehn. Bald wird die Zeit kommen, wo ihr letzter Pfiff ertönt und verstummt. Sie ist eine kleine Episode in der ewigen Geschichte unseres Volkes und das Volk wird den Verlust überwinden.
Franz Kafka, *Josefine, die Sängerin oder Das Volk der Mäuse*

1. Pompes funèbres. Jetzt also hören wir es wieder läuten, das Sterbeglöcklein für die Literatur. Kleine sorgfältige Blechkränze werden ihr gewunden. Einladungen hagelt es zur Grablegung. Die Leichenschmäuse sind, wie es heißt, sehr gut besucht: ein Messeschlager. Unter den Trauergästen scheint wenig Schwermut zu herrschen. Eher macht sich eine manische Ausgelassenheit breit, eine angeheiterte Wut. Nur scheinbar stören vereinzelte Grübler im Abseits das Fest. Sie machen ihren Trip auf eigene Faust, sorglos, als hätten sie Tee im Pfeifchen.
Der Leichenzug hinterläßt eine Staubwolke von Theorien, an denen wenig Neues ist. Die Literaten feiern das Ende der Literatur. Die Poeten beweisen sich und andern die Unmöglichkeit, Poesie zu machen. Die Kritiker besingen den definitiven Hinschied der Kritik. Die Bildhauer stellen Plastiksärge her für die Plastik. Die ganze Veranstaltung schmückt sich mit dem Namen der Kulturrevolution, aber sie sieht einem Jahrmarkt verzweifelt ähnlich. Die Sekunden, in denen es Ernst wird, sind selten und verglimmen rasch. Was bleibet, stiftet das Fernsehen: Podiumsdiskussionen über Die Rolle des Schriftstellers in der Gesellschaft.

2. Bedenkfrist. Nach Gewißheit verlangt es die meisten, und wäre es die, daß es aus und vorbei sei mit dem Schreiben. Auch das wäre offenbar noch eine Art von Beruhigung. Aber die Erleichterung der einen ist so verfrüht wie die Schadenfreude und die Panik der andern. Alte Gewohnheiten sind zäh; eingefleischte Dichter sind selbst durch lautstarke Entziehungskuren kaum zu bekehren; das Geräusch der Säge täuscht darüber hinweg, wie dick der Ast noch ist, auf dem sie sitzt, die Literatur.

Auch gibt zu denken, daß der »Tod der Literatur« selber eine literarische Metapher ist, und zwar die jüngste nicht. Seit wenigstens hundert Jahren, sagen wir: seit Lautréamont, befindet sich die Totgesagte, nicht unähnlich der bürgerlichen Gesellschaft, in einer permanenten Agonie, und wie diese hat sie es verstanden, die eigene Krisis sich zur Existenzgrundlage zu machen. Ihr Leichenbegängnis ist eine Veranstaltung, deren Ende sich gar nicht absehen läßt, und bei dem die Verblichene in unheimlicher Frische, immer aufgekratzter und immer wilder aufgeschminkt, sich einfindet.

Das Trauergefolge bleibt unter sich, nämlich in der Minderheit. Was die Massen angeht, so haben sie ganz andere Sorgen. Sie möchten vom Ableben dieser Literatur, die nie bis an den Kiosk gedrungen ist, ebensowenig Notiz nehmen wie von ihrem Leben. Nicht einmal das Buchgeschäft hat Grund zur Besorgnis; denn um sieben Uhr morgens, wenn die Dahingegangene sich ausschläft, ist die Welt jeweils wieder in Ordnung.

Dennoch, trotz der platten Thesen, der kurzatmigen Einlagen und des monotonen Geblöks, die es begleiten, wäre ein Achselzucken zuwenig angesichts des Leichenspektakels. Denn die Stimmung, von der es zehrt und die es nicht zu artikulieren vermag, sitzt tief. Die Schwundsymptome sind nicht zu leugnen. Nicht nur die aktuelle Produktion ist davon betroffen, die den Selbstzweifel zur dominierenden Kategorie ihrer Ästhetik gemacht hat. Unbehagen, Ungeduld und Unlust haben die Schreiber und die Leser in einem Grad erfaßt, der zumindest für die zweite deutsche Republik neu und unerhört ist. Beide haben auf einmal begriffen, was doch schon immer so war: daß das Gesetz des Marktes sich die Literatur ebenso, ja vielleicht noch mehr unterworfen hat als andere Erzeugnisse. Da sich aber die Herstellung von Margarine offenbar leichter monopolistisch verwalten läßt als die von Literatur, stellt eine solche Einsicht deren Betrieb direkt in Frage. Liefern schlucken liefern schlucken: das ist der Imperativ des Marktes; wenn Schreiber und Leser bemerken, daß, wer liefert, geschluckt wird und wer schluckt, geliefert ist, so führt das zu Stockungen.

Gerade der elitäre Charakter unserer Literatur macht sie anfällig für solche Anwandlungen. Störungsfrei kann sie nur operieren, solang ihr Bewußtsein von der eigenen Lage gestört ist. Da sie von wenigen für wenige gemacht wird, genügen wenige, um sie aus dem Gleichgewicht zu bringen. Wenn die intelligentesten Köpfe zwischen zwanzig und dreißig mehr auf ein Agitationsmodell geben als auf einen »experimentellen Text«; wenn sie lieber Faktographien benutzen als Schelmenromane; wenn sie darauf pfeifen, Belletristik zu machen und zu kaufen: Das sind freilich gute Zeichen. Aber sie müssen begriffen werden.

3. Lokalblatt. Dabei verhaspelt sich leicht, wem das Wort Epoche allzuglatt von der Zunge geht, und wer Aussagen über die Literatur überhaupt und schlechthin machen will. Voreilige Globalisierung verschleiert gewöhnlich das Spezifische der Situation, die es aufzuklären gilt. Ein paar vorläufige Aufschlüsse lassen sich wohl eher gewinnen, indem man das Problem lokalisiert.

Die westdeutsche Gesellschaft hat dem »Kulturleben« überhaupt und der Literatur im Besondern nach dem Zweiten Weltkrieg eine eigentümliche Rolle zugeschrieben. Eine führende Zeitschrift des Nachkriegs hieß *Die Wandlung*. Den Deutschen und mehr noch der Außenwelt eine solche Wandlung zu demonstrieren, das war das Mandat der deutschen Literatur nach 1945. Je weniger an reale gesellschaftliche Veränderung, an die Umwälzung von Macht- und Besitzverhältnissen zu denken war, desto unentbehrlicher wurde der westdeutschen Gesellschaft ein Alibi im Überbau. Ganz verschiedene Motive verbanden sich dabei zu einem neuartigen Amalgam: – der Wunsch, die totale Pleite des deutschen Reiches wenigstens durch »geistige Leistungen« zu kompensieren;

– das offenbar dringende Bedürfnis, ungeachtet der großen kollektiven Verbrechen nach wie vor oder schon wieder als »Kulturvolk« zu gelten;

– der Hunger eines Staates, mit dem keiner zu machen war, nach egal welcher Art von Prestige;

– der sattsam bekannte »Idealismus«, der sein schlechtes Gewissen angesichts des steigenden Massenkonsums mit den alten antizivilisatorischen Affekten beruhigen wollte;

– ein Antifaschismus, der sich damit begnügte, einen bessern Geschmack als die Nazis zu haben, und der seine demokratische Gesinnung dartat, indem er aufkaufte, was jene »entartet« genannt hatten: Bilder, auf denen nichts zu erkennen war, und Gedichte, in denen nichts stand;

– die Lust am Weltniveau, das Bedürfnis, wenigstens ästhetisch auf der Höhe der Zeit zu sein, der Wunsch, das Klassenziel der Weltkultur zu erreichen – spätestens mit der *Blechtrommel* war es geschafft.
Wenigstens in einem Punkt stimmen all diese Momente überein: sie haben der Literatur Entlastungs- und Ersatzfunktionen aufgeladen, denen sie natürlich nicht gewachsen war. Die Literatur sollte eintreten für das, was in der Bundesrepublik nicht vorhanden war, ein genuin politisches Leben. So wurde die Restauration bekämpft, als wäre sie ein literarisches Phänomen, nämlich mit literarischen Mitteln; Opposition ließ sich abdrängen auf die Feuilletonseiten; Umwälzungen in der Poetik sollten einstehen für die ausgebliebene Revolutionierung der sozialen Strukturen; künstlerische Avantgarde die politische Regression kaschieren. Und je mehr die westdeutsche Gesellschaft sich stabilisierte, desto dringender verlangte sie nach Gesellschaftskritik in der Literatur; je folgenloser das Engagement der Schriftsteller blieb, desto lauter wurde nach ihm gerufen. Dieser Mechanismus sicherte der Literatur einen unangefochtenen Platz in der Gesellschaft, aber er führte auch zu Selbsttäuschungen, die heute grotesk anmuten.
Ihr Aufstieg war erkauft mit theorieblindem Optimismus, naiver Überheblichkeit und zunehmender Unvereinbarkeit von politischem Anspruch und politischer Praxis. Der Katzenjammer konnte nicht ausbleiben. Als die Totalität des Imperialismus sichtbar wurde, als die gesellschaftlichen Widersprüche nicht mehr stillzulegen waren, als die Politik auf die Straße ging, brachen die Risse im kulturellen Putz auf. Was sich da zwanzig Jahre lang »engagiert« hatte, sah sich nun vor Alternativen gestellt, die auf die Anfangsbuchstaben der Bonner Parteien nicht mehr hören wollten. Frischgebackene Klassiker, die sich angewöhnt hatten, ihre Stellungnahmen vor dem Fernsehen mit dem Aplomb von Gesundheits- und Familienministern zu verlesen, fanden sich auf einmal, verblüfft und beleidigt, einem Publikum gegenübergestellt, das ihre Evangelien mit Lachsalven vergolt. Wenn das, was da auf seine eigenen Fiktionen hereinfiel, die Literatur gewesen ist, so hat sie allerdings längst ausgelitten.

4. *Die alten Fragen, die alten Antworten.* Doch das Dilemma, in dem die Literatur sich, wie alle Künste, findet, sitzt tiefer und ist älter als unsere lokalen Zwangsneurosen. Auf das Jahr 1968 läßt sich allenfalls die verspätete Einsicht datieren, daß ihm nicht mit Phrasen begegnet werden

kann. Kafkas Erzählung von der Sängerin Josefine stammt aus dem Jahr 1924. Sechs Jahre später schrieb André Breton: »Auf dem Gebiet, über dessen spezifische Ausdrucksmöglichkeiten Sie mich befragen (nämlich die künstlerische und literarische Produktion), kann das Denken nur schwanken zwischen dem Bewußtsein seiner vollkommenen Autonomie und dem seiner strikten Abhängigkeit.« Und er entfaltete diesen Widerspruch mit der Forderung nach einer Literatur, die zugleich »unbedingt und bedingt, utopisch und realistisch, ihren Zweck nur in sich selbst sehend und nichts als dienen wollend« zu sein hätte.

Die Surrealisten erhoben die Quadratur des Kreises zu ihrem Programm. Sie verschrieben sich rückhaltlos der Sache der kommunistischen Weltrevolution und beharrten zugleich auf ihrer intellektuellen Souveränität, auf der Autonomie ihrer literarischen Kriterien. Zur Begründung dieser Haltung berief sich Breton auf die Gesetzmäßigkeiten eines »poetischen Determinismus«, denen ebensowenig zu entgehen sei wie denen des dialektischen Materialismus. In der heutigen Diskussion hört dieselbe Sache auf andere Namen. Da geht die Rede vom »objektiven Stand der Gattung« und vom »künstlerischen Materialzwang« – Kategorien, die jenem »Sachzwang« verdächtig ähnlich sehen, an den die Verwalter des politischen status quo sich klammern.

Der Versuch der Surrealisten, sich in ihrer Zwickmühle einzurichten, als wärs eine Zitadelle, hatte etwas eigensinnig Heroisches. Von der Nachfolge, die er heute in den versprengten Trupps der Neo-Avantgarde findet, kann man das kaum behaupten. Die Bekenntnisse zu revolutionären Positionen, die von manchen Autoren der Gruppe Tel Quel in Paris, des Gruppo 63 in Italien, des Noigandres-Kreises in Brasilien zu hören sind, haben jeden Zusammenhang mit ihrer literarischen Produktion eingebüßt. Diese zeigt keine strukturellen Unterschiede mehr zu den Werken anderer, die jeder politischen Stellungnahme aus dem Wege gehen oder offen reaktionär argumentieren. Offenbar setzt der »Materialzwang«, dem diese Literatur sich verpflichtet fühlt, sich über die subjektiven Einsichten hinweg durch, als eine Art literarischer Meta-Ideologie, vor der es für diese Autoren kein Entrinnen gibt.

Diese Ideologie sieht von allen gesellschaftlichen Gehalten ab. Sie ist technokratisch. Ihr Fortschrittsbegriff zielt auf Produktionsmittel, nicht auf Produktionsverhältnisse. Deshalb bleiben ihre Produkte mehrdeutig. Nicht umsonst spielen Begriffe wie Unbestimmtheit, Zufall und Beliebigkeit in ihrer Ästhetik eine zentrale Rolle. Die Hersteller einer solchen Literatur mögen subjektiv ehrlich sein, wenn sie das Wort Revolution in den Mund nehmen; doch geraten sie damit notwendig in die Nähe der industriellen Technokraten vom Schlage eines Servan-Schreiber.

Antithetisch zur technokratischen Avantgarde verhält sich eine Literatur, die sich als bloßes Instrument der Agitation versteht. In einem Brief aus Bolivien hat Régis Debray mit großer Entschiedenheit, wenn auch im hergebrachten Ton poetischer Noblesse, für eine solche Literatur plädiert:

»Für den Kampf, der vor unseren Augen und in jedem einzelnen von uns ausgekämpft wird zwischen der Prähistorie und dem Wunsch, unserer Vorstellung vom Menschen entsprechend zu leben, brauchen wir Werke, die Zeugnis davon ablegen: wir brauchen Fetzen und Schreie, wir brauchen die Summe aller Aktionen, von denen solche Werke Nachricht geben. Erst dann, wenn wir sie haben, unentbehrliche und einfache Berichte, Lieder für den Marsch, Hilferufe und Losungen für den Tag, erst dann haben wir ein Recht darauf, uns an literarischen Schönheiten zu erfreuen.«

Eine Literatur, die solchen Forderungen entspräche, existiert, wenigstens in Europa, nicht. Die bisherigen Versuche, gleichsam mit Gewalt aus dem Ghetto des Kulturlebens auszubrechen und »die Massen zu erreichen«, etwa mit den Mitteln des Agitprop-Songs oder des Straßentheaters, sind gescheitert. Sie haben sich als literarisch irrelevant und politisch unwirksam erwiesen. Selbstverständlich ist das keine Frage des Talents. Die Adressaten durchschauen, auch wenn sie sich keine Rechenschaft davon geben, mühelos die schlechte Unmittelbarkeit, das hilflos Kurzschlüssige, den Selbstbetrug solcher Versuche und fassen sie als Anbiederung auf. Auch darüber hat Breton vor vierzig Jahren bereits das Notwendige gesagt:

»Ich glaube nicht an die gegenwärtige Existenzmöglichkeit einer Literatur oder Kunst, welche die Bestrebungen der Arbeiterklasse ausdrücken könnte. Ich weigere mich mit gutem Grund, etwas Derartiges für möglich zu halten. Denn in einer vorrevolutionären Epoche ist der Schriftsteller oder Künstler notwendigerweise im Bürgertum verwurzelt und schon deshalb außerstande, für die Bedürfnisse des Proletariats eine Sprache zu finden.«

5. Allesfresser. Dem wäre, ein halbes Jahrhundert nach der Oktoberrevolution, noch einiges hinzuzufügen. Auch in der Sowjetunion existiert bis heute keine revolutionäre Literatur. (Majakovskij ist eine Ausnahme geblieben; die literarische Avantgarde der russischen Zwanziger Jahre hat im wesentlichen bürgerliche Poetiken fortgeführt und radikalisiert; die Ausbreitung des »kulturellen Erbes«, das heute in der Tat einer großen Mehrheit sowjetischer Bürger zugänglich ist, mag als eine sozialistische Errungenschaft gelten; sie ruht jedoch auf einem bloß quantitativen Kulturbegriff, der aus alten sozialdemokratischen Traditionen stammt, und auf einer ganz retrospektiven Deutung der Parole: Die Kunst dem Volk; eine revolutionäre Kultur ist, wie der heutige Zustand der sowjetischen Literatur nur allzudeutlich zeigt, auf solche Prämissen nicht zu gründen.)
Bis heute geben mithin die Hervorbringungen der bürgerlichen Epoche in der Weltliteratur den Ton an; sie bestimmen die herrschenden Kriterien, die sich bietenden Möglichkeiten, die üblichen Auseinandersetzungen, die zunehmenden Widersprüche. Bürgerlich bestimmt sind sozialistischer Realismus und abstrakte Poesie, Literatur der Affirmation und Literatur des Protestes, absurdes und dokumentarisches Theater. Die Kultur ist das einzige Terrain, auf dem die Bourgeoisie unangefochten dominiert. Ein Ende dieser Herrschaft ist nicht abzusehen.
Andererseits ist seit dem neunzehnten Jahrhundert die Bedeutung der Literatur im Klassenkampf fortwährend zurückgegangen. Von Anfang an ließen sich dabei zwei Momente unterscheiden, wenn auch nicht reinlich voneinander abtrennen. Einerseits war sie als die herrschende immer auch eine Literatur der herrschenden Klasse und hatte zugleich der Festigung dieser Klassenherrschaft und ihrer Verschleierung zu dienen. Andererseits ist sie aus einer Revolution hervorgegangen und hat, insofern sie diesem Ursprung die Treue hielt, die Grenzen ihres Mandates überschritten. Zwiespältig war somit ihre Funktion im Klassenkampf von Anfang an: sie diente der Mystifikation, aber auch der Aufklärung. Spätestens seit dem Ende des Ersten Weltkrieges sind jedoch diese Funktionen, an denen sich auch eine Kritik der Literatur schlüssig orientieren konnte, deutlich im Schwinden. Der Imperialismus hat seither so mächtige Instrumente zur industriellen Manipulation des Bewußtseins entwickelt, daß er auf die Literatur nicht mehr angewiesen ist. Umgekehrt ist auch ihre kritische Funktion immer mehr geschrumpft. Schon in den dreißiger Jahren konnte

Benjamin konstatieren, »daß der bürgerliche Produktions- und Publikationsapparat erstaunliche Mengen von revolutionären Themen assimilieren, ja propagieren kann, ohne damit seinen eigenen Bestand (...) ernstlich in Frage zu stellen.« Seitdem hat sich das Vermögen der kapitalistischen Gesellschaft, »Kulturgüter« von beliebiger Sperrigkeit zu resorbieren, aufzusaugen, zu schlucken, enorm gesteigert. Heute liegt die politische Harmlosigkeit aller literarischen, ja aller künstlerischen Erzeugnisse überhaupt offen zutage: schon der Umstand, daß sie sich als solche definieren lassen, neutralisiert sie. Ihr aufklärerischer Anspruch, ihr utopischer Überschuß, ihr kritisches Potential ist zum bloßen Schein verkümmert.

In genauer Analogie zu dieser Auszehrung der gesellschaftlichen Gehalte steht die Assimilation ihrer formalen Erfindungen durch die spätkapitalistische Gesellschaft. Auch die extremsten ästhetischen Kontraventionen stoßen auf keinen ernsthaften Widerstand mehr. Zwar lehnt ein Teil des Abonnentenpublikums sie ab. Auf industriellen Umwegen, über Werbung, Design und Styling gehen sie jedoch früher oder später, meist aber früher, fugenlos in die Konsumsphäre ein. Damit hat eine Äquivokation ein Ende, die fünfzig Jahre lang die progressive Literaturtheorie beherrscht hat: die Parallelisierung oder gar Gleichsetzung von formaler und gesellschaftlicher Innovation.

Eine kritische Rhetorik, die den Begriff der Revolution auf ästhetische Strukturen übertrug, war nur zu einer Zeit möglich, da der Bruch mit konventionellen Schreib- (Mal-, Kompositions-)Weisen noch als Herausforderung gelten konnte. Diese Zeit ist vorbei. Proklamationen und Manifeste, in denen »Umwälzungen«, »Revolten«, »Revolutionen« der Sprache, der Syntax, der Metapher usw. angekündigt werden, klingen heute hohl. Sie stoßen nicht von ungefähr auf das wohlwollende Verständnis der herrschenden Institutionen und werden dementsprechend dotiert.

(*»Revolutionär – was gehört eigentlich dazu?* Aus der Erfahrung mit unzähligen Bewerbern wissen wir, daß nicht jeder zum selbständigen Kaufmann taugt. Wir wissen aber auch, daß es unzählige Könner gibt, die sich innerhalb ihrer momentanen Einkommensgrenzen keineswegs entfalten können.

Die weltbekannte Chase-Gruppe, deren nicht unwesentlicher Bestandteil die Securities Management Corporation ist, geht in ihren Ursprüngen be-

reits auf das Jahr 1932 in Boston, USA, zurück. Sie bietet kleinen wie großen Kapitalanlagern eine solide, ja konservative Lösung für langfristige Investitionen. Wissenschaftliche Analytiker ersten Ranges sorgen für eine sinnvolle Aggressivität des Kapitalwachstums.
Wenn Sie revolutionär genug sind, um ausschließlich auf Provisionsbasis und in den ersten Monaten besonders hart zu arbeiten, werden Sie sich in Kürze eine bestechende Existenz mit einem bestechenden Einkommen schaffen.«
Stellenanzeige in einer deutschen Tageszeitung, Sommer 1968.)

6. Für Garderobe wird nicht gehaftet. Ich fasse zusammen: Eine revolutionäre Literatur existiert nicht, es wäre denn in einem völlig phrasenhaften Sinn des Wortes. Das hat objektive Gründe, die aus der Welt zu schaffen nicht in der Macht von Schriftstellern liegt. Für literarische Kunstwerke läßt sich eine wesentliche gesellschaftliche Funktion in unserer Lage nicht angeben. Daraus folgt, daß sich auch keine brauchbaren Kriterien zu ihrer Beurteilung finden lassen. Mithin ist eine Literaturkritik, die mehr als Geschmacksurteile ausstoßen und den Markt regulieren könnte, nicht möglich.
Diese Feststellungen nehmen sich lapidar aus. Umso dringender gebe ich zu bedenken, daß ein pauschales Urteil über die aktuelle literarische Produktion sich auf sie nicht stützen kann. Logisch gesehen stellt uns der Satz, eine triftige soziale Funktion lasse sich ihr nicht zuschreiben, keine neuen Gewißheiten zur Verfügung. Er negiert, daß es solche Gewißheiten gibt. Wenn er zutrifft, so zeigt er auf ein Risiko, das fortan zum Schreiben von Gedichten, Erzählungen und Dramen gehört: das Risiko, daß solche Arbeiten von vornherein, unabhängig von ihrem Scheitern und Gelingen, nutz- und aussichtslos sind. Wer Literatur als Kunst macht, ist damit nicht widerlegt, er kann aber auch nicht mehr gerechtfertigt werden.
Wenn ich recht habe, wenn es keinen Schiedsspruch über das Schreiben gibt, dann ist allerdings auch mit einem revolutionären Gefuchtel nichts getan, das in der Liquidierung der Literatur Erleichterung für die eigene Ohnmacht sucht. Eine politische Bewegung, die sich statt mit der Staatsmacht mit älteren Belletristen anlegte, würde damit nur ihre Feigheit zur Schau stellen. Wenn wir eine Literatur nur noch auf Verdacht hin haben, wenn es prinzipiell nicht auszumachen ist, ob im Schreiben noch ein Moment, und wärs das winzigste, von Zukunft steckt, wenn also Harmlosigkeit den

Sozialcharakter dieser Arbeit ausmacht, dann kann auch eine Kulturrevolution weder mit ihr noch gegen sie gemacht werden. Statt den Verfassern schmaler Bänchen ein Hände hoch! zuzurufen, müßten die militanten Gruppen gegen die mächtigen kulturellen Apparate vorgehen, deren gesellschaftliche Funktion, im Gegensatz zu der von Poesie und Prosa, nur allzuklar erkennbar ist, und ohne deren Herrschaft Herrschaft insgesamt nicht mehr gedacht werden kann. Allerdings sind diese Apparate keine wehrlosen Gegner, an denen die Linke ihre Angst, ihren Puritanismus und ihr Banausentum in Aggression umsetzen könnte, ohne etwas dabei zu riskieren.

7. *Ja das Schreiben und das Lesen.* Für Schriftsteller, die sich mit ihrer Harmlosigkeit nicht abfinden können, und wieviele werden das sein? habe ich nur bescheidene, ja geradezu dürftige Vorschläge zu machen. Vor allem schlüge uns vermutlich zum Vorteil aus, was offenbar am schwersten fällt: eine angemessene Einschätzung unserer eigenen Bedeutung. Es ist nichts damit gewonnen, wenn wir, vom Selbstzweifel angenagt und durch Sprechchöre verschüchtert, die herkömmliche Imponier- mit einer neu eingeübten Demutsgeste vertauschen. So schwer sollte es in einer Gesellschaft, in der das politische Analphabetentum Triumphe feiert, doch nicht sein, für Leute, die lesen und schreiben können, begrenzte, aber nutzbringende Beschäftigungen zu finden. Das ist schließlich keine neue Aufgabe; Börne hat sie vor hundertfünfzig Jahren in Deutschland in Angriff genommen, und Rosa Luxemburg ist schon fünfzig Jahre tot. Was uns heute zur Hand liegt, wirkt, an solchen Vorbildern gemessen, allerdings bescheiden: beispielsweise Günter Wallraffs Reportagen aus deutschen Fabriken, Bahman Nirumands Persien-Buch, Ulrike Meinhoffs Kolumnen, Georg Alsheimers Bericht aus Vietnam. Den Nutzen solcher Arbeiten halte ich für unbestreitbar. Das Mißverhältnis zwischen der Aufgabe, die sie sich stellen, und den Ergebnissen, die sie erbracht haben, läßt sich nicht auf Talentfragen reduzieren. Es ist auf die Produktionsverhältnisse der Bewußtseins-Industrie zurückzuführen, die zu überspielen die Alphabetisierer bisher außerstande waren. Die Verfasser halten an den traditionellen Mitteln fest: am Buch, an der individuellen Urheberschaft, an den Distributionsgesetzen des Marktes, an der Scheidung von theoretischer und praktischer Arbeit. Ein Gegenbeispiel gibt die Arbeit Fritz Teufels ab. Andere, weniger an die Person gebundene Möglichkeiten müssen erdacht und erprobt werden.

Die politische Alphabetisierung Deutschlands ist ein gigantisches Projekt. Sie hätte selbstverständlich, wie jedes derartige Unternehmen, mit der Alphabetisierung der Alphabetisierer zu beginnen. Schon dies ist ein langwieriger und mühseliger Prozeß. Ferner beruht jedes solche Vorhaben auf dem Prinzip der Gegenseitigkeit. Es eignet sich dafür nur, wer fortwährend von jenen lernt, die von ihm lernen. Das ist übrigens eine der angenehmsten Seiten der Arbeit, die ich meine. Der Schriftsteller, der sich auf sie einläßt, verspürt plötzlich eine kritische Wechselwirkung, ein feedback zwischen Leser und Schreiber, von dem er sich als Belletrist nichts konnte träumen lassen. Statt blöder Rezensionen, in denen ihm bescheinigt wurde, daß er sich von seinem zweiten bis zu seinem dritten Buch vielversprechend weiterentwickelt habe, wohingegen sein viertes eine herbe Enttäuschung gewesen sei, erfährt er nun Korrekturen, Widerstände, Beschimpfungen, Gegenbeweise, mit einem Wort: Folgen. Was er sagt und was ihm gesagt wird, ist anwendbar, kann Praxis werden, sogar eine gemeinsame Praxis. Diese Folgen sind bruchstückhaft und vorläufig. Sie sind vereinzelt. Aber es besteht kein prinzipieller Grund dafür, daß sie es bleiben müßten. Vielleicht erreicht der Alphabetisierer eines Tages sogar, was ihm versagt bleiben mußte, solang er auf Kunst aus war: daß der Gebrauchswert seiner Arbeit ihrem Marktwert über den Kopf wächst.

8. Kalenderspruch. »In Türangeln gibt es keine Holzwürmer.«

Anmerkung

Auf das Thema dieser *Gemeinplätze* gehen verschiedene Publikationen der letzten Monate ein. Zu nennen sind vor allem: *Kritik. Eine Selbstdarstellung deutscher Kritiker.* Herausgegeben von Peter Hamm. München (Hanser) 1968. *Kürbiskern* 4/1968. Martin Walser, Nachwort zu: *Bottroper Protokolle,* aufgezeichnet von Erika Runge. Frankfurt am Main (Suhrkamp) 1968. Karel Teige, *Liquidierung der ›Kunst‹*. Analysen und Manifeste. Frankfurt am Main (Suhrkamp) 1968. Die Zitate aus Breton stehen im *Zweiten Surrealistischen Manifest* von 1930. Régis Debrays Brief ist vom 20. September 1967 aus Camiri datiert. Der Satz von Walter Benjamin findet sich in den *Versuchen über Brecht.*

Redaktionelle Anmerkungen

Miguel Barnet hat die Geschichte des Cimarrón, so wie er sie selbst erzählte, im Jahre 1966 in Havana veröffentlicht. Die hier gedruckten Passagen hat Hans Magnus Enzensberger ausgewählt, eingerichtet und übersetzt. Eine wortgetreue, vollständige Übersetzung des *Cimarrón* wird 1969 im Insel Verlag, Frankfurt am Main, erscheinen.

Lu Hsün ist ein Pseudonym. Der Autor wurde als Chou Shu-Jen im Jahr 1881 und in der Provinz Chekiang geboren; er lehrte seit 1913 an verschiedenen Pekinger Universitäten Literatur, wurde 1925 aus politischen Gründen entlassen, und starb 1936 in Shanghai. Verschiedene seiner Romane sind auch auf Deutsch erschienen. Dagegen fehlt eine Ausgabe seiner Essays. Diesem Mangel wird der Insel Verlag abhelfen.

Peter Schneiders Versuch über die Kulturrevolution in Europa wird in einem späteren *Kursbuch* erscheinen.

Samuel Becketts *Watt* ist während des Zweiten Weltkriegs entstanden, 1953 zuerst, auf englisch, in Paris gedruckt und bisher nicht ins Deutsche übersetzt worden. Unser Text ist der Anfang des Romans. Eine Anmerkung Becketts, gleich zu Anfang des Textes, die beim Umbruch verloren ging, sei hier nachgetragen: »In diesem Werk wurde viel kostbarer Raum, der sonst verloren gegangen wäre, durch Weglassung des überflüssigen Reflexivpronomens nach dem Tätigkeitswort *sagen* gewonnen.«

Daniil Charms, mit bürgerlichem Namen Juvačev, wurde 1905 geboren und starb mit siebenunddreißig Jahren in Leningrad. Er lebte von seinen Kinderbüchern, die in der Sowjetunion sehr beliebt waren. Sein Prosawerk ist bis heute in seiner Heimat nicht veröffentlicht worden.

Heiner Bastian, geboren 1942 in Rantau an der Ostsee, heute UdSSR, lebt in West-Berlin. In diesem Herbst erschien, beim Carl Hanser Verlag in München, sein erstes Buch: *Beobachtungen im Luftmeer.*

Die Gedichte von Ingeborg Bachmann sind 1963/64 in Berlin geschrieben. *Enigma* zitiert, in der ersten Zeile, die Peter-Altenberg-Lieder von Alban Berg, in der vorletzten Strophe den Kinderchor aus der Zweiten Symphonie von Gustav Mahler.

Nicanor Parra ist Chilene, aus Chillán gebürtig, von Beruf Mathematiker und Physiker. Veröffentlichungen: *Cancionero sin nombre* (1937), *Poemas y antipoemas* (1954), *La cueca larga* (1958), *Versos de salón* (1960). Parra lebt, fünfundfünfzigjährig, in Santiago de Chile.

Julio Cortázar lebt als Übersetzer in Paris. Er ist Argentinier, geboren 1910, in Deutschland bekannt durch seine Erzählungen (*Das besetzte Haus*, 1963; *Geschichten der Crono-*

pien und Famen, 1965) und durch seinen Roman *Die Gewinner* (1966). Unser Text stammt aus dem Sammelband *La vuelta al día en ochenta mundos*, der 1967 in Mexico erschienen ist, und dessen Titel eine Huldigung an Jules Verne bedeutet.

Gaston Salvatore Pascal, geboren 1941 in Valparaiso (Chile), lebt seit drei Jahren in West-Berlin und gehört zu den militanten Köpfen der politischen Bewegung in dieser Stadt.

Arnfrid Astel, Herausgeber der *Lyrischen Hefte* und Rundfunk-Redakteur in Saarbrücken, veröffentlicht heuer im Peter Hammer Verlag, Wuppertal, ein Buch mit Epigrammen unter dem Titel *Notstand.*

Michael Buselmeier, geboren 1938 in Berlin, lebt in Heidelberg. Er schreibt: »Dem Text liegen Aufzeichnungen zugrunde, die ich während der Proben zu Schillers *Parasit* am Staatstheater Wiesbaden im November 1967 gemacht habe.« Aus seiner Auffassung vom Schreiben zieht der Autor eine ebenso logische wie seltene Konsequenz: »Selbstverständlich können Sie Streichungen vornehmen. Ich finde das grundsätzlich legitim, besonders aber in diesem Fall, da mein Text geschrieben ist als einer, der vom Leser verändert werden kann.«

Yaak Karsunke, geboren 1934, ist einer der Herausgeber der Zeitschrift *Kürbiskern* in München. Publikation: *Kilroy und andere.* Gedichte. Berlin 1967.

Die Aufsätze von Walter Boehlich, Karl Markus Michel und Hans Magnus Enzensberger sind unabhängig voneinander entstanden.

Zu *Kursbuch 14:* Die deutsche Ausgabe des Buches *Toward the Year 2000: Work in Progress,* dem die Beiträge von Ithiel de Sola Pool und Eugene V. Rostow entnommen waren, ist soeben unter dem Titel *Der Weg ins Jahr 2000* in der Sammlung »Modelle für eine neue Welt« bei Kurt Desch in München erschienen.

Die Deutsche Gruppe der Second Front bittet um Geld für die Desertionskampagne

Je grausamer der Krieg in Vietnam wird, desto mehr amerikanische Soldaten verlassen überall in der Welt die Armee. Für sie ist es eine schwerwiegende Entscheidung, bei der sie lernen, politisch zu denken und sich zu organisieren.
Die Deserteurgruppen in Schweden und Frankreich führen den in der Armee Zurückgebliebenen eine praktische Alternative vor Augen. Einige hundert Deserteure zeigen den GI's, daß der Zwang der Armee und der Krieg in Vietnam nicht zum unentrinnbaren Schicksal werden müssen. Viele von ihnen kämpften im Mai auf den Barrikaden von Paris.
Unterstützt die Desertionskampagne. Wir benötigen Geld für Propagandamaterial und Transport der amerikanischen Deserteure. (Konto-Nr. 123 123, Bankhaus Reiss & Co, Zürich, Beethovenstraße 32. Bitte nur Bankadresse und Konto-Nummer angeben.)

Das *Comité d'action étudiants-écrivains* (50 Avenue Herbillon, Saint-Mandé, Seine, c/o Jean Schuster) bittet uns, den folgenden Text bekanntzumachen:

Wir wissen nicht, wann und auf welche Weise es zu der nächsten Konfrontation zwischen der gaullistischen Staatsmacht und den revolutionären Kräften kommt. Wir wissen aber, daß sie nicht ausbleiben wird, und wir bereiten uns auf sie vor; ebenso wie die Staatsmacht, die dabei zu allen verfügbaren Mitteln greift. Schon heute sind die elementaren demokratischen Freiheiten durch die Repression der Polizei bedroht. Haussuchungen ohne richterliche Kontrolle, willkürliche Verhaftungen auf der Straße wie auch in Privatwohnungen sind an der Tagesordnung. Die Sicherheit ausländischer Gäste ist nicht mehr gewährleistet. Die Xenophobie der Staatsorgane bedroht alle Ausländer und führt nicht selten zu ihrer Ausweisung.
Eine Stärke des Regimes ist bei alledem das Prestige, das es nach wie vor im Ausland genießt. Es ist überflüssig, die Gründe darzulegen, welche die auswärtigen Regierungen, seien sie sozialistisch, bürgerlich-demokratisch oder faschistisch, dazu veranlassen, de Gaulle zu begünstigen. Im besten Falle handelt es sich um eine diplomatische Strategie, die es im Namen des Internationalismus zu bekämpfen gilt. In dieser Hinsicht kann das Verhalten der revolutionären Intellektuellen und Künstler aller Länder eine bedeutende Rolle spielen. Für uns handelt es sich darum, im offiziellen Kulturleben Frankreichs ein absolutes Vakuum zu erzeugen. Wir haben bereits jede Kollaboration mit dem französischen Staatsrundfunk abgelehnt und jede Verwendung unserer Arbeiten durch diese Anstalt untersagt. Das ist nicht genug. Wir werden einen systematischen Boykott aller Institutionen und Organe zustandebringen, die direkt oder indirekt vom Kulturapparat dieses Polizeistaates abhängen.
Indem sie das Prestige der französischen Kultur ausspielt, versucht die gaullistische Diktatur im Ausland ihre Politik der Grandeur aufrechtzuerhalten, indem sie sich auf kulturelle Beziehungen und Veranstaltungen stützt. Wir wenden uns an unsere Freunde im Ausland mit der Bitte, diese Politik der »Ausstrahlung«, deren wichtigster Regisseur Malraux heißt, zu sabotieren.
Wir schlagen ihnen vor, sich mit offenen Briefen an die französischen Kultur-Attachés zu wenden und ihnen mitzuteilen, daß sie jede künftige Mitwirkung an ihren und den Veranstaltungen der Alliance française ablehnen. Die offene Sabotage von Ausstellungen, Vorträgen, Preisverleihungen usw. von seiten der Intellektuellen, der Künstler und Studenten wäre für uns eine sehr wirksame Unterstützung ...
Wir vertrauen auf ihre Kenntnis der Bedingungen in ihrem eigenen Land. Sie wird es ihnen erlauben, eigene Aktionsformen zu finden und die geeigneten Augenblicke zu Handlungen zu wählen, die zugleich unserem Kampf zu Hilfe kommen und zum Moment ihres eigenen werden können: des Kampfes, den sie selbst gegen ihre eigenen Institutionen, ihre eigenen Unterdrücker, ihre eigene Bourgeoisie führen.

Kursbuch 14

Kritik der Zukunft

Claus Koch, Kritik der Futurologie

Dossier 1: Die Zukunft der Konterrevolution

Ithiel de Sola Pool, Das Internationale System in den kommenden 50 Jahren

Eugene W. Rostow, Die Zukunft der Internationalen Gesellschaft

Alvin M. Weinberg, Quick technological fixes

Paul Goodman, Plauderstunde mit der Rüstungs-Industrie

Dossier 2: Die Eröffnung des rhodesischen Zeitalters oder Einübung in die freie Welt. Science-Fiction-Literatur in Deutschland. Von Jürgen Holtkamp

Friedrich Engels, Von der Autorität. Mit einer Glosse von H. M. Enzensberger

Bahman Nirumand und Eckhard Siepmann, Die Zukunft der Revolution

Alfred Boettcher, Über die Schwierigkeit, zeitgenössisch zu sein

Dossier 3: Konkrete Utopie. Zweiundsiebzig Gedanken für die Zukunft. Mit Beiträgen von Géza Kirchknopf, Reinhold Oberlercher, Rolf Schwendter und Heinz Rudolf Sonntag. Redaktion und Kommentar: H. M. Enzensberger

Ein Gespräch über die Zukunft mit Rudi Dutschke, Bernd Rabehl und Christian Semler

---

Kursbuch 16

Erscheint im Februar 1969

Dialektik der Befreiung

Aus dem Inhalt:

R. D. Laing, Was klar ist · *Stokely Carmichael,* Black Power · *Jules Henry,* Soziale und psychologische Kriegsvorbereitung · *John Gerassi,* Imperialismus und Revolution in Amerika · *Paul M. Sweezy,* Die Zukunft des Kapitalismus · *Paul Goodman,* Objektive Werte? · *Herbert Marcuse,* Befreiung von der Überflußgesellschaft · *David Cooper,* Jenseits der Worte · *Giovanni Jervis,* Dialektik der Befreiung